V&R

GOTTFRIED VOIGT

Die geliebte Welt

Homiletische Auslegung der Predigttexte
Neue Folge: Reihe III

2. Auflage

VANDENHOECK & RUPRECHT
IN GÖTTINGEN

CIP-Kurztitelaufnahme der Deutschen Bibliothek

Voigt, Gottfried:
Homiletische Auslegung der Predigttexte /
Gottfried Voigt. – Göttingen: Vandenhoeck und Ruprecht
    Bis 1973 u. d. T.: Doerne, Martin: Homiletische Aus-
    legung u. Doerne, Martin: Homiletische Auslegung der
    alten Evangelien

N. F., Reihe 3. Voigt, Gottfried: Die geliebte Welt. –
2. Aufl. – 1986

Voigt, Gottfried
Die geliebte Welt / Gottfried Voigt. – 2. Aufl. –
Göttingen: Vandenhoeck und Ruprecht, 1986.
    (Homiletische Auslegung der Predigttexte /
    Gottfried Voigt; N. F., Reihe 3)

ISBN 3-525-60247-2

2. Auflage 1986. Lizenzausgabe der Evangelischen Verlagsanstalt GmbH.
Berlin, © 1980. Printed in the German Democratic Republic. Alle Rechte
vorbehalten. Ohne ausdrückliche Genehmigung des Verlages ist es nicht
gestattet, das Buch oder Teile daraus auf foto- oder akustomechanischem
Wege zu vervielfältigen.

Vorwort

Von den Texten der ehemaligen Reihe III, die ich in meinem Buch „Der rechte Weinstock" behandelt habe, sind – mit annähernd gleicher Abgrenzung – nur 17 in die neue Reihe III eingegangen, zum Teil noch mit verändertem Ort im Kirchenjahr. Auch diese 17 Texte habe ich, bis auf ganz wenige, neu bearbeitet. So bekommt der Benutzer unter dem neuen Titel tatsächlich auch ein neues Buch in die Hand. Daß ich immer wieder versucht habe dazuzulernen, wird auch an diesem Bande, wie ich hoffe, erkennbar werden.

Der Titel scheint manchem gewagt. Aber er ist nicht gewagter als das Evangelium überhaupt. Das Wort „Welt" hat im Neuen Testament verschiedene Bedeutungen. Dies darf uns nicht hindern, mit Joh. 3,16 (Christvesper) deutlich zu sagen, daß Gott der ganzen Welt seine Liebe zugewandt hat, und zwar darin, daß er seinen eingeborenen Sohn gab. Die der Welt sich zuwendende Gottesliebe ist nicht eine allgemeine Einstellung oder Gesinnung Gottes, auch nicht ein die Welt umgebendes Klima, in dem wir ungefragt leben; sie ist konkretes Geschehen im Christusereignis, in das wir uns hineinziehen lassen dürfen, indem wir glauben. Der Glaube ist nicht Bedingung oder Vorleistung, sondern die Weise des Annehmens. Nichts braucht man mitzubringen – auch nicht Religion, Gewißheit, fromme Gewöhnung und kirchlichen Stil. Wenn wir nur entdecken, daß wir geliebt sind, trotz allem. Dies sei gleich auf dem ersten Blatt betont, denn ich fürchte, unsere Predigt läßt gerade dies oft nicht deutlich genug erkennen.

Mir ist gesagt worden, meine Auslegungen gingen so sehr in die Einzelheiten, daß der Prediger davon erdrückt und mit dem Überfluß in seiner Predigt nicht fertig werde. Dazu ist zu sagen, daß es nicht die Absicht dieser Arbeiten ist, das in der Predigt zu bewältigende Materialpensum zu liefern. Der Text soll zunächst für den Prediger so weit durchleuchtet werden, daß er nachprüfen kann, wie ich zu dem angebotenen Verständnis des Textes gelangt bin. Ohne eine umfassende exegetische und systematische Rechenschaft würde eine Predigthilfe den Benutzer entmündigen. Er muß, wenn er prüfen will, miterleben, wie die theologischen und homiletischen Ergebnisse zustande kommen. Ich hoffe, daß dabei zugleich ein weiteres erreicht wird: eine Konkretisierung des theologisch in den Grundlinien Erarbeiteten. Keinesfalls ist daran gedacht, daß dieser gesamte Erkenntnisgang mit der Gemeinde nachvollzogen wird. Die vorgeschlagene Gliederung – mag sie nun Beifall finden oder nicht – erlaubt es dann, das Wollen des Textes (wenn ich es richtig erkannt habe) in ganz einfachen Linien zu sehen. Sie vor der Gemeinde zu verdeutlichen und das Erarbeitete mit dem Hörer in seiner Situation quasi dialogisch neu zu durchdenken, bleibt die Aufgabe, die eine Predigthilfe dem Prediger weder abnehmen kann noch darf.

Den vielen Amtsbrüdern, die mich durch ihr freundliches Echo nicht nur erfreut, sondern auch ermutigt und gestärkt haben, danke ich auf diesem Wege herzlich.

Leipzig, Exaudi 1979

G. V.

Abkürzungsverzeichnis

A.	Anmerkung
Ant.	(Josephus,) Antiquitates
AT	Altes Testament
ATD	Das Alte Testament Deutsch
Ausl.	Auslegung
bab.	babylonisch
Ber.	Berakot (Mischnatraktat)
BHK	Biblia Hebraica, herausgegeben von Rudolf Kittel
Bkm.	Günther Bornkamm
Bl.-Debr.	Blass-Debrunner, Grammatik des neutestamentlichen Griechisch
Bltm.	Rudolf Bultmann
BS	Die Bekenntnisschriften der Ev.-Luth. Kirche
CA	Confessio Augustana
Cl.	Luthers Werke in Auswahl, ed. O. Clemen
conj.	conjecit, conjectura
Czlm.	Hans Conzelmann
Dam.	Damaskusschrift
DGJChr.	(W. Grundmann,) Die Geschichte Jesu Christi
Dib.	Martin Dibelius
EKG	Evangelisches Kirchengesangbuch
EPM	Evangelische Predigtmeditationen
EvTh	Evangelische Theologie
EVuB	(E. Käsemann,) Exegetische Versuche und Besinnungen
FG	(M. Dibelius,) Die Formgeschichte des Evangeliums
Ges.-K.	Gesenius-Kautzsch, Hebräische Grammatik
Ges. St. z. AT	(G. von Rad,) Gesammelte Studien zum Alten Testament
GI	(M. Noth,) Geschichte Israels
Gl.	(J. Jeremias,) Die Gleichnisse Jesu
Grdm.	Walter Grundmann
GsTr.	(R. Bultmann,) Geschichte der synoptischen Tradition
hap. leg.	Hapaxlegomenon
HBNT	Handbuch zum Neuen Testament
Hen.	Henochbuch
Hs., Hss.	Handschrift(en)
IM	Innere Mission
it.	altlateinische Bibelhandschriften
jer.	jerusalemischer (palästinischer) (Talmud)
KD	(K. Barth,) Die Kirchliche Dogmatik
Ket.	Ketubbot (Mischnatraktat)
Ksm.	Ernst Käsemann
LA	Lesart

Lohm.	Ernst Lohmeyer
LXX	Septuaginta
MA	Martin Luther, Ausgewählte Werke, Münchener Ausgabe, 2. Aufl.
Mech.	Mekilta (tannaitischer Midrasch)
Midr. Qoh.	Midrasch zu Kohelet
MT	masoretischer Text
Ned.	Nedarim (Mischnatraktat)
Nic.	Nicaenum
NT	Neues Testament
NTD	Das Neue Testament Deutsch
Ntl. Th. I	(J. Jeremias,) Neutestamentliche Theologie, Band I
NTS	New Testament Studies
OP	Ordnung der Predigttexte (1958)
Pls.	Paulus
praes. hist.	praesens historicum
Pr.-Med.	Predigt-Meditationen
PTO	Predigttext-Ordnung (1977)
Q	Logienquelle
1 Q	Qumran – Höhle 1
Qid	Qidduschin (Mischnatraktat)
QS	Qumran, Sektenrolle (Gemeindeordnung)
RGG	Die Religion in Geschichte und Gegenwart, 3. Auflage
Schnbg.	Rudolf Schnackenburg
Schnwd.	Julius Schniewind
scil.	nämlich
S. Luk.	lukanisches Sondergut
S. Matth.	matthäisches Sondergut
Str.-B.	Strack-Billerbeck, Kommentar zum Neuen Testament aus Talmud und Midrasch
Test. XII	Testamente der zwölf Patriarchen
ThAT	Theologie des Alten Testaments
ThNT	Theologie des Neuen Testaments
ThWAT	Theologisches Wörterbuch zum Alten Testament
ThWNT	Theologisches Wörterbuch zum Neuen Testament
ThZ	Theologische Zeitschrift
TRE	Theologische Realenzyklopädie
tt	terminus technicus
Vg	Vulgata
V., VV.	Vers, Verse
Vf.	Verfasser
WA	Luthers Werke, Weimarer Ausgabe
WB	(W. Bauer,) Wörterbuch zum Neuen Testament
Wbgr.	Hans Wildberger
Wstm.	Claus Westermann
ZdZ	Zeichen der Zeit
ZThK	Zeitschrift für Theologie und Kirche

1. Sonntag im Advent. Jer. 23,5–8

Seit 21,11 finden wir (Einteilung und Überschriften nach W. Rudolph) *Königssprüche*, zunächst Sprüche an das Königshaus im allgemeinen (21,11–22.9), sodann Orakel über einzelne Könige (22,10–30), endlich Worte über den König der Zukunft (23,1–8). 23,1–4 ist von den „Hirten" im Plural die Rede, es ist also zugleich an die Minister und Beamten zu denken. VV. 5 f. sprechen von einem (oder „dem") künftigen König in der Einzahl. VV. 7 f. entsprechen fast wörtlich 16,14 f. Als Parallelaussage zu 23,3 haben sie hier einen guten Platz, wenn auch der Hinweis auf die Diaspora „aus allen Ländern" (V. 8) auf nachexilische Entstehung dieses Wortes deutet. – Die (redaktionelle) Überschrift 23,9 („Über die Propheten") sichert die Abgrenzung gegenüber dem Folgenden.

V. 5: Die Zeitangabe („Siehe, es kommen Tage") – so auch V. 7 – muß nicht auf eine endgeschichtliche Ära deuten (vgl. 7,32; 9,24; 16,14; 19,6; 31,27.31.38; 33,14; 48,12; 51,47.52; auch Amos 4,2; 8,11; 9,13 – ähnliche Stellen ThWNT II, S. 949). So von Rad im ThWNT (ebd.): „Jeremia ... spricht nie vom Tag Jahwes, desto häufiger von ‚jener Zeit', ‚jenen Tagen' ... und meint damit doch nichts wesentlich anderes, als wenn andere Propheten vom יְהֹוָה יוֹם reden", wobei auch dieser Tag zwar „einem gewiß höchst wichtigen Ereignis in der Geschichte Israels gilt, das aber deshalb noch nicht den Anbruch der Endzeit bedeutet" (a. a. O., S. 947) (deutlich eschatologisch jedoch Amos 5,18ff.). Der erwartete König wird – trotz 22,30, also wohl aus einer Nebenlinie – „Sproß" Davids sein (Jes. 11,1), und zwar ein „echter" (צַדִּיק). „Als ein (wirklicher) König" soll er „König sein" (nicht ein schwacher, abhängiger Mann wie Zedekia, vgl. 38,5). Grundbedeutung von שׂכל (auch hi.) = ansehen; seine „Klugheit, Einsicht" soll also darauf beruhen, daß er „Augen im Kopf hat". Dies vor allem wichtig für die Rechtspflege, für die ein rechter König geradezustehen hat (22,15). (Wie hier die sehenden Augen, so ist bei Salomo das „hörende Herz" dafür wichtigste Voraussetzung, 1. Kön. 3,9.) בָּאָרֶץ nicht „auf Erden", sondern „im Lande". – V. 6: Hinter der Passivform verbirgt sich Jahwe, der Juda hilft und es rettet. Im zweiten Teil des Satzes ist das Subjekt vorangestellt, also betont: „sogar Israel" (man denke an sein Schicksal seit 721). Da בטח sowohl „sicher sein" als auch „vertrauen" bedeutet, verbinden sich' auch in לְבֶטַח Externum und Internum. Die Namensgebung „Jahwe (ist) unsere Gerechtigkeit" (Ger. ist zugleich Heil) hat man auf die Göttlichkeit des Messias gedeutet. Aber es dürfte hier nicht anders liegen als sonst bei Namen mit theophorem Element. Anspielung auf Zedekia: Was dein Name dir zuschreibt, bist du nicht, aber der kommende König wird es sein. – VV. 7 f.: vgl. 16,14 f. (s. o.); die VV. stehen zu Recht hier (vgl. V. 3). Man denke an das „Trostbüchlein für Ephraim" (Kap. 30 f.). Es wird nicht nur, wie unter Josia teilweise der Fall gewesen, ein auch das Nordreich einschließender Staat bestehen, sondern die seit 721 deportierten und seitdem verschollenen Stämme werden aus dem Lande, das „in Richtung Norden" liegt (so versuchen wir das ה locale wiederzugeben). („Und aus allen Ländern" könnte spätere Zutat sein.) Wenn Jahwe seine verlorenen Kinder heimbringt, „dann wird die Freude so groß ... sein, daß selbst die grundlegende Heilstatsache der Befreiung aus der ägyptischen Knechtschaft dagegen verblassen wird" (Rudolph zu 16,14).

Eine auffällige Parallele zu unserm Stück, bes. zu VV. 5 f., findet sich 33,14–18, freilich so, daß nicht so sehr auf den *einen* „Sproß" gezielt ist, sondern (nach der Nathanweissagung 2. Sam. 7,16) auf die Erbfolge, zugleich aber auf die andere Stütze des künftigen Gemeinwesens, das Priestertum. Das Stück fehlt in LXX, es ist (nach Rudolph, auch nach Hesse ThWNT IX, S. 497) ein (nicht-jeremianisches) Flugblatt.

Die uns vertrauten und aus den Gottesdiensten der Adventszeit gar nicht wegzu-
denkenden „messianischen Weissagungen" sind ein Problem für unser historisch-
kritisches Gewissen. Es ist nicht so, daß einfach Jesus Christus vorausgesagt ist;
das Schema Weissagung-Erfüllung kann, wenn überhaupt, dann nur in sorgsamer
Transformation angewandt werden. Was im prophetischen Wort ganz nahe schien,
hätte sich danach erst sehr viel später ereignet. Statt Glanz und Glorie, die man erwartete, kam etwas äußerlich sehr Unscheinbares, statt der erhofften staatlichen
Macht die Ohnmacht des Gekreuzigten, statt eines weltlichen Herrschaftsgebildes
ein Reich, das nicht von dieser Welt ist. Man kann fragen, ob es hier überhaupt
Zusammenhänge gibt. Die Frage verschärft sich noch, wenn man bezweifelt oder
gar bestreitet, daß Jesus überhaupt der Messias hat sein wollen, d. h. aber: wenn
seine Jünger ihm nach seinem Tode und seiner Auferstehung das Christusprädikat
gegen seinen eigenen Willen zugeschrieben hätten. Und selbst wenn er nach seiner
Auferstehung hätte sein wollen, was er in den Erdentagen zurückgewiesen hätte:
was wäre das für ein „Messias", dessen Thron nicht auf dieser Erde stünde? Wir
werden es uns jedenfalls – nicht nur im theologischen Nachdenken, sondern auch in
der Verkündigung – nicht leicht machen dürfen.
Messiashoffnung findet sich bei Jeremia selten ausgesprochen. Neben unserer Stelle
(und 33,14-18, s. o.) findet sich 30,9 ein Wort über einen David redivivus, und 30,21
redet von einem „Herrschenden", der es wagen darf, priesterlich vor Gott zu treten
(vgl. G. von Rad, ThAT II, S. 230f.). Man braucht Jeremia solche Erwartung nicht
abzusprechen. Nach G. Fohrer (Das AT, II/III, S. 97) sind es sonst im gesamten
Alten Testament überhaupt nur wenige Texte, die von einem „endzeitlichen Herrscher" sprechen (Jes. 9,1-6; 11,1-9.10; 16,5; Ez. 17,22-24; Micha 5,1-3; Hagg.
2,20-23; Sach. 4,1-14; 6,9-15; 9,9f.); Fohrer hält sie alle für nachexilisch. Man wird
sich freilich klarzumachen haben, daß das davidische Königtum schon als Institution
gewissermaßen eine Geschichte gewordene messianische Weissagung ist. Man sieht
es an den Königspsalmen (2,7ff.; 21,9-13; 89,20ff.; 110,1.3ff.; 132,11f.), deren
Überschwang sich nicht allein aus Vorbildern der Umwelt oder der Maßlosigkeit des
Hofstils erklären läßt; dahinter steht der Glaube an Jahwe (F. Hesse in ThWNT IX,
S. 496). Das Auseinanderklaffen von Anspruch und Wirklichkeit (ebd.) ist ja auch
eines der theologischen Probleme des deuteronomistischen Geschichtswerks. Die
Nathanweissagung (2. Sam. 7,12ff.) war der Halt, auf den man sich – gegen allen
Augenschein - auch im Exil verließ (bezeichnend der Schluß des Werkes: die Auf-
wertung des gefangenen Jojachin ist wie ein messianischer Silberstreifen am Hori-
zont, 2. Kön. 25,27-30); sie steht offensichtlich auch hinter unserm Text.
Kann er Grundlage einer christlichen Predigt sein? Nicht, ohne daß wir uns die
neutestamentliche Umwandlung des Messiasbildes ins Eschatologische verdeutlichen.
Sie ist durch Sach. 9 insofern vorbereitet, als hier schon vom Machtverzicht die
Rede ist. Nimmt Jesus für sich selbst die Messiashoffnung auf – und ich meine, er
tut es –, dann so, daß er sie auf seine Weise souverän umgestaltet. Wenn das aber
so ist, warum greifen wir überhaupt auf die alten Texte zurück? Müssen sie nicht,
wenn man sie predigt, die Christusbotschaft entstellen und verderben? Sie müßten
es, wenn wir nicht eben an der Umwandlung alttestamentlicher Messiashoffnung
durch Jesu Wort und Weg studieren könnten – und es hoffentlich auch tun –, wie
irdische Hoffnungen durch Jesus nicht einfach abgetan und weggeworfen, sondern
auf eine ganz neue Weise erfüllt werden. Die kritische Transformation, die uns hier
aufgegeben ist, ist kerygmatisch von höchster Bedeutung. Alttestamentliche und
spätjüdische Messiashoffnung denkt sich das messianische Heil im Rahmen des Welt-

lichen: ein von einem König, wie man sich ihn nur wünschen kann, optimal regierter Staat, Sicherheit, Friede, weltumspannende Macht, Wohlstand, Glück. Aber Christus ist – im doppelten Sinne des Wortes – „des Messias Ende": seine Herrschaft sieht ganz anders aus, und doch ist in ihr alles, was man weltlicherweise erhoffte, realisiert, auf neue Weise.

Nimmt die Predigt dies auf, so wird sie von Jesus als unserm „König" reden. Unser demokratisches Denken stößt sich an soviel Autorität. Zwingt Jesus uns seinen (uns fremden) Willen auf? Eben *nicht*! Er regiert nicht mit dem Gesetz. Sein Herrschen besteht im Dienen. Und doch ist er „der Christus", und vor ihm beugen Menschen und Engel die Knie. Daß es sich hier um „Herrschaft" ganz eigener Art handelt, könnte man andeuten, indem man sich der adventlich akzentuierten biblischen Aussage (Wochenspruch) bedient: *Siehe, dein König kommt zu dir,* (1) *der sein Volk recht regiert,* (2) *der Gottes Anspruch durchsetzt,* (3) *der die Verstoßenen heimholt.*

I.

Eigentlich müßte man sich nach Jeremia damit abfinden, daß davidisches Königtum zu Ende ist (A. Weiser im ATD zu 22,24–30). Soll man, um dem Dilemma zu entgehen, unser Wort in eine frühere Zeit setzen, als noch Hoffnung bestand, das Königtum in Jerusalem zu retten? Die Geschichte hätte es dann durchgestrichen. Die Nathanweissagung wäre außer Kraft gesetzt, mit ihr auch dieses messianische Wort. Aber man beachte die Ausdrucksweise: „Dem David werde ich einen legitimen Sproß erstehen lassen." Es könnte so gemeint sein wie Jes. 11,1: der Baum ist gefällt, aber aus dem Wurzelstock treibt ein neuer „Sproß". Die direkte Erbfolge ist abgebrochen. Aber die Nachkommenschaft Davids ist groß. Aus einer –vielleicht obskuren – Nebenlinie geht der neue König hervor.

Das Neue Testament sieht in Jesus einen Davididen. So schon die alte Formel, die Paulus zitiert (Röm. 1,3), aber auch spätere Texte (Röm. 15,12 – LXX-Zitat –; 2. Tim. 2,8; Offb. 5,5; 22,16, die Stammbäume bei Matthäus und Lukas, die lukanische Vorgeschichte, 1,27.32.69). Hegesipp berichtet, daß Domitian Angehörige der Familie Jesu sich habe vorführen lassen, weil er von messianischen Hoffnungen der Davidsfamilie wußte; ihre Armut und ihre von der Feldarbeit schwieligen Hände haben ihn überzeugt, daß er von ihnen nichts zu fürchten hatte (Euseb, hist. eccl. III, 19f.). Man hat aus Mark. 12,35–37 schließen wollen, Jesus habe seine davidische Abkunft bestritten; dies bedürfte jedoch der Überprüfung.

Meint Jeremia tatsächlich einen Davididen aus einer Nebenlinie, dann bedeutet unser Text eine harte Kritik an dem zur Zeit regierenden König. Wir sahen: nach 22,24–30 muß man es so beurteilen. Mit *diesem* Regime kann Gott nichts mehr anfangen. „Tage sind im Kommen", sagt der Prophet; eine genaue Zeitangabe liegt darin nicht, aber der Nominalsatz läßt das ständige Näherrücken der messianischen Zeit wie einen sich gleichbleibenden, allmählich anschwellenden Summton empfinden. Jeremia sieht vor sich, wie Gott einen neuen König „aufstehen läßt".

Unter Verrechnung unserer vorhin angestellten hermeneutischen Erwägungen sagen wir nun, was Jeremia so nicht sehen und sagen konnte: In Jesus kommt der „König" zu uns, der sein Volk recht regiert. Wir werden die Davidssohnschaft nicht vergleichgültigen; aber mehr interessiert uns, was dieser König *tut.* Das Institutionelle ist die von Gott selbst gesetzte Gestalt; aber das Ereignishafte gehört (komplementär) dazu (vgl. Jean-Louis Leuba, Institution und Ereignis, 1957). Wie regiert dieser König? Zuerst: Jesus regiert wirklich. Anders als seine „Vorgänger", die das Zepter auf der

Schulter trugen. Der Verzicht auf staatliches Machtpotential – übrigens auch auf die zwölf Legionen Engel – mindert seine Herrscherfunktion nicht. Wir hätten zu kurz gegriffen, wenn wir – auch wieder nur weltlich denkend – von einer Politik der Gewaltlosigkeit sprächen. Jesu Reich ist überhaupt nicht von dieser Welt. Es wird gewiß in dieser Welt schon wirksam, anbruchsweise. Man kann es nicht greifen und registrieren („sieh hier! oder: da!", Luk. 17,21). Aber mitten in den Ordnungen dieser Welt wirkt es sich aus, daß dieser König Macht hat über Menschenherzen. Jesus setzt seinen Willen in uns durch. Ohne Drängen, ohne Drohung, ohne Gewalt. Aber sein Wort bindet uns. Er kann uns aus der Ruhe bringen; er macht uns alte Gewohnheiten des Denkens und Handelns fraglich. Wir entdecken, wie verkehrt wir gelaufen sind und noch laufen. Was uns stolz und sicher gemacht hat, nimmt er uns. Aber er ermutigt uns und schickt uns auf einen neuen Weg. Mit dem Ruf zum Umbesinnen und zum Einschlagen einer anderen Richtung beginnt seine Predigt (Mark. 1,15 b). Adventszeit ist Bußzeit. Frommes Gehabe zählt nicht, und sarkische Sicherheit trägt nicht. Jesus will uns ganz in die Hand bekommen. Er schafft es, indem er erstaunlicherweise nicht *gegen* die von Gott abgewandten und sich ihm widersetzenden Menschen ist, sondern *für* sie, und zwar so für sie, daß ihre Verlorenheit sein Schicksal wird. Durch Kreuz und Auferstehen gibt er seinem Messiasamt das Fundament. Als der in seinem Wort und seinen Sakramenten (EKG 8,2) unter uns gegenwärtige Herr regiert er uns mit seinem Geist. Er erlebt an uns viele Enttäuschungen (Luk. 6,46), aber er hält an uns fest. Seine Herrschaft ist auf Vergebung gegründet. Die es sich haben gefallen lassen, daß er sie rief und an sich band, die wissen: noch nie hat einer, der regierte, seine Leute so gewonnen und bewegt wie der, der sie nur mit seiner Liebe und seinem Dienst auf seine Seite zog. Man könnte sagen: hier ist einer, der sein Königsamt wirklich als König führt (מֶלֶךְ מָלַךְ, V. 5). Der Einspruch gegen eine autoritative Herrschaft, der uns vorhin für einen Augenblick gekommen ist, erübrigt sich völlig; nirgendwo ist man so frei, wie wenn Jesus einen in der Hand hat.

Er wird „wohl regieren", heißt es im Luthertext. Was damit gemeint ist, wird einem erst klar, wenn man die verschiedenen Bedeutungen von שכל (hi.) in ihrem Ensemble bedenkt: Dieser König „sieht hin", „gibt acht", schaut sich also im Lande um, wie es dort wirklich aussieht; er hat ein engagiertes Interesse an seinen Leuten. Darauf beruht dann seine „Einsicht" und „Klugheit" und darauf wieder das „Glück", das „Gedeihen" unter seinem Regiment. Die Liebe fängt mit dem Sehen an. Die bisher auf Davids Thron gesessen haben, haben (nach VV. 1 ff.) nicht an die „Herde" gedacht, sondern hauptsächlich danach getrachtet, wie sie ihre eigene Herrschaft aufrechterhalten und den Regierten ihren Willen aufnötigen könnten. Sie sind schuld, daß diese nun „zerstreut" sind; sie haben „nicht nach ihnen gesehen". Jesus *sieht* uns (Joh. 1,48; 2,25); *dieser* „Hirte" *kennt* die Seinen (Joh. 10,14). Darum drückt seine Herrschaft nicht (Matth. 11,29 f.).

Jeremia weiß, daß der Messias „Recht und Gerechtigkeit im Lande üben wird" (V. 5). Ist Jesus uns dies schuldig geblieben? Die Veränderung der Sozialstrukturen in dieser Welt hat er nicht als seine Aufgabe angesehen. Dies gehört – ob es uns lieb ist oder leid – zu der Verwandlung, die die Messiaserwartung Israels in der Verwirklichung durch ihn erfährt. Hat Jesus nicht gesehen, daß die Not der leidenden Menschen nicht durch Einzelaktionen barmherziger Liebe zu beheben ist, sondern umfassend angegangen werden muß? Hat er sein Heilandswirken im Kleinformat des Privaten verstanden? Im Gegenteil! Er dachte so umfassend, daß er die eschatische

Weltverwandlung gepredigt hat. „Wir warten aber eines neuen Himmels und einer neuen Erde nach seiner Verheißung, in welchen Gerechtigkeit wohnt" (2. Petr. 3,13; Jes. 65,17; Offb. 21,1.27). Die irdische Gerechtigkeit ist Sache des Staates, überhaupt der weltlichen Ordnung. Das heißt für die Christen nicht, daß sie untätig auf das Kommende zuwarten sollen. Sie werden im Wissen um die Grenzen alles Weltlichen innerhalb dieser Grenzen zusammen mit ihren nichtchristlichen Mitbürgern und Mitmenschen tun, was in ihrer Macht steht, um den Leiden und dem Unrecht dieser Welt zu wehren und den Unterdrückten und Verelendeten zu menschenwürdigem Dasein zu verhelfen. Denn dazu will sie die Liebe Christi motivieren. Der Samariter faßt zu, wo einer hilflos am Wege liegt. Christus selbst hat es getan. Weltliches Tun kann so zum Zeichen werden für das, was Gott noch aus dieser Welt machen wird, wenn seine Stunde kommt. Unsere Betroffenheit über das Leid der Welt kann sich nicht in untätiger Klage äußern, sondern sie verlangt unsern tätigen Zugriff, der wieder zeichenhafter Ausdruck für die Hoffnung wird, die aufs Ganze geht.

2.

Der Messias, auf den Israel wartete, sollte ein Mensch sein, nicht mehr. Dennoch würde alles, was er tut, nach Jahwe hin geöffnet bzw. von Jahwe instrumental benutzt werden. Durch den Messias bringt Jahwe Heil über sein Volk. Die ganze Geschichte des alttestamentlichen Gottesvolkes ist ja nicht, wie wir zu denken gewöhnt sind, ein Geschehen in sich verschlossener Weltlichkeit, sondern spielt zwischen Gott und seinem Volk in Erwählung und Führung, Inanspruchnahme und Gericht, Treue und Erbarmen. Eigentlich, so weiß man noch, ist Jahwe selbst Israels König. Der Träger der irdischen Krone kann nur sein Stellvertreter sein. Besonders das deuteronomistische Geschichtswerk läßt erkennen, daß Könige auf Davids Thron daran zu messen sind, wie sie zu Gott stehen und ob Jahwes Anspruch an Israel durch sie geehrt und zur Geltung gebracht wird.
Es sieht so aus, als spielte unser Text mit dem Namen Zedekia („Gerechtigkeit Jahwes"). Diesen Namen hatte Nebukadnezar dem Mattanja gegeben (2. Kön. 24,17), als er ihn zum König einsetzte. Es ist nicht ausgemacht, ob die Benennung des kommenden Messias (V. 6b) eine positive Anspielung auf den (bereits bzw. noch) regierenden Zedekia sein soll oder – wahrscheinlicher – ein kritisches Wort gegen ihn: was du zu sein vorgibst, indem du diesen Namen trägst, wird erst ein ganz anderer realisieren.
Was aber könnte das heißen? צְדָקָה ist ein Verhältnisbegriff. Er meint also nicht eine abstrakt-ideale Norm, der jemand gehorcht. Er meint das, was sich zwischen Gott und den Menschen, auch zwischen Menschen untereinander, abspielt, wenn sie in Gemeinschaft miteinander verbunden sind und sich darin zu bewähren haben. Fragt man nach einer Norm, so ist diese das Gemeinschaftsverhältnis selbst (G. von Rad, ThAT I, S. 368ff.). Geht es um das Verhältnis Gottes zu seinem Volk, dann ist das Wort צְדָקָה gleichbedeutend mit יֶשַׁע (Heil). Schon das Deboralied spricht von den „Heilserweisungen Jahwes" (Richt. 5,11), und noch bei Deuterojesaja findet sich deutlich diese Synonymität (45,8; 46,13; 51,6.8). Vom Himmel her wird Jahwe „Gerechtigkeit" verkündigt (Ps. 50,6). Der König kann nur dann recht regieren, wenn Gott ihm seine „Gerechtigkeit", sein „Heil" gibt (Ps. 72,1). Ja, man wird auch in Betracht ziehen müssen, daß dieses „Heil" „auch merkwürdig räumlich verstanden worden zu sein scheint; etwa wie ein Bereich, ein Kraftfeld, in das Men-

schen einbezogen und dadurch zu besonderen Taten ermächtigt werden" (von Rad, a. a. O., S. 374). „Diese Israel zugewendete צדקה ist immer Heilsgabe" (ebd.).
Man könnte sagen: Gott kommt unter seinen Menschen zu seinem Recht, indem er ihnen sein Heil zuwendet. Dasselbe anders: Sein Anspruch auf seine Schöpfung wird durchgesetzt, indem er sich mit seiner gnädigen Liebe die Welt zurückgewinnt. Jesus spricht vom Reiche Gottes und seiner Gerechtigkeit (Matth. 6,33), Paulus von dem Reiche Gottes, das Gerechtigkeit, Friede und Freude im heiligen Geist ist (Röm. 14,17). Dabei übersehe man nicht, wie sich in V. 6b die Aussage zuspitzt: es heißt nicht, daß Jahwe uns Gerechtigkeit *gibt*, sondern daß er unsere Gerechtigkeit *ist.* Die Herstellung des heilen, ungetrübten Gottesverhältnisses ist also nicht nur Gottes Tat, die sich gewissermaßen von ihm, dem handelnden Subjekt, ablöst und selbständig wird. Gott in seiner Person ist das Heil. Anders gesagt: er ist die „Autobasileia", und so hat Origenes *Jesus* genannt. Wohlgemerkt: Jeremia hat nicht Jesus vor Augen gehabt, aber was hier steht, sehen wir in Jesus realisiert.
Die Königsherrschaft Jesu ist die Königsherrschaft *Gottes*. Bis der Sohn dem Vater das Reich übergibt (1. Kor. 15,28), wird *Gott* für uns Herr, indem wir im Reiche *Jesu* leben. Jesus setzt unter uns den Anspruch Gottes durch. Als steile, harte Forderung? Als ein Gesetz, an dem wir uns verhärten oder wundstoßen? Gott kommt bei uns zu seinem Recht, indem wir uns von ihm helfen lassen. „Zu seiner Zeit soll Juda geholfen werden" (V. 6a). Jeremia denkt an Rettung aus verzweifelter weltpolitischer und darum für Juda geradezu vernichtender Situation, und er denkt zugleich – davon wird sofort noch zu reden sein – an die Wiederbringung (Nord-)Israels. In der neutestamentlichen Verlängerung solcher Zukunftsaussicht bedeutet dies: Gott (denn so ist das Passivum zu verstehen) setzt sich in der Welt durch, indem er sie liebhat. In dem תּוֹשַׁע verbirgt sich der Jesusname. *Dieser* König kommt zu uns.

3.

In V. 6 liest LXX statt „Israel" „Jerusalem" (wie 33,16); der Blick bliebe dann auf das Südreich beschränkt. Das „Trostbüchlein für Ephraim" (Kapp. 30f.) verkündigt Hoffnung für das seit 721 nicht mehr bestehende, unter Josia nur vorübergehend territorial zum Teil für Jerusalem wiedergewonnene Nord-Israel, nun aber nicht nur in dem Sinne, daß das Gebiet des alten Davidsreiches wiederhergestellt wird, sondern so, daß die seinerzeit deportierten zehn Stämme aus dem „Dunkel" ihres Verschollenseins irgendwo im „Norden" zurückgeführt werden in die alte Heimat. Dies aber bedeutet Hoffnung für das gesamte Israel, für Nord und Süd, also für die Verbannten sowohl des Schicksalsjahres 721 als auch der Jahre 597 und 586. Wir bemerkten, daß in V. 6a „Israel" durch seine Stellung im Satz betont ist (was gegen einen synonymen Parallelismus spricht); „sogar Israel" wird man übersetzen dürfen. Noch ist nicht ausdrücklich von dem Neuen Bunde die Rede, den Jeremia in Kap. 31 ankündigt. Aber der Vergleich mit der Auszugstradition deutet schon darauf hin, und es wird ja deutlich genug gesagt, daß das Kommende die Heilserweisungen der Mosezeit weit in die Schatten stellen wird.
Man könnte in dieser Zukunftsperspektive einen Ausdruck nationaler Hoffnung sehen. Es soll nicht geleugnet sein, daß Israel als Volk sich an solche Aussagen immer wieder geklammert hat. Wir, die christliche Gemeinde, lesen Texte wie diesen unter anderem Aspekt. Vom Menschensohn ist Matth. 24,31 gesagt: „Er wird seine Engel mit hellen Posaunen senden, und sie werden sammeln seine Auserwählten von den vier Winden, von einem Ende des Himmels bis zum andern". Es geht um die Samm-

lung der Ekklesia Gottes. Für uns ist diese Hoffnung universal; sie begreift alle Völker ein. Jeremia meint offensichtlich nur das Volk der zwölf Stämme. Die gängige Messiasdogmatik – schon in den Königspsalmen – denkt insofern universalistisch, als sie die Unterwerfung der Völker erwartet. Christliche Hoffnung überbietet beides: Gott ruft sich sein Volk aus allen Völkern, und alle sind ihm gleich nah.

Wir hätten aber mit dem eben Gesagten das Tiefste und Bewegendste an unserm Text noch nicht erfaßt. Es geht zuletzt weder um ein Postulat nationaler Hoffnung noch, wenn man so will, um das Programm der Sammlung der Gemeinde Gottes, sondern um einen gnädigen, barmherzigen Akt der *Rettung*. Neutestamentlich gesprochen: wir hören konzentriertestes *Evangelium*. Die Verschollenen sind ja nicht etwa die Opfer eines geschichtlichen Zufalls. Wer sich die Gerichtspredigt der Propheten des 8. Jahrhunderts verdeutlicht, die sich in der des Jeremia fortsetzt („ausreißen und einreißen, zerstören und verderben", 1,10), der weiß, daß Gott selbst hinter dem Schicksal der (damals und unlängst) Weggeführten steht. „Ich habe sie verstoßen" (נדח hi. = stoßen, verstoßen, vertreiben, verführen, ins Unglück bringen). Wenn man es so ausdrücken darf: Gott übernimmt die volle Verantwortung für das, was da geschehen ist. Universal gedacht: „Welt ging verloren." Das ist die Lage, in die Jesus, der Christus Gottes, hineinkommt: lauter Menschen, die von Gott abgerückt, ihm entfremdet und nun – das Wort in seiner Urbedeutung genommen: – im „Elend" sind. Christus kommt und führt sie in die Heimat bei Gott zurück. War es ein durch Sünde verdientes „Elend", so bedeutet die von Jeremia ins Auge gefaßte Restituierung nichts anderes, als daß Gott ein riesiges Schuldkonto annulliert. Noch mehr: Gott ruft geradezu dem, was nicht mehr ist, daß es wieder *sei*. Wir lesen und hören dies als Christen. Gott liebt seine verlorene Welt und holt sie sich zurück. Wir brauchen es an dieser Stelle nicht ausdrücklich in neutestamentliche Sprache umzugießen. Nur das eine sei herausgestellt, was unser Text besonders eindrücklich werden läßt. Die Heimführung der Verschollenen (wir denken an die von 721) scheint etwas völlig Unmögliches zu sein; längst sind sie untergegangen oder – sofern es sie noch gibt – aufgegangen im heidnischen Völkergemisch der Fremde. Gottes Barmherzigkeit macht das Unmögliche möglich und wirklich. Das ist tatsächlich mehr, als was die Stämme unter Mose seinerzeit beim Auszug erlebt haben. Das Größte, was Israel bei feierlichen Begehungen und im Hymnus immer wieder bedacht und staunend gepriesen hat, wird weit überboten (VV. 7b.8a) durch die Heimholung der Verlorenen in den „kommenden Tagen".

Die christliche Gemeinde erkennt in dem hier Gesagten die noch undeutlichen Umrisse des Christus, den Jeremia so, wie er dann wirklich gekommen ist, noch nicht hat erkennen können. Wir verkündigen ihn als den zu uns Kommenden. Advent: Christus ist wieder zu uns auf dem Wege. Indem diese Predigt gehalten und – hoffentlich – gehört und angenommen wird, ereignet sich Christusherrschaft. Die „Tage", auf die Jeremia blickt, sind gekommen – als Anbruch des „Tages", auf den die Epistel des 1. Advent schaut.

2. Sonntag im Advent. Matth. 24,1–14

Die „synoptische Apokalypse", auch „kleine Apokalypse" genannt, läßt die Freiheit erkennen, in der die Evangelisten das Traditionsgut aufgenommen und angeordnet haben. Sie stimmen darin überein, daß Jesus kurz vor seiner Passion über die Zukunft gesprochen hat, auch darin, *wie* er das getan hat; bei allen Unterschieden in den Details ist die Grundlinie einheitlich. Den Abschnitt Mark. 13,9–13 hat Matthäus schon 10,17–22 verwendet. Jüdische Apokalyptik ist Geheimlehre. Markus läßt die Rede vom Ende nur einem engen Jüngerkreis gesagt sein (Petrus, Jakobus, Johannes, Andreas, 13,3), nimmt sie aber in sein für die ganze Gemeinde bestimmtes Evangelium auf. Bei Matthäus erinnert nur das κατ᾽ ἰδίαν an den esoterischen Charakter der Rede. Im Unterschied zu jüdischer Apokalyptik liegt hier der Ton auf der Paränese (Wachsamkeit!).

V. 1: Ob Jesu Ausgang aus dem Tempel als bewußte Separation (vgl. etwa 23,38) zu deuten ist, stehe dahin. Jüdische Apokalyptik erwartet Zerstörung des alten und Errichtung eines neuen Tempels durch Gott selbst (Str.-B.I, S. 1003ff.). Jesus hat diese Erwartung aufgegriffen: er reißt den Tempel ein und baut ihn neu auf (Mark. 14,58; Joh. 2,19). – V. 2: Der Tempel ist beim Fall Jerusalems im Jahre 70 ausgebrannt; der eventus hat das vaticinium nicht verändert. – V.3: Nach Sach. 14,4 beginnen die „letzten Dinge" am Ölberg; hier soll die Parusie des Messias stattfinden. Jesus sitzt: Haltung des Lehrenden. Das ταῦτα kann nur auf V. 2 zurückweisen. Die Zerstörung des Tempels und der Ablauf des endzeitlichen Geschehens werden zusammengesehen. „Parusie" und „Vollendung des Äons" – für Matthäus kennzeichnende Prägungen – werden als geläufige Begriffe vorausgesetzt; nur der zweite ist im Evangelium schon vorgekommen (13,40.49) – aber Matthäus schreibt ja für die Gemeinde, die von Jesu Parusie zu reden gewöhnt ist. Parusie meint ursprünglich, wie „Advent", den Besuch des Kaisers oder sonstigen Machtträgers, der mit großem Glanz begangen wurde (Oepke, ThWNT V, S. 858) oder den einer Gottheit; im Spätjudentum denkt man an das Kommen des Menschensohnes (ebd., S. 862), bei Josephus an das hilfreiche Gegenwärtigwerden Gottes (ebd., S. 862). Im NT nie auf die Fleischwerdung angewandt, sondern nur auf die Ankunft des erhöhten Christus in Herrlichkeit. – V. 4: Die endgeschichtliche Situation wird keineswegs eindeutig sein. Warnung vor Verführern. – V. 5: erregter Messianismus, vgl. Apg. 5,36f., auch schon in den Tagen Jesu verbreitet. – V. 6: Es dürfte besonders an messianische Kriege gedacht sein; Jesus und seine Jünger haben mit dergleichen nichts zu tun, obwohl sie es nicht hindern können (δεῖ γὰρ γενέσθαι). Das μὴ θροεῖσθε wird von „Paulus" im gleichen Zusammenhang aufgenommen (2. Thess. 2,2). – V. 7: Zu Kriegen kommen Hungersnöte und Naturkatastrophen, auch dies wie in jüdischer Apokalyptik (Belege bei W. Grdm., zu Mark. 13,8). Wehen des Messias: stehender Ausdruck (vgl. Jes. 26,17; Apg. 12,2; Joh. 16,21) für die notwendigen, heftigen, aber vorübergehenden Schmerzen. – V. 9: Es geht nunmehr um die Lage der Gemeinde. Der Begriff παραδιδόναι ist „Schlüsselbegriff für die Passion Jesu" (Grdm. z. St.). Matth. erweitert: alle „Völker": „Überall dort, wo Boten Jesu stehen, wird ihnen Haß entgegengebracht" (W. Trilling, Das wahre Israel, 1975, S. 27). – V. 10: σκανδαλίζεσθαι eigentlich: „in die Falle gehen", dann „zu Fall kommen", „irre werden an ...". Es kommt zu Verrat und Denunziation in der Gemeinde. – V. 12: vgl. 7,15ff. – V. 13: Ähnlich schon 4. Esra 6,25. Grdm. erinnert an die Überwindersprüche der Apokalypse. – V. 14: Die Verkündigung des Evangeliums vom Reich (so die meisten und besten Zeugen) ist eines der Merkmale der letzten Zeit.

Das, wovon dieser Text eigentlich reden will, ist in ihm nicht ausdrücklich gesagt. Deutlicher würde es, wenn unser Blick das Ganze des Kapitels erfaßte. Wir könnten aber auch dann noch immer die Absicht verfehlen. Die Christenheit wartet auf den letzten Advent ihres Herrn. Dieses Warten kommt sie hart an. Aber was geschieht, „muß" so „geschehen" (V. 6). Es ist nur Vorspiel. Was uns jetzt beunruhigt oder erschreckt, braucht uns nicht im Glauben zu beirren; im Gegenteil: für den Glauben wird es durchscheinend und darum letztlich zum Zeichen der Hoffnung. Der Herr wird kommen. Wir haben ihn vor uns, mehr noch: er kommt auf uns zu. Sein Wirken gewinnt universale Weite und alles durchdringende Intensität. Nicht in allmählicher Evolution, sondern in einem Ereignis von qualitätsverändernder Kraft. Christus wird sich, wenn sein großer Tag kommt, in uns und in aller Welt durchsetzen. Nicht gegen uns und die Welt, sondern für uns und für alle, die ihn annehmen. Er setzt sich durch mit seinem vergebenden, unsere gottlose Vergangenheit annullierenden, befreienden, erneuernden, verbindenden und damit Frieden stiftenden und heilenden Wirken. Ganz gewiß ist Advent zunächst ein Vorgang in unserm Herzen, dies Wort biblisch verstanden als die Mitte der Person. Aber – und das ist das Proprium des zweiten Adventssonntags – es wird einen Weltadvent Christi geben. Dann wird, was sich jetzt im tiefsten Innern der Glaubenden abspielt, eine Sache von unbegrenzter Öffentlichkeit sein. Darauf zielt unser Kapitel.

Was bis dahin sein wird, dieses Interim, wird nun in der Weise der Apokalyptik beschrieben. Apokalyptik ist im ganzen unter uns wieder zu Ehren gekommen (vgl. z. B. E. Käsemann, Zum Thema der urchristlichen Apokalyptik, in: EVuB II, S. 105 ff.). Im einzelnen mögen wir dem Text gegenüber unsere Vorbehalte haben. Ist er ein – jüdisches? urchristliches? – apokalyptisches Flugblatt? Redet hier überhaupt das Spätjudentum? Oder hat die Urchristenheit ihre eigene Welterfahrung Jesus in den Mund gelegt, so daß wir zu prüfen hätten, ob hier eine Deutung der (End-) Geschichte vorliegt, die aus der wirklichen Begegnung mit Christus erwachsen oder aber zugleich aus jüdischer Zukunftserwartung und eigener Erfahrung gespeist – um nicht zu sagen: zusammengebastelt – worden ist. Man sollte sich nicht dagegen wehren, daß hier Überlieferungsgut spätjüdischer Apokalyptik – seit Daniel – in die urchristliche Gegenwarts- und Zukunftsschau eingegangen ist. Daß Jesus selbst überkommene Vorstellungen solcher Art bewußt abgestoßen und aus seinem Denken und seiner Predigt verbannt habe, dies zu behaupten – oder gar beweisen zu wollen – würde viel Mut erfordern. Daß, umgekehrt, die apokalyptische Rede so, wie sie hier steht, von Jesus nicht gehalten worden ist, ergibt sich schon aus den Abweichungen in der synoptischen Überlieferung. Es soll uns nicht übermäßig interessieren, welche der hier überlieferten Worte mutmaßlich auf Jesus selbst zurückgehen (vgl. W. G. Kümmel, Verheißung und Erfüllung, S. 92). Wichtiger ist, daß die gängigen apokalyptischen Aussagen durch Jesus selbst bzw. in seinem Sinne umfunktioniert sind. „Die Apokalyptik verweist auf den Zeiger der Weltuhr: Beim Gesetz ausharren, es dauert nicht mehr lange!" [In diesem Sinne läßt auch die synoptische Apokalypse das „Fahrplan"-Denken erkennen: „noch nicht" (V. 6) – „das ist erst der Anfang" (V. 8) – „sodann" (VV. 10.14.21.23.30).] „Jesus aber setzt seine Hörer akut dem nahen Kommen Gottes aus" (L. Goppelt, ThNT I, S. 108), man kann auch sagen: seinem eigenen Kommen. Denn das, was sich als eine Folge von Ereignissen – im programmartig dargestellten Nacheinander – ausnimmt, wird von den Sätzen geschnitten, die davon sprechen, daß Christus unverhofft kommt und daß darum Wachsamkeit geboten ist (bes. VV. 36–39.42–44.50). Darin sind die Divergenzen zwischen Aussagen der Naherwartung und der Fernerwartung aufgehoben bzw. auf höherer Ebene überboten.

Ist dies richtig gesehen, dann kann das endgeschichtliche „Vorspiel" der Parusie nicht mehr im Sinne eines Programms verstanden werden, an dem Sektierer verschiedener Art herumrechnen und -tüfteln. Haben wir den kommenden Christus vor uns, dann ist *alle* Geschichte zu diesem „Vorspiel" geworden. Jetzt ist Christi Wirksamkeit noch „unter dem Kreuz verdeckt"; alles, was wir nach unserm Text zu gewärtigen haben, ist von daher zu deuten. Am Tage des letzten Kommens Jesu wird diese Kreuzgestalt seines Tuns aufgehoben werden. Bis dahin gilt es „durchzuhalten" (ὑπομένειν, V. 13), in frohem Hoffen und Warten. „Die apokalyptischen Schrecknisse wie Krieg, Hunger, Erdbeben (werden) nicht aufgezählt, um ‚Vorzeichen' des Endes zu nennen, sondern um die Wesensgestalt des dem Ende entgegenführenden Geschichtsablaufs zu kennzeichnen. Die Glaubenden sollen nicht auf die Schreck-

nisse starren, sondern wissen: Dies muß alles geschehen ...; wichtig ist nur, wachsam
auf das Kommen des Herrn zu warten" (Goppelt, a. a. O., S. 109).
Bereit sein für das Kommen des Herrn – (1) *in der unruhigen Welt,* (2) *in der angefochtenen Gemeinde,* (3) *unter dem ausgebreiteten Evangelium.*

I.

Die christliche Gemeinde wartet auf den kommenden Herrn. Wartet sie wirklich?
Es könnte sein, daß trotz der wiedererwachten Besinnung auf „die Zukunft des Gekommenen" im Rahmen einer „Theologie der Hoffnung" in den Gemeinden wenig
von diesem Blick nach vorn zu spüren ist. Hier und da tut die Theologie selbst sich
schwer genug damit, die Botschaft von der Parusie des Herrn gedanklich klar zu
formulieren. Wenn es den mit Jesu Auferstehung neugeschaffenen eschatologischen
„Raum" nicht gibt, der uns mit Jesu Parusie umfangen wird, dann freilich wird ein
Wort wie V. 35 sinnlos; es könnte dann alle christliche Hoffnung nur darin bestehen,
daß die Sache Christi weitergeht: in der alten Welt, unter den Bedingungen, unter
denen – wir werden es sogleich noch hören – Geschichte nun einmal geschieht, in
der Wirklichkeit also, in der „der letzte Feind" (1. Kor. 15,26) auch das letzte Wort
hat. Halten wir uns damit nicht weiter auf. Versuchen wir lieber nachzubuchstabie-
ren, was der Text selber zu sagen hat. Wie sich Jesu Wort, so wie es im Zeugnis der
Urchristenheit vorliegt, in unsere Denkschemata einfügt, diese Frage soll uns nicht
bedrängen; was kein Auge gesehen, kein Ohr gehört hat und was in keines Menschen
Herz gekommen ist, das fügt sich sowieso nicht ins Gegebene und Gewohnte – damals
nicht, heute ebensowenig.
Erwartet die Christenheit die eschatische „Horizontverschmelzung", also Christi
offenbares Kommen in unsere Welt und die Verwandlung unserer Welt hinein in
seine Auferstehungswirklichkeit, dann ist damit auf den kritischen Punkt gezielt,
an dem sich der alle unsere Vorstellungen übersteigende Qualitätssprung ereignen
wird. Der Text läßt es deutlich erkennen: was sich bis dahin abspielt, ist nicht eine
mächtige und alles durchdringende Evolution, die die alte Welt allmählich und fast
unmerklich in die vollendete Gotteswelt verwandelt. Man kann sich nur wundern,
wie man dergleichen auf dem Boden der christlichen Kirche je hat denken können.
Gewiß gibt es eine Unzahl – offensichtlicher und wohl noch viel mehr verborgener –
Wirkungen Jesu Christi und seines Evangeliums in der Welt. Man müßte historisch
blind sein, wenn man dies leugnen wollte. Nur läßt sich hier leicht eine Gegenrechnung
aufmachen: Was alles hat dieser Christus und was alles haben seine Nachfolger in
dieser Welt *nicht* vermocht? Es sind wahrhaftig nicht die Schlechtesten, die uns so
fragen, und es stünde uns Christen schlecht an, zu behaupten, wir hätten getan, was
wir zu tun schuldig sind. Nur sollten Texte wie der unsere uns belehren, daß die
neutestamentliche Schau der Geschichte das Heil der Welt weder vom Einsatz der
in der Welt selbst („Fleisch") liegenden Kräfte her noch von einem allmählichen
Einsickern der Wirkungen Christi in diese Welt erwartet. Wie es in der Welt bis zu
Christi Kommen in Herrlichkeit zugehen wird, sagt der Text deutlich genug. Wir
hören es hoffentlich nicht in der Gesinnung des Spießers, den Goethe sagen läßt:
„Nichts Bessers weiß ich mir an Sonn- und Feiertagen / als ein Gespräch von Krieg
und Kriegsgeschrei, / wenn hinten, weit, in der Türkei / die Völker aufeinander schlagen" (Faust I, Vor dem Tor – Osterspaziergang). Hier können nur Betroffene mit-
reden, und in irgendeiner Weise sind wir es alle. Betroffene sind aber immer Mit-
verantwortliche. Es wäre aber eine schlechte Art von Mitverantwortlichkeit, wenn

wir – statt die Welt zu sehen, wie sie ist – von Wunschbildern lebten. Apokalyptisches Denken war auch – trotz des deterministisch klingenden δεῖ (V. 6) – nie darauf aus, uns zu Fatalisten zu machen. Die auf Gottes gnädigen Welterhaltungswillen zurückzuführenden Möglichkeiten weltlichen Handelns sind auszuschöpfen. „Weh dem Menschen, durch welchen Ärgernis kommt" (18,7 b, vgl. aber 7 a). Es gilt auch für unsere politische, gesellschaftliche, wissenschaftliche (usw.) Weltverantwortung: „Wer nun weiß, Gutes zu tun und tut's nicht, dem ist es Sünde" (Jak. 4,17). So wird auch, mitten im apokalyptischen Geschichtsbild, die Staatsmacht als „Gottes Dienerin" ernst genommen (Röm. 13,4).

Anders, wenn jemand aus dem „Reich zur Linken" mit dem Anspruch auftritt: „Ich bin der Christus" und damit sich die Rolle anmaßt, die Jesus allein zukommt (V. 5), das hieße aber zugleich: das Heil auf seine – der Art Jesu entgegensetzte – Weise zu verwirklichen suchte. Die Pseudo-Messiasse, von denen der Text spricht, wollten in Gottes Namen und, wenn möglich, aus Gottes Macht die politische Gewalt an sich reißen und sozusagen mit Gottes eisernem Besen in der Welt Ordnung machen. Beinahe wäre Jesus selbst ein solcher falscher Christus geworden: wenn er auf die Stimme des Versuchers gehört (4,8 f.) oder sich nach dem wohlgemeinten beschwörenden Vorschlag seines besten Freundes das Kreuz erspart hätte (16,22 f.). Heil im biblischen Vollsinn des Wortes wird die Welt nicht, ohne daß der alles überschattende und durcheinanderbringende Konflikt mit Gott bereinigt wird. Die Gemeinde Jesu soll scharfsichtig und kritisch sein gegenüber den in VV. 4 ff. angesprochenen „Verführungen". Wer den echten Christus nicht kennt, ist verständlicherweise anfällig für falsche Christusse (wie Judas und Theudas, Apg. 5,36 f.); wem wollte man das Hoffen verbieten? Es wird nur immer darauf ankommen, daß man auf den Richtigen hofft.

Was auch immer Menschen beunruhigt (VV. 5–7): nichts spricht gegen unsere Hoffnung auf Christus. „Denn das muß so geschehen" (V. 6). Warum, das wissen wir Christen klarer als die vorchristlichen Apokalyptiker. Wir warten auf den Herrn, der am Kreuz gehangen hat und dessen Wirken darum bis zu seinem großen Tage nur dem Dennoch-Glauben erkennbar ist. („Wie kann Gott das zulassen?", könnte, wie so oft, auch hier gefragt werden; die Frage, aus wie harter Not heraus sie auch gestellt sein mag, kann nur solange aufkommen, als der gekreuzigte Gott noch nicht erkannt ist.) „Wenn ihr das seht, laßt euch nicht aus der Fassung bringen!" (semitische Konstruktion, vgl. Gesenius-Kautzsch, Hebr. Grammatik, § 159,2; 164,1). Hinter allem, was in der großen Weltgeschichte und in meiner kleinen persönlichen Geschichte geschieht, steht, zum Kommen bereit, der Herr. Auf die Frage, wann die ersten Zeichen seines Kommens erkennbar werden, antwortet er nicht. Er mahnt nur zur Wachsamkeit, zur Zielsicherheit, zur Nüchternheit, zur Beharrlichkeit und Geduld. Was immer uns bedrängen mag, es spricht nicht *gegen* sein Kommen, sondern *dafür*. Wir haben unter allen Umständen Grund zur Vorfreude; auch unsere letzte Stunde wäre nur der Anfang des großen Tages Jesu Christi.

2.

Brodelnde Welt – sichere Kirche? Nichts falscher als dies. Die Kirche ist keineswegs ein exemter Bereich der Unangefochtenheit. Das Kreuz ihres Herrn ist eines ihrer Merkmale. Zugleich sieht sie in allem, was auf ihr lastet, Zeichen seines Kommens. Für sie selbst: Gelegenheiten zur Bewährung des Glaubens. „Durchhalten bis ans Ende."

Wenn es wirklich so ist, daß Jesus sich – V. 1 – in aller Form vom Tempel distanziert, dann jedenfalls nicht in dem Sinne, daß dieser zwar zum Untergang bestimmt ist, die Kirche jedoch sich der Ruhe und Geborgenheit freuen darf. „Wer nicht sein Kreuz auf sich nimmt …" Die Zerstörung des Tempels deutet darauf hin, daß man sich vor Gott nicht abschirmen kann, auch nicht in der Religion. An Christus entscheidet sich Israels Geschick wie das Geschick aller Menschen. Nicht unser frommes Sein rettet uns, sondern sein gnädiges, mächtiges Kommen.

„Seht ihr nicht das alles?" – Natürlich sehen sie es! – sie haben ja soeben selbst ihren Herrn auf die Gebäude des Tempels bzw., wie man οἰκοδομή auch übersetzen kann (Bauer, WB unter Ziff. 1), auf die (seit 20 v. Chr.) dort noch immer im Gange befindlichen Bauarbeiten hingewiesen. Wenn man nicht an eine zufällige oder (schon bei Markus) aus der redaktionellen Arbeitsweise des Schreibers zu erklärende Unebenheit denkt, dann könnte die Frage, die Jesus den auf den Tempel Hindeutenden stellt, so etwas wie eine sanfte Aufforderung sein: „Ja, seht ihr selbst es euch nur genau an! Was hier seit 50 Jahren mit größtem Aufwand errichtet wird, wird zerstört werden; nicht ein Stein wird auf dem andern bleiben." Die Jünger lassen sich durch die Pracht des Tempels imponieren. „Wer nicht das Heiligtum in seiner Bauausführung gesehen hat, der hat niemals einen Prachtbau gesehen" (b. Sukka 51 b). Ein Marmorbau mit 162 korinthischen Säulen, auf dem Dach Goldplatten (23,16 f.); gewaltig schon, vom Kidrontal aus gesehen, die Fundamentmauern. Alles zur Ehre Gottes und als gleichnishafte Vorausdarstellung der himmlischen Gottesstadt? – oder zur genießerischen Selbstdarstellung menschlichen Frommseins bzw., nach Christus, einer ecclesia triumphalis? Nicht, daß wir unsere Kirchen und Dome niederreißen sollten. Der Raum, den wir um den in den Gnadenmitteln handelnden Gott und die von ihm „ergriffene" (Phil. 3,12) Gemeinde bauen, kann und soll anschauliche Verkündigung des kommenden Gottes und gestaltetes Lob dieses Gottes sein, in beiden Fällen Gebärde, die auf das Eigentliche *hinweist*, es aber selbst *nicht ist*. Die Zerstörung des Tempels ist nicht nur Gericht über die, die „nicht gewollt" haben (23,37), sondern auch Hinweis auf das Ende dieses Äons – und darin auch der „Religion", sofern man sie als fromme Leistung der Menschen versteht. Im himmlischen Jerusalem wird es keinen Tempel geben, weil Gott selbst und Christus, „das Lamm", der Tempel ist (Offb. 21,22). Die Jünger – die von damals und von heute – müssen umlernen. Der Zusammenbruch ekklesialer Pracht deutet auf das Kommen des Herrn. Also auch hier nicht Evolution, in der die Kirche in der Welt mehr und mehr an Raum und Resonanz, an Einfluß und Wirkung, vielleicht gar an Macht und Glanz zu gewinnen hätte. Also auch hier nicht die Garantie, daß wir als Christen in der Welt leben könnten wie in Watte gepackt, als hätte der Herr uns, gerade uns, von der Kreuzesnachfolge dispensiert. Die Predigt vermeide jede falsche Märtyrerpose; man kann nur dankbar dafür sein, daß uns ein so „ruhiges und stilles Leben in aller Gottesfurcht und Ehrbarkeit" (1. Tim. 2,2) gegönnt ist. Aber man muß sich auch wundern, daß es so viele Christen gibt, die jedes bißchen Zugluft als etwas „Seltsames" empfinden (1. Petr. 4,12) und sofort kalte Füße kriegen. Wie es in der Kirchengeschichte zugehen wird, sagt der Text in den VV. 9–12 deutlich genug, und es hat sich inzwischen – in allen Jahrhunderten – bewiesen, daß hier, im Text, wirklichkeitsnah geredet ist. (In welchem Maße ist die christliche Gemeinde mit der Geschichte der Kirche vertraut? Ist uns mit dem Wissen um Vergangenes auch das Augenmaß für Gegenwart und Zukunft verlorengegangen?) Die Anfechtungen kommen von „außen": verhaßt sein in der Welt, ausgeliefert werden in Drangsal, vielleicht zum Märtyrertod gefordert (V. 9). Soll man sagen, daran werde die Kirche nur erstarken? Gegeben hat es das, aber eine innere Gesetzmäßigkeit liegt hier nicht vor. Im Gegenteil, wir werden darauf gefaßt gemacht, daß zu dem Druck von außen die Anfechtungen von „innen" kommen. Menschen werden am Evangelium irre (revidierter Text: sie „erliegen der Anfechtung", nach dem Urtext eigentlich: die „Falle" wird ihnen zum Verhängnis). Die eben noch zur Gemeinde gehörten, werden zu Verrätern und Hassern. Schlimmer noch: Es treten – selbstverständlich im Namen Gottes – falsche Propheten auf; die Kirche wird durch den Irrtum in den eigenen Reihen gefährdet. In ihr nimmt die „Gesetzlosigkeit" überhand, ein immer weiter um sich greifendes Ausbrechen aus den guten, lebensbewahrenden Ordnungen Gottes und – im Zusammenhang damit – ein allgemeines (πολλοί) Erkalten der Liebe. Geistlicher Totalausverkauf? Ein Irrewerden aller? Eine letzte Bedrohtheit, in der jeder meint, nur sich selbst der Nächste zu sein? V. 22 läßt erkennen, wie stark wir alle in Gefahr sind. Menschlich gesehen eine deprimierende Prognose für den Weg der Kirche durch die Welt. Wird sich alles auflösen? „Wer aber beharrt bis ans Ende ..." Dies also kann und wird es geben. Man kann sich nur wundern, daß die so ungünstig kondizionierte Kirche bisher durchgehalten hat. Der Glaube weiß, woher es kommt.

Überwältigende Erfahrung: in Situationen, in denen die Seinen am Ende waren, hat Christus oft erstaunliche neue Anfänge gesetzt. Die Kirche braucht nicht auf Erfolge und sichtbare Siege in ihrer aufweisbaren Geschichte aus zu sein. Das „Ende" (V. 13), das sie vor sich sieht, ist das Offenbarwerden der allumfassenden Macht Christi. Wann immer Christus kommt, er kommt nicht zu spät. Die Zukunft der Kirche ist sein „Zukommen" zu ihr und zu aller Welt.

3.

Zu den nicht fortdenkbaren Merkmalen der Endgeschichte, also der Geschichte zwischen Jesu Erhöhung und seiner Parusie, gehört die Predigt des Evangeliums – „dieses" Evangeliums vom Reich, das mit Jesus in der Welt angebrochen ist und mit seinem Kommen in Herrlichkeit offenbar werden wird. V. 14 ist matthäisches Sondergut, aber nur der Formulierung nach (vgl. dazu 28,19); in der Sache sagt Markus (13,10) dasselbe, und man kann sagen, daß auch Paulus seinen Apostolat von ebendaher versteht: seit Christi Erscheinen währt die Zeit des „Glaubens", der aus dem Hören kommt (Röm. 10,17), so daß es nun gilt, das Evangelium zu predigen, um eben den Glauben aufzurichten (Röm. 1,1.5) in der vorgerückten Weltstunde (Röm. 13,11 f.). Von der Ökumene spricht der Text, der gesamten bewohnten Welt. Zur Signatur der Zeit zwischen Jesu erstem und letztem Kommen gehört also die *Weltmission*, und zwar als „Heroldsdienst" am Evangelium. Der Universalität der Herrschaft Christi entspricht die ökumenische Weite der Verkündigung des Evangeliums. Es bleibt dabei: die Kirche wird keine Macht in der Welt sein, wenn sie bei ihrer Sache bleibt; sie wird nicht weltliche Mittel einsetzen, um dem, was ihr aufgetragen ist, Geltung zu verschaffen. Sie predigt das Evangelium vom Reich Gottes – das ist alles. Und dies „zum Zeugnis für alle Völker". Man hat „Zeugnis" so verstanden, als solle damit die Schuld der Völker festgestellt werden, etwa im Sinne von Joh. 15,22 (vgl. ThWNT IV, S. 508ff.). Mit W. Trilling (Das wahre Israel, ³1975, S. 128) möchte ich für ein „positives Verständnis" eintreten: allen Völkern soll, zu ihrem Besten, das Evangelium bezeugt werden. Seit Deuterojesaja weiß man: Gottes Herrschaft wird die ganze Erde umspannen (Schnwd. z. St.). Und nun beachte man: Gott gewinnt sich die verlorene Welt zurück mit seiner „guten Nachricht", mit dem Angebot seiner Liebe und mit dem in dem Evangelium bezeugten Werk seines Sohnes Jesus Christus. Und man wundere sich: Einer Welt, in der es so zugeht, wie der Text es

beschreibt, läßt Gott sein *Evangelium* verkündigen. Und eine Kirche, die so anfällig ist, wie wir eben gehört haben, ist Empfängerin und zugleich Botschafterin dieser frohen Kunde. Unser Text bezeugt den in seiner Liebe und seinem Rettenwollen unbeirrbaren Gott! Was auch immer „geschehen muß" (V. 6), weil die Welt so ist, wie sie ist: die Worte Jesu – das Evangelium – vergehen nicht (V. 35). Gott erhält alle seine Zusagen aufrecht, und er begegnet der in der apokalyptischen Zusammenschau erkennbaren Heillosigkeit mit seinem umfassenden Heilswillen.
Freilich wird damit dem, was die Welt in Unruhe hält, auf eine sehr ungleiche Weise entgegengetreten. Was soll gegenüber dem, wovon die VV. 4–8 und 9–12 sprechen, das gepredigte Wort? Es wäre verständlich, wenn Menschen den sofortigen Eintritt der Parusie begehrten und damit die Beseitigung alles Verwirrenden und Bedrängenden durch den Einsatz göttlicher Allmacht. Man denke an den Notschrei der Verfolgten aus dem letzten Buch der Bibel: „Herr, … wie lange noch?" – Man könnte zurückfragen: Wie, wenn Christus uns nicht Zeit gäbe zum Hören, Verstehen, Annehmen, Verarbeiten seines guten Wortes? Wie also, wenn er einer unvorbereiteten, in ihrer Sünde verfangenen, zum Glauben unfähigen Menschheit schlagartig vor Augen stünde mit dem Einsatz seiner alles Böse niederwalzenden göttlichen Allmacht? Wir brauchen uns nicht auszumalen, was dann wäre. Die Frage wurde nur gestellt, um deutlich zu machen, wie gut es ist, daß uns Zeit gegeben wird zu einer Geschichte des Glaubens – und, wenn wir wollen, des Unglaubens –, in der sich die letzte Begegnung mit Christus als dem Menschensohn vorbereitet, in personaler Freiheit und Verantwortung. Die Predigt des Evangeliums gehört hinein in die Herzensgeschichte, die Christus in uns auslöst. Käme Christus als himmlischer Welteroberer, dann wäre kein Raum mehr für ein freies Ja des Glaubens. So aber ergeht an uns das unsere Entscheidung verlangende und – wenn es nach unserm Herrn geht – unsere Gegenliebe weckende Liebeswort Gottes, das in Christus Gestalt gewonnen hat. Wenn Christus kommt, dann wird nur enthüllt, was heute schon, mitten in den Anfechtungen unseres täglichen Lebens, im Glauben realisiert ist. „Durchhalten bis ans Ende": das ist dann die Bewährung des Glaubens, der sich trotz allem, was geschehen mag, von Christus gerufen und gehalten weiß. Wenn er kommt, sollen wir ihm nicht als einem Fremden begegnen, sondern als dem ersehnten und geliebten Herrn.

3. Sonntag im Advent. Luk. 3,1–14

Während sich Markus jeder Zeitangabe enthält (1,2.4) und Matthäus darin ganz unbestimmt bleibt (3,1), liegt Lukas an chronologischer Präzision und damit an Einordnung der Täufer- (und Jesus-) Ereignisse in die große Weltgeschichte (Synchronismus). Regierungsantritt des *Tiberius*: 19.8.14. Je nach Zählweise kommen wir auf das Jahr 28/29 oder 27/28. *Pontius Pilatus* (ἡγεμονεύων ist terminologisch nicht ganz korrekt, aber im NT üblich – s. Konkordanz –, kommt auch bei Josephus vor): 26–36. *Herodes Antipas*: 4 v.–39 n. Chr. *Philippus*: 4 v.–34 n. Chr. Für *Lysanias* (Abilene ist das Bergland westlich von Damaskus) sind uns Zahlen nicht bekannt. *Hannas*, 15 von den Römern abgesetzt, auch danach noch von großer Macht. Der amtierende Hohepriester *Kaiaphas* war sein Schwiegersohn.
V. 2: Prophetenberufung (vgl. 1,80). Manche meinen, Johannes sei vielleicht als Kind nach Qumran gekommen („Wüste") und aufgrund seiner Berufung dort ausgeschieden. (Vor „romanhaften Konstruktionen" solcher Art warnt jedoch Vielhauer, RGG³ III,806.) – V. 3: Nach Lukas wirkt Johannes nicht ortsfest, sondern in der περίχωρος τοῦ Ἰορδάνου = כִּכַּר הַיַּרְדֵּן, dem „Jordantal östlich und südlich von Bethel" (Gunkel zu Gen. 13,10f., vgl. 1.Kön. 7,47); die Bemerkung ist „ein Stück Rahmennotiz der Spruchquelle"

(Grdm.). Wer nicht bewußt artikellos übersetzt: „eine Bußtaufe zwecks Sündenver-
bung", wird annehmen, daß hier (wie oft im lukanischen Sondergut) der status constructus
vorausgesetzt ist (semitische Quelle). Schürmann weist darauf hin, daß nach Lukas die
Johannestaufe die Sündenvergebung nicht bewirkt, sondern auf sie hinweist (Kommentar
S. 159). – V. 4ff.: Einführungsformel verrät den gebildeten Autor. Zitat im allgemeinen
nach LXX, ausführlicher als bei Mark. und Matth. V. 6 gibt dem Zitat einen deutlich
evangelischen (σωτήριον) und universalen (πᾶσα σάρξ) Klang (so schon Jes. 40).
V. 7: Die „Taufansprache" (Schürmann) umfaßt Bußmahnung und (von V. 15 ab) Christuszeugnis. Angeredet sind die, die „herausgekommen" sind (vgl. V. 3), und zwar *alle*, nicht
nur (wie bei Matth.) die Pharisäer und Sadduzäer. Das Zorngericht ergeht nicht nur über
die Heiden, sondern auch über Israel, sofern es sich nicht „bereitet" ist (1,17; vgl. Tit. 2,14). –
V. 8: Die Umkehr (oder Umsinnung) darf also nicht im Gedanken steckenbleiben, sondern
soll „Früchte" zeitigen (vgl. 6,43f.; 13,6f.9). Im Hebräischen und Aramäischen braucht
man nur den ersten Buchstaben wegzulassen, und aus „Steinen" (אֲבָנַיָּא/אֲבָנִים) werden
„Söhne" (בְּנַיָּא/בְּנִים), ThWNT IV, S. 272. Die VV. 7–9 zeigen Übereinstimmung mit
Matthäus (Q hat also wohl mit Täuferworten begonnen).
VV. 10–14 sind ein katechismusartiges Stück (Bltm., GsTr., S. 155), gewöhnlich „Standespredigt" genannt, was im Blick auf die angeredeten Zöllner und Soldaten zutrifft, während
sonst ja die ὄχλοι allgemein angeredet sind. „Die Forderung des Täufers spricht in eine
Welt, in der die Menschen an der Existenzgrenze leben und sich um Kleidung und Nahrung
sorgen müssen ... (Sie) entblößt den Bußwilligen mit ungewöhnlicher Entschiedenheit bis
auf das Existenzminimum, wenn im Interesse des Entbehrenden und Darbenden das zweite
Unterkleid und entsprechend das nicht zur Sättigung Notwendige abverlangt wird"
(Schürmann z. St.). Sprachliche Eigentümlichkeiten machen es Schürmann wahrscheinlich, daß es sich um Traditionsgut (Q oder S. Luk.) handelt.

Im Sinne des Lukas müßte die Perikope, so lang sie auch ohnehin ist, wenigstens bis
V. 18 reichen. „Der Wirksamkeit des Täufers ist – im charakteristischen Unterschied
zu Markus – alles Eigengewicht genommen: Seine ... Tätigkeit ... kann nur rahmend
als Einleitung und Schluß für das dienen, was (der Redequelle und) Lukas an ihm
wichtig schien: sein Hinweis auf Christus" (Schürmann z. St.). Der Prediger wird,
was die VV. 15–18 wollen, bei den VV. 4–6 mit im Sinne haben müssen. Es kommt
„der Stärkere" (V. 16). So gilt auch die ausführliche Zeitbestimmung, über deren
theologischen Sinn noch zu reden sein wird, nicht nur für das Auftreten des Täufers,
sondern zugleich, ja sogar recht eigentlich, für Jesu Auftreten. Zwar findet sich bei
Lukas nicht die wörtliche Übereinstimmung der Predigt-„Schlagzeile" beim Täufer
und bei Jesus, wie sie Matthäus (3,2; 4,17) behauptet. Aber in der Sache rückt Lukas
beide Männer dicht zusammen. Er unterdrückt nicht, was die Überlieferung (Markus)
über Christus als den Richter sagt (V. 17). Aber er gibt dem Täuferzeugnis doch einen
deutlich *evangelischen* Akzent: „Alles Fleisch wird das Heil Gottes schauen" (V. 6).
Das σωτήριον, das Simeon entdeckte, als er das Jesuskind in den Armen hielt (2,30),
soll aller Welt sichtbar werden. – Daß der Täufer nicht nur die begrenzte Mission
des Vorläufers hatte, sondern – trotz 16,16 – auch zu Zeiten des Lukas noch immer zur
Gemeinde sprach, kann man aus dem Katechismusstück VV. 10–14 erkennen, das,
wie es scheint, für Taufbewerber bleibend von Bedeutung war (vgl. Apg. 2,37; 16,30).
Daß für Lukas Erzählen und Verkündigen nicht zweierlei ist, die Täuferpredigt also,
wie das eben erwähnte Katechismusstück, aktualisiert ist, kann man daran deutlich
erkennen, daß die harte Rede VV. 7ff. nicht, wie bei Matthäus, an die Distinguierten
gerichtet ist, sondern an das Volk. *Jedem* gilt es, der es hört! Darum auch der um-
herziehende Johannes – als gehöre er schon zur missionierenden Kirche (V. 3). Die
Erzählung ist eingeschmolzen in Verkündigung; man kann das traditionsgeschicht-

lich geradezu mit Händen greifen. Wir werden in unserer Predigt hinter das bei Lukas Erreichte nicht zurückgehen dürfen. Der Text will – wie sich das für jede Predigt gehört – Anrede an die Gemeinde *heute* sein.

Lukas hat sich fast ein bißchen zuviel Mühe gemacht mit der Ermittlung der Namen, die für die damalige Geschichte Palästinas von Bedeutung waren und damit den historischen „Ort" bezeichnen für das, was auf den folgenden Blättern darzulegen sein wird. Ist's eine kleine Verbeugung vor „Exzellenz" (1,4) Theophilos, eine apologetische Gebärde? Wenn ja, dann jedenfalls nicht im Sinne opportunistischer Anpassung: Theophilos wird sich sehr umstellen müssen, wenn er die ὄχλοι als seine Brüder ansehen lernen soll. – Oder will Lukas die Personen vorstellen, die im folgenden auf die Bühne treten werden? Es treten gar nicht alle Genannten auf. Übrigens hat keiner von ihnen begriffen, was sich in der Welt zuträgt, in der sie ihre großen Rollen spielen. Einige von ihnen waren dicht dran, aber aufgegangen ist es ihnen nicht. – Man soll der Stelle 3,1f. „nicht zuviel zumuten" (Czlm., Die Mitte der Zeit, ⁵1964, S. 156). Eine „ausgezeichnete ‚Stunde' der *Welt*geschichte" wird nicht konstatiert; „von einer Geschichtstheologie … keine Spur". Das ist es ja gerade, worauf es ankommt: Nicht die Weltgeschichte mit ihrer besonderen Konstellation enthält die Voraussetzung für das, was sich hier von Gott her, als sein σωτήριον, ereignet. Bei *Gott* liegt die Initiative. Er beruft (V. 2). Er kommt selbst (VV. 4–6.16). Durch *Gott* wird dieses 15. Regierungsjahr des Tiberius zur „ausgezeichneten Stunde". *Darum* muß festgehalten werden, wann und wo sich „das Heil Gottes" ereignet hat. Das Evangelium ist keine zeitlose Wahrheit. Verstünde man den Satz, daß Gott Liebe ist, im Sinne einer zeitlosen Wahrheit, dann könnte man sich den Hinweis auf Tiberius, Pilatus und die anderen sparen. Auch dann würde uns übrigens die Zeitangabe nicht zu interessieren haben, wenn das, was sich zwischen Gott und mir ereignet, ausschließlich Sache des jeweiligen Augenblicks wäre. Der Enthusiast kann auf das neutestamentliche Ein-für-allemal (ἐφάπαξ) verzichten; ihn redet die unhörbare Stimme Gottes je heute an. Beim Christen ist es anders. Das, was sich je heute – in der Begegnung Gottes mit uns – ereignet, beruht auf dem und enthält das, was sich einst ereignet hat. Darum kommt Pilatus im Credo vor! Was Gott zu unserm Heile getan hat, ereignete sich *in* den Ereignissen der Weltgeschichte, in sie hineinverleibt. Nicht *alle* Geschichte ist Heilsgeschichte, wie Hegel meinte – und seine theologischen Nachfolger. Aber wie von den vielen Broten, die es auf der Welt gibt, einige konsekriert und damit für des Herrn sakramentales Handeln benutzt werden, so wird hier ein Stück Weltgeschichte „ausgesondert" zur Heilsgeschichte. Wie in der Hostie, so erkennt auch in diesem Stück Geschichte nur der Glaube den anwesenden und handelnden Gott. Aber eben zu solchem Glauben werden wir aufgerufen. *Erkennt doch die Stunde Gottes! Sie verlangt* (1) *Umkehr zum kommenden Gott,* (2) *Umkehr mit spürbarem Ergebnis,* (3) *Umkehr im täglichen Leben.*

I.

Ein Prophet wird berufen (V. 2, vgl. 7,26), erstmals, seit mit Maleachi die Prophetie erloschen ist. Es geschieht etwas zwischen Gott und den Menschen; Himmel und Erde geraten in Bewegung. Gott redet wieder, mehr noch: er *kommt.* Die Weltepiphanie Gottes, die Deuterojesaja erwartete, ereignet sich nun: „Alles Fleisch wird das Heil Gottes sehen." Auf einer Prachtstraße kommt Gott zu seinem Volk. Die Berge abgetragen, die Täler ausgefüllt – und dies in der Wüste: für damalige Zeit ein technisches Wunder, dessen Menschen nicht mächtig sind. So müssen wir Jes. 40 verstehen: es geschieht das Unmögliche. Aber es ist ja auch nicht daran gedacht, daß *Menschen* dieses Kommen Gottes ermöglichen; angeredet sind ungenannte *himmlische Mächte*. Ohne Bild geredet: Dieses Hervortreten Gottes aus seiner Verborgenheit, die Inbesitznahme seiner von ihm abgefallenen und darum heillosen Welt, ihre Salvierung und Sanierung – dies alles ist ein so unerhörtes, grundstürzendes Geschehen, daß man, wenn es wirklich geschieht, von der Realisierung des Menschenunmöglichen reden muß. Advent: dieses Unerhörte ereignet sich.

Was bedeutet dieses Kommen Gottes für uns? Das alte Evangelium des Sonntags läßt vermuten, daß der Täufer anderes erwartet hat, als im Kommen Jesu tatsächlich geschehen ist. V. 6 unserer Perikope deutet darauf, daß er nicht mit der Verhüllungsgestalt der Heilsoffenbarung gerechnet hat. Damit hängt das andere zusammen: Wo bleibt die Axt, die Worfschaufel, das Feuer? Die Johannestaufe dürfte gemeint sein als ein Akt der „Zubereitung des ganzen Menschen für die Begegnung mit dem kommenden Richter" (E. Schlink, Die Lehre von der Taufe, 1969, S. 20). Man muß genau hinsehen: „Bußtaufe mit dem Ziel, daß es zur Sündenvergebung kommt" (so suchen wir das εἰς zu umschreiben), das ist noch nicht die Christustaufe, die den Geist und damit die Totalerneuerung bringt (V. 16). Aber das scheint doch gemeint zu sein, daß die Johannestaufe vor dem Zorn des hervortretenden Richters bewahrt. Dies kann sie nur, wenn es zur Umkehr kommt zu dem kommenden Gott. „Umkehren" (שׁוּב), das heißt: die Richtung ändern, sich auf einen anderen Punkt zubewegen. „Umsinnung" (μετανοεῖν) wäre, wie das Wort sagt, zunächst ein noëtischer Vorgang, der die Reue einschließt, aber auch eine neue Beurteilung der gesamten Existenz und damit auch eine neue Ausrichtung alles Tuns. So rücken der atl. und der ntl. Begriff ganz eng zusammen. Der Täufer erneuert den Ruf der alten Propheten, zu Jahwe umzukehren, in der Naherwartung des Kommens Gottes: „Bekehrung, Bruch mit der gottlosen, sündigen Vergangenheit, Hinwendung zu Gott, weil Gott, geschichtsmächtig wirksam, sich zu den Menschen wendet, … Wandlung des Wesens von innen heraus; Bewährung der Wandlung in der Ganzheit eines entsprechenden Lebens" (ThWNT IV, S. 995 f.).

Während bei Markus (1,3) das Deuterojesajazitat unverbunden im Raum steht, mottoartig, also ein Verständnis im Ursinn des Wortes zuläßt, gibt Lukas dem Wort eine neue Bedeutung. Der Weg soll nicht mehr in der Wüste gebahnt werden, sondern die Stimme – des Täufers – wird in der Wüste vernehmbar. Und die Wegbereiter des kommenden Gottes sind nicht mehr die Himmlischen, sondern die hier angeredeten Menschen (EKG 9, Wochenlied). „Bereitet den Weg des Herrn." Nicht, *damit* er komme, sondern *weil* er kommt. Es liegt viel daran, daß die Motivation klar ist. Unser Bahnmachen – gesetzt, wir rafften uns spontan dazu auf – könnte Gott nicht herbeiholen oder gar -zwingen. Es würde kaum besser, wenn wir uns – nicht selten wird uns dies empfohlen – einredeten: unser Bahnmachen eben *sei* sein Kommen. Dieses aus verbreiteter Gott-Verlegenheit entspringende bzw. ihr entrinnen wollende Koinzidenzdenken würde uns auch nur wieder unter die Pression des Gesetzes stellen. Nein, es liegt ganz bei ihm, ob er kommen will oder nicht. Aber *wenn* er sich seiner abtrünnigen Welt zuwendet und ihr sein „Heilsames", sein „Helfendes", „Rettendes" – so das merkwürdige Neutrum in V. 6 – zuteil werden läßt, dann ist es allerdings ein Unding, daß wir bleiben, wie wir sind. Wenn Sünde nicht bloß ein Danebengreifen ist, eine moralische Unregelmäßigkeit, ein Schwachwerden gegenüber dem Verlockenden, ein Mangel an Mut zum Tun und Durchstehen des Rechten (usw.), sondern ein Leben im Abgewandtsein von Gott („sie kehren mir den Rücken zu und nicht das Angesicht", Jer. 2,27): dann kann unser unqualifiziertes, abfälliges Leben nur unter der Fiktion der Abwesenheit Gottes gedeihen. Das eigentlich Sündige an unserer Sünde: wir nehmen Gott nicht ernst. Irgend etwas in uns flüstert uns ein: Es „gibt" ihn ja doch nicht. Seine Verborgenheit scheint solchem Flüstern recht zu geben. Aber man täusche sich nicht: Auch wenn die Existenz Gottes theoretisch gesichert wäre, wäre unsere Gottesaversion damit noch nicht überwunden. Daß es einen Gott gibt, wissen auch die Dämonen (Jak. 2,19). Auch wenn Gott in unserm Denken fest verankert ist, sündigen wir – indem wir von Gott „absehen", ihn „einklammern". Es ist eben zweierlei: dogmatisch richtig um seine Allgegenwart wissen – und im Glauben erfahren, wie er personhaft auf uns zukommt! Advent: Jetzt macht er sich zu mir auf! Er ist zu mir, zu uns, unterwegs! Er wendet sich seiner Welt zu, kommt auf sie zugegangen. Er will gestörte, abgerissene Gemeinschaft wiederherstellen.

Wenn das geschieht, muß es zu einer tiefgreifenden Verwandlung unseres Wesens und zu einer durchgängigen Änderung unseres Tuns kommen. Fast könnte man meinen, der evangelische Charakter des Deuterojesajawortes sei an seinem ursprünglichen Ort noch besser gewahrt als bei Lukas, der die Planierungsarbeiten der Engel ablöst durch ein von uns zu leistendes Werk der Umkehr. Werk? Wenn nur deutlich ist, daß das Kommen des „Stärkeren" das Auslösende und Bewirkende ist, dann hat es mit der uns zufallenden Wegbereitung schon seine Richtigkeit. „Gottes Reich kommt wohl ohne unser Gebet von sich selbst – aber wir bitten in diesem Gebet, daß es auch zu uns komme." Es könnte sein, Gott kommt wirklich, aber wir bauen ihm Hindernisse oder belassen vorsätzlich die bestehenden Sperren. Mancher bezichtigt Gott, zu ihm sei er nicht gekommen; aber er hat ihn nur nicht an sich herangelassen. Wer den Stundenschlag Gottes wahrnimmt und sich sein σωτήριον zueignen läßt, der wird die unsichtbaren Barrikaden gern abbauen. Das im Text gebrauchte Bild ist sogar noch stärker: Täler ausfüllen, Bodenerhebungen abtragen. Wir bedienen uns für die Trassenführung moderner technischer Mittel, die die Alten noch nicht kannten. Lukas kann vom Bahnen des Weges für Gott doch wohl nur so reden, daß er dabei an gewaltige Anstrengungen denkt, an enorme Erdbewegungen, durch die Gott alle Hindernisse aus dem Wege geräumt werden. Kommt Gott zu uns – und es ist ja ein ganz unerwarteter Gnaden- und Liebeserweis, daß er das tut –, dann soll er es nicht schwer haben! (Wie schwer er es dann tatsächlich noch haben sollte, das dürfte der Täufer noch nicht gewußt haben; es sei denn, wir halten uns an Joh. 1,29, doch sei dies hier nicht erörtert.) Der kommende Gott will Menschen, die für ihn offen sind. Darum der Ruf des Täufers – und des Predigers an diesem dritten Adventssonntage – zur Umkehr.

2.

Die christliche Gemeinde ist an diesem Sonntag auf solche Gedanken eingestellt. Die „Zweiglein der Gottseligkeit" sind an gewohnter Stelle angebracht. Wer wollte etwas dagegen haben? Nur, es könnte uns so gehen wie denen in der Jordanaue. Sie begehren die Johannestaufe, sie bejahen damit die Notwendigkeit der Umkehr. Damals, in den Tagen des Täufers, geradezu eine Erweckung; zu des Lukas Zeiten mindestens eine interessierte Kirchlichkeit. Viel guter Wille, dort wie hier. Aber die Leute werden, als sie am Jordanufer ankommen, mit einem Hagelwetter empfangen. „Ihr Schlangenbrut, wer hat euch weisgemacht, ihr könntet dem künftigen Zorn entfliehen?" Lukas hält es für angebracht, nicht nur selbstsichere Musterfromme so

anreden zu lassen, sondern *alle*, also auch die, die ihre Bußwilligkeit bekunden, im
Strom der Erweckungsbewegung mitschwimmen, (lukanisch gedacht:) sich als gute
Kirchenchristen fühlen und insoweit mit dem lieben Gott im reinen sind. Der Text,
wie er uns vorliegt, will, daß wir uns nicht in dem Irrtum beruhigen, die fällige Buße
sei durch Übernahme und Ableistung irgendwelcher „kirchlicher" Pflichtübun-
gen abgegolten. Das ist das Gefährliche an unserer Kirchlichkeit, daß wir Gottes
helfendes, rettendes Tun uns gefallen lassen, um auf diese Weise – Gott auszuweichen.

Jetzt droht ein Kurzschluß. Man könnte sagen – und leider *wird* das auch oft gesagt –,
hier zeige sich eben, daß es mit den sogenannten Gnadenmitteln der Kirche nichts
sei und daß man besser, um allem Selbstbetrug zu entgehen, auf alle Kirchlichkeit
verzichte. Wer so denkt, hat zwar, wie es scheint, begriffen, daß Gott uns für sich
fordert, und zwar nicht nur in unserm Denken, sondern auch im Wollen und Tun;
er weiß also, daß man sich durch keine fromme Gebärde oder Leistung von letzter
Gehorsamspflicht loskaufen kann. Nur, wer in dieser Meinung heimlich darauf
vertraut, er werde in solcher „Umkehr"-Haltung sein Pensum schon soweit erfüllen,
daß Gott ihn gelten lassen kann, der irrt. Er wird zuletzt nie von dem leben können,
was er für Gott tut, sondern nur von dem, was Gott für ihn tut, das heißt aber: was
ihm im gnädigen Wort zugesprochen wird und was er in den Sakramenten leibhaft
empfängt. – Umgekehrt aber: Sieht sich jemand durch den Gebrauch der Gnadenmittel zu frommer Gottlosigkeit berechtigt, zum Verharren auf seinem alten sündigen
Kurs, etwa gar zum „Zechen auf Christi Kreide" (Luther), so irrt auch er. Durch
nichts will Gott uns fester an sich binden als durch seine bedingungslos vergebende
Güte. Und durch nichts distanzieren wir uns mehr von unserm alten, gewohnten
Leben-ohne-Gott wie eben dadurch, daß wir uns helfen lassen. Gott will uns wirklich
in die Hand bekommen. Es ist ihm ernst damit.

Nimmt man den Text beim Wort, dann liegt das Gefährliche unserer Situation vor
Gott darin, daß wir in deklarierter Umkehrwilligkeit heimlich oder offen eine Heils-
sicherheit behaupten, die den Bußernst Lügen straft. Die Predigt des Täufers fährt
mitten hinein in diese schreckliche Verschränkung von gutem und bösem Willen,
in dieses Ineinander von Umkehrbereitschaft einerseits und Unentwegtheit des alten
Adam andererseits. Das Schlimme ist, daß diese Beharrlichkeit im Bösen nicht nur
hinter der frommen Maske verborgen ist (die könnte man vielleicht herunterreißen),
sondern auch den Willen zum Neuen und Besseren durchdringt. Wir kriegen das
nicht auseinander. „Ich will mich ändern; hilf meiner Unbußfertigkeit" (vgl. Mark.
9,24). – Der Täufer ist unerbittlich. Wir sollten uns nicht einreden, Gott habe uns
nötig. Etwa so: „Wir haben Abraham zum Vater" – Gott gäbe sich ja selbst auf,
wenn er sich von uns lossagte! Noch ein paar Striche trivialer: Der liebe Gott wird
froh sein, wenn überhaupt noch ein paar Kirchenleute zu ihm halten! – Dagegen der
Täufer: Gott braucht euch nicht. Es kostet ihn einen Federstrich (s. o.), und er hat
andere, soviel er will. Ihr hört richtig: aus Steinen kann er Kinder erwecken, denn
es war noch nie so, daß die Zugehörigkeit zu ihm auf den Qualitäten seiner Geschöpfe
beruht hätte, die er bei ihnen vorgefunden hätte. Man kann Gnade nicht verdienen,
aber wohl verscherzen.

Das Wort vom Baum, der abgehauen werden muß, hat Jesus – mit der Variante
eines gnädigen Moratoriums – aufgenommen (13,8f.). Es ist sinnlos, den Täufer
darauf zu examinieren, ob er sich auch hinsichtlich des Zeitpunktes nicht kräftig
irre. Für ihn ist die Erde rund um den Stamm schon aufgegraben, die Wurzeln des
Baumes sind schon freigelegt; das nächste ist der Hieb der Axt. Es geht nicht um

Termine. Ich soll wissen, daß ich, was jetzt fällig ist, nicht vor mir herschieben kann. Und ich soll wissen, daß der durch Christus an mich ergehende große Freispruch nicht bedeutet, daß nicht mehr danach gefragt werde, was ich bin und tue. Im Gegenteil, jetzt soll es nicht nur, jetzt kann es besser mit mir werden. Und umgekehrt: Das Evangelium besagt nicht, die bisherige Warnrede von Gottes Zorn habe sich als blinder Alarm erwiesen und Gottes Gericht falle aus. Es sagt vielmehr: Aus Gottes Gericht sollen wir errettet werden, wenn wir uns nur retten lassen wollen (hierzu auch die Aussagen des Textes zur Christnacht). Gott erwartet „rechtschaffene Früchte der Buße“ – wir umschreiben: einen in konkreten Taten sichtbaren Lebens-„Ertrag“| ($\varkappa\alpha\varrho\pi\acute{o}\varsigma$), der der „Neuorientierung unseres ganzes Wesens“ ($\mu\varepsilon\tau\acute{\alpha}\nu o\iota\alpha$) „angemessen“ ($\check{\alpha}\xi\iota o\varsigma$) ist. Umkehr mit spürbarem Ergebnis, sagten wir in unserer Schlagzeile.

3.

Für den, der die Stunde Gottes erkennt, heißt es: Umkehr im täglichen Leben. Was bisher im Grundsatz zu bedenken war, ist nun zu konkretisieren.

Mag sein, Lukas – oder die Gemeinde, aus der er kommt – hat den Bußruf des Täufers katechetisch umgemünzt (Bltm., GsTr., S. 155 – „eine relativ späte hellenistische Bildung“). Oder aber Lukas hat wirklich Kunde davon gehabt, daß der Täufer von seinen Zuhörern so – oder ähnlich – gefragt worden ist, wie es hier steht. Wir sprechen, mit gewisser Einschränkung (s. o.), von der „Standespredigt“ des Täufers. Der „Stand“ ist der geschichtliche Ort, an dem wir unser Leben zu führen, unser Christsein zu bewähren haben. Buße gibt es nie „nur so allgemein“; sie muß konkret geschehen. Wie, das muß immer neu erfragt werden (Röm. 12,2).

Die Antwort, die der Täufer gibt, ist verblüffend schlicht; so schlicht, daß man einwenden könnte: So große Worte – und dann etwas so Simples! Es könnte sein, in eben dem „Simplen“ liegt die Pointe der Sache. Der Täufer könnte ein tief eingreifendes ethisches, soziales, politisches Programm entwickeln. Er tut dies offensichtlich nicht. Ideale kann man sich vom Leibe halten. Über Lebensprinzipien kann man dicke Bücher schreiben. Über Reformprogramme kann man aufwendige Kongresse halten. Aber da steht unweit des Jordanufers einer, der hat nur ein Unterkleid an (wie etwa Mark. 14,51), aber keinen „Rock“ (Matth. 5,40; 10,10). Den „Rock“ legte man nachts ab (Hohel. 5,3) und deckte sich damit zu. Da steht also einer – ohne Rock. Ich habe zwei. Also bekommt er einen davon. Mit dem Proviant ist es ebenso: ich bin gut versehen, der andere nicht. Die Situation ergibt, was zu tun ist. Kein langes Besinnen, kein Aufschub, sondern sehen, was der Augenblick verlangt. So einfach ist es mit der Umkehr.

Doch die Frage wird komplizierter im sozialen Kontext. *Zöllner* sind verachtet als Betrüger und Kollaborateure. Sind sie so, wie sie sind, aufgrund der „Verhältnisse“ und „Strukturen“, aus denen sie nicht ausbrechen können? Bei den *Söldnern* (wohl des Herodes Antipas) ist es ebenso, ja noch schwieriger. Sollen die Fragen dieser beiden Gruppen Entschuldigungen implizieren: wir können doch gar nicht anders? Müßte man nicht die bestehenden Ordnungen umkrempeln und erst dann von Buße reden?

Unsere Predigt wäre wirklichkeitsfern, wenn wir übersähen, daß bei der Alltagskonkretisierung der Buße die gesellschaftlich-politischen Zusammenhänge von hoher Bedeutung sind. Mit dem Stichwort „Rock“ ist die Frage des Eigentums und der Zivilisation überhaupt angesprochen. „Speise" steht für das weltweite Ernährungsproblem. Im „Zöllner" meldet sich das Problem, welcher „Ort" einem Menschen in der – so oder so gestalteten – Gesellschaft angewiesen und welchen Zwängen er damit unterworfen ist. Beim „Söldner" wird vielleicht am deutlichsten, wie stark ein Mensch vom übergreifenden System determiniert ist, fatalerweise noch – potentiell zumindest – in dem Bereich „Krieg". Uns ist deutlich, daß man an diesen Problemen nicht mit individuellen Bemühungen allein herumbasteln kann, sondern sie im Großen angehen muß. Dem Unmenschlichen in der Welt ist nicht so abzuhelfen, daß man hin und wieder ein Liebespaket schickt oder hier und da ein Werk der Barmherzigkeit tut. Es ist wahr: Strukturen können sich nicht bekehren. Aber sie können, sie müssen geändert werden, damit der Unterdrückung und Ausbeutung, dem Hunger und Elend der Menschen und dem Mißbrauch von Gewalt und Macht in den Grenzen des Möglichen ein Ende gesetzt werde.

Freilich: wie Jesus selbst, so befaßt sich auch Johannes nicht mit dem Problem einer grundsätzlichen Umordnung der Welt. Übersieht er es? Stellt es sich für ihn noch nicht so wie für uns? Andersherum: Ist, worauf es dem Text ankommt, für uns abgetan, weil aufgegangen in den Fragen der Gesellschaftsordnung? Der Täufer läßt seinen Zuhörern nicht Zeit, ihr Leben erst dann neu zu orientieren, wenn einmal die Verhältnisse der Welt andere geworden sind. Was auch immer zu Lasten der derzeitigen Weltgestalt gehen mag, auch ich werde zunächst danach gefragt, wie ich mich *innerhalb des Gegebenen* verhalte. Ich habe mich zunächst nirgendwo anders zu bewähren als an meinem geschichtlichen Ort. Und dies in eigener, unvertretbarer Verantwortlichkeit. Es wäre ein Thema für sich, zu untersuchen, was es für die Gesamtentwicklung der Welt bedeutet, daß da Menschen sind, die sich in ständiger „Umkehr" zum kommenden Gott befinden und ihre in solcher Umkehr wachgewordene Verantwortlichkeit nicht an irgendwelche „Verhältnisse" delegieren. Worauf es hier ankommt, ist dies, daß miese „Verhältnisse" uns nicht in unserer Unbußfertigkeit entschuldigen und optimale „Verhältnisse" – wenn es sie denn irgendwo in der Welt bereits gäbe – die Notwendigkeit der Umkehr im Alltag nicht erübrigen. Keine „Struktur" nimmt uns die tägliche Entscheidung des Herzens ab. Mag sein, daß der Spielraum der Entscheidung spürbar eingeengt ist. Immerhin: der Zöllner kann redlich sein, vielleicht unter schmerzhaften Eingriffen und Verzichten im eigenen Leben (19,8). Der Soldat hat es schwerer, sein Handwerk ist Gewaltgebrauch. Auch wenn er gewiß ist, für die gerechte Sache zu kämpfen, wird ihm, was er zu tun hat, schwer werden, zumal der moderne Krieg nur geringe Entscheidungsspielräume läßt, die er im Sinne des Täuferwortes nutzen kann. Zum Glück: seine vorrangige Aufgabe ist nicht, Krieg zu *führen*, sondern Krieg zu *verhindern*. Gerade so gilt im umfassendsten Sinne: „Mißhandelt, schikaniert, erpreßt niemanden!" (V. 14) – das muß sich jeder gesagt sein lassen, der – unmittelbar oder mittelbar – mit den Instrumenten der Gewalt umgeht, und es wird für den Fortbestand der Menschheit ausschlaggebend sein, wie viele Menschen in ihrem alltäglichen Leben solche Umkehr-Gesinnung und -Praxis sich in persönlicher Entscheidung zu eigen machen. Nein, ganz so „simpel", wie es uns schien, ist das, was wir hier lesen, nicht. Der Täufer selbst hat für solches Ernstnehmen Gottes im Alltag mit Gefangenschaft und zuletzt mit dem Tod bezahlt (3,20; Mark. 6,17–29). Wir hätten nicht begriffen, worum es hier geht, wenn wir darauf lediglich mit der Frage reagieren wollten, was denn dieses Ernstnehmen Gottes bei den wenigen, die es annehmen, für das Ganze der Welt und ihre Fortentwicklung bedeute. *Wenn* es etwas bedeutet: Gott weiß es. Wer von dem Ruf zur Umkehr aber wirklich *getroffen* ist, der fragt nicht: Was trägt es aus, und wie verändert es die Endsumme?, sondern er fragt danach, was bei ihm selbst als Nächstes fällig ist. Keiner braucht weit zu gehen, um herauszufinden, wo in seinem Leben das bevorstehende und immer wieder sich ereignende Kommen Gottes Veränderungen und Entscheidungen nötig macht.

4. Sonntag im Advent. Luk. 1,26–33(34–37)38

Die lukanischen Vorgeschichten, hinsichtlich des Milieus und des Kolorits, auch im Sprachlichen, auffällig jüdisch-palästinensich, zeigen eine offensichtlich bewußt dargestellte Parallelität zwischen dem Täufer und Jesus, so freilich, daß die von Jesus handelnden Partien die anderen überbieten. Ob Lukas oder die ihm bereits vorliegende Tradition ursprüngliche Täufererzählungen christlich umgebildet hat, braucht hier nicht erörtert zu werden (Eva Kraft, Die Vorgeschichte des Lukas, in: Zeit und Geschichte, ed. E. Dinkler, 1964, S. 217ff.). Fallen die Vorgeschichten auch nicht unter die von Lukas Apg. 1,21f. behaupteten Garantien, so doch, abgestuft, unter die von Luk. 1,1–4, wo der Evangelist sich auf „Augenzeugen von Anfang an" beruft (vgl. Schürmann, Lukas, S. 11). Lukas kennt Überlieferungsgut, das in die judenchristliche Urgemeinde zurückweist; Stichpunkte: Jerusalem/ Jakobus (vgl. 1.Kor. 15,7)/Klopas/Armenfrömmigkeit. Ist es wahr, „daß Lukas seine Weihnachtsgeschichte aus der Schau der Mutter Jesu erzählt hat" (Rengstorf, in: Stat crux dum volvitur orbis, ed. G. Hoffmann und K. H. Rengstorf, 1959, S. 15ff.), dann liegt es näher, als in der Literatur meist behauptet wird, daß die vorlukanische Überlieferung in letzten Faserwurzeln auf Maria zurückgeht.
V. 26: Zeitangabe entspricht V. 36 (vgl. V. 24). Gabriel (Dan. 8,15ff.; 9,21ff.) in spätjüdischer Literatur zusammen mit Michael und Raphael zu den höchsten Engeln gerechnet, hat schon die Geburt des Täufers angekündigt (V. 19). Galiläa, Nazareth und das Eintreten eines Erzengels bei einer Jungfrau: drei schockierende Fakten auf einmal. (Über Nazareth und Bethlehem vgl. uns. Ausl. zum 1. Christtag.) – V. 27: Verlobung hat die rechtliche Bedeutung der Ehe, die jedoch bis zur „Heimholung" – der Sitte nach etwa ein Jahr nach dem Verlöbnis – nicht vollzogen wird. Das Kind wird also rechtlich Nachkomme Davids sein, denn es gilt als Josephs Sohn (1,32; 3,23; 4,22). – V. 28: „Man entbietet einer Frau überhaupt keinen Gruß" (Rabbi Sch·muel, Qid. 70a); der Engel durchbricht diesen Brauch. Griechische Grußformel, auch in Palästina geläufig (Apg. 15,23; Jak. 1,1 u. ö.). Das Wortspiel χαῖρε – κεχαριτωμένη funktioniert freilich nur im Griechischen (A. Strobel, Der Gruß an Maria (Luk. 1,28), ZNW 1962, S. 86ff.), während die Deutung: „du hast Gnade bei Gott gefunden" (V. 30) wieder ganz semitisch formuliert ist (vgl. Gen. 6,8; 30,27 u. ö.). – VV. 30f.: vgl. die Parallele V. 13. Über den Zeitpunkt der Empfängnis wird nichts gesagt (anders war es in V. 24). – VV. 32f.: Der Messias ist Nachkomme Davids, vgl. 2.Sam. 7,12–16; Jes. 9,6; Jer. 23,5; 33,15; Röm 1,3; dazu unser Text V. 27. Judäisches Königsritual (Ps. 2,7b) könnte an Adoption denken lassen, nur zeigt V. 35, daß das κληθήσεται die Sohnschaft nicht herstellt, sondern bezeichnet. Die ewige Dauer der Herrschaft dieses Kindes nicht aufgrund von 2. Sam. 7,16, sondern nach Dan. 7,14. – Daß V. 34 im Mund einer Braut unverständlich ist (E. Kraft, a. a. O., S. 217; so auch Bltm., GsTr., S. 321), trifft nicht zu, wenn γινώσκειν Wiedergabe von ידע ist, das auch von Frauen gebraucht werden kann (Gen. 19,8; Richt. 11,39 u. ö.), übrigens in dem (anzunehmenden) aramäischen Original in einem Nominalsatz bestanden haben dürfte (womit auch die Tempusfrage entfiele). Daß die VV. 34–37 nachträgliche Einfügung des Lukas sind (Bltm., a. a. O., S. 321), mag literarisch zutreffen; eine Sachentscheidung ist daraus selbstverständlich nicht abzuleiten (s. u.). Im Unterschied zu Zacharias (V. 18) begehrt Maria kein Zeichen, sie wird es aber bekommen (V. 36) und auch „eilends" wahrnehmen (V. 39). – V. 35: Keinerlei Zeugungsvorgang. „Beschattung" wie 9,34 durch eine Wolke, die die Schechina zugleich andeutet und verhüllt (vgl. Exod. 40,34f.); υἱὸς θεοῦ ist Apposition, die das in Maria entstehende ἅγιον näher bestimmt. – V. 37: Zitat aus der

Abrahamsgeschichte, vgl. hierzu auch Röm. 4,17ff.; Gal. 4,23.29. Was hier gesagt ist, soll durch das V. 36 angekündigte Zeichen bekräftigt werden. – V. 38: Demütige Zustimmung Marias (s. u.).

Der Gemeinde wäre zu wünschen, daß ihr in den Tagen vorweihnachtlicher Unrast soviel Ruhe gegeben wäre, daß sie diesen Text unter dem Hören der Predigt nicht nur durchdenken, sondern auch meditieren kann. Daß ein Text wie dieser uns auch Denkaufgaben stellt, soll nicht geleugnet sein. Aber es wäre schade, wenn die einander verklagenden und entschuldigenden Gedanken des kritischen Umgangs mit einem solchen Text uns nicht zum andächtigen Hören und Schauen kommen ließen. Die Predigt wird den Text nachzuerzählen haben, möglichst treu in der Art, in der er selbst erzählt. Daß im Erzählen dabei das Erzählte selbst zum Sprechen käme, dagegen sollten wir uns nicht wehren. Kein Zweifel: die Überlieferung hat das, was sie hier aufbewahren und weitergeben will, gefiltert und gefärbt; dies ist bei diesem Text so wie bei jedem anderen. Wir werden uns ihr in der Hoffnung anvertrauen, daß sie uns auf die von ihr gemeinte *Sache* zurückweist, mit der es der Glaube zu tun hat. Wir kommen an diese Sache weder mit historischen noch mit psychologischen Methoden heran; aber ein Grund, sich mit Wörtern zu begnügen, ist diese Feststellung nicht. Es geht um das fleischgewordene Geheimnis Christi.
Unsere Vorbehalte gegenüber diesem Text wollen wir uns ruhig eingestehen. Sie liegen nicht nur in der herkömmlichen protestantischen Distanziertheit gegenüber allem Mariologischen, sondern in einer gewissen Verlegenheit gegenüber dem „natus ex Maria virgine". Die Klippe zu umfahren wäre leichter. Die eingeklammerten Verse wegzulassen, mag manchem daher als Ausweg ratsam scheinen. Daß Lukas sie formuliert hat, scheint solches Verfahren zu rechtfertigen, nur würde, wer so denkt, einen Arbeitsvorgang am Schreibtisch offenbarungstheologisch überstrapazieren. Mag *Lukas* formulieren – *was* er formuliert, ist ihm vorgegeben. Die Frage, ob dieses Vorgegebene stichhaltig ist oder nicht, bleibt uns nicht erspart. – Die Gemeinde hat ein Recht darauf, klare Auskunft zu bekommen. Die Szene haftet im Bewußtsein der Gemeinde. Wie viele Maler haben sie andächtig dargestellt! *Wie* sie es getan haben – fast durchweg so, daß das lautlose Geheimnis dieses Geschehens zum Ausdruck kommt–, das haftet in der Bildwelt unseres Herzens. Sollten, was die Maler bekennen, die Prediger verschweigen? – Also von hoher Kanzel herab ein rechthaberisches, aufdringliches Bestehen auf dem Dogma der Jungfrauengeburt? Eine allzu große Lautstärke würde nicht nur der Zartheit dieser Perikope widersprechen, sondern müßte uns auch eines theologisch schlechten Gewissens verdächtig machen. Eine innere Entkrampfung täte der Gemeinde und uns Predigern selbst gut. Was die Kirche bekennt, hat ja wirklich nicht den Sinn, unser intellektuelles Gewissen zu malträtieren, vielmehr will es Freude auslösen an den „großen Taten Gottes". Wir sollten uns auch klarmachen, daß es sich bei der Menschwerdung Gottes um ein Mysterium handelt, dem es nicht „beizukommen" und das es nicht rational – also auch nicht mit der Ratio des Dogmatikers – zu „bewältigen" gilt, sondern das als Geheimnis zu wahren ist und auf das man nur hinweisen kann, indem man gleichzeitig warnt: „Tritt nicht herzu!" (Exod. 3,5). Die Zartheit und Keuschheit, mit der uns im Text die Ankündigung der Geburt Jesu erzählt ist, sollten wir respektieren. Eine dogmatische Saalschlacht böte nicht die Stille, die nötig ist, um von dem Geheimnis etwas zu spüren. Damit soll die Wahrheitsfrage nicht abgewehrt, sie soll nur an den gehörigen Platz gestellt sein. Karl Barth wird recht haben, wenn er sagt: „Man könnte ... nicht sagen, daß das Geheimnis der Weihnacht ontisch, an sich, mit

diesem Dogma [der Jungfrauengeburt] stehe und falle. Der Mensch Jesus von Nazareth ist nicht darum der wahre Sohn Gottes, weil er vom Heiligen Geist empfangen und von der Jungfrau geboren ist, sondern weil er der wahre Sohn Gottes ist und weil das ein unbegreifliches Geheimnis ist, das als solches anerkannt sein will, darum ist er vom Heiligen Geist empfangen und von der Jungfrau geboren" (KD I/2, S. 221). Natus ex Maria virgine – das ist ein *Zeichen*, das auf das eigentliche Wunder deutet: Der hier geboren werden soll, also ganzer Mensch sein wird, hat zugleich seinen Ursprung in Gott als „Sohn des Höchsten" (V. 32). In ihm wird nicht eine grundsätzlich immer und überall realisierbare Variante des Humanum verwirklicht, hier tritt auch nicht Gott, was er selbst ist und tut, vorübergehend an einen Menschen ab, so daß ein „bloßer Mensch", mit Gott im Willen eins, dessen Funktionen übernähme (so etwa Paul von Samosata, der übrigens die Jungfrauengeburt gelten ließ!); sondern es geschieht viel Größeres: hier, in dieser Person, verbindet sich das Göttliche mit dem Menschlichen zur vollen Einheit. Auf dieses Mysterium weist das Zeichen. Es fragt sich nur, wer das Zeichen gibt: der aus dem Geist Gottes stammende Glaube der Gemeinde, der das geschehene Gotteswunder der Inkarnation in seiner Sprache be- und umschreibt, – oder Gott selber, der sein „großes" Wunder, das der Inkarnation, von einem signifikanten zweiten, „kleineren" Wunder, der Jungfrauengeburt, begleitet sein läßt. Wir werden am Text (bzw. an den Texten) dieses Entweder-Oder noch im einzelnen bedenken. Aber ich meine, hier sollte ein jeder dem andern das Gewissen freigeben; zu einer letztgültigen Aussage werden wir nicht kommen, solange wir die Wahrheit Gottes nur „im Spiegel" und „im Rätselwort" zu sehen und auszusprechen in der Lage sind. In dieser Freiheit sollten wir – so H. J. Iwand – „möglichst das nachzeichnen, was Lukas hier sagt ... Es wird wichtig sein, daß die Auslegung diesen beiden, dem Engel und Maria, nicht hineinredet, daß sie ‚hört', zuhört und die ... Gemeinde zuhören macht" (Pr.-Med. S. 204).
Auch dies ist ein Christustext. Daß er von Maria erzählt, darf dem nicht entgegenstehen. Aber das Christuszeugnis ist nun tatsächlich in die Szene aus dem „Marienleben" (Dürer) hineinprojiziert. Darum: *Um des Sohnes willen denken wir an die Mutter des Herrn* – (1) *in ihrer Niedrigkeit*, (2) *in ihrer Begnadung*, (3) *in ihrem Glauben*.

I.

Es soll den Malern nicht verübelt sein, daß sie die beiden Gestalten dieser Szene gern auf Goldgrund dargestellt haben. Aber man muß wissen, daß legendäre Überhöhung und Verklärung in der bildenden Kunst wie auch in der Exegese dem Verständnis dessen, was hier erzählt ist, abträglich sein kann. Gott hat „die *Niedrigkeit* seiner Magd angesehen" (V. 48). Die Merkmale des Sohnes, der sich selbst erniedrigte und Sklavengestalt annahm (Phil. 2,7 f.), auch uns zuliebe arm wurde (2. Kor. 8,9), zuletzt der Allerverachtetste war (Jes. 53,3), werden auch am Schicksal der Mutter erkennbar. Die Menschwerdung Gottes nimmt ihren ersten, winzigen, verborgenen Anfang in Galiläa (!), in Nazareth (!), in dem Haus, in dem das Mädchen wohnt und in das der Bote Gottes – guter Sitte zuwider – „eintritt". Eben mit diesem letzten beginnt aber – nicht ein faszinierendes Aufleuchten des Göttlichen in der Niedrigkeit, sondern ein Geschehen, in dem dieses Göttliche noch tiefer in Zweideutigkeit, Unansehnlichkeit und Schande hineinverborgen wird. Was für den Glauben ehrfurchterweckendes Wunder ist, wird mit bloßem natürlichem Auge als kompromittierend angesehen. Luther hat auf diesen Tatbestand, wie er – nicht bei Lukas, aber – in

Matth. 1,18ff. ausdrücklich zur Sprache kommt, in Weihnachtspredigten gern hingewiesen. „Diese heilige Jungfrau kann nicht zu Ehren kommen, wenn sie nicht vorher ist zuschanden worden" (WA 27,483). Sie befindet sich notwendigerweise vor der Welt und auch vor Joseph im Verdacht des Ehebruchs (WA 49,172), da nach damaligem Recht das Verlöbnis sie bindet wie eine Ehe; als Ehebrecherin wäre sie der Todesstrafe verfallen (Lev. 20,10; Deut. 22,22f.). Die Welt sagt, sie sei „ein Hur" (WA 27,483). Jesus wird nach dem Recht ein Sohn Josephs sein (4,22); der Jude heißt nach seinem Vater. Mark. 6,3 aber wird Jesus von den ihn ablehnenden Nazarenern als „Sohn Marias" bezeichnet, abschätzig, entehrend. Der Mischnatraktat Jebamoth (4,13) nennt Jesus „Bastard von einem Eheweibe", und dies ist Tradition aus der Zeit vor dem Jahre 70. Spätere Überlieferung nimmt das auf (Schabbath 104b; Sanhedrin 67a u. a.), und Kelsos weiß aus rabbinischer Tradition (Tosephta Chullin 2,24) sogar den Namen des römischen Legionärs Pantheras, der für die Schande Marias verantwortlich sein soll (Origenes, Gegen Celsus 1,32 u. ö.). Auch bei Samaritanern und Mandäern lautet es polemisch: „Jesus, Sohn der Maria". Daß evangelische Überlieferung erst spät die vaterlose Geburt Jesu offen bezeugt – Matthäus noch mit unverkennbar apologetischer Tendenz –, daß Markus sie, wie wir sahen, nur mittelbar andeutet, die übrigen Schriften des Neuen Testaments nicht davon reden: dies alles ließe sich von daher verstehen, daß damit in der Öffentlichkeit missionarisch nichts zu gewinnen war. Luther hat, von seiner theologia crucis her, richtig gesehen, wenn er von dem Mariensohn sagt: „Er setzt seine Mutter in Schande" (WA 49,172). Von außen gesehen ist, was uns hier erzählt wird, höchst zwielichtig.

Man könnte meinen, desto mehr Glanz müsse dieses Geschehen in das Herz dieses Mädchens bringen. Wenn Maria, so argumentiert man, ein derart eindeutiges Wunderhandeln Gottes an sich erlebt hat, dann muß man annehmen, daß sie sich über das Bekenntnis des Simeon nicht wundert (2,33), das Wort des Zwölfjährigen wohl versteht (2,50), sogleich zu Beginn der Wirksamkeit Jesu klar auf der Seite des Sohnes stehen und darum von Jesus keinesfalls so auffällig distanziert behandelt werden wird, wie die Überlieferung dies behauptet (8,19–21; 11,27f.). Da die Texte solcher Erwartung entgegenstehen, wird man schließen müssen: das hier erzählte Wunder kann sich an Maria nicht ereignet haben. Nur: solcher Scharfsinn sticht nur dann, wenn man sich – petitio principii! – die hier erzählte Szene so vorstellt, wie sie sich, auch nach Lukas, gar nicht zugetragen haben *kann*. Man müßte in das erschrockene Mädchen ein wohlformuliertes Dogma von der Jungfrauengeburt hineinprojizieren. Die Kostümierung des Engels müßte diesen eindeutig als himmlische Amtsperson ausgewiesen haben. Der Szene dürfte nichts anhaften von einem visionsartigen Erlebnis in seiner Unschärfe, Flüchtigkeit und Mehrdeutigkeit (vgl. 2. Kor. 11,14). Oder soll man behaupten, der Gruß des Engels enthebe das Mädchen jeglicher Ungewißheit? Der Erzähler meint, Maria sei erschrocken, ja geradezu „verwirrt" gewesen, die Art dieses Grußes bedeute keineswegs Versicherung, sondern eher Verunsicherung, mindestens habe sie ein inneres Fragen ausgelöst (V. 29). „Fürchte dich nicht!", muß der Engel sagen; die Maler sind, soweit ich weiß, noch nicht auf den Gedanken gekommen, eine verstörte Maria zu malen. – Als der Engel dann ausgesprochen hat, was Gott an Maria und durch sie tun will, erleben wir – in allem uns dem Gang der Erzählung anvertrauend – nicht einen hymnischen Ausbruch von Glaubensgewißheit, sondern, in schüchterner Wortkargheit, nur die Frage, wie dies möglich sein soll. Die Frage ist nur dann sinnvoll, wenn Maria begriffen hat, hier werde Außerordentliches geschehen, das neue Leben werde also zu keimen beginnen, ehe der Verlobte die Braut heimholen wird. Der Engel spricht in ausgeführter Rede; von Maria hört man nur wenige Worte. Auch das „Fiat mihi" am Schluß darf man – wieder im Sinne des Erzählers, denn wir wollen ja nicht psychologisieren – nicht als Fortissimo-Ausklang der Szene verstehen. Es bleibt trotz der Auskunft V. 35 die Notwendigkeit der Vergewisserung. Zwar begehrt Maria nicht das Zeichen – wie Zacharias V. 18 –, aber der Engel stellt es ihr in Aussicht, und der Erzähler läßt an dem „eilends" (V. 39) erkennen, wie sehr Maria an der Vergewisserung gelegen ist. Auch dann, wenn Maria alles so angetroffen haben wird, wie es der Engel vorausgesagt hat, wird die Möglichkeit des Zweifels und der Anfechtung nicht ausgeschlossen sein. Daß eine Frau, der das hier verkündigte Wunder widerfahren ist, künftighin gegen alle Zweifel gefeit und gegen das Skandalon abgeschirmt sein muß, dies könnte nur meinen, wer die Zweideutigkeit dieses Geschehens und dementsprechend auch das Wesen des Glaubens verkennt, wer also, in diesem Falle, einer mariologischen theologia gloriae verfallen wäre. Die Engelerscheinung, das Wort und das bestätigende Erleben können den Glauben ebensowenig erzwingen, wie sie ihn überflüssig machen. Die junge Frau, der das Schwert durch die Seele fahren wird (2,35), wird, was hier an ihr geschehen ist, nicht vergessen (2,19), aber sie wird ihren Weg zwischen Glauben und Unglauben, zwischen fröhlicher Annahme des Geschehenen und dem Ärgernis zu gehen haben.

2.

Auch so und gerade so ist sie die *Begnadete*. So grüßt sie der Engel. Was er ihr zu verkündigen haben wird, ist, was ihre Person angeht, in dem κεχαριτωμένη im voraus zusammengefaßt. Das Perfektum besagt, daß diese gnädige Zuwendung Gottes ihr ein für allemal gilt, als etwas Bleibendes. Die Predigt wird herauszuarbeiten versuchen, worin es besteht. Was Maria aus dem Munde des Engels erfährt, hört sich an wie ein ganz allmähliches, aber zu großer Kraft sich entfaltendes Crescendo. Diese Steigerung betrifft nicht die Mutter – wir sahen es –, sondern den Sohn. „Schon wahr, die Mutter ist groß. Wer kann sie genug loben, wie würdig sie ist? Jedoch: *so* soll man sie loben, daß wir dabei den Sohn nicht zu kurz kommen lassen … Denn nicht die Mutter hat uns gerettet; sie hat nur den zur Welt gebracht, der es getan hat" (Luther, WA 34/II, 499 f.). Mariologie ist sinnvoll nur als Widerschein der Christologie. Auch in der Szene der Verkündigung steht im Mittelpunkt das, was über das zu erwartende Kind gesagt wird.
Wenn Maria ein Kind haben wird, so wird es mindestens rechtlich ein Nachkomme Davids sein. Denn Maria ist mit einem Davididen verlobt. Man legte auf Stammbäume großen Wert, natürlich besonders unter denen, die königlichen Blutes waren (wir erinnern uns – Ausl. z. 1. Advent unter 1) – der Tatsache, daß Verwandte Jesu, als Nachkommen Davids, noch dem Domitian interessant waren). Die alte christologische Formel, die Paulus Röm. 1,3 zitiert, nennt Jesus einen, der nach dem Fleisch aus der Nachkommenschaft Davids stammt. Die Verlobte Josephs hat, in der derzeitigen Lage der Davididen, keinen Anlaß, aus der Familientradition ihres künftigen Ehemanns Ansprüche und Hoffnungen abzuleiten. Die Rede des Engels aber eröffnet ihr ungeahnte Aussichten. Ganz zart beginnt sie. „Fürchte dich nicht, Maria, du hast Gnade bei Gott gefunden." Das in Schrecken und Verwirrung geratene Mädchen erfährt freundlichen Zuspruch, in geläufigen Formeln biblischer Sprache. Gott meint es gut mit Maria, sie braucht keine Scheu zu haben. Mit vielen Menschen hat Gott es gut gemeint, man braucht vorerst nicht an Außerordentliches zu denken. Die Ankündigung der Geburt eines Sohnes könnte, zunächst, ein Vorblick auf die Zeit der

vollzogenen Ehe sein; noch nimmt das Gespräch nicht die große Wendung. Der Name Jesus fällt (vgl. 2,21); auffällig ist auch dieser – verbreitete – Name nicht, nur dies, daß er der Mutter von einem Engel vorgeschrieben wird. *Sie* soll dem Kinde den Namen geben – wie es die Patriarchenfrauen taten, oder aber, weil – unbeschadet der rechtlichen Zugehörigkeit zu Joseph – dessen Kompetenz ausdrücklich negiert sein soll. Ganz allmählich gewinnt das Bild Konturen. „Der wird groß sein" – auch dies läßt das Folgende bestenfalls *ahnen*. Aber dann kommt es: Das Kind aus dem machtlos gewordenen, verarmten Davidsgeschlecht wird durch Gottes Fügung den Thron Davids besteigen! Es klingt wie im Märchen. Den noch nicht Geborenen sieht man im Geist schon in die Davidsburg einziehen; man erlebt vorausschauend schon das Inthronisationszeremoniell und hört die Stimme Gottes: „Du bist mein Sohn" (Ps. 2,7). Ein neuer Davidide auf dem Thron! Irgendeiner? Apokalyptische Erwartung rückt, was wir eben vernahmen, noch in ein neues Licht. Vom Menschensohn-Messias heißt es (Dan. 7,14): „Sein Reich hat kein Ende." Das ist die Zukunft des angekündigten Kindes (V. 33). Hätte es dem unbekannten Mädchen weitab in Galiläa, in dem verrufenen Nazareth (Joh. 1,46), schon schwindlig werden müssen, wenn es an Macht und Pracht des künftigen Königs denkt: jetzt, da dieser König als *der* König der Zukunft angekündigt wird, gewinnt die Rede des Engels die Ausmaße des Unbegreiflichen. Eben dieser, von dem hier die Rede ist, soll Marias Sohn sein! Ganz behutsam drückt der Engel sich aus: Ein ἅγιον wird dieses γεννώμενον genannt werden; der neutrische Ausdruck läßt an das noch kaum im Entstehen begriffene Gebilde denken, das in der Verborgenheit des mütterlichen Schoßes wachsen soll. Die Apposition artikuliert dann die Gleichung, in der das Weihnachtswunder verborgen ist: dieses heilige „Etwas" ist – „Gottes Sohn". – Es wurde versucht, dem Staunen Ausdruck zu geben, das beim Vernehmen der Engelrede entsteht; so sollen wir den Text lesen.

Maria ist die „Begnadete". Was ihr anvertraut ist, bringt sie nicht aus sich selbst hervor, sie empfängt es. Sie vernimmt das *Wort* als Zusage und Verheißung. Aber darin erschöpft sich das Wirken der Gnade nicht. Zum Wort kommt das, worauf es hinweist: das *Geschehen*. Maria wird Mutter des Sohnes Gottes sein. Dasselbe in bezug auf den Sohn: Was er ist, ist mit dem geschichtlichen Auftrag noch nicht hinreichend beschrieben. „Sohn des Höchsten" wird Jesus *genannt* werden, weil er es *ist*. Denn sein Ursprung liegt in Gott, er ist „des ewgen Vaters einig Kind". Was er *tun* wird, kann er nur deshalb tun, weil er *ist*, was er ist. Maria wird im Verborgenen ihres Leibes ein Menschenkind beherbergen, hüten, versorgen, umschließen und fühlen, das zugleich ein „Heiliges" ist, also nicht dem Sündigen zugehört, sondern auf der Seite Gottes steht. Maria: das Gefäß für diese einmalig-wunderhafte Verbindung Gottes mit dem Menschlichen; das Tabernakel, in dem das Allerheiligste Wohnung nimmt: wahrer Mensch und wahrer Gott.

Wie es dazu kommt? Das Credo sagt es in zwei Sätzen: conceptus de Spiritu sancto – natus ex Maria virgine. Die Präpositionen sind genau zu beachten, sie dürfen nicht verwechselt werden. Religionsgeschichtliche „Analogien" erweisen sich bei genauerem Zusehen als sehr unähnlich. Im Maja-Mythos der mexikanischen Indianer kommt es zur Empfängnis bei einer Jungfrau aus dem Speichel eines Getöteten (RGG [3]III, 1068). Buddha geht als weißer Elefant in den Leib der Maya ein. Zeus zeugt Heroen mit Menschenweibern. Isis stiehlt den Samen des Osiris (G. van der Leew, Phänomenologie der Religion, 1956, S. 108). Wie anders in unserm Text! Nicht die leiseste Andeutung von einem ἱερὸς γάμος. Der Schatten des Heiligen Geistes wird über Maria hinweggehen wie die Wolke, in der sich die geheimnisvolle Gegenwart Gottes verbirgt. So sagt es der Engel. Aber man erfährt nicht, wann sich dies ereignet. Nicht einmal von einem von Maria wahrgenommenen Augenblick des Erlebens solcher Gottesnähe wird berichtet; nur, daß – wie wir sahen – Maria sich beeilt, sich dessen zu vergewissern, was der Engel ihr von Elisabeth gesagt hat. Mehr erlebt sie nicht. Keuscher, zurückhaltender, scheuer kann man von diesem Geheimnis nicht reden!

So trifft es wohl auch das hier Gemeinte, wenn wir nicht von einem Zeugungsakt, sondern von einem Schöpfungsakt reden. Nicht in dem Sinne also ist das Geschehen zu deuten, als sollte Gott erst von jetzt an einen Sohn haben. Daß sich das „natus ex Maria virgine" mit der Ewigkeit des Sohnes und seiner Präexistenz stoße – wie man nicht selten zu lesen bekommt – setzt den textwidrigen Zeugungsgedanken voraus. Gemeint ist, daß auf wunderbare (nicht beschriebene) Weise der ewige Sohn sich ins Menschliche hineingibt, eben in das im Entstehen begriffene Leben dieses angekündigten Kindes. Wie soll man es ausdrücken? Welches Wort würde die Sache treffen? Das Wunder ohnegleichen geschieht: Gott und Mensch werden eins in dem, was Maria widerfährt, und sie wird zum Organ für dieses Wunderhandeln Gottes. Darin ist sie begnadet wie nie ein anderer Mensch.

3.

„Mir geschehe, wie du gesagt hast." Damit stimmt sie glaubend dem zu, was Gott mit ihr vorhat, wie überraschend, wie unverständlich, wie unheimlich ihr auch immer das sein mag, was da auf sie zukommt. „Ich bin des Herrn Magd" – Gott soll über sie verfügen und sich ihrer für sein Heilswerk bedienen, wie er sie braucht. Ist sie $\delta o\acute{v}\lambda\eta$, dann geht es nicht nach ihrem, sondern nach Gottes Willen, was auch immer für sie daraus werden mag. Wir sehen Maria vor uns als die *Glaubende*. Noch einmal müssen wir die falsche Vorstellung abwehren, als ob das „fiat mihi", in dieser Stunde gesprochen, ein Leben lang ohne Unterbrechung durchhalten müsse. Maria wäre, wenn es sich so verhielte, die einzige Glaubende, bei der der Glaube in einer kontinuierlichen Linie verliefe, also ohne daß diese Linie aussetzte oder sich nur punktiert fortsetzte. Es kommt noch etwas hinzu. Gerade wenn Maria das Engelwort über den kommenden König so oder so ähnlich vernommen hat, wie Lukas es erzählt, wäre es seltsam, wenn sie nicht ungeduldig hoffend auf die Stunde warten würde, in der der Sohn endlich in königlichem Glanz vor ihr steht. Gerade darin hat der fürs Kreuz Bestimmte sie enttäuscht (noch einmal: 2,35). Aus demselben Lebenskreis, zu dem Maria gehört, werden wir es später vernehmen: „Wir aber hofften, er sei es, der Israel erlösen werde" (24,21). Was hat sie mit dem „Fiat mihi" zugesagt, und wie Schweres wird es da noch zu lernen geben!

Es ist gut, daß Maria nicht als eine aller Anfechtung enthobene Heilige und Vollendete vor uns steht, sondern als die begnadete Sünderin. Indem sie glaubt, ist sie Urbild aller Glaubenden, Urbild der Kirche (Offb. 12). Gott hat sein Heiliges in sie hineingegeben – in Maria, in die Kirche. Leibhaft umschließt und birgt die Kirche das Sanctum. Gott bedient sich ihrer für das, was er an der Welt tun will. Sie ist Organ seines Handelns. Man überhöre nicht: für *sein* Handeln! Wirkt Maria mit, vereinigt sie ihr Tun mit dem Tun Gottes, wird sie zum Heil aktiv? „Mir geschehe …!" Wirklich, es geschieht *an* ihr und *in* ihr; aber was da geschieht, ist *Gottes* Werk. Und was ist ihr persönlicher Anteil daran? Daß sie glaubt. Wohlgemerkt: sie wird uns nicht dargestellt als ein Mensch, der – nicht wissend, was ihm geschieht – willenloses Objekt des Handelns eines anderen wäre. Nicht: irgendein Weib hat ahnungslos ein Kind zur Welt gebracht, und erst hernach stellt sich heraus, was es damit auf sich hat. Maria ist also nicht wie der leblose Fels, aus dem Gott Wasser fließen läßt. Sie ist Person. Sie stellt sich Gott zur Verfügung. Sie übernimmt die ihr von ihm zugedachte Aufgabe. Sie vertraut ihm, wo nach Menschengedanken und menschlicher Erfahrung nichts zu erwarten ist. Sie glaubt dem Gott, der dem ruft, was nicht ist, daß es sei (Röm. 4,17). „Bei Gott ist kein Ding unmöglich" – das nimmt sie dem Engel ab. Was hier geschehen soll, kann nur Gott tun. Aber er wird es auch tun. Sie hält ihm still.

Es ist kein Zufall, daß wir mit dem allem so dicht an den Stellen vom Glauben sind, die das Vertrauen der Gerechtfertigten auf Gottes rettendes Handeln darstellen: Röm. 4; Gal. 4; vgl. auch 1. Petr. 1,23; Joh. 1,13; 3,3. Das Zeichen der Jungfrauengeburt ist gesetzt, weil – das hat K. Barth (KD I/2, S. 187ff.) schön herausgearbeitet – auch die letzte Möglichkeit, das Göttliche aus dem Menschlichen abzuleiten oder wenigstens eine Mitwirkung des Menschen mit Gott zu behaupten, durchgestrichen sein soll. Wohl könnte man sich das Gotteswunder auch als ein Widerfahrnis denken, das *beiden*, Maria *und* Joseph, geschieht. Wir haben gelernt, daß, was Gott tut, den natürlichen Lauf der Dinge nicht unterbricht, Gott also die kreatürlichen causae nicht suspendiert, wenn er in der Welt handeln will, sondern sein Werk tut „in, mit und unter" dem kreatürlichen Geschehen. Aber Barth sieht etwas Richtiges, wenn er darauf hinweist, daß der „Wille des Mannes" (Joh. 1,13), seine Spontaneität und Aktivität, jedenfalls *nicht* das darzustellen vermag, worauf es hier ankommt. Es ist nicht von ungefähr, daß man sich auf den Lippen des Mannes Joseph – wäre er in der Stunde dieses ersten zarten Anfangs aktiv – nicht leicht ein „fiat nobis" vorzustellen vermag, jedenfalls kein solches, wie wir es aus dem Munde der Maria vernehmen. Wir halten die mit diesem Zeichen gezogene Linie aber nur dann ein, wenn wir auch für Maria jeden Gedanken an ein aktives Mitwirken konsequent meiden. Gott wirken lassen – an uns und durch uns: das ist die Haltung des *Glaubens*. Und wenn wir schon etwas kraft eigener Initiative zuwege brächten: daß Gott in unser Menschsein kommt, das ist seine Sache allein. Dies aber ist das Geheimnis, das sich in dieser Szene darstellt.

Christvesper. Joh. 3,16–21

Mit dem γάρ V. 16 wird, was die Perikope aussagt, in den Zusammenhang des Nikodemusgesprächs gestellt. Die das Leben im Geist haben, stehen damit in einem anderen, dem himmlischen Stromkreis, an dem sie durch Christus, den vom Himmel Gekommenen und dahin Erhöhten, Anteil haben. Sprachgebrauch und Vorstellungswelt sind gnostisch. Jedoch spricht Johannes vom Inkarnierten (1,14), der nicht als ein Fremdling durch die Welt hindurchging, sondern selbst Welt wurde und damit in seiner Person das Unverbundene miteinander verband.

V. 16 „faßt ... die ganze christliche Erlösungsbotschaft zusammen" (Schnbg. z. St.), weist auf den einmaligen Liebesakt (Aorist!) der Hingabe des Sohnes (ἔδωκεν betont das Schenken), der durch Nachstellung des Wortes μονογενής betontermaßen als „der Einzige" bezeichnet ist, was bedeuten könnte, daß er „einzig" ist „in seinem γένος", also seiner Art, aber eher, daß er „des ewgen Vaters einig Kind" ist (EKG 15,2). Der κόσμος ist die Menschenwelt, „sofern sie Gott gegenübersteht, und zwar feindlich gegenübersteht; der κόσμος ist ja die σκοτία (V. 5)" (Bltm. zu 1,10); letzteres aber nicht, weil die Welt von Hause aus gottwidrig wäre – sie ist ja Gottes gute Schöpfung –, sondern weil sie sich gegen Gott entschieden hat. „Der joh. Dualismus ist kein kosmologischer, sondern ein geschicht-

licher" (Gaugler, zit. bei Bltm. ebd.). Durch die Hingabe des Sohnes wollte und will Gott
die Welt dem Verderben entreißen, was dem widerfährt, der an den Sohn glaubt. – V. 17:
Polemik gegen Täuferanhänger, die – wie wahrscheinlich ihr Meister – den „Kommenden"
als Richter erwarteten (vgl. VV. 22 ff.)? Oder wird nur der in V. 16 angelegte Gedanke entfaltet, daß die Christusoffenbarung Entscheidung verlangt und damit auch, im Falle der
Ablehnung, das Verderben bewirkt? Gottes Absicht ist eindeutig Rettung. – V. 18: In
Glauben oder Unglauben vollzieht sich heute schon die eschatische Entscheidung. „Das
‚Gericht' findet bereits hier und jetzt statt und entscheidet sich am Glauben oder Unglauben gegenüber dem einzigerzeugten Gottessohn … (Es) ist also nur die dunkle Kehrseite
der eschatologischen Liebes- und Heilstat Gottes" (Schnbg. z. St.). Was dies dogmatisch
bedeutet, darüber unten. – V. 19: Das Kommen des Lichts in Christus bewirkt die Scheidung. Indem die Menschen sich dem Licht entziehen und die Finsternis bevorzugen, ereignet sich bereits das Gericht: nicht als eine besondere Veranstaltung (Bltm.), sondern
als ein Bleiben im heillosen Zustand, nun freilich entschiedenermaßen (15,22). Böse Werke
gedeihen nur im Dunklen; wer in ihnen zu Hause ist, wehrt sich gegen das Kommen des
Lichts. – V. 20: „hassen" kann in semitischem Sprachgebrauch soviel bedeuten wie „nicht
erwählen"; hier aber, im johanneischen Denken, steht der Dualismus dahinter. „Das
Licht hassen heißt: von der Macht der Finsternis geblendet und getrieben werden. Man
haßt also nicht aus sich selbst! Hassen heißt: in Feindschaft und Ablehnung dem Licht
gegenüber leben und den Bereich des Lichtes meiden" (Michel im ThWNT IV, S. 695f.).
ἐλέγχειν (wie φανεροῦσθαι in V. 21) = ans Tageslicht bringen (bzw., V. 21, kommen). –
V. 21: „Wahrheit" ist „der Inbegriff dessen, was zu Gott gehört" (Schnbg. z. St.). „Der in
Christus präsenten Wahrheit Gottes (vgl. 14,6) kann sich nur der öffnen, der ‚aus der
Wahrheit' ist (18,37; vgl. 1.Joh. 2,21; 3,19) und danach handelt" (ebd.). „In Gott" =
„in Christus", im „Stromkreis" (s. o.) der neuen Geburt, des Seins aus Gott.

Die Verkündigung in diesem Gottesdienst verlangt vom Prediger, daß er auch diejenigen gut bedient, die sonst dem gottesdienstlichen Leben entwöhnt, aber eben
diesmal gekommen sind, aus welchen Gründen auch immer. Der Prediger wird bemüht sein, sich in sie hineinzudenken, denen, die „nicht fern sind vom Reiche Gottes", ein ebensolcher zu werden (1. Kor. 9,19ff.), auf alle Fälle: sie in dem, was sie
heute in den Gottesdienst der Gemeinde geführt hat, ernst zu nehmen. Es wäre Verrat an der Sache, wenn einer von ihnen aus unserer Predigt – und wäre es nur aus
einem Nebensatz – entnehmen müßte, daß er eigentlich nicht hierhergehöre. Wahrscheinlich haben wir es mit Getauften zu tun. Und wenn es nicht so wäre: Gott hat
„*die Welt* geliebt"; man kann gar nicht genug bedenken, was das für unsern Umgang
mit unseren Mitmenschen, wo immer sie stehen, zu bedeuten hat. (Der Titel dieses
Buches, der aus unserm Text abgeleitet ist, sollte uns nicht als zu gewagt erscheinen.)
Wer liebt, wendet sich dem andern voll zu und nimmt ihn ganz ernst. An unserer
Predigt sollte dies zu merken sein, ohne daß die Predigt dies ausdrücklich reflektiert.
Die missionarische Situation könnte den Prediger nun veranlassen, „Weihnachten"
auf anspruchslose Weise unter die Leute zu bringen. Vielleicht beruft man sich auf
Paulus: „Milch, nicht feste Nahrung" (1. Kor. 3,2). Ein Krippenspiel spricht fast
immer an; die mittelalterliche Kirche handelte weise, wenn sie den Menschen das,
was die Bibel erzählt, in dramatischer Form vor Augen führte. Weihnachtliches
Brauchtum darf nicht irgendeinem Bildersturm zum Opfer fallen. Eine „situations-
gerechte" (vielleicht sozialkritische) Verkündigung (als Predigt, Sprechmotette,
Spiel o. ä.), die das Geschehen von Bethlehem verdrängen oder ersetzen wollte, verlöre das Woher unseres Christseins. Hätten wir zwischen beidem zu wählen, dann
müßte klar sein, *was* wir zu wählen haben. Aber wir haben nicht zu wählen. Wir
haben danach zu fragen, was sich für uns daraus ergibt, daß Gott seinen Sohn gab;

gerade darum aber ist die Tatsache dieses göttlichen Schenkens und Dahingebens zu bedenken. Gott ist so weise und menschenfreundlich, daß er sich ins *Sichtbare* gibt. Es ist sicher kein Zufall, daß Weihnachten mit seiner Sinnenfälligkeit (Lichter, Krippe, Spiel, Lied) auch die Entwöhnten anspricht. Schämen wir uns dessen nicht, versuchen wir vielmehr, das unmittelbar zu Herzen Sprechende für die im Weihnachtsgeschehen sich ereignende Tat Gottes transparent zu machen.

„Milch, nicht feste Nahrung": dies dürfte freilich nicht bedeuten, daß wir es uns und anderen gestatten, an diesem Abend uns durch weihnachtliche Poesie rühren zu lassen oder gar darin zu schwelgen, und dabei eine Zone der Unverbindlichkeit abstekken, in der es sich risikolos leben läßt. Es ist ein Unding, mit Gott und dem Göttlichen spielerisch umgehen zu wollen. Der Text erlaubt es uns nicht. Mindestens die VV. 18–21 zeigen unübersehbar das Entweder-Oder, in das das Kommen des Gottessohnes stellt. Wollte der Prediger, um – diesmal nur – dem harten Anspruch dieses Textes zu entgehen, sich auf VV. 16f. beschränken, so wäre er damit aus der Verlegenheit nicht heraus. „Alle, die an ihn glauben", sollen „nicht verloren werden" (V. 16); damit sind bereits deutlich die beiden Möglichkeiten markiert, von denen die folgenden Verse sprechen. War uns vorhin eben Gottes eigene Liebe zur Welt maßgebend für die vom Prediger zu erwartende Einstellung zu den Hörern der Botschaft, so wird die Predigt auch darin in Gottes Spur bleiben müssen, daß sie zur Annahme der Rettung aufruft, zum Eintritt in den Strahlungsbereich dieses „Lichtes", das „da herein geht" und zum Tun solcher Werke, wie sie eben nur „in Gott getan" (V. 21) werden können. Es entspräche gar nicht der hier verkündigten Liebe und es wäre auch eine verfehlte Art „missionarischer" Verkündigung, wenn wir einander einredeten, das Ernstmachen mit Gott dürfe man sich gegenseitig nicht zumuten. Wie soll man verstehen, daß Gott *uns* in seiner Liebe so ernst nimmt, wenn wir uns dadurch nicht veranlaßt sehen, *ihn* ernst zu nehmen? „Milch" empfiehlt sich fürs Kind nicht deshalb, weil sie weniger Nährstoffe enthielte, sondern weil sie leichter aufgenommen werden kann als feste Speise. Missionarische Verkündigung darf nicht substanzarm sein, aber sie muß aufgenommen und „aufgeschlossen" werden können. Es wäre ein gutes Zeichen, wenn die, die unsere Predigt hören werden, sich darüber *wundern* (Luk. 2,18).

Was der Text will, könnte etwa in folgenden Schlagzeilen zusammengefaßt werden: *Im Lichtschein der Christgeburt –* (1) *Gottes Liebe erfahren,* (2) *Gottes Rettung ergreifen,* (3) *Gottes Wahrheit tun.*

I.

Was es für jeden von uns bedeutet, geliebt zu werden, ist nicht schwer verständlich zu machen. Je reifer wir im Laufe unseres Lebens werden, desto mehr verlieren gerade zu Weihnachten die Dinge als solche an Bedeutung, mit denen wir uns gegenseitig erfreuen; der Mensch wird uns wichtig, der, indem er schenkt, sich uns zuwendet. Wunderbare Erfahrung: ich werde geliebt, und – es wird später davon noch zu reden sein – ich kann Liebe schenken.

Was wir im menschlichen Miteinander unmittelbar erfahren, spielt sich, ohne daß wir es sehen können, zwischen Gott und uns ab. Wir leben nicht in einem eiskalten All und in einer Welt, die kein Herz für uns haben kann. Sondern wir sind Geschöpfe Gottes, die er, der himmlische Vater, liebhat. Es wäre ein Kurzschluß, wollten wir die Liebe Gottes zu uns an den Dingen ablesen, die er uns zum Geschenk macht, etwa so: je mehr Glück, Gesundheit, Erfolg und Wohlstand, desto mehr Gottesliebe. Hinter solchem Kurzschluß stünde die ebenso verbreitete wie törichte Meinung, daß Gott nur insoweit interessieren sollte, wie er sich als Lieferant von allerlei Wünschenswertem nützlich macht. Die Gedanken des Textes weisen in ganz andere Richtung. Es geht auch hier und hier erst recht ums Persönliche: Gott liebt uns, seine Geschöpfe, so, daß sein „Herz" uns offensteht. Ihm liegt an uns. Wir sind ihm wichtig. Er hat Interesse an uns. Er möchte nicht ohne uns sein. Diese Liebe Gottes will entdeckt sein. Es wäre die Aufgabe dieser Predigt, der Gemeinde zu dieser Entdeckung zu verhelfen. Wir müßten anders gehen, als wir gekommen sind: wir müßten entdeckt haben, daß Gott uns in seiner Liebe entschlossen zugewandt ist, auf uns gerichtet mit der Sehnsucht seines Herzens, in der er uns gern wiederhaben möchte. Wiederhaben? Die Gemeinde singt: „Welt ging verloren." Und Gott *liebt* seine verlorene Welt. Dahinter steht der johanneische Dualismus. Nehmen wir ihn, bitte, nicht als religionsgeschichtliche Merkwürdigkeit, sondern als Ausdruck für einen Sachverhalt. Die Welt hat den nicht erkannt, der sie gemacht hat (1,10); sie nahm den nicht auf, der in die Welt hineinkam, die doch sein Eigentum war, ihm gehörte (1,11). Das Licht scheint in die Finsternis hinein, aber die Finsternis nimmt es nicht auf, versperrt sich gegen das Licht (1,5). Der Schöpfer hat in seiner eigenen Welt nichts zu sagen! Die Geschöpfe – wir Menschen – leben, als wäre er nicht. Kein Gespräch, kein Dank, keine Bitte, keine Zuneigung, kein Vertrauen, kein Gehorsam. Und wie reagiert Gott auf dies alles? Wie eben gesagt: Er *liebt* diese Welt. Er begegnet der Rebellion nicht mit Gewalt, sondern mit Liebe. Weihnachten: Gott hat sich in seiner Liebe auf den Weg gemacht, um seine verlorene Welt wiederzubekommen.

Aus einer Predigt Luthers von 1532: „Daß ein Gott sein soll und soll die Welt lieb haben und ihr etwas Gutes gönnen, das ist über alle unsere Vernunft, Sinn, Verstand und Kunst. Ich wünschte der Welt das höllische Feuer, und sonderlich täte ich das, wenn ich Gott wäre, der die Welt inwendig und auswendig kennet und weiß, was Welt ist. Das täte *ich*. Aber was tut *Gott?* Anstatt seines Zorns, den die Welt wohl verdienet hat, hat er die Welt lieb ... Und dabei ist sie doch das hassenswerteste und am allerwenigsten liebenswerte Objekt, ... ein Stall voll böser, schändlicher Leute, die alle Kreaturen Gottes auf das schändlichste mißbrauchen, Gott lästern und ihm alle Plage anlegen. Dieselben schändlichen Leute hat Gott lieb" (WA 36, 180ff.; Cl. 7,15f.). (Es soll jetzt nicht diskutiert sein, wie ernst es Luther mit seinen Wünschen für die böse Welt ist, der wir ja alle zugehören; ihm kommt es nur darauf an, das Wunder sichtbar zu machen, daß Gott so liebt!)

Wie kommt es zu der erwähnten „Entdeckung"? Wir wären nicht bei der vom Text gemeinten Sache, wenn wir uns vorstellten, daß Gott liebt, wie eine Sonne ihre Energie diffus abstrahlt oder ein Ofen seine Wärme ausbreitet. Liebe ist ja etwas Personales. Und sie ist nicht nur Meinung, Empfindung, Gesinnung, sondern ein Geschehen, sie ist Ereignis. Gott „hat die Welt geliebt", indem er den einzigen Sohn „gab" (Aoriste!). Die Liebe Gottes verströmt sich nicht ins allgemeine hinein, sondern sie ereignet sich konkret, leibhaft, in Christus. Die Liebe Gottes als ein die ganze Welt durchziehendes Fluidum: das wäre zuviel und zuwenig behauptet. Zuviel, denn der Kosmos enthält noch unsagbar viel Liebloses. Zuwenig, denn Gott verbreitet eben nicht nur ein unverbindliches Liebesfluidum, sondern geht persönlich auf uns zu, öffnet uns sein Herz und sucht das unsere. Er tut das in der Person des eingeborenen Sohnes, dessen Geburt, also dessen Kommen in die Welt wir zu Weihnachten begehen. „Darin ist die Liebe Gottes unter uns sichtbar geworden, daß Gott seinen eingeborenen Sohn gesandt hat in die Welt, daß wir durch ihn leben sollen" (1. Joh. 4,9). Wir unterstreichen: „eingeboren". Von Gott geht vieles aus – letztlich: alles. Aber der, der hier geboren wird, gehört ja auf Gottes Seite, ist, als der „Sohn", selber Gott, als das „Wort" nicht nur „Gott zugewandt" (πρὸς θεόν), sondern seinem Wesen nach zu Gott gehörig (θεός). Wenn Gott den sendet, dann gibt er nicht etwas, sondern sich selbst. „Da habt ihr mein Bestes, mein Einziges, und damit mich." Aber es ist ein „Geben". Der aus dem Schoß des Vaters kommt (1,18), wird in die abtrünnige Welt nicht nur hineingeschickt, sondern er wird ein Stück von ihr. „Das Wort ward Fleisch" – der Gnostiker kriegt eine Gänsehaut, wenn er das hört, denn für ihn würde Gott aufhören, Gott zu sein, wenn er Welt wird. Aber „Jesus Christus ist im Fleisch gekommen" (1. Joh. 4,2). Er will nichts anderes sein als wir. Er schont sich nicht. Er wahrt nicht Distanz. Er scheut sich nicht, sich an uns dreckig zu machen. Er macht unsere Heillosigkeit zur seinen – „zur Versöhnung für unsere Sünden" (1. Joh. 4,10, die Fortsetzung des vorhin zitierten Verses). Liebe Gottes – als leicht angewärmtes, „überschlagenes" Weltklima? als Grundstimmung des Wohlwollens? der Sympathie? Nein, Liebe als das entschlossene Eintreten in diese Welt – so, wie sie ist! –, als das Verlassen der Seligkeit am Herzen Gottes, als der Opfergang hinein ins Aufstandsgebiet, aber nicht gegen die Aufständischen, sondern – koste es, was es wolle – für sie. Von Gott-Vater her gesehen: Hingabe des Besten, was er hat, Zahlung des höchsten Preises für diese Welt, Totaleinsatz der Liebe zur Wiedergewinnung der Verlorenen. Noch einmal die Lutherpredigt von vorhin: „Das ist eine Liebe über alle Liebe. Es muß wahrlich ein frommer Gott sein, und seine Liebe muß ein groß unbegreiflich Feuer sein, viel größer denn das Feuer, das Mose im Busch gesehen hat, ja viel größer denn das höllische Feuer. Wer wollte nun verzweifeln, wo doch Gott gegen die Welt also gesinnet ist?" Wer Gottes Liebe entdecken will, muß nur zur Krippe gehen. Er soll im Lichtschein der Christgeburt Gottes Liebe erfahren.

2.

Und Gottes Rettung ergreifen. Die Welt soll durch den Sohn „gerettet" werden (V. 17), aus der Verlorenheit (V. 16: μὴ ἀπόληται). Diese Rettung aber will ergriffen sein, wenn sie angeboten wird; darum geht es ja im Glauben (VV. 16.18).
Vielleicht hat die Gemeinde sich im Hören des bisher Durchdachten mit dem bloßen erfreuten, vielleicht staunenden Anschauen begnügt. So sehr werden wir geliebt – wie schön, wie erwärmend! Es darf davon wirklich nichts abgestrichen werden. Keinem, der sich an dieser Gottesliebe freut und sie als Wohltat empfindet, soll sie fraglich gemacht oder gar ausgeredet werden. Es ist auch keinerlei Gegenleistung gefordert. Geliebt ist – die Welt, eben der Kosmos, wie das vierte Evangelium ihn sieht. Liebt Gott die Welt, dann bin ich mitgemeint – ungeachtet dessen, daß ich meine, von Gott weit weg zu sein – sei es, weil ich so erzogen bin oder eine Menge Wege eingeschlagen habe, die mich von Gott immer weiter abgeführt haben, sei es auch, daß ich mir eines Schuldkontos bei Gott bewußt bin, das mich vor ihm von vornherein und ein für allemal disqualifiziert. Der eingeborene Sohn ist für solche Leute gekommen, wie ich bin. Es kommt viel darauf an, daß die Predigt an dieser Stelle kein Wenn und Aber einschmuggelt.
Oder liegt das Wenn und Aber doch in dem Relativsatz: „die an ihn glauben"? Kein Zweifel: Der Text spricht nicht davon, daß das Gerettetwerden sich von selbst verstünde, weil man es sich so zu denken hätte wie einen naturgesetzlichen Vorgang. Der Text spricht – je weiter man liest, desto deutlicher – von einem doppelten Ausgang der Geschichte zwischen Gott und den Menschen. Wir brauchen dies an dieser Stelle nicht nachzuzeichnen. „Die Seinen nahmen ihn nicht auf", stellt der Evangelist

im Prolog – vorgreifend – fest, und er fährt fort: „Wie viele ihn aber aufnahmen,
denen gab er Macht, Gottes Kinder zu werden" (1,11 f.). Das Gerettetwerden stellt
sich fast wie ein Subtraktionsvorgang dar: Aus der ἀπώλεια, der der κόσμος verfallen ist, werden herausgefischt, die sich retten lassen wollen. Am Ende stehen
„Licht" und „Finsternis" in scharfem Kontrast gegeneinander.
Es gehört viel Sorgfalt dazu, diesen Sachverhalt verständlich herauszuarbeiten, zumal in einer Predigt zur Christvesper. Nicht, weil exegetische Präzision und dogmatische Richtigkeit Selbstzweck wären. Es geht um die Menschen. Herauskommen
müßte, daß das große Geschenk, das Gott uns macht, indem er den Sohn „gibt", nur
durch bewußte Annahme uns gehören kann. Man hat nichts von Weihnachten, wenn
man es entscheidungslos über sich dahingehen läßt. An unserer Stellung zu Christus
wird sich entscheiden, ob wir „gerettet" sind – d. h. dem Verderben entkommen –
und „das ewige Leben haben", was ja viel mehr bedeutet als das bloße Davongekom-
mensein, nämlich das Leben in der Gemeinschaft mit Gott und eben darum im „überfließenden Reichtum" (10,10). Wir haben, wenn Weihnachten uns etwas bedeuten
soll, wirklich nichts zu *leisten*, aber wir möchten schon, wenn Gott uns das Geschenk
seines Sohnes macht, *darauf eingehen* (1,12).
An den Sohn glauben oder nicht (V. 18): das ist die folgenreiche Entscheidung, in die
wir durch das Kommen Christi in unsere Welt gestellt sind; „vor Ort" sieht das so
aus, daß die *Predigt* von diesem Kommen diese Entscheidung fordert. Vielleicht sind
wir geneigt, sie noch anstehen zu lassen. Doch damit hätten wir uns hinsichtlich der
Bedeutung dieses Zugehens Gottes auf uns getäuscht. Es gibt nicht den Standort
der Unentschiedenheit zwischen „Licht" und „Finsternis"; man steht entweder hier
oder dort. Etwa deshalb, weil Christus, wenn wir ihn abweisen, sich aus einem Retter
in einen Verderber verwandelte und damit auch die in ihm sich uns zuwendende
Liebe Gottes in Haß umschlüge? Keineswegs! Jesus kommt auf uns zu in der eindeutigen und ausschließlichen Absicht, *zu retten* (V. 17). Er hat nicht zwei Dinge im
Sinn: unser Bestes und unser Verderben; er will nur *eins*: das Heil. Und doch findet,
indem Christus kommt, *Gericht* statt. Nicht, weil er dies so wollte, sondern weil es
sich, zu seinem Schmerz, so ergibt. Wer sich nicht retten läßt – etwa bei Schiffbruch –,
hat damit sein Verderben gewählt. Das Gericht ist nicht eine besondere Aktion Gottes, sondern es ist unsere Selbstausschließung vom Heil. „Wer nicht glaubt, der *ist*
schon gerichtet" (V. 18); im Nichtzugreifen hat er die Heillosigkeit des Kosmos gewählt, d. h. sich aus der Gemeinschaft mit Gott ausgeschlossen.
Der Prediger sollte achtgeben, daß er dem Hörer mit V. 18 nicht eine Pistole auf die
Brust setzt. Es könnte ja sein, daß jemand gerne glauben möchte, sich aber ehrlicher-
weise im Augenblick nicht in der Lage sieht, die Christusentscheidung zu fällen. Wir
hätten das Evangelium verleugnet, wenn wir ihm sein Ausgeschlossensein bescheinig-
ten. Und es könnte sein, wir hätten mit dem Wort Entscheidung gesetzlich gepredigt;
dann nämlich, wenn diese Entscheidung nun doch wieder etwas zu Leistendes wäre.
Man hört es immer wieder so: Gott gibt's umsonst, aber man muß (!) nun auch ...
Man „muß" überhaupt nicht, sondern man wird von dem, was in Christus auf einen
zukommt, so bewegt, so erfaßt, so ermutigt und beglückt sein, daß es gar keiner
Kraftanstrengung bedarf, um auf die einem entgegenkommende Liebe einzugehen.
Der Prediger bedenke auch: Ist Christus nicht gekommen, die Welt zu richten, sondern zu retten, dann hat es auch unserer Predigt nur um dieses *eine* zu gehen: Gott
gibt in Christus sich selbst in seiner Liebe, und unsere Predigt hat nur die eine Aufgabe, dies auszurichten und zum Glauben Lust zu machen.
Aber verstößt dann nicht der Christus, dessen Wort der vierte Evangelist (meditie-

rend) weitersagt, gegen seine eigene Absicht, wenn er nun doch die Möglichkeit der Negation und damit das Thema des Gerichts erörtert? Es ist darauf, denke ich, dreierlei zu antworten. Einmal: Die einladende Liebe Christi verbindet sich mit der Sorge, wir könnten, indem wir diese Liebe ausschlagen, unsere einzige Chance (14,6) verspielen. Sodann: Man muß leider sagen, daß dieser Selbstausschluß vom Heil nicht eine vage Möglichkeit ist, sondern eine beunruhigend weit verbreitete Wirklichkeit. „Die Menschen liebten die Finsternis mehr als das Licht" (V. 19). Nicht, daß Gott von sich aus irgend jemanden vom Heil ausschließen wollte; er hat „die *Welt* geliebt". Warum aber hat er dann den Menschen die Möglichkeit des Sich-Verschließens und Sich-Verweigerns gelassen? Dies führt auf das dritte: Gott könnte seine abgefallene Welt „zur Räson bringen", indem er uns mit Einsatz seiner göttlichen Macht den Widerstand unmöglich macht. Aber das wäre das Ende der Liebe (V. 16). Daß man die Menschen zu ihrem Glück *zwingen* müsse, ist eine uns nur allzu geläufige Überzeugung. Gott hält davon nichts. Er sucht unser *Herz*. Darum läßt er es darauf ankommen, ob wir seine Rettung ergreifen. Darum kommt er so, wie uns dies die Weihnachtsgeschichte erzählt: bescheiden, arm, glanzlos, machtlos, unaufdringlich, dafür aber in einer Liebe, die sich nichts erspart und eben damit glaubhaft ist. Der zarte, gewaltlose Angriff der göttlichen Liebe auf unser Herz! Christus nimmt es in Kauf, daß wir – vielleicht – nein sagen, weil es ihm um persönliche Gemeinschaft in Liebe und Vertrauen geht, und die gibt es nur in der ungeschmälerten Freiheit der Entscheidung. Auch was in unserm Text hart klingt, ist das Werben der göttlichen Liebe.

3.

Daß wir im Lichtschein der Christgeburt lernen, Gottes Wahrheit zu tun (V. 21), mag, so ausgedrückt, die Gemeinde befremden. Einleuchten würde: das Gute, das Rechte, das Edle tun, aufbauend, heilend, verbindend wirken. Aber es könnte sein, daß uns gerade an diesem seltsamen Ausdruck Unerwartetes aufgeht. Gängiges Moraldenken fragt einfach: Was soll man tun? Das Evangelium fragt: Wo sollte man stehen, damit man das Rechte tun kann? Wir nehmen die Antwort gleich voraus: Unsere Werke sollten „in Gott getan" sein (V. 21). Die Nikodemusfrage, zu der es in 3,2f. nicht kommt, könnte gelautet haben: „Was muß ich tun, daß ich das ewige Leben ererbe?" (Luk. 18,18 – auch hier ein ἄρχων). Jesus ist in unserm Abschnitt noch immer bei dieser Frage. Nur, die ethische Frage steht längst nicht mehr für sich im Raum. Man müßte schon von neuem geboren sein (V. 3), aus dem Geist (V. 8); man müßte wissen, daß es sich, genaugenommen, um „himmlische Dinge" handelt, nicht einfach um eine neue – ethisch gesteigerte – Weise menschlicher Selbstverwirklichung. Man müßte – um das vorhin gebrauchte Bild erneut aufzunehmen – an den anderen, den himmlischen bzw. eschatischen Stromkreis angeschlossen sein. Anders gesagt: Man müßte im „neuen Schein" des „ewigen Lichts" (EKG 15,4) leben. Nicht eine neue Variante des Existierens „aus" der Welt (johanneische Formel des εἶναι ἐκ …), sondern die neue Existenz in Gott und aus Gott.
„Wahrheit" ist aber die „Entbergung" (ἀ-λήθεια) der – uns von Hause aus unzugänglichen – Wirklichkeit Gottes. „Niemand hat Gott je gesehen; der eingeborene Sohn, der in des Vaters Schoß ist, der hat ihn uns ,exegesiert'" (1,18). Christus ist die sich ereignende und leibhaft gewordene Wahrheit Gottes (14,6). Gott kommt in seiner Liebe auf uns zu und wird, was wir sind, damit auch sein Leben in uns sein kann.

Verfehlt wäre die Weihnachtsbotschaft, wenn wir aus ihr nichts anderes heraushörten als die Verkündigung eines neuen Ethos (der Menschenliebe, der sozialen Gerechtigkeit, des Friedens usw.). Sie wäre aber ebenso verfehlt, wenn wir uns entscheidungs- und tatenlos an der sichtbar gewordenen himmlischen Liebe wärmten. Es wird sich zeigen, wo wir leben: im „Licht" oder in der „Finsternis".

Die Predigtsprache der Kirche hat diese beiden Worte sträflich entwertet. Wer sie nur formelhaft, also ungefüllt und unerläutert verwendete, könnte damit nur Abwehr erzeugen – oder Langeweile. Der Prediger sei bemüht, deutlich zu machen, was das ist, daß in der Begegnung mit dem in Christus konkret gewordenen Gott unser Leben nicht mehr in dem Dunkel verlaufen kann, in dem alle Kühe schwarz sind; auch nicht in der lichtscheuen Verborgenheit, in der sich halten kann, wessen wir uns schämen müssen; nicht in der Gleichgültigkeit, die alles offen läßt, weil, wo man nicht *unter*scheiden kann, man auch nicht *ent*scheidet; auch nicht in der Mutlosigkeit, die nach soundso viel Versuchen, voranzukommen, aufgibt und alles laufen läßt, wie es will. Wo Christus wirkt, hält sich das Böse nicht. Er weiß, was wir vor Menschen sorgsam verborgen halten, und er kennt sogar das an uns, wessen wir uns selbst nicht bewußt sind, und – was für ein Wunder – er tritt gerade darum auf unsere Seite, nimmt uns ernst, hat uns lieb. Wo Christus erfahren wird, gewinnt menschliches Leben eine neue Bewußtheit, Klarheit, Offenheit. Noch einmal: Ich werde geliebt! – nicht von irgendwem (obwohl auch das schon eine beglückende Erfahrung sein kann), sondern von dem in Christus mir zugewandten Gott! Gott hat „die Welt" geliebt. Umfassender geht es nicht. Die „in Gott getanen" Werke können nicht nur die in der engsten Gemeinschaft sein. Um Gottes willen haben wir zu fragen, was aus dieser Welt wird! Wer verkündigt: „Friede auf Erden!", kann nicht gleichgültig bleiben, wo es um Sein und Nichtsein der Völker und der Menschheit geht. Und wenn es heißt: „die Welt geliebt", dann werden nicht die kleinlichen Sympathien und Antipathien Maßstäbe des Handelns sein. Gott hat *alle* lieb, wer und wie sie auch seien.

Man kann – leider – die Finsternis aufsuchen und das Licht „hassen" (VV. 19f.). Arme Menschen, die sich dagegen wehren, daß Gott sie liebhat. Ein Trost: Die Finsternis kann das Licht nicht dunkel machen, aber wo das Licht hinkommt, da ist es mit dem Dunkel vorbei. So sollen wir Christi Kommen in die Welt verstehen und annehmen.

1. Christtag. Micha 5,1–4a

Man kann den Abschnitt in größerem Zusammenhang sehen – von 4,8 an (Sellin, Hans Schmidt) oder von 4,11 an (Rudolph). Der Einsatz 5,1 ist, innerhalb dieses Zusammenhangs, jedoch gut begründet. Daß die Perikope mit V. 4a abbricht, ist berechtigt, denn in VV. 4b.5a sprechen solche, die aus eigener Kraft die Feinde abgeschlagen haben (Makkabäer?, so Marti und Duhm), wir sind nicht mehr beim Messiasthema. V. 5b würde dann wieder an V. 4a anschließen, kann aber wegen seiner zeitgeschichtlichen Note für uns entfallen.

V. 1: Der LXX-Text mit dem überschießenden οἶκος läßt vermuten, daß ursprünglich „Du Haus Ephrata" gelesen und „Bethlehem" sachgemäß hinzugefügt wurde, wobei „Ephrat" oder „Ephrata" (mit nicht ungewöhnlichem ה locale) Gau- oder auch Sippenbezeichnung ist. Das לִהְיוֹת hinter צָעִיר sollte man nicht übersetzen: „(zu klein,) als daß es sein könnte" (dies wäre durch מִהְיוֹת wiederzugeben); es ist fälschlich aus der folgenden Zeile hier eingedrungen. Wir dürfen gern bei der Lutherübersetzung bleiben.

Das לִי in V. 1c könnte sich nur auf Jahwe beziehen, was in dem Zusammenhang befrem-
det. Rudolph vermutet eine Verstümmelung von מוֹצָה יֵלֵד (von יצא) = Ausgangs-,
Ursprungsort. עוֹלָם eigtl. das Verborgene, Dunkle, dann die (graue) Vorzeit, auch
Weltzeit und Ewigkeit. Auch קֶדֶם bedeutet, zeitlich verstanden, Vergangenheit. – V. 2
scheint spätere Hinzufügung zu sein: Prosa in der Poesie, mit anderem Subjekt (Gott,
nicht, wie V. 1, der Heilskönig). Die durch das Ausbleiben der Verheißung angefochtene
Gemeinde fragt nach dem Wann. Anders Rudolph (in der Nachfolge Sellins): יֶתֶר bedeute „Vorzug" oder auch „der Bevorzugte", und man hätte nur das Verb in den Singular
zu bringen: „Darum wird er sie (nur) solange preisgeben, bis eine Gebärende geboren hat
und der von seinen Brüdern Bevorzugte wiederkehrt zu den Söhnen Israels." Mit „Israel"
kann hier nur das gesamte Volk der zwölf Stämme gemeint sein (der Wechsel des Sprachgebrauchs bei Micha ist von Rudolph S. 21 dargestellt). – V. 3: Der Messias als Hirte vgl.
2,12f.; 4,6f. Er wird „groß", d. h. angesehen und berühmt sein. „Bis an die Enden der
Erde" meint nicht Weltherrschaft, sondern Ansehen in der ganzen Welt. – V. 4a: Sein
Name: „Der ist der Friede" (vgl. Eph. 2,14, mehr noch: Jes. 9,5) – oder „Hier ist Friede",
oder auch: „Mann des Friedens und des Heils".

Die hermeneutischen Überlegungen, die wir zu Jer. 23,5–8 (1. Advent) angestellt
haben, gelten auch für diesen Text. Überhaupt haben die beiden Perikopen
viel Gemeinsames: die Erwartung des Heilskönigs – eines Davididen – aber nicht
aus der Jerusalemer Königsfamilie – mit dem neuen Namen („Jahwe, unsere Gerechtigkeit", hier: „Mann des Friedens [Heils]") – die Zusammenführung der Zer-
trennten – das „sichere Wohnen". Es sei ferne, daß solche Feststellung uns veranlassen sollte, an der Predigttextordnung zu rütteln. Aber gegen die Gefahr der Wiederholung haben wir uns zu wappnen. Einmal dadurch, daß wir um so sorgsamer auf das
Spezifische dieses Textes achten. Sodann durch die Besinnung darauf, daß der Text
im Kirchenjahr an einem anderen Ort steht. Wir treten diesmal nicht mehr zurück
auf den Standort der Wartenden, sondern wir predigen die geschehene Geburt Jesu
Christi vor dem Hintergrund dieses Verheißungstextes. Man kann diesen Standort-
wechsel als ein müßiges Spiel ansehen. Auch am 1. Advent war Christus schon als der
Geborene (und Gestorbene und Auferstandene) bei uns; und auch jetzt, zu Weihnachten, haben wir es noch immer mit dem Kommenden zu tun (V. 2). Und doch empfiehlt sich die kirchenjahrsgerechte Differenzierung. Es bleibt uns ja immer die Aufgabe gestellt, die Heilsgeschichte in ihrem linearen Nacheinander in die kreisende
Zeit des Kirchenjahres hineinzudenken und hineinzusprechen. Diesmal also: Christ
ist geboren. Das ergibt doch noch eine andere Optik als die der Adventszeit.
Ob der Text uns helfen kann, das Wunder der Christgeburt noch besser zu begreifen
und anzunehmen, könnte bezweifelt werden. Eine nüchterne historisch-stichhaltige
Auslegung wird immer darauf hinweisen, daß der hier erwartete Heilskönig „eine
rein politische Gestalt" ist (Rudolph, S. 98); und daß er – nach Luthers Übersetzung –
„von Ewigkeit her gewesen" ist, meint jedenfalls nicht seine Präexistenz beim Vater,
weist vielmehr auf die „graue Vorzeit", in der der – fast ins Mythische erhobene –
David regierte. Es ließen sich auch noch andere Aussagen nennen, die einer Kongruenz des hier Erwarteten mit Jesus von Nazareth widersprechen. Hermeneutische
Artistik kann nicht die Aufgabe des Predigers sein. Aber verstehender Glaube sieht
hier doch Zusammenhänge. Die Heilsgeschichte ist nicht, wie man uns – z. B. durch
Hegel angeregt – hat glauben machen wollen, ein immanenter Prozeß, bei dem das
Frühere jeweils keimhaft das Spätere enthält; sie wird durch immer neue Initiativen
Gottes – also von „außern" her – gewissermaßen stoßweise in Gang gehalten. Aber sie
besteht auch wieder nicht aus lauter zusammenhangslosen Einfällen und Einwirkun-

gen Gottes, so daß man aus einer Überraschung in die andere fiele. Gott ist „treu"; er ist zielstrebig und konsequent in seinen Vorhaben. So vielgestaltig (Hebr. 1,1) sein Reden und Handeln ist – in dieser Vielgestaltigkeit ist auch die Differenz zwischen Verheißung und Erfüllung begründet –, in Gottes Denken, Planen und Wollen und darum auch in seinem auf uns gerichteten Wirken ist auch das Verschiedene zusammengehalten und aufgefädelt. – Über eine besondere Schwierigkeit des Textes sollten wir uns zuvor noch Rechenschaft geben. Von Jes. 11 und unserer Stelle sagt G. von Rad: „Beide Weissagungen gehen in einem hohen dichterischen Pathos einher; ihre Ausdrucksweise ist fern der Sprache des Alltags, und das erschwert natürlich ihre begriffliche Analyse" (ThAT II, S. 181). Hinzukommen erschwerend noch die Eingriffe, die am Text erfolgt sind, bes. in V. 2. Es besteht dennoch Hoffnung, daß sich ein Weg wird bahnen lassen, Was für *alle* diese Auslegungen gilt, sei an dieser Stelle noch besonders vermerkt: Vieles von dem, was hier erörtert wird, ist für den Prediger nötig im Sinne einer Rechenschaft über das Textverständnis; die Predigt setzt die Auslegung voraus, aber sie *ist* nicht Auslegung, sondern viva vox evangelii. Vielleicht ist es bei einem Text wie diesem besonders angebracht, an diesen Grundsatz zu erinnern.

Unsere Aufgabe ist also nicht ein alttestamentlicher Midrasch, sondern eine Christuspredigt. Etwa so: *In Bethlehem ist Christus geboren,* (1) *der Mann der niederen Herkunft,* (2) *der Mann der hohen Sendung,* (3) *der Mann des weltweiten Heils.*

I.

Nicht für die Gemeinde, die die Predigt hört, wohl aber für den Prediger könnte die Frage beirrend wirken, ob die Geburt Jesu in Bethlehem (Matth. 2,1ff.; Luk. 2,4) nicht dogmatische Konstruktion ist aufgrund unserer Michastelle, die Matth. 2,5 (mit einer nachher noch zu besprechenden Variation) zitiert wird. „Jesus von *Nazareth*", heißt es allgemein. Aus Joh. 7,42 meint Bultmann ablesen zu können, daß der Evangelist von einer Bethlehemgeburt Jesu nichts weiß (z. St.); nach dem Satzbau des genannten Verses müßte Johannes dann freilich auch die Davidsohnschaft Jesu, gegen urchristliche Gemeinüberzeugung, bestritten haben (vgl. die alte Formel Röm. 1,3, auch 2. Tim. 2,8). Zugegeben: Johannes wird nicht müde, auf Jesu *himmlischen* Ursprung hinzuweisen (im Motiv ähnlich: Mark. 12,35–37); aber dies ist kein Argument in unserer Frage. Von Jesu davidischer Abstammung war schon in den Auslegungen zum 1. und 3. Advent die Rede. Die Sippe Davids war in Bethlehem beheimatet. Dies hat schon bei der Rückkehr aus dem Exil, als die Sippen ihren „Erbbesitz" wieder einnahmen, eine Rolle gespielt (Neh. 11,3.20; 7,26). Das „Erbe" war der Sippe unantastbar (Gen. 31,14; Num. 16,14; Jos. 24,28.30.32). Nach Lukas hatte Joseph sich in Bethlehem einzufinden (2,3–5); die Begründung scheint plausibel, wenn man Ulpian hört: „Wer Grundbesitz in einer anderen civitas hat, muß seine Deklaration in derjenigen civitas abgeben, in deren Feldmark der Grundbesitz liegt. Denn die Grundsteuer muß an diejenige Gemeinde abgeführt werden, in deren Gebiet man Grundbesitz hat" (bei Leipoldt/Grundmann, Umwelt I, S. 160). Zwar zeigen die Kindheitsgeschichten bei Matthäus und Lukas legendäre Züge, aber es gibt keinen Grund, am Alter ihrer (voneinander unabhängigen) Ortsüberlieferung zu zweifeln (Goppelt, ThNT I, S. 73). Letzte historische Gewißheit gibt es weder so noch so; aber wir sind nicht genötigt, uns in die „Idee" zu flüchten.

„Bethlehem in Ephrata" ist angeredet. Dieser Name weckt sofort die Erinnerung an die dort ansässige Sippe (Ruth 1,1; 4,11) und speziell die Davidfamilie (1. Sam. 17,2).

Davididen sind auch die Könige in Jerusalem. Aber – trotz 2. Sam. 7,16 – der künftige „Herrscher" (מוֹשֵׁל) kommt aus Bethlehem! Während in Jes. 11,1, fast wie nebenbei, von einem Baumstumpf die Rede ist (der Baum ist gefällt!), hat Micha deutlich über Jerusalems bevorstehende Katastrophe gesprochen (1,12b.16; 2,4; 3,12). Der Zion umgepflügt wie ein Acker, die Stadt ein Steinhaufen. Will Gott mit seinem Volk neu anfangen, dann anderswo. Und, das ist damit sofort gegeben, nicht in Fortsetzung des Jerusalemer Regimes und in der Deszendenz des regierenden Hauses, sondern so, daß ein (bisher) ungekröntes Haupt die Herrschaft übernehmen wird. „Auf jeden Fall schließen diese Erwartungen ein vernichtendes Urteil über den oder die zeitgenössischen regierenden Davididen ein. Wer so entschieden in dem kommenden Gesalbten das Heil verkörpert sieht, der sagt damit, daß die zeitgenössischen Davididen ihre rettende Funktion ... verloren haben" (G. von Rad, ThAT II, S. 181).

Es sieht zunächst so aus, als solle, wie es in der Geschichte immer wieder geschehen ist, einfach ein Regime durch ein anderes abgelöst werden. Doch der Messias ist nicht irgendeine Figur der politischen Geschichte. Es wird noch davon zu reden sein, wieso mit ihm ein Neues auf den Plan tritt. Dennoch: der Qualitätssprung, der sich mit dem Kommen Jesu Christi ereignet, ist noch größer, als die messianischen Weissagungen des Alten Testaments wissen bzw. voraussehen. Immerhin wissen auch sie, daß, wenn Gott sein Heil verwirklichen will, ein tiefer Einschnitt geschehen muß, ein Abbruch des Bestehenden, ein Neueinsatz an ganz anderer Stelle. Unser Text verlangt danach, besser verstanden zu werden, als er sich selbst verstehen kann. Ein politisch sich verstehender Messianismus erwartet die große Wendung der Dinge vom Bestehenden her, also: ein neuer Mann in Jerusalem, ein neuer Stil der Innen- und Außenpolitik, ein neues Umgehen mit dem wirtschaftlichen und militärischen Potential des Reiches Juda, ein unerhörter Prestigegewinn unter den Völkern und Staaten der damaligen Welt. Alles zu verstehen im Sinne einer Optimalisierung des Bestehenden, im Ausschöpfen der gegebenen Möglichkeiten; schon, mit dem Glück, das Jahwe verleiht, aber eben doch in einem „Reich von dieser Welt". Grundsätzlich denkt Micha nicht anders, aber er scheint doch von der Notwendigkeit eines *grundsätzlich* Neuen etwas zu ahnen. Die in 2. Sam. 7,16 gemeinte Kontinuität bricht ab. Das Heil ist nicht aus dem Vorhandenen zu entwickeln. Gott muß einen neuen Anfang setzen. Es entsteht ein „Reich" ganz anderer Art. Wenn der kommende Mann in Bethlehem geboren werden wird, dann wird es beginnen. Es wird noch davon zu reden sein, *wie* dieser מוֹשֵׁל „herrschen" wird. Herodes brauchte nicht zu erschrecken (Matth. 2,3), und seine grausam-blutigen Vorsichtsmaßnahmen könnte er sich wirklich ersparen (Matth. 2,16ff.). Der „Christus", der „Herr" ist „in der Stadt Davids" (Luk. 2,11), wird ein König ganz anderer Art sein.

Dieser Neueinsatz nun, von dem Micha spricht, ist durch äußerste Niedrigkeit und Unansehnlichkeit gekennzeichnet. Angeredet ist der unbedeutende Gau Beth-Ephrata, und darin das unscheinbare Städtchen Bethlehem, „klein unter den Sippenbereichen in Juda" (oder, wenn man denn beim masoretischen Text bleiben wollte: „zu klein, um unter den Sippen Judas aufzutreten"). Bethlehem – dieses „Nest"! Wäre es wahr, daß Gott mit den stärksten Bataillonen ist: hier sind sie gewiß nicht aufzutreiben. Was soll ein – angeblich – kommender Mann so obskurer Herkunft und mit für alles geschichtliche Handeln so unzureichenden Voraussetzungen?

Allerdings: Bethlehem hat es schon einmal erlebt, daß Gott mit anderen Maßen mißt als wir. Aus diesem Kaff stammt David. Er war noch dazu der jüngste im Kreis der

Brüder, ein Hirtenjunge (1. Sam. 16). Es ist Gottes Art, aus wenig oder nichts etwas und vielleicht sogar etwas ganz Großes zu machen. – Bethlehem ist Symbolwort für die Niedrigkeit der Herkunft. Bei Matthäus (2,5f.) interessiert nur der Ort als solcher. Micha ist „theologisch" an der Unscheinbarkeit der Herkunft des Messias interessiert. Die Weihnachtsgeschichte (Luk. 2) ist ganz davon bestimmt: Notunterkunft in dem ohnehin ärmlichen Bethlehem – römische Repressalien gegenüber der Bevölkerung – die Krippe – der Besuch der gering geachteten Hirten – das Angewiesensein auf ihre wirklich verwunderlichen (V. 18) Auskünfte. Es wird im Leben des Mannes Jesus nicht anders sein. Er ist unbehauster als Füchse und Vögel. Arm ist er, belauert und verfolgt. Ihm ist es nicht gegönnt, „in Schönheit" zu sterben. Sein ganzes Leben ist – viel stärker und viel grundsätzlicher noch als in Michas Wort – ein Nein zum Glauben an die heilende, rettende Kraft der Macht, wie sie von der herkömmlichen Hoffnung für den Messias erträumt wurde. Gott setzt ganz weit „unten" an. Der Stall von Bethlehem ist nicht ein unguter Zufall. Gott weiß, daß der Welt anders nicht geholfen werden kann.

2.

Ob, was nun zu sagen sein wird, mit der vorgeschlagenen Kurzformel getroffen ist: *der Mann der hohen Sendung*? Es ist nach Micha an diesem kommenden Mann, bei all seiner Niedrigkeit, etwas Besonderes: er ist der David redivivus. Daß sein „Ausgang von Anfang und von Ewigkeit her gewesen ist", hat die kirchliche Auslegung dazu verführt, Jesu übernatürliche Herkunft, seine Präexistenz und damit auch das Geheimnis seiner göttlich-menschlichen Person in Michas Worten bezeugt zu finden. Der Text, wie er dasteht, gibt das nicht her. Die „Anfänge" bzw. der „Ursprung" dieses kommenden Herrschers liegen weit zurück, in ferner Vergangenheit, in grauer Vorzeit. Gemeint ist die Zeit Davids. Man hat gefragt, ob dem Propheten Micha – bei nur 300 Jahren Abstand – eine solche Charakterisierung der Davidzeit zuzutrauen ist. Drei Jahrhunderte sind, wenigstens für unser Zeitbewußtsein, nicht viel. Man sollte sich aber klarmachen, daß hier nicht einfach chronologisch gedacht sein kann. Hier soll einer – „ein Kind", wenn die Textkorrektur von Rudolph zutrifft – geboren werden, den es schon einmal gegeben hat: David. Da wacht Vergangenheit wieder auf. Da ist das simple Nacheinander in der Folge der Jahre irgendwie durchbrochen und aufgehoben. Das Wort עוֹלָם haben wir mit „Vorzeit" übersetzt, aber wir haben „grau" hinzugefügt; der Urbedeutung des Wortes haftet dieser Eindruck an (s. Gesenius); es ist, schreibt von Orelli, ein „Begriff, der da anfängt, wo unser Wahrnehmungsvermögen aufhört", „der dunkle Abgrund, der die Zeit verschlingt" (vielleicht, ein bißchen zu tiefsinnig, aber die Richtung dürfte stimmen; vgl. Werner Vollborn, Studien zum Zeitverständnis des AT, Mikrokopie Göttingen 1951, Bericht ThLZ 1952, Sp. 702ff.). Und warum kann dieses Vergangene so gegenwärtig oder zukünftig sein? David ist nicht irgendeiner. Was Israel hofft, faßt sich in diesem Namen zusammen. Das Wort Sendung, das wir gebrauchten, hat für sich, daß der Gesandte zwar ein Mensch ist und weiter nichts – die Gottessohnschaft des Königs von Jerusalem hatte gewissermaßen imputativen Charakter (Ps. 2,7b) –, aber eben das Gesandtsein auf göttlichen Auftrag und göttliche Autorisierung zurückweist. Der kommende Herrscher wird sein Amt „in der Kraft Jahwes und in dem hehren Namen seines Gottes Jahwe" führen. Beides liegt in dem Gesagten: Gott wirkt in diesem Heilskönig, aber so sehr dieser auch „im Namen" dieses Gottes handelt, der Abstand bleibt.

Die Grenze alttestamentlicher Messiaserwartung wird also auch an diesem Text sichtbar. Der Messias ist der Beauftragte oder auch das Werkzeug Gottes, mehr nicht. Es könnte Prediger geben, denen eine daran bemessene Christologie nicht unlieb ist. Es ist ja auch gar nicht zu bestreiten, daß das Wort „Sendung" durch zahlreiche neutestamentliche Stellen gedeckt ist, die davon sprechen, der Vater habe Jesus Christus „gesandt". Also doch nur ein Beauftragter Gottes, nicht aber – als der Sohn – Gott selbst? Es kann hier nicht erörtert werden, was sich darauf für das Verständnis nicht nur der Person, sondern auch des Werkes Christi ergeben würde. Es sollen jetzt auch nicht die Stellen zusammengetragen werden, in denen das neutestamentliche Christuszeugnis die Grenzen alttestamentlicher Messiaserwartung auseinandersprengt. Es soll nur darauf hingewiesen sein, daß der Text selbst, in den Andeutungen dichterischer Sprache (s. o.), über die Horizonte des Gewohnten hinausschaut. David, „der vor seinen Brüdern Bevorzugte" (Rudolphs Deutung), wird wiederkehren zu den Söhnen Israels (V. 2); es ist derselbe, der „in grauer Vorzeit" schon einmal dagewesen ist.

Was auch immer der Prophetentext hergibt oder nicht hergibt: in Jesus Christus wird über die Horizonte des Gewohnten nicht nur hinausgeblickt, sie sind – in dieser Geburt – überschritten. Die beiden alttestamentlichen Linien, die vom Königtum *Gottes* und von dem des *Messias* sprechen, schneiden sich in Jesus Christus, nicht nur gedanklich, sondern real. Man muß nur in dem Erniedrigten die Herrlichkeit des Höchsten verborgen sehen. Das Kind in der Krippe: das Ursakrament der Gegenwart Gottes im Menschlichen. Das natürliche Auge sieht diese Herrlichkeit nicht. Aber in dem Krippenkind ist Gott leibhaft unter uns. Das ärmliche Bethlehem wird zur Herberge Gottes. Matthäus hat, textwidrig, in das Michazitat ein οὐδαμῶς (keineswegs) eingefügt; wirklich eine Verkehrung des Sinnes ins Gegenteil. Aber Matthäus hat eben etwas vom Deus incarnatus gewußt. Das Reich, das hier im Stall von Bethlehem beginnt, ist wirklich Gottes Reich.

3.

In Bethlehem ist Christus geboren, der Mann des weltweiten Heils. Der Messias bekommt diesen Namen: Mann des Heils (des Friedens). In dieser Wirksamkeit wird der Erwartete „zur selben Zeit (עַתָּה) groß werden, soweit die Welt ist (bis an die Enden der Erde)". Mit „Friede" ist wirklich das Ende der Gewaltausübung gemeint, der heiß ersehnte und immer wieder vermißte Zustand in der Welt, in der die Völker nicht mehr widereinander sind; aber selbstverständlich ist der „Friede" eingebettet in einen Gesamtzustand des „Heils", in dem alles Böse und Zerstörende, alles, was betrübt und ängstet, was krank macht, Leben gefährdet und verdirbt (usw.), ausgeschaltet ist und die Welt wieder wird, wie der Schöpfer sie gedacht hat. Dies soll der kommende Mann in seiner Person verbürgen und verwirklichen.

Es ist nur zu gut verständlich, daß der Blick auf das messianische Heil alles das umfaßt, was Menschen – besonders was benachteiligte, gepeinigte, mühselig lebende Menschen für ihre Zukunft ersehnen. Das Bild des Hirten, für viele Völker der alten Welt die Beschreibung des Idealkönigs, läßt erkennen, wie man die Erfüllung solcher Hoffnungen sich denkt. Es kommt ja eigentlich aus der Zeit der wandernden Völker: der König leitete sie wie der Hirt die Herde zu ihrem Besten. So wenig wir dieses Bild vielleicht mögen, es weist auf ein Verständnis des Regieramtes, wie wir es uns oft gewünscht hätten. Leitung ist dann nämlich nicht Gewaltausübung, sondern Für-

sorge, Bedachtsein auf das Wohl der Herde, nicht zuletzt Schutz der Herde vor allerlei Feinden (Joh. 10,11–13). Er wird „stehen", heißt es von dem Hirten; man soll
ihn sich wohl so denken, daß er achtsam über die ganze Herde blickt. Und er wird die
Herde „weiden". So werden sie „sicher wohnen" – „ein jeder unter seinem Weinstock
und Feigenbaum, ... und niemand wird sie schrecken" (4,4). Der Heilskönig garantiert den Frieden – was wird das für ein Aufatmen geben!
Wüßten wir genau, wie V. 2 zu deuten ist! Rudolph übersetzt: „Darum wird er sie
(nur) solange preisgeben, bis die Gebärende geboren hat und der vor seinen Brüdern
Bevorzugte" (1. Sam. 16,13) „wiederkehrt zu den Söhnen Israels." Oder aber wir
nehmen an, daß dieser V. 2 Einschub eines Späteren ist, der von der Länge der Wartezeit angefochten ist und sich fragt, wann denn die Plagen aufhören werden. Antwort:
Dann, wenn die Gebärende geboren haben wird. (Daß, wenn von einer Gebärenden
die Rede ist, die Geburt schon im Gange sei und die Wartezeit also nur noch Stunden
betrage, liegt in dem Ausdruck nicht; das Partizip gibt nur das unbestimmte Subjekt
an, wie 2. Sam. 17,9; Jes. 28,14.24, also: „bis zu der Zeit, in der eine Frau ihr Kind zur
Welt bringen wird".) Es sollte ja in der Tat noch lange dauern, bis der Erwartete kam,
und letztlich wird, was hier erhofft ist, voll erfüllt erst, wenn die Kreuzesgestalt der
Herrschaft Christi in der Parusie aufgehoben sein wird. Man kann es sich an den Hirten der Geburtsgeschichte verdeutlichen: sie haben das Engelwort von der großen
Freude für alles Volk vernommen und das Kind in der Krippe gesehen, aber sie müssen zunächst wieder zurück in die bethlehemitische Nacht, in der ihr Leben unter den
alten Bedingungen weitergeht.
Dennoch regiert „der Mann des weltweiten Heils" schon heute. Ganz auf *seine*
Weise: unsichtbar und doch vor und unter uns „stehend"; „herrschend", indem er
dient; „sein Hirtenamt ausübend" (weidend) ohne Drohung und Druck; er nimmt
uns Gottlose in bedingungsloser Liebe an und gewinnt gerade so Macht über unsere
Herzen und damit auch über unser tätiges Leben; er schenkt Vergebung und macht
uns frei, unseren Nächsten zu vergeben und ihre Vergebung anzunehmen; indem er
uns dient, macht er uns willig, unserseits für andere dazusein (usw.). Daß er uns Freiheit gibt und läßt, trägt ihm immer wieder große Enttäuschungen ein. Davon, daß
wir anders können als ihm lieb ist, machen wir leider immer wieder Gebrauch, ihm
zur Schande und zum Schmerz. Aber er läßt sich dadurch nicht hinreißen, wieder auf
„Gesetz" umzuschalten, das hieße: auf Befehlen und Drohen, Anklage und Urteil,
Strafe und Gewaltausübung. „In der Kraft des Herrn und in der Erhabenheit des
Namens Jahwes, seines Gottes", das heißt, in die Christuswirklichkeit hinein übersetzt, daß er uns mit seinem *Geist* regiert, so also, daß wir durch die gnädige und beglückende Nähe und Wirkung Gottes getrieben und aktiviert werden, das zu tun,
was Christus will. Eine ganz neue Weise von „Herrschaft". Lasse ich, indem ich mich
ihm anvertraue, ihn über mich Macht gewinnen, dann sage ich nicht mehr: „ich muß",
„ich darf nicht", sondern dann erfahre ich es als Befreiung, daß ich gar nicht anders
kann. Man sage nicht, ein solcher „Herrscher" (V. 1c) sei, weil er nichts einzusetzen
habe, zur Wirkungslosigkeit verurteilt. Es hat noch keiner mit *seiner* Macht – Schwertern, Streitwagen, Flugzeugen und Panzern – soviel bewirkt wie dieser König, der
nur die (gewaltlose, ja ohnmächtige) „Kraft" Gottes einsetzt. Läßt sich seine Gemeinde
wirklich von ihm regieren, dann wird sie an ihrem Teil die stille Kraft seines Friedens
in die Welt einbringen, allem entgegengesetzt, was sich unheilvoll in der Menschheitsgeschichte auswirkt (wirtschaftliches und politisches Machtstreben, Verachtung und
Ausbeutung der Menschen, Eigensucht und Prestigedenken, Mißtrauen und Angst
usw.). Hier ist etwas ganz Neues in die Welt getreten. Micha ahnt, indem er den Da-

vid der „Urzeit" auf dem Wege sieht, daß da etwas aufkommt, was nicht dem normalen Lauf der Geschichte und den in ihr wirkenden Kräften entstammt. Was Micha im Glauben *ahnt*, haben wir im Glauben *erfahren*: der Erwartete ist unter uns.

2. Christtag. Joh. 8,12–16

Bultmann sieht in 8,12 den Beginn einer Lichtrede, die sich an die Heilung des Blindgeborenen (9, bes. die VV. 4f. und 39–41) anschließt und in 10,19–21 ihren Abschluß findet, während ihm 8,13–20 ursprünglich Abschluß des Komplexes 5,1–47; 7,15–24 zu sein scheint (Kommentar S. 237 und 178). Kap. 8 ist für Bltm. „eine notdürftig zusammengeflickte Sammlung von einzelnen versprengten Fragmenten" (S. 178, A. 2). Auch Schnakkenburg meint, die Anlage des Kapitels sei „recht locker", aber zu literarkritischen Operationen sieht er sich (wie auch Strathmann und Schulz) nicht veranlaßt. Ja, er erkennt in der Lichtthematik ein Motiv des Laubhüttenfestes (Kap. 7), bei dem ja 4 goldene Leuchter, erhöht, ihr Licht über die Tempelmauer hinweg in die ganze Stadt ausbreiten sollten. 8,12 wäre dann eine Parallele zu 7,37f. (vgl. uns. Ausl. zu Exaudi) und das πάλιν (V. 12) ein Rückverweis auf ebendiese Stelle. Das Selbstzeugnis, von dem V. 13 spricht, wäre dann V. 12. Die „szenische Einheit" (Schulz) reicht bis V. 20. Auf V. 20 kann ohne Schaden für die Sache verzeichtet werden. Die VV. 17–19 gehören zur Sache, brauchen aber nicht mit verlesen zu werden.

V. 12: λέγων = לֵאמֹר – semitische Sprachgewohnheit. Die „Ich-bin"-Formel versteht Bltm. an unserer Stelle als „Rekognitionsformel": alles, was je vom Licht erwartet und erhofft worden ist, *bin Ich* (das ἐγώ ist dabei Prädikat) (Kommentar S. 167f.). „Vom AT her bietet sich die Möglichkeit, Präsentation, Qualifikation und antithetische Rekognition (außer mir keiner) des Offenbarens in ihrer Einheit zu begreifen" (Schnbg., Kommentar II, Exkurs 8, S. 64). Dahinter stehen Stellen wie Jes. 43,10f.: Selbstkundgabe Gottes. Synoptisch: Mark. 6,50 mit der charakteristischen respondierenden Akklamation bei Matth. 14,33: „Wahrhaftig, Gottes Sohn bist du!" Zur prädikatlosen Ich-Formel vgl. ThLZ 1956, Sp. 147: „allem Anschein nach eine echt jesuanische Ichformel", vgl. in uns. Kapitel die VV. 24 und 28. „Nach dem exklusiven Klang der atl. Offenbarungsformel im Munde Jahwes kann es nicht zweifelhaft sein, daß bei der Übertragung auf Jesus diesem eine für jüdische Ohren unerhörte Dignität zugesprochen wird" (Schnbg., a. a. O., S. 69). Dies gilt auch für 8,12. – Das οὐ μή „ist die entschiedenste Form der verneinenden Aussage über Künftiges" (Bauer, WB). Die Heilszusage gehört zur Topik der Offenbarungsformel (Schnbg. S. 67). – V. 13: Nach jüdischem Denken hat ein Selbstzeugnis keine Beweiskraft, vgl. Str.–B.II, S 466.522. Jesus hat das selbst gesagt (5,31). – V. 14: Was hier zu bezeugen ist, unterliegt nicht menschlichem Urteilsvermögen. Vgl. 7,28f.; auch 3,11–13. Man muß aus der anderen Wirklichkeit *sein*, um sie zu erkennen. – V. 15: κρίνετε kann zweierlei heißen: „urteilen" und „richten". Daß sie sich über die Person Jesu „ein Urteil bilden", kommt meist auf ein „verurteilen" hinaus (vgl. 5,19.24.30). Jesus kann nicht „nach dem Fleisch", also mit irdischen Kriterien, beurteilt werden (vgl. auch 1. Kor. 2,14; 2.Kor. 5,16), nach dem, „was vor Augen ist" (7,24). In V.15b springt der Sinn von κρίνειν um: Jesus „richtet" nicht (3,17; 5,45; 12,47), an unserer Stelle vielleicht in dem abgeschwächten Sinne: „ich bin nicht gegen euch". – V.16 „richtet" Jesus *doch*! Er ist der Menschensohn von Dan. 7 (5,22.27). Nur ist hier wieder zu bedenken, was 3,17 steht (s. uns. Ausl. zur Christvesper; die thematischen Überschneidungen mögen den Prediger wiederum veranlassen, das Besondere dieses Textes zu beachten).

Ein Weihnachtstext? Der römische Kaiser Aurelian (270–275) hat das Fest der „unbesiegten Sonne" auf den 25. Dezember festgelegt, in unmittelbarer Nähe anderer römischer Feste, nämlich der Saturnalien, Compitalien und Brumalien; überraschend schnell hat sich dieses Fest eingeführt. Die Sonnenverehrung war die letzte der heidnischen Religionen, die vor dem Evangelium von Christus gegen andere Formen des Heidentums sich durchzusetzen vermochte. Zugleich sahen Kaiser sich als menschliche Gestalten des „sol invictus" an. So war es zugleich ein missionarisches Eingehen auf Gedanken und Gewohnheiten der bis dahin heidnischen Menschen – und harte Polemik gegen Heidentum und Kaiserkult, wenn der 25. Dezember – erst im 4. Jahrhundert! – zum Geburtstag Christi erklärt wurde. In Christus ist Mal. 3,20 erfüllt: Christus ist die neue, die wahre Sonne (EKG 32). Es wird noch zu bedenken sein, was das heißt.

Auf Jesus als „das Licht der Welt" weist unsere weihnachtliche Sitte hin. In der Zeit des Kienspans und der Öllampe war der Christbaum mit seinen vielen Kerzen Hinweis auf die strahlende, flutende Helligkeit, die Christus verbreitet. Unsere Beleuchtungstechnik hat den Christbaum weit überholt. Eine beleuchtete Großstadt ist zwar nicht, wie wir übertreibend sagen, „taghell", aber sie ist weit von der Finsternis entfernt, die die Väter noch als etwas Unheimliches, Grauenerregendes erlebten. Im „Flutlicht" wird das Länderspiel ausgetragen. Schaufenster faszinieren durch ihre Lichtfülle. Fast wissen wir nicht mehr, was „Finsternis" ist. Freilich, die in Lumen anzugebende Lichtfülle macht's noch nicht. In seinem Roman „Keiner kommt zu kurz" lobt Bruce Marshall – unsere Mentalität scherzhaft kritisierend – das Mittelalter als „die Jahrhunderte, die man die dunklen nannte, vielleicht weil die Menschen damals fähig waren, ins Ewige zu schauen, statt nur gerade noch bis zur nächsten Straßenbahnhaltestelle". Natürlich sehen wir weiter. Aber die Helligkeit der technisierten Welt kann „finster" sein. Es wird alles darauf ankommen, wie der Mensch mit seinen technischen Mitteln umgeht; er macht die Technik gut oder böse. Licht von infernalischer Finsternis? Dann etwa, wenn – man weiß es aus der Zeit des Faschismus und von Chile – Scheinwerfer einen Untersuchungsgefangenen beim Verhör solange anstrahlen, bis er nicht nur gesteht, was er verbrochen hat, sondern sich auch dessen bezichtigt, was er *nicht* getan hat. Erst recht dann, wenn unsere Technik, „heller als tausend Sonnen", das Massenverderben über die Menschheit bringt. Die Gegner Jesu meinen, im Hellen zu leben (9,40). Sie täuschen sich. Wir werden allerdings zugeben müssen, daß der Name Jesu oft zur Verfinsterung des Denkens und für allerlei dunkle Machenschaften mißbraucht worden ist. Christen sollen – schon im ganz irdischen Sinne – an der Erhellung der Welt mithelfen. Christliche Predigt ist nicht dazu da, zu diffamieren, was in dieser Hinsicht geleistet wurde und wird. „Lichter in der Welt: davon ist unbedingt zu reden. Und Menschen, die sich auf irgendeine Weise dem Dunkel der Welt entgegenstemmen, verdienen unsere Achtung, vielleicht unsere Bewunderung ... Jesus leugnet nicht die gewaltigen Unterschiede zwischen Licht und Dunkelheit innerhalb dieser Welt; aber er weiß, daß die ganze Welt mitsamt ihren Unterschieden ... von einer letzten Finsternis umschlossen ist ... Jesus sieht die eine Not: daß diese ganze Welt von Gott geschieden ist und unter seinem Gericht steht" (Gottfried Noth in Neu-Delhi 1961, in dem Berichtsband: Jesus Christus, das Licht der Welt, ed. G. Brennecke, Berlin 1963, S. 93).

Man sieht, der Text ist nicht mehr beim Kind in der Krippe, sondern bei dem Mann Jesus, der uns in seine Nachfolge ruft (V. 12). So gibt es kein beschauliches Verweilen beim geschnitzten, gemalten, gedichteten oder gesungenen Weihnachtsgeschehen. Wo auch immer einer stehen mag, er muß sich – so oder so – mit dem auseinandersetzen, dessen Geburt wir begehen. Was der Text sagt, kann wie eine Herausforderung wirken: *Jesus Christus – das Licht der Welt. Darin liegt (1) das Geheimnis, das sich selbst erschließt, (2) das Gericht, das sich selbst aufhebt, (3) das Leben, das sich selbst anbietet.*

I.

Vom Wunder der Weihnacht und damit von der Person Jesu Christi ist in zweierlei Richtung zu reden: Es ist zu zeigen, wie Gott in die Niedrigkeit des Menschlichen eingegangen ist, aber auch, wie in dieser Niedrigkeit das Göttliche entdeckt wird. Mit diesem letzteren hat es – vgl. Epistel und Evangelium – das Proprium des 2. Christtages zu tun. Im Text geschieht dies nicht, indem einer der Hoheitstitel genannt wird, die die Würde der Person Jesu kennzeichnen, sondern mit einem der Ich-bin-Worte, mit denen der johanneische Christus sich selbst offenbart. Man hat an die Selbstprädikationen des erhöhten Christus in den Sendschreiben der Apokalypse erinnert; in der Tat könnte man sich die Herkunft der Ich-bin-Worte so oder so ähnlich denken; man wird freilich nie vergessen dürfen, daß sie ihren Rückhalt auf alle Fälle in der „impliziten Christologie" des Wirkens Jesu in seinen Erdentagen, vielleicht sogar in seinem expliziten אֲנִי־הוּא haben, von dem sogleich noch zu reden sein wird. „Nicht begeisterte Jünger haben ihm diese Würde (Licht der Welt zu sein) beigelegt, nicht wir setzen ihn auf den Thron, sondern wir stehen mit den Jüngern und mit aller Welt vor der Verheißung und vor dem Anspruch, die er beide selbst zum Ausdruck bringt. Das ist die Zusage: Wo er in dieser Welt erscheint, wird es hell. Das ist der Anspruch: Er allein ist das Licht der Welt" (Noth, a. a. O., S. 91).
Die Gegner Jesu, die unser Text im Auge hat, spüren es sofort, welche kühne Selbstaussage in dem „Ich bin" liegt. Ἐγώ εἰμι ..., so hören wir bei Deuterojesaja (LXX) wiederholt Gottes eigene Stimme (41,4.10; 43,10.25 – an letztgenannter Stelle besonders eindrucksvoll: ἐγώ εἰμι, ἐγώ εἰμι). „Ich bin der Herr und keiner sonst" (45,18). Mit denselben Worten beginnt Jesus. Er spricht im Epiphaniestil. „Ich bin's", hören wir Jesus auch sonst bekennen (Mark. 6,50; 14,62; Joh. 4,26; 6,20; 8,24.28; auch 8,58, wo die Gegner diese Aussage als lästerlich empfinden; endlich 13,19 mit der auffälligen Rückbeziehung auf Jes. 42,9). Für den, der in biblisches Denken eingewöhnt ist, wer also zu hören versteht, bekennt sich Jesus schon mit den ersten zwei Worten zu seiner göttlichen Herkunft. Wer weiterhört, für den verstärkt sich dieser Eindruck. Im Prolog des Evangeliums wird sehr klar unterschieden zwischen dem, der – als Prophet – vom Licht Zeugnis gibt (1,7f.), und dem, der selbst das wahrhaftige Licht *ist* (1,9). Wer den Prolog – mit seiner Gleichung: Logos = Licht = Jesus – verstanden hat, für den ist 8,12 keine Überraschung mehr. Das Woher Jesu (V. 14) ist klar.
Es ist das immer wieder artikulierte Anliegen des vierten Evangeliums, das himmlische Woher Jesu zu bezeugen, damit aber „die Herrlichkeit ... des eingeborenen Sohnes vom Vater" (1,14). Sie geht einem nicht auf, indem man vom „Fleischgewordenen" *absieht* (1. Joh. 4,2), wohl aber, indem man *in* ihm den „Christus", den „Sohn" entdeckt (1. Joh. 2,22f. u. ö.). Wie kann es dazu kommen? Die Gegner sehen immer nur, was sich dem natürlichen Blick darbietet (7,24): die Eltern und die Vorfahren (6,42; 7,42), den Wohnort (1,45f.; 7,41), den Geburtsort (7,42 – wir sind in der vorangehenden Auslegung im Vorübergehen bei dieser Stelle gewesen; der hier aufgezeigte Zusammenhang macht deutlich, daß Johannes die Geburt in Bethlehem so wenig bestreitet wie die anderen biographischen Merkmale, daß er aber nach der „Vertikalen" fragt). Im Prinzip *weiß* man in der messianischen Dogmatik, daß der „Ursprung" des Erwarteten geheimnisvoll ist (7,27 – dazu Bltm. z. St., A. 2). Aber man urteilt doch „nach dem Fleisch" (V. 15), und so verfehlt man das Geheimnis der Person Jesu, das nur, wie wir in der vorgeschlagenen Überschrift gesagt haben, sich selbst erschließen kann.

Die Selbstaussage Jesu vermögen die Pharisäer nicht als gültig anzuerkennen.
Menschlich gedacht sind sie im Recht (5,31). Auf das ἐγώ εἰμι von Mark. 14,62 kann
der Hohepriester von seinen Voraussetzungen her nur urteilen: „Gotteslästerung!"
Du sollst keine anderen Götter haben neben mir. – Gegen Jesu Selbstzeugnis ist Einspruch zu erheben zunächst aus formalen Gründen: Aussagen in eigener Sache haben
keinen Zeugenwert. Sodann aus sachlichen Gründen: Hochstapler und Größenwahn-
sinnige gibt es genug in der Welt; auch die falschen Christusse sagen: ἐγώ εἰμι
(Mark. 13,6 Parr.); und wer vom Himmel zu kommen vorgibt, ist erst recht indiskutabel. Nur in *einem* Falle fielen die Einwände dahin: wenn Jesus wirklich der wäre,
als den er sich bezeichnet.

Gelänge es, den Beweis für die Stichhaltigkeit der Selbstaussage Jesu von der „Horizontale" her, nach dem „Fleisch" (V. 15), zu erbringen, dann wäre eben damit das zu
Beweisende verneint. Göttliches kann nicht menschlich erkannt werden (1. Kor.
2,11). Daß in dem Kind von Bethlehem der eingeborene Sohn Gottes in unserer Welt
ist, erkennt kein natürliches Auge. Von Gott weiß nur Gott selber (Matth. 11,27);
Fleisch und Blut können das Geheimnis der Person Jesu nicht aufschließen (Matth.
16,17). So sind wir in der Tat auf *Jesu Selbstzeugnis* angewiesen. Aber bedarf es nicht,
nach altem Recht, *zweier* Zeugen (Deut. 19,15 u. ö.)? Der zweite Zeuge ist da, nämlich *der Vater* (V. 18; 5,32.37, wodurch 5,31 seinen eigentlichen Sinn empfängt). Nur,
auch er gehört in den himmlischen „Bereich" (wenn es erlaubt ist, so naiv zu reden).
Das Christusgeheimnis erschließt sich nur von „oben" her. Man kann es auch so sagen:
Ich kann nicht aus eigener Vernunft noch Kraft an Jesus Christus glauben, sondern
der Heilige Geist hat mich durch das Evangelium berufen. „Euch ist heute der Heiland geboren, Christus, der Herr", meldet der Gottesbote. Man braucht mit Jesus
nur – ohne allen dogmatischen Voraussetzungen – in intensives Gespräch zu kommen
und ihm nur nachzufolgen (V. 12), d. h. aber zu tun, was er lehrt, und man wird „inne-
werden, ob diese Lehre von Gott sei", oder ob Jesus von sich selbst redet (7,17). Man
braucht nur in den Lichtkreis Jesu zu treten, und sofort *ist* man nicht mehr in der
Finsternis. Man braucht sich dieser Strahlung nur auszusetzen, und man wird ihre
Kraft erfahren. Der in der Krippe liegt, ist vom Himmel zu uns gekommen.

2.

Im Leuchten dieses „Lichtes" vollzieht sich nun auch *das Gericht, das sich selbst aufhebt*. Es ist nicht im ersten Augenblick deutlich, was dieser Satz meint; er versucht, die
Spannung zwischen VV. 15 und 16 zu beschreiben. Von ihr war in der Textbearbeitung zur Christvesper bereits die Rede; an das dort Gesagte kann hier einfach an-
geknüpft werden.

Man behalte im Auge, daß κρίνειν zwei Bedeutungen hat: beurteilen und richten;
für den Urtext fallen sie in eins. Die Gegner „urteilen" menschlich („nach dem
Fleisch"), ebendarum „richten" sie auch. Sie „ver-urteilen" Jesus als Lästerer. Gerade in den Auseinandersetzungen um Person und Ursprung Jesu kommt es immer
wieder zu feindlichen Reaktionen der Gegner (z. B. 5,16; 7,30.32.44; 8,37.59). Sie
meinen, über Jesus „urteilen" zu können, und merken nicht, daß sie den vor sich
haben, der über sie das letzte, alles entscheidende Wort spricht. „Der Vater richtet
niemand; sondern alles Gericht hat er dem Sohn gegeben" (5,22). „Ihm hat er Macht
gegeben, das Gericht zu halten, weil er der Menschensohn ist" (5,27). (Es sei wenigstens angemerkt, daß in Mark. 14,63 der Gedankenfortschritt der gleiche ist: Der
soeben mit seinem Selbstzeugnis „Ich bin's" den Zorn des Hohenpriesters heraus-

gefordert hat, bekennt sich sofort auch zum Amt des Weltenrichters, also des Menschensohns im Sinne von Dan. 7,13 f.26, vgl. 10.) Das Kommen Jesu Christi hat „kritische" Bedeutung.

Jesus urteilt nicht nach menschlichen Maßstäben und auf menschliche Weise. Sein Urteil ist ja zugleich das des Vaters (5,19.22). „Nach dem Augenschein" zu richten, ist Menschenart. Jesus durchschaut uns in der Tiefe (2,24 f.; 4,17 f.; 7,24 u. ö.). Daß Jesus das Licht der Welt ist, ist, von daher gesehen, ein erschreckender Satz. Soll man an die Leuchtkugeln denken, die die Kriminalpolizei aufsteigen läßt, um die in der Nacht untergetauchten Delinquenten ausfindig zu machen? Es ist in der Tat so, daß Jesus in die Räume des Bösen „hineinleuchtet" und aufdeckt, was sich im Dunkeln versteckt hat und tarnt. Keine unausgeleuchtete Ecke mehr, die Zuflucht gewähren könnte. Jesus deckt das Verborgene auf, bringt – sicher zu unserm Erschrekken – „Licht" auch in unseren „Fall". Aber dieses Gericht geht doch ganz anders vor sich, als wir es uns von forensischen Vorgängen in unserer Alltagswelt her vorstellen. In zweierlei Hinsicht anders. Einmal: Unsere Begegnung mit Christus hat selbst, indem sie geschieht, „kritische" Bedeutung. Man hat behauptet, bei Johannes falle der Jüngste Tag aus, weil alles, was er nach herkömmlicher kirchlicher Lehre bringen könnte, schon jetzt, in der Christusbegegnung, passiert. Aussagen von echter Zukünftigkeit müßten einer kirchlichen Redaktion zugeschrieben werden. Eine Nötigung zu einer solchen Theorie besteht indessen nicht (vgl. Schnbg. II, S. 530 ff. – Exkurs 14: Das eschatologische Denken im Johannesevangelium). So wie das johanneischen Denken, das auf die Gegenwärtigkeit der Glaubensentscheidung drängt, *vergangenes* Handeln Gottes nicht vergleichgültigt, sondern in der Entscheidungheute wirksam sieht, so streicht es auch das *künftig* zu Erwartende nicht durch, sondern macht uns die *jetzt* fällige Entscheidung wichtig, weil sich in ihr entscheidet, was *am Ende* sein wird (12,47 f.). So aber bekommt, was sich eben jetzt zwischen Christus und mir abspielt, Gegenwarts- und Zukunftsbedeutung in eins. Richtet Christus, so ist sein Gericht „wahr" – in ihm „entbirgt" sich, wie wir früher sagten, die Wirklichkeit Gottes und auch, was ich bin. Billig gibt er es nicht. Er macht das Gewissen wach. Er versteht Gottes Recht auf uns tiefer als „die Alten" (Matth. 5,21 ff.); er macht sichtbar, wie es um das „Herz" steht (Matth. 15,19), um seine Motive, sein Begehren, seinen Stolz, seine Eitelkeit und Eigensucht. Sich von Jesus durchschaut wissen, ist schon „Gericht". Aber – und das wäre das andere, das wir wahrnehmen – die Gedanken Jesu machen eine scharfe Biegung. „Ich richte niemand." Der die Geschichte von der Ehebrecherin unmittelbar vor unserm Abschnitt eingefügt hat, hat uns Anschauungsmaterial geliefert. Jesu ganze Wirksamkeit ist nicht darauf abgestellt, uns in die Finsternis zu verbannen, sondern er ist das Licht der Welt. „Gott hat seinen Sohn nicht in die Welt gesandt, damit er die Welt richte, sondern daß die Welt durch ihn gerettet werde" (3,17 – Christvesper –; 12,47 f.). Die Menschwerdung Gottes ist der mit letzten, äußersten Mitteln unternommene Versuch, die Welt nicht ihrer Verlorenheit zu überlassen, sondern sie ins Licht und Leben zurückzulieben (3,16). Es geschieht also das Unerhörte, daß das in uns „hineinleuchtende" Licht aufdeckt, was wir gern im Dunkel verborgen hätten, zugleich aber, indem es leuchtet, die Finsternis vertreibt und uns in den erhellten Christusraum einbezieht. Man mache sich klar, daß Jesus hier zu Gegnern spricht: „Ihr richtet nach dem Fleisch – ich richte niemanden." Ihr sagt euer Nein zu mir; ich begegne dem, indem ich zu euch ja sage. Das ist die Art des Lichtes, daß es dem Finsteren nicht mit Finsternis entgegentritt, sondern erleuchtend ins Dunkle hineinscheint (1,5 a). Wir können unsere Welt nicht mit weltlichem Licht hell machen. Das Andere, eben das Licht, bricht in sie ein. Man kann sich abschirmen, dann bleibt man im Dunkel (1,5 b). Aber das liegt dann nicht am Licht. „Ich richte niemanden": dieser Satz ist eine schöne johanneische Variation der Rechtfertigungspredigt des Paulus. „Zuletzt müßt ihr doch haben recht ..." (EKG 17,6).

3.

Jesus ist das Licht der Welt, genauer: das Licht *des Lebens*. Des Lebens, können wir sagen, *das sich selbst anbietet*. Das Licht scheint ja nicht für sich selbst, sondern für uns. Die Selbstprädikation Jesu ist ein Angebot. Es gilt – man höre und staune – *der Welt*. Κόσμος und σκοτία gehören zusammen. Dunkel ist die Welt, weil sie ohne und oft genug gegen ihren Ursprung lebt. Dem Abfall seiner geschaffenen Welt begegnet Gott, indem er in ihr Dunkel sein freundliches, lebenweckendes Licht hineinscheinen läßt.

Die Sonne schafft, indem sie scheint, Leben. Käme es dazu, daß die Strahlung der Sonne plötzlich aufhörte, dann wäre es in kürzester Frist um alles Leben geschehen. Wir haben soviel Leben, wie uns in jedem Augenblick *gegeben* wird. „In ihm war das Leben (1,4), alle Dinge sind durch den (nunmehr fleischgewordenen) Logos gemacht (1,ɛ). Abgetrennt von Gott existieren ist etwas Sinnloses. Wie kann man ohne *den* sein wollen, von dem man alles empfängt, eben: „das Leben"? Die Abhängigkeit bleibt. Gott hält erstaunlicherweise seine Schöpfung durch, trotz ihrer Weigerung, sich als von ihm geschaffen zu verstehen; eine Wirksamkeit Gottes, die sich ohne unsere bewußte Empfangshaltung, ja gegen unsere Unbereitschaft, gewissermaßen über unsere Köpfe hinweg, vollzieht. Redet unser Evangelium vom „Leben", dann meint es nicht nur den äußeren Bestand und die Vitalität, auch die Liebe zum Eigenen und letztlich zu sich selbst (15,19); es meint das Leben im Vollsinn, das in unserm Verbundensein mit dem Woher unserer Existenz, also mit Gott besteht. Sicher sind wir auch Natur, und als Natur kann man dahinleben auch ohne die bewußte Gemeinschaft mit dem göttlichen Woher. Erst wo es zu dieser Gemeinschaft kommt, kann, nach Johannes, bei uns von „Leben" die Rede sein. Während wir vorhin sagten, daß es ohne Licht kein Leben gibt, sagt Johannes von dem Logos, in dem das Leben war: Dieses Leben sei das Licht der Menschen. Der Gedanke ist also hier in seiner Umkehrung formuliert. Leben ist nur da, wo Licht ist, ja, es *ist* überhaupt das Licht. Licht erst ermöglicht es, zu sehen, zu erkennen, zu unterscheiden; wahrzunehmen, wo Weg und Steg ist. Aber es ist noch mehr gemeint. Licht ist erhelltes, erleuchtetes Leben. Indem jemand in Jesus Christus Gott gefunden hat, ist er in den Lichtraum eingetreten, in dem die irrige oder gar gelogene Gottunabhängigkeit überwunden, die nekrotisch machende Abschnürung aufgehoben und unser Dasein heimgeholt ist zu seinem Ursprung. Dies aber bietet Jesus uns an.

Vom Nachfolgen ist die Rede, vom „Wandel", also von der Lebensführung im Licht Christi. Dies könnte eher eine Aufforderung sein als ein Angebot. Aus dem zugefügten (verstärkenden) μή samt dem Konjunktiv könnte man heraushören wollen, daß Jesus warnt. Also: wer mir nachfolgt, *darf* nicht mehr in der Finsternis wandeln? Oder etwa: von ihm wird verlangt, daß er das Licht des Lebens habe? Man könnte, was hier gemeint ist, nicht schlimmer verderben. Nicht in uns, in *ihm* ist das Leben, und darum ist er auch das Licht. Es geht um „die Sphäre, innerhalb deren sich das Leben bewegt" (Bltm. z. St.). Darum heißt es auch von dem, der Christus nachfolgt, nicht, er *soll*, sondern er *wird* das Licht des Lebens haben. Das Licht leuchtet. Wir leben in der Helligkeit, die Jesus verbreitet. Er ist *für* uns. Also dürfen wir fröhlich vor ihm, mit ihm, aus ihm leben. Die Helligkeit, die mit Christus in die Welt hineinstrahlt, braucht von uns nur wahrgenommen, ernst genommen, angenommen zu werden. Noch einmal: Ich kann, wenn ich mich versperre und in den Schatten flüchte, auch außerhalb dieses Lichtes leben (und leider entdecke ich mich immer wieder einmal außerhalb des Lichtkreises, den Christus durch seine Gegenwart entstehen läßt). Aber das Licht scheint (1. Joh. 2,8b). So kann ich wach sein und sehen, unterscheiden, mich zurechtfinden, mich bescheinen, beleben, wärmen lassen, mich hineinholen lassen in die beglückende persönliche Gemeinschaft mit Gott, in der ich mein „Leben" habe. „Das ewig Licht geht da herein …"

1. Sonntag nach dem Christfest. Matth. 2,13–18(19–23)

Matthäisches Sondergut. Der Abschnitt ist eng mit der Magiererzählung verknüpft, nicht nur äußerlich (der Gen. abs. V. 13), sondern auch innerlich (Motivierung V. 16). Die drei Abschnitte (VV. 13–15.16–18.19–23) sind jeweils mit Reflexionszitaten abgeschlossen (das dritte freilich nur sehr summarisch: „die Propheten" haben gesagt: …). Volkstümliche Erzählkunst. Die Ausführung des Befohlenen ist (wie oft in den Erzähltexten des AT) mit denselben Worten beschrieben. „Das Ende des Herodes" ist zwar ein hellenistischer Ausdruck. In V. 15 ist aber Hos. 11,1 („anklingend an Num. 23,22 und 24,8", Grdm.) nach dem mas. Text zitiert, ebenso in V. 18 die Stelle Jer. 31,15 (LXX: 38,15). Das Fehlen des Artikels in γῇ Ἰσραήλ (VV. 20 und 21) weist auf semitischen status constructus zurück. λέγων bzw. λέγοντος = רֵאמֹל (VV. 13.15.17.20).

V. 13: Kontrast – eben noch die Huldigung, jetzt die Lebensgefahr. Matth. liebt den Traum (1,20; 2,13.19.22). „Ägypten erscheint mehrfach als Zufluchtsort für Verfolgte in Israel (1. Kön. 11,40; Jer. 26,21; Josephus, Ant. XIV,2,1)" (Grdm.). – V. 14: Joseph gehorcht wortlos und ohne Verzug. – V. 15: das ἵνα ist wohl konsekutiv zu verstehen. Die Schriftstelle bezieht sich auf Israel, das als Gottes „Sohn" bezeichnet ist. Die Hoseastelle reizt nicht dazu, eine Geschichte aus ihr herauszuspinnen; wohl aber läßt das Erzählte an die Hoseastelle denken.

V. 16: ἐμπαίζειν = zum Narren halten, verspotten, hintergehen. Hier die sachliche Verbindung mit der Magiererzählung. Die Aktion hätte sich erübrigt, wenn Herodes das Kind hätte identifizieren können. „In Bethlehem und seinem ganzen Umkreis": auf Lückenlosigkeit kommt es Herodes an, dennoch ist das betroffene Gebiet klein (der Luthertext läßt einen irrigen Eindruck entstehen, s. u.). Das Maskulinum διετοῦς sagt, daß nur die Jungen dieses Alters betroffen waren. Die Ausführung des Befehls zu schildern, spart sich der Evangelist in diesem Falle. – V. 18: Rahel ist die Stammutter der Nordstämme, die 721 ins Exil abgeführt worden sind. Jeremia sieht sie auf der Höhe von Rama stehen, weinend und klagend. Ihr Grab suchte man ursprünglich in Rama (1. Sam. 10,2; Jer. 31.15), später in Bethlehem (Gen. 35,19 – Glosse). „Matthäus … hört im Wehklagen der Mütter von Bethlehem die Stammutter Israels ihre Klage erheben" (Grdm. z. St.).

V. 19: 4 v. Chr. Wieder ein Traum (s. o.). – VV. 20f.: Zunächst geht es nur um das Land. Die Hl. Familie zieht, wie einst das Volk unter Mose, ins Land der Verheißung. Das Perfektum τεθνήκασιν bedeutet nicht nur: „sie sind gestorben", sondern „sie sind tot", es gibt sie nicht mehr! – V. 22: Das Testament des Herodes sah eine Aufteilung seines Herrschaftsgebietes vor. Archelaos (Judäa und Samaria) war grausam wie sein Vater; er wurde 6. n. Chr. abgesetzt. In Galiläa und Peräa regierte Herodes Antipas; dort sollte die Familie sich ansiedeln. (Daß dies eine Rückkehr an den bisherigen Wohnort wäre, davon läßt Matthäus nichts erkennen.) – V. 23: Nazareth, sonst unbekannt, wohl ein jüngerer, kleiner Ort; „mehr besagt πόλις nicht" (Grdm.). Der „Nazarener" wird auffälligerweise „Nazoräer" genannt. Es kann bei beidem an die Herkunft gedacht sein. Aber dahinter verbirgt sich vermutlich mehr (ThWNT IV, S. 879ff.). Zu denken ist wahrscheinlich an eine (spöttisch gemeinte, aber dann mit Stolz aufgenommene) Fremdbezeichnung der Christen als die נֹצְרִים = τηροῦντες = die (das Wort ihres Herrn) „Haltenden, Bewahrenden, Beachtenden" (28,20; 19,17; vgl. Apg. 24,5). Andere Erklärungen bei Schnwd. und Grdm.

Der Predigt solcher und ähnlicher Texte legen sich leicht zwei Hindernisse in den Weg. Einmal die bei schlichten Menschen verbreitete Auffassung, etwas Erzähltes sei nur dann von Wert, wenn es „wirklich so passiert" sei („Wahre Geschichten"). Auf der anderen Seite, besonders bei theologisch Versierten, die Meinung, wir hätten es in den biblischen Texten mit dem Niederschlag von Glaubensgedanken zu tun, und es sei nicht nur unstatthaft, sondern auch für den Glauben uninteressant, nach Begebenheiten zu fragen, die dem Erzählten zugrunde liegen. Die einen suchen das brutum factum und können sich gar nicht vorstellen, daß stichhaltige Glaubenserkenntnis in die Sprache der Legende eingekleidet sein kann. Die anderen sind – darin den Vertretern der alten Verbalinspirationslehre ähnlich – der Meinung, die Selbstmitteilung Gottes vollziehe sich eigentlich in der Wortwerdung Gottes (bis dahin, daß sie behaupten, Joh. 1,14 meine das Eingehen des Logos in menschliche *Rede*). Die Wahrheit dürfte auf einer höheren Ebene *über* den beiden hier skizzierten Standpunkten liegen. Es könnte sich für den Umgang mit diesem Text als befreiend auswirken, daß wir „den Akzent zunächst ganz auf die literarische Art und die theologischen Anliegen mit ihrer spezifischen Aussageweise legen und erst in zweiter Linie die geschilderten Ereignisse selbst ins Auge fassen" (W. Trilling, Fragen zur Geschichtlichkeit Jesu, 1966, S. 79). Dabei dürfte sich der Begriff „Legende", nach Trilling, auch dann nicht empfehlen, wenn die Frage nach dem geschichtlichen Kern ausdrücklich offen gehalten wird (a. a. O., S. 78). Empfohlen wird uns die Gattung „Midrasch": „eine erbaulich gehaltene ausschmückende Entfaltung eines Schriftwortes oder eines in der Schrift berichteten Ereignisses" (ebd.). Die Ereignisse „brauchen nicht allesamt in dem gleichen Sinne geschichtliche Ereignisse zu sein, wie wir das von großen Teilen der übrigen Jesusüberlieferung annehmen" (S. 79f.). So ist es, auch nach Karl Rahner, „nicht ebenso sicher ..., daß Jesus in Ägypten war, wie daß er in Jerusalem gekreuzigt wurde" (S. 80). „Wenn auch oben gesagt wurde, daß mit dem Begriff der Legende nicht notwendig ein geschichtliches Urteil verbunden sein muß, so darf man andererseits aber auch sagen, daß mit der Möglichkeit von ganz ungeschichtlichen midraschartigen Legenden auch innerhalb der Evangelien gerechnet werden muß" (S. 81). Wir sind ganz frei, von Fall zu Fall zu prüfen, in welcher literarischen Gattung jeweils geredet und welches die Ebene ist, auf der sich die Aussage über den wirklichen, vom Weibe geborenen und unter das Gesetz getanen Jesus bewegt.

Daß ein bedeutender Mann in den Tagen seiner frühen Kindheit verfolgt und gefährdet war, ist ein verbreitetes Motiv in der antiken Weltliteratur, verbunden mit den Namen Abraham, Sargon, Kyros, Romulus und Remus, Augustus, Nero, besonders aber Mose (Exod. 1,15ff.; 2,1ff.; 4,19 vgl. Matth. 2,20b). Warum mag das so sein? Weil die Menschen zu allen Zeiten das gruslige, jedoch immer gut ausgehende Märchen lieben und die Herrschergestalt damit schmücken? Oder aber: weil es in der Geschichte immer wieder vorgekommen ist, daß Inhaber der Macht den neuen Mann fürchten mußten und niederhielten, was ihnen gefährlich schien? Was man sich erzählte, wäre dann Niederschlag der immer wieder zu machenden Erfahrung, daß Mächtige um den Bestand ihrer Macht besorgt waren und dabei vor dem Verbrechen nicht zurückschreckten. Daß davon Kinder betroffen wurden, wirkt märchenhaft.

Aus Suetons anekdotenreicher Vita Augusti (Kap. 94) kann man erkennen, daß ein zeichengläubiges, zudem nicht zimperliches Zeitalter hier anders dachte als wir. Die Verbreitung des Motivs allein ist noch kein sicheres Kriterium für den möglicherweise vorhandenen faktischen Kern des uns vorliegenden „Midrasch".

Versuchen wir die *Glaubens*aussagen des Textes zu erfassen, dann könnten folgende Markierungen gelten: *Der Sohn Gottes als Flüchtling*: (1) *unbehaust in der Welt*, (2) *zu Hause in seinem Volk*, (3) *bewahrt für seine Gemeinde*.

I.

F. Lau (Das Matthäus-Evangelium, in: Bibelhilfe für die Gemeinde, [2]1956, S. 25) trifft, worauf es ankommt, wenn er sagt, „die Anfangskapitel des Matthäus-Evangeliums" seien wahrscheinlich „programmatisch gemeint", sie weisen auf das, was im folgenden erzählt wird. Dann ergibt sich aber hier schon ein wesentlicher Unterschied zu den genannten Parallelen. Das Kind wird verfolgt und gerettet, aber nicht so, daß die Bedrohtheit nur episodischen Charakter hätte, also abgelöst würde – wie etwa bei Augustus – durch Sieg, Macht, Herrschaft, Erfolg und Glanz, so vielmehr, daß diese Verfolgung bereits ankündigt, was auch späterhin Jesu Los sein wird. Schon die Geburt war gekennzeichnet durch Unruhe, Unbehaustheit, Drangsal (so Lukas). Nun (bei Matthäus) Josephs Traum, durch den Gott ihn alarmiert. Es geht dem Kinde ans Leben. Also fliehen, fort aus dem Machtbereich des Wüterichs! – Es wird auch späterhin kein Leben in Ruhe sein. Die Füchse haben ihren Bau, die Vögel ihr Nest; Jesus „hat nicht, wo er sein Haupt hinlege" (8,20). „Und sie nahmen ihn nicht auf" (Luk. 9,53). Zuletzt: „Kreuzige ihn!"

Auch für die, die Jesus nachfolgen werden, wird die Situation der Anfechtung nicht Durchgangsstadium sein, sondern sie in Unruhe halten und bedrängen, solange das vom Kreuz gezeichnete Leben währt. Wie es scheint, ist der, den unsere Predigt als Retter und Helfer anbietet, selbst der Lage nicht mächtig. Soll er anderen zu einem sicheren, problemlosen, unverletzlichen Leben helfen, dann müßte er es doch zunächst bei sich selbst fertigbringen. Man muß nur sofort entgegnen, daß Erwartungen solcherart von ihm nie geweckt worden sind. Der Vorwurf, daß nach 1900 Jahren seiner Einwirkung auf die Menschheitsgeschichte der Welt immer noch nicht in Ordnung gebracht und nicht einmal Jesu eigene Gemeinde „kreuzfrei" ist – wie dürfte man gerade letzteres erwarten? –, geht an der Wirklichkeit Jesu Christi vorbei. Ihm ist nicht mißraten, was er gewollt hat; er hat gar nicht gewollt, was wir allzuleicht – ihn gründlich mißverstehend – von ihm erwarten. Die Heilige Familie auf der Flucht! „Wir haben hier keine bleibende Stadt", wird die Gemeinde dieses Herrn gegen Ende des ersten Jahrhunderts und dann immer wieder bekennen (Hebr. 13,14). „Laßt euch die Hitze nicht befremden, die euch widerfährt, daß ihr versucht werdet" (1. Petr. 4,12). „Wenn die Tage nicht verkürzt würden, so würde kein Mensch selig" (Matth. 24,22). Gott weiß, warum er seinem Volk das Kreuz verordnet hat. Wir können, aus der Erfahrung des Glaubens heraus, wenigstens rückschauend feststellen, daß uns die getragenen Lasten und Beschwernisse fester mit ihm verbunden haben als das Leichte und Angenehme. Auf alle Fälle: Wir finden Jesus, wenn es zu leiden und zu tragen gilt, erst recht in unserer Nähe. Jesus, der Flüchtling, unbehaust in der Welt.

Sein Gegenüber, Herodes, ist „Welt" in besonders zugespitztem Sinne. Eine Figur, die uns sehr deutlich geschildert ist, besonders bei Josephus. Wenn die Geschichte vom Kindermord *gedichtet* ist, dann so, daß sie sich nicht nur so ereignet haben könnte, sondern aus der Situation sogar leicht begreiflich ist. Man stelle sich doch

folgendes vor: Wenn das Volk von einem Fremden (Idumäer) regiert wird, den es verachtet und haßt, wenn dieser seine Herrschaft darum nur mit Gewalt aufrechterhalten kann; wenn er ungezählte Menschen hat hinrichten lassen, auch Glieder der
eigenen Familie; wenn es sich um eine Zeit heißer messianischer Erwartungen handelt, die Jupiter-Saturn-Konjunktion des Jahres 7 v. Chr. (2,2) einem zeichengläubi-
gen Geschlecht diese Erwartungen noch aktualisiert; wenn die Michastelle (s. Matth.
2,6) den Argwohn des ständig um sein Thrönchen besorgten Tyrannen auf Bethlehem
lenkt: *was dann?* Aber wir wollen nicht konstruieren. Eine jüdische Apokalypse, in
Palästina entstanden (letzte Regierungsjahre des Augustus), die Assumptio Mosis,
„weissagt" den Herodes: „Es folgt ein frecher König, ... ein verwegener und gottloser Mensch ... Er wird Alte und Junge töten und nicht schonen. Schreckliche Furcht
vor ihm wird über das Land kommen. Und er wird mit Blutbefehlen unter ihnen
wüten, wie es in Ägypten geschehen ist" (6,2ff.). Was aber ist in Ägypten geschehen?
Die vorhin genannten Exodusstellen zeigen, daß die Parallele nur dann stimmt, wenn
es sich um kleine Kinder handelt. Jüdische Legende hat sich viel mit dem Kindermord
des Pharao beschäftigt. Herodes ist auch so ein (kleiner) Pharao. [Übrigens sollte
man nicht von einem Massenkindermord sprechen. Denkt man sich in dem (sprichwörtlich „kleinen" – so Micha 5,1) Bethlehem (samt Umgebung) 800 Menschen mit
einer Lebenserwartung von 40 Jahren, dann sind zwei Jahrgänge 40 Kinder; rechnen
wir, wegen der unten verbreiterten Alterspyramide, mit 60, wovon die Hälfte männ-
lich sind (V. 16: διετοῦς), so kommen wir auf 30 kleine Jungen. In den Maßstäben
des Herodes gedacht, ist diese – noch immer grausige – Zahl nicht unglaubhaft. Vgl.
Leipoldt/Grundmann, Umwelt I, S. 157f.]
In seiner Ohnmacht erfährt der kleine Flüchtling – noch viel zu klein, um in irgendeiner Weise aktiv zu werden – den Druck der Macht und Gewalt. Er wird später,
wenn er selbst denken, reden und handeln kann, der Gewalt wieder gegenüberstehen.
Diesmal wird er errettet. Später wird der Repräsentant des Römischen Reiches sein
Todesurteil unterschreiben. Seine Diener werden nicht kämpfen (vgl. 26,51ff.; Joh
18,36). Er wird zwar der König Israels sein (2,2: König der Juden; so auch 27,37).
Aber Herodes brauchte nicht um seinen Thron zu fürchten, denn das künftige Königtum dieses Kindes, das er verfolgt, ist anderer Art. Jesus löst, solange die Erde steht,
weltliches Regiment nicht ab, als wäre sein Reich von dieser Welt. Dem Kaiser ist das
Seine zu geben (22,21). Jesus ist nicht gegen staatliche Macht (vgl. Röm. 13,4). Freilich sieht er deutlich, daß Macht oft nicht gebraucht wird, um gute Ordnung zu halten und, wo nötig, zu schaffen, sondern um die Völker „niederzuherrschen" und
„herunterzumachen" (20,25 – wir versuchen, die beiden plastischen Verben nach
ihrem Ursinn wiederzugeben). An Herodes kann man ablesen, was sich in der Weltgeschichte – im Großen und im Kleinen – immer wieder ereignet: daß Macht nicht im
Dienst steht, sondern um ihrer selbst willen gesucht und festgehalten wird. Je schwä-
cher die Position des Tyrannen oder eines ganzen Gewaltregimes, desto grausamer
und unmenschlicher sein Umgang mit der Macht. Gewaltexzesse sind nicht Zeichen
von Stärke, sondern von Schwäche und Angst (2,3); die Völker haben's immer wieder
mit ihrem Blute bezahlen müssen. Jesus setzt der Gewalt nicht Gewalt entgegen.
Das Flüchtlingslos des Kleinkindes wird zum Zeichen für seine ganze Wirksamkeit.
Nicht: „Auf einen groben Klotz gehört ein grober Keil." Nicht einmal: Machtentfaltung durch Gewaltlosigkeit. Sondern: Dienst (20,26), Einsatz und Drangabe des
Lebens (16,25), das Kreuz (16,21), das ganz-andere Reich (26,64; Joh. 18,36f.), das
himmlische Politeuma (Phil. 3,20), daher die „Fremdlingschaft" (1. Petr. 1,1; 2,11)
in der Hoffnung (Luk. 12,32). Gründlicher kann dem Herodes nicht widerstanden

werden. Ein Schwert gegen das andere (26,52)? Allzuleicht würde Jesus zum Anti-Herodes. Er bleibt „unbehaust in der Welt". Was hier erzählt wird, ist „Programm".

2.

Die Reflexionszitate werden manchem auf den ersten Blick nicht viel sagen. Wir werden uns auch eingestehen müssen, daß Auslegungsweise und Schriftgebrauch der Alten uns fremd sind. Sollten die zitierten Stellen uns gar demonstrieren, daß Jesus wirklich der Verheißene ist, dann werden wir darauf hinweisen, daß Hos. 11,1 nicht ein einzelner gemeint ist, sondern das Volk; daß nach Jer. 31,15 Rahel, die Stammutter der Nordstämme, über deren Wegführung – auf Nimmerwiedersehen – weint, nicht jedoch über die „unschuldigen Kindlein" von Bethlehem; vollends bei „Nazoraios" haben wir Not, einen alttestamentlichen Bezug ausfindig zu machen: ist an den messianischen „Sproß" (נֵצֶר) von Jes. 11,1 gedacht, oder an den „Nasiräer" (נָזִיר) von Richt. 13,5.7; oder sollen wir (mit Lohmeyer), wie oben vorgeschlagen, die Bedeutung „halten", „bewahren" voraussetzen (Gott ist der נֹצֵר חֶמֶד, Exod. 34,7; von Menschen heißt es: תּוֹרֹתָיו יִנְצֹרוּ, Ps. 105,45)? Auch wenn das Exempel aufginge, hätten wir wohl Mühe, den Gedankengang nachzuvollziehen.

Die Lage ändert sich, wenn wir nicht mehr auf Einzelheiten aus sind, sondern uns klarmachen, daß Matthäus das Jesuskind schon in seiner ersten Lebenszeit ganz mit seinem Volk verbunden und in ihm „zu Hause" sieht. Dies zunächst ganz allgemein in dem Sinne, daß er im Geschehensstrom der Heilsgeschichte zu finden ist. Wir sahen früher: Gott ist es, der mit seinem zielstrebigem Wollen und seiner Treue die – in sich so wechselvolle, oft zusammenhangslose – Heilsgeschichte zusammenhält und zu einem Ganzen macht. Er hat auch im Unbegreiflichen seine Hand im Spiel. Die Heilige Familie muß fliehen – und eben damit hat sich Hos. 11,1 erfüllt (wir fassen das ἵνα konsekutiv auf, s. o.; wer es final versteht, für den würde sich der Gedanke sogar so zuspitzen: Gott bewerkstelligt Verfolgung, Flucht und Rettung des Jesuskindes nur, um sein Vorausgesagtes wahrzumachen). (In V. 17 heißt es nur: τότε ἐπληρώθη, vielleicht deshalb, weil sonst Gott für des Herodes abscheuliche Verbrechen verantwortlich gemacht werden könnte.) – Die Zitate fangen noch deutlicher zu sprechen an, wenn wir uns klarmachen, daß sie die tiefe Verbundenheit Jesu mit seinem Volk aufzeigen wollen. Hos. 11,1 – falsch angewendet? Keineswegs! Jesus steht mit seinem Volk in einer solchen Weg- und Schicksalsgemeinschaft, daß sich in seinem Leben noch einmal die Geschichte des Gottesvolkes, von den Vätern an, nachzeichnet. Den Weg, auf dem die Heilige Familie nach Ägypten fliehen muß, ist schon Joseph gegangen, der in die Sklaverei Verkaufte, hernach die Brüder in der Hungersnot, zuletzt der Patriarch Jakob selbst. Das Los der Fremdlingschaft Israels in Ägypten wurde auch das des Jesuskindes. Aber dann gab Gott das Zeichen zur Heimkehr. Wie einst Israel, so zieht Jesus mit seinen Eltern ins Land der Verheißung.

Jesus nimmt auch sonst am Schicksal seines Volkes teil. Versteht man die Verankerung des gegenwärtigen Geschehens in dem des Alten Testaments in dieser Weite, dann wird der Klageton, den man von Rahels Grab her vernimmt, noch viel deutlicher. Schon „Jeremia geht von dem grundlegenden Gedanken Israels aus, daß die Gemeinde von Gott her ‚von ihrem Anfang bis zu ihrem Ende eine fest verbundene Einheit sei ..., ein einheitlicher Leib von Abraham an bis heute, ein Lebenszusammenhang, der von Gott begründet und darum unzerstörbar ist und seine Kraft in allen Lagen bewährt'" (Grdm. z. St. mit Zitat aus Schlatter, Matth., S. 44). Die grauenvollen Szenen des Mords an den Kindern in Bethlehem verlieren den Charakter des Einmaligen. Einst, bei Jeremia, ging es um das Schicksal der Nordstämme. Hier läßt der Idumäer die Kinder umbringen. Rahel wird noch oft weinen. Die Tragödie von Bethlehem war ein Geringes gegenüber dem, was sich später abspielen sollte. Herodes, ins Maßlose vergrößert, *in unserm Jahrhundert*. Vor dem Abtransport aus einer Krankenstube: „.... die Babys, die kleinen durchdringenden Schreie der Babys, die mitten in der Nacht aus ihren Bettchen geholt wurden, um in ein fernes Land transportiert zu werden ... Die Babys waren wohl das Schlimmste ... Das Jammern der Säuglinge schwillt an, es füllt alle Ecken und Ritzen der gespenstisch beleuchteten Baracke, es ist fast nicht zu ertragen. Ein Name kommt mir in den Sinn: Herodes" (Etty Hillesum, in: [Anneliese Wallmann,] Das Brandscheit, Berlin 1967, S. 185). Rahel weint. Wir hätten uns opfern müssen, um dergleichen zu verhindern. Für eine Weile sieht es so aus, als erspare sich der Herr die Leiden, die den anderen, seinen Altersgenossen, auferlegt sind; aber wirklich nur für eine Weile. Jesus wird in tiefere Tiefen hinein müssen. Man kann mit Herodes nicht fertig werden, wenn unsere Verfallenheit an unsere Schuld und das zerbrochene Verhältnis zu Gott bestehen bleiben. Es ist unverantwortlich, daß wir dem Unrecht und der Unmenschlichkeit in der Welt nicht widerstehen. Aber es hieße das Übel nur an den Symptomen bekämpfen, wenn wir uns seine Beseitigung erhofften, ohne daß wir – neue Menschen werden.

Jesus leidet nicht nur mit Israel, seinem Volk. Er gehört ja allen Völkern. Matthäus selbst, der ihn uns als den König Israels gezeigt hat, zeigt ihn uns auch und erst recht in der Entgrenzung seines Auftrags (am schönsten in der Schlußszene). Das Kreuz ist das Kennzeichen seiner Gemeinde, schon immer. Aber es ist ja *sein* Kreuz. Daran haben auch die „unschuldigen Kindlein" von Bethlehem teilgehabt. Erste Märtyrer, wenn man so will. Sie haben nichts geleistet, nur gelitten. In einer ergreifenden Meditation: „Die unschuldigen Kinder und die Gnade" schildert R. Guardini sie als „Wesen ohne auch nur einen Hauch des Ich-Wollens und des Selbst-Suchens. Eben darin aber ganz erfüllt und vollendet, ganz schön. Das ist ihre unsägliche Seligkeit. Nur Gnade. Nichts selbst. Nur Gott" (in: Im Spiegel und Gleichnis, Mainz 1932, S. 131). Hier hat Herodes ausgespielt.

3.

Inzwischen sehen wir Gott durch die Geschichte gehen: unbeirrt und nicht aufzuhalten, trotz allem Widerstand nicht nur des Pharao, sondern auch des Herodes, des Kaiphas und des Pilatus (usw.), zielstrebig auch in dem, was wir nicht verstehen, geschweige denn so gewünscht hätten. Gott hat die Fäden in der Hand. Herodes schreckt vor nichts zurück. Er meint, indem er alles, was glimmt und brennen könnte, austritt, auch diesen Funken ausgetreten zu haben, der zünden könnte. Doch Gottes unsichtbare Regie versagt nicht. Er schreibt gerade auf krummen Zeilen. Er tut, was er sich vorgenommen hat, unter allen Ungereimtheiten und Zweideutigkeiten des Geschichtsverlaufs, auch in Ereignissen, vor denen uns schaudert. Noch einmal: Wir wünschen uns nicht die Wirren in der Geschichte, sondern versuchen, an guter Ordnung mitzuwirken und Leiden und Greuel zu verhindern; und wir müssen uns nur anklagen, daß wir uns geschont, die Leiden anderer nicht gesehen und nicht beachtet, uns selbst in Sicherheit gebracht und damit vielfältig schuldig gemacht haben und noch immer schuldig machen. Aber daß in der Geschichte unsere wohlgemeinten Rechnungen nicht aufgehen und wir nicht nur an die Grenzen der Verhältnisse, sondern auch immer wieder an die Grenzen unserer eigenen Einsicht, Kraft und Liebe stoßen: dies sollten wir nüchtern sehen. Das biblische Geschichtsbild kennt nicht die glatten Lösungen. Es weiß vom Deus absconditus.

Aber es weiß auch von dem Gott, der uns „bei der rechten Hand hält" (Ps. 73,23). Wir würden die Absicht des Textes verfehlen, wenn wir eine Predigt über die zwar oft schwer durchschaubare, aber doch zuverlässige Führung Gottes in unserm Leben hielten. Diesmal jedenfalls geht es um etwas anderes. Der Text hat ein zentral-christologisches Interesse. Gott braucht diesen Jesus noch zur Erfüllung des ihm gegebenen Auftrags an seiner künftigen Gemeinde. Diesmal trifft es die Kinder statt seiner. Wenn die Zeit da ist, wird es ihn treffen statt unser aller (20,28). Bis dahin wird Jesus wirken, „solange es Tag ist" (Joh. 9,4; vgl. 7,30). „Gott läßt diesen armen und verfolgten Christus nicht im Stich. Gott bewährt an ihm, daß er Herr und Sieger über alle seine Feinde ist. Von hier aus mag der Blick des Predigers dann auch vorwärtsgreifen zu dem apokalyptischen Bilde Offb. Joh. 12,6ff. (das in unserer Erzählung vielleicht seinen Ursprung hat), und wir mögen uns stärken lassen in der Gewißheit, daß der Vater Jesu Christi der Gott ist, bei dem auch seine Gemeinde mitten in der Drangsal wohl geborgen ist" (M. Doerne, Er kommt auch noch heute, ³1948, S. 37).

Altjahrsabend. Jes. 30,(8–14)15–17

Abgrenzung nach Duhm, von Rad, Hertzberg und Fohrer so, wie hier vorgesehen (anders Hans Schmidt: 30,6–8.9–14.15–17): Fohrer setzt das Stück in die 3. Periode des Wirkens Jesajas, nach dem fast zwanzigjährigen Schweigen, als Hiskia erstmals versuchte, sich mit Ägyptens Hilfe aus dem Vasallenverhältnis zu Assur zu lösen, also um 715. Anders von Rad, der „möglicherweise" an die Zeit „nach 701" denkt. Unser Stück erinnert sehr an 8,16–18: schriftliche Fixierung der Botschaft – in Gemeinschaft mit Jüngern, hier angedeutet in dem אָתָם (das Duhm freilich, samt „auf eine Tafel" streicht) – als Zeichen für künftige Zeiten.
V. 8: Jesaja soll nicht mehr verkündigen, sondern in (seinem) Hause die Botschaft aufschreiben. Die Feminin-Suffixe und das feminine תְּהִי meinen „es", die Botschaft. Hat sie auf einer Tafel Platz, muß sie kurz sein. Hertzberg z. St.: „Vielleicht sind des nur die beiden Ausdrücke ‚Umkehr' und ‚Ruhe' gewesen, die auf der Tafel gestanden haben", vielleicht ist auch „dieses Wort" in V. 15 zu finden: „daß man sich nicht auf Menschen verlassen, sondern Jahves wunderbares Werk in Ruhe und Vertrauen abwarten soll, und daß die, die das nicht tun, widerspenstig sind und untergehen werden (Duhm zu V.8). – V. 10: „Was das Herz begehrt", sind im Urtext „Täuschungen", „Illusionen". – V. 12: מָאָסְכֶם (sprich: mŏŏs·khem, Ges.-K., Gramm. § 61,1, A.2) mit בְּ = eure Verachtung für ... Neben נָלוֹז (ni. von לוז = biegen), also dem „Krummen", „Verkehrten" ist statt עֹשֶׁק mit BHK besser עֶקֶשׁ, also „Falsches", „Verkehrtes" zu lesen. – V. 13: עָוֹן hier in seinem Doppelsinn: Schuld und Strafe. נֹפֵל („fallend", also „von oben nach unten" verlaufend und sich vergrößernd) übersetzt von Rad mit „einsturzdrohend". Das ni. von בעה bedeutet „anschwellen": „die altersschwache Mauer einer Bastion baucht sich zuerst langsam aus, aber dann – ‚plötzlich, urplötzlich' heißt es im hebräischen Text – platzt sie, und dann ist kein Halten mehr" (von Rad, Predigten, 1972, S. 136). – V. 14: Das Bild wechselt. Es ist die Rede von dem „mitleidlos" zertrümmerten Topf, in dessen „Zerbruch" sich nicht eine Scherbe mehr findet, mit der man Glut aus dem Feuer oder Wasser aus einer Zisterne holen könnte. – V. 15: Zur Sache wäre zu vergleichen 7,9; 28,16. Vgl. das zu V. 8 Gesagte. – V. 16: „Nein, (sondern)". Wortspiel: עַל־סוּס נָנוּס – תְּנוּסוּן und: עַל־קַל – יֵקַלּוּ. – V. 17 scheint überfüllt. Duhm will „je ein tausend vor dem Drohen eines Einzigen" unter Hinweis auf Deut. 32,30 u. ä. streichen. Ist der Hinweis auf den „Rest" „ein hoffender Ausblick" (Hertzberg)? 7,3 ist ein anderes Wort verwendet. V. 17 scheint eher auf ein

trostloses Ende zu deuten. Immerhin bedeutet, wie schon 8,16–18, das Aufschreiben („mit ihnen"), daß der Prophet an Menschen denkt, die dies eines Tages lesen werden.

Alle Predigt der Kirche hat es mit der Welt zu tun, sofern die Welt Gegenstand der Bemühung Gottes und, wenn es nach Gott geht, Empfängerin seines Heils ist. Aber die Predigt an der Jahreswende wird „weltliche" Predigt noch in einem besonderen Sinne sein. Sie hat, wenn man so will, kasuellen Charakter. Ihr Thema ist – zunächst – nicht eine der „großen Taten Gottes", sondern der Lauf der Welt selbst: ihre Zeitlichkeit, also die Nicht-Umkehrbarkeit der Zeit; das unwiderbringlich Vergangene, das doch in seinen Nachwirkungen – als Last oder Segen – in die Gegenwart und Zukunft hineinwirkt; die – gefürchtete oder gehoffte – Zukunft, deren Gefahren und Möglichkeiten bzw. Chancen wir, soweit wir es vermögen, vorauszubedenken haben; Thema ist also das Zeitgeschehen im kleinen und großen Maßstab, ist die weltgeschichtliche „Großwetterlage" mit allen Aussichten und den sich für uns daraus ergebenden Verantwortlichkeiten. Es ist, im Blick auf das zu Ende gehende Jahr, nicht nur zu fragen, was es uns gebracht habe (so drücken wir es gewöhnlich aus), sondern auch, was wir in das Geschehen dieses Jahres eingebracht, wie wir die darin an uns gestellten Anforderungen erfüllt oder nicht erfüllt haben, ob es uns gelungen ist, die Gelegenheiten zu nutzen, die uns gegeben waren, oder nicht.

Ob dieser Jesajatext – wenn wir ihn ernst nehmen, also nicht an ihm vorbei- oder über ihn hinwegreden wollen – uns dabei helfen kann, mag von manchem bezweifelt werden. Wenn es wahr wäre, daß Optimismus Feigheit ist, dann wäre dieser Text jedenfalls ein *mutiges* Wort. Man könnte es auch anders sehen: Jesaja resigniert, ja, *Gott* resigniert. Jesaja soll nicht mehr in der Öffentlichkeit auftreten, sondern sich in sein Haus zurückziehen und seine Botschaft aufschreiben – „für einen künftigen Tag"; jetzt, da er diesen Befehl empfängt, ist für ihn in der Öffentlichkeit nichts mehr auszurichten. Das Schicksal seines Volkes, das sich aus der Ablehnung des Prophetenwortes ergibt, wird seinen Lauf nehmen. Hernach wird man es sehen, daß König und Volk gewarnt waren; das „Zeugnis" (die Lutherübersetzung läßt leider dieses wichtige Detail weg, vgl. Hes. 2,5; 33,33), gewissermaßen amtlich versiegelt wie eine Urkunde (8,16), macht die Tatsache des Gewarntseins aktenkundig. Besser wäre es gewesen, die Adressaten dieser Botschaft hätten sich zur rechten Zeit ansprechen lassen. Aber Jesaja hat vom ersten Augenblick seines Gesandtseins an gewußt, daß damit nicht zu rechnen ist (6,9f.). Ob Gottes Wort zu predigen ist oder nicht, das richtet sich nicht nach den Erfolgsaussichten, sondern allein nach dem Auftrag Gottes (2. Tim. 4,2). Wir Prediger sind darin gebundene Leute; in dieser Gebundenheit liegt die Freiheit unseres Dienstes. Das Angebot war – und ist noch – da, „aber ihr habt nicht gewollt" (V. 15; Matth. 23,37 c).

Ein schlechter Ausgangspunkt für unsere Silvesterpredigt. Man übersehe nur nicht: aufgeschrieben hat Jesaja diese Worte in der Erwartung, daß ihre Stunde kommen wird (V. 8). Sind sie auch – wie alle prophetische Rede – in eine bestimmte Situation hineingesprochen, die nicht unbesehen mit der unseren gleichgesetzt werden darf: sie sind von bleibender Bedeutung und könnten darum auch für uns ganz neue Aktualität gewinnen. 8,17 liest man: „Ich will auf Jahwe hoffen ... und auf ihn harren." Trotz aller Verstockung und Nichansprechbarkeit der Adressaten der Botschaft, *hofft* Jesaja. Der Kernvers unseres Textes (V. 15) wiederholt darum die Botschaft in ihrer Mitte und in höchster Konzentration – nicht, um deutlich zu machen, was nun ein für allemal verspielt und vertan ist, sondern um – höre es, wer es hören will – das Angebot Gottes aufrecht zu erhalten.

Sollte jemand der Meinung sein, der Text sei dennoch zu düster, um uns zu helfen, so wolle er doch folgendes bedenken. Der Grundtenor ist: „so soll euch geholfen, so sollt ihr gerettet werden" und „darin wird eure Kraft liegen". Diese positiven Zusagen, die das Zentrum des Textes bilden, verlieren nicht, sondern gewinnen an Bedeutung und an spezifischem Gewicht, indem hier über Probleme und Gefahren nicht hinweggeredet wird, sondern die Lage, in die hineingesprochen ist, unverschleiert dargestellt und schonungslos gedeutet ist. So ernst ist die Lage – aber durch „Stillsein", durch „Gelassenheit" (so gibt Procksch das Wort נַחַת wieder) wird euch *geholfen* werden. Eine auf die Zukunft gerichtete Zuversicht, die auf Unkenntnis der realen Lage und der künftigen Menschheitsprobleme beruhte, wäre nicht stichhaltig und letztlich verantwortungslos. „Es wird schon alles gut werden" – dieser Satz gilt nur dann, wenn man sagen kann, worauf man diese Hoffnung gründet. Einer, der so nüchtern sieht wie Jesaja und uns *dennoch* ermutigt, darf wohl mit unserer Aufmerksamkeit rechnen. Dabei sind wir uns dessen bewußt, daß Jesaja sich von einem mit wissenschaftlichen Methoden arbeitenden Prognostiker dadurch unterscheidet, daß er mit *Gott* rechnet. Das entwertet die Prognostik nicht; sie ist an ihrem Ort nötig und sinnvoll. Aber Jesaja ist Prophet. Gott ist ihm nicht eine entbehrliche Zutat zu dem, was von uns sonst in der Welt betrieben und veranstaltet wird. Zuletzt entscheidet sich alles an Gott, von dem alles kommt und auf den hin alle Dinge sind. Wer sich dessen sicher wäre, daß dies irrig ist, dem hätte Jesaja, dem hätte auch unsere Predigt nichts zu sagen. Aber wir predigen ja der *christlichen Gemeinde*. Das Wort Gottes erhebt den Anspruch, *allen* zu gelten; aber zu predigen haben wir nicht denen, die es *nicht* hören, sondern denen, die es hören. Hiskia und seine Leute und das Volk in und um Jerusalem wußten sich dem Volke Gottes zugehörig; „Volk" werden sie noch immer genannt und „Söhne" (V. 9). So sollen wir auch diesmal nicht „zum Fenster hinaus" predigen, sondern die ansprechen, die *hörend* das alte Jahr beschließen wollen: *Gott will, uns möchte geholfen werden* – (1) *in der Umkehr*, (2) *im Stillsein und Hoffen*.

I.

Wer begriffen hat, daß man sich das Leben weder selbst geben noch erhalten, auch nicht selbst mit Gütern und Freuden füllen kann, sondern – soviel auch immer durch die Hände der Menschen geht, sogar durch die eigenen – dies alles Geschenk und Gabe ist: der wird Silvester als Gelegenheit zur Einübung in die Dankbarkeit begehen. Wir sind noch da! – eine Plattheit wäre dieser Satz nur für den, der nichts von der Gefährdung und Brüchigkeit unseres Lebens und des Lebens der ganzen Menschheit wüßte. Wir bekennen als Christen: Gott will erhalten, was er geschaffen hat; aber der Bestand unseres Lebens ist kein einklagbares Recht, sondern – wie es mit uns nun einmal steht – Wirkung der Geduld und des Erbarmens Gottes. Gott will, daß wir ihm bei der Erhaltung seiner Schöpfung dienlich sind; es wäre gut, wenn wir ihn nicht immer wieder statt dessen darin störten. Der Fluß der Zeit veranlaßt uns, an bestimmten Stationen unsere Bestände zu überprüfen und Inventur zu machen. Was ist – im Großen und im Kleinen – seit der letzten Jahreswende geschehen, und was ist – leider – nicht geschehen? Was also ist nachzuholen, zu bereinigen, neu zu durchdenken, was ist – wenn möglich – aus der Welt zu schaffen? Uns fallen *Dinge* ein, die im Bereich unserer Pflichten liegen; *Menschen*, mit denen wir zu tun haben. „Umkehr", sagt der Text (V. 15). Es stünde übel mit uns, wenn wir nach gründlicher Durchmusterung der letzten zwölf Monate nichts weiter zu sagen hätten als: Weiter so!
Dinge, Menschen. Jesaja hätte uns längst unterbrochen: Und wie steht es mit *Gott*?

Klar, daß man Gott den Dingen und den Menschen nicht nebenordnen kann. Im Umgang mit Dingen und Menschen will Gott geehrt sein. Das heißt aber nicht, daß es
nicht auch eine unmittelbare Beziehung zu Gott gibt. Gott ist nicht nur die Art und
Weise menschlichen Miteinanders und nicht nur der Stil unserer Weltbewältigung.
Er ist ein Ich, das sich uns, indem er die Verbindung mit uns aufnimmt, zum Du
macht. Schon richtig: Gott macht uns immer sofort für unsern Nächsten verantwortlich. Aber er geht in der Relation Ich-Nächster nicht auf. Der Dekalog hat nicht nur
eine zweite, sondern auch eine erste Tafel. Jesaja wacht über *beiden* Tafeln. Heute
spricht er uns auf das erste Gebot an.
„Ein Volk der Widerspenstigkeit sind sie und Lügensöhne." Die VV. 9b–11 sagen,
womit die Zeitgenossen des Jesaja sich dieses harte Urteil zugezogen haben. Es wäre
eigentlich gut, genau zu wissen, in welches Jahr unser Stück zu setzen ist. Vielleicht
könnte man dann seinen konkreten Anlaß finden. Das Urteil des deuteronomistischen Kreises über Hiskia lautet, was die Treue zum Gott Israels angeht, so günstig
wie nur möglich (2. Kön. 18,3–7a). Vielleicht hat Hiskia sich dieses Lob damit verdient, daß er die Einführung des assyrischen Staatskults durch Ahas (733/32, 2. Kön.
16,10–18) rückgängig machte (dies wohl der Kern seiner Kultreform, 2. Kön. 18,4
vgl. 7b). Freilich war eben dies ein Teil der Emanzipationsbewegung nach Sargons
Tod (705) mit dem Ziel, das Assyrerjoch abzuschütteln. Es wird nachher darauf noch
einzugehen sein. Jetzt nur soviel: Jesaja hat im Auftrag Gottes dieser Konspiration
nicht nur mit den Philistern, sondern auch mit Ägypten heftig widerstanden, immer
wieder, sooft Gelüste und Versuchungen solcher Art auftauchten. Also befürwortet
er eine Politik der Unterwerfung unter Assur? Auch dies nicht. Mochte es politisch
klug gewesen sein oder nicht, als Ahas sich, zur Zeit des syrisch-ephraemitischen
Krieges, spontan den Assyrern unterwarf (2. Kön. 16,7f.), Jesaja war fürs Stillsein,
für ein Absehen von allem nervösen Herumpaktieren, damals wie auch jetzt, bei Hiskia. Wenn dabei auch politische Erwägungen mitbestimmend gewesen wären, für
Jesaja war das Ganze eine Frage des Glaubens. „Glaubt ihr nicht, so bleibt ihr nicht"
(7,9). Der Bestand des Volkes Gottes wird von Gott garantiert, nicht von Menschen
und ihren Aktivitäten. Er ist der Herr der Geschichte. Die Völker und Mächte sind
seine Werkzeuge. Jahwe „pfeift" die Fliege aus Ägypten, die Biene aus Assur herbei
(5,26; 7,18f.), wenn er sein verdientes Gericht am eigenen Volke vollstrecken wird.
Wenn es nur glauben wollte, würde es dennoch gerettet. Der Zion ist die feste Gottes-
burg (Ps. 46; 48; 76). Gott rettet, wenn die Völker anstürmen, sein glaubendes Volk
(17,12–14; 14,28–32; 30,27–33). Man braucht nur den Blick auf Gottes Handeln in
der Geschichte zu richten – wie einst die Israeliten vor dem Schilfmeer (Exod. 14,13).
„Das also war das Ungeheure, daß Jesaja ihnen (seinen Zeitgenossen) zumutete, ihre
Existenz in ein zukünftiges Gotteshandeln hinauszuverlegen. Wenn es ihnen gelänge,
sich in der zukünftigen Rettungstat Jahwes zu bergen, dann würden sie gerettet werden" (von Rad, ThAT II, S. 171).
Eine Menge Fragen drängen sich auf, nicht nur solche der Jesajainterpretation, sondern solche nach dem theologischen Verständnis der Geschichte, z. B. nach dem Verhältnis von göttlichem und menschlichem Wirken sowie nach dem Verhältnis von
Weltgeschichte und Heilsgeschichte. Natürlich weiß Jesaja, daß Gott sich normalerweise der „causae secundae", also der handelnden Geschöpfe für seine eigene Ge-
schichtsaktivität bedient (s. o.). Laissez faire, laissez aller – das ist nicht seine Devise.
Wir würden es modern so ausdrücken: Das Wissen um die höheren Notwendigkeiten
der Geschichte führt gerade nicht dazu, diese dem Selbstlauf zu überlassen, sondern
dazu, daß man, wenn die Zeit reif ist, die in ihr liegenden Notwendigkeiten voll-

streckt. Was dabei für Jesaja entscheidet, ist, daß *Gott* die Notwendigkeiten setzt – und durchsetzt. Nicht dagegen ist Jesaja, daß Menschen handeln, sondern dagegen, daß sie *eigenmächtig* handeln. Man könnte auch sagen: daß sie handeln, als wäre Gott nicht da.

Hinter der Eigenmächtigkeit verbirgt sich ein grundsätzlich gestörtes Verhältnis zu Gott. „Widerspenstigkeit", „Leugnung" oder auch „Lüge", Unansprechbarkeit stellt Jesaja fest. Gott wollte – durch seinen Propheten – mit dem Volk reden, aber er fand das Ohr der Menschen nicht. Man wird nicht annehmen dürfen, daß die hier zitierten Einsprüche der Menschen gegen die prophetische Predigt im originalen Wortlaut wiedergegeben sind. Jesaja legt seinen Hörern in den Mund, worauf ihre Weigerung nach seiner, des Propheten, Meinung hinausläuft. Die Leute haben ja, auch ihrem Gott gegenüber, ein so ruhiges Gewissen! Der fromme Betrieb läuft. Die assyrischen Kultgegenstände sind entfernt. Man weiß sich mit Jahwe im reinen. Was den König angeht: „Er hing Jahwe an und wich nicht von ihm ab und hielt seine Gebote … Und der Herr war mit ihm" (2. Kön. 18,6f.). Das ist das deuteronomistische „summa cum laude"; wir sind uns bewußt, daß hier – fast 100 Jahre später – im Klischee gedacht ist. Aber das ist ja eben das Aufregende, daß man in wohlgeordneter „Kirchlichkeit" leben und sich dabei dem wirklichen, lebendigen Gott beharrlich entziehen kann.

Man sollte, was Jesaja angreift, nicht als eine Ausnahmeerscheinung ansehen. Immer wieder drängt sich der selbstgemachte Götze vor den wirklichen Gott. Meist wissen wir es nicht, aber es ist so. Gott muß in das System unserer Gedanken passen. Er darf nicht stören und beunruhigen. Er ist gern gesehen, wenn er unterstützt, was wir uns – ohne ihn – ausgedacht und vorgenommen haben. Wir lassen ihn gern unsere Vorhaben „untermauern". Er soll segnen, was unserem Eigeninteresse entspricht. – Für die Predigt heißt das: „Redet zu uns, was uns angenehm ist; schauet, was das Herz begehrt" (V. 10). Wir sind das Maß der Dinge. Aus der Ruhe bringen lassen wir uns nicht! – Wir können das alles nicht lesen und hören, ohne uns und anderen einzugestehen, daß die Kirche mit ihrer Predigt viel zu oft Gott verraten hat, indem sie sich selbst und anderen zu Gefallen predigte und den Interessen der Mächtigen (ihrer Beschützer) und Reichen (ihrer Geldgeber) diente. Es hieße, sich abermals schuldig machen, wenn man die Verfälscher der Predigt von einst kritisierte und sich einredete, dies sei natürlich jetzt alles vorbei, und Gott komme jetzt zu seinem Recht. „Wenn ihr umkehrtet" (V. 15)! Gott dürfte uns dann nicht mehr Vorwand sein für die Wahrnehmung unserer eigensten, sehr menschlichen Klassen- und Rasseninteressen und -machenschaften; für die Betätigung klerikaler Machtgelüste; für irgendwelche in Gottseligkeit eingehüllte moralische Tyrannei. Gott würde, da wir vor ihm allesamt Gescheiterte sind, die Relativierung aller unserer Standpunkte bedeuten und unseren Überlegenheiten, unserm Stolz und Dünkel ein Ende setzen, so daß wir einander neu finden könnten. Wir würden, wenn wir ihn wieder ernst nehmen lernten, unsere eigensinnigen Wünsche aufgeben und ihn walten und wirken lassen. Gott käme an unsere Probleme heran, nachdem wir ihn soundso lange eifersüchtig davon ferngehalten haben (es könnte ja sein, er schlägt uns etwas aus der Hand, was wir nur zu gerne festhielten). Es gilt auf allen Ebenen des Lebens: Wir tun uns selbst keinen Gefallen, wenn wir – fromm getarnt – die selbstaufgeführten Bastionen verteidigen, so hoch sie auch aufragen mögen: schon drückt – wie es in V. 13 beschrieben wird – das Erdreich von innen gegen das Gemäuer und baucht es aus; schon sieht man oben den Riß, der sich zusehends vergrößern wird und dann ganz plötzlich unser scheinbar so frommes Festungswerk zum Einsturz bringt. Wir sollten Gott über alle Dinge fürchten, lieben und vertrauen.

2.

Gott will, uns möchte geholfen werden. Wir verlieren hoffentlich keinen Augenblick die evangelische Absicht des Textes aus dem Auge, so sehr sie im Text selbst auch verdeckt ist, ja, eigentlich erst in ferner Zukunft – an einem „künftigen Tag" (V. 8, Urtext) –, also gewissermaßen in weitreichender Verlängerung der Linien des Textes, wirksam werden wird. Geholfen würde uns durch Stillsein und Hoffen.

Von beidem war eigentlich schon die Rede; darum nämlich, weil beides ja seinen Sinn hat in der zugesagten und heilwirkenden Aktivität Gottes. Was uns jetzt in einem besonderen Sinne aufs Stillsein und Hoffen achten läßt, ist das im Text eigens angesprochene Thema der Kriegsrüstungen und des Machtgebrauchs; dahinter steht unausgesprochen noch das der Bündnispolitik und damit der Akkumulation von Macht. Wir beschließen wieder ein Jahr in einem Zeitalter, in dem Gewaltausübung und Gewaltandrohung immerzu in unheilvoller Weise Geschichte machen. Daß Friede ist, wird kein geschichtsbewußter Mensch als Selbstverständlichkeit hinnehmen; daß Friede bleibt, dafür wird jeder, der verantwortlich denkt, die ganze Kraft seines Herzens und Willens einzusetzen haben. Jeder wird wissen, daß er sich damit ungeheuren – sichtbaren und unsichtbaren – Mächten entgegenstemmen muß. Wie auch immer motiviert, noch immer heißt es (wir versuchen, die Wortspiele in freier Weise nachzuahmen): Auf Rossen wollen wir rasen (jawohl, rasend werdet ihr fliehen!). Auf Rennern werden wir rennen (ja, aber eure Verfolger rennen auch!). Wollte man das in moderne Sprache umgießen, dann könnte das heißen: Mit Kanonen werden wir schießen. Bomben werden wir werfen. Unsere Raketen werden jeden gewünschten Ort der Erde genau treffen, und unsere Kernwaffen, heiß oder kalt, vernichten alles. – Was hat die Menschheit mit der ihr von Gott anerschaffenen Intelligenz gemacht!

Hiskia und alle, die in vergleichbarer Lage sind, werden einwenden, daß alle Rüstung vom (potentiellen) Gegner erzwungen ist. Wäre „Assur" nicht, könnten wir uns die Militärbündnisse und Rüstungen sparen. Es geht nicht ohne die Macht, leider. – Wir werden weder in der Predigt noch in dieser Auslegung das Zwangsgefüge der (reziproken) Gefährdungen, Bedrohungen und Machtvorkehrungen analysieren können. Daß – gewissenhaft verwaltete – Macht sein muß, wird niemand bestreiten. Solange es Böses in der Welt gibt, wird es, wenn andere Mittel versagen, durch Machtausübung in die Schranken gewiesen werden müssen. Nur: beruhigen dürfen wir uns bei dieser Feststellung nicht. Dies um so weniger, als die Entwicklung uns die Gesetzmäßigkeit der Steigerung und Aufschaukelung der Macht erschütternd vor Augen führt. Der Text bringt uns dabei auf folgende Überlegungen:

Daß mit Einsatz von Gewalt etwas zu gewinnen sei, ist ein Irrtum. Wir sehen es im Atomzeitalter noch deutlicher: Die Waffentechnik führt sich selbst ad absurdum. Früher konnte man noch sagen: Es bleiben nur nutzlose Scherben (V. 14). Jetzt bleibt überhaupt nichts mehr. Man ist versucht, V. 17a von moderner Kriegstechnik her anschaulich zu machen: ein einziger Mensch hat Macht, ungezählte andere in Angst und Verzweiflung zu jagen. Erst recht wirkt es fast wie eine Vision dessen, was unser Zeitalter bedroht: Da ist verheertes Land – nur oben, auf einem Berge, findet man noch eine alte Signalstange, wie sie von den Alten verwendet wurde, um Nachrichten optisch schnell durchs Land gehen zu lassen (so konnte Äschylos im „Agamemnon" voraussetzen, daß die Kunde von Trojas Fall bereits in der folgenden Nacht nach Griechenland gelangt sein würde; Lamer/Bux/Schöne, Wörterbuch der Antike, Art. „Telegraphie"); eine solche einsam im Gelände stehende Signalstange verrät noch, daß es in diesem Lande einmal Menschen gegeben hat! – Es braucht nicht ausgemalt zu werden, inwiefern die Folgen eines Krieges, in dem all unser technisches Wissen und Können eingesetzt wird, das hier Geahnte bei weitem übertreffen würden.

Aber mit solchen schauerlichen Feststellungen sind wir ja aus der Verlegenheit nicht heraus. Die *Voraussetzungen* für die Anwendung von Gewalt sind aufzudecken, und die *Anlässe* zu den weltbedrohenden Konflikten müssen ausgeräumt werden. Beim Herannahen der Assyrer (Jesaja schildert sie und weiß wohl, was für Grauen sie erregen, 5,27–30) käme es darauf an, daß man „still" wäre und „hoffte". Hiskias Geschäftigkeit, sein Paktieren und Taktieren, die Agilität im Vorbereiten des Abfalls und Aufstands sind keineswegs Zeichen der Stärke, sondern der Nervosität (also des Gegenteils von „Stille") und der Verzweiflung (also des Gegenteils von „Hoffnung"), und darum eben Merkmale der Schwäche (also des Gegenteils von „Stärke"). Nicht, daß Hiskia seines königlichen Amtes waltet, wirft Jesaja ihm vor, sondern daß er – in scheinbarem Selbstvertrauen, in Wirklichkeit aber unruhig und ohne Hoffnung auf Gott – das Unheil vom Zaune bricht. Als ob Gott nicht wüßte, wie er seinem Volke helfen kann! Als ob er nicht die Dinge in der Hand hätte und behielte! Als ob nicht Assur eines Tages an seiner Selbstherrlichkeit zugrunde gehen würde (10,5ff. 24–27; 14,24–27)!

Was bleibt der Gemeinde Gottes in solcher Lage zu tun? Die große Weltgeschichte wird von anderen gemacht, nicht von uns. Es könnte sein, wir ziehen uns als „die Stillen im Lande" in den engen Raum unseres eigenen Herzens zurück und genießen den inneren Frieden mitten in einer gefährdeten Welt. Wir hätten Jesaja damit mißverstanden. Er weiß sich für den Gang der großen Politik durchaus mitverantwortlich. Die Gemeinde Jesu Christi hat kein unmittelbares politisches Mandat, aber die Christen haben eines in ihrer Eigenschaft als Bürger, und die Gemeinde als ganze wird allein durch ihr Dasein, aber auch durch ihren Glauben und ihr Gebet auf das große Weltgeschehen einwirken. Ihr priesterlicher Dienst für die Welt schließt das Gebet um den Frieden der Welt und das tätige Wirken für den Frieden ein. Hängen Glauben und Bleiben miteinander zusammen (7,9), dann dient der stille, hoffende, zuversichtliche Glaube dem Bestand der Welt. Wären wir rechte Christen, dann würde von uns eine große Gefaßtheit, Ruhe und Gelassenheit (s. o.) ausgehen. Die Epistel für den Altjahrsabend macht deutlich, woher diese Ruhe kommt. Vielleicht muß der Friede der Welt auch durch Leiden erkauft werden. Es würde zum priesterlichen Werk der Christen gehören, daß sie – stellvertretend und zeichengebend zugleich – dazu bereit sind, wenn es nötig ist. Wer gewiß ist, daß Gott unter allen Umständen das letzte Wort spricht, braucht nicht nervös zu werden.

Luther hat in seiner Jesaja-Vorlesung 1527–29 seinen Studenten zu unserer Stelle eine Story erzählt, die hier in Übersetzung wiedergegeben sei: „Da war nämlich vor einer Reihe von Jahren ein Bischof von Magdeburg, ein Graf von Bichingen. Als dieser vom Kollegium zum Bischofsamt genötigt worden war, geschah es von ungefähr, daß der Sachsenherzog wegen irgendeines Grolls sich anschickte, ihm den Krieg ins Land zu tragen. Als der Bischof davon Kunde erhalten hatte, rüstete er, als schliefe er einen tiefen Schlaf, keine bewaffnete Macht aus, sondern kümmerte sich um seine Gemeinden, ließ sich in ihnen oft sehen und war auf Schriftlesung und Predigt bedacht, als sei gar kein Krieg zu befürchten. Während ein Spion des Sachsenherzogs sich am Hofe des Bischofs aufhielt und gerade die Meldung eintraf, der Herzog von Sachsen habe den Feldzug bereits in Gang gebracht, sagte der Bischof: ,Meinetwegen – *ich* kümmere mich um meine Gemeinden, Gott aber wird für mich kämpfen.' Diese Äußerung nahm der Spion mit hinaus und ließ sie an den Sachsenherzog gelangen. Sofort ward denn von dem trefflichen Fürsten der Feldzug abgeblasen und das Heer entlassen. Er antwortete nämlich so: Er sei viel zu sehr der Unterlegene, als daß er gegen jenen kämpfen könne, der Gott zum Mitkämpfer habe" (WA 25,203). – So würde es in der Welt zugehen, wenn wir Gott ernst nähmen.

Neujahr. Joh. 14,1–6   Reminiscere 2011

Was wir (vereinfachend) als ,,Abschiedsreden" – eine verbreitete Gattung – bezeichnen (13,31–16,33) weist Zäsuren auf, an denen erkennbar wird, daß der literarische Tatbestand kompliziert ist (s. 13,35f.; 14,31). Ob man der Schwierigkeiten durch Umstellungen Herr wird (Bltm.: 13,31–35; 15,1–16,33; 13,36–14,31), kann bezweifelt werden (Strathmann, Schnackenburg). Kap. 14 wirkt jedenfalls wie eine Einheit, deren Thematik in VV. 2f. angegeben ist und in V. 28 resümiert wird (VV. 1–17: der Weggang; VV. 18–26: das Wiederkommen). Die VV. 1–4 stammen nach Bltm. aus der Quelle der Offenbarungsreden. Ein dialogisches Stück (VV. 5ff.) hat weiterführende und verbindende Funktion.

V. 1: Jesu Weggang (13,30.33) muß die Jünger erschüttern und verwirren (vgl. V. 27), nicht nur in der Abschiedsstunde, sondern so, daß sie bleibend in Anfechtung sind (15,18ff.). Das zweimalige πιστεύετε kann Imperativ, aber auch Indikativ sein: ,,Ihr glaubt ja an Gott, und ihr glaubt an mich." Noch anders Bultmann: ,,Glaubt ihr an Gott? Dann glaubt ihr auch an mich." Der Chiasmus verbindet Gottes- und Christusglauben und akzentuiert den letzteren. – V. 2: Sprache und Vorstellungen nach Bltm. mythologisch; die notwendige Übersetzung darf freilich, was hier gemeint ist, nicht spiritualistisch verflüchtigen. V. 2b ist wohl am einfachsten als Frage aufzufassen: ,,Wenn es nicht so wäre, hätte ich euch dann gesagt, ich gehe hin ...?" Oder irreal: ,,Wenn es nicht so wäre, dann hätte ich es euch gesagt. Denn ich gehe hin ..." Der Apparat läßt erkennen, daß die Abschreiber Verstehensnöte hatten. Auch Schnbg. erwägt eine Konjektur: er will gern hinter ὅτι ein ὑπάγω einfügen; die beiden gebotenen Deutungsvorschläge scheinen mir jedoch eine Textänderung zu erübrigen. Von ,,himmlischen Wohnungen" ist in der jüdischen Apokalyptik, bei Philo, auch bei Gnostikern die Rede. Johannes nimmt das auf. Ohne die Vollendung im Eschaton zu leugnen, weiß er schon heute und hier von einem Zuhausesein bei Gott bzw. Christus (15,3.4.7), wie, umgekehrt, der Vater und Christus im Glaubenden Wohnung nehmen (V. 23). – V. 3: Das Bereiten der Stätte ist das priesterliche Werk Jesu. Sein ,,Wiederkommen" (der Ausdruck wird sonst im NT nicht gebraucht) beginnt bereits nach Ostern, freilich nur in der allein dem Glauben zugänglichen verhüllten Weise, in der der ,,Anstoß" der Fleischwerdung überwunden werden muß (Bltm., ThNT, S. 400ff.437). Dies bleibt so, ,,bis der Erhöhte die Glaubenden zu sich holen wird ... und sie seine δόξα unverhüllt schauen dürfen (17,24)" (ebd., S. 437).

V. 4: Das Thema wechselt vom Ziel zum Weg. Die Formulierung ist ,,provozierend; der Glaubende wird auf das hin angesprochen, was er schon wissen müßte und doch noch nicht weiß" (Bltm. z. St.). – V. 5: Thomas artikuliert auch hier den Zweifel bzw. das Nichtverstehen (vgl. 11,16; 20,24ff.). Weder Ziel noch Weg sind ihm bekannt. – V. 6: Zur Offenbarungsformel vgl. uns. Ausl. zum 2. Christtag. Weg, Wahrheit und Leben sind nicht Gegenstände und Sachverhalte, sondern sind Ereignisse in der Person Jesu. Vom Weg oder Pfad wird in der Welt der Religionen viel gesprochen, besonders in der Gnosis (die aus dem Leib befreite Seele hat einen ,,Weg" in die Lichtwelt hinein zu gehen), aber auch im Judentum (Weg, wandeln), man hat sogar das Christentum als ,,Weg" bezeichnet (Apg. 9,2; 19,9.23; 22,4; 24,14.22). Wahrheit und Leben sind notwendige Ergänzungen zu Weg: zu Gott kommt man nicht anders als so, daß die Wirklichkeit Gottes sich in Jesus Christus erschließt (ἀ-λήθεια) und das Leben, das von Anfang an in Christus war (1,4), uns in ihm zu eigen wird.

Der erste Tag eines neuen Jahres unterscheidet sich grundsätzlich nicht von den übrigen Tagen des Jahres. Das Neujahrsfest wurde – und wird – in der Welt zu verschiedenen Terminen begangen. Bei uns waren sich noch die Reformatoren nicht darüber einig, wann man das Jahr beginnen lassen sollte (EKG 16,15). Die Festsetzung des Neujahrstermins ist ja tatsächlich nur eine Sache der Übereinkunft. Aber *daß* man die Jahreswende begeht, entspricht innerer Notwendigkeit. In der „kreisenden" Zeit – die Erde durchläuft beim Umgang um die Sonne wieder denselben Punkt wie vor einem Jahr – wird uns zugleich unser Dasein in der „strömenden" Zeit bewußt. Wir haben jetzt nicht das Zeitproblem im erkenntnistheoretischen Sinne zu durchdenken; es geht darum, wie wir unser Leben in der Zeit erfahren. Der gegenwärtige Augenblick läßt, kaum gedacht, Zukünftiges in Vergangenes umschlagen. Unser Verlangen: „Verweile doch!" kann nicht erfüllt werden. Der Film läuft, spult sich unaufhaltsam ab. Fast sieht es aus, als ob er der Gegenwart, sofern sie nur der Punkt ist, der Zukünftiges und Vergangenes scheidet, überhaupt nichts bleibt; sie scheint der – ausdehnungslose – Durchgang zu sein zwischen dem Noch-nicht und dem Nicht-mehr. Aber wir werden protestieren, wenn uns jemand bei dieser – unwiderleglichen – Einsicht festhalten will. Denn die Gegenwart ist ja unser Eigentliches: das Gegenwärtige „erleben" wir, im Jetzt genießen wir unser Freuden, stehen wir unsere Leiden aus, gewinnen wir unsere Erkenntnisse, fällen wir unsere Entscheidungen. Der gegenwärtige Augenblick ist – zwischen dem, was „noch nicht" ist, und dem, was „nicht mehr" ist – das Wirkliche unseres Lebens. Er will ergriffen, genossen, bestanden, ausgeschöpft sein. Von vielen Augenblicken des vergangenen Jahres – ja unseres bisherigen Lebens überhaupt – werden wir sagen, wir haben sie nicht richtig wahrgenommen: die sich bietenden Möglichkeiten nicht erfaßt, die uns gestellten Aufgaben nicht erfüllt. Auf anderes schauen wir dankbar und mit Genugtuung zurück. Die jeweils ergriffene Gegenwart ist unser eigentliches Leben.

Dennoch wird man nicht sagen dürfen: was vergangen ist, ist nicht mehr. Der gegenwärtige Augenblick ist durch das, was früher geschehen ist, qualifiziert. Die Entscheidung, die ich heute zu treffen habe; die Begegnung, die sich heute ereignet; die Bewährung, die mir in diesem Augenblick abverlangt wird (usw.): in allem schwingt das Vergangene mit. Die Treue, die mein Freund mir durch Jahrzehnte hindurch bewahrt und bewährt hat, ist aus der Begegnung, die ich eben im Augenblick mit ihm habe, nicht wegzudenken; sie wird mitbestimmend sein in der Freude dieser Begegnung, in dem Vertrauen, das ich dem Freund eben jetzt wieder entgegenbringe, in dem inneren Verpflichtetsein, das diese freundschaftliche Verbundenheit für mich mit sich bringt. Das Vergangene ist nicht abgetan.

Zu Neujahr denken wir eher in die Zukunft hinaus. Der gegenwärtige Augenblick ist nicht nur durch Vergangenes qualifiziert, sondern auch durch Künftiges. Auf alle Fälle, sofern sich dieses Künftige absehen läßt; die heute bereits vorliegenden Eintragungen im neuen Terminkalender weisen es aus; die geplanten Dienstreisen, die anstehende Operation, das Jubiläum, der Urlaub, die Steuertermine. Der gegenwärtige Augenblick kann durch Zu-Erwartendes beleuchtet oder beschattet sein. Und wenn wir das Künftige nicht wissen? Zu Neujahr wird uns die Unabsehbarkeit der Zukunft besonders bewußt. Man kann die Zeitung, soll sie aktuell sein, nicht eine Woche vorher drucken. Wir wüßten gern, wie es sein wird. Auf bestimmten Lebensgebieten ist Vorausschau – mit wissenschaftlicher Genauigkeit im Rahmen des Möglichen – sogar unentbehrlich (Prognostik). Aber auch statistisch Notwendiges läßt im Einzelfall Spielraum. Wir sollten nicht die Sterne befragen – oder den Kaffeesatz. Läßt Gott uns vieles Zukünftige im Dunkel, werden wir ihm dankbar sein. Es ist gut, daß er uns z. B. Zeit und Art unseres Todes nicht vorauswissen läßt. Es macht unser Leben menschlich, daß es auf *Vertrauen* zu leben ist. Überraschungen machen es reich. Ein technisch perfektioniertes Gesamtleben – man denke z. B. an die elektronisch gesteuerten (sekundenpünktlichen) Fernzüge in Japan und stelle sich solche Perfektion bis in alle Details unseres Daseins ausgeweitet vor – wäre nicht nur stocklangweilig, sondern wäre das Ende personhaften Lebens. – Aber auch die uns *nicht* durchsichtige Zukunft qualifiziert unser Heute; Gott allein kennt sie. Wir gehen in eine von ihm „bereitete" Zukunft. Wenn man wüßte, was für ein Gott das ist, der sie uns bereitet, dann müßte man ja gar nicht im einzelnen wissen, was sie enthält; man könnte sich einfach anvertrauen. Und in der Tat: darum geht es in der Perikope. *Die Zukunftsperspektive der Gemeinde Jesu*: (1) *Unser Zuhause bei Gott – durch Christus.* (2) *Unser Weg dahin – Christus selbst.*

I.

Um es gleich eingangs zu sagen: Die uns so stark beschäftigende Frage, *was* wohl auf uns „zu-kommt", wird in unserm Text von der anderen verschlungen: *wer* kommt auf uns zu? Wir sagen „verschlungen", um damit anzudeuten, daß die Frage nach dem *Was* nicht einfach ausgeschaltet oder weggeschoben wird. Für den Mystiker kommen die ungezählten Dinge zum Verschwinden, und es bleibt nur noch Gott, in dem er versinkt. Wer die Welt als Gottes Schöpfung versteht, schämt sich nicht, ernst zu nehmen, was in ihr ist und geschieht. So gehört in unsere Zukunftsperspektive alles hinein, was Gott schenken oder uns versagen wird, das, womit er uns erfreut oder auch belastet, was er in den Werken seiner Schöpfung selbst oder durch andere tut und was er von uns verlangt. Schöpfungsglaube ist nicht die theoretische Aussage über den Anfang der Welt, sondern die Gewißheit, daß Gott allezeit schafft, schenkt und wirkt und daß wir, aktiv oder rezeptiv oder auch passiv, „annehmen" sollen, was er uns zugedacht hat. Aber nun doch eben so, daß uns in den Gaben der Geber wichtig wird, in den Aufgaben der Auftraggeber, in den Menschen, mit denen wir es zu tun haben, der Herr und Freund dieser Menschen. Das Geschenk (zum Geburtstag o. ä.) ist mir nicht so sehr um seines Sachwertes wichtig (vielleicht hätte ich mir's selbst kaufen können), sondern um des Schenkenden willen, der mir seine Liebe bekundet; ja, wenn ich dieser Liebe gewiß bin, könnte ich wohl auch auf das Geschenk gern verzichten. Die Frage aller Fragen für das begonnene Jahr wird die sein, wie es zwischen Gott und uns steht.

Nun ist, was uns als Text vorliegt, als ein Stück der Abschiedsreden überliefert, also in eine Situation großer Angst, Traurigkeit und Bitterkeit hineingesprochen. Die Herzen sind „erschüttert, verwirrt, außer Fassung". Fragt man nach den Zukunftsaussichten dieser Gruppe von Menschen, dann kann es nur eine ganz düstere Antwort geben. Erst von dieser Situation her kann, was Jesus, tröstend und aufmunternd, sagt, begriffen und gewürdigt werden. Bei günstigem Barometerstand einen heiteren Himmel voraussagen und zu guter Stimmung aufrufen, ist kein Wagnis. Die Nacht vor dem Karfreitag aber und dieser selbst werden ja nicht nur das gewaltsame Ende Jesu bringen, sondern auch den Zusammenbruch aller Hoffnungen, die man auf ihn gesetzt hat. Und weiter: Das Kreuz wird, wie wir sahen, auch künftig, bis der Herr uns zu sich nimmt (V. 3), die Signatur des Lebens der Gemeinde Jesu und, in weiterem Sinne, der Menschheit und ihrer Geschichte überhaupt sein. Es ist nichts mit dem „lieben Gott", der, „wenn es ihn gibt", dafür sorgen müßte, „daß ich nicht so leiden muß". (Wir werden niemanden verachten, der in der Anfechtung so redet,

und wir werden diese Anfechtung ernst nehmen; aber es muß deutlich sein, daß hier –
aus welcher Haltung heraus auch immer – etwas begehrt wird, was uns nicht zugesagt
ist.)

Gerade in dieser Situation nun der Aufruf zum Glauben – oder gar, wie wir vorhin
übersetzten, die Erinnerung: „Ihr glaubt doch an Gott – und ihr glaubt an mich."
(Wir umschreiben:) Ihr sollt nicht meinen, ihr wäret in solchen Augenblicken, in
denen der Boden unter den Füßen weicht, im Stich gelassen. Ihr glaubt? Jawohl,
bleibt nur dabei! Jetzt wird es darauf ankommen, ob ihr den Vater und mich wirklich
kennt, vor Augen habt und für verläßlich haltet. Es ist nicht so, daß die Stunden –
oder auch längere Zeiträume –, in denen eure Herzen ganz verstört sind, nicht *auch*
und *erst recht Gottes* Stunden wären! Ihr habt guten Grund, euer Vertrauen nicht weg-
zuwerfen! Glaubt nur! Der Glaube glaubt und siegt gegen alle Erfahrung. Er nimmt
Gottes Zusage ernst, auch wenn sonst nichts mehr hält und trägt (EKG 250,11).

Schon aus der Situation der Abschiedsreden ergibt sich, daß hier nicht im Bereich des
Vorletzten, sondern des Letzten gedacht ist. Wir wissen alle nicht, wie wir das Letzte
bestehen. Es ist ein großer Trost, daß bei dem, was hier gesagt ist, die „Verwirrung
des Herzens" nicht übersehen und übergangen noch gar als unter der Würde eines
Christen befindlich angesehen, sondern ausdrücklich angesprochen ist. „In der Welt
habt ihr Angst" (16,33). Man wird nicht nur eine Glaubenshaltung, sondern auch die
Theologie daran zu messen haben, ob sie dieses Letzte ausblendet, nicht wahrhaben
will – oder aber in Existenz und Denken einbezieht. – Auf das Letzte weist nun auch
Jesu weitere Rede. Es geht um unser Zuhause bei Gott. Was auch hernach noch zu
sagen sein wird: gemeint sind zunächst die „himmlischen" Wohnungen. Es bedarf
unter uns keiner Beteuerungen, daß damit der „Raum" Gottes gemeint ist, nicht
irgendwelche Bezirke oder Sphären des sichtbaren Kosmos; auch nicht solche unserer
natürlichen (kreatürlichen) „Innerlichkeit". (Sind wir uns darin einig, daß beide Irr-
tümer aus derselben Wurzel kommen?) Dieses Zuhause bei Gott ist uns sicher, auch
wenn der Tod dem alten, zeitlichen, vergehenden Leben ein Ende macht. Wir haben
bei Gott unsere feste „Bleibe" ($\mu o \nu \acute{\eta}$). Wo wir zu Hause sind, da sind wir nicht fremd,
nicht nur eben geduldet. Da haben wir die bleibende Stadt (Hebr. 13,14).

Daß die eschatische Zukunft gemeint ist, unterstreicht das $\pi a \varrho a \lambda \acute{\eta} \mu \psi o \mu a \iota$ (V. 3). Johannes setzt seine eigenen Akzente, aber er befindet sich im Grundriß auf dem Boden
des klassischen Glaubens der neutestamentlichen Gemeinde. Schnackenburg vergleicht eindrucksvoll die älteste verfügbare Formulierung desselben Gedankens:

1. Thess. 4,16f.	Joh. 14,3
$\varkappa a \tau a \beta \acute{\eta} \sigma \varepsilon \tau a \iota \ \dot{\alpha} \pi' \ o \dot{v} \varrho a v o \tilde{v}$	$\pi \acute{a} \lambda \iota v \ \ddot{\varepsilon} \varrho \chi o \mu a \iota$
$\dot{\alpha} \varrho \pi a \gamma \eta \sigma \acute{o} \mu \varepsilon \vartheta a \ \ldots \ \varepsilon \dot{\iota} \varsigma \ \dot{\alpha} \pi \acute{a} \nu \tau \eta \sigma \iota \nu$	$\pi a \varrho a \lambda \acute{\eta} \mu \psi o \mu a \iota \ \dot{v} \mu \tilde{a} \varsigma$
$\pi \acute{a} \nu \tau o \tau \varepsilon \ \sigma \dot{v} \nu \ \varkappa v \varrho \acute{\iota} \omega \ \dot{\varepsilon} \sigma \acute{o} \mu \varepsilon \vartheta a$	$\ddot{o} \pi o v \ \varepsilon \dot{\iota} \mu \grave{\iota} \ \dot{\varepsilon} \gamma \grave{\omega} \ \varkappa a \grave{\iota} \ \dot{v} \mu \varepsilon \tilde{\iota} \varsigma \ \ddot{\eta} \tau \varepsilon$

Verschiedene Sprache – gleiche Sache. Allerdings wird nun zu bedenken sein, daß
die nur „stereoskopisch" zu erfassende Raumtiefe des eschatologischen Denkens in
den Johannesschriften die Gegenwart des Kommenden bereits im Heute einschließt.
„Ich will wiederkommen": das bezieht sich nicht nur auf das Kommen „am letzten
Tage" (der Begriff 6,39f.44.54; 12,48), sondern schon auf die Präsenz des Auferstandenen in seiner Gemeinde, besonders im Geist. Es sollen ja nicht nur wir in Gott zu
Hause sein, sondern Gott will auch unter uns Wohnung nehmen (V. 23). Im Geist
sind Vater und Sohn bei uns gegenwärtig, und das ist der Beginn des Kommenden.
Dies ist übrigens keine johanneische Sonderlehre. Auch bei Paulus ist der Geist „An-
bruch" des Eschaton, „Vorschuß" auf das Eschaton (Röm. 8,23; 2. Kor. 1,22; 5,5;

Eph. 1,14). Der Jüngste Tag ist bei Johannes so wenig überflüssig geworden wie bei
Paulus; was gegenwärtig noch unter der Hülle der Sarx verborgen ist, damit auch
dem Anstoß des Unglaubens ausgesetzt, wird am Ende in Herrlichkeit erscheinen
(vgl. noch einmal das Bultmann-Zitat zu V. 3).
Wir sind also jetzt schon bei Gott zu Hause. Kinder kommen zum Vater nicht als
Fremde. „Hausgenossen" sind nicht „Gäste und Fremdlinge" (Eph. 2,19). Hier ist
Geborgenheit, in Gottes „Schoß" (EKG 42,5). Um recht zu verstehen, was hier gemeint ist, sei nachdrücklich darauf hingewiesen, daß Jesus „hingeht", uns „die Stätte
zu bereiten" (V. 3). Daß wir bei Gott zu Hause sind, ist keine Allerweltswahrheit,
sondern gilt um Christi willen. Gott liebt uns nicht „im allgemeinen", sondern „in
Christus". Gottes Liebe ist nicht Zustand, sondern *Ereignis*. Darin „steht" sie, „daß
er uns geliebt hat und gesandt seinen Sohn zur Versöhnung für unsere Sünden" (1. Joh.
4,10). Jesus – der Promulgator (um nicht zu sagen: Propagandist) einer auch ohne
ihn, unabhängig von ihm vorhandenen Gottesliebe? Nein: Jesus die im Versöhnungswerk *sich ereignende* Gottesliebe! Jesus „geht hin" – Karfreitag! –, um uns bei Gott
das Wohnrecht zu erwerben. Sein Eintreten für uns (Kap. 17!) verschafft uns die
„Bleibe" bei Gott, in diesem und im kommenden Leben. Die Welt sieht nun anders
aus als vordem. Was einen soeben noch „erschüttern", „durcheinanderbringen"
konnte (V. 1), ist nun nicht mehr tödlich. Nicht einmal der Tod ist jetzt tödlich (EKG
297,8), geschweige denn anderes, was uns belastet. Die Freude an den guten Gaben
Gottes ist nicht mehr gedämpft durch Sorge ums Verlieren. Scheint uns die Sonne,
dann brauchen wir uns die Freude nicht dadurch trüben zu lassen, daß uns der Gedanke im Nacken sitzt: eines Tages geht sie uns nicht mehr auf. Sind wir im Glück,
dann braucht uns „vor der Götter Neide" nicht zu grauen; wir haben „das Haupt"
zum Freunde und sind „geliebt bei Gott" (EKG 250,1). Sollte das neue Jahr uns
Proben unseres Gehorsams, unserer Geduld, unserer Tragfähigkeit auferlegen: unser
Zuhause bei Gott macht uns niemand streitig, und vielleicht ist es uns nicht unwill-
kommen, wenn wir Gelegenheit finden, Gott zu zeigen, daß er unser ganzes Vertrauen hat.

2.

Der Dialog (VV. 5 ff.) mag literarisches Stilmittel sein. Aber ein der Sache angemes-
senes! Wir wären armselige Ausleger, wenn wir hier nur einen Kunstgriff des Verfassers feststellten, nicht aber einen von der Sache erforderten Gedankenfortschritt.
Wenn Thomas sich nicht zu Wort meldete, müßten *wir* es tun. Zu glatt möchten uns
die bisher gegebenen Auskünfte scheinen. Schön, wenn das alles so ist, wie gesagt!
„Geliebt bei Gott", das hört sich gut an. Nur: wie gelangt man dahin? Und wenn
Jesus sagt, er gehe – als unser „Vorläufer", würde der Hebräerbrief sagen (6,20;
10,19–22) – „hin"; wohin geht er denn? Es mag für uns, die Christenheit nach Ostern,
alles klarer vor Augen liegen; und dies auch nur dann, wenn wir in das Denken des
Glaubens einigermaßen eingeübt sind. Wie, wenn man noch weit „draußen" steht?
Aber nicht nur dies. Es könnte auch sein, man steht schon so weit „drinnen", daß
sich die Worte, Bilder und Vorstellungen des Textes längst zu einem Denkgebilde
verfestigt haben, mit dem wir umgehen wie mit dem Einmaleins. Auch dann hätten
wir die wichtigste Entdeckung noch vor uns. Ja, streng genommen hat man sie
eigentlich immer wieder *vor* sich. Wieso?
Fragt jemand den Evangelisten, wie man zu der hier gemeinten Glaubensgewißheit
gelange, so verweist er auf *Jesus*. Nicht in dem Sinne, daß man bei Jesus in die Schule

gehen und sich von ihm sagen lassen solle, wie „es" gemacht wird. Man erkennt den guten Lehrer daran, daß er sich überflüssig macht, indem die Schüler durch sein Lehren zu eigenem Denken, Wissen und Können befähigt werden. Jesus will nicht in diesem Sinne Lehrer sein. Er kann uns nur helfen, indem wir an seinem Wort und überhaupt an ihm selbst „bleiben" (8,31; 15,4.5.9). Jesus *will* sich gar nicht entbehrlich machen. Denn auch der Vater wird uns nicht entbehrlich. Im Gegenteil: darin liegt, wenn alles gut geht, die heilsame Wende in unserm Leben, daß Gott, der Vater, Sohn und Heilige Geist, uns *unentbehrlich* wird. Wir wären auf ganz verkehrtem Wege, wenn wir den Gott-im-Stellwerk predigten, der dazu da ist, die Weichen und Signale in der Welt zu betätigen, damit alles plangerecht und unfallfrei laufe, der aber selbst als Person für den Zugverkehr uninteressant ist. Eben auf die Personverbindung mit Gott kommt es an, man könnte auch sagen: auf die gegenseitige Liebe. Die Liebe sucht nicht „etwas" vom andern, sondern „ihn selbst".

Nun fragt Thomas aber nach dem *Weg*. Welchen Weg muß man gehen, um dorthin zu gelangen, wo das Zuhause bei Gott auf uns wartet? Das Wort Weg hat in der Geschichte der Religionen verschiedene Bedeutung gehabt. Es könnte an einen Erkenntnisweg gedacht sein. Oder an einen „Pfad" frommer Kontemplation. Oder an ein bestimmtes Ethos, das sich dann auch in einer festgeordneten Observanz ausdrücken kann. Wissen wir schon nicht das Ziel, wie können wir dann den Weg wissen? Man wird annehmen dürfen, daß das Anliegen des Thomas ganz ähnlich gedacht ist wie in V. 8 das des Philippus. Also: Zeig uns den Weg!

Aber Jesus zeigt nicht den Weg, er *ist* es. Er lehrt nicht die Wahrheit, er *ist* sie. Er gibt nicht das Leben, er *ist* es. Die Predigt wird dies explizieren müssen. Indem Jesus auf sich selbst weist, wird jedenfalls deutlich, daß es bei dem „*Weg*" nicht um eine von uns zu realisierende Verhaltensweise geht oder gar (mythologisch gedacht) um eine zu durchmessende Strecke durch die Räume der Sphären, wie die Alten sich es vorstellten. *Jesus begegnen*, das ist es! Ihn entdecken, indem man seine Liebe erfährt, und ihn wiederlieben. Auf ihn hören und sich ihm anvertrauen. Die Macht seiner verborgenen Doxa an sich erfahren. Durch ihn und in ihm unmittelbar vor Gott gestellt sein. Durch sein freisprechendes Wort gereinigt werden (15,3). Ihn sehen und in ihm den Vater vor Augen haben (VV. 7.9). – Es ist mit der „*Wahrheit*" nicht anders. Wahrheiten über Gott dozieren, dies brächte uns nicht weiter. Da niemand Gott je gesehen hat (1,18), wäre das letzte „Argument" der hilflose Satz: Das muß man eben glauben. Ganz anders, wenn Wahrheit nicht eine Summe von theologischen Sätzen ist, sondern die Selbstmitteilung Gottes in der lebendigen Zuwendung zu uns in Jesus Christus. Da gibt es nicht Gründe und Beweise, aber da widerfährt einem das Unerwartete, daß einem Gott „aufgeht" und man weiß, man hat es unmittelbar mit ihm zu tun. – Und wie steht es mit dem „Leben"? Anweisungen dazu gibt Jesus nicht. Wie könnte er auch? Man müßte ja von neuem geboren werden. Aber: Jesus ist selbst das Leben. Er hat „Worte des ewigen Lebens". Er ist „die Auferstehung und das Leben". Wer in lebendiger Verbindung zu ihm steht, ist in Gottes Leben einbezogen und eingetaucht. Daß niemand zum Vater kommt außer durch Jesus, dies ist freilich ein anspruchsvoller Satz. Er kann von niemandem bejaht werden, der die große Begegnung mit Jesus noch *vor* sich hat. Daß die verschiedenen Religionen je für sich in Anspruch nehmen, die wahre zu sein, stellt diese Ansprüche allesamt in Frage, ja hebt sie auf. Vielleicht ging der echte „Ring" überhaupt verloren. In der Tat: gälte es den *Weg* zu Gott zu finden, die *Wahrheit* über Gott zu eruieren, das *Leben*, das vor Gott bestehen kann, zu realisieren, wie könnten dann die einen den anderen voraus sein? Es wäre nicht einzusehen, wieso man sich nicht auf verschiedenerlei Weise Gott nähern kann

(Weg), mit verschiedenen Gedanken und Vorstellungen über Gott sollte reden können (Wahrheit), auf unterschiedliche Weise fromm sein und das Dasein bestehen sollte (Leben). Käme Jesus mit neuen *Lehren*, dann müßte er sich unter die anderen Religionsstifter einreihen (wie das der tolerante· und relativierende Hinduismus ihm zugesteht). Aber wir wären, wenn wir so dächten, weit unterhalb der Ebene, die in unserm Text gemeint ist. Hier ist nicht *Lehre*, hier ist *Vollzug*, hier *ereignen* sich Weg, Wahrheit und Leben. Es ist wahr: bewiesen werden kann das nicht. Aber umgekehrt: wer Christus so begegnet ist, wie dies im Text ausgesagt wird, der kann sich, bei allem tiefen Respekt vor der Welt der Religionen, den Satz, daß man nur durch Christus zum Vater kommt, nicht mehr abmarkten lassen. Wenn wir uns zu Christus bekennen, dann nicht mit der Begründung: Er weiß es besser, sondern mit der anderen: Er *ist* es. Und er ist es für alle (10,16). In seines Vaters Hause sind *viele* Wohnungen.
Wir wollten von der Zukunftsperspektive der Gemeinde Jesu reden. Wahrscheinlich sind wir, vom Text angeleitet, allzu schnell auf den eschatologischen und christologischen Fluchtpunkt christlichen Glaubens und Hoffens zugegangen. Es versteht sich beinahe von selbst, daß wir – schon weil Jesus uns anleitet, die Menschen zu lieben und ihnen zu dienen – auch an allem weltlichen Tun aufs intensivste beteiligt sind. Übrigens auch an weltlich-irdischen Hoffnungen. Wer nichts hofft, wird auch nichts tun. Und was Christen tun, tun sie in ihrem irdischen Leben und im Raume dieser Welt. Wo denn sonst? So gehen wir auch in dieses Jahr mit allerlei Vorhaben und Vorsätzen, mit Wünschen und Hoffnungen. Wir waren vorhin schon an dem Punkte, als es um Ernstnehmen geschöpflichen Lebens ging. Daß wir die spezifisch *christliche* Hoffnung artikulieren, wird uns in unserm täglichen Tun nicht lähmen. Wenn Gott die Welt liebt, werden wir sie – bei allem christlichen Realismus – weder madig machen noch gar abschreiben. Aber vielleicht ist – wenn wir wirklich an Gott und Christus glauben (V. 1) – unsere Wirksamkeit im Dienste der Welt noch anders motiviert, als wenn wir Gott nicht kennten: Unser Daheimsein bei Gott und unsere Verbundenheit mit ihm in Christus gibt uns für unser Handeln eine wunderbare Rückenfreiheit und eine letzte Unverbrüchlichkeit des Hoffens, die auch dann noch stichhält, wenn die „Herzen" erschrocken und „verwirrt" sind. Am Anfang, in der Mitte und am Ende steht der Gott, der in Christus *unser* Gott ist. Wir sind auf alle Fälle die Gewinner. Es läßt sich gut leben, wenn man dessen gewiß ist.

2. Sonntag nach dem Christfest. Joh. 1,43–51

Die ersten Jünger kommen nach dem vierten Evangelium aus Täuferkreisen. Es handelt sich zunächst um zwei, von denen nur Andreas genannt ist (verbirgt sich hinter der Anonymität des anderen der Lieblingsjünger?); dazu kommt der Bruder des Andreas, Simon (Kephas). Es scheint der Gedanke zu herrschen, daß ein Jünger jeweils einen weiteren „findet". Dieser Gedanke wird V. 43 durchbrochen. Bultmann vermutet (wie vor ihm schon F. Spitta), Jesus sei erst nachträglich vom Evangelisten ins Spiel gebracht worden. Denkt man sich (was bei den hier vorliegenden Semitismen – Verba am Anfang, Asyndeta – naheliegt) den Text hebräisch, dann brauchte nach וַיִּמְצָא nur der Name eines Jüngers ausgefallen zu sein; so würde auch klar, warum der Name Jesu erst vor dem Ruf zur Nachfolge erscheint. – Philippus (der Name kommt bei Juden vor) aus Bethsaida (wie Andreas und Simon Petrus – die nach Mark. 1,21.29 in Kapernaum wohnen) ist auch Matth. 10,3; Mark. 3,18; Luk. 6,14; Apg. 1,13 genannt; Joh. 6,5; 12,21; 14,8 tritt er handelnd hervor. Nathanael ist in den Apostelkatalogen und auch sonst außerhalb des Joh.-

Evg. nicht genannt. Nach 21,2 stammt er aus Kana in Galiläa (vgl. die sofort anschlie-
ßende Perikope).

V. 23: Spielen VV. 19–28 am ersten Tag, dann VV. 29 ff. am zweiten, VV. 35 ff. am dritten,
VV. 43 ff. am vierten (2,1 beginnt jedoch: „Am dritten Tage"; doch trägt das hier nichts
aus). Luthers (glättende) Übersetzung trifft, was die jetzt vorliegende Textgestalt
meint. Der Ruf in die Nachfolge hat. wie VV.37.38.40, den spezifischen Sinn des Sich-An-
schließens an eine „Respektsperson" (im AT und Judentum militärischer Führer, Bräutigam, Mann, Prophet, Rabbi); im AT ist auch vom „Gehen hinter anderen Göttern her"
die Rede, selten vom „Wandeln hinter Jahwe her" (ThWNT I, S. 211 ff.). Im NT ist der
Begriff so stark geprägt, daß es nur eine Nachfolge Jesu gibt, aber kein analoges Verhältnis einem andern gegenüber. – V. 45: Jesus ist hier von Philippus gleich in erster Stunde
als der im AT Verheißene erkannt; die literarische Absicht ist eine andere als bei den Synoptikern. Das Perfekt εὑρήκαμεν sagt: „Wir haben ihn!"; die Formulierung verrät gespannte Messiaserwartung (Täuferjünger!). – V. 46: Aus dem „obskuren Nazareth"
(Bltm.) soll der Verheißene kommen? (Wie der Evangelist über Bethlehem denkt, dazu unsere Ausl. zum 1. Christtag unter 1; unsere Stelle muß im Zusammenhang mit 6,42;
7,41 f.52 verstanden werden.) Der Anstoß wird nicht durch Argumente überwunden, sondern durch die Begegnung mit Jesus: „Komm und sieh es!" (wie V. 39). – V. 47: Wie Jesus
V. 42 den Namen des Simon kannte, so kennt er jetzt mit einem Blick den Charakter des
Nathanael und (V. 48) seinen Aufenthaltsort vor der Begegnung. „Israelit": er gehört zum
Volk der Verheißung; „ohne Falsch": er ist ehrlich fromm, vielleicht: Jesus würdigt die
(vom Standpunkt des Israeliten her) verständlichen Bedenken V. 46. – V. 48: Unter dem
Feigenbaum pflegten Rabbinen sich dem Schriftstudium zu widmen; V. 47 könnte so begründet und V. 49 damit vorbereitet sein. – V. 49: Das implizite Messiasbekenntnis von
V. 46 gewinnt nun explizite Gestalt. – V. 50: „Ein solches Wunder genügte schon, Glauben
zu wecken. Aber der Wunderglaube hat doch nur relativen Wert als eine Vorstufe, die zum
eigentlichen Glauben führt, der ‚Größeres' als solche Wunder sehen wird" (Bltm., Ergän-
zungsheft S. 17). – V. 51: Schon die Eingangsformel (so 25mal im Joh.-Evg.) kennzeichnet
das johanneische Logion von besonderem Rang. Seit V. 35 werden Hoheitstitel Jesu eingeführt: Gottes Lamm – Messias – Gottes Sohn – König von Israel – Menschensohn. Keiner
davon ist explizit. Wir sollten darum für die Deutung von „Menschensohn" aus dieser
Stelle nicht zuviel herausholen wollen. Viel wichtiger ist die Bildvorstellung aus Gen.
28,10–17: unser „Bethel", unser Ort der offenbaren Gottesgegenwart ist Jesus.

Im Sinne des Evangelisten müßte die Perikope eigentlich mit V. 35 beginnen. Das
gilt, wie wir sahen, schon hinsichtlich der Aufreihung von Hoheitstiteln, in denen sich
die Christuserfahrung der Gemeinde niederschlägt bzw. in denen sich das Christusgeheimnis erschließt. Das gilt aber auch hinsichtlich der Berufungen (darf man das
Wort hier gebrauchen?), die ja offensichtlich eine Kette bilden: vom Täufer geht –
wie in einer Initialzündung – das Geschehen aus, und in einer Kettenreaktion setzt
es sich fort. V. 43 könnte freilich insofern ein Neueinsatz ein, als Jesus selbst in die
Nachfolge ruft; es wird noch zu bedenken sein, was dies bedeutet. Die Predigt wird
VV. 35 ff. (summarisch) mit in Betracht ziehen.
Jüngerberufungen: Es dürfte nicht gelingen, das hier Erzählte mit den synoptischen
Berufungsperikopen (bes. Mark. 1,16–20) in Einklang zu bringen. Es wäre unbeson-
nen, entweder der synoptischen oder auch der johanneischen Überlieferung das
alleinige historische Recht zuzusprechen (vorsichtig urteilt z. B. Bultmann auf S. 76
seines Kommentars). Im ganzen vierten Evangelium dürften sich eine Menge Splitter
historischer Erinnerung finden, aber das Ganze ist eingeschmolzen und umgeformt in
ein großes meditativ-kerygmatisches Christuszeugnis. Es geht nicht darum, einen
Dokumentarfilm zu drehen, wohl aber darum, einige für die Gemeinde aller Zeiten
wesentliche Züge der Christuserkenntnis und – in eins damit – der Jüngerberufungen,

für uns: des Christwerdens überhaupt sichtbar zu machen. Dabei ist eigentümlich, daß der Blick sich einerseits auf den Christus richtet, dessen Geheimnis von einer Reihe von Männern entdeckt wird; man spürt an dem Text noch etwas von dem Staunen, das die Entdeckungen auslösten. Nicht weniger wichtig ist aber, was sich an den Menschen und durch sie abspielt; indem sie das Geheimnis Jesu entdecken, werden sie sein. Zur „Ordination" wird es später kommen (20,21–23). Jetzt werden die Berufenen zu Nachfolgern. Aber sie können das nicht sein, ohne ihre eigene Entdeckung sofort anderen weiterzusagen. Kein Christ kann für sich behalten, was er empfangen hat; er wird vielmehr das Empfangene sofort mit dem nächstbesten Mitmenschen, den er „findet", teilen. Man achte auf den häufigen Gebrauch des Wortes „finden": Andreas „findet" seinen Bruder Simon Petrus, Jesus (vielleicht auch der Lieblingsjünger, s. o.) „findet" Philippus, Philippus „findet" Nathanael (VV. 41.43. 45). Andererseits: Wir haben den Messias „gefunden" (V. 41), wir haben „gefunden", von welchem Mose und die Propheten geschrieben haben (V. 45). In dem Wort liegt: ungesuchte oder doch nicht planmäßig herbeigeführte Begegnung, dann aber auch – denn das Gefundene läßt man nicht wieder los – ein Brückenschlagen und Verbindungknüpfen. In bezug auf Jesus könnte es wohl heißen: gesucht haben wir lange, aber es lag eben nicht in unserer Macht, damit ans Ziel zu kommen; aber nun haben wir entdeckt: Der *ist* es! – Man muß das beglückend Neue nachempfinden, das sich in diesen Worten ausdrückt. Sie schildern beinahe so etwas wie eine viele Jahrzehnte überbrückende rückwärtsschauende Vision, ganz vereinfacht, aufs Wesentliche beschränkt und dieses mit verstärkenden Linien darstellend, aber voller Bewegung, Entdecken und Weitergeben. Wir fänden dann wohl die rechte Art des Predigens, wenn auch die Gemeinde dabei so in Bewegung käme. Wen werde ich als nächsten „finden"?

Christus entdecken und sein Jünger werden – das heißt: (1) *ihn sehen,* (2) *von ihm gesehen werden,* (3) *durch ihn in den Himmel sehen.*

I.

Ihn sehen? Das konnten die Menschen in Jesu Umgebung, damals. Wir können es nicht. Es könnte sein, wir machen aus unserer Not eine Tugend und behaupten kurzerhand, aufs Sehen komme es nicht an. Der vierte Evangelist denkt nicht so, wann immer er auch geschrieben haben und wie immer es mit seiner – unmittelbaren oder mittelbaren – Augenzeugenschaft stehen mag. „Wir sahen" (1 14) – nicht in einem übertragenen Sinne, sondern im Ursinn des Wortes: „mit unseren Augen" (1. Joh. 1,1), denn Jesus Christus ist „im Fleisch gekommen" (1. Joh. 4,2). „Nicht sehen und doch glauben", das hat freilich *auch* sein Recht (20,31). Der Auferstandene ist nicht mehr so unter uns wie der Irdische. Ja, sogar der irdische ist noch nicht entdeckt und erfaßt, wenn man lediglich einen optischen Eindruck von ihm gewonnen hat; denn daß sich in seinem Menschsein sein Gottsein verbirgt, nimmt nur der Glaube wahr. Der Glaube aber sagt nicht, auf das Sichtbare komme es nicht an, weil ja das, woran er sich hält, sowieso nicht in die Sichtbarkeit eingehe; im Gegenteil: er erkennt Gottes Offenbarung *in* dem, was man hören, sehen und mit Händen greifen kann (1. Joh. 1,1), in dem leibhaft vor uns stehenden und unter uns lebenden Jesus Christus. „Komm und sieh es!" (V. 46). „Kommt und seht!" (V. 39). „Siehe!" (VV. 29.36 – vgl. 19,5). Zugespitzt gesagt: Die *Christus*erfahrung kann man nur an *Jesus* machen. Man kann nur einem jeden raten, er möge – ohne jegliche dogmatische „Vorgabe" – im Kontakt mit dem Menschen Jesus von Nazareth bleiben, möge sich sein Bild vor die Augen malen lassen (Gal. 3,1), möge ihn reden hören, sich dem Gehörten stellen und es praktizieren (7,17), er möge Jesus zusehen, wie er mit Sündern umgeht, wie er lehrt, schilt, tröstet, vergibt, sucht, wirbt, mit-leidet, sich schmähen und verfolgen, verleumden, verurteilen, schinden und umbringen läßt. Kommen und sehen und darin nicht locker lassen und, wenn es Ernst wird, nicht abschalten, sondern dranbleiben! Man entdeckt Jesus und wird sein Jünger zunächst einfach dadurch, daß man ihn *sieht*.

Ohne dogmatische Vorgabe? Hier scheint der Text gegen uns zu sein, und wir werden das soeben Gesagte in seinem Sinne wohl auch noch ein wenig korrigieren müssen. Wir sahen, der Text bietet in wenigen Versen geradezu eine Sammlung der christologischen Titel Jesu. Fragt man, wie es historisch zugegangen sei, dann wird man für die Sicht der Synoptiker plädieren: erst ganz allmählich sind die Jünger hinter das Geheimnis der Person Jesu Christi gekommen; Jesus selbst hat dieses Geheimnis sorgfältig gewahrt und so verschlüsselt gesprochen und gehandelt, daß es nur denen aufging, die nicht Zuschauer blieben, sondern es mit ihm wagten. Johannes stellt das Zu-Jesus-Stoßen der ersten Jünger nicht nach dem historischen Verlauf dar, setzt vielmehr das Credo der Kirche gleich an den Anfang. Auch diese Weise, von den Dingen zu reden, hat ihr Recht. Wenn heute einer Christ wird, dann bleibt ihm selbstverständlich das, was die Kirche bekennt, nicht verborgen. Es könnte im Einzelfall sein, daß es ihm ohne die kirchliche Christologie leichter wird, ein Verhältnis zu Jesus zu finden. Auch unser Abschnitt zeigt es ja, daß es schwer sein kann, die Glaubenserkenntnis und -erfahrung anderer für sich selbst zu übernehmen (VV. 45f.). Gleichwohl: Bekenntnis und Lehre der Kirche – als gestaltgewordene Glaubenserkenntnis und -erfahrung – sind nun einmal da, nicht etwa als leider nicht abzuwerfender Ballast, sondern, wie wiederum der Text erkennen läßt, als Hilfe und Anstoß zum Glauben. Schon wahr, in gewisser Hinsicht muß jeder von uns ganz am Nullpunkt anfangen, darin nämlich, daß er seines Herrn Jesus Christus selbst gewiß wird. „Ohne Vorgabe" – es bleibt dabei, denn uns kann nicht damit geholfen sein, daß wir das Credo der Kirche als etwas Fremdes übernehmen und dabei ein sacrificium intellectus, conscientiae, vielleicht gar fidei bringen. Christus will unser eigenes, freies Ja. – Und doch fängt, in anderer Hinsicht, unser Glaube eben *nicht* am Nullpunkt an. Die schon glauben, bekennen: „Wir haben gefunden …" (VV. 41.45). Der Sinn des kirchlichen Dogmas: nicht „uns wurde aufoktroyiert", sondern „wir haben gefunden". Warum soll es denn die Kirche nicht weitersagen, was ihr an ihrem Herrn aufgegangen ist? Warum sollte sie es nicht gerade dann aussprechen, wenn sie weiß, daß das Sehen der Herrlichkeit Jesu eben nicht bloß auf menschliche Sinne und menschlichen Verstand zurückgeht, sondern darauf, daß der Vater es ihr „gegeben" hat (6,65)? „Siehe, das ist Gottes Lamm" (V. 36), bekennt die glaubende Gemeinde. Sie will damit sagen, daß dieser Jesus von Nazareth in seinem Leben, Leiden und Sterben die Sündenschuld aller Welt auf sich gezogen hat und nicht aufhört, als Priester und Opfer in einem sich beim Vater für uns und alle Welt einzusetzen und auf sein Opfer hinzuweisen (Kap. 17). – „Siehe, das ist der Messias" (V. 41), bekennt die glaubende Gemeinde. Sie will damit sagen, daß, indem wir auf Christus hören, an ihn glauben und ihm gehorchen, Gott bei uns wieder zu seinem Recht kommt und, indem dies geschieht, unser Leben wieder heil wird. Jesus ist der König der Heils- und Gnadenzeit. – „Siehe, das ist der von Mose und den Propheten Angekündigte!" (V. 45), bekennt die glaubende Gemeinde. Sie will damit sagen, daß Jesus mit seinem Werk weder seinen eigenen Einfällen folgt noch einer plötzlichen, jederzeit widerruflichen Stimmung oder Laune Gottes, sondern Gottes lang gehegten und längst bekanntgegebenen Plan realisiert, der seine Basis in der Treue Gottes hat. Gott steht zu seinem Wort, wir können uns auf ihn verlassen. So schließt sich, was zwischen Gott und den Menschen durch Jahrtausende hindurch geschehen ist, zu einem Ganzen zusammen, zu der von Gottes Treue ins Werk gesetzten, in Gang gehaltenen und zweifellos ihr Ziel erreichenden Heilsgeschichte. – „Siehe, Gottes Sohn, der König in Israel" (V. 49), bekennt die glaubende Gemeinde. Sie will damit sagen, daß dieser Jesus in seinem göttlichen Sein und in seinem messianischen Amt in höchster Autorisierung handelt. – Wir haben das Christusbekenntnis der Perikope nur mit ein paar Strichen wiedergegeben. Der Prediger wird es auf seine Weise tun. Worauf es hier ankam: „ihn sehen" schließt ein, daß wir auf die hören, die vor uns seiner ansichtig geworden sind. Mit dem Zeugnis des Philippus vernimmt Nathanael sozusagen das Zeugnis der Kirche. Auch sein Glaube soll sich daran entzünden. Aber – Nathanael nimmt eben an dem, was ihm da zugesprochen wird, Anstoß. „Was kann aus diesem Kuhdorf Nazareth Gutes kommen?" Nathanael fährt genau da fest, wo überhaupt die christliche Botschaft und das kirchliche Dogma unwegsam werden. All das Große und Anspruchsvolle, das die Kirche von ihrem Herrn bekennt, sagt sie von einem aus, der uns in größter Unansehnlichkeit entgegentritt. Der allmächtige Gott – aus Klein-Kleckersdorf! Wie kann der Anstoß überwunden werden? Nicht so, daß man den, den man zum Glauben rufen will, schamhaft an der Menschlichkeit und Sichtbarkeit, d. h. aber an der Niedrigkeit des Menschgewordenen vorbeilotst, sondern so, daß man ihn geradezu mit der Nase drauf drückt: „Komm und sieh!" Andreas und der Ungenannte sind selbst nach dieser Anweisung verfahren – es ist ja Jesu eigene Anweisung: „Sie kamen und sahen's und blieben den Tag bei ihm" (V. 39). So schlicht hat es angefangen. Aber die Stunde dieses unscheinbaren und offenbar so folgenreichen Anfangs haben sie nie wieder vergessen (ebd.). Es wird bei Nathanael nicht anders laufen. Also: „Komm und sieh es!" (V. 46).

2.

Nun verbirgt sich aber in dem, worin Menschen die Subjekte sind (suchen, sprechen, fragen, bleiben, nachfolgen, finden, rufen usw.) noch eine andere, im Text nur sparsam angedeutete, jedoch um so wirksamere Aktivität: nämlich die Jesu selbst. Jesus wendet sich den beiden Suchenden zu, fragt sie, lädt sie ein (VV. 38f.), findet den Philippus, ruft ihn in die Nachfolge (V. 43), macht den Nathanael zum Gegenstand seiner eigenen Seelsorge. Daß die Frage, wer eigentlich in V. 43 am Zuge ist, möglicherweise die Überlieferung umgestaltet hat (s. o.), könnte eben damit zusammenhängen: der dem Stoff die jetzige Form gegeben hat, war offensichtlich der Meinung, der eigentlich Handelnde sei sowieso Jesus selbst. Ein Jünger „findet" den anderen? „Wir haben gefunden"? Richtig – nur, wenn man es genau sagen will, dann muß es lauten: *„Jesus ... findet"* (V. 43).
Dann ist also mindestens so wichtig wie das Sehen – das Gesehen-*Werden* von Jesus. Ich erkenne – „gleichwie ich erkannt bin" (1. Kor. 13,12; vgl. Gal. 4,9); ich kann ergreifen nur „aufgrund der Tatsache daß ich von Christus Jesus ergriffen worden bin" (Phil. 3,12). Ich schaue die Doxa Jesu, nachdem Jesus *mich* durchschaut hat. So jedenfalls ist es dem Nathanael gegangen. Der unbekannte Nazarener, den als den Verheißenen entdeckt zu haben Philippus dem kritischen Nathanael soeben berichtet und bekannt hat, sagt ihm im ersten Augenblick auf den Kopf zu, wie er einzuschätzen ist: „in Wahrheit ein Israelit, in dem keine Unehrlichkeit ist". Eine Captatio benevolentiae? Eine etwas plumpe Art, sich dem Manne aus Kana anzubiedern? Der

Zusammenhang zielt auf Jesu wunderbares Wissen, also gerade darauf, daß hier getroffen ist, was *ist*. Jesus lobt nicht unaufrichtig die Aufrichtigkeit des Nathanael. Er *kennt* ihn. Nathanael hat Jesu Wort auch offensichtlich so verstanden, muß sich nur fragen, *woher* Jesus ihn so gut kennen kann. Und da erfährt er nun das Erstaunliche: „bevor Philippus rief", d. h. aber: noch ehe Jesus den Nathanael kommen sah (V. 47), als dieser noch ganz fern von Jesus war, hat Jesus ihn unter einem Feigenbaum sitzen sehen – vielleicht, wie die Rabbinen taten, mit dem Studium der frommen Tradition Israels beschäftigt (s. o.). Religionsgeschichtliche Betrachtung hat sofort die Vergleichskategorie zur Hand: Jesus ist dargestellt als ϑεῖος ἀνήρ – Verblüffungserfolg durch wunderbares Fernwissen. Nichts gegen solche Vergleiche; man muß nur wissen, daß die religionsgeschichtliche Ebene des Denkens eine Einklammerung der theologischen Verbindlichkeit mit sich bringt. „Verblüffungserfolg" wäre auch eine sehr wenig ernsthafte Charakterisierung des Gemeinten. „Das Joh-Ev führt das Wissen Jesu ... nicht auf Wunderkräfte zurück, die in ihm wohnen, sondern auf das nahe Verhältnis, in dem Jesus zu seinem Vater steht (vgl. 3,35; 11,42; 13,3)" (Schnbg. z. St.). Jesus kennt uns. Er kennt auch seine Gegner (5,42). Der Hirte kennt seine Schafe (10,27). „Er kannte sie alle ... und wußte wohl, was im Menschen war" (2,24f.). „Kommt, seht einen Menschen, der mir gesagt hat alles, was ich getan habe, ob er nicht der Christus sei" (4,29). Er „wußte" auch „seinen Verräter" (13,11). Was hat er von Nathanael gewußt? Als Angehöriger des Volkes Gottes ist er zum Heil berufen. Freilich, gerade als unverfälschter Israelit hat er (der – vielleicht – eben noch „Mose und die Propheten" studiert hat) Einspruch erhoben: nach seiner „Dogmatik" kann der Messias nicht aus dem obskuren Nazareth kommen (vgl. 7,41f.). Ein geradezu belustigendes dialektisches Spiel: der sich, als waschechter Israelit, gegen Jesu Messianität sträubt, wird, indem Jesus dieses echt israelitische Sträuben weiß und versteht, von Jesu Messianität überzeugt. Zugleich ein Geschehen, das tiefe Einsicht eröffnet: eine dogmatische Sachfrage verwandelt sich, indem wir es mit Jesus persönlich zu tun bekommen, in eine uns unmittelbar angehende, uns geradezu „anspringende" Existenzfrage. „Herr, du erforschest mich und kennest mich ..., du verstehst meine Gedanken von ferne" (Ps. 139,1 ff.). *So* erfährt Nathanael den Unbekannten, der nun für sein weiteres Leben bestimmend wird. Indem er sich erkannt, durchschaut weiß, geht ihm Jesu Geheimnis auf. So durchschaut – und trotzdem geliebt.

Nathanael hat das Christuszeugnis der „Kirche" vernommen (V. 45) und es kritisch angefochten (V. 46). Nun formuliert er selbst ein Stück Christuszeugnis: „Du bist Gottes Sohn, du bist der König von Israel" (V. 49). Jesu Tiefenschau ins Herz (noch einmal: Ps. 139) läßt Nathanael Jesus auf die Seite Gottes stellen. Der „Gnesio-Israelit" hat den Anstoß überwunden und kann nun sein Bekenntnis zu Jesus farbecht „israelitisch" ausprägen. Dogma ist artikulierte und festgehaltene Glaubenserfahrung.

3.

Doch das alles ist nur der Anfang. Nathanael wird, wie die anderen Jünger, noch Größeres zu sehen bekommen. Es kündigte sich schon ein wenig an. Wir sagten: So durchschaut – und trotzdem geliebt. Dies ging eigentlich über den Text hinaus. Das bloße Durchschautwerden könnte uns noch kein Zutrauen zu Jesus abnötigen. Gerieten wir an einen, der sich erböte, einen – etwa durchs Los zu bestimmenden – Menschen innerhalb eines größeren Publikums auf die Bühne zu rufen und dort – coram publico – sozusagen biographisch und psychologisch zu entblößen: Wir würden nicht nur wünschen, das Los möchte uns nicht treffen, sondern wir würden uns – hoffentlich – um des Betroffenen willen gegen die ganze Prozedur zur Wehr setzen. (Man sage nicht, zum Glück gebe es dergleichen nicht. Die immer perfekter werdende psychologische Technik der Aufdeckung dessen, was im Menschen ist, läßt es als ein Gebot der Menschlichkeit erscheinen, die Grenzen zu wahren, deren Überschreitung zynisch und unmenschlich wäre.) Der „Herzenskenner" (Apg. 15,8) ist Gott allein. Das Größere, das Jesus dem Nathanael ankündigt, ist die Erfahrung dieses Gottes, der uns kennt und dennoch liebt. Wir können in Gottes Herz blicken – und damit in den „Himmel". Die Doxa Jesu wird uns aufgehen (2,11). Hier finden Himmel und Erde zueinander.

Die Bezugnahme auf Jakobs Traum von der Himmelsleiter ist eindeutig (bis hin zu der auffälligen Reihenfolge der Verben: „hinauf und herab fahren"). Was sagt das Bild von der Himmelsleiter, was überhaupt die Anspielung auf die Bethel-Perikope? Es könnte den Jüngern und jedem von uns mit Jesus so gehen wie dem Jakob, der sich ahnungslos schlafen gelegt hat und erst durch den Traum entdeckt, daß er auf die *Kontaktstelle* zwischen Himmel und Erde geraten ist. Was sonst gegeneinander verschlossen ist – die Wirklichkeit Gottes und die unserer Menschenwelt –, das wird hier in einer überraschenden Weise miteinander verbunden. Wir wären von uns aus nicht darauf gekommen. Jesus ist „der Menschensohn". Sicher ist damit nicht an den Menschensohn der jüdisch-christlichen Apokalyptik gedacht. Der Sprachgebrauch deutet eher auf die gegenwärtige Vollmacht Jesu, ähnlich wie in Mark. 2,10.28 (vgl. L. Goppelt, ThNT 1, S. 234). Was Bethel für Jakob war, ist – in noch ganz anderer Weise – Jesus für uns. „Niemand fährt gen Himmel, denn der vom Himmel gekommen ist, nämlich des Menschen Sohn" (3,13). Wohl ist Gott allgegenwärtig; das wußte auch der alttestamentliche Fromme. Aber *zu finden* ist er nur da, wo er sich *gibt*. Einst: in Bethel, im brennenden Dornbusch, im Allerheiligsten des Tempels. Jetzt: in Jesus. Für uns: in dem Wort der Predigt, in dem Jesus selbst redet und wirkt, und in den Sakramenten, in denen er sich gibt und uns mit sich verbindet. Wir haben Gott nicht irgendwo zu suchen, sondern in Christus (vgl. Neujahrsperikope). Natürlich sehen die Jünger nicht mit natürlichem Auge den Aufstieg und Abstieg von Engeln. Den Engeln gilt nirgends in der Schrift ein auf sie selbst gerichtetes Interesse; sie sind nur „dienende Geister". Genug: Wo Jesus ist, da ist Gemeinschaft zwischen Gott und uns. Da ist der Himmel offen. Da ist Gott für uns zu haben. In Jesus sind Himmel und Erde eins geworden. Gott ist nicht mehr ohne uns, wir nicht mehr ohne ihn. Er ist nicht mehr gegen uns, wir – hoffentlich – nicht mehr gegen ihn. Die Verbindung zwischen dem Vater und uns reißt, weil Jesus da ist, nicht ab. Im Auf und Ab der Engel wird es anschaulich. Sollte unser Beten versagen, dann betet Jesus immer noch für uns, ja all *unser* Beten geschieht eigentlich im Sinne der Teilnahme an *seinem* Beten. Die Jünger werden noch viel erleben von dem „Kontakt" zwischen Gott und seinen – verlorenen und wiedergewonnenen – Menschen. Das wunderbare Logion deutet uns die ganze Geschichte und das Werk Jesu und sagt uns, was Jesus auch heute an uns und uns zuliebe tun will.

Epiphanias. Joh. 1,15–18

V. 16 dürfte noch zu dem Hymnus gehören, den der Evangelist aus der Tradition übernimmt, und zwar als dessen Abschluß. V. 15 ist ein den VV. 6–8 vergleichbarer Einschub. Die ganze Perikope ist (vielleicht V. 14 eingeschlossen) der überwiegend vom Evangelisten

gestaltete Abschluß des Prologs, ein „Nachwort" (Ksm., ThVuB II, S. 168), hinter dem das Zeugnis der Gemeinde steht („wir sahen", V. 14, „wir haben genommen", V. 16).
V. 15: Der Täufer wird, wohl in bewußter Polemik gegen die seiner Jünger, die sich Christus nicht angeschlossen haben, als Christuszeuge in Anspruch genommen. Das Perfektum κέκραγεν (κράζειν ist geistgewirktes Reden, vgl. Röm. 8,15) hat präsentischen Sinn: „seine Stimme haben wir noch im Ohr", so wie er jetzt noch Christus „bezeugt" (vgl. Hebr. 11,4c). So ist es konsequent, von Jesus Christus im Präteritum zu sprechen (ἦν). Es ist an ein Wort wie Matth. 3,11 gedacht; ὁ ἐρχόμενος ist Geheimname des kommenden Messias. Der Rückverweis des Täufers auf seine eigene Predigt hat im vierten Evangelium keinen Anhalt; es ist Kenntnis der synoptischen Tradition vorausgesetzt. Der zeitlich nach dem Täufer Kommende ist ihm rangmäßig überlegen. Ἔμπροσθεν εἶναι kann zeitlich verstanden werden, würde aber dann nur dasselbe sagen wie πρῶτός (svw. πρότερός) μου ἦν. Man wird darum zu übersetzen haben: überholen, ihm über den Kopf wachsen, den Rang ablaufen (Bauer, WB unter 2f), vgl. V. 30. Jesus ist der Höhere (Rang), weil er eher war als ich (Präexistenz). – V. 16: πλήρωμα meint die göttliche Sphäre, die himmlische Welt und die sie „ausfüllende" göttliche Wirklichkeit. Wir sollen die ersten Verse des Kapitels im Sinn haben (es redet hier ja wieder die Quelle). Christus „gibt Teil an seiner Fülle göttlichen Wesens" (Bltm. z. St.). Das Objekt zu ἐλάβομεν ist „(das) aus seiner Fülle (Stammende)"; das folgende καί hat dann erläuternden Sinn (Bl.-Debr. § 169,2 und § 442,9). χάρις „ist ursprünglich die Tat oder das Verhalten, das Freude macht und beglückt, der Erweis von Güte", das Wort kann Güte und Huld, aber auch Gabe und Geschenk bedeuten (Bltm., S. 49, A. 3), hier: Gnadenerweis (ebd.). χάριν ἀντὶ χάριτος: ein Gnadenerweis nach dem anderen (genau: an Stelle des – von ihm abgelösten – anderen). – V. 17: War, wie wir mit den meisten Auslegern annahmen, V.16 noch Bestandteil des Logoshymnus, so spricht hier nun (wieder) der Evangelist, dessen Stil am Asyndeton (man würde ein δέ erwarten) und an der unvermittelten Nennung des Namens Jesu Christi erkennbar wird. Der Gegensatz zwischen Mose und Christus ist nicht so scharf wie bei Paulus (vgl. 5,46f.); dennoch: Mose verklagt (5,45), was Christus nicht tut. Semitischer Sprachgebrauch: נָתַן תּוֹרָה und für ἐγένετο: נֶעֶשָׂה (Schlatter). In der Tora gibt Gott (er steht hinter den Passivformen) etwas, in der Gnade und Wahrheit (ἀλήθεια ist die „göttliche Wirklichkeit", und zwar sofern sie sich offenbart, Bltm., S. 50, A 1) gibt er sich selbst. „Gnade und Wahrheit" ist Hendiadyoin (Bltm. zu V. 14), in dieser Koppelung ungriechisch, jedoch dem AT geläufig (חֶסֶד וֶאֱמֶת). Daß das Gesetz bloß mittelbar von Gott stammt, also nicht ihn selbst offenbart, findet sich auch bei Paulus (Gal. 3,19ff.). – V. 18: Gottes Unsichtbarkeit (1.Joh. 4,12.20). Ob man θεός liest oder υἱός, es ist jedenfalls von Christus die Rede, dem „Eingeborenen" (θεός wäre dann Apposition dazu). Trotz des Wahrscheinlichkeitszeichens (!) in Nestles Apparat wird man der θεός-LA wohl den Vorzug geben müssen, nicht nur wegen der älteren und breiteren Bezeugung, sondern auch, weil es die lectio difficilior ist: „der Einzigerzeugte, der göttlichen Wesens ist". κόλπος die Brust oder der Gewandbausch über der Brust, Bildwort für die engste Gemeinschaft. εἰς hier gleichbedeutend mit ἐν (was in der Lässigkeit der Koine nicht selten vorkommt); man wird freilich an das (ebenfalls die Richtung angebende) πρός in V. 1 erinnert; es läßt „an die einander zugewendete Haltung der beiden denken, die nebeneinander am Tisch liegen" (Schlatter). ἐξηγεῖσθαι: „die Interpretation des Götterwillens durch die Fachleute, Priester und Wahrsager, ... aber auch von Gott selbst, der seinen Willen kundtut, gebraucht" (Bltm. z. St.).

„Das Epiphanienfest ist ... nur wenig erforscht, trotz aller schon darauf verwendeten Mühe" (Gerh. Kunze in: Leiturgia I, S. 461). Sein religionsgeschichtlicher Hintergrund ist vielgestaltig. Je stärker sich das „Gesetz der liturgischen Erbfolge" (F. Rendtorff) – Orte, Zeiten, Riten – auf das gottesdienstliche Handeln auswirkt, desto größer wird die Unterscheidungskraft der Kirche sein müssen, damit das – abgelöste – Heidnische nicht durchschlägt wie ein übertünchtes Bild. Kunze weist darauf hin, daß in alten Quellen an der Stelle, wo von Epiphanias die Rede ist oder sein müßte, nicht selten Blattverluste festzustellen sind (ebd.); man darf dies wohl als Hinweis darauf verstehen, daß die Kirche sich gegen heidnische Überfremdungen hat wehren müssen. Der uns aufgegebene Text, durch die PTO aus seiner Stellung in margine in unsere Reihe umgesetzt, dient der Eindeutigkeit des Epiphanientages als Christusfest. Das Wort ἐπιφάνεια ist im Text nicht enthalten, wohl aber die Sache, „die eschatologische Epiphanie der himmlischen Fülle und des göttlichen Heils" in Christus (Ksm., a. a. O., S. 178), ihr Sichtbarwerden für den Glauben. Der 6. Januar ist in ältester Zeit nichts anderes als das Fest der Geburt Jesu Christi; darauf deutet, daß der Tag ursprünglich in einer Nachtfeier begangen wurde (woran man sich gern erinnern mag, wenn wir einen Abendgottesdienst halten), darauf deuten auch, sosehr die westliche Kirche bemüht war, alles Weihnachtliche unserm Christfest zuzuschieben, gewisse Spuren in alten Gesängen und Gebeten (Kunze, ebd.). Es geht also um die Präsenz Gottes in der Welt. Ist Gott nicht ohnehin in seiner gesamten Schöpfung gegenwärtig („alle Lande sind seiner Ehre voll", Jes. 6,3b)? Gewiß, er *ist* es – und zwar in seinem (creatorischen) Unterschiedensein von seiner Schöpfung. Aber er *wird* es erst mit Christi Geburt – und zwar in seinem (inkarnatorischen) Einssein mit dem Geschöpflichen, nicht so, daß er sich in der ganzen Welt inkarniert hätte, sondern so, daß er in dem Menschen Jesus von Nazareth in der einmaligen Einheit zwischen Göttlichem und Menschlichem für uns da ist. Davon hat V. 14 deutlich gesprochen. Für uns da, sagen wir. Denn es handelt sich nicht um eine stumme, sich an ihrem „An-sich-Sein" genügen lassende Gegenwart, sondern um Gottes Zuwendung zu uns im Sohne. Der Text zeigt, wie Gott in Jesus Christus auf uns zukommt, weil er es auf uns abgesehen hat und in seiner Liebe unser Herz sucht. Wir wären weit vom Evangelium entfernt, wenn wir Jesus Christus nur als Zeichen für die allgemeine Wahrheit verstünden, daß Gott unsichtbar in seiner ganzen Schöpfung gegenwärtig ist. Jesus Christus ist der uns – in der Konkretheit des Inkarnierten – *begegnende* Gott, der, auf du und du, mit uns Verbindung und Gemeinschaft sucht und herstellt.

Man könnte auch sagen: Gott hat sich uns in Jesus Christus *erfahrbar* gemacht. „Wir sahen seine Herrlichkeit." „Von seiner Fülle haben wir alle genommen Gnade um Gnade." Dies bekennt die Gemeinde. Sie artikuliert damit ihre Erfahrung! Man muß sich nur darüber klar sein, was das Wort Erfahrung in diesem Zusammenhang meinen kann. Daß uns, indem wir die Gnaden Jesu Christi empfangen, geholfen wird (z. B.: daß der Glaube an die Vergebung auch unter den Menschen Brücken schlägt und Gemeinschaft stiftet bzw. wiederherstellt), kann *erfahren* werden; dennoch bleibt die Gnade selbst unsichtbar, und die Autorisierung Christi zu solchem Gnadenerweis (z. B. zur Absolution, 17,2; Matth. 9,6.8) kann aus dem pragmatischen Effekt nicht erschlossen werden. Ja, man wird sogar sagen müssen, daß die Erfahrung, sofern sie *Glaubens*erfahrung ist, sich dem widersetzt, was vor Augen ist. Daß der Erniedrigte der eingeborene Sohn Gottes ist, glauben wir gegen den Augenschein. Daß, wer aus Gott geboren ist, nicht Sünde tut (1. Joh. 3,9), glauben wir gegen den vorfindlichen Ist-Zustand des empirischen Menschen (1. Joh. 1,8). Dennoch gibt es Erfahrung. Der Glaube sieht den reichen, gnädigen, herrlichen Gott nicht *hinter* dem unscheinbaren, bescheidenen, armen, macht- und erfolglosen Jesus, sondern *in* ihm. Tatsächlich: an diesem Christus kann man seine Erfahrungen mit *Gott* machen. Dies herauszuarbeiten und als Christi eigenes Angebot an den Mann zu bringen, ist die Aufgabe dieser Predigt. Wir wollen den Text von rückwärts aufrollen. Etwa so: *Den unsichtbaren Gott kann man sehen, denn (1) sein Sohn macht ihn uns bekannt, (2) in ihm erweist er uns seine Gnade, (3) in ihm schenkt er uns sich selbst.*

I.

Mit dem Satz, daß niemand je Gott gesehen hat, haben wir nach der Meinung vieler die Flagge unseres Gottesglaubens von vornherein und endgültig niedergeholt. Dies würde auch dann der Fall sein, wenn wir das „Sehen" ausweiten und an jederlei sinnliche Wahrnehmung denken. Dahinter steht die Meinung, daß alle Wirklichkeit (grundsätzlich) sinnlich erfahrbar sein müsse. Die Nichterfahrbarkeit ist damit gleichbedeutend mit Nichtwirklichkeit. „Zeigt ihn mir doch, euern Gott!" Wir können es nicht. Wenn V. 18 gilt, dann dürfen wir es auch gar nicht wollen. Wir müssen uns dann freilich darauf einstellen, daß wir für Vertreter des genannten Wirklichkeitsbegriffs aus der Diskussion ausscheiden. – Wir haben uns klarzumachen, daß – über die eben markierte theoretische Position hinaus – schon die *Frage* nach Gott von vielen überhaupt nicht mehr verstanden wird. Darin könnte liegen, daß Gott auch dem (auf sich gestellten) Denken nicht zugänglich ist. In der Tat, man könnte den Satz V. 18a auch so umformen: Niemand hat Gott je *gedacht*, womit allerdings nicht jegliches noch so unbestimmte Denken an Gott gemeint ist, sondern ein Denken, das die Wirklichkeit Gottes tatsächlich erreichen und erfassen könnte. Wo immer, kraft der uns anerschaffenen Gottebenbildlichkeit und unserer daraus sich ergebenden ursprunghaften Coram-Deo-Existenz, der Gottesgedanke gedacht wurde, gelangte er nur bis zu den ἀόρατα αὐτοῦ (Röm. 1,20), zu der Einsicht also, daß Gott uns unsichtbar und verborgen ist. „Gott hat nie jemand gesehen; was jemand von sich aus gesehen hat, das war immer etwas Anderes als Gott" (K. Barth, KD II/1, S. 213). Verlangt also jemand von uns, wir möchten ihm Gott *zeigen*, dann ist er, ohne es zu wissen und zu wollen, auf etwas aus, was Nicht-Gott ist, „Gott ist nicht mehr Gott, wenn er als Objekt gedacht wird" (Bltm. z. St.) – nämlich als ein Gegenstand der Erkenntnis, über den ich, das Subjekt des Erkennens, verfügen könnte. Chemische Verbindungen müssen sich uns fügen, wenn wir sie analysieren. Massen können gewogen werden. Wir können unsere Teleskope auf Gestirne richten, so daß sie Objekte unseres Forschens werden. Gott aber ist *Subjekt*. „Gotteskenntnis ist [darum] wesenhaft dadurch bestimmt, daß Gott sich zu erkennen *gibt* ... Das Gotterkennen des Menschen beruht auf einem von Gott Erkanntsein, das Gott Lieben auf einem von Gott Geliebtsein, das Gott als Gott Ansprechen auf einem von Gott Angesprochensein, das Gott Bejahen auf einem von Gott Bejahtsein" (G. Ebeling, Wort und Glaube I, 1960, S. 368). Gott wird uns nur in der *Begegnung* erkennbar – nicht in einem Erkenntnisvorgang, in dem wir, als die erkennenden Subjekte, ihn zum Objekt unseres Erkennens und Beschreibens machen. Begegnung ist ein *Geschehen*. Wem es widerfährt, der braucht keinen Beweis mehr. „Der hier Begegnende ist der, dessen Existenz nur außerhalb der Begegnung, nur im Modus der Verkennung umstritten sein kann, dessen Begegnung uns sofort zu Boden wirft und anbeten läßt, wie es in biblischen Szenen geschildert wird (Exod. 3; 34,5–9; Jes. 6; Luk. 5,8f.; Act. 9,1–9; Apk. 1,9–20). Er ist der, der nur von dem, der nicht weiß, was er tut und mit wem er es zu tun hat, geleugnet, nur im Heraustreten aus dem Konfrontiertsein mit ihm bezweifelt werden kann" (H. Gollwitzer, Die Existenz Gottes im Bekenntnis des Glaubens, ²1963, S. 100).
Daß Gott uns mit dem Ziel solcher *Begegnung* in den Weg tritt, auf uns zugeht, sich uns zu erkennen gibt, indem er uns in seine Gemeinschaft zieht: ebendarum geht es in seiner Epiphanie. Alles, was wir vom Logos ensarkos, vom menschgewordenen Sohn Gottes, hören, will von daher verstanden werden. Er, der unter uns gegenwärtige Gott, nimmt mit uns Verbindung auf, stellt Gemeinschaft her, wird der Un-

sere im lebendigen Gegenüber und macht in diesem Gegenüber uns zu den Seinen. Bringt er uns Mitteilungen über Gott, Beschreibungen Gottes, Lehren über Gottes Eigenschaften (usw.)? Malt er uns Gott an die Wand, so daß wir ihn in Ruhe betrachten und uns aus dem Wahrgenommenen einen Gottesbegriff zusammenbasteln können? Wir könnten mit solchem allem die Wirklichkeit Gottes nur verfehlen. Gott tritt in unser Leben! Da kommt er und stellt Gemeinschaft her: mit den ersten Jüngern, mit Nikodemus und der Samariterin, mit dem, der 38 Jahre lang auf Heilung gewartet hat, mit dem Blindgeborenen, mit dem Lazarus, den er ins Leben ruft; mit der ersten Jüngergemeinde, der er seinen Frieden zuspricht; mit uns, die er in der jetzt vorzubereitenden Predigt ansprechen will. Viel zuviel Predigten sind Erörterungen *über* Gott, machen Gott zum Objekt. (Die Gefahr, ich würde sogar sagen: die letzte innere Unmöglichkeit aller Dialogpredigten: sie verschieben das Dialoggeschehen zwischen dem Herrn [2. Kor. 5,20] und seiner Gemeinde ins Feld des zwischenmenschlichen Dialogs, in dem Gott, je echter der Dialog ist, desto mehr zum an die Wand gemalten Objekt wird. Die Dialogpredigt wird nur da zur Verkündigung, wo die Dialogstruktur des Redens [punktuell] verlassen und Gottes Anrede monologisch der Gemeinde zugesprochen wird.) All unser Predigen ist nur soviel wert, wie es Wegbereitung ist für den Gott, der selbst zu Wort kommen will, und Vehikel für sein eigenes Kommen und Begegnen. „Denn *Gott* vermahnt – durch uns" (2. Kor. 5,20; vgl. Luk. 10,16a; 1. Thess. 2,13).

Was wir jetzt herausgearbeitet haben, kann kräftig bestritten werden durch den Hinweis auf das Verbum ἐξηγήσατο = er hat (Gott) ausgelegt, dargelegt, erklärt, erzählt. Wir haben soeben Gott (aus V. 18a) als Objekt hinzugefügt, allerdings vorsichtigerweise in ( ). Das „ihn" des Luthertextes steht tatsächlich nicht da. Der Sohn „hat uns Kunde gebracht", heißt es in der (kath.) Einheitsübersetzung. – Mir scheint: je klarer wir das Ergebnis unserer grundsätzlichen Überlegungen festhalten, desto lockerer dürfen wir sein, wenn es um dieses letzte Verb unseres Textes geht. So wahr biblisches Reden von Gott in seinem Kern und seiner Intention immer Gottes eigenes Reden ist (sein Zu-Wort-Kommen, Zur-Sprache-Kommen), es stellt sich sehr häufig dar als ein Reden *über* Gott. Schon, es gibt genug Gottessprüche in direkter Rede („So hat Jahwe gesprochen", „Raunung Gottes", Heilsorakel, Ich-Worte des irdischen und des erhöhten Herrn). Aber vieles wird doch so gesagt, daß Gott in der 3. Person vorkommt, als Objekt, beinahe so, als wäre er gar nicht zugegen, und wir könnten über ihn reden wie über einen abwesenden Dritten. Jesus selbst spricht *über* seinen Vater – obwohl er, gerade nach Johannes, ständig mit ihm im Gespräch ist. Das kann nicht anders sein. Wäre unsere Verkündigung ein „Trommelfeuer" – man verzeihe den gewaltsamen Ausdruck – von Gottessprüchen: wir würden es nicht aushalten und wären bald abgestumpft. (Vgl. hierzu auch den Text zum 2. S. n. Epiphanias.) So erzählt Jesus vom Vater – unverschlüsselt oder in Gleichnissen – so, daß Gott Gegenstand seines Redens ist; aber man verkenne doch nicht, daß in solcher Rede immer der – als Subjekt – auf uns zukommende Gott verborgen ist. (Dies wäre dann doch, trotz der vorhin angemeldeten Bedenken, auch die Chance der Dialogpredigt: aus dem Diskutieren über Gott könnten wie Funken die Aktivitäten des in seinem Worte handelnden Gottes herausspringen, obwohl der Dialog als Form das – von uns sowieso immer wieder übersehene – Subjektsein Gottes eher verstellt als sichtbar macht.) Jesus hat Gott auch dargestellt und beschrieben, er hat ihn „expliziert" (Bengel). Er kann uns vom Vater erzählen, weil er, als der „Einziggeborene, selbst Gott", hierfür kompetent ist wie niemand anderes. Er redet ja nicht nur von irdischen Dingen, sondern auch von himmlischen; denn „wir reden, was wir wissen, und bezeugen, was wir gesehen haben" (3,11f.). Jesus kommt ja vom Vater. Daß er sein Zuhause hat „im Gewandbausch des Vaters", soll die innigste Gemeinschaft anschaulich machen, aus der heraus Jesus zu uns vom Vater spricht. So ist sein Wort über Gott das maßgebende, das gültige, das nicht in die Irre führende, nie zuviel versprechende und daher verläßliche Wort von Gott. – Einen Schritt weiter müssen wir noch. Bengel: Jesus expliziert Gott – sowohl durch seine Worte als auch dadurch, daß wir ihn anschauen können („et verbis suis et conspectu sui"). „Zeige uns den Vater!" – „Wer mich sieht, der sieht den Vater" (14,8f.). Der Sohn hat des Vaters Art. Wie sich der Sohn zu uns verhält, so steht der Vater zu uns. Gott ist uns kein Fremder mehr.

2.

Die Christuserfahrung der Gemeinde spricht sich weiter in den VV. 16f. aus, die es nun auszulegen gilt. Der Außenstehende wird sie für übertreibend halten. Johannes würde sagen: So haben wir – sehend, hörend, mit Händen greifend (1. Joh. 1,1) – ihn erlebt; da wußten wir, daß wir es mit dem uns sonst verborgenen *Gott* zu tun haben. Den unsichtbaren Gott kann man sehen: in seinem Sohne erweist er uns seine Gnade. „Eine Gnadenerweisung nach der anderen" (χάριν ἀντὶ χάριτος): er hat uns immer nur Gutes getan, wir sind von ihm ständig nur beschenkt worden (ἐλάβομεν), nicht bloß mit menschlicher Güte, so daß man sagen möchte, er habe das Menschliche und Menschenmögliche auf die erfreulichste und überzeugendste Weise realisiert, sondern wir empfingen, was er uns gab, aus der Fülle seines göttlichen Wesens (ἐκ τοῦ πληρώματος αὐτοῦ), aus der göttlichen „Wirklichkeit" (denn womit ein Gefäß oder Raum „gefüllt" ist, das ist eben Realität). Die Welt hat das Leben nicht in sich, sie verdankt es *ihm* (V. 4). Was, schöpfungstheologisch und urständlich gesehen, immer seine Art war: Leben nicht nur zu haben, sondern auch zu schenken, das haben wir an ihm erlebt.

Was damit gemeint ist, soll wohl die Gegenüberstellung von Mose und Christus verdeutlichen. Inwieweit in V. 17 der spezifisch paulinisch verstandene Gegensatz von Gesetz und Evangelium nachklingt, braucht im Zusammenhang *unserer* Aufgabe nicht erörtert zu werden. Das vierte Evangelium hat sich nicht mit Judaisten innerhalb der christlichen Gemeinde auseinanderzusetzen wie Paulus vor reichlich einem Menschenalter. Aktuell sind Auseinandersetzungen mit „den Juden", wie es im Evangelium immer wieder verallgemeinernd heißt; in ihnen begegnet der christlichen Gemeinde der Haß der „Welt" (15,18ff.). Sie schließen die Christen aus der Synagoge aus (9,22; 12,42; 16,2). Ihr Vater ist der Teufel (8,44). Dennoch finden sich manche Anzeichen dafür, daß der Evangelist um sie wirbt, man denke z. B. an Nikodemus. Der in unserm V. 17 deutlich aufgezeigte Gegensatz ist insofern kein ausschließender, als für Johannes auch Mose ein Zeuge für Jesus ist (5,45ff.; vgl. etwa 3,14; 6,32). Weil die Juden dies verkennen (vgl. 5,39), wird Mose ihr Verkläger sein (5,45). Und dabei haben sie gerade auf ihn gehofft (ebd.)! Er hat das Gesetz gegeben, aber niemand tut es (7,19). – In V. 17 wird nun aber doch der Gegensatz zwischen Mose und Jesus Christus – zum ersten Mal fällt jetzt im 4. Evangelium dieser Name! – so deutlich gesehen wie sonst nirgends. „Gnade und Wahrheit" findet man bei Mose nicht. Auf Mose geht das Gesetz zurück mit dem Jesus, indem er am Sabbat heilte, in Konflikt kam (7,23, wohl zu beziehen auf 5,1–16; 9,14.28f.). Dem von seiner Blindheit Geheilten wird, wegen der Sabbatschändung durch Jesus, entgegengehalten: „Du bist sein Jünger, wir aber sind des Mose Jünger" (9,28). Mose hat dieses einengende, der helfenden Tätigkeit Jesu entgegenstehende Gesetz gegeben (7,19). Würden die Juden an

Jesu Rede bleiben und in Wahrheit seine Jünger werden, so würde diese Wahrheit sie frei machen (8,32.36); so aber bleiben sie Sklaven der Sünde (8,34). Dahin kommt man mit Mose (Paulus sieht es nicht anders). Mose gibt Vorschriften, Auflagen. Er fordert und verpflichtet. Er macht unfrei – nicht nur in dem Sinne, daß man nicht tun darf, was man tun möchte, sondern daß man, als Sklave der Sünde, tun muß, was man nicht will (wieder sehen wir uns an Paulus erinnert). Wie anders Jesus: bei ihm findet man „Gnade und Wahrheit".

In der Theologie und in der Praxis der Kirche sind Gesetzlichkeit und Antinomismus oft erstaunlich dicht beisammen gewesen. Unter uns grassiert der Antinomismus sehr stark. Was geht uns „Mose" an? Fast scheint es, wir könnten auf Christi „Gnade und Wahrheit" verzichten, denn wir haben uns unsere Freiheit selbst verschafft. Nur: die Willkür-Autonomie erbringt nicht Freiheit. „Wir sind nie jemandes Sklaven gewesen", versichern die Juden (8,33), dabei ist ihre Geschichte, von wenigen Glanzzeiten abgesehen, eine einzige Folge wechselnder Abhängigkeiten gewesen. Johannes überträgt den Tatbestand ins Geistliche.

Man behaupte doch nicht, daß der sich autonom verstehende Mensch *frei* sei! Er verfällt um so mehr dem Zwang des Gesetzes. Denn unter dem Gesetz ist man, weil Gott es nun einmal durch „Mose" gegeben hat, auch dann, wenn man es negiert. Solange ich das „Leben" nicht von dort empfange, wo es seinen Ursprung hat (noch einmal: 1,4), geht es mir wie den „Vätern" mit dem Manna des Mose (6,49). Du mußt dein Leben *leisten*, sagt Mose; Gott wird dir alles nach Heller und Pfennig nachrechnen. Anders für den, der bei Christus ist: Aus seiner göttlichen Fülle haben wir immer nur *genommen*, und zwar: einen Gnadenerweis nach dem andern. Daß wir uns richtig verstehen: es soll kein faules Schlaraffenleben sein, das wir bei Jesus führen, sondern ein fruchtbares, ertragreiches Leben (15,2); aber die Weinrebe bringt die Frucht nicht aus sich selbst hervor, sondern aus dem, was ihr zuströmt. Was wir von Jesus von Mal zu Mal empfangen, kann in der johanneischen Bildersprache ausgedrückt werden: den besseren Wein; das Wasser, nach dem man keinen Durst mehr bekommt; das Brot, das wirklich Leben gibt; überfließenden Reichtum („die volle Genüge"); die Helligkeit eines neuen Lebens; das Augenlicht, das mehr wahrnimmt als die Objekte der sichtbaren Welt; die Auferstehung, in der kein Tod uns noch etwas anhaben kann. Man kann auch an synoptische Szenen erinnern, in denen Menschen die Gnadenerweise Jesu empfangen: der reichbeschenkte Petrus und der entlastete Gelähmte, der Hauptmann und die Syrophönikierin, die große Sünderin (oder die Ehebrecherin von Joh. 8) und Zachäus und die vielen Ungenannten. In Jesus gewinnt Gott sich seine Welt zurück – nicht, indem er uns, wie Mose, „auf Vordermann bringt", sondern indem er uns ein Gutes nach dem andern tut, keinen „hinausstößt", sich immer wieder enttäuschen und doch an uns nicht irremachen läßt. In ihm verbinden sich „Gnade und Wahrheit" zu einem: Gnade (חֶסֶד), die Treue (אֱמֶת) hält, und – dasselbe umgekehrt – unbeirrbare Konsequenz, mit der Jesus Christus Gnade und Freundlichkeit bewahrt. Das göttliche Pleroma: lauter Gutes für die gegen Gott verschlossenen Menschen, also: für uns.

3.

Wir behalten im Auge, daß unser Abschnitt den Prolog abschließt, also wohl nicht ohne Rücksicht auf das Ganze des Prologs gelesen sein will. „Bei Gott" hat es angefangen; am Schluß ist von dem die Rede, was Menschen an Jesus erfahren haben. Es gilt, beides zusammenzubinden. Dazu ist noch ein letzter Schritt nötig. Daß er in dem

Voranstehenden vorbereitet ist, erleichtert diesen Schritt. Wir hätten, zur Not, das bisher Gesagte so verstehen können, als wolle es uns Auskunft darüber geben, was man von Jesus empfangen kann: Kenntnis Gottes, immer neue Geschenke seiner Gnade, seines Wohlwollens, seiner Güte – und dahinter das unerschöpfliche Reservoir des göttlichen Pleroma. Wir müssen das Steuer herumwerfen: im Sichtbarwerden des unsichtbaren Gottes schenkt dieser Gott uns nicht nur dies und jenes, sondern: *sich selbst*. Wären wir in der Frage verfangen, was bei diesem Jesus zu „holen" ist, dann hätten wir das Beste noch nicht entdeckt. Jesus – als Bringer oder Verteiler von Freude, Erquickung, Sättigung, Wohlstand, Gesundheit, Leben? Ja, nur: alles, was er gibt, haben wir in ihm selbst. „Ich bin" – das Licht, das Brot, das Leben … Nichts, was er gibt, ist abgelöst von seiner Person zu haben; noch mehr: er selbst ist die Gabe, die alles andere in sich enthält. Paulinisch gesprochen: Wie sollte Gott *mit ihm* uns nicht alles schenken? (Röm. 8,32). Die Liebe sagt nicht: ich will dies und das von dir; sie sagt: ich will *dich*. Jesus Christus ist die uns zugewandte Liebe Gottes. Gott will die Gemeinschaft zwischen ihm und uns. Er schenkt sich selbst.

Es wäre Wahnwitz, einem bloßen Menschen diese Bedeutung zuzumessen. Wir haben nicht das Leben, wir bedürfen seiner. Wir sind nicht die alle Hindernisse überwindende Liebe; Gott ist sie. Schon als Geschöpfe sind wir auf Gott angewiesen; als Sünder erst recht. Die Christologie unseres Textes ist nicht zu steil, so sehr man auch daran Anstoß nehmen mag, daß Jesus sagt, „Gott sei sein Vater und macht sich dadurch selbst Gott gleich" (5,18). Jesus ist nicht bloß der Zeuge dieser Selbstdarbietung der Liebe Gottes, er ist sie selbst. Der *Täufer* ist Zeuge, noch immer (s. o.). Er markiert deutlich den Unterschied zwischen sich und dem, auf den er hinweist. „Der nach mir Kommende ist mir überlegen, denn er war, ehe ich gewesen bin" (V. 15). Hier kommt man mit jeglicher Consecutio temporum in die Brüche. Von Jesus weiß der Täufer, daß er „im Anfang" war, als das „Wort", durch das „alle Dinge geschaffen" sind (1,1.3). Und die Gemeinde bekennt ihn als den eingeborenen Sohn oder – ältere Bezeugung – als „den Eingeborenen, der Gott ist, der seinen Platz am Herzen des Vaters hat" (V. 18). Kommt *er* zu uns in seiner Menschwerdung, dann werden „Gnade und Wahrheit" zum Ereignis, immer wieder (VV. 17 und 16). Den unsichtbaren Gott kann man sehen, weil er – so menschlich und darum so zugänglich und faßlich – sich uns selber schenkt. Es wird uns sehr leicht gemacht. Man kann Gott nun doch – sehen. Wir nehmen noch einmal Bultmanns Satz auf: „Gott ist nicht mehr Gott, wenn er als Objekt gedacht wird" (z. St.). Wird er Mensch, dann eben doch! Gerade darum, weil es auf Begegnung und Gemeinschaft abgesehen ist. „Wer ,Begegnung' sagt, darf sich nicht scheuen, auch ,Gegenstand' zu sagen, also von einer Gegenständlichkeit Gottes zu sprechen" (Gollwitzer, a. a. O., S. 37). Nur: der mir sichtbar, hörbar, greifbar begegnet, wird in der Begegnung nie nur Objekt, sondern zugleich begegnendes Subjekt sein. So ist das schon, wenn Menschen aufeinander zu gehen und einander suchen. So ist es erst recht hier: In Christus macht Gott mit uns – Gnade um Gnade – den neuen Anfang. Vor uns steht der Mensch Jesus, der zugleich der ewige Logos ist: Gott – konkret.

1. Sonntag nach Epiphanias. Matth. 4,12–17

In der Weise eines Summariums wird hier von Jesu Wirken in Galiläa berichtet. Von einer Predigt in Nazareth verlautet an dieser Stelle nichts (Luk. 4,16–30; vgl. aber Matth. 13,53–58 = Mark. 6,1–6). Die kurze Notiz Mark. 1,14f. wird, vielleicht unter Verwendung

von Q-Splittern (z. B. in der singulären Form *Naζαρά*, vgl. Luk. 4,16 – sonst *Naζαρέθ*), erweitert im Sinne einer theologischen Ausdeutung. Die ,,Geographie" stammt von Matthäus (vgl. W. Trilling, Das wahre Israel, 1975, S. 136), wohl auch der äußere Ablauf. Immerhin ergeben sich in einigen wesentlichen Punkten Übereinstimmungen nicht nur mit den anderen Synoptikern, sondern besonders mit Johannes (1,37; 4,1–3; 2,12 – vgl. den Exkurs bei Grundmann, Matth., S. 107). Im Unterschied zu den Synoptikern (unser Text: V. 12) behauptet freilich Johannes (3,24), offensichtlich synoptische Überlieferung korrigieren wollend, eine Parallelwirksamkeit des Täufers und Jesu.
V. 12: Johannes ist ,,ausgeliefert", ,,preisgegeben", wie es künftig auch Jesus widerfahren wird (17,22; 20,18f.; 26,2 u. ö.). Jesus ,,zog" nicht nur nach Galiläa, sondern er ,,zog sich zurück", er ,,wich aus" (ähnlich wie nach dem Tode des Täufers, 14,13). Während Markus die Verhaftung des Täufers mit dem Beginn der Wirksamkeit Jesu nur zeitlich verkoppelt, sieht Matth. einen kausalen Zusammenhang. 3,13 ist Jesus, aus Galiläa kommend, zum Täufer gestoßen; jetzt zieht er sich dorthin zurück. – V. 13: Warum er Nazareth verläßt, begründet nur Lukas (4,24). In Kapernaum nimmt Jesus festen Wohnsitz (*κατῴκησεν*, vgl. 2,23), K. wird ,,seine Stadt" (9,1), durch seine Gegenwart begnadet und darum mit ihrer Weigerung doppelt schuldig (11,20–24). Von K., der Grenzstadt am See aus, ist es leicht, in das Gebiet des Philippus, nach Bethsaida oder in die Dekapolis, auszuweichen. Die einzelnen Angaben sind schon von dem Reflexionszitat her zu verstehen (VV. 15f.) ,,Am Meer gelegen" – d. h. natürlich am See Genezareth; in Jes. 8,23 meint דֶּרֶךְ הַיָּם die ,,Saronebene", d. h. den Küstenstreifen am Mittelmeer zwischen dem Karmel und Apheq (A. Alt, Kleine Schriften, II, S. 209f.); der Evangelist irrt, wenn er die Seelage Kapernaums in Jes. 8,23 vorgedeutet sieht. Die Stadt liegt im alten Stammesgebiet von Naphthali (während Sebulon weiter südlich ansässig war; die Angaben sind also aus dem Zitat herausgesponnen). – V. 14: Zitateinleitung wie 1,22; 2,15.17; der Evangelist sieht das Jesusgeschehen in Gottes Planen und Leiten begründet. – VV. 15f.: Das Zitat ist gemischt aus LXX, mas. Text und ,,freier Interpretation" (Trilling, a. a. O., S. 136). Der atl. Text ist in PTO nicht eingegangen; eine Auslegung in meinem Buch: Der rechte Weinstock, 1968, S. 36ff.; dort auch Übersetzung des von Alt (a. a. O., S. 211.214.216) rekonstruierten Textes. Tiglathpileser III. hat im Jahre 732 schon Teile Israels, also des Nordreichs, zu assyrischen Provinzen gemacht und die Bevölkerung deportiert (2. Kön. 15,29 – die dort genannten Gebietsteile sind in Jes. 8,23 gemeint, vgl. Alt, S. 206ff.). Das Gebiet ist seitdem heidnisch durchsetzt. ,,Galiläa", eigentlich גְּלִיל הַגּוֹיִם = *Γαλιλαία τῶν ἐθνῶν*, hierzu Alt, a. a. O., S. 363ff. ,,Finsternis und Todesschatten" gehören geradezu sprichwörtlich zusammen (vgl. Luk. 1,79). ,,Licht" ist stehendes Bild für das Heil (vgl. Luk. 2,32), speziell für den Messias. Galiläa, die verachtete ,,Heidengau", wird zum Ort der anbrechenden eschatologischen Erfüllung.
V. 17: Zusammenfassung der Botschaft Jesu, anders als Mark. 1,15 formuliert (selbständige Überlieferung?), wörtliche Übereinstimmung mit der Täuferbotschaft (3,2 – soll das Übernehmen der ,,Stafette" markiert werden?). ,,Reich der Himmel" = ,,Reich Gottes" (Umschreibung des Gottesnamens, J. Jeremias, Ntl. Th. I, S. 40f.).

Die Anfänge des Wirkens Jesu, die Markus nur aufs knappste meldet, berichtet Matthäus nicht nur mit geographischen Einzelheiten, sondern auch mit einer tiefgehenden theologischen Deutung, die den Ursprung des hier Geschehenen in Gottes Plan und Willen und zugleich die eschatologische Bedeutung dieses Christusgeschehens aufzeigt. Es wird hier sehr schön deutlich, daß der Evangelist nicht einfach Handlanger ist, der Traditionsgut aufgreift und unverändert weiterreicht (obwohl es auch das gibt, daß Texte einfach abgeschrieben werden), sondern zugleich Sammler, Gestalter und Deuter. Es sieht so aus, als hätten dem Matthäus außer Markus noch andere Quellen zur Verfügung gestanden. Eine Spur davon fanden wir in dem Namen Nazara, dessen Form von der sonst gebrauchten abweicht. Von einer *Übersiedlung* nach Kapernaum sagen die anderen Evangelisten nichts. Mark. 1,21ff. wirkt Jesus aber längere Zeit in Kapernaum; 2,15 ist von „seinem" Hause die Rede, 2,1; 3,20 setzen voraus, daß er dort wohnt. Joh. 2,12 scheint (wiederum) die synoptische Angabe korrigieren zu wollen, doch könnte dogmatisches Interesse dazu führen, die Wirksamkeit Jesu so schnell wie möglich nach Jerusalem zu verlegen. Es sieht so aus, als habe Matthäus über Jesu Übersiedlung nach Kapernaum mehr gewußt als Markus. – Aber was er, indem er von Jesu Anfängen berichtet, einzubringen hat, ist mehr. Er erkennt die unsichtbare Hand Gottes in dem, was da geschieht. Nicht, daß er jenseits der Fakten die „Idee" suchte. Das Tun Gottes zeigt sich *in* den Fakten. Auch nicht, daß der Evangelist – oder die hinter ihm stehende Gemeinde – den hier dargestellten geistlichen Sinn des Geschehens hineingedeutet hätte; Matthäus selbst ist, wie sich besonders aus seinen Reflexionszitaten ergibt, dieser Meinung keinesfalls gewesen; was hier geschieht, hat Gott selbst sich schon längst vorgenommen und dies – in unserm Falle durch Jesaja – auch gesagt. So ist denn, was der Text an Ereignissen aufzählt – die Verhaftung des Täufers, Jesu Ausweichen nach Galiläa, die Trennung von Nazareth (vgl. 2,23), die Ansiedlung in Kapernaum und der Beginn der Wirksamkeit an ebendiesem Ort –, weder eine Sache des blinden Zufalls, noch auch nur das Ergebnis bestimmter Erwägungen Jesu, sondern Sache der göttlichen Regie, mehr noch: Ausdruck des Evangeliums selbst. Der Text antwortet also nicht nur auf die Frage, wie es dazu kam, daß Jesus mit seinem Werk beginnen konnte. Was sich hier ereignet, *ist* bereits ein Stück von diesem Werk. „So werden ... die einzelnen Angaben des Spruches für die Geschichte Jesu bedeutsam: Der Raum seines Wirkens ist nicht nur geschichtlich, sondern durch Gottes Bestimmung *Galiläa*; und dieses Galiläa umfaßt nicht nur den Bezirk westlich des Sees Tiberias in seinen überkommenen Grenzen, sondern greift auch in das sonst verfemte Land östlich des Jordans hinüber ...; diese verheißene Tatsache: ‚Licht strahlte auf', ist in der Umsiedlung nach Kapernaum gegeben, dieser unscheinbare Ortswechsel also der Beginn der eschatologischen Vollendung" (Lohmeyer-Schmauch z. St.). Wir versuchen, was hier gewollt ist, so zu fassen: *Jesus ist am Werk – das ist gute Nachricht (1) für die Abgehängten, (2) für die Heimgesuchten, (1) für die Zurückgerufenen.*

I.

„Soll der Messias aus Galiläa kommen?" (Joh. 7,41). Kann die große Wende in der Geschichte zwischen Gott und den Menschen in Galiläa beginnen? In der Assumptio Mosis (4,9) heißt es von der Bevölkerung Samarias und Galiläas: „Die zehn Stämme werden immer mehr zu Heiden werden in der Zeit der Heimsuchung." Galiläa gilt als verrufene Gegend (vgl. Joh. 1,46). Rabbi Jochanan ben Zakkai hat achtzehn Jahre dort gewirkt; er faßt seine Erfahrung zusammen: „Galiläa, Galiläa, du hassest das Gesetz, deshalb wird dein Ende das der Räuber sein" (gemeint sind die Zeloten, jer. Schab. 16,15d). Seit 732 assyrische Provinz (s. o.), ist Galiläa heidnisch durchsetzt. „Heidengau" ist sein alter Name. Unser Text greift ihn auf. Für jüdisch denkende Menschen ist dieser Schauplatz der ersten Wirksamkeit Jesu alles andere als eine Empfehlung. Markus und Lukas schreiben für ehemalige Heiden; die empfinden den Anstoß nicht. Matthäus und Johannes müssen sich mit ihm auseinandersetzen; so besonders unsere Stelle.

Matthäus sieht gerade in dem, was Anstoß bereitet, Gott selbst am Werke. Wir sahen es früher schon in 2,22f.: Gott hat gewollt, daß das Kind in Nazareth aufwächst. Der junge Mann hat dann Galiläa verlassen (3,13). Aber der Täufer, dem er sich angeschlossen hat, wird „ausgeliefert" – hinter dem Passivum verbirgt sich die Aktivität Gottes. Seltsames Eingeständnis: Jesus ist nach des Täufers Verhaftung „ausgewi-

chen" isn galiläische Land. Er wird – der Eindruck der Sukzession scheint gewollt – mit derselben Botschaft vor die Menschen treten wie der Täufer (3,2; 4,17). Aber an anderem Ort. Die *Offensive* der Menschenliebe Gottes auf die Welt beginnt, vordergründig gesehen, mit einer *Absetzbewegung*. Oder hat Jesu Wirksamkeit mit diesem Ausweichen noch gar nicht begonnen? Matthäus meint offenbar, in Nazareth habe Jesus noch nicht gewirkt (erst V. 17 heißt es: ἤρξατο κηρύσσειν – anders Lukas, s. o.). Dann aber habe er die Stadt Nazareth „verlassen". Kehrte er ihr den Rücken? Dies würde doch einen Mißerfolg in Nazareth voraussetzen (vgl. Luk. 4,30). Oder verließ er – in hartem Entschluß – die Seinen, um sich seiner Aufgabe zuzuwenden – ähnlich, wie er es auch seinen Jüngern zumuten wird (VV. 20.22 – Luk. 5,28)? In dem καταλιπών könnte etwas von dem scharfen Schnitt zu spüren sein. Also doch Jesu eigener Entschluß! Sucht Jesus einen Ort, an dem, wenn es sein muß, die nahe Grenze abermals ein Entweichen erlaubt (vgl. 15,21)? Oder sucht er einen verkehrsreichen Ort (Seelage, Zollstation, Garnison), an dem er viele Menschen trifft? Oder gar einen solchen, an dem eine gewisse heidnische Infiltration festzustellen ist? A. Alt (a. a. O., S. 451) denkt in diese Richtung; nach seinen Vermutungen „bedeutete Jesu Übersiedlung von Nazareth nach Kapernaum nicht nur im geographischen, sondern auch im historischen Sinn eine Verlegung des Schwergewichts seiner Wirksamkeit aus dem Innern an den Rand des israelitischen Galiläa, wo die alten Ordnungen des Lebens, der Religion und des Rechtes zwar zumal in den Dörfern gewiß noch nicht außer Kraft gesetzt, aber vor allem in den städtischen oder halbstädtischen Orten durch das Eindringen fremder Elemente um ihre ausschließliche Geltung gebracht waren". Doch das sind Überlegungen, die der Evangelist nicht anstellt. Er nimmt es grundsätzlicher. Indem – anstößigerweise – das „große Licht" über Galiläa aufgeht, erfüllt sich ein uraltes Prophetenwort. Alles, was in VV. 12 f. aufgezählt ist, ist umfaßt von diesem großen Vorhaben Gottes: gerade für die „Abgehängten" – wenn wir uns in der Predigt dieses etwas saloppen Ausdrucks bedienen dürfen – hat Gott die Wende vor. Seit 732 liegt über diesem Stück Land der Schatten, den Gottes Gerichtshandeln geworfen hat. Die Propheten des 8. Jahrhunderts haben das Unwetter kommen sehen. „Saronebene und Gileads Höhen, Sebulons und Naphthalis Land" (so nach Alts Rekonstruktion des Textes) sind zu assyrischen Provinzen geworden. Der erste losgeschlagene Stein! Ein Vorspiel zu dem, was später noch geschehen sollte: 721, 597, 586 …, zuletzt das Jahr 64. Galiläa wurde zuerst betroffen, sein Schicksal hatte geradezu symbolische Kraft. Diesem Lande galt nun die Verheißung der hier zitierten Jesaja-Stelle. Ein Volk im Finstern, ja in Todesschatten, soll „ein großes Licht" sehen. Was ist damit gesagt?
Wir sollten uns nicht in Einzelfragen festfahren. Etwa: Was hat es zu bedeuten, daß, was Jesaja für allernächste Zeit erwartet hat, ja schon in der Vergangenheitsform ausdrückt, dreiviertel Jahrtausend auf sich warten ließ? Was nützt eine solche Ankündigung den vielen Generationen, die ihre Einlösung nicht haben erleben dürfen? Was besonders denen, die seinerzeit deportiert worden sind, auf Nimmerwiedersehen (2. Kön. 15,29)? Matthäus fragt nicht so. Ihm kommt es darauf an, was Galiläa im Kommen Jesu widerfahren ist. Gott hat es so gewollt: ausgerechnet in dem verachteten, verrufenen Galiläa ereignet sich das Heil zuerst: Jesu Zuwendung zu den „Abgehängten", zu denen also, die nicht mehr eigentlich „dazugehören", seit Gott vor mehr als sieben Jahrhunderten sein Gericht über sie hat niedergehen lassen und sie damit als die Ausgestoßenen gezeichnet hat. Man kann in dem, was Jesus tut, zunächst ein soziales Anliegen sehen. Jesus will für die Verachteten da sein. Einzelne Menschen kommen uns in den Sinn, die Jesus aus ihrer Schattensituation heraus-

holt. Darüber hinaus ganze Gruppen: Arme, um ihres Berufs willen Verachtete, aufgrund ihres sozialen Schicksals dann Schuldiggewordene. Jetzt weitet sich dies auf eine ganze Landschaft aus: die Galiläer sind die „Abgehängten" schlechthin. Jesu Werk wäre dann die Aufwertung der schicksalhaft Abqualifizierten, der Nicht-für-voll-Genommenen, der um ihrer degenerierten Religion willen, ja sogar um ihres politischen Schicksals willen Geringgeachteten. Die soziale Dimension des Christusgeschehens ist uns heute wichtiger als vielen Generationen vor uns. Wir haben auch einen besseren Blick dafür bekommen, daß vieles, was man früher isoliert als „Schuld" ansah, immer auch schicksalhafte Implikationen hat. Mancher hat auf der Anklagebank gesessen, nicht weil er hat böse sein wollen, sondern weil er, ein Opfer der Ausbeutung und so seiner Menschenwürde beraubt, keinen anderen Weg sah als den, der ihn mit dem Gesetz in Konflikt brachte. Zweifellos: das Evangelium hat es, weil es darin um die Menschenwürde geht, auch mit der Veränderung des gesellschaftlichen Schicksals der Menschen zu tun, die sich um Jesus sammelten. – Trotzdem: Mit dem „großen Licht", das den Galiläern aufgeht, ist mehr gemeint. Für den, der Jesaja zitiert, ist klar, daß Assur die Rute in Gottes Hand ist, Werkzeug Gottes zur Vollstreckung eines verdienten Urteils. So ist, umgekehrt, die Befreiung aus den Händen der Zwingherren der große Akt der Sündenvergebung. So haben wir auch Jesus zu verstehen. Nicht nur: die „armen Schweine" sollen ein besseres Los haben. Sondern: die Welt soll wieder heil werden, indem ausgeräumt wird, was sie von Gott trennt. Man mache es sich am Vaterunser klar, worum überhaupt und worum zuerst gebetet wird. Aber wenn das eingesehen ist, dann verstehen wir es richtig, wenn wir wahrnehmen, wie Jesus mit den Sündern umgeht. Die weit weg sind von Gott, die „nimmt" Jesus „an" (Luk. 15,2). Galiläa als Schauplatz der ersten Wirksamkeit Jesu: das ist Programm! Hat dort – 732 – das Gericht seinen Anfang genommen, so soll nun an derselben Stelle die Gnade einsetzen, wie es den Betroffenen vor langer Zeit durch Jesaja zugesagt ist. „Die Zeit ist erfüllt" (Mark. 1,15) – in unserer Sprache: jetzt ist es soweit! In Jerusalem meinen die einflußreichen Kreise, an Galiläa habe Gott längst das Interesse verloren. Aber Jesus kommt gerade zu den Abgehängten. Sie sitzen im Dunkel; aber wo Jesus hinkommt, da wird es hell.

Daß Jesus *hier* beginnt, sollte uns Kirchenleuten in unserer Stellung zur – von Gott geliebten – *Welt* richtungweisend sein. Wir denken leicht „jerusalemisch" und nicht „galiläisch". Mit traditionsgefestigten, wohlerzogenen Kirchenleuten geht es sich – nicht immer, aber oft – leichter um als mit anderen. Wer immer nur Amen sagt, dem ist leicht zu predigen. Wer sein Leben krisenfrei und nach guter Ordnung führt, macht uns weniger zu schaffen als die Gescheiterten und die Ausbrecher. Jesus siedelt sich bei denen an, die von Gott fern sind und sich – was blieb ihnen anderes übrig? – an dieses Fernsein gewöhnt haben. Also bei denen, die von den Kirchenleuten in besonderem Maße als Objekte des Gerichtshandelns Gottes angesehen und darum aufgegeben werden. – Umgekehrt: Bin ich einer von denen, die als „abgehängt" gelten, fremd, ohne kirchlichen „Comment", voller Zweifel, ohne Vertrauen, mit mancherlei Kratzern und Flecken in der Biographie, so soll ich wissen, daß Jesus ausgerechnet an mir interessiert ist. Bin ich „Galiläer", so könnte es sein, daß gerade mir das Licht aufgeht. Gott will immer die am meisten, die ihn am nötigsten haben.

2.

Worin besteht die „Erhellung", die dem Lande der „Todesschatten" widerfährt? In Jes. 9,2–4 wird die Verwandlung der Szene ganz deutlich. Von der Macht des assyrischen Zwingherrn sind nur ein paar zurückgelassene Ausrüstungsstücke da, die man in Flammen aufgehen läßt; man feiert die Befreiung vom fremden Joch. In der Geschichte Jesu ereignet sich nichts Vergleichbares – es sei denn, man denkt an die Befreiung von unsichtbaren Quälgeistern, Mächten und Zwängen. Wir sind als Menschen unseres Jahrhunderts sehr darauf aus, die Effektivität einer Sache festzustellen und sie danach zu bewerten. Wie haben sich in Galiläa die materiellen Verhältnisse verändert? Wie hoch bemißt sich der Zuwachs im Volkseinkommen? Welche sozialen Probleme wurden in Galiläa mit Erfolg angefaßt? Es wäre sicher falsch, wollten wir behaupten, Jesus habe die Welt nicht verändert; gemeint sind jetzt nicht die unguten Tendenzen und Praktiken solcher, die sich zu Unrecht auf ihn berufen haben und berufen, sondern das, was wirklich auf Jesus zurückgeht, meist so, daß der Strom unterirdisch fließt, aber ungezählte Quellen speist. Wenn wir jedoch nach direkten weltverändernden Taten oder gar Maßnahmen Jesu fragen, bekommen wir vom Neuen Testament nur unbefriedigende Antworten. Wir sollten, auch in der Predigt, darüber nachdenken, was wir von Jesus zu erwarten und was wir von ihm *nicht* zu erwarten haben.

Matthäus geht in unserm – summarisch redenden – Text nicht auf Einzelheiten ein. Man könnte, was später erzählt wird, schon ins Auge fassen: die Jüngerberufungen (4,18–22; 8,18–22; 9,9–13), Heilungswunder am Burschen des Hauptmanns (8,5–13), an der Schwiegermutter des Petrus (8,14–16), am Gelähmten (9,1–8), die Erweckung der Tochter des Jairus (9,18–26). Bei all dem hätten wir zu fragen, was es *für uns* austrägt. Ehe aber Matthäus darauf kommt, macht er uns auf die *Präsenz* Jesu in Kapernaum aufmerksam. Das κατῴκησεν (V. 13) ist eine konkretisierende Parallele zu dem ἐσκήνωσεν von Joh. 1,14. Wir sollten dies meditieren. Vom „Wohnen" Gottes bei uns redet die Bibel oft (Exod. 24,16; 25,8; Deut. 12,11; 1. Kön. 8,12.27; 1. Chron. 23,25; Ps. 9,12; 26,8; Jer. 7,3; Offb. 21,3 u. v. a. m.). Wir haben es nicht mit einem Gott zu tun, der als leibidee nur gedacht oder gar nur geahnt werden kann; auch nicht mit einem Gott, der sich daran genügen ließe, die Tiefe des Seins oder der Urgrund der Welt zu sein, uns aber nicht faßbar wird; auch nicht mit einem Gott, der nur in Prädikaten bestünde (wir nennen es „Gott", wenn Menschen Gutes tun, einander lieben, Kontakt miteinander bekommen ...), nicht aber Subjekt wäre; auch nicht mit einem Gott, der sich nur in unnahbarer Jenseitigkeit aufhielte (usw.). Wir haben einen Gott, der unter uns „wohnt": nicht nur in Heiligtümern wie Bethel oder im Allerheiligsten des Tempels, sondern – Inkarnation – in Jesus Christus, der sich nun wiederum unter uns seine Bleibe erwählt. Gott „wohnt" in Christus (Kol. 1,19; 2,9); indem wir ihn unter uns haben, wohnt Gott bei uns. Das Haus in Kapernaum, in das er eingezogen ist, sieht nicht anders aus als andere Häuser, aber *er* wohnt drin! Schade!, mögen wir sagen, das *war* einmal. Es *ist* aber noch so. Wohnt das Wort Gottes reichlich unter uns (Kol. 3,16), dann wohnt Christus bei uns (Eph. 3,17), und, als seine Gabe, sein Geist (Röm. 8,9), so daß wir selber zum Tempel seines Geistes werden (1. Kor. 3,16). Christus wohnt auch *leibhaft* unter uns. Indem wir seinen Leib und sein Blut empfangen, werden wir, die *vielen*, in ihm zu *einem* Leibe (1. Kor. 10,16f.). Christus weiß, was sein „Wohnen" für uns bedeutet; darum hat er seine Gegenwart an die Elemente des heiligen Mahls gebunden. Hier, wo er „wohnt", ist für uns Kapernaum! Mit der spiritualistischen Entartung unseres Glaubensdenkens bringen wir uns und andere um die kostbare Gabe seiner leibhaften Gegenwart: κατῴκησεν. Hier wohnt er, hier kann man ihn finden. Hier kann man sich, wenn es sein muß, mit seinem Kummer und seinen Gebrechen anstellen (V. 24). Kapernaum erlebt die Präsenz des Herrn.

Wir sollten das, was damit gemeint ist, nicht unterschätzen. Ehe wir fragen, was es einbringt und austrägt, daß wir ihn haben, sollten wir uns die Bedeutung seiner Gegenwart überhaupt deutlich machen. Nicht immer nur: Was hast du zu bieten? Sondern: Wenn ich nur dich habe ... (Ps. 73,25). Haben wir einen Menschen besonders lieb, dann sagen wir: Daß du nur da bist! Dies erlebt Kapernaum, und eben damit ist diese Stadt „bis zum Himmel erhoben" (11,23). Sie hat es zumeist nicht gemerkt, wer da in ihren Mauern wohnt (8,10b; 11,23f.). Wir traktieren so gern unseren (pseudo-) protestantischen Aktualismus und entwickeln die spitzfindige These: wenn wir Christus im Glauben nicht annehmen, dann sei er eben nicht dagewesen! In Kapernaum war es anders! Kapernaum ist die „heimgesuchte", die besuchte, mit der Christusgegenwart beschenkte Stadt. Überall dort, wohin Christus in seinen Gnadenmitteln kommt, ist Kapernaum.

<h2 style="text-align:center">3.</h2>

Jesus ist nicht nur da, er *wirkt* auch. Die kompendiarische Gestalt seiner Predigt: „Kehrt um, denn das Himmelreich ist unmittelbar nah!"
κηρύσσειν bezeichnet das Tun des Herolds, der etwas bekanntzumachen und auszurufen hat. Das Wort könnte uns irreführen. Der Herold ist nur Überbringer der Nachricht; das Ereignis, das gemeldet wird, hat seinen Bestand und seine Wirkung auch ohne die Bekanntgabe. Etwa: Der Sieg ist unser. Oder: Der König ist tot – es lebe der König! Hier ist es anders. Indem Jesus vor den Menschen steht, sie zur Umkehr ruft und die Nähe des Reichs ankündigt, *geschieht* das Gemeinte. Indem Jesus das Reich ausruft, verwirklicht es sich. Gott erobert sich ja seine abgefallene Welt nicht mit äußeren Mitteln zurück: durch Umorganisation der Welt, durch Umgestaltung der Verhältnisse mit Hilfe von Gesetzen, durch Ausübung von Macht. Gott gewinnt uns zurück, indem er sich – im Wirken Jesu Christi – unsere Herzen erobert, uns Vertrauen abgewinnt, Glauben weckt, Willigkeit und Hingabe, Gewißheit des Geborgenseins in ihm. So ist das Reich Gottes, das Christus aufrichtet, ein „Hörereich"; so jedenfalls nach Luther, der gesagt hat, „das Reich Christi stehe allein im Gehöre, also, daß ich das Wort höre, nehm's an und glaube es" (WA 51,13). Keines der Reiche der Welt ist je so zustande gekommen; kein staatliches Rechts- und Machtgebilde könnte es sich leisten, so begründet und aufrechterhalten zu werden. Es wäre ja auch ein verhängnisvolles Mißverständnis Jesu, wenn man ihm nachsagte, er habe – im Verlauf der irdischen Geschichte – vorgehabt, die weltliche Macht durch die Herrschaft Gottes, wie er sie verkündigte abzulösen. Das Gottesreich („Himmelreich" meint nichts anderes, s. o.) ist eine eschatologische Realität. Damit ist nicht gesagt, daß es – unabsehbar, wie lange – „ausstehe"; man hat, in bewußter spiegelbildlicher Umkehrung, mit Recht davon gesprochen, daß es zugleich „einstehe", hinein in die Gegenwart. Indem nämlich Menschen sich von Jesu Heroldswort ansprechen lassen und Gott in seinem Liebeswort ihre Herzen gewinnt, *wird* Gott Herr über sie. Käme Gott zu uns mit seiner Macht, dann könnte – nach unseren törichten Vorstellungen – die Effektivität größer sein: Gott hat mehr als zwölf Legionen Engel und wüßte die Welt schon im Schach zu halten. Nur: Setzt er gegen uns seine Macht ein, dann ist das unser aller Ende. Er geht, indem er unsere Herzen sucht, den schweren Weg. Dies schließt nicht nur die Enttäuschung über Kapernaum (11.23f., s. o.) und Jerusalem (23,37f.) ein, sondern auch das Kreuz. Aber so und nicht anders wird die Welt für Gott gerettet (soweit sie sich retten lassen will): Gott wird Herr in seiner Welt, indem er ihr den Abfall vergibt und sie durch den Sohn und dessen Selbsthingabe zu sich *zurückruft*.

Damit sind wir bei unserer dritten Schlagzeile. Das μετανοεῖτε ist der Ruf zur Umkehr. Macht kehrt, geht wieder auf euern Gott zu!

Wir sahen, daß Matthäus den Kernsatz der Täuferpredigt und den der Predigt Jesu
völlig deckungsgleich sein läßt. Unterstrichen wird diese Beobachtung dadurch, daß
Jesus den Täufer gewissermaßen ablöst (V. 12). Wir haben auch schon festgestellt,
daß das vierte Evangelium hier widerspricht (3,23f.): Johannes und Jesus haben
*neben*einander gewirkt, Jesus also nicht einfach als Fortsetzer des Täuferwerkes, sondern eigenständig. Auch Matthäus will den Unterschied zwischen den beiden nicht
verwischen (11,11); daß Jesus nicht der vom Täufer erwartete Richter, sondern der
große Wohltäter ist, will dem Täufer offensichtlich nicht leicht eingehen (11,1–6). So
gewinnt denn der Kernsatz des Kerygmas in Jesu Munde – trotz wörtlicher Kongruenz – einen neuen Sinn. Bei Johannes hat die Ankündigung des Reichs noch etwas
Drohendes an sich – kehrt um, bald ist das Reich da! Bei Jesus ist der Akzent anders:
Gott ist mit seiner *Liebe* zu euch unterwegs – das müßte doch für euch ein Anlaß sein,
ihm euch vertrauensvoll zuzuwenden, d. h. aber: zu ihm umzukehren! Daß Jesus
seinen Bußruf so versteht, wäre aus seinen Gleichnissen leicht zu verdeutlichen.
Nicht: Umkehr, damit man dem Zorn entgehe. Sondern: Umkehr, weil Gott so gütig
ist!

Obwohl V. 17 literarisch für sich steht, kann die Predigt von hier aus doch noch einmal auf VV. 15f. zurückgreifen. Was bedeutet es, daß es – zunächst in Galiläa und
überall, wohin Jesus kommt und kommen wird – ein Ende hat mit Finsternis und
Todesschatten und das Volk ein großes Licht sieht? Das Schicksal der Nordprovinzen
im Jahre 732 war das erste alarmierende Zeichen dafür, daß Gott mit dem durch die
Propheten angekündigten Gericht Ernst macht. (Wir lasten es Gott oft an, wenn über
Menschen und Völker Gericht ergeht, und wir wundern uns nicht, wenn Gott – in Geduld oder Gnade – uns schont.) Indem wir Christus annehmen, wird das Gericht aufgehoben. Gott realisiert seine Herrschaft, indem er uns unsern Abfall vergibt und uns
zur Umkehr einlädt – „zurückruft". Wo Christus ist, steht nichts mehr zwischen ihm
und uns. *Das* ist der Schein, der unsern Weg hell macht.

2. Sonntag nach Epiphanias. 2. Mose 33,17b–23

V. 17 gehört noch zum Vorangehenden (seit V. 12 das „ostinato" des 5maligen „Gnade
finden"; außerdem das (einrahmende) „mit Namen kennen" VV. 12.17). Die seit V. 12
vorgebrachten Bitten des Mose weisen eine unverkennbare Steigerung auf: 1. Ich möchte
wissen, wen du mit mir senden willst. 2. Ich möchte deinen Weg wissen. 3. Du sollst selbst
mitgehen. 4. Ich möchte deine Herrlichkeit sehen. Im jetzt vorliegenden Zusammenhang
ergibt sich dieses 4fache Begehren aus dem Befehl 32,34a, das Volk vom Sinai, der
Wohnung Gottes, wegzuführen. Wie gestaltet sich künftig das Verhältnis zwischen Gott
und Volk? Trotz dieser sinnvollen Anlage empfindet man VV. 18ff. als etwas überraschend Neues (M. Noth: „Nachtrag"). Das wiederholte „Da sprach er" (wer?) läßt
ahnen, daß verschiedene Materialien zusammengefügt sind. So könnte V. 21 an V. 18
anschließen, das כָּבוֹד-Thema fortführend. V. 20 spricht von den פָּנִים, also in einem
anderen Vorstellungskomplex. V. 19 fragt nicht nach der Erscheinungsweise, sondern
spricht von der Freiheit Gottes, Menschen zu begnaden. Der die uns vorliegende Endgestalt des Textes herstellte, hat gleichwohl Zusammenhänge gesehen; der Prediger wird
sich auf den jetzt vorliegenden Zusammenhang stützen.

V. 18: Subjekt des Sprechens ist Mose. Er will den Kabod des (unsichtbaren) Gottes sehen.
Ist an meteorologische Erscheinungen gedacht (24,15ff.; Ps.29.97; Hes.1 u. ö.), dann gel-

ten diese eben nicht als „Natur" in unserem Sinne, sondern als das Hervortreten der Gottheit aus dem Unsichtbaren. In unserem Text erinnert nichts an das Gewitter. Aus einer Sinai-Lokaltradition mag sich eine gewisse Verwandtschaft zu 1. Kön. 19,9a.11–13a erklären (Noth). – V. 19: Betontes „ich", also: „ich selbst", „ich ganz von mir aus" (du könntest mich dazu nicht nötigen!). טוּבִי (vielleicht auch טוֹבִי zu lesen): ein nur hier gebrauchter Ausdruck für das Fascinosum, die „Schönheit" Gottes (vgl. ThWNT II, S. 242). Gott selbst bezeichnet durch Nennung seines Namens seine Identität (vgl. 34,5). In formaler Analogie zum Jahwenamen wird die Selbstkundgabe als unableitbarer Gnadenakt gekennzeichnet; wieder der Sinn: du könntest mir solche Zuwendung nicht abnötigen. – V. 20: פָּנִים bedeutet nach Galling „wahrscheinlich eine Metallmaske, ... die der Priester als Sprecher der Gottheit trug" (zit. nach Beer); wir hätten es danach mit einem ganz archaischen Sprachgebrauch zu tun. Beer selbst meint, hier liege abstrakte, theologische Denk- und Sprechweise vor. Eher sollte man, nach dem Zusammenhang, an die zugewandte Seite einer Person denken (Num. 6,25 f.; Ps. 22,25; 102,3; 143,7 u. ö.) (vgl. ThWNT VI, S. 771 ff.) oder gar an eine „schon fast hypostasierende Verselbständigung des ,Angesichts' ... zwischen Jahwe und Israel", sonst nur noch Deut. 4,37, aufgegriffen in Jes. 63,9 (von Rad, ThAT I, S. 284). Unverhüllte Gottesnähe tötet den Sünder (19,21; Richt. 13,22; 1. Sam. 6,19; Jes. 6,5). (In V. 11 wird hier kein Problem empfunden.) – V. 21: Jahwe weist Mose an eine bestimmte „Stelle" in seiner Nähe, auf dem „Felsen" soll er sich hinstellen. Möglich, daß hier an einen bestimmten heiligen Platz am Sinai gedacht ist (s. o.). – V. 22: Während Jahwes Lichtherrlichkeit vorüberzieht, will er ihn in die „Felsenhöhle" stellen und (zum Schutz) mit seiner Hand bedecken, bis er vorbei ist. – V. 23: Die Rückseite Gottes darf Mose sehen, hingegen (das vorangestellte Subjekt drückt den Gegensatz aus!) kann man das Angesicht Gottes nicht sehen.

Wie kräftig wir Texte wie diesen theologisch beim Wort nehmen dürfen, will überlegt sein. Sieht man sich bei Greßmann die durch den Druck kenntlich gemachte Schichtung des Textes an (gleich, ob man so scheidet wie er oder anders), dann hat man eher den Eindruck eines kleinen religionsgeschichtlichen Museums als den eines verbindlich reden wollenden Textes. Ist dieser Einwand berechtigt? Die Sprechart ist die des Jahwisten, aber wir stoßen auf „ein Stadium der Grübelei über Gottes Wesen und Eigenschaften, die nicht in die israelitische Antike paßt" (Beer z. St.). Also wäre der Text seiner Form nach theologische Reflexion? Dann dürfte man bei seiner Gestaltung – so spannungsreich das Gedankengefüge sein mag – den Willen zur Einheit und Geschlossenheit des Ganzen voraussetzen. Dies wäre ein günstiges Vorzeichen für die Predigt. Wort Gottes an uns können ja nicht nur die ältesten Schichten biblischer Überlieferung werden, sondern auch das, was die Sammler und Traditoren daraus gemacht haben. Wer dürfte ihnen den Heiligen Geist absprechen? Es ist keine Gewaltsamkeit, erst recht nicht biblizistische Naivität, wenn wir einen Text wie diesen als ein Ganzes verstehen. Freilich nun wieder nicht so, daß wir allein den Schreibtisch von „R" (mit welchem Index auch immer) als den eigentlichen Sinai ansehen. Fast alles, was aus der Mosezeit erzählt ist, ist – nach langen (filtrierenden) Prozessen mündlicher Tradition – in späteren Jahrhunderten aufgeschrieben. Und doch weist es zurück auf den „Mann Mose" (32,1.23; Num. 12,3), dessen Bild zwar in der Kadeschüberlieferung am deutlichsten wird, der aber aus der Sinaiüberlieferung – sie hat ihren Sitz in dem alten Bundesfest in Sichem – nicht eliminiert werden kann (E. Oßwald in RGG³ IV, Sp. 1154; G. von Rad, Ges. Studien zum AT, 1958, S. 9 ff.). Liegen uns in unserm Text theologische Reflexionen vor, dann sind diese angeregt durch verschiedenerlei vorliegende Überlieferungselemente, und sie bestehen nicht darin, daß jemand an seinem Schreibtisch über Gott nachdenkt, sondern darin, daß er eben diese Traditionselemente, das auf ihn Gekommene, verarbeitet und sich da-

mit auseinandersetzt. Dies festzustellen ist u. a. deshalb wichtig, weil wir von daher
die Freiheit gewinnen, die vorgefundenen Unstimmigkeiten ruhig hinzunehmen und
dennoch nach einem sammelnden Ganzen zu fragen. Und: der unbekannte Sammler
hat, bei all seinem theologischen Nachdenken, *erzählen* wollen. Versteht man Exegese als die Eruierung des Verständnisses eines Textes, das der Autor (in unserm
Falle: R) beim Niederschreiben selbst im Sinn hatte, dann wäre eine erzählfreudige
Predigt jedenfalls berechtigt.

Erinnern wir uns an die eingangs aufgezeigte Steigerung, so zeigt unser Abschnitt
Mose überaus kühn. „Es genügt ihm nicht, daß seine Bitte erfüllt (ist), daß er Gunst
in Gottes Augen gefunden hat, daß Gott ihn mit Namen erkannt hat, d. h. daß
eigentlich alles geschehen ist, was unter irdisch-geschichtlichen Voraussetzungen
überhaupt zwischen Gott, Mose und dem Volk geschehen kann. Mose will auch die
letzte Grenze des Verkehrs zwischen Gott (und ihm), die Wolke gleichsam, in die
Gott sich verhüllt, das Medium des Wortes und der weisenden Rede, beiseite geräumt
sehen: ‚Gib mir deine Herrlichkeit zu schauen'" (K. G. Steck bei G. Eichholz, Herr,
tue meine Lippen auf, Band 5, Wuppertal-Barmen ²1961, S. 181). Mir scheint, der
Text weise dabei in sich abermals eine Steigerung auf. Wir versuchen, seinen Inhalt
so zusammenzufassen: *So zeigt sich uns Gott:* (1) *in seinem Namen*, (2) *in seiner Freiheit*, (3) *in seinem Geheimnis*.

I.

Das Verlangen nach unmittelbarer Gottesvergewisserung ist keineswegs nur das Begehren der „otiosi", der müßigen Theoretiker, die die Bedrängnis der Gottesfrage
noch nicht kennen, sondern eben solcher, die unter der Nicht-Wahrnehmbarkeit
Gottes leiden, gerade weil ihnen die Präsenz Gottes eine Sache von Sein oder Nichtsein ist (V. 15). Es ist ja auch nicht so, daß der Wunsch, Gott zu schauen, wie er ist,
von vornherein töricht wäre, weil solche Schau Gott zum Objekt machen würde. Es
ist, wie wir früher sahen (Epiphanias), wirklich auf Begegnung abgesehen – auch in
diesem Text. In der Begegnung mit Menschen bleibt das auf uns zukommende Du
nicht etwa unsichtbar oder in Nebel gehüllt, sondern es wird mit allen Sinnen wahrgenommen. Gott gegenüber aber sind wir noch aufs Glauben angewiesen, doch
soll es zum Schauen kommen (vgl. 2. Kor. 5,7; Matth. 5,8; 1. Joh. 3,2d). Wer die
Herrlichkeit Gottes zu sehen begehrt, verlangt nach der Gotteserkenntnis des Eschaton. Wir wollen ihn nicht schelten – und unser eigenes Begehren nach solcher Gottesschau eingestehen.

Sind wir im Begriff, das im Text Gemeinte theologisch zu überziehen? Daß der כְּבוֹר
יְהֹוָה im alten Israel zuweilen im Gewitter erfahren wurde (ThWNT II, S. 241 f.),
könnte uns auf den Gedanken bringen, hier werde Gottes Lichtglanz nicht als sein
verborgenes Wesen angesehen, sondern einfach als Naturerscheinung. Klar: Gott als
den einschlagenden Blitz erleben, das bringt den Tod (V. 20). Ganz gewiß ist im Laufe
der Religionsgeschichte anfangs so gedacht worden. Aber unser Text ist weit davon
entfernt (ebd., S. 242). Wäre das Begehren des Mose im Sinne der Naturreligion zu
verstehen, dann hätte Mose nur auf das nächste Gewitter zu warten brauchen. Was
ihm in unserm Text widerfährt, ist etwas ganz anderes.

Gott zeigt sich im Ausrufen seines *Namens*. Auf das Begehren des Mose, den Glanz
der göttlichen Majestät zu sehen, reagiert Gott so, daß er seinen Jahwe-Namen nennt;
eben darin geht die „Güte" oder auch „Schönheit" Gottes – ein ganz singulärer Ausdruck – an Mose vorüber. Begehrt wurde das Schauen – gegeben wird etwas Hörbares

und Verstehbares, das Wort, in dem Gott sich selber bezeichnet und damit gibt. Der Name ist viel mehr als ein Etikett. Er „bezeichnet die Person, stellt ihre Identität fest, ist ein Teil von ihr" (ThWNT V, S. 253). Anonymität ist ein Sich-Entziehen, ein Unerkannt-Bleiben. Sage ich jemandem meinen Namen, dann kann er mich in Anspruch nehmen, mich im Bedarfsfall ausfindig machen, vielleicht haftbar machen, auf alle Fälle mich anreden, so daß ich eindeutig gemeint bin („hallo!" verpflichtet niemanden). Hat Gott einmal seinen Namen bekanntgegeben, dann wird er mit diesem Namen angerufen (Gen. 4,26; 12,8; 13,4; 26,25; 1. Kön. 18,24). Denn im Namen ist er selber. „An jedem Ort, wo ich meines Namens gedenken lasse, da will ich zu dir kommen und dich segnen" (20,24). „Wo zwei oder drei versammelt sind in meinem Namen, da bin ich mitten unter ihnen" (Matth. 18,20).

Wird Gott sonst bei seinem Namen an- oder herbeigerufen (s. o.), so ruft in unserm Text (und wohl auch 34,5) er *selbst* seinen Namen aus. Du willst den himmlischen Glanz meiner Majestät sehen? Ich nenne dir meinen *Namen*! Du merkst wohl: Damit gebe ich mich ein ganzes Stück weit in deine Hand. Zunächst: Ich bin nicht irgendwer. Euer Erzvater hat nachts mit mir gerungen und nicht gewußt, mit wem er es zu tun hatte (Gen. 32,30). So kann es euch gehen: Ich kann für euch ganz im Dunkel bleiben. Vielleicht zuckt ihr mit den Schultern: „Schicksal". Vielleicht wird euch unheimlich. Jetzt nenne ich dir meinen Namen, indem ich vorüberziehe. Du hast es nicht mit einer namenlosen Macht zu tun. Ich bin Jahwe (3,14). Ich habe euch aus Ägypten herausgerufen, durchs Meer gerettet, am Sinai mich mit euch verbündet. Du kannst mich nicht sehen, aber ich bin der Gott, mit dem ihr schon viel erlebt und eure unauslöschlichen Erfahrungen gemacht habt. Ist dir das zuwenig? Ihr ruft mich bei meinem Namen an, weil ich selbst mich durch die Kundgabe meines Namens anrufbar gemacht habe! Ihr ruft nicht mit lauter, vielleicht verzweifelt klingender Stimme in den Raum hinaus, ohne zu wissen, ob euch da jemand hört. Mein Name verbürgt meine Gegenwart. Ich binde mich selbst an bestimmte „Orte", um meinen Namen dort wohnen zu lassen (Deut. 12,11; 14,23; 16,11 u. ö.). Sichtbar bin ich euch nicht – noch nicht; aber ich bin der eure.

Wir haben das Ausrufen des eigenen Namens durch Gott in direkter Rede expliziert und dabei an Texte aus verschiedenen Zeiten gedacht. Gott gibt sich im *Wort* zu erkennen, hier speziell in dem Wort, mit dem Gott sich in seiner uns zugewandten Personhaftigkeit uns zu erkennen gibt. Was Mose sich gewünscht hat, bekommt er nicht. Er empfängt statt dessen den Zuspruch, der in der Selbstkundgabe und -bindung Gottes liegt. Mose ist damit in derselben Lage wie wir. Wir sehen nicht, aber wir hören. Eine kritische Überlegung ist noch einzuschalten: Daß das an uns ergehende Wort Gottes wirklich Gottes eigenes Wort ist, dafür gibt es keine Garantie von „unten" her. Wie immer man sich das Vernehmen des Gottesnamens durch Mose vorzustellen haben mag: Auch Mose konnte, irdisch-menschlicherweise, kein Kriterium dafür vorweisen, daß er nicht irgendeine andere Stimme gehört hat. Aber das ist ja gerade das Kennzeichnende unserer Situation diesseits der Grenze zum Eschaton: das Reden und Wirken Gottes ist immer ins Irdische eingehüllt (2. Kor. 4,7). Die Möglichkeit des Irrewerdens bleibt. Daß das an uns ergehende Wort uns trifft, bewirkt immer nur Gott selbst in seinem Geist. Dies wird auch in der neutestamentlichen Selbstkundgabe Gottes nicht anders sein. Heißt es im Evangelium des Sonntags, daß Jesus seine „Herrlichkeit" offenbarte (Joh. 2,11), dann kann und darf dies ebenfalls nicht bedeuten, daß die eschatologische Grenze gefallen wäre. Der *Glaube* vernimmt die Stimme als Gottes Stimme. Uns wird im Text nicht gesagt, wie Mose das Rufen Gottes aufgenommen habe. Dies ist auch nicht interessant. Es kommt darauf an, ob *wir* merken, daß Gott in der Nennung seines Namens – und wir fügen sofort hinzu: in seiner Selbstmitteilung und -bindung in Jesus Christus – tatsächlich *unser* Gott sein will, ohne daß wir – vorerst – seine Doxa zu Gesicht bekommen. ,,Ich bin es", sagt Jesus – wir werden im Text zum 4. Sonntag nach Epiphanias (Matth. 14,27) wiederum davon zu reden haben. Nennt Gott seinen Namen, dann ist er der Gott-für-uns.

2.

V. 19b – ,,wem ich gnädig bin, ..." – bezeichnet im Gedankengang eine überraschende Wende. Gott selbst spricht von seiner gnädigen Zuwendung zu Mose so, daß diese gänzlich seinem freien Entschluß entspringt, durch nichts von außen Kommendes provoziert oder gar bedingt ist, also auch nicht in menschliche Regie genommen werden kann, vielmehr ganz und gar in Gottes Freiheit gründet. Sollte der Zusammenhang des Textes, so wie er uns vorliegt, nicht zufällig, sondern überlegt sein, dann muß auch die zweite Hälfte von V. 19 auf das Begehren des Mose in V. 18 bezogen sein. Wie?

Das Verlangen, den Kabod Gottes zu sehen, könnte nicht nur als Ausdruck der Gottessehnsucht des Angefochtenen verstehbar sein, sondern auch aus dem Sicherheitsbedürfnis des Menschen, der sich auf das Gotteswagnis nicht einzulassen bereit ist, das Glauben für eine zu unsichere Sache ansieht und darum von Gott verlangt, er möge sich in die handfesten, unbezweifelbaren, unmittelbar einsichtigen Tatsachen einreihen. Hat man Gott in seiner ganzen Göttlichkeit gesehen, dann kann man ihn in die Welt- und Lebensanschauung eingliedern, mit ihm als ,,Faktor" rechnen, vielleicht gar sich vertraglich seiner versichern. Gott – ohne Risiko. Gott – uns so zur Verfügung, daß es nur unseres Zugriffs bedarf. Gott – unser Kontrahent, den man sich verpflichten, dessen man habhaft werden kann. Der vereinnahmbare, kalkulierbare, uns verpflichtete Gott. Hinter dem Begehren nach einer theologia gloriae steht das fleischliche Bedürfnis nach Absicherung und Selbsterhaltung.

,,Ich will gnädig sein, wem ich gnädig bin, und mich erbarmen, wessen ich mich erbarme." Die Gnade Gottes ist aus nichts anderem abzuleiten als eben aus Gottes freiem, gnädigen Willen. ,,Gnade ist ... durch keinen Rechtsanspruch der Gegenseite bedingt, aber auch durch keine Unwürdigkeit und durch keinen Widerstand dieser Gegenseite gehindert" (Barth, KD II/1, S. 396 f.). Wäre die Gnade nicht *Gottes* Gnade, so möchte sie eingepaßt sein in ein System von Tatsachen, die sie hervorrufen, bedingen, begründen, erlauben, fordern oder erzwingen. So aber trägt die Gnade Gottes Art. Der Satz von der Gnade ist ja in seiner Struktur der klassischen Deutung des Jahwenamens analog. Gott kann nur durch sich selbst definiert werden – wenn man denn von einer Definition überhaupt reden will. Man kann von Gott nicht in genere sprechen, so also, daß man ihn mit anderen – vergleichbaren – Größen einem übergreifenden Ganzen einordnet. Man kann ihn auch nicht einer gleichgeordneten Größe gegenüberstellen und ihn mit ihr im Sinne einer Korrelation zusammenordnen. Gott ist, der er ist, und dies bedeutet zugleich: Er erweist sich als der, als der er sich erweist, und handelt als der, der so und nicht anders handelt. Gott ist frei. So ist also auch sein Erbarmen, wo immer es sich ereignet, Akt aus seiner Freiheit. Es soll nicht anders sein. Mose soll nicht die Lichtmajestät Gottes kennen, um aus solcher Kenntnis jederzeit ableiten zu können, was sich jetzt ereignen muß und was man von diesem Gott zu erwarten hat. Er soll die Zuwendung Gottes nur als Akt der freien Gnade Gottes erfahren. Gott behält alle Trümpfe in der Hand. Erfährt es einer

Ein Gott, den ich begreifen könnte, wäre kein Gott

von uns, daß Gott mit ihm die Verbindung knüpft, dann soll er nicht versuchen, dieses Geschehen aus irgendwelchen Vorgegebenheiten abzuleiten und nachzurechnen, weder aus eigenen Ansprüchen, noch aus vermeintlich eingesehenen göttlichen Notwendigkeiten. Gnade ist jedesmal Wunder.

Wir haben von der Unverfügbarkeit Gottes gesprochen. Spüren wir zwischen V. 19a und V. 19b einen Riß? In der Tat: indem Gott uns seinen Namen kundgibt, uns erlaubt, ihn bei diesem Namen anzurufen, uns verheißt, seinen Namen dort wohnen zu lassen, wo er selbst es verfügt, indem also – wir bedienten uns wiederholt dieses Wortes – Gott selbst sich „bindet“, scheint seine Freiheit aufgehoben. Doch der Widerspruch besteht nur scheinbar. Das „ubi et quando visum est Deo“ in CA V widerspricht nicht der „Einsetzung“ des Predigtamts und damit der Selbstbindung Gottes an Evangelium und Sakramente als die „instrumenta“, deren Gott sich zur Mitteilung seines Geistes bedienen will. Gibt Gott sich in die Heilsmittel – Evangelium und Sakramente – hinein, so beruht dies eben auf dem freien Entschluß seiner Selbstbindung, die er in Jesus Christus eingegangen ist, und dann ist sein gnädiges Handeln im „Namen“ Jesu von uns nicht aus höheren göttlichen Notwendigkeiten abzuleiten, sondern so entgegenzunehmen, wie er es gibt. Es wär gerade *kein* Bekenntnis zur Freiheit Gottes, wenn wir unser Heil anderswo suchen wollten als da, wo Gott selbst es nach seinem – nirgendwo ableitbaren – souveränen Willen geben will. Gott ist frei in seiner Gnade.

Das Verlangen des Mose wird nicht abgelehnt, aber eingeschränkt. So, wie *er* es sich gedacht hat, gibt Gott sich nicht. Mose soll Gott gegenüber keine taktische Position einnehmen können, in der er nicht mehr auf die freie Zuwendung der Gnade Gottes angewiesen ist. Hier ist nichts einzuhandeln, erst recht nichts zu erzwingen. Wir müssen es schon gelten lassen, daß Gott ganz allein es in der Hand hat, mit uns Verbindung zu knüpfen. Die Tür zu ihm geht nur von innen auf. Aber: sie *geht* auf! Mose sollte nicht nur Gottes Nein, sondern vor allem sein Ja hören! Wir werden auch nicht übersehen, daß V. 19b nur *positiv* gewendet ist. Von Nicht-Erbarmen oder Verwerfen ist nicht die Rede. Jeder, dem Gott sich mit seinem gnädigen, befreienden, werbenden Wort zuwendet, soll wissen, daß er gemeint ist. Sehen wir auch nicht die Lichtherrlichkeit Gottes und damit sein himmlisches Wesen, so kommt doch seine Gnade – die von uns nie verdiente und nie zu verdienende Liebe – auf uns zu. Der Glaube entdeckt, obwohl ihm das Sehen versagt ist, die verborgene Herrlichkeit.

3.

Daß Mose nichts von Gottes himmlischem Glanz sehen darf, ist indessen nicht das letzte Wort in dieser Sache. Gott öffnet sich dem Begehren des Mose, soweit er nur kann. Das Geheimnis muß bleiben. Der Sünder würde an der unmittelbaren Schau des Angesichts Gottes zugrunde gehen. Es bekäme uns schlecht, wenn wir uns, so wie wir sind, dreist an Gott heranmachten, als sei das unser gutes Recht und als sei der Sündenfall gar nicht geschehen. Man sage nicht, Gedanken solcher Art seien Rückfall ins Alttestamentliche; wir seien durch Christus eines Besseren belehrt und hätten uns, soweit noch nicht geschehen, das Vorurteil abzugewöhnen, Gott sei ein verzehrendes Feuer (vgl. Hebr. 12,29). Haben wir den Zugang zu Gott, dann haben wir ihn durch Christus (Röm. 5,2; Eph. 3,12; Hebr. 10,19), was nicht heißen soll: aufgrund seiner (entwarnenden) Belehrung, sondern durch seinen priesterlichen Selbsteinsatz für uns bei Gott. Und wir haben ihn, solange wir *simul iusti et peccatores* sind, vorerst „im Glauben“ (Röm. 5,2), so also, daß die Hülle noch nicht weggezogen ist, die Gott für unsere Augen gnädig verdeckt. – Und trotzdem: „Wir sahen seine Herrlichkeit" (Joh. 1,14). Jesus hat sie offenbart, so daß seine Jünger an ihn glaubten (Joh. 2,11). Es wird noch zu bedenken sein, wie sich die Gottesoffenbarung vor (bzw. „hinter") Mose zur Gottesoffenbarung in Christus verhält.

Wir übersehen nicht, daß sich in V. 20 die Sprache gegenüber V. 18 verändert hat. Dort war allgemein vom *Lichtglanz* Gottes die Rede. Hier wird vom *Angesicht* Gottes gesprochen. Dieser Unterschied macht die folgende Szene erst möglich. Was an Gott „leuchtet", ist sein „Angesicht" (Num. 6,25 – machen wir uns, wenn wir den Segen empfangen, klar, daß uns damit gewissermaßen das [gefährliche, eschatologisch gesehen aber so unerhört verheißungsvolle] Optimum an Gotteserfahrung zugesprochen wird?). In „Angesicht" aber liegt das Personhafte. *Etwas von Gott* können wir vertragen, *Gott selbst* als Person – ohne jegliche Abschirmung – nicht. Es wäre uns nicht gut, wenn wir diese dem Mose auferlegte Einschränkung vergäßen. Schwärmer sehen keine eschatologische Grenze. Sie rühmen sich der unmittelbaren Gottesschau – in der Vision, in der Himmelsreise, im mystischen Erlebnis, in der Bewegung ihres Denkens. Theologia gloriae nennt Luther diesen theologischen Denkstil. Er setzt dieser Herrlichkeitstheologie – besonders aufgrund von 1. Kor. 1 und 2 – die Theologie des Kreuzes entgegen, die damit Ernst macht, daß Gott nicht nur allgemein der Deus absconditus ist, sondern gerade *auch in seiner Offenbarung* sich tief *verhüllt*. Es gibt – bis zum großen Tage Christi – keine unmittelbare Gottesschau. „Nicht der heißt mit Recht ein Theologe, der Gottes unsichtbares Wesen durch seine Werke wahrnimmt und versteht, sondern der heißt mit Recht ein Theologe, der das, was von Gottes Wesen sichtbar ist, seine Rückseite (posteriora) durch Leiden und Kreuz erschaut und wahrnimmt" (Heidelberger Disputation, Thesen 19f., WA 1,362; Cl. 5,388).

Die Predigt soll, was da am Sinai geschieht, sorgsam nacherzählen. Mose hört Gott sprechen: „Sieh, da ist bei mir ein Platz, da sollst du dich auf den Fels stellen." In Gottes Nähe eine bestimmte von Gott bezeichnete Stelle (מָקוֹם ist tt für heilige Orte, an denen Gott gegenwärtig ist)! (Für uns ist der in seinem Wort und seinen Sakramenten gegenwärtig wirksame Christus die „Stelle bei Gott", an die wir gewiesen werden.) V. 22 sagt es noch genauer: da ist eine Felsenhöhle, in die Gott den Mose hineinstellen will (fast fühlt man sich an Platons Höhlengleichnis erinnert), doch wohl so, daß der Blick des Mose ins Innere der Höhle hineingerichtet ist. Geht Gott draußen vorüber, dann könnte der Widerschein seines Glanzes an den Wänden der Höhle sichtbar werden. Aber auch dazu kommt es nicht: Gottes große Hand hält von Mose die tödlichen Strahlen ab. Wenn Gott vorüber ist, will er dann die Hand wegnehmen. Mose darf die Rückseite Gottes sehen: Gott, sofern er *nicht* leuchtet, Gott von seiner unscheinbaren Seite, denn sein Angesicht, heißt es lapidar, „wird nicht gesehen" (V. 23).

Gott zeigt sich in seinem Geheimnis, sich offenbarend als der verborgene, nie direkt anschauliche, nur von seiner dunklen Seite her wahrzunehmende Gott. Dennoch gibt er sich zu erkennen. Der Platz, an den Mose sich stellen soll, ist ja ein Platz „bei mir" (אִתִּי); und Mose soll wissen – er weiß es aus Gottes Anrede! –, daß Gott tatsächlich hinter seinem Rücken vorbeigeht, ihm also ganz nahe sein wird; und wenn Mose vor der tötenden Macht des Gotteslichts geschützt wird, dann ist es eben „meine Hand", Gottes eigene Schutzmaßnahme für Mose. Gott, ganz nah! Aus dem Wort kann Mose die Wirklichkeit Gottes und seine Gegenwart erkennen, so auch, daß er wissen darf: zu der Rückseite Gottes – den „posteriora" Luthers – gehört in Gott selbst auch die andere Seite, das Angesicht, das Gott dem Sünder zuliebe abwendet.

Ist Mose damit hinter das, was V. 11a erzählt wird, zurückgeworfen? Dies könnte nur
der folgern, der Bibelsprüche wie Mosaiksteinchen zu einem schematisch vereinfach-
ten Bilde zusammenbauen wollte. V. 11 meint die tiefe Verbundenheit und Vertraut-
heit, von Person zu Person (auch dies eine der Bedeutungen von פָּנִים). – Ist, was
wir hier an Mose vorgeführt bekommen, für uns als Christen überholt? Wer Jesus
sieht, *sieht* doch den Vater! (Joh. 14,9). Ja, er sieht ihn, aber auch wieder in der gnädigen Verhüllung seiner „Knechtsgestalt" (Phil. 2,7). Gekreuzigt wurde wirklich „der
Herr der Herrlichkeit" (1. Kor. 2,8), aber in tiefster Verhüllung. „In Christo crucifixo
est vera theologia et cognitio Dei" (Luther, WA 1,362; Cl. 5,388). Niemand meine,
wenn er Gott so ungöttlich sieht, Gott müsse ihm verschlossen bleiben. Die Rückseite,
die den Lichtglanz und die Majestät Gottes gnädig verbergende, aber eben doch um-
hüllende und also einschließende Seite Gottes: das schlichte (und oft so unbeholfene)
Menschenwort, in dem Gott sich selbst verkündigt; das Wasser, das er mit diesem
Wort verbindet und so zum Mittel seines Wirkens macht; die unansehnliche Hostie,
in die hinein er verborgen ist, und der Schluck Wein, den er uns trinken läßt, um so
in uns einzugehen. Gott verhüllt sich, aber er entzieht sich nicht. Der Text erzählt
nichts davon, wie Mose das Herz geklopft hat. Die Perikope wird ja auch nicht um des
Mose willen gepredigt, sondern um unsertwillen.

3. Sonntag nach Epiphanias. Joh. 4,46–54

Da Jesus nach seinem ersten (johanneischen) Zeichen (2,11) noch andere getan hat (2,23;
3,2; 4,45), fällt die Zählung V. 54 auf: einer der stärksten Hinweise auf das Vorliegen einer
Semeia-Quelle (7 Zeichen: 2,1–11; 4,46–54; 6,1–15; 6,16–21; 5,2–9; 9,1–41; 11,1–45). Die
Verwandtschaft unserer Perikope mit der synoptischen vom Hauptmann von Kapernaum
(Matth. 8,5–13/Luk. 7,1–10, also Q) – bei einigen Unterschieden, die sich leicht aus johanneischer Art erklären lassen – ist so deutlich, daß man schließen muß, es ist dasselbe
Ereignis gemeint. Daß Q dem Evangelisten bzw. dem Verfasser der Semeia-Quelle
schriftlich vorgelegen habe, ist wegen der Unterschiede unwahrscheinlich; ein Indiz für
das Alter der Quelle.
V. 46: Jesus ist von seiner ersten Jerusalemreise zurück. Der Evangelist läßt die Gesprächs-
szene in Kana spielen. Zwei galiläische Orte wetteifern um den Ruhm, das alte Kana zu
sein: das heutige Kafr Kenna und das (menschenleere) Chirbet Kana, beide nur 10 km
voneinander, beide etwa 26 km von Kapernaum entfernt. Der βασιλικός könnte Soldat
sein, er ist eher ein Hofbeamter des „Königs" Herodes Antipas (man nannte diesen meist
so, er wäre es selbst auch gern gewesen, aber er war nur „Tetrarch", wie ihn Josephus
konsequent bezeichnet). Der Kranke befindet sich in Kapernaum (wie bei Matth. u. Luk.).
(Matthäus nennt ihn παῖς, was „Sohn" und „Sklave" bedeuten kann; Lukas läßt ihn
δοῦλος, Johannes υἱός sein; letzteres ist die näherliegende Wiedergabe.) – V. 47: Wie der
synoptische Hauptmann sucht der königliche Beamte Hilfe bei Jesus. Er erwartet nicht,
wie der Hauptmann, die Heilung aus der Ferne, sondern bittet Jesus, er möchte mit „hin-
absteigen" (so geographisch richtig). Lebensbedrohlicher Zustand des Patienten (V. 52: eine
fieberhafte Krankheit). – V. 48: „Zeichen und Wunder" geläufige älttestamentliche Verbindung (Exod. 7,3; Deut. 4,34; Jes. 8,18; Dan. 6,28 u. ö.). Jesu kritisches Wort paßt
nicht in die Situation. Der Evangelist dürfte eines seiner theologischen Anliegen etwas
gewaltsam in den Text eingedrängt haben. οὐ μή ist stärkste Verneinung. – V. 49: Der
Vater wiederholt seine Bitte, darin ähnlich unbeirrt wie die Syrophönikierin (Mark. 7,27f.).
Das πρίν macht die Bitte dringlich. – V. 50: Jesus geht nicht mit nach Kapernaum, aber
er sagt die Heilung zu, indem er den Vater weggehen heißt. חַי = ζῇ: die kürzest-
mögliche Zusage der Heilung. Daß sich der Mann, wie befohlen, auf den Weg macht, ist

ein ganz starker Ausdruck seines Vertrauens. – V. 51: Die „Knechte" wissen von Jesu Zusage nichts; mit ihrer Meldung sind sie unverdächtige Zeugen. – V. 52: Nicht nur die Faktizität der Heilung wird unterstrichen, sondern der offensichtliche Zusammenhang mit Jesu wunderkräftigem Wort. – V. 53: Diese Erfahrung scheint bei dem Mann eine grundsätzlich neue Einstellung zu Jesus zu bewirken. Das absolute ἐπίστευσεν meint den „Glauben im Vollsinne" (Bltm.), den „Vollglauben" (Schnbg.): der Mann, der zunächst das Zeichen bzw. die Hilfe suchte, hat Jesus selbst gefunden (E. Schweizer, Die Heilung des Königlichen Joh. 4,46–54, EvTh 1951/52, S. 69f.). Auch hier die Oikos-Formel (genauer: οἰκία) wie 1. Kor. 1,16; 16,16; Apg. 11,14; 16,15.33; 18,8. Bei den Alten war die Familie eine so engverbundene Gruppe, daß die Glaubensentscheidung des Hausvaters (damals eindeutig so) die anderen mitumschloß.

Die hier erzählte Begebenheit kommt ans Ziel, wo eine ganze Familie zum Glauben an Jesus Christus findet. Man könnte in dem, was von 1,35 an erzählt ist, – ausgenommen vielleicht Kap. 3 mit zwei besonderen thematischen Komplexen – als roten Faden dies erkennen: Menschen entdecken Jesus und stoßen zu ihm. So die ersten Jünger (1,35 ff.). Jesus „offenbarte seine Herrlichkeit, und seine Jünger glaubten an ihn" (2,11). „Als er aber in *Jerusalem* war am Osterfest, glaubten viele an seinen Namen, da sie die Zeichen sahen, die er tat" (2,23). Die *Samaritaner*: „Wir haben selber gehört und erkannt, daß dieser ist wahrlich der Welt Heiland." „Da er nun nach Galiläa kam, nahmen ihn die *Galiläer* auf, die gesehen hatten alles, was er zu Jerusalem auf dem Fest getan hatte" (4,42.45). Man möchte fast fragen, ob die hier vorliegende „arithmetische Reihe" es nicht verlangt, daß der Nächste, der zu Christus stößt, ein *Heide* sein müsse. Der synoptische Hauptmann ist es; vom „Königischen" wird es nicht gesagt (Bltm.: „Daß er Jude ist, versteht sich von selbst, da das Gegenteil nicht gesagt ist", z. St., A. 3); wir können die Frage getrost offen lassen. Genug, daß wir uns klarmachen: In der Schilderung der ersten Wirksamkeit Jesu „beginnt der Evangelist, Jesus als den gottgesandten Messias, den himmlischen Offenbarer und Lebensspender für die Menschen darzustellen" (Schnbg., S. 508), und zwar so, daß er nicht nur erzählt, was sich da ereignet, sondern vor allem Jesus in seiner Doxa zeigt und die Bindungen, die sich für die von ihm erreichten Menschen aus solcher Jesuserfahrung ergeben. Die Predigt, die wir halten, soll den Hörern Lust machen, diese Bindung ihrerseits einzugehen bzw. zu bejahen und zu befestigen.

Dabei zeigt sich deutlich, wieviel dem Evangelisten am *Glauben* gelegen ist. Man hat in der Perikope gewisse Unstimmigkeiten festgestellt. In V. 48 wendet sich Jesus scharf gegen solche, die Zeichen und Wunder sehen wollen, ehe sie zu glauben bereit sind: Legitimationswunder, durch die sich Jesus als ein Besonderer ausweisen soll. Man fragt sich zunächst, ob er dem bittenden Vater damit nicht Unrecht tut; der Mann will ja Jesus nicht zu einem Schau- und Beweiswunder herausfordern, sondern er bangt um das Leben seines fieberkranken Kindes. Und man fragt sich sodann, ob die nach allen Regeln antiker Wundertopik erzählte Heilungsgeschichte – man denke nur an die „Knechte", die dem Vater mit der Nachricht von der glücklich überstandenen Krankheitskrise entgegenkommen und ahnungslos Jesu Heilungskraft bezeugen – nicht am Ende doch so etwas ist wie ein Legitimationsmirakel. Die Kommentare setzen sich mit diesen Spannungen auseinander. Man wird sich zweierlei vor Augen halten müssen: Einmal, daß der Evangelist ein vorgefundenes Quellenstück aufnimmt und in den Dienst seiner Verkündigung stellt. Er hat in anderen Fällen das überkommene Material viel stärker eingeschmolzen und in neue Form gegossen. Hier dürfte nur weniges auf sein Konto zu buchen sein: Kana als Ort der Jesusbegegnung, damit die Unterstreichung des Fernwunders (daher auch das καταβαίνειν);

das harte Wort V. 48, mit dem der Evangelist ein ganz bestimmtes und starkes theologisches Interesse bekundet, freilich ohne dabei in den Quellentext tief einzugreifen; vielleicht der missionarische Schlußakkord V. 53b. Es fehlen die glatten Übergänge. Für uns bedeutet dies, daß wir die verschiedenen Tendenzen der Perikope um so bewußter wahrzunehmen und zur Geltung zu bringen haben. Zum andern werden wir uns deutlich machen müssen, daß der Evangelist weniger darauf aus ist, uns einen in sich geschlossenen Ablauf einer Begebenheit von einst zu bieten, mehr darauf, uns, die Leser, zum Christusglauben zu ermuntern. Gewiß, ein Heilungswunder wird erzählt. Aber – und darauf kommt es an – es wird daran durchdekliniert, auf wie verschiedenerlei Weise Glaube (bzw. „Glaube") sich dazu verhalten kann, zugleich: auf welchen Glauben es zuletzt ankommt. So dürfte es sachgemäß sein, wenn unsere Predigt so angelegt wird: *Erleben wir das Christuswunder?* (1) *Glaube braucht kein Wunder.* (2) *Glaube erfährt das Wunder.* (3) *Christus ist das Wunder.*

I.

Das Wunder ist nicht „des Glaubens liebstes Kind", jedenfalls dann nicht, wenn man den Glauben so versteht wie Jesus. Freilich findet Jesus bei den Menschen Wundersucht vor. Er soll ihnen vordemonstrieren, was er kann, dann wollen sie ihn als einen Besonderen anerkennen. Die Juden fordern Zeichen (1. Kor. 1,22; Matth. 12,38; 16,1–4). Das Volk läuft Jesus nach, weil sie die Zeichen gesehen haben, die er an den Kranken getan hat (Joh. 6,2). Die Sensation – ein Kriterium des Glaubens? Das Verlangen nach dem Außerordentlichen hat in der Geschichte der Kirche – natürlich auch sonst in der Welt der Religionen – immer wieder eine fatale Rolle gespielt. Schreibt Johannes am Ende des ersten Jahrhunderts, so muß man wohl annehmen, daß er Grund hat, einer irrigen Wundergläubigkeit entgegenzutreten, also auch die hier vorliegende Heilungsgeschichte in sein Evangelium nicht aufzunehmen, ohne scharf vor ihrem Mißbrauch zu warnen. Wer seinen Glauben auf das Außerordentliche aufbaut, sucht genau das, was in der vorangehenden Perikope dem Mose versagt wurde: die Direktwahrnehmung Gottes. Gott soll – so will es die der theologia gloriae zugeordnete Religiosität – nicht in die Unscheinbarkeit und Niedrigkeit eingehüllt sein. Sein Wirken will man zweifelsfrei feststellen können. Der „Glaube" will ohne Risiko sein. Man will sicher gehen. Vertrauen *wagt* es mit dem andern, in diesem Falle mit Jesus. Aber wenn Jesus seine übermenschlichen Kräfte und Fähigkeiten öffentlich demonstriert, kann man auf ihn setzen, ohne vertrauen zu müssen. Um die Brücke über den Strom zu passieren, brauche ich kein Vertrauen, denn die Baupolizei überwacht ihre Festigkeit. Schon bei einem Menschen bedarf es des Vertrauens: beim Ehegatten oder Freund; hier wäre Kontrolle geradezu Zerstörung der Gemeinschaft, denn sie wäre Symptom des Mißtrauens. Bei Jesus: Das Verlangen nach Wundern zeigt an, daß es auf ein in der Person Jesu gründendes Vertrauen gar nicht abgesehen ist. Man will massive Tatsachen. In krassen Fällen bedeutet das, daß „der Grad der Absurdität in einer Wundererzählung zum Maßstab ihres religiösen Wertes wird" (P. Tillich, Syst. Theol. I, S. 140). Die Tendenz zur Steigerung der Wunder ist immer ein alarmierendes Zeichen. Man hat sie auch in unserm Text festgestellt. Daß die „Fernheilung" nicht nur über eine Strecke von einigen hundert Metern hinweg erfolgt, wie dies für ein Geschehen innerhalb von Kapernaum anzunehmen ist, sondern in der „Überreichweite" von 26 km, wird als eine solche Steigerung gewertet. Auch das „gestern" scheint die Distanz zu unterstreichen. Jesu Wort „dein Sohn lebt" und das Weichen des Fiebers sind synchron zu denken; der Vater ist also 13 Uhr aufgebrochen. Er müßte Kapernaum bis zum Abend erreichen. Der Abend aber beginnt nach palästinischer Rechnung mit Sonnenuntergang. So braucht das „gestern" nicht zu verwundern, es dürfte zur Quelle gehören, die palästinisch denkt. Wir werden weiter prüfen müssen, ob eine Tendenz zur Steigerung des Wunders erkennbar ist. Man hat gemeint, wer „Kana" und „hinabgehen" einfügte, könne nicht derselbe sein, der das Warnzeichen von V. 48 aufgerichtet hat. Wir heben uns das Problem noch für eine kleine Weile auf. Jedenfalls ist die Warnung nötig. Die Wunder, die man dem hl. Benno von Meißen nachsagt, oder die blutende Hostie von Wilsnack oder auch die wunderbaren Ereignisse auf der Insel Timor bringen uns dem wirklichen Christus keinen Schritt näher, wenn sie Beweismittel des „Glaubens" sein sollen, die dem natürlichen Menschen die Außerordentlichkeit Jesu demonstrieren.

Glaube braucht keine Wunder. Er richtet sich auf die Person, nicht auf das, was dort „zu holen" ist. Er weiß sich von Jesus angesprochen, angenommen, geliebt. Kommt jemand zu Jesus, dann darum, weil ihn der Vater „gezogen" hat (6,44) – es ist dasselbe Wort gebraucht wie beim „Ziehen" der Fischnetze aus dem Wasser. Da ereignet sich Gemeinschaft auf du und du. Da entsteht Vertrauen: Jesus vertraut mir (man müßte dies eigentlich für schlechthin unmöglich halten!), und ich gewinne Vertrauen zu ihm. Wir sahen: Vertrauen ist Wagnis. Keine äußeren Garantien und Sicherungen. Die Verläßlichkeit liegt in *Dir*! Das Schönste, was zwei Menschen miteinander verbinden kann, ist, daß der eine zum andern sagt: Mit dir wag ich's gern! Ich brauche keine Beweise, Garantien, Tests, Bewährungsfristen, Versuchsstrecken, Probebelastungen (inzwischen alles „freibleibend"!). Du hast mir das Herz abgewonnen. Was brauche ich Weiteres? – Noch aus einem anderen Grunde braucht der Glaube keine Wunder, und er würde sie, müßten sie als seine Begründung gelten, sogar als Störung empfinden. Nehmen wir an, Jesus würde ein umwerfendes Zauberkunststück vollbringen, von dem verabredet wäre, sein Gelingen müßte uns nun zum Glauben verpflichten: Wie stünde es nun zwischen ihm und uns? Das gelungene Mirakel wäre eine äußere Tatsache, die wir nicht leugnen können; aber wenn unser Herz nein sagt, müßte eine damit erzwungene Nachfolge geradezu ein Unglück sein. (Man stelle sich vor, jemand würde sein Jawort, wenn es um eine zu schließende Ehe geht, vom Gelingen irgendeines Außerordentlichen abhängig machen – und das Herz könnte nicht ja sagen!) Äußere Wirklichkeiten zwingen, nötigen, lassen keine Wahl. Jesus will uns nur in Freiheit haben. Macht sich jemand von Sensationen abhängig, dann läßt er nicht das Herz und den Willen sprechen, sondern läßt sich fremdsteuern. – Ein drittes ist noch zu bedenken. Das Trachten nach Schau-Erfolgen führt an der Christuswirklichkeit *vorbei*. In der Fleischwerdung (1,14) liegt, daß die Majestät, der Lichtglanz, die göttliche Machtfülle tief ins Irdische verborgen sind. Wer Wunder verlangt, versucht, diese Verborgenheit wenigstens an dieser oder jener Stelle aufzureißen oder aufzubrechen. „Was für ein Zeichen tust du, damit wir etwas zu sehen bekommen und zum Glauben an dich gelangen? Was schaffst du?" (6,30). Sie *haben* ja Jesu Zeichen gesehen, (6,26), aber worauf es ankommt, haben sie eben *nicht* bemerkt (6,32–35). Man kommt von außen her an das Geheimnis der Person Jesu nicht heran.

Man hat vermutet, daß 12,37–40 – nachdem das siebente Zeichen (Kap. 11) berichtet ist – das „Buch der Zeichen" (Semeia-Quelle) abschließt. Die Bilanz ist trüb: „Und ob er wohl solche Zeichen vor ihnen getan hatte, glaubten sie doch nicht an ihn" – es folgen AT-Zitate von der Unwirksamkeit der Predigt (Jes. 53,1) und der Verblendung der Menschen (Jes. 6,9f.). Zeichen helfen dem Unglauben nicht zum Glauben. Umgekehrt: Glaube bedarf der Zeichen nicht. Er gründet in einer Christuserfahrung, die nicht auf der Ebene der *bruta facta* zu gewinnen ist, sondern in einem inneren Geschehen. Der Vater „zieht", der Sohn ruft, der Geist bezeugt und beglaubigt. Der Funke springt über von Christus auf uns. Wir brauchen keine sensationellen Demonstrationen.

2.

Die harte Rüge, die den naiv Wundergläubigen in V. 48 erteilt ist, hindert den Evangelisten freilich nicht, die sieben Wunder der Semeia-Quelle in sein Werk aufzunehmen und auch in unserm Text das geschehene Wunder mit dem vorhin schon aufgewiesenen Nachdruck zu erzählen. Der Glaube braucht das Wunder nicht, aber er erfährt es.

Hier berührt sich vieles mit dem Evangelium des Sonntags. Der Beamte des Herodes Antipas hört, daß Jesus aus Jerusalem zurückgekehrt ist und sucht ihn in Kana auf. (Die Anknüpfung an 2,1–11 – so V. 46 – könnte mit der Selbigkeit des Schauplatzes auch einen inneren Zusammenhang herstellen wollen. Man könnte auch daran denken, daß Kana der Wohnort von Geschwistern Jesu ist [Mark. 6,3: nur die Schwestern wohnen noch in Nazareth], also auch die Hochzeit in der Familie Jesu stattgefunden haben soll. Für unsern Zusammenhang kann dies auf sich beruhen.) Einen solchen Weg nimmt man nur dann auf sich, wenn man sich von Jesus etwas verspricht. Der Mann glaubt.

Will man in dem V. 48 nicht (s. o.) einen aus Gründen der Lehre eingepfropften Fremdkörper sehen, sondern annehmen, der Evangelist selbst habe ihn trotz der konstatierten Spannung als ein Element der hier erzählten Begebenheit verstanden: dann wird man darin ein ähnlich retardierendes Moment sehen wie die Zurückweisung der Mutter Jesu in 2,4 oder die Absage gegenüber der kanaanäischen Frau Matth. 15,24.26 (auf die Motivverwandtschaft zwischen dem „Hauptmann" und der „Kanaanäerin" hat man immer wieder hingewiesen). Der Glaube muß sich gegen Widerstände durchkämpfen. Er muß sich sogar gegen Jesus selbst durchhalten. Man könnte den Gang des Gesprächs auch etwas weniger dramatisch verstehen. Es könnte diesmal – johanneischen Gewohnheiten zuwider – das Mißverständnis bei *Jesus* liegen; er könnte gemeint haben, der Mann wolle ein Demonstrationsmirakel, und dieser bekommt nun Gelegenheit, sein Begehren deutlich zu interpretieren: „Ich will keine Legitimation von Dir, sondern komme nur in meiner Not und bitte um Deine Hilfe für mein Kind" (Bltm. z. St.). Dann will also der Mann das Wunder nicht, *damit* es bei ihm zum Glauben komme; er begehrt das Wunder, *weil* er glaubt. Und er will das Wunder nicht, weil er daran ablesen möchte, was er von Jesus zu halten hat, sondern ihn treibt einfach die Not. Da ist einer, der etwas kann; an den wendet er sich.

Man darf Jesus um Hilfe angehen. Ehe wir weiter überlegen, *wieso* man dies darf, werden wir uns der Frage aus der Gemeinde stellen müssen, ob dies überhaupt Sinn hat, von Jesus – und das wäre soviel wie: von Gott – im Krankheitsfall Rettung und Wendung zu erbitten. Krankheit ist ein Naturvorgang. Die Natur unterliegt ihrer Gesetzmäßigkeit. Man kann Krankheit mit Wirkstoffen und Kräften der Natur angehen, also mit chemischen und physikalischen Mitteln und Methoden, aber nicht mit irgendeiner Wunderkraft, sei es aus der Nähe oder gar aus der Ferne. – Vielleicht tun wir gut, uns zuerst klarzumachen, daß der Begriff der Fernheilung zu falschen Vorstellungen verführt. Das vierte Evangelium legt größten Wert darauf, daß Jesu Tun und das des Vaters letztlich *eines* sind (5,17.19.30.36; 6,37; 10,30). Es ist falsch, zu fragen, ob Jesu Machttaten seine eigenen Werke oder Gebetserhörungen Gottes sind

(11,41). Wenn dem aber so ist, dann muß man sagen: Gott hat es nach Kana nicht weiter als nach Kapernaum. Der Begriff Fernheilung ist abzuschaffen, weil er aus dem Heilungsgeschehen Gott ausschließt. – Dann bleibt aber noch die Frage, wieso *Gott* des natürlichen Geschehens mächtig ist. Ist er es überhaupt nicht, weil die Dinge der Natur ihren determinierten Lauf nehmen? Oder gibt es Lücken, in denen für Gott – hier und da – noch Möglichkeiten des Wirkens sind? Gott wirkt nicht in Lücken, er wirkt im Ganzen. Und dies, ohne daß er das Kausalgefüge des weltlichen Geschehens stört, wohl aber so, daß er es steuert. Wer dies für unmöglich hielte, der müßte auch beim Menschen – der ja selbst wiederum ein kausal funktionierender Mikrokosmos ist – die Möglichkeit der Willensentscheidung, also auch seine Verantwortlichkeit und Zurechnungsfähigkeit, leugnen. Der steuernde Wille wirkt nicht in Lücken des Kausalgeschehens, sondern im Kausalgeschehen selbst. Dies gilt für Gottes Schöpfung im ganzen: Gott hat sie selbst geordnet, er will seine eigene Ordnung nicht stören; aber er will diese Ordnung benutzen. Und er tut das souverän. Die Frage ist nicht, ob Gott unser Schicksal wenden *kann*; wir sollten eher fragen, ob er das *will*. Dürfen wir ihm anvertrauen, was uns bekümmert und belastet?

Wer jetzt sagen würde: selbstverständlich, hätte nicht begriffen, worauf es eigentlich ankommt. Gott müßte durchaus nicht unser Bestes wollen; nicht nur, weil der Schöpfer seiner Schöpfung nichts schuldig ist, sondern weil Gott ungezählte Gründe hätte, uns in unserer Sünde verkommen zu lassen. Was er uns zugute tut, ist alles unverdient, reines Geschenk. Es kommt hinzu, daß Gott sich in dem, was hier geschieht, wirklich so mit Jesus identifiziert, daß dieser in seinem Namen handeln kann. Wir blicken noch einmal auf 11,41: daß das Wunder wirklich geschieht, ist – menschlich gedacht – auch für Jesus eine Glaubenssache. Wagemutiger Glaube traut Gott zu, daß er diesem armen Vater zu Hilfe kommen und das Kind gesund machen werde. Dürfen wir?, fragten wir vorhin. Wir dürfen. Jesus geht auf die Bitte des Vaters ein. (Der dies schreibt, hat bei zweien seiner Kinder so gebetet – ἤμελλον γὰρ ἀποθνῄσκειν – und ist erhört worden. Man kennt die Not eines solchen Vaters. Soll man das Lob Jesu Christi unterdrücken?) Zugegeben: es ist ein Glaube, der sich an Jesus hängt, weil er Abhilfe in *eigener* Not und Angst erhofft; ein Glaube also, der – diesmal wenigstens – sich das Kreuz erspart wissen möchte. Es gibt einen Glauben, der Jesus auch dann preisen würde, wenn er das Kind sterben ließe. Aber Jesus ist nicht so erhaben über die Bangigkeit und das dringende Wünschen des menschlichen Herzens, daß er sich nicht erbitten ließe.

Der Vater glaubt. Darum ist er gekommen. Darum hat er sich durch die scharfe Kritik am Wunderglauben nicht beirren lassen. Und: darum sieht er offensichtlich keinerlei Anlaß zur Sorge, als Jesus nicht mitkommt, wie erbeten, sondern ihm gebietet: Geh hin! Man mache sich doch klar: Gekommen ist der Mann, um Jesus zu *holen*, und heimkehren muß er *ohne* Jesus. Aber er kehrt mit Jesu Zusage heim: Dein Sohn *lebt*. „... und er ging hin“: das ist wirklich Glaube.

Wir hatten vorhin festgestellt, die Perikope enthalte einen gesteigerten Wunderbegriff. Das Wort Fernheilung haben wir schon demontiert. Und sonst? Dick aufgetragen wird hier keinesfalls. „Dein Sohn lebt“, das könnte man sogar als Ausdruck für ein (Fern-) *Wissen* Jesu verstehen. Daß das Fieber gewichen ist, muß also nicht einmal auf Jesu besonderem *Wirken* beruhen. Daß wir uns recht verstehen: alles, was geschieht, geschieht durch sein Wirken (1,3f.). Es kommt hier nur darauf an, festzustellen, daß der Eindruck, hier werde, trotz V. 48, im Sinne einer gesteigerten Wunderauffassung gedacht, nicht stimmt. Der Akzent liegt auf dem Glauben: Glaube erfährt das Wunder. Zum Glauben aber soll uns Mut gemacht werden.

3.

Die Geschichte ist noch nicht zu Ende. Wir meinen damit nicht die Begegnung unterwegs, in der der Vater erfährt: es ist so, wie Jesus gesagt und wie er geglaubt hat. Mit
diesem Reflex des Heilungsgeschehens brauchen wir uns jetzt nicht aufzuhalten.
Worum es geht, ist das kleine Sätzchen am Schluß von V. 53. Das absolut gebrauchte
ἐπίστευσεν (ingressiver Aorist: „er kam zum Glauben") ist Niederschlag eines wichtigen, ja, des wichtigsten Fortschritts in dem ganzen berichteten Geschehen. „Glaube
im Vollsinne", hörten wir. Was ist damit gemeint?
Wir haben in der Perikope auf den stufenweise fortschreitenden Glauben zu achten.
Die Jerusalemer, die Samaritaner, die Galiläer, jetzt der Königische: mit einem allgemeinen Aufmerken und Verwundern mag es beginnen. Wir haben bedacht, wieso
dies bestenfalls ein Anfang sein kann, vielleicht aber eher ein Mißverständnis ist.
Dann sahen wir, wie der Vater in seiner Sorge und Traurigkeit ein ganz persönliches
Zutrauen zu Jesus faßt. „Niemals stößt Jesus das Vertrauen zu seiner Person zurück
(Matth. 15,28; 9,22). Aber er läßt auch keinen Zweifel darüber, daß dies noch nicht
der Glaube ist, den er sucht, mit dem er sich zufriedengeben kann" (M. Doerne, Er
kommt auch noch heute, ³1948, S. 194). Sollte Jesus der Arzt gewesen sein, dem man
alles Vertrauen entgegengebracht, der sich als dieses Verttauens als wert erwiesen,
aber damit eben seine Rolle ausgespielt hat? Etwa so: rufe mich an in der Not – aber
dann kannst du mich wieder vergessen? Der Arzt hat dann den größten Erfolg, wenn
es ihm gelungen ist, sich mit seinen Bemühungen um den Patienten – überflüssig zu
machen. Es ist bei Jesus anders. Hier entsteht eine Dauerbindung. Denn Jesus ist
nicht nur für Krisenfälle da, sondern wir haben es nötig, „an ihm" zu „bleiben" (vgl.
8,31; 15,4f.9f.). Ja, hier bildet sich eine Hausgemeinde. Jesus wird der Mittelpunkt
in diesem Hause und im Leben des „Königischen". Es wird aus der punktuellen Beziehung eine ganzheitliche. Man ist mit diesem Jesus in allem verbunden, bleibend.
„Dein Sohn *lebt*": dieses Wort gewinnt an Volumen. Jetzt geht es nicht mehr bloß
darum, daß ein Kind nicht in zartem Alter sterben muß. Jetzt wird das ganze gott-
abgewandte und darum belastete und brüchig gewordene, zuletzt dem Tode (dem
Tod *an Gott*!) verfallene „Leben" zum *wahren* Leben. Die Leute in der kapernaitischen
Beamtenfamilie sind längst, längst gestorben; aber wie, wenn einer „leben" soll, „ob
er gleich stürbe"! Und wie kommt es zu diesem Leben im qualifizierten Sinne? Es hat
sich in dem Beamten eine innere Geschichte abgespielt, die das eigentliche Wunder
in unserer Perikope ist. „Das ist ein anderer Glaube als der, mit dem er (der Vater)
erst zu Jesus kam. Das Endergebnis der Begegnung mit Jesus ist nicht das, das ihm
zuvor vorgeschwebt hatte. Jetzt ist Jesus nicht mehr bloß Mittel zum Zweck. Jetzt
ist das Verhältnis von Mittel und Zweck vertauscht. Die Heilung des Sohnes ist das
‚Mittel' geworden, diesen Mann – sogar mit seiner ganzen Familie – zu persönlicher
Glaubensbindung an Jesus Christus zu bringen" (Doerne, ebd.). Und noch einmal
Doerne (S. 195): „Die Botschaft des Textes ergeht an Menschen, für die das Ringen
um solchen wahren Glauben noch kein überwundener Standpunkt ist. Also an jeden
von uns. ‚Unser Herz soll allweg so stehen, als fingen wir heute an zu glauben, und
alle Tage also gesinnt sein, als ob wir das Evangelium nie gehört haben; man muß alle
Tag anheben' (Luther). In unserm Text stellt Jesus also uns Hörenden heute die Prüfungsfrage, inwieweit unser ‚Glaube' noch an den sichtbaren Bestätigungen hängt.
Der Prediger wird sich hüten, die Gemeinde von oben herab um ihres unreifen Glaubens willen zu schelten. Der bittere Ernst der väterlichen Sorge um das todkranke
Kind verbietet ihm jede übergeistliche und lieblose Verächtlichkeit gegenüber den

‚irdischen' Gebetsanliegen. Aber es bleibt dabei: der Glaube, der Gott Bedingungen setzt, kann die Probe nicht bestehen, mit ihm sind wir verloren. – *Evangelium* wird diese Prüfungsfrage durch die Art, wie Jesus in sie seine Verheißung einbindet. Die Verheißung lautet nicht, daß wir alle genau dieselbe Erfahrung machen werden wie dieser betrübte Vater. Aber wenn wir, wie er, auf Jesu Wort hingehen, dann wird das in keinem Fall umsonst sein. Keiner, der auf Jesu Gnade baut, hat eine Enttäuschung zu erwarten. Es kommt nur darauf an, daß wir unsere Sachen ganz in seine Hand geben."

4. Sonntag nach Epiphanias. Matth. 14,22–33

Den Stoff bringen auch Mark. 6,45–52 und Joh. 6,16–21 (nicht jedoch Lukas), beide wie Matthäus im engsten Zusammenhang mit der Speisungsgeschichte (vgl. auch Mark. 8,10). (Daß bei Johannes „das Sturmmotiv ganz verschwunden" sei, wie Bltm., GsTr., S. 231, behauptet, wird man unter Verweis auf 6,18 bestreiten müssen.) In Joh. 21,4–7 wiederholen sich einige der hier vorgefundenen Motive, entdramatisiert und ins Österliche transponiert. Zwischen Markus und Matthäus findet Lohmeyer so viele Unterschiede, daß er für Matth. literarische Unabhängigkeit folgert. Die Szene vom sinkenden Petrus ist matthäisches Sondergut. Die Epiphanie auf dem Wasser ist ein eigenes Motiv, so daß man die Perikope nicht als Dublette zu 8,23–27 (Rettung aus Seenot) anzusehen hat.

V. 22: ἠνάγκασεν – die Trennung von Jesus (erstmalig seit ihrer Berufung) wird von den Jüngern nicht gesucht, Jesus hat sie wider ihren Willen in die Lage gebracht. „Nach drüben": da das Westufer das bevölkerte ist, bedeutet dieser Ausdruck gewöhnlich: in östliche Richtung; gerade am Ostufer (V. 13: einsame Gegend) hat aber die Speisung stattgefunden, wir haben also an eine Fahrt in Richtung Westufer zu denken. Noch ist die Menge beisammen, bis Jesus sie – V. 23 – „wie aus einem Gottesdienst" (Lohmeyer) „entläßt" (ἀπόλυσας). Jesu, einsames Gebet (vgl. Mark. 1,35; Luk. 612). – V. 24: 1 Stadion = 192 Meter. Der See Genezareth ist 170 qkm groß (Müritz 117 qkm, Chiemsee 80 qkm). Die κύματα (so nur Matth.) wie 8,24. – V. 25: Vierte Nachtwache: gegen Morgen, zwischen 3 und 6 Uhr. – V. 26: Matthäus unterstreicht das Verwirrende der unkenntlichen Erscheinung (ἐταράχθησαν, φάντασμα). – V. 27: Jesus gibt sich mit dem absolut gebrauchten ἐγώ εἰμι = אֲנִי הוּא zu erkennen (vgl. Jes. 43,10; Deut. 32,39f., letzteres an hervorragender Stelle in der Liturgie des Laubhüttenfestes): göttliche Selbstprädikation (V. 33 ist also nur eine Art Echo).

V. 28ff.: Grundmann weist für das Folgende matthäische Vokabulareigentümlichkeiten nach; Matth. bringt also in eigener Formulierung mündliche Petrustradition. – V. 28: κύριε könnte auf nachösterliche Situation deuten. LXX übersetzt יהוה mit κύριος. Grdm. erinnert in diesem Zusammenhang an Stellen wie Ps. 77,20 und (zu V. 31) Ps. 144,7. Wer im AT zu Hause ist, empfindet das Wasser als die durch die Schöpfung zurückgedrängte Chaosmacht, deren Jesus mächtig ist. Jesus stellt den „Kleinglauben" des Petrus fest. – V. 33: Das Bekenntnis scheint ein Vorgriff auf 16,13ff. zu sein; es ist aber müßig, sich mit Unstimmigkeiten solcher Art zu quälen, denn trotz einer gewissen zeitlichen Anordnung der Stoffe (wie sollten sie sonst geordnet sein?) darf man ein konsequent durchgehaltenes zeitliches Nacheinander nicht verlangen.

Es hat in dieser Predigt darum zu gehen, was die Gemeinde *heute* von ihrem Herrn zu halten und im Glauben zu erwarten hat. In *aller* Predigt geht es darum. Die Frage, wie sich das Wirken des erhöhten Christus an uns zu dem verhält, was er in seinen Erdentagen getan und gesagt hat, spitzt sich freilich bei diesem Text besonders zu. Ist es überhaupt angemessen, danach zu fragen, was sich zwischen der Speisung am menschenleeren Ostufer und der Rückkehr in die Gegend von Genezareth (V. 34) zugetragen hat? Können wir uns die Frage nach dem wirklich Geschehenen ersparen? Haben wir also ein Kerygma zu predigen, das in der Luft hängt, abgelöst von der Jesusgeschichte, wie sie die Evangelien erzählen? Die Frage wird um so drängender, weil, was hier berichtet ist, sich in unser Wirklichkeitsverständnis nicht einpaßt. Der Predigthörer würde freilich ein spiritualisierendes oder allegorisierendes Ausweichen als Versuch ansehen, ihn zu hintergehen, während andererseits ein gewaltsamer Alles-oder-Nichts-Fundamentalismus für die meisten eine Vergewaltigung des intellektuellen Gewissens bedeuten würde. Wir können – bei aller hier einzusetzenden taktvollen Liebe – der Gemeinde die historische und hermeneutische Wahrheitsfrage nicht ersparen.

Einiges von dem, was hier zu bedenken ist, hat uns schon der vorangehende Text geklärt. Daß Jesus Herr ist auch über die Naturmächte – dies das Thema des Sonntags –, sollten wir klar verkündigen. Was 1. Kor. 8,6; Kol. 1,16ff.; Joh. 1,1ff.; Hebr. 1,3 gesagt ist, wird im alten Evangelium des Sonntags konkretisiert, und diese Botschaft ist ja mindestens in V. 32 unseres Textes erneut aufgenommen. Die Natur ist samt den in ihr wirkenden Gesetzmäßigkeiten nicht eine Wirklichkeit, die gegen Gott stünde und die Macht Gottes begrenzte. „Gott selbst ist ja das Gesetz des Geschehens. Was wir als Gesetz erkennen, kann uns nur an *das* Gesetz und also an ihn erinnern ... Daß er dabei ein wirkliches, ein ontisches Gesetz des geschöpflichen Geschehens durchbreche oder gar aufhebe, ist natürlich ausgeschlossen: das würde ja bedeuten, daß er in seinem Wollen und Wirken mit sich selbst uneinig wäre. Wohl aber wird man es ihm erlauben müssen, an den *uns* bekannten Gesetzen, d. h. an unserem *Verständnis* der ontischen Gesetze des geschöpflichen Geschehens, u. U. rücksichtslos vorbeizugehen ... Es *muß* (dabei) ... nicht durchaus so sein, daß wir sein vorherbestimmendes Wirken immer nur als ein Wirken supra et contra naturam verstehen könnten. Es *darf* aber durchaus *auch* so sein" (K. Barth, KD III/3, S. 146). Es ist eine befreiende Erkenntnis, daß Gott auf dem von ihm selbst konstruierten Instrument in souveräner Virtuosität spielt, was er will. Wer Gott um Gesundheit bittet, der kann ihn auch um Errettung aus dem Unwetter und aus Seenot bitten.

Legen wir die in der vorangehenden Auslegung herausgearbeiteten Maßstäbe echten Glaubens an Gottes bzw. Jesu Wundermacht an, dann wird man freilich gerade im Gehen auf dem Wasser schwerlich einen Bezug zum zentralen Christusheil entdecken können. In der Welt der Religionen (z. B. im Buddhismus) ist von dergleichen auch die Rede. Und was uns diesbezüglich aus der indonesischen Erweckungsbewegung berichtet wird, hat vielleicht für manchen den Reiz des Sensationellen, hat aber mit der Botschaft von Christi Kreuz und Auferstehung, soweit ich sehen kann, kaum etwas zu tun. Wir haben nicht darüber zu befinden, was Gott kann oder nicht kann. Wenn wir alle auf dem Wasser gingen wie auf Betonplatten: hätte Christus *damit* bei uns gewonnen?

Wir werden nicht dem den besten Platz im Himmel versprechen, der die meisten biblischen Wunder für historisch hält. Vielleicht würden wir mit einem massiven Wunderglauben an dem, worauf es dem Text ankommt, gerade vorbeigehen. Jesus Christus ist gestern, heute und in Ewigkeit derselbe (Hebr. 13,8). Nicht weniges deutet darauf hin, daß Matthäus das hier erzählte Ereignis *transparent* verstanden haben will. So spricht er z. B. (wie 8,24) von dem „Boot", das die Wellen bedrängen (bei Markus sind es die Jünger); er sieht darin die bedrängte Gemeinde. Er denkt an den Christus, der fürbittend vor dem Vater erscheint, während die Gemeinde – von ihm allein gelassen (vgl. Luk. 19,12; 12,36; Matth. 24,45) – mit widrigen Gewalten kämpfen muß und es dann doch erfährt, daß der Auferstandene bei ihr ist (vgl. 18,20). Er denkt, wenn er Petrus nennt, daran, daß sein Glaube es gegen die Chaosmacht mit Christus wagt, er aber dann scheu und ängstlich wird und Jesus ihn hält und rettet. Was für ein Ereignis in Jesu Erdentagen auch immer hinter dem hier Erzählten stehen mag: die Gemeinde drückt damit aus, was *immer* gilt, worauf sie sich gefaßt zu machen und von woher sie Hilfe zu erwarten hat. „Du bist wahrlich Gottes Sohn." Das ist doch nicht der Schlußsatz einer Story aus Jesu Tagen, sondern das Bekenntnis der Gemeinde. Halten wir uns für die Möglichkeit offen, daß die Urchristenheit das Bekenntnis zu ihrem Herrn nicht nur in der Sprache der dogmatischen Formel, sondern auch – dann und wann – in erzählender Manier zum Ausdruck gebracht hat: „Bekenntnisaussage in der Form von Historie ... Die Erzählung von Jesu Wandel auf dem See ist doch auch dann keine freie Erfindung der dichtenden Phantasie, wenn Jesus in seiner irdischen Lebenszeit niemals auf den Wellen des Galiläischen Meeres geschritten wäre; denn diese wie ein historischer Bericht klingende Erzählung wäre dann eben der Niederschlag der im Glauben erfahrenen Realität, daß Jesus sich durch nichts hindern läßt, zu den bedrängten, verängstigten Seinen zu kommen, daß er sich auf dem Weglosen und Bodenlosen Zugang zu ihnen zu verschaffen vermag" (W. Krusche in: ZdZ 1965, S. 207). Hierzu auch: H. Urner, Der sinkende Petrus, in: H. Burgert (Hrsg.), Das menschliche Zeugnis von Gottes Wirklichkeit, Berlin 1954, S. 35 ff., auch in: Weg und Gemeinschaft. Aufsätze von und für Hans Urner. 1976, S. 83 ff.

Auf eine spezielle Variante der eben vorgetragenen Deutung sei noch hingewiesen. J. Schniewind schreibt: „Leichter verständlich würde die Erzählung, wenn sie ursprünglich eine Auferstehungserscheinung meinte" (zu Mark. 6,45 ff.). Noch entschlossener Grundmann: „Wir haben es nicht mit einem Ereignis aus der Geschichte des vorösterlichen Jesus zu tun; möglicherweise bildet ein Bericht von der Ersterscheinung des Auferstandenen vor Petrus (1. Kor. 15,5) den Ansatzpunkt zu dieser Erzählung" (z. St.). Hierzu würde die vorhin erwähnte Motivverwandtschaft zu Joh. 21 passen (obwohl die Seegeschichte, ohne besondere Erwähnung des Petrus, ihren eigenen Platz in Joh. 6,16 ff. hat). So würde sich hier *die Passion* abbilden: Die Jünger werden allein gelassen und geraten in Bedrängnis. Und *Ostern*: Sie begegnen – in wunderbarer innerer Erfahrung – dem auferstandenen Herrn, der sich ihnen in seiner κυριότης zu erkennen gibt (Luk. 24,37 ff.: „Sie erschraken aber und fürchteten sich, meinten, sie sähen einen Geist ... Und er sprach zu ihnen: ... ‚Ich bin's selber‘"). Was aber die Jünger am Karfreitag und zu Ostern erfahren haben, gilt für die gesamte Geschichte der Gemeinde Jesu.

Jetzt, denke ich, ist der Grund gelegt für eine Predigt etwa von solchem Zuschnitt: *Christus ist in Wahrheit Gottes Sohn.* (1) *Er kommt zu seiner bedrängten Kirche.* (2) *Er trägt unsern versagenden Glauben.*

I.

Die Geschichte spielt in der Nacht (V. 23: ὀψίας γενομένης – V. 25: τετάρτῃ δὲ φυλακῇ τῆς νυκτός). Das Boot ist bereits bis zur Mitte des – im Durchschnitt 8 km breiten – Sees gelangt. Da kommt das Unwetter auf. Das Schiff leidet Not – Matthäus schreibt: es wird „gequält, gefoltert" (der starke Ausdruck in der durativ zu verstehenden coniugatio periphrastica) – von den Wellen. Der Wind steht ihnen entgegen; so werden sie nicht ans andere Ufer gelangen. Bis mindestens 3 Uhr in der Nacht sind die Jünger in dieser Lage: jeden Augenblick kann das Boot zerbrechen, und die Tiefe würde sie verschlingen. Das Quälende der Katastrophenangst liegt

darin, daß man zur völligen Passivität verurteilt ist. Wer ähnliches erlebt hat, weiß: man hofft immer noch, bis zum letzten Augenblick (wenn es denn zu einem solchen käme), aber „das Tor wird immer enger" (Otto Haendler, Angst und Glaube, ³1954, S. 31). Je länger es dauert, desto wehrloser fühlt man sich. (Wir sagen dies nicht, um den Text zu psychologisieren, sondern um deutlich zu machen, wie sich das hier Gemeinte in der Existenz der Gemeinde oder auch des einzelnen Christen darstellt und auswirkt.)
Wie sind die Jünger in diese Lage hineingeraten? Schon zu 8,23 – vgl. unsere Auslegung in „Der schmale Weg", S. 115f. – mußten wir feststellen: Indem sie Jesus *nachfolgten*, kam es zu der Bedrängnis; ohne Jesus wäre ihnen die Not erspart geblieben. In der vorliegenden Perikope ist diese Linie noch erheblich verstärkt. Jesus selbst scheint das ganze Geschehnis so gewollt und eingefädelt zu haben. Ja, er hat die Jünger „genötigt", „gezwungen" (V. 22), in das Schiff zu treten und ohne ihn – erstmalig, seit er sie berief, ohne ihn! – hinüberzufahren. Er müsse erst die Mahlfeier mit der großen Volksmenge zu Ende führen und die Leute feierlich entlassen („ite, missa est"). Und dann müsse er noch allein auf den Berg steigen, um zu beten. (Ähnlich Mark. 1,35f.: Petrus eilt dem an einsamer Stätte Betenden nach: „Jedermann sucht dich" – das ganze Wartezimmer voll Patienten!) Offensichtlich hat das Gebet in Jesu Leben eine von der Umwelt stark beachtete Rolle gespielt. Ein Stück des Heilandswerkes Jesu: mit dem Vater Kontakt zu halten, zum Besten der Menschen, und für sie zu beten. Wenn es so ist, wie wir vermuteten, daß es in der Perikope eigentlich um das Verhältnis des erhöhten Herrn zu seiner Gemeinde geht, gewinnt das Ganze eschatologische Raumtiefe. Jawohl, Jesus schickt seine Gemeinde los, daß sie ohne ihn den gefährlichen See überquert. Immer wieder hat das Sein-ohne-Jesus der Gemeinde zu schaffen gemacht. Der Hauseigentümer ist fortgereist, über Land (vgl. die oben genannten Stellen). Der Bräutigam ist von ihnen genommen, es ist nicht mehr Hochzeit (9,15). Ausführlich und in mehreren Variationen ebenso die johanneischen Abschiedsreden („ihr werdet mich nicht sehen" – „ihr werdet weinen und heulen" – „in der Welt habt ihr Angst", 16,16.20.33). Die Kirche ohne Jesus. Warum? Man sage doch nicht, Jesus habe sich von uns abgewendet! Er ist „auf dem Berg allein". „Er ist zur Rechten Gottes und vertritt uns" (Röm. 8,34). „Er hat ... ein unvergängliches Priestertum, ... denn er lebt immerdar und bittet für sie" (Hebr. 7,24f.). Johanneisch geredet: auf Kap. 16 folgt Kap. 17. Was da am einsamen Ort, auf dem Berge, passiert, wird transparent für Jesu großes Heilswerk; man wird sogar sagen müssen: jede Fürbitte Jesu für die verlorene Welt in seinen Erdentagen ist schon Anfang des priesterlich-interzessorischen Tuns Jesu in seiner Selbstopferung am Kreuz und in seinem nie aufhörenden Eintreten bei Gott für seine Kirche und für die ganze Welt. Der Text verschweigt nicht, wie hart es die Jüngerschaft ankommt, daß sie sich im Stich gelassen fühlt. „Fahrt ohne mich übers Wasser!" Wäre es nicht vordringlich in seinem Amt, daß er solche Sturmnächte verhindert? Wir saufen ab, und er – betet! Wir brauchten das *Wohl*, und er sucht – das *Heil*! „Ich gehe hin, euch die Stätte zu bereiten" (Joh. 14,3) – „es ist euch gut, daß ich hingehe" (Joh. 16,7). Aber Jesus kommt. Die Situation der Anfechtung kann sich lange hindehnen. „Und ob es währt bis in die Nacht und wieder an den Morgen ..." (EKG 195,4). Jesus kommt über das Wasser. Wenn wir die Perikope bisher richtig gesehen haben, handelt es sich in Jesu Kommen um ein eschatologisches Geschehen, dem Ereignis der Verklärung Jesu (17,1–9) vergleichbar. Die Jünger erleben Jesus in seinem Gott-Sein (V. 33). Man kann an ein ekstatisches Erlebnis denken, an eine Erfahrung „im Geist". Das soll und darf natürlich nicht heißen, die Geängsteten hätten einen aus ihrem Inneren

selbst hervorgebrachten, eingebildeten Christus gesehen. Göttliche Wirklichkeit –
dies ist gemeint – wird nicht mit natürlichem Auge wahrgenommen. Daß das Wasser
den tragen kann, der selber „alle Dinge trägt mit seinem mächtigen Wort" (Hebr.
1,3), ist keineswegs verwunderlich. Aber dies ist nachdenkenswert, daß Christus sichtbar wird genau über dem tobenden Urchaos. Man muß versuchen, so zu denken wie
die biblischen Menschen. Das Wasser ist für sie nicht einfach ein Stück Natur, sondern schöpfungsfeindliche Macht, widergöttlich, wenn man so will: die losgelassene
Hölle. Das ist ja das eigentlich Quälende an aller Anfechtung: man fühlt sich dem
Feindlichen ausgeliefert. Unser modernes Bewußtsein ist für Gedanken solcher Art
nicht mehr so anfällig; aber vielleicht verdrängen wir nur die nicht zugegebenen
Ängste und handeln uns damit unsere Neurosen ein, statt das Bedrohliche beim
Namen zu nennen und – dies nun noch viel wichtiger – *den* mit Namen anzurufen,
der mitten in diesem Toben erscheint und macht, daß der Wind sich legt.

Es entspricht tiefer Glaubenserfahrung, daß es keineswegs zum Selbstverständlichen
gehört, diesen Christus in der Katastrophensituation auszumachen und beim Namen
zu nennen. Wer Christus nicht kennt, sucht ihn leicht nur unter klarblauem Himmel
am sonnenhellen Tage. Er kann uns auch in Sturmnächten begegnen. Die Jünger erschrecken, als sie ihn sehen, und schreien in ihrer Angst. Sie halten ihn für eine Spuk-
gestalt. Christus ist nicht so leicht zu erkennen (Joh. 21,4 b). Es kann sein, er will uns
in Situationen tiefster Angst zu Hilfe kommen, und wir merken nicht, daß *er* es ist,
meinen eher, hier möchte außer Sturm und Wellen noch eine feindliche Macht *mehr*
auf uns eindringen.

Aber Jesus selbst gibt sich zu erkennen. „Seid getrost, ich bin's, fürchtet euch nicht!"
Die Situation klärt nicht, wer hier auf uns zukommt und mit wem wir es in Wahrheit
zu tun haben; sein eigenes *Wort* schafft Klarheit. Es sagt ja viel mehr als das Negative: kein Gespenst. Mit dem unverwechselbaren „Ich bin's" (s. o.) wird alles, was sich
vorfindet und zuträgt, auf diesen Herrn bezogen, gewissermaßen von ihm angeeignet.
Man könnte sagen: *seine* Finsternis, *sein* Sturm; eine Welle nach der anderen, wenn
sie wie Berge heranrollen, unter seiner Kontrolle, im Kraftfeld seiner Macht. Ihr
denkt, die Macht der Hölle greift nach euch? *Ich bin's* – ihr braucht euch nicht zu
ängstigen. Ihr fühlt euch verraten und verkauft? Ihr seid nicht allein gelassen. Und
selbst wenn das Boot kenterte und ihr unterginget: ihr würdet wohlgeborgen bleiben,
es gibt keine Macht, die euch aus den guten, festen Händen reißen könnte. Aber ihr
sollt nicht sterben – jetzt nicht! – „Da legte sich der Wind."

2.

Es ist schön, daß Matthäus uns die Petrusgeschichte mitüberliefert und uns an ihr
zeigt, wie das, worauf es in der ganzen Geschichte ankommt, sich ausnimmt, wenn es
gewissermaßen im Einzelschicksal und -erleben verarbeitet und bestanden werden
muß. Nicht, daß wir die Geschichte individualistisch verstehen sollten. „Es geht auch
hier nicht in erster Linie um persönliche, verborgene Erlebnisse der einzelnen Seele
mit ihrem Heiland. Petrus ist auch hier Repräsentant der ganzen Jüngerschar"
(H. Urner, a. a. O.). Es wird noch zu überlegen sein, was das hier geschilderte Erlebnis für das Amt bedeutet, das Petrus anvertraut ist. Aber zunächst sehen wir ihn tatsächlich als *einen* innerhalb des Jüngerkreises. Das Boot steht für die Kirche. Freilich, jeder ist als Person mit seinem Glauben gefordert. Wie werde z. B. *ich* es schaffen, wenn es in ähnlicher Lage gelten wird, den Glauben an Christus zu bewähren?
Es wird kaum Zufall sein, daß uns die Evangelien *Petrus* mit einem sehr charakteri-

stischen Porträt schildern. Er ist der Mann, der mit einem eiligen und sich oft übernehmenden Eifer gleich zufährt und begeistert aufgreift, was sein Herr ihm anbietet. So, wie die Geschichte bei Matthäus jetzt dasteht, scheint Petrus im Nu vergessen zu haben, daß er eben noch vor Angst geschrien hat. Mit Jesu Gegenwart ist die Situation – noch tobt der Sturm – mit einem Male total verändert. „Herr, bist du es, so heiß mich auf dem Wasser zu dir kommen!" Petrus wagt sein Leben. „Bist du es ...": man könnte annehmen, daß der Satz, als Kondizionalsatz verstanden, noch einen Rest von Unsicherheit einschließt, für den Fall freilich, daß Jesus es wirklich ist, das vorbehaltlose Wagnis verspricht; man kann aber auch kausal denken: *da* du es bist, kann ich im Vertrauen auf dich das Unmögliche wagen. Beide Deutungen sind nicht weit voneinander entfernt. Es steckt ja in dem Wort des Petrus ein rührendes Bekenntnis zu Jesus. Wenn *er* es ist und – man übergehe das Folgende nicht – seinen Petrus über das Wasser kommen heißt, dann kann Petrus auch über Bord gehen, und er wird nicht sinken.

Übrigens: „Nicht darum bittet er: laß mich über die Wellen gehen, sondern darum: laß mich zu dir kommen über das Wasser hin" (A. Schlatter, Erläuterungen z. St.). Er hat nur *ein* Interesse: bei Jesus zu sein; so wohl auch Joh. 21,7. Darin meint der Text – wie Schniewind und, ihm folgend, Urner richtig herausstellen, etwas anderes als Goethe (Eckermann-Gespräch vom 12. 2. 1831), wenn er in dieser Petrusgeschichte „die hohe Lehre ausgesprochen" findet, „daß der Mensch durch Glauben und frischen Mut im schwierigsten Unternehmen siegen werde, dagegen bei anwandelndem geringsten Zweifel unterliegen werde". Man muß zunächst festhalten: Petrus hängt ganz an *Jesus*. Wenn *er* ihm gebietet, tut er's (vgl. auch Luk. 5,5c: „aber auf dein Wort will ich das Netz auswerfen"). Wenn der Herr befiehlt, dann gilt für den Apostel kein Wenn und Aber; dann übernimmt der befehlende Herr gewissermaßen die Verantwortung für das Ganze des Unternehmens, und Sache seines Gefolgsmannes ist nur der (vertrauensvolle) Gehorsam. (Es wäre natürlich böse danebengegriffen, wollte jetzt jemand von Kadavergehorsam reden. Ich habe die Sorge, daß vielen – besonders Jüngeren – unter uns diese Verwechslung auch den *Glaubens*gehorsam indiskutabel macht. „Aber auf dein Wort": darin liegt nicht nur die Kraft, sondern auch die Freiheit der Leute Jesu!) Aber es kommt sofort noch auf ein zweites an. Wieder mit Schniewind und Urner erinnern wir an die buddhistische Legende: Solange der Mönch an den Buddha denkt und in der „Versenkung" beharrt, kann er ungefährdet über das Wasser gehen; aber er sinkt unter in demselben Augenblick, in dem die Konzentration nachläßt. Ihn trägt die eigene innere Kraft. – Nun ist es ja wahr, daß Jesus den Petrus als „Wenigglauber" anredet: „warum zweifeltest du?" Wir würden in der Tat mit Jesus viel größere Erfahrungen machen, wenn wir ihm mehr zutrauten. Nur: was wäre uns geholfen, wenn jemand uns unablässig zusetzte: Hab doch einen größeren Glauben!? Jawohl: „Was der Herr kann, kann auch der Jünger, wenn und solange er glaubt, cf. 17,20; 21,22" (Zahn z. St.). Aber der Glaube ist verloren, solange er auf sich selbst reflektiert, also danach fragt, ob er auch stark genug sei, ob er auch durchhalten werde (usw.). Fragt er nämlich so, dann ist er mit *sich* beschäftigt und nicht mit dem Herrn, an den er sich hängt. Selbstverständlich hat theologische Reflexion sich auch mit dem Glauben zu beschäftigen. Aber im gelebten Leben, in der Existenz vor und aus Christus, ist der Glaube selbstvergessen, weil er nur *einen* Blickpunkt hat: Christus. Darum interessiert ihn auch nicht das Wunder als solches.

Der Fortgang der Geschichte bestätigt dies. Der Herr hat befohlen: „Komm her!", und Petrus ist aus dem (noch immer) hin- und hergeworfenen Kahn ausgestiegen, um zu Jesus zu gehen. Aber da kommen die Brecher. Unterwegs zu Jesus „geht"

Petrus „ab". Zwischen dem Wasserschlucken hören wir ihn angstvoll schreien: „Herr, rette mich!" *Jetzt* kommt das Wunder! (Bei den Erweckten von Timor, die nur bis zu den Waden eingesunken den 300 m breiten Strom auf Jesu Befehl hin überquert haben sollen, *fehlt* dieses Wunder!) „Sofort" ergreift ihn Jesus, und sie steigen alle beide ins Schiff. – Man atmet auf. Die Geschichte wäre kein Evangelium, wenn das Gehen auf dem Wasser – mit großem, starkem Glauben, versteht sich – zu den Pflicht- übungen eines Christenmenschen gehörte. Bei Petrus hat es nicht geklappt; bei mir wäre es wahrscheinlich nicht anders. Aber *das* hat sich nicht nur bei Petrus, sondern auch bei uns anderen immer wieder ereignet: Jesus trägt unsern versagenden Glau- ben. Petrus: „Und wenn ich mit dir sterben müßte, so will ich dich nicht verleugnen" (26,35); man weiß, wie es weitergegangen ist. „Herr, ich bin bereit, mit dir ins Ge- fängnis und in den Tod zu gehen." Der Herr hat den Petrus besser unterwiesen: „Der Satan hat euer begehrt … Ich aber habe für dich gebeten, daß dein Glaube nicht auf- höre"·(Luk. 22,33 und 31 f.). Diese Bitte ist ganz gewiß in dem Gebet „auf dem Berge" mit vorgekommen, und der uns zur Rechten Gottes vertritt, setzt sich dafür ein, daß unser brüchiger Glaube in jedem Augenblick neu entsteht.
Es wäre nicht abwegig, wenn sich für Petrus diese große Erfahrung gerade mit seinen Passions- und Ostererfahrungen verbände – sei es, daß sie dort entsprungen, sei es, daß sie darin bestätigt worden ist. Der Mann, der in allen Apostellisten an erster Stelle steht und in Jerusalem eine der „Säulen" war, in der ersten Zeit der maßgebende Mann der dortigen Gemeinde, wird uns nicht als ein Glaubensheros dargestellt. Sein Christsein besteht nicht in dem, was er in sich selbst aufzuweisen hat, sondern darin, daß sein Herr immer wieder die Hand nach ihm ausreckt und nach ihm greift. Der „kleingläubige" Petrus ist im Jüngerkreis „der erste" (10,2). An ihm wird uns vor- geführt, was es überhaupt mit dem Evangelium auf sich hat. Wo alles von Jesus selbst abhängt, kann auch der Versager Apostel sein. Was sollte aus uns werden, wenn es anders wäre?

Letzter Sonntag nach Epiphanias. 2. Mose 3,1–10(11–14)

Ein Stück aus der Vorgeschichte des Auszugs, und zwar deren überlieferungsgeschicht- licher Kern (M. Noth, ATD, S. 19). Daß Mose bei den Midianitern gewesen ist, sogar mit ihnen verschwägert, ist deshalb beachtlich, weil diese später gefürchtete Feinde Israels waren, auch weil „die Erwähnung eines Gottesberges, auf den sich Israel doch erst hin- bewegt" (G. von Rad, ThAT I, S. 182, A. 9) zunächst befremden mag. Über die Proble- matik des „Gottesberges" s. M. Noth, GI, S. 121 ff. und ATD, S. 20f. Daß unsere Ge- schichte am Sinai spielt (E: Horeb), beruht auf einer „gewiß schon sehr alte(n) Gleich- setzung" (Noth).
Exod. 3 ist eine „in stoffgeschichtlicher und literarischer Hinsicht sehr komplizierte Er- zählungseinheit" (von Rad, a. a. O., S. 181) Wir haben es zu tun mit einer „Entdecker- sage" (Mose entdeckt den Wohnsitz Jahwes), einer „Berufungssage" (Mose wird zum Voll- strecker der von Gott inaugurierten Befreiung Israels berufen) und, wenn man so will, mit einem Dokument der gnädigen „Selbstverpflichtung Gottes" gegenüber Israel (Na- mensoffenbarung). Diese drei Textelemente könnten unserer Predigt den Weg weisen.
V. 1: „Mose" durch Voranstellung betont. „Mose verfährt wie die Beduinen. Haben die Tiere die unteren Wiesen abgeweidet, so treibt sie der Hirt auf die oberen ins Gebirge mit ihrem frisch gebliebenen Futter" (Beer z. St.). Bis hierher J. Der Elohist führt den Gottes- berg ein, dem er den (jüngeren) Namen Horeb gibt. – V. 2: ראה ni. ist tt der kultischen Erscheinung. Der „Engel" kommt im folgenden nicht wieder vor; in der Begegnung mit

dem Heiligen weiß man oft nicht, ob man es mit dem „Boten" oder mit Gott selbst zu tun hat. Der Dornbusch (סְנֶה) könnte (etymologisch unzutreffend) später mit „Sinai" in Verbindung gebracht worden sein. Es gibt im vorderen Orient viele Erzählungen von brennenden, doch nicht verbrennenden Bäumen; man hat an das Elmsfeuer gedacht (elektrische Büschelentladung an Turmspitzen o. ä.), es handelt sich m. E. eher um visionäres Erleben. – Mose ist neugierig, aber – V. 5 – er soll fernbleiben und (verbreiteter Brauch in Heiligtümern) die Schuhe ausziehen, denn er steht auf heiligem Boden. – E, der schon in V. 4 b wieder zu Wort kam (Anruf und Antwort), läßt Gott sich als den „Gott der Väter" vorstellen und erzählt, Mose habe spontan, und zwar aus Furcht, das Angesicht vor Gott verhüllt. Mose ist auf eine Offenbarungsstätte Jahwes (E: Gottes) gestoßen. Wir haben es mit einer ätiologischen Kultsage zu tun, die auf folgende Fragen antwortet: 1. Wieso ist auf dem Sinai Gottes Wohnung? 2. Warum zieht man dort die Sandalen aus? (Vielleicht:) 3. Warum heißt dieser Berg Sinai?
Die VV. 7 f. sind wieder jahwistisch, das Folgende (bis V. 15) elohistisch. „Der göttliche Auftrag an Mose ist überlieferungsgeschichtlich und sachlich der eigentliche Kern der ... Geschichte von Moses Aufenthalt im Midianiterlande" (Noth). – V. 7: Gott hat das „Zetergeschrei" (צְעָקָה) der mißhandelten Menschen gehört. – V. 8: Gott ist „herniedergefahren" (wer freut sich nicht an Luthers kräftiger Übersetzung?) – wohltuender Anthropomorphismus (wie etwa Gen. 11,5.7). Für J ist Jahwe selbst der Befreier (anders E in V. 10 b). V. 8 enthält das Landnahmeprogramm; bei Gott ist die Entscheidung darüber, wer Kanaan besitzen wird, schon gefallen.
VV. 9 ff.: Für den Elohisten ist der Name Jahwes erst seit der Mosezeit bekannt. Der Vätergott (Kontinuität!) offenbart sich als der Gott Jahwe. Über die Bedeutung des Jahwenamens s. u. V. 10 f. sind vielleicht Erweiterungen, da sie den glatten Fluß der Erzählung ein wenig stören (Noth). – V. 12: „Die Zusage des ‚Mit-Seins' meint ... ganz konkret die Gegenwart Gottes" (Noth). Der Rest des Verses bietet Schwierigkeiten. Statt „Gott" müßte es „mir" heißen. Was nützt ein „Zeichen", wenn es erst nach der Herausführung gegeben werden kann? Textlücke? – V. 13: Der Name verbürgt die Wirklichkeit. Ist Gott dem Mose tatsächlich begegnet, dann muß er auch seinen Namen offenbart haben.

Wenn wir uns der Auffassung des Elohisten anschließen, finden wir hier ein Ereignis dargestellt, das in der Glaubensgeschichte Israels so etwas wie einen Qualitätssprung bedeutet. Gott gibt seinen Namen kund. Wir sind leicht in der Gefahr, diesen Vorgang zu unterschätzen. Der Name ist nicht nur ein Wort; er erschließt etwas vom Wesen und der Art Gottes. Gibt Gott seinen Namen bekannt, dann macht er sich anrufbar, dann gibt er etwas von sich selbst preis. Wir sind beim Text zum 2. S. n. Epiphanias schon mit diesem Sachverhalt beschäftigt gewesen. Das Verhältnis von Gott und Volk verändert sich, indem Gott seinen Namen nennt. – Inzwischen ist mit dem Kommen Jesu Christi abermals ein heilsgeschichtlicher „Sprung" geschehen. Während Gott sich dem Mose zu erkennen gibt, wie es sonst bei Prophetenvisionen geschieht, ist in Jesus Christus Gott in seiner Inkarnationswirklichkeit unter uns; in der Verklärung (Evg. des Sonntags) erschauen die drei Zeugen das Göttliche im Menschsein Jesu. Die Offenbarung Gottes hat eine ganz neue Qualität bekommen. Ist mit der neuen heilsgeschichtlichen „Stufe" die vorhergehende uninteressant geworden? Der Elohist würde sagen: Jahwe ist kein anderer als der Gott der Väter (V. 13 f.). Die ganze überkommene Gotteserfahrung ist in dem, was sich hier vor unseren Augen ereignet, präsent. Es ist bei der Verklärung Jesu nicht anders: Mose und Elia erscheinen und mit ihnen das Gotteszeugnis des Alten Bundes. Es ist dort und hier derselbe Gott, mit dem wir es zu tun haben. In jeder Begegnung zwischen Gott und uns schwingt die vergangene Heilsgeschichte mit, so wie auch zwischen Menschen in dem je heutigen Geschehen immer das mitinvestiert ist, was diese Menschen bisher miteinander und aneinander erlebt haben. Wir sahen schon früher: auch Zukunft, sofern

sie zugesagt, verheißen, versprochen oder auch absehbar ist, bestimmt den gegenwärtigen Augenblick. Für unsern Text bedeutet dies, daß Gottes Vorhaben (VV. 8.10.
12.14) dem Gespräch zwischen Gott und Mose seinen besonderen Charakter gibt.
Für unsere heutige Gottespredigt dürfte es ein hilfreicher Ausgangspunkt sein, daß
der Anfang der Geschichte so „weltlich" wie nur möglich ist. Daß Jethro, der Schwie-
gervater, midianitischer Priester ist, hat mit der Szene gar nichts zu tun. Mose hütet
Schafe. Nach der bisherigen Lebensgeschichte dieses Mannes ist seine derzeitige Be-
schäftigung ein Verlegenheitsjob. Mit Religion hat, was Mose hier tut, ebensowenig
zu tun wie sein Leben zuvor. Daß die höher gelegenen Weideplätze, auf die er die
Schafe treibt, ihm zum Ort einer Gottesbegegnung werden, ahnt er nicht; er denkt
nur ans bessere Futter. Auch als er den in Flammen stehenden und doch nicht verbrennenden Dornbusch sieht, kommt ihm nicht der Gedanke an Gott. Ein Gott-
sucher? Kein Wort davon. Im Gegenteil, mit Gott ist hier nicht gerechnet: in sich
verschlossene Weltlichkeit, profaner Alltag. – Gott spricht und greift in dieses Leben
hinein, ohne daß es in Mose dafür irgendwelche besonderen Voraussetzungen und An-
knüpfungspunkte gegeben hätte. Auch da, wo einer überhaupt nicht an Gott denkt
und selbst das merkwürdige „Phänomen" (מַרְאָה, V. 3), mit dem Gott ihn aufmerksam macht, nur mit dem Interesse quasi technischer Neugier betrachten will
(herauszukriegen, „warum der Busch nicht verbrennt"), kann Gott sich melden, so
daß sein Leben eine ganz neue Richtung und einen neuen Inhalt bekommt. Daß wir
ein „religionsloses Zeitalter" sind, behaupten wir längst nicht mehr so überzeugt wie
vor wenigen Jahrzehnten. Aber *wenn* wir es sind, wird Gott vor dieser Lage nicht
kapitulieren. Meint jemand in der versammelten Gemeinde, er habe noch keine Gotteserfahrung gemacht: es kann in jedem Augenblick geschehen, wo und wann Gott
will.
Eine Epiphaniegeschichte. Man muß nur sehen, daß der Gott, der sich hier am heiligen Ort zu erkennen gibt, eben nicht nur „erscheint", sondern sofort ein Geschehen in
Bewegung bringt, für das er Mose als Werkzeug braucht. Er will die zu ihm um Hilfe
schreienden Menschen befreien, denn sie sind ja sein Volk. Und er tut es, indem er
seinen Namen kundgibt (wir würden Erhebliches verlieren, wenn wir die eingeklammerten Verse nicht mitläsen) und sich damit zum anrufbaren Gegenüber macht. Man
könnte sagen, der Text rede von Gottes *Erscheinung*, von Gottes *Wirken* und von
Gottes *Wesen*. Wir könnten dasselbe noch etwas mehr in unsere eigene Existenz pro-
jizieren und dann so ansetzen: *Der Unbekannte meldet sich* und zeigt uns (1) *wo er zu
finden ist*, (2) *wie er an uns interessiert ist*, (3) *wie er sich von uns rufen läßt*.

I.

Der Anfang der Perikope ist eine „Entdeckersage". Ähnlich wie einst Jakob (Gen.
28,10ff.) ahnt Mose nicht, daß er sich an heiliger Stätte befindet (V. 5). Gott läßt es
ihn wissen, und er gibt sogar Anweisung, wie in Moses Verhalten – und im Verhalten
derer, die nach ihm hier sein werden – diesem Wissen entsprochen und Rechnung getragen werden soll: „Tritt nicht näher, leg deine Sandalen von den Füßen ab, denn …"
Mose hat einen Ort in der Welt entdeckt, an dem Gott in besonderer Weise gegenwärtig und darum aufsuchbar ist. Hierher, an diesen Gnadenort, werden künftighin
Menschen kommen, um Gott zu finden. – Für Israel, muß man sagen, war diese ätiologische Sage in der Zeit, in der dies aufgeschrieben wurde, nicht mehr von prakti-
scher Bedeutung. Dieses Heiligtum am oberen Rand der Steppe bzw. am Sinai (wo
es gelegen hat, braucht uns nicht zu interessieren) war Israel sowieso nicht mehr er-

reichbar; es bestand also kein Anlaß mehr, seinen Bestand und die dort geübten frommen Bräuche zu legitimieren. Die Kultlegende ist zu einem Bestandteil der Mosegeschichte geworden. Zu einem Vorspiel nur? Sicher nicht. Was von Mose zu berichten ist, geht ja auf die Initiative Gottes zurück. Was daraus wird, wenn Menschen eigenmächtig vorgehen, kann man an 2,11 ff. ablesen; die Befreiung des Gottesvolkes kann nicht Menschenwerk sein. Ist sie Gottes Werk, dann nimmt sie aber eben in Gottes konkreter Offenbarung ihren Anfang. Aus *diesem* Grunde ist dieses Gnadenortes auch jetzt noch zu gedenken, obwohl Israels Lebensraum inzwischen ein ganz anderer geworden ist. In der Erzählung ist das Wissen Israels aufbewahrt, daß, wenn Gott „sich meldet", dies eben nicht irgendwo bzw. zugleich überall geschieht, sondern an bestimmtem Ort.

Zum Hergang haben wir vorhin schon einiges gesagt. Wir finden Mose ganz fern von dem Lande, das nicht nur seiner Herkunft, sondern auch dem Streben seines Herzens und Temperamentes nach der Schauplatz seines Lebens sein müßte. Daß er sich nun in dieser Einsamkeit befindet, „ohne weiteres Programm" (Barth, KD IV/3, S. 662), hätte er sich früher nicht träumen lassen. Ein Mann mit seinen Kenntnissen und Fähigkeiten (so nach späterer Überlieferung: Apg. 7,22), ein Riese unter den Großen der Geschichte, hütet Schafe, während unten am Nil die Not zum Himmel schreit und soviel zu tun wäre. Gott weiß, warum er den Mose dahingebracht hat. Das Weideland ist abgefressen; Mose treibt, nicht ahnend, was es ihm einbringt, sein Vieh in die Bergregion. Da sieht er den brennenden Dornbusch. Ausgerechnet hier soll er den Gott seiner Väter finden und für den großen Auftrag seines Lebens ordiniert werden.

Einige Augenblicke regiert die Neugier des Mose das Geschehen. Etwas, was brennt und doch nicht verbrennt! Der Dornbusch ist für Mose Objekt seines Forscherdranges. Unversehens meldet sich Gott aus dem Busch und wird damit zum Subjekt dessen, was geschieht. Ein Naturschauspiel? Sicher, auch das. Aber eben: aus dem, was Mose zu untersuchen gedachte, redet ihn überraschend – und die Geschehensrichtung total umkehrend – Gott an. „Mose, Mose!" Der Unbekannte kennt seinen Namen. (Von der Bedeutung des Namens wird nachher – unter 3 – noch einiges zu sagen sein.) Ein wichtiges Merkmal aller Gotteserfahrung: Gott kennt mich (Ps. 139; Joh. 1,48; 2,24 f.). Das ist zum Erschrecken, nicht nur für einen Totschläger (2,12). Es ist auch beglückend (Jer. 1,5; Jes. 43,1; Luk. 10,20 b). Fällt mein Name, dann kann ich mich auf jeden Fall nicht unbeteiligt stellen. Tausend Dinge und Menschen lasse ich jeden Tag an mir vorübergehen; spricht mich jemand mit Namen an, bin ich in meiner Existenz betroffen. Hier kann man nur sagen: „Hier bin ich" (V. 4). Wem die Gottesfrage nur eine Denk- oder Wissensfrage ist, Gott also nur Objekt seines Nachdenkens, ist dem wirklichen, dem „lebendigen" Gott noch nicht in den Weg gelaufen. Gott redet uns – namentlich – an. Hier kann ich nur hören und Antwort geben. Ewige (metaphysische) Gotteswahrheit? Nein: lebendiger, geschehender Anruf Gottes!

Zur Geschichtlichkeit der Gottesoffenbarung gehört nun auch ihr Angebundensein an den „heiligen Ort". Metaphysische, sich gleichbleibende, allgemeingültige Wahrheiten sind – wie mathematische Formeln – zeit- und ortslos; sie können nur jederzeit und allerorts angewandt werden. Anders Gottes Selbstkundgabe. Wir haben damit zu rechnen, daß unseren Gemeinden Einsichten solcher Art fremd sind. Anbetung Gottes im Geist und in der Wahrheit – dies scheint die Allzugänglichkeit Gottes zu meinen (Joh. 4,24). Jawohl: nicht Jerusalem oder der Garizim, auch nicht das Heiligtum am Sinai. Aber: Christus ist unser Bethel (Joh. 1,51), und Christus wiederum begegnet uns nicht „freischwebend", sondern in seinem Wort und seinen Sakramenten. Wir erinnern an das, was zu Matth. 4,12–17 (1. S. n. Epiph.) zu sagen war (κατῴκησεν). Es ist wahr: in Gott leben, weben und sind wir (Apg. 17,28). Aber „für uns" ist Gott nur da, wo er sich geben will. Ich würde noch heutigentags zum Sinai pilgern, wenn ich als Christ nicht wüßte, daß Gott nun eben nicht nur dort, auch nicht nur im „Zelt der Begegnung" oder im Tempel von Jerusalem, sondern – weit über das alles hinaus – in der Krippe, im Zimmermannshaus in Nazareth und dann in Kapernaum gewohnt hat und nunmehr dort „für uns" zu finden ist, wo seine Gnadenmittel sind. „Wenn ihr in meiner Rede *bleibt*" (μένειν = wohnen) ... (Joh. 8,31). Getaufte sind mit Christus verwachsen (Röm. 6,5). Kelch und Brot geben Anteil an seinem Blut und Leib (1. Kor. 10,16f.). *Hier* ist für uns der „heilige Boden", das Stück Welt, das Gott erwählt hat, um seinen Namen dort wohnen zu lassen (Deut. 12,5).

Wir sollten uns nicht lange damit aufhalten, die Bräuche des Schuhausziehens und der Verhüllung religionsgeschichtlich zu deuten. „Tritt nicht näher heran!" Wir Protestanten wissen es so genau, daß es keinen heiligen Raum gibt! Schon wahr: der Raum als solcher ist nicht heilig; aber er umschließt das Heilige und dient ihm. Unsere (verbreitete) liturgische Unerzogenheit korrespondiert der theologischen Errungenschaft, daß es für Christen einen Unterschied zwischen sanctum und profanum nicht gebe. Dieser Irrtum reicht tief hinein in die Fundamente; wir haben das Thema anderwärts (z. B. in „Der schmale Weg", S. 370) angesprochen. Das Ausziehen der Sandalen wird im Text von Gott geboten; das Verhüllen des Hauptes ist spontane Reaktion des Mose auf die Begegnung mit dem heiligen Gott. Selbstverständlich machen wir aus beidem kein Gesetz. Aber was in solchen Bräuchen der Ehrfurcht *gemeint* ist, darf bei uns nicht fehlen. Die liturgische Gebärde kann leeres und vielleicht eitles Getue sein; aber abusus non tollit usum. Die Predigt gibt Gelegenheit, der Gemeinde etwas über Haltung und Gestaltung unseres Stehens vor Gott zu sagen und damit über den „Geist der Liturgie" (R. Guardini, Freiburg ⁶1962).

2.

Die Epiphanie wird (von V. 7 an) für Mose zum göttlichen Berufungsakt. Der Gott der Bibel will nicht nur angebetet und gefeiert, vielleicht gar genossen sein, noch viel weniger will er sich selbst – als der allein Selige (1. Tim. 6,15) – genießen. Er ist aus seiner Verborgenheit deshalb hervorgetreten, weil er ein Werk der Befreiung in Gang bringen will. Er zeigt uns, wie er *an uns interessiert* ist, als der Gott der Menschen, die er liebt. So bahnt sich der Exodus an, auf den Israel seitdem zurückgeschaut hat als auf die große grundlegende Gottestat seiner Geschichte (man denke an das „kleine geschichtliche Credo" Deut. 26,5b–9).

Gott wird für sein Volk aktiv. Wir sahen: die spontane Aktivität des Mose für sein Volk hatte nichts erbracht, ja, den eigenmächtigen Befreier so matt gesetzt, daß er in die Einsamkeit mußte. Erklärt sich seine Eigenmächtigkeit daraus, daß er es Gott nicht zutraute, er werde selbst das Seine tun? Fast klingen Gottes Worte so, als habe er einen (im Text nicht ausgesprochenen) Vorwurf des Mose zu entkräften: „Ich habe sehr wohl (Inf. abs.) das Elend meines Volkes in Ägypten gesehen, und das Hilferufen vor seinen Antreibern habe ich gehört, und an seinen Leiden habe ich Anteil genommen" (ידע meint ja viel mehr als ein bloßes Kenntnisnehmen). Gott leidet mit, wenn Menschen von anderen Menschen unterdrückt und ausgebeutet, geschuriegelt und mißhandelt werden. Es scheint, als überhöre er ihr verzweifeltes Schreien (V. 7). Doch, doch – er hat es gehört. Schon ist er „herniedergefahren", um sie zu erretten. Er hat ein großes Programm (V. 8). In seinem Denken und Planen ist alles, was nun kommen soll, schon fertig. Während für uns die zukünftigen Ereignisse noch völlig unberechenbar und dunkel scheinen, so daß uns Verzweiflung packen kann, sieht Gott alles im voraus, was er selbst ins Werk setzen will. Er weiß schon, wie es weitergehen wird! Er sieht das Land, das er den Seinen verspricht, schon vor sich. Es gehört ihnen, obwohl noch nicht einer aus ihrer Mitte auch nur einen Fuß hineingesetzt hat. Das Land der Verheißung: für Israel ist dieses Versprechen Gottes *das* Evangelium. Ins Neutestamentliche übersetzt, würde man an das „Erbe" zu denken haben, von dem 1. Petr. 1,4 spricht. Das Buch Exodus berichtet von der Befreiung aus der Knechtschaft des Pharao und seiner Vögte. Es wird im Neuen Testament um eine Befreiung gehen, die viel mehr ausrichtet: um das Erlösungswerk aus einer letzten, das Ganze unseres Lebens einschließenden Umklammerung, in die wir durch unsere Schuld vor Gott geraten sind und die unser Leben nicht etwa nur im zeitlichen, sondern im ewigen Sinne hoffnungslos gemacht hat. Gemacht *hat* – denn wir leben durch Christus im großen, weiten Horizont der ewigen Gottesliebe. Wir hatten es mit schlimmeren Feinden zu tun, als die „Kanaiter, Hethiter, Amoriter, Peresiter, Heviter und Jebusiter" sind; aber es kann niemand mehr gegen uns sein, seit Gott *für* uns ist.

Es ist theologisch von Bedeutung, daß der Redaktor, der J und E zusammengefügt hat, keinen Widerspruch sieht zwischen V. 8 und V. 10. J: „Ich bin herniedergefahren, daß ich sie errette"; Gott selbst ist der Befreier. E: „Geh hin, ich will dich zum Pharao senden, daß du mein Volk ... aus Ägypten führst"; Gott sendet den Mose, damit er es vollbringe. Wer also rettet: Gott oder Mose? Antwort: Gott durch Mose. Wir werden uns hüten, den großen Prozeß der Weltgeschichte einfach als die Selbstrealisierung des subjektiven Geistes (Gott) im objektiven Geist anzusehen. Der Unterschied zwischen creator und creatura wird von der Bibel streng durchgehalten. Aber Gott bedient sich seiner Geschöpfe – in unserm Falle besonders des Mose – für sein Tun. Er ist die causa efficiens, sie sind die causae instrumentales. Luther hat das schöne Bild von der Larve gebraucht. Kein Theopantismus – aber: universa creatura est larva Dei (WA 40 I, 174). So wird der Mensch Mose – „wer bin ich, daß ich zum Pharao gehe und führe die Israeliten aus Ägypten?" – zu Gottes Werkzeug. „Ich will mit dir sein", sagt Gott. „Die Zusage des ‚Mit-Seins' meint dabei ganz konkret die Gegenwart Gottes" (Noth). Mose wird nie allein sein: nicht, wenn es gilt, die Unterdrückten für den Auszug zu gewinnen; nicht, wenn er vor dem Pharao erscheinen muß, wieder und wieder; nicht, wenn sie, die Ägypter im Rücken, das Schilfmeer vor sich haben werden (usw.). Nicht immer redet es aus dem Dornbusch, aber immer ist Gott zur Stelle.

3.

Als Gott den Mose aus dem Dornbusch anrief, da nannte er den Namen des Mose; seinen eigenen nannte er nicht. Immerhin: er stellte sich vor als der Gott der Väter des Mose (V. 6). Wenn Mose aber dann zu seinen Leuten gehen und sich auf den Gott der Väter berufen wird, so muß er auf die Frage gefaßt sein, wie dieser Gott heiße (V. 13). Man kann darin eine etwas unbeholfene schriftstellerische Überleitung zu dem sehen, was für den Elohisten gewissermaßen auf dem Programm steht: er muß in seinem Werk eine Stelle und in seiner Erzählung einen Anlaß finden, den Jahwenamen in aller Form „einzuführen". – Aber wir werden gut tun, hier nicht nur ein Schreibtischproblem zu sehen. Wer nach dem Namen fragt, fragt – nach der Anschauung der Alten – nach dem Wesen seines Trägers. Auf die hier beschriebene Situation bezogen: „Wenn Gott uns durch dich auffordert, uns auf das Abenteuer dieser Befreiung einzulassen, dann müssen wir wissen, mit wem wir es wagen. Wie viele Götter, wie viele anonyme Mächte sind um uns her, von wieviel Seiten werden wir geängstet und gelockt, gerufen und beunruhigt! Dieser Gott soll seinen Namen sagen und damit zu erkennen geben, was man von ihm zu erwarten hat." – Damit verbindet sich aber sofort noch etwas anderes. Wer den Namen eines Gottes weiß, kann ihn anrufen bzw. heranrufen. Läßt Gott mich seinen Namen wissen, dann gibt er sich in gewissem Maße in meine Hand. Wir haben uns früher schon an zwischenmenschlichen Situationen klargemacht, was das Heraustreten aus der Anonymität für unser Miteinander bedeutet: es gibt kein Versteckspiel mehr; man steht mit seinem Namen zu dem, was man gesagt, getan, zugesagt hat; der Raum des Unverbindlichen ist verlassen; in gewissen Grenzen gestehen wir durch Nennung unseres Namens dem andern zu, daß er über uns verfügen kann. – Nun also: „Wie heißt der Gott, in dessen Namen du kommst?"

Mose wird keinen anderen Gott zu nennen haben als den, den sie eigentlich schon kennen, eben den Gott der Väter. Diese Identität ist von höchster Bedeutung. Hat Mose im Dornbusch diesen Gott als ihm nah erfahren, dann war das ein Wiedererkennen. Die Gotteserfahrung dieser Stunde verbindet sich mit dem, was Mose von früher her weiß oder wissen könnte. Der Schwärmer achtet die Glaubensüberlieferung der Väter gering. Er will die unmittelbare Gotteserfahrung. Die Gotteswahrheit gilt ihm nur für diesen Augenblick. Was nützt ihm, was frühere Generationen geglaubt und bekannt haben? – Bei Mose und überhaupt in der Bibel ist es anders. Wir sahen: es geht nicht um den metaphysischen Gott, der als ruhendes Sein sich immerzu gleichbleibt und *Gegenstand* unserer Gotteserkenntnis ist. Die Bibel redet vom *geschichtlichen* Gott. Geschichtlichkeit ist aber falsch verstanden, wenn man sie als punktuelle Je-Heutigkeit versteht (falls es erlaubt ist, dieses Monsterwort – in Parallele zu großem Vorbild – zu gebrauchen). Was Abraham, Isaak und Jakob mit diesem Gott erlebt haben – gerade der Elohist liebt es, dies in anschaulicher Kleinmalerei zu erzählen –, klingt in der Gottesbegegnung in diesem wie in jedem künftigen Augenblick mit. Es ist wichtig, daß unser Glaube sich an früheren Gotteserfahrungen festhält, wenn man im gegenwärtigen Augenblick nur Nebel sieht. Die an den Ägypterstädten Pithom und Ramses bauen (1,11), sollen nicht vergessen, was den Vätern zugesagt ist. Gott ist nicht ruhendes Sein, aber er ist – *treu*.

Aber nun nennt Gott doch den *Jahwenamen*, mit dem er angerufen werden kann und mit dem Gott zu verstehen gibt, was man von ihm zu erwarten hat. Die Deutung ist schwierig. Es gibt keine weiteren Stellen, die man dazu heranziehen könnte. „Nichts liegt der Etymologie des Jahwenamens ferner als eine Definition des Wesens Jahwes im Sinne einer philosophischen Seinsaussage (LXX: ἐγώ εἰμι ὁ ὤν) etwa als Hinweis auf seine Absolutheit, Aseität o. ä." (von Rad, ThAT I, S. 182). Bedenkt man, daß im Hebräischen י und ו nicht selten alternieren, also einander verwandt sind, dann hört man leicht יהוה als יִהְיֶה; wobei nur zu bedenken ist, daß היה nicht das ruhende Sein, sondern das Dasein, das Sich-Erweisen, das *tätige* Sein meint. Ein Geheimnis bleibt. Wir sahen schon früher: Indem Gott sagt, wer er ist und was man von ihm zu erwarten hat, kann man immer nur wieder auf ihn selbst blicken, seinen Namen aber nicht von irgendwo anders her deuten. Gott macht sich von niemandem abhängig. Er wahrt seine Freiheit. Aber: er bleibt sich selbst treu. Darauf will er angesprochen sein! Der Name ist tatsächlich eine Selbstbindung – in Freiheit. Gott gibt sich in unsere Hand. Jakob gegenüber hat er das noch nicht getan (Gen. 32,30). Aber hier wird „der Jahwename, in dem sich Jahwe – fast möchte man sagen – preisgegeben hatte, allein Israel zu treuen Händen anvertraut. Die Heiden kennen ihn nicht (Ps. 79,6). Er allein barg die Garantie der Nähe und Hilfsbereitschaft Jahwes, und durch ihn hatte Israel die Gewißheit, allezeit das Herz Jahwes erreichen zu können" (von Rad, a. a. O., S. 184). Immerhin: das unbestimmt Schwebende dieses Namens mag uns an eine hier immer noch bestehende Grenze erinnern. Gott wird noch einen anderen Namen annehmen, den Namen über alle Namen (Phil. 2,9): Jesus Christus, der Herr. So, wie er diesen Namen trägt, ist er uns ganz nahe. So ist er auch noch ganz anders „herabgestiegen" (V. 8), um bei uns zu sein. Wer seine Herrlichkeit gesehen hat, kennt damit auch Gottes tiefstes Herz.

Septuagesimä. Luk. 17,7–10

Lukanisches Sondergut, wie auch die beiden folgenden Stücke (VV. 11–19.20f.). Inhaltlich mag mit VV. 5f. ein Zusammenhang bzw. eine Parallelität bestehen: Weder die Größe des Glaubens noch die Leistung kann für den Jünger „der Stützpunkt" sein, „auf den er sich zu stellen hat" (A. Schlatter z. St.). VV. 7–9: das Gleichnis, V. 10: die Deutung. Nach Jeremias (Gl., S. 139) bedeutet ἀχρεῖοι nicht „unnütz", als wären sie faul oder unzuverlässig, sondern „armselig" (Ausdruck der Bescheidenheit). Der Sinai-Syrer läßt das Wort ἀχρεῖοι weg; nach manchen mit Recht, da es den Sinn des Gleichnisses verderbe, nach Schlatter ist jedoch dieser Streichung zu widerstehen, da sie nur ein Nachgeben gegenüber dem in die Kirche eindringenden Verdienstdenken bekunde.
Man wird gut tun, das Gleichnis nicht aus dem Kontext, sondern aus sich heraus zu verstehen, jedenfalls keine thematische Einheit in dem Kapitel zu suchen. So wird sich auch von daher nicht ausmachen lassen, wer angeredet ist: die Apostel (V. 5) oder die Menge oder etwa gar die Pharisäer (mit letzteren beiden Möglichkeiten rechnet Jeremias). Wer angeredet ist, kann sich allein aus dem Inhalt ergeben. – Zur Stellung des Sklaven in Palästina vgl. J. Jeremias, Jerusalem zur Zeit Jesu, Göttingen und Berlin ²1958, bes. I, S. 40; II A, S. 25; II B, S. 185ff. und 217ff., sodann K. H. Rengstorf in ThWNT II, S. 268ff. und Leipoldt-Grundmann, Umwelt des Urchristentums I, S. 186.

Der besonderen Prägung, die der Sonntag Septuagesimä durch sein Evangelium erhalten hat, entspricht dieser Text aufs beste. Uns wird gesagt, daß wir vor Gott keine Ansprüche zu stellen haben. Vollends abwegig ist das Verlangen, Gott müsse je nach der erbrachten Leistung verschieden hohen Lohn zahlen. Lohnt er, so handelt es sich um Gnadenlohn (Schniewind). Im Vergleich zu Matth. 20,1–6a arbeitet unser Text die Absage an alles Äquivalenzdenken noch radikaler heraus, d. h. von den Voraussetzungen her: In Gottes ewigem Reich gibt es keine Tarifordnung. Dort, im Gleichnis von den Arbeitern im Weinberg, war noch zu erkennen, daß die so herausfordernd wirkende Ungerechtigkeit des Weinbergsbesitzers nur die Kehrseite seiner Güte ist (Matth. 20,15). Davon ist in diesem „harten Gleichnis vom Sklaven" (L. Goppelt, ThNT I, S. 174) nicht die Rede. Hier wird nur davon gesprochen, daß wir Sklaven sind, die an ihren Herrn keinerlei Ansprüche zu stellen haben. Evangelium ist dies wahrhaftig nicht! Wohl aber liegt hier, wie gesagt, die Voraussetzung dafür, daß wir das Evangelium richtig verstehen. Man könnte also sagen: Die Pointe des Gleichnisses liegt jenseits seiner Aussage. Das ist homiletisch wichtig. Wir haben ja nicht irgend etwas, sondern gerade das *Evangelium* zu predigen, das in unserm Text noch so wenig sichtbar ist wie die Morgensonne, solange sie hinter dem Horizont verborgen ist. Der Abbau der Lohngesinnung des natürlichen Menschen ist nichts weiter als die Kehrseite der Tatsache, daß Gott nur schenkt. Dieser außerhalb des Textes gelegene

Schwerpunkt seiner Botschaft muß in unsere Überlegungen einbezogen, ja, er muß – eben als Schwerpunkt – gehörig in Ansatz gebracht werden.

Der Stoff des Gleichnisses wird uns etwas peinlich sein. So, wie das Leben der Sklaven hier geschildert wird – wie es scheint, ohne jede Kritik –, werden wir es niemals bejahen und gutheißen können. Wir möchten für die Sklaven (Luthers Übersetzung „Knechte" läßt, worauf es ankommt, nicht hinreichend bewußt werden) Partei ergreifen und es Jesus und den Christuszeugen im ganzen Neuen Testament zum Vorwurf machen, daß sie sich nicht zu Anwälten dieser unglücklichen Menschen gemacht und für ihre Befreiung gekämpft haben. Statt dessen benutzt Jesus die Rechtsstellung des Sklaven als Gleichnisstoff, ohne die Sozialproblematik auch nur mit *einem* Wort kritisch anzugehen. Wir sind über diesen Tatbestand der Gemeinde eine Klarstellung schuldig:

Es ist zunächst darauf hinzuweisen, daß das Werk Jesu seinem Wesen nach in einen ganz anderen Bereich des Lebens gehört. Jesus bringt die βασιλεία τοῦ ϑεοῦ, indem er den Frieden zwischen Gott und uns herstellt und uns damit das Leben in Glaube, Liebe und Hoffnung schenkt. Die äußeren Verhältnisse im gegenwärtigen Äon zu bessern und, soweit immer möglich, in Ordnung zu bringen, ist Aufgabe anderer, aber nicht die seine. Es wäre unsachgemäß, von jedem alles und von jedem dasselbe zu verlangen. Jesu Reich „ist nicht von dieser Welt" (Joh. 18,36). Jesus hat aber viel gesagt und getan, womit er die schlafenden Gewissen geweckt und beunruhigt und der Veränderung des Aufbaues der Gesellschaft auf seine Weise vorgearbeitet hat. Man vergesse nicht: der sich mit den Verachteten und Verfemten seiner Zeit an den Tisch setzte, sich zu ihrem Fürsprecher und Helfer machte, der als „der Zöllner und Sünder Geselle" sich selbst ganz bewußt kompromittierte und damit seine Katastrophe heraufbeschwor, ist nicht ein kritikloser Befürworter des Bestehenden.

Sodann muß man aber folgendes bedenken: Parabeln dürfen weder als Direktaussagen genommen, noch dürfen sie allegorisch verstanden werden. Die Lage des Sklaven ist ja nur Veranschaulichungsmittel (wie z. B. das äußerst fragwürdige Verhalten des „Ökonomen" [16,1–8] von Jesus keineswegs befürwortet, sondern nur als besonders sprechendes Gleichnis für die Klugheit und Zielstrebigkeit dieses Mannes benutzt wird, so auch hier). Jesus redet nicht über das Verhältnis der Menschen untereinander, sondern er redet von unserm Verhältnis zu Gott; dieses (und dieses *allein*) veranschaulicht er an den Gegebenheiten des Sklavenlebens. Und es ist verständlich, daß er das tut, denn das, worauf es ihm diesmal ankommt, läßt sich allerdings an diesem Gleichnisstoff so klar darstellen wie an keinem anderen.

Bleibt noch, ehe wir an die Textbotschaft selbst herangehen, einiges über *das Leben der Sklaven in Palästina* zu sagen. Es gab zu Jesu Zeit in der Tat Sklaven, jüdische, auch heidnische. Ein *Jude* konnte zum Sklaven werden, wenn er gestohlen hatte und nicht in der Lage war, das Gestohlene zurückzuerstatten. Er konnte auch zum Sklaven werden, wenn er hoffnungslos verschuldet war. Sein Hörigkeitsverhältnis konnte bis zu sechs Jahren dauern, im Sabbatjahr war er freizulassen (Exod. 21,2; Deut. 15,12–15.18). Er konnte freilich auch auf die Freilassung verzichten und – im Gegensatz zu dem, was nach Joh. 8,35 die Regel war – lebenslang Sklave bleiben (Exod. 21,5f.; Deut. 15,16f.). Letzteres dürfte selten vorgekommen sein; etwa dann, wenn ein Sklave mit einer nichtisraelitischen (nicht unter das Sabbatjahrgesetz fallenden) Sklavin Kinder hatte und sich von seiner Familie nicht trennen wollte. Es galt dem Juden nicht als ehrenrührig, Sklave zu sein. Entehrende Arbeiten brauchte er nicht zu tun; er brauchte seinem Herrn nicht die Füße zu waschen (vgl. Joh. 13,1ff.), ihm auch nicht die Sandalen an- oder auszuziehen (vgl. Luk. 3,16). Er konnte durch Abzahlung seine Dienstzeit verkürzen, hatte also etwa den Status eines Lohnarbeiters (Lev. 25,40). – Aus dem zuletzt Gesagten wird schon klar, daß der Text den *heidnischen* Sklaven meint, der mit dem Lohnarbeiter nichts gemein hat. Die Zahl der heidnischen Sklaven dürfte nicht groß gewesen sein (Leipoldt/Grdm., a. a. O., S. 186). Trotzdem: „in größerer Zahl" (J. Jeremias, a. a. O., II B, S. 218) treffen wir sie in den vornehmen Häusern Jerusalems an. Sogar in einem christlichen Hause, dem der Maria, der Mutter des Markus, finden wir eine Sklavin mit griechischem Namen (Rhode, Apg. 12,13). Ein Sklave war 20 bis 30 Minen wert (Jeremias gibt a. a. O. S. 219 an: 4000 bis 6000 „Goldmark"). Er war totales Eigentum seines Herrn; auch alles, was sein war, gehörte dem Herrn. Das war schwer genug zu tragen, obwohl auf jüdischem Boden „das Sklavenlos im Ganzen viel menschenwürdiger gewesen (ist) als sonst in der antiken Welt" (Jeremias, S. 221). Übertritt zum Judentum erleichterte das Los des Sklaven kaum, soweit es das Verhältnis zum Herrn betraf. Sofern an den heidnischen Sklaven gedacht war, galt „Sklave" als Schimpfwort, dessen Gebrauch in bezug auf andere mit dem Bann bestraft wurde (vgl. Joh. 8,32 ff.). Soviel zum sozialen Hintergrund.

Wir verzichten diesmal auf eine Gesamtüberschrift – ein Skopus des Ganzen wird sich am Schluß ergeben, aber nicht so, daß man die Einzelaussagen des Gleichnisses ihm subsumieren könnte, sondern so, daß er gewissermaßen die Spitze des fliegenden Pfeils ist. Aber wir können gliedern, etwa so: (1) *Unsere Pflicht – unendlich.* (2) *Unser Anspruch – null.* (3) *Unser Lohn – Gottes Geschenk.*

I.

Es kann uns nur dienlich sein, wenn wir die Härte dieses Gleichnisses empfinden und zunächst ein wenig verprellt sind. Sind wir nämlich – wohlgemerkt: in unserm Verhältnis zu Gott – „armselige Sklaven" (V. 10), dann muß man sagen: *Unsere Pflicht – unendlich.* Nach der Arbeit auf dem Feld oder auf der Weide kommt der Sklave abends ins Haus, aber das Tagewerk geht weiter. Der Text malt uns einen Augenblick lang aus, wie es denn zuginge, wenn die Lage des Sklaven nicht so wäre, wie sie nun einmal ist. Da wäre dem Sklaven inzwischen der Tisch gedeckt – vom Hausherrn natürlich oder von der Hausfrau –, und der Sklave könnte den Feierabend genießen. „Sobald du da bist, streck dich auf das Polster [ἀνάπεσε – man sieht deutlich vor sich, wie er, der Ermüdete, sich fallen lassen und es sich bequem machen könnte]!" Aber dies gibt es ja nicht. Um keinen Zweifel auszuschließen, hat ein Teil der westlichen Textüberlieferung in V. 7 ein μή eingefügt: „wird er ihm *etwa* sagen …?" Natürlich wird das niemand tun! Man muß ja schließlich wissen, wie es in der (damaligen) Welt zugeht! Der Sklave hat kein begrenztes Pensum. Er gehört seinem Herrn ganz. Zunächst hat er diesen zu bedienen, dann kann und soll er an sich selbst denken dürfen.

Sollen wir Christen werden, um *das* zu finden? An anderer Stelle heißt es: „Mein Joch ist sanft, und meine Last ist leicht" (Matth. 11,30). Jetzt scheint es maßlos schwer, zu Jesus zu gehören. Es wäre nur zu fragen: Kommen wir etwa in die hier beschriebene Lage erst dadurch, daß wir Christen werden? Wir sind von vornherein und ungefragt in der Lage, uns Gott ganz und ungeteilt schuldig zu sein. Es verhielte sich anders, wenn wir mit Gott in einem Vertragsverhältnis stünden, in dem Rechte und Pflichten nach beiden Seiten hin präzis abgegrenzt sind. Dann wäre das, was sich zwischen Gott und uns abspielt, eine Art Handel: do ut des. Dann hätte es Sinn, sich zu überlegen, wie weit Gott mit seinen Ansprüchen an uns zu gehen berechtigt ist. Ein Mann wie der Rabbi Jochanaan ben Zakkai hat, wie man bei Grundmann (z. St.) lesen kann, etwas davon gewußt: „Wenn du viel Tora ausgeübt hast, dann tu dir darauf nichts zugute, denn dazu wurdest du geschaffen" (Mischnatraktat Pirqē Abot II,8). Jüdische Durchschnittsfrömmigkeit, mit der Jesus sich hier auseinandersetzt, dachte anders. Die Vertreter jüdischer Gesetzlichkeit in Jesu Umwelt haben das Maß der Verpflichtungen, die der Fromme Gott gegenüber zu erfüllen hat, sehr hoch gesetzt, viel höher, als es unseren Auffassungen im praktischen Leben entsprechen würde. Das ganze Leben reglementiert! Für nahezu jede Situation ein Gebot bzw. eine Ausführungsbestimmung zum Gebot! Und doch: man dachte im Schema eines bestimmten Pflichtenquantums. Ist dies erfüllt, dann kann man vor Gott hintreten und ihm melden, daß man seine Pflicht getan hat. Der Arbeitszettel gibt darüber Auskunft daß der Mann getan hat, was ihm aufgetragen war.

Aber genau hier kommen wir in die Brüche. Wir stehen mit Gott gar nicht in einem solchen Vertrag auf Gegenseitigkeit. Wir schulden ihm auch nicht nur dies und das, so daß man an einem bestimmten Punkte sagen könnte: Pensum erfüllt. Wir schulden ihm *uns selbst*. Paulus hat – nun allerdings eindeutig auf dem Boden des *Evangeliums* – den Unterschied zwischen einem quantitierenden Denken und einer Ethik der totalen Hingabe schön herausgestellt: Es gibt Lebensbereiche, in denen man seiner Schuldigkeit auf Heller und Pfennig gerecht werden kann und soll, aber wo es um die Liebe geht, da bleibt man immer Schuldner (Röm. 13,8). Gott gegenüber sind wir nie fertig. Unsere Pflichten den Menschen gegenüber sind begrenzt, weil wir im Ensemble der menschlichen Aktivitäten und Beziehungen von ihnen nur partiell abhängig sind. Von Gott sind wir „schlechthin abhängig". „Wer hat ihm etwas zuvor gegeben, daß ihm werde wiedervergolten?" (Röm. 11,35 nach Hiob 41,3). Haben wir uns selbst und alles, was wir haben, von Gott empfangen, dann befinden wir uns ihm gegenüber nicht in einem Verhältnis der Wechselseitigkeit, das es erlaubte, eine Pflichtenlimitation auszuhandeln. Wer der Mächtigste und Höchste ist, der darf am meisten Respekt und Gehorsam verlangen. Auf wen man am meisten angewiesen ist, dem ist man am meisten verpflichtet. Wem man am meisten verdankt, dem schuldet man am meisten. (Wir denken mehr und mehr auf das Evangelium zu:) Wer sich am meisten für uns eingesetzt und am meisten für uns geopfert hat, der hat Anrecht auf die willigsten und die treusten Nachfolger.

Hätten wir nicht zu bedenken, daß das im Text Gesagte nur die Kehrseite des Evangeliums ist, d. h. den Ort bezeichnet, an dem durch Gottes gnädiges Wunder unsere Existenz einen ganz neuen Grund bekommt, dann könnten wir aufgrund dieses Gleichnisses nur bitter werden und resignieren. Soll denn wirklich die ganze Unmenschlichkeit der Sklavenhaltergesellschaft das Beispiel sein, an dem wir uns unsere Lage vor Gott klarmachen? Soll der Mensch Gottes der – nun nicht einmal nur von Menschen, sondern – von Gott selbst ausgebeutete Arbeitssklave sein? Sollte der, der sich Vater nennen läßt, uns nicht darin mit dem guten Beispiel vorangehen, daß er als erster für Menschlichkeit sorgt? Nicht *einen* Augenblick sollten wir zögern, dies geltend zu machen – nicht im Sinne einer Forderung, sondern als die Erfahrung, die wir mit unserm Gott gemacht haben –, wenn nicht eben damit die Pointe des Gleichnisses zunichte würde. Jesus will ja – so sehr er sich für uns, die Sünder, einsetzt – nicht darauf hinaus, das Recht, das Gott an uns hat, zu mindern. Er will, daß Gott auf eine ganz neue und viel umfassendere Weise bei uns zu seinem Recht kommt. Dazu muß aber erst das Denken in herkömmlichen Maßstäben ad absurdum geführt werden. Nicht das ist, wenn es um die Rettung des Sünders geht, die Lösung, daß man sagt: Nehmt's mit Gott nicht so wichtig – er verlangt ja gar nicht so viel, wie ihr denkt, er hat ja

auch gar nicht so viel Recht an euch. Jesus ist, so könnte man auch sagen, nicht gekommen, das Gesetz aufzulösen, sondern zu erfüllen (Matth. 5,17). Gott über alle
Dinge fürchten, lieben und vertrauen: darin liegt, daß Gott uns – bis in die tiefsten
Regungen unseres Herzens hinein – total beanspruchen kann und dies auch tut.
Gott hat also das uneingeschränkte Recht auf seine Geschöpfe. Konkret: Ihm gehört
unser Denken, Reden, Wollen, Tun; auch unser Nicht-Tun, wo etwa der Gehorsam
im Sich-Versagen besteht; auch unser Leiden, wo es uns auferlegt wird. Ihm gehört
unsere Zeit, unsere Kraft, ihm gehören unsere Gaben und Fähigkeiten, unser Eigentum, auch das Geld. Es wäre völlig abwegig, wollte man darin eine totale Verkirchlichung unseres Lebens begründet sehen. Der Alltag gehört Gott genauso wie der
Sonntag, unser Arbeiten nicht weniger als unser Beten. (Wer hier einen Widerspruch
zu der in der vorangehenden Auslegung unterstrichenen Unterscheidung zwischen
sanctum und profanum sähe, hätte sich in den Kategorien total vergriffen.) Der Ge-
setzesmensch, der seine Taten registriert und bewertet und meint, Gott müsse sich
auf ein solches quantitierendes und limitierendes Denken einlassen, verkennt seine
Lage vor Gott.

2.

Das Gleichnis geht aber noch weiter. Wir fassen VV. 9f. so zusammen: *Unser Anspruch – null.* Wer seine Leistung vor Gott quantitativ festlegt und begrenzt, der
wird unweigerlich auch seinen Lohnanspruch geltend machen. Im Alltagsleben, im
Bereich der iustitia civilis, ist dies nicht mehr als eine Selbstverständlichkeit. Mehr
noch: der Benachteiligte, weil ungerecht Entlohnte, der Ausgenutzte und Ausgebeutete wird um sein Recht kämpfen. Darüber hinaus dürfen wir es nicht nur gelten
lassen, sondern sollten uns sogar bemühen, dem, der unsern Dank verdient, diesen
Dank nicht schuldig zu bleiben. Dies ist nicht nur – als Gesittung – eine kulturelle
Angelegenheit, sondern eine Sache der Einstellung des Glaubens zu den Menschen und
zu Gott. Wir werden nicht nur in *anderen* Predigten davon zu sprechen haben, sondern auch in *dieser* Predigt ein diesbezügliches Mißverständnis abwehren. Um so
deutlicher aber muß herauskommen, daß alles Lohn- und Verdienstdenken *vor
Gott* unangebracht ist.
V. 10 geht von einer irrealen Situation aus. Wer hat denn alles getan, was ihm befohlen ist? Wo gibt es diesen Menschen? Schien uns schon die Situation des Sklaven
ein Extremfall zu sein, an dem sich allerdings das, worauf es ankommt, in unvergleichlicher Weise deutlich machen ließ: so ist auch nunmehr – mathematisch gesprochen – eine Grenzlage benutzt, um zu demonstrieren, wie es mit unseren Lohn-
ansprüchen steht. Nehmen wir also den für ein Lohndenken günstigsten Fall an: es
hätte jemand (man bedenke: auf dem Hintergrund dessen, was die VV. 7f. erbrachten!) alles getan, was er zu tun schuldig ist. Auch dann müßte man sagen: Ein Lohnanspruch wäre geradezu absurd, denn als Leibeigene Gottes könnten wir zu Fordernden werden nur, indem wir unser Angewiesensein und darum auch unser Verpflich-
tetsein ihm gegenüber verleugnen. In V. 10 steht übrigens: $\dot{\omega}\varphi\epsilon i\lambda o\mu\epsilon\nu$ – hier wird
unsere Verpflichtung in sehr sprechender Weise mit der Lage eines Schuldners ver-
glichen; es läge also eine Vorleistung Gottes vor, der gegenüber wir im Rückstand
sind. Damit wird das Sklavengleichnis an einer nicht unwesentlichen Stelle durch-
löchert.
Es wird uns hier alles Denken in Lohn und Verdienst ausgetrieben. In welchem Maße
auch immer wir dem, was Gott verlangen kann, gerecht geworden sind: zu fordern

haben wir nichts. Auch die außerordentlichste Leistung wäre eben das, was sowieso erwartet werden muß. Die vielen Einsen, die ein Kind nach Hause bringt, sind nicht Anlaß, das Kind zu rühmen; noch weniger dafür, daß das Kind Ansprüche anmeldet. Wer Einsen hat, hat bewiesen, daß er es konnte; und wer es kann, ist dazu auch verpflichtet. (Damit soll nichts gegen das pädagogisch wohldosierte ermutigende Lob und die das Kind motivierende Mitfreude am Erfolg gesagt sein, deren Fehlen ein Mangel an Herz wäre und auf das Kind lähmend wirken müßte.) Man wird auch nicht bei Versagern und Verschuldungen sich damit trösten können, daß man den Mangel ausgleichen werde. Es ist gut, sich vorzunehmen, daß es morgen besser werden soll; aber damit ist der Schaden von heute nicht zu beheben. Die seit dem „Hirten des Hermas" immer wieder auftauchende Lehre von den opera supererogationis könnte vor diesem Text nicht verantwortet werden.

3.

Trotzdem dürfen wir – über diesen Text hinaus (s. o.) – abrunden: *Unser Lohn – Gottes Geschenk.* Das Gleichnis hat ja nicht die Absicht, uns damit vor den Kopf zu schlagen, daß uns gesagt wird, wir befänden uns in der trostlosen Situation von Sklaven. Wohl soll uns deutlich gemacht werden, wie groß das Recht Gottes an uns ist. Wohl sollen wir es uns abgewöhnen, nach Dank und Lohn zu fragen. Es soll sich kein Fleisch rühmen (1. Kor. 1,29). Aber wir dürfen uns wirklich des Herrn rühmen (1. Kor. 1,31). Es ist geradezu ein Aufatmen, wenn man sich von dem Denken in „Pflicht" und „Anspruch" erlöst findet. Von den Berechnungen, deren Stichhaltigkeit hier so gründlich zunichte gemacht werden, sollen wir ja gerade loskommen. Daß wir heimlich doch noch immer mit unserem ewigen Soll und Haben beschäftigt sind, eben das macht uns unfrei. Wir zerreiben uns aneinander, weil wir den V. 10 nicht gelten lassen wollen, in einem verbissenen Kampf um den Erfolg – armer Mensch, dem er versagt bleibt –; in der Konkurrenz, die uns nicht nur zu Rivalen, sondern oft zu Gegnern macht – schlimm, wenn einer zurückbleiben muß –; in der Verteidigung unseres Ansehens und unserer Ehrenstellungen – weh dem, der zum Mauerblümchen wird. Der Erfolgszwang macht uns befangen und unfrei. Die Punktüberlegenheit des andern wurmt uns. Wir fangen an, nach Gründen dafür zu suchen, wieso der andere uns voraus sein kann, wieso wir ihm gegenüber ins Hintertreffen geraten mußten; und schon melden sich die bösen Gedanken, die ihn, den anderen, herabsetzen, verdächtigen und verurteilen, und die anderen, mit denen wir uns entschuldigen, bemitleiden, moralisch auf- und überwerten und uns – vielleicht – unserer Umwelt unerträglich machen. Alles bloß deshalb, weil wir es nicht über uns bringen, uns als die „armseligen Sklaven" anzusehen. So hart das Gleichnis klingt: es könnte sich der Krampf lösen, wenn wir begreifen wollten, was uns hier *angeboten* wird.
So seltsam es klingen mag: Wer sich dieses Gleichnis vom „armseligen Sklaven" gesagt sein läßt, der hat die Chance, im Glauben aus dem Sklaven zum *Sohn* zu werden. Besser: Gerade darin, daß wir uns als die zu Söhnen Angenommenen entdecken, wird uns deutlich, daß wir, ohne das Evangelium, von Hause aus, eben vor Gott Sklaven sind. Das Gesetz hat uns zu Sklaven gemacht. Im Gleichnis wird das Gesetz gerade dadurch überwunden, daß es ganz ernst genommen wird. Im Glauben sind wir nun aber wirklich Gottes *Kinder* (Gal. 3,26; vgl. Röm. 8,14.16 u. a.). Gerade als Glaubende leben wir ganz aus Gott und ganz für Gott. Gerade indem wir es uns nicht mehr einfallen lassen, auf Lohn zu spekulieren, werden wir belohnt – nicht für Geleistetes, sondern geschenkweise. Gott kommt nirgendwo so eindeutig zu seinem

Rechte wie da, wo sich ein Mensch in ganzem kindlichen Vertrauen auf Christus in des Vaters Hände gibt und ihm absichtslos, ohne alle Berechnungen und Bedingungen dient. Wo man von dieser Freiheit und Hingabe weiß, da kann man sich auch getrost und ohne Bedenken „Sklave Jesu Christi" nennen (Röm. 1,1; 1. Kor. 3,5; Phil. 1,1; Tit. 1,1; 2. Petr. 1,1; Jak. 1,1). Es geschieht dann das kaum Begreifliche, daß nicht irgendwer, sondern gerade der Herr, wenn er zu den Seinen kommt, sich aufschürzen und sie zu Tisch setzen und zu ihnen treten und ihnen dienen wird (12,37). Hat der Herr vergessen, daß er zu solchen kommt, die *ihm* zu dienen schuldig wären? Nein – in dem genannten Vers besteht kein Zweifel darüber. Wäre es nicht von Anfang an klar gewesen, spätestens jetzt müßten wir begriffen haben, daß dieses Gleichnis in Wahrheit denen, die im Text – nach den damaligen Verhältnissen – als „Sklaven" bezeichnet werden, die *Freiheit* verkündigt. Das ist die „Spitze", in die die Predigt auslaufen wird: *Solche „Sklaven" haben es gut!*

Sexagesimä. Mark. 4,26–29

Markinisches Sondergut. Matthäus und Lukas haben also wohl einen Markus vor sich gehabt, der sich von dem unseren hier und da unterschied. Im Falle unseres Textes kann man freilich fragen, ob sie dieses Gleichnis ausgelassen haben, weil es in den anderen Ackerbaugleichnissen schon mitenthalten schien. So ist R. Ottos Versuch bedenkenswert, in den VV. 26–29 die Fortsetzung von VV. 3–8 zu sehen, womit auch das (am Anfang eines Stückes nicht zu erwartende) οὔτως erklärt wäre (Reich Gottes und Menschensohn, [3]1954, S. 91).

Lohmeyer (der VV. 26–29 mit VV. 30–32 zu einem Gleichnispaar zusammenschließen will) weist auf den kunstvollen Bau: „... drei Sätze, jeder wieder in drei Zeilen gegliedert, nur der einleitende Satz, der ganz allgemein den Anfang einer Parabel gibt, hat zwei Zeilen"; sodann auf heterogene Vorstellungen und sprachliche Elemente (Aramäisches, Koine-Griechisches, Latinisierendes, s. u.). J. Jeremias: Ein Kontrastgleichnis (wie VV. 30–32; Matth. 13,33; auch Mark. 4,3–8, wenn man die „eschatologische Spitze" nicht verfehlt), das es auf das Vorher-Nachher abgesehen hat.

In V. 26 ist das Säen nur Ausgangspunkt, nicht betont, „so daß nach der Person des Säemanns nicht gefragt werden darf" (W. G. Kümmel, Verheißung und Erfüllung, 1967, S. 120). ὡς in den besten Hss. ohne ἐάν, aber mit Konjunktiv; dies ist nur in der Koine möglich. βάλῃ leicht abwertend (achtlos hinwerfen). – V. 27: Beachte die dem Aorist βάλῃ folgenden Praesentia, „die die Untätigkeit ausmalen" (Jeremias). „Nacht und Tag" ist palästinensisch gedacht; der Tag beginnt mit dem Abend (Gen. 1,5), so daß man nach dessen Einbruch „gestern" sagt, wo wir „heute" sagen würden (Joh. 4,52), und das Schlafen vor dem Wachen kommt (Ps. 3,6). ὡς οὐκ οἶδεν αὐτός entspricht: dum nescit ille (ὡς nicht Modal-, sondern Temporalpartikel); so erklärt sich (nach Lohmeyer) auch das auffällige αὐτός, das im Griechischen überflüssig ist, im Lateinischen jedoch eine fast notwendige Rückverweisung darstellt (Markusevangelium in Rom geschrieben?). – V. 28: εἶτεν eine ursprünglich jonische Form für εἶτα. Der nach den Akkusativen überraschende Nominativ ist dem πλήρης angeglichen, das an einigen Stellen indeklinabel gebraucht wird. Die sprachliche Wirkung ist eindrucksvoll: „Von selbst bringt die Erde die Frucht hervor: erst (den) Halm, dann (die) Ähre, – (und) dann (steht auf dem Feld) volles Korn in der Ähre!" Der „Kontrast" kommt auf diese Weise schön heraus. – V. 29: παραδιδόναι hier in der seltenen Bedeutung „zugeben", „erlauben" (Bauer, WB unter 4). Ernte ist stehendes Bild für die Endzeit (Jeremias, Gl., S. 98) – man denke an Matth. 9,37ff.; Luk. 10,2; Joh. 4,35f.; speziell für das Gericht (Schniewind z. St.) – hierzu Matth. 3,12; Luk. 3,17; Gal. 6,7f.; Offb. 14,15f. Unsere Stelle bezieht sich wörtlich auf Joel 4,13.

Es ist ein Anlaß zum Aufatmen, daß PTO das Gleichnis aus einem Zwangs- und Ver-
legenheits-„Sitz" am Erntedankfest (vgl. „Der rechte Weinstock", S. 347) befreit
hat. Die sachliche Nähe zum Evangelium des Sonntags Sexagesimä hilft zum Verständnis, während die frühere Plazierung einem falschen Verständnis Vorschub
leisten mußte. Dennoch werden wir es schwer haben, das rechte Verständnis zu finden. „Die Besinnung auf die Botschaft des Textes kann hier weniger als irgendwo auf
sicheren Ergebnissen der wissenschaftlichen Auslegung aufbauen. Die Deutung des
Gleichnisses ist bis heute unentschieden; fast jeder Ausleger kommt auf ein anderes
Ziel hinaus" (M. Doerne, Siehe, ich sende euch, 1935, S. 48). Einige zweifelhafte
bzw. verzweifelte Versuche des Verstehens seien zum Zwecke kritischer Orientierung
bzw. zur Abschreckung skizzenartig aufgeführt (ausführlich: G. Harder, Das Gleichnis von der selbstwachsenden Saat, Theologia viatorum 1948/49, S. 53–60):
a) Die christliche Kirche wächst, während der Herr abwesend ist, bis zur Vollendung.
b) Der Gottesreichsprophet hat ein felsenfestes Vertrauen zu seinem Ideal (Jülicher).
c) Halm, Frucht und Ähre sind Entwicklungsstufen des Reiches Gottes auf Erden.
d) Das Gleichnis veranschaulicht Goethes Weisheit: Mein Acker ist die Zeit (Well-
hausen).
e) Wie der Säemann, so verhält Gott sich zwischen Saat und Ernte in bezug auf seine
„Saat" passiv.
f) Der Mensch hat eine unerläßliche Rolle zu spielen in der Sicherung des Triumphes
der Sache Gottes.
g) In der Wachstümlichkeit der Saat stellt sich die „selbsteigene sittliche Tätigkeit
der Reichsgenossen behufs der Verwirklichung des „Reichs" dar.
Genug davon! Man sieht, wie schwer das Hören ist. Es muß einem bange werden,
ob man es besser trifft. Halten wir uns an Lohmeyers Mahnung, den Sinn des Gleichnisses nicht außerhalb seiner Worte zu suchen, sondern nur *in* ihnen.
Wir haben es nach Jeremias mit einem Kontrastgleichnis zu tun, ähnlich dem vom
Senfkorn und Sauerteig und dem vom Säemann. Kontrast: hier interessiert das An-
fangs- und das Endstadium, nicht, was dazwischen geschieht. Der Mensch der Bibel
denkt nicht wie wir, im Sinne des Wachstums. „Der moderne Mensch geht übers
Ackerfeld und blickt nach unten und sieht eine biologische Entwicklung. Die Männer
der Bibel gehen über das gleiche Ackerfeld und blicken nach oben und sehen ein
Gotteswunder nach dem anderen, lauter Auferweckungen aus dem Tode. ... Ihr Sinn:
mit derselben Wundermacht läßt Gott aus den kümmerlichsten Anfängen" (so
Senfkorn und Sauerteig), „aus der armseligen Schar der Jünger Jesu, aus dem Nichts
seine Königsherrschaft wachsen" (Jeremias zu Mark. 4,30–32). Ähnlich nun auch
hier. Es sind – im Rahmen dieses Kontrastschemas – freilich einige Besonderheiten
eben gerade dieses Gleichnisses zu beachten. Ich würde sie in den Stellen sehen: *ὡς
οὐκ οἶδεν αὐτός* (V. 27), *αὐτομάτη* (V. 28), *εὐθὺς ... ὁ θερισμός* (V. 29). Man kann
widersprechen: Die Parabel kennt nur *einen* Vergleichspunkt; wer so auseinander-
faltet, wie sich dies eben anbahnen will, verstößt gegen ihr Aufbaugesetz. Der bloße
Kontrast würde dann die Minimalaussage ergeben: Es kommt bestimmt zur Ernte,
obwohl inzwischen gar nichts passiert. Aber Bildhälfte und Sachhälfte sind hier einander näher als in der Parabel reinen Typs. Also haben wir eine Allegorie vor uns?
Keineswegs! So nahe auch Bild und Sache einander sind, wir kämen mit einer alle-
gorischen Deutung nur in die Brüche. Das Gleichnis lebt davon, daß, der „das Gedeihen gibt" (1. Kor. 3,6), mit Jeremias zu sprechen: der die „Auferweckung" bewirkt, *ein anderer* ist als der Säende und Erntende. Wechselt man in die Sachhälfte
über, dann ist „Ernte" stehendes Bild für Gottes eschatologisches Handeln; somit

wäre, der es wachsen läßt und der es einbringt, gerade derselbe: Gott. Der „Kontrast" ist ja aber eben deshalb so wichtig, weil er auf das – nicht dargestellte – „Zwischen" hinweist, in dem Gottes verborgenes Handeln geschieht.

So werden wir denn – allgemein gesagt – von dem „Wunderhandeln Gottes" zu reden haben, „das einen kleinen Anfang setzt und ein großes Ende schafft und dem menschlichen Zugriff entzogen ist" (Grdm. z. St.). Näherhin: „Die Gottesherrschaft kommt sicher, ohne daß wir es verhindern oder beschleunigen könnten, und die Verborgenheit ihrer gegenwärtigen Wirklichkeit darf diese Gewißheit nicht gefährden" (W. G. Kümmel, a. a. O., S. 122). Von daher könnten wir es mit folgendem Aufriß versuchen: *Die Herrschaft Gottes kommt gewiß! Ihr Kommen ist* (1) *nicht zu beobachten*, (2) *nicht zu „machen", (3) nicht aufzuhalten.*

I.

Fragt man sich, in welche Richtung hier gesprochen, auf welche Frage hier geantwortet, welchem Zweifel und welcher Anfechtung hier begegnet ist: dann dürfte es doch wohl dies sein, daß die Leute Jesu ungewiß sind, ob das jemals eintreten wird, was Jesus predigt und was sie darum mit Jesus verbunden hat und was deshalb auch für ihr eigenes Leben und Wirken die Perspektive bestimmen soll. Ob Gott sich je dieser Welt annehmen, ob er zu ihr kommen, ob er sich – „Reich Gottes" – in ihr durchsetzen wird? Man könnte den „Kontrast" zunächst einfach darin sehen, daß das, was Jesus von Gott, seinem Kommen, seinem Angebot und seinen Verheißungen predigt, in der Welt so wenig Resonanz findet und sich als kaum effektiv erweist. Das Gleichnis vom viererlei Acker (Evangelium des Sonntags) muß, trotz seines ganz stark positiven Ausgangs (V. 8), die erheblichen Verlustquoten registrieren. Die Menschen verschließen sich. Die Mächte dieser Welt – die sichtbaren und die unsichtbaren – leisten Widerstand. Bei allem Zulauf, den Jesus findet (3,7f. u. ö.), werden doch auch die Gegenkräfte spürbar (3,6; 6,1–6; 8,31ff. u. ö.), je länger, desto mehr. Jesus geht auf die Passion zu. Soll das das Kommen des Reiches Gottes sein? – Der Prediger hat es nicht schwer, diese Fragestellung unter uns selbst wiederzufinden. Ein Klagelied über leere Kirchenbänke wäre die kleinlichste und mieseste Art, das Thema zu variieren und zu exemplifizieren. Bedrückende Erfahrung: Gott kommt mit dem Aufgebot seiner ganzen Liebe („die geliebte Welt"!) an die gegen ihn verschlossene Welt nicht heran, sie denkt ihre eigenen Gedanken, geht ihre eigenen Wege, sucht sich ihr Heil ohne ihn, verschließt sich gegen ihn mehr und mehr. Die Welt? Wir haben zuallererst nicht an die Enttäuschungen zu denken, die wir mit Gott erleben, sondern an die, die Gott von uns erleidet. Gott kommt mit uns nicht voran. Jesu ganzes Werk scheint von vornherein auf die große Frustration angelegt zu sein.

Jesus: Doch, es kommt zur Frucht – dreißigfältig, sechzigfältig, hundertfältig (V. 8). Mit unserm Gleichnis gesprochen: Die Herrschaft Gottes kommt gewiß – was Jesus begonnen hat, wirkt weiter „mit derselben Naturnotwendigkeit und Unwiderstehlichkeit, ... die dem Wachstum des in die Erde gesenkten Saatkorns innewohnt" (Doerne, a. a. O., S. 48). Das Gleichnis will von seinem Ende her verstanden sein (Harder a. a. O.; E. Jüngel, Paulus und Jesus, [3]1967, S. 149); diese Einsicht soll uns davor bewahren, das Doerne-Zitat evolutionistisch mißzuverstehen. Wir behalten im Gedächtnis, was Jeremias von dem – übergangslosen – Kontrast gesagt hat. Für den biblischen Menschen hat nicht die Saat die Zukunftsgarantie in sich, sondern die Ernte verbürgt der Gott, der dort, wo nichts ist als Verkommen und Auflösung, neues Leben „auferweckt". Jede Ernte ein Gotteswunder. So auch das Kommen des Reichs.

Wir müssen uns vor Augen halten, daß das Gleichnis für uns nicht so unmittelbar überzeugend wirkt wie für die ersten Hörer. Wir sagten, das Kommen des Reichs entziehe sich unserer Beobachtung. Dann paßt das Gleichnis für uns nicht mehr gut zur gemeinten Sache. Wir kennen die biologischen Vorgänge. Wir würden nicht von Auferweckung reden, weil wir wissen, daß der Keim im Saatkorn gerade *nicht* stirbt, sondern die Kontinuität des Lebens bewirkt (so muß auch der Vergleich 1. Kor. 15,37 von seiner Absicht her ausgelegt werden). Wir kennen die Gesetzmäßigkeiten der Zellteilung, des Stoffwechsels, der Fortpflanzung und Vererbung. All dies weiß man zu Jesu Zeiten nicht so wie wir. Für Jesus und seine Zeitgenossen ist das, was sich zwischen Saat und Ernte vollzieht – also das „Zwischen" des Kontrastes, wie wir sagten –, das reine *Wunder*. Der Bauer „weiß es nicht" (V. 27). *Daß* es wächst, weiß er natürlich. Aber wie „solches zugeht" (Joh. 3,9), das weiß er nicht. Er hat nur gesät; es scheint Absicht zu sein, daß seine Tätigkeit als etwas beinahe Belangloses hingestellt wird: er hat den Samen „hingeworfen" aufs Land. Es soll ja nicht der Eindruck entstehen, als sei die Realisierung der Gottesherrschaft eine Sache menschlicher Aktivität, Einsicht und Weisheit. Nicht der Bauer bringt die Ernte hervor; die *Erde* tut es, ohne ihn. „Er, er weiß es nicht" (Wiedergabe bei Lohmeyer). Nur mit *dieser* Akzentsetzung dürfen wir das Gleichnis verwenden, wenn wir es im Sinne Jesu verstehen wollen. (Daß Gott es ist, der „das Gedeihen gibt", 1. Kor. 3,6, wird selbstverständlich durch unser biologisches Wissen nicht in Frage gestellt oder geschmälert. Gott wirkt nicht in den Lücken, sondern im Ganzen. Und auch was uns biologisch durchschaubar ist, ist schöpfungstheologisch gesehen nach wie vor Geheimnis. Doch wir haben jetzt nicht über Saat und Ernte zu sprechen, sondern über das, was das Gleichnis *meint*.)

Verfolgen, kontrollieren, uns verständlich machen können wir Vorgänge unserer sichtbaren Welt. Was Jesus mit dem Kontrastgleichnis darstellen will, ist gerade das nicht zu unserer Welt Gehörige, also auch von uns nicht Nachvollziehbare. Das Reich Gottes ist „von oben" her. Es ergibt sich nicht aus dem Spiel der kreatürlichen Kräfte und aus den Entwicklungen der Menschengeschichte. So muß sein Kommen für uns Geheimnis sein. Es ist ja eben Sache des Gottes, den kein Mensch sehen kann. Es ist eschatische Wirklichkeit, auch in seinem – noch immer verborgenen – Gegenwärtigsein. „Das Reich Gottes kommt nicht so, daß man's mit Augen sehen kann, man wird auch nicht sagen: Sieh hier! oder: da!" (Luk. 17,20f.). Es entzieht sich menschlichem Begreifen, Berechnen, Erklären. Man soll nicht sagen, daß, wo viel „Religion" ist, das Reich Gottes in größter Realität und Dichte vorhanden sein müßte. Und man behaupte auch nicht das Gegenteil. Auch wenn Gottes Reich in unserm Bewußtsein keinen Platz hätte, es würde dennoch wachsen, wie die Saat eben auch dann wachsen würde, wenn der Bauer nicht daran dächte. Was wir sagen, ist vereinseitigt und überschärft. Wir haben diesmal nicht von der personalen Seite des Reichs-Gottes-Geschehens gesprochen. Es liegt uns fern, die Bedeutung des Glaubens – und d. h. in der Regel: des bewußten, des unser „Herz" erfüllenden Glaubens – gering zu achten. Dennoch müssen wir jetzt tatsächlich einmal ganz einseitig von der Aktivität Gottes sprechen. „Gottes Reich kommt wohl ohne unser Gebet von sich selbst" (so wahr wir dann doch in diesem Gebet bitten, „daß es auch zu uns komme"). Gott macht sich in seinem Tun nicht davon abhängig, ob wir davon „Notiz nehmen" oder nicht (auch so könnte man das οἶδεν übersetzen). Gott wird doch nicht dadurch ausgeschaltet oder lahmgelegt, daß wir ihn ignorieren. Gottes Reich kommt, auch wenn wir nicht zu sagen vermögen, wieso. Kann sein, wir sind nicht dabei. Aber auch wenn wir nicht wollen, kapituliert Gott nicht. Wie die Erde das Ihre tut, ohne daß wir in den Vorgang eingeschaltet sind, so tut Gott das Seine. Sein Reich ist Geheimnis. „Man sieht es nicht, man weiß es nicht, der Alltag des Menschen geht darüber hin" (Lohmeyer z. St.). Ein großer Trost! Wir brauchen nicht deshalb um das Kommen der Herrschaft Gottes zu bangen, weil wir nicht „wissen", begreifen, nachrechnen können, *wieso* sie kommen kann oder gar muß. Jesus meint: wenn *alles* dagegen spräche, sie wird Wirklichkeit werden, weil Gott weiß, wie er es macht und von seinem Liebesplan mit der Welt nicht abstehen wird.

2.

Wir waren wiederholt schon dicht an dem dran, worum es jetzt gehen soll: Das Kommen der Herrschaft Gottes ist nicht zu „machen". Wir bedienen uns dieses Wortes, weil es in der Rede von der „Machbarkeit" aller Dinge allgemein eingeführt ist. Ganz so naiv-zuversichtlich wie noch vor zwanzig Jahren gebrauchen wir dieses Schlagwort nicht mehr; wir sind uns gewisser Grenzen bewußt geworden, die uns als Menschen gesetzt sind, und vor allem: Wir haben wieder mehr Respekt vor dem Gewachsenen und Naturgegebenen bekommen, das man nicht verantwortungslos stören und aus der Ordnung bringen darf. Aber wir haben hier nicht die Aufgabe, auch nicht die Möglichkeit, das Problem der „Machbarkeit" aller Dinge im Vorübergehen aufzurollen. Auch wenn sich herausstellen würde, daß der Mensch im Bereich seiner Welt alles vermag – was nicht bedeutet, daß er alles *darf*, was er *kann* –: die Herrschaft Gottes ist nicht machbar. Sie kommt ja nicht durch menschliches Schaffen, Bemühen, Drängen, sie kommt nicht einmal unter menschlicher Hilfe und Mitwirkung zustande. Der Bauer hat gesät – er kann es jetzt nur wachsen lassen. Er geht inzwischen seinen anderen Pflichten nach, wie sie der Alltag ihm aufgibt. Sein Leben geht weiter. Er arbeitet und schläft im Rhythmus der Tage. Draußen, auf dem Feld, da keimt und treibt und blüht und wächst und reift es inzwischen. Soll er sich danebenstellen und zusehen? Soll er gar nachhelfen? Was kann er hier schon nachhelfen? Die Natur braucht ihre Zeit und nimmt sie sich. Aber sie schafft auch, was sie soll und will. Das Gleichnis legt den Ton auf das, was *sie* zustande bringt, nicht auf das Werk des Menschen. „Was die Erde tut, steht im Indikativ, so daß auf die vorangegangenen Konjunktive der Schatten des Unwirklichen fällt" (Lohmeyer). Ohne Bild: Die Verwirklichung der Herrschaft Gottes, sein Kommen und sein Herrsein in der Welt, ist Gottes eigenes Werk.

Wir vergessen nicht: wir haben ein Kontrastgleichnis vor uns. Wachstümliche Entfaltung des Reiches Gottes? Nach dem vorhin Gesagten werden wir dem Sog des Allegorisierens nicht nachgeben. Das „Zwischen" liegt bei Gott! Ganz falsch wäre es insbesondere, Reich Gottes und Kirche naiv gleichzusetzen und eine quantitative Zunahme der Kirche, vielleicht auch – Reifung! – eine qualitative Steigerung ihrer Wirksamkeit, ihres Zeugnisgebens, ihrer Heiligung (usw.) aus dem Text erkennen zu wollen. Es kommt zunächst einfach auf die Negation an: nicht zu „machen". „Daß es ein Wachsen ist, nicht ein Machen und Handeln" (Lohmeyer), will also nichts anderes sagen als: wir können nichts dazutun, wir können dem lieben Gott nicht nachhelfen, können nichts beschleunigen, allerdings auch nichts bremsen und verzögern. Der Bauer muß den Dingen den Lauf lassen.

Untätige Kirche? Dasselbe Mißverständnis, das wir unter 1) bei der Betrachtung der Bildseite abwehrten, könnte hier noch einmal entstehen. Das Reich Gottes kommt

„automatisch" (V. 28). Wenn die Bibel von der Alleinwirksamkeit Gottes redet, meldet sich sehr oft der Widerspruch: der Mensch werde damit, seinem Wesen zuwider, zur Passivität verurteilt, oder gar – zugunsten der Gnade in der Sünde beharren (Röm. 6,1) – in ein verantwortungsloses Leben entlassen. Zugrunde liegt solchem Einspruch die irrige Meinung, Gott und Mensch seien in dem Sinne Partner, daß der eine in dem Maße ausgeschaltet würde, in dem der andere aktiv ist. Daß Gott allein das Subjekt seines eschatischen Handelns ist, schließt ja nicht aus, daß Menschen – nun allerdings nicht auf Gottes, sondern auf *ihrer* Ebene – das Ihre tun. Natürlich soll die Kirche tätig sein: verkündigend, missionierend, dienend, zeugnisgebend, zupackend und mithelfend, wo sie kann. Aber die Kirche, die unser Gleichnis verstanden hat, entfaltet ihre Aktivität nicht, um Gottes Aktivität partiell zu erübrigen, sondern um Werkzeug des alleinwirkenden Gottes zu sein. Oder so: Die Kirche handelt nicht, *damit* Gottes Herrschaft komme, sondern: *weil sie kommt*.
„Das Königtum Gottes ist in seiner Wirksamkeit der menschlichen Verfügung entzogen. Man kann es nicht herbeizwingen, weder durch eine Aktion der Buße und der Gesetzeserfüllung, wie die Pharisäer es meinten, noch durch Gewalt, wie die Zeloten träumten und schwärmten" (Grdm. z. St.; ganz ähnlich auch Bltm., ThNT, S. 6 f.). Nicht durch missionarische Aktivität, nicht durch Bekehrungsfanatismus, nicht durch kluge Methoden der Menschenbeeinflussung, nicht durch Selbstkasteiungen (usw.) kommt Gottes Reich. Wir können es nicht mit Gewalt an uns reißen (vielleicht meint dies der dunkle „Stürmerspruch" Matth. 11,12). Hier gilt kein Drängen und Treiben. Unnötig ist aber auch alle Nervosität. Unbegründet alle Resignation. Müßten wir Programme und Aktionspläne entwickeln, um die Welt zum Königreich Gottes umzugestalten oder – personaler und dynamischer gedacht – Menschen dafür aufzuschließen, daß sie sich Gott öffnen und zur Verfügung stellen: wir hätten allen Grund, aufzugeben. Aber wir müssen es nicht. Anscheinend geschieht nichts, aber unaufhaltsam ist Gott am Werke, und wer den Blick dafür hat, der merkt es auch. Gott hat und gibt Zeit. Was er angefangen hat, kommt auf Erden nicht mehr zur Ruhe. Wir brauchen Gott keine Termine zu stellen. Hier *ist* nichts zu machen, hier *braucht* auch nichts gemacht zu werden. Gottes Reich kommt ohne unser Zutun. Nicht trotzdem, sondern *darum* sind wir zum Tun aufgerufen (vgl. etwa 1,15; Röm. 13,11–14).

3.

Das Kommen der Gottesherrschaft ist nicht aufzuhalten. Wenn die Frucht das „erlaubt" oder „hergibt" (so kommt man vielleicht dem παραδιδόναι am nächsten), „sogleich schickt er die Sichel, denn die Ernte ist da" (V. 29). Es braucht Geduld bis dahin. Aber wer wollte, während das Korn noch auf dem Halm steht, zweifeln, daß es zur Ernte kommt? Die Ordnung der Natur müßte denn aus den Fugen geraten, doch das tut sie nicht (Gen. 8,22).
Wir haben eingangs nach der Anfechtung gefragt, der mit diesem Gleichnis begegnet wird. Ist es die Anfechtung der Gemeinde, die nach Ostern auf ihres Herrn Parusie und damit auf das offenbare Kommen des Reiches wartet? Man hat es hier und da so angesehen und daraus geschlossen, ebendiese herrenlos erscheinende Gemeinde habe das Gleichnis gebildet, sich selbst zum Trost. Daß das Gleichnis der auf ihren Gott wartenden Christenheit ein Trost gewesen ist – und noch ist –, besagt ja noch lange nicht, daß sie es selbst erdacht hat. Als ob nicht die eschatologische Problematik des Reiches Gottes schon bei Jesus selbst akut gewesen wäre! Ganz gewiß hat Jesus das Kommen der Gottesherrschaft auch als ein Geschehen angesehen, das in seinem

eigenen Wirken *gegenwärtig* anbricht (Matth. 12,28). Wann auch immer ein Mensch zum Glauben kommt, wird Gott über ihn Herr, setzt Gott sich in ihm durch, wird Gottes Heil bei ihm Wirklichkeit. Dennoch: spricht Jesus von „jenem Tage" (s. Konkordanz unter ἡμέρα), vom Kommen des Menschensohnes, davon, daß er vom Gewächs des Weinstocks trinken werde im Reich Gottes (u. a. m.): so ist sein Blick in die *Zukunft* gerichtet. „Jesus entwickelt zweifellos eine intensive futurische Eschatologie: Gottes Herrschaft und Gottes Gericht sind unberechenbar nahe gekommen – und es ist doch die zeitliche Zukunft eines Tages, der noch nicht heute ist" (L. Goppelt, ThNT I, S. 111). Das Heil, das Jesus den einzelnen bringt, die es in Glauben annehmen, wird ja universale Ausmaße gewinnen und aus der Verborgenheit in die Öffentlichkeit treten.

Kein Zweifel: das Gleichnis von der selbstwachsenden Saat kann das Kommen der weltweiten und ihrer Niedrigkeitsgestalt entnommenen Gottesherrschaft nicht *beweisen*, sondern nur *veranschaulichen*. Selbstverständlich hat Jesus seine Zukunftsgewißheit nicht dem Lauf der Natur entnommen. „Jesu Basileia-Botschaft mit ihrer unleugbaren Dimension einer ‚Naherwartung' ... ist von einer radikalen Gott-Bezogenheit seines ganzen Wirkens *umgriffen*" (W. Trilling, Die Botschaft Jesu, 1978, S. 63). „Die Rede von der Gottesherrschaft (ist) als spezifische Explikation der Rede von Gott zu begreifen" (a. a. O., S. 15). Jesus kennt Gott, seinen Vater. *Darin* ist verbürgt, was er uns für Gegenwart und Zukunft ansagt. Darin liegt auch der Grund für die Gewißheit, daß Gott die von ihm erschaffene Welt nicht sich selbst und damit den unsichtbaren Quälgeistern überläßt, die die Menschen aufgrund ihrer Sünde von Gott fernhalten. Gott gewinnt seine Welt zurück. Die Zeit der großen Ernte ist schon angebrochen (Matth. 9,37) und wird sich vollenden.

Wir sahen: „Ernte" ist ein fixiertes Bildwort für das Gericht. „Fest steht, daß Jesus ein richtendes Hervortreten Gottes ankündigte, das den Schlußstrich unter die Geschichte zieht. Dies ist den Krisis-Gleichnissen, z. B. dem Schlußgleichnis der Bergpredigt Mt. 7,24ff. mit Sicherheit zu entnehmen" (Goppelt, a. a. O., S. 105). Den *evangelischen* Ton des Bildes von der Ernte hat Johannes zum Klingen gebracht (4,35–38). Gott setzt sich durch: das heißt ja nicht nur, daß Gott seinem Recht Genüge tut und dem Unrecht in der Welt ein für allemal ein Ende setzt; das heißt ja zugleich und noch viel mehr, daß Gott mit seiner Liebe aus der Verborgenheit hervortritt und seine verlorene Welt gnädig wieder mit sich verbindet. Die Urchristenheit hat „jenen Tag" mit Sehnsucht erwartet, und wann immer Menschen mit Jesus fest verbunden waren, schloß diese Verbundenheit auch das Warten auf den großen Tag der frohen „Ernte" ein. Ruft das Denken daran („dies irae, dies illa ...") nur eine Gänsehaut hervor und leben wir etwa mit dem unausgesprochenen Wunsch, Gott möchte es dahin nicht kommen lassen: dann haben wir noch gar nicht begriffen, was für ein Gott es ist, der dann hervortreten wird. Weil Jesus weiß, wie der Vater die Welt *liebt*, darum ist er gewiß, daß Gott in seiner Liebe nicht locker lassen, vielmehr den „Tag" herbeiführen wird. Weil Gott unbeirrbar *liebt*, darum kommt seine Herrschaft gewiß.

Estomihi. Luk. 10,38–42

Nach Bultmann (GsTr., S. 33) eine „einheitliche Komposition", und zwar, wie er meint, „deutlich eine ideale Szene"; den hellenistischen Ursprung des ganzen Stückes möchte er vermuten oder annehmen (a. a. O., S. 64). Das Wort κύριος (VV. 39f.), das Bousset,

Bultmann u. a. als spezifisch hellenistisch ansehen, könnte darauf deuten. (Es findet sich
als Anrede im lukanischen Sondergut noch 5,8; 9,54; 10,17; 11,1; 19,8; 22,38; es ist freilich
auch in Q anzutreffen, vgl. Ferd. Hahn, Christologische Hoheitstitel, 1964 u. 1965, S. 84.)
Daß jedoch Jesus schon auf palästinischem Boden als „Herr" bezeichnet worden ist, beweist die von hellenistischen Gemeinden übernommene aramäische Formel „Marana tha"
(1.Kor. 16,22). Auf das Wortspiel „Marē – Martha" (= „Herrin") kommen wir noch. –
Maria und Martha sind auch dem vierten Evangelisten bekannt (11,1 ff.; 12,1–11), nach
ihm in Bethanien wohnend, während ein anderer sie in Samarien ansiedelt. – Grundmann
bemerkt, daß bei Lukas auf die Perikope vom Doppelgebot der Liebe (10,25–28) in chiasti-
scher Anordnung zunächst ein Stück über die Nächstenliebe (10,29–37), sodann eines über
die Gottesliebe folge (unser Abschnitt); darin könnte ein Fingerzeig für die Auslegung liegen. V. 38: Jesus kommt auf seiner Reise in ein ungenanntes Dorf. (In der Literatur wird
der Tatsache, daß Jesus auf dem letzten Weg nach Jerusalem ist, zuweilen eine große Bedeutung beigemessen. Die Plazierung der Perikope auf Estomihi scheint darauf zu beruhen. Darf der „Rahmen" so hoch bewertet werden?) – V. 39: Maria sitzt „zu Jesu Füßen":
Apg. 22,3 würde darauf deuten, daß Jesus der Lehrer, Maria die Lernende ist. Grundmann
dazu: „Das Außergewöhnliche des Vorgangs besteht darin, daß dieser Lehrer eine Frau
zu seiner Schülerin macht, während die Rabbinen die Tora nicht vor Frauen auslegten."
Schlatter jedoch sieht in dem Vorgang ein Tischgespräch, vgl. 7,38. Beachte das durative
Imperfekt ἤκουεν. – V. 40: περισπάομαι (auch dies im Imperfekt) = abgezogen, ab-
gelenkt, ganz und gar in Anspruch genommen werden, überlastet sein. διακονία = Tisch-
dienst, Dienst in der Küche und überhaupt im Hauswesen. Orientalische Gastfreundschaft
erfordert reiche Bewirtung. Daß Maria sich dieser Pflicht entzieht und die Schwester allein
sorgen läßt, veranlaßt deren Vorwurf. Jesu Autorität ist vorausgesetzt. – VV. 41 f.: Die
Textvarianten spiegeln die Verlegenheiten, in die der Text die alte Kirche gebracht hat.
Am besten bezeugt die Nestle-LA: „Weniges aber ist not oder eins" (א, B) und die Vorlage
des Luthertextes: „Eins aber ist not" (P⁴⁵·⁷⁵, C, ℜ, Θ), von Nestle als besonders erwägenswert
gekennzeichnet, von Schlatter u. a. vertreten). Die schmale Überlieferung, die nur von
dem „wenigen" spricht, das nötig ist, hat die Stelle asketisch gedeutet. θορυβάζεσθαι =
sich beunruhigen, sich umtreiben lassen, wobei wohl der Gedanke an das Lärmende
(θόρυβος) mitschwingt. μερίς = Anteil; Maria hat den besseren Anteil ausgewählt. Das
Wort bedeutet auch svw. „Portion" (Bauer, WB) (s. u.).

Die Schwierigkeiten, die diese auf den ersten Blick so schlicht anmutende Perikope
bietet, sind immer wieder vermerkt worden. Sie liegen nicht nur darin, daß wir uns
gern als tätige Menschen verstehen und uns darum wohl lieber in der Aktivität der
Martha dargestellt finden als in dem stillen Offensein der Maria für Jesus. Der Anstoß, der sich von hier aus ergibt, könnte sich fürs Verstehen gerade als fruchtbar erweisen. Schwierig ist es, den rechten Ansatz zu finden. Die Auslegungsgeschichte
zeigt genug Irrwege. Wir wollen diese jetzt, da dies schon oft geschehen ist, nicht aufzeigen. Zu fürchten ist, daß man den schon vorhandenen Fehlansätzen einen weiteren
hinzufügt. Ich kann den Leser nur bitten, er wolle das Darzulegende kritisch prüfen.
Sieht man in dem Ganzen eine ideale Szene, die sich um ein – nun leider in verschiedener Gestalt überliefertes – Apophthegma herum geformt hat, dann wird man geneigt sein, die Einheitlichkeit der Konzeption zu betonen. Es müßte dann so ähnlich sein wie bei einer geometrischen Figur: alle Geraden, Kreise, Winkel, auf eine
ebene Fläche aufgetragen, hätten ihren Sinn in der einen mathematischen Idee, die
diese Figur meint. Sollte man unsere Perikope in einem vergleichbaren Sinne einheitlich verstehen können? Mir will das nicht gelingen. Eine gedankliche Einheit,
die gewissermaßen mit *einem* Blick zu fassen wäre, scheint mir nicht gegeben. Dagegen zeigt die Perikope, wie ich sie verstehe, ein Nacheinander von mehreren –
auf verschiedenen Ebenen liegenden – Aspekten. Darin kommt zum Ausdruck, daß

die Szene in Marthas Haus eine fortschreitende Handlung enthält. Nicht eine kontinuierliche Entwicklung, in der sich dann doch nur wieder eine bestimmte Idee entfaltete bzw. realisierte, sondern ein Vorgang mit Sprüngen. – Darf es dergleichen, bei den gängigen formgeschichtlichen Schemata, überhaupt geben? Wir müssen uns bewußt sein, daß wir mit dieser Arbeitshypothese schon methodisch aus dem Gewohnten ausbrechen. Das muß riskiert werden, wenn der Stoff sich gegen das Schema sträubt. Die Ausführung muß zeigen, ob es so geht.

Was der Perikope dennoch ihre Einheit gibt, ist dies, daß *Jesus* in ihrer Mitte steht. Genauer: in seiner Person bekommt der Vorgang mit seinen verschiedenen Elementen die Einheit. Man kann nicht, als wäre er nicht anwesend, tätiges und beschauliches Leben einander gegenüberstellen und dann entscheiden wollen, welchem von beiden man den Vorzug zu geben habe. Wenn Jesus nicht in diesem Hause eingekehrt wäre, gäbe es die Maria-Martha-Frage gar nicht. Man hüte sich also, irgendwelche Fragen nach dem Frömmigkeitstyp und nach dem diesem jeweils zugeordneten Lebensstil unter Absehen von der Gegenwart Jesu zu erörtern.

Versuchen wir es so: *Jesus ist im Hause!* Da heißt es: (1) *sich begnügen*, (2) *sich beschenken lassen*, (3) *sich öffnen*.

I.

Unser Blick fällt zunächst auf Martha. Sie nimmt in dem, was die kurze Perikope zu berichten hat, eine bedeutende Stelle ein. Ihr gehört das Haus, in dem die Szene spielt (auch wenn die ältesten Hss. nicht ausdrücklich sagen, daß es „*ihr* Haus" gewesen sei). Sie weiß sich, orientalischer Sitte entsprechend, verpflichtet, den Gast aufs fürsorglichste und nobelste zu bewirten. Sie läßt sich ganz „in Anspruch nehmen" durch die „viele διακονία"; das Wort läßt hier seinen ursprünglichen Sinn – zu Tische dienen, für das leibliche Wohl sorgen – schön erkennen. Martha meint, wenn ein Gast im Hause ist, sei an nichts anderes zu denken als an dessen Bewirtung; daß Maria sich dem entzieht, fordert ihre Kritik heraus, und sie meint, Jesus selbst müsse doch daran gleichfalls Anstoß nehmen, zumal es – nach der Sitte der Zeit – nicht schicklich ist, daß die Frau, statt nur zu dienen, mit am Tisch sitzt. Martha wird immer so gedacht haben, wenn Gäste im Hause waren. Jetzt, da Jesus da ist, wohl erst recht, obwohl der Wortlaut des Urtextes nicht eigens betont, daß es ihr darauf ankomme, mit ihrer Geschäftigkeit gerade *ihm* zu dienen. Jesus deutet das Verhalten der Martha als Sorge. θορυβάζῃ περὶ πολλά: das ist das lärmende Zu-Gange-Sein, das Hantieren und Hasten, das Klappern mit Töpfen und Küchengeräten, der sprechende äußere Ausdruck für das, was sich als Lebenshaltung dahinter verbirgt: eben für das μεριμνᾶν. Was ist damit gemeint? Das Wort bedeutet: sich um etwas kümmern, sich um etwas bzw. für jemanden sorgen, dann aber auch die bange Erwartung von etwas, die Angst vor etwas. Der Mensch sorgt. Nicht, daß er das nicht sollte. Im Unterschied zu Pflanze und Tier sät und erntet der Mensch, arbeitet und spinnt er (Matth. 6,26.28) und verdient sich sein Brot (z. B. Paulus 1. Kor. 4,12 u. ö.). Nur sollte er wissen, daß er damit sein Leben nicht sichern kann (Matth. 6,27; vgl. Luk. 12,15–21). Meinte er dies doch, so verfiele er damit der Welt (Mark. 5,19; Luk. 21,34 – wir folgen in dem zu μεριμνᾶν Gesagten Bultmann im ThWNT IV, S. 593ff.). Die Kritik, mit der Jesus seinerseits auf Marthas kritische Frage antwortet, scheint die Haltung des „Sorgens" sehr grundsätzlich anzugehen. Marthas Eifer in den gastronomischen und ökonomischen Dingen ist gewiß sehr gut gemeint. Was Martha selbst für das Wichtigste hält, das, denkt sie, muß sie dem geliebten Gast in größtmöglichem Umfang bieten. „Diakonie" in ursprünglicher Bedeutung scheint ihr das zu sein, was die Stunde erfordert, nicht nur für sie selbst, die Haus-„Herrin" – dies die Bedeutung ihres Namens –, sondern, wie sie meint, auch für ihre Schwester. Man könnte beinahe sagen: dahinter steht eine ganze Weltanschauung. Liebe drückt sich aus in Fürsorge. Fürsorge ist deshalb so groß zu schreiben, weil das Gut-„Versorgtsein" Erfordernis Nr. 1 ist. Wir übersehen nicht: die Fürsorge Marthas richtet sich nicht auf sie selbst, sondern auf den Gast. Martha „dient", „serviert" (der διάκονος ist eigentlich der Kellner). „Martha, Martha, du sorgst und hetzt dich ab um vieles." Darin liegt sicher auch eine dankbare Anerkennung verborgen, bei aller Kritik in der Sache. Wie sollte Jesus entgangen sein, was Martha mit all dem meint und will? Aber Martha soll auch erkennen, daß er ihre Haltung nicht richtig finden kann.

„Weniges ist not." Ein kleiner Teil der Überlieferung läßt es bei diesem Satz, spricht also nicht von dem einen, was nötig ist. Kann sein, daß einige Minuskeln sowie die palästinisch-syrische Übersetzung (Lektionar) asketischen Idealen folgen. Aber das „wenige" steht, neben dem „einen", schon im Sinaiticus (dem wohl auch dann der Vorzug zu geben ist, wenn man sy[pal] für altertümlich hält). Die Nestle-LA dürfte darum wohl kein Mischtext sein. „Ist nicht das Leben mehr als die Speise und der Leib mehr als die Kleidung? (Matth. 6,25; Luk. 12,23). Martha, Martha, du bist so ganz der Sorge um die Erhaltung des leiblichen Lebens verfallen und hantierst und lärmst, als gälte es das Leben; und dabei „braucht der Mensch so wenig" (ὀλίγων δέ ἐστιν χρεία) – ja, genaugenommen: er braucht nur „eins". Sagen wir es mit dem Wort des johanneischen Christus: „Meine Speise ist die, daß ich tue den Willen des, der mich gesandt hat, und vollende sein Werk" (4,34). Oder, synoptisch geredet und auf uns alle bezogen: „Trachtet ... nach seinem Reich, so wird euch das alles zufallen" (12,31).

Es scheint also, als widerstehe Jesus Martha gegenüber der Haltung des Sorgens, ähnlich wie in der Bergpredigt. Martha sorgt zwar in diesem Falle nicht für *ihr* Leben, sondern für *Jesu* Leben. Aber sie tut es – in bester Meinung und Absicht – im Rahmen eben der Einstellung und Haltung, die Jesus mit μεριμνᾶν kennzeichnet. Das Verbum περισπάομαι bringt deutlich zum Ausdruck, daß Martha in der Besorgung des Hauswesens, in den Dingen der äußeren Lebensfristung, in diesem Fall speziell in der Bewirtung Jesu „aufgeht". Sie sieht gar keine andere Möglichkeit, Jesus ihre Verehrung und Liebe zu beweisen. „Gehe hin und tue desgleichen", so endete die vorangehende Perikope in Luk. 10. Martha hat schon etwas begriffen! Das Evangelium enthält zahlreiche Hinweise darauf, daß Jesus praktische Liebe von uns erwartet. Nichts davon ist durchzustreichen. Es hängt bei Martha an einer anderen Stelle. Jesus kann ihr nichts zuliebe tun, weil sie in ihrer „diakonischen" Aktivität ihm dazu gar nicht Gelegenheit gibt. – Es ist von da nicht weit zu uns. Das „Besorgen" der ungezählten Dinge, die, wie wir meinen, unverzichtbar zum Leben gehören und die wir darum für uns selbst wie auch für andere produzieren, verdienen, beschaffen, erwerben, uns absparen usw., füllt uns so aus, „nimmt uns so in Anspruch", daß wir damit vielleicht die ganze Welt gewinnen, aber dabei am „Leben" Schaden nehmen (Matth. 16,26; Luk. 9,25). Wir lassen uns leicht von dem, was nur „Zeug" sein sollte (also dazu bestimmt ist, uns nützlich zu sein und zu dienen), so gefangennehmen, daß wir selbst den Dingen dienen müssen. Was uns zu Gebote stehen sollte, frißt uns auf. Die „Speise" wird zum „Leben", das doch – nach Jesu Wort – mehr sein sollte als sie (vgl. auch Joh. 6). Das „Besorgen" der ungezählten Dinge, von denen wir meinen, sie machten das Leben aus, nehmen bei uns einen so großen Raum ein, daß Jesus mit seinem Bemühen um uns einfach dem Gesetz der Verdrängung erliegt. „Ihr könnt nicht Gott dienen *und* dem Mammon." Wir deuten dies alles nur an, um deutlich zu machen, wie stark uns die Warnung vor dem „Sorgen" angeht. „Weniges ist not." Es dürfte übrigens auch aus mancherlei sehr weltlichen (weltpolitischen, weltwirtschaftlichen, ökologischen, hygienischen ...) Gründen angebracht sein, daß wir uns einen anderen Lebensstil angewöhnen. Es kann unser Beitrag zum Überleben der Menschheit sein, Ansprüche abzubauen, deren Erfüllung unsere Erde auf die Dauer nicht gewährleisten kann (z. B. auf dem Energiesektor). Ob der Glaube nicht doch auch für unseren äußeren Fortbestand mehr austrägt, als wir gemeinhin denken?

Wo suchen wir „das gute Teil"? Ps. 16,5 (LXX: 15,5) lesen wir: „Der Herr ist ἡ μερὶς τῆς κληρονομίας μου"; das war das Bekenntnis der Angehörigen des Stammes Levi, die statt des Landanteils den Dienst am Heiligtum als „Los" und „Teil" bekamen (Deut. 10,9; Num. 18,20; Jos. 13,14). „Gott ist meine μερίς" (Ps. 73,26, LXX: 72,25). Hinter dem οὐκ ἀφαιρεθήσεται könnte sich, wie so oft, der nicht auszusprechende Name Gottes verbergen: Gott selbst garantiert der Maria die Seligkeit, die ihr in der Begegnung mit Jesus zuteil geworden ist. – Eine viel weniger feierliche, ja geradezu witzige Auslegung ergibt sich, wenn man (s. o.) μερίς als „Portion" übersetzt. An Jesu Humor brauchen wir nicht zu zweifeln; hin und wieder stößt man auf Stellen, an denen er aufleuchtet. An unserer Stelle könnte dies gemeint sein (wir paraphrasieren): Martha, Martha, du sorgst und läßt dich in deiner Geschäftigkeit von alledem in Atem halten, was in den Bereich des Ökonomischen gehört; dein ganzes Trachten ist darauf gerichtet, was auf den Tisch kommt. Und dabei braucht man so wenig – ja, genaugenommen nur *eins*. Und das hat Maria begriffen. Wenn ich es einmal in die Gedanken- und Lebenswelt übertragen will, aus der du dich nicht herausfinden kannst, dann muß ich sagen: Maria hat beim Zulangen das beste Stück erwischt. Das soll ich ihr wieder wegnehmen?

2.

Wir haben jetzt an anderer Stelle anzusetzen. Sich beschenken lassen – wir sagten, darauf komme es an, wenn Jesus im Hause ist.

Geschieht Martha Unrecht? Wir brauchen ihre Ehre nicht zu retten. Sie will Jesus dienen. Jesus weiß, daß sie ihn damit ehren will. Ein andermal darf sie kochen und servieren und für Bequemlichkeit sorgen. Arbeit gibt es immer. Aber nicht immer ist Jesus da. Es gibt genug Menschen, denen zu dienen sein Gebot ist. Man kann sogar sagen: was wir ihnen zuliebe tun, das haben wir, nach seinem eigenen Wort, *ihm* getan. Es wird oft genug passiert sein, daß Jesus enttäuscht war, weil wir untätig geblieben sind.

Aber jetzt, in der Stunde, da Jesus im Hause ist, ist unsere Aktivität vom Übel. Nichts gegen Martha – aber sie hat einfach nicht begriffen, daß wir Jesus gegenüber in einer völlig anderen Lage sind als allen unseren sonstigen Mitmenschen gegenüber. „Des Menschen Sohn ist nicht gekommen, daß er sich dienen lasse, sondern daß er diene" (Mark. 10,45). „Ich aber bin unter euch wie ein Diener" (Luk. 22,27). Wir müssen dies tief genug verstehen. Ganz gewiß wollte Jesus uns in einem ganz simplen Sinn im Dienen vorangehen, als unser Vorbild. So hat der Hinweis auf seine „Diakonie" auch schlicht ethische Bedeutung. Aber wenn man das Wort Mark. 10,45 weiterliest, dann begreift man, daß der Dienst Jesu in der Lebenshingabe gipfelt, in der er – entgegen dem, was man theologischerseits heute zuweilen behauptet – nun doch auf sich nimmt, was wir, da er es getan hat, nicht mehr auf uns zu nehmen haben. Er ist das „Lösegeld". Obwohl wirklich nur zwischen den Zeilen, deutet sich doch in dem, was hier geschieht, an, wozu Jesus sich gesandt weiß und worauf er zugeht (Mark. 8,31ff. – Evangelium des Sonntags). Das πορεύεσθαι (V. 38) könnte hintergründig gemeint sein (vgl. 9,51 – die entschlossene Wende zur Passion). (Ist das ungenannte „Dorf" wirklich Bethanien, dann wird Jesus hier „im voraus gesalbt zu seinem Begräbnis", Mark. 14,8; vgl. Joh. 12,1–8.)

Alle herkömmliche Religion hat es auf die menschliche Leistung abgesehen. Das Evangelium spricht von dem, was Jesus für uns getan hat und tut. Mein Verhältnis zu Gott kommt nicht in Ordnung, indem *ich* etwas leiste, sondern indem *Christus* etwas für mich leistet. Ihm gegenüber bin ich immer der Empfangende. Luther: „Du sollst von deim Tun lassen ab, daß Gott sein Werk in dir hab" (EKG 240,4; vgl. auch EKG 128,6). Ein so schlechter Paulusschüler, wie man gern sagt, ist Lukas nicht. Das notwendige eine ist eben Jesu Werk an uns. Gott wird nicht anders Herr in unserm Leben als so, daß er selbst nach uns greift; und dies geschieht, wenn Jesus über unsere Schwelle tritt. Uns wird nicht anders geholfen als so, daß wir – in der Begegnung mit Jesus – alles von uns Geleistete preisgeben und uns allein an ihn halten. Wir kommen nicht anders aus unserer schuldhaften Gottentfremdung und aus dem Gott-Mensch-Konflikt heraus als eben so, daß wir endlich aufhören, Gott etwas darbringen („servieren") zu wollen; er nimmt die Dinge in die Hand. Wer die Sorge hat, wir gerieten damit trotz aller gegenteiligen Beteuerungen von vorhin in den Lebensstil einer vita contemplativa, in die hinein man aus dem wirklichen Leben flüchtet, der hat uns mißverstanden. Indem wir das eine, das Nötige allein von Christus erwarten, kommt gerade das gelebte, praktische Leben in Ordnung! So werden z. B. menschliche Konflikte (z. B. Ehenöte) gerade so überwunden, daß wir alle eigenmächtigen Versuche, uns zu salvieren, aufgeben und Jesus an die Sache heranlassen. So könnte (z. B. bei beruflichen Mißerfolgen) Jesu Einstehen für uns gerade den Circulus vitiosus aufbrechen, indem nämlich die Zwangsvorstellung des Leistenmüssens abgebaut wird und wir unseren Festpunkt bei Jesus gewinnen. In allem ist Jesus der Dienende und Schenkende.

Uns fiel vorhin die zweimalige Verwendung des Wortes κύριος auf, aramäisch: מָרֵא. „Martha" ist die „Herrin" im Hause? Wenn sie es ist, dann hat sie für die Bewirtung des Gasts zu sorgen. Wenn aber Jesus der marē ist, dann „dient" er. Vielleicht legen wir zuviel Feinheiten in den Text hinein. Auch wenn es mit diesem hier vermuteten Wortspiel seine Richtigkeit *nicht* hätte: in der Sache ist es so. Maria hat eben darin recht, daß sie verstanden hat: dem „Herrn" kann man sich nur zu Füßen setzen. Sich beschenken lassen, das ist, wenn er im Hause ist, das einzig Angemessene.

3.

„Du sollst von deim Tun lassen ab", hörten wir. Also ist das, worauf der Text hinaus will, reine Passivität? Wir möchten lieber sagen: Rezeptivität. In der Passivität bin ich Objekt (Narkose), in der Rezeptivität bin ich mit meiner ganzen Person offen für das, was auf mich zukommt (Wachheit). Wenn man also fragt, wie das zugehe, daß Jesus uns beschenkt, dann ist auf sein Wort zu verweisen. „Maria setzte sich zu

Jesu [Urtext: des Herrn] Füßen und hörte seiner Rede zu." Sich öffnen, wollten wir über diese dritte Überlegung schreiben. Das ist die Haltung der Maria.

Jesus kommt nicht so in unser Haus wie in das der Schwestern. Aber seiner Rede zuzuhören, dazu ist noch immer reichlich Gelegenheit. „Seiner Rede" – wir übertreiben nicht. Nach seinem Willen und seiner Verheißung ist das Menschenwort, das ihn predigt, sein eigenes (V. 16; 1. Thess. 2,13). Die Stelle, an der man sich der Rede Jesu öffnet, ist im exzellenten Sinne der Gottesdienst der Gemeinde. (Wir müßten als Prediger, im Unterricht usw. viel mehr tun, um der Gemeinde das Verständnis für das Geschehen des Gottesdienstes aufzuschließen!) Aber es gibt noch viele andere Gelegenheiten, auf Jesus zu hören; sie brauchen hier nicht aufgezählt zu werden. Wir wissen es, aber wir praktizieren es nicht. Zum Verhängnis werden uns „Überlagerung" und „Verdrängung". Überlagerung: wir müssen so viele Nebengeräusche mithören, die es zu gesammeltem Hören nicht kommen lassen. Sie kommen teils von außen, teils von innen. Den „Lärm" ($\vartheta o \varrho v \beta \acute{a} \zeta \eta$) erzeugen wir zu einem nicht geringen Teil selbst. Wir haben so *vieles* im Sinn, aber nötig ist nur *weniges*. Verdrängung: auch unser Terminkalender bedarf der Heiligung. Daß uns Askese zu einem nicht mehr diskutablen ethischen Begriff geworden ist, ist keinesfalls ein Gewinn! Wir müssen uns – unter rigoroser Abwehr dessen, was uns nutzlos zerstreut, und in entschlossener Selbstbefreiung aus dem Würgegriff ($\pi \varepsilon \varrho \iota \sigma \pi \tilde{a} \sigma \vartheta a \iota$) des Allzuvielen – die Stunden, nein: die Minuten des Offenseins erkämpfen und ertrotzen. Ein Ausleger spricht von den „unfreiwilligen Marthas"; nicht zu vergessen: es gibt auch männliche Marthas. Wir dürfen sie nicht unbarmherzig aburteilen. Aber wir müssen mit ihnen und für sie – natürlich auch für uns selbst – nach Möglichkeiten des Hörens suchen. Man sollte meinen, die Verkürzung der Arbeitszeit schaffe Chancen. Aber auch die sinnvolle Gestaltung der Freizeit – was strömt in das Vakuum ein? – ist ein Problem. Das „gute Teil" muß „ausgewählt" werden ($\dot{\varepsilon} \varkappa \lambda \dot{\varepsilon} \gamma o \mu a \iota$). Ohne Verzicht werden wir nichts gewinnen.

Die Predigt hat die Aufgabe, aus dem formelhaften Reden vom Worte Gottes als dem einen, das not ist, herauszukommen. Zu oft ist es uns in der Kirche schon angepriesen worden. Jesus selbst sieht darin, daß er Gelegenheit findet, uns anzusprechen, etwas über die Maßen Dringliches, eben „das unerläßliche eine". Diesem einen zuliebe durchbricht er die Sitte (s. o.): die Frau bedarf seiner Anrede ebenso dringlich wie der Mann. Sie hört zu. Heute scheint es eher Zwang der Sitte zu sein, daß der Mann den Kontakt mit Christus für unter seiner Würde hält und sich paradoxerweise damit selbst entwertet. Wir brauchen diesen Kontakt. Geschieht in der Anrede Jesu wirklich sein Dienst an uns, sein Bemühen um uns, unsere Befreiung, unsere Erneuerung usw. und ist dies alles Jesu Werk an uns, nicht also unser Werk vor ihm: dann wird in der Tat alles darauf ankommen, daß wir Jesus zuhören. Wir tun nicht gut daran, ihm bei jeder Gelegenheit ins Wort zu fallen. Wir haben schöne Theorien darüber erfunden, daß Jesus nur sagen darf, was wir ihn gefragt haben und was uns interessiert. Und wenn er doch anfängt, *sein* Thema zu besprechen, dann lassen wir ihn keine drei Sätze reden. Als stünde hier: „Maria setzte sich zu des Herrn Füßen – und fing an, mit ihm zu diskutieren." Hat sich Maria in Martha verwandelt ($\vartheta o \varrho v \beta \acute{a} \zeta \eta \ \pi \varepsilon \varrho \grave{\iota} \ \pi o \lambda \lambda \acute{a}$), nur eben in verbaler Abwandlung? Wir haben es noch im Ohr, was Barth uns unermüdlich gepredigt hat: Das Wort Gottes kann keiner sich selber sagen. Martha ist eingeladen, gleichfalls zu hören; ja, indem Jesus sie anspricht, hat er sie unversehens in die Situation der Hörenden versetzt. Wenn die Predigt nicht ins Leere geht, vollzieht sich, indem sie gehalten wird, Jesu Gespräch mit uns. Sein Thema: Das eine, ohne das es nicht geht.

Invokavit. 1. Mose 3,1–19(20–24)

Die biblische Urgeschichte (Kapp. 1–11) enthält „aufzählende" und „erzählende" Texte
(C. Westermann, Genesis, 1974, S. 4). Sie ist eine Einheit; eine besondere Betonung der
Kapitel von „Schöpfung und Fall" (so die herkömmliche Charakterisierung) würde nach
Westermann der Tendenz der Urgeschichte widersprechen. Die Kapp. 2–3 sind wiederum
eine Einheit innerhalb des Ganzen: „Erschaffung des Menschen, Verfehlung des Menschen,
Entstehung von Mühsal, Schmerz und Tod" (a. a. O., S. 259). In Kap. 2 ist der Mensch
Objekt, in Kap. 3 wird er Subjekt (S. 261). Leitmotiv (wie in 4; 6–9; 11): Schuld und
Strafe (Wstm., S. 66ff.). Das Motiv der Verführung (VV. 1–5) wäre entbehrlich, man
könnte sich 3,6 an 2,17 angeschlossen denken; indes lag dem Erzähler offenbar daran, wie
es zur Verfehlung kam. Das redende Tier gehört zum Märchenstil.

V. 1: Die Schlange gehört zu Jahwes Geschöpfen. עָרוּם = listig, klug, schlau. אַף כִּי
= „wohl gar". – V. 2: vgl. 2,16. Das Imperfekt hat „lizitativen" Sinn, Ges.-K., § 107s. –
V. 3: vgl. 2,17; daß man den Baum nicht anrühren darf, war dort nicht gesagt! 2,9 war
von zwei Bäumen die Rede; hier scheint der Baum mitten im Garten mit dem Baum der
Erkenntnis identisch zu sein (anders V. 22). – V. 4: Die Strafandrohung von 2,17 wird bestritten. – V. 5: Es wird euch nicht zum Nachteil, sondern zum Vorteil sein, wenn ihr eßt;
Gott gönnt es euch nicht (in letzterem sieht Wstm. eine Überdeutung: „die Steigerung
der Möglichkeiten des Daseins, die durch die Erkenntnis ermöglicht wird, ist ambivalent;
sie kann zur Daseinssteigerung wie zur Daseinsgefährdung führen", z. St.). Der Erkennt-
nisbaum kommt 4mal vor: 2,9; 2,17; 3,5; 3,22. „Gut und böse" versteht Wstm. als das
„Förderliche und Abträgliche" in der Daseinsbewältigung, dem „Gelingen" (הַשְׂכִּיל, V. 6).

G. v. Rad sieht darin eine plastische Umschreibung von „alles" (vgl. 31,24.29;
Deut. 1,39; 2. Sam. 19,35f.; Zeph. 1,12), und er nimmt יָדַע nicht nur als intellektuelles
Erkennen, sondern auch als Vertrautwerden-mit, daher auch als Können. Zu erwägen
bleibt noch immer, ob nicht das Unterscheidungsvermögen zwischen Gut und Böse der
kindlichen Unbefangenheit ein Ende macht (VV. 10f.).

V. 6: Die kreatürliche Freude am Begehrenswerten stößt an die Grenze des Verbotenen
und steigert sich dort. Dazu kommt die Aussicht, dadurch klug zu werden, also das Dasein zu steigern: „Erlangen eines neuen, vorher verschlossenen Daseinshorizontes"
(Wstm., S. 339). „Daß die Frau werden will ‚wie Gott' ... ist ... nicht gemeint" (S. 340).
„Eine Verführung des Mannes durch das Weib wird nicht erzählt"; der Mann „macht
einfach mit" (Wstm.). – V. 7: vgl. 2,25; jetzt „fühlen (sie) sich bloßgestellt, und dies
war für sie eine neue Erfahrung" (Wstm.). Indem sich zwei Linien vereinigen – Übertretung und Daseinssteigerung –, sind Unschuld und Unbefangenheit verloren, zugleich aber kommt es zu einem kulturellen Fortschritt: zum sozialen Phänomen der
Kleidung.

Die Ahndung erfolgt in drei Schritten: Verstecken und Entdeckung (VV. 8–10), Verneh-
mung und Verteidigung (VV. 11–13), die drei Strafsprüche (VV. 14–19). In V. 8 ist mit
קוֹל nicht die Stimme, sondern das Geräusch der Schritte gemeint; am besten gleich:
„sie hörten die Schritte". Wstm. wendet viel Mühe daran, das Verhalten der Menschen
nicht aus dem bösen Gewissen zu erklären: „Daß er schuldig geworden ist, ... muß dem
Menschen erst gesagt werden" (S. 345). – V. 12f.: Versuche, die Schuld abzuschieben, zuletzt bis hin zu Gott. Die Herkunft des Bösen wird auch hier nicht erklärt. – Die Vertreibung aus dem Garten (VV. 23f., zweimal erzählt) entspricht der Einsetzung in den Garten
(2,8). Die Strafsprüche fallen aus diesem Rahmen, sind daher möglicherweise nicht ursprünglich. Verflucht werden Schlange und Acker, die Menschen werden bestraft. V. 14:
ätiologisches Mostiv, der Erzählung nachträglich zugewachsen. Wie sich die Schlange vordem fortbewegte, wird nicht gefragt. – Auch V. 15 ätiologisch. Hebräisches Wortspiel
mit der Doppelbedeutung von שׁוּף bzw. שָׁאַף. – VV. 16–19: Weder Mutterschaft noch
Feldarbeit als solche werden entwertet (schon gar nicht verflucht); es wird nur ätiologisch)
Mühsal und Last als Folge der Verschuldung dargestellt. Gott hat die schreckliche Drohung 2,17 nicht wahrgemacht. Wstm.: „Der Tod ... ist ... nicht Strafe für die Übertretung

des Menschen, er ist die Grenze für die Mühsal der menschlichen Arbeit" (S. 363). Anders Procksch, von Rad, Zimmerli.

V. 20 dürfte Einfügung sein. Das Leben geht weiter. Auch V. 21 will sagen, daß Gott geeignete Modalitäten fürs Weiterleben schafft, vgl. 2,25; 3,7. – VV. 23 f. dürfen für die Predigt nicht entfallen. Vgl. noch einmal 3,23 mit 2,8. Nun ist der Mensch da, wo Gott *nicht* ist. Aber er hat seine Bestimmung darin, „auf der Erde und für die Erde wirken" (V. 23 b – Wstm.). Die Begründung für den Ausschluß aus dem Garten: V. 22. Der Mensch soll nicht nach den Früchten des Lebensbaumes greifen. Ein anderer Erzählungsstrang? „Gott will verhindern, daß der Mensch für immer lebe" (Wstm., S. 370).

Das Böse in der Welt – und: das verlorene Paradies. Das sind nicht zwei Themata, sondern eines. Die Menschheit ist seit frühesten Zeiten mit dieser Thematik beschäftigt. Der Stoff hat die Dichter gereizt; man denke an John Miltons Epos: „Das verlorene Paradies" (1667) und an die geistvolle Komödie von Peter Hacks: „Adam und Eva" (1972), aus der man – trotz des ganz anderen Standpunktes – mehr Theologie lernen kann als aus vielen zünftigen Büchern. Gen. 2/3 gehört der ganzen Menschheit. Die Ausprägung freilich, die der Stoff in unserm Text erfahren hat, ist spezifisch biblisch. Damit ist die Eindeutigkeit der Auslegung noch lange nicht gewährleistet. Der Text – erzählerisch gekonnt, wie man immer wieder bewundernd festgestellt hat, aber auch sehr gedrängt und übrigens nicht aus einem Guß – gibt viele Fragen auf. Wir können sie hier nicht im einzelnen diskutieren. Die exegetischen Vorbemerkungen bieten vorrangig Beobachtungen von C. Westermann; in vielem weicht er von der herkömmlichen Auslegung ab. Nicht, daß wir für ihn optierten und uns damit von den anderen lossagten (der Prediger wird vor allem nach von Rads und Zimmerlis Auslegung greifen); wir wollten nur (in der leider nötigen Knappheit) denjenigen Lesern das Nötigste mitteilen, die den Mammut-Kommentar von Westermann nicht zur Verfügung haben. In die Diskussion unter den (AT-) Fachleuten soll hier nicht eingegriffen werden; daß der Prediger sich auch bei z. T. noch ungeklärter Problemlage den Weg zu einem – wenigstens in den Grundlinien – bestimmten Verständnis bahnen muß, wird ihm nicht nur bei *diesem* Text zu schaffen machen.

Der Text erzählt „Urgeschichte". Wir träfen nicht das im Text Gemeinte, wenn wir den Übergang vom „status integritatis" zum „status corruptionis" des Menschen als den Trennpunkt zweier Zeitabschnitte ansähen. Ein historisierendes Verständnis der Geschichte vom „Sündenfall" – Wstm. greift nicht nur diese Denkweise, sondern auch das Wort „Sündenfall" immer wieder an – bringt uns nicht nur mit der Gesamtschau der Menschheitsgeschichte in Konflikt, sondern läßt uns auch die Absicht der Texte der „Urgeschichte" verfehlen. „Der *gesamte* Geschehensablauf, vom Hineinsetzen des Menschen in den Garten bis zur Austreibung aus dem Garten, ist urgeschichtliches, d. h. unserer Geschichte jenseitiges Geschehen" (Wstm., S. 376). „Adam" ist nicht ein bestimmter Mensch, „Eva", die „Hervorbringerin des Lebens", also die „Mutter", ebensowenig. Jeder von uns ist Adam oder Eva. Der Urstand ist das Woher eines jeden von uns; der Zustand post lapsum ist unser aller Verfassung „in Adam" (1. Kor. 15,22). Was wir von der Schöpfung her sind, ist in unserm Sündersein nicht untergegangen und weggefegt; auch in der Negation ist das Negierte noch gegenwärtig und wirksam. Wie Gott mich gedacht und gemacht hat, das geht mit mir mit, wohin ich mich auch verirre. Indem wir eine jahrtausendealte Fehlinterpretation von Gen. 2/3 aufgeben, weichen wir nicht bloß dem Druck der Profanwissenschaften – Historie, Paläontologie –, sondern wir machen ein genuin theologisches Interesse geltend: daß, wo vom Ursprung die Rede ist, nicht von irgendeinem Adam, der vor so und so viel tausend Jahren lebte, die Rede ist, sondern von mir selbst, ebenso wie von dir selbst und von jedem selbst. So spricht der Text auch nicht davon, daß – lang ist es her – zwei Menschen gesündigt haben, und die ganze Menschheit muß, solange es sie gibt, die Folgen fremder Schuld tragen; Adams Schuld ist *die unsere*; jeder von uns hat die gegen Gott gerichtete Urentscheidung vollzogen, wohl innerhalb einer im Abfall von Gott lebenden *Menschheit* – wie könnten wir uns aus diesem Zusammenhang herauslösen wollen? –, aber doch so, daß wir zu diesem Abfall unsererseits ja gesagt, ihn selbst vollzogen haben und darum dafür verantwortlich sind. Es ist leicht, aufzuzeigen, wieso wir mit dem allem gedanklich in die Brüche kommen. Immer finden wir uns bereits in unserm sündigen Zustand vor, und immer wieder ist Sünde unsere – zu verantwortende – Tat. Meine Logik mag zerbrechen – ich habe der *Wirklichkeit meines Menschseins* standzuhalten. Von daher ist der Text zu verstehen.

Der Text hält uns in der Situation „vor Christus" fest. Er will ja, als „Urgeschichte", ein auf die ganze Menschheit bezogenes Wort sein. So müssen wir methodisch von dem absehen, was sich inzwischen durch und in Christus ereignet hat. Man darf das Evangelium nicht in Texte hineinzaubern, in denen es nicht vorkommt. Das hindert nicht, daß wir – wissend, was wir tun – am Ende eines jeden Teils unserer Überlegung über den urgeschichtlichen, ja sogar über den alttestamentlichen Horizont hinausblicken. Zunächst aber heißt es beim Text bleiben: *Die aus dem Paradies Vertriebenen sind wir*: (1) *der Versuchung erlegen*, (2) *zur Verantwortung gezogen*, (3) *und doch zum Leben begnadigt*.

I.

Die ätiologische Grundabsicht der Perikope veranlaßt uns, von dem Endzustand auszugehen, den sie feststellt: wir sind nicht mehr in dem Gottesgarten, in dem es sich gut leben ließ, weil wir dort in der ungestörten Nähe Gottes waren. Warum ist das so? Die alte Erzählung gibt die Antwort. Sie spricht zunächst von der Versuchung, der der Mensch ausgesetzt ist, – ein Gegentext zum Evangelium des Sonntags.

Die *Schlange* ist eines von den Tieren auf dem Felde, die Jahwe gemacht hatte (V. 1). Ein Tier wie jedes andere, ausgezeichnet nur durch die besondere Klugheit (Matth. 10,16). Die Exegeten legen Wert darauf, daß der Schlange keine mythische und damit metaphysische Qualität zugeschrieben werde. Daß sie es ist, die die Menschen verführt, sei nur von der Darstellung her begründet: es ist niemand anderes auf der Szene, der für diese Funktion in Frage käme. – Ich möchte dem nicht widersprechen, daß die Schlange einfach ein Tier ist. Aber es wäre modern gedacht, wenn wir sie nur zoologisch sähen. In einem Weltbild, in dem vieles, worin wir einfach „Natur" sehen, von Geistern bewohnt und mit geheimnisvollen Kräften geladen ist, ist die Schlange eben doch nicht nur eine zoologische Species. Sie „hat durch ihre Unheimlichkeit von jeher die Aufmerksamkeit des Menschen auf sich gezogen. Ihr tödlicher Biß, ihr Blick, ihre erstickende Umschlingung ließen sie als Träger bedrohlicher Mächtigkeit erscheinen ... Vielfach galt sie als dämonisches Tier, als ein ahrimanisches Wesen ..., als Verkörperung satanischer Kräfte" (RGG[3] 5, Sp. 1419). Es ist eben doch nicht zufällig, daß die alte Überlieferung die Funktion des Verführers im Garten Gottes nicht einem – Eichhörnchen zugeteilt hat. Auch wenn man die Welt längst entmythisiert hat (wie etwa bei P, der die einstigen Göttergestirne zu „Beleuchtungskörpern" depotenziert, 1,14): das kollektive Unbewußte hält die alten Vorstellungen unterschwellig fest (vgl. Offb. 12,9). Peter Hacks läßt „Satanael" – welchen er als dialektische Gegenkraft zu Gott ansieht und wohl darum mit der El-Qualität versieht –

vorübergehend in die Schlange schlüpfen: eine kluge und gebildete Ausdeutung des Sachverhalts.

Nun ist freilich die von außen an den Menschen herantretende Verführung nicht so zu verstehen, als solle der Mensch von seiner Verantwortung für die Sünde entlastet werden. Nicht äußere Zwänge haben uns zu Sündern gemacht: etwa unsere Leiblichkeit und Weltlichkeit, das Verstricktsein in die Gesetzmäßigkeiten und Strukturen der Welt, die Macht des Schicksals, die dialektische Notwendigkeit des Gegensatzes (als gäbe es kein Gutes, wenn nicht auch das Böse wäre). Niemand wird leugnen, daß solche Mächtigkeiten auf uns einwirken; aber wir bleiben verantwortlich und zurechnungsfähig. Die Sünde ist unsere freie Tat. Nicht jedoch so, daß wir uns in solipsistischer Einsamkeit selbst verwirklichen, sondern so, daß wir unsere Entscheidungen im Miteinander mit anderen Geschöpfen zu treffen haben. Menschen können uns verführen. Es gibt auch den unsichtbaren dunklen Widersacher. Wäre er im Text tatsächlich nicht gemeint, dann hätten wir ihn, belehrt durch das Ganze der Bibel, hineinzuinterpretieren. Die Stimmen, die Jesus in Matth. 4 hört, sind nicht Projektionen seiner eigenen Bosheit – wir würden Jesus ja nicht wiedererkennen! –, sondern Einflüsterungen des unsichtbaren Feindes. Mit dem haben wir uns auseinanderzusetzen.

עָרוּם bedeutet nicht nur „klug", sondern auch „listig". Der Text zeigt in erzählerischer Meisterschaft die Gefährlichkeit der Verführung, die raffinierte Art negativer Seelsorge. Die Absicht, die Menschen von Gott loszutrennen, wird dem Leser im Lauf des kurzen Gesprächs zwischen der Schlange und der Frau bald deutlich. Dem Leser, nicht der Frau. Keine Rede davon, daß hier zu massiver Sünde aufgerufen würde. Von Gottes Verbot ist die Rede. Nicht unter der Frage, ob man sich daran halten soll oder nicht (wie dürfte man überhaupt so fragen!), sondern ob es so, wie in V. 1 b gesagt, *lautet*. Und es lautet ja in der Tat nicht so, wie die Schlange es wiedergegeben hat. Die Frau verteidigt Gott, indem sie den Irrtum richtigstellt. Sie tut es, indem sie ihrerseits Gottes Gebot verändert: sie fügt eine Verschärfung hinzu: nicht einmal *anrühren* dürfen wir die Früchte vom verbotenen Baum. Fast möchte man sagen: päpstlicher als der Papst, göttlicher als der liebe Gott selbst – aber eben darin eine gesetzliche Schärfe, an der man die Gefährdung der Freiheit, eigentlich sogar die beginnende Unfreiheit erkennt. Dennoch: die Frau hat für Gott Partei ergriffen und deutlich gemacht, daß Gott nicht etwa – wie man argwöhnen könnte – kleinlich, knickrig, mißgünstig ist. Schön eigentlich, wenn man sich einmal apologetisch für Gott einsetzen kann! – Aber seit dem Eröffnungszug der Schlange ist, trotz der stichhaltigen Richtigstellung durch die Frau, die argwöhnische Diskussion im Gange. Zugegeben: Gott hat euch einen großen Spielraum gelassen; nur: auffällig, vielleicht muß man sagen: um so auffälliger das eine Verbot. Gott hat gesagt, bei Genuß der verbotenen Frucht werdet ihr sterben. Das stimmt keineswegs (man achte auf den Inf. abs.)! Ihr verliert nicht euer Leben, ihr habt nur etwas zu *gewinnen*! Euch werden die Augen aufgehen, und ihr werdet wie Gott sein, „indem ihr wißt Gut und Böse". Leider ist nicht eindeutig auszumachen, was das bedeutet. „Sein wie Gott" meint wahrscheinlich nicht die hybride Selbsterhebung auf die Seinsstufe Jahwes, sondern ein göttergleiches Dasein, das mit dem Wissen um Gut und Böse (Schlecht) koinzidiert. Gut und Böse kennen, das kann heißen: *alles* kennen – und können (s. o.). Es kann auch bedeuten: im Sinne der Weisheit Förderliches und Abträgliches recht wahrnehmen und unterscheiden. „Sein wie Gott" bezeichnet dann „dieses Erkennen in seiner äußersten Möglichkeit: es geht um eine göttliche, eine auf das höchste

gesteigerte Befähigung zur Bewältigung des Daseins" (Wstm., S. 337), „die Möglichkeit einer Ausweitung des menschlichen Wesens über die von Gott in seiner
Schöpfung gesetzten Schranken hinaus, einer Lebenssteigerung, nicht nur im Sinne
einer rein erkenntnismäßigen Bereicherung, sondern auch eines Vertrautwerdens,
eines Mächtigwerdens über Geheimnisse, die jenseits des Menschen liegen" (von
Rad, S. 72). Der seine Grenzen überschreitende Mensch! Die Sünde ist nicht etwas
Niedriges, Schmutziges, Gemeines, sondern etwas Faszinierendes, Glückversprechen-
des, den Menschen Erhebendes. Freilich: die gnädige, unser Leben gesunderhaltende
und bewahrende Beschränkung, die Gott uns zugedacht hat, wird gesprengt; sie
wird im Mißtrauen gegen Gott so ausgelegt, als wollte er uns niederhalten und uns
unser Gutes mißgönnen. So wird sein gutes Gebot „hinterfragt". Das Vertrauen ist
weg. Der Mensch denkt, er müsse besser wissen, was ihm gut ist, als dieser mißgün-
stige Gott. Man hört auf die andere Stimme. Der Bruch mit Gott ist da, noch ehe die
Frau und nach ihr der Mann nach der Frucht gegriffen haben. Die „wortlose Szene"
(V. 6 – von Rad) vollendet's nur. Natürlich ist die Frucht verlockend anzusehen –
wie alle anderen Früchte auch. Das allein macht's nicht. Die innere Absage an Gott
macht's. Ist ein Faktor negativ, steht das Minuszeichen auch vor dem Produkt.
Das gestörte Gottesverhältnis verdirbt in unserm Leben auch die Dinge, die an sich
gut und lustig anzusehen sind.
Wenn es wahr ist, daß dies unser aller Geschichte ist, dann ist es die Aufgabe der Predigt, das hier Gesagte an uns selbst aufzuzeigen. Nicht immer hat die Sünde eine so
harmlose äußere Gestalt – schon im nächsten Kapitel bleiben eine Leiche und eine
Blutlache auf der Szene, hier nur ein Apfelgriebs. Die Wurzel ist in beiden Fällen dieselbe. Das Geschöpf wendet sich gegen den Schöpfer. Die Freiheit ist mißbraucht.
Adam und Eva erlagen der Versuchung. Jesus hat sie bestanden. Es kann jetzt nicht
ausgeführt werden, was das für unsere Lage bedeutet. Der Versucher ist nicht un-
besiegbar. Wir sind ihm nicht verfallen. Jeder falsche Respekt ist hier unangebracht.
Aber wir müssen wissen, wo wir stehen, wenn wir uns nicht an den halten, der mit
ihm fertig geworden ist.

2.

Die Übertretung ist geschehen. Nun werden die beiden zur Verantwortung gezogen.
Wie?
Vorerst noch nicht so, daß Gott sie „stellt". Die Sünde bringt zunächst eine unmittelbare Wirkung hervor, ohne daß wir Gott eingreifen sehen. Die Schlange hat es versprochen: Wenn ihr eßt, werden euch die Augen aufgehen (V. 5). Nun gehen die
Augen auf (V. 7), und die beiden bemerken, was ihnen vordem gar nicht aufgefallen
ist: sie sind nackt (vgl. 2,25 und 3,7). Man könnte über diese Stelle schnell hinweggehen, indem man den Wandel der Sitte in Betracht zieht; noch werden nur bestimmte Abschnitte des Badestrandes für paradiesische Gepflogenheiten reserviert, aber
vielleicht denkt man auch darin bald freier. Es ist auch nicht die Nacktheit als solche,
die dem Text Gegenstand der Scham ist, sondern „das Bloßgestelltsein" (Wstm.).
Gewiß, die Intimsphäre bedarf der Verhüllung. FKK bedeutet ja nicht Abschaffung
der Scham. Andererseits: Scham ist nicht eindressierte Prüderie, und Prüderie
wiederum kann sehr geil sein. Man hat nicht den Eindruck, daß unser sehr „freies"
Zeitalter erotisch besonders glücklich begabt wäre. Ob wir das „Mysterium" der ehe-
lichen Liebe (Eph. 5) wieder lernen müßten? – Es geht hier um anderes. Wieder er-

bringt der mit negativem Vorzeichen versehene Multiplikator zusammen mit dem positiven Multiplikanden ein negatives Produkt. Die Unbefangenheit ist dahin. Menschen schämen sich – nicht nur im Bereich des Geschlechtlichen. Wo unsere Anfälligkeit am deutlichsten ist, dort sind wir am empfindlichsten. An den „dünnen Stellen" unserer sittlichen Existenz stellt sich die Gesetzlichkeit am ehesten ein. So bringen wir unsere Feigenblätter an sehr verschiedenen Stellen an.

Es ließe sich vielfältig aufzeigen, wie unsere Sünde sich auszahlt, ohne daß Gott auf irgendeine Weise von außen eingriffe. Dem Text liegt daran, daß wir von Gott ausdrücklich zur Rede gestellt werden. Noch im Paradies, können die Menschen dem in der Abendkühle sich ergehenden Gott begegnen. Sie können, sie wollen aber nicht. Sie hören die Schritte – schon ist die Angst da. Gott diagnostiziert Scham und Furcht als Merkmale ihres Schuldigseins. Er stellt sie wegen ihrer Übertretung ausdrücklich zur Rede. Daß sie erst jetzt – nach dem dreimaligen „du hast getan" (VV. 11.13.14) – von ihrer Schuld wissen (Wstm.), vermag ich nicht einzusehen. Sie kannten das Gebot, sie haben es übertreten. Daß sie sich vor Gott verstecken, zeigt bereits ihr lädiertes Gewissen. Daß sie hernach versuchen, sich herauszureden, unterstreicht dies nur. Der Mann schiebt's auf die Frau, nicht ohne mit leise erhobener Stimme Gott selbst, der ihm dieses Weib zugesellt hat, als erste Ursache seiner Verschuldung zu bezeichnen. Die Frau sieht sich als Opfer des Betrugs der Schlange an. Und die Schlange könnte, wenn man sie zur Rechenschaft zöge, darauf hinweisen, daß sie die beiden mit keinem Wort zur Sünde aufgefordert hat – jedenfalls nicht zur Übertretung des ausdrücklichen Verbots. Sie hat eigentlich nicht einmal gelogen. Stimmte es nicht, daß den Menschen die Augen aufgetan werden würden? Sind sie nicht darin – leider eben nur darin – geworden wie Gott? Haben sie nicht den Blick für Gut und Böse bekommen? Anders freilich, als sie erwarteten: statt Förderliches und Abträgliches weise unterscheiden zu können, haben sie – nach der paradiesischen Zeit des problemlos Guten – in die Abgründe des Bösen hineinsehen gelernt. Sind sie Betrogene? Sie sind auf jeden Fall Schuldiggewordene. Keiner von uns hat, mag auch die Versuchung noch so groß gewesen sein, je eine Sünde getan, in die er nicht eingewilligt hätte. Sünde als Verhängnis? Nein, Sünde ist zurechenbar, also Schuld. Unsere Virtuosität, mit der wir den andern bezichtigen und verantwortlich machen, hilft uns vor Gott nicht. Warum muß man sich verstecken, wenn man Gottes Schritte hört? Daß wir meinen, wir brauchten uns vor ihm *nicht* zu verstecken, könnte daran liegen, daß wir diese Schritte eben nicht mehr hören! – Schwer muß uns – zusätzlich zu der Schuld ersten Grades – noch belasten, daß wir nicht einmal soviel Würde haben, unsere Schuld auf uns zu nehmen und gemeinsam zu tragen. Einander Vorwürfe zu machen, alles auf den andern abwälzen, um – nach der Methode: „haltet den Dieb!" – selbst noch einigermaßen günstig abzuschneiden, paßt leider allzu gut in das Bild des schuldhaft verunglückten, mit Gott, dem Mitmenschen und sich selbst zerfallenen Menschen. – So werden alle Theorien über den Ursprung des Bösen hinfällig. Sünde ist Tat der menschlichen Freiheit, also unableitbar, nicht kausal rückwärts zu verfolgen bis zu einer außerhalb des Menschen liegenden Ursache.

Daß die Literarkritik die VV. 14–19 (Strafsprüche) und die VV. 22–24 (Vertreibung) voneinander sondert (und den VV. 20 f. abermals einen besonderen Ort gibt), wird den Prediger nicht allzu sehr beschäftigen. Er wird zunächst beides zusammensehen: das Dasein außerhalb des Paradieses ist eben das in den Strafsprüchen geschilderte. Wir reden zunächst von den Menschen. Weder Mutterschaft noch die Arbeit des Bauern – wie die Arbeit überhaupt – sind Strafen (die Predigt muß törichte Vorurteile abbauen helfen); aber die damit verbundene

Mühsal und die Schmerzen sind von Gott verhängte Folgen der Sünde. Daß wir nicht im Paradiese leben, braucht der Gemeinde nicht auseinandergesetzt zu werden. Der Mensch ist das Schicksal der Welt. Daß er mit seinem Schöpfer zerfallen ist, daran trägt er nun, und er reißt seine Mitgeschöpfe in die Verkehrtheit seines Treibens und in dessen Folgen mit hinein. Ein hartes Wort: der Fluch über den Acker (V. 17b). Was hier in die Lebens- und Arbeitslage des Bauern hineingesagt ist, wäre zu variieren im Blick auf andere Berufe. Wir sind – auch von Gott her mit vollem Recht – bemüht, die Strapazen des Arbeitslebens – nicht nur in der Landwirtschaft, sondern auch in den Fabriken und Büros, beim Bergen der Schätze der Erde über und unter Tage, in Verkehr und Handel (usw.) – zu mildern. Aber das Paradies werden wir uns nicht selbst zurückerobern. Der Kerub hat ein zuckendes Flammenschwert. Gott sorgt dafür, daß uns weitere Übergriffe nicht gelingen (V. 22). Täte er es nicht, so täten wir selbst es: die Menschheit ist leider unerhört begabt und zäh im Erfinden von Mühsal, die sie sich selbst bereitet. Es bedarf auch dafür keiner besonderen Belege.

Daß und in welchem Sinne das Paradies uns wieder aufgeschlossen ist, darüber kann jetzt nicht gesprochen, aber daran soll erinnert sein (Offb. 2,7; Luk. 23,43). Wir haben wieder den Zugang zu Gott (Röm. 5,2; Eph. 3,12 u. ö.). „Die geliebte Welt"? Der Ausklang dieser Erzählung und vieles aus unserer eigenen Erfahrung scheint nicht dafür zu sprechen. Die Bibel ist ja auch mit Gen. 3 nicht zu Ende.

3.

Ja, nicht einmal dieser Text endet mit dem bisher Gesagten. Die jahwistischen Erzählungen von Schuld und Strafe enden immer so, daß am Ende ein Gnadenerweis Gottes steht (ob dies auch bei Gen. 11 so ist, sei für den Pfingstmontag aufgespart). Man halte sich doch vor Augen: 2,17 war gesagt, daß die Menschen, wenn sie das Verbot übertreten, mit Sicherheit (Inf. abs.) sterben werden. War es von Gott nicht ernst gemeint? Hatte die Schlange recht, als sie dies behauptete (3,4)? Wir würden die Erzählung falsch verstehen, wenn wir meinten, Gott nähme sein eigenes Gebot – samt der Strafandrohung – nicht ernst. Im Paradies können wir nicht mehr leben. Eigenmächtig nach dem *ewigen* Leben zu greifen – das wäre noch eine Überhöhung des bisherigen Frevels –, ist uns erst recht unmöglich gemacht (V. 22b). Aber das Leben soll weitergehen! Unter Mühsal zwar – der Prediger Salomo weiß davon –, aber doch eben so, daß Gott selbst für seine Erhaltung sorgt. Peter Hacks schließt – unter anderem Vorzeichen zwar als Gen. 3 – sein Stück mit dem Wort Gottes an die Menschen: „Geht euren Weg." Was sagt der Text?

Die Frau bekommt – von Adam zwar – den Namen „Mutter" (s. o.). Daß sie es auch künftig sein wird, ist in V. 16 deutlich als Gottes Wille vermerkt. Nicht, daß mit der Sünde der Tod in die Welt gekommen sei, sagt der Text. V. 19 deutet nur auf das Ende des strapazenreichen Lebens und weist dabei auf 2,7 zurück. Freilich: der Mensch *erfährt* jetzt von seinem Ende (von Rad, S. 77). Mag dies „für das Ohr des Menschen niederschmetternd" sein (ebd.): die Geschichte der Menschen geht weiter.

Gott ersetzt selbst die zusammengenestelten Feigenblätter (V. 7) durch Fellröcke. Er nimmt sich selbst insofern der Menschen an, als sie nicht „bloßgestellt" durchs Leben gehen müssen. Eine kulturgeschichtlich zu verstehende Notiz hat einen Hintergrund, der tief ins Menschliche reicht. Gott selbst bedeckt das, wessen wir uns schämen müssen. Es soll jetzt nicht ausgeführt werden, wie diese hier angelegte Linie im Neuen Testament ausgezogen wird.

Und ein Letztes. Der Fluchspruch gegen die Schlange (V. 15) ist tatsächlich zunächst nichts anderes als eine ätiologische Erklärung dafür, daß die Schlange kriechen muß und Mensch und Schlange einander feind sind. Es ist an alle Nachkommen der Frau gedacht, nicht an einen. Die herkömmliche Deutung des Satzes als *Protevangelium* ist durch den Text nicht gedeckt. Dennoch höre ich daraus Evangelium. V. 15 wäre in Gen. 3 ein Fremdkörper, wenn nicht der, der den Vers dahingestellt hat, der Meinung gewesen wäre: der Fluch trifft die Schlange, weil sie es war, die die Frau verführt hat. Wenn das so ist, dann ist schon in den VV. 1–5 die Schlange nicht lediglich aus literarischen Gründen eingeführt, sondern dann ist sie dort die Macht der Verführung. Wir erinnern an das, was vorhin zum Thema „Schlange" gesagt war (vgl. von Rad, S. 74). Hier wird nicht nur literarisch objektiviert, was aus des Weibes eigenem Herzen kommt: sonst müßte das *Weib* verflucht werden. Man höre doch: Die dunkle Macht, die uns zum Sündigen verführt und uns mit Gott entzweit, wird verflucht! Nun sieht der Mensch das unheimliche Tier sich heranschlängeln, und er muß fliehen, weil es ihm nach der Ferse „schnappt". Aber der Mensch weiß doch zugleich: Gott ist dieses Tieres Feind. Wenn es daherkriecht und Staub frißt und wenn er, der Mensch, ihm den Kopf zertreten hat, dann sieht er, dieser Mensch, darin jedesmal ein von Gott gesetztes Zeichen der Hoffnung. Es war und es ist nicht Gottes Konzept, daß die Menschen von ihm wegverbannt und ins „Elend" geschickt sind. Der Verführer hat Gott zum Feind. Der Sohn Gottes wird die Werke des Teufels zerstören (1. Joh. 3,8 – Wochenspruch). Der erste Adam – Mann und Frau gleichermaßen – ist dem Versucher erlegen. Der zweite Adam erliegt ihm nicht. Der Teufel muß weichen, und die Engel dienen ihm. Weil dieser zweite Adam kommt, darum wird dem ersten in Gnaden noch einmal Zeit gegeben.

Reminiszere. Matth. 12,38–42

Das Verlangen der Gegner nach einem Zeichen findet sich auch Mark. 8,11 ff., von Matthäus aufgenommen in 16,1 ff., doch so, daß Matthäus aus Q (vgl. Luk. 12,54–56) ein Wort über „die Zeichen der Zeit" einfügt. In unserm Text liegt Q-Überlieferung vor, in der die Zeichenforderung bereits mit dem Logion vom Jonazeichen verbunden ist, auch mit dem Hinweis auf die Niniviten und die Königin aus dem Süden. Abweichend von Lukas ist V.40 gestaltet: hier wird Jonas dreitägiges Verschwinden im Fischbauch mit Jesu Aufenthalt in der Erde parallelisiert, nach Bultmann eine ganz sekundäre Gemeindebildung (GsTr., S. 124), auffällig nur darin, daß Jesus nach der Überlieferung *am dritten Tage* auferstanden ist (also nur zwei Nächte!). Die auf die Perikope folgenden VV. 43–45 haben mit dieser ein Stichwort gemeinsam: die πονηρὰ γενεά (VV. 39.45), aber sonst nichts. Die Abgrenzung der Perikope ist also sinnvoll.
V. 38: Das ἀπεκρίθησαν dürfte Hebraismus sein (= וַיַּעַן), vgl. Hiob 3,2: nach sieben Tagen und Nächten des Schweigens „antwortet" Hiob nicht, sondern „fängt an zu reden", so daß in unserm Text V. 38 mit dem Vorangehenden nicht zu verbinden ist. Ein „Zeichen" – ein bestimmtes ist nicht verlangt – soll Jesus in seiner Autorität legitimieren.
– V. 39: μοιχαλίς kann im eigentlichen Sinne gemeint sein (Schlatter: eine boshafte und erotisch verwilderte Schar; wörtliches Verständnis auch bei Schniewind), aber auch übertragen: bundbrüchig (vgl. Hosea 2,1 ff.; 5,3 f.; Jer. 3,6 ff.; Ez. 23;2 ff.). In dem Passiv δοθήσεται ist Gott als Handelnder verborgen. Zum „Zeichen des Jona" vgl. ThWNT III, S. 411 ff. und VII, S. 231 ff. Man hat das Jonazeichen verschieden gedeutet: a) Jona = Johannes der Täufer. Jona wäre dann Kurzform von Johannes (16,17). Man hat sich auf Joh. 5,35 berufen. Dann hätten bereits Matth. und Luk. falsch gedeutet (unser Text: V. 40). b) Es ist wirklich an den Propheten von Ninive gedacht (V. 41!). Ἰωνᾶ könnte

dabei Gen. subj. sein (das Zeichen, das Jona gegeben hat), auch Gen. obj. (das Zeichen, das ihm gegeben wurde), am ehesten jedoch Gen. appositionis (das Zeichen, das Jona selbst in seiner geschichtlichen Erscheinung *ist*). Dabei wäre nicht an die Bußpredigt zu denken, denn es wäre ungewöhnlich, eine Predigt als „Zeichen" anzusehen. Jona wurde den Niniviten wohl dadurch zum Zeichen, „daß er als der aus dem Innern des Seeungeheuers Errettete vor sie trat" (J. Jeremias). Die Legitimierung Jesu bestünde danach in seiner Errettung aus dem Tode. Zu überlegen bleibt, ob, nach V. 40, nicht bereits das Verschwundensein im Bauch des Fisches als Zeichen anzusehen ist. – V. 40: Diese spezielle Ausdeutung nur bei Matthäus. Drei Tage und drei Nächte nach Jona 2,1; runde Zeitangabe, die eine „kurze Zeit" meint (vgl. Hosea 6,2; Mark. 8,31; 14,58; Joh. 2,19). Die Beziehung auf Jesu Tod und Auferstehung ist in der Matth.-Fassung unverkennbar. – VV. 41 f.: Doppeldrohwort, bei Lukas in umgekehrter Reihenfolge. Erwähnung der Niniviten infolge Stichwortassoziation („Jona"). Beim Jüngsten Gericht werden „alle Völker versammelt" sein (25,31), auch die Leute von Ninive und die Königin aus dem Süden, die im Unterschied zu Israel Buße getan bzw. die Weisheit Salomos angenommen haben (Jona 3,5ff.; 1. Kön. 10,1–13) und das unbußfertige Israel verurteilen werden. „Mehr als Jona, mehr als Salomo": jenseits aller christologischen Formelsprache (die Stelle ist denn auch bei F. Hahn, Christolog. Hoheitstitel, nicht, bei O. Cullmann, Christologie, nur in einer Anmerkung, S. 165, erwähnt) ein verhüllendes Selbstbekenntnis Jesu (Percy), vgl. 12,6.

Unsere Evangelien könnte man nach Martin Kählers bekanntem Dictum – „etwas herausfordernd" zwar, aber doch mit einigem Recht – „Passionsgeschichten mit ausführlicher Einleitung" nennen (Der sog. historische Jesus und der geschichtliche, biblische Christus,. Neudruck ²1956, S. 60, A.). Dies bedeutet sicher nicht, daß der „Passion" eine Reihe von Sprüchen, Reden und Begebenheiten vorangestellt sind, die ihre eigene Thematik und darum mit Leiden, Tod und Auferstehung keinen Zusammenhang hätten. Das Passionsthema ist, meist implizit, in allem drin, was uns von und über Jesus überliefert ist. Das Leben und Wirken Jesu ist so angelegt, daß es auf diesen Ausgang zustrebt. Dies schon in einem biographisch naheliegenden Sinn. Jesus mußte wissen, daß seine Auslegung der Tora und seine dieser Auslegung entsprechende Praxis den Konflikt mit den Jerusalemer Instanzen heraufführte. Daß diese sehr bald auf ihn aufmerksam werden mußten, verwundert nicht (Mark. 3,6 Parr.; vgl. auch Joh. 5,16). Dazu kommt besonders sein Umgang mit den Benachteiligten, Verachteten, Ausgestoßenen, Gescheiterten. Nicht, daß er darin „zu weit gegangen" wäre, wie einige neuere (Privat-)Glaubensbekenntnisse behaupten, brachte Jesus zu Fall; man verbaut sich das Verständnis der Predigt und des Werkes Jesu, wenn man ihn primär vom sozialen Engagement her versteht und sein Retterwirken sich vor allem auf die Befreiung aus einem bestimmten gesellschaftlichen Schicksal beziehen läßt. Gottes Name wird geheiligt, Gottes Reich kommt, Gottes Wille geschieht, indem Menschen aus den gottwidrigen Bindungen befreit werden durch *Vergebung der Sünden*. Hier vor allem stößt Jesus mit den Maßgebenden zusammen. Der Konflikt wird unvermeidlich. Gott *erbarmt* sich seiner abtrünnigen Welt und holt sie *so* zu sich zurück: dies muß den Torafanatikern unerträglich sein. Dazu kommt, daß Jesus sich auf keinerlei äußere Legitimation berufen kann. Jesus stört also nicht nur im Sachlichen die Kreise der orthodox-jüdischen Religionspraxis; schon daß er überhaupt mit dem Anspruch auftritt, die Gewissen der Menschen zu unterweisen und schuldiggewordene Menschen im Namen Gottes zu absolvieren, läßt ihn mit den offiziellen Vertretern der Sache Gottes kollidieren; die „Ordination", auf die er sich beruft (11,27; Joh. 20,21 u. a.), kennen sie nicht. – Jesus müßte ein Träumer gewesen sein, wenn er nicht mit seinem gewaltsamen Tode gerechnet hätte. Im Grunde sind schon die in 4,1–11 dargestellten Grundentscheidungen über seinen

Weg und sein Werk die Entscheidung für das schwere, bittere Ende seines irdischen Weges. Dann ist aber auch klar, daß Jesus sich mit dem Sinn seines Leidens und Sterbens beizeiten hat auseinandersetzen müssen: Wie stimmt der Ausgang seines Erdenschicksals zu seiner Sendung?

Wir sind weit davon entfernt, eine original-jesuanische Kreuzestheologie aus Postulaten zu entwickeln. Es muß nur der in der Literatur so oft vertretenen Anschauung entgegengetreten werden, aus der Ex-eventu-Formulierung der Leidensweissagungen Jesu folge, daß er nicht nur möglicherweise anders, als dort gesagt, über seinen bevorstehenden Tod gedacht und geredet habe, sondern sogar, daß er überhaupt nicht davon geredet, ja wahrscheinlich nicht einmal daran gedacht habe.

Für das Verständnis eines Textes, wie er uns in unserer Perikope vorliegt, wird dies alles von großer Bedeutung sein. Was auch immer davon auf Formulierungen der Gemeinde zurückgehen mag (ich hätte kein Bedenken, zu sagen: *alles*): *was* da in Worte gefaßt ist, geht auf Jesus zurück. Daß die Deutung des Wortes vom Jonazeichen in den Paralleltexten nicht einhellig ist, spricht eher dafür als dagegen. Die – vorhin skizzierte – Gesamtszenerie seiner Auseinandersetzung mit den Widersachern im Wissen um die innere Notwendigkeit des Scheiterns macht uns die Perikope verständlich. Ist es so, daß erst die Überlieferung den Passus vom Jonazeichen hinzugebracht hätte (d. h. alles, was auf das δοθήσεται αὐτῇ, V. 39, folgt), dann hätte sie eine Sachaussage von großer Bedeutung zustande gebracht, abseits von allen üblichen Formeln, sowohl was das Jonazeichen angeht, als auch in dem „mehr als Jona", „mehr als Salomo". Und sie hätte zugleich eine Feinheit des Denkens Jesu erfaßt: Jesus verwandelt Fragen eines glaubenslosen theoretischen Denkens in Gewissens- und Glaubensfragen (Beispiel: Luk. 13,1–5.23–24). Handelt es sich wirklich um „eine ganz sekundäre Gemeindebildung" (Bltm., s. o.), dann kann man nur sagen: die Gemeinde, die hier das Wort hat, hat in der Schule des Jesus von Nazareth mit hohem Erfolg studiert.

Wir treffen, denke ich, das Gemeinte, wenn wir, die Vollmachtsfrage ganz locker formulierend, so thematisieren: *Was geht uns dieser Jesus an?* (1) *Er gibt kein Zeichen,* (2) *und er gibt doch ein Zeichen,* (3) *nämlich ein Zeichen zur Umkehr.*

I.

Ein eminent christologischer Text, vom Anfang bis zum Ende. Die Zeichenforderung der Schriftgelehrten und Pharisäer steht ja nicht für sich im Raum, als ginge es ihnen nur darum, einmal etwas Sensationelles zu erleben – gleich, wer ihnen ein solches aufregendes Erlebnis zu verschaffen vermag. Es geht um *Jesus.* Er soll sich vor ihnen durch ein Wunder ausweisen und so seinen Anspruch auf Gehör, Glauben und Gehorsam begründen. Wir sind damit bei einem Thema, das der Christenheit von außen immer wieder gestellt wird und über das sie, sich selbst über ihren Glauben Rechenschaft gebend, um ihrer selbst willen nachdenken muß. Was geht uns dieser Jesus an? Wer *aufklärerisch* dächte und auch hinsichtlich der Sache Gottes die Vernunft für allein zuständig hielte, könnte Jesus allenfalls zugestehen, daß er, was grundsätzlich *alle* vermögen, besonders glücklich und überzeugend vermocht hat; nur eben: sein Vorsprung vor uns anderen wäre nur ein relativer. – Wer konsequent und zwar ausschließlich *geschichtlich* denkt, wird daran festhalten, daß nichts in der Fülle des Geschichtlichen – im Neben- wie im Nacheinander – den Anspruch der „Absolutheit" (Troeltsch) erheben kann, Jesus also nur als eine Gestalt unter vielen vergleichbaren anzusehen ist. – Wer, darüber hinaus, die Menschheits- und speziell auch die Religionsgeschichte als einen *Prozeß* begreift, in dem jede Gestalt und jedes Ereignis ihren bestimmten Ort haben, aber eben nur für ihr eigenes Wann und Wo von Bedeutung sind, dann wird man erst recht sagen: Jesus – für seine Zeit (vielleicht) beachtlich, für uns, nach mehr als 19 Jahrhunderten, ohne Interesse. – Wer in den *Religionen* menschliche Versuche sieht, dem ewig rätselhaften Göttlichen zu nahen und, so gut man kann, Ehrfurcht zu erweisen, der wird sagen, Jesus sei einer von vielen gewesen, die es, je auf ihre Weise, versucht haben; wir aber müßten es auf unsere Weise versuchen.

Wer *glaubt*, läßt sich in solche Weisen des Denkens nicht einordnen, sondern betont, daß er ganz woanders stehe. Jesus ist nicht einfach eine Variante des Menschlich-Geschichtlichen unter anderen. Schon: er ist ganzer Mensch. Aber er ist zugleich etwas ganz anderes. Man muß es – bei aller Kritik, die sofort noch anzumelden sein wird – den Schriftgelehrten und Pharisäern lassen, daß sie es mit ihrer Forderung auf dieses ganz andere abgesehen haben und insofern in die richtige Richtung denken. Wir müssen sie von ihren Voraussetzungen her verstehen. Jesus bedeutete mit dem, was er war, tat und sagte, für sie eine ungeheure Zumutung. Wir erinnern an das eingangs Gesagte: Ankündigung des Reiches Gottes, Neuinterpretation der Tora gegen alle Tradition („ich aber sage euch"), also neuer, dem Gewohnten widersprechender Gehorsam in Freiheit, Zuspruch der Sündenvergebung („dieser lästert Gott", 9,3), liebende Annahme der Sünder, Vergegenwärtigung Gottes in allem vollmächtigen Handeln. Wer kann das, wer darf das? Längst, ehe die erste christologische Formel ausgesprochen wurde, war die Frage nach der Person Jesu „dran", einfach deshalb, weil Jesus so, wie er redete und handelte, (wenn man es so ausdrücken darf) „Christologie praktizierte". Die Frage, die 21,23 noch explizit gestellt werden wird, ist das Motiv der Zeichenforderung. Man muß sich vor Augen halten, daß die Widersacher sich mit ihrem Begehren in gewisser Hinsicht in Jesu Hand geben: wenn er nämlich das Zeichen tut und damit seine von Gott stammende Vollmacht demonstriert, dann müssen die Gegner ihn – und wäre es mit knirschenden Zähnen – anerkennen. Dann wäre Jesu Vollmachtsformel „Amen, ich sage euch ..." – mit ihr überbietet er Mose und alle Propheten – von Gott selbst gedeckt.

Nicht nur der Unglaube, sondern auch der Glaube begehrt, wenn er in die Anfechtung gerät, die äußere Vergewisserung, die, wie man meint, über das blinde Vertrauen noch hinausführt. Ach, daß doch Gott den Himmel zerrisse (Jes. 63,19)! Das wäre ein solches Zeichen. Zeichen werden in der Bibel nicht nur begehrt, sondern auch gewährt und zuweilen von Gott spontan gegeben. Man denke etwa an die Art und Weise, in der sich Mose und Aaron vor dem Pharao ausweisen (Exod. 7,9f.) und an die Plagen (7,14ff.). Ahas wird durch Jesaja aufgefordert, sich ein Zeichen zu erbitten (Jes. 7,11ff.). Zacharias, Maria, die Hirten werden durch Zeichen vergewissert (Luk. 1,18.20.36; 2,12). Gott kommt hier und da den Seinen mit einem Hinweis zu Hilfe. Eine eindeutige Demonstration der Göttlichkeit seines Handelns gibt er indessen nie. Auch wo Machttaten Jesu geschehen und von den Gegnern wahrgenommen, in ihrer Faktizität auch nicht bestritten werden, bleiben sie zweideutig (12,24). Noch wandeln wir im Glauben, nicht im Schauen (2. Kor. 5,7) und sehen durch einen Spiegel in einem dunklen Wort, nicht jedoch von Angesicht zu Angesicht (1. Kor. 13,12).

Jesus weist die Zeichenforderung ab. Genauer: *Gott* gibt kein Zeichen (s. o.). Es wäre für Jesus keine Frage, ob er es *könnte*. Er *tut* es nicht. Wir erinnern uns an Joh. 4,46-54 (3. S. n. Epiph.). Bei den Synoptikern hat das Wort Zeichen immer einen mißlichen Klang (Goppelt, ThNT 1, S. 196). Ein Legitimationswunder? Es könnte für Jesus

verlockend sein (es sei noch einmal an 4,1ff. erinnert). Die Gegner müßten sich geschlagen geben. Sie müßten anerkennen, daß Jesus die Ordination ohnegleichen hat.
Alle, mit denen Jesus zu tun bekam und bekommt, müßten sich beugen, nolentes
volentes. Der Unglaube würde zur Unmöglichkeit – freilich nur deshalb, weil es dann
auch keinen Glauben mehr gäbe. Zehn Plagen haben den Pharao nicht zu einem gläubigen Mann gemacht. Die Sprache der harten Tatsachen kann Menschen nötigen,
klein beizugeben; aber Liebe erzeugen sie nicht. Es geht doch in Jesu Werk darum,
daß Gott sich in uns durchsetzt! Was würde dann einem ,,bösen und ehebrecherischen
Geschlecht" gedient sein, wenn Gott sich als unwiderleglich und Jesus sich als general-
bevollmächtigt darstellte und die, denen die Demonstration gilt, müßten zwar kapitulieren, aber im tiefsten Herzen wären sie voller Widerspruch und Haß?
Dasselbe noch anders angefaßt: Die Ebene, auf der das Begehren der Schriftgelehrten
und Pharisäer liegt, ist die des Zuschauens, der Unverbindlichkeit, der Entscheidungslosigkeit. Jeder, der in Glaubensdingen nach dem ,,Beweis" verlangt – und dies geschieht in unserer modernen Welt fort und fort –, befindet sich auf ebendieser falschen
Ebene, auf der er schlechterdings nichts gewinnen kann. Der Gott, der sich unseren
Sinnen und unserm Verstand preisgäbe, so daß er unwiderleglich wird, könnte uns
verstummen machen, aber unsere Herzen bekäme er so nicht.
Bruce Marshalls ,,Wunder des Malachias" macht schlagend deutlich, warum Jesus
das Zeichen verweigern muß. Es wäre keine Hilfe zum Glauben, weil es keine Hilfe
zur Umkehr wäre. Gott stellt sich nicht zur Schau. Er läßt sich nicht mustern und
anstaunen von solchen, die mit ihrem Herzen ganz woanders sind. Täte er es doch –
wie in Marshalls Roman –, dann wäre das Wunder eine der großen Attraktionen und
Sensationen für eine Menschheit geworden, die sich gern über etwas Ausgefallenes
aufregt und diese Aufregung sofort zu allerhand Geschäften ausnutzt, aber – Pater
Malachias' große Enttäuschung – in dem allem von Gott nichts merkt. Gott täte uns
keinen Gefallen, wenn er, um uns die Möglichkeit der Anfechtung zu ersparen, so
aus den Kulissen hervorträte, daß für uns nur noch etwas zu schauen und zu gaffen
wäre, aber nichts mehr zu glauben. Für die Legitimation Jesu würde das bedeuten:
Gott würde, wenn Jesus sein Inkognito aufgäbe, gerade *nicht* über uns Macht gewinnen, sein Reich käme *nicht*. Jesus – von der Tribüne aus gesehen? aus dem Zuschauer-
raum (wo man im Dunkeln sitzt und sich, wenn man nicht will, nicht zu engagieren
braucht)? Christuserkenntnis ohne Risiko, ohne Vertrauen, ohne Konsequenzen?
Nur mal sehen, was er kann, und dann – weitermachen wie bisher? Ein spektakulärer
Christus? Wer nicht Ernst macht, soll auch nichts sehen. Darum bekommt ,,dieses
… Geschlecht" kein Zeichen."

2.

Und doch bekommt es ein Zeichen! Wir haben über das *Jonazeichen* zu predigen.
Kennt die Gemeinde die Jonageschichte? Wir werden sie kurz erzählen müssen.
Daß nicht nur unsere Exegese, sondern die evangelische Überlieferung selbst an dem
Logion vom Jonazeichen herumbastelt und -bohrt, könnte von providentieller Bedeutung sein. Mit einer glatten Formel kommen wir, scheint es, nicht zurecht. Verstehen wir, wie oben vorgeschlagen, den Genitiv ,,des Jona" appositionell, dann ist
also eine *Gestalt* das Zeichen, nicht nur ein in einem Satze zu beschreibender Sachverhalt.
Woran läßt der Name Jona denken? ,,Geh in die große Stadt Ninive und predige
wider sie" (1,2). ,,Es sind noch vierzig Tage, so wird Ninive untergehen" (3,4). ,,Da

glaubten die Leute von Ninive an Gott ... Als aber Gott ihr Tun sah ..., reute ihn das Übel, das er ihnen angekündigt hatte, und tat's nicht" (3,5.10). „Sollte Ninive mich nicht jammern?" (4,11). In diesen disparaten Sätzen ist zusammengefaßt, was Jonas Auftrag für die Stadt bedeutet: Gericht – Umkehr – Begnadigung. – Liest man das Gemeinte an Jonas seltsamem Schicksal selbst ab, so kommt man auf die Unbeirrbarkeit Gottes, in der er sein Vorhaben mit Ninive ausführt. Die Niniviten kennen Jonas Abenteuer nicht, aber der Leser kennt sie. Gott will Ninive unter keinen Umständen aufgeben, was auch sein widerspenstiger Prophet anstellt, um Gottes geplantes Rettungswerk platzen zu lassen. Ninive: die geliebte Welt. – Die Matthäusdeutung des „Rätselspruchs" (Schniewind) vom Jonazeichen (V. 40) scheint dem zu entsprechen, was Paulus (wohl aufgrund mündlicher Weitergabe) in Klartext umgesprochen hat: „Die Juden fordern Zeichen ..., wir aber predigen den gekreuzigten Christus" (1. Kor. 1,22f.), und dieser Christus ist „am dritten Tage auferstanden" (1. Kor. 15,4). Jona – drei Tage im Bauch des Seeungeheuers; der Menschensohn (Selbstbezeichnung Jesu in den Leidensankündigungen) – drei Tage und drei Nächte (s. o. zu V. 40) im Schoß der Erde. Das Jonazeichen ist das Kreuz. (Von der Auferstehung redet V. 40 nicht expressis verbis; nur in der zeitlichen Limitierung deutet sie sich an.)
Jesus gibt doch ein Zeichen. Aber was für eines! Man könnte so sagen: Was die Gegner erwarten, ist dies, daß Jesus sich durch sein Zeichen über das Niveau des Alltäglich-Weltlichen erhebt. Das Zeichen, das ihnen „gegeben werden wird", liegt tief unter dem Niveau des Gewöhnlichen. Jesus soll seine Hoheit zeigen, aber sie werden seine tiefste Erniedrigung sehen. Sie erwarten die Demonstration seiner Macht, aber das Zeichen, das sie empfangen, wird sein Untergang sein. Sie verlangen von Gott die Legitimierung Jesu, und sie erfahren seine Desavouierung. Der den Anspruch erhebt, von Gott zu kommen, wird von Gott sichtlich fallen gelassen und erweist sich als ganz und gar ungöttlich. Kann man da überhaupt noch von einem Zeichen reden? Es wird ein Zeichen ganz anderer Art sein, als die Fachleute und Musterfrommen erwarten. Das Kreuz ist ein Signal, das ihr Gewissen beunruhigen müßte. Für diese „böse und ehebrecherische Sorte Mensch" (so etwa γενεά) bedarf es dessen. Vielleicht, daß doch der eine oder andere es versteht: Dahin also kommen wir mit unserer korrekten Torafrömmigkeit! So also steht es mit uns, daß dieser Mensch durch uns in so schändlicher und grausamer Weise umgebracht wird (vgl. das Evangelium des Sonntags!). Klar: solange man noch im System der Gesetzlichkeit denkt und darin gefangen ist, hält man sich für gerechtfertigt. Aber das Kreuz stellt eben dieses ganze System in Frage, mehr noch: es zerbricht es. Ein Mann wie Paulus hat dieses „Zeichen" zu deuten gewußt. Es ist hart, diese grundstürzende Einsicht zu verkraften. Aber es wirkt befreiend. Wir sollen ja an Jesu Kreuz nicht kaputtgehen, sondern dadurch Hilfe bekommen. Jona bleibt nicht im Bauch des Fischs. Drei Tage sind eine sprichwörtlich kleine Zeit. Dann wird der Jona wieder da sein. Es gilt ja, Ninive zu retten!
Auch die Auferstehung, wenn sie bei dem „Zeichen" mitgemeint ist, macht dieses für den Unglauben nicht eindeutig. Der Unglaube sieht den bloßen äußeren Vorgang. Einen ins Wasser geworfenen Mann – allenfalls noch, vom Schiff aus zu sehen, das überdimensionierte Fischmaul, das ihn verschlingt. – Der Unglaube sieht Jesu schmähliches und grausames Ende. In Jonas Fall könnte er auch noch sehen, daß der Prophet dann doch noch nach Ninive geht und seinen Auftrag ausführt; aber Jona ist eine Lehrdichtung, da ist nach Fakten nicht allzu peinlich zu fragen. Wie steht es bei dem anderen Jona? Der Unglaube kann sich höchstens wundern, daß die

Sache Jesu weitergeht, noch immer. Warum das so ist, vermag er nicht zu sehen.
Es bleibt das Skandalon (1. Kor. 1,23). Wer aber glaubt und das Zeichen als solches
erkennt, für den dokumentiert sich in Jesu Auferstehung die gnädige Unbeirrbarkeit
Gottes. „Ninive" soll gerettet werden.
Die Frage, was Jesus uns angeht, ist eine *Glaubensfrage*. Wer begriffen hat, daß man
hier nicht gaffender Zuschauer sein kann; wen Jesu Wort ins Herz getroffen hat und
wer darum sein „Zeichen" versteht: für den ist es nicht mehr fraglich, wie er hier
antwortet.

3.

Jesus gibt, nein: Jesus *ist* das Zeichen *zur Umkehr*. Jetzt bekommt die Perikope erst
richtig ihre praktische Spitze. An ein „böses und" – im eigentlichen oder im übertragenen Sinne – „ehebrecherisches Geschlecht" wendet Jesus sich („denn ihre
Bosheit ist vor mich gekommen", heißt es Jona 1,2). Das geforderte und erwartete
Zeichen hätte an dieser Bosheit nichts geändert. Es wäre gelaufen wie beim Pater
Malachias. Jesus hat es auf etwas ganz anderes abgesehen: nämlich genau auf das,
was sich – nach dem Jonabuch – in Ninive ereignet hat, auf die Buße (V. 41).
Die Dynamik des vor uns ablaufenden Gesprächs liegt ja gerade darin, daß Jesus –
wie nicht selten in seiner Seelsorge – seinen Partnern ein anderes Thema aufnötigt.
Sie wollten von Jesu Beglaubigung reden, er spricht von ihrer Umkehr. Sie wollten
ein sie interessierendes Thema anschlagen, das von ihnen keine Glaubens- und Gehor-
samsentscheidung verlangt hätte. Sie mochten gehofft haben, daß Jesus sowieso nicht
imstande sein würde, ihnen seine göttliche Herkunft, Würde und Autorisierung zu
demonstrieren. Die andere Möglichkeit war theoretisch einzukalkulieren; aber vorstellen konnten die Partner sich ihre Realisierung schwerlich. Wir sagten es bereits:
die harten, unwiderleglichen Tatsachen verändern die Sinnesart und das Wollen der
Menschen nicht. Jesus wählt diejenige Weise seines Umgangs mit uns und seines
Bemühens um uns, die geeignet ist, unsern falschen Stolz ad absurdum zu führen und
unser Herz zur Umkehr bereit zu machen.
Seinen Gegnern, den Schriftgelehrten und Pharisäern, muß Jesus in diesem Zusammenhang allerdings etwas Hartes sagen. Nach all seinen bisherigen Erfahrungen
kann er leider nicht mit der Umkehr derer rechnen, die zum Volke Gottes gehören.
Er muß, wenn er zeigen will, wie Umkehr geschieht, auf Fernstehende verweisen:
auf die Niniviten, die sich zur Umkehr bewegen ließen, und auf die malerische Königin
von Saba, die – eine Heidin – über dem, was sie an Salomo sah, in einen Hymnus
ausbrach: „Gelobt sei Jahwe, dein Gott, der an dir Wohlgefallen hat ..." (1. Kön.
10,9). Glauben, den Jesus in Israel vergeblich sucht, bringen Heiden ihm entgegen
(8,10f.; 15,28). Sie beschämen die, die zum Volk der Wahl gehören. Damals waren
dies die Gesprächspartner Jesu. Heute sind *wir* es. Was erlebt Jesus an uns? Hat
menschliche Sünde Jesus diesen Tod bereitet und hat Jesus, weil wir diese „böse
und ehebrecherische Sorte Mensch" sind, seine Solidarität mit uns durch die tiefste Gottverlassenheit, also mit dem schrecklichen Verdammtsein zur Hölle, bezahlen
müssen: dann müßte uns unsere verkehrte Art aufs tiefste zuwider sein, und dann
müßte uns der falsche Stolz ein für allemal vergehen. Müßte – und wie ist es in Wirklichkeit? Es müßte so sein, daß Fernstehende – heidnische Völker, Menschen der
säkularisierten, innerlich gegen Gott völlig abgeriegelten Welt – durch das, was sie
an uns erleben, Lust bekämen, durch Christus an Gott zu glauben. Wir haben uns vor
dem Gegenteil zu fürchten. Die „christlichen" Völker schrecken ab, machen Christus

Schande. Die Leute aus Ninive und die heidnische Königin werden im Jüngsten Gericht gegen uns als Zeugen auftreten, dazu viele, viele andere, z. B. solche, die der christlichen Gemeinde und ihrem Glauben ganz fernstehen, von denen Jesus aber sagen würde: *„sie* taten Buße nach der Predigt des Jona" – *ihr* hingegen *nicht.* Und dabei hätten wir noch viel mehr Anlaß zur Umkehr als irgend jemand sonst. „Hier" ist „mehr als Jona, ... mehr als Salomo" (VV. 41 f.). Wer hört durch dieses verhüllende Wort hindurch? Nur zart deutet das neutrische πλεῖον an, was gemeint ist. „Mehr" – wieso? Wer es hört, sehe selber zu, was sich dahinter verbirgt. Es heißt: ἰδού (= הִנֵּה); Zeichen will man *sehen.* Jawohl, seht nur genau hin, was ihr da vor euch habt! Vielleicht entdeckt ihr das „Mehr". Wir könnten dabei wahrnehmen, *wer* es ist, der mit uns redet, aber hoffentlich – in eins damit – *in welchem Sinne* hier mit uns geredet wird. *Dieser* „Jona" hat es von vornherein darauf abgesehen, daß Ninive gerettet wird. Er hat es sich damit schwerer gemacht, als die zeichensüchtigen Partner es im Sinne hatten; aber leichter durfte er es sich nicht machen, wenn er uns wirklich helfen wollte.

Okuli. Mark. 12,41–44

Nach Bultmann (GsTr., S. 32) eine ideale Szene, in der übrigens Wort und Geschehen nicht voneinander zu lösen sind. Nach M. Dibelius (Formgeschichte, Tübingen [5]1966, Berlin [5]1967, S. 261) ursprünglich eine Beispielerzählung, die sich im Traditionsprozeß zu einer Begebenheit ausgestaltet hätte; eine Annahme, die in der Tat einige exegetische Schwierigkeiten auflöst (s. u.). Parallele Erzählungen finden sich in Indien, Griechenland und auch im Judentum. Lohmeyer konstatiert ein besonders makelloses Griechisch und vermutet, daß die Geschichte „fern von Jerusalem geformt" ist (z. St.). Matthäus bringt die Perikope nicht. Daß die griechische Münzeinheit Lepta in den römischen Quadranten umgerechnet wird, ist eine Eigentümlichkeit des (wahrscheinlich für gleichzeitig lateinisch sprechende Leser bestimmten) Markusevangelims (vgl. 4,21; 5,5.19; 6,27.37; 7,4; 12,14; 15,15.39. 44 f.). Daß im Tempel nicht das Lepton, sondern nur die Perutha (Tempelgeld) galt, sollte man nicht zu streng nehmen; Markus wird „umgesprochen" haben; übrigens sagen wir auch: „Dafür gebe ich keinen Heller."
V. 41: γαζοφυλακεῖον (der erste Wortbestandteil ist persisches Lehnwort) = Schatzkammer; sie findet sich im Frauenvorhof (allen zugänglich); dort 13 posaunenförmige Geldbehälter; der letzte wahrscheinlich für freiwillige Gaben bestimmt, die (nach Strack-B. II, S. 43) zunächst dem Priester zur Prüfung übergeben und dann eingelegt (ein-„geworfen") werden (so auch Grundmann). So kann Jesus, der in der Nähe „sitzt" (jüngere Überlieferung: „steht"; „spätere Ordnung beanstandet das Sitzen im Heiligtum", Grdm.), den Vorgang sehen. Die Frage, wie Jesus die Einzelheiten hat sehen können, erübrigt sich, wenn es sich um eine Beispielgeschichte handelt, die Jesus den Jüngern erzählt hat. –
V. 43: Es wäre unbillig, zu verlangen, der den hinzukommenden Jüngern unbekannte Sachverhalt müßte diesen umständlich dargelegt werden; die Erzählung rafft. – V. 44: Daß es „ihr ganzer Lebensunterhalt" war, den die Witwe eingelegt hat, kann Jesus – wenn es sich um ein wirkliches Geschehnis handelt – nur vermuten; oder aber – so Schniewind – die Erzählung will ihm, vielleicht schon beim Blick auf das Einlegen, ein wunderbares Wissen zuschreiben (von dem die evangelische Überlieferung immer wieder spricht, vgl. bes. 2,8 und Joh. 2,25).

Daß die Perikope nunmehr ihren Platz in der Passionszeit gefunden hat, ergibt sich aus dem Leitgedanken der Nachfolge, der in PTO für die Auswahl der Texte dieser Zeit maßgebend war. Das „alte" Evangelium bietet dabei zugleich den Schlüssel für die Deutung unseres Textes: Die Witwe ist nicht etwa Beispiel für eine allgemeinmenschliche Einstellung zu Geld und Besitz überhaupt, sondern in ihr stellt sich dar, was es heißt, dem nachzufolgen, der – im Unterschied zu Füchsen und Vögeln – nicht hat, wo er sein Haupt hinlege, mehr noch: der „das ganze Leben" (V. 44) als Opfer darbringt. Damit ist die hier erzählte kleine Szene in einen weiten Rahmen gestellt. Es wäre nicht ausgeschlossen, daß jemand dieses Grundverständnis der Perikope für überzogen hält. Wir werden es prüfen müssen.

Selbstverständlich soll, wenn man den Abschnitt so versteht, das Konkrete an dieser kleinen Geschichte nicht übersehen sein. Es ist nicht unter unserer Würde, mit der Gemeinde auch einmal über das gottesdienstliche Opfer zu sprechen. Schon die urchristlichen Gemeinden sahen auch in dem, was sie gaben, ein Stück Gottesdienst. Man denke an die κοινωνία in Apg. 2,42.45, an die Fürsorge der Philipper für den Unterhalt des Apostels (Phil. 4,10ff.) und besonders an die Stellen, in denen es um die Kollekte für die „Armen" in Jerusalem geht. Unser Opfer ist ein Stück Gottesdienst, eine Weise des Danksagens, ein Beitrag zum Verkündigungs- und Liebesdienst der Gemeinde. Daß zu vielem, was uns aufgegeben ist, Geld nötig ist, brauchen wir nicht zu verschweigen – wobei freilich das Werben für das Opfer der Gemeinde immer auch eine Sache des guten Geschmacks ist. Wenn nur das Geld so eingesetzt wird, daß Gott Freude daran haben kann. Hier dürfte der Kontrapunkt V. 40 nicht übersehen werden. „Die Kirche hat einen guten Magen", meint der Teufel in Goethes Faust; er könnte boshaft kommentierend hinzufügen, daß ihr Herr es noch lobe, wenn eine arme Frau ihr Letztes gibt. Müßte sich dem Markus, nachdem er eben V. 40 geschrieben hatte, nicht die Feder gesträubt haben, als er unsern Text niederschrieb? Offenbar sind ihm trotz der scharfen Kritik an unverantwortlich-eigensüchtigem Mißbrauch Bedenken solcher Art im Zusammenhang dieser kleinen Geschichte nicht gekommen. Daß einer um Jesu willen alles hingibt, davon ist in den Evangelien immer wieder einmal die Rede (vgl. 10,17ff.). Wir sollten nicht in Gesetzlichkeit verfallen. Aber die Selbstverständlichkeit und Unbekümmertheit, mit der wir dem lieben Gott zumuten, mit dem zufrieden zu sein, was bei uns – nach Befriedigung aller sonstigen Bedürfnisse – *abfällt*, entspricht dem, was hier gemeint ist, nicht. Wir haben uns zu prüfen, was wir uns dabei denken, wenn wir im Gottesdienst von einem „Opfer" sprechen. Jawohl, die Kirche darf nicht reich sein wollen; sie soll, selber arm, viele – in einem tieferen Sinn – reich machen (2. Kor. 6,10). Sie wird aber dazu auch immer wieder äußerer Mittel bedürfen. Der „Gotteskasten" (auch diesen Sinn kann γαζοφυλακεῖον haben, vgl. auch W. Bauer, WB, S. 271) ist kein Fremdkörper im Hause Gottes.

Jesus schließt sich in dieser kleinen Geschichte jüdischer Tradition an. Ein Priester weist das allzu dürftige Opfer einer armen Frau als Beleidigung Gottes zurück; aber im Traum erfährt er: „Sie ist eine, die ihr *Leben* (V. 44: ὅλον τὸν βίον αὐτῆς) dargebracht hat." Ihr Leben, das heißt: ihren Lebensunterhalt, damit die äußeren Garantien der Lebenserhaltung, mithin: sich selbst. Man dürfte also die Höhe der Gabe nicht absolut messen, sondern müßte das Dargebrachte immer auf die Wirtschaftskraft des Gebers beziehen. So meint es auch eine indische Legende. Warum sollte sich Jesus Gedanken solcher Art nicht zu eigen gemacht haben? Warum sollte er nicht sogar unabhängig von fremder Überlieferung solches gedacht und gesagt haben? Warum sollten nicht auch allgemeinmenschliche ethische Sachverhalte Gegenstand seines Beobachtens und Urteilens gewesen sein?

Und doch drängt dies alles – im Sinne des eingangs Bedachten – noch weiter nach vorn. Das zuletzt Gesagte wäre ja noch nichts spezifisch Christliches. Man könnte im Judentum und Heidentum ebenso denken, und man *hat* so gedacht. Die Frage ist nur, ob Jesus in dieser Geschichte lediglich ein nachdenklicher, weiser Mann ist, der nur das sagt, was andere ebensogut sagen könnten, oder ob die Tatsache, daß *er* es ist, der spricht, für das Ganze von Belang ist. Lohmeyer, der in der Perikope „eine freie, zu bestimmten Zwecken gebildete Beispielerzählung" sieht, „herausgewachsen aus bekannten Lehren jüdischer Überlieferung", bemerkt doch immerhin, daß der Formel *ἀμὴν λέγω ὑμῖν* (V. 43) sonst immer „eine eschatologische Drohung oder Verheißung" folgt, „die für die Angeredeten schlechthin gültig ist" (z. St.). Eine eschatologische Verheißung: also jedenfalls nicht eine jederzeit gültige allgemeine Einsicht, sondern ein Wort, das so, wie es eben hier gemeint ist, seine Gültigkeit durch den bekommt, der es als der Inaugurator dieses Eschaton spricht. *Jesus* steht auch in dieser Perikope in der Mitte. Ohne ihn würde sie nicht das sagen, was sie sagt. Um seinetwillen gilt das hier Behauptete.

Jesus verbürgt sich für den Glauben, der in seiner Nachfolge (1) wenig zu geben hat, (2) doch alles gibt und (3) alles hofft.

I.

Jesu Augenmerk wendet sich einem Vorgang zu, der, solange man in Dingen und Zahlen denkt, ohne Belang ist. Zwei Lepta sind im Budget des Tempels, zwei Pfennige sind im Budget einer Kirchgemeinde oder gar einer Landeskirche so gut wie nichts. Wenn im Tempel Posaunen geblasen wurden (so A. Schlatter, Matthäus, S. 201), weil einer ein Almosen gegeben hatte, dürfte es sich jedesmal um ansehnliche Beträge gehandelt haben. Man darf es solchen, die für die Finanzen der Kirche verantwortlich sind, nicht verübeln, daß ihnen unter bestimmten Gesichtspunkten größere Einnahmen wichtiger sind als die kleinen, obwohl gerade sie wissen, was die kleinen Opfer der vielen bedeuten. Wir sollten uns nüchtern eingestehen, daß wir um das Denken in Quantitäten nicht herumkommen.

Der jüdische Priester, von dem wir vorhin sprachen, hat im Traum begriffen, daß Gott in anderen Maßstäben denkt und er, der Priester, als Verwalter der dem Tempel geopferten Gaben unbeschadet der Notwendigkeit eines balancierenden Tempel-Haushaltplanes sich die Bedeutung dessen klarzumachen habe, was in dem Opfer der armen Frau geschehen ist. „Welchem viel gegeben ist, bei dem wird man viel suchen; und welchem viel anbefohlen worden ist, von dem wird man viel fordern" (Luk. 12,48 b). Der Satz ist eine Gewissensfrage auch an die mit der dicken Brieftasche. In seiner Umkehrung ist der Satz die Ehrenrettung der Schwachen, deren Opfer nur wenig erbringen kann. Gott hat sehr differenzierte Maßstäbe und weiß wohl, was er von einem jeden von uns erwarten kann. Er weiß auch, daß die Drei in Mathematik, die ein Kind geschrieben hat, dem es schwer fällt, höher zu bewerten ist als die Eins dessen, dem alles wie im Schlafe zufällt. Er weiß, daß ein Mensch mit natürlichem Charme die Herzen seiner Mitmenschen leichter gewinnt als der andere, dessen gehemmtes Wesen die Nächstenliebe immer wieder zum Problem macht. Gott weiß, daß einer, der eine schwere Jugend hatte, an mancher Sache im Leben scheitert, die ein anderer mühelos bewältigt. Gott weiß, daß etwa auch eine verzweifelte gesellschaftliche Lage Menschen mit dem Gesetz in Konflikt kommen läßt, die unter anderen Bedingungen niemals straffällig geworden wären. Gott hat klarere und gütigere Augen als wir oft so unbarmherzigen Menschen.

Also bemißt Gott unseren Wert nicht an einem für alle Menschen gleichermaßen gültigen Pflichtensoll. Das heißt nicht, daß für jeden ein anderes Gesetz gelte; nur das *eine* Gesetz – etwa der Dekalog – gilt in jeweiliger Anwendung auf die besondere

Situation. Gott lieben von ganzem Herzen, von ganzer Seele und von allen Kräften und den Nächsten wie sich selbst: das kann und wird in verschiedenen Situationen Verschiedenes bedeuten. Hier, in unserm Text, kommt es darauf an, wie Jesus uns sieht. Er beurteilt die Menschen anders, als seine Umwelt sie beurteilt und einstuft. Den Gedanken, den der Priester im Traum begriff, denkt Jesus konsequent zu Ende. Er sieht den Menschen nicht vom Maß der erbrachten Leistung her. Vielleicht interessieren ihn weniger die großen Taten, von denen wir sagen, sie hätten Geschichte gemacht, als ein Leben in stiller Hingabe und Treue; weniger das, wofür einer von uns (bei Jubiläen, Preisverleihungen, Ehrenpromotionen usw.) gefeiert und gerühmt wird, als vielmehr das, was in aller Stille, aber in ganzer Hingabe geschieht. Denkt Jesus nicht in Zahlen, dann versagt vor ihm auch unsere Statistik – wohlgemerkt: auch die kirchliche! Dann mag es sein, wir halten einen Menschen und sein Lebenswerk für unbedeutend, aber Jesus entdeckt, was daran ist, und hebt es hoch heraus. Dann ist, was ein Mensch ist, überhaupt nicht mehr mit der Elle zu messen. Dann sind in Jesu Lebenskreis die verachteten Armen, indem Jesus sie mit Wohlgefallen ansieht, die wahren Heiligen, während die nach herkömmlicher Meinung exemplarischen Frommen nicht mehr zu bestaunen sind, denn sie geben – nicht nur vor dem Gotteskasten – aus ihrem Überfluß, und wenn dabei etwas herauskommt, was der Umwelt imponiert, so ist dies nicht weiter verwunderlich. Für die arme, verachtete Witwe nimmt Jesus Partei. Kein Mensch nimmt sich ihrer an. Sie lebt im Schatten, zurückgezogen, einsam, arm. Die damalige Gesellschaft wies der alleinstehenden Frau nur einen Platz im Schatten an. Und Arme waren nicht imstande, den Kodex frommer Pflichten auch nur zu kennen, geschweige denn zu beachten. Was die Witwe tat, konnte nach herkömmlichen Überzeugungen von niemandem hoch bewertet werden. Mit einem Trompetenstoß war nicht zu rechnen. Und wenn – was die arme Frau annehmen mußte – Gott ebenso denkt wie die Fachleute in göttlichen Dingen, dann würde dieses Opfer auch im Himmel nicht weiter beachtet werden. Zu verdienen wäre hier also nichts. Ohne alle Berechnung, also ohne irgendein eigenes Interesse wahren zu wollen, in absichtsloser Liebe zu Gott gibt die Frau, was sie hat. Jesus hat es gesehen. Was er hier gesehen hat, wird ihm zum Gleichnis für das, was sich in der Herrschaft Gottes ereignet, oder dasselbe anders ausgedrückt: in seiner Nachfolge. Das Leistungsprinzip des gesetzlich denkenden Menschen ist hier außer Geltung gesetzt. Registrierbare, bemeßbare, in die Augen springende Taten zählen hier nicht. Es wird sofort davon zu reden sein, *was* hier zählt. Man ist jedenfalls bei Jesus anerkannt, auch wenn man nichts oder beinahe nichts zu bringen hat. Jesus verbürgt sich für den Glauben, der wenig, ja der – genaugenommen – nichts zu geben hat und auch, wie man an der Witwe sieht, nicht darauf aus ist, mit dem, *was* er gibt, bei Gott und Menschen irgend etwas zu erreichen und zu bewirken. Das Schema von Leistung und Verdienst ist außer Kraft.

2.

Und dennoch *gibt* die Frau etwas. Sie gibt sogar *alles*. Dies hat den Herrn ergriffen und bewegt. Die Geldbörse umgestülpt und völlig leer gemacht. Man kann sagen: für zwei Lepta war sowieso nicht mehr viel zu kaufen. Soll man sagen, deshalb *sei* es eigentlich gar kein Opfer? „Alles, was sie hatte", gab die Witwe, „ihren ganzen Lebensunterhalt", wörtlich: „ihr ganzes Leben". Man ahnt, was dahintersteht. Wer sein Portemonnaie in dieser Weise ausschüttelt, macht für sich keine Pläne mehr.

Ist die Frau ganz am Ende – so etwa wie die Witwe von Zarpath (1. Kön. 17,12)? Ist ihr Geben eine Tat der Verzweiflung? Oder eine Tat blinden Vertrauens? Gott weiß, ob und wie es mit ihr weitergeht. Knapp über dem Nullpunkt all ihrer äußeren Möglichkeiten opfert sie ihr winziges Vermögen *Gott*. „Von ganzem Herzen, von ganzer Seele ...", hörten wir. „Wenn ich nur dich habe, ... wenn mir gleich Leib und Seele verschmachtet, ..." (Ps. 73,25 f.).

Man muß sehen, daß auch dies wieder alles andere ist als der Ausdruck einer bestimmten Gesetzlichkeit. Es könnte jemand alle seine Habe den Armen geben und eben darin doch ohne Liebe sein (1. Kor. 13,3). Der Text hält sich nicht damit auf, die Motive der armen Frau zu erforschen; dies wäre überhaupt nicht die Art biblischen Denkens. Aber aus der sozialen und religiösen Lage der Frau sowie aus ihrer Vermögenslage ergibt sich, daß ihr Handeln Glaubensakt ist. Wer sein „ganzes Leben" Gott ausliefert und alles weitere ihm überläßt, der *glaubt* eben! „Hier hast du meine zwei letzten Kupfermünzen – hier hast du *mich*!" Wir sollen Gott über alle Dinge fürchten, lieben und vertrauen. Über alle Dinge: das besagt nicht, daß es uns verboten wäre, überhaupt etwas zu haben, oder daß wir aufgefordert wären, uns – radikalste Form der Selbstverleugnung – um Gottes willen zu vernichten. Die Kirche hat immer davor gewarnt, sich zum Martyrium zu drängen. Aus konkretem Anlaß sei hinzugefügt: Selbstverbrennung ist keine diskutable Art, sich Gott hinzugeben und für ihn zu demonstrieren. Ein anderer wird uns „gürten" und „führen"; und wenn er uns den Zeugentod *nicht* abverlangt, dann ist das seine Freiheit (Joh. 21,22), und wir wollen ihm danken, wenn er uns behutsam und schonend führt. Jesus macht uns nicht zu verkrampften, finsteren Asketen. Aber er will unser Herz und unser Leben. Sein Kreuz trägt ja nicht nur der, der in seiner Nachfolge sein Leben läßt. Es gibt auch in einem ganz normalen Leben ungezählte Situationen, in denen wir gefragt sind, was Gott uns wert ist. Gott ist ja nicht dazu da, uns alles das zu gewährleisten, was wir selbst und wünschen bzw. für nötig und üblich halten. Es muß immer wieder gesagt werden, weil unter uns in diesem Punkte die merkwürdigsten Vorstellungen umgehen und unser eigenes Denken und Meinen hier so auffällig unsicher ist: Gott ist uns nicht dienstverpflichtet. Gott kann fordern. Wir können in Situationen kommen, in denen wir hart gefragt sind, ob wir Gott wirklich lieber haben als irgend etwas anderes. Unser Gehorsam kann in Frage gestellt sein durch verlockende Alternativen. Unser äußeres Glück – oder was wir dafür halten – könnte uns lieber sein als Gottes Ruf in eine Aufgabe, die uns Unruhe bringt oder Verzichte abverlangt. Es könnte sein, wir werden dessen gewiß, daß in uns die Krankheit ist, an der wir – vielleicht schon bald – sterben werden, und wir sind auch jetzt gefragt, ob wir bereit sind, Gott „alles, was wir haben", zu übergeben (βάλλειν), „unser ganzes Leben". Wir sollten aber nicht nur an Grenzfälle denken. Es ist unsere Sünde, daß wir uns an Gott nicht ganz hingeben wollen – im Schweren *und* im Leichten, in Traurigkeit *und* in der Freude, im Entbehren *und* im Besitzen. Wer sich Gott hingibt, läßt sich führen. Nicht, daß er selbst nichts täte, bloß um Gott alles allein tun zu lassen. Wer glaubt, tut vielmehr, was er tut, auf Gottes Geheiß und Wink, wie er es gibt oder nimmt. Hat er, dann so, als hätte er nicht (1. Kor. 7,29–31), er lebt in der Freiheit. Die Witwe ist den Jüngern Vorbild: alles, was sie hat und ist, gehört Gott, so daß *er* darüber verfügt. Ein schlichter, namenloser Mensch nimmt hier Gott ohne Vorbehalt ernst. „Komme ich um, so komme ich um", sagte Esther (4,16); Löhe hat dieses Wort in seinen Diakonissenspruch aufgenommen, nicht, weil es ihm ums Umkommen ging, sondern weil man das Leben nicht anders findet als in ganzer Hingabe (8,31).

Soeben war von Freiheit die Rede. Allzu leicht kann, was eben dargelegt wurde, wieder in Gesetz umschlagen. Es wird alles darauf ankommen, daß die Predigt deutlich macht, was im Text nicht ausdrücklich steht: Wenn ein Christ „hingibt" und „opfert", dann ist dies nur Antwort auf Jesu Hingabe und Opfer. Wer das Verhalten der Witwe lediglich im Zusammenhang des Allgemeinmenschlichen oder auch der jüdischen Frömmigkeit sieht, also die Geschichte einfach als Begebenheit in Jesu letzten Erdentagen versteht, wird wahrscheinlich nicht so leicht bereit sein, das Evangelium vom Opfer Christi aus diesen Versen herauszulesen. Je höher der Anteil Jesu an dem hier Erzählten ist, desto deutlicher wird es. Ähnlich der Szene in Bethanien, in der Jesus – nach seinem eigenen Wort – zu seinem Begräbnis gesalbt wird (14,8), könnte das bevorstehende Leiden auch in unserm Text im Vorgriff gegenwärtig sein. Wer Jesus das Seine und sich selbst hingibt, antwortet im Grunde nur darauf, daß Jesus das Seine (Phil. 2,6; 2. Kor. 8,9) und sich selbst (Eph. 5,2 – Epistel des Sonntags) für uns drangegeben hat. Hat jemand von uns ihn so lieb, daß er vieles, äußerstenfalls alles für ihn einsetzt, dann geht er nur auf Liebe ein, die ihm zuvor entgegengekommen ist.

3.

Jesus verbürgt sich für den Glauben, der alles hofft. Von Hoffnung steht im Text kein Wort. Trotzdem würden wir ihm nicht gerecht, wenn nur von Opfer und Hingabe die Rede wäre, nicht aber von dem, was Gott mit einem Menschen macht, der ihm so gehört. Die Witwe ist keine Selbstmörderin, nicht einmal eine Märtyrerin. Man könnte zwar meinen, daß sie ihre letzten zwei kleinen Münzen in den Trichter des posaunenförmig gebauten Opferbeckens wirft und dann heimgeht, um sich zum Sterben zu legen – so eben, wie die Witwe von Zarpath sich das gedacht hatte. Wir wissen das nicht. Was man aber unter allen Umständen nicht übersehen darf, ist dies, daß *Jesus* in dieser Geschichte vorkommt. Unterschiede diese sich nicht schon in allem Bisherigen von dem, was auch indische, griechische und jüdische Weisheit lehrt, spätestens jetzt käme das Neue, das noch nie Dagewesene. Jesus interessiert sich für die Frau und spricht mit seinen Jüngern über sie. Er hat sie gesehen. Er preist ihr Opfer und damit ihre gläubige Hingabe. Darum geht sie – auch wenn es in der berichteten Szene zu keiner direkten Begegnung zwischen Jesus und ihr kommt – ganz bestimmt nicht leer aus. Für sie spricht der, der über uns alle das letzte Wort zu sprechen haben wird.

Noch kennt die Frau den Mann nicht, der ihr zuschaut. Wahrscheinlich hat sie ihn nicht einmal bemerkt. Aber sie glaubt. Mit anderen Worten: sie sorgt nicht; sie meint nicht, ihres Lebens Länge auch nur eine Elle zusetzen zu können oder zu sollen (Matth. 6,25.27). Die Frau hat keine Sicherheiten in der Hand. Sie braucht sie auch nicht. Sie weiß, daß für sie gesorgt wird. Sie braucht nicht ängstlich darauf bedacht zu sein, daß sie auch nicht zu kurz kommt. Sie hält das wenige, das sie hat, nicht ängstlich fest; noch viel weniger hat man bei ihr zu fürchten, sie werde alle Aufmerksamkeit darauf richten, nun auf andere Weise Sicherheit zu gewinnen. Sorge macht unfrei. Wer in Sorge lebt, betrachtet alles, was ihm in den Weg kommt, unter dem Gesichtspunkt, ob es zum Ausbau seiner eigenen Position und zur Fristung seines Lebens ausnutzbar ist. Wer sorgt, kann sich nicht an eine große Sache verlieren; erst recht nicht an Gott. Wer sorgt, meint, auf Gott sei kein Verlaß; hier müsse man schon selber zusehen, wo man bleibt. Nichts von alledem bei dieser Frau. Ohne Aufhebens liefert sie sich ganz dem Gott aus, der ihr Leben in der Hand hat und wohl weiß, was er daraus machen wird. Weiß man auch nicht, *wie* er es machen wird: genug, daß *er* es macht, den man kennt und mit dem man es wagen kann. Glaube – ein Springen ins Dunkle? Ja, wenn man nach den Sicherheitsfaktoren fragt, die von uns aus zu gewinnen wären. Wo wir selbst für geschaffenes Leben Verantwortung tragen, werden wir darauf bedacht sein, daß das uns anvertraute Leben unversehrt bleibt und gefördert wird: die Arbeitsschutzbestimmungen müssen sorgfältig beachtet werden; ein Auto muß auf Sicherheit gebaut sein, wie auch die Eisenbahn durch zahlreiche Sicherheitsvorkehrungen für Gesundheit und Leben der Fahrgäste sorgt. Aber wir wären nicht Menschen, wenn wir nicht auch, wo es sein muß, *wagten*. Die Liebe zweier Menschen, die sich zur Ehe verbinden, will gewagt sein; Versuche, dieses Wagnis auszuschalten, würden der vertrauenden und sich hingebenden Liebe den Glanz nehmen. Gott hat ein Recht auf unser ganzes Vertrauen. Da bei Gott nichts zu berechnen und zu konstruieren ist, ist solches Vertrauen in der Tat ein Sprung ins Dunkle. Kennt man aber – eben im Glauben – Gottes Herz, dann weiß man, wem man sich überläßt. Der dem Gotteskasten gegenüber sitzt und zuschaut, läßt unser keinen aus den Augen – nicht nur, um zu sehen, wieviel Gott uns wert ist.

Lätare. Joh. 6,55–65

OP grenzte anders ab (m. E. überzeugender): 6,47–57. Die eucharistischen VV. 51 b–58 b waren im wesentlichen in die Perikope eingeschlossen und nach rückwärts mit der Rede vom Brot des Lebens sinnvoll verbunden. Dieser Zusammenhang ist freilich umstritten (s. u.). Daß den herkömmlich als besonders „lutherisch" angesehenen VV. 53–56 der für spezifisch „reformiert" geltende V. 63 – samt seiner Umgebung – angeschlossen ist, könnte auf konfessionellen Überlegungen beruhen. Daß VV. 60 ff. mit dem Vorangehenden zu tun haben (wohl mit der ganzen Brotrede), rechtfertigt ihre Anfügung. Bultmann stellt sie freilich in einen ganz anderen Zusammenhang (nach 8,40).
Man sollte mit V. 51 einsetzen. Wer kürzen will, kann bei der Verlesung den V. 52 und den Anfang von V. 53 weglassen und fortfahren: Wahrlich, wahrlich, ich sage euch ...
V. 51 b: Das Lebensbrot ist Jesus, genauer, sein Fleisch, das er für das Leben der Welt gibt (ὑπέρ-Formel, hier mit dem johanneischen Lebensmotiv verbunden bzw. gefüllt). – V. 53 b: Feierliche Einleitung (Johannes verdoppelt das synoptische ἀμήν, das eines der Stilmerkmale jesuanischer Sprache zu sein scheint). „Zweifellos ist hier vom sakramentalen Mahle der Eucharistie die Rede" (Bltm., S. 162). Hier wird die Heilsnotwendigkeit des Eucharistieempfangs behauptet. – V. 54: τρώγειν ist ein etwas derb-vulgärer Ausdruck für ἐσθίειν; er mag gewählt sein, um der Spiritualisierung zu widerstehen. Gibt Jesus im Herrenmahl das Leben, so liegt in ihm auch die Bürgschaft für die Auferweckung am Jüngsten Tage. Bultmann sieht in diesem futurischen Ausblick eine andere Eschatologie als die sonst bei Johannes vorhandene (3,18 f.; 5,24 f.; 11,25 f.); dies ist einer der Gründe dafür, daß er den Eucharistie-Passus der Redaktion zuschreibt. – V. 55: „Jesu Fleisch ist wirkliche, d. h. reale Speise, und sein Blut ist realer Trank" (Bltm.). Das Adverb ἀληθῶς, das einige wichtige Zeugen bieten, würde sachlich auf dasselbe hinauskommen. – V. 56: Erstmalig im Evangelium die Immanenzformel, ähnlich der ἐν Χριστῷ-Formel bei Paulus, nur eben reziprok. Vgl. den Exkurs S. 105 ff. in Schnackenburgs Kommentar zu den Johannesbriefen. Gedanke der sakramentalen Unio (Bltm., S. 176). Codex D bringt eine Erweiterung, in der man wohl einen alten eucharistischen Kommentar zu sehen hat; im Hintergrund steht der Einsetzungsbericht. – V. 57: Durch das Wort „Leben" ist die auch sonst oft angesprochene Sendung Jesu inhaltlich gefüllt. Was Jesus bringt, wird im Altarsakrament empfangen. – V. 58: vgl. V. 33.50. Von Anfang an wirkt sich die Mose-Typologie in dem Kapitel aus. Das Mannawunder (VV. 31.49) gehörte im Judentum zu den

Lesungen der Passazeit (vgl. V. 4). Leben in Ewigkeit: vgl. V. 51 b, auch V. 40. – V. 59: vgl.
V. 24, die Synagoge als Lehrstätte jedoch erst hier erwähnt.
V. 60: Bei den „vielen unter den Jüngern" dürfte auch an die Gemeinde gedacht sein, der
das Evangelium gilt. „Hart" = schwierig, schwer annehmbar. Bultmann meint, im Sinne
der Redaktion liege der „Anstoß" (V. 61: σκανδαλίζειν) darin, daß der irdische Jesus
sein Fleisch und Blut zur Speise machen wolle (wie V. 52). V. 62 korrigiert dieses „kapernai-
tische" Mißverständnis: in seinem Mahle gibt der erhöhte Christus sich selbst. Er ist ja das
Brot vom Himmel (VV. 33.38.41 f.50 f.58); dort „war er vorher". Der Titel „Menschensohn"
zeigt die himmlische Beheimatung Jesu (vgl. V. 41 f.) und die Notwendigkeit seiner Erhöhung an (3,14; 12,34 – Schnbg.). – V. 63: Sähe man – „kapernaitisch" – im Sakrament
lediglich ein fleischlich-irdisches Geschehen oder „Ding", dann wäre es in der Tat „nutzlos". So aber gibt der erhöhte Christus sich selbst und damit – wie übrigens auch in seinen
Worten – „Geist und Leben". Was im Mahl gegeben wird, ist ja „das Fleisch des Menschensohnes" und „sein Blut" (V. 53), also Fleisch und Blut des Erhöhten. – V. 64: Das Glaubens-
thema war schon in VV. 36–47 „dran". Man kann Jesus leibhaftig gesehen haben und
doch nicht glauben (V. 36); das Fleisch sieht man, die himmlische Wirklichkeit nicht. So
auch beim Sakrament. Das Faktum des Unglaubens – verdichtet in der Gestalt des Verräters – beschäftigt den johanneischen Christus immer wieder. – V. 65: Rückverweis auf
V. 44 (obwohl nicht wörtliches Selbstzitat). Zur Sache vgl. Matth. 16,17.

Auch wenn der Text so, wie er jetzt vor uns steht, seine Gestalt durch eine kirchliche
Redaktion bekommen hätte, dürften wir uns ihm für die Predigt anvertrauen. Die
Geschichte, die ein Text im Überlieferungsprozeß durchmacht, ist im Blick auf die
Offenbarung Gottes grundsätzlich nicht ein Vorgang der Verfälschung, sondern in
der Regel die Geschichte der situationsgerechten Umformung, Zuspitzung und An-
wendung des Textes. Ob sich Verschiebungen in der Sache ergeben haben, muß von
Fall zu Fall geprüft werden. Unsere Überlegungen zum Text müßten zeigen, ob ein
Bruch vorliegt oder nicht.
Obwohl der Abschnitt VV. 47–51 in PTO (vorgesehen gewesen für Lätare als altes
Evangelium, vgl. Der schmale Weg, 1. Aufl., S. 182 ff.) entfallen ist, kommt das
Kapitel noch reichlich vor: VV. 1–15 (Reihe I, 7. S. n. Trin.), VV. 23–29 (Marginal-
reihe, Lätare), VV. 30–35 (Reihe III, 7. S. n. Trin.). Jeder der Texte ist darauf zu
befragen, ob er auf das eucharistische Verständnis der Rede vom Lebensbrot hin
tendiert, vielleicht gar von daher zu verstehen ist. Umgekehrt: die zweifellos auf das
Sakrament bezüglichen Verse wollen im Lichte des Vorausgehenden gesehen sein.
Mir scheint, daß O. Cullmann richtig sieht, wenn er sagt, es müsse „auf jeden Fall
vorausgesetzt werden, daß er Evangelist schon beim Niederschreiben der Erzählung" –
VV. 1–13 – „in diesem Wunder einen Hinweis auf die Eucharistie gesehen hat"
und auch „beide Teile der Rede (VV. 27–47 und 48–65) vom Abendmahl handeln
(Urchristentum und Gottesdienst, ⁴1962, S. 89 f.). Selbst das Stück vom Seesturm
(VV. 16–21) mit den anhängenden Versen, die zum Folgenden überleiten, – schon
von der Tradition her mit der Speisungsgeschichte verbunden (Mark. 6,45 ff. Par.) –
könnte einen eucharistischen Bezug haben: Jesus, scheinbar weit weg (V. 17 b),
kommt zu den bedrängten Seinen, auch wenn man nicht weiß, wie er das macht
(V. 25). Wir werden noch auf weitere Merkmale der Zusammengehörigkeit der verschiedenen Teile des Kapitels stoßen.
Das Ganze ist freilich „eine harte Rede", eine Rede also, „die der Einsicht und dem
Willen zuviel zumutet" (Bltm., S. 340). Da tritt einer mit dem Anspruch auf, „das
Brot" zu sein, unentbehrlich zur Erhaltung des Lebens. Das Brot, auf das wir aus
sind, – also alles, was zur äußeren Sicherung des Lebens gehört, – bewahrt uns nicht
vor der Verfehlung des Lebens und vor dem handfesten Tode (VV. 49.58). Anders

Jesus, der das vom Himmel gekommene Brot ist. („Hart" ist nicht das Wort Himmel. „Himmel" kann, wenn man an die Allgegenwart Gottes glaubt, nicht das Obergeschoß eines dreistöckigen Kosmos sein; das Wort bezeichnet das göttliche Woher Jesu.) Vom Himmel gekommen – der, dessen Eltern man kennt (VV. 41 f.)? Eben: der sich uns hier als Lebensbrot anbietet, ist der ins „Fleisch" gekommene Logos. Das ist das alte Skandalon: der, als göttlich, von Anfang war, in der Niedrigkeit des Menschlich-Irdischen (1,14). Nicht, daß er darin aufgehört hätte, göttlich zu sein. Als bloßer Mensch – nur „Fleisch" – wäre er „nichts nütze" (V. 63). Vom Himmel ist er gekommen (VV. 32.33.38.41.50.51.58), in den Himmel wird er wieder auffahren, dorthin, wo er zuvor war (V. 62). Aber eben: das Himmlische im Irdischen: „Fleisch", „Blut", „kauen", „trinken". Was Jesus *ist*, wird uns „gegeben" (VV. 11.32.34.51.52). Der Lätare-Sonntag hat seinen eigenen Ton. (Daß das Evangelium des Sonntags nicht mehr aus Joh. 6 genommen ist, sondern der – sicher sehr liebenswerte – Text 12,20–26, verwischt diesen besonderen Charakter des Sonntags.) Wir nehmen den Introitus-Klang auf und schlagen vor: *Freude am Mahl des Herrn, denn wir empfangen* (1) *das Leben in Christus,* (2) *Christus in seinem Mahle,* (3) *sein Mahl im Glauben.*

I.

Soweit möglich, sollten wir es vermeiden, den Text für den 7. Sonntag nach Trin. vorauszunehmen. Die Versuchung dazu ist groß. Wir müssen versuchen, uns – ohne den Zusammenhang mit dem Ganzen der Rede zu verlieren – an das Eigentümliche des Abschnitts zu halten.

Der sich uns hier als das lebenspendende und lebenerhaltende Brot anbietet, ist *Person*. Es geht im Mahl des Herrn und es geht überhaupt im Christsein nicht um Sachen, Dinge, Umstände, Verhältnisse, Reichtümer usw., sondern um *ihn*. Wer der Meinung wäre, es komme, wenn es um das Heil geht, wesentlich auf das an, was Jesus bringt und bewirkt, nicht aber auf ihn selbst, der hätte das Evangelium gründlich mißverstanden. Nicht, daß er uns, was die Dinge des Lebens angeht, kurz halten oder gar leer ausgehen lassen wollte. Er hat die Fünftausend satt gemacht. Die Seinen sollen „Leben und Überfluß" haben (10,10). Aber es ist eben wichtig, daß der „Überfluß" allein nichts nützt, wenn man nicht „Leben" hat, und das „Leben" ist mehr als die materielle Fristung des Daseins, die Erhaltung des äußeren Bestandes, der Fortgang des Stoffwechsels und der sonstigen biologischen Vorgänge im Leben, mehr auch als die Nutzung wünschenswerter Annehmlichkeiten für Zunge und Gaumen, Auge und Ohr und was dergleichen Erfreuliches mehr ist. Es ist wirklich nicht so, daß Jesus Christus uns das Schöne und Bereichernde aus dem Bereich des Kreatürlichen mißgönnt. Ein finsterer Asket ist Jesus nicht, und er will uns nicht dazu machen. Aber man muß wissen: wenn man alles, was wir verdienen, erarbeiten, erwirtschaften, erfinden und konstruieren, hervorbringen und gestalten, „Brot" nennt, dann lebt eben der Mensch nicht vom „Brot" allein, sondern es gehört noch mehr dazu. Das biblische Menschenbild hält unser Bezogensein auf Gott nicht für ein entbehrliches Additum zum Menschsein, sondern für sein Eigentliches und Wesentliches. Ich bin „Mensch vor Gott" (homo coram Deo) – darin habe ich meine Würde und meine Bestimmung. Selbst wenn ich meine Gottesbeziehung leugne, bin ich ihr nicht entronnen. Selbst wenn ich mich vor Gott verstecke, ruft er mich: Wo bist du? (Gen. 3,9). Versuche ich, vor ihm zu fliehen, dann holt er mich ein (Ps. 139,7 ff.). – Aber es ist mit der Coram-Deo-Situation des Menschen nicht nur dies gemeint, daß Gott immer zugegen ist. Ich soll ja mein Dasein „vor Gott" –

von ihm her und auf ihn hin – *bejahen* und auch meinerseits *realisieren*. Wenn ich an Gott vorbeidächte, -lebte, -plante, -hoffte (usw.), dann hätte ich mein Menschsein versäumt. „Hätte"? Das macht ja mein Sündersein aus, daß ich, obwohl von Gott ganz und gar abhängig und in allem auf ihn angewiesen, diesen Gott immerzu negiere, ignoriere, daß ich ihn „schneide" und mißachte und eben darin mein Menschsein verfehle. Und dies, wohlgemerkt, auch dann, wenn eine Größe „Gott" in der Theorie meines Lebens, meiner Welt und (vielleicht) Überwelt ihren Platz durchaus einnähme. Gott: ein höchstes „Es", der emeritierte Ehrenpräsident der Welt – ja, ja, es „muß" ihn schon „geben". Aber daß ich *vor* ihm und *für* ihn lebe oder gar ihn über alle Dinge fürchte, liebe und ihm wie niemandem sonst vertraue? Daß ich mit ihm im Gespräch wäre – in artikulierter Rede oder auch im wortlosen Einvernehmen? Meine Du-auf-Du-Beziehung mit Gott macht mein Menschsein aus!

Hier liegt, wenn es nach unserm Text geht, der Unterschied zwischen Vegetieren und Leben. „Die Väter haben Manna gegessen" (V. 58 u. d. anderen Stellen). Wir werden dieses Gotteswunder nicht unterschätzen. Wer sich satt essen kann, hat es leicht, seine Erhabenheit über die äußeren Lebensbedingungen zu behaupten. Wir wollen weder die greifbaren „Mittel" zum Leben gering achten noch die Arbeit derer, die sie uns herstellen und zuleiten. Jesus will uns das alles nicht nehmen. Er möchte, daß wir nicht weniger haben, sondern *mehr*! Er möchte, daß wir uns mit unserm so hoch eingeschätzten „Wohlstand" nicht begnügen. Er will nicht, daß wir in der Fülle der Güter und im Luxus unseres so anspruchsvollen Lebens – *arm* sind: immerzu beschäftigt mit der Erhaltung, Anreicherung und Steigerung des äußeren Lebensbestandes, und mitten in diesem Bemühen, „die ganze Welt" zu „gewinnen", – mißmutig, gelangweilt, angeödet, unbefriedigt in dem „Leerlauf", von dem der Prediger Salomo so eindrücklich spricht. Es ist wahr: wir brauchen das Brot – das Wort, wie vorgeschlagen, im weitesten Sinne verstanden. Aber das „Leben" im Vollsinn gewinnen wir so nicht. Brot ist ja selbst Schöpfung, die das Leben nicht aus sich selbst hervorbringt, sondern des Lebens *bedarf*. „In *ihm* war das Leben" (1,4). Wir *haben* es nur, indem wir es *empfangen*. Wir brauchen nicht nur das normale Brot – das vom Bäcker oder, wenn es nötig wäre, das vom Himmel fallende Manna –, sondern wir brauchen *ihn*.

„Verschafft euch Speise, nicht, die vergänglich ist, sondern die da bleibt in das ewige Leben" (V. 27). Ewiges Leben ist Leben im Vollsinn; und es ist zugleich das Leben, das nicht der φθορά unterworfen ist. Spricht das vierte Evangelium vom Leben, dann hat es zunächst immer etwas Qualitatives im Sinn; davon war soeben die Rede. Daß die Väter, trotz des Manna, gestorben sind, wird in unserm Kapitel wiederholt festgestellt. Spricht der johanneische Christus vom Leben, dann meint er nicht nur, daß, wenn er dabei ist, die 70 oder 80 Jahre irdischen Lebens eine andere Qualität bekommen, sondern auch, daß dieses Leben im Vollsinn den Tod überdauert (am deutlichsten: 11,25 f.). Mit wem Gott spricht, der ist unsterblich (Luther). Weil Jesu Worte „Geist" sind, darum sind sie auch „Leben" (V. 63). Sollen wir von Unsterblichkeit sprechen? Man könnte es schon, wenn man dabei den eschatischen Menschen meint, der „von oben geboren" ist (3,3), paulinisch gesprochen: von der „neuen Kreatur" (1. Kor. 5,17), die in der Taufe entstanden ist (Röm. 6,5.8). Aber man sage ja nicht, daß für den vierten Evangelisten der Tod, den die Väter gestorben sind und den wir alle sterben werden, aus dem Blickfeld ist. So wie der eschatische Mensch, der „in ihm bleibt", nicht sündigt und wir uns doch nur selbst verführen würden, wenn wir leugneten, daß der – noch immer vorhandene – alte Mensch „Sünde hat" (vgl. 1. Joh. 3,6 mit 1,8): so ist zu betonen, daß der neue Mensch, der „in ihm"

ist, nicht stirbt, obwohl der alte Mensch sterben wird und wie – der schon stinkende –
Lazarus aus dem Grabe erweckt werden muß. Wir sollten dem johanneischen Simul-
Denken standhalten. Sooft Bultmann und seine Parteigänger betonen, Johannes
kenne nur die präsentische Eschatologie, sooft müssen wir darauf bestehen, daß Johannes auf beiden Ebenen denkt: *nunc* und *tunc*. Wir empfangen das Leben in Christus; damit fällt über uns die Entscheidung für das Eschaton, das in der Christus-
gemeinschaft tatsächlich heute schon real ist. Aber Johannes ist kein Schwärmer,
daß er die Grenze zum Eschaton übersähe. Er weiß um das „Noch-nicht" (1. Joh. 3,2).
In der Gemeinschaft, die Jesus mit dem Vater hat, hat er – obwohl auch er sterben
muß (und seine Seele gerät in den Zustand des Erschüttert- und Verstörtseins,
12,27) – das Leben: „ich lebe um des Vaters willen"; und dieses Leben gibt er an uns
weiter, so daß wir es haben „um seinetwillen" (V. 57). Es könnte sein – und eines
Tages wird es gewiß so sein –, daß die äußeren Bedingungen für die Erhaltung unseres βίος mehr und mehr schwinden, also genau das, worum wir uns vielleicht ein
Leben lang abgestrampelt haben; aber es bleibt das Leben im Vollsinn, die ζωή,
die in der ungetrübten Gemeinschaft mit Gott besteht. Vielleicht nimmt der Magen
nichts mehr an, und der Atem wird knapp, die Sinne schwinden – aber unser Gott
und Herr sieht uns an, und wir können uns unbesorgt in seine Liebe hineinfallen
lassen. So „leben" wir „in Ewigkeit".

2.

Wenn nun Christus das Brot ist, das uns das Leben im Vollsinn vermittelt und dar-
bietet, wie wird es uns zuteil? „Herr, gib uns allewege solches Brot" (V. 34). Die
Leute wissen nicht, was sie bitten, aber die Bitte ist richtig! Kap. 6 zielt auf das
Mahl des Herrn. Das soll nicht heißen, daß Jesus sich und sein Leben nicht auch im
Worte gäbe (V. 63). Aber das Kapitel ist in seiner Gesamtheit so stark auf das Mahl
angelegt, daß wir uns diesmal auch in der Predigt darauf konzentrieren dürfen.
Bultmann hält den Schluß für „unvermeidlich, daß V. 51b–58 von der kirchlichen
Redaktion hinzugefügt ist" (S. 162). Ein Grund dafür ist ihm die futurische Eschato-
logie (Auferweckung am Jüngsten Tage, V. 54, „refrainartig ... angeflickt" auch
VV. 39.40.44); nach dem vorhin Gesagten brauchen wir darauf jetzt nicht mehr einzugehen. Zum andern sieht er einen Bruch zum Vorhergehenden darin, daß dort
„unter dem Lebensbrot, das der Vater gibt, indem er den Sohn vom Himmel sendet
(V. 32f.), er selbst, der Offenbarer, verstanden ist. Er spendet (V. 27) und ist (V. 35.
48.51) das Lebensbrot, ... ohne daß es noch eines sakramentalen Aktes bedürfte,
durch den sich der Glaubende das Leben aneignet" (S. 162). Was ist dazu zu sagen?
Kein Zweifel: das Lebensbrot ist „er selbst". Das Sakrament ist nicht ein zweitens
neben ihm. „Medikament der Unsterblichkeit" ist es auch bei Ignatius nur, sofern
es *Christus*sakrament ist. Nur das ist die Frage, ob dieser Christus sich – ja, sich! –
leiblos gibt, als geistiges oder geistliches Fluidum, in direkter Inspiration, ohne
Gnadenmittel – oder ob er – ja, er selbst! – wie im Worte und in der Taufe, so auch
in seinem Mahle anwesend und wirksam ist. Der Frage: Christus – oder das Mahl?
ist aufs kräftigste zu widerstehen. Christus *im* Mahle! Wie es auch nicht die Art des
Geistes ist, uns einen Christus zu vergegenwärtigen, der den irdischen Jesus und seine
Worte vergessen läßt (14,26; 16,13f.; 1. Joh. 1,1–4; 4,2f.). Der pneumatische Christus
ist immer „*in*" *etwas*. Daß der Evangelist – ähnlich wie wir in dem vorgeschlagenen
Predigtaufriß – das, was vom „Lebensbrot" zu sagen ist, schrittweise erörtert, darf
ihm nicht damit schlecht gedankt werden, daß wir ihn nicht ausreden lassen.

Wäre der Sakramentsbezug erst von der Redaktion in der Kapitel hineinkorrigiert worden, dann müßte man ihr für die mutige Abwehr des Enthusiasmus nur dankbar sein. Aber es bedurfte solcher Korrektur tatsächlich nicht (vgl. Cullmann, a. a. O., S. 38 ff.). Das Kapitel ist voller Hinweise auf das Mahl des Herrn. Es spielt zum Passafest (V. 4 – vgl. Apg. 12,3 b, solche Bemerkungen werden leicht übersehen); dort hat auch die Mose-Typologie ihren liturgischen Ort (VV. 31.32.49.58). „Er nahm, er dankte, er gab" (V. 11) – er selbst, allen Fünftausend! Zum Brot kommen die Fische (VV. 9.11): urchristliche Abendmahlssymbolik (21,13; Luk. 24,42). „Gib uns immer solches Brot!" (V. 34): das Wunder, das die Semiaquelle berichtet, wird, hier zunächst im Begehren, prolongiert, aber eben so, daß es nicht bei der vergänglichen Speise bleibt (V. 27). Es ist nur konsequent, wenn V. 51 die aus den Einsetzungsworten stammende ὑπέρ-Wendung auftritt. Das ganze Kapitel ist voll von zarten Hindeutungen auf das Sakrament.

Der Gemeinde Freude daran zu vermitteln ist Aufgabe der Predigt. Die „harte Rede" müßte so aufgeschlossen werden, daß das Leben spürbar wird, das in den biblischen, dogmatischen, liturgischen Formeln verborgen ist. Auf keinen Fall darf es geschehen, daß man behauptet: bisher sei von der *Person* Christi die Rede gewesen, nunmehr von seinem *Fleisch*. Als ob der Fleischgewordene (1,14) nicht eben die Person Jesu Christi wäre! Was freilich ebensowenig passieren darf, ist dies, daß man beim Sakrament von der Menschwerdung Gottes absieht. Der Herr gibt sich in seinem Mahle eben als der vom Himmel zu uns Gekommene, in seiner ganzen Menschlichkeit. Er könnte wohl dabei stehen bleiben, daß er sagt: Das Lebensbrot bin *ich*. Zu ihm kommen, an ihn glauben (V. 35): das wäre dann genug. Crede, et manducasti, sagt Augustin (Sermo 112, cp. 5); viele haben es ihm nachgesprochen, in bezug auf Joh. 6 sogar Luther (WA 6,502 [= Cl. 1,432], vgl. WA 30 III,113 ff.145.152; 33,182). Aber die Rede des johanneischen Christus schreitet fort. Das Brot will *gegessen* werden (VV. 50 f.) – wie das Manna in der Wüste (V. 49 – beachte die Parallelität der VV. 49.50). Wir verfehlen die Absicht von Joh. 6, wenn wir diesen Satz „kapernaitisch" mißverstehen (V. 52), nämlich im Sinne eines sakramentalen Kannibalismus. Es wird noch davon zu sprechen sein, daß Jesus als der Erhöhte, „Aufgefahrene" (V. 62), in den Elementen gegenwärtig ist. Man kann durch karikierende Vergröberung die beste Sache ad absurdum führen. Aber der erhöhte Christus ist ja kein anderer als der menschgewordene; er hat, was er uns zugute *angenommen* hat, nicht inzwischen wieder *abgelegt*! Er gibt sich in seiner ganzen Menschlichkeit, sagten wir. Also auch leibhaft, sakramental vereinigt mit Brot und Wein. Statt *Leib* sagt der vierte Evangelist *Fleisch*. Gegenüber den gnostischen Bestreitern der Inkarnation mußte er das. Einen Geist-Christus hätten die Gnostiker gelten lassen, aber sie hätten damit das Wunder versäumt, daß der Herr sich ganz in unsere weltlich-irdische Existenzweise hineingegeben hat und – man übersehe das nicht – dies sein irdisches Sein („Fleisch") gegeben hat „für" (ὑπέρ – Stichwort aus der Einsetzung) das Leben der Welt (V. 51). Paulinisch gesprochen: „Sooft ihr von diesem Brote eßt und von diesem Kelch trinkt, verkündigt ihr des Herrn Tod" (1. Kor. 11,26).

Unser Glaube hat es also nicht mit einem imaginären oder – obschon real, doch – nur spirituell gegenwärtigen Christus zu tun, sondern mit dem Christus von „Fleisch und Blut". Die vorhin zitierte Augustinformel bringt uns in die Gefahr, den Glauben beziehungslos zu machen: glaube nur, dann wird die *res* des Sakraments bedeutungslos. Wollte man diese Denkfigur auf die Inkarnation anwenden, dann würde das bedeuten: glaube nur, dann kann sich der Herr die Menschwerdung, das Herabkommen vom Himmel, sparen. Es liegt auf der Hand, daß wir damit weit von dem abkämen,

was Christus uns in seinem Mahle zugedacht und geschenkt hat. Er weiß, daß wir
ihn _leibhaft_ nötig haben. Wirkliche Gemeinschaft gibt es schon unter Menschen nur
in der leibhaften Nähe. Menschen, die sich liebhaben, wollen einander sichtbar und
greifbar nahe sein. Christus gibt sich uns konkret, in den Elementen. „Hier habt ihr
mich." So welthaft-menschlich wie einst ist er im Geheimnis seines Mahles noch jetzt
bei uns. Er schwebt nicht über uns, er geht in uns ein. Sein Fleisch ist wirkliche Speise,
sein Blut ist wirklicher Trank (V. 55). Wir nehmen ihn in uns auf, er nimmt uns in
sich auf (V. 56). Es kommt zu einem „Bleiben", zu einem „Wohnen" (μένειν).
Das ist, zum Glück, mehr als ein flüchtiges an ihn Denken. Geht Christus leibhaft in
uns ein, dann tragen wir ihn in uns und nehmen ihn mit. Wir werden zum Gefäß seiner
Gegenwart, zu seiner Bleibe. Umgekehrt: wir werden zugleich in ihn eingeleibt, eingetaucht in die Christuswirklichkeit. Er ganz im Irdischen, wir ganz im Himmlischen.
Was weit auseinander war in der durch die Sünde verursachten Geschiedenheit,
ist nun aufs engste verbunden. Die Herabkunft des Herrn in unsere Niedrigkeit
(„Fleisch"), einmal geschehen und im Sakrament immer wieder vergegenwärtigt,
kommt uns immer wieder zugute. Personale Gemeinschaft – es bleibt dabei –, aber
eben in der leibhaften Selbstdarbietung Christi. Die Gleichung ist in beiderlei Richtung zu lesen: Das Brot, von dem wir – im Vollsinn des Wortes – „leben", ist ER;
aber er, Christus, gibt sich uns als Brot, und zwar so, daß wir nicht irgend etwas statt
seiner in uns aufnehmen, sondern ihn selbst.

3.

Nun ist noch davon zu reden, daß wir Christi Mahl _im Glauben_ empfangen. Gegen den –
ich hoffe: einprägsamen – thematischen Aufriß könnte man ein schweres Bedenken
haben. Das Leben in Christus – Christus in seinem Mahle – sein Mahl im Glauben:
das könnte uns die Vorstellung suggerieren, als sei es der Glaube, der das Mahl zum
Sakrament macht und Christus zur Gabe des Sakraments. Das käme ja auf dasselbe
heraus, als hätte Petrus durch sein Bekenntnis (V. 69) Jesus zu etwas gemacht –
gewissermaßen „befördert" –, was er ohne Petrus gar nicht wäre, und als hätte Pilatus mit seinem Spott – „Seht, das ist euer König!" (19,14) – ihm nehmen können,
was er von „Anfang" an (1,1) gewesen ist. Der Glaube bringt nichts hervor, er entdeckt nur, was ist, und nimmt es an. Es ist sehr tröstlich, daß die Christuswirklichkeit nicht nur nicht von uns kreiert, sondern auch durch unsern Unglauben nicht
annuliert wird. Unsere Untreue hebt Gottes Treue nicht auf. Christus steht unbeirrbar zu uns, auch wenn wir geistlich einbrechen. Sein Sakrament bleibt, was es ist,
auch wenn unser Glaube aussetzt; es „wartet" geduldig vor der Tür, bis ich auf-
mache (Offb. 3,20).
Aber nun sorgt sich doch der Christus von Joh. 6 um unsern _Glauben_. Die „harte
Rede" löst – nicht nur bei den vielen, sondern auch unter den Jüngern – eine Abfalls-
bewegung aus. Dieser Mensch – ein Mensch wie jeder andere, wir wissen ja, woher
er stammt (VV. 41f.) – will uns weismachen, er sei vom Himmel gekommen und
bringe uns himmlisches Leben? Und dieses Leben will er, umgekehrt, vermitteln,
indem er uns ein Mahl gibt, in dem wir ihn selbst empfangen sollen? Wir kennen seinen
Vater und seine Mutter – er ist „Fleisch". Und wenn er uns etwas zu essen und zu
trinken gibt, dann ist dies wiederum nur „Fleisch". Wieder, wie so oft, der „Anstoß"
der Fleischwerdung des Logos! (Bultmann hat in seiner „Theologie" ein ganzes
Kapitel – § 46 – diesem „Anstoß" gewidmet.)

Es steckt in diesem Einwand eine unanfechtbar richtige Erkenntnis. „Das Fleisch ist nichts nütze." Fleisch „ist die menschlich-irdische Sphäre, die keine Gotteserkenntnis hat und darum auch keine vermitteln kann" (ThWNT VII, S. 139). Ist Jesus wirklich nur ein Mensch wie jeder andere und sind auch die Elemente seines Mahles wirklich nichts weiter als gewöhnliches Brot und bloßer Wein, dann ist von daher nichts Besonderes zu erwarten. Was die Person Jesu angeht, so wird Petrus nachher gleich noch das Nötige sagen (VV. 68f.). Was das Sakrament angeht, so gilt Analoges. Nur der Glaube nimmt das Plus an Wirklichkeit wahr, das in diesem Jesus und auch in seinem Mahle gegenwärtig ist. Dieses Plus gehört nicht der Sarx-Welt zu, sondern der Wirklichkeit Gottes. Daß Jesus vom Himmel gekommen ist, weiß nur der Glaube. Man kann Jesus die ganze Zeit über leibhaft vor sich gehabt haben wie Judas (der „ihn verraten würde") und doch das himmlische Woher Jesu nicht entdecken oder an ihm irre werden; Jesus weiß das, und er rechnet damit. Der Unglaube darf niemanden verwundern, weil er – von der Sarx her gesehen – das Normale ist, auch unter den anderen Jüngern und unter uns. Daß uns, „fleischlich" gesehen, bei Jesu Mahl nur Brot und Wein vorhanden scheinen und wir nicht wahrnehmen, daß sie mit Christuswirklichkeit „geladen" sind (man kann sich den Sachverhalt am Gleichnis elektrischer Ladung veranschaulichen), dies darf niemanden wundern. Der Geist erst deckt uns in Christus selbst und auch in den Gaben des Mahles die göttliche Wirklichkeit auf. V. 65 entspricht genau Matth. 16,17 und, der Sache nach, 1. Kor. 12,3b. Will man Jesus und sein Sakrament entdecken, dann muß man sich an sein Selbstzeugnis halten, und dieses führt Geist und Leben mit sich (V. 63b). Verstehen wir V. 63 aus dem Zusammenhang, dann ist er weit davon entfernt, das zuvor über das Sakrament der Eucharistie Gesagte (VV. 51b ff.) zurückzunehmen, sondern er bestätigt es, indem er auf das Wunder des Glaubens, auf seine Notwendigkeit und seinen Ursprung hinweist. Joh. 6 sagt also nicht: Laßt den Fleischgewordenen und verzichtet auf das Mahl, in dem er sein Fleisch gibt, denn das Fleisch nützt doch nichts. Vielmehr setzt auch V. 63 die Christusgegenwart im „Fleische" voraus und zeigt uns, wieso das Irdische, Weltliche, Leibhafte kraft des Wunders der Selbsterniedrigung und Selbsthingabe unseres Herrn das ewige Leben bringt, das nur „in ihm" sein kann. Es könnte uns beim Hören dieser Predigt, mehr noch: beim Empfang des Sakramentes ergehen wie den Emmausjüngern: „da wurden ihre Augen geöffnet, und sie erkannten ihn."

Judika. 1. Mose 22,1–13

Daß 22,1–19 ein elohistisches Stück ist (so z. B. Gunkel und noch von Rad), ist nach Henning Graf Reventlow (Opfere deinen Sohn, Neunkirchen 1968) nur insofern richtig, als E der „Endverfasser" ist, der freilich zum „eigentlichen Erzählungsbestand ... nicht das geringste beigetragen" hat (S. 64). Der Gottesname אלהים kommt, V. 8 ausgenommen, nur in jüngeren Überlieferungsbestandteilen vor; auch sonst sind keine eindeutigen E-Merkmale auffindbar. Stilkritische Betrachtungsweise läßt erkennen, daß es sich ursprünglich weder um eine Tendenzerzählung (gegen das Menschenopfer) noch um eine Kultlegende handelt, sondern um die Gattung der „volkstümlichen Erzählung" von großer Geschlossenheit, Zielstrebigkeit und Ausdruckskraft. Westermann (Arten der Erzählung in der Genesis. Forschung am AT, München 1964, S. 71): „Der Kern der älteren Form der Erzählung ... scheint mir die Rettung des zum Opfer bestimmten Sohnes gewesen zu sein", eine Erzählung aus dem Komplex „Familiengeschichte". Was sie im Ganzen der

Vätergeschichten bedeutet, wäre darüber hinaus zu fragen. Die Erzählung hat „viele Sinnschichten"; von Rad spricht von „mehreren Böden" (ATD, S. 208). Die VV. 15–18 sind deutlich Zutat. V. 14 wird zum Grundbestand zu rechnen sein. Der Prediger wird sich an die jetzt vorliegende Gestalt der Erzählung – einschließlich der aufgesetzten theologischen Lichter – halten, kann sich also die scharfsinnigen kritischen Subtraktionen Reventlows ersparen.

V. 1 a will, daß wir die Erzählung mit den übrigen Abrahamserzählungen verknüpft sehen. Daß הָאֱלֹהִים dem Verb vorangestellt ist, bedeutet Betonung: „Gott selbst" stellt Abraham auf die Probe (der Leser weiß von Anfang an, daß Gott dieses Opfer nicht tatsächlich verlangt). – V. 2: Den Namen Isaak halten manche für nicht ursprünglich; der (betontermaßen) geliebte Sohn sei ursprünglich ungenannt. Morijja als Name eines Landes unwahrscheinlich; man hat an eine Parallelformulierung zu 12,1 b zu denken. Spätere Überlieferung denkt an Jerusalem und fügt מֹרִיָּה ein (sonst nur 2. Chron. 3,1, vgl. 2. Sam. 24,18 ff.; der Name kommt, wohl ebenfalls auf Jerusalem deutend, in einer Inschrift bei Lachisch vor, vgl. H. Bardtke, Bibel, Spaten und Geschichte, Leipzig o. J., S. 94). – V.3: Die „Knechte" sind fast nur Statisten; sie bewachen den Esel, der von V.6 an nicht mehr dabei ist (Reventlow, S. 47). Kennzeichnend für den volkstümlichen Erzählstil, daß die Dialoge sich immer nur zwischen *zwei* Personen abspielen (Gott/Abraham – Abraham/Isaak – Abraham/Engel); unterstrichen wird die Zweisamkeit in VV. 6.8. מָקוֹם ist die Kultstätte, die also im Vorangehenden doch deutlich bezeichnet sein muß (nicht bloß „Land"), so daß Abraham sie – V. 4 – von ferne identifizieren kann; sie ist wohl hochgelegen. – VV. 5–8: meisterliche Erzählung: keine Psychologie, aber die inneren Vorgänge stellen sich im äußeren Geschehen deutlich dar. – VV. 9 ff.: Die Erzählung verlangsamt sich bis ins Unerträgliche. „Opfervorbereitungen ... merkwürdig unwirklich ... Daß das Opfertier, nachdem es gefesselt wurde, lebend auf das aufgestapelte Opferholz auf den Altar gelegt und erst dort geschlachtet würde, ist durchaus unüblich und weicht von dem Ritual von Lev. 1 für die עוֹלָה wie auch allen sonst bekannten Schilderungen des Opfervorgangs ab" (Reventlow, S. 39). Aus Gründen der Erzählung mußte das Schlachten ans Ende gerückt werden. – V. 11: Schon holt Abraham zum Schächtstich aus, da fährt der „Engel Jahwes" dazwischen. Er redet, als wäre er Gott selbst. – V. 13: An ein besonderes Wunder ist nicht gedacht, wohl aber an Gottes Lenkung. Statt אַחַר lies אֶחָד (= irgendein). – V. 14: Man kann „den Vers durchaus entbehren ..., ohne der Erzählung ein wesentliches Glanzlicht zu nehmen" (Reventlow, S. 35). Das Verbum רָאָה spielt in der ganzen Geschichte eine große Rolle. Erst hier gibt Abraham der Stätte den Namen (vgl. V. 2). Jahwe „ersieht", „aussieht" sich das Opfer (Wortbedeutung wie 41,33; Deut. 33,21); Gunkel gibt frei wieder: „Gott sorgt selber". Freilich, der Ortsname ist jetzt verschwunden; geblieben ist nur das Wortspiel (von Rad z. St.). Man kann freilich מֹרִיָּה deuten als „von Gott ausersehen".

Die Mehrbödigkeit der Perikope, auf die wir hingewiesen wurden, eröffnet für ihre homiletische Behandlung verschiedene Möglichkeiten, fordert aber begründete Entscheidungen. Nicht alles, was man im Laufe der Kirchengeschichte aus diesem Text herausgehört hat, ist stichhaltig. Daß wir ihn zu Judika predigen, dem „Passionssonntag" im exzellenten Sinne, könnte uns dazu verführen, daß wir uns der Auslegungsweise anschließen, die seit Melito von Sardes immer wieder geübt worden ist (vgl. Reventlow, S. 81 f.): typologische Deutung, die in Isaak Jesus erkennen will, auch in dem Widder, im Holztragen Isaaks das Kreuztragen Jesu. Es ist daran, wie wir sehen werden, nicht alles falsch; aber in typologische Spielereien dürfen wir nicht verfallen. Jüdische Auslegung weist auf das Verdienst Abrahams, die (in der Neujahrsliturgie verankerte) „Fesselung" (עֲקֵדָה) zu vollziehen, und die Bereitschaft Isaaks – in dem Israel sich selbst wiedererkennt –, sich „binden" zu lassen, wovon sühnende Kraft ausgeht. Sollte der „Knecht" von Jes. 53 das Volk sein, dann ist diese Deutung nicht weit hergeholt. Doch: wer ist nun wirklich der „Knecht"? Oder sollen wir bei den Reformatoren in die Lehre gehen? Sie erkennen in der „Versuchung" Abrahams (V. 1) die Anfechtung, der der Glaubende ausgesetzt ist. In der Tat: Gott, er selbst (V. 1 – s. o.), verlangt eine harte Gehorsamsprobe. Abraham besteht sie (V. 12), obwohl er, wie wir noch sehen werden, mehr opfert als das geliebte Kind.

Wir werden uns noch weiter hineindenken müssen, als diese Andeutungen es tun. Wenn es wirklich so ist, daß die Urform der Erzählung nur anschaulich und spannungsreich berichtet, daß der Fortbestand der Abrahamsfamilie aufs höchste gefährdet war, aber Isaak im letzten Augenblick errettet wurde, so möchten wir es wohl verstehen, daß die Überlieferung im Umgang mit dieser Geschichte Tieferes suchte und zur Sprache brachte. Die von E stammende Einleitung (V. 1 a) stellt den – theologisch bedeutsamen – Zusammenhang mit dem Vorangegangenen her. Auch der Name Isaak könnte eingefügt sein: geopfert werden soll der lange vergeblich ersehnte, versprochene Sohn, der Träger der Verheißung. Daß es sich um eine Erprobung Abrahams handelt (נִסָּה – V. 1), schreibt man ebenfalls E zu: die Geschichte von einer glücklichen Errettung wird als Anfechtungs- und Bewährungsgeschichte verstanden. So wird der Gehorsam zum Thema: „Gottesfurcht" (V. 12) ist, wie von Rad für alttestamentliches Denken aufzeigt (z. St.) vor allem Gehorsam (Jak. 2,21). Und dann das Thema des „Sehens" und „Ausersehens"! Darin liegt nicht nur die Festlegung des Ortes, den Gott „ersieht" und an dem – die „Abwandlung ... vom Aktiv ins Passiv" liegt nahe (von Rad z. St.) – er „sich sehen läßt", sondern auch Gottes eigene Entscheidung darüber, was dort geopfert werden soll. Der Erzählung in ihrer Urgestalt ist das Menschenopfer kein Problem; „aus keiner Zeile geht hervor, daß das Menschenopfer als illegitim angesehen wird" (Reventlow, S. 38), und auch V. 12 a ist „keine allgemeine Aussage gegen das Kinderopfer, ... sondern eine auf den aktuellen Anlaß bezogene, in den Zusammenhang der Erzählung hineingestellte Anrede, die Abraham ... im letzten Moment (von der grausigen Pflicht) befreit" (ebd.). Anders, wenn man ätiologisch denkt. Das von Gunkel scharfsinnig erschlossene Heiligtum „Jeruel" hat die Forschung nicht akzeptiert. „Morijja" ist wohl spätere Übermalung und weist nach Jerusalem (s. o.). Die „Auslösung" eines Menschenopfers durch ein Tieropfer wird uns noch zu beschäftigen haben.

Damit ist der Motivkatalog, soweit ich sehe, abgeschlossen. Wie wird daraus eine Predigt? Mit der Frage nach der Textaussage verbindet sich die nach der Assimilationsfähigkeit der Gemeinde. Die Predigt könnte vergeblich sein, weil die Gemeinde das hier Erzählte von vornherein für abscheulich hält. Oder – in überlegener Distanziertheit – für ein Phänomen aus einer überwundenen Stufe der Religionsgeschichte, ins Museum gehörig, aber nicht auf die Kanzel. Der Prediger wird die Hörer bitten müssen, ihre Bedenken einstweilen zurückzustellen. Es mag zu denken geben, daß ein Mann wie Kierkegaard ein Leben lang von dieser Geschichte nicht losgekommen ist. Er meint, sie bleibe immer herrlich, wie armselig man sie auch versteht.

Warum ein so großes Opfer? (1) *So ernst soll es uns um Gott sein.* (2) *So ernst ist es Gott um uns.*

I.

In seinen Tagebüchern (IV A 76) schreibt Kierkegaard, es müßte unter uns heute ein großer Dichter leben; der würde uns erzählen können, was diese beiden auf dem Weg zusammen geredet haben. Wir brauchen diesen Dichter nicht; der vorliegende Text

ist ein – oft gerühmtes – erzählerisches Meisterwerk. Die Dialoge sind knapp, aber
gehaltvoll. Auch das Schweigen ist beredt. Abraham hört seinen Namen. Er stellt
sich Gott: Hier bin ich. Der Befehl ist hart. Gott hat sich nicht geirrt: er weiß, daß
es sich um den *einzigen* Sohn handelt – man muß die Geschichte der Zusagen und des
Wartens, Glaubens und Hoffens auf diesen Sohn (seit 15,2) vor sich sehen! –, um den
geliebten Sohn, den Abraham opfern soll. Wie Abraham seinerzeit auf Gottes Befehl
hin in das Land aufgebrochen ist, das Gott ihm zeigen wollte (12,1), so soll er nun die
in Isaak ihm ausgehändigte Zukunft selbst zunichte machen, auf einem Berge,
den – wiederum – Gott ihm zeigen wollte. So in der Hand Gottes! So an kurzem
Zügel geführt! Gott behält sich, wie man sieht, die Dramaturgie des Lebens Abrahams bis ins einzelne vor. ,,Ich will dir zeigen, ich will dir sagen'': in der Verheißung
wie auch – so muß es doch scheinen – in deren Zurücknahme das freie Walten Gottes. –
Abraham gehorcht unverzüglich und wortlos. Drei Tage Wanderung – die Erzählung sagt nichts von Traurigkeit, Zweifeln und Angst. Da am vierten Tage – die
Opferstätte in der Ferne! Nur Abraham weiß, wieso das Geschehen weiterrückt.
Kein Wort davon, daß ihm das Herz bis in den Hals schlägt und ihm die Stimme
bricht. ,,Wenn wir angebetet haben, wollen wir wieder zu euch kommen'': eine Lüge
(obwohl es dann so geschehen wird, wie er sagt). Isaak trägt nur das Holz. Kohlen-
becken und Schlachtmesser nimmt Abraham selbst (,,daß nur dem Jungen nichts
Schlimmes widerfährt!''). ,,So gingen die beiden miteinander'' – die bedrängende
Frage des Kindes, die Abraham so fürchten mußte, lag schon lange in der Luft. Als
Isaak dann endlich fragt, antwortet Abraham ausweichend; er weiß selbst nicht,
daß Gott das Unbestimmte seines knappen Satzes in sehr bestimmter Weise verwirklichen wird (vgl. V. 5 Ende). Danach wieder das schweigende Miteinander-Gehen;
noch sind sie zu zweit. Immer langsamer wird die Erzählung, als die beiden auf dem
Berge sind. Der Erzähler übergeht die Reaktionen Isaaks. Die Prozedur wird geschildert, zuletzt bis in die einzelnen Bewegungen hinein. Abraham hat schon zum
tödlichen Schächtstich ausgeholt: da ruft ihn der Engel. Jetzt hört Abraham seinen
Namen zweimal. Soll es noch schlimmer kommen? Auch jetzt: Hier bin ich. Dann
kommt die befreiende Wende. Abraham empfängt seinen Sohn ein zweites Mal aus
Gottes Hand.

Sollte jemand die dem jetzigen Text zugrunde liegende ,,volkstümliche Erzählung''
mit dem Ergebnis zur Kenntnis genommen haben: ,,es ist noch einmal gut abge-
gangen'' oder – seriöser – ,,Gott läßt seine Leute nicht im Stich'', so hätte er, jedenfalls nach der Meinung des Endredaktors, das eigentlich Bewegende verfehlt. Abraham, der Träger der Verheißung, muß in die tiefste *Anfechtung* hinein. Weil Glaube
immer Wagnis ist? Das auch. Das ,,Sich-Festmachen in Gott'' (הֶאֱמִן בְּ, 15,6 –
nur hier!) ist immer ein Gehen ohne irdische Stützen, ein Sich-Verlassen auf die Zusage des unsichtbaren Gottes, ein Hoffen, wo nach menschlicher Einsicht nichts zu
hoffen ist (Röm. 4,18). Man muß nur sehen: die Anfechtung ist nicht nur im Mangel
an menschlichen Sicherheiten begründet, sondern darin, daß ,,Gott selbst'' (V. 1)
Abraham ,,erprobt''. Es gilt also nicht nur, ohne irdische Stützen an Gott zu glauben,
sondern *gegen* Gott an Gott zu glauben, d. h. aber in der Sprache des Textes: ihn zu
,,fürchten'' und ihm gehorsam zu sein allem zuwider, was man eigentlich in der Bindung an diesen Gott tun würde. Man würde in der Tat den Tiefgang der Erzählung
verfehlen, wenn man in der Perikope nichts weiter fände als eine kultische Umordnung: statt des (für alle verbindlichen) Menschenopfers künftig das Tieropfer. Es
geht, wie Kierkegaard richtig gesehen hat (in: Entweder-Oder), nicht um das Allgemeine, sondern um die besondere Anfechtung dieses einen, um den schrecklichen

Konflikt, in den der Vater dieses einen Sohnes mit Gott selbst gerät. Gott verstellt sich. Der Leser weiß es von V. 1 an – Abraham kann es nicht wissen. Wir möchten vielleicht Einspruch erheben gegen einen solchen Gott, der mit Abraham seinen Spott treibt und mit ihm Katze und Maus spielt. Vielleicht haben wir einen Gottesbegriff, nach dem dies, was dem Abraham widerfährt, unter Gottes Würde ist. Müßte er, allwissend, nicht sowieso sich darüber im klaren sein, was er von Abraham zu halten hat? Wozu eine solche tentatio? Wir berufen uns auf unseren Normalgott, bei dem dergleichen nicht vorkommen dürfte. Der Gott unserer Theorie hat die uns Menschen geläufigen Grundsätze und Überzeugungen zu garantieren, hat gut achtzugeben, daß derartige Unmenschlichkeiten, die zugleich Ungöttlichkeiten sind, nicht passieren. Zumal dann, wenn Abraham in besonderem Sinne *sein* Mann ist. – Abraham weiß es anders. Übrigens auch viele andere, die es – nun nicht mit dem erdachten, sondern – mit dem *wirklichen* Gott zu tun hatten. Wir nennen vor allem den Jesus des Karfreitags. Gott ist anders, und er will in seinem Anderssein ernst genommen werden. Er begegnet nicht einem wie dem anderen. Er nimmt jeden von uns besonders. Es mag Stunden geben, in denen wir meinen, wir hätten ihn *gegen* uns. Abraham kann davon erzählen, vielleicht auch mancher von uns. Wenn man durch den stockfinsteren Tunnel *durch* ist, weiß man es, was es bedeutete. Im Zustand der Anfechtung sieht man die Hand vor den Augen nicht. „Finsternis, von der sechsten bis zur neunten Stunde" (Mark. 15,33). Gott weiß, warum er uns das je und dann zumutet (EKG 177,5). Es geht ja im Glauben nicht darum, daß sich ein Gottesbegriff bewahrheitet, sondern daß zwischen Gott und uns ein Geschehen stattfindet, in dem alles Selbstverständliche zerbricht und weicht, wir aber desto fester an Gott gebunden werden. Auch davon wüßte Abraham vermutlich zu erzählen, und nicht nur er.
Sehen wir, wie der Elohist will, diese Geschichte im Zusammenhang des Ganzen (seit 12,1), dann wird die Textaussage noch schärfer. Was wir bisher bedacht haben, könnte für jeden gelten. Abraham hat aber eine besondere heilsgeschichtliche Stellung. Aus der heillosen Menschheit hat Gott ihn herausgerufen in die ihm ungewisse Zukunft, weil er der Segensträger sein sollte für alle Geschlechter auf Erden (12,3) und damit der Ahn aller Gesegneten. „Ich will dich zum großen Volk machen" (12,2). Wie hat er sich durchglauben müssen, bis Isaak, der Erbe des zugesagten Heils, endlich da war – gegen alles Meinen und Erwarten! Isaak – der einzige, geliebte Sohn; mit ihm steht und fällt die Heilszukunft der Welt. Nun soll Abraham nicht nur den Sohn opfern – das hat mancher vor und auch nach ihm getan –, sondern mit ihm die ihm zugesagte Zukunft und damit das Heil der sonst heillosen und verlorenen Welt. Um dieses Heiles willen hat Abraham die Heimat verlassen und das Los der „Fremdlingschaft" (vgl. 17,8; 28,4; 36,7; 37,1; 47,9) auf sich genommen; das einzige Stück Grund und Boden, das ihm je gehören wird, ist Saras Grabhöhle bei Hebron (23,17). Ein ganzes Leben – ausgerichtet auf Gottes Heil; und dieses Heil muß Abraham hier opfern. Gott durchkreuzt die Verheißung. Er hat Abraham aufgegeben. Abraham muß Gottes Zurücknahme des Evangeliums auf dem Holzstoß selbst vollstrecken. – Wir sind wieder beim Karfreitag. Riefe Abraham: „Mein Gott, warum hast du mich verlassen?", so würde dies in die Szene passen; aber Abraham bleibt stumm.
Abraham muß alles preisgeben, was er hat. Wir haben unsere Seligkeit, das gnädige Angenommensein durch Gott, den Frieden mit ihm und damit auch unsere unzerstörbare Hoffnung zu einer Selbstverständlichkeit verfälscht, zu einer Sache, die uns so geläufig geworden ist, daß sie uns langweilt. Als müsse ein Gott, der etwas auf sich hält, alle Menschen selig machen; natürlich – wozu wäre er auch sonst da? Die Bibel

weiß es anders. Wer von Gott wirklich das Heil erwartet, der muß wissen, daß Gott, wenn er will, es auch wieder zurückverlangen kann. Wir würden das so wenig begreifen wie Abraham. Luther hat die Möglichkeit der Verwerfung, „wenn Gott es so wollte" (WA II, 217), in der Bereitschaft zur resignatio ad infernum in sein Glaubensdenken einbezogen, nicht als geistliche Übung wie die Mystiker, sondern im Sinne eines bitteren Ernstes (K. Holl, Ges.Aufsätze I, S. 151). Wir würden uns um unser Heil bringen, wenn wir unsern Gehorsam (V. 12: Gottesfurcht) eigenwillig begrenzten: Gott dürfe wohl manches verlangen, aber letztinstanzlich entscheiden wir selbst, was er verlangen darf. Wir haben Gott auch da ernst zu nehmen, wo unser eigenes Herz sich sträubt. Gegen Gott an Gott glauben: das könnte (und wird unausweichlich an einem bestimmten Punkte der Geschichte zwischen Gott und uns) heißen, daß man „Isaak" opfert, indem man denkt: „Gott kann auch wohl von den *Toten* erwecken" (Hebr. 11,17–19). Abraham hat Gott im Gehorchen und im Hoffen ganz ernst genommen. Er hat es in wunderbarer Weise erlebt, was geschieht, wenn einer Gott über alle Dinge fürchtet, liebt und vertraut.

2.

Mögen die ätiologischen Elemente der Erzählung – um welchen Kultort geht es? was für Opfer wurden dort dargebracht? – im Endbestand der Erzählung „abgestorben" sein (von Rad, GPM 1947), allenfalls „zum erzählerischen Beiwerk geworden" (ders. im ATD, S. 208), oder mögen sie der alten Erzählung später zugefügt sein (Reventlow, S. 37f. u. ö.): sie finden sich nun einmal in dem uns vorliegenden Text, und es scheint, sie wollen beachtet sein. Daß sich – nach späterer Auffassung – das hier Berichtete an der hochheiligen Stätte in Jerusalem abgespielt haben soll, war der Judenschaft wichtig; *unser* Blick geht eher nach „draußen, vor das Tor" (Hebr. 13,12). Für uns ist auch die Frage: Menschenopfer oder Widderopfer? nicht mehr aktuell. Wir sahen: die ursprüngliche Erzählung war nicht am Allgemeinen, darum auch nicht an dieser Frage interessiert. Und doch werden die Leser unserer Erzählung immer wieder auf die Frage nach dem Opfer gestoßen sein, und sie werden dabei an unsere Perikope gedacht haben. Das Gesetz schrieb vor, alles männliche Erstgeborene – nicht nur bei Tieren, sondern auch bei Menschen – sei Gott zu weihen (Exod. 13,12.15; 22,28b), die menschliche Erstgeburt freilich sei nicht zu opfern, sondern „auszulösen" (Exod. 13,13b.15d). Man lebte übrigens in einer religiösen Welt, die – im eigenen wie im angrenzenden heidnischen Bereich – das Kinder- bzw. Menschenopfer noch irgendwie im Blick hatte oder gar davon angefochten war (1. Kön. 3,27; 16,3; 21,6; 23,10; Micha 6,7; Jer. 32,35; vgl. Jer. 7,31; Hes. 16,20; 20,26; Lev. 18,21; 20,2ff.; Deut. 12,31). Uns ficht diese Frage nicht mehr an. Eher möchten wir fragen, wie es überhaupt je dazu hat kommen können, daß Menschen meinten, Gott solche grausamen Leistungen schuldig zu sein.
Wir würden freilich dem, worum es hier geht, nicht gerecht, wenn wir lediglich danach urteilten, was der Menschenverstand in dieser Sache denkt. Gunkel vergleicht die Jephtageschichte (Richt. 11,29ff.) mit unserem Texte: jene sei „machtvoller und antiker", diese „weicher und moderner": „die Stimmung" entspricht einer Zeit, die „weicher geworden" ist: „da war es dem zärtlichen Vater eine Unmöglichkeit, das Kinderopfer darzubringen" (z. St.). Das ist religionsgeschichtlich geurteilt, nach sehr menschlichen Maßstäben. Als ob Gott in dieser Sache nicht ein Wort mitzureden hätte! Als ob, wo das Evangelium in Kraft ist, nicht auch das Skandalon des Kreuzes spürbar würde! Ist der sog. moderne Mensch hier wirklich für ein Urteil

zuständig? Jeder von uns empfindet Abscheu vor dem grausigen Geschehen von Gen. 22. Aber gleichzeitig haben wir uns daran gewöhnt, daß in unserer Welt – oft für nichtswürdige „große Sachen" und „höhere Notwendigkeiten" – Menschenleben ohne Zahl geopfert werden. Nicht nur in grausamen Kriegen (wer überlebt jetzt: du oder ich?), sondern auch (man wird an VV. 9f. erinnert) in der handwerklich perfekten Prozedur solenner Hinrichtungen. Wer sich über Gen. 22 aufregt, frage sich, wie es kommt, daß er so mit zweierlei Maß mißt. Wir sahen: Gott kann alles fordern. Keiner von uns dürfte sagen, jetzt verlange er zuviel.

Es gilt, zu verstehen, was überhaupt ein *Opfer* soll. Schon die Darbringung der Erstgeburt ist eigentlich nur eine repräsentative Leistung. Denn sie zeigt nur an, daß *alles* Leben Gott gehört und jeder von uns sich Gott ganz schuldig ist. Gehörten wir mit unserm ganzen Denken, Fühlen und Wollen, mit all unserem Planen, Tun und Lassen wirklich Gott, dann bedürfte es keines besonderen Opfers, denn dann wäre unser *ganzes Leben* das heilige und Gott wohlgefällige Opfer (Röm. 12,1). Jedes kultische Opfer ist Ersatzleistung dafür, daß wir uns Gott schuldig bleiben. Wir haben eine tiefe Abneigung gegen jedes Menschenopfer, wo auch immer es gebracht wird. Aber man muß den Ernst sehen, der dahinter steht, und die gewaltige und steile Wahrheit, die es anzeigt. Man weiß hier noch, daß wir Gott nicht mit Dingen abfinden können, für die wir zufällig selbst keine Verwendung haben (einen Groschen in die Kollektenbüchse, ein paar abgelegte Kleidungsstücke für die Innere Mission), und daß, wo Sünden zu tilgen sind (Micha 6,7), es mit einer schmerzlosen symbolischen Handlung nicht getan ist.

Das Morijja-Opfer unterbleibt nicht. Ein Widder hat sich mit dem Gehörn im Dickicht verfangen. Den nimmt Gott als Opfer an. Nun macht uns freilich der Hebräerbrief klar, daß all die Tieropfer des Alten Bundes der hier gemeinten Sache nicht gerecht werden. Sie sind nur „Schatten", nicht die Sache selbst. Wir leben von dem einen Opfer, auf das sie hinweisen. Wir wollen nicht in typologische Spielereien verfallen. Aber der Widder vertritt in der Tat die *hostia* des Karfreitags. Daß wir mit Gott im Frieden leben, beruht auf diesem Opfer. Es ist – ein *Menschenopfer*, und es ist *mehr* als das (1. Kor. 2,8).

Haben wir noch einen Schritt „weiter" zu gehen, als Abraham hier geführt wurde: in die Richtung nämlich, in der ein solches sühnendes Geschehen sich überhaupt erübrigt? Wir können die weiträumige Diskussion um die Notwendigkeit des Kreuzesopfers Jesu in diesem Rahmen nicht entfalten. Viele werden meinen, Gott könne und müsse doch unsere Sündenschuld annullieren, indem er sie einfach durchstreicht, vergißt, nicht mehr auf sie zurückkommt. Dies hieße freilich, daß er sein eigenes Gesetz aufhebt, die Heiligkeit seines fordernden Willens selbst negiert, das Böse in der Welt widerstandslos gewähren läßt (und er sieht doch viel deutlicher als wir das Leid und Unheil, das die Sünde in der Welt angerichtet hat und immer neu anrichtet) und unser Gewissen beschwichtigt: es war nicht so schlimm – reden wir nicht mehr davon! – Wir können und sollen die Notwendigkeit des Sühnetodes Jesu Christi nicht gedanklich demonstrieren. Wir sehen nur: Gott hielt es für nötig, daß dieses größte aller denkbaren Opfer gebracht wurde. Er hat die große Beräumung unserer Schuld nicht „mit leichter Hand" vollziehen wollen. Denn er nimmt unser Gewissen ernst. Wollte er unsere Sünde bagatellisieren, wir dürften es ihm nicht glauben. Nur wenige hundert Meter von der Stätte Morijja hat das Kreuz gestanden.

„Nun weiß ich, daß du Gott fürchtest und hast deines einzigen Sohnes nicht verschont" (V. 12). Was Gott dem Abraham im letzten Augenblick erlassen hat, hat er sich selbst *nicht* erlassen (Röm. 8,32). Man müßte Gen. 22 noch einmal erzählen, so, daß man in Abraham Gott selbst dargestellt findet. Karfreitag: Gottes schwärzester Tag. Wir könnten V. 12 umformen: ,,Nun weiß ich, daß du uns Menschen liebhast und ernst nimmst und hast deines einzigen Sohnes nicht verschont um unsertwillen.'' Diesmal fand sich kein Widder im Gestrüpp, und er hätte auch nicht genügt. ,,So hat Gott die Welt geliebt, ...'' (Joh. 3,16).

Palmarum. Mark. 14,3–9

Hierzu bes. J. Jeremias, Die Salbungsgeschichte Mc. 14,3–9, ZNW 1936, S. 75ff., auch in Abba. Studien zur ntl. Theol. und Zeitgeschichte, Göttingen 1966, S. 107ff., ferner J. Roloff, Das Kerygma und der irdische Jesus, Göttingen 1970, Berlin 1973, S. 210ff.
Der Vergleich mit Matth. 26,6–13 und Joh. 12,1–8, auch mit Luk. 7,36–50 zeigt, wie die Tradition anreichert, auch Einzelheiten kappt, Orte und Personen(Namen) verbindet und damit auch verschiedene Szenen miteinander verschmelzen läßt. Dem kann hier nicht im einzelnen nachgegangen werden. Bultmann rechnet die Perikope zu den biographischen Apophthegmata (GsTr., S. 37), hält jedoch V. 8f. für Zutat, ebenfalls die Situationsangabe V. 3 und damit die Einordnung ins Passionsgeschehen (in der Tat wirkt der Abschnitt zwischen VV. 2 und 10 wie eingeschoben). Im Unterschied zu Jeremias, der die beiden Liebeswerke der Almosen und des Dienstes an Toten (Salbung, Bestattung) verglichen sieht und die Perikope als Paradigma auffaßt, hebt Roloff die Einmaligkeit der Situation hervor, aus der keine allgemeine Verhaltensregel abzuleiten sei, und damit ein deutlich historisches Interesse, das Markus in V. 9 noch besonders herausgestellt hat (der Vers ist markinische Bildung). V. 8b ist von VV. 7.8a nicht zu lösen; Schniewind wird richtig gesehen haben: jedes dieser drei Worte führt zum folgenden weiter (z. St.).
V. 3: Johannes hörte ,,Bethanien'' und versetzte die Szene in das aus Luk. 10,38–42 bekannte Haus; die in unserm Text ungenannte Frau war für ihn Maria. Lukas wiederum hatte den Namen ,,Simon'' im Gedächtnis und kontaminierte den Stoff mit der Erzählung von der großen Sünderin (7,36–50); eine unmittelbare Parallele zur Markusperikope bringt er nicht. ,,Simon der Aussätzige'' (von Jesus geheilt?) sonst unbekannt; gerade darum klingt die Namens- und Ortstradition verläßlich. Das Salbgefäß (es konnte, mußte aber nicht aus Alabaster sein, um so zu heißen) und das Material gehen wieder variiert durch die Überlieferung: ἀλάβαστρον μύρου (Matth. 26,7; Luk. 7,37) νάρδου (Sanskritwort, indische Pflanze, so auch Joh. 12,3) πιστικῆς (Joh. 12,3) πολυτελοῦς (so nur Markus, Matth. 26,7 und Joh. 12,3 dafür πολυτίμου). Zerbricht die Frau das Gefäß, dann wendet sie den ganzen Inhalt Jesus zu. Salbung ist Ehrung (bei Rabbinen – b. Ket. 17b). Soll man mit Schniewind deuten: ,,Jesus wird hier zum König gesalbt, und zwar angesichts des Todes'' (z. St.)? Roloff: es sei ,,schlechterdings undenkbar, daß eine anonyme israelitische Frau sich das Recht zum Vollzug der Königssalbung angemaßt hätte'' (a. a. O., S. 211). – V. 4: die τινες sind bei Matth. Glieder des Jüngerkreises, was durch Jesu Antwort bestätigt wird (vgl. 9,38; 10,13, wo ebenfalls Jünger Anstoß nehmen). (Bei Joh. ist es Judas!) VV. 4f.: Deut. 15,11: ,, Nie wird es im Lande an Armen fehlen.'' Jesus will, daß man für Arme sorgt (Matth. 10,40ff.; 25,40; vgl. Apg. 6,1ff.; Gal. 6,10). – V.6: Jesus bezeichnet, was die Frau getan hat, als ein ,,schönes Werk''; man soll ihr keinen ,,seelischen Kummer'' (Grdm.) bereiten. – V. 7: Roloff betont die ,,einmalige, temporal begrenzte Ausnahmesituation'' (ebd.). Gerade jetzt (nur jetzt?) ist richtig, was die Frau getan hat. Ihm selbst kann sie Liebe erweisen, nur solange er da ist. – V. 8: Wieder eine Stelle, die zeigt, daß Jesus seinen Tod vorausgesehen hat (gegenteilige Folgerungen, die man aus der literarischen Gestalt der Leidensweissagungen immer wieder gezogen hat, sind irrig). Leichensalbung war nur in besonderen Fällen, etwa bei Königen, üblich (2. Chron. 16,14; 21,19f.); bei Jesus wird es dazu nicht kommen (15,42ff., anders Joh. 19,39). So wird die Salbung hier vorausgenommen: trotz der Schändlichkeit des Endes Jesu bekennen sich die Seinen zu seiner Messianität. – V.9: Die Evangeliumsverkündigung impliziert auch ein Interesse am

Geschehenen: „Überall, wo das Evangelium verkündet wird, wird man sich auch dessen zu erinnern haben, was Jesus während seines Erdenlebens widerfahren ist" (N. A. Dahl, Anamnesis, 1948, S. 93, A. 2).

Die Perikope ist ein schönes Gegenstück zum alten Evangelium für Palmsonntag. Hier wie dort: die Huldigung, die Jesus zuteil wird. Beim Einzug „viel Volks", hier nur die eine – ungenannte, aber unvergessene (V. 9) – Frau. Wo immer das Evangelium gepredigt werden wird, wird man diese Geschichte erzählen. Das hat Jesus – nach markinischer Formulierung – selbst so gesagt und gewollt. Damit steht die diesmal zu haltende Predigt – über den allgemeinen Befehl zur Evangeliumsverkündigung hinaus – unter dem Vorzeichen einer speziellen Willenskundgabe Jesu. Das gibt ihr Gewicht. Offensichtlich kommt in der hier erzählten Szene etwas zum Ausdruck, was Jesus besonders wichtig gewesen ist.

Spricht Bultmann – ohne nähere Begründung – der Erzählung einen „biographischen" Charakter zu und arbeitet Roloff (a. a. O.) heraus, daß der Vorgang um seiner Einmaligkeit, d. h. aber: um seines nicht-paradigmatischen Charakters willen als historisch anzusehen ist, dann mag man vielleicht mit einem besonderen Zutrauen an die Perikope herangehen. Ob sie im Markusevangelium am richtigen Platz steht (Matth. und Joh. plazieren sie ähnlich), ist damit noch nicht entschieden. Wir sahen: sie wirkt eingeschoben; man könnte von V. 2 gut zu V. 10 springen. Aber die eingeblendete Szene paßt gut in das Ganze. Bethanien war offenbar Jesu „Standquartier" während des Passafestes (Lohmeyer zu 11,11); Jesus pendelt zwischen Jerusalem und Bethanien (vgl. 11,11f.19.27; 13,1.3; 14,3.16.26). Die Ortsangabe 14,3 – Lokaltradition – fügt sich also gut ins Gesamtbild, und V. 8 läßt erkennen, daß Jesus sich seinem Ende nahe weiß; gerade daß dieses Logion nicht die Gestalt einer ausdrücklichen Leidensweissagung hat, ja sogar eine gewisse änigmatische Verhülltheit zeigt, wirkt echt. Erst recht gilt dies von dem Namen „Simon der Aussätzige": der Volksmund hat im Spitznamen die Erinnerung an die Krankheit beibehalten, von der er – das Haus wäre sonst nicht mehr seines – geheilt ist.

Es könnte freilich sein, daß die historische Echtheit uns die Predigt erschwert. Würde es sich um ein Paradigma handeln, so könnte man sagen: die Perikope ist überliefert worden, weil an ihr eine bestimmte christliche Verhaltensweise veranschaulicht wird, die man auf Jesus und seine Weisung zurückführt und die darum für Christen maßgebend ist. Das christliche Leben wäre dann der „Sitz" dieser Begebenheit. Verbreitete Meinung: man kannte nur das weisunggebende Logion Jesu – falls es wirklich von ihm stammte, würde im Logion die „Echtheit" liegen –, die um das Logion herum erzählte Szene hätte jedoch „idealen" Charakter. Dies nun würde in der Tat für unsere Geschichte nicht zutreffen. Jesus konnte nach seiner Auferstehung nicht mehr gesalbt werden. Die Armen hatte man bei sich, ihnen konnte man geben, was man hatte. Sich über die Frau aufzuregen, bestand kein Anlaß mehr. Für die Predigt würde dies bedeuten, daß die Geschichte in ihrer Einmaligkeit und Nichtwiederholbarkeit keinen Gegenwartssinn hätte, außer dem, den V. 9 angibt: wo das Evangelium verkündigt wird, erzählt man dies zur Erinnerung an diese Frau. Was aber geht uns das an?

Wir sollten freilich weder in der einen noch in der anderen Richtung vorcilig sein. Das Gegenwartsinteresse einer Perikope beweist nicht ihre Idealität, sondern zeigt nur das Motiv zum Tradieren an. Umgekehrt: liegt, wie in unserm Text, mit ziemlicher Sicherheit die „Erinnerung" an wirklich Geschehenes vor, so besagt dies noch nicht, daß die Sich-Erinnernden nicht gleichzeitig ein sachliches Interesse an dem hier Berichteten hätten. Historisches wird aufbewahrt, weil es uns „angeht". Es ist wahr: eine zutage liegende Maxime ist dem Text nicht zu entnehmen. Und doch, denke ich, wird er uns anreden. Wir werden, was er meint, treffen, wenn wir so zusammenfassen: *Die unvergessene Tat der Verehrung Jesu:* (1) *eine aufwendige Huldigung,* (2) *ein stummes Bekenntnis,* (3) *ein letzter Liebesdienst.*

I.

Was sich hier zuträgt, ist in mehr als einer Hinsicht ungewöhnlich. Die Frau nahm in der Regel am Mahl der Männer nicht teil. Als Bedienende wohl (1,31; vgl. Luk. 10,40); aber daß die ungenannte Frau (anders als Joh. 12,2f.) nicht zum Hause gehört, ist wohl anzunehmen. Das Haupt des Gastes – vor der Mahlzeit (Ps. 23,5) – zu salben, war hier und da üblich; dies war aber „keinesfalls Pflicht des Hausherrn gegenüber einem zum Mahle geladenen Gast"; was in b. Ket. 17b (s. o.) von der Salbung eines Rabbi berichtet ist, ist deutlich Ausnahme (Schürmann zu Luk. 7,44ff.). Ungewöhnlich ist die Verwendung so kostbaren Salböls: „echtes kostspieliges Nardenöl". Narde ist Importware aus Indien (auch die Bezeichnung ist indisch). Das Wort πιστικός könnte vom Stamm πιστ- hergeleitet werden, daher „vertrauenswürdig, echt"; man hat aber dahinter auch andere Bedeutungen vermutet (πιστάκια, spicatum, das indische piçita, vgl. Bauer, WB, oder – nach einer Erzählung des Polybios – Stakte, ein kostbares Parfüm). Aufregend aber ist das verschwenderisch aufgewandte Quantum dieses kostbaren Stoffes (in der Johannesparallele noch besonders unterstrichen). Alabastron ist „jedes henkellose Salbgefäß gleich welchen Materials" (Galling, Reallexikon); man brach zum Öffnen den Hals des Gefäßes ab. Der Wert des gesamten Inhalts ist unvorstellbar hoch; Lohmeyer vergleicht 300 Denare (V. 5) mit 212 Goldmark. (Goldmarkvergleiche sind natürlich nur ein unvollkommener Behelf. Für uns wäre es ein mittlerer Monatsverdienst. Man muß nur, um den Aufwand der Frau einzuschätzen, in Rechnung stellen, daß die Menschen damals bedrückend arm lebten.) Die Frau verleiht ihrer Liebe und Verehrung einen überschwenglichen Ausdruck.

Man könnte solchen Liebeserweis aus verschiedenen Gründen für anstößig halten. Es gibt sicher eine religiöse Erotik, die man als fatal empfinden wird, nämlich als Einbruch gewissermaßen kanaanäischen Heidentums. Man wird solcher Erotik nicht dadurch Herr, daß man an dieser Stelle „eine Zone des Schweigens" schafft, die dann – als Vakuum – erst recht auf alles Heidnische eine Sogwirkung ausübt. Nein, echte, offene, ungeheuchelte Liebe: dies wird, wo jemand glaubt, nicht fehlen. Das Deuteronomium predigt Liebe zu Gott („von ganzem Herzen, von ganzer Seele und mit aller deiner Kraft", 6,5). Hosea schildert die Liebe zwischen Gott und Volk als eine – unglückliche – Ehe. Das Neue Testament spricht gern von der Liebe zu Gott (z. B. Matth. 22,37; Röm. 8,28; 1. Kor. 2,9; 8,3) und zu Jesus (Eph. 6,24; 1. Petr. 1,8). „Hast du mich lieb?", wird Petrus vom Auferstandenen gefragt (Joh. 21,16). Man muß sich doch wohl nicht erst bernhardinischer Mystik verschreiben; man kann doch seinen Herrn ganz von Herzen und in durchaus gesunder Weise, ungekünstelt und absichtslos liebhaben, so, wie er es um uns tausendmal verdient hat. Sollte die Frau doch ins Haus gehören, dann könnte die Dankbarkeit für die Heilung Simons dahinterstehen (wie in der johanneischen Parallele Maria für die Erweckung des Lazarus zu danken hat). Aber man braucht nicht an ein einzelnes Ereignis zu denken. Die Liebe hängt an dem, den sie liebt, will mit ihm verbunden sein und bleiben, weiß sich ihm zugehörig und zeigt es ihm auch, so gut sie es kann; gewiß oft genug auch unbeholfen und ungeschickt, manchmal eben auch ein wenig über den guten Geschmack hinaus (wie etwa bei Philipp Nicolai, EKG 48, und manchem andern). Ich würde sogar meinen: besser ein paar erotische Nebentöne als die stumme Kälte des Herzens, in der wir Jesu Wohltaten „kassieren", ohne ihm Dank und Liebe zu erweisen.

Der Einwand der „etlichen" kommt jedoch aus anderer Richtung. Sie haben in der Schule Jesu gut gelernt. Jesus hat sie vom kultischen Aufwand und religiösen Gepränge weggerufen zur Tat der Barmherzigkeit. Er zitiert Hosea 6,6 in Matth. 12,7. Er bricht den Sabbat um der Menschen willen. Er will in seinen geringsten Brüdern geliebt sein (Matth. 25,40). Ein Becher kaltes Wasser für einen von den Geringsten (Matth. 10,40): das wäre die rechte Weise, Jesus zu dienen. – Der Konflikt der hier geschilderten Szene muß uns interessieren. Wir wären wahrscheinlich geneigt, ebenso zu urteilen wie die „etlichen". „Herr, Herr sagen"? Nein: „den Willen des Vaters im Himmel tun" (Matth. 7,21). Viel zuviel Mühe und Mittel hat die Christenheit im Laufe ihrer Geschichte für ihre frommen Gebärden aufgewendet. Ihre Aufgabe ist: Dienst, praktische Hilfe, gesellschaftliche Diakonie, Eintreten für die Ausgebeuteten und Verfolgten, Ringen um den Frieden der Welt, Befreiung der rassisch Benachteiligten. Die Jünger (so Matthäus), die sich in Bethanien für die „Armen" stark gemacht haben, haben etwas begriffen, was an seinem Ort unermüdlich zur Geltung gebracht und – was noch mehr ist – von uns selbst gegen alle Widerstände des alten Adam realisiert werden muß, soweit wir es nur vermögen. Jesus billigt dies in V. 7a ausdrücklich.

Aber er nimmt in dem Konflikt doch deutlich Partei für die Frau, die ihm so große Verehrung und Liebe zugewendet hat. Man könnte zunächst daran denken, daß er – immer für die eintretend, die am schlechtesten dran sind – die Frau einfach vor dem Unwillen ihrer Kritiker schützen will. Es steht ja da, daß sie sie in leidenschaftlichem Zorn angefahren hätten. Aber Jesu Wort ist ja zugleich und eigentlich eine sachliche Stellungnahme, ein Wort von grundsätzlicher Bedeutung. Die ihr euch jetzt über die Frau aufregt: was ihr denkt, wird gelten, wenn ich nicht mehr da bin; jetzt, da ihr mich noch vor euch habt, ist die Frau im Recht (VV. 7.8a). Die Stellungnahme entspricht formal der über das Fasten (2,20). Was dann falsch sein wird, kann im gegenwärtigen Augenblick richtig sein. Ja, das Tun der Frau ist jetzt das Angemessene. Die Frau „hat das Gebot der Stunde verstanden, während die Protestierenden durch ihre Worte zeigen, daß sie die Situation nicht erfaßt haben" (Roloff, S. 212). Es geht also nicht um allgemeingültige Verhaltensnormen, sondern um situationsgemäßes Handeln. Man darf nur die Unterscheidung „jetzt – dann" nicht wiederum zum allgemeinen Gesetz machen. Es wäre ja absurd, zu sagen: jetzt, da Jesus noch bei uns ist, sind die Armen nicht „dran". Arme gibt es „allezeit". Es ist an dem, was die Protestierenden sagen, nicht alles falsch. Es ist jetzt Passazeit, eben da wäre ein Passahmosen angebracht, damit die Ärmsten sich ein Lamm leisten können! Die Nächstenliebe kann man nicht aufschieben, bis Jesus tot ist! Und andererseits: was soll der Satz, daß wir Jesus nicht allezeit haben? Mit einer bloßen zeitlichen Disjunktion werden wir dem hier Gemeinten nicht gerecht. Es bleibt dabei: alles zu seiner Zeit. Aber das andere gilt auch, daß, wann und wo es angebracht ist, neben der dem Nächsten zugewandten Liebe auch die Jesus unmittelbar dargebrachte Liebe ihr Recht hat. In der Tat: zwischen der Verhaftung Jesu und seiner Auferstehung „haben" sie ihn nicht. Aber dann wird er wieder in ihrer Mitte sein. Davon ist jetzt noch nicht die Rede; aber wir, die nachösterliche Gemeinde, wissen es. Es ist also nicht so, wie viele unter uns meinen, daß man Jesus ausschließlich im Mitmenschen lieben kann. Es ist wahr: Liebe zu Jesus wird unecht und heuchlerisch, wenn sie

nicht mit der tätigen Liebe zu Jesu „geringsten Brüdern" verbunden ist. Aber Jesus
kann nicht *nur* in den Mitmenschen geliebt werden. Es gibt auch eine unmittelbare
Liebe zu Jesus. Und diese Liebe kann und wird sich auch in der – vielleicht aufwen-
digen – Liebesgebärde ausdrücken. In der Tat: salben können wir Jesus nicht mehr.
Aber wir huldigen ihm in Anbetung, Lob und Bekenntnis. Wir singen und spielen
ihm. Wir ehren Jesus in der bildenden Kunst und in der Architektur. Sollten wir
keinen Sinn für Liturgie haben – etwa deshalb, weil unser ganzes Christsein sich in
sozial-ethischem Aktivismus erschöpft –, so hätten wir von der Frau in Bethanien
zu lernen und Jesu eigenes Wort ernst zu nehmen. Er hat es sich auch gefallen lassen,
als das Volk beim Einzug ihm zujubelte. Wir nehmen die Akklamation in unserer
Liturgie auf: Benedictus qui venit in nomine Domini. Nichts gegen unsern Dienst
an den Armen, aber auch unsere feiernde Liebe gehört Jesus.

2.

Läßt sich noch genauer sagen, was die Frau mit ihrer überschwenglichen Huldigung
inhaltlich hat sagen wollen? War es nur ein Überfließen des Herzens, ohne einen bestimmten Aussagewillen, absichtslos und darum unartikuliert? Oder ist die Gebärde
ein *stummes Bekenntnis*? Wir haben uns mit der Schlagzeile für diese zweite Überlegung für das letztere entschieden.
Nach J. Jeremias (s. o.) ist, was die Frau tut, auch ein Werk der Barmherzigkeit,
nämlich das Liebeswerk der Totensalbung, zu dem es bei Jesus nicht kommen wird,
wenn sie es nicht sofort tut, und das doch in der Wertskala der guten Werke noch
höher steht als Almosen. V. 9 bekommt dann sogar einen eschatologischen Sinn:
„Amen, ich sage euch, wenn (Gottes Engel) die (Sieges-)Botschaft aller Welt verkünden wird, wird man auch das, was sie getan hat, (vor Gott) sagen, damit er
ihrer gnädig gedenke" (a. a. O.). Geht es überhaupt um das Liebeswerk der Totensalbung, dann müßte man sich dieses Werk *jedem* Menschen zugewendet denken;
die Tat der Frau hätte dann keinen besonderen Bezug auf Jesus. V. 7b scheint nicht
in diese – allgemeine – Richtung zu deuten.
Näher liegt es, in dieser Salbölspende eine besondere Auszeichnung zu sehen, wie sie –
nach dem vorhin erwähnten Ketubboth-Traktat – im Ausnahmefall einem besonders
zu verehrenden Rabbi zuteil werden konnte. (Daß der vierte Evangelist die Frau mit
der Maria von Luk. 10,38 ff. gleichsetzt, ist nicht von ungefähr.) Trotz der von Roloff geltend gemachten Bedenken (s. o.) scheint mir jedoch die Meinung von Bornhäuser, Schniewind u. a. erwägenswert, es könnte an eine Königssalbung gedacht
sein. Sicher nicht in dem Sinne, als hätte die Frau Jesus damit zum König *machen*
wollen. An einen solennen Akt wie 1. Sam. 16,13; 1. Kön. 1,39; 2. Kön. 9,6 ist nicht
zu denken. Aber es könnte mit der stummen Gebärde eben das gemeint sein, was die
Menge beim Einzug Jesus zugerufen hat (11,9f.; deutlicher: Matth. 21,9; Luk. 19,38;
Joh. 12,13). Jesus ist der „Christus". Im Kreise der Seinen weiß man es schon (8,29),
wenn auch die „etlichen" in unserm Text in ihrem Barmherzigkeitsmoralismus eben
dies übersehen. Deutlich bekundet die Überlieferung das Unverständnis der Jünger
(z. B. 9,32). Haben sie begriffen, daß Jesus der Christus ist? Wenn ja, haben sie begriffen, daß er es auf eine ganz andere Art ist, als man erwartete? Ist man sich schon
im engsten Kreis noch immer nicht klar, was wird dann die Frau, die nicht zu den
Zwölfen gehörte, gedacht haben? Bedeutet ihre Salbung, daß sie in Jesus den sieht,
der, wie man hofft, „Israel erlösen wird" (Luk. 24,21)?
Wenn niemand in Bethanien es richtig begriffen hätte: die nachösterliche Christenheit mußte es wissen. Jesus ist der Christus, unser Herr. Gott hat ihm den Namen

über alle Namen gegeben (Phil. 2,9 – Epistel des Sonntags). So beugt man vor ihm die Knie – im Himmel, auf Erden und unter der Erde (ebd., V. 10). Was hier, in Bethanien, stummes Bekenntnis ist, wird zum vernehmbaren, artikulierten Bekenntnis (ebd. V. 11). In jedem unserer Gottesdienste ereignet sich diese Huldigung – wir bedenken nur meist nicht genug, was wir eigentlich tun, wenn wir das Credo beten oder das Sanctus und Benedictus. Der Gottesdienst wird vielen unter uns nur deshalb zum liturgischen Leerlauf, weil wir nicht bedenken, was Wort und Gebärde aussagen sollen und wollen. Beides, Wort und Gebärde, gilt es neu zu entdecken. Man kann nicht das Evangelium – wo auch immer in der Welt – verkündigen, ohne dieser Frau zu gedenken, die begriffen hat, was wir in unserer Rationalität und unserm kalkulierenden Pragmatismus so leicht übersehen und vernachlässigen. Jesus verteidigt diese Frau, die sich stumm zu ihm bekennt und ihm zum Ausdruck bringt, daß er ihr „König" ist. Sie muß es ihm auf ihre Weise *sagen*! Was sie glaubt, drängt nach *Ausdruck*. Wollten wir – in der Meinung, es komme ja nur auf die *Tat* an (VV. 4f.) – aus der Bibel alle Stellen streichen, die doxologischen Charakter haben, es ergäben sich erhebliche Ausfälle. Dies gilt erst recht, wenn man – mit R. Guardini, In Spiegel und Gleichnis, Mainz o. J., S. 74ff. – entdeckt hat, daß vieles in der Heiligen Schrift, was sich als Aussage gibt, heimlich Anrede an Gott ist oder, was auf dasselbe hinausläuft, Christuslob. Jesus läßt sich die ihn feiernde und preisende Gebärde und das stumme Bekenntnis gefallen. Wo Evangeliumspredigt ist, ist, was diese Frau getan hat, in irgendeiner Weise immer mit dabei.

3.

Nun ist freilich das, was in diesem Hause in Bethanien geschieht, tatsächlich ein letzter Liebesdienst. „Sie hat meinen Leib im voraus gesalbt zu meinem Begräbnis." Was liegt in dieser auffälligen Wendung?

Zunächst: man sollte nicht behaupten, 14,8b und 16,1 dürften nicht in ein und demselben Evangelium stehen. So könnte man nur urteilen, wenn man in dem Werk des Markus ein literarisches Kunstprodukt sieht, das am Schreibtisch ausgedacht ist und daher stimmig sein müßte. In demselben Augenblick, in dem uns klar ist, daß der Evangelist *Leben* eingefangen und Gehörtes zu Papier gebracht hat, weiß man, daß sich die Frauen von 16,1 durchaus nicht mit der Frau von 14,3ff. koordiniert haben müssen, die bezeichnete Unstimmigkeit also ruhig stehen bleiben darf.

Sodann wird man – mit Schniewind – darauf achten, daß die drei Worte Jesu (VV. 6f.8.9) nicht gegeneinander isoliert werden dürfen, sondern in engem Zusammenhang stehen. Was die Frau getan hat – und Jesus hat es angenommen –, das deutet er auf seine Weise. Sie hatte es auf eine Ehrung abgesehen, ja sogar auf eine Huldigungsgeste dem kommenden König gegenüber, und er versteht es als Totensalbung! Warum? Es wiederholt sich hier dem Sinne nach genau das, was in Kap. 8 geschieht: auf die Entdeckung der Christuswürde Jesu folgt die erste Voraussage der Passion. Man könnte es auch am alten Evangelium des Sonntags zeigen (Joh. 12,12ff.): Palmenzweige gehören zum Königszeremoniell, aber Jesus besteigt den *Esel* – und noch deutlicher die Fortsetzung: das Weizenkorn muß in die Erde. Zurück zu unserer Stelle: Wenn die Seinen erwarten, er werde nun, als Gesalbter, die Macht ergreifen, so läßt er sie wissen, daß er in den *Tod* geht. Nicht: du warst im Irrtum, als du mich salbtest. Aber: du hast einen Todgeweihten gesalbt, es war ein letzter Liebesdienst.

Man könnte, wenn man wollte, darin eine Negation jeglicher Königsvorstellung sehen (auch 8,30ff. hat man ja immer wieder so verstehen wollen). Es würde sich dann tat-

sächlich um einen Liebesdienst handeln, der nicht durch das Proprium der Messianität Jesu zu deuten wäre. Die Salbung würde dann einen scharfen Gegensatz signalisieren. Jesus muß sich auf das Schlimmste gefaßt machen: er wird wie ein Verbrecher
sterben, verlassen, verachtet, verabscheut, mißhandelt, qualvoll umgebracht und
zuletzt – anderes kann er nicht erwarten – wie ein Kadaver verscharrt. Aber es tut
ihm wohl, daß es solche gibt, die anders von ihm denken und anders mit ihm umgehen. Zum Beispiel diese Frau. Was seine Feinde, Richter und Mörder ihm schuldig
bleiben, das empfängt er von dieser Frau. Eine Wohltat, eine Genugtuung, ein Trost
für den Angefochtenen!
Man könnte auch in V. 8b nur dies ausgedrückt finden: „Mich habt ihr nicht allezeit" – mehr noch: mein Tod steht dicht bevor. Bedenkt man jedoch, daß Totensalbung nur in seltenen Fällen vorgenommen wurde, z. B. bei der Bestattung von
Königen (vgl. 2. Chron. 16,14; 21,19f.; Jos., Ant. 17,8,3 – so nach Roloff, vgl.
G. Fohrer, Bibl.-Hist. Handwörterbuch I, Sp. 212), so wird man die Deutung der
Tat der Frau als Totensalbung nicht lediglich als Hinweis auf den nahen Tod ansehen dürfen.
Was hier – vorausnehmend – im Blick auf Jesu Begräbnis geschehen ist, erweist ihm
die Ehre eines Königs, aber eben so, daß diese Königswürde nicht anders gewonnen
wird als durchs Kreuz. Palmsonntag: als König zieht ein, der in den nächsten Tagen
den schrecklichsten Tod erleiden wird. Macht dieser Tod sein Königtum zunichte?
Im Gegenteil: er begründet es! Hier entsteht ein „Reich" nicht durch Unterwerfung
und Machteinsatz, sondern dadurch, daß wir durch Selbsthingabe Jesu freigekauft
und durch seine Liebe im Innersten gewonnen werden. „Er hat sich selbst für uns
gegeben, auf daß er uns erlöste von aller Ungerechtigkeit und reinigte sich selbst ein
Volk zum Eigentum, das fleißig wäre zu guten Werken" (Tit. 2,14). So ist in der
ganzen Menschheitsgeschichte noch kein „Reich" zustande gekommen. Man muß
sagen: eine kostspielige Weise, Menschen zu gewinnen. Aber Jesus weiß, warum er
gerade diesen Weg geht – gehen muß.

Gründonnerstag. Mark. 14,17–26

Durch die Literatur zu diesem Komplex finden sich nur Spezialisten durch. Zu einem
Überblick helfen: Ed. Schweizer in ThLZ 1954, Sp. 577ff.; Ferd. Hahn in Ev. Th. 1975,
S. 553ff.; L. Goppelt in ThNT I, S. 261ff. Dogmatisch: U. Kühn in TRE I, S. 145ff.
Die Frage nach der ältesten erreichbaren Gestalt der Abendmahlsworte Jesu kann in
einer Predigthilfe nicht verhandelt werden. Wir versuchen, den Text so zu nehmen, wie
er dasteht, ohne daß damit das Recht bestritten sein soll, anderwärts solchen Fragen nach-
zugehen. Dem Prediger wird wichtig sein, daß die – von einander unabhängigen – verschiedenen ntl. Überlieferungen über das Herrenmahl „ in ihrer Substanz" „völlige Übereinstimmung" zeigen (J. Jeremias, Ntl. Theol. I, S. 274).
Die Perikope umfaßt, was sich in dem durch zwei Jünger bestellten, vorbereiteten Abend-
mahlssaal abgespielt hat, also auch die Ankündigung des Verrats (vgl. VV. 10f.). (Nach
Luk. 22,21, auch nach Joh. 13,4.21 ff., ist Judas bei der Einsetzung des Mahles noch dabei.
Nur Joh. 13,30 erwähnt seinen Aufbruch.) – V.17: Obwohl zwei Jünger vorausgesandt
sind, ist von den δώδεκα die Rede (formelhaft wie 1. Kor. 15,5, wo Judas schon ausgefallen ist). – V. 18: Zum Passa (VV. 2.12) gehört eine Vorspeise (Grünkräuter, Bitterkräu-
ter, Fruchtmustunke, Gewürze und Essig); während dieses Vormahles gibt Jesus bekannt,
daß einer der Mahlteilnehmer ihn ausliefern wird (Ps. 41,10, in Joh. 13,18 noch ausführlicher zitiert) – ein Amen-Wort, für Jesu Sprache kennzeichnend. – V. 19: Trauer und Be-

troffenheit: „Doch nicht etwa ich?" (so sollte man die μή-Frage wiedergeben). – V. 20: Für das Alter der Bezeichnung οἱ δώδεκα spricht nicht nur die festgeprägte Formel, die auch da gebraucht wird, wo die Zwölfzahl nicht (mehr) erfüllt ist, sondern auch, daß der Verräter aus diesem Kreise kommt. Daß das Eintauchen in die Schüssel *gleichzeitig* geschehen müsse, der Verräter also auf diese Weise identifiziert würde, sagt der Markustext nicht (anders Joh. 13,26; nur verbatim Matth. 26,25). Im Gegenteil: die Jünger erfahren bei Markus nicht, wer es ist. – V. 21: „Menschensohn" – „Mensch", aufschlußreicher Wechsel im Ausdruck; Menschensohn hier wie in den Leidensweissagungen, vgl. Goppelt, a. a. O., S. 234ff. Gottes Walten und menschliche Verantwortlichkeit sind zusammenzudenken. Die Schuld des Verräters ist schwer.

Zu den zahlreichen Semitismen in den VV. 22–26 gehört das wiederholte καί (= consecutivum); sonstige Semitismen: Jeremias, Abendmahlsworte, S. 188ff. Würde es sich um eine liturgische Formel handeln, müßte Jesus genannt sein. „Am Anfang stand nicht die Liturgie, sondern der Geschichtsbericht" (ders., Ntl. Theol. I, S. 275) – V. 22: Brotberakha bei jeder Mahlzeit: „Gepriesen seist du, der du das Brot aus der Erde hervorgehen läßt." Zum Brotwort selbst s. u. – V. 23: Betontes πάντες – eine Unterstreichung gegenüber dem „jerusalemitischen" Typ des Mahles, der nur „Brotbrechen" war (Lietzmann)? Zwischen Brot und Kelch hat man sich die (Haupt-)Mahlzeit zu denken. – V. 24: Daß das (etwas umständliche) Kelchwort aramäisch nicht ausdrückbar sei, trifft nicht zu (Hermann Patsch, Abendmahl und hist. Jesus, 1972, S. 80f.; Goppelt, a. a. O., S. 266). Zur Bedeutung s. u. – V. 25: Bei Lukas hat das Wort eine andere Stellung und Funktion, dem wirklichen Verlauf nach vielleicht richtig, während die Stellung am Ende der Liturgie des Gemeindemahles entspricht (Goppelt, S. 263), vgl. 1. Kor. 11,26: ἄχρι οὗ ἔλθῃ, auch das Maranatha 1. Kor. 16,22; Offb. 22,20; Did. 10,6. Jesus spricht aus, daß die Mahlgemeinschaft mit den Jüngern jetzt endet und beim Anbrechen des Reiches erneuert werden wird. Goppelt weist richtig darauf hin, daß dazwischen „die neue Art der Gemeinschaft" steht, durch die Jesus sich im Sakrament selbst darbietet.

Die Kirche gedenkt am Gründonnerstag der Einsetzung des Herrenmahles. Es ist gut, daß diese Perikope – neben denen von der Fußwaschung und den Geschehnissen im Ölgarten – ihr dazu gegeben ist. Matthäus, Markus, Lukas und St. Paulus – um es im Tonfall Luthers zu sagen – stehen dafür gerade, daß das heilige Mahl aus der Nacht stammt, in der Jesus verraten wurde. Wenn Johannes die Einsetzung des Abendmahls in Kap. 13 nicht erwähnt, dann dürfte dies in der literarischen Eigenart seines Evangeliums begründet sein: er schreibt Christusmeditationen nieder, die sich lose an dieses und jenes Geschehnis in der Zeit des Wirkens Jesu anschließen; die Geschehnisse selbst werden zumeist vorausgesetzt, so daß das Fehlen eines Einsetzungsberichts gegen das Zeugnis der anderen nicht aufkommt. Daß, wenn Jesus das Mahl in der Nacht des Verrats eingesetzt hat, die Einsetzungsworte in gleichbleibendem Wortlaut überliefert sein müßten, ist ein geschichts- (um nicht zu sagen: ein welt-) fremdes Argument (vgl. die Vaterunser-Überlieferung). Auf historischem Boden stehen wir nicht nur da, wo die gesprochenen Worte und die einzelnen Vorgänge protokollarisch festgehalten sind; durch Anwendung unrealistischer Maßstäbe Wirkliches in Unwirkliches umfälschen, dies ist keine überzeugende Methode. Probe aufs Exempel: Wenn ich meinen Konfirmanden Jes. 6 frei nacherzähle, werde ich bei dem Dreimalheilig mich des Wortlauts der Liturgie bedienen, wenn ich pädagogisch und psychologisch nicht instinktlos bin; daß Erzählstil durch das Liturgiezitat abgelöst wird, sollte also weder verwundern noch zu verstiegenen Folgerungen verführen. Der von Jeremias (s. o.) nachgewiesene Erzählstil sowie die zahlreichen Semitismen (vgl. auch K. G. Kuhn, EvTh 1950/51, S. 513) verbieten es, die Einsetzung des Mahles „in der Nacht, da er verraten ward" mit dem Argument zu bestreiten, es handle sich in den VV. 22–25 um „die Kultlegende aus hellenistischen

Kreisen der paulinischen Sphäre" (Bltm., GsTr., S. 286). Den Arnoldshainer Abendmahlsthesen (1/1) ist – nicht im übertragenen, sondern im eigentlichen Sinne – recht
zu geben: „Das Abendmahl, das wir feiern, gründet in der Stiftung und im Befehl
Jesu Christi."
Sind wir, was die Geschehnisse angeht, am rechten „Ort", dann ist die Abgrenzung
der Perikope sinnvoll. Sie spricht, von V. 18 an, von dem – hier nicht genannten –
Verräter (vgl. VV. 10f.43). Es scheint, wie auch 1. Kor. 11,23 ahnen läßt, ein gewisser innerer Zusammenhang zu bestehen zwischen der bevorstehenden Ausliefe-
rung Jesu an seine Feinde und der Stiftung des Mahles. (Wir sagen „Stiftung", obwohl sich ein expliziter Wiederholungsbefehl nur 1. Kor. 11,24f. und Luk. 22,19
findet. „Daß Jesu Handeln wiederholt werden sollte, folgte aus seinem Sinn", Goppelt, a. a. O., S. 269.) Jesus kennt den Auslieferer; so weiß er auch, daß diese Stunde
den Abschied bringt (V. 21a). Auf diesem Hintergrund will die Einsetzung des Herrenmahles gesehen sein. Jesus weiß: er wird hinfort vom Gewächs des Weinstocks nicht
mehr trinken, bis er es neu trinkt im Reiche Gottes. Das Wort V. 25 ist – wenigstens
in dieser Form (vgl. aber die letzten Worte in 1. Kor. 11,26) – in die liturgische Formelsprache der Gemeinde nicht eingegangen; gerade dies wird als Echtheitsmerkmal
gewertet. Es besagt nach seiner verneinenden Seite: „von nun an nicht mehr" –
und damit bestätigt es das, was sich aus der Ankündigung des Verrats ergibt. Bricht,
was bisher gewesen ist, nun ein für allemal ab? Oder wird es eine neue Weise des Miteinander geben? Wird das Alte auf irgendeine neue Art weiterbestehen? Wird ein
Kommendes auf irgendeine Art zur Gegenwart werden? Wir versuchen, den Text
unter diesen Gesichtspunkten abzuhören: *Was haben wir im Mahl des Herrn?* (1) *Bei
uns ist, der uns genommen ist.* (2) *Bei uns geschieht, was künftig sein wird.* Diese beiden
Kernsätze enthalten sich bewußt der theologischen Problemsprache. Wer – schulmeisterlich – auf eine perfekte Abendmahlslehre aus ist, wird enttäuscht sein. Aber
die Kanzel ist nun einmal kein Katheder. Der Gemeinde ist, so darf man hoffen, geholfen, indem sie die in beiden Antwortsätzen liegende Spannung bedenkt.

I.

„Bei uns ist …": wir sollen auch diesmal Erfreuliches und Stärkendes predigen, also
das Evangelium. Aber die Perikope spricht es vor einem düsteren Hintergrund. Mag
sein, daß unseren Abendmahlsfeiern von daher so oft eine bedrückende, lähmende
Feierlichkeit anhaftet: man erstarrt in Andacht und ist fromm bis zur Versteinerung.
So darf es nicht gemeint sein. Die Predigt sollte der Gemeinde zum rechten Verständnis des Sakramentes helfen und dadurch auch zum rechten Umgang damit.
Allerdings, das Abendmahl stammt aus der Stunde des letzten Beisammenseins Jesu
mit den „Zwölfen" (V. 17), nach der markinischen Rahmung am ersten Tage der
„ungesäuerten Brote". Für ein Unterkommen ist gesorgt. Die Erzählung klingt etwas
legendär (VV. 12–16). Es scheint sich um ein befreundetes Haus zu handeln. Wenn
es zur Verhaftung eines Verräters bedarf, dann entbehrt Jesu Aufenthalt in Jerusalem in dieser Stunde der Publizität. So dürfte auch der junge Mann, der offenbar
an Jesus interessiert ist und dieses Interesse beinahe mit seiner Freiheit bezahlt
hätte (V. 51), in das Haus gehören. Weiß Lukas mehr von dem Hause? Es sieht so
aus, als sei in Apg. 1,13; 12,12 (vgl. 12,3b!), an dieses Haus gedacht und damit zugleich besagter junger Mann identifiziert. Doch davon hängt nicht viel ab.
Wohl aber ist wichtig, daß Jesus weiß, wie weit die Dinge inzwischen gediehen sind
(VV. 10f.). Was er längst hat kommen sehen (8,31ff.; 9,30ff.; 10,32ff.; 10,38.45;

12,6ff.; 14,8), wird durch die Aktion des Verräters ausgelöst. Das Neue Testament zeigt Jesus nicht unangefochten und unerschüttert, sondern in ganz menschlicher Weise leidend und geängstet. Das wird sich in dieser Nacht noch zeigen (VV. 33f.). Die Predigt enthalte sich jeder psychologisierenden Schilderung; es genügt, auf das hinzuweisen, was die Texte wirklich *sagen*. – Der Verräter ist einer aus der Tischgemeinschaft, aus dem Kreis der Zwölf (s. o.), „der mit mir in die Schüssel taucht", womit nach dem markinischen Zusammenhang nichts weiter gesagt ist als dies, daß er als Tischgenosse mit Jesus in engster Lebensgemeinschaft gestanden hat und im Augenblick noch steht. Gemeinsames Essen und Trinken verbindet und ist Zeichen der Verbundenheit. Eben darum war, was man 2,15 liest, etwas so Provozierendes. Jesus hat Sünder an seinen Tisch gezogen, und man kann an unserer Perikope sehen, daß sie auch in seiner Gemeinschaft nicht aufgehört haben, Sünder zu sein. Jesu Gemeinde besteht nicht aus perfekten Heiligen. Sogar dieses Extrem ist möglich: der Verräter sitzt (liegt) mit am Tisch. Man sollte nicht sagen, daß dies zum Glück der schlechthinige Ausnahmefall sei. „*Ich* bin es doch nicht etwa?" Obwohl eigentlich ein jeder wissen müßte, ob er dergleichen vorhat oder auch nur erwägt, ob er sich mit Jesus in irgendeinem Konflikt befindet oder nicht: jeder muß es grundsätzlich für möglich halten, daß er es ist, der ausbricht, treulos wird, abtrünnig, feindlich. Jeder hat das Zeug dazu, Judas zu sein. Mit solchen hält Jesus Gemeinschaft – bis heute. Der Text artikuliert das Problem, das dahintersteht. Man könnte es weltanschaulich formulieren: Wie verträgt sich die höhere – göttliche – Notwendigkeit, dem alles Geschehen unterworfen ist, mit der Freiheit und Verantwortlichkeit des einzelnen Menschen? Oder heilsgeschichtlich: Wenn es wahr ist, daß es dem „Menschensohn" von Gott her bestimmt ist, „hinzugehen", „wegzugehen", zu sterben, und wenn dies sogar geschrieben steht (etwa Jes. 53,11f.), dann steht menschliche Verantwortlichkeit nicht nur einer allgemeinen Notwendigkeit gegenüber, sondern einem speziellen Planen Gottes. Dann tut also Gott sein Heilswerk – und ein Mensch muß schuldig werden und daran kaputtgehen. Jesus „geht dahin". Er ist zum Menschensohn bestimmt, er wird den durch Dan. 7 vorgezeichneten Platz einnehmen. Aber zuvor muß er durchs Leiden. Und dazu bedient sich Gott des menschlichen Werkzeugs. Jesus bedauert diesen Menschen (V. 21). Aber das „Wehe!" gilt. Unsere Verantwortlichkeit wird durch das göttliche Muß (z. B. 8,31) nicht aufgehoben, sie ist in dieses Muß eingeschlossen, von ihm umgriffen. Wir bringen es logisch nicht zusammen, aber unser Gewissen weiß, daß es sich so verhält. Und noch einmal: jeder von uns könnte Judas sein. – Die Predigt wird sich in dieser Problematik nicht festfahren dürfen, damit sie nicht das verfehle, worauf es ankommt.

Jesus muß „fortgehen". Er weiß, wohin. (Das vierte Evangelium hat, was bei Markus nur knapp angedeutet ist, weiträumig und tief dargestellt.) Aber das bedeutet Abschied. Jesus wird verhaftet, verurteilt, hingerichtet werden, und das wird sich in den nächsten Stunden zutragen. Was auch dann noch kommen wird: Jesus wird den Seinen *genommen* sein. Und damit werden sie alles entbehren, was sie an ihm hatten: Gott, das „Reich", die Vergebung, die neue Existenz, die Hoffnung, die Gemeinschaft mit ihm und, daraus hervorgehend, auch untereinander (wir deuten nur an). Mit Jesus verlieren sie *alles*.

Vor diesem Hintergrund haben wir die Einsetzung des Mahles zu sehen (vgl. hierzu bes. Goppelt, a. a. O., S. 264ff.). Jesus begründet eine neue Art der Gemeinschaft mit ihm. Er schenkt durch das Mahl nicht nur Vergebung (das auch!); auch nicht nur ein neues Miteinander seiner Leute (das auch!). Er schenkt vor allem und eigentlich *sich selbst*. Wird er in den nächsten Stunden von ihnen *genommen*, so wird er sich

doch ihnen – und seiner Gemeinde zu allen Zeiten – auf eine neue Weise *geben*. Wir
sollen ihn nicht entbehren und vermissen. Es soll immer wieder zu neuer Begegnung
mit ihm kommen. Darum die Schlagzeile: Bei uns ist, der uns genommen ist. Johanneisch gesprochen: Er will uns wiedersehen, und unser Herz soll sich freuen
(16,22). Nicht: er war einmal, wir müssen uns mit Erinnerungen zufriedengeben.
Sondern: er kommt auf neue Weise zu uns und gibt sich uns.
Jesus nimmt das Brot, spricht die Berakha (s. o.) und gibt es ihnen. „Nehmt, dies ist
mein Leib." „Dies ist mein Bundesblut, das für viele (= alle) ausgegossen wird."
Man denkt an Exod. 24,8 und Jer. 31,31. Aber es heißt: „*mein* Leib – *mein* Bundesblut". Jesus identifiziert sich mit dem, was er da „gibt" und was sie „nehmen"
sollen. Ob σῶμα nun Äquivalent für גּוּף ist oder für בָּשָׂר, trägt nicht viel aus.
Es ist *der Mensch, die Person* gemeint; diese nun freilich, wie die Sprache es zeigt,
nicht leiblos, sozusagen als ein unsichtbares Bündel von Aktivitäten und Funktionen,
sondern eben als „Leib" und „Fleisch". Ähnlich verhält es sich bei „Blut". Es ist
Träger des Lebens (Lev. 17,11); wird Blut vergossen, dann wird Leben geopfert.
Wieder ist es *der Mensch Jesus*, der sich in seiner Lebendigkeit, eben in dem Blute,
dahingibt. Unser Glaube lebt nicht von einem erkannten ruhenden Sein, wie griechi-
sches Denken sich dies vorgestellt hat; er hat es mit dem lebendigen Gott, hier:
mit dem auf uns zukommenden, mit uns umgehenden, an uns handelnden, für uns
sterbenden Jesus Christus zu tun. Kein starres Sein wird uns hier angeboten, sondern
der Herr in seinem Wirken und Tun. Dieses Wirken und Tun vollzieht sich aber immer
„*in* etwas": leibhaft, greifbar, schmeckbar. Seit Jesus Mensch geworden ist, gibt es
ihn nicht mehr leiblos; die Inkarnation wird durch Jesu „Hingang" nicht rückgängig
gemacht. Und wenn Jesus auch als der von uns Genommene noch für uns da sein
will, dann wiederum nicht so, daß er in der Qualität des Idealen oder Spirituellen
substratlos „sich ereignet", sondern in leibhafter Hingabe. Er nimmt, er gibt; und
er identifiziert sich mit dem, was er gibt. (Das „est" hat im Semitischen kein Wort-
Äquivalent, aber niemand sollte behaupten, es stehe nicht im „Urtext" der Sprache
Jesu; es drückt sich in der Struktur des Nominalsatzes aus!) Er hat uns Menschen
immer in unserer Leibhaftigkeit ernst genommen. So gibt er sich auch „in, mit und
unter" etwas Leibhaftem: im Brot und im Wein. *Wie* er sich mit den Elementen verbindet, lassen wir getrost auf sich beruhen; das bleibt sein Geheimnis. *Daß* er sich
in den Elementen gibt, sollten wir ihm danken. Menschen, die einander liebhaben,
lassen sich an der Wort-Präsenz nicht genügen (Brief, Telefongespräch); sie wollen
sich sehen, die Hände fassen, einander in die Arme schließen. Jesus will, indem wir
essen und trinken, leibhaft in uns eingehen. Wohl ist Christus seit seiner Erhöhung
in der ganzen Welt gegenwärtig; aber er ist es in der Unterschiedenheit zwischen Gott
und Welt. Hier, im Brot und Wein, ist er in besonderer, wenn man so will: „quali-
fizierter" Weise gegenwärtig: in der unio sacramentalis. Indem wir ihn in uns aufnehmen, geht das Heilige in und mit uns hinein in die Welt. Wir haben den Herrn
bei uns.
Auf die Frage, *was* wir im Mahl des Herrn haben, haben wir bisher geantwortet, indem wir diese Frage personal umwandelten. Wir haben nicht *etwas*, sondern *ihn*. Obwohl er uns genommen ist, ist er bei uns. Wir müssen den Gedanken aber auch umkehren. Der Karfreitag gehört, grammatisch gesprochen, nicht bloß in einen Kon-
zessivsatz. Die Gegenwart Jesu ist die Gabe des Herrenmahls (ThWNT II, S. 736).
Der Herr *begegnet* seiner Gemeinde, indem er sich an sie austeilen läßt. Aber in diese
Begegnung bringt er alles ein, was er der Gemeinde ist und tut. Von der Inkarnation
sprachen wir schon, auch (nur in einigen Stichworten) von dem, was Jesus den Seinen

in seiner Erdengegenwart gebracht hat. In seiner Person ist nun auch das gegenwärtig, was ihm für die nächsten Stunden bevorsteht. Sein Blut wird „für die vielen ausgegossen"; die lukanisch-paulinische Fassung der Einsetzungsworte sagt Analoges beim Brotwort. So versteht Jesus sein Kreuz. Der Menschensohn muß „hingehen" (V. 21). Er gibt sein Leben zum Opfer (V. 24). Die Präposition ὑπέρ hat mehrfachen Sinn; zugunsten von ..., in Parteinahme für ..., in Stellvertetung von ... Alle drei Grundbedeutungen dürften hier zutreffen. Im Herrenmahl ist gegenwärtig der für uns sich opfernde, am Kreuz sterbende und in einem „unvergänglichen Priestertum" immerzu für uns eintretende Christus (Hebr. 7,24; Röm. 8,34; 1. Joh. 2,1). Indem er bei uns ist, ist er immer unser Anwalt, Fürsprecher, Beistand, der für uns Partei Ergreifende und sich dabei auf sein ein für allemal geschehenes Opfer Berufende. Auf diesem Hintergrund ist es dann richtig, die Gaben zu nennen, die uns aus seiner Gegenwart erwachsen: Vergebung der Sünden, Leben und Seligkeit, Hoffnung, Gemeinschaft untereinander, die Freiheit zum Handeln und Wirken in der Welt. Wie sollte Gott uns mit Christus nicht *alles* schenken? (Röm. 8,32).

2.

Bisher haben wir davon gesprochen, daß uns im Mahl des Herrn Ersatz geschaffen wird für die mit Jesu Tod nun wirklich abgeschlossene *Vergangenheit*. Jesus war bei den Seinen, bis zu diesem letzten Mahle. Mit V. 25 wendet er sich der *Zukunft* zu. Nicht der Zukunft, soweit sie die nächsten Stunden umfaßt, sondern der Zukunft, in die er durch seine Erhöhung gelangen wird und die, indem er in Herrlichkeit kommen wird, auch unsere Zukunft ist. Es gehört zu den erfreulichen (soweit ich sehe, auch von den Kritikern anerkannten und begrüßten) Partien der Arnoldshainer Abendmahlsthesen, daß sie auf den eschatologischen Sinn des Abendmahls hinweisen. „Im Abendmahl lädt der erhöhte Herr die Seinen an seinen Tisch und gibt ihnen jetzt schon Anteil an der zukünftigen Gemeinschaft im Reiche Gottes"; wir „warten in Freude auf seine Wiederkunft als die zur Herrlichkeit in der Vollendung Berufenen" (Thesen 1/2 und 3/4).
Man hat das Abendmahl aus der Tischgemeinschaft ableiten wollen, die Jesus während seiner Erdenwirksamkeit mit den Seinen verband und die eine Vorausdarstellung, ja Vorausnahme des großen Gastmahls Gottes war, das Jesus, alttestamentliche Motive aufnehmend, für den kommenden Äon ankündigte (Exod. 24,11b (vgl. V. 8); Jes. 25,6; slaw. Henoch 42 – bei Leipoldt/Grundmann, Umwelt II, S. 206 –; Matth. 8,11; Luk. 14,15.16ff.; Offb. 19,9). Es schiene mir nicht richtig, das Herrenmahl als Sakrament einfach aus dieser während der Erdenzeit Jesu praktizierten Tischgemeinschaft abzuleiten – als hätten die Jünger nach Jesu Hingang in dem Gewohnten einfach „weitergemacht" und dabei – etwa im Sinne von Matth. 18,20 – ihren erhöhten Herrn gegenwärtig gedacht. Es bedurfte, wie wir sehen, einer Einsetzung; an der Art, in der Paulus sich auf dieser Einsetzung beruft (1. Kor. 11,23ff.) wird dies schlagend klar. Aber durch das Wort Mark. 14,25 wird das soeben gestiftete Herrenmahl in diese eschatologische Erwartung eingebunden, bei Lukas sogar so, daß diese die eigentlichen Stiftungsworte vorn und hinten umgreift (Luk. 22,16 und – nach einer angefügten Rangstreitepisode – 29f.). In dem von Jesus gestifteten Mahl gewinnt also nicht nur seine Gegenwart bei den Seinen eine neue Gestalt, sondern es wird auch das voraus-ereignet, was künftig sein wird. In *dieser* Hinsicht knüpft, was im Herrenmahl geschieht, tatsächlich an die in Jesu Erdentagen praktizierte Tischgemeinschaft an. Interessant ist die Meinung von Joachim Jeremias (Abendmahlsworte, 1967, S. 199ff.: zustimmend: W. G. Kümmel, Verheißung und Erfüllung, Berlin 1967, S. 25), es handle

sich in V. 25 um ein Entsagungsgelübde Jesu, das etwa so zu deuten sei wie der Brauch der palästinischen Kirche, in der Passanacht zu fasten und – sozusagen in letzter Stunde vor dem Kommen des Messias – für Israel Fürbitte zu tun. Dann hätte Jesu Verzicht den Sinn, seinem interzessorischen Handeln (Jes. 53,12) Nachdruck zu verleihen (Jeremias, Ntl. Theol. 1, S. 282 f.).

Wichtiger für die Predigt scheint mir, daß Jesus in der Stunde der Stiftung des Mahles auf die Tischgemeinschaft in der Vollendung hinweist. Gottes Reich: ein großes, fröhliches Mahl, bei dem alle willkommen sind (Luk. 13,29 f.; 14,21 ff.). Gottes „Herrschaft" besteht darin, daß er die Menschen *bewirtet*! Er fordert nicht, er schenkt und gibt und erfreut. Sicher hörten die biblischen Menschen auch dies mit, daß Hungernde und Darbende satt werden sollen.(Luk. 6,21 a). Aber es geht um mehr. Wer mit einem anderen zu Tische saß, war mit ihm als Freund und Bruder verbunden. Daß es unter den harten Gesetzen unseres Alltags bei uns zur bewußten Tischgemeinschaft nur selten kommt und nicht nur die Tischsitten in Verfall geraten, sondern auch das Wissen um die Bedeutung des Miteinanders bei Tische geschwunden ist, macht es nötig, nicht nur der Gemeinde biblischen Tischbrauch verständlich zu machen, sondern auch, wenn möglich, die Gemeinschaft bei Tische einzuüben und so bewußt zu machen. Dazu gehört auch, was z. B. den an alttestamentlichen Opfermahlzeiten Beteiligten geläufig war: sie waren Gäste Gottes. – Wir mögen uns fragen, inwieweit wir solche Zukunftserwartungen *eigentlich* oder *übertragen* verstehen sollen.

Was für unser Verständnis des Abendmahls dabei wichtig ist, sollte deutlich herauskommen. Tischgemeinschaft verbindet uns untereinander. Man hat mit Recht darauf hingewiesen, daß unsere Abendmahlsfeiern individualistisch entartet sind. „Gott und die Seele." „Der Herr und ich." Zu der eingangs kritisierten pseudo-eucharistischen Steifheit gehört leider bei uns auch, daß man, in verkrampfte Andacht versunken, die Mitchristen nicht eines Blickes würdigt und so tut, als kenne man sie nicht. Tischgemeinschaft: wir gehören zusammen, man sollte dem auch Ausdruck geben. – Nun wird leicht *ein* Irrtum mit Hilfe eines *anderen* bekämpft. Ich versuche es etwas handfest auszudrücken: Unter uns wird zuweilen die Abhilfe darin gesucht, daß man nicht so sehr auf den gegenwärtigen Herrn aus sein soll als vielmehr auf die anwesenden Brüder und Schwestern. Anders gesagt: Statt der Vertikalen betont man die Horizontale; menschliche „Tuchfühlung". So wird denn auch Jesu Gemeinschaft mit Zöllnern und Sündern im Sinne eines sozialethischen Vorbildes verstanden; in dem Maße, in dem wir uns diese hier praktizierte Art des Umgangs mit Jesus aneignen, wird der Herr entbehrlich.

Man kann die von Jesus gewährte Tischgemeinschaft nicht gründlicher mißverstehen. Er ist der Gastgeber. Daß er uns annimmt, entspricht nicht einfach einer sozialethischen Regel, deren Geltung man eigentlich bei allen Menschen wachen Gewissens voraussetzen sollte. Jesus nimmt *Sünder* an. Die Öffnung von Luk. 14,21 ff. ist Gnadenhandeln Gottes. Wir praktizieren an Jesu Tisch nicht unsern natürlichen Gemeinschaftssinn, sondern empfangen seine unverdiente Güte („für euch"). Daher ergibt sich die Horizontalverbindung, die wir unter uns gewinnen, allein aus der Vertikalverbindung, die wir mit Ihm im Sakrament haben. „Teilhabe", sagt Paulus (1. Kor. 10,16 f.); durch sie werden wir zu dem einen Leibe. Ob wir dies begriffen haben, wird sich bis in den Spenderitus hinein auswirken. „Jesus nahm das Brot ... und gab's ihnen ... Und nahm den Kelch ... und gab ihnen den." Er selbst hat nicht mitgegessen und mitgetrunken (Goppelt, a. a. O., S. 265 f.). Der Austeilende handelt auch hier „an Christi Statt" (vgl. 2. Kor. 5,20). Der im Sakrament sich uns schenkende Christus ist in mir und in dir und in den anderen, und *das* ist es, was uns – jenseits aller Erfahrungen, die wir aneinander gemacht, aller Enttäuschungen, die wir einander bereitet haben, aller Sym- oder Antipathien, die zwischen uns sind – zusammenbindet. Am Spenderitus wird deutlich, ob wir wirklich *evangelisch* denken. Nichts bindet uns so aneinander wie dies, daß uns derselbe Herr in seinen Leib eingefügt hat, indem er uns an seinem Sakrament und damit an sich selbst teilhaben ließ. Ein Leib – also ist der Mitchrist nicht ein Fremder, zu dem ich ein sachgemäßes soziales Verhältnis finden muß, sondern ein Teil des Leibes Christi und darum mein σύσσωμος (Eph. 3,6). Indem ich Schwester oder Bruder vernachlässige oder betrübe, treffe ich den Herrn schmerzhaft, der in mir ist.

V. 25 spricht von der Zukunft, die in die Gegenwart der Mahlfeier schon hereinragt. In jeder Abendmahlsfeier leben wir – unter bescheidenen Formen verdeckt – das Künftige. Wir haben den Blick nach vorn gerichtet, ,,bis daß er kommt'' (1. Kor. 11,26). Wir beten: ,,Maranatha'' (1. Kor. 16,22; Offb. 22,20). Wir wissen uns deshalb heute schon verbunden mit den ,,vollendeten Gerechten'' (Hebr. 12,23). Vielleicht wird uns, indem wir dies sehen, auch die Liturgie der Kirche wieder verständlich.

Karfreitag. Luk. 23,33–49

In der Markuspassion, die er vor sich hat, nimmt Lukas Umstellungen, Streichungen und Erweiterungen vor. Die letzteren gehen so weit, daß man eine ihm zur Verfügung stehende Sonderquelle vermutet hat (so u. a. Schlatter, Rengstorf, Jeremias, Schürmann). J. Schreiber und W. Schenk (letzterer in: Der Passionsbericht nach Markus, Berlin 1974, S. 87) führen die Abweichungen von Markus auf das theologische Interesse des Lukas zurück, so daß eine (erzählende) Uminterpretation des Markusberichts vorläge.
V. 33: Luk. bringt nur die griechische Bezeichnung der Hinrichtungsstätte; er meidet auch sonst gern Aramaismen. Alle drei Verurteilten (schon V. 32 erwähnt die beiden anderen) werden (anders als Mark. 15,27) sofort gekreuzigt. ,,Jesus ... in der Mitte ... gilt als der Schlimmste'' (Grdm. z. St.), vgl. 22,37; Jes. 53,12. – V. 34 a textkritisch unsicher, vgl. Apparat. א hat dieses Kreuzeswort erst dastehen gehabt, dann wieder getilgt; D hatte es nicht, es wurde aber dann eingefügt. Es fehlt auch in P75 (wichtig, weil wahrscheinlich 2. Jh.!). Schlatter meint, man habe das Wort getilgt wegen der Unverträglichkeit mit den harten Gerichtsworten VV. 28–31; Schenk hält diese Begründung für gekünstelt (S. 97). Weiteres dazu s. u. – V. 34 b: κλῆρον (sing.) ist besser bezeugt. Die Kleider der Hingerichteten fallen üblicherweise dem Vollstreckungskommando zu. – V. 35: Dreimal wird Jesus verspottet: von den in amtlicher Funktion anwesenden Synhedristen, sodann – V. 36 – von den Soldaten, endlich – V. 39 – im Sinne der ,,Lästerung'' von dem einen Mitverurteilten. Das Volk beteiligt sich bei Lukas nicht an den Schmähungen. Es fällt auf, wie oft das Wort σώζειν fällt: Jesu Sendung (vgl. 2,11 u. ä.). Auch die Darreichung des Essigs ist, wie V. 36 Anfang und V. 37 Ende zeigen, böswillig gemeint. Spott sind die mündlichen (V. 35) und schriftlichen (V. 38) Titulierungen. Aber: ,,Die Spötter müssen auch in der hohnvollen Bezweiflung seines Anspruchs im Sinne des Lukas die Wahrheit aussagen'' (Schenk, S. 100). Zum Kreuztitulus vgl. E. Dinkler in: Zeit und Geschichte. Dankesgabe an Bultmann, 1964, S. 147: judenverachtende römische Formulierung, wahrscheinlich authentisch. – VV. 40 f.: Zurechtweisung des Spottenden mit Hinweis auf die Gottesfurcht, Erkenntnis der Schuld, Solidarität in der Schuld (,,wir''), während Jesus unschuldig ist (so nach Schenk, S. 104 f.). ,,Du bist doch ebenso im Begriff zu sterben wie der von dir Verhöhnte'' (Klostermann z. St.). – V. 42: Das εἰς kann auf das Reich als himmlische Wirklichkeit deuten; Schlatter denkt an die bevorstehende Errichtung des Reiches (,,wenn du kommst, um dein Reich aufzurichten''); vgl. die abweichenden Lesarten, die wohl Schwerverständliches korrigieren wollen. (Bei Mark. und Matth. schmähen *beide* Mitgekreuzigten.) – VV. 44 f.: 6. Stunde = Mittag. Zeichen im Kosmos (nur dies ist gemeint) deuten auf den

Sinn dieses Sterbens für Welt und Kirche. – V. 46: Der unartikulierte Schrei Jesu wird bei
Lukas zu einem vernehmbaren Wort (Ps. 22,2 wird nicht gebetet, dafür Ps. 31,6). Nach
Grundmann ist es das Abendgebet des frommen Juden, das Jesus mit der ihm eigenen
Abba-Anrede einleitet. Schenk meint, mit solcher „Historisierung" sei die lukanische Intention „gründlich verkannt"; „der Märtyrer stirbt in Gottes Nähe" (S. 112.111).
V. 47: „Der Hauptmann preist da, wo andere nur höhnten" (so Schenk z. St.). Lukas legt
dem Heiden keine christologisch gefüllte Aussage in den Mund, sondern läßt ihn so reden,
wie er es vermag. – V. 48: vgl. VV. 27a.35a; man muß wohl auch an V. 26 denken. Zu
τύπτειν vgl. 18,13 – Sündenbekenntnis; bei ὑποστρέφειν ist an die Umkehr der Buße
zu denken. – V. 49: Nach Lukas hätte es also außer Simon von Kyrene, dessen Familie
zur christlichen Gemeinde gehört haben dürfte (Mark. 15,20b.21; Röm. 16,13), noch andere Zeugen gegeben (vgl. Mark. 14,50).

Von der Kreuzigung Jesu *berichtet* haben alle vier Evangelisten nicht, ohne dieses
Geschehen zu *deuten*. Beides war nötig, wenn das „Wort vom Kreuz" Inhalt der Predigt war. Auch würde unsere Predigt ihre Aufgabe verfehlen, wenn, was hier zu erzählen ist, sich, indem es verkündigt wird, nicht in *Zuspruch* verwandelte. Dazu kann
traditionsgeschichtliche Betrachtung der Texte im Vergleich dienlich sein.
Nun sieht es auf den ersten Blick so aus, als habe sich von Markus bis zu Johannes das
Kreuzigungsgeschehen immer mehr im Sinne einer „Theologie der Herrlichkeit" ver-
goldet. Bei Markus und Matthäus noch der wortlose Schrei, mit dem Jesus stirbt. Bei
Lukas das – auch hier freilich „mit großer Stimme" ausgerufene – Gebetswort, das
der Sterbende an den „Vater" richtet und mit dem er sich zuversichtlich in seine
Hand gibt. Bei Johannes gar das triumphale „Es ist vollbracht", das ja viel mehr besagt, als daß Jesus das schreckliche Sterben endlich ausgestanden und die Qual hinter sich hat; es ist der Siegesruf dessen, der das Heil vollendet hat. Lukas scheint bei
dieser Steigerung im Sinne des Gloriosen in der Mitte zu stehen. Matthäus und Markus weisen in die Richtung der Darstellung des Gekreuzigten von Matthias Grüne-
wald („Mein Gott, warum hast du mich verlassen?"). Frühromanische Darstellungen,
etwa das Fresco in S. Maria Antiqua in Rom, oder auch – wenn auch nicht so deutlich – die spätromanische Kreuzigungsgruppe von Wechselburg empfinden wie Johannes. Lukas steht in der Mitte, wie etwa der Naumburger Meister mit seinem Lett-
ner-Christus. Das harte „Wort vom Kreuz" scheint bei der Markusfassung am deutlichsten artikuliert zu sein.
Fast möchte man fragen, ob es gut ist, wenn wir uns diesmal Lukas anvertrauen. Es
sieht so aus, als sehe er gar nicht die tiefe Qual des Gekreuzigten; sie besteht ja nicht
nur in den körperlichen Leiden solchen Sterbens, sondern in der Verlorenheit dessen,
der sich von Gott verlassen sieht. Lukas schildert, so hat man immer wieder gesagt,
den Urmärtyrer, der sich auch im Leiden und Sterben mit seinem Gott verbunden
weiß. So ist das Geschehen des Karfreitags gemildert, gedämpft, ja geradezu ver-
schönt – eben im Sinne einer Annäherung an die theologia gloriae, wie sie E. Käsemann im vierten Evangelium zu finden meint (Jesu letzter Wille nach Johannes 17,
1966). – Mir scheint jedoch, daß wir in falsche Richtung sehen, wenn wir von Milderung, Dämpfung u. dgl. sprechen. Lukas würde sich damit nicht verstanden fühlen.
Er hat die Markuspassion bewußt umgeformt. Wir sehen das jetzt deutlicher als noch
vor einigen Jahren; hingewiesen sei auf das genannte Buch von W. Schenk und seinen
Aufsatz „Die gnostisierende Deutung des Todes Jesu und ihre kritische Interpretation
durch den Evangelisten Markus" in: Gnosis und Neues Testament, ed. K.-W. Tröger,
Berlin 1973.
Bei Markus ist eine wahrscheinlich auf Simon von Kyrene zurückgehende (z. B. das
semitische Imperfectum consecutivum erkennen lassende) Tradition (VV. 20b.21.

22a.23a.24.27.29a) überlagert durch eine gnostisierende „Kreuzigungsapokalypse", die man auch die „Sieben-Stunden-Apokalypse" genannt hat: mit dem die weltweite Finsternis beendenden „großen Schrei" des endzeitlichen Richters (Mark. 15,34, vgl. 1. Thess. 4,16; Matth. 25,6; Offb. 1,10) und der Vernichtung des Tempels (der Vorhang reißt) endet die alte Welt und beginnt die neue (zu dieser Schicht gehören: VV. 25f.29f.33f.37ff.). (Matth. 27,52 beginnt deutlich die Auferstehung der Toten am Karfreitag.) Markus selbst hat diese apokalyptische Sicht des Karfreitags *kritisch* aufgenommen (so fügt er V. 34 ein; seit Kap. 13 weiß der Leser um die noch bestehende eschatologische Grenze). Aber Lukas geht darin noch weiter. Seine Streichungen, Hinzufügungen und Umdeutungen beseitigen die Merkmale des (verfrühten) apokalyptischen Weltdramas. Die Stundenangabe bekommt rein chronologischen Sinn. Die Finsternis wird zum bloß begleitenden Zeichen. Der Tempel wird nicht vernichtet, nur: der Zugang zu Gott wird frei. Der laute Ruf des Sterbenden bekräftigt nur den Ausdruck des Sich-Hineingebens in die Hände des „Vaters". Und was Lukas hinzufügt – woher er es auch immer haben mag –, läßt noch einmal deutlich werden, daß, der hier stirbt, der Heiland der Sünder ist und bleibt. Mag man dem Lukas seine Nähe zu Paulus auch immer wieder bestritten haben: daß es um den Freispruch der Sünder durch Jesu priesterliches Wirken, daß es um die Rettung des hilfesuchenden Gescheiterten und zuletzt um die Umkehr derer geht, die im Blick auf Christi Kreuz an ihre Brust schlagen lernen, zeigt, daß Lukas – in seiner Sprache – den Karfreitag unter einer dem Paulus gemäßen Thematik beschreibt. Wir tun wohl gut, gerade dies aus der Fülle der Textmotive herauszugreifen. Etwa so: *Der Hingerichtete: Anwalt und Heiland.* (1) *Er bittet für die Schuldigen.* (2) *Er rettet den Heilsuchenden.* (3) *Er bekehrt die Dabeistehenden.*

I.

Das erste der drei Kreuzesworte Jesu, die Lukas bietet, ist textkritisch verdächtig. Mit einer bloßen „Abstimmung" unter den Textzeugen ist es nicht getan. Freilich, der Ausfall eines so gewichtigen Wortes in einem wichtigen Teil der Überlieferung wiegt schwer. Daß das Wort das Partizip διαμεριζόμενοι von seinem Bezugsverbum ἐσταύρωσαν trenne (so Schenk, S. 96), trifft nicht zu; man kreuzigt nicht, indem man gleichzeitig Kleider teilt, und übrigens zeigt Ps. 22,19 (LXX: Ps. 21,19), daß „teilen" und „das Los werfen" zusammengehören. Ist Jesus nach Lukas wirklich der Urmärtyrer, dann leitet sich Apg. 7,59 (Urtext: 60) von Luk. 23,34 ab, nicht umgekehrt. Die Spannung zu VV. 28–31 könnte in der Tat ein Grund gewesen sein, den V. 34 zu tilgen (s. o.); dabei ist, was für den Alltagsverstand nicht „aufgeht", theologisch oft besonders aussagekräftig. Im übrigen ist der Prediger in einer anderen Lage als der Fachexeget. Ob Lukas oder ein anderer das Jesuswort hierhergesetzt hat, Hauptsache: es trifft, was Jesus gedacht und gewollt hat. Wir erkennen ihn in dem, was hier steht, wieder.
Auch aus dem etwas gedämpften Lukastext wird erschütternd deutlich, was Jesus angetan worden ist. Die Evangelisten schildern den Hinrichtungsvorgang im einzelnen nicht. Ihre Zurückhaltung sei für unsere Predigt Vorbild. Der Mensch ist unerhört erfinderisch darin, den Mitmenschen, den er – mit Recht oder zu Unrecht – als Gegner ansieht, aufs grausamste und schimpflichste zu Tode zu quälen. Unser Jahrhundert hat leider keinen Anlaß, sich über die früheren zu entrüsten. Indem Jesus diese fürchterliche Prozedur an sich geschehen läßt, stellt er sich mitten hinein in die große Schar derer, die im Laufe der Menschheitsgeschichte von anderen Gewalt gelitten haben.

Jesus bittet den Vater – diese Gottesanrede ist sein Ureigenstes (J. Jeremias, Abba, 1966; Ntl. Theol. 1, S. 67 ff.) –, er wolle denen vergeben, die ihm so Schreckliches antun. Eine apologetische Bemerkung des Lukas, die die römischen Soldaten entlasten soll? Sie wissen nicht, was sie tun. Das könnte heißen: Was weiß schon ein römischer Legionär von den Glaubenshintergründen des Prozesses Jesu und dieser Exekution? Oder anders: Man weiß von Scharfrichtern und Henkern, daß sie in Ausübung ihres Auftrags das Menschliche in ihrem Herzen niederhalten und ihre grausamsten und gemeinsten Instinkte aufpeitschen müssen, also wie im Rausch handeln. Wäre hier einmal einer, der sie nicht verflucht, sondern für sie bittet? Oder greift Jesu Fürbitte weiter aus? Es sind viele, die an seinem Tode schuldig sind (VV. 18.21.23.28ff.). Gilt auch von denen, die dieses schreckliche Geschehen in Gang gebracht haben, daß sie nicht wissen, was sie tun? Man hat gegen dieses Fürbittewort des eben Gekreuzigten eingewandt, hier werde sowohl die Verantwortungslast der Sünde als auch die Kraft der Vergebung verfälscht. Das Evangelium lautet ja nicht: dir wird vergeben, sofern du das Böse unwissend getan hast. Dennoch spricht Lukas wiederholt von der Unwissenheit (Apg. 3,17; 13,27). Es gibt naive Sünde. Wie, wenn jemand wirklich nicht entdeckt hätte, wer Jesus ist und ihn allen Ernstes für einen Gesetzesbrecher und Gotteslästerer hält? Freilich: wenn schon jemand unwissend ist, so bedeutet die Begegnung mit der Christusbotschaft, daß er sich stellen muß; die Zeit der Unwissenheit ist zu Ende (Apg. 17,30; Joh. 15,22). Lukas verharmlost nicht. Es wird noch (unter 3) davon zu reden sein, daß der Karfreitag die Sünde der Welt enthüllt. Und es gibt auch ein schuldhaftes Nichtwissen (19,42ff.). Eine hieb- und stichfeste Hamartiologie – wenn man es einmal so ausdrücken darf, vgl. 11,13a; Mark. 7,21; Matth. 18,24 – hindert den Sünderheiland nicht, bei den Schuldigen nach etwas zu suchen, was er zu ihren Gunsten geltend machen könnte.

Gekreuzigt wird hier der, dem Gott das Gericht über die ganze Welt übertragen hat (22,69). Man mache sich klar, was das bedeutet. Die Menschheit begeht ihren schwersten Frevel. In dem Augenblick, in dem der Querbalken mit dem angenagelten Verurteilten oben an dem eingerammten senkrechten Balken eingehängt wird, müßte die Welt untergehen. Statt dessen bittet Jesus für die Schuldigen um Vergebung. Man müßte erwarten, daß Jesus das Heilsangebot – es hat den Inhalt seiner gesamten Wirksamkeit ausgemacht – nunmehr zurücknimmt, mehr noch: daß er die Menschheit, die ihn umbringt, verflucht und verdammt. Aber er bittet für sie um Vergebung. Man kann und sollte, was hier geschieht, noch in einem anderen Zusammenhang sehen. Es war üblich, daß bei solchen Hinrichtungen der Hohepriester das Schuldbekenntnis des Exekutierten entgegennahm. Es lautete in der Regel so: „Mein Tod sei Sühne für alle meine Sünden" (E. Lohse, Märtyrer und Gottesknecht, ²1963, S. 28f.38ff.). Darauf hatte der Hohepriester dem Verbrecher die Absolution zu erteilen. Und was geschieht hier? Der Gekreuzigte bittet den Vater um Vergebung für die schuldigen Menschen. Jesus ist der Priester, der im ersten Schmerz seines Todesleidens für die Menschen eintritt. Priesterliches Handeln – jetzt einmal nicht im feierlichen kultischen Akt, in dem vor Gott geopfert und gebetet wird, hoch liturgisch, perfekt und schön. Wenn es die strengen Exegeten uns für einen Augenblick erlauben, zu „historisieren" (während wir es ihnen immerzu zugestehen müssen, daß sie „ideologisieren"): Dieses Gebet ist zum Himmel geschickt worden unter dem kaum zu verbeißenden Schmerz dieser grausamsten aller Hinrichtungsprozeduren Es ist beglaubigt und mit Nachdruck versehen durch die tiefste Not des Herrn, der seine Solidarität mit den Sündern nicht einmal in *dieser* Lage aufgibt. Im Tempel wird nicht lange danach der Vorhang mitten entzwei reißen. Das heißt für Lukas gewiß nicht, daß

Gott dort nicht mehr zu finden sei (vgl. meine Ausl. zu 19,41–48 in: Der schmale Weg, S. 364ff.). Im Gegenteil: gerade von nun an *ist* Gott dort zu finden. Der Weg zu ihm ist für uns frei (Hebr. 10,19f.; Röm. 5,2; Eph. 3,12). Die Fürbitte des seit dem Karfreitag einzig Kompetenten macht uns das Kommen möglich. Die Bitte, die er nach V. 34 an den Vater richtet, ist die Bitte des ewigen Hohenpriesters (vgl. die vorangehende Auslegung). Der Hingerichtete ist unser Anwalt und Heiland. Er bittet für die Schuldigen.

2.

Bei Markus und Matthäus schmähen *beide* Mitgekreuzigten ihren Schicksalsgenossen. Wissen die ersten beiden Evangelisten nicht, was sich zwischen dem zweiten Schwerverbrecher und Jesus zugetragen hat? Oder hat Lukas (oder die ihm zur Verfügung stehende Überlieferung) die Gestalt dieses zweiten umgedichtet, um damit das Evangelium einmal mehr zum Leuchten zu bringen? Wir wissen nicht, wieviel Freiheit die Überlieferung bzw. der, der sie für uns festhielt, Lukas, sich genommen hat, um im erzählenden Bericht die Leser tröstend anzusprechen. Wir haben das Ineinander von Bericht und Botschaft zu sehen. Auch wenn Lukas – trotz 1,2f. – keine genauere Kunde von dem Geschehenen gehabt haben sollte: was er schreibt, ist reines Evangelium, und man kann, was Jesus Christus an uns tut, nicht gültiger beschreiben als in dieser Szene.

Ihr Hintergrund: der Spott, den Jesus über sich ergehen lassen muß. Wir denken, wenn wir Jesu „Kreuzweg" in Gedanken und mit dem Herzen durchmessen, meist an die körperlichen Qualen. Unterschätzen wir nicht den Schmerz der Demütigungen, die Jesus widerfahren sind. „Verworfen" (9,22 – wie der unbrauchbare Stein oder sonstiger Abfall), „ausgeliefert" (und damit preisgegeben in die Gewalt der anderen), „verhöhnt und verspottet", „frecher, verächtlicher, übermütiger Behandlung unterworfen", „angespuckt" (so etwa der Sinn der Verben in 18,32): man bedenke doch, was der Herr damit auf sich genommen hat. Leicht überliest man, was nach dem Urteilsspruch des Pilatus geschah: „er gab Jesus ihrem Mutwillen preis" (V. 25). Menschen von solcher Sorte – sie haben sonst nichts, worauf sie ihr Selbstwertbewußtsein gründen könnten – pflegen es auszukosten, wenn einer ihrer Willkür ausgeliefert ist und sich nicht wehren kann noch darf; und wenn einer schon Regungen des Mitleids oder gar der Achtung für den unglücklichen Verurteilten aufbrächte: er müßte diese Regungen unterdrücken (s. o.) und sich, indem er spottet und schmäht und verächtlich redet, ein erträgliches Gewissen machen.

Die (dienstlich anwesenden) *Synhedristen* spotten. Da hängt der Gernegroß, der sich am liebsten als Messias und Gottessohn aufgespielt hätte (22,67–70; 23,35). Er „helfe" sich selber – das Stichwort σώζειν persifliert Jesu Heilandsamt: „Ein Retter, der selbst hilflos ist!" – Ähnlich die *Soldaten* vom Exekutionskommando. Sie geben sich auf ihre Weise geistreich, indem sie an den Kreuzestitulus anknüpfen. Dies erträgt der, der über sie alle das letzte Wort zu sprechen haben wird (22,69). Er brauchte nur seine Versöhnerrolle um ein weniges zu früh mit der des Weltenrichters zu vertauschen, und die Hinrichtungsszene würde zum Tribunal, vor dem alle stehen, die unmittelbar oder mittelbar in diesem noch nie dagewesenen Justizskandal beteiligt gewesen sind. Aber Jesus hält durch. „Er war der Allerverachtetste."

Der erste Mitverurteilte denkt und spricht der Sache nach so wie die „Obersten", nur von anderer Seite her. Handelt es sich um einen zelotischen Aufständischen, dann

lästert er, weil Jesus ihn enttäuscht hat. „Dies ist der Juden König." Wäre er es nur!
Fast klingt es, als wäre der Spott eine verzweifelte letzte Herausforderung Jesu: Sei
endlich das, was zu sein du behauptet hast, und mach dich stark! Der Spottende
leidet am Skandalon des Kreuzes. Wir hören ähnliches auch aus anderem Munde und
in ganz anderer Tonart: „Wir aber hofften, er sei es, der Israel erlösen würde" (24,21).
Der angefochtene Mensch überhaupt: Wenn Christus mir etwas nützen soll, dann
müßte er ... Von der enttäuschten Traurigkeit zum beißenden Spott ist es oft nicht
weit.
Was ist in dem anderen Gekreuzigten vorgegangen, daß er Jesus mit ganz anderen
Augen sieht? Wir bekommen darauf keine Antwort. Der „Schächer" bezeugt Jesu
Unschuld. Brauchte Lukas für Jesus einen apologetischen Anwalt? Er hätte sicher
eine überzeugendere Figur finden können. Aber das kann man an dem zweiten Un-
glücklichen ablesen: Er hat seine Schuld erkannt und fürchtet sich vor Gott. Er beugt
sich unter die schreckliche Strafe, die er erleidet. Was er ausspricht, ist beinahe das
Bekenntnis, das der Hohepriester als letzte Beichte des Verurteilten anhören sollte.
Nur, der Mann wendet sich (einige Zeugen verdeutlichen sogar: στραφεὶς πρὸς τὸν
κύριον), als wären die Spitzen der Priesterschaft gar nicht anwesend, an Jesus selbst.
Jesus ist sein Beichtiger und Hoherpriester! Und Jesus ist ihm auch der Messias:
„... wenn du in dein Reich kommst". Er ist es freilich in einem neuen – nämlich
eschatologischen – Sinne. Daß Jesus stirbt, macht seine Messianität keineswegs zunichte, sondern begründet sie geradezu. Jesus wird in sein Reich kommen! Und noch
etwas anderes hat der „Schächer" begriffen. Jesus wird weder sich selbst noch den
beiden Mitgekreuzigten „helfen", wie das der erste Verbrecher sich vorgestellt hatte.
Aber es hat auch für ihn, den zu Recht Verurteilten, Sinn, auf Jesus zu hoffen. Von
allen, die je den Weg Jesu gekreuzt haben, sind diese beiden die Unglücklichsten,
und: sie haben allen Anlaß, sich vor Gott zu fürchten. Es gibt keinen Weg an Gottes
Gericht vorbei. Aber es gibt, wo Jesus ist, den Weg durch das Gericht hindurch – so,
daß der Sünder (der nichts anderes zu sein beansprucht, als was er ist, ohne „mildernde Umstände") sich an Jesus wenden darf: „Jesus, gedenke an mich, wenn du in dein
Reich kommst." „Jesus", sagt er; hätte die christliche Gemeinde das Wort ersonnen,
hätte sie sich wahrscheinlich einer der Hoheitsanreden bedient (der Apparat zeigt, daß
jüngere Überlieferung tatsächlich die Kyrios-Anrede zugefügt hat). „Jesus", sagt
der Mann; aber er fährt fort: „gedenke ...", und diese Bitte, die seit der Zeit des
Alten Bundes immer und immer wieder an *Gott* gerichtet wird, zeigt, wie dieser Mann
sich für seine Zukunft – um Jesu willen kann und wird er eine Zukunft haben! – dem
mitgekreuzigten Jesus anvertraut.
Die Antwort Jesu öffnet dem Todgeweihten den Himmel. Der Gekreuzigte gewährt
dem Raubmörder den Platz im Paradies, bedingungslos, wie nur Gott selbst dies kann.
Das „Heute" soll man nicht schulmeisterlich auspressen oder gar wortklauberisch
vergewaltigen. Es stößt sich mit der Weise, in der sich christliche Hoffnung im Neuen
Testament sonst zumeist darstellt. Mit einer bloß präsentischen Eschatologie kommt
man diesem Wort nicht bei, denn es heißt ἔσῃ und nicht εἶ, und es ist selbstverständlich nicht daran gedacht, daß der Rechtfertigungsglaube den Wundschmerz, die
Hitze, den Durst, die Atemnot, den Gliederkrampf und die Verzweiflung des Hängens
am Marterholz zum Paradiese macht. Es geht wirklich um (postmortale) Zukunft.
Wir können sie uns weder vorstellen noch beschreiben. Genug: wer im Herrn stirbt,
darf gewiß sein, daß der Augenblick, der seinem letzten Seufzer folgt, das Erwachen
im „Heute" der Vollendung ist. Diese Hoffnung gilt für den Schächer und für jeden,
der Jesus so bittet, wie er es getan hat.

3.

Von den *Dabeistehenden* ist noch zu reden. Wir haben ein farbloses Wort gewählt; aber es entspricht dem Text und der Absicht des Lukas. Es schließt zunächst den Offizier ein, der die Exekution zu leiten hatte. Sodann das Volk. Endlich aber auch die – zwar „fern stehenden", aber eben doch anwesenden – „Bekannten" Jesu – ein unbestimmter Ausdruck, von dem her nicht auszumachen ist, ob Lukas sich die Elf (von ihrer Flucht berichtet er nicht, vgl. Mark. 14,50) eingeschlossen denkt. Die Markusvorlage (15,40f.) spricht von Frauen und nennt ihre Namen; wir haben mit Sicherheit auch an Simon von Kyrene zu denken (s. o.). Der Schluß von V. 49 läßt erkennen, daß dem Evangelisten die Zeugenschaft der mit Jesus Verbundenen (*γνωστοί*) wichtig ist (1,2f.; Apg. 1,21f.; 10,37ff.; 13,31).

Um 15 Uhr hört man die Tempelposaunen über die Stadt blasen: Zeichen für das Abendgebet. Jesus stimmt in das Abendgebet ein (Ps. 31,6). (Schenk – S. 112 – sieht hier eine unerlaubte Historisierung der Ausleger; ich merke dies nur an.) „In deine Hände übergebe ich meinen Geist" – übrigens wieder die für Jesus kennzeichnende Gebetsanrede: *πάτερ*. Daß es ein Rufen mit lauter Stimme gewesen ist, weiß auch Lukas. Der Text läßt nicht erkennen, ob man an ein zuversichtliches, erleichtert aufatmendes, also die Not hinter sich lassendes Beten zu denken hat oder an ein noch aus der Anfechtung kommendes vehementes Sich-Hinflüchten zum Vater, in dessen Hände der Sterbende sich in seinen letzten Qualen fallen läßt. Lukas ist auch hier sparsam in der Schilderung. Obwohl er – wie sein Ernstnehmen der Zeugenschaft (s. o.) beweist – am Hergang durchaus interessiert ist, kommt es ihm mindestens ebenso auf das an, was daran geistlich von Bedeutung ist.

„Bekehrung" – das Wort *ὑπέστρεφον* in V. 48 (übrigens Imperfektum wie das *ἐδόξαζεν* V. 47) meint wohl nicht nur, daß sie sich auf den Heimweg begeben haben, sondern daß ihr Leben eine neue Richtung gewann. (Wer das Wort Bekehrung nicht mag, mag es etwa so, wie eben geschehen, ausdrücken.) Beim zweiten „Schächer" hätte das Wort schon fallen können, strenggenommen nur bei ihm. Aber die lukanische Intention wird offensichtlich getroffen, wenn wir auch beim Centurio in ähnliche Richtung denken (V. 47). Er hat gemerkt, daß hier ein „Gerechter" gestorben ist. Bei Markus und Matthäus ist von „Gottes Sohn" (oder von einem „Göttersohn"?) die Rede. Der Unterschied soll uns nicht aufhalten. Apg. 3,14f. – „den Heiligen und Gerechten habt ihr verleugnet" – zeigt, daß Lukas einen Blick dafür hat, daß die christologische Erkenntnis erst allmählich Konturen gewinnt, jedenfalls nicht sofort geprägte Hoheitstitel braucht. Gemeint ist bei Lukas nicht weniger als bei Markus und Matthäus. Dem Offizier ist an diesem Sterben etwas aufgegangen, das ihn veranlaßte, (in erstem schüchternem Versuch – Imperf. de conatu – oder wiederholt oder anhaltend) Gott zu preisen. Es ist von untergeordnetem Interesse, ob sich hier etwas ereignet hat, was der Christusentscheidung des Simon von Kyrene vergleichbar ist. *Uns*, die Leser des Lukasevangeliums und die Hörer der Karfreitagspredigt, soll sich erschließen, was der Offizier gemerkt hat, und bei *uns* müßte es, wenn wir verstanden haben, zu solchem anhaltenden Gotteslob kommen.

Und es müßte zu der Umkehr kommen, die V. 48 meint. Man kann als Gaffer dabeistehen, wie das bei Hinrichtungen immer wieder vorgekommen ist (z. B. bei spanischen Autodafés oder bei den Guillotinierungen in der Französischen Revolution). Man sollte meinen: glücklich, wem solche Anblicke erspart geblieben sind. Die Menschen waren (sind?) zuweilen anders. Auch das Grausige wird gesucht, wenn es Sensation bringt. – Aber hier vollzieht sich eine Wendung. Wie der Zöllner im Gleichnis schlagen die Menschen an ihre Brust. Daß Jesus sterben mußte – *so* sterben mußte! –, enthüllt die Sünde der Menschen. Als Zuschauer sind sie gekommen, als Erschütterte gehen sie weg. Lukas hat im Evangelium und in den Acta immer wieder auf die Möglichkeit der Umkehr eben derer gewiesen, die an Jesu Tod schuldig sind. Seine Erzählung spitzt sich auch an dieser Stelle homiletisch, man könnte sagen: evangelistisch zu. Wir treffen die Absicht des Evangelisten, wenn wir aus jedem Vers das Angebot und den ermutigenden Aufruf heraushören. Was Jesus leidet, tut und spricht, kann eigentlich, wenn es recht wahrgenommen wird, keine andere Wirkung hervorbringen als die, daß aus anfänglichen Zuschauern solche werden, die begreifen, daß es auf dem Schädelhügel um sie selbst gegangen ist.

Ostersonntag. Matth. 28,1–10

Über die Besonderheiten der matthäischen Auferstehungsperikope s. H. Graß, Ostergeschehen und Osterberichte, [2]1964, S. 23 ff.; H. v. Campenhausen, Der Ablauf der Osterereignisse und das leere Grab, 1962; U. Wilckens, Auferstehung, 1970, S. 64 ff.; W. Marxsen, Die Auferstehung Jesu von Nazareth, 1968 und 1972 (in letzterer Ausgabe S. 47 ff.).
V. 1: ὀψέ eigtl. ,,spät", hier als uneigentliche Präposition gebraucht: ,,nach" (W. Bauer). Bei Matthäus sind es zwei, bei Markus drei, bei Lukas (vgl. 24,1 mit 23,55 und 24,10) eine unbestimmte Zahl von Frauen, deren Namen (bis auf Maria aus Magdala, vgl. Luk. 8,2) differieren. Die Evangelisten sind hier nicht voneinander abhängig (obwohl Matthäus den Markus – bis 16,8 – vor Augen gehabt hat); die Christenheit wußte späterhin nicht mehr genau, wer eigentlich alles am Grabe gewesen war. 1. Kor. 15,5–8 werden die Frauen nicht erwähnt, weil sie damals nicht als zeugnisfähig galten. – An nachträgliche Salbung des Leichnams (Mark. 16,1, auch Luk. 24,1) denkt Matthäus nicht; die Frauen wollen nur das Grab besehen. – V. 2: Nur Matthäus hat skizzenhafte Ansätze zu einer Schilderung des Vorgangs: Erdbeben, ein Engel öffnet das Grab. Es wird nicht behauptet, daß die Frauen dies alles erlebt haben (das ἰδού – הִנֵּה ist formelhaft; das γάρ samt den Aoristen legt Übersetzung im Sinne der Vorzeitigkeit nahe, ἐκάθητο beschreibt den von ihnen vorgefundenen Zustand). Die Auferstehung selbst wird nicht geschildert; anders das Petrusevangelium, Mitte 2. Jh. – V. 4: Grabeswächter, vgl. 27,62–66; 28,11–15. Eine apologetische Legende, durch die ein Leichendiebstahl ausgeschlossen werden soll; historisch insofern von Bedeutung, als sie widerspiegelt, ,,was die Gegner den Jüngern späterhin vorgeworfen haben, Matthäus schreibt: ,,bis auf den heutigen Tag" (V. 15). Weiteres dazu s. u. – V. 5: Auch hier zittert noch das Grauen vor dem Unheimlichen (Mark. 16,5c), aber die Frauen (betontes ὑμεῖς) haben keinen Anlaß zur Furcht. – V. 6: Sie werden aufgefordert, heranzutreten und den leeren Platz anzusehen; ob sie es taten, sagt der Text nicht. – V. 7: Auftrag, es den Jüngern weiterzusagen, die wir in Galiläa (V. 16) zu suchen haben (anders Lukas und Joh. 20). – V. 8: Bei Markus nur Entsetzen und Furcht, hier Furcht und Freude; bei Markus sagen sie nichts weiter, hier laufen sie los in der Absicht (!), es weiterzusagen (berichtet wird die Realisierung dieser Absicht nicht, vgl. aber Luk. 24,9 f.). – VV. 9 f.: ,,nur ein Anhang zur Grabesgeschichte" (Bultmann), ohne Seitenstück in der übrigen Überlieferung (es sei denn, man denkt an Joh. 20,11–18). Daß die Frauen Jesu Füße umfassen, braucht nicht ,,massiver Realismus" zu sein (Graß, a. a. O., S. 28); selbst bei einer Vision wird leibhaft erlebt.

Sind, literarisch betrachtet, die Ostergeschichten der Evangelien, so wie sie uns jetzt vorliegen, schon späte Zeugnisse im Vergleich zu dem vorpaulinischen Urkerygma von 1. Kor. 15,3 ff. oder zu den von Lukas verwendeten Formeln in Petrusreden (Apg. 2–5), so ist in der Reihe der synoptischen Ostergeschichten die hier vorliegende wiederum späten Datums. Mark. 16,1–8 wirkt taufrisch; unsere Perikope geht im Ausmalen, Deuten und – leider auch – Deuteln sehr viel weiter. Es gelingt nicht, die einzelnen Zeugnisse der neutestamentlichen Ostertradition spannungsfrei zu vereinen; ja, die Abweichungen sind bei genauem Zusehen sogar erheblich. Man sollte dies auch der Gemeinde nicht verschweigen. Eine Frage für sich ist es, wie dieser Sachverhalt zu beurteilen ist. Das katechismusartige Kerygma ist konstanter als die erzählende Ostertradition. Was die ersten Zeugen des Ostergeschehens erlebt und erfahren haben, ist in einem jahrzehntelangen Überlieferungsprozeß – zumeist mündlich – bis zu unseren Evangelisten gelangt. Da gerät vieles in Vergessenheit, Lücken werden (meist unbewußt) aufgefüllt, Deutungen (auch in erzählender Form) zugefügt. Aber alle Unstimmigkeiten in den Details, alle Unschärfen der Erinnerung, alle Abweichungen, wie sie sich aus den (einander wahrscheinlich z. T. bewußt korrigieren wollenden) Sondertraditionen ergeben, alle Brechungen und Einfärbungen, wie sie der Vorgang anwendenden, aktualisierenden, applizierenden (offensiven oder defensiven) Weitergebens mit sich bringt, ändern nichts daran: die Geschehnisse, die die Evangelisten, so gut sie es vermögen, uns berichten, sind die Grundlage dessen, was die Urchristenheit als Botschaft in die Welt hinausgetragen hat.

Unsere Predigt möge nicht an Einzelheiten haften. Ein Engel oder zwei? Zwei Frauen oder drei oder noch mehr? Galiäa oder Jerusalem oder beides? Die Predigt hat sich mit diesen Fragen nicht aufzuhalten. Sie hat vielmehr die Einzelaussagen daraufhin abzuhören, was sie an Osterbotschaft aussagen. Dies wird gerade bei der matthäischen Fassung der Ostergeschichte – sie findet vermutlich bei uns am wenigsten Gegenliebe von allen – zu beachten wichtig sein. Der Modus loquendi et cogitandi ist für uns nicht verpflichtend; wir werden bemüht sein, die gemeinte *Sache* herauszuhören: nicht eliminierend, sondern interpretierend. Es dürfte der Absicht des Textes entsprechen, wenn wir die Auferstehungsbotschaft in drei Schritten entfalten – jeder Schritt ein Stück näher zur Mitte der Sache –: *Christus ist auferstanden von den Toten. Das ist* (1) *die Wende der Zeiten*, (2) *der Sieg des Lebens*, (3) *die Nähe des Herrn.*

I.

Wende der Zeiten: das kann in unserm Zusammenhang nicht bedeuten, daß eine Epoche irdischer Geschichte die andere ablöst und sozusagen eine neue Variation des „alten Liedes" einsetzt. Wer sagt: „auferstanden von den Toten" (V. 7), kann nicht gut an die Rückkehr eines Verstorbenen in ein Leben unter den Bedingungen der alten Welt denken. Das häufige Kopfschütteln über den christlichen Auferstehungsglauben dürfte in den meisten Fällen darin begründet sein, daß man heimlich an die Reversibilität des Todesgeschehens denkt, vielleicht an einen außerordentlichen Reanimierungsfall – nach mehr als dreißig Stunden! –, und dagegen feststellt: der Tod, der wirkliche, der Verwesungstod, ist endgültig. „Sowas gibt es nicht." Und wenn es das „gäbe", so müßten wir darauf hinweisen, daß mit Jesu Auferstehung etwas total anderes gemeint ist: eben die Wende der Zeiten, der Anfang eines neuen Äons, d. h. aber: der Beginn einer neuen Welt. „Was die atl.-jüdische Apokalyptik von der kommenden Endzeit erwartete, das müssen die Jünger auf Grund der Ostererscheinungen von Jesus aussagen: An ihm ist dieses endzeitliche, Ereignis, mit dem eine neue Welt anbricht (vgl. Matth. 11,5), geschehen" (L. Goppelt, ThNT 1, S. 284f.). Ist uns dies klar, dann werden wir, was hier berichtet wird, keinesfalls an unserer Erfahrung zu messen und in unser Weltbild einzuordnen versuchen. Hier hat „das Ganz-Andere" begonnen.

Von Laotse wird berichtet, er habe einmal menschliche Gedanken mit einem Wagenrad verglichen. Zwölf Speichen treffen in der Nabe des Rades zusammen; dort aber, wo sie sich treffen, ist ein Loch. Auf diesem Loch beruht die Brauchbarkeit des Rades, denn dorthinein wird die Achse geschoben. Was wäre das für ein Stellmacher, der – vielleicht in dem Eifer, seine Sache ganz besonders gut zu machen – dem Rad noch größere Festigkeit zu geben versuchte, indem er dieses Loch ausfüllte (nach Barth-Thurneysen, Komm, Schöpfer Geist, Predigten, ⁴1932). Eine Abwandlung des bekannten Barthschen Bildes vom „Hohlraum". Was wir mit den aus unserer Erfahrungswelt stammenden Vorstellungen und Begriffen fassen können, sind die Dinge, die „drum herum" sind; die Wirklichkeit der Auferstehung ist, da sie von ganz anderer Art ist, unserm Beschreiben unzugänglich.

Stimmen wir darin mit dem Zeugnis des Matthäus überein? Das Gegenteil scheint der Fall zu sein. Keiner der kanonischen Evangelienschreiber ist in der Schilderung des Auferstehungsvorgangs so weit gegangen wie er. Übertroffen wird seine Beschreibung des Ablaufs nur durch das Petrusevangelium. Gibt Matthäus (oder die von ihm aufgegriffene Überlieferung) dem neugierigen Verlangen nach, alles möglichst genau zu wissen? Meint er, durch benennbare Fakten die von ihm vertretene Sache sicherer zu machen? Hat er auf die verlegene Frage der Frauen in Mark. 16,3 eine Antwort gesucht und darum die Erde beben lassen? Graß hält eine gute Beobachtung fest: „Nach dieser dramatischen Einleitung erwartet man eigentlich einen noch dramatischeren Fortgang. Aber es passiert eigentlich weiter nichts, als daß die Wächter vor Schrecken wie tot umfallen, und dann sind gleich die Frauen zur Stelle, welche die aus Markus bekannte Belehrung über das leere Grab erhalten" (a. a. O., S. 26). Es fällt auch auf, daß VV. 2f. nur *Begleitumstände* des Auferstehungsgeschehens genannt sind. Der Versuchung, das „Aufwachen" Jesu selbst zu beschreiben, – wenn es denn für Matthäus eine solche Versuchung gegeben hätte – hat Matthäus widerstanden. Sind wir überhaupt auf der richtigen Fährte, wenn wir ihn verdächtigen, er wolle uns die Auferstehung plausibel machen, indem er Mittel der uns erfahrbaren Welt aufbietet?

Matthäus bedient sich der apokalyptischen Sprache. Wenn er uns an die Grenze zur eschatischen Wirklichkeit führen will, spricht er von solchen Zeichen. In 27,51ff. – die Auferstehung Toter scheint uns dort völlig anachronistisch zu sein – bebt die Erde. Erdbeben ist Zeichen des nahen Endes (24,7); auch das Seebeben 8,24 ist endzeitlich zu verstehen (vgl. uns. Auslegung in „Der schmale Weg", S. 114ff.). Dieselbe Sprache spricht die Apokalypse (11,19; 16,18 – dort Erdbeben und Blitz nebeneinander wie in unserm Text). Man muß nur diese Sprache verstehen: mit der Auferweckung Jesu Christi von den Toten befinden wir uns eben *nicht* im Kontinuum irdisch-weltlichen Geschehens, vielmehr werden wir an die in apokalyptischer Symbolsprache markierte Grenze gestellt, jenseits deren das Ganz-Andere beginnt. „Wende der Zeiten" sagen wir und deuten unserseits damit an, daß hier nicht an ein zeitlos-ideales „Jenseits" gedacht ist, sondern an den Anbruch der neuen, eschatischen Welt, in der Jesus Christus der „Erstling" ist. Ein in das alte, irdische Leben „zurückgestorbener" Toter wäre nicht auferstanden. Er hätte nur vor allen anderen das zweifelhafte Vorrecht, in diesem Erdendasein *zwei* Tode sterben zu müssen. „Christus, von den Toten erweckt, stirbt hinfort nicht" (Röm. 6,9). Er ist auferstanden – unverweslich, in Doxa, in Kraft, nicht mit einem natürlichen Leibe, sondern mit einem geistlichen (1. Kor. 15,42ff.). Er ist der Anfänger der neuen, der eschatischen Menschheit (1. Kor. 15,22). Niemand kann wissen, inwieweit ein Matthäus die Linien in dieser Richtung ausgezogen hat. Genug: was man ihm sooft als „sarkische" Art seines Osterzeugnisses

ausgelegt hat, erweist sich, wenn man sich auf seine Sprache versteht, als ein konsequent eschatologisches Verständnis der Auferstehung. Er zeigt die Felge, die Speichen, die Nabe; aber wo die (eschatologische) Achse durchgeht, bleibt ein Loch.
Es sei nicht übersehen, daß Erdbeben und Blitz Erscheinungen sind, die bei „der Zeiten ungeheurem Bruch" (C. F. Meyer) das „Ungeheuerliche" erkennen lassen, das Tremendum. Wir haben gelernt, die Blitze dahin abzuleiten, wo sie uns nicht gefährlich werden; die Alten fürchteten ihre Kraft der Vernichtung. Uns wird schon unheimlich, wenn – durch einen unbemerkten Erdstoß – der Kronleuchter, wie von unsichtbarer Hand bewegt, ins Schwingen kommt; und die wirkliches Beben erlitten haben, kennen die panische Angst. An der Grenze zwischen Proton und Eschaton wird uns unheimlich; die apokalyptische Sprache fängt dies ein. Aber eben in dieser Lage ist es gut, daß das erste Botenwort lautet: Fürchtet euch nicht! Wann und wo immer wir an die Grenze stoßen, jenseits deren das uns unbegreifliche, unfaßbare, unbeschreibliche Neue liegt, und wann immer auch die alten Sicherheiten fragwürdig werden und – vielleicht – der Boden unter uns nachgibt: Fürchtet euch nicht! Oder *wenn* uns schon das Herz klopft, daß sich nur mit der Furcht die Freude verbinde (V. 8)!

2.

Christi Auferstehung ist *der Sieg des Lebens.* So unsere zusammenfassende Schlagzeile. Trifft sie das Gemeinte?
Von der Absicht der Frauen, den Leichnam – nachträglich und viel zu spät – zu salben, sagt Matthäus nichts. Sie gehen nach dem Ende des Sabbats – bei den Juden beginnt der neue Tag mit dem Sonnenuntergang –, „da es dunkelte zum ersten Tag der Woche" (Lohmeyers Übersetzung), das Grab zu betrachten. (Der Unterschied der Tageseinteilung macht uns zu schaffen; wir brauchen in der Predigt die Gemeinde damit nicht zu verwirren.) Es kann nicht viel passieren, wenn man das Grab – verschlossen mit dem Rollstein – „besieht". Örtliche Nähe ist dem Gedenken an den Toten förderlich. Die Liebe sucht die Nähe, auch wenn der Tote unter der Erde liegt. An der Endgültigkeit des Todes kann solche Pietät nichts ändern.
Die Frauen stoßen auf „einen Engel Jahwes"; wir sollen ihn uns auf dem weggerollten Stein denken (V. 2). Was er ihnen zu sagen hat, ist die Nachricht vom auferstandenen Christus. Im Unterschied zu Markus besteht ihre erste Ostererfahrung im Hören des *Wortes.* Wir werden, um des richtigen Augenmaßes willen, dies über dem, was folgt, nicht vergessen dürfen. Von dem Wort der Ermutigung, mit dem der Engel beginnt, war schon die Rede. Es bedürfte dieses Wortes auch dann, wenn die Grenzerfahrung, über die wir nachgedacht haben, nicht wirksam wäre. Der Engel weiß genau, daß es, den Frauen um den gekreuzigten Jesus ging. „Er ist nicht hier; er ist auferstanden", und später noch verdeutlichend: „auferstanden von den Toten." Eingeschlossen ist diese doppelte Mitteilung samt dem Auftrag des Weitermeldens von der Aufforderung, die Stätte in Augenschein zu nehmen, an der er gelegen hat.
Das Thema des leeren Grabes ist durch den Text gestellt. Um es auch hier deutlich zu sagen: Osterglaube hängt nicht an der Faktizität des leeren Grabes. Man kann davon gehört und sich davon überzeugt haben, daß sich alles so verhält, wie die schwerglaubliche Nachricht besagt, und dennoch ungetröstet sein (Luk. 24,22–24). Umgekehrt: wenn es Gott gefallen hätte, den Gekreuzigten in seinem Grabe zu lassen, ihn aber – ja, ihn! – ins Leben zu rufen, wie er dem, was nicht ist, ruft, daß es sei (Röm. 4,17): so hätte dies zwar schöpfungstheologische Konsequenzen, denn es ginge nicht

mehr um „Verwandlung" (1. Kor. 15,51 f.) oder „Überkleidung" (2. Kor. 5,2) oder „Umstrukturierung des Niedrigkeitsleibes" (Phil. 3,21) oder „Lebendigmachung der sterblichen Leiber" (Röm. 8,11), sondern um völlige Neuschöpfung, und die Identität zwischen dem Gekreuzigten und Auferstandenen hätte ihren Ort dann nur im Herzen Gottes. Aber wenn schon: wer wollte Gott anderes vorschreiben, wenn er es eben *so* gemacht hätte?

Nun spricht aber die Überlieferung merkwürdig einstimmig davon, daß das Grab Jesu leer gefunden wurde. Auch Paulus widerspricht dem nicht; daß er um des leeren Grabes willen das geprägte Credo-Stück 1. Kor. 15,3–5 zerbrechen müßte, wäre ein unbilliges Verlangen, und wie sich Proton und Eschaton in der Auferstehung nach seiner Meinung zueinander verhalten, sagen die eben genannten Stellen. Bemerkenswert auch, daß jüdische Polemik die Tatsache des leeren Grabes nicht bestreitet, sondern nur – plump genug – anders zu erklären sucht, „bis auf den heutigen Tag" (V. 15). „Wäre auch nur eine Spur davon erfindlich gewesen, daß es sich christlicherseits um eine gerade erst aufgekommene Erzählung gehandelt habe, so hätte sich die jüdische Polemik gewiß die Möglichkeit, den verhaßten Auferstehungsglauben der Häretiker von daher aus den Angeln zu heben, nicht entgehen lassen" (U. Wilckens, a. a. O., S. 66). Ob es uns lieb ist oder ob es uns stört: die Urchristenheit sah sich in keiner Weise veranlaßt, dieses „Gerechten" Grabmal zu „schmücken" (23,29) oder auch nur fernerhin zu „besehen" (28,1). „Er ist nicht hier."

Daß Matthäus bzw. die von ihm aufgegriffene Überlieferung der jüdischen Zwecklegende vom Leichenraub mit der apologetischen Erfindung der Grabeswache begegnet, berührt beinahe peinlich. Ein klein wenig Verständnis sollten wir aufbringen: „Polemik und Antipolemik haben es zu allen Zeiten an sich, die Unsinnigkeit der Argumente zu eskalieren" (Wilckens, S. 65). Man bedenke doch: Aufgrund der Leidens- und Auferstehungsankündigungen Jesu, die (nach Markus 9,32; Luk. 9,45; 18,34) nicht einmal die Jünger hatten verarbeiten können, hätte man eine solche Aktion in Gang gesetzt, das Grab also nicht nur bewacht, sondern auch versiegelt; die römischen Soldaten hätten dann (um ihr Wachvergehen zu vertuschen?) das Vorgefallene nicht ihrem Vorgesetzten, sondern den Hohenpriestern gemeldet und wären von diesen noch bestochen worden: alles zu perfekt ausgedacht, und doch nicht perfekt genug, denn wenn man den Soldaten schon einen Schock nachsagt, der sie „wie tot" sein läßt, dann konstatiert man selbst die „Lücke", in der der Leichenraub mühelos möglich gewesen wäre. Die apologetische Beflissenheit der Matthäus-Gemeinde in Ehren, aber hier wird, keineswegs überzeugend, *eine* Zwecklegende mit der *anderen* bekämpft.

Man versteht freilich, daß die christliche Gemeinde die Theorie vom Leichenraub nicht stehen lassen konnte. Christusverkündigung kann nicht auf einem Betrug beruhen, und selbst die in der Leichenraublegende (vgl. die Gärtner-Variante bei Johannes) liegende Anerkennung der Faktizität des leeren Grabes könnte – gemeindeintern – nie als Argument der Vergewisserung angesehen werden. Es ist denn auch deutlich, daß die Bemerkungen über die Grabeswächter im Osterbericht des Matthäus nur Einschiebsel sind. Wir sahen, daß die Ostererfahrung der Frauen mit dem *Hören* beginnt. Jetzt bemerken wir, daß die Leere des Grabes eigentlich *nur Hintergrund* ist für das, worauf es ankommt. Der Engel lädt die Frauen ein, den vakanten Platz in der Grabkammer anzusehen; der Aufforderung nachzukommen haben die Frauen, wie es scheint, weder Zeit noch Interesse. „Sie gingen schnell weg von dem Grabe ..." – Matthäus weiß es nicht anders als Markus (16,8), nur, daß er Furcht und Freude miteinander vermischt sieht.

Sagen wir es in der Predigt deutlich: Die Feststellung der Leere des Grabes macht noch keinen Osterglauben. Die „große Freude" entsteht nicht aus der Fehlmeldung: „Er ist nicht hier", sondern aus der Predigt des Engels: „Er ist auferstanden." Denn das, was sich hier ereignet hat, ist nicht welthaftes Geschehen in Natur und Geschichte (so wahr es daran grenzt), sondern der Anfang des Eschaton. – Freilich, es ist ein „Auferwecktwerden weg von den Toten" (V. 7); dem ἐγήγερται geht in 1. Kor. 15,3f. das ἀπέθανεν und das ἐτάφη voraus (woraus man ersehen kann, daß, auch nach Paulus, Auferstehung im Sinne von Hes. 37,12f.; Dan. 12,2; Jes. 26,19 verstanden wurde). Darin liegt, daß hier wirklich zum ersten Mal die Umklammerung unserer menschlichen Existenz durch die Macht des Todes aufgesprengt ist. In das Unausweichliche und Unwiderrufliche des Todes ist die Bresche gebrochen. Allerdings wird diese Aussage zu einer solchen des christlichen Glaubens erst durch zwei nähere Bestimmungen. Einmal: Der „Erstling" (1. Kor. 15,20) ist nicht irgendeiner, sondern Jesus Christus, „der Gekreuzigte" (V. 5). Sodann: Überwindung des Todes ist nicht ein Naturvorgang, sondern die große Wende in der Geschichte zwischen Gott und uns. Beide Näherbestimmungen gehören aufs engste zusammen. Das Problem der Auferstehung liegt nicht in der (an der Sache völlig vorbeisehenden) Frage, wie es wohl möglich sei, daß ein zerfallender Leichnam wieder leben kann. Die alles entscheidende Frage ist die, ob Gott den Tod – den „Sold der Sünde" – aufhebt, indem er uns, die wir nicht wert sind zu leben, in ein neues, eschatisches Leben erweckt. Was Gott liebt, das läßt er leben. Die Frage war, ob Gott uns lieben kann. War, sagen wir; denn im Gekreuzigten *hat* er uns geliebt und *liebt* er uns. Wer mit Ostern nicht zurechtkommt, dem muß man es abgewöhnen, daß er sich an der Wiederbelebungsfrage festbeißt, als wäre sie überhaupt und sogar allein des Bedenkens wert. Das ist das Wunder, daß der Vater sich zu seinem am Karfreitag für uns gestorbenen Sohn bekennt – und damit zu uns. Dasselbe anders: Nicht darüber sollte man sich wundern, daß Gott unverwesliches Leben schaffen *kann* (mit Verlaub: das macht er mit dem kleinen Finger der linken Hand!), sondern ob er es bei solchen Leuten, wie wir sie sind, *will*. Er *will* – das ist die Überwindung des Todes.

3.

Er ist nicht hier? Auf der Steinbank in der Grabhöhlung ist er nicht. Aber „siehe, da begegnete ihnen Jesus" (V. 9). Das הִנֵּה (vgl. auch V. 2) drückt das Unerwartete aus. Wir glauben nicht an die Auferstehung, als ginge es um eine allgemeine Wahrheit, die man unabhängig von der Person Jesu haben könnte (Joh. 11,25). Wir glauben an den auferstandenen Jesus Christus. Es soll uns nicht so gehen, wie die Emmausjünger von den Jerusalemern berichten: sie hörten von seiner Auferstehung und sahen das Grab leer, „aber ihn selbst sahen sie nicht" (Luk. 24,24). Die Frauen bekommen ihn zu sehen. Genauer: er *begegnete* ihnen; in welcher Weise, wird nicht gesagt. Osterglaube ist nicht die theoretische Überzeugung davon, daß ein uns im übrigen unbekannter Mann mit Namen Jesus von Nazareth tot gewesen ist und erstaunlicherweise wieder zum Leben kam, sondern darum geht es beim Osterglauben, daß Jesus uns noch heute und immer wieder in den Weg treten und mit uns auf ganz persönliche Weise Verbindung aufnehmen will. Hier sind es zunächst ein paar Frauen (bei Johannes wird die Szene unseres Textes so erzählt, daß sie zwischen Jesus und Maria Magdalena – in „Großaufnahme" – ganz persönlich spielt); in der Perikope zum Ostermontag wird die Begegnung in der Jüngergemeinde stattfinden (unser Text:

V. 10). Begegnung ist keine blasse Wahrheit, sondern ein lebendiges *Geschehen*. Übrigens nicht bloß das Geschehen einer *Sache*, mag man sie Liebe oder Vergebung oder Gnade oder Freiheit oder Eigentlichkeit oder sozialen Erneuerungswillen oder wie auch immer nennen. Von daher wird man dann auch sagen müssen: Auferstehung ist nicht die Weiterereignung des irdischen Jesus. Auferweckt ist gewiß der *Gekreuzigte* (V. 5); aber der Gekreuzigte ist eben *auferweckt*, und zwar *von den Toten* (V. 7). Nun ist er uns nahe als der nicht mehr zu unserer vom Tode umschlossenen sarkischen Welt Gehörige; er hat die große „Verwandlung" (s. o.) schon hinter sich, die für uns noch aussteht. Aber in diesem neuen Sein kommt er auf uns zu und nimmt mit uns aufs neue Gemeinschaft auf, auf eine bisher uns noch nicht geläufige Weise. So ist denn auch sein Wirken an uns nicht die Nachwirkung seines Redens, Tuns und Leidens von einst, vorstellbar wie ein durch die Jahrhunderte sich fortsetzender Stoß, der vielleicht doch irgendwann und irgendwo einmal verebbt und zum Stehen kommt. In, mit und unter dem Wort, das wir weitersagen – wie es den Frauen aufgetragen wird – und das als das Zeugnis der Urkirche auf uns gekommen ist, spricht er selbst uns – „senkrecht von oben" und „je heute" – als der Auferstandene an: „Seid gegrüßt!" Es wird viel daran liegen, daß wir der Gemeinde dieses Koordinatenkreuz anschaulich und verständlich machen. Mancher hört das Wort „Überlieferung" oder „Tradition" und fängt wie von selbst an zu gähnen; das Pauluswort 1. Kor. 15,3 a – nur Empfangenes weitergeben! – scheint ihm das Gesetz einer erstarrten Kirche zu sein. Warum? Weil er noch nicht gemerkt hat, daß in dem treulich weitergegebenen Wort des immer mit sich selbst identischen Christus (Hebr. 13,8) die immer neue, Einverständnis bewirkende, Gemeinschaft herstellende, Bewegung auslösende *Begegnung* mit dem Auferstandenen sich ereignet. Uns vergeht das Gähnen, wenn wir merken, daß der Auferstandene es ist, der sich uns persönlich zuwendet.

Man hat – ein bißchen spöttisch – dem Evangelisten vorgeworfen, daß er Jesus den Frauen nicht viel mehr sagen läßt, als was sie durch den Engel bereits wissen. Χαίρετε – der übliche Gruß der Griechen. (In Joh. 20,19 f. genügt der Gruß „Friede sei mit euch!" – so grüßte man sich im semitischen Sprachraum – und der Anblick Jesu, daß die Jünger *froh werden*.) Man kann diesen Gruß ausdeuten; der Wortstamm enthält den Sinn der Gnade und der Freude, auch der Anmut und des Liebenswerten. Wer hier Sachaussagen vermißt, versuche zu begreifen, daß das Erfreuende und Befreiende, das Beglückende und der Trost in der *persönlichen Zuwendung des Auferstandenen* zu den Frauen – und zu uns – liegt. Das Glück des Beisammenseins mit einem geliebten Menschen bemessen wir nicht nach dem Quantum der sich daraus ergebenden Sachinformationen. „Wenn ich nur dich habe ..." – Die Frauen gehen ihrerseits auf den Herrn zu; man kann ihm nicht nahe genug sein. „Herzutreten" ist freilich ein Wort der gottesdienstlichen Sprache (Exod. 3,5; 1. Kön. 19,11; ähnlich Num. 16,5; Jes. 29,13; Jak. 4,8). Die Proskynese ist die dem Auferstandenen erwiesene göttliche Verehrung. Dem Kyrios gebührt die größte Ehrerbietung. Das Verlangen nach seiner Nähe (daher das Umfassen der Füße) und das spontane Bekenntnis zu seiner Überlegenheit (noch stärker: Offb. 1,17) sind einander nicht zuwider. Es ist kein Zeichen tiefer Christuserfahrung, wenn Gestik und Haltung der Ehrerbietung aus manchen unserer Gottesdienste ganz und gar verschwunden sind. (Wir hatten unlängst Anlaß, die unechte, verkrampfte Ehrerbietung zu kritisieren, vgl. Gründonnerstag.) Zu fürchten brauchen wir uns nicht (V. 10; vgl. Offb. 1,17). Der uns als der Kyrios begegnet, spricht noch immer von seinen „Brüdern", und dies, obwohl sie in den letzten Tagen und Stunden schwer an ihm schuldig geworden sind. Das Wort „Brüder" enthält eine (vor-angekündigte) Absolution.

Ostermontag. Luk. 24,36–45

Die Perikope müßte bis V. 49 reichen; die inhaltliche Aussage über das, was die Schrift (V. 45) enthält und wofür der Auferstandene den Jüngern das Verständnis eröffnet, darf nicht fehlen. Ich kann mir die gewaltsame Abgrenzung nur von daher erklären, daß man die Überschneidung mit dem Evg. für Himmelfahrt (Reihe I) möglichst vermeiden wollte. Die handschriftliche Überlieferung in den VV. 36.37.40.42.43 weist nicht unerhebliche Varianten auf, die z. T. aus der Parallele Joh. 20,19 ff. stammen (gemeint ist offenbar dasselbe Ereignis), z. T. aus dogmatischen Überlegungen der alten Kirche hervorgegangen sein mögen. In V. 37 dürfte φάντασμα die ursprüngliche LA sein (D und Marcion), von der Mehrzahl der Zeugen durch das weniger anstößige πνεῦμα ersetzt. Die ,,Wabe vom Bienenstock'' (s. Bauer, WB, zu μελίσσιος) (V. 42), nur in jüngeren Hss., könnte symbolisch-liturgischen Sinn haben: Speise des Gelobten Landes und damit, christlich gedacht, der Himmelswelt (so Darreichung von Milch und Honig an Neugetaufte, vgl. Rietschel-Graff, Lehrbuch der Liturgik, 1952, S. 552). Die Absicht der VV. 41–43 ist damit wahrscheinlich verfehlt, doch s. u.
Der Text gliedert sich in zwei Stücke: VV. 36–43 handeln von der Selbstbezeugung des Auferstandenen in seiner Leiblichkeit, VV. 44–49 vom heilsgeschichtlichen Sinn des Leidens und der Auferstehung Jesu und – was man vielleicht noch besonders nehmen könnte: – vom Missionsauftrag der Jünger.
V. 36 schließt eng an das Vorhergehende an (altes Evangelium des Ostermontags): versammelt sind die Elf ,,und die mit ihnen waren'' samt den Emmausjüngern; es ist also, wenn man 1. Kor. 15 vergleicht, nicht die Erscheinung vor den Zwölfen (V. 5), sondern an die vor Jakobus und ,,allen Aposteln'' (V. 7) zu denken. Erkennt man in 1. Kor. 15,5 und 7 die Galiläa- und die Jerusalemtradition wieder, so ergibt sich hier aufs neue, daß Lukas – wie sein Sondergut zeigt – besondere Beziehungen zu der judenchristlichen Urzelle in Jerusalem (Jakobus) hat. Die Berührungen unserer Perikope mit Joh. 20,19 ff. sind beträchtlich. – VV. 37 f.: Spätstadium der Ausgestaltung, die inzwischen in Gang gekommene theologische Diskussion wird in den Formulierungen spürbar. Bei Johannes: Freude, hier: Schrecken, Furcht und Verwirrung. Im Herzen ,,steigen Erörterungen auf''. – V. 39: Identität des Auferstandenen mit dem Gekreuzigten wie Joh. 20,20. W. Grundmann: ,,Das ἐγώ εἰμι αὐτός spricht die Identität ausdrücklich aus ... Die Identität aber ist die des sich Offenbarenden, wie aus der Formel ἐγώ εἰμι hervorgeht.'' Es handelt sich um eine Theophanieformel, wie die Ich-bin-Aussagen bei Deuterojesaja, in Deut. 32,39 f. und vielen anderen Stellen. Vgl. bes. Mark. 6,49 f.; 14,62. – V. 41: aus Freude nicht glauben können – damit soll wohl die Fassungslosigkeit beim Wiedersehen beschrieben werden. – V.43: Massivität der Vorstellung, wie sie jüdischem Denken entspricht; Griechen wären geneigt, symbolisch abzuschwächen (so Grdm. z. St.). – V. 44: das ,,Testament'' Jesu. Rückverweis auf 9,22; 18,31–33, vgl. auch 24,26 f. – V. 45: In V. 27 und 32 ist vom Öffnen der Schrift die Rede, hier vom Öffnen des Verständnisses (νοῦς) für die Schrift. – V. 46: Bekenntnisformel? – V. 47: ,,Es ist heilsgeschichtliche Theologie des Lukas, der die Geschichte Israels als Weissagung, die Zeit Jesu als Mitte der Geschichte ansieht und ihr die Zeit der Kirche als Zeugnis und Mission als dritte Zeit der Heilsgeschichte zufügt'' (Grdm.). – V. 48: Predigt geschieht in seinem ,,Namen'', d. h. im Raum seiner Gegenwart, seines Wirkens, darum auch in seinem Auftrag und seiner Kraft (ThWNT V, S. 269 ff.). In den Predigern predigt der Herr selber. – V. 48: Zeugen sind sie, weil sie es selbst gesehen haben (1,2; Apg. 1,21 f.; 10,39.41 f; 13,30) und indem sie nun persönlich für das Gesehene einstehen. – V. 49: Die Mitteilung des Geistes wird, im Unterschied zu Joh. 20,22, wie Apg. 1,5 für die Zukunft verheißen (Apg. 2).

Die Perikope ist ein spätes Zeugnis urchristlichen Osterglaubens. Wir sind geneigt, im Umgang mit dem neutestamentlichen Osterzeugnis das Frühere, dem Ursprung Nähere, immer auch als das Verbindlichere anzusehen. Daß daran Richtiges ist,

steht außer Frage. Das Thema „Schrift und Tradition" ist bereits ein innerkanoni-
sches Thema. Trotzdem werden wir gerade als Prediger Texte, die schon Merkmale
des Denkens der zweiten oder dritten Generation aufweisen, nicht nur nicht abtun,
sondern mit besonderer Aufmerksamkeit abhören. Kommt mit Lukas – zumindest
stärker als bei Markus oder auch Matthäus – das Zeitalter der Kirche in Sicht, dann
muß sein Werk uns, die Nachgeborenen, auf alle Fälle interessieren, auch dann, wenn
Vorstellungswelt und Nomenklatur uns manchmal befremden. Traditionsgeschichtliche Betrachtung der Texte lehrt uns, außer der in ihnen bezeugten Botschaft zugleich den Gebrauch zu erfassen, den die hier redenden Zeugen, in unserm Falle
Lukas und seine Gewährsleute, von dieser Botschaft gemacht, wie sie sie also verstanden, verständlich und geltend gemacht, wie sie sie verkündigend und bekennend
und zugleich abgrenzend und warnend auf ihre Situation angewandt haben. Die Botschaft erscheint hier in der Projektion auf eine bestimmte Lage der Gemeinde: auf
ihren Standort in der Heils- und Kirchengeschichte, auf ihren Glauben und ihre
Hoffnung, ihren Zweifel und ihre Unklarheit, auch ihre Anfechtung und ihren Kampf.
Wovon also redet ein solcher Text: von der Sache, die es zu verkündigen gilt, oder
von der Situation, in die hinein sie zu verkündigen ist? Antwort: Er redet von der
Sache, wie sie sich in eben dieser Situation als gültig und mächtig erweist. Ein für
alles Predigtgeschehen wesentlicher Sachverhalt.

Von den Unstimmigkeiten und Unvereinbarkeiten innerhalb der neutestamentlichen
Osterüberlieferung ist in der vorausgehenden Auslegung gesprochen worden. Der
Historiker wird diesen Tatbestand als beschwerlich empfinden, denn worauf er aus
sein muß, die Wiederherstellung des Verlaufs der Ereignisse im einzelnen, gelingt
nicht. Der Prediger hat hier keinen Anlaß zur Bekümmernis. Nicht, weil ihm gleichgültig sein dürfte, was sich da zugetragen hat, sondern weil es in jedem derartigen
Zeugnis bei allen historischen Unschärfen um das *Wort* geht, mit dem der auferstandene Herr seine Gemeinde *je heute* anreden will. Er tut das heute anders als in den
vierzig Tagen, auf die sein Erscheinen nach Lukas beschränkt war (Apg. 1,3). Das Wie
ist anders – das Daß gilt noch heute. Daß nach Jakobus „alle Apostel" Jesus gesehen
haben – dieser Personenkreis gehört offensichtlich nach Jerusalem (Gal. 1,19; vgl.
2,12) –, weiß auch Paulus (1. Kor. 15,7). Lukas und Johannes erzählen davon, jeder
auf seine Art; die Ausgleichsversuche der handschriftlichen Überlieferung lassen erkennen, daß man in der alten Kirche unsern Text und Joh. 20,19ff. auf dasselbe Ereignis bezogen hat. Literarische Abhängigkeit ist nicht nachzuweisen. An diesen Feststellungen dürfen wir uns als Prediger genügen lassen. Worauf wird es für uns ankommen? *Der Auferstandene ist mitten unter den Seinen. Er überzeugt sie* (1) *von der
Wirklichkeit seiner Gegenwart,* (2) *von der Notwendigkeit seines Weges,* (3) *von der Verbindlichkeit seines Auftrags.*

I.

„Die christliche Sonntagsfeier, die eine Osterfeier war, gibt dem" – in Kap. 24 dargestellten – „Ostertag Jesu in Lukas seinen Rahmen" (Grdm., Komm. S. 438). Wir
haben das ganze Kapitel vom *Gottesdienst* der christlichen Gemeinde her zu verstehen. „Da trat er selbst mitten unter sie": eben dies geschieht – unsichtbar – in
jedem Gottesdienst. Daß die Präsenz Christi heute anders erfahren wird als in den
vierzig Tagen, trägt nicht viel aus. Lukas weiß zwar um den Unterschied. Gerade
darum macht er uns auf den Einschnitt aufmerksam, den die Himmelfahrt bringt,
und er weist uns an die Zeugen (s. o.). Aber geändert hat sich nur die Weise, in der die

Präsenz des Herrn erfahren wird, nicht die Realität dieser Präsenz. Wann und wo immer Gottesdienst gefeiert wird, ist der Herr gegenwärtig (Matth. 18,20). Predigen seine Sendboten, spricht in Wirklichkeit er selbst (10,16); sie tun es ja „in seinem Namen" (V. 47).

Es scheint, als hätten wir mit diesen Feststellungen über die unsichtbare Gegenwart des Herrn in jedem Gottesdienst den Akzent erheblich anders gesetzt als unsere Perikope. Man hat immer wieder von dem apologetischen Interesse gesprochen, das die VV. 36–43 bestimme und das Lukas mit einem „massiven Auferstehungsrealismus" (Graß, Ostergeschehen …, S. 40) zu befriedigen suche. Tatsächlich, die Perikope setzt sich mit dem Zweifel auseinander; es ist gut, daß die biblische Überlieferung ihn nicht verdrängt. Ob die hier gegebenen Auskünfte wirklich abhelfen, ist eine andere Frage. Dem Zweifel der Jünger begegnet nach Lukas der Auferstandene auf dreierlei Weise. Er zeigt den Jüngern seine Hände und Füße (Joh. 20,20: die Hände und die Seite, vgl. 19,34). Er fordert sie auf, ihn mit der Hand zu greifen (vgl. Joh. 20,27). Er ißt vor ihren Augen (vgl. Joh. 21,5, hingegen V. 13). Jesus beweist den Jüngern seine leibhafte Wirklichkeit. Man könnte sagen: drastischer geht es nicht. Dem Zweifel wird hier faustdick empirische Wirklichkeit entgegengesetzt – unwiderleglich wie die Wand, an der sich ein Unbelehrbarer den Schädel einrennt. Hier wird Apologetik getrieben mit dem Ziel, das Glaubenswagnis zu erübrigen. Hier wird die personale Begegnung des Glaubenden mit seinem Herrn in eine Naturtatsache umgefälscht, die es lediglich zu registrieren gilt, entscheidungslos, ohne daß man gefragt und gefordert wäre.

Man braucht dies alles nur einmal so zu formulieren, und man wird sofort erkennen: das, was soeben die Denkweise des Textes zu charakterisieren vorgab, ist nicht Lukas, sondern seine Karikatur. Er müßte sonst, entsprächen die eben dargelegten Feststellungen unserem Text, wahrhaftig zwei sehr verschiedene Seelen in seiner Brust gehabt haben. Unmittelbar vorher die so überaus zarte und duftige Geschichte von den Emmausjüngern, die das Geheimnis des Auferstandenen in Pastellfarben malt; unmittelbar danach der kultisch-liturgische Abschluß des Evangeliums. Lukas dürfte sich auch, käme es ihm wirklich auf die Massivität des Unwiderleglichen an, die Chance nicht haben entgehen lassen, an V. 39 einen Vollzugsbericht anzufügen: „und so geschah es auch", vielleicht auch nach V. 43 zu beteuern, daß nunmehr auch der letzte überwunden gewesen sei. Versuchen wir lieber, uns die Szene noch einmal, nunmehr differenzierter, zu verdeutlichen:

In der Tat, vom Zweifel der ersten Osterzeugen redet Lukas wiederholt (VV. 11.37.41 – vgl. Matth. 28,17; Mark. 16,11.13.14; Joh. 20,24ff.). Er scheint auch mit dem Zweifel derer zu rechnen, für die er schreibt. Die Gemeinde aller Zeiten hat es ihm zu danken, daß er darauf eingegangen ist. Eine „Rechenschaft" (1. Petr. 3,15) über Glauben und Hoffnung sind wir denen schuldig, die wir und die uns ansprechen. Die Argumente haben wir nicht irgendwoher zu holen, sondern aus der Sache, um die es geht. Darin liegt, daß wir das Evangelium niemals als das Selbstverständlichste ausgeben können, als sei damit nichts zu riskieren, weil ja jeder Vernünftige seine Wahrheit einsehen müsse. Lukas verwischt nicht, daß die Osterbotschaft schwer eingeht und die Ostererfahrung erschreckend und verwirrend wirkt (VV. 37 f.). Auf alle Fälle liegt ihm daran, entgegen allem Verdacht der Illusion, der Träumerei und des bloß Vorgestellten, die *Wirklichkeit* der Gegenwart Jesu zu bezeugen. Lukas muß aber an eine Wirklichkeit eigener Art gedacht haben. Der Auferstandene ist ja nicht immer da. Wie bei den anderen neutestamentlichen Zeugen, so auch hier: „Nirgends heißt es, daß die Jünger Jesus aufgesucht oder gefunden oder auch nur erwartet hätten. Sondern: ‚Jesus kam'

(Joh. 20,24), ‚Jesus selbst nahte ihnen und ging mit ihnen' (Luk. 24,15). Er kam den Frauen ‚entgegen' (Matth. 28,9). Er kommt und tritt in die Mitte der Jünger (Luk. 24,36; Joh. 20,19.26). Er tritt an das Gestade des Sees von Tiberias (Joh. 21,4). Er kommt jedesmal ungeklärt woher? und wie? ... gänzlich ungerufen und unerwartet ... Nur indem er kommt, wird er ihnen wahrnehmbar" (K. Barth, KD IV/2, S. 161). Nicht nur das Erschreckliche seiner Erscheinung wird empfunden, auch ihre Mehrdeutigkeit (V. 37). Der Zweifel besteht nicht in einem oberflächlichen: „Unsinn – so was gibt es nicht!", sondern hier sind διαλογισμοί, also Überlegungen, Bedenken, hier ist Räsonnement im Gange, wie es gewiß nicht so sehr der Situation des ersten Ostertages, wohl aber der der späteren Gemeinden angemessen ist (s. o.). Ein φάντασμα?, fragt der Text in seiner wahrscheinlich ältesten Gestalt. Das hieße, die eigene Einbildungskraft könnte diese Erscheinung produziert haben. Schlechte Theologie, die sich diese Frage nicht stellt; schlechte Predigt, die ängstlich vor ihr ausweicht. Lukas *bezeugt* die Wirklichkeit der Gegenwart des Auferstandenen. Er *beweist* sie nicht. Er behauptet nur, die „Zeugen" jenes Geschehens, an die man sich jetzt allein halten kann, seien nicht so naiv gewesen, daß sie sich die Frage der Möglichkeit einer Illusion gar nicht gestellt hätten. Die Zeugenliste aus 1. Kor. 15 – bis zu den 500 z. T. noch befragbaren Brüdern – macht deutlich, daß die erste Generation an der Quaestio facti nicht uninteressiert gewesen ist. In der Tat, ein Glauben an den Auferstandenen, der seinen Grund nicht außerhalb unser selbst, deutlicher: der ihn nicht in Gottes eigenem Tun hat, wäre ein gefährliches Trauen und Hoffen ins Leere. „Ist aber Christus nicht auferstanden, so ..." (1. Kor. 15,14–18).

So weit werden wir Lukas gern folgen. Wie aber, wenn es um die beschriebene „Massivität" geht? Wir dürfen, was Lukas schreibt, nicht situationslos sehen. Die späten Schriften des Neuen Testaments haben sich mit einem gnostischen Denken entspringenden Doketismus auseinanderzusetzen. Danach ist Gottes Sohn nie wirklich Mensch geworden, sondern war nur in einem Scheinleib unter uns; der Auferstandene ist ein leibloses Himmelswesen. Die Vehemenz, mit der in unserm Text die Leibhaftigkeit des Auferstandenen vertreten wird, erklärt sich aus dem Vorhandensein dieser Häresie. Darum betont der Text also nicht nur die Identität des Auferstandenen mit dem Gekreuzigten, sondern er braucht auch die Begriffe σάρξ und ὀστέον und läßt Jesus vor den Jüngern essen (Apg. 10,41). Man muß also neben dem apologetischen Interesse auch das dogmatische mitbedenken. Daß es sich beim Auferstandenen um eine Leiblichkeit ganz anderer Art handelt, als wir sie von uns selbst her kennen, weiß Lukas. Nicht alles Volk hat ihn sehen können (Apg. 10,40f.: θεὸς ... ἔδωκεν αὐτὸν ἐμφανῆ γενέσθαι, vgl. Gal. 1,16; es bedurfte also eines das Unsichtbare sichtbar machenden Offenbarungshandelns Gottes). Der von Paulus 1. Kor. 15,35ff. dargelegte Unterschied der „Leiber" dürfte Lukas deutlich gewesen sein. „Niedrigkeitsleib" und „Herrlichkeitsleib" sind nach Phil. 3,21 zu unterscheiden. (Vielleicht deutet auch die später hinzugefügte *Himmels*speise, der Scheibenhonig, auf die Nichtzugehörigkeit des Auferstandenen zu unserer Welt.) Vor allem aber sollte man bedenken, daß das ἐγώ εἰμι αὐτός (= אֲנִי הוּא) für solche, die sich auf die Sprache des Alten Testaments verstehen, nicht nur die Jesus-Identität bezeichnet, sondern auf das Gottsein des Auferstandenen deutet. „Wenn Hillel der Alte bei der Wasserspende (Lauhüttenritus) fröhlich war, so pflegte er zu sagen: ‚Wenn ANI hier ist, so ist alles hier. Wenn ANI nicht hier ist, wer ist dann hier?'" (Traktat Sukkot 53a Baraita). „ICH", das ist göttliche Selbstbezeichnung; „Ich bin es (selbst)" ist Theophanieformel (vgl. noch einmal Mark. 6,50). Osterglaube besteht nicht darin, daß wir uns eine zutreffende Formel über eschatologische Leiblichkeit aneignen, sondern darin daß wir uns die zugewandte Gegenwart des Auferstandenen erfahren. Dieser ER ist aber eben kein Punctum mathematicum, auch nicht Chiffre für etwas Undefinierbares, auch nicht Symbol für eine an uns ergehende Botschaft, die keinen Absender hätte, sondern der, dessen Wundmale am Ostertag und immer darauf hindeuten, daß es unser Herr und Erlöser ist, der uns als der Erhöhte begegnet. „Gott ... hat nach dem in jeder Hinsicht toten Menschsein Jesu gegriffen und dieses Menschsein in seiner Ganzheit unter Einschluß seiner Leiblichkeit kraft eschatologisch-pneumatischer Neuschöpfung in die Doxa Gottes versetzt" (P. Brunner, Pro ecclesia II, 1966, S. 80).

2.

Begreifen wir den Gottesdienst von der Gegenwart des Auferstandenen in seiner Gemeinde her, dann wundert es uns nicht, wenn dieser im *gepredigten Wort* in ihr und an ihr wirkt, und zwar so, daß er ihr die *Notwendigkeit seines Weges* begreiflich macht. Offenbar hängt beides miteinander zusammen: „daß Christus mußte leiden und auferstehen ..., und daß gepredigt werden muß ..." (VV. 46f.). Lukas wird an die Gemeinde gedacht haben, für die er schreibt. Wie bekommt denn sie es mit dem erhöhten Christus zu tun? Vom Sakrament ist an dieser Stelle nicht zu reden (vgl. VV. 30f.), wohl aber vom Wort. Lukas meint nicht, daß das Wort nur kümmerlicher Ersatz ist für die „handgreifliche" (V. 39) Präsenz des Auferstandenen; schon in dieser ersten Begegnung des Herrn mit den Seinen kam es aufs *Wort* an. Auffälligerweise sogar so, daß auch hier *die Schrift* ausgelegt wurde, obwohl man hätte sagen können, daß die unmittelbare Anwesenheit Jesu diese überflüssig mache. Spricht Jesus mit den Seinen, dann so, daß er sich der Schrift bedient und sie aufschließt (VV. 27.32.45).
Man könnte Lukas auch hier apologetisch bemüht sehen. Für das, was ihrem Unglauben nicht eingeht, bekommen die Jünger aus der Schrift einen unwidersprechlichen Beweis. Propheten haben es vorausgesagt, und Jesus selbst, als sein eigener Prophet, hat sie zu Lebzeiten auf alles vorbereitet (V. 44) – nun ist es so geschehen (quod erat demonstrandum). Schriftgewohnte Menschen könnte man vielleicht so überzeugen (Apg. 17,11). Aber wenn es Lukas so gemeint hätte, möchten wir über diesen Text nicht predigen, und unsere Hörer würden es uns nicht abnehmen. Es geht ja auch um anderes.
In seiner Predigt „öffnet" Jesus den Seinen „das Verständnis, daß sie die Schrift verstehen". Er tut dasselbe, was später seine Beauftragten tun werden (Apg. 17,3 – teils dieselben Vokabeln). Hier ein wenig anders gewendet als 24,27 und Apg. 17,3: aufgeschlossen wird den Hörern der νοῦς, also ihr Verstehensvermögen, die Fähigkeit zu geistigem Wahrnehmen; das Wort für „öffnen" enthält, nach gut griechischer Art, zwei Präpositionen: ἀνά deutet auf eine Bewegung nach oben – wie wenn man eine Decke „abhebt" –, διά auf ein Durchnehmen eines größeren Zusammenhangs. Biblische Zusammenhänge werden aufgedeckt. Die „Texte" stammen aus dem Alten Testament; das Neue Testament ist, als „Text", durch Jesus selbst repräsentiert – und durch das, „was ich euch sagte, als ich noch bei euch war" (V. 44, vgl. V. 6 Parr.).
Der erhöhte Herr, gegenwärtig in seiner Gemeinde, hebt sich nicht, wie ein startendes Flugzeug von der Rollbahn, von der „im Fleische" geschehenen Geschichte ab, weder von der zur Zeit des Alten Bundes noch von der, die sich in seinen Erdentagen ereignet hat. Die Schwärmer aller Zeiten suchten, in der Preisgabe dieser irdischen Geschichte, die Direktverbindung mit dem Erhöhten: in Inspirations- und Ekstase-Erlebnissen, in mystischer Versenkung oder auch in den Denkbewegungen des für göttlich gehaltenen Menschengeistes. Aber der Geist Jesu ist kein solcher schwebender

Geist: er „wird euch alles lehren und euch erinnern alles des, was ich euch gesagt habe" (Joh. 14,26); darum sollen nach Paulus die Korinther die Grundregel: „Nicht über das Geschriebene hinaus" lernen (1. Kor. 4,6). In dem in der Schrift gründenden und wurzelnden *verbum externum* spricht mit uns der gegenwärtige Herr.

Wie ist das möglich, daß Jesus im Alten Testament *sich selbst* bezeugt findet? Die Predigt kann nicht im Vorübergehen eine Hermeneutik des Alten Testaments entwickeln. Sie wird sich auch nicht damit begnügen können, ein paar Stellen zu nennen, die – vielleicht – auf Jesus Christus hinweisen. Versteht sie „die Schrift" als *Einheit*, dann ist es nicht die Einheit eines gedanklichen Systems, sondern die einer spannungsreichen *Geschichte*. Hat diese Geschichte eine Einheit, dann ist damit ausgesagt, daß sie nicht aus lauter zusammenhangslosen Zufälligkeiten besteht. So ist auch die Schrift kein Kaleidoskop. Wir sprechen von *Heilsgeschichte*. Dies kann man freilich nur, indem man sich, wenigstens auf der Ebene des der Predigt vorangehenden theologischen Nachdenkens, gegen naheliegende Mißverständnisse dieses Begriffs abschirmt. Die Vielfalt der Schriftaussagen dürfen ihre Einheit nicht damit gewinnen, daß wir zufällige Geschichtswahrheiten durch notwendige Vernunftwahrheiten ersetzen (Lessing), auch nicht so, daß wir den Geschichtsprozeß selber als die Selbstverwirklichung der Vernunft ansehen (Hegel), auch nicht so, daß wir aufzuzeigen versuchen, wie im heilsgeschichtlichen Ablauf das Nachfolgende im Vorausgehenden immer schon vorgegeben ist und nur der Entfaltung bedarf (von Hofmann). Nichts dergleichen hat Lukas gemeint. Für ihn besteht, wovon die Schrift spricht, nicht in der Realisierung geschichtsimmanenter Notwendigkeiten, denen zufolge sich das Heil verwirklicht. Er weiß durch Christus von dem Gott, dessen souveräner Wille Unheil und Heil geschehen läßt und der im Reden und Tun immer neue Anfänge setzt, agiert und reagiert, spricht und sich ansprechen läßt, richtet und begnadet – und dies alles in der Treue, in der er an uns interessiert ist und an uns festhält, trotz allem. Man kann mit Bultmann etwa an den Begriffen Bund, Königtum Gottes und Gottesvolk zeigen, wie die atl. Geschichte eine Geschichte des Scheiterns ist, darum nämlich, weil Gott und sein Handeln nicht im radikal jenseitig-eschatologischen Sinn verstanden worden sind; im Neuen Testament werde dann alles in ein neues Licht gerückt, indem der neue Äon mit dem Christusgeschehen anbricht (in: Glauben und Verstehen II, 1952, S. 162ff.). Wahrscheinlich reicht es nicht aus, nur vom „Scheitern" zu sprechen. Richtig aber ist, daß alle Gottesverheißungen „Ja und Amen" sind in Christus (2. Kor. 1,20). Was die Väter geglaubt und gehofft haben, kommt in ihm ans Ziel. (Wir müssen es mit diesen wenigen Sätzen genug sein lassen; einiges mehr in „Der schmale Weg", S. 229f., zu 24,26ff.)

In solcher Besinnung auf die Schrift wird nun auch klar, warum der Christus leiden und am dritten Tage von den Toten auferstehen mußte. „Nach der Schrift", steht zweimal in dem Urcredo, das Paulus 1. Kor. 15,3ff. zitiert. Es ist keine Sondermeinung des Lukas, daß er Jesu Weg und Werk im Alten Testament vorgedeutet findet. Wer „Bund" sagt, spricht von Gottes Selbstbindung zur Gemeinschaft mit den Seinen; indem Christus sich für die Sünder hingibt, kommt es dazu (vgl. 22,20). Wer „Königsherrschaft Gottes" sagt, denkt daran, daß es in Gottes Welt nach Gottes Willen geht und Gott sich in ihr durchsetzt; indem Jesus Christus die verlorenen Menschen zurückgewinnt, geschieht das. Wer „Gottesvolk" sagt, meint die zu diesem Königtum gehörigen Menschen; in der Kirche sind sie durch Jesus Christus selbst gesammelt. Dies alles aber – Auferstehung! – nicht in dem Sinne, daß hier einfach natürliche, weltliche Möglichkeiten verwirklicht werden, sondern so, daß „in den letzten Tagen" (Apg. 2,17) das Neue anbricht, mit dem Gott noch einmal mit uns beginnt. In jedem Gottesdienst ereignet sich, jetzt schon, dieses Neue und Kommende. Daß es im gepredigten Wort zu uns kommt, sehr ungöttlich nach seiner äußeren Gestalt, behaftet mit allen Schwächen des Menschlichen, soll uns nicht beirren. Noch ist Jesu Reich nicht direkt anschaulich. Bis dahin – 21,28.36; Apg. 1,11 – beugen wir uns dem „Muß" (VV. 44.46f.) der Kreuzesgestalt seines Wirkens (Apg. 14,22).

3.

Die Jünger sind in der hier erzählten Szene die Empfangenden. Unversehens springt die Denk- und Redeweise um: „... und daß gepredigt werden muß ..." (V. 47) – und noch einen Schritt weiter in diese Richtung: „anfangend von Jerusalem aus" (ebd.) – und (falls noch ein Zweifel bestehen sollte, wer hier gemeint ist:) „ihr seid dessen Zeugen" (V. 48). Die Jünger werden in Dienst genommen. Wir sprechen von der Verbindlichkeit des Auftrags.

Der Auferstandene sendet die Jünger in die Welt mit dem Befehl, unter den Völkern die Buße zur Vergebung der Sünden zu predigen, indem sie als „Zeugen" dessen auftreten, was sie, kraft ihrer Autopsie, mit Jesus erlebt haben. Lukas weiß, daß die Zwischenzeit zwischen Jesu Auferstehung und Parusie die Zeit des Apostolats der Kirche und der Mission ist. Warum diese Zwischenzeit? Das Heil soll nicht so über uns kommen, wie um Ostern herum der Frühling kommt, nämlich als bloßes Naturgeschehen, das von uns keine Stellungnahme, keine Neuorientierung, kein Anderswerden in bewußtem Entschluß verlangt. Lukas spricht gern von der Umkehr zu Gott, von der „Buße". Das eben ist die Bedeutung des heilsgeschichtlichen Kairos: ehe der von Gott „gesetzte" „Tag" kommt (Apg. 17,31), soll uns Gelegenheit gegeben sein zu der Umkehr, die Gott „verlangt" (Apg. 17,30), aber auch „gibt" (den Juden Apg. 5,31, den Heiden Apg. 11,18). Darin, daß Gott Buße *gibt*, verbirgt sich das Evangelium; gemeint ist nichts anderes, als daß wir uns im Glauben Gott wieder zuwenden dürfen. Warum also Parusieverzögerung, wenn man es einmal mit diesem nicht sehr glücklichen Wort sagen soll? Weil Gott Geduld hat und nicht will, daß jemand verloren werde, sondern daß sich jedermann zur Buße kehre (2. Petr. 2,9). Anders: Jetzt stehen bei Gott die Türen offen, man darf kommen!

Darin liegt zugleich: Wir werden gesandt. Die Kirche des Auferstandenen ist die gesendete Kirche. Das in Apg. 1,8 ausgeführte Missionsprogramm klingt hier schon an (Luk. 24 und Apg. 1 übergreifen einander). „Muß" heißt es auch hier (V. 47); die Verbindlichkeit des Missionsbefehls liegt in dem Hoheitswillen des in Christus offenbaren Gottes, der die heilsgeschichtliche Spanne bis zur Parusie für diesen Auftrag vorgesehen hat (Matth. 24,14). Mission: nicht eine Liebhaberei, ein Hobby einiger, die nichts Besseres zu tun wissen, sondern das vom Herrn seiner Kirche aufgetragene Werk der Martyria, das sie sowenig anstehen lassen darf wie das der Diakonia und der Leiturgia. Sie tut es nicht aus eigener Kraft. Sie empfängt den Geist – dies ist mit der Verheißung gemeint (Apg. 1,4f.). Die Mitteilung des Geistes setzt die Erhöhung Jesu voraus (Apg. 2,33); der Geist ist, auch nach Lukas, Gabe der Endzeit (Apg. 2,17), „Angeld" auf das Kommende, „Anfang" des Eschaton (2. Kor. 1,22; 5,5; Eph. 1,14 – Röm. 8,23). Der Auferstandene gibt den Geist (Joh. 20,22 und die Parakletstellen der Abschiedsreden). Das Eschaton ragt aus seiner Zukünftigkeit schon in die Gegenwart hinein. Der Auferstandene ist in seiner Kirche anwesend, darum ist die Kirche das Kommende im Heute.

Quasimodogeniti. Joh. 21,1–14

Das ,,redaktionelle Schlußkapitel" (Schnbg.), aus dem Schülerkreis des vierten Evangelisten stammend (johanneische Spracheigentümlichkeiten, außer in der Fischfanggeschichte), verbindet verschiedenerlei Material. Widersprüche und Spannungen lassen zwei
,,Fäden" erkennen: Eine *Mahlerzählung*, die (nach Grundmann, Lukas, S. 21, A. 9) außer
den redaktionellen VV.1.14 folgende Verse umfaßt: 2.3f.7–9.12f. Roloff (Das Kerygma und
der irdische Jesus, 1970, S. 258ff.) hebt nur die VV.3c.4.9.12.13 heraus (doch wird man
wegen V.9a Partien hinzunehmen müssen, die die Jünger – zunächst – auf dem See zeigen).
Daneben die (mit Luk. 5,1–11 auffällig verwandte) *Erzählung vom wunderbaren Fischfang*,
die an der Exposition der Mahlerzählung partizipiert, die VV.5f. und 10f. umfaßt und
sich in V.15b fortsetzt. – Das Thema der Konkurrenz zwischen Petrus und dem Lieblingsjünger (20,2ff.; 21,7f.20–23) ist ein interferierendes Element, zu erklären aus aktuellen
Problemen der johanneischen Kirche. – Die (herauspräparierte) Mahlerzählung wirkt wie
eine erste Erscheinung vor den Jüngern, in der übrigens Petrus eine bestimmte Dominanz
hat (Grundmanns Abgrenzung!); es mag damit das 1. Kor. 15,5 Erwähnte gemeint sein
(der Vf. sieht es freilich anders: VV.1.14).
V.1: Selbstoffenbarung des Auferstandenen, diesmal in Galiläa (im Unterschied zu Kap.
20). – V.2: sieben Jünger; die Siebenzahl deutet auf Ganzheit (der Kirche). Unter den
Nichtgenannten (etwa den Zebedäussöhnen?) haben wir uns den Lieblingsjünger verborgen zu denken, vgl. Luk. 5,10. – V.3: Exposition zum Fischfangbericht; die (zu erwartende)
Exposition zum Erscheinungsbericht (Mahlerzählung) ist entweder weggebrochen oder
partiell in V.3 eingegangen (Roloffs Abgrenzung). – Auch V.4 wird z. T. beiden Geschichten zuzurechnen sein (denn auch die Fischfanggeschichte mußte ja Jesus einführen); V.4b
gehört aber nur zur Mahlgeschichte. Zeit: früher Morgen. – V. 5: Die Anrede παιδία wie
1. Joh. 2,14.18. προσφάγιον eigtl. ,,Zukost", dann einfach ,,Fisch". Die μή-Frage erwartet verneinende Antwort: ,,Ihr habt wohl nicht ein wenig Fisch?" – V.7: Der Lieblingsjünger merkt als erster, daß der Herr es ist, der am Ufer steht (vgl. V.4b). Wettlaufmotiv
ähnlich wie 20,4. Hochgürten des Obergewandes zum besseren Vorankommen. – V.8: 200
Ellen = 97 m. σύρειν drückt die Anstrengung aus. – VV.9f.: Die Verzahnung beider Geschichten ist nicht vollständig gelungen, wie bes. ein Blick auf V.11 zeigt. Wenn Fisch
bereits brät, wozu die Aufforderung? – V.11: vgl. V.6b – was der vielen nicht gelingen
wollte, schafft Petrus nun allein. Über die Zahl 153 wird viel gerätselt. Am einleuchtend-
sten wohl die Deutung von Hieronymus: antike Zoologen kannten 153 Arten von Fischen.
– V.12: Die Motivverwandtschaft mit den Emmausjüngern fällt auf: der unerkannte
Jesus, erkennbar an seinem Mahl. Spannung zu V.7. – V.13: An seinen Gesten wird Jesus
erkannt. Es muß noch nicht an ein eucharistisches Mahl gedacht sein, sondern eher an die
Wiederaufnahme der Tischgemeinschaft aus Jesu Erdentagen (so mit Nachdruck Roloff).
Die Erinnerung an 6,11 stellt sich aber leicht ein, und in Kap. 6 wiederum die Assoziation
der eucharistischen Ebene (vgl. uns. Ausl. zu Lätare).

Für den Prediger nicht sehr ermutigend, was Bultmann über diese Perikope schreibt:
sie biete ,,ein so merkwürdiges Durcheinander von Motiven ..., daß man kaum sagen
kann, worin ihre eigentliche Pointe liegt" (z. St.). Der Exeget kann die Skopusfrage
offen lassen; er ist mit seinen Problemen fertig, wenn er die Ungereimtheiten des
Textes durch Sonderung der verschiedenen Überlieferungsstränge aufgelöst hat.
Der Prediger kann da nicht stehenbleiben. Oder soll er *eine* der hier ineinanderge-
schobenen Erzählungen zum Text machen? Er würde dann wohl die Fischzugsgeschichte beiseite lassen, also das letzte Sätzchen von V. 3 sowie die VV. 5f. und 10f.
übergehen; er hätte dann eine immer noch durch das Wettlauf- oder Konkurrenz-
motiv überlagerte Geschichte, aber dies würde er, da er sonst noch mehr sezieren
müßte, in Kauf nehmen. Er hätte immerhin einen einigermaßen geschlossenen Text.
Diese Lösung hätte auf den ersten Blick in der Tat etwas Bestechendes. Sie ließe uns

nicht nur mit den Unstimmigkeiten fertig werden, sondern auch mit der Frage, ob
Luk. 5,1–11 eigentlich eine Ostergeschichte ist, die nur in die Erdentage Jesu zurück-
versetzt wäre, oder ob die Fischzugsgeschichte in unserm Text ursprünglich in die
Anfänge der Galiläawirksamkeit Jesu gehört. Die Auskunft einer grundsätzlich kri-
tikfeindlichen Exegese, es habe sich die nahezu gleiche Geschichte eben zweimal abgespielt, dürfte uns sowieso nicht überzeugen.

Indes könnten wir uns zu einem solchen Ausweichen schwerlich entschließen. Nicht
nur, weil wir einer bibellesenden Gemeinde sowieso Auskunft schuldig sind, sondern
weil man sich über den kanonischen Text nicht so leicht wird hinwegsetzen können.
Dies nicht deshalb, weil der Kanon aus irgendwelchen übernatürlichen Gründen unantastbar wäre, sondern darum, weil der Johannesschüler, dem wir das „redaktionelle
Schlußkapitel" verdanken, für den Text in seiner gegenwärtigen Gestalt einsteht.
Gehen wir davon aus, daß die vorhin kurz resümierten analytischen Beobachtungen
zutreffen, so werden wir auch feststellen müssen, daß es dem Vf. von Joh. 21 ein leich-
tes gewesen wäre, zunächst die Epiphaniegeschichte mit dem Mahl zu erzählen und
dann die von dem Fischzug; ja, es wäre sogar leichter gewesen als die mühsame und
nicht einmal völlig geglückte Verzahnung. Wie es scheint, liegt ihm daran, *zusammen-
zusehen*, was wir Exegeten scharfsinnig voneinander trennen.

Wie es bei „Deuterojohannes" zu dieser Absicht kommt, mag man sich verschieden
erklären. Man könnte zunächst einfach daran denken, daß der Motivkomplex bereits
in dem überlieferten Stoff so auf ihn gekommen ist. Ganz gewiß ist *für ihn* das, was
VV. 2–13 erzählt ist, nicht die Ersterscheinung, auf die 1. Kor. 15,5 hinweist (V. 1:
πάλιν, V. 14: τρίτον). Aber die Erzählung selbst wirkt so, als sei den Jüngern eine
Christophanie etwas ganz Neues. Daß es in V. 2 sieben Jünger sind, 1. Kor. 15 jedoch
zwölf, macht in der johanneischen Vorstellungswelt keinen erheblichen Unterschied;
beide Male ist die Ganzheit bezeichnet. Petrus spielt in dem Text offensichtlich eine
hervorgehobene Rolle; auch dies paßt zu 1. Kor. 15,5. Versteht man etwa unsern
Text als eine narrative und meditative Predigt über diesen (von Paulus zitierten)
Credo-Passus, dann liegt die komplexe Thematik in den verschiedenen Dimensionen
des „Textes", den Deuterojohannes predigt. – Die Mehrdimensionalität könnte sich
aber auch aus der „Situation" ergeben, in die hinein Vf. spricht. Ein Problem könnte
lauten: Jerusalem oder Galiläa? Ein anderes: Petrus oder der Lieblingsjünger? Beides
in einem: Vielfalt und Einheit. Oder auch: Wie weit reicht Jesu Wirkung? Ein wenig
Farbe könnten unsere Vorstellungen von der kirchlichen Problematik im Umkreis
von Deuterojohannes bekommen, wenn wir E. Käsemanns Aufsatz „Ketzer und
Zeuge" lesen (EVuB I, 1964, S. 168ff.). Wir erkennen die aktuellen Anlässe zu solcher homiletischer Auswertung der Protophanie (wenn es denn um eine solche geht)
nicht sehr deutlich; immerhin kann man schon einiges von Aussage und Absicht erkennen.

Wenn dem so ist, dann ist auch deutlich, wie wir uns das Verhältnis von Luk. 5,1–11
und unserm Text zu denken haben. In eine – vielleicht sehr alte – Epiphaniegeschichte, die in einem galiläischen Siebenerkreis spielt, könnten die Motive von
Luk. 5 eingetragen sein. In welchem Sinne eingetragen? Zunächst so, daß die Geschichte aus Jesu Erdenzeit in die Zeit der Kirche hineinprojiziert wird. Die Zusage
von Luk. 5 gilt: „Von nun an wirst du" (nach Mark. 1,17: werdet *ihr*) „Menschen
fangen.." Warum ist es wichtig, eine solche Berufungsgeschichte homiletisch zu assoziieren? Weil die Erfahrung einer Christophanie *Sendung*, also Berufung und Legitimation bedeutet; eben dies aber wird in Luk. 5 anschaulich. – Es kommt hinzu, daß
neben diesem gedanklichen Bezug auch der meditative Umgang mit den synoptischen

Stoffen für johanneische Art wichtig ist. An Joh. 1–20 sieht man es immer wieder: was die Synoptiker berichten, wird meditativ eingeschmolzen und angeeignet. Der Schüler hat von Johannes gelernt. Ich denke, es ist für unsern Umgang mit dem Text eine Hilfe, dies zu sehen.

Unsere Predigt sollte, wie der Verfasser des Textes, viel erzählen. Dies könnte unter folgenden Gesichtspunkten geschehen: *Der Auferstandene wirkt in seiner Kirche. Er gibt ihr* (1) *die Gemeinschaft,* (2) *die Weite,* (3) *die Einheit.*

I.

Es sieht wirklich nicht so aus, als hätten die sieben bereits zwei Begegnungen mit dem Auferstandenen erlebt. „Ich mach mich davon und gehe fischen", das klingt so, als betrachte Petrus die mit dem Namen Jesu von Nazareth verbundene Episode seines Lebens als abgeschlossen, so daß er nun dort wieder anknüpft, wo der Faden bei seiner Berufung durch Jesus abgeschnitten war. „Ich gehe fischen." Von den anderen kommt es fast wie ein liturgisches Responsorium (Bassarak): „Da gehen auch wir mit dir mit." Folgte jetzt nicht das Wort ἐξῆλθον, so könnte man beinahe meinen, dies sei der Entschluß, von Jerusalem, wo Kap. 20 spielt, nach Galiläa zurückzukehren; doch der Verfasser läßt den Eindruck entstehen, als verließen sie nur das Haus, um ins Boot zu steigen. Das gewohnte Leben von ehedem soll weitergehen. Sie fischen in der Nacht.

Im Morgengrauen sehen sie vom Boot aus einen Mann am Ufer stehen. Wir wissen, daß es Jesus ist. Sie wissen das nicht. (Die Emmausjünger haben ihn auch nicht erkannt; Maria aus Magdala hat ihn für den Gärtner gehalten.) Es liegt nicht nur an der Frühe des Tages, in der man nur undeutliche Umrisse erkennen kann, daß sie nicht wissen, wer da steht. Der Auferstandene ist Geheimnis, denn er gehört nicht zu dieser Welt, so daß man nur hinzusehen, nötigenfalls ihn anzuleuchten brauchte, um seiner gewahr zu werden und ihn zu identifizieren. – Wir erkennen den Herrn nur in dem Maße, in dem er sich zu erkennen gibt; „seine Erfahrbarkeit (ist) keine andere als die Erfahrbarkeit Gottes" (T. Holtz in ThLZ 1979, Sp. 10). Merken wir, daß wir es mit ihm zu tun haben, dann ist das jedesmal ein Wunder. „Danach gab er sich wiederum zu erkennen" (V. 1, vgl. V. 14). Dem Lieblingsjünger widerfährt das Wunder zuerst. Dem Petrus flüstert er es zu: „Es ist der Herr."

Es wird gut sein, der Gemeinde deutlich zu machen, daß es dabei nicht um etwas Nebuloses und Unklares geht. Wir sollten den Hinweis auf die morgendliche Stunde (V. 4) eher in Richtung auf die Nüchternheit und – nach vergeblich durcharbeiteter Nacht – Illusionslosigkeit deuten. Mit dem Obskuren oder gar Okkulten hat Osterglaube nichts zu tun. Es geht nur darum, daß wir begreifen: göttliche Wirklichkeit ist uns nur zugänglich, indem sie sich selbst uns erschließt. Zu solcher Begegnung kommt es nur, indem der Herr den Anfang macht und sich zu erkennen gibt. Niemand von uns ist je auf andere Weise zur Christuserfahrung gekommen. Der Auferstandene selbst begründet die Gemeinschaft zwischen sich und uns. Er ist nicht wahrgenommenes Objekt, sondern wirkendes Subjekt.

Er selbst bleibt dabei – zunächst – undeutlich. Aber er verdeutlicht sich selbst in dem am Ende der Geschichte stattfindenden Mahl (VV. 12f.). Wieder werden wir an die Emmausgeschichte erinnert. Es bleibt, wie V. 12 zeigt, der Abstand des Numinosen: man wagt nicht, ihn zu fragen, wer er sei, aber man weiß, daß es der Herr ist. Es bleibt also das Geheimnis dieser Erscheinung bestehen; der einer anderen Wirklichkeit Zugehörige (20,17) ist unserm Zugriff entzogen, wir empfinden sein Anderssein und eine gewisse Unnahbarkeit. Dennoch: er *ist* es! Indem er – V. 13 – als Hausvater handelt,

erweist er sich als der Herr. – Er hat also sein Geheimnis hineingegeben in etwas Sichtbares und Erfahrbares: in das Mahl. Wenn wir vorhin von Erscheinungserzählung und Mahlerzählung sprachen, so war damit ein und derselbe Vorgang gemeint: nicht nur, weil die Erscheinung mit dem Mahl schließt, sondern weil sie – für uns zumal – in der Mahlfeier besteht und sich ereignet. Dabei wird man zunächst daran denken, daß das gemeinsame Mahl an die vorösterliche Mahlgemeinschaft Jesu mit den Seinen erinnert, ja, diese geradezu erneuert. Und dies wiederum in zweierlei Sinne. Zunächst: Die, die Jesus täglich an seinen Tisch rief, sind mit ihm zu enger Lebens- und Dienstgemeinschaft verbunden. Mit ihm den Bissen in die Schüssel tauchen, das ist Kennzeichen tiefster Verbundenheit. Miteinander am Tisch sitzen, das ist Ausdruck der Zusammengehörigkeit, der Gemeinschaft, Und wenn Jesus die Zöllner und Sünder an seinen Tisch ruft, dann bedeutet das, daß er ihre Gemeinschaft sucht bzw. ihnen die Gemeinschaft mit ihnen schenkt, ihnen also seine Liebe zuwendet, sie aus ihrer Abseitssituation und aus dem Zustand des Verachtetseins herausholt, sie aufwertet, annimmt und ehrt. Im Zusammenhang unseres Textes würde dies bedeuten, daß der Herr nicht mit denen gebrochen hat, die ihn verleugnet und verlassen haben, sondern daß er sie wieder annimmt – wie einst, als er sie berief. – Sodann ist darauf hinzuweisen, daß die vorösterlichen Speisungsgeschichten einen eschatologischen Zug aufweisen. „Selig ist, wer das Brot ißt im Reiche Gottes" – dies die Äußerung eines Tischgenossen Jesu, die den Herrn veranlaßt, sein Gleichnis vom großen Abendmahl zu erzählen (Luk. 14,15ff.). Vollends deutlich wird die eschatologische Hintergründigkeit in Joh. 6. Indem der Auferstandene den Seinen das Mahl bereitet, beginnt für sie die Teilnahme am Kommenden.
Die Frage drängt sich auf, ob VV. 12f. (auch) eucharistischen Sinn habe. Roloff (S. 239.261) und andere verneinen die Frage. Sie stellt sich m. E. dennoch. Es ist freilich wahr, daß zur Eucharistie der Wein fehlen und der Fisch nicht dahingehören würde. Das Fischmotiv, schreibt Roloff, hat im Neuen Testament noch keinerlei eucharistische Bedeutung (S. 239f.). Dennoch bleibt die Tatsache zu bedenken, daß von den „Fischlein" in Joh. 6,9.11 bis zu den eindeutig eucharistischen Aussagen 6,53ff. sich ein großer Bogen spannt; sollten die VV. 53ff. auf eine kirchliche Redaktion zurückgehen, dann wären wir – so jedenfalls Bultmann S. 543 – eben beim Autor unseres Kapitels. In ähnliche Richtung führt eine Erwägung von Schnackenburg: „Wenn das ganze angefügte Kap. 21 auf die spätere Gemeinde in ihrer Situation angelegt ist, ist ... eine Anspielung auf die Eucharistiefeier wahrscheinlich" – zumal bei Ignatius von Antiochien und Justin, also im Wirkungsbereich unseres Evangeliums, das eucharistische Interesse offensichtlich stark ist (S. 428). Man achte auch darauf, daß bei Lukas die Jünger „mit ihm gegessen und getrunken haben" (Apg. 10,41), ja, der Auferstandene vor ihnen ißt (Luk. 24,43). Hier, in Joh. 21, „nimmt Jesus das Brot und gibt es ihnen, desgleichen auch den Fisch" (V. 13). Das Mahl ist *Gabe!* Ja, eben dieser Zug scheint in der Perikope, wie sie sich jetzt darbietet, sogar noch unterstrichen zu sein. Nachdem der Herr nach „etwas (Fisch-)Zukost" gefragt hat (V. 5) und sie auf seinen Befehl eine große Menge Fische heimgebracht haben, finden sie, daß ihr Fang eigentlich ganz unnötig ist: schon brennt das Kohlenfeuer, der Fisch brät, und Brot ist auch da. Das will wohl sagen: Nicht, was *ihr* bringt, begründet die neue Gemeinschaft, sondern das, was *ich* für euch bereit habe. Der Tonfall der Spendeworte in V. 13 ist offensichtlich gewollt. Die *Gemeinschaft,* zu der es hier kommt, besteht in der „Selbstoffenbarung" des Herrn (V. 1), und zwar in seinem Mahle. Damit ist uns gezeigt, wie auch wir Heutigen Jesu Gegenwart und sein gemeinschaftstiftendes Wirken erfahren können.

2.

Der Auferstandene – wirksam in seiner Kirche – gibt ihr die *Weite*. Wir wenden uns der Fischzugerzählung zu, die schon in Luk. 5 auf „Menschenfischerei" zielte und erst recht hier im Zusammenhang der Sendung zu sehen ist, die den Jüngern, besonders dem Petrus, in der Begegnung mit dem Auferstandenen widerfährt. Daß die Erscheinungstexte in den Evangelien und bei Paulus auf *Beauftragung* und – zu diesem Zwecke – *Autorisierung* zielen, ist oft betont worden. Deuterojohannes verrät sicheren Instinkt, indem er eben dies so „predigt", daß er dabei die Petrusgeschichte aus Luk. 5 illustrativ und meditativ heranzieht.

Auftrag? Vor der Begegnung mit Christus kommt den Jüngern ein solcher Gedanke nicht. „Fischen gehen" scheint das einzige zu sein, was ihnen nach dem Karfreitag bleibt. Die Sache Jesu, der sie sich verschrieben haben, nein: in die sie sich haben rufen lassen (1,39.42f.; 15,16), scheint zusammengebrochen, und – ebenso schlimm – wenn sie *nicht* zusammengebrochen wäre, wären sie es nicht wert, darin weiter tätig zu sein. „Fischen gehen" ist die traurige Folgerung aus dem Desaster des Karfreitag. Wer kann ahnen, daß diese Parole in Kürze einen ganz neuen Sinn bekommen wird? „Werft das Netz zur Rechten – rechts ist die Glücksseite! – des Bootes, und ihr werdet finden!" Und dies nach dem vergeblichen Bemühen in der zu Ende gehenden Nacht (V. 3)! Es geht nicht ums Fischefangen, sondern um die Gewinnung von Menschen für Jesus, um die Mission. „Werfet das Netz!" ist Missionsbefehl (Matth. 28,16–20). Nach dem, was die Erscheinungs- und Mahlgeschichte ergab – „ich will wieder Gemeinschaft mit euch und gewähre sie euch und verwirkliche sie" –, erfahren wir aus der Fischzugsgeschichte: „Ich will mich euer wieder – und nun erst recht (14,12) – bedienen für das, was ich mit der Welt vorhabe." Wieso ist es Christus selbst, der die Sache betreibt und bewirkt, und die Jünger nur Werkzeuge? Es wird nicht erörtert, wohl aber demonstriert. Auf eigene Faust „fischen" – vergeblich (V. 3). Aber „auf dein Wort" (Luk. 5,5) – „da warfen sie (das Netz) und konnten's nicht mehr ziehen vor der Menge der Fische" (V. 6). Gelangt die Kirche mit ihrer Mission wirklich in die „Weite", dann ist es Jesu Gabe, weil *ihm* die Macht und darum auch die Autorität und Zuständigkeit gegeben ist im Himmel und auf Erden (Matth. 28,18).

Der Kontrast zwischen V. 3 und V. 6 will gut bedacht sein. Wollten wir, in der Rückschau, V. 3 doch schon bildhaft verstehen, das „Fischen" aufgrund eigenen Entschlusses also als ein Unternehmen auf eigene Faust: dann wäre der kleine Auftritt der sieben Männer, die nun – wohl oder übel – ohne Jesus weitermachen wollen, Gleichnis für die Kirche, die ihre (ihre!) Sache ohne ihren Herrn zu tun versucht. Mission ohne Christus? – ein Unding. Mission, bei der Christus nur „Gegenstand" des Verkündigens und Lehrens wäre, Vorbild und Muster, nach dem wir uns richten, aber nicht das eigentlich wirkende *Subjekt*? – unmöglich. Ist Christus nicht auferstanden, dann ist unsere Predigt vergeblich. Mission als Unternehmen frommer Menschen? Oder gar als ein Geltendmachen angemaßter Überlegenheit? Oder als ein großes Spiel theologischer Rechthaberei? Oder gar eine Betätigung menschlicher Machtgelüste? Man könnte sich mit dem allem nur schuldig machen. Und man würde auch „nichts fangen". Wann immer auch die Kirche sich auf anderes verlassen hat als auf den lebendigen Christus, war sie kraftlos und unglaubwürdig. In der Erfahrung solchen selbstverursachten Mißerfolgs könnte die Chance des Umlernens, nämlich der Entdeckung der Christusbedürftigkeit liegen.

Daß wir's nicht mehr ziehen können wegen der Menge der Fische, wird freilich durch die Alltagserfahrung sehr oft nicht bestätigt. Man sollte aus unserer Stelle auch nicht den Anspruch auf triumphale Missionserfolge herauslesen. Von der Fremdheit der Kirche in der Welt (15,18ff.) und der Kreuzesgestalt der Kirche (12,25; 17,14–16) weiß man auch im vierten Evangelium. Aber es ist ja wahr geworden, was hier steht. Aus den sieben Männern, die, resigniert und frustriert, zu Beginn der Perikope auftreten, ist ein unübersehbar großes Gottesvolk geworden. So wollte es Jesus. „Wenn ich erhöht werde von der Erde, will ich alle zu mir ziehen" (12,32 – es ist dasselbe Wort gebraucht, das hier für das Hieven und An-Land-Ziehen der Netze steht: ἑλκύειν). Oder das Bild vom Hirten: er muß die noch nicht im Pferch befindlichen Schafe heranführen (10,16). Die Wirksamkeit des Auferstandenen will *Weite*.

Wer das vierte Evangelium liest, muß hintergründig denken; oft wird uns dadurch das Verständnis erschwert. Wüßten wir mit Sicherheit, was die 153 großen Fische bedeuten! Noch immer scheint die Deutung nach Hieronymus die brauchbarste (s. o.). Alle Arten Fische, d. h.: Menschen aus allen Völkern. Man erinnert sich an Offb. 7,9. Die Ökumene ist farbenprächtig. Jesus Christus kennt keine rassistischen Vorurteile; „was die Mode streng geteilt" (Schiller), imponiert ihm nicht. Aus allen Himmelsrichtungen sieht er sie heranziehen, die mit den Patriarchen im Himmelreich sitzen (Matth. 8,11). Die Missions- und Kirchengeschichte bietet Anschauungsmaterial. Wir machen nicht die Ökumene – der Auferstandene schafft sie. Er gibt seiner Kirche die Weite.

3.

Und die *Einheit*. Wenn es sich mit der Lage, in die hinein Deuterojohannes schreibt, einigermaßen so verhält, wie wir uns das eingangs klargemacht haben, dann dürfte sich in den Einzelzügen, die das Verhältnis von Petrus und dem Lieblingsjünger betreffen, ein Stück ältester Kirchengeschichte widerspiegeln. In Kap. 21 „kommen ganz spezielle Interessen an Personen und Beziehungen der Gemeindegeschichte zu Wort", z. B. „die aktuelle Frage nach dem Rang kirchlicher Autoritäten" (Bltm., S. 543). Die Kirche war, wie man auch hier sieht, von Fragen solcher Art von Anfang an belastet (Luk. 22,24–27 – unmittelbar nach dem Abendmahl – u. ä.). Der 2. und 3. Johannesbrief sprechen von (gegenseitiger) Exkommunikation. Es ist auch in der Urkirche nicht immer so friedlich zugegangen, wie wir uns das wünschten. Um so mehr achtet man darauf, was sich aus unserm Text – für damals und für uns – ergibt.

Der Lieblingsjünger erkennt den Herrn zuerst (V. 7), wie er übrigens bei dem Wettlauf mit Petrus als erster am Grabe angelangt war und es leer gefunden hatte (20,4ff.). Aber Petrus ist resoluter: schon in Kap. 20 wagt er sich in das Grab hinein, er ist der Draufgänger. So schildert ihn die gesamte Überlieferung. Wo andere still in Reserve bleiben, da wagt er sich vor – als er sein Christusbekenntnis ablegt (6,68); als es gilt, sich vom Herrn den Sklavendienst gefallen zu lassen, und er dann, als er das Warum begriffen hat, noch mehr verlangt, als was Jesus zu tun vorhat (13,8f.); als er in der Verhaftungsnacht seinem Herrn Gefolgstreue bis zum letzten verspricht (13,36f.), auch zum Schwert greift (18,10) und dann doch zum Verleugner wird (18,15ff. – meist synoptische Parallelen). Er ist auch schon einmal, seinem Herrn entgegen, übers Wasser gegangen (Matth. 14,28) – diesmal scheint es leichter, denn es sind vom Boot kaum mehr hundert Meter bis ans Ufer, und wer eigens sein Obergewand anzieht, wenn auch hochgegürtet, wird das Ufer, halb schwimmend, halb watend erreichen. Ist ihm einmal klar, daß der Herr am Ufer steht, dann gibt es für ihn kein Halten mehr. Im Unterschied zu dem stillen Lieblingsjünger, der ihm im Wahrnehmen und

Wiedererkennen voraus ist, aber nicht sofort Entschlüsse faßt, kämpft sich Petrus unverzüglich durch das Wasser durch. Noch in der Weise des Sterbens werden sich die beiden Jünger charakteristisch unterscheiden: Petrus wird zum Märtyrer werden; der andere wird, wie es scheint, viel später einen undramatischen Tod sterben (VV. 18ff.). – Wenn Deuterojohannes Schiedsrichter ist, wie entscheidet er? Nicht zugunsten des einen – gegen den andern. Er beschreibt die beiden Jünger in ihrer Verschiedenheit und läßt sie beide gelten. Es kommt jetzt gar nicht darauf an, daß wir an den beiden Jüngern die Frömmigkeitsformen studieren und Typen voneinander unterscheiden, etwa den Mann der Kontemplation kontrastieren lassen zu dem der wagenden Aktivität. Genug: der Verfasser läßt sie beide uneingeschränkt Jesu Jünger sein. Sehen wir ihn beim Schreiben von V. 7b ein wenig lächeln? Er hätte das Nachtragskapitel nicht geschrieben, wenn er nicht das Werk des Lieblingsjüngers (sofern man in 19,35 ihn wiederfindet) zu betreuen und seine Verbreitung zu befördern vorhätte. Dennoch: er läßt Petrus gelten und wird dessen Begegnung mit dem Auferstandnen in VV. 15ff. noch des weiteren erzählen. Wer so die *Verschiedenheit* in der Kirche bejaht, setzt sich eben damit für ihre *Einheit* ein. Man könnte sagen, die „johanneische Kirche" hat ihr Recht neben der „petrinischen", ja, sie sind beide durch denselben Herrn angenommen und zusammengehalten.

Man zählt gewöhnlich drei klassische „Papststellen" im Neuen Testament: Matth. 16,18; Luk. 22,32 und Joh. 21,15–17. Für noch viel „päpstlicher" würde ich in unserm Text V. 11 halten. Auch hier erschwert das hintergründige johanneische Denken das Verstehen. Das Netz, das alle Arten von Fischen enthält, ist doch wohl die Kirche Jesu Christi mit den Menschen aus allen Völkern. Dieses Netz zerreißt nicht. Deuterojohannes bekennt sich (trotz dessen, was wir am 2. und 3. Johannesbrief wahrnahmen!) zur *Einheit der Kirche*. Jesus *gibt* sie; wir werden, wie in den vorangehenden Überlegungen, in der Wirksamkeit des Auferstandenen das Eine und Ganze sehen, das die Kirche trägt. Wenn dies deutlich ist – nur dann –, wird man doch noch *eine* Beobachtung notieren müssen. Die Jünger haben das Netz nicht ziehen können wegen der Menge der Fische (V. 6), aber zuletzt zieht Petrus – er allein – das volle, nichtzerreißende Netz an Land. Das Petrusamt? Offenbar erkennt Deuterojohannes es an. Wie dies Amt gefüllt ist, welche Vollmachten es hat, auf welche Weise es wirkt: dies wäre zu erörtern. Je deutlicher es erkennen läßt, daß der Auferstandene in seiner Kirche alles wirkt, desto diskutabler wird es. Denn gerade darin kann ein Mensch – diesmal Petrus – nur Werkzeug sein.

Miserikordias Domini. Hes. 34,1–2(3–9)10–16.31

Der Text entstammt dem dritten Hauptteil des Prophetenbuches, zu dem Kap. 33 überleitet und das mit unserm Kapitel beginnt. Nach der Wetterscheide von 587 (Fall Jerusalems, 33,21f.) dominiert in Hesekiels Predigt das Tröstliche. Kap. 34 „ist ein klar redigiertes und durch seinen Abschlußvers abgerundetes Kapitel", wobei „nicht mit letzter Gewißheit zu entscheiden" ist, „wo des Propheten eigenes Wort zu finden ist und wo die erweiternde Nacharbeit der Schule anhebt" (Zimmerli, Ezechiel II, 1969, S. 847, vgl. von demselben: Ezechiel, Gestalt und Botschaft, 1972, bes. S. 121ff.). Das Kap. ist zwar aus verschiedenen Stücken zusammengesetzt, hat aber ein einheitliches Thema: Hirt und Herde. Die VV. 2–10 sind ein Schelt- und Drohwort (Weheruf, Strafandrohung), gekennzeichnet durch das הוֹי (V. 2) und das לָכֵן (V. 7): die Hirten, d. h. die Regierenden in Israel, haben ihr Amt vernachlässigt und mißbraucht und verfallen dem Gericht Jah-

wes. Die VV.11–15 kündigen an, daß Jahwe selbst das Hirtenamt über Israel ergreifen
und wahrnehmen wird; auf dem Hintergrund der Exilsituation als Heilsweissagung zu
verstehen. V.16 steht – nach dem förmlichen Abschluß der Rede in V.15 und vor dem Neueinsatz in V.17 „eigenartig im Niemandsland" (Zimmerli, S. 833), aber es ist nicht ausgeschlossen, daß schon Ezechiel selbst das Vorangehende und das Folgende durch diesen
Vers verklammert hat (er weist nach rückwarts und nach vorn). Die VV.17–22 sprechen
davon, daß die gleiche Selbstsucht, die bei den schlechten Hirten zu finden ist, auch innerhalb der Herde selbst angetroffen wird; der rechte Hirt muß für Recht sorgen. Ein letzter
Abschnitt, VV.23–30, spricht nicht mehr von Gottes Hirtenamt, sondern von dem eines
künftigen David, der als נָשִׂיא (Fürst) in Israel walten wird. Dies ist messianische Weissagung in dem uns geläufigen Sinne (Schilderung der Heilszeit). V.31 bindet beide Aussagen zusammen: Jahwe ist der *Hirt* (VV.11–16), Jahwe ist der *Gott* Israels (V.24). Der
Predigtabschnitt wendet sich der ersten der beiden Hauptaussagen des Kapitels zu:
Jahwe will der Hirt der vernachlässigten, schmählich ausgenutzten zerstreuten Herde
sein. Als Hintergrund für die zentrale Aussage der VV.11–16 sind die in () stehenden
Verse mit zu berücksichtigen (wenn auch wohl nicht vorzulesen).
Zu einzelnem: In V. 2 lies mit LXX und der arab. Übersetzung statt אֲשֶׁר הָיוּ : הָרֹעִים; so
ergibt sich die eindrucksvolle Doppelfrage: „Sollen Hirten sich selbst weiden? Sollen
Hirten nicht (vielmehr) das Vieh weiden?" – V. 3: חֵלֶב kann verschieden punktiert werden: MT liest חֵלֶב = Fett, LXX und Vg חָלָב = Milch; letzteres dürfte richtiger sein,
da von Schlachtung erst später die Rede ist, jedoch könnte das Verbum „essen" auf
Dickmilch oder Käse deuten (Zimmerli, S. 827). – V. 4: נַחְלוֹת ist part. fem. ni. von חלה,
also das Schwache, Kranke, חוֹלָה in gleicher Bedeutung. – V. 12 ist der Text offensichtlich gestört. Verschiedene Abhilfsversuche führt Zimmerli S. 829 vor. Nach LXX würde
es sich um den „Tag des Gewölks und des Dunkels" handeln, also wahrscheinlich um den
Tag Jahwes, der sie endgültig zerstreut werden läßt. Wir tun gut, es bei dem (revidierten)
Luthertext zu lassen.
Zum ganzen Text vgl. bes. Jer. 23,1–8, möglicherweise das Vorbild für unseren Text (vgl.
d. Ausl. zum 1. Advent).

Das Bild vom Hirten war in der alten Welt sehr verbreitet. Auf sumerischen Königs-
inschriften erscheint der König als der von der Gottheit eingesetzte Hirt. Assyrische
und babylonische Könige wurden als Hirten tituliert, und das Verbum „weiden" –
Zimmerli bildet, dem Hebräischen analog, ein Verbum „hirten" (S. 839) – bezeichnet die Tätigkeit des Regierens. Die Pharaonen lassen sich gern „Hirt für alle Leute"
nennen oder „Hirt, der für seine Untertanen wacht". Für Kanaan ist der übertragene
Gebrauch des Hirtentitels nicht belegt (vgl. zum Ganzen ThWNT VI, S. 485). Jahwe
wurde gern von seinem Volk als Hirt bezeichnet, jedoch nicht in der kultischen Formelsprache, sondern in der Bilderwelt der lebendigen Frömmigkeit (vgl. etwa Ps. 23;
28,9; 74,1; 77,21). Für Kleinviehhirten und ihre Nachkommen bot das Bild sich an.
Der Hirtentitel wurde – im Unterschied zur altorientalischen Umwelt – nie auf einen
regierenden König Israels angewandt (obwohl seine Regierungstätigkeit mit Verben
des Weidens umschrieben werden konnte). Der *Messias* wird Hirt sein (V. 23; auf
Kyros bezogen: Jes. 44,28). Hirten in der Mehrzahl kommen häufiger vor (Jer. 3,15;
23,1; 25,34; Sach. 11,17 u. ö.); gemeint sind Inhaber von staatlichen Ämtern. Erst
in der Damaskusschrift (13,9f.; 19,7f. – bei Bardtke, Handschriftenfunde II, 1958,
S. 270.273) heißt der Gemeindeleiter „Hirt"; von daher führt eine Linie zum Hirtenamt in der neutestamentlichen Gemeinde (Eph. 4,11; Apg. 20,28; 1. Petr. 5,2ff.;
Joh. 21,15–17).
Achtet man auf diesen Hintergrund, dann ist damit die Rede vom Hirten sofort ent-
sentimentalisiert, eine Erleichterung für unser Verstehen und Verkündigen. Jedoch

stößt das Bild von Hirt und Herde von anderer Seite her auf unsern Widerstand. Der Autoritätsbegriff befindet sich in einer tiefgreifenden Krise. „Führertum" ist uns in so abscheulicher Gestalt begegnet, daß Mißtrauen gegen jegliche Autorität von daher verständlich ist. Als Ereignis – so also, daß ein besonders überzeugender Mensch andere ohne jeden Druck für sich gewinnt und mitreißt – scheint Autorität vertretbar, als gesetzte Vollmacht nicht. Wir denken vom Zusammenspiel der vielfältigen Kräfte im Ganzen her. Wo vom Hirten die Rede ist, wittert unser dem Leitbild der Demokratie verpflichtetes Denken Gefahr. Wir werden uns dies vor Augen halten und weiter ausdenken müssen. – Jedoch darf nun nicht übersehen werden, daß Hes. 34 gegen Autoritäts- und Machtmißbrauch aufs entschlossenste Front macht. Hier geht es gegen die, die sich selbst „weiden": gegen die Nutznießer und Ausbeuter, gegen solche, die ihr Regier- und Leitungsamt nicht als Dienst der Fürsorge verstehen, gegen Tyrannen und selbstsüchtige Bosse, gegen solche also, die ihre Aufgabe im Ganzen als Vorzugsstellung verstehen und ausnützen. Gesellschaftskritik – von Gott her! Eine in sich gegründete, sich auf sich selbst berufende und sich selbst dienende Autorität wird hier gerade aufs gründlichste abgebaut. Gott selbst wird Israels Hirte sein. Und nun gleich auf uns angewandt: *Gott selbst will unser Hirte sein* – (1) *uneigennützig*, (2) *fürsorglich*, (3) *barmherzig*.

I.

Die Grundaussagen dieses (von späteren Händen angereicherten) Kapitels mögen nicht lange nach dem Fall Jerusalems gesprochen sein. Der Zusammenbruch läßt nach den inneren Ursachen fragen. Es hat nicht viel Sinn, nach den Namen derer zu forschen, die gemeint sein könnten. Der Prophet denkt sicher nicht nur an die letzten Jahre vor Jerusalems Fall und wohl auch nicht nur an eine eng umschriebene Gruppe. Die Misere der Verbannten wie der im Lande Gebliebenen wird hier auf das Versagen und Verschulden derer zurückgeführt, deren Aufgabe es gewesen wäre, das Volk so zu leiten, wie es dem Wort vom „Hirten" entsprochen hätte. Ein Volk ist schnell ins Unglück gestürzt. Wir werden es auch an unserm Text noch sehen, daß die Bibel weit davon entfernt ist, den einen alle Verantwortung und Schuld aufzubürden und die anderen freizusprechen. Jeder sündigt auf seine Weise. Aber das ist es ja gerade: der Mächtige sündigt in, mit und an seiner Macht, und so wird seine Bosheit, multipliziert mit Macht, zum Verhängnis für viele. Jedenfalls war es so, als sich damals Israels Geschick erfüllt hatte. Der kleine Mann hatte die Folgen zu tragen. Ja, er war der eigentlich Betrogene.

Nicht, daß es überhaupt Hirten gab, war der Fehler. „Da Jesus das Volk sah, faßte ihn der Jammer, denn sie waren abgehetzt und erschöpft wie Schafe, die keinen Hirten haben" (Matth. 9,36). Es geht in der Welt nicht ab, ohne daß Menschen leitende Funktionen ausüben: nicht nur die Mitglieder eines Regierungskabinetts, sondern auch der Leiter eines Betriebs und der Hauptverantwortliche in einer Abteilung, der Lehrer in der Schulklasse, der Chefarzt eines Krankenhauses. Wer leitet, wird, wenn er weise ist, die Geleiteten aktivieren, sich ihres Rats bedienen, von ihren Kenntnissen lernen, sich ihres Mitgehens und ihres Verständnisses vergewissern. Es wird je nach dem Ort, an dem einer steht, verschieden sein, in welcher Weise er leitet: der Polier auf dem Bauplatz, der Fahrdienstleiter auf dem Bahnsteig, der Präsident eines Parlaments, der Dirigent eines Orchesters. Leitung muß sein. Autorität muß sein. Wenn wir uns geordneter Leitung entzögen, würden wir wahrscheinlich ab sofort der Tyrannei einer nicht formellen „Leitung" verfallen. Staatsbürgerliche Disziplin braucht, umgekehrt, durchaus keine servile Untertanengesinnung zu sein.

Aber nun die andere Seite: Leitung ist – auch wo einer wirklich etwas „zu sagen hat" – legitimerweise immer nur *Dienst*. Wo das anders ist, wie hier in Juda, meldet sich Gott mit seinem harten Gerichtswort. Israels Propheten – in Süd und Nord – haben es wieder und wieder gesagt. „Weh denen, die ein Haus zum andern bringen und einen Acker an den andern rücken, bis kein Raum mehr da ist und sie allein das Land besitzen" (Jes. 5,8). Solche und ähnliche Worte müßten den Mächtigen Israels in den Ohren gellen, seit langem. Sie sind der Versuchung erlegen. Sie haben die Herde als Quelle ihrer Bereicherung angesehen. Sie haben sich selbst gemästet.

Es wäre zu kurz gegriffen, wenn man jetzt einfach auf ein anderes Regime hätte aus sein wollen, um die drohende – und seit 587 eingetretene – Katastrophe abzuwenden. Das biblische Menschenbild zeigt die Wurzeln des Elends auf. Es sind nicht nur „die da oben", an denen Kritik zu üben ist. Dieselbe Gesinnung, die man bei den Hirten feststellen muß, findet sich leider auch unter den Schafen. Man muß nur einen Blick auf die VV. 17–22 werfen: Die eigensüchtige und eigennützige Gesinnung auch in der Herde! Hauptsache, *ich* habe die beste Weide; das übrige kann ich zertrampeln. Hauptsache *ich* habe klares Wasser; was weiterfließt, kann ich ruhig trübe machen! Die Schafe brauchten einen Hirten, der zwischen ihnen für Recht sorgt und Ordnung schafft! Nun ganz ohne Bild geredet: Das Böse im Menschen ist an der Basis ebenso wirksam wie an der Spitze, nur: „oben" bedient es sich der Hebel der Macht. Darum kann es nichts nützen, daß Jojachin den Jojakim, Zedekia wiederum den (weggeführten) Jojachin ersetzt und, wenn die Zeit zur Verwirklichung des vom Propheten vorausgesehenen Heiles reif ist, wieder nur ein sündiger Mensch das Hirtenamt versehen wird. *Gott selbst* muß eingreifen. „Siehe, ich will mich meiner Herde selbst annehmen." „Ich will sie weiden." „Ich will richten", und das heißt „Recht schaffen". Dasselbe in anderer Sprache: Gott will seine „Königsherrschaft" aufrichten. .

Wir stehen vor schwierigen theologischen Fragen. Wenn es wahr ist, daß alle Menschen Sünder sind und ihnen der Eigennutz im Blute liegt, dann kann die Abhilfe tatsächlich nur in einer eschatologischen Totalverwandlung der Welt liegen, und zwar „an Haupt und Gliedern". Soll man diese große Wende in einer theokratischen Ordnung sehen: ein weltliches Regime, aber eben ganz bestimmt von Gottes Recht und eben darin sein göttliches Regieren? Der Hinweis auf den kommenden David (V. 24) läßt in diese Richtung denken. Der Gedanke der Theokratie hat etwas unerhört Bestechendes; er ist ja in ungezählten Variationen im Laufe der Kirchengeschichte immer wieder gedacht worden. Während diese Sätze geschrieben werden, stellt er sich im Iran auf islamische Weise dar: durch das neue Regime, heißt es, regiere Gott dies Land. – Auch nach Röm. 13 ist die regierende Gewalt Gottes Dienerin. Aber – himmelweiter Unterschied! – in ihrem Wirken realisiert sich nicht das Reich Gottes. Dem Pilatus steht Jesus gegenüber, also dem Vertreter der in Röm. 13 gemeinten Macht. Aber er spricht von einem Reich, das nicht von dieser Welt ist. Mag Hesekiel noch in theokratischem Denken befangen sein: wenn *Jesus Christus*, der gute Hirte, auftritt, bricht das Ganz-Neue an. Er regiert anders, als je einer der in unserm Text gemeinten „Hirten" regiert hat. Ihn jammert des Volks. Die Evangelien zeigen es uns. Da sind die ὄχλοι: „das Menschenvolk als Masse, als Menge, als Haufe, ,die Leute', das namenlose ,Man'" (K. Barth, KD IV/2, S. 205). Jeder hat sein Schicksal – es geht unter, denn keiner fragt danach. Wo der Geist der Macht und des Profits herrscht, das Wolfsgesetz der Konkurrenz, das herzlose Denken in Zahlen und Bilanzen, wird ein jeder nur nach seiner Brauchbarkeit, Verwertbarkeit, also nach dem eingeschätzt, was mit ihm zu verdienen ist. Daß dieser Mensch, der ausgenutzte, ein Herz hat und sowohl ein äußeres als auch ein inneres Schicksal, z. B. daß er an unvergebener Schuld krank wird, das sieht nur Jesus, der uneigennützige Hirt – um im Gleichnis zu bleiben –, dem es also nicht auf Milch, Fett und Wolle ankommt, sondern der sein Leben läßt für die Schafe. Jesu Regiment besteht im Dienen, seine Überlegenheit in der grenzenlosen Selbsthingabe, seine Macht über uns in nichts als Liebe. Zweifellos: er regiert! Es geht nach seinem Willen. Wenn wir ihn ,,Herr'' und ,,Christus'' nennen, so sind das Herrschertitel. Aber hier regiert wirklich einer, der nachweislich nicht das Seine gesucht hat und sucht. Gerade so ist er der *gute* Hirte.

2.

Hirtendienst ist *Fürsorge*. Das Schwache stärken, das Kranke heilen, das Verwundete verbinden: das eben haben die falschen Hirten nicht getan. Nicht nur, daß sie sich hätten bereichern und nicht auf Kosten der anderen hätten leben sollen; sie hätten – positiv – dafür sorgen sollen, daß denen, über die sie gesetzt sind, geholfen wird, wo immer nötig und möglich. Eben dies haben sie unterlassen. Nun hat es sich in der Geschichte des Gottesvolkes furchtbar gerächt: das Exil ist Gottes Antwort. ,,Siehe, ich will an die Hirten'' – das עַל bedeutet ja ,,über'' und ,,gegen'': Gott überfällt sie und stürzt sich auf sie – ,,und will meine Herde aus ihrer Hand fordern'' (V. 10). Und in der Herde selbst, wo das Starke das Schwache rücksichtslos aus seinem Lebensbereich wegdrängt, ,,mit Seite und Schultern und Hörnern, d. h. mit Ellbogen und Faust sich durchdrängelt und durchboxt und das Schwache als lebensunwert auf dem Felde des Lebenskampfes liegen läßt'' (Zimmerli, S. 849), da greift der Hirte ein und ,,richtet zwischen Schaf und Schaf'' (V. 17). Es ist wirklich – zunächst wenigstens – von *Gericht* zu reden: Gottes harter Zugriff hat in den Ereignissen der Jahre 597 und 587 nicht nur die Oberschicht betroffen, obwohl vornehmlich sie es ist, die ins Exil hat gehen müssen. Das ganze Volk ist nunmehr die schwache, kranke, verwundete Herde. – Aber wir verstehen das ,,Richten'' nun doch auch im Sinne der *Fürsorge*. Gott macht sich dafür stark, daß dem einen vom anderen nicht mehr Unrecht geschieht, ja, daß dort Hilfe geschieht, wo sie nötig ist.

Wir finden uns an Matth. 25,31–46 erinnert; auch da werden die einen Herdentiere von den anderen geschieden, und zugleich werden wir dort an Jesu ,,geringste Brüder'' gewiesen, so daß also eben das erwartet wird, was wir unter dem Stichwort Fürsorge zusammengefaßt haben. Jesus übt seinen Hirtendienst *durch uns* aus. ,,Gott regiert das Volk Gottes nicht unmittelbar, sondern mittelbar durch die von ihm zur Leitung Bestimmten'' (V. Herntrich, GPM 1949), d. h. aber zum Hirtendienst Berufenen. Es gibt diesen Dienst in vielerlei Varianten; alles, was in der Kirche geschieht, sollte Dienst sein. Wir sollten Jesus nicht nur Kopf und Herz, sondern auch Hände und Füße zur Verfügung stellen – zum Dienst am Schwachen, Kranken, Verirrten, Verlorenen. Fragt man also, wie der in Christus uns zugewandte Gott das *macht*, daß er sich der Herde fürsorglich annimmt, so ist in der Regel auf das zu verweisen, was Menschen in seinem Auftrag tun. ,,Ich will sie weiden, wie es recht ist'' (V. 16), das bedeutet: indem er sein ,,gerechtes'' Regiment ausübt, wird allen, was sie brauchen.

Wo sind die Menschen, die der Text mit solchen der Zuwendung und Fürsorge bedürftigen Schafen aus der Herde vergleicht: schwache, kranke, verlorengegangene, verirrte, zerstreute, den wilden Tieren zum Fraß preisgegebene , – ,,zerstreut, und niemand ist da, der nach ihnen fragt oder auf sie achtet'' (V. 6)? Unsere Diakonie hat ein weites, unübersehbar großes Arbeitsfeld. Jeder weiß es – und meist bemerken wir die nicht, um die wir uns zu kümmern hätten. Kranke, Sieche, Geschädigte aller Art, Einsame, Unglückliche, vom Leben Enttäuschte, mit allen Menschen Zerfallene, Schwierige, Kontaktarme, uns feindselig Gesinnte (was steckt dahinter?), Alkohol- oder (wo es das gibt) Drogensüchtige, sozial Gescheiterte ... Jesu wichtigste „Kundschaft". Sie alle brauchen Liebe: nicht auf Flaschen gezogene, sondern einfach gelebte Liebe. Schreibt und liest man eine solche Aufzählung, wird das Gewissen unruhig. Ein Mensch verbüßt hinter Gittern seine Strafe (wir zucken nur mit den Schultern) – aber warum eigentlich? Man hört oder liest von Terroristen („in solchen Fällen müßte man doch ...") – aber was ist da eigentlich kaputt? „Und niemand ist da, der nach ihnen fragt oder auf sie achtet", sagt der Text. Es wird verschiedene Gründe haben, aus denen wir nicht auf solche Menschen achten; z. B. sind wir mit unserm Alltagspensum so beschäftigt, daß wir uns nicht aufhalten lassen können, oder auch: Menschen solcher Art stören uns, passen nicht ins Bild; es belastet unsere am Wohlklang orientierte Lebensanschauung, wenn wir uns mit ihnen abgeben. „Lieber nicht hinsehen, dann schläft man selbst besser." Genau dies meinte der Text; wir wären wieder beim eigenen Vorteil.

Drehen wir uns im Kreise? Wir sagten (im Sinne des Textes): So ist der Mensch – eben darum wollte Gott sich selbst seiner Herde annehmen. Nun kommt es doch darauf hinaus, daß *wir* das Nötige tun sollen, um dem Schwachen und Verirrten zu helfen. Können wir es denn? Erste Antwort: Wir können mehr als wir tun. Vieles würde einfach einen Entschluß kosten. Daß Gott für die Partei ergreift, denen es am miesesten geht, hätte uns schon auf der Ebene der iustitia civilis motivieren müssen. Wir haben begriffen, daß das Elend der zu kurz Gekommenen (nicht durchweg, aber weitgehend) ein Schaden der *Gesellschaft* ist. Diese Einsicht kann uns nicht entlasten (etwa: „wer kann schon die gesamte Szene verändern?"); wir müßten unsere Verantwortung für das Ganze erkennen. Und es müßte uns schon zu schaffen machen, daß – im großen Maßstab gedacht – die nichtchristliche Welt uns erst hat klarmachen müssen, was zu tun war und ist, um eine Ordnung zu schaffen, die allen ihre Ehre, ihr Recht und ihren Anteil an den Gütern der Erde („Weide") gibt. Wir haben keine Veranlassung, uns mit der Rede von der christlichen Liebe und Verantwortung der Welt aufdringlich zu machen. Das Schelt- und Drohwort trifft uns auch. – Also nicht: Gott will sich seiner Herde selbst annehmen? Die zweite Antwort: Auch wenn wir alles getan haben, was wir zu tun schuldig sind, sind wir „unnütze Knechte" (Luk. 17,10). Die iustitia civilis in Ehren, aber über unsern Schatten kommen wir nicht hinweg. Wenn wir uns dies nicht eingestehen wollten, uns also selbst für die „guten Hirten" hielten, bei denen die „Schwachen" und „Verlorenen" bestens aufgehoben sind, so würden wir wahrscheinlich eben mit dieser Selbsteinschätzung für den hier gemeinten Dienst untauglich. Jesus würde sagen: „blinde Blindenleiter" (Matth. 15,14). Nicht: *ich* kann *dir* helfen. Sondern: *uns beiden* muß – und soll – geholfen werden. Dies allein ist der Kontext, innerhalb dessen wir dann auch dem andern zu Hilfe kommen können: wir sind nur Vehikel und Instrumente *Seines* Helfens. Also tun wir, was wir dem „geringsten Bruder" tun, letztlich *Ihm*; aber was dem Bruder widerfährt, kommt eigentlich immer *von Christus selbst*. Dieses Ineinander sollten wir begreifen. Dann geschieht alles „in Christus". Gott nimmt sich wirklich seiner Herde selbst an.

Damit Jesus Christus fürsorglich für uns wirken kann, sollten wir uns ihm aber auch wirklich anvertrauen. Der Hirt weiß, was das Tier braucht, nicht das Tier selbst. Der Hirt weiß, wo nahrhaftes Gras ist, wo es zum Wasser geht, wo Gefahren lauern. Ohne Bild: Es zeigt sich immer wieder, daß wir gerade an der Stelle, an der es mit uns am bedenklichsten steht, am törichtsten und kurzsichtigsten sind. Wir müssen uns gut überlegen, an welchen Stellen es sinnvoll ist, uns auf unsere „Mündigkeit" zu berufen; es gibt andere Stellen, an denen wir notorisch unmündig sind. Keine Sorge: Christus hält uns nicht zu kurz, er hat kein größeres Interesse als dies, daß wir wirklich frei werden. Aber diese Freiheit *haben* wir nicht, wir *empfangen* sie. Unsere Ausgangsposition ist mit Matth. 9,36 realistisch beschrieben. Aber der Hirt ist da. Unsere Predigt soll dies verkündigen. Sie wird dazu aufrufen müssen, daß wir uns den Dienst des Hirten auch wirklich gefallen lassen. Wer Christus an die schwachen und dunklen Stellen in seinem Leben nicht heranlassen will, kann auch nicht erfahren, daß hier wirklich Fürsorge waltet. Dauert es uns damit zu lange? Wir brauchen schon manchmal Geduld. Hirt ist Jesus, nicht wir selbst. Wir werden das zur Zeit Unbegriffene, Unverarbeitete, scheinbar Unerträgliche als notwendigen Durchgang und damit als ein Stück seiner Fürsorge begreifen. „Wir rühmen uns auch der Trübsale" (Röm. 5,3) – „ob ich schon wanderte im finstern Tal" (Ps. 23,4).

3.

Barmherzig ist der Hirt, der sich der Herde annimmt. Wir preisen an diesem Tage die misericordia Domini. Das Wort Barmherzigkeit, Erbarmen kommt im Text nicht vor, wohl aber die Sache. Was Gott als der gute Hirte tut, hat keinen Anlaß im Verhalten derer, deren er sich annimmt. Man muß die Gerichtsworte Hesekiels im Hintergrund sehen. Israel hat sich unrein gemacht, hat Ordnungen verletzt und mißachtet, den Bund gebrochen, sich der Buhlerei ergeben. Wie die Menschen miteinander umgehen, zeigt unser Text. Gott reagiert darauf mit seinem Gericht. Der Prophet hat gesehen, wie Gottes Lichtherrlichkeit den Tempel verließ, darüber erst eine Weile stehen blieb und dann nach Osten hin verschwand: Israel hatte seitdem Gott nicht mehr in seiner Mitte (10,18ff.; 11,22ff.). Ist das das „Ende", das Amos (8,2 – damals für den Nordstaat) vorausgesagt hatte und das nun (unter den anderen Bedingungen der Situation von 587) auch für Juda eingetroffen ist?
Diesen Hintergrund müssen wir sehen, wenn wir begreifen wollen, was es bedeutet, daß Gott nun doch ganz anders spricht. Die naiv-bürgerliche Gottesvorstellung, nach der Gott den Menschen die hier beschriebene Fürsorge *schuldig* ist und man ihn eigentlich zur Ordnung zu rufen hat, wenn er es nach unserer Meinung in dieser Hinsicht fehlen läßt, ist zwar überaus verbreitet, aber eben auch überaus töricht. Gott ist uns nichts schuldig, uns eigensüchtigen Sündern schon gar nicht. – Aber nun tatsächlich nach der verdienten Katastrophe der Satz: „Siehe, ich will mich meiner Herde selbst annehmen und sie suchen" (V. 11). Exilierung bedeutet Zerstreuung. Irgendwo in der Welt „irren" die aus ihrem Lande Deportierten. Aber „wie ein Hirte seine Schafe sucht, wenn sie von seiner Herde verirrt sind, so will ich meine Schafe suchen und will sie erretten von allen Orten, wohin sie verstreut waren zur Zeit, als es trüb und finster war" (V. 12).
Jesus knüpft, um seine Sendung zu beschreiben, sehr direkt an diesen Text an. Von Matth. 9,36 war schon die Rede. Jesus weiß sich speziell zu den verlorenen Schafen aus dem Hause Israel gesandt (Matth. 15,24) und begrenzt auch die Sendung der Jünger zunächst auf diesen Bereich (Matth. 10,6). Er versteht sich als den Hirten, der (nach Sach. 13,7) geschlagen wird, so daß die Schafe sich – nun erst recht – zerstreuen (Matth. 26,31). Der Hirt läßt aber das Leben für die Schafe (Joh. 10,11). Gerade so sucht er das Verlorene. Sein ganzer Dienst an den Menschen kann so beschrieben werden: das Verlorene suchen (Matth. 18,12–14; Luk. 15,4–7). Er hat das

„Elend" („Ausland", also Heimatlosigkeit, Ausgestoßensein) nicht nur in seinem Erbarmen mitempfunden, sondern zu seinem eigenen Elend gemacht. Die Verlorenen holte er zurück, indem er selbst zum Verlorenen wurde. Das Hirtengleichnis wird von der Christuserfahrung her nicht nur aufgenommen, sondern geradezu überdeutet und überzogen: solche – im Kreuz bewährte – Hirtentreue gibt es nur bei ihm.
Keiner wäre bei Jesu Gemeinde, wenn Jesus nicht das Verlorene gesucht hätte. Das *eine* aus der Zahl hundert? Man darf hier nicht statistisch denken. Es geht darum, daß ihm jeder (!) einzelne (!) so wichtig ist, daß er ihm nachgeht. Nachgehen muß Jesus uns, weil wir sonst verirrt und zerstreut blieben. Jesus findet sich damit nicht ab. Er könnte es, er brauchte uns nicht. Hesekiel versteht den Fortgang der Geschichte des Gottesvolkes als reinen Gnadenakt: „Ihr sollt meine Herde sein, die Herde meiner Weide, und ich will euer Gott sein, spricht Gott, der Herr." Der Bund wird neu geschlossen. Das tote Israel wird zu neuem Leben erweckt (Kap. 37). Die christliche Gemeinde erkennt darin sich selbst wieder. Sie besteht aus lauter solchen Gesuchten und Wiedergefundenen. Durch sie, durch den an ihr und in ihr geschehenden Hirtendienst sucht der Eigentümer der Herde (Joh. 10,12) die Verlorenen, die Abgehängten, Aufgegebenen. Wir müssen korrigieren: es *sollte* so sein. Wir haben viel Arbeit, an Alten und Jungen; an denen, die in ihrer Einsamkeit verloren sind, wie an denen, deren Verlorenheit darin besteht, daß sie sich im großen Menschengewühl des Alltags selbst noch nicht gefunden haben; an denen, denen die Hilfsbedürftigkeit auf die Stirn geschrieben ist, wie an denen, bei denen sie ganz tief versteckt ist, so daß keiner etwas merkt; an denen, die wissen, daß sie den Weg verfehlt haben, wie an denen, die von Gott weit weg und darum in der Irre sind, ohne es auch nur zu ahnen. Entscheidend wird sein, daß wir nicht selbst wieder versuchen, auf unsere Weise „Hirten" zu sein. Jesus will Hirtendienst – aber er will ihn so, daß wirklich er dabei „der große Hirte" ist (Hebr. 13,20). „Ich will mich meiner Herde selbst annehmen und sie suchen."

Jubilate. Joh. 16,16(17–19)20–23a

Zur Abgrenzung: Der Neueinsatz V.25 könnte uns veranlassen, VV.23b.24 hinzunehmen. Da aber das Gebets- und Erhöhrungsthema auch sonst in den Perikopen vorkommt, ist die Konzentration im Sinne der herkömmlichen Abgrenzung angebracht. Daß wir nicht verpflichtet sind, die umständliche Erörterung des Sinnes von „über ein kleines" („nur noch eine kleine Weile", „binnen kurzem") vorzulesen, wird manchen erleichtern. In der Predigt sollte man jedoch das Nichtverstehen der Jünger deutlich herausarbeiten (s. u.).
V.16: Der revidierte Luthertext läßt mit Recht den Passus: „denn ich gehe zum Vater" weg; er steht nur in jüngeren Hss. und ist von V.17 Ende her (eigentlich: konsequenterweise) eingetragen. Schon mehrmals hat Jesus auf die kleine Zeitspanne bis zu seinem Tode hingewiesen (7,33; 13,33; 14,19). Nun steht sein Sterben dicht bevor, und ebenso bald wird es zur Auferstehung kommen. Zwei verschiedene Verben für „sehen"; sie sind nicht dem Sinn nach verschieden (obwohl ὁρᾶν sich bes. in Kap. 20 findet), die Verschiedenheit unterstreicht nur den Kontrast der Situation. – VV. 17–19: Das Motiv des Nichtverstehens ist im 4. Evangelium häufig vertreten. Ist der Wortreichtum schriftstellerische Fehlleistung oder Absicht? Wenn das letztere, dann soll wohl das quälende Nichtbegreifen dargestellt werden. Das hinzugefügte Sätzchen „und: ich gehe zum Vater" (das ὅτι hat rezitativen Sinn, wir haben es mit dem Doppelpunkt wiedergegeben) ist textlich bestens bezeugt; es greift erinnernd auf V. 10 zurück (vgl. 7,33; 8,14.21f.; 13,3.33; 14,4; 16,5). Jesus weiß, was sie denken (so nicht selten im 4. Evg.). – V. 20: Das verdoppelte ἀμήν ist für Johannes charakteristisch (25mal; Jeremias, Ntl.Th. 1, S. 44), es drückt die Vollmacht

des Redens aus. κλαίειν und θρηνεῖν, auch kombiniert wie Jer. 22,10, bezeichnen die
Totenklage. Was den Jüngern Ursache der Traurigkeit ist, veranlaßt die Welt zur Freude.
γίνεσθαι εἰς ... bedeutet nicht: abgelöst werden durch ..., sondern: sich verwandeln in
..., umschlagen in ... (Bauer, WB I, 4a). – V. 21: Das Gleichnis hat es nur auf den
Wechsel von Trauer und Bedrängnis zur Freude abgesehen (θλῖψις steht oft für
die Bedrängnis der letzten Zeit); man sollte allegorische Ausdeutungen meiden.
Ist das Kind geboren, ist aller Schmerz vergessen. – V. 21: Die Jünger befinden sich
in der Lage, die der der Gebärenden vergleichbar ist; ὠδῖνες auch sonst für die Be-
drängnisse der letzten Zeit (Matth. 24,8; Mark. 13,8; 1. Thess. 5,3). V. 16 hatte es geheißen: „ihr werdet mich sehen"; hier: „ich werde euch wiedersehen"; die Umformung
unterstreicht, wie es scheint, die Initiative des Auferstandenen. Das Präsens αἴρει, breiter
und besser bezeugt als das Futur, hat allgemeingültigen und somit auch futurischen
Sinn. – V. 23a: Die Jünger hätten Jesus fragen mögen (V. 19, vgl. V. 30). Die Unmittelbarkeit, von der in VV.25ff. die Rede ist, ist noch nicht gegeben. Sie kommt mit dem Wiedersehen. Damit ist das Ostergeschehen gemeint, (zunächst) nicht der Tag der Parusie.
Doch wird dies nachher noch zu bedenken sein.

Wir werden an diesem Sonntag – das sagt schon sein Name – zur *Freude* aufgerufen.
Eigentlich gibt es das nicht, denn mit einem bloßen Appell ist es hier keineswegs getan. Freude kann nicht befohlen werden; die gutgemeinte Beteuerung, daß Christen
die Freude geziemt, hilft niemandem und könnte, wo jemand sich nicht freuen kann,
eher peinlich wirken. Wer uns dennoch zur Freude aufrufen will, kann das nur tun,
indem er uns auf das hinweist und mit dem vertraut macht, was – ohne daß es dann
eines Appells bedürfte – in uns Freude auslöst. Dies wäre die Aufgabe dieser Predigt.
„... werdet ihr mich nichts fragen." Die Perikope schließt wunderbar einfach. Man
möchte aufatmen, wie wenn man bei dem langwierigen Versuch, eine komplizierte
Gleichung aufzulösen, nach Vollrechnen mehrerer Seiten zu dem Ergebnis kommt:
x = a. Es könnte scheinen, daß wir dort sein müßten, wenn die zweite „kurze Zeitspanne" vorüber ist. Wenn das zweimalige μικρόν – gerade in seiner Korrespondenz –
einen Sinn haben soll, dann muß der hier anvisierte Endzustand Ostern sein. „Da wurden die Jünger froh, daß sie den Herrn sahen" (20,20). Der im Text genannte Wandel
der großen Traurigkeit in Freude ist durch die Auferstehung des Herrn bewirkt. Hier
hat die – in den Osterliedern der Kirche sich aussprechende, hier und da geradezu
explodierende – Freude ihren Grund. So könnte man feststellen, daß seit Ostern die
„kleine Zeitspanne" der Traurigkeit überwunden ist und Christen in der Freude
leben, die ihnen niemand mehr nehmen kann, und in der Situation, in der es nichts
mehr zu fragen gibt. Die Erfahrung, die wir als Gemeinde Jesu Christi und als einzelne
Christen machen, läßt erkennen, daß wir bei x = a noch nicht angekommen sind.
Auch Johannes ist sicher nicht der Meinung, wir wären es. Die Traurigkeit, die nach
der ersten „kleinen Zeit" einsetzt, ist nicht – historisierend – auf Gründonnerstag bis
zum Ostermorgen festzulegen; der Evangelist hätte sich den Abschnitt gespart, wenn
er nicht in die Anfechtung *der* Gemeinde hätte hineinsprechen wollen, für die er
schreibt (vgl. 15,18ff.). Es ist wahr, daß der Glaube schon in der ungetrübten und
ungeschmälerten Freude des Kommenden lebt, aber auch, daß noch immer – als seine
Kehrseite – die Anfechtung im Spiel ist; nicht so, daß sie die 100%ige Freude in eine
70- oder 25%ige zurückschnitte, sondern so, daß die *ganze* Freude die Trotzdem-
Freude ist, die das ihr Widerstehende „besiegt", „überwindet" (1. Joh. 5,4). Wie?
Man kämpft ja nicht ohne den „Beistand" und „Anwalt", den Parakleten. Was Jesus
hier in Aussicht stellt, kommt aus dem Geist. Der Evangelist denkt nicht nur an
Ostern, sondern auch an *Pfingsten*. Denkt er auch an den „*letzten Tag*"? Man wird
den Exegeten glauben müssen, wenn sie hier entschlossen verneinen. Das eschatolo-

gische Denken des Johannesevangeliums ist ganz mit der *Gegenwart* beschäftigt.
Jetzt und hier bricht die Freude aus, geht das Gericht über die Welt und wird das
Heil realisiert, geschieht Auferstehung und Erweckung zum ewigen Leben. In der
Begegnung mit Jesus Christus ereignet sich das Eschaton, weil das Eschaton nicht
„etwas" ist abgesehen von „ihm", sondern ganz von der Gegenwart und Wirkmacht
seiner Person bestimmt ist. – Und dennoch kennt auch der vierte Evangelist die
Zeitachse – und darum auch das Noch-nicht. „Eure Zeit ist immer" – „meine Zeit ist
noch nicht da" (7,6; vgl. 2,4). Wirken, „solange es Tag ist; es kommt die Nacht, da
niemand wirken kann" (9,4). Und nach seinem Hingang? Unbestreitbar tritt auch
hier die futurische Eschatologie zurück. Alles Heil konzentriert sich in der Person
Jesu. So wird die Rede von der Parusie meist ausgeklammert oder abgeblendet. Joh-
hannes muß wissen, daß die ganze Kirche anders lehrt – auch da, wo sie von der
Gegenwärtigkeit des Heils kräftig redet (Kol. 3,1–4 u. a.). Aber Polemik findet sich
nirgends. Die Zukunftseschatologie wird zurückgedrängt, aber nicht geleugnet. Ja,
Johannes selbst prägt die Formel vom „letzten Tag" (11,24), die dann (vielleicht)
von der Redaktion (falls es eine solche gibt) aufgenommen worden ist (6,39f.44.54;
12,48) (dazu: Schnackenburg, Exkurs 14 in Band II, S. 533). Man bedenke auch, daß
Johannes die griechische Unsterblichkeit der Seele nicht kennt, dafür aber um so kräftiger von der Auferweckung des Leibes redet (11,32ff.); was soll das, wenn es die
futurische Auferweckung nicht gibt? Man sieht: die Verengung der eschatologischen
Heilsgüter auf die rein personale, akosmistisch verstandene Glaubensexistenz läßt
sich nicht durchhalten. Es ist wahr: wir sind wirklich ($\varkappa\alpha\grave{\iota}\ \grave{\varepsilon}\sigma\mu\acute{\varepsilon}\nu$) Kinder Gottes;
aber „sichtbar geworden" ist dies noch nicht ($o\check{\upsilon}\pi\omega$, 1. Joh. 3,1f.). Im Glauben haben
wir *das ganze Heil*; aber wir haben es eben bislang *nur im Glauben*. Sollte alles, was
wir soeben zur Korrektur des nur präsentischen Verständnisses der johanneischen
Eschatologie angeführt haben, irrig sein (vgl. E. Käsemann, Jesu letzter Wille nach
Joh. 17, [3]1971): so wäre mit der (von Bultmann u. a. angenommenen) kirchlichen
Redaktion eben das geschehen, was nötig war, um solcher Vereinseitigung (wie bei
den Enthusiasten in Korinth, 1. Kor. 15; vgl. auch 2. Tim. 2,18) zu widerstehen. Wir
meinen aber, daß der 1. Johannesbrief (auch 2,28; 4,17) und das Nachtragskapitel
zum Evangelium (21,23f.) darauf deuten, daß dem Evangelisten keine Gewalt geschehen wäre, falls man ihm die futurischen Stellen wirklich mit roter Tinte hineinkorrigiert hätte.
Damit endlich haben wir den Raster, mittels dessen ich mir getraue den Text verständlich zu machen und zu vertreten: *Wir sehen den Herrn wieder* (1). *Darum ist
Freude nach der Traurigkeit*, (2) *Freude in der Traurigkeit*, (3) *Freude ohne Traurigkeit*.

I.

Der Text versetzt uns noch einmal in die Situation der Gründonnerstagnacht. Der
Evangelist und die Gemeinde, in der er lebt, haben Ostern schon hinter sich – oder
um sich. Aber für sie ist, was damals geschehen ist, nicht abgetan und vergessen. Damals „sahen" sie Jesus leibhaft vor sich. Zur persönlichen Verbundenheit gehört das
Sehen (1,14.34.39.50f.; 6,40; 12,21.45; 14,9; 19,35). Alles, was Jesus gibt – die Wahrheit, die Liebe, das Leben, die Erquickung –, hängt an seiner Person: er *ist*, was er
gibt, und nur weil er es ist, kann er es geben. Nun hören sie: „Nur noch eine kleine
Weile, und ihr seht mich nicht mehr." Was kann das heißen, wenn man keine andere
Möglichkeit sieht als die, daß sich das, was man hat, fortsetzt, ohne Unterbrechung
und in ein und derselben Weise? Man wird verstört sein und nicht verstehen. – Es ist

bekanntlich die Art des vierten Evangeliums, synoptische Stoffe aufzunehmen, ein-
zuschmelzen und der eigenen Aussage dienstbar zu machen. Wir haben es hier – in
johanneischer Umformung – mit einer der Leidensweissagungen zu tun: auch hier
der Hinweis auf das nahe Ende; auch hier die Ankündigung der Auferstehung; auch
hier das Nichtverstehen und die Scheu zu fragen (bes. Luk. 9,45). Die nachösterliche
Gemeinde konnte von ihrer Glaubenserfahrung her einem solchen Wort Sinn abge-
winnen; die Jünger damals konnten das nicht. Jesus weiß, was kommt. Der Verräter
ist schon unterwegs. Es klingt, wenn man es liest, ganz sachlich und ruhig: ,,Binnen
kurzem seht ihr mich nicht mehr.'' ,,Morgen bin ich nicht mehr da.'' Wenn einer von
uns im Kreis seiner Familie oder seiner Freunde dies sagte!
Es geht hier offensichtlich um mehr als um einen menschlich bewegenden Abschied.
Ein ganz bestimmtes Konzept des Lebens und Glaubens bricht hier zusammen. Man
hat sich Jesus, auf seinen Ruf hin, angeschlossen und ist damit auf das Stück Boden,
auf die kleine Plattform getreten, die Archimedes sich gewünscht hat, um die Welt
aus den Angeln heben zu können. Sie haben gemerkt, daß man Leben nicht gewinnen
kann, indem man es irgendwo in der mit ihrem Gott zerfallenen Welt sucht, sondern
nur bei dem, ,,in dem das Leben war'' (1,4). Sie haben den Durst – wie vieles, was
Menschen anstellen, erklärt sich aus dem Durst! – dort gelöscht, wo man dann nicht
aufs neue und immer nur noch mehr Durst bekommt (4,13f.). Sie haben Brot gegessen, von dem man satt wird; nicht nur so, daß man sein sterbliches Leben bis auf
weiteres verlängert und – wie vieles, was Menschen unternehmen, erklärt sich aus
diesem Verlangen! – die äußere Existenz ,,sichert''; sie haben, indem sie Christus
fanden und damit Gott, ewiges, unzerstörbares Leben gewonnen (6,49f.). Sie waren
Sünder gewesen und hatten erfahren, daß die Sünde versklavt und es da kein Entkommen gibt, – und wieviel vergebliches Mühen gibt es hier gerade bei solchen Menschen, die es ernst meinen! –; aber dann hatten sie bei Christus erfahren: wen der
Sohn frei macht, der ist wirklich frei (8.34.36). Man könnte so fortfahren und auf-
zählen und aufzeigen, was Jesus alles *gibt*. Nur: was er zu geben hat, das ist alles in
seiner *Person* beschlossen, nicht von ihm ablösbar, so daß er, wenn wir's *haben*, dann
zurücktreten und verschwinden könnte, damit wir es hinfort allein weitertreiben.
Es hängt wirklich alles an *ihm*. Er *zeigt* nicht den Weg, er *ist* der Weg. Er lehrt nicht
die Wahrheit, er *ist* sie. Die Auferstehung *verschafft* er uns nicht, er *ist* sie. Er ist das
Brot. Er ist das Licht. Er ist das Leben. Man sei nur mit ihm im Kontakt, im lebendigen wachstümlichen Zusammenhang (15,1ff. – Evangelium des Sonntags). – Und
nun: ,,Nur wenige Stunden, und ich werde weg sein'' (V. 16). Ihr habt es gewagt,
auf diese Plattform zu treten. Eben dort, wo zu stehen ihr gewagt habt, unter Verzicht auf alle (zugegeben: fragwürdigen) Sicherheiten dieser Welt, eben dort wird
nichts sein. Alles auf *eine* Karte gesetzt, aber diese Karte sticht und gewinnt nicht. ,,Ihr
werdet weinen und heulen, aber die Welt wird sich freuen.'' Sie hat euer Dasein als
Angriff auf ihre Sicherheiten empfunden, gerade auch auf die ,,religiösen''. Verständlich, daß für sie der Eine, in dem Gott ganz nahe wurde, ganz ernst, unentrinnbar,
offenbar als der, ohne und (erst recht) gegen den wir nicht leben können, und der uns
gerade dann beschenkt und begnadet, wenn wir die selbstaufgebauten Sicherheiten
aufgeben, – verständlich also, wenn die ,,Welt'' sich gegen ihn zur Wehr setzt, der
uns den Boden unserer Eigenmächtigkeit unter den Füßen wegzieht, weil er eben
dieses archimedische ποῦ στῶ für uns bereit hat. Wenn Jesus ,,binnen kurzem'' beseitigt sein wird, dann scheint die Welt recht zu behalten mit dem Karfreitag, den
sie ihm bereitet. Dann sind die selbstaufgebauten Positionen und Garantien eben
doch bei aller Unzuverlässigkeit noch immer ein wenig sicherer als das, was Jesus

versprochen hat. Die Welt wird sich freuen: „1 : o für die Selbstmächtigkeit des Geschöpfs, für die eigene Gerechtigkeit, Frömmigkeit, Tüchtigkeit, für das Meßbare, Wägbare, Registrierbare." Jesus hat verloren.

„Und abermals über ein kleines ...": die Jünger erleben Ostern. Schwer zu begreifen, daß die Jesuslinie unterbrochen ist, ja unterbrochen werden muß („es ist euch gut, daß ich hingehe," V. 7) – und dann, „bald darauf" neu einsetzt und auf eine andere, bisher nicht gekannte Weise weiterläuft. „Eure Traurigkeit soll in Freude verkehrt werden." Das Blatt wendet sich. Jesus ist keineswegs ausgeschaltet; er kommt jetzt erst richtig zur Wirkung. Nicht etwa zur *Nach*wirkung, als trüge nun, nachdem er weg ist, sein abgeschlossenes Lebenswerk noch unerwartet Früchte. Jesus *ist da* – „ihr werdet mich sehen". Nichts von dem, was sie an ihm hatten, als er auf alte Weise bei ihnen war, wird den Jüngern genommen sein; im Gegenteil: es wird ihnen auf eine neue Weise gehören. Der Gang zum Vater (VV. 5.17 u. ö.) ist der große Bittgang des Priesters (Kap. 17). Da wird weggeräumt, was zwischen Gott und uns gestanden hat. Und damit geht der Himmel auf. Die Gemeinde Jesu weiß sich in einer ganz neuen Situation, nachdem die zweite „kleine Weile" vergangen ist. Jesus ist da, nun auferstanden, und wo Jesus ist, da ist – in ihm – die Gottunmittelbarkeit da, wie sie unter den Bedingungen der alten Welt schlechterdings undenkbar war, nun aber, im Anbruch des Eschaton, uns erschlossen ist. *In ihm*, sagen wir; wir müssen es paradox sagen: die Gott*unmittelbarkeit* kann nur eine durch ihn *vermittelte* sein. Noch einmal: „*Ich* bin der Weg, die Wahrheit und das Leben." Die Situation, in der er uns entbehrlich würde, tritt nie ein. Gerade darum ist es so wichtig, daß wir „ihn sehen". Der Ausdruck ist noch ganz auf die Ostererfahrung der Jünger (Kapp. 20f.) zugeschnitten. Thomas lernt, daß wir auf das Sehen verzichten sollen und können, weil es ja doch aufs *Glauben* ankommt (20,29). „Nur" glauben? Jesus ist nicht vorbei, abgetan, ausgelöscht, weggeräumt. Er ist da und wirkt an den Seinen. Darum ist nun *Freude* nach der Traurigkeit – wie bei einer jungen Mutter, die ihr Kind in die Arme gelegt bekommt und in ihrem strahlenden Glück alles vergessen hat, was sie in den vergangenen Stunden hat ausstehen müssen.

Auch von der Freude könnte man sagen, was 14,27 vom Frieden gesagt ist: „Nicht gebe ich euch, wie die Welt gibt." Eben dies steht hinter dem Geschehen der beiden „kleinen Zeitspannen". Wir sollten uns als Christen nicht hochnäsig erheben über die Art, wie man in der „Welt" Freude sucht. Wir sind hoffentlich nicht Spielverderber. Gerade auch da nicht, wo wir im stillen denken, wir wüßten Besseres. Es gehört zur seelischen Gesundheit, daß man sich auch einmal nach Herzenslust „austobt". Und wir werden es niemandem verdenken, daß er – weil er die „stichhaltige" Freude noch nicht entdeckt und für das Bessere kein Organ hat – sich nach den billigen, leider freilich unergiebigen Freuden sehnt und streckt. Wohl aber werden wir gern einem jeden Lust machen, sich an der Freude derer zu beteiligen, die „an der Quelle" sitzen. Richtig froh werden wir nicht sein, solange wir die Frage aller Fragen vor uns herschieben und dem aus dem Wege gehen, der sie uns nicht nur in letzter Schärfe stellt, sondern sie auch für uns alle entschieden hat. Wir können uns freuen wie der Vogel in der Luft, weil wir, wenn wir „in Christus" sind, bei dem Gott zu Hause sind, in dem „das Leben" ist.

2.

Es wäre nicht im Sinne des Johannesevangeliums – und des Evangeliums überhaupt –, wenn wir schönfärberisch von einer unerschütterlichen, ungetrübten, nur in höchsten Tönen sich äußernden Freude sprächen, – die uns doch keiner glaubt. Besonders sollten wir uns vor einer künstlich zur Schau gestellten und „christlich" parfümierten Freude hüten, die nur immer lächelt und dem wirklichen Leben nicht standhält. Der Satz, daß niemand unsere Freude von uns nehmen kann, will gut fundiert sein. Er ist nicht aus den günstigen Wetterbedingungen abzuleiten, unter denen Christen in dieser Welt leben. Er besteht auch nicht in Garantien, die sich auf diese äußere Lage bezögen. Die Freude beruht darauf, daß die vorhin erwähnte Plattform jetzt, nach dem zweiten μιϰρόν, nicht nur wieder, sondern jetzt erst recht da ist; hier kann man Fuß fassen und stehen, ein für allemal. Verläßlich ist das „externum", das Gott mit der Auferweckung seines Sohnes geschaffen hat, man kann auch sagen: das mit dem „Hingang" des Sohnes, also mit seinem priesterlichen Tun, für uns realisiert ist. „Sie werden nimmermehr umkommen, und niemand wird sie aus meiner Hand reißen", hörten wir vorigen Sonntag (10,28). Dies würde gelten, auch wenn der Boden der alten Erde unter unseren Füßen wiche und der Himmel über uns einstürzte; weniger dramatisch gesagt: auch wenn unser physisches Leben verfiele und wir uns im Herzen bedrückt und angefochten fühlten. Wir sind „die Traurigen, aber allezeit fröhlich" (2. Kor. 6,10).

Wie ist dies zusammenzubringen: Freude in der Traurigkeit? Zunächst gilt es festzuhalten, daß das vierte Evangelium mitnichten ein Dokument der *theologia gloriae* ist. Die beiden „kleinen Zeiten" lassen in der Tat zunächst ein Nacheinander entstehen. Trotzdem wird man von der ersten „kleinen Zeit" nicht einfach sagen können: das ist vorbei. „Haben sie mich verfolgt, so werden sie euch auch verfolgen", sagt Jesus; und diese Aussage steht in einem größeren Zusammenhang, der sie aller Zufälligkeit entnimmt (15,18ff.; vgl. 16,1–4). Die Welt empfindet die Anhänger Jesu auch künftig als etwas ihr Fremdes (15,19; 17,16). Das bringt Konflikte mit sich; Jesus bittet den Vater nicht, daß er die Seinen aus der Welt herausnehme und ihnen damit die schmerzlichen und sicher auch oft verwirrenden Kontrasterfahrungen erspare (17,15). Der Friede, den er gibt, und die ϑλῖψις, die sie ausstehen müssen, sind unmittelbar beieinander (16,33 – in unserm Abschnitt wird dasselbe Wort bei der gebärenden Frau gebraucht). Während der Herr nicht mehr in der Welt ist, sind es die Jünger noch immer (17,11). Christus ist „erhöht" und damit „verherrlicht". Man betont oft, die Aufrichtung des Kreuzes ist Jesu Erhöhung und Verherrlichung. Aber man muß dann die Gleichung auch umgekehrt lesen, so nämlich, daß die uns zugekehrte Seite des Erhöhtseins Jesu die Aufrichtung seines Kreuzes ist (Doppelsinnigkeit von ὑψωϑῆναι). Noch immer ist für uns das Kreuz das Vorzeichen, unter dem alle Aussagen über das Heil stehen. Man kann das vierte Evangelium keinesfalls so deuten, als schreibe es dem Christen schon das Leben zu, das allen Anfechtungen und Bedrängnissen, Schwachheiten und Enttäuschungen entnommen ist. „Freude die Fülle und selige Stille" (EKG 346,12) – so weit ist es mit uns noch nicht.

Und doch ist in uns die *Freude*, seit Jesus auferstanden ist. Dem formal anfechtbaren, aber weisen Satz: „Humor ist, wenn man trotzdem lacht", wäre der andere an die Seite zu stellen: „Freude ist, wenn man sich trotzdem freut." Das Trotzdem des Humors besteht in der inneren Überlegenheit, in der einer das Widerständige nicht etwa bloß abwehrt, sondern verarbeitet. Es ist mit der Freude ganz ähnlich. Dem, was einen traurig machen will, leistet man nicht Widerstand, als ginge es um Tod oder Leben, noch sucht man ihm zu entfliehen – verängstigt, atemlos –, sondern man gibt ihm den gebührenden Platz in der eigenen Existenz, und dieser Platz ist keinesfalls mehr die beherrschende Mitte, sondern ein untergeordneter, ein Randplatz. Der Schwerpunkt unseres Lebens liegt anderswo: in dem Gott, der sich in Jesus Christus ohne Wenn und Aber zu uns gestellt und uns mit sich verbunden hat. Bejaht er uns, dann geht es eben nicht mehr um Tod oder Leben, sondern dann heißt es für uns „Leben" – „ob man gleich stürbe" (11,25). Wir sind dann in einem letzten Sinne unverwundbar, auch dann, wenn wir physisch uns verbluteten. Mit der Auferstehung Jesu Christi ist der auch uns zugedachte und zugesicherte Raum entstanden, in dem unsere Zukunft liegt. Dabei geht es nicht etwa nur darum, daß wir überhaupt eine Zukunft haben – eine Zukunft ohne oder gegen Gott wäre die Hölle! –, sondern daß es die Zukunft bei Gott ist, in den „vielen Wohnungen" im Hause des Vaters, in denen uns durch Christus die Stätte bereitet ist (14,2). Weil niemand uns dieses Zuhause streitig machen kann, wird auch niemand unsere Freude von uns nehmen. Was uns jetzt noch immer traurig macht, ist von vornherein übertrumpft durch das, worauf und worin wir uns freuen. Die „neue Kreatur" (2. Kor. 5,17 – Wochenspruch) ist schon Wirklichkeit: der eschatische Mensch, der wir „in Christus" sind (15,4 – Evangelium des Sonntags). Wir hätten viel zu kurz gegriffen, wenn wir dieses Neusein, das die Freude begründet, lediglich darin erblickten, daß unser alter Mensch sich jetzt mit Besserem beschäftigt: weisere, reinere Gedanken denkt, frömmere Wünsche hat, edlere Entschlüsse faßt. Sind wir „in Christus", dann sind wir eingetaucht in sein neues Sein, also in sein Auferstehungsleben, in das mit Ostern inaugurierte Eschaton. Indem wir „in Christus" sind, hat unsere Zukunft schon begonnen. „Was wir sein werden" (1. Joh. 3,2) – wir *sind* es schon. Obwohl – im Blick auf den alten Menschen, der wir immer noch sind – von 1. Joh. 1,8 nichts abzustreichen ist, gilt von dem neuen, aus Gott geborenen Menschen, was 1. Joh. 3,9 steht: er tut keine Sünde, er kann es gar nicht! Das Menschenunmögliche hat Gott in der Auferstehung Jesu angefangen und, sofern wir „in ihm" sind, auch an uns verwirklicht: wir sind von neuem geboren (Joh. 3,4f.). Der Mensch der Zukunft, der meinen Namen trägt, existiert schon. Wir nehmen den alten Menschen, den es freilich immer noch gibt, gewöhnlich viel zu ernst. Wo wir das tun, nimmt die Traurigkeit überhand. Aber wir brauchen ihn – mit seinem Begehren, seinem Trotz, seiner Müdigkeit, seinem Egoismus, seiner Gier und seiner Verzweiflung – nicht mehr ernst zu nehmen. Wir sind schon, was wir sein werden. So lebt es sich gut!

3.

Nun kehren wir, in diesem dritten Gedankengang, vom „Zugleich" – freilich mit seinem deutlichen Ungleichgewicht – zum „Nacheinander" zurück: „über ein kleines" – „und abermal über ein kleines". Wir sahen, daß johanneisches Denken das Nacheinander sehr wohl beachtet, und das dürfte in der nachösterlichen Situation nicht etwa überholt, sondern auch und vielleicht erst recht in Geltung sein. Das unverkennbare Gegenwartsinteresse der johanneischen Eschatologie ist keineswegs daraus zu erklären, daß die eschatische Zukunft – „letzter Tag" – vergleichgültigt oder gar gekappt wäre, sondern daraus, daß eben diese echt futurische Hoffnung „in Christus" schon da ist, also nicht etwa ausfällt, sondern ins Heute hineinragt.
So ist es denn auch nicht das letzte Wort in dieser Sache, daß wir sagen: Gib der Traurigkeit in deinem Leben den ihr gebührenden, d. h. aber für Christen: den untergeordneten Platz, den Platz im Schatten oder im toten Winkel. Also auch nicht: Lerne es, um Christi willen das, was dir zur Traurigkeit Anlaß ist, neu zu interpretieren und zu bewerten, aber finde dich ab damit, daß die Traurigkeit nie weichen wird und du – wohl oder übel – mit ihr leben mußt. Wir hätten, wenn wir Johannes so verstehen wollten, das Nacheinander übersehen, in dem auch das vierte Evangelium letztlich denkt. Man kann es sich an Kap. 11 klarmachen: Auferstehung und Leben

haben wir, indem wir *Christus* haben, und dies gilt auch dann, wenn einer stirbt;
aber daraus ist nicht zu folgern, daß Lazarus, weil er ja mit Jesus verbunden war,
in seinem Grabe ruhig weitermodern soll, sondern daß er eben deshalb, weil er zu
Jesus gehört, auch aus der Verwesung herausgeholt wird. (Joh. 11 ist das johanneische „1. Kor. 15".) Wir gelangen zur großen eschatischen Freude nicht an der Traurigkeit vorbei, unter Umgehung der Traurigkeit; aber die Traurigkeit wird einmal
ein Zustand sein, der *hinter* uns liegt.
Dies besagt das Gleichnis von der Gebärenden. Sie muß durch ihre „Stunde" hindurch.
Schwer Erworbenes liebt man besonders. Es gehört wohl zum Geheimnis der Mutter-
liebe, daß das Werden des jungen Lebens nicht nur Last, sondern auch Angst und
Schmerzen bereitet hat. Aber dann, wenn's vorbei ist, ist nur noch Glück und Freude.
Wohl weiß die Mutter, wenn sie sich denn an die Geburtsnöte erinnern will, wie
schwer es war. Aber tatsächlich denkt sie nicht mehr daran. Sie freut sich ihres ungetrübten Mutterglückes. Wer Johannes so verstehen wollte, als käme der Christ
über das dialektische Zugleich von Anfechtung und Freude nie hinaus und als bestünde seine Seligkeit allein darin, daß er – bis zum letzten Schnaufer – die Traurigkeit nicht los wird, sondern nur glaubend immer wieder zur Freude hin transzendiert:
der müßte mit dem Wort von der Mutter, die die Angst vergißt, in Konflikt geraten.
Auch das „simul-peccator – simul-justus", das uns in der Spannung von 1. Joh. 1,8
und 3,9 begegnete, ist nicht das Ende der Wege Gottes. Noch einmal: sollte der vierte
Evangelist in der berechtigten Leidenschaft zur Aktualisierung das echt Futurische
der Soteriologie aus dem Blick verloren haben, dann hätte die Redaktion recht daran
getan, dem Übersehenen nachträglich noch zu seinem Recht zu verhelfen. Wir werden
nicht „vertröstet"; von Vertröstung wäre nur dann zu sprechen, wenn man den
Menschen in den Verlegenheiten der Gegenwart ein Kommendes einredete, was in
Wirklichkeit nie kommen wird. Daß eine Mutter sich ihres Kindes, solange sie lebt,
nur unter *der* Bedingung freuen kann, daß sie immerzu in Wehen liegt, ist ein Ungedanke, der uns veranlassen sollte, ein verbreitetes Mißverständnis der johanneischen Eschatologie abzubauen.
Auf eine kleine Feinheit sei noch aufmerksam gemacht. In V. 16b heißt es: „Dann
werdet ihr mich sehen." In V. 22: „Ich will euch wiedersehen." Ein zufälliger Mangel
an sprachlicher Folgerichtigkeit? Den Auferstandenen sehen wir nicht (20,29b).
Aber er sieht uns. Wie er merkt, was in uns vorgeht, ohne daß wir es ihm sagen (V. 19),
so sieht er, wo wir sind und wie es mit uns steht, ohne daß wir seine Gegenwart mit
den Sinnen wahrnehmen. Es ist so gut und ermutigend, zu wissen, daß er uns sieht.
Aber zugegeben: wir sähen ihn gern auch mit unseren Augen. Auch dies wird uns erfüllt werden: „Wir werden ihn sehen, wie er ist" (1. Joh. 3,2).

Kantate. Matth. 21,14–17(18–22)

Zur Abgrenzung: Herauszufinden, wie die in ( ) stehenden Verse mit dem Vorangehenden
ein Ganzes bilden sollen, dazu reicht meine systematische Kraft nicht. Weder die Symbol-
handlung V. 19 noch das Wort über die Macht des Glaubens lassen sich der neuen Sinn-
gebung für den Tempel anfügen. Wohl aber bleibt zu überlegen, ob man nicht die VV.12f.
dazuzunehmen hat, denn die VV. 12–17 bilden in der Tat ein Sinnganzes.
Die VV. 14–17 sind matthäisches Sondergut. Luk. 19,39f. kann wohl nur entfernt als
Parallele gelten; dort geht es nicht gegen die Kinder, sondern gegen die Jünger, und von
den schreienden Steinen ist in unserm Text auch nicht andeutungsweise die Rede. Es

dürfte auch schwer sein, sich vorzustellen, daß ausgerechnet das Logion, das der Kristallisationspunkt dieser „Konzeption ... idealen Charakters" sein müßte, der „Verkümmerung" verfallen wäre" (Bltm., GsTr., S. 34).
Nach der „Reinigung" des Tempels wird nunmehr demonstriert, wem der Tempel tatsächlich gehört und wozu er nach Gottes Willen zu dienen hat. Der unwürdigen Tempelgemeinde mit dem entarteten, zweckentfremdeten Tempel wird die erneuerte Tempelgemeinde im gereinigten Tempel gegenübergestellt (Grdm.). Wollte man mit V. 12 einsetzen, so würde doch nicht Jesu handgreifliche Kritik am Mißbrauch im Vordergrund
stehen, sondern die zweckgerechte Inanspruchnahme des Tempels durch den Messias. Die
Perikope hat ausgesprochen messianischen Charakter (Schniewind).
V. 14: Nach 2. Sam. 5,6.8 haben die Jebusiter sich gerühmt, ihre Stadt sei so gut befestigt,
daß sie von Lahmen und Blinden verteidigt werden könne; der Text weist im Zusammenhang damit auf ein Sprichwort: „Ein Blinder und ein Lahmer soll nicht in das Haus"
(LXX fügt hinzu: „des Herrn") „kommen". Der Lahme sitzt darum vor der Tempeltür
(Apg. 3,2); ähnlich wird man sich die Situation Joh. 9,1 vorstellen sollen (vgl. J. Jeremias,
Jerusalem zur Zeit Jesu, II A, S. 34). Weiter als bis zum Vorhof der Heiden dürfen Menschen mit solchen Gebrechen nicht kommen. Ähnliche Vorschriften gelten in Qumran
(Belege bei Grdm. z. St.). „Indem Jesus Blinde und Lahme im Tempel heilt, fügt er sie
der messianischen Gemeinde (vgl. 16,18) zu und macht sie tempelfähig" (Grdm.). Heilung
der Blinden und Lahmen ist Werk des Messias (11,5, vgl. Jes. 35,5f.). – V. 15: Die Frage
nach Jesu Befugnis, im Tempel revolutionierend zu wirken, wird noch in aller Form gestellt werden (VV. 23ff.). Die Reaktion der hohen Amtsträger und Theologen läßt erkennen, daß sie den messianischen Anspruch Jesu bemerkt haben. Jesus vollbringt Wundertaten und läßt sich die Huldigung der Kinder gefallen, in der sich die messianische Akklamation von V. 9 fortsetzt. Jesus als Davidssohn: Röm. 1,3; 2. Tim. 2,8; Hebr. 7,14;
Matth. 1,1–17; Luk. 1,27.32; 3,23–38; Apg. 2,25–31; 13,23.34–37; 15,16; Offb. 5,5; 22,16;
aber auch Mark. 10,47f.; Matth. 9,27; 15,23; 21,9. הושׁע־נא ist Messiasakklamation;
sprachlich verbirgt sich in ihr der Jesus-Name. – V. 16: Indem Jesus den Ruf nicht
zurückweist, bekennt er sich zu seiner Messianität. Für seine „erbosten" (ἀγανακτέω)
Frager ist dies der erste Baustein für die Beweisaufnahme gegen ihn. Jesus nimmt die
Kinder ernst. Ps. 8,3 (nach LXX, wo aus „Macht" „Lob" geworden ist) anerkennt das
Gotteslob aus dem Munde der Kinder. Der Psalm wird im NT messianisch verstanden
(1. Kor. 15,27; Eph. 1,22; Hebr. 2,6–9). – Der unscheinbare V. 17 könnte eine tiefsinnige
Bedeutung haben. Schon das προσέρχεσθαι der Blinden und Lahmen zu Jesus hatte
kultischen Sinn (zur Wortbedeutung vgl. Hebr. 4,16; 7,25; 10,1.22; 12,18.22; 1. Petr. 2,1;
vielleicht auch – obgleich nicht so eindeutig – Matth. 5,1; 13,10; 15,12; 18,21); hier erscheint Jesus als die Schekinah. Verläßt Jesus jetzt den Tempel (das Motiv auch 23,38;
24,1), dann heißt das, daß der heilige „Ort" künftig anderswo zu suchen ist. Man wird an
Hes. 10,18f.; 11,23 erinnert (die Herrlichkeit Gottes entfernt sich über den Ölberg). Vgl.
auch Joh. 4,20–24.

Jesu demonstratives Großreinemachen im Tempel wird von uns Protestanten leicht
mißverstanden. Wir haben gut gelernt, daß man sich durch kultisches Handeln bei
Gott nichts verdienen kann; aber wir haben vergessen oder gar nicht erst gemerkt,
daß Gott uns im Gottesdienst etwas Gutes tun will, das wir nicht verachten sollten.
Wir haben gut gelernt, daß Gottes sich uns zuwendende Gnade allem, was wir tun
können, zuvorkommt und all unser Bemühen überflüssig macht; aber wir wollen
nicht gern wahrhaben, daß Gott das, was er an uns tut, immer *in* etwas tut: in der
Predigt, in der Absolution, in Taufe und Abendmahl, und daß wir, wenn wir die
Leib- und Gestalthaftigkeit seines Handelns nicht anerkennen, uns auch von dem
abschneiden, was Gott an uns tun will. Wir haben gut gelernt, daß jeder Mensch einzeln Gott Rede und Antwort stehen muß; aber darüber ist uns das Wissen davon abhanden gekommen, daß der einzelne Christ nicht sein kann und auch nicht sein soll

ohne das Volk Gottes, zu dem er gehört und das auch in der Welt – als die Stadt auf dem Berge – sichtbar sein muß. Wir haben gut gelernt, daß der Glaube sich im Leben zu bewähren hat und der tätige Alltagsgehorsam von Paulus „vernünftiger Gottesdienst" genannt wird; aber wir vergessen, daß wir in der Welt ξένοι καὶ παρεπίδημοι (Hebr. 11,13; 1. Petr. 2,11) sind und des Rückhalts an der Heimat bedürfen, also uns nicht wie die Schwärmer verhalten können, die das Eschaton naiv in die Welt hineininstallieren und ihre eigene Unterwegssituation nicht wahrhaben wollen. Wir verstehen oft die Inkarnation Gottes in Christus nur insoweit, als sie ihn uns gleichmacht; wir übersehen, daß der *eine* aus unserer Mitte, Jesus, ist, was wir alle *nicht* sind, sein Kommen also auch nicht eine Pauschalheiligung der Welt bewirkt, sondern dort rechtfertigend, versöhnend, erlösend und heiligend wirksam wird, wo er durch seine Gnadenmittel Glauben schafft. Diese thesenartig formulierten Gedanken mögen Ausdruck einer Besorgnis sein, die in Selbstkritik und Umkehr fruchtbar werden müßte und könnte.

„Mein Haus soll ein Bethaus heißen" (V. 13 = Jes. 56,7). Ein solches wird die christliche Gemeinde immer nötig haben. Aber es muß auch wirklich Bethaus sein. Alles, was im Gotteshaus geschieht, ist daran zu messen. Was nicht dem Gespräch zwischen Gott und seiner Gemeinde dienlich ist, ist auszufegen (V. 12). Auch unser Singen wird danach zu beurteilen und zu erneuern sein. Vielleicht muß diese Predigt der Gemeinde Hilfen zum rechten Kirchengesang geben. Wir sollten die Gemeinsamkeit in der melodischen Bewegung, im Rhythmus, im Tempo, im Verschmelzen der vielen Stimmen zu einem Klang, in der Polyphonie (Zusammenklang bei selbständiger Stimmführung) begreifen, auch die Leibhaftigkeit und Ganzheitlichkeit des Lebensvorgangs „Singen". – Vom Text her drängt sich jedoch noch anderes auf. Man könnte von dem hymnischen „Denn" sprechen (Ps. 98,1a; 100,5; Offb. 4,11; 5,9; 19,6c u. ö.). Was Gott in Christus an seiner Gemeinde getan hat und tut, entbindet das lobende Singen. Wenn es in uns und aus uns nicht singt, haben wir noch nicht begriffen. Der Text scheint nur mittelbar mit dem Kantate-Thema zu tun zu haben; es muß sich zeigen, ob dem so ist. Andererseits: jeder evangelische Text wird Lobgesang auslösen (EKG 239, Wochenlied). Vielleicht kann man das an dieser Perikope besonders gut studieren. Worum geht es in ihr? *Jesus Christus ist der Herr in Gottes Haus.* (1) *Er schafft Zugang für die Elenden.* (2) *Er empfängt Lobgesang von den Unmündigen.*

I.

Indem Jesus den Tempel „reinigt", nimmt er darin sein Hausrecht wahr. Der Einspruch der kirchlichen Behörden wundert uns nicht. Jesus selbst muß wissen, daß er durch sein Eingreifen den Konflikt vom Zaune bricht. Die Vertreter der jüdischen Hierarchie können in Jesu Verhalten nur Anmaßung erblicken. Wenn Jesus der nicht ist, als den wir ihn bekennen, dann war schon sein „Ich aber sage euch" Frevel; dann war die Erteilung der Absolution an den Gelähmten Lästerung; dann wird man über die Ausübung des Herrenrechts im Tempel nicht anders urteilen können. – Wichtig ist, zu sehen, daß hier nicht einfach ein neuer Mann etwas zu sagen haben will. Indem er auftritt und Ordnung macht, gewinnt ein anderes Denken und Handeln im Tempel Raum, und dies wieder hängt unlöslich damit zusammen, daß der, der diesem Denken und Handeln Raum und Geltung schafft, dieser Jesus ist und kein anderer. Aus der Räuberhöhle wird wieder das Bethaus. Die Tische der Wechsler – die Tempelsteuer war in althebräischer Münze zu bezahlen – und die Stände der

Taubenverkäufer stößt er um. Man könnte meinen, hier streite Jesus einfach für den guten Geschmack. Orientalische Geschäftigkeit soll der Gebetsstille und -sammlung weichen. Nichts dagegen; nur: der Eingriff geht viel tiefer. Wir sehen es am besten an dem, was sich mit den Blinden und Lahmen zuträgt. Sie sind nie weiter als bis in den Vorhof der Heiden gelangt: dichter durften sie an die Wohnung Gottes nicht heran. Ihre Gebrechen kennzeichneten sie als von Gott Gestrafte. War einer blind geboren, dann mußte man fragen, ob er oder etwa seine Eltern sein Schicksal verschuldet haben (Joh. 9,2). War einer gelähmt, so galt Entsprechendes; die Perikope 9,1–8 läßt es noch erkennen. Hier war im Schema der Vergeltung gedacht. Wem ein Gebrechen anhaftete, der war ein Gezeichneter. Gott richtet gerecht! Sein Gesetz gilt. Der Gerechte empfängt Segen, der Geschlagene muß ein Gottloser sein. So etwa die Anschauung der Zeitgenossen Jesu. Jesus hat diese Anschauung in seiner Verkündigung längst durchbrochen (Luk. 13,1–5). Die Krüppel, die Lahmen, die Blinden solle man zu sich laden; gerade weil sie nicht in der Lage sind, die Gastfreundschaft zu vergelten, sollen wir sie aufnehmen (Luk. 14,13). Wichtig ist dabei, daß Jesus den religiösen Makel von ihnen nimmt. Sieht er großzügiger über die Sünde hinweg, deren Folgen sie tragen? Er nimmt die Sünde ernster als alle jüdischen Schriftgelehrten und Hierarchen. Gerade darum aber weiß er, daß die scheinbar Gerechten keinen Anlaß haben, auf die Ungerechten herabzusehen. „Es ist hier kein Unterschied: sie sind allzumal Sünder" (Röm. 3,23). Die Religion des Gesetzes sortiert die Menschen. Die einen wohnen dicht bei Gott, die anderen sind die Fernen, die Verstoßenen. Was hier innerhalb des Gottesvolkes säuberlich beachtet wird, gilt entsprechend auch für den Unterschied zwischen Juden und Heiden. Auch die Heiden haben im Vorhof zu bleiben. Gott läßt sie sich nicht zu nahe kommen. Die Gott am nötigsten hätten, hält er von sich fern. Die sich nach ihm am meisten sehnen, haben keine Aussicht, zu ihm zu gelangen. Dies alles liegt in der Konsequenz der Religion des Gesetzes. Das vierte Evangelium hat die Geschichte von der Tempelreinigung sehr tief verstanden. Jesus spricht dort vom Abbruch des Tempels und seiner Wiedererrichtung, und Johannes weiß sofort, daß es dabei nicht um das Gebäude geht, sondern um Christus selbst. Jesus muß sterben und auferstehen, damit Friede wird und die durch die Gesetzesreligion aufgerichteten Schranken zwischen den Menschen niedergelegt werden. Der zutreffendste Kommentar zu V. 14 ist Eph. 2,11–22. Von der προσαγωγή zu Gott sprechen auch Röm. 5,2 und Eph. 3,12; zu προσέρχεσθαι vgl. die obengenannten Stellen. Jesus bestimmt, wer kommen darf; er hat das Hausrecht im Tempel. „Führe die Armen und Krüppel und Lahmen herein", heißt es im Gleichnis vom großen Abendmahl (Luk. 14,21). Gerade auf die nach der Meinung seiner Zeitgenossen mit einem Makel Behafteten hat Jesus es abgesehen. Für die Benachteiligten, zu kurz Gekommenen, Abgehängten, Ausgebooteten setzt er sich ein. Wo allein die Gnade gilt, die das Verlorene rettet, da gibt es keine Privilegien mehr, und da fallen die Zäune. Wir haben heute noch an andere Merkmale zu denken, nach denen die einen meinen, sich von den anderen scheiden zu dürfen, und nach denen mancherorts sogar vor dem Angesichte Gottes die Trennwände aufrechterhalten werden: Farbig oder weiß, zu dieser oder zu jener „Kaste" gehörig, in alter Kultur lebend oder erst am Anfang des kulturellen Werdeprozesses stehend, intelligent oder einfältig, Menschen von morgen oder – angeblich – Menschen von gestern (usw.). Ganz gewiß macht die Gnade die unter uns vorhandenen Unterschiede nicht einfach zunichte. Was nicht Sünde ist, sondern Schöpfung, soll seine Bedeutung sogar behalten. Aber „was die Mode streng geteilt", soll uns vor Gott nicht trennen. Vor Gott gibt es keine Gebrandmarkten. „Und er *heilte* sie" (V. 14).

Man könnte einwenden, daß nach dem eben Ausgeführten, *dies* eigentlich gerade *nicht* hätte kommen dürfen. Er heilte sie – das heißt doch: er schuf die Voraussetzungen dafür, daß diese Menschen nach den geltenden Vorschriften das Recht zum Eintritt in den Tempel erhielten, daß sie also kultfähig und damit eben doch in das Schema des Gesetzes eingepaßt wurden. Damit ist ja gewissermaßen nachträglich anerkannt, daß Krankheit eben doch von Gott scheidet! Ostentativ hätte Jesus die Blinden vor das Allerheiligste führen und die Lahmen dorthin transportieren lassen müssen! Allen im Tempel Anwesenden hätte dies auffallen müssen! Hätten sie Anstoß genommen, desto besser; wie sollten sie sonst wach werden und begreifen! – Man könnte die Geschichte von der Heilung des Blindgeborenen (Joh. 9) als ein Detailgeschehen betrachten, das die Kamera aus dem umfassenden Bild von V. 14 gewissermaßen „heranzieht“. (In Joh. 20,11 ff.24 ff.; 21,15 ff., meinen wir ein ähnliches Verfahren zu erkennen.) Man sieht dabei, daß der das Aufmerken herbeiführende Konflikt keineswegs vermieden wird. Noch dem Geheilten hält man vor: „Du bist ganz in Sünden geboren“, und er wird aus dem Tempel hinausgeworfen (Joh. 9,24). Umgekehrt dürfte Matthäus wiederum haben betonen wollen, daß es nicht Jesu Art ist, es bei den Leiden und Gebrechen der Menschen zu belassen und diese nur optimistisch zu interpretieren. Wie denn die Diakonie, die Jesus von uns erwartet, nicht bloß *gut zuredet*, sondern zugleich *fest zufaßt* und hilft. So hält es Jesus selbst. Seine ϑαυμάσια (פִּלְאוֹת) sind messianische Vorzeichen: *Vorzeichen*, sofern sie anzeigen, daß im Eschaton Krankheit und Tod überwunden sein werden; *messianische* Zeichen, sofern an ihnen dem Glaubenden erkennbar wird, daß Jesus der ist, „der da kommen soll“ (11,5). Man darf in diesem Zusammenhang nur nicht übersehen, daß Jesu Protest gegen das Bestehende viel tiefer greift, als es die Tempelreinigung erkennen läßt; er wird sterben und auferstehen. Man hat gefragt, ob eine den ganzen Tempel betreffende Säuberung historisch überhaupt vorstellbar sei. Matthäus (nur er!) hat mit dem πάντας in V. 12 den Eindruck erweckt, als habe es sich um eine das Ganze des Tempels betreffende revolutionäre Inbesitznahme gehandelt; wir werden uns hüten müssen, das äußere Ausmaß des Geschehenden zu überschätzen (hierin liegt wohl das Wahrheitsmoment dessen, was Schrenk im ThWNT III, S. 243 gegen J. Jeremias u. a. vorbringt; dennoch scheint mir nicht nur ein prophetisches Handeln, sondern eine „bewußte messianische Demonstration“ vorzuliegen, deren Charakter man freilich verkennen würde, wenn man aus den Augen verlöre, daß *dieser* Messias ans *Kreuz* geht). Man achte doch darauf, was sich mit den Geheilten zuträgt. Wir sahen: der Text berichtet nicht, daß sie das Heilige betreten hätten und auf die Stelle „zugegangen“ wären, an der Gott, als die „Schekinah“, über den Keruben thront. „Zugegangen“ sind sie – auf *Jesus* (V. 14). *Er* ist die „Schekinah“, die Gegenwart Gottes in Person, das Allerheiligste in Menschengestalt. In ihm wohnt ja die Fülle der Gottheit leibhaftig (Kol. 2,9). Die Tempelreinigung hat gar nicht den Sinn, daß Jesus sich im Tempel festsetzt und von nun an dort thront (anderer Akzent bei Lukas). Den „Zugang“ zu Gott (s. o.) hat man, indem man auf *ihm* „zugeht“, eben da, wo er ist. Die Szene von V. 14 spielt, wie es scheint, im Vorhof. Man soll sich nicht damit abquälen, ob Gott in Jerusalem oder auf dem Garizim anzubeten ist (Joh. 4, s. o.). Wo zwei oder drei in seinem Namen versammelt sind, da ist er anwesend (vgl. den zeitgenössischen Rabbinenspruch: „Wenn zwei zusammensitzen und Worte der Tora sind zwischen ihnen, da weilt die Schekinah unter ihnen“, nach Schniewind zu Matth. 18,20). „In seinem Namen“, d. h. so, daß sein Wort verkündigt wird und seine Sakramente gebraucht werden. Am Tempel haftet dies nicht. Wohl aber machen Jesu Gnadenmittel jeden Raum, in dem sie Menschen dargereicht werden, zum „Tempel“. – „Und er verließ sie da und ging

zur Stadt hinaus nach Bethanien" (V. 17). Das könnte sehr wohl heißen, daß die Gegenwart Gottes nun aus dem Tempel in Jerusalem auszieht, so wie Hesekiel es einst gesehen hat: „Und die Herrlichkeit des Herrn erhob sich aus der Stadt und stellte sich auf den Berg, der im Osten vor der Stadt liegt" (11,23).
Das bisher Ausgeführte war eigentlich nichts anderes als eine Auslegung des V. 14. Wir verstehen diesen Vers erst dann richtig, wenn wir uns in die Lage eines dieser Menschen versetzen, ja, wenn wir begreifen, daß wir Menschen *sind*, denen – in welcher Abwandlung auch immer – eben dieses widerfahren ist. Trotz allem, was uns von Gott fernhalten mußte: wir dürfen kommen. Darauf weist das hymnische „Denn".

2.

Das Aufatmen der Geheilten wäre – so könnte man sagen – ein unartikuliertes Lob. Es liegt in der Konsequenz des hier Geschehenen, daß dieses Lob Gestalt gewinnt und zum Bekenntnis und Lobopfer wird (Hebr. 13,15). Man denke an die alttestamentliche Dankopferliturgie, auch an das Christuslob des geheilten Blindgeborenen (Joh. 9,35–38). In unserm Text wird der Lobgesang bzw. das Lobgeschrei aus völlig unvermuteter Richtung vernehmbar. *Kinder* rufen im Tempel: „Hosianna dem Sohn Davids!" Messianische Akklamation! Inquisitorisch wird Jesus gefragt, ob er sich das gefallen lasse. Die Entgegnung Jesu schließt sein Ja ein (dieses Ja in 22,45 bestritten zu finden, dürfte eine verfehlte Exegese sein). Der Glaube expliziert sich im bekennenden Lobgesang. Jesus ist als der Christus erkannt. Dogmatische Lehrbücher müssen sein. Was hier laut wird, hat freilich seinen Sitz im Leben ganz woanders. Fragen wir vorerst nicht, aus wessen Munde diese Anrufung kommt. Erinnern wir uns zunächst dessen, daß dieses Messiasbekenntnis seinen Ort im Gottesdienst der Gemeinde hat. Bekenntnis ist zuerst Doxologie, Rühmung, Huldigung. Der Glaube doziert und diskutiert nicht, sondern er bekennt, singt, spricht sich in Freude und Dank aus. „Hosianna in der Höhe! Gelobt sei, der da kommt im Namen des Herrn" – ein Stück aus der Eucharistiefeier der Gemeinde. Weiß die Gemeinde, woher sie das hat, was sie da singt? Weiß sie, in welche Huldigung sie sich einschaltet? Die dem Heilskönig entgegenklingenden Jubelrufe sind zugleich Bitte: „Hilf uns, rette uns doch!" Der bekennende Glaube erwartet immer etwas von dem, dem die Akklamation gilt. Der Kantate-Sonntag gibt Gelegenheit, solche Gedanken und Einsichten im Inneren zu bewegen.
Sich im Bekennen artikulierender Glaube? Es scheint, wir haben schlecht hingesehen. Es sind ja nur Kinder, die so rufen. Wie kommen sie dazu? Sie haben wohl den Einzug miterlebt (V. 9). Nun plappern sie nach, was sie von den Erwachsenen gehört haben. Den Mann, dem der Ruf gegolten hat, haben sie, wie es scheint, wiedererkannt. Wissen sie, was sie rufen? Ist, was sie jetzt tun, Spiel oder Ernst? Wer sich auf Kinder versteht, weiß, daß dies falsch gefragt ist. Ihr Spiel *ist* Ernst. Im Spiel eignen Kinder sich die Welt auf ihre Weise an, setzen sie sich mit der Welt auf ihre Weise auseinander. Aber wieviel Glaubenserkenntnis mag in dieser kleinen Szene schon zum Ausdruck kommen? Wieviel mag hier verstanden sein? Man wird urteilen: Kindereien, aus dem bloßen Nachahmungstrieb hervorgegangen.
Aber Jesus nimmt das Geschrei der Kinder ernst. Er weiß sich darin eins mit Ps. 8, der in seiner Zeit noch dazu als messianischer Psalm galt. Uns Intellektualisten überläuft eine Gänsehaut. Natürlich wissen wir, was gerade bei Kindern die Gewöhnung ausmacht. Was Kinder um sich her erleben, das spielen sie nach, und es wird ihnen zum Gewohnten, unkritisch Übernommenen. Man kann durch Gewöhnung Menschen

für lange Zeit, vielleicht fürs Leben, festlegen, im Guten wie im Üblen. Wie es in ihrer Umgebung, z. B. im Elternhaus, zugeht, wird sie prägen. Wissen das unsere christlichen Familien? – Genau hier aber könnten unsere Bedenken einsetzen. Christ aus Gewöhnung? Im Falle unseres Textes: ein Christusbekenntnis bloß als Nachahmung von Gehörtem? Wo bleibt das Verstehen? Man kennt die – heimliche – Weltanschauung einer Bürokratenseele: Quod non est in actis, non est in mundo. Dies transformiert in die Grundüberzeugung einer intellektualistischen Theologie: Was nicht vom Verstand verarbeitet ist, mag zur Not vielleicht in der Welt sein, in *Gottes*Welt aber unter keinen Umständen. Wir wollen indes nicht mit Spott abtun, was an solchen Gedanken immerhin richtig ist: Es ist unbestritten, daß der Glaube die Gestalt annehmen soll, die dem persönlichen Reifegrad entspricht. Der Glaube des erwachsenen Menschen will im Denken und in der Entscheidung verantwortet sein. Kinder glauben anders, aber auch sie glauben. Jesus mißt das Kind nicht am Erwachsenen; er meint im Gegenteil, wir Erwachsenen müßten, um in das Reich Gottes zu gelangen, werden wie Kinder (Mark. 10,15); es wäre im einzelnen zu bedenken, was das heißt. Jedenfalls läßt Jesus Kinder ,,zu sich kommen" ($\check{\epsilon}\varrho\chi\epsilon\sigma\vartheta\alpha\iota$ $\pi\varrho\acute{o}\varsigma$ $\mu\epsilon$, ebd. V. 14); auch hier klingt die Frage nach dem Recht des ,,Zugangs" durch. Es wäre auf alle Fälle gut, wir gewöhnten uns ab, mit unserm noetisch überspannten Glaubensbegriff – *Werkerei* zu treiben. Vielleicht würden wir dann wieder entdecken, was in unserm Christsein – ohne daß das bewußte Durchdenken und Annehmen gering geachtet werden soll – die Anschauung bedeutet, auch die Gewöhnung, die Einübung, auch die Nachahmung, sicher die Sitte, der uns verbindende Brauch, das Atmosphärische. Wir können und wollen den Heiligen Geist nicht den Regeln der Pädagogik unterwerfen. Aber wir wissen, daß er sich, wann und wo es ihm gefällt, dessen bedient, was zu tun in unserer Macht steht und womit wir mit den Wirkmitteln (CA V: ,,instrumenta") in Berührung kommen können, die er benutzt, um uns zum Glauben zu helfen. – Daß wir auf den Heiligen Geist zu sprechen kamen, war nicht Abschweifung. Das Hosianna-Rufen der Kinder wird als $\varkappa\varrho\acute{\alpha}\zeta\epsilon\iota\nu$ bezeichnet. Das kann in der Tat auf ein Schreien deuten, wie es kindlicher Unbefangenheit entspricht ($\varkappa\varrho\acute{\alpha}\zeta\epsilon\iota\nu$ sonst von Kranken, die nach Heilung rufen, von den Jüngern in Seenot, von den Dämonen u. ä.), es kann aber auch das Rufen im Heiligen Geist gemeint sein (Röm. 8,15; Gal. 4,6; Mark. 9,24). Wie der Geist uns vertritt, wenn wir selbst *nicht* – oder *nicht mehr* – sprechen können (Röm. 8,26f.), so könnte er uns auch vertreten, wenn wir *noch nicht* bekennen und loben können. Gott gibt sowieso mehr, als wir bitten oder verstehen (Eph. 3,20), und der Friede, den er gibt, ist sowieso höher als alle Vernunft (Phil. 4,7). Wer sich gegen dies alles wehren wollte, weil er meint, er könne als Christ nur von dem leben, was er bewußt verarbeitet und aufgenommen hätte, der brächte sich, fürchte ich, um den Trost des Evangeliums gerade in den kritischsten Stunden. Wo in uns alles fraglich wird und zusammenbricht und wir die Hand vor den Augen nicht mehr sehen, da ist Christus in seinem Geist noch immer da. Dies soll uns nicht träge machen. Worin wir mündig sind, da laßt es uns auch wirklich sein. Jesus nimmt aber zum Glück auch den Lobgesang der Unmündigen an, offenbar nicht als kümmerlichen Ersatz für das leider entbehrte Bessere, sondern als vollgültiges Lob und Bekenntnis. Zum Glück – denn vor Gott sind wir alle in einem letzten Sinne unmündig. Selig sind die geistlich Armen. Den Weisen und Klugen ist ,,es" verborgen, den Unmündigen offenbart (5,3; 11,25). Blinde, Lahme, unmündige Kinder: solchen gilt das Evangelium. Wer das verstanden hat, dem müßte es schwer werden, *nicht* zu singen.

Rogate. Luk. 11,5–13   2,005 , Rogate

In dem Abschnitt 11,1–13 – Thema: Gebet – heben sich deutlich drei Aussagegruppen voneinander ab (1–4.5–8.9–13): „eine Reihe, von der man schwerlich sagen darf, sie sei unüberlegt" (A. Schlatter z. St.). Über das Vaterunser wäre auf jeden Fall eine besondere Predigt zu halten; Iwands Meditation über den gesamten Abschnitt 1–13 zeigt, daß die VV. 5–13 an den Rand geraten, also zu kurz kommen müssen (GPM 1947 und PM Göttingen ³1966, S. 71 ff.). So ist es gut, daß wir uns auf die VV. 5–13 konzentrieren können. VV. 5–8: das „Gleichnis von dem Mann, der in der ·Nacht um Hilfe gebeten wurde" (J. Jeremias, Die Gleichnisse Jesu, Berlin ³1955, S. 82 und 120 ff.), das in 18,1–8 („Gleichnis vom ungerechten Richter") in ähnlicher Weise seine Dublette hat wie 15,1–7 in 15,8–10. Lukanisches Sondergut. – V. 7: Während die Rede VV. 5 f. mit einer Anrede begann, fehlt diese hier; der nachts Aufgeweckte ist verärgert. Ἤδη hier = „längst" (wie in 14,17). „Ich kann nicht" ist, wie so oft im Leben, so viel wie: ich will nicht (Jeremias). – V. 8: λέγω ὑμῖν = nicht wahr? διά γε τὴν ἀνείδειαν αὐτοῦ wahrscheinlich: wenigstens wegen seiner (des Bittenden) Unverschämtheit; Vorschlag A. Fridrichsen: wenigstens um seiner (des Gebetenen) Nicht-Beschämung willen, d. h. also: um nicht beschämt zu werden. – Die VV. 9–13 haben (V. 12 ausgenommen) ihre fast genaue Entsprechung in Matth. 7,7–11, stammen also aus Q. „, ... wird euch gegeben" usw.: Das Passiv umschreibt den nach jüdischer Sitte möglichst nicht auszusprechenden Gottesnamen. Die Objektlosigkeit der Verben deutet an, daß es nicht um einzelnes geht (vgl. zu V. 13). – V. 11: Schluß a minore ad maius. Antwort: Unmöglich! – V. 12: Skorpion, also Giftspinne; die gefährlichste Art etwa handtellergroß; zusammengerollt kann ein Skorpion einem Ei gleichen (Grdm. z. St.). – V. 13: hinsichtlich der Gabe ist die Textüberlieferung auffällig vielgestaltig. Matth. 7,11 bietet ἀγαθά = die Gaben der Heilszeit (Röm. 3,8; 10,15 u. ö.; Luk. 1,53); daran dürften sich der Sinai-Syrer und die armenischen Übersetzungen angeglichen haben (ähnlich der Koridethianus). Interessant die LA von P 45 (Chester Beatty, 3. Jh.!) und des Parisiensis, wozu die Vulgata und die lat. Übersetzung mm (8./9. Jh.) stimmen: πνεῦμα ἀγαθόν. Grundmann meint, dies könne die Urlesart sein. Es geht bei allen Lesarten um die Heilsgaben.

Durch diesen Text soll uns zum Beten Mut gemacht, wir sollen der Erhörung vergewissert werden. Der Zuspruch wird unaufdringlich, doch unüberhörbar durch Jesu Botschaft und Werk begründet. Wie das geschieht, dies gilt es herauszuarbeiten. Wir brauchen keine Sorge zu haben, wir könnten mit einer solchen Predigt offene Türen einrennen. Wir brauchen dabei durchaus nicht nur an „den Menschen unserer Tage", dieses homiletisch immer wieder einmal beschworene Schablonenwesen, zu denken. Wir sind ja auch nicht dazu da, um anderen und uns selbst auszureden, daß wir vieles vermögen; eben dies ist ja – noch immer! wie lange noch? – der Stolz und die Zuversicht eben dieses „modernen Menschen". Ganz recht: Wir arbeiten; ja, wir verstehen uns in hohem Maße von unserer Arbeit her. Nach ihr bemessen wir den Wert des einzelnen Menschen. Von ihr erwarten wir Besserung unseres Lebens. Vielleicht erwarten wir von ihr sogar die Erlösung der Welt von allem Mißlichen. Wie immer wir in diesen Fragen urteilen: der Mensch ist – um es biblisch auszudrücken – in den „Garten" gesetzt, um ihn zu „bebauen" und zu „bewahren" (Gen. 2,15). Es wäre schlechthin falsch, die Parole auszugeben: *Beten* sollen wir, nicht arbeiten. Das Umgekehrte wäre freilich genauso falsch. Der christliche Glaube sieht im Menschen, dem Ebenbilde Gottes, das Wesen, das zum Gespräch mit Gott bestimmt ist. Arbeiten kann auch die Maschine, der Apparat, wenn es freilich auch allein dem Menschen vorbehalten ist, *schöpferische* Arbeit zu leisten. Sogar Denkarbeit können die von uns konstruierten elektronischen Geräte leisten, viel umfassender, schneller und präziser als wir. Aber sie können uns nicht zum persönlichen Gegenüber werden, auch

dann nicht, wenn sie z. B. gegen uns Schach spielen. Zur Gemeinschaftsfähigkeit gehört mehr als der logische Schaltvorgang, also mehr als die von einem Apparat zu
leistende „Arbeit". Hier liegt das Proprium des Menschen. Es hat seine Wurzel in
der Würde des Menschen, Gottes Ebenbild zu sein. Das erstorbene Gebetsleben ist
dann nicht etwa nur ein peripherer Schade, sondern eine Störung in der Mitte. „Sie
reden nicht mehr miteinander" – jeder weiß, was es heißt, wenn man dies an zwei
Menschen beobachten muß. Ist Gott für uns nicht ein weltanschauliches Museums-
stück, sondern der lebendige Gott, dann ist das Gespräch mit ihm geradezu die Probe
darauf, ob wir wirklich an ihn glauben. Genau hier liegt aber die Schwierigkeit. Jesus
weiß davon. Die Worte dieses Textes sind nicht ins Blaue hinein geredet. Wir werden
sie desto besser verstehen, je deutlicher uns ist, welche Schwierigkeiten und Hemm-
nisse hier zu überwinden sind. Dabei ist es uns nicht nur erlaubt, sondern – die traditionsgeschichtliche Betrachtung der Schrift hat uns dies gelehrt – geradezu geboten,
die Aussagen des Textes *den* Schwierigkeiten zu konfrontieren, in denen *wir* uns befinden. Dies schließt ein, daß man in der Appplikation der Textaussagen die nötige
Freiheit walten läßt. Gesamtrichtung und Gedankenschritte des Textes könnten so
zusammengefaßt werden: *Um Jesu Christi willen finden wir Gehör bei Gott.* (1) *Wir
sollen es wagen, ihn zu bitten.* (2) *Er will uns geben, was wir bitten.* (3) *Er gibt uns mehr,
als wir bitten.*

I.

Wir befinden uns in der Gebetsunterweisung Jesu (V. 1). Es ist wichtig, ständig in Erinnerung zu behalten, *wer* uns so lehrt. Daß Jesus an Erfahrungen unseres Alltags anknüpft, bedeutet noch lange nicht, daß wir aus unseren menschlichen Verhaltensweisen generell auf Gottes Einstellung zu uns schließen dürften. Es käme so – wieder
einmal – der Gott heraus, der verpflichtet ist zu tun, was wir für recht und billig
halten; und wir pflegen dabei unsere eigenen Interessen zum Maßstab zu machen, dem
auch Gott unterworfen wäre. Man muß wissen, daß das konzessive πονηροὶ ὑπάρχοντες
(V. 13) in all diese Aussagen einkalkuliert ist, nicht etwa nur zu unsern Gunsten, als
hätten wir nun um so ungehemmter zu fordern, sondern auch als Erinnerung daran,
daß sich hier eigentlich nichts von selbst versteht. Die so plausible Art der Argumentation Jesu darf uns nicht dazu verführen, eine natürliche Theologie zu entwickeln,
die – mindestens, was das Beten angeht – auf Jesus verzichten könnte. Daß Gott so
zu uns steht, wie dies in Jesu Gebetsunterweisung vorausgesetzt und ausgesprochen
ist, gilt „in Christus". Um Jesu Christi willen finden wir Gehör bei Gott.
Das Gleichnis von dem Mann, der in der Nacht um Hilfe gebeten wurde, führt uns in
die bescheidenen Verhältnisse des palästinischen Alltags. Man kauft das Brot nicht
im Bäckerladen; die Hausfrau pflegt es am frühen Morgen zu backen. Im allgemeinen
wird soviel hergestellt, wie die Familie am Tage brauchen wird. So kommt es, daß der
unerwartete Gast am späten Abend nicht mehr bewirtet werden kann. Wir verstehen,
daß er zur Reise die Kühle des Abends und der einbrechenden Nacht ausgenützt hat.
Aber nun kommt er hungrig an, und es ist kein Brot da. Dem Morgenländer ist die
Gastfreundschaft heilig. Was ist hier zu tun? In den dörflichen Verhältnissen weiß
man – ganz anders als in unseren großstädtischen Verhältnissen – Bescheid wie es im
Nachbarhaus steht. Wie gut: dort haben sie heute morgen reichlich gebacken! Man
kann hinübergehen und eine Tagesration Brot (= drei Fladen) leihen. Aber es ist
schon Mitternacht. Der Bittende – jeder aus der Mitte der Zuhörer Jesu könnte es
sein (V. 5) – muß den Freund aus dem Schlafe wecken. Wir hören ihn klopfen. Mit

flüsternder Stimme wird er dem Nachbarn sein Anliegen vortragen. „Freund!", redet er ihn an. Der andere erwidert in ganz anderer Tonart: ohne Anrede, ärgerlich, unwirsch. Aber auch er wird, obwohl ungehalten, mit tonloser Sprache antworten. Denn er hat zwar das Klopfen gehört, aber die Familie ist darüber nicht wach geworden. Und sie schlafen ja alle, im palästinischen Fellachenhaus mit seinem einen Raum (Matth. 5,15), dicht beieinander: Vater, Mutter, Kinder. Stünde der Gebetene auf, so würden alle wach. Und wenn sie nicht vom Aufstehen des Vaters geweckt würden, dann davon, daß die „längst" verschlossene Tür aufgemacht werden muß. Eiserne Ringe sind an Tür und Pfosten angebracht, in die man einen Balken hineingeschoben hat. Ohne Lärm ist die Tür nicht zu öffnen. Hindernisse und Gegengründe genug! Wie nun?

Wir haben das Gleichnis nacherzählt – in einer Hinsicht jedoch falsch. Wir haben nämlich außer acht gelassen, daß das ganze Gleichnis als eine – mit langem Atem ausgeführte – rhetorische Frage zu verstehen ist, deren Beantwortung dann noch, aus der Anlage der Frage ausbrechend, in V. 8 gegeben ist. J. Jeremias (a. a. O., S. 121): „Könnt ihr euch vorstellen, daß, wenn jemand von euch einen Freund hat und …" – nun käme die Geschichte bis hin zu der verärgerten Ablehnung: Laß mich in Frieden! – Jesu Rede müßte damit enden, daß die Anfangsfrage wieder aufgenommen wird: „Könnt ihr euch das vorstellen?" Antwort: Undenkbar! Bei allen äußeren Schwierigkeiten, bei aller Unwilligkeit des um Hilfe angegangenen Freundes: der Bittende wird erlangen, was er will, einfach, weil er nicht lockerläßt bzw. (s. o.) weil es zuletzt doch auch dem aus dem Schlaf Gewekten ehrenrührig scheint, den in Verlegenheit befindlichen Nachbarn wegzuschicken.

Jesus ermutigt uns, Gott anzureden. Ja, wir werden ausdrücklich zum *Bittgebet* ermutigt. Unser Beten wird oft ein absichtsloses Gespräch mit Gott sein; wir werden mit Gott die uns bewegenden Fragen und Entscheidungen, unsere Vorhaben und unsere Aufgaben besprechen und uns unter seinen Augen über den einzuschlagenden Weg besinnen. Auch das hat selbstverständlich sein Recht. (Anders wäre zu urteilen, wenn uns hier und da empfohlen wird, unser Gebet als Selbstgespräch zu verstehen, als Aufarbeiten unserer Situation mit dem inzwischen in die geschaffene Welt hineingestorbenen Gott. Überflüssig, zu beweisen, daß die Lage anders ist, wenn man von Jesus ermächtigt ist, Gott „Vater" zu nennen.) Unser Beten geschieht auf verschiedene Arten: als Lob und Anbetung, als stilles Staunen, als wortloses Sich-Anvertrauen, als ausdrücklicher oder stummer Dank, als erörterndes Bedenken der Dinge im Umgang mit Gottes Wort und in der Gewißheit der Gegenwart des Herrn. Alles gut und richtig. Aber dazu gehört auch die *Bitte*. Daran läßt das Gleichnis keinen Zweifel.

Die Spitze dessen, was es will, ist indessen noch nicht aufgezeigt. Es will ja, wie wir sahen, nicht einfach aus menschlichen Verhaltensweisen ablesen, was wir von Gott zu erwarten haben. Wollte man das Gleichnis lediglich so verstehen, dann könnte es nur ein Aufruf zur ἀναίδεια, zur Unverschämtheit, und das heißt sofort auch: zur Hartnäckigkeit und Unbeirrbarkeit im Bitten und Begehren sein. Bei der bittendenden Witwe (18,1–8) ist dies offenbar der eine Schwerpunkt, jedenfalls nach der von Lukas gegebenen Einleitung (V. 1). Aber es kommt in diesem Parallelgleichnis noch auf etwas anderes hinaus: „Gott" und seine „Auserwählten" werden in V. 7. zusammen gesehen, und darin ist der Schluß a minore ad maius begründet: Wenn es schon unter Menschen, d. h. unter ausgesprochen ungünstigen Bedingungen, so ist, daß der Bittende zuletzt mit seinem Begehren durchdringt, wieviel mehr bei Gott! In 11,13 wird der Schluß a minore ad maius, der in VV. 5–8 unausgesprochen blieb (Bltm., GsTr., S. 189: „ohne Anwendung") ausdrücklich gezogen. Man könnte so sagen: das Gleichnis muß, damit aus dem minus das maius werde, mit dem die eigentliche Aussage ausmachenden Faktor multipliziert werden, dieser Fakor ist die – von uns in keiner Weise verdiente und daher ohne Jesus Christus auch nicht zu erwartende oder gar zu verlangende – Liebe und Väterlichkeit Gottes. Was wir selbst uns nie hätten ausrechnen oder gar fordern können, ist „in Christus" wahr: Gott steht zu uns so, daß er uns unser Bitten nicht nur erlaubt, sondern uns dazu ermutigt. Läßt sich ein Mensch – wie der in der Nacht gestörte Nachbar – zuletzt doch (wie könnte er anders?) herumkriegen: wieviel mehr hat Bitten bei dem Gott Sinn, der auf unser Bitten wartet! Das heißt, im Stil des Textes geredet: Mußte die auf Jesu rhetorische Frage zu gebende Antwort lauten: „unmöglich", so müßte sie nun (falls man „unmöglich" steigern könnte) in bezug auf Gott heißen: „noch viel unmöglicher!" Genau darauf will es hinaus. Gott wird euch ganz bestimmt nicht abweisen – wagt es doch, ihn zu bitten!

2.

In den VV. 9f. wird, was das Gleichnis wollte, noch einmal unverschlüsselt gesagt. Bittet, suchet, klopfet an! Hinzugefügt ist jedesmal die Zusage der Erfüllung. Gott will uns geben, was wir bitten.

Wir haben uns darauf einzustellen, daß nicht wenige unter den Hörern der Predigt Denkschwierigkeiten haben, wenn es um Gottes gubernatorisches Handeln geht. Vielleicht sind wir gern bereit, von Gott Erfüllung unserer Bitten zu erwarten, sofern diese „innere" Gaben betreffen: Gib mir Klarheit, gib mir Mut, mach mich bereit zur Verständigung mit meinem schwierigen Kollegen, hilf mir aus dem Zweifel und der Niedergeschlagenheit! Wie aber, wenn Gott, um unsere Bitte zu erfüllen, allerlei Hebel in Bewegung setzen muß? Die Welt ist in bestimmten Gesetzen verfaßt – läuft da nicht alles ab, wie es laufen muß, ohne daß ein Gott in der Lage wäre, aufgrund seiner Überlegungen und Entscheidungen steuernd einzugreifen? Wenn wir so urteilen, wird es kaum Sinn haben, ihn zu bitten: Mach mein Kind gesund, erhalte uns den Frieden in der Welt, bewahre uns vor Katastrophen! Der einzige, meinen wir, der steuernd in das naturgesetzlich geordnete Weltgeschehen eingreifen, nein: sich eben der Naturgesetze bedienen kann, ist doch der Mensch selbst. *Ihn* kann man bitten, beschwören, ermuntern, an ihn kann man appellieren. – Was haben wir soeben getan? Wir haben behauptet, daß der Mensch steuernd auf das Weltgeschehen einwirken kann, obwohl er doch nicht nur in dieses naturgesetzlich geordnete Geschehen der Welt eingefügt, sondern auch in sich selbst ein gesetzmäßig verfaßter Mikrokosmos ist. Wir wissen: keiner von uns kann aus den Gesetzmäßigkeiten ausbrechen, und doch bitten, beschwören, appellieren wir! Gesetzmäßigkeit und Steuerung *sind* gar nicht widereinander. So verschiebt sich die Frage: Wollen wir behaupten, daß, was dem Menschen für *seinen* Wirkungsbereich möglich ist, Gott für den *ihm* unterstehenden Wirkungsbereich unmöglich sein müßte? Ist die Welt als ganze – der Christ sagt: ist die Schöpfung – ungesteuert, also nur dem Ablauf von Gesetzmäßigkeiten unterworfen, ohne daß da jemand wäre, der mit ihnen überlegt umgeht und das Ganze sinnvoll lenkt? Wenn wir dieser Meinung sind, dann ist das einzige Wesen, das Sinn setzen, verantwortlich handeln und Überlegtes tun kann, der Mensch. Es wäre wahrhaftig kühn, aus Gründen der Gesetzmäßigkeit Gott absprechen zu wollen, was man – im menschlichen Maßstab – sich selbst jeden Augenblick zuschreibt. Wir sehen keinen Anlaß, an dieser Stelle den Erhörungsverheißungen zu widersprechen.

Verwunderlich und staunenerregend ist nicht, daß Gott Bitten erhören *kann*, sondern daß er es *will*. Wir beten ja nicht kraft eines Rechtes, das uns von vornherein und selbstverständlich zustünde. Wir sind nicht Gottes gleichberechtigte Partner, die aufgrund irgendwelcher Vorleistungen Gott etwas abverlangen können. Schon gar nicht kann es darum gehen, daß unser Gebet Gott unter Druck setzt und ihm etwas abnötigt. Wir haben weder Macht über Gott, noch ist Gott uns in irgendeiner Weise verpflichtet. Dies alles würde auch dann gelten, wenn unser Verhältnis zu ihm nicht durch unsere Schuld gestört wäre, ja, man wird sogar sagen müssen: eben darin würde sich das heile Verhältnis zu Gott ausdrücken, daß es uns gar nicht in den Sinn käme, unsere Grenzen zu überschreiten. Nun aber *sind* wir extra Christum im Konflikt mit Gott; unsere Lage vor Gott, wie sie ohne Jesus wäre, würde jedes Gebet unmöglich machen. Sünder haben vor Gott verspielt. – Aber wir sind nun durch Christus in der ganz neuen Lage. Jesus ermächtigt uns zum Gebet. Wir dürfen bitten, ja, Gott erwartet es sogar, daß wir ihn bitten, und er würde, wenn wir uns scheu oder vertrauenslos zurückhielten, feststellen müssen, daß er mit uns noch nicht an sein Ziel gekommen ist.

Wer bittet, dem wird gegeben werden. Gott schickt uns nicht mit leeren Händen nach Hause. Wir brauchen keine Angst zu haben, Gott könnte sich in unserm speziellen Falle verschließen. Jesus steht für die Erhörung ein. – Wer sucht, wird finden. Gemeint ist wohl das Streben des Denkens, des Wollens, überhaupt des „Herzens" nach Gott und nach dem Leben unter seiner Herrschaft (12,31), und das schließt ein: nach dem Frieden und nach der Gemeinschaft mit ihm. Wer ihn sucht, der kann wissen, daß Gott *ihn* schon gefunden hat, und wer das weiß, dem ist das Suchen schon erfüllt (trotz dem, was nach Phil. 3,12 für unser ständiges Unterwegssein gilt). Wer anklopft, dem wird geöffnet. Wir sind wieder bei dem „Zugang" zu Gott, den Christus uns verschafft hat. Es ist Gott ernst mit seinen Angeboten. Eigentlich ist er mit seiner Selbstdarbietung und dem Entgegenhalten seiner Gaben allem unserm Bitten längst voraus. Er will nur, daß wir im Glauben zugreifen. Er weiß, wessen wir bedürfen (12,30). Er könnte, wenn es sein muß, die Zufuhr seiner Gaben von einer unsichtbaren Zentrale aus bewerkstelligen. Aber er will angeredet sein. Denn, was uns von ihm zukommt, gehört hinein in die „Geschichte", die sich zwischen ihm und uns zuträgt, also in das personale Geschehen, in das Miteinander auf du und du. Gott will uns gern aus der stumpfen Verschlossenheit ihm gegenüber heraushaben. Luther meinte es aus unserm Text herauszuhören, daß Gott uns lockt, indem er gewissermaßen mit uns Versteck spielt: „Erstlich sollen wir *bitten*. Wenn wir nun anfahen zu bitten, so verkreucht er sich irgends hin und will nicht hören. Will er sich nicht lassen finden, so muß man ihn denn *suchen*, das ist: mit Beten anhalten. Wenn man ihn denn sucht, so verschleußt er sich in ein Kämmerlein; will man zu ihm nein, so muß man denn *kloppen*. Wenn man dann einmal oder zwei geklopft hat, so verhöret (= überhört) er. Letztlich, wenn man des Kloppens will zu viel machen, so tut er auf und spricht: Was willst du denn? Herr, ich will das oder jenes haben. So spricht er: So hab dirs doch! Also muß man ihn aufwecken" (WA Ti 5392; s. Cl. 8, S. 290). Nicht, daß Gott nun doch noch durch unser Rufen, Bitten, Schreien, Suchen, Klopfen, Poltern (Luther, ebd.) zu etwas genötigt werden sollte, wozu er von sich aus keinerlei Neigung verspürt! Er hält alles Gute für uns bereit. Nur: er ist nicht der – als Person uninteressante – Lieferant alles dessen, was wir nötig haben; sondern er ist der Gott, dem es um den persönlichen Kontakt mit uns geht und für den alle Gaben, die er gibt, Angebinde seiner persönlichen Liebe sind. Daß er nicht immer sofort auf unsere Bitten eingeht, könnte also ein Anreiz sein, beharrlicher auf ihn zuzugehen und nun nicht bloß die Gabe, sondern – und vor allem – den Geber zu suchen. So könnte man die von ihm gelegentlich angewandte List verstehen: eine Mutter, deren Kind das Lau-

fen lernt, wird zuweilen, indem sie dem Kind die Hände entgegenstreckt, vor dem auf
sie zukommenden Kinde zurückweichen, damit es von einem zum andern Mal mehr
Schritte gehen lernt.

Noch etwas anderes liegt in der Aufforderung und Ermächtigung zum Gebet. „In
Aufforderung und Zusage wird der Mensch aus der bisherigen Weise seines Daseins,
da er sich alles selbst erzwingen wollte, herausgerufen, und es wird ihm eine neue
Weise des Daseins geschenkt, die er von Jesus durch sein Wort empfängt" (Grdm.
z. St.). Es könnte sich bei uns ein quälender Krampf lösen, wenn wir lernten, uns und
unser Leben als Gabe zu verstehen, die man erbitten kann oder soll, der gegenüber
man also keineswegs fatalistisch-passiv bliebe und die man eben doch nicht selbst er-
stellt oder gar erzwingt, sondern empfängt, so wie Gott sie gibt. Wir kommen mit
dem, was wir uns ertrotzen, sowieso nicht weit. Indem wir bitten und empfangen,
werden wir wieder Geschöpfe und Kinder Gottes; *Geschöpfe*, indem wir uns nichts
nehmen können, was uns nicht gegeben wird (Joh. 3,27), also in allem, was wir sind,
von Gott abhängen, und dies im bewußten Blick auf Gott; *Kinder*, indem wir frei-
mütig unsere Anliegen Gott vortragen. Das bedeutet dann freilich, daß wir uns Gott
anvertrauen und unser Leben annehmen, wie er es uns gibt; nicht widerwillig und
zähneknirschend, sondern im Ja des Vertrauens. So wird uns gegeben, so finden wir,
so wird uns aufgetan.

3.

Gott gibt uns mehr, als wir bitten. Dies ist die Antwort der VV. 11–13 auf den Einwand, daß wir sooft weniger empfangen, als wir gebeten haben, vielleicht überhaupt
nichts. Der Prediger wird damit rechnen, daß von vielen Menschen Einwände vor-
gebracht werden, die auf der (wie man meint, eindeutigen und vielfach erhärteten)
Erfahrung beruhen: Gott erhört nicht. Wir werden uns dem zu stellen haben, wie
denn auch Jesus sich solchem Einspruch stellt.

Die erste Antwort, die hier zu geben ist, entstammt nur mittelbar dem Text: Wir
haben die üble Angewohnheit, meist nur die Fälle im Gedächtnis zu behalten, in
denen Gott anders entschieden hat, als wir wollten und dachten; gar nicht zu reden
von allem, was er uns gewährt hat, ohne daß es uns überhaupt eingefallen wäre, ihn
darum zu bitten. Es geht nicht darum, mit solcher Überlegung Gott (apologetisch) zu
Hilfe zu eilen, sondern darum, daß wir – wohlgemerkt: unter Einbeziehung auch aller
seiner Wohltaten im Bereich des Geschöpflichen – uns im Wahrnehmen dessen, was
er uns gibt, ein bißchen besser üben und dankbarer, damit auch wiederum zuver-
sichtlicher werden. Gott gibt seinen Kindern gute Gaben.

Sodann aber, unmittelbar vom Text her, wiederum eine Erinnerung daran, daß wir
es ja, um Jesu Christi willen, mit dem himmlischen *Vater* zu tun haben (vgl. oben zu
VV. 5–8). Ein Kind bittet um ein Stück Brot – der Vater gibt ihm einen Stein. Ein
Kind bittet um einen Fisch – der Vater gibt ihm eine Schlange. Ein Kind bittet um
ein Ei – aber das zusammengerollte Ding, das der Vater dem Kind in die Hand gibt,
erweist sich im nächsten Augenblick als eine Giftspinne, als gefährlicher Skorpion.
Frage: Gibt es so etwas? Kann man sich so etwas denken? Geht ein Vater so mit
seinem Kinde um? Wieder muß die Antwort lauten: Unmöglich! (Lukas hat eindrucksvoll disponiert: er stellt gewissermaßen links und rechts neben den Kernspruch
VV. 9f. zwei Stücke, deren gedankliche Struktur durch das „Unmöglich" und den
implicite bzw. explicite vollzogenen Schluß a minore ad maius bestimmt ist. Die vorhin gegebene Auslegung bestätigt sich.) Gott liebt uns keinesfalls weniger, als ein
Vater sein Kind liebt. Ja, man muß sagen: „wieviel mehr" ist von Gott Gutes zu er-

warten als von irgendeinem Menschen, der auch dann, wenn er sein Kind liebhat, in seinem Wesen doch πονηρός, also böse, schlecht ist! Gerade auf dem Hintergrunde der neutestamentlichen Hamartiologie (die, wie man sieht, dem Sünder nicht jegliches Gute abspricht) wird Jesu Wort kräftig und bedeutungsvoll.
Und was folgt daraus? Der Eindruck, Gott gebe statt des erbetenen Guten in Wirklichkeit Schlechtes und Gefährliches, kommt wohl dadurch zustande, daß er in der Tat oft *anderes* gibt, als wir gebeten haben. Unsere Predigt soll keinen Zweifel darüber lassen, daß dies geschieht – wahrscheinlich *oft* geschieht. Auch hier geht es keinesfalls darum, Gott zu verteidigen. Das wäre, wenn es uns wirklich darauf ankäme, gar nicht schwer, weil wir oft Dummes bitten und es von Gott weder weise noch gütig wäre, wenn er sich durch Automaten-Gebete (Münze hinein – Ware entnehmen) das Weltregiment aus den Händen nehmen ließe. Aber solches erörtert der Text nicht. Jesus erwartet von uns das *Vertrauen*, daß auch da, wo wir statt des Erbetenen anderes empfangen, der *Vater* am Werke ist. Mag sein, daß uns das Ja schwer wird. Vielleicht haben wir an dem, was Gottes undurchsichtige Güte sich für uns ausgedacht hat, mühsam zu tragen. Glauben wir, dann wird auch dies Unerwünschte, zunächst trotzig Zurückgewiesene, vielleicht von uns Gehaßte, uns mit Gott tiefer verbinden. Dorothy C. Wilson beschreibt das Schicksal der indischen Ärztin Mary Verghese, die von einem Busunfall eine Lähmung – von der Hüfte an abwärts – davongetragen hat und fortan, im gehorsamen Ja zu Gottes Beschluß, vom Rollstuhl aus Spezialoperationen vornimmt und ein erfülltes, gesegnetes Leben lebt; der Titel des Buches (erschienen in New York, Kassel und Berlin) sagt, worauf es hier ankommt: „Um Füße bat ich – und er gab mir Flügel."
Endlich aber müssen unsere Gedanken noch eine Wendung nehmen. Sie müssen nämlich die wirklich scharfe Kurve durchfahren, die der Text selbst vorzeichnet. „... wieviel mehr wird der Vater im Himmel *den Heiligen Geist* geben denen, die ihn bitten." Vielleicht findet die Gemeinde diese Wendung enttäuschend: „nur" den Heiligen Geist? – wo es mir doch um den Urlaubsplatz, um das Eheglück, um die Genesung oder den Fünfer im Lotto ging? Es wird viel darauf ankommen, daß wir im Sinne von 13.31 (s. o.) unterscheiden lernen. Die auffällig objektlosen Verben in VV. 9f. weisen uns in genau diese Richtung (vgl. Schniewinds Auslegung von Matth. 7,7 im NTD). Wer nichts vom Reiche Gottes und von dem uns zugedachten eschatischen Heil weiß, wird diese Schlußwendung als ein Ausweichen ansehen: weil Gott mit meiner Alltagsnot nicht fertig wird, soll ich meine Gedanken auf das lenken, was nicht viel kostet. Nicht viel kostet? Dies wäre zu prüfen. Gott gibt *mehr*, als wir bitten, weil er in dem größeren Horizont denkt und handelt, der mitumfaßt, was wir auch als Glaubende nur von ferne ahnen können. Wenn wir einmal in unserer letzten Stunde unter dem Eindruck stehen sollten: jetzt versagt er mir meine letzte Bitte, dann meint er in Wirklichkeit doch eben dies, daß er uns, indem wir auferstehen, das „Gute" (Matth. 7,11), d. h. aber (s. o.) das „Beste" gibt, das er zu vergeben hat: die unzerstörbare Gemeinschaft mit ihm. Der Heilige Geist ist die „Anzahlung" eben darauf (2. Kor. 1,22; 5,5; Eph. 1,14).

Himmelfahrt. 1. Kön. 8,22–24.26–28

Der Hauptteil des Kapitels ist (nach M. Noth im Kommentar S. 173) deuteronomistisch (mit späteren Erweiterungen). Auch die VV. 1–11, wahrscheinlich auf Aufzeichnungen aus salomonischer Zeit beruhend, lassen „Spuren deuteronomistischer Arbeit" erkennen. Die

VV. 12f. enthalten den Tempelweihspruch Salomes, ein Zitat aus dem „Liederbuch" oder, nach anderer LA, aus dem „Buch des Gerechten" (vgl. Jos. 10,13; 2. Sam..1,18), von dem wir sonst nichts wissen, das aber wohl eine alte Quelle ist. Der Spruch ist „ein singuläres Zeugnis für eine Jerusalemer ‚Tempel-Theologie'" (Noth, S. 181) und für das Verständnis des Predigtabschnittes wichtig. Der Luthertext bietet eine durch die LXX und Vetus latina bezeugte, wohl ursprüngliche LA mit der Emendation הָכִין statt הָדִין. Der Spruch wird uns noch zu beschäftigen haben. – Die VV. 14–21 berichten in Form einer Rede Salomos vom Zustandekommen des Tempelbaus. VV. 22–30 enthalten das große *Tempelweihgebet Salomos*. VV. 31ff. sprechen von konkreten Anlässen für Gebete, die künftig in diesem Tempel vor Gott gebracht werden.

Die VV. 22–30 gehören zusammen. V. 25 kann man nur zur Not weglassen (wie PTO vorschlägt); er bezieht sich auf die Nathanweissagung 2. Sam. 7,12.14–16, also auf den Fortbestand der Daviddynastie und damit, im heilsgeschichtlichen Fluchtpunkt, auf Christi Königtum (vgl. uns. Ausl. zum 1. Advent und zum 1. Christtag), über das zu Himmelfahrt zu reden gewiß nicht unpassend wäre. Für unmöglich halte ich es, die VV. 29f. beiseite zu lassen. Die Perikope würde, wenn man dies täte, „auf einem Bein' stehen; dazu s. u.

V. 22: Die ganze Gemeinde ist versammelt. Salomo tritt vor den Altar, „gewiß mit der Blickrichtung zum Heiligtum" (Noth). Gebetsgestus: zum Himmel ausgebreitete Hände (Exod. 9,29; Jes. 1,15; Ps. 143,6; 1. Tim. 2,8; mittelbar: Luk. 18,13 [nicht einmal die Augen, geschweige denn die Hände]). – V. 23: Noch bekennt man sich nicht zur Einzigkeit Gottes (Jes. 44,6), sondern nur zu seiner Überlegenheit über alle Götter (Exod. 15,11), die in Gottes Bundestreue gesehen wird. – V. 24: Rückblick auf VV. 15–21. – V. 25: s. o., vgl. auch 2,4. Die Bedingung dafür, daß Gott sein Versprechen einlöst: der Lebenswandel der Nachkommen Davids. Hier ist das „Loch", das Christus ausfüllen wird. – V. 27: vgl. Deut. 10,14ff. Vgl. Jer. 23,23f.; Amos 9,2; Ps. 139,7ff. Hierher gehört auch V. 12; dort ist vom Wolkendunkel die Rede (gemeint ist nicht das fensterlose Allerheiligste des Tempels). Gottes Thron ist im Himmel oder ist *der* Himmel (Ps. 11,4; 33,14; 103,19; Jes. 40,22a; Habak. 2,20; Matth. 5,34; Jes. 66,1). Dennoch: V. 13. Die VV. 28–30 sprechen vom Tempel als von dem Ort, an dem Gott seinen „Namen" sein läßt, also persönlich anwesend ist und angerufen werden kann. Vom „Wohnen" Gottes sprechen u. a. Jes. 8,18 Ende, Amos 1,2a; Ps. 76,3b; 132,13f. – V. 28 spricht von „flehentlicher Bitte" (Noth). רִנָּה hier einfach = „Schrei", sonst Jubel. „Die ‚geöffneten Augen' bedeuten Aufmerksamkeit, auch wenn es sich um ‚Hören' handelt, wie man denn jemanden, von dem man ein Wort erwartet, anzublicken pflegt" (Noth, S. 185). Nacht und Tag (sonst meist umgekehrt: 2. Chron. 6,20), weil man den Tag mit Sonnenuntergang beginnen ließ; gemeint ist die „pausenlose Aufmerksamkeit" Gottes (Noth, ebd.). In V. 30 „harte Formulierung": „hören in Richtung Himmel"; sie erklärt sich daraus, daß Gottes Wohnen im Himmel und seine Anwesenheit im irdischen Tempel zusammengedacht werden.

Ein Text aus dem Alten Testament für ein *Christusfest*: die Schwierigkeiten alttestamentlicher Predigt auf dem Boden der christlichen Kirche bündeln sich hier besonders dicht. Der Text ist ja nicht ein in weite Zukunft vorausschauender Verheißungstext (etwa: „Siehe, es kommt die Zeit ..." oder „nach diesen Tagen"); er spricht von Erfüllung von längst Zugesagtem (V. 24). Soll von Christi Himmelfahrt von diesem Text her gesprochen werden, dann müßte dieser neutestamentliche Sachverhalt bereits in dem hier Ausgesagten vorgefunden werden können, und das heißt: Jesu Erhöhung würde ihren Charakter als kontingentes Geschehnis verlieren und sich unterhand in eine zeitlose Wahrheit verwandeln, entweder so, daß Christi Herrschaft zu einer unwandelbaren, immer gültigen Idee wird, oder so, daß die Heilsgeschichte ent-wirklicht wird zu einem bloßen Schattenspiel, in dem sich die ewigen, vor aller Zeit und Welt gedachten Gedanken Gottes nur *darstellen*. Wären wir mit dem allem noch bei der im Neuen Testament bezeugten Sache? Es bedarf keiner Antwort auf diese Frage.

Man sollte den Zusammenhang anders sehen. Verbale Vorausdeutung auf den kommenden König, also auf Christus, ist – bei weitschauender Auslegung – nur V. 25. Sonst ist nur von – damals, also um 955 v. Chr. – Gegenwärtigem die Rede: von dem Gott, der zwar die Sonne an den Himmel gesetzt hat, selbst aber im Wolkendunkel bleiben will, unkenntlich, verborgen; von dem Gott, der nicht in irgendwelche Räume eingesperrt werden kann, nicht in Tempel, nicht einmal in kosmische Räume; von dem Gott, der sich als mächtig erweist – konkurrenzlos gerade darin, daß er zu seinem Volke hält; von dem Gott, der, obzwar unermeßlich und verborgen, doch seinen Namen unter den Menschen seiner Wahl wohnen läßt, so daß sie ihn dort anrufen können. In dem allem ist mit keinem Wort von Jesus Christus die Rede. Wohl aber fügt sich, was wir von Jesus Christus bekennen, in dieses Gesamtbild in überraschender Weise ein. Nicht Worte deuten auf ihn, sondern der im Text angesprochene Sachverhalt ist ein Hinweis auf ihn. Ist Christus in den Himmel aufgenommen, dann zu eben diesem Gott; sitzt er zur Rechten dieses Gottes, dann regiert er die Welt so, wie das dieses Gottes Art ist; kann Gott in Christus angerufen werden, dann eben deshalb, weil er sich selbst anrufbar *gemacht* hat, indem er sich an den Ort band, an dem man ihn finden kann. Der salomonische Tempel macht Jesus Christus keineswegs überflüssig, die Herrschaft Salomos und seiner Nachfolger noch viel weniger. Aber es ist hier etwas *gemeint*, was in Jesus Christus voll verwirklicht werden wird. Soll man sagen, hier sei die Linie erkennbar, die in dem Christusgeschehen ausläuft? Man kann es so ausdrücken, wenn man dabei nicht an einen heilsgeschichtlichen Prozeß denkt, innerhalb dessen das jeweils Vorangehende das Nachfolgende notwendig hervorbringt – einlinig oder auch im Widerstreit der Kräfte –, sondern die Freiheit des souveränen Handelns Gottes im Sinn hat, der, was er zugesagt hat, selbst wahrmacht, wann und wo er will. Die „Linie", von der man sprechen mag, ist dann der „geometrische Ort", auf den Gott – wenn wir bei dem mathematischen Vergleich bleiben wollen – sein „Lot fällt", wie es seinem freien Entschluß entspricht. So ist also die Himmelfahrt Jesu Christi nicht dasselbe, was sich im Tempelbau und in der Weihe des Tempels vollzieht. Wohl aber kann man sagen, daß wir in Jesus Christus den Gott wiedererkennen, der hier angeredet ist und zu dem man sich in dem hier geweihten Hause hat nahen können. Wir werden freilich – in umgekehrter Blickrichtung – den Text auf Christus hin lesen und darum eine Christuspredigt halten. Der Vollzug muß den Nachweis erbringen, ob dies von dem gegebenen Text her möglich und ergiebig ist. Vielleicht geht es etwa so: *Jesus Christus, unser Herr, ist im Himmel:* (1) *erhoben in die Unermeßlichkeit Gottes,* (2) *beteiligt an der Weltherrschaft Gottes,* (3) *anrufbar kraft der Selbstbindung Gottes.*

I.

Wo haben wir Jesus Christus zu suchen? Vielleicht ist das falsch gefragt. Himmelfahrt meint nicht eine Ortsveränderung, sondern Machtergreifung, also Funktionsveränderung. Der Mann aus Nazareth, dessen Tätigkeitsfeld zunächst eng begrenzt war – und es auch sein sollte (Matth. 15,24) –, gelangt zu weltweiter Wirkung dadurch, daß er sich „zur Rechten Gottes setzt", ja eigentlich: in diesen Stand vom Vater *erhoben* wird. Die Formel stammt aus dem Jerusalemer Königszeremoniell (Ps. 110,1); das Haus des Königs steht „zur Rechten" des Hauses Gottes. Also geht es um die königliche Wirksamkeit Jesu Christi (von der unter 2) noch die Rede sein wird). Die Frage, *wo* wir Christus zu suchen haben, ist, wenn sie überhaupt zu stellen ist, keinesfalls in erster Linie von Bedeutung.

Trotzdem stellt sie sich bei uns ein. Dies wäre auch dann der Fall, wenn wir das von Lukas uns nahegelegte Bild von einer „Himmelfahrt" Jesu (Luk. 24,51; Apg. 1,9ff.) mieden und nur von Christi Herrschaft sprächen. Jesus ist nicht mehr in unserer Welt. Bezöge sich unsere Rede von seiner Königsherrschaft lediglich auf seine Nachwirkungen, wie sie analog von jedem anderen Großen der Weltgeschichte konstatiert werden können, dann wären wir nicht bei dem erhöhten Christus, von dem das Neue Testament spricht. Ist der Auferstandene *Person*, dann stellt sich uns Raum-Zeit-Menschen die Wo-Frage unausweichlich. Antworten wir: er ist *zu Gott* erhöht, dann verwandelt sie sich nur um ein Geringes. Sie lautet nun: Wo ist Gott? Und damit sind wir bei unserm Text.

Salomo hat ein Haus errichten lassen, das Gott zur Wohnung dienen soll (V. 13). Denkt er, wie die Heiden denken? Ihre Tempel werden als Wohnungen Gottes aufgefaßt, vielleicht gar in dem massiven Sinne, daß das Bild der Gottheit mit dieser identisch ist. Israel kennt kein Gottesbild. Also braucht – so könnte man sagen – Gott keine Wohnung. Wenn es sie doch gibt, dann nicht, weil man Gott meint in einen engen Raum einsperren zu können. Salomo weiß – so der Weihespruch (VV. 12f.) –, daß Gott zwar die Sonne, aller Welt sichtbar, an den Himmel gesetzt hat, selbst aber im Wolkendunkel wohnen will. Gott ist der Herr der kosmischen Mächte – die Sonne ist also nicht, wie bei den Heiden, eine Gottheit, sondern ganz schlicht ein Geschöpf Gottes –, aber so sehr seine Macht und Übermacht über sie darin zum Ausdruck kommt: er selbst bleibt unerkennbar, eingehüllt ins Dunkel der Wetterwolke, unheimlich und unberechenbar. Ein Stück Naturreligion? Jahwe – der Wettergott? Sicher gibt es dafür im Alten Testament manchen Anhaltspunkt. Doch was der alte Spruch sagt, ist für Salomo längst umgeschmolzen: die Unvergleichlichkeit Gottes (V. 23) wird in seinem Geschichtshandeln erkannt, und zugleich wird Jahwe abgehoben von allen Göttern „droben im Himmel und unten auf der Erde". Auch die Wetterwolke ist nicht sein Ort, an dem man ihn lokalisieren könnte, sondern nur das Zeichen seiner tiefen Verborgenheit. – In V. 27 wird es nun ausdrücklich gesagt, daß Gott in keinen der für uns denk- und vorstellbaren Räume einzupassen ist: Er ist also nicht auf den Wohnraum im Allerheiligsten des Jerusalemer Tempels beschränkt, nicht einmal auf die Räume des Alls. Gott ist unermeßlich.

Wir haben vorhin Stellen genannt, die davon sprechen, daß Gott im „Himmel" wohne; andere bekennen seine Gegenwart auf der Erde und in der Unterwelt. „Alle Lande sind seiner Ehre voll" (Jes. 6,3). Gott ist überall. So ist auch der zum Himmel gefahrene Christus überall. Denken die Menschen der Bibel auch im Schema des Drei-Stockwerk-Weltbildes, so wird doch, wie die angeführten Stellen zeigen, in bezug auf Gott dieses räumliche Denkschema kühn durchbrochen und überholt. Gott ist fern und nah zugleich. Alles, was ist, ist sein Werk. Alle Völker und Menschen sind in seiner Hand, nicht nur die, die ihn kennen und seinen Namen anrufen. Die Gestirne können mit ihm nicht konkurrieren, denn er hat sie geschaffen. Die ganze Welt ist „voll Gott". Unter dem, was Salomo „aller Himmel Himmel" nennt, können wir uns noch mehr denken als er. Gott ist für uns „größer" geworden, als er von den Alten gedacht wurde. Und so ist auch Jesus Christus, von Gott zu gleicher Majestät erhöht, unermeßlich groß geworden. Luther hat im Abendmahlsstreit von seiner „Ubiquität" gesprochen. Man sollte dies nicht einen Hilfsgedanken nennen; in ihm verbinden sich das Bekenntnis zur Allgegenwart Gottes und das zur vollen Gottheit Jesu Christi im Stande seiner Erhöhung.

Ist Gott wirklich „größer" geworden? Kann er das? Wir sprechen von der Unermeßlichkeit Gottes und meinen damit, daß es überhaupt sinnlos ist, von Ausmaßen zu
sprechen. Wir denken an Luthers bekanntes Wort: „Nichts ist so klein, Gott ist noch
kleiner. Nichts ist so groß, Gott ist noch größer" – und dann dasselbe Spiel mit
„kurz" und „lang", „breit" und „schmal" „und so fortan. Es ist ein unaussprechlich
Wesen über und außer allem, was man nennen oder denken kann" (WA 26,339f.;
Cl. 3,404). Die Transzendenz Gottes ist nicht ein Oben oder Außen in dem Sinne,
daß Gott sich mit seiner Welt in einen allumgreifenden Raum teilte. „Die allmächtige Gewalt Gottes, welche zugleich nirgend sein kann und doch an allen Orten sein
muß, ... muß an allen Orten wesentlich und gegenwärtig sein, auch in dem geringsten
Baumblatt. Ursach ist die: Gott ist's, der alle Dinge schafft, wirkt und erhält durch
seine allmächtige Gewalt und rechte Hand ... Soll er's aber schaffen und erhalten,
so muß er daselbst sein, und seine Kreatur sowohl im Allerinwendigsten als im Auswendigsten machen und erhalten. Drum muß er ja in einer jeglichen Kreatur in ihrem
Allerinwendigsten, Auswendigsten um und um, durch und durch, unten und oben,
vorn und hinten selbst da sein, daß nichts Gegenwärtigeres und Innerlicheres sein
kann in allen Kreaturen denn Gott selbst mit seiner Gewalt" (WA 23,133). Die göttliche Gewalt „mag und kann nicht also an einem Ort beschlossen und abgemessen
sein, denn sie ist unbegreiflich und unmeßlich, außer und über alles, was da ist und
sein kann" (ebd.). Gott kann also nirgendwo im All lokalisiert werden. Er „wohnt"
nicht an irgendeinem Punkt oder in irgendeinem Raum „außerhalb". Aber er ist von
seiner Kreatur so unterschieden, daß es Sinn hat, *vergleichsweise* von einem „ποῦ
außerhalb" (Archimedes) zu sprechen (vgl. H. G. Fritzsche, Lehrbuch der Dogmatik II, S. 229). Gott ist *in* den Dingen, aber von ihnen unterschieden; er ist *außen*,
sofern er in der Welt wirksam, aber nicht selbst Welt ist.
Es ist nicht müßig, auch mit der Gemeinde Gedanken solcher Art zu erörtern. Daß
im All kein Raum für Gott sei („Wohnungsnot Gottes"), macht manchem zu schaffen; hier zeigt sich, daß für den und jenen die Gottesvorstellung noch immer, vielleicht kaum bewußt, mit dem alten Drei-Stockwerk-Weltbild verbunden ist, ein Denk-
hindernis, das man gründlich aus dem Wege räumen sollte. Der Text verlangt es
geradezu, obwohl sein primäres Interesse nicht darin besteht, besagter „Wohnungsnot" abzuhelfen – der Gedanke kommt Salomo bzw. dem Deuteronomisten gar nicht –,
sondern darin, den Irrtum abzuwehren, als könne der unermeßliche Gott in das Allerheiligste des Tempels eingesperrt werden. Wir glauben an den unermeßlichen, den
ganzen Kosmos tragenden und durchwaltenden Gott, und wir bekennen, daß dieser
Gott Jesus über alles gesetzt und alle Dinge unter seine Füße getan hat, so daß er
„alles in allen erfüllt" (Eph. 1,23).

2.

Daß Jesus Christus zu Gott erhoben und mit ihm allgegenwärtig ist, schließt seine
kosmische Wirksamkeit ein. Er ist *beteiligt an der Weltherrschaft Gottes*. Man könnte
noch umfassender formulieren: durch ihn regiert Gott die Welt, er ist selbst der die
Welt regierende Gott. Opera trinitatis ad extra sunt indivisa (Augustin). Das gilt
schon für die Schöpfung (Joh. 1,3; Kol. 1,15f.; Hebr. 1,2). Man könnte sagen, Himmelfahrt stelle nur den Zustand vor der Menschwerdung des ewigen Sohnes wieder
her. „Der von oben Kommende ist über alles" (Joh. 3,31). Beinahe eine Selbstverständlichkeit. Doch wir hätten damit noch nicht gesagt, was an diesem Regierungsantritt, an dieser Erhöhung und Machtergreifung so bemerkenswert ist: Der, dem

der Vater das Weltregiment überträgt und durch den er selbst die Welt regiert und durchwaltet, ist eben der, der priesterlich für die ganze Welt eintritt und sie aus ihrer Verlorenheit herausholt, der Gott-für-uns, der sich für uns und alle Welt eingesetzt und stark gemacht hat bis zur Selbstaufgabe. Nicht: „da oben" sitzt einer und regiert – wir werden sehen, wie er sich zu uns stellen wird. Sondern: der uns regiert, ist der Heiland seiner verlorengegangenen, zurückgewonnenen und darin *geliebten Welt*.

Die dogmatische Aussage, die hier soeben – in aufgelockerter Sprache – vorgetragen wurde, ist für das Verständnis von Himmelfahrt zentral. Hat sie auch Anhalt am Text? Wir müssen zugeben: die Textgrundlage dafür ist schmal und muß hermeneutisch erst aufgegraben werden. Wir beziehen uns auf den V. 25, den PTO sogar weggelassen hat und der in der Tat im Zusammenhang des Textes wie ein kurzes Abirren wirkt. Es geht um den Tempel – und Salomo kommt auf das Königtum der Davididen zu sprechen. Das Regieren Gottes hat jedenfalls für ihn mit dem *Mann* zu tun, der – im allernächstliegenden, durchaus irdischen Sinne – „zur Rechten Gottes sitzt" (s. o.). Man könnte ja fragen, wer denn nun die Welt regiert: Gott oder der König. Nach 1. Sam. 8,7 bedeutet das Begehren nach einem König die Absage an Gott; so jedenfalls deutet Jahwe gegenüber Samuel dieses Verlangen: „Sie haben nicht dich (Samuel), sondern mich (Gott) verworfen, daß ich nicht mehr König über sie sein soll." Das davidische Königtum versteht sich ganz anders. Ps. 2,2 nennt „Jahwe und seinen Gesalbten" in einem Atem; „ich (Jahwe) habe meinen König eingesetzt auf meinem heiligen Berg Zion", heißt es in V. 6. „Ich will seinen Königsthron bestätigen ewiglich", lesen wir 2. Sam. 7,13, und: „Ich will sein Vater sein, und er soll mein Sohn sein." Die Nathanweissagung geht in ihren Zusagen (V. 13: „ewiglich", V. 16: „beständig in Ewigkeit") so weit, daß sie das in dieser Welt Mögliche von vornherein überschreitet und auch, vordergründig verstanden, von der wirklichen Geschichte desavouiert worden ist; das deuteronomistische Geschichtswerk schließt mit der Verbesserung der Lage Jojachins (2. Kön. 25,27–30) und sieht darin wohl einen Hinweis darauf, daß Gott seine Versprechungen nicht hat fallen lassen, aber von einer Verwirklichung dieser Zusagen innerhalb der Geschichte im Sinne eines weltlichen Messianismus kann nicht die Rede sein.

So haben wir ein Recht, die aus der Nathanweissagung sich nahelegende Assoziation – der König baut sein Haus für Gott, Gott garantiert das Königshaus (2. Sam. 7,5.13.16) – im Königtum Jesu Christi erfüllt zu sehen. Dies um so mehr, als das deuteronomistische Werk nach der Ursache des Zusammenbruchs der davidischen Dynastie fragt (V. 25: „wenn nur deine Söhne ..." – vgl. auch 2,4) und damit – wie unterschiedlich auch die Vorstellungen vom Gehorsam gegen Gott hier und dort sein mögen – zum Ausdruck bringt, wer denn im Sinne Gottes legitimerweise Herrschaft ausüben wird. Die Antwort ist klar. Sie ist am schärfsten in Phil. 2,8–11 gegeben: den Namen über alle Namen empfängt der, der im Gehorsam auch die tiefste Erniedrigung nicht gescheut hat. Damit sind wir aber auch schon bei der Feststellung, daß Christi Herrschaft von ganz anderer Art ist als die Herrschaft eines Davididen oder sonst eines Trägers irdischer Macht.

Wie übt aber dann Christus seine Herrschaft aus? Sicher zunächst einfach so, wie er seit eh und je als Schöpfungsmittler wirkt und – auch im regnum naturae – den Bestand der Welt erhält. Ihm ist alle Autorität und Befugnis gegeben im Himmel und auf Erden (Matth. 28,18). Alle Kreaturen müssen ihm, volentes oder nolentes, zu Willen sein. Die Welt ist ja kein gottfreier, sich selbst überlassener, autarker und autonomer Bezirk. Wir sagten es vorhin: in allen Dingen ist Gott gegenwärtig und wirksam, und ist Christus zu dieser Allgegenwart und Allwirksamkeit Gottes erhoben, dann gibt es also auch keine christusfreien Räume. – Wir werden ferner zu bedenken haben, daß alles, was in der Welt ist und geschieht, einen Bezug hat auf die eschatische Herrschaft Jesu Christi. Warum erhält der dreieinige Gott die noch unerlöste Welt von Tag zu Tag? Weil er sie erhalten und aufheben will für den großen Tag Jesu Christi. Das Kommen des Reiches ist nicht, wie man einst meinte und z. T. heute noch meint, Sache einer großen Evolution. Die Gegenwärtigkeit des Reiches Gottes – in dem Jesus Christus König ist – ist eine nur eschatologisch zu beschreibende, gegen den Augenschein zu glaubende und im Wagnis des Glaubens anzunehmende Sache; und diese Gegenwart ist immer der im Heiligen Geist sich ereignende Anbruch des Kommenden. Es ist nichts mit dem von uns so gern aufgewiesenen „Sieh, hier! oder: da!" (Luk. 17,21). Das Reich ist wohl mitten unter uns, aber eben in der Unkenntlichkeit des Herrn, der uns regiert, ohne daß wir es mit Händen greifen oder auf andere Weise sinnenfällig machen könnten. So wird auch nie ein Parlament ein Gesetz erlassen können, von dem wir sagen dürften: Das ist ein Stück Realisierung des Reiches Christi. Der Gehorsam, den Christen ihrem Herrn leisten, fügt sich, wie am besten die Bergpredigt erkennen läßt, nicht in die Strukturen der vorfindlichen Welt und wird bestenfalls, wo er nicht weltkonform ist (Röm. 12,2), Hinweis auf das Kommende sein, Demonstration für den kommenden Herrn. Es ist wichtig, sich dies alles klarzumachen, damit niemand meine, Christi Reich könne oder solle auf gesetzliche Weise realisiert werden. Viele sind über die so geringe weltverändernde Wirkung des Evangeliums enttäuscht, weil wir ihnen mit falscher Lehre falsche Erwartungen suggeriert haben; am enttäuschendsten waren dabei die mit der allergrößten Vehemenz unternommenen Versuche, das Königreich Christi in Münster oder sonstwo auf gesetzliche Weise aufzurichten. Mit dem Gesetz kommen wir ja auch nicht aus den Bindungen heraus, aus denen Christus uns befreit hat. Christus herrscht, indem er sich opfert und uns aus unserer Schuldverhaftung löst. Wir haben als verantwortliche Menschen in den weltlichen Dingen unser Bestes zu tun und, zusammen mit unseren nichtchristlichen Mitbürgern, dafür zu sorgen, auch dafür zu kämpfen, daß es nach dem Maße des Menschenmöglichen besser wird in der Welt. Aber Herrschaft Christi ist mehr: „Die Königsherrschaft Jesu ist über die Glaubenden aufgerichtet, die an den barmherzigen Richter glauben und an den, der aller Diener geworden ist, als an ihren König. Was Königsherrschaft Christi ist, wird nur von der Rechtfertigungslehre her verständlich ... Die Königsherrschaft Christi hängt am Evangelium und läßt sich nur vom Evangelium her richtig verstehen" (Franz Lau in: Reich Gottes und Welt, Darmstadt 1969, S. 494). Man meditiere Luthers Erklärung zum Zweiten Artikel und mache sich deutlich, was hat geschehen müssen, daß ich „in seinem Reiche unter ihm lebe und ihm diene in ewiger Gerechtigkeit, Unschuld und Seligkeit", und man wird merken, worin das Herrsein Jesu Christi besteht.

3.

Hat Christus teil an der Weltherrschaft des unermeßlichen, in keinerlei Raum einschließbaren, nirgends zu fassenden und zu erreichenden Gott: dann könnten wir versucht sein, uns mit dieser Auskunft abzufinden und uns darauf einzurichten, daß der zum Himmel gefahrene Christus uns entzogen ist und bis zu seiner Parusie auch entzogen bleiben wird, es sei denn, wir schwingen uns mit einem energischen „sursum corda" in Gedanken zu ihm auf, ohne eine Stelle in der Welt zu haben, an der

wir gewiß sein können, ihn dort zu treffen. Gott – nicht lokalisierbar. Salomo weiß
es. Er weiß, daß Gott die Sonne am Himmel fixiert hat und selbst in der Dunkelheit
der undurchdringlichen Wolke verbleibt. – Und er hat das Haus *doch* gebaut! Im
vollen Wissen um die Unfaßbarkeit Gottes hat er den Tempel errichtet (VV. 12f.).
Wir haben, PTO zuwider, die VV. 29f. dazugenommen. Die in dem Weihespruch
liegende Paradoxie muß auch jetzt, in dem entfalteten Gebet, beibehalten werden.
Wir würden sonst den Text um seine wesentliche Aussage bringen.
Ein Theologumenon vom „heiligen Ort" scheint, wie wir gesehen haben, der Wirklichkeit des unermeßlichen Gottes nicht gemäß. Aber das Umgekehrte will nun ebenfalls beachtet sein. Gott ist zwar überall *gegenwärtig* – „in ihm leben, weben und sind
wir" (Apg. 17,28). Aber er ist nicht überall für uns *offenbar*. Im Gegenteil, die unentrinnbare Nähe Gottes kann uns bedrücken und quälen, wenn er uns rätselhaft, verborgen, unkenntlich und unheimlich bleibt. Das dogmatische Wissen um die *Allgegenwart* Gottes kann für uns, in unserm Denken und in der Praxis unseres Alltags,
leicht in die (vor etlichen Jahren vielbesprochene) *Abwesenheit* Gottes umschlagen.
Wir ertragen den Gott nicht, von dem wir nicht wissen, ob er für oder gegen uns ist,
ja, von dem wir das letztere zu fürchten Anlaß haben. Gott weiß, daß uns nur so geholfen wird, daß er sich uns an bestimmtem Ort zu erkennen gibt und sich an diesem
Ort finden läßt. Gottes gnädige Herablassung. – Es besteht kein Grund zum Stolz
auf die Geistigkeit oder gar Abstraktheit unseres Gottesgedankens. Im Alten Bunde
wußte man um die heiligen Orte (vgl. uns. Ausl. zum 2. S. n. Ep. und zum Letzten
S. n. Ep.). Die Frage: Garizim oder Zion? ist nicht deshalb für uns erledigt, weil wir
eine spirituellere Weise des Umgangs mit Gott entdeckt haben, sondern weil uns
Gott in Christus greifbar ist (Joh. 4,19ff.). Unser „Bethel" heißt „Jesus" (Joh. 1,51).
Unser „Tempel" ist er selbst (Joh. 2,21).
Es ist gut, an dieser Stelle noch einmal zu dem Tempelweihgottesdienst in Jerusalem
zurückzuschalten. Das neuerbaute und eben geweihte Haus ist „die Stätte, von der
du gesagt hast: Da soll mein Name sein" (V. 29). Wie oft hat das Deuteronomium
von dem „Ort" gesprochen, „den Jahwe erwählen wird, um seinen Namen daselbst
wohnen zu lassen" (12,5 u. ö.); der göttliche Name macht einen Ort zum Kultort
(M. Noth, Das fünfte Buch Mose, ATD, S. 64). Wo Gottes „*Name*" wohnt, da ist
Gott *anrufbar*. Er ist es deshalb, weil er nun – unbeschadet alles dessen, wovon vorhin die Rede war – hier „wohnt". Der Kult im salomonischen Tempel stand nach
G. von Rad „ganz im Zeichen der realen Einwohnung Jahwes", wie denn auch dort,
wo die Lade sich befindet, Jahwe „immer ganz gegenwärtig" ist: „Präsenztheo-
logie" (ThAT I, S. 86 und 236).
Man soll das, worum es hier geht, nicht zu leicht nehmen. Wir haben schnell unsere
religionsgeschichtlichen Denkformen zur Hand und ordnen solche Phänomene einem
bestimmten menschlichen Verlangen zu, das hier befriedigt werden soll. Man hat
seinerzeit gewußt, daß die Errichtung eines solchen Heiligtums nicht eigenmächtig
beschlossen und in Angriff genommen werden kann. David hatte es vor; Gott hat
ihm verwehrt (2. Sam. 7,5ff.; 1. Kön. 8,17ff.) – „es wird (an der letztgenannten
Stelle) wie im überlieferten Bestand von 2. Sam. 7 nicht begründet, warum nach der
‚Erwählung' Davids (V. 16b) der an sich gebilligte und gewollte Tempelbau auf
Salomo warten sollte" (Noth zu VV. 14ff.). Gott selbst behält sich vor, den Ort und
auch die Zeit seiner Selbstkundgabe und Selbstbindung zu wählen. „Er ist frei und
ungebunden allenthalben, wo er ist, und muß nicht dastehen als ein Bube am Pranger
oder Halseisen geschmiedet" (Luther, WA 23,150). Aber wenn er sich binden will –
und er hat es getan –, dann *bindet* er sich eben, und wir tun gut daran, uns eben dort

an ihn zu wenden. So ist es nach unserm Text ein Stück Offenbarungsgeschichte, daß Gott sein Wort gehalten hat, indem er den Tempelbau hat vonstatten gehen lassen (V. 24): „Mit deiner Hand hast du es erfüllt, wie es offenbar ist an diesem Tage." Hier, wo Gott sich finden lassen will, soll er angerufen werden. Erste Bitte Salomos: Gott möge seine Augen offen stehen lassen über diesem Hause Nacht und Tag.

Die Verlängerung der Linie bis zur Himmelfahrt Jesu bringt uns noch einmal in Verlegenheit. Ist Jesus im Himmel, also bei Gott, dann ist er uns eben *nicht* greifbar! Fast möchte man die beneiden, die einst wußten: Hier wohnt Sein Name! Wir haben keinen Grund, uns arm zu fühlen. Der himmlische Christus gibt sich uns in seinen Gnadenmitteln. Kein Zufall, daß wir wiederholt auf Luthers Abendmahlsschriften stießen. Der Text bietet schöne Gelegenheit, über das Altarsakrament nachzudenken. Der im Himmel ist, ist auch leibhaft bei uns. Daß Gott uns „anrufbar" ist, hat mit dieser greifbaren Präsenz des Herrn in seinem Mahle und mit seinem priesterlichen Eintreten „für uns" viel zu tun. Ist er da, dann sind Himmel und Erde durch ihn und in ihm eins geworden.

Exaudi. Joh. 7,37–39

Das Laubhüttenfest (V. 2) wird manchmal einfach „das Fest" genannt (VV. 14.37), nach Josephus „das heiligste und größte Fest bei den Hebräern" (zit. n. Grdm. in: Umwelt I, S. 199, nachfolgend wiederholt benutzt), ursprünglich das Fest der Weinernte (Wohnen in Laubhütten, ausgelassene Freude), jedoch auch historisiert: Erinnerung an Wüstenzeit, und im atl. Sinne des Wortes eschatologisiert: Vorausblick auf messianische Heilszeit (Wasserspende, am letzten Tag verbunden mit Bitte um reiche Regenzeit, was wiederum auf die Heilszeit weist, Jes. 44,3–5; auch 32,15 u. ö.).

Den Zusammenhang unseres Kapitels rekonstruiert Bultmann, ohne dafür Sicherheit behaupten zu wollen, in nachstehender Abfolge: 1–13.14.25–30.37–44.31–36.45–52 (S. 216). Die Perikope greift aus einer der Szenen wiederum nur ein Stück heraus. Jesu einladendes Wort V. 37 ist nach Bultmann gar nicht das Thema, sondern „nur Anlaß zu seinem σχίσμα unter den Hörern (V. 43)". Für die Predigt macht dies nichts aus; was in VV. 40–44 berichtet ist, wird sich mutatis mutandis nach dem Gottesdienst vor der Kirchentür zutragen.

Auf der Grenze zwischen VV. 37 und 38 ist die Interpunktion fraglich. Bultmann liest (mit den Altlateinern *d* und *e* und mit Cyprian): ἐάν τις διψᾷ, ἐρχέσθω πρός με/καί πινέτω ὁ πιστεύων εἰς ἐμέ. Nestle versieht diese LA mit dem Zeichen der vermuteten Ursprünglichkeit. Die Entscheidung ist schwer zu treffen, zumal das Schriftwort, auf das hier Bezug genommen wird, nicht eindeutig zu identifizieren ist. Anklänge: „Ihr werdet mit Freuden Wasser schöpfen aus dem Heilsbrunnen" (Jes. 12,3), was Rabbi Jehoschua ben Levi (um 250) auf den Hl. Geist bezieht (Sukka 5,55a), vgl. Jes. 44,3. Oder man denkt an den Fels in der Wüste (Exod. 17,6; 1. Kor. 10,4, dort Deutung auf Christus). Vielleicht ist auch an die Tempelquelle nach Hes. 47,1–12; Sach. 13,1; 14,8 zu erinnern. Schnackenburg hält beide Interpunktionen für möglich, meint aber, die Quelle sei allein Jesus (ihn meint auch das αὐτοῦ V. 38). Die Entscheidung zwischen beiden Möglichkeiten wird für die Predigt wichtig sein. Wird der Glaubende zur Quelle für andere (unten, Teil 3)? Einen zwingenden Grund für die Uminterpunktion vermag ich nicht zu entdecken. Der Rhythmus ist passabel, und die Vorstellung, daß aus dem „Leibe" Wasser fließt, ist in bezug auf Jesus nicht weniger grotesk als in bezug auf den Glaubenden. Der Gedanke, daß das „Wasser", das Jesus spendet, im Empfänger selbst zur Quelle wird, findet sich auch 4,14, freilich ohne daß dort ausdrücklich gesagt wäre, daß dies anderen Menschen zugute kommt. Der Geist (bzw. überhaupt die Heilsgabe) als „Wasser: Ps. 23,2f.; 36,9f.; 42,1f.; Jes. 12,3;

Jer. 2,13; 7,13; Joh. 3,5; 4,11 f. u. ö. Für Johannes ist der Geist nicht „in besonderen Phänomenen des christlichen Lebens" (vgl. die Charismata in 1. Kor. 12) wirksam, sondern er ist der „andere Fürsprecher" (14,16), der Jesus vertritt und in dem Jesus selbst zu den Seinen kommt (Bltm.). Daß er der Gemeinde erst nach Jesu Verherrlichung gegeben wird, s. bes. 14,26; 16,7; 20,22.

Daß, wo nichts ist, auch nichts wird, ist, in den Zusammenhängen der Welt gedacht, eine Binsenweisheit. Wer viel hat, kann viel machen. Es bedarf der Investitionen, wenn ein Wirtschaftsprozeß in Gang gebracht werden soll. Auch die „schöpferische" Menschenkraft, auf die die Wertvermehrung im Produktionsprozeß zurückgeht, lebt nicht aus dem Nichts, sondern aus dem, was der Mensch in sich zur Verfügung hat. Wer kein gesundes Herz hat, tritt bei der nächsten Olympiade lieber nicht mit an. Wer Mathematiker werden will, muß Zahlensinn haben, ein präzises logisches Schaltvermögen und die Gabe der Kombination; andernfalls tut er gut, sich einer anderen Lebensaufgabe zuzuwenden.

Wenn es ums Christsein geht oder ums Christwerden, sind Überlegungen dieser Art falsch. Man muß nicht „religiös veranlagt" sein, um Christ zu werden. Dem homo religiosus wird sogar, was er hat, im Augenblick der Christusbegegnung zunichte, ja zu weniger als nichts (Phil. 3,7). Und wer „geistlich arm" ist (Matth. 5,3), dem gehört das Reich Gottes zuallererst. Denn der Christ lebt nicht von dem, was er *hat*, sondern von dem, was er *empfängt*. – Exaudi: wir sind die *arme* Kirche. Es ist gut, wenn uns dies klar wird. Unsere Bedürftigkeit einsehen, das ist unsere große Chance.

Den Heilandsruf, der nach Matth. 11,28 den vom Gesetz Überforderten gilt, läßt Johannes an die Durstigen gerichtet sein. Es scheint, als ob auch hier synoptisches Gut aufgenommen und in neue Zusammenhänge gestellt ist; wieder ein aufschlußreiches Beispiel dafür, wie die Tradition – treu und biegsam zugleich – Jesu Wort aufnimmt und in die jeweilige Situation hineinspricht. Der Prediger wird den Text erneut umzusprechen haben, in die Lage der Hörer hinein. Der Gedankenfortschritt könnte dabei, ganz schlicht, so markiert werden: *Jesus ruft uns zu sich:* (1) *die Armen*, (2) *die er reich macht*, (3) *die andere reich machen werden*. Die Predigt wird deutlich zu machen haben, worin dieser Reichtum besteht; doch dies kann, wie im Text, in einer späteren Phase der Überlegungen deutlich werden.

I.

Jesus ist nun doch nach Jerusalem gekommen. In anderer Absicht, als seine Brüder es ihm angesonnen haben (VV. 3–9), nicht öffentlich, sondern heimlich (V. 10). Am letzten Tage erst tritt er, nachdem er zunächst unerkannt geblieben ist, in der Öffentlichkeit auf. Es ist Absicht des Evangelisten bzw. Jesu selbst, daß dieses Auftreten mit dem Höhepunkt des Festes zusammenfällt, mehr noch: diesen Höhepunkt bildet. Man muß nur wissen: sein Auftreten ist ein Punkt, der im Festprogramm nicht vorgesehen ist. Möglich, daß Jesu vom Geiste Gottes hervorgebrachter „Ruf" (κράζειν vgl. Röm. 8,15; Gal. 4,6; auch Matth. 21,9.15; Mark. 9,24; Joh. 1,15; Röm. 9,27; Offb. 6,10; 7,10 u. ö.) den liturgischen Vorgang in peinlicher Weise störte. Es konnte auf dem Laubhüttenfest laut zugehen, wie es bei einem Fest der Weinernte nicht anders zu erwarten war: beim Schwingen des Feststraußes vielleicht weniger als bei den Veranstaltungen der ausgelassensten Freude, die z. T. karnevalistischen Charakter haben konnten. „Wer das Laubhüttenfest nicht kennt, hat sein Lebtag keine Freude gesehen" (Sukka 5,1). Jetzt aber, wenn man am letzten Festtag das Wasser aus der Siloahquelle schöpft und zum Altar Gottes hinaufbringt, um es dort auszuschütten

und vor Gott für dieses Jahr reichen Regen und darüber hinaus den ganzen noch nie
erlebten Fruchtbarkeitssegen der Heilszeit zu erflehen: jetzt, in der Stille dieser liturgischen Zeremonie, muß Jesu „Schreien" nicht nur als gottesdienstliche Disziplin-
losigkeit, sondern geradezu als Absage an dieses religiöse Tun und als ein Protest
empfunden werden. Ihr seid im Irrtum sowohl mit eurem frommen Treiben – als
wäret ihr eine geistlich reiche „Kirche" – als auch mit eurem Hoffen auf den Fruchtbarkeitssegen der regenreichen Heilszeit, so wie eben ihr sie versteht. Denn, was ihr
habt und sucht, das „Wasser", gibt es nirgendwo anders als bei mir! Beides liegt also
in Jesu Wort: die kritische Stellungnahme zu den kultischen Praktiken Israels und
zugleich der Hinweis darauf, daß sich in ihm erfüllt, was sie ersehnen und – im Sinne
der heilsgeschichtlichen Deutung des Fests – erhoffen. Christus, des Gesetzes „Ende"
(Röm. 10,4).
Will Jesus stören, randalieren, will er Menschen verärgern, die es mit ihrer Frömmigkeit ernst meinen? Er will heranrufen, die Durst haben, und er will „erquicken"
(Matth. 11,28, s. o.). Der Prediger wird versucht sein, seinen Hörern zu beweisen,
daß sie Durst haben. Ein bißchen seltsam könnte dies schon wirken. Einem, der wirklich Durst hat, braucht man dies in der Regel nicht umständlich klarzumachen. Auch
Jesus hält sich nicht damit auf, den Menschen, die er anreden will, den Durst zu demonstrieren. So wird der Prediger der Gemeinde auch nicht einreden: Ihr dürstet
nach Jesus. Andererseits ist nicht zu übersehen, daß Jesus an den Festbrauch kritisch „anknüpft". Das ausgelassene Treiben dieser Tage (wirklich „des Volkes wahrer
Himmel"?) läßt sich wohl als Symptom eines – freilich von den Menschen nicht bewußt wahrgenommenen – Durstes deuten. Viele Phänomene menschlichen Lebens
sind Kennzeichen eines heimlichen, uneingestandenen, nicht diagnostizierten Mangels und Ungenügens, eines Defizits an „Leben": die Unruhe, die Hast, die Angst,
etwas zu verpassen und zu kurz zu kommen, das Verlangen, „sich etwas zu leisten",
ein übertriebenes, unersättliches Glücksbegehren, die Flucht in den Rausch (aus-
ufernder Sex, Alkoholismus, Drogen, auch „narkotisierende" Beschäftigungen). Oft
macht man die Erfahrung, daß das Begehren und Hoffen „mangels Masse" erstirbt;
so erklärt sich das Abebben der Sexwelle – dort, wo es sie gab – daraus, daß, was hier
gesucht und erhofft wurde, über das Vermögen der Menschen ging. Und *wenn* man es
vermöchte: im Grunde sucht man etwas ganz anderes. So ist z. B. der „Durst" des
Alkoholkranken von ganz anderer Art als der des in der Sahara notgelandeten Flie-
gers; er hat seinen Grund darin, daß der Betreffende mit sich selbst, mit seinen Mitmenschen und letztlich mit Gott nicht im reinen ist. An der Bestimmung und Aufgabe des Lebens gescheitert, darum bei den Menschen in schlechtem Ansehen, also
der „Rechtfertigung" – vor wem, durch wen? – bedürftig, sucht der Süchtige das Entbehrte im Rausch. „Leben" wäre dort, wo man in Freiheit seiner Bestimmung gerecht wird, Mensch unter Menschen und für Menschen zu sein – und dies im Angesicht
Gottes und in der Gemeinschaft mit ihm. Der „Durst" – in welcher Variante er
auch immer vorkommen mag – hat seine Ursache immer in der Verfehlung des Lebens
und seiner Bestimmung. Wenn es wahr ist, daß wir als Gegenüber Gottes geschaffen
sind und im „responsorischen Sein" vor Gott das Besondere des Menschen zu sehen
haben, dann wird es sich auf unser ganzes Leben verhängnisvoll auswirken, wenn
diese Urbeziehung zu Gott gestört und verdorben ist. Kein Wunder, daß diese Störung
uns unzufrieden macht, unruhig, sehnsüchtig, empfindlich, mißgelaunt, „durstig".
Man wird auch den Rummel des Laubhüttenfestes von daher zu verstehen haben,
erst recht das bewußt sehnsüchtige Ausschauen nach der Heilszeit, in der die Menschen
im Glück zu schwelgen hoffen. Durst in diesem Sinne ist also die Sehnsucht nach dem,

was ich sein sollte, aber nicht bin; nach dem, was ich haben müßte, aber nicht habe: Leiden an dem Defizit, von dem ich nicht weiß, wie ich es ausfüllen soll, an dem Verfehlen meiner Bestimmung. So gesehen ist Durst das spezifisch Menschliche: es ist das Unterscheidende des Menschen unter seinen Mitgeschöpfen, daß er sich nicht einfach hinnehmen kann als das, was er ist, vielmehr die Differenz bemerkt zwischen dem, was er ist, und dem, was er sein sollte, und darüber nicht ruhig werden kann. Nicht nur in dem Sinne, daß er sich immer fortentwickeln muß, er also immerzu hindrängen muß zur nächsten Etappe seines Werdeprozesses und zuletzt zu dem „Gelobten Land" seiner Ziele. Wäre es bloß das, dann hätte jede beliebige Unterwegsposition ihren Sinn und ihr Recht – wie die Blüte, wenn es zur Frucht kommen soll, und deren unterschiedliche Grade des Reifens. Wir sind nicht nur *noch nicht*, was wir sein sollen und sein werden; schon was gestern war und heute ist, hätte unserer Bestimmung entsprechen können und sollen, und eben daran fehlt es. Wir sind – jetzt endlich mag dieses Wort fallen – *Sünder*. Das ist die Not, aus der Jesus uns heraushelfen will.

2.

Er will ja die Armen reich machen. „Wen da dürstet, der komme zu mir und trinke!" „Wen dürstet, der komme; und wer will, der nehme das Wasser des Lebens umsonst" (Offb. 22,17c). Ob wir zu den Leuten gehören, die das angeht, erörtert Jesus nicht. Er überläßt es uns, ob wir uns angesprochen fühlen. Die Gesunden brauchen den Arzt nicht. Wir hätten freilich Jesus falsch verstanden, wenn wir ihm die Meinung unterstellten, man könne die Menschen einteilen in Gesunde und Kranke, Nichtdürstende und Dürstende. Was würde es nützen, eine Theorie über die Lage und den Zustand der Menschen aufzustellen, etwa in dem Sinne, daß alle Menschen Sünder sind? Die Theorie würde zutreffen, aber geholfen wäre damit niemandem. Jesus meldet sich mit seinem Angebot und seiner Einladung da, wo es nötig ist. Er lehrt nicht: Alle Menschen haben Durst. Aber den Dürstenden und Ausgedörrten hilft er. Vielleicht weiß ich noch gar nicht, daß ich Durst habe; aber indem ich ihn rufen höre: „Wen da dürstet, der komme ...", merke ich, daß ich gemeint bin. Und ich merke, daß Jesus besser über mich Bescheid weiß als ich selbst. Kann sein, ich lebe in Illusionen und deute meinen Mißmut und meine Unruhe ganz falsch. Jesus aber sieht auf alle Fälle, wo er bei mir ansetzen muß.

Wenn ein Durstiger trinken darf! Es ist nicht schwer, das Bild als solches meditativ nachzuerleben. Aber wie geht das zu, wenn Jesus den Durst stillt? Er selbst sagt zunächst nicht, was hier im einzelnen passiert. Der Hinweis auf den Geist (V. 39) wird es noch deutlicher machen; nur könnte man auch hier sofort weiterfragen, was denn nun die Wirkung des Geistes sein soll. Kann man, was sich hier ereignet, nicht konkreter und anschaulicher sagen? Oder braucht es gar nicht gesagt zu werden? Wir werden uns doch darum bemühen müssen. Kein Zufall, daß wir über das, was uns fehlt („Durst"), anschaulicher zu reden vermögen als über das, was Jesus gibt. Jesu Gaben haben eschatische Qualität, entziehen sich also der Beschreibung mit den Begriffen und Vorstellungen der Welt. „Die Welt erkennt uns nicht, denn sie hat ihn nicht erkannt ... Es ist noch nicht anschaubar geworden, was wir sein werden" (1. Joh. 3,1f.). Wohl hört man den Wind sausen, man kennt aber nicht sein Woher und Wohin; „so ist ein jeder, der aus dem Geist geboren ist", denn es geht ja um „himmlische Dinge" (Joh. 3,8.12). Es wäre unangebracht, was Jesus tut, empirisch aufzeigen zu wollen. Es kann vielmehr befreiend sein, wenn wir uns Jesus anvertrauen gegen alle Erfahrungen, die wir an uns selbst machen: gegen unser sittliches Versagen, gegen unsere Zweifel, gegen unsere Niedergeschlagenheit, vielleicht gegen unsere Angst. Der Glaubende ist der Anfechtung nicht enthoben, und Jesus beschenkt ihn doch! Der Glaube transzendiert immerzu das Vorfindliche; sein großes Glück besteht darin, daß er dies darf und kann. – Trotzdem läßt sich einiges davon sagen, was uns widerfährt, wenn Jesus uns „erquickt". Schon die Einladung, zu ihm zu kommen, ist etwas Beglückendes. Leider ist es unsere Art, Menschen von uns fernzuhalten, die uns ihre Schwierigkeiten auflasten wollen und von uns erwarten, daß wir ihre Fehlbeträge ausgleichen und ihre Verlegenheiten zu den unsern machen. Mit den reichen, fröhlichen, beglückenden Menschen lebt es sich leichter. Vielleicht haben wir es schmerzlich erfahren, daß die Menschen um uns her uns nicht gewollt haben, weil unsere Probleme sie abstießen. Jesus dagegen hat sich – dafür gibt es viele deutliche Beispiele – gerade denen zugewandt, die mit ihrem Leben nicht zurechtkamen. Die ihn am nötigsten haben, denen ist er immer am nächsten. Sagen wir es ruhig im Ich-Stil: Ich leide darunter, daß Soll und Ist bei mir in bedrückender Weise differieren und auseinanderklaffen, aber er nimmt mich ernst und läßt mich gelten, ohne Vorwurf, ohne Aufrechnung des Defizits, ohne Bedingungen. Es hat mich noch niemand so hoch geachtet wie er. Ich bin ihm kostbar, ich bin ihm jedes Opfer wert. Er macht seine Liebe nicht von dem abhängig, was ich vorzuweisen habe; er gibt mir meinen Wert eben damit, daß er mich liebt. Ich habe es schon erfahren, wie die Leute geringschätzig über mich geredet und sogar über mich gelacht haben. Ihm kommt dergleichen nicht in den Sinn. Sogar dann, wenn ich selbst an mir irre werde und unglücklich bin über mein Versagen: er sagt für mich gut und ergreift für mich Partei. Einen besseren Freund als ihn kann ich nicht haben. Und man muß wissen: er ist ja nicht irgendeiner, sondern der, dem der Vater das Gericht über alle Menschen übergeben hat (5,22). Ist Jesus mir in solcher Liebe, wie sie eben beschrieben wurde, zugewandt, dann ist damit das letzte, alles entscheidende Wort über mich gesprochen. Ich brauche vor nichts mehr Angst zu haben. Meine kläglichen Versuche, mich vor Gott und Menschen zu verteidigen, sind überflüssig. Worauf ich mein Prestige zu gründen gedachte – und wie strampelt man sich oft ab, um es zu sichern –, ist uninteressant geworden. Ich brauche meine Mitmenschen nicht damit zu drangsalieren und mich überdies bei ihnen unbeliebt zu machen, indem ich dauernd an meinem Image bastele und gute Punkte zu gewinnen suche. Dieser „Durst" ist gelöscht. Ich brauche auch nicht mehr so humorlos zu sein (der alte Adam in mir ist es leider noch immer!), daß alles mich ärgern muß, was Zacken aus meiner Krone bricht; ich kann sogar über mich selbst lachen. So geht es einem, wenn man sich die Liebe Jesu Christi gefallen läßt. Befreiend, erquickend! Man kann sich Jesus anvertrauen. Ich brauche mich nicht mehr in ohnmächtigem Trotz daran zu zerreiben, daß ich dies und jenes nicht habe, was ich für unentbehrlich hielt. „Ein Mensch kann nichts nehmen, es werde ihm denn gegeben vom Himmel" (3,27). Ich darf Jesus vertrauen: was er mir gibt, wird mein Bestes sein. Also kann ich, nur auf seinen Willen bedacht, unbefangen ja sagen zu eben der Situation, in die er mich stellt. Ich werde nicht mehr meine besten Kräfte damit verkämpfen, daß ich zu erzwingen versuche, was mir versagt ist. Mein Leben wird so, wie es ist, zur Gabe – und zur Chance. Ich will ja nicht untätig sein. Ich will ja etwas machen – nicht aus dem, was ich nicht habe, sondern aus dem, was mir gegeben ist. So wird mein Leben reich. Und wenn mir zuletzt nichts weiter bliebe als Er selbst: dann könnte ich darin glücklich sein (Ps. 73,25).

Kommt zu dem allem etwas Neues hinzu, wenn wir zur Kenntnis nehmen, daß Jesus, wenn er uns zum Trinken einlädt, uns den Geist verspricht? Es war schon im Bisherigen alles von daher zu sehen. Jesus spricht zu uns nicht nur als einer aus unserer Mitte, der es auf eine neue Variante des vom Menschen her aufzubauenden und zu bestreitenden Ethos abgesehen hätte. Sich selbst und den anderen ernst nehmen: wahrhaftig eine gute und löbliche Parole. Aber so wahr die hier gemeinte Humanität in der Divinität verankert ist, kann das, was Jesus meint, wirklich nur *sein* Wirken, Schenken und Erquicken sein. Was vom Fleisch geboren wäre, wäre nur immer wieder Fleisch (3,6). Hier ist der Primärstromkreis, an den wir angeschlossen werden, der pneumatische, also der göttliche. (Das Gleichnis vom Primärstromkreis weckt mit Recht die Konsequenz, daß dieser Primärstrom auch im Geschöpflichen als dem Sekundärkreis seine Wirkungen haben wird.) Hier wirkt sich Gottes eigenes Leben in uns aus. – Wir beachten ferner, daß (wie oben festgestellt) der Geist bei Johannes als der „andere Fürsprecher" wirksam ist. Was da in uns hineingegeben wird, ist die Aktivität Gottes, die sich für uns einsetzt. Daß wir vorhin so stark auf Rechtfertigung aus waren, ist von daher begründet. – Und endlich: Im Heiligen Geist ist uns Jesus gegenwärtig. Niemand wird bedauernd darauf hinweisen müssen, daß das Laubhüttenfest in Jerusalem leider vorüber und Jesus für uns nicht mehr zu haben sei. Wer so dächte, hätte die ganze johanneische „consecutio temporum" nicht bemerkt. Wollte man den Text historisierend verstehen, dann müßte man aufgrund von V. 39b sagen, damals, in Jerusalem, habe, trotz der bewegenden Einladung, noch niemand etwas von Jesus empfangen, denn der Geist sollte ja erst nach Jesu Verherrlichung gegeben werden. Aber wir sollen nicht historisieren, sondern begreifen, daß im Geist, dem anderen Anwalt, Jesus selbst bei uns ist. Wir haben es nicht mit einem Vergangenen zu tun, sondern mit dem in uns wirkenden Christus. Gottes eigenes Leben in uns! Man braucht nur zu kommen und zu trinken.

3.

Je nachdem, wo wir in V. 37 das Komma setzen, werden wir uns an dem Bisherigen für unsere Predigt genügen lassen oder aber den Gedanken aufnehmen, daß der, der an Jesus glaubt, nicht nur Erquickung von ihm *empfängt*, sondern auch Erquickung an andere *weitergibt*. Wenn überhaupt, so predigen wir dies vielleicht etwas zaghaft. Einmal darum, weil das Evangelium uns anleitet, möglichst vom Menschen, auch vom glaubenden Menschen, wegzusehen – auf den Herrn, der selber unser Leben ist. In diesem Falle wäre darauf hinzuweisen, daß der Erquickung spendende Mensch niemals selbst der Ursprung des Heilsamen ist, sondern nur weitergibt, was er selbst empfangen hat (vgl. noch einmal 4,14). Bedenklich könnte uns sodann freilich die Erfahrung machen, daß oft von christusgläubigen Menschen so wenig Erquickung ausgeht, das hier anvisierte Verständnis des Textes also wenig Deckung in der Wirklichkeit hat. Gewiß, es *gibt* „erquickende" Menschen. Wo sie sind, ist Freiheit und Fröhlichkeit. Man ist gern in ihrer Nähe. Sie strahlen Güte aus, Warmherzigkeit, Heiterkeit. Sie wirken verbindend und versöhnend. In ihrer Nähe kann man schwer etwas Böses denken, geschweige denn tun. – Man wird fragen: Sind das nun gerade die Menschen, die an Jesus glauben (V. 38), oder ist mit dem allem nur eine natürliche Disposition gemeint? Gehört das, was wir soeben beschrieben, in die Pneumatologie – oder in die Psychologie bzw. Charakterologie? Anders: Ist, wenn uns gerade ein Christ so begegnet, das, was wir Christus zuschreiben, im Grunde nichts weiter als ein glückliches Naturell? Dasselbe anders herum: Spricht die Tatsache, daß man das hier Angesprochene bei Christen oft vermißt, gegen die Gültigkeit solcher Verheißung? Wir sahen: der Sonntag Exaudi will uns darauf hinweisen, daß wir die *arme*, die des Geistes *bedürftige* Kirche sind. Wie also steht es mit dem „Reichtum"?

Hören wir doch das, was Jesus hierzu sagt, einfach als *Evangelium*! Daß Gott an uns Freude hat und uns hochschätzt, glauben wir auf Jesu Wort hin, nicht selten gegen allen Augenschein. Daß wir, wie V. 38 gesagt wird, Träger des Segens sind, ist ebenfalls nicht einfach als Erfahrungstatsache anzusehen, sondern als eine Verheißung, „höher als alle Vernunft". Es heißt ja auch: „wer an mich glaubt", nicht: wer glücklich veranlagt ist oder geistlich allerlei vorzuweisen hat. Daß es Menschen gibt, die das in Christus entsprungene pneumatische Leben weitergeben und anderen zu Vermittlern solchen Lebens werden, ist eine *Zusage* des Herrn an seine arme Gemeinde. Ein großes Wunder. Wir werden dem noch etwas weiter nachdenken müssen.

Die hier zugrunde liegende Vorstellung – ἐκ τῆς κοιλίας αὐτοῦ – entspricht nicht unserm Geschmack. Luther hat, indem er „von des Leibe" übersetzte, schon gemildert. Schnackenburg übersetzt geschmackvoll: „aus dessen Innern". Wir werden freilich nicht spiritualisieren dürfen. Wird der Geist „ausgegossen" und „strömt" geistliches Leben aus einem Menschen heraus wie aus einem Gefäß, so sind da sehr realistische Vorstellungen im Spiel. Wir sollten nicht zu schnell über die Leibhaftigkeit biblischen Denkens hinweggehen. Wohl müssen wir übersetzen. Aber wir müssen wissen, daß es nicht weniger mythologisch wäre, wollten wir das Gefäß des menschlichen Leibes durch das – der Wirklichkeit Gottes keineswegs nähere – Gefäß des menschlichen Geistes ersetzen. Die pneumatische Wirklichkeit Gottes ist dem einen so inkommensurabel wie dem andern. Bleiben wir ruhig dabei, daß Menschen das „Rohr" sind, durch das das Wasser fließt (Luther), oder die Wasserspeier wie an einem mittelalterlichen Dom (G. Zweynert, ZdZ 1963, Anhang S. 51).

Sind wir uns klar darüber, daß das, was wir weitergeben bzw. was durch uns hindurchströmt, Jesu eigenes Leben ist, dann werden wir uns unsere Armut nicht anfechten lassen. Wir wären im Irrtum, wenn wir meinten, wer anderen helfen soll, ihren Durst zu löschen, darf selbst nicht vertrocknet sein. Wir *haben* nur, indem wir *empfangen*. Es ist nicht nur eine Erkenntnis für Exaudi, sondern eine ekklesiologische Urerkenntnis von allgemeiner Bedeutung: Gottes Gaben lösen sich nie vom Geber ab, so daß man sie ohne ihn haben könnte. Daher das Erstaunliche und Beglückende: Gott betreibt seine Sache mit unvermögenden Leuten, „auf daß die überschwengliche Kraft sei Gottes und nicht von uns" (2. Kor. 4,7). Es wäre schon um deswillen bedenklich, wenn wir aus unserm eigenen Reichtum schöpfen wollten. Auch noch aus einem andern Grunde. Einen Menschen, der, wie man sagt, „aus dem vollen schöpft", der reich ist, wo ich Mangel habe, mit Eleganz meistert, woran ich mir die Zähne ausbeiße, Reserven hat, wo ich längst am Ende bin: einen solchen Menschen kann ich bewundern, vielleicht muß ich ihn beneiden – aber wahrscheinlich wird mir gerade dann, wenn ich ihm zusehe, ganz schwach. Helfen kann mir so einer nicht!

Wo sind also die Menschen, von denen her uns der hier gemeinte Segen zufließt? Wir hören und sehen sie singen, sagen und leben: „An mir und meinem Leben ist nichts auf dieser Erd. Was Christus mir gegeben, das ist der Liebe wert" (EKG 250,3). Es ist wohltuend, wenn jemand (ohne alle Zöllnerpose, die es nämlich auch gibt und die nicht weniger bedenklich ist als die des Pharisäers) ganz einfach aus dem lebt was ihm geschenkt wird, und ohne alle Effekthascherei sein Leben lebt, wie es ihm vor die Hand kommt: liebend einfach deshalb, weil er geliebt wurde; gütig, weil er soviel Güte empfangen hat; erquickend, weil er erquickt wurde; Gottes Geist und seine Gaben vermittelnd, weil Gott sie ihm in jedem Augenblick selbst zufließen läßt und er sich in seiner Armut an ihnen erfrischt.

Der Sonntag Exaudi trifft also etwas, was der Kirche aller Zeit eigen ist: „der Geist war noch nicht da" (V. 39) – aber wer trinkt, bekommt ihn (V. 37). Das Bekenntnis zum Heiligen Geist ist immer *Bitte* um den Heiligen Geist (vgl. die Pfingstlieder der Kirche). Es kann der Kirche gar nichts Besseres widerfahren, als daß sie sich ihrer Armut bewußt wird. Gerade so steht sie unter der Verheißung, daß sie in die Welt hinein Segen verströmt. Wir sind „die Armen, aber die doch viele reich machen" (2. Kor. 6,10).

Pfingstsonntag. Joh. 16,5–15

Kap. 16 wiederholt Motive der Abschiedsrede Kap. 14, die mit V. 31b schon eine deutliche Überleitung zu Kap. 18 bietet. Über die sich daraus ergebenden literarischen Probleme vgl. Bultmann, S. 348–351 und Schnackenburg III, S. 101–106. Es sieht so aus, als ob Kap. 16 von einem Johannesschüler stamme, der das in Kap. 14 Gesagte neu bedenkt und formuliert, und zwar im Blick auf die nachösterliche Gemeinde, eine „Trost- und Ermutigungsrede für die Jüngergemeinde in der Welt" (Schnbg., S. 142). Über die Fortsetzung von V. 16 ab haben wir zu Jubilate gepredigt.
V. 4b: redaktionelle Überleitung, „etwas gezwungen" (Bltm.). Die Rede beginnt mit V. 5: Daß Jesus zu dem „weggeht", der ihn gesandt hat, müßten die Jünger nach dem Vorangehenden wissen (13,33; 14,3.19.28). Sie sind nur damit beschäftigt, daß die Gemeinschaft mit Jesus *endet*, fragen also nicht nach dem, was *vor* Jesus liegt. – V. 6: Daher die Traurigkeit. Das Nichtverstehen macht die Jünger sprachlos. Sie sehen sich in der feindlichen Welt verlassen. – V. 7: Bultmann will die „mythologische Redeweise" abstreifen und interpretiert so: „Der historische Jesus muß scheiden, damit sein Sinn, der Offenbarer zu sein, rein erfaßt werde" (S. 430). Die unmittelbare Textaussage: Jesu Hingang ermöglicht erst die Sendung des Parakleten; die Präsenz des Geistes setzt das priesterliche Werk Jesu voraus. Der Paraklet „wird als bekannte Größe eingeführt" (Schnbg., vgl. 14,16.26; 15,26). (1. Joh. 2,1 ist Jesus selbst der Paraklet; die Interzessio und das Wirken des „Beistands" gehören aufs engste zueinander.) Im Rahmen dieser Arbeit kann nicht diskutiert werden, welches der religionsgeschichtliche Hintergrund des Parakletbegriffs ist (mandäische Aussagen vom „Helfer", Menschensohnerwartung, jüdische Fürsprechervorstellung, speziell in qumranischer Form); vgl. Schnackenburg III, S. 163ff. Die Funktion des Geistes als (forensischer) Beistand gegenüber der feindlichen Welt (Mark. 13,11 Parr.) dürfte im Hintergrund stehen. – V. 8: ἐλέγχειν heißt beschämen, tadeln, überführen, ausforschen, im NT speziell: „jemandem seine Sünde vorhalten und ihn zur Umkehr auffordern" (ThWNT II, S. 470f.), also „von der Sünde zur Buße weisen" (ebd., S. 471). Man wird Stellen wie 3,20; 8,46 zum Vergleich heranziehen müssen. – V. 9: „Sünde" ist der Unglaube gegenüber Jesus, „das Festhalten der Welt an sich selbst" (Bltm.), das Verharren in der Finsternis (12,46), das Sich-Verschließen vor der Offenbarung (Bltm. z. St.). – V. 10: „Gerechtigkeit" ist das Im-Recht-Sein beim Prozeß, „die Rechtfertigung dessen ..., den die Welt als Sünder schalt" (Bltm.). – V. 11: Das „Gericht" hat sich in der Entmachtung des „Fürsten dieser Welt" bereits vollzogen (12,31f.; vgl. auch 3,18; 1. Joh. 3,8). Sofern die Welt „Welt" bleiben will, unterliegt sie dem Gericht; sofern sie sich zu Christus rufen läßt, hat das „Aufdecken" rettende Wirkung.
Von V. 12 ab geht es um die Wirkung des Parakleten in der Gemeinde. Hat der Geist bisher *durch* die Gemeinde zur Welt gesprochen, so wirkt er jetzt *an* ihr. – V. 12: Da, was künftig im Glauben zu „bestehen" und zu „bewältigen" sein wird, nicht nur nicht absehbar ist, sondern grundsätzlich in der Aussage nicht vorausgedacht werden kann, muß Jesus die Seinen in das Wagnis des Lebens hinausschicken, und eben hier wird der Paraklet ihnen beistehen. – V. 13: ἀλήθεια ist nicht eine Summe von zutreffenden Sätzen über Gott, sondern die begegnende und in der Begegnung sich erschließende Wirklichkeit Gottes. Der Geist wird nicht über Christus hinausführen, denn – V. 14 – er wird, was er sagt, aus dem Besitz Jesu nehmen, wie Jesus selbst aus dem lebt, was dem Vater gehört (17,10). V. 15: Vater, Sohn und Geist sind gemeinsam in dem Geschehen der Offenbarung wirksam.

Gott ist gegenwärtig. Der Satz ist diesmal, zu Pfingsten, in seiner pneumatologischen Bedeutung zu artikulieren. Damit wird seine christologische Ausprägung – Himmelfahrt – nicht ungültig. Der Heilige Geist ist der Geist Christi, wie er der Geist des Vaters ist. Aber er ist nicht bloß ein Anhängsel, auch nicht nur eine Gabe, obwohl er uns „gegeben" (Röm. 5,5; 2. Kor. 5,5; 2. Tim. 1,7) und von uns „empfangen" wird (Joh. 14,17; 20,22; Röm. 8,15). Er ist Gott-selber. Gott ist Geist. Wir sprechen von Gott dem Heiligen Geiste, wenn wir ihn erfahren als in uns wirkend, uns weckend und bewegend, ermutigend und befreiend, Glauben und Hoffnung gründend. Es wäre angesichts der neutestamentlichen Aussagen nicht durchzuhalten, wenn wir sagen wollten: Christus haben wir uns *gegenüber*, den Geist haben wir *in* uns. Die apostolischen Zeugnisse reden deutlich auch von dem Christus-in-uns. Aber es ist etwas Wahres an der Unterscheidung, die wir eben versucht haben. Jesu Wort begegnet uns hörbar; in seinen Sakramenten haben wir ihn leibhaft vor uns. Es wird noch davon zu sprechen sein, daß der Geist Gottes nie an den Gnadenmitteln vorbei an und in uns wirken will. Aber sein Wirken vollzieht sich doch *in* uns. Nicht unter Ausschaltung unserer natürlichen personalen Kräfte, sondern so, daß er sich ihrer bedient (Röm. 8,16). Aber es ist nun wirklich so, daß Gott selbst in uns Macht gewinnt und tätig ist. Wenn wir das unlängst gebrauchte Bild von dem Primär- und dem Sekundärstromkreis noch einmal aufnehmen dürfen (ohne es allegorisch zu strapazieren und damit ad absurdum zu führen): In uns fließt der himmlische, göttliche Strom und ruft, sekundär, in unserm natürlichen Personleben Wirkungen hervor, durch die unser Menschliches dem Göttlichen dienstbar wird.

Was es bedeutet, daß uns der Geist gegeben und selbst in uns zur wirkenden Macht wird, wird man nicht verstehen, wenn man sich nicht klarmacht, daß zwischen Gottesgeist und Menschengeist ein Unterschied besteht wie zwischen „Himmel" und „Erde". Anders: Gott ist der creator spiritus, unser Geist ist spiritus creatus. Die Mystiker in allen Variationen – die mit dem „Fünklein" und mit der Versenkung, auch die Denk-Mystiker, die im individuellen Menschengeist Splitter des Weltgeistes Gott sehen – haben diesen Unterschied nicht ernst genommen. Sie kannten darum auch nicht den zwischen Religion und Glaube. Religion ist – wie alle anderen geistigen Leistungen des Menschen – ein mehr oder weniger stark ausgebildetes und verschiedenartig gerichtetes natürliches Vermögen des Menschen, etwas vom Menschen Hervorgebrachtes, auf dem Boden seines eigenen Wesens Gewachsenes. Lebt Religion allein aus menschlichen Kräften, wirkt also nicht der Geist Gottes im Menschen sein Wunder, dann bleibt Religion im Menschlichen gefangen. Sie kann dann Gott nicht erreichen. „Der natürliche Mensch vernimmt nichts vom Geiste Gottes; es ist ihm eine Torheit, und er kann es nicht erkennen"; nur „der Geist erforscht alle Dinge, auch die Tiefen der Gottheit" (1. Kor. 2,14.10). Unsere natürliche Religiosität gelangt gar nicht zur Wirklichkeit Gottes, so sehr sie sie ahnen und ersehnen mag. Der „Stromkreis" ist ein anderer! Wir wären ohne den Heiligen Geist abgeschnitten von der Realität Gottes. Wir könnten auch Christus nicht „Herr" nennen ohne den Heiligen Geist (1. Kor. 12,3), denn Fleisch und Blut können uns, was es um die Person Christi ist, nicht offenbaren (Matth. 16,17).

So ist die Traurigkeit der Jünger, von der die Perikope am Anfang spricht, etwas durchaus Sachgemäßes. Die Jünger haben offensichtlich begriffen: Ohne Jesus geht es nicht! „Geht" er „weg", sind sie also „verwaist" (14,18), dann wären sie auf sich gestellt, gewissermaßen auf „Religion" zurückgeworfen, also auch, wo es um Gott geht, auf sich selbst angewiesen. Ja, man findet sogar, daß sie, eingeschlossen in den Horizont ihrer bloßen Menschlichkeit, nach dem „Drüben" nicht einmal zu *fragen* vermögen (V. 5). So sind sie in sich verschlossen und mit sich selbst beschäftigt! Gott selbst ist uns verschlossen, sofern er sich uns nicht erschließt. – Jesus: Der Paraklet kommt zu euch; wenn ich gehe, will ich ihn zu euch senden. Wir sind nicht allein gelassen. *Der Auferstandene schickt uns seinen Geist. Der wird* (1) *die Welt von innen her überwinden,* (2) *Jesus von oben her beleuchten.*

I.

Die Traurigkeit der Jünger (V. 6) ist also nicht nur der Schmerz, den wir empfinden, wenn uns ein geliebter Mensch genommen wird. Haben sie, indem sie Jesus sahen, den Vater gesehen (14,9), so sind sie nun, da Jesus geht, von Gott abgeschnitten. Der Sohn hat den Vater „verständlich gemacht" (1,18) – und dies ist viel mehr als ein intellektueller Vorgang, es ist vielmehr die in Christus realisierte Begegnung mit Gott und die gelebte Gemeinschaft mit ihm; aber das bricht nun ab. Arme, auf sich selbst gestellte, aus der Gemeinschaft mit Gott herausgerissene Jüngerschar!
Grund zur Betrübnis? „Es ist euch gut, daß ich hingehe!" Nicht Trennung, sondern neue Gemeinschaft entsteht, und das auf einer höheren und weiteren Ebene, die zur Vollendung des Werkes Jesu notwendig ist (nach Schnbg.). „Im Geist wird der irdische Jesus seiner Gemeinde präsent, lebt sie aus seinem Wort und wirkt aus seiner Kraft" (ders., S. 145). Aus dem irdischen Jesus, der mit seinen Leuten die staubigen Straßen Palästinas entlangzieht, wird der Herr der Welt. Statt der Begegnung, in der man ihn – in niedriger Gestalt, darum „verkannt und sehr gering" (Goethe) – vor sich hat, kommt es zu dem Erfaßtsein vom Geiste, wie es die Pfingstgeschichte schildert, zu dem Getriebensein (Röm. 8,14), zur Glaubenserfahrung der „Geistesgegenwart" (E. Jüngel). Wir haben nicht *weniger*, seit Jesus „weggegangen" ist, sondern *mehr*. Zwar sehen wir ihn nicht – der vierte Evangelist als Theologe der Inkarnation ist weit davon entfernt, dies leicht zu nehmen –, aber wir sind keineswegs allein gelassen. Pfingsten: Gott ist selbst mitten unter uns, kraftvoll wirkend, Glauben schaffend und erhaltend, Schwachen helfend, Hoffnung begründend (usw.). Ein ferner, unzugänglicher, zurückgezogener, uns im Stich lassender Gott? Kein Grund zur „Trauer": unser Gott ist uns ganz nah, ja, er ist *in* uns.
Wir werden, ehe wir auf die Wirksamkeit des Parakleten zu sprechen kommen, uns noch ein wenig zu verdeutlichen haben, warum es des „Hingangs" Jesu bedurfte. An Kap. 17 kann man es sehen: Jesu Gang zum Vater ist sein priesterliches Werk. Wäre unsere Gemeinschaft mit Gott nicht gestört und zerbrochen, dann bedürfte es nicht des Wunders des Heiligen Geistes. Wir würden in paradiesischer Gottunmittelbarkeit leben, im „Stromkreis" der Gotteswirklichkeit. Der „Zugang" mußte, da wir nun von Haus aus mit Gott nicht im reinen sind, erst wieder eröffnet werden (Röm. 5,1). Anteil am Leben und an der Wirklichkeit Gottes, solange unser Verhältnis zu Gott noch zerrüttet ist: unmöglich! Jesus nimmt es auf sich, den schweren Weg zu gehen. Aber eben damit schafft er die neue Situation. Wir gehören wieder zu Gott. Das Brausen vom Himmel (Apg. 2,2) schreckt uns nicht; die Macht Gottes kommt uns zugute.
Mit dem soeben Gesagten hängt es auch zusammen, daß der Geist uns als der *Paraklet* verkündigt wird. Man muß das Wort von seinem passivischen Sinn her verstehen: der Herbeigerufene, der Beistand, der uns zu Hilfe Kommende. Noch einmal: Eine verlassene, auf sich selbst gestellte Kirche wäre übel dran. Die Gegenwart Gottes wünschen wir uns ja wahrhaftig nicht nur deshalb, weil es schön und erfreulich ist, Gott ganz nah zu wissen. Ist Gott nah, dann scheint immer Licht in Finsternis (1,5).

Da findet eine Auseinandersetzung statt. Verlorenes wird gerettet (12,47); Werke des Bösen werden zerstört (1. Joh. 3,8); der Fürst der Welt wird gestürzt (12,31). Der Geist ist ein kämpferischer Geist. Bultmann betont mit Recht: wir haben hier nicht an einzelne Vorgänge zu denken, und wenn es hier (auch) um den Prozeß Jesu geht, dann eben so, daß dessen universale Bedeutung im Blick ist. Sicher ist in dem Text auch daran gedacht, daß die Jünger einen schweren Weg zu gehen haben (15,18ff.; 16,1ff.). Die Lage ist so, wie sie sich besonders in den ersten Kapiteln der Apostelgeschichte darstellt: Die Jünger bekennen sich in der Öffentlichkeit zu dem Jesus, der vor wenigen Wochen öffentlich hingerichtet worden ist, und predigen ihn als den Christus und Heiland. Dasselbe Gericht, das ihn verurteilt hat, kann jeden Tag erneut zusammentreten, diesmal gegen *sie*. Ein aussichtsloser Kampf, wenn man bloß menschlich kalkuliert. Wir sollen, so sahen wir, was hier geschieht, grundsätzlich verstehen. Wo das Evangelium verkündigt wird, da „geht das Gericht über die Welt" (12,31): da fällt die Entscheidung über Licht und Finsternis, für die Welt als ganze, für jeden einzelnen. Wer „überführt" nun wen? „Welcher unter euch kann mich einer Sünde zeihen?", hatte Jesus, fast herausfordernd, gefragt (8,46). Sie haben Jesus verurteilt und hingerichtet, ohne ihm Sünde nachweisen zu können. Der große Prozeß um die Welt ist nicht abgeschlossen. Das Gericht geht weiter. Gewiß: Gott hat seinen Sohn nicht in die Welt gesandt, um die Welt zu richten (3,18; 8,15b; 12,47). In der Sendung des Sohnes hat Gott die Welt *geliebt* (3,16; 1. Joh. 4,10). Auch den Parakleten sendet Gott nicht, um die Welt an ihrer Schuld zugrunde gehen zu lassen. Nur: aus einem Zustand der Unentschiedenheit, ja, der Entscheidungslosigkeit, aus dem Verharren in der Finsternis, in der nicht nur alle Kühe schwarz sind, sondern in der das Böse sich halten kann und aus der es sich auch nicht hervorlocken läßt, weil es sonst aufhören müßte, böse zu sein (3,19) – aus solchem heillosen Dämmern holt Jesus uns heraus. Wer sich von Jesus dort nicht herausrufen läßt, der hat, indem er die Finsternis wählte, auch das Gericht gewählt (3,18). Jesus braucht weder Galgen aufzurichten noch einen feurigen Pfuhl anzulegen: das Verharren in der selbstverschuldeten Hölle *ist* schon das Gericht. Jesus will nur retten, nichts anderes; wer sich nicht retten läßt, hat aus der Situation der Entscheidungslosigkeit selbst die des heillosen Entschiedenseins gemacht.

Genau dasselbe, was Jesus getan hat, indem er zur Glaubensentscheidung aufrief, tut nun der Geist. Die pneumatische Gottespräsenz nötigt – weltweit – zur Entscheidung. Der „Prozeß Jesu" geht weiter. Wer ist nun im Recht? Die „Welt", die Jesus verklagt (man bedenke: im Prozeß Jesu war es besonders die *religiöse* Welt, die sich an ihm vergriff und ihn umbrachte)? Der Herbeigerufene, der Beistand, der Anwalt „deckt" den wahren Sachverhalt „auf". Ein Prozeß „von kosmischen Dimensionen ..., der vor dem Forum Gottes stattfindet" (Bltm. z. St.). Er spielt sich nicht erst am Ende der Tage ab, sondern in der Glaubens- und Unglaubensgeschichte der Menschheit. „Die Welt selber merkt es gar nicht, daß Existenz und Predigt der christlichen Gemeinde ihre eigene Überführung ist; sie kann den Parakleten nicht wahrnehmen (14,17)" (Bltm. ebd.). Und trotzdem: wer von der Wirkung des Geistes getroffen wird, bei dem kommt es in der Tat zu einer „Überführung". Es kann sein, daß jemand an Jesus vorbeiging oder vorbeigeht, weil er ihn wirklich nur „nach dem Fleisch kennt" (2. Kor. 5,16 und noch einmal: Matth. 16,17), also gar nicht mitbekommt, was hier zur Entscheidung und damit auf dem Spiel steht. Anders, wenn Gottes Geist die Situation erhellt und ihn damit „überführt", ganz von innen her. Da kommt dann heraus, was *Sünde* ist. Letztlich wirklich nicht das, was in der Strafakte vermerkt oder im moralischen Leumundszeugnis enthalten ist. Alles ist reparabel – nur das eine macht das Sündigsein endgültig und damit verhängnisvoll: „daß sie nicht glauben an mich" (V. 9). (Dies ist übrigens die präzise johanneische Interpretation des Wortes von der Sünde wider den Heiligen Geist, Matth. 12,31 f.) Diese Sünde ist unentschuldbar (15,22–25). „Die Gemeinde wird vom Unglauben irritiert, der ihr entgegenschlägt; aber sie selbst ist mit ihrem Glauben eine ständige Anklage gegen jene, die nicht glauben. Sie hat Grund für ihren Glauben und hat Recht in diesem Streit" (Schnbg., S. 149). – Mit dem Begriff *Gerechtigkeit* nähert sich das vierte Evangelium, wenn ich recht sehe, sehr dem paulinischen Denken. Sicher ist daran gedacht, daß Jesu Tod nicht, wie die Welt meint, Verwerfung durch Gott ist, sondern seine Erhöhung. Er ist aus der Auseinandersetzung als der Überlegene hervorgegangen, und daß man ihn nicht mehr sieht, macht ihn fortan für die Welt unangreifbar. Nur: der Hingang zum Vater bedeutete, daß er sich für die Menschen „heiligte" (17,19 – Terminus aus der Opfersprache, vgl. 11,50 ff.; 15,13), damit auch sie geheiligt wären. Daß Gott *Jesus* annahm, bedeutet, daß er auch *uns* annimmt; daß *Jesus* im Recht ist, ist auch *unser* Recht. – Und das *Gericht*: Der Herrscher der Welt ist schon gerichtet (V. 11), er ist gestürzt, seine Werke sind zerstört (s. o.). Für die, die in der Finsternis bleiben wollen, eine schlimme Nachricht. Für die Glaubenden Grund zum Aufatmen.

Der Leser könnte sich an einer logischen Unstimmigkeit gestoßen haben. Der Paraklet „überführt" – die „Welt" merkt nichts davon; was sie nicht weiß, macht sie nicht heiß. Man könnte folgern: die „aufdeckende" Wirkung des Geistes widerfährt nur denen, die sich ihm stellen und von ihm erfaßt werden, also – den Glaubenden. Dann wäre der Satz Schnackenburgs falsch: „Der Paraklet überführt die ungläubige Welt der Sünde ihres Unglaubens, indem er sie dem Glauben der Gemeinde konfrontiert; diese weiß sich im Recht, weil Jesus von Gott gerechtfertigt und der Widersacher gerichtet ist" (S. 150 f.). Ich denke, Schnackenburg behält recht. Man muß sich nur klarmachen, daß der Text nicht von irgendeinem weltfernen Beobachtungsstand aus der Auseinandersetzung zwischen Glauben und Unglauben zusehen und uns dazu verführen will, Schiedsrichter spielen zu wollen. Wir sahen: ἐλέγχειν heißt: „jemandem seine Sünde vorhalten und ihn zur Umkehr auffordern". *Wir* sind angeredet, und es gilt jedem, der es hört, und wer es hört, der sieht sich von Gottes Geist „ent-deckt". Gott ist da. Er vertritt unter uns seine Sache selber. Er läßt nicht locker: an Jesus Christus kommen wir nicht vorbei. „Es gibt kein unbefangenes Judentum und kein unbefangenes Heidentum mehr im Umkreis des Wortes der Verkündigung, ... und es gibt auch kein Sein des Menschen – das ist der Sinn der Sendung des Parakleten – das nicht durch *diese* Geschichte entscheidend qualifiziert würde" (Bltm., S. 436). Die „Geistesgegenwart" Gottes ist – wie das Kommen Jesu – das Bemühen, uns dem Gericht zu entreißen. Wer sich „überführen" läßt, soll wissen, daß es nicht darauf abgesehen ist, ihn zu richten, sondern zu retten. Überwindung – „von innen her"!

2.

Wir haben an dem zuletzt Gesagten schon wahrgenommen, daß es nicht ganz der Intention des Textes entspricht, den Parakleten zuerst nach der Welt hin wirken zu sehen, dann in die Gemeinde hinein. Immer ist der gemeint, der es hört; und wer es hört, gehört eben damit zur Gemeinde. Dennoch: nachdem von der kritischen Funktion des Geistes die Rede war, geht es nun darum, daß der Geist *uns* in alle Wahrheit leiten soll. Unser Vorschlag für eine Überschrift mag etwas verwundern, der Geist werde „Jesus von oben her beleuchten". Damit ist versucht, wiederzugeben, was mit δοξάζειν (V. 14) gemeint ist. Es wird sich zeigen, ob sich von da aus ein Gesamtverständnis der VV. 12–15 erschließt.

V. 12 könnte von uns verstanden werden wie die Weisheit eines Schulmeisters, der sich Gedanken macht über die begrenzte Kapazität seiner Schüler und sich darum weiteres für später aufspart. Aber so ist der Satz nicht gemeint. Es geht nicht um ein Pensum, sondern darum, wie die Jünger in der künftigen – ganz neuen – Situation mit dem Gelernten *umgehen*. Der Satz, daß die Offenbarung weitergeht, wäre falsch, wenn er besagen wollte, daß der Geist über Jesus Christus hinausführt. Gewiß, der Geist wird Zukünftiges ansagen (Offb. 1,1: „was in Kürze geschehen soll"), und dies nicht nur im Sinne eines endzeitlichen (apokalyptischen) „Programms", sondern so, daß wir auf die Auseinandersetzung gefaßt gemacht werden, deren Einzelheiten nicht abzusehen sind, und auf die Glaubensproben gerüstet werden, die es zu bestehen gilt. Nein, Jesus kann uns nicht sagen, was alles auf uns zukommt; auch das Christenleben ist Wagnis, ist ein Gehen ins Unbekannte. Aber darauf kommt es an, daß wir eben darin nicht allein gelassen sind. Der Paraklet, der Geist der Wahrheit, wird bei uns sein.

Ist dieser Ansatz begriffen, dann wird man nicht mehr in der Versuchung sein, anzunehmen, daß der Heilige Geist die „Dogmatik II" weiterschreibt und darin die Christusoffenbarung überbietet. Neue Lehren über Gott, Mensch und Welt? Neue Zugänge zu Gott, an Christus vorbei und über Christus hinaus? Neue Wege zur Beseitigung der Sünde und ihrer Folgen? Neue Sakramente? Wir verstehen, daß mancher nicht abgeneigt wäre, sich derartiges zu wünschen und – mancherlei Sektierer haben darin schon ihre Angebote gemacht – anzunehmen. Daß wir in dem, *was* zu verkündigen ist, bei Jesus Christus stehenbleiben sollen, ist eine Zumutung. Alles wandelt sich – warum nicht auch das Credo der Kirche? Wie, wenn der Heilige Geist selbst uns, indem er uns „in alle Wahrheit leitet", eine zeitgemäßere Lehre suggerierte? Immer wieder die alten Texte, deren Erschließung (wie man auch an diesem Buche sehen kann) uns soviel Mühe bereitet? Immer wieder der „garstige Graben" (Lessing)? – Wir denken mit diesem allem in ganz falsche Richtung. V. 13a hat es *nicht* mit einer Fortschreibung der materialen Dogmatik zu tun. „Neue Dogmen" kann es in der Kirche nur geben, indem die Kirche „magno consensu" bekennt, was ihr in der Christusoffenbarung bereits *gegeben* ist. Weil Jesus Christus das „Wort" ist (1,1ff.), ist er auch das *unüberbietbare* Wort. „Niemand kommt zum Vater denn durch mich" (14,6). Es ist nicht das Amt des Parakleten, Christus zu *überbieten*, sondern ihn zu *beleuchten*. „Derselbe wird mich verherrlichen" (V. 14), sagt Jesus. Der Geist wird also Jesu Göttlichkeit und Majestät, seine Autorisierung durch den Vater und damit seine kardinale Bedeutung in der Geschichte zwischen Gott und uns herausstellen. Wenn man sich den Vergleich gefallen lassen will: Der Scheinwerfer im Theater nimmt *den* Schauspieler in sein Strahlenbündel, der – im Augenblick – Träger des dramatischen Geschehens und damit die Schlüsselfigur der Szene ist; der Scheinwerfer akzentuiert das Geschehen und deutet es. Weg von dem Vergleich: Der Geist bringt zum Vorschein, was an Jesus selbst leuchtet – seine Doxa –, wenn man nur Augen hat, es wahrzunehmen. So geht der Geist mit uns nicht eigene Wege; wie Jesus nichts sein will ohne den Vater, so ist der Geist nichts ohne Jesus (V. 15). Der Geist „nimmt es" von dem, was Jesus gehört und was Jesus sagt, tut und hat (V. 14). Der Geist redet nicht von sich selber; er „hört" das Wort – das verbum externum, die Predigt von Christus – und nimmt es auf und macht es sich zu eigen, er beglaubigt, erleuchtet es und gibt ihm Kraft (V. 13b). Er „gibt Zeugnis" von Christus (15,26). Seine Aufgabe ist es, uns alles zu lehren und – wie wichtig ist der irdische Jesus! – uns zu „erinnern" an alles, was Jesus uns gesagt hat (14,26). Daß Jesus im „Oberlicht" der Geistoffenbarung steht, bedeutet ja keineswegs, daß wir durch das Irdisch-Menschliche der Gestalt Jesu hindurch- oder daß wir davon geradezu abzusehen hätten. Denn die Doxa Jesu ist nicht *hinter* oder *über* dem Fleischgewordenen zu suchen, sondern *in* ihm.

Es könnte sein, daß das eben Gesagte uns zu einem Mißverständnis verführt. Wir könnten „Wahrheit" im Sinne des dogmatischen Lehrsatzes bzw. im Sinne der Summe aller Lehrsätze verstehen. Der Heilige Geist – der oberste Lehrer im Fach Systematische Theologie? Wir wollen nicht spotten; wahrscheinlich täten wir nicht nur dem Geist Gottes, sondern auch unsern Systematikern unrecht. „Wahrheit" ist für Johannes – und nicht nur für ihn – nicht die zutreffende theoretische Aussage über göttliche Sachverhalte, sondern die sich erschließende, uns „angehende", uns begegnende Wirklichkeit Gottes selbst. Die Wahrheit ist Person („*ich* bin die Wahrheit"), und zwar die Person Gottes in ihrer Zuwendung zu uns. Der „Geist der Wahrheit" ist also Gott, wie er sich uns aufschließt, auf uns zukommt, uns erfüllt und umfängt, uns ergreift und in seine Liebe einschließt, uns sein Herz auftut und in das unsere eingeht. Das „Leiten" des Geistes besteht ja nicht bloß darin, daß er unsere Gedanken lenkt, so daß wir nie in Häresien verfallen können bzw. nie darin zu verharren brauchen; der Geist „leitet" uns, indem er uns „einen *Weg* führt" (V. 13a). Wobei wir sofort in Betracht ziehen, daß dieser Weg nicht ein ethisches oder religiöses (oder wie auch immer ausgerichtetes) Sachprogramm ist, sondern wiederum die uns begegnende Person („ich bin der Weg"). Aber wohlgemerkt: hier will nicht nur etwas zur Kenntnis genommen, bedacht, in ein System gebracht oder sonstwie geistig verarbeitet werden, sondern hier ist ein Weg zu *gehen*! Das Werk des Parakleten: er stellt die Gemeinschaft mit Gott her, die wir nicht nur lehren, sondern leben. Kein Zweifel: die Lehre hat ihren Sinn; sie sagt uns, wer dieser Jesus ist, der uns begegnet, und was Jesus für uns ist, getan hat, tut und tun wird. Jesus ist kein Schemen. Er ist der für uns in die Welt und ins „Fleisch" gekommene Herr, der für uns „hingegangen" und „erhöht" worden ist und unsichtbar anwesend ist und uns regiert, bis er sichtbar wiederkommen wird. Gut, dies alles zu „wissen". Aber ihn „haben" und – viel wichtiger – sich „haben zu lassen", ist das, worauf es ankommt.

Ein Pfingsttext, der mit der Traurigkeit anfängt. Die vorpfingstliche Situation ist nie in dem Sinne überwunden, daß wir uns selbst diese Traurigkeit ausreden und uns ihrer schämen müßten. Jesus „will den Tröster zu euch senden" (V. 7). Zu gottvergessenen, ausgedörrten, zweifelnden, mutlosen (usw.) Menschen kommt der Geist Gottes, indem das Wort von Christus verkündigt wird. Wir können Gott nicht herbeizwingen, aber wir haben um Christi willen das Recht, uns an seine Zusagen zu halten. Was wir predigen, wird geschehen.

Pfingstmontag. 1. Mose 11,1–9

Nach H. Gunkel sind hier zwei Geschichten ineinander verdröselt. Die eine erzählt vom Bau einer *Stadt*, der an der Sprachverwirrung scheitert. Die andere von der Errichtung eines Turmes, der nicht fertig wird, weil Gott die Menschen zerstreut. Beide Fassungen sind von J erzählt. Tatsächlich sind Sprachverwirrung und Zerstreuung (VV. 7f.) ursprünglich voneinander unabhängig. Man wird aber mit Westermann auf zwei parallele „Blöcke' in der Erzählung achten (VV. 2–4 und 5–8) und daraus erkennen, daß die differenten Motive bereits in der vorliterarischen Phase der Entstehung der Perikope zusammengewachsen sind, die vorliegende Erzählung also als einheitlich anzusehen ist (Westermann, S. 714f.).

V. 1: „Da geschah es" paßt nicht vor den Zustandssatz, gehört eigentlich vor V. 2. Vielleicht bedeutet es nicht mehr als „Es war einmal ..." – V. 2: Im Osten sucht J das Paradies (2,8); von dort brechen die Menschen auf (נסע eigtl. das Herausreißen der Zeltpflöcke aus dem Boden, ein für J charakteristisches Wort). In der großen babylonischen Ebene Sinear „setzen" sie sich „fest" (ישב). Das Turmbaumotiv kommt bei vielen Völkern vor; es „bestand ... unabhängig und ohne Ortsnamen ... Die Lokalisierung in einem der großen Reiche war notwendig, weil man nur dort solche riesenhaften Bauwerke kannte" (Wstm., S. 721). – V. 3: Reizvoll die doppelte figura etymologica. In Palästina baute man mit Steinen, die es jedoch in Sinear nicht gibt (Schwemmland). Erdharz ist ein festes Bindemittel. Die Menschen sind erfinderisch. Freilich entspricht das Baumaterial nicht ihrem großen, auf Dauer berechneten Vorhaben. – V. 4: Ist der מִגְדָּל Teil einer Befestigung (so Wstm.) oder ein Sakralbau? Auf letzteres deutet Herodot (I, 181); der von ihm genannte Tempelturm E-temen-an-ki ist ausgegraben und rekonstruiert; Höhe 91,5 m (etwa wie das Völkerschlachtdenkmal in Leipzig). Man hat auch an den Turm Ezida in Borsippa gedacht (Wstm., S. 720). Vgl. Jes. 14,13. Der „Name" verbürgt Geltung vor der Welt und Nachruhm. So, wie der Text jetzt lautet, soll der „Name' auch die Menschen zusammenhalten.

V. 5: Anthropomorphismus, der hier im Dienste einer gezielten Aussage steht: zum Höchsten, was Menschen zustande bringen, muß Gott „herniedersteigen", um es überhaupt wahrzunehmen. – VV. 6–8: Gott weiß die titanische Erhebung der Menschen zu dämpfen, indem er sie voneinander trennt. Erzählung in klar erfaßten Schritten: Gott sieht – erwägt – entschließt sich – greift ein; die Wirkung des Eingreifens: Zerstreuung und Verwirrung. Den Menschen scheint „nichts unmöglich": der Kulminationspunkt des Geschehens. „Wie und wodurch Gott das Zerstreuen bewirkt, ist nicht gesagt und auch nicht angedeutet' (Wstm., S. 735). – V. 9: Die Volksetymologien zeigen das kulturelle Niveau der Entstehungszeit der Erzählung an; mit dem Beginn der Geschichtsschreibung hören sie auf. Die Namenserklärung ist natürlich unzutreffend (Babel: Gottestor); der Text erklärt den Namen hebräisch von der Wurzel בלל her; man könnte sagen: selbst ein Opfer der Sprachverwirrung. Dahinter eine richtige Beobachtung: In Babel trafen sich Menschen aus aller Herren Ländern; das Durcheinander der Sprachen konnte man in Babel erleben.

Die Sprachverwirrung von Babel ist, wenn man so will, das Filmnegativ zum pfingstlichen Sprachenwunder. Dies ist nicht so zu verstehen, als werde, was damals geschehen ist, durch das Pfingstwunder einfach rückgängig gemacht. Die Frage, was „damals geschehen" ist, wäre dabei zuerst zu stellen. Der Text geht mit sehr alten Stoffen um, deren ursprüngliche Bedeutungen mehr oder weniger durchschimmern. Er bewahrt auf, was man sich, bewundernd oder kritisch, in Israel von dem Wunderland Babylon erzählte, dem ältesten Kulturland der damals bekannten Welt. Der Reiz des Archaischen haftet dem Text an. Seine Fragen sind nur zum Teil die unseren. Die Frage nach der Ursache des Zerspaltenseins der Menschheit bedrängt uns auf alle Fälle. Erstaunlich, daß man schon damals „menschheitlich" dachte, sich den anderen (oft feindlichen) Völkern verbunden wußte, das Getrenntsein als Not empfand. Man müht sich, den Zustand des Zerspaltenseins zu verstehen; er „reicht so weit zurück, wie die menschliche Erinnerung überhaupt reichen kann, und darum liegt das Geschehen, das diesen Zustand erklären soll, aller Erfahrung des Menschen jenseitig, es ist urgeschichtliches Geschehen" (Wstm., S. 712). So wahr wir einzelne hier angesprochene Sachverhalte auch archäologisch noch dingfest machen können: das Gemeinte liegt dem voraus. Wie auch sonst in der Urgeschichte des Jahwisten ist „das Historische und zeitgeschichtlich Bedingte abgestreift, und der alte Sagenstoff ist ins Universale und Urgeschichtliche ausgeweitet worden" (G. von Rad, ATD z. St.). Es wäre ganz unangemessen, zu fragen, wann denn das hier Erzählte sich zugetragen hat – wie viele Jahrhunderte oder Jahrtausende vor Christus –, bis zu welchem Zeitpunkt man also mit der einheitlichen Menschheit rechnen könne. Genau wie der Sündenfall von Gen. 3 in jeder Sünde drinsteckt, die je und je geschehen ist und geschieht, so geschieht „Babel" in der Menschheitsgeschichte immer wieder, wie es seit eh und je geschehen ist. – Auch das Pfingstwunder will so gesehen sein. Es ereignet sich immer wieder. Aber nicht so, daß man sagen könnte: nun ist' „Babel" aus der Welt, die Einheit der Menschheit ist wieder da. Wir sind ja auch, wie ein Blick in eine beliebige Tageszeitung ergibt, von der Einheit der Menschheit noch weit entfernt. Versteht sich die Kirche als die Vorhut der neuen Menschheit – man denke an Röm. 5,12 ff. –, dann jedenfalls so, daß das Einssein dieses alle Völker einschließenden neuen Gottesvolkes noch immer sogar gegen die empirische Kirche geglaubt werden muß. Man sage nicht, diese Einheit sei irreal. Sie besteht „in Christus". Wie die Katastrophe von Babel in allem, was die Menschheit zerreißt, „gegenwärtig" ist, so ist unser Einssein in Christus „gegenwärtig", trotz allem, was uns noch immer trennt. Man könnte auch hier den Begriff „Urgeschichte" gebrauchen (wie dies die frühe Dialektische Theologie gern getan hat); vielleicht tut man besser, von der unserm Blick noch immer verborgenen eschatischen Wirklichkeit zu sprechen. Gen. 11 und Apg. 2 sind jedenfalls nicht in einer unmittelbar augenfälligen Weise aufeinander bezogen.

Damit hängt zusammen, daß Völkergeschichte und Kirchengeschichte wohl etwas miteinander zu tun haben, aber nicht naiv vereinerlei werden dürfen. Die „Vereinten Nationen" sind nicht das ins Politische umgesetzte Pfingstwunder, und es ist aus dem Neuen Testament auch nicht abzuleiten, daß sie das noch einmal werden. Dennoch wird man aus Gen. 11 erkennen, was Völker entzweien und Konflikte schaffen kann, und es wird, umgekehrt, unser Einssein im Geiste Christi sich zwar nicht einfach in internationale Politik umsetzen lassen, wohl aber dem Miteinander der Völker dienlich sein. Wo Einheit in Christus geglaubt und gelebt wird, verlieren die Tatsachen und Tendenzen des Trennenden, des Widereinander und der Feindschaft ihre fatale Letztgültigkeit.

Der Text stellt die Frage nach der Zerspaltbarkeit der Menschheit in einer Tiefe, die unsere Verantwortlichkeit betrifft. Wir werden uns durch die Naivität der Erzählweise und durch die Altertümlichkeit des Welt- und Geschichtsbildes nicht beirren lassen. Der Text ist ein schönes Beispiel dafür, daß Tiefenblicke in Schicksalsfragen der Menschheit nicht erst dann möglich sind, wenn ein bestimmter Stand wissenschaftlicher Welterkenntnis erreicht ist. Die Reife des Fragens nach dem Verhältnis von Gott und Geschichte und darum auch nach dem zwischen den die Geschichte bewegenden Kräften ist erstaunlich. Glaube an Gott macht hellsichtig.

Gottes Geist verbindet Menschen und Völker – (1) *in der Sachlichkeit, wie Gott sie will,* (2) *in dem Vertrauen, wie Gott es verbürgt,* (3) *in der Einheit, wie Gott sie schafft.* Wir haben also aus dem Negativ ein Positiv gemacht. Es wird sich zeigen, ob der alttestamentliche Hintergrund uns helfen kann, die aufbauende und sammelnde Wirkung des Geistes Gottes schärfer zu begreifen.

I.

Die Menschheit müßte und sollte nach J eine ungespaltene Einheit sein, ohne das Widereinander, das uns in Unruhe hält. Das heißt für die Bibel nicht, daß es nicht auch schöpfungsmäßige Unterschiede unter den Völkern gäbe. Ohne ein kritisches

Vorzeichen wird in 10,32 abschließend behauptet, daß die Fülle der Völker Wirkung des an Noah und seine Nachkommen ergangenen Gnadensegens ist (9,1). Gott will die Völker mit ihren anlagebedingten und geschichtlichen Differenzierungen. Er will die natürlich gegliederte Menschheit. Er hat „ein jegliches nach seiner Art" geschaffen. Das gilt auch für die Völker. Aber daß die Menschheit nach Anlage, Begabung, geschichtlicher Entwicklung und Sendung vielgestaltig ist, besagt ja nicht, daß sie zerspalten, verzankt und verfeindet sein muß. Die einheitliche Ursprache hat es natürlich nie gegeben. Sollte der Jahwist sie haben behaupten wollen, so wäre dies unter die Naivitäten zu rechnen, in die die Weisheit Gottes verhüllt ist. Daß aber der Gedanke eines ungestörten menschheitlichen Miteinander – urgeschichtlich, wie wir sahen – an der *Sprache* verdeutlicht wird, ist höchst sinnvoll. Eben die Sprache ist das unentbehrliche Kommunikationsmittel, das Medium personaler Gemeinschaft und damit auch unerläßliche Voraussetzung alles überlegten, planvollen Zusammenwirkens der Menschen.

Die VV. 2–4 bieten einen – nur skizzenhaften – Abriß der Kulturgeschichte der Menschheit. Israel wußte, daß im Zweistromland die Wiege jener Kultur gestanden hat, an der es selbst teilhatte. Wunderdinge erzählte man über Babel, längst ehe Babels Macht für Israel in schmerzhafter Weise spürbar wurde. Kultur entfaltet sich vornehmlich im Bauen. Der Mangel an Steinen im Schwemmland zwischen den beiden großen Strömen zwingt die Menschen, sich durch Brennen von Ziegeln zu helfen. Es ist geschichtliche Erfahrung, daß Erfindungen nicht selten durch bestimmte Verlegenheiten und Notstände provoziert werden. Optimismus und Schwung („wohlauf!") befördern die Entwicklung. Die Menschen wollen Großes und setzen offensichtlich viel dafür ein. Auch die Religion gehört zu dieser Kulturwilligkeit. Die Zikkurat E-temen-an-ki, errichtet aus buntglasierten Ziegeln, ist nach Herodot ein Sakralbau. So hoch oben ist die Gottheit sicher vor frevelhaftem Zugriff. So jedenfalls, soweit wir sehen können, der historische Tatbestand. Die jahwistische Erzählung sieht es freilich anders. Sie wittert das Prometheische solchen Tuns. Es wird nachher noch davon zu reden sein.

Unsere Predigt hüte sich davor, das weltgestaltende und weltbewältigende Handeln des Menschen als solches zu diffamieren. Die Bibel denkt nicht daran, mieszumachen, wo andere sagen: „Wohlauf!" In unserer täglichen Arbeit erfüllen wir Gottes Auftrag (1,28; 2,15). Als Ebenbild Gottes ist der Mensch Gottes Statthalter; als solcher hat er Gottes Eigentum zu verwalten. Der „Kulturbefehl" ist göttliches Mandat. Ist unsere Arbeit Dienst für Gott und Dienst an der Welt, dann fügt sie sich in dieses Mandat ein. Dienst: darin liegt, daß sie den Menschen nützlich und wohltuend sein soll, ein Wirken für die Welt und die in ihr lebenden Menschen. Sie soll Leben erhalten und fördern. – Genau an dieser Stelle liegt der Bruch. Die Erzählung deckt die in eine ganz andere Richtung zielende Motivation auf: „damit wir uns einen Namen machen" (V. 4). Gott hat nichts gegen Städte und Türme, aber er hat etwas gegen den auf seine Größe, seinen Ruhm und Nachruhm bedachten Menschen, der mit seinem Tun nicht anderen, sondern sich selbst dient. Ein interessantes, verblüffendes Schlaglicht: das Geltenwollen, das Großseinwollen, die Selbsterhöhung des Menschen als treibende Kraft des Umgangs mit der Welt und den Mitmenschen. Geht es nicht mehr um Dienst und Förderung des Lebens, dann sind nicht mehr sachliche Gesichtspunkte die Kriterien weltgestalterischen Handelns. Man kann es an der Prachtliebe gekrönter Häupter ablesen: sie ließen die Menschen fronen, um sich selbst Denkmäler ihres Glanzes zu schaffen. Ehrgeiz wurde der Motor für Leistungen des menschlichen Geistes, mit denen der Mensch sich selbst „einen Namen machen" wollte. Um sich einen Namen zu machen, wurde um Macht gekämpft und, wenn sie errungen war, gegen andere eingesetzt, mit dem Erfolg, daß die Unterworfenen sich nun wehrten und Erbfeindschaften fixiert wurden. Wo liegt die Initialzündung? Sich „einen Namen zu machen" ist die Tendenz des so verhängnisvoll wirkenden nationalistischen Stolzes, der auf andere Völker herabsieht. Neben dem Mehr-Habenwollen, der Gewinnsucht, ist die Ruhmsucht eine der stärksten Wurzeln von Unheil in der ganzen Menschheitsgeschichte. Und wie nun, wenn nicht mehr der eine sich einen Namen macht auf Kosten der anderen oder eine Gruppe sich Ruhm verschafft unter Herabsetzung der anderen? Wie also, wenn eine ganze Menschheit „sich einen Namen macht": vor wem dann eigentlich? man muß sagen: gegen wen? Die Antwort ist klar. Es geht gegen Gott. „Ich bin der Herr, mein Gott; ich dulde keinen anderen Gott neben – und schon gar nicht über mir." Von *mir* soll man reden. *Ich* gebe den Ton an. Die Spitze des Turmes, den ich baue, soll bis an den Himmel reichen. Da wird „der da oben" ins Schwitzen kommen! Hoch und immer höher! Statthalter Gottes? Nein: selber Gott. Der einzelne hat dieses Streben in sich (3,5), die Menschheit als ganze ebenso (11,4). Gott sieht es mit Sorge: „Das ist ja erst der Anfang ihres Tuns. Nun wird ihnen nichts mehr unmöglich sein, was immer sie sich vornehmen" (V. 6). Der Selbstruhm wird zur Dämonie.

Wir begreifen, was hier gesagt ist, vielleicht leichter als Generationen vor uns. Die zivilisatorische Entwicklung hat einen kritischen Punkt erreicht oder nähert sich ihm. Daß uns – grundsätzlich – nichts unmöglich ist, darauf sind wir nicht mehr vorbehaltlos stolz. Wir begreifen, daß wir nicht alles *dürfen*, was wir *können*. Die anstehenden Menschheitsprobleme sind so bekannt, daß sie hier nicht ausgebreitet werden müssen. Es wird für das Überleben der Menschheit entscheidend sein, daß wir unsern hybriden Stolz überwinden und unter Drangabe jeglichen Prestigedenkens – auf welcher „Ebene" auch immer – zu der Sachlichkeit gelangen, wie Gott sie will. Das würde heißen, daß wir ohne Rücksicht auf unsern „Namen" zu Entschlüssen fähig werden, wie sie im Blick auf die Zukunft der Menschheit nötig sind, in bezug auf Lebensstil und Anspruchshaltungen, Umgang mit den Gütern der Erde und mit den der Welt eingeschaffenen Ordnungen, Zusammenleben der Völker und Machtgebrauch. Sachlichkeit: das würde bedeuten, daß man das Interesse des eigenen Stolzes völlig dem allgemeinen Besten unterordnet; wo Sachfragen anstehen, sind sie *sine ira et studio* anzufassen.

Das ist alles sehr utopisch gedacht. Tun wir ja nicht so, als wäre von den Kanzeln herab der Welt mit ein paar solchen wohlgemeinten Richtlinien zu helfen. Der Text selbst redet nüchterner. Gott steuert die Dinge. Er unternimmt nichts Besonders. Er läßt nur die aufsässige Menschheit an ihren eigenen Vorhaben scheitern. Die Kooperation klappt nicht mehr. An der Sprachverwirrung wird es deutlich. Sie ist nur Symptom. Pieter Bruegel hat das malerisch schön zum Ausdruck gebracht (vgl. J. Jänicke, Pieter Bruegel, Berlin 1952, S. 24ff.): Auf der linken Bildhälfte seines Turmbaugemäldes scheint der Turm plangerecht zu wachsen; auf der rechten sieht man den steckengebliebenen Bauvorgang; und wenn man genau hinsieht, bemerkt man, daß der Bau gar nicht so fortgesetzt werden könnte, denn es gehen offensichtlich unvereinbare architektonische Konzeptionen durcheinander. Gott braucht, wenn er uns kurzhalten will, keinen Finger zu rühren: mit unserer eigenen Sünde richten wir uns zugrunde.

Aber das ist nicht Gottes letztes Wort. Er will ja nicht, daß wir an unserer Sünde zugrunde gehen. Sich einen Namen machen, das ist das Verlangen nach Selbstruhm, wie es unserm alten Adam leider eigen ist. Gott schafft den neuen Menschen, der

seine „Geltung" auf ganz andere Weise gewinnt. Aus der Gnade des uns rechtferti-
genden Gottes leben, das macht sachlich, weil es frei macht. In der Nachfolge des
Gekreuzigten hält sich manche „Rosine" nicht, die wir „im Kopf" haben. Wir lernen,
unsere Chancen nüchtern einzuschätzen. Der „neue, beständige Geist" (Ps. 51,12),
„der Geist der Kraft, der Liebe und der Zucht" (2. Tim. 1,7) will uns jedenfalls zu
einer solchen Sachlichkeit fähig machen, die da ist, wo das Interesse am eigenen „Namen" aufgegangen ist in der Rühmung des einzigen Namens, der gerühmt zu werden
verdient.

2.

Die babylonische Menschheit wird noch von einem zweiten Motiv bestimmt: „Wir
werden sonst zerstreut in alle Länder." Die Riesenstadt wird gebaut, um die Menschen zusammenzuhalten. Das Mammutgebilde „Babel" ist, wie der Turm, sicher als
Symptom der Hybris anzusehen. Überheblichkeit gibt sich stark. Sie ist in Wirklichkeit ein Merkmal der Angst. Wieder ein tiefer Blick in die Probleme der Menschheit. Man staunt, daß ein so frühes Dokument des Nachdenkens über das Zerspalten-
sein des Menschengeschlechts die Lage so scharf diagnostiziert.
Wieder werden wir uns nüchtern zu verdeutlichen haben, daß es eine Aufgabe ist,
die der Menschheit niemals erlassen und erspart werden kann: Menschen zur Gemeinsamkeit zusammenzufassen, d. h. aber: zentrifugale Tendenzen durch zentripetale Kräfte zu überwinden. Es ist ja auch nicht so, daß Menschen sich erst durch
einen Willensentschluß zu einem Gemeinwesen zusammenfinden („contrat social").
Wir finden uns immer schon in der größeren Gemeinschaft vor, mag sie nun staatlich
geringer oder stärker ausgeformt sein. Der Rechtsbrecher oder der Verräter distanziert sich von einem Vorhandenen. Wir brauchen gemeinsames Wollen und Handeln.
Die Gemeinschaft kann es keinem gestatten, daß er ausbricht und sich an ihr ver-
sündigt. Das weiß man auch in Israel, also im Alten Testament; es erübrigt sich, dafür
Belege zu sammeln.
Nur, die Erzählung sucht auch hier herauszufinden, wie es eigentlich kommt, daß
der von Babel unternommene Versuch, die Menschenmassen zusammenzuhalten,
mißlingen mußte, d. h. im Endergebnis: daß die einheitliche Menschheit nun zer-
trennt und zerrissen ist. Es geht nicht gegen den Staat als solchen. Es geht gegen den
imperialistischen Staat, also – in der hier gemeinten Phase der Menschheitsgeschichte
und in dem früher geläufigen Sinne des Wortes Imperialismus – gegen die aller Vernunft und Verantwortung widersprechende Machtkonzentration in dem Gemeinwesen Babel. Wir sollen, mindestens in der Endgestalt der Erzählung, Stadt und
Turm einander zugeordnet sehen. Der Turm wird zum Wahrzeichen. Die Mensch-
heits-Polis mit ihrer globalen Macht und ihren globalen Kompetenzen umfaßt alles
und ist, wie man in Babel meint, die Garantie dafür, daß die Menschen nicht über die
ganze Erde hinweg zerstreut werden. In der Tat: das wäre eine Katastrophe. Nur:
die Methode, die man in der Mammutstadt Babel angewandt hat, hat eben zu dem
Ergebnis geführt, das man vermeiden wollte. Israel hat Babel – später – als solche
Schreckensmacht erlebt, der es nicht um friedliche Koexistenz (wie wir sagen würden), sondern um Unterwerfung zu tun war. Eben dies ist hier in urgeschichtlicher
Grundsätzlichkeit geschaut.
Wir bleiben jetzt, um unnötige Empfindlichkeiten auszuschalten, ganz streng im
Kontext des biblischen Denkens. Das Ergebnis der Turmbaugeschichte ist: eine zer-
spaltene Menschheit. Dies ist Gottes Gegenwirkung gegen die babylonische Hybris.

Eine Lösung des Problems der überhandnehmenden Sünde ist dies freilich nicht·
Hybris wird dadurch niedergehalten, daß die Menschen zerstreut werden. Gerade
damit ist aber der Zustand des problematisch gewordenen, ja oft genug gestörten
Miteinanders der Völker geschaffen. Dies war ja, wie wir sahen, der Ausgangspunkt
der ätiologischen Fragestellung. Tatsächlich bedeutet aber – das hat Westermann
schön gezeigt – dieser so problematische Modus vivendi die Möglichkeit des Fortbestandes der Menschheit: eine gnädige Erhaltung des Lebens dicht unter dem kritischen Punkt. Die Völker halten sich gegenseitig im Schach, wahrhaftig: eine Not-
lösung, mehr nicht. Niemand kann 'darüber glücklich sein. Gott selbst ist, wie wir
aufatmend feststellen, mit Gen. 11 tatsächlich längst nicht am Ende seiner Wege und
Pläne. Gott will, wenn sein Reich kommt, etwas total Neues in die Geschichte einbringen. Der Geist ist das „Angeld" auf das Kommende. Wo immer Menschen sich
von Gottes Geist ergreifen lassen, werden sie – notfalls bereit zum Leiden – „Friedens-
macher" sein (Matth. 5,9) und, wo sie nur können, Vertrauen provozieren und Brük-
ken schlagen. „Das Reich Gottes ist ... Gerechtigkeit, Friede und Freude im Heiligen
Geiste" (Röm. 14,17).

3.

G. von Rad sieht in diesem letzten Stück der jahwistischen Urgeschichte das gnaden-
lose Ende, jenseits dessen in 12,1–3 der ganze neue, der heilsgeschichtliche Anfang
gesetzt wird. Westermann deutet anders: Gott ermöglicht gerade in der Begrenzung
der menschheitlichen Kräfte und Möglichkeiten den Fortbestand der Welt (S. 738 f. –
ähnlich K. Barth, KD III/4, S. 354–359). Ich meine, es wird beides richtig sein. Die
jahwistische Urgeschichte kann nicht weiterkommen als bis zur Feststellung, daß
Gott in seiner Geduld und Weisheit der Welt einen Modus vivendi verschafft, denn
er will seine Schöpfung nicht untergehen lassen. Daß, aufs letzte gesehen, dieser Modus
vivendi nur ein Provisorium ist, das eines Tages eschatisch aufgehoben wird, darauf
zielt zwar 12,1–3 nicht ausdrücklich, aber dies liegt – nach Röm. 4, Hebr. 11 u. a. –
in der Konsequenz des dort Anhebenden.
Der Geist wird der Gemeinde Jesu Christi, ja – nach Gottes gnädiger Absicht –
„allem Fleisch" gegeben „in den letzten Tagen" (Apg. 2,17 = Joel 3,1). Wir leben als
Gemeinde in der Gegenwart des Gottesgeistes auf der Schwelle der Äonen. Da geschieht in Jerusalem das Sprachenwunder. Wir nehmen es wieder nur als Zeichen.
Niemand wird auf den Gedanken kommen, daß die Einheit der Menschheit durch das
Erlernen einer Weltsprache zu gewinnen sei. Die Sprachenverwirrung unserer Erzählung ist nur Mittel, durch das Gott die aufsässige Menschheit niederhält; es zeigt
sich immer wieder, daß er zur Frustration der Sünde noch mehr Methoden weiß.
Die Einheit der Menschheit zerbrach nach der Erzählung daran, daß die Menschen
in Ehrgeiz, Machthunger und Angst aus Gottes guter Ordnung ausscherten und Gott
abzuschütteln versuchten. Die Heilung wird dadurch geschehen, daß Gott sich in
seiner Schöpfung wieder durchsetzt – nicht gegen sie, sondern für sie. Das sind „die
großen Taten Gottes", die ein jeder in seiner Sprache preisen hört (Apg. 2,11). In
Christus spricht Gott ein ganz in der Spontaneität seiner Liebe entspringendes, von
unserer Seite her völlig unverdientes und nur im Glauben anzunehmendes Ja. Der
eine Christus für alle und in allen. Da ist nicht Jude noch Grieche ...; denn ihr seid
allzumal einer in Christus. Eine nur eschatologisch zu begreifende Wirklichkeit.
Immerhin: es bedeutet eine große Chance für die Menschheit, daß Gott nicht nur ihre
Einheit will, sondern diese in Christus bereits unsichtbar realisiert. Und es gibt für

diese bislang unsichtbare Realität bereits eindrucksvolle Zeichen; bei aller Viel-
farbigkeit einer Vollversammlung des Ökumenischen Rates der Kirchen oder bei
einem Ökumenischen Konzil der römisch-katholischen Kirche kann man etwas davon
erleben. Mindestens ist es eine Vorereignung des Kommenden: die unübersehbar
große Schar, welche niemand zählen kann, aus allen Heiden und Völkern und Sprachen, vor dem Stuhl stehend und vor dem Lamm (Offb. 7,9).

Trinitatis. Jes. 6,1–13 ‏אֲשֶׁשׁ‏

Unser Jesajabuch besteht aus mehreren Sammlungen; so erklärt es sich, daß die Beru-
fungserzählung erst in Kap. 6 erscheint, als Eingang des Traditionskomplexes 6,1–9,6. Es
dürfte sich um eine Inauguralvision, also um Erstberufung handeln, nicht um die Sendung
eines bereits Berufenen zu konkretem Auftrag (so M. M. Kaplan). Wie 1. Kön. 22 (auffällige Parallelen! vgl. auch Jer. 23,18.22), nimmt der Prophet an der himmlischen Ratsversammlung (‏סוֹד‏) teil und empfängt hier seine ,,Ordination'' zum Prophetenamt.
V. 1: Die ,,Exaktheit'' der Datierung ,,ist ein religionsgeschichtliches Unikum'' (v. Rad,
ThAT II, S. 387). Leider wird das Todesjahr Ussias (= Asarjas) verschieden angegeben:
746 (Begrich, Noth, Hertzberg), 740 (Duhm, Fohrer), 739 (Wildberger), 736 (so die
Canstein-Bibel, Stuttgart 1978). ‏הֵיכָל‏, akkadisch-sumerisches Fremdwort, ursprünglich
(königlicher) Palast, im Hebr. Hauptraum des Tempels (Ps. 5,8; 79,1; 138,2); zugleich
ist aber an die himmlische Wohnstätte Gottes gedacht (vgl. uns. Ausl. zu Himmelfahrt,
1. Kön. 8), im Sinne von Ps. 103,19. – V. 2: Sarafen sind ursprünglich geflügelte schlangen-
artige Wesen (14,29; 30,6; Num. 21,8f.); ein Sarafenbild, mit dem der Mosezeit für identisch galten, befand sich noch im Tempel (2. Kön. 18,4). ,,Aus dem unheimlichen Wü-
stendämon ist (hier) ein himmlisches Wesen geworden, das Jahwes Lob verkündet und
ihm zu Diensten steht'' (Wildberger z. St.). Die Sarafen *stehen*, also überragen sie den sitzenden Gott. Sie bedecken das Gesicht, denn nicht einmal himmlische Wesen dürfen Gott
schauen. Das Wort für ,,Füße'' bezeichnet hier die Schamgegend (7,10; Exod. 4,25). Man
sieht nicht viel mehr als Flügel. Die Sprache kennzeichnet die Sarafen als Personwesen. –
V. 3: Man könnte zur Not an zwei Sarafen denken (,,dieser zu jenem''); aber V. 2 steht
der Plural, nicht der Dual. Das Trishagion dürfte zur Liturgie von Jerusalem gehören, wie
auch ,,Jahwe Zebaoth'' der dortige Kultname Gottes ist. ‏צְבָאוֹת‏ = ,,das Heer des
Himmels'' (1. Kön. 22,19), dessen ,,Oberster'' Jos. 5,14 auftritt; vgl. auch Ps. 103,21.
Eißfeldt deutet das Wort als (attributiven) Abstraktplural: ,,Mächtigkeit'' (vgl. v. Rad,
ThAT I, S. 28). Zu ‏מְלֹא‏ s. u. – V. 4: ‏אַמָּה‏ ist nach neuerer Forschung (wahrscheinlich) der
,,Zapfen''; die Zapfen sind in die Ober- und Unterschwelle eingelassen; um sie schwingen die Türflügel. Woher der Rauch kommt, braucht man nicht zu fragen. – V. 5: ‏דמה‏
= gleichen, schweigen, vernichten; vielleicht ist an alle drei Bedeutungen zu denken:
,,ich bin wie dem Erdboden gleichgemacht, sprachlos, vernichtet''. Unreine Lippen: nicht
weil Jesaja an seiner Prophetie schuldig geworden wäre; er teilt ja die Unreinheit mit
allem Volk, und gemeint sein dürften Wortsünden, nicht der Genuß von Unreinem. Sünder
ertragen den Anblick Gottes nicht (Exod. 33,20; Richt. 13,22). – V. 6: Vom Räucheraltar
im Hauptraum des Tempels (Exod. 30,27; 31,8) nimmt der Saraf einen ,,Glühstein'' oder
eine Kohle mit den ‏מֶלְקָחַיִם‏ (= ,,zweiteiliges'' [Dual] ,,Ding'' [‏מ‏] ,,zum Zugreifen'' [‏לקח‏]
= Zange). – V. 7: Der Entsündigungsakt ist sakramental zu verstehen.
V. 8: Jetzt erst vernimmt Jesaja Gottes eigene Rede. Der Begriff des Sendens wird hier
,,merkwürdig absolut gebraucht'' (v. Rad, a. a. O., S. 76). ‏לָנוּ‏: vorausgesetzt ist die
Situation des himmlischen Rates. Jesaja meldet sich. – V. 9: ,,diesem Volk da'' klingt
despektierlich. Sachparallele: Jer. 1,17–19; Hes. 3,4–9; auch 1. Kön. 22,20. Jesajas Erfahrung wird dem entsprechen: 3,6f.; 28,12; 30,9.15. – V. 10: Die Verstockung besteht im

„verfetteten Herzen" des Volkes, in „schwergemachten Ohren", „in verstockten Augen". LXX ändert: Verstockung liegt schon vor, geht nicht auf das Wirken des Propheten zurück. Wahrscheinlich ist וָשָׁב zu lesen und, als Modalverb, mit „wieder" zu übersetzen. – V. 11: Die Frage läßt eine Hoffnung erkennen Lies: תִּשָּׁאֵר = „wird übrigbleiben" als Wüste.

V. 12: Jahwe jetzt in 3. Person – Stilbruch, also Zusatz? von Jesaja selbst? – V. 13: das „Abweiden" durch eine Kleinviehherde kommt völliger Verödung gleich; lag im Vorhandensein des Wurzelstocks noch Hoffnung, so wird auch diese zunichte. Das letzte kleine Sätzchen ist „eine bewußte Korrektur" im Sinne des Restgedankens (1,8f.; 7,3; 30,17 – vgl. v. Rad, a. a. O., S. 175ff.).

Versteht man den Text von seiner Gattung her, dann möchte man ihn eher dem folgenden Sonntag zuweisen („Apostel und Propheten"). Der Selbstbericht hat es ja mit dem Auftrag Jesajas zu tun. Nicht, daß der Prophet sich selbst interessant wäre mit seinen inneren Erfahrungen. Was er mitzuteilen hat, steht im Dienste seines Auftrags; er „legt Rechenschaft davon ab", daß er „Recht und Pflicht hat, Jahwes Sprecher zu sein" (Wbgr., S. 238). Er hat am Thronrat Gottes teilgenommen und damit in Gottes Pläne Einblick gewonnen. Er hat sich spontan zu diesem Auftrag gemeldet, aber der Auftrag ist ihm von Gott selbst erteilt. Dies allein legitimiert ihn für sein Amt. Nur so ist er dazu frei, es wahrzunehmen. Die Zustimmung der Menschen wird er nicht finden, und er braucht sie nicht. Genug: Gott hat ihn bevollmächtigt. Er ist nicht der Sprecher des Volks (z. B. 8,11–14; 30,8–17 – zu letzterem unsere Auslegung zum Altjahrsabend), sondern Botschafter Gottes. Natürlich kann sein Berufungsbericht die Widerstrebenden nicht überzeugen. Der Anspruch seiner Predigt – wie aller Predigt – ist nicht von außen her zu begründen; er wird deutlich, indem die gepredigte Botschaft sich selbst beglaubigt. Der Prophet kann nur sagen, wie es zu seinem Auftreten gekommen ist, und er muß es darauf ankommen lassen, daß das, was er selbst weiß und sagt, sein Wort transparent macht für Gottes eigenes Reden und Handeln.

Wenn das so ist, dann weist uns der Text selbst von dem Beauftragten aus zurück auf den Auftraggeber, vom Gesandten zum Sendenden. Dann wird also – eine Ebene tiefer – Gott selbst zum Thema. Was für ein Gott? Der Text ist dem Trinitatisfest zugeteilt. Ist der Gott von Jes. 6 der Dreieinige? Man hat das Trishagion so deuten wollen; auch den merkwürdigen Plural „unser" (V. 8) hat man als Hinweis auf die Trinität ansehen wollen (statt an die Szene der himmlischen Ratsversammlung zu denken). Das sind Spielereien. Das Alte Testament kann Gott noch nicht als den Dreifaltigen kennen. Es weiß von mehreren Wirkungen Gottes: Gott ist Schöpfer, König in seinem Reiche; er richtet und vernichtet, aber er vergibt auch Sünde, und er läßt, wie andere Texte zeigen, sein Volk wie aus dem Nichts neu erstehen. Dies alles liegt dicht bei dem, was später trinitarisch artikuliert werden wird. Aber die Trinität kennt das Alte Testament noch nicht. Eine andere Frage ist die, ob der Gott des Alten Testamentes unerkanntermaßen schon der Dreieinige ist. Wem es verboten erscheint, hinter die vorgefundenen Gottesvorstellungen zurückzufragen nach der in ihnen oft nur vorläufig und verhüllt zum Ausdruck kommenden Gotteswirklichkeit, dem werden sich vielleicht die Haare sträuben, wenn wir sagen: Der, den Jessaja auf hocherhabenem Thron sitzen sah, war – ob Jesaja dies auch nicht hat erkennen können – kein anderer als der dreimal-eine Gott. Uns ist die Decke von den Augen weggezogen, die damals noch über dem Alten Testament lag; uns spiegelt sich die Herrlichkeit des Herrn in unserm aufgedeckten Angesicht (2. Kor. 3,14.18). Das heißt nicht, daß Gott nicht auch jetzt noch Geheimnis wäre. Jes. 6 liegt nicht hinter uns, aber der majestä-

tische Gott von Jes. 6 hat in seiner Erniedrigung für uns bestimmte Gesichtszüge an-
genommen – „er heißt Jesus Christ, der Herr Zebaoth" (EKG 201,2) –, und er lebt,
als der Geist des Vaters und des Sohnes, in uns und macht uns zu seinem Tempel.
Nur im nachhinein können wir Jesajas Gott wiedererkennen als den einen Gott, der
Vater, Sohn und Heiliger Geist ist.
Hören wir auf den Text, so könnte sich folgendes Konzentrat ergeben: *Wir predigen
den heiligen Gott,* (1) *der mit seinem Glanz die Welt erfüllt,* (2) *der in seiner Gnade die
Sünde tilgt,* (3) *der durch sein Wort Geschichte macht.*

I.

Daß Gott mit seinem כָּבוֹד, seiner Herrlichkeit und Majestät, mit seiner himmlischen Lichtfülle in der ganzen Schöpfung gegenwärtig ist, kann unser Auge normalerweise nicht wahrnehmen. Der, von dem alle Dinge sind (Epistel dieses Tages), ist unsichtbar – unseren Sinnen und auch unserm Denken so unerreichbar, daß wir schon
darauf verfallen sind, von Gottes „Abwesenheit" zu sprechen. Als könne Gott nur
anwesend sein, solange wir ihn – auf welche Weise auch immer – wahrnehmen! Mit
Martin Buber von „Gottesfinsternis" zu sprechen, kennzeichnet den Sachverhalt viel
besser; darin liegt, was Gott betrifft, die Verborgenheit, und was uns betrifft, die
Gottesblindheit. Es wird noch herauskommen, wie tief unser Unvermögen, Gott zu
entdecken, begründet sein kann (VV. 9f.). Aber auch wenn kein solcher das Erkennt-
nisvermögen verriegelnder Beschluß Gottes vorliegt: Gott wird uns nur erkennbar,
wenn und wie er sich selbst erschließt, im bleibenden Geheimnis. Auch für einen
Mann wie Jesaja ist, soweit wir sehen, die Gotteserfahrung, wie sie unser Kapitel beschreibt, einmalig gewesen. Der Glaube lebt von der besonderen Offenbarung, die
sich ereignet, wie Gott es will.
Man wird sich hüten müssen, die Theophanie bis ins einzelne nachzuzeichnen oder
gar psychologisch aufhellen zu wollen. Es kommt auf die Botschaft an, nicht auf das
Erlebnis. Es ist zudem beachtenswert, daß die Schilderung der großartigen Vision
sich aller Ausmalungen enthält und sich aufs Nötigste beschränkt. Trotzdem: was
gesagt ist, sollten wir schon nachsprechen. „Ich sah den Herrn", „den König, den
Herrn der Heere" (VV. 1.5). Bezeichnend ist, daß nicht gesagt ist, wie Gott aussieht.
Füllt nur der Saum, die Schleppe des Gewandes Gottes, den ganzen Tempel – gemeint
ist der irdische Tempel, doch in der Vision mag sich die Szenerie ins Himmlische weiten –, so geht daraus hervor, daß der Prophet Gott in riesiger, alle irdischen Maße
überschreitender Größe vor sich sieht. Der Thron ist hoch und erhaben, Jesaja muß
den Blick weit nach oben richten. Die Lichtherrlichkeit Gottes füllt, wie wir die
Serafim rufen hören, alle Welt aus; da hat es keinen Sinn mehr, die Umrisse der Gestalt Gottes mit dem Blick zu suchen. Auch in seiner Erscheinung bleibt Gott Geheimnis. Was Jesaja sieht, ist Licht. Vielleicht sollte man überhaupt nur an die überwältigende Lichterscheinung des Kabod Gottes denken; Kabod „ist die ausstrah-
lende und so Erscheinung werdende Wucht oder Mächtigkeit eines Wesens", hier
also Gottes (M. Buber). Daß die Serafim Gott umgeben, ist nur ein Hinweis mehr auf
diese Lichterscheinungen, wenn man die Urbedeutung der Wurzel שׂרף = brennen
mithört. Jesaja sieht das himmlische Strahlengewand der Heiligkeit Gottes (Ps.
104,2; Dan. 7,9; Jak. 1,17; 1. Tim. 6,16). – Aber auch diese überirdische Lichterscheinung vergeht vor den Augen des Propheten, indem sich das Haus mit Rauch füllt
(V. 4), Hülle des Geheimnisses Gottes. Nur das dröhnende Rufen der Serafim weist
noch auf Gott: „Heilig, heilig, heilig" – „sanctus Dominus Deus Sabaoth" – wir

haben es von Bachs Hoher Messe her im Ohr. Der Tempel erzittert davon. Wie das
Sehen im Rauch zerging, so das Hören artikulierter Sprache im Beben und Dröhnen.

Das Wort „heilig" bezeichnet die Sphäre des Göttlichen, tief geschieden von unserer
Welt. Hier ist eine Grenze gezogen, die der Mensch nicht ungestraft überschreitet.
Das Schauerlich-Abstoßende und das Wunderhaft-Anziehende (R. Otto) sind darin
in geheimnisvoller Weise verbunden. Die allem Geschöpflichen entgegengesetzte
Andersartigkeit Gottes und seine von allem Sündlichen geschiedene Reinheit und
Makellosigkeit gehören zusammen. Dabei ist in der Urbedeutung des Begriffs „heilig"
stark ans Kultische gedacht: in קָדוֹשׁ, steckt das Element קד = schneiden;
„heilig" ist das dem Profanen entzogene Gebiet (ThWNT I, S. 88). Vom Dinglichen
rückt der Begriff „heilig" mehr und mehr zum Persönlichen hin: Gottes „Name" tritt
an die Stelle heiliger Gegenstände oder ist das in ihnen sich verbergende Eigentliche,
auf das es ankommt. So „geht der Begriff der Heiligkeit in den der Göttlichkeit über"
(ebd., S. 91). Heiligkeit ist Gottes innerstes verborgenes Wesen, im Unterschied zu
allem, was Nicht-Gott ist. „Sagt nicht heilig" (s. Apparat) „zu allem, was dies Volk
heilig nennt! Was es fürchtet, das scheut und fürchtet nicht! Jahwe der Heerscharen,
ihn haltet heilig, er sei eure Furcht, er euer Schrecken" (8,12f.). Heiligkeit die mit
menschlichen Worten und von menschlichen Vorstellungen und Maßen her nicht
aussagbare Wesensart Gottes. Die ist Jesaja offenbart. Gerade im Offenbarwerden
Gottes gewinnt ja die Heiligkeit ihren Sinn: die Grenze zwischen Gott und uns wird
sichtbar. Heiligkeit ist eben nicht die schweigende, sich entziehende Transzendenz
Gottes, sondern Gottes unheimliche Andersartigkeit in ihrem Offenbarwerden. Der
unnahbare Gott gibt sich zu erkennen!

Was ein Mensch nur in besonderer Begnadung sehen kann, verkündigen die Sarafen
so, daß wir es aufnehmen können. Sind sie Engel, wie kirchliche Tradition es sieht?
Engel haben im AT niemals Flügel, im NT höchstens Offb. 14,6 (vgl. 8,13). Sind es
Tiere? Sie haben Hände und Füße (s. jedoch oben!), sie sprechen, haben Angesichter,
umstehen Gottes Thron als Diener. Umgekehrt: müssen Engel immer Menschengestalt haben (Ps. 104,4; Hebr. 1,7)? Die Apokalypse sieht sich durch die vier „Lebe-
wesen" – Löwe, Stier, Mensch, Adler – an die Serafim erinnert: jedes hat sechs Flügel,
unaufhörlich rufen sie das Dreimal-Heilig (4,7f.); die vier Wesen aus der Hesekiel-
vision „sind zu Engeln geworden, die nun mit den Seraphen von Jes. 6,2 identifiziert
werden" (Lohse zu Apok. 4,8). Man sieht: an der Klassifikation der himmlischen
Diener Gottes liegt nicht viel. – Wichtig ist aber, was sie *sagen*. Die Herrlichkeit dieses
dreimal-heiligen Gottes erfüllt alle Lande. Man müßte nur Augen haben, es zu sehen!
Gottes gravitas und gloria – beides liegt in כָּבוֹד – kommen in der ganzen Welt wie
in einem Transparent zur Erscheinung (Procksch in ThWNT I, S. 93). Ist „alles, was
die Erde füllt", das Subjekt des Satzes? So der masoretische Text; eine Aussage, die
hart an Pantheismus grenzt. Lesen wir (nach dem Vorschlag der Kittel-Bibel mit den
alten Übersetzungen) מְלָאָה, dann ist „die Erde" Subjekt: die Welt ist angefüllt
mit dem Glanze Gottes. Der die Welt geschaffen hat, „erfüllt" sie zugleich, ist ihr
Pleroma. Die Jenseitigkeit des ganz-anderen, nicht mit seiner Schöpfung identischen
Gottes ist nicht sein Lokalisiertsein in einem fernen Raum (noch weit hinter der
fernsten Galaxis), sondern sein Unterschiedensein von aller Schöpfung bei ständiger
Präsenz im Ganzen dieser Schöpfung. Nicht nur da, wo man ihn kennt und wo er angebetet wird, sondern auch in den „Landen", in denen ihn die Menschen noch nicht
oder nicht mehr kennen; eine für Jesajas Zeit, schon religionsgeschichtlich gesehen,
unerhörte Einsicht. Mitten in der Welt ist Gott jenseitig (Bonhoeffer). Seine Heilig-

keit und seine (unausweichliche) Gegenwärtigkeit gehören zusammen. Wohin wir auch immer gehen: wir stoßen auf Gott. Wohin wir auch greifen: wir berühren ihn. Mit jedem Atemzug saugen wir ihn ein. Jedes Stück Material, das wir bearbeiten: seine Schöpfung und Gabe. Alle Menschen, wo immer sie wohnen: sein Eigentum, wenigstens vom Ursprung her.

Wir singen das Dreimal-Heilig im Gottesdienst, wie schon die Gemeinden der neutestamentlichen Zeit (noch einmal: Offb. 4,8). Unser Trishagion ist ein Einstimmen in die himmlische Liturgie. Wir täten nicht gut, den „klassischen" Gottesdienst ein für allemal durch Neuerfundenes zu ersetzen, denn wir verlören dadurch nicht nur die Gemeinsamkeit mit den Vätern, sondern wir zögen damit auch die Wurzeln unseres Glaubens – des im Gebet und in der Anbetung *praktizierten* Glaubens! – aus dem biblischen Erdreich (vgl. z. B. Luk. 2,14; Joh. 20,19d; Kol. 3,2; Matth. 21,9; 1. Kor. 11,23–25; Joh. 1,29b; Num. 6,24f.) und vergäßen, daß die irdische Gemeinde sich mit der himmlischen eins weiß und, wie in unserm Text, ihr eigenes Gotteslob den Himmlischen abgelauscht hat. Wir deuten dies nur an; die Gemeinde soll bei Gelegenheiten wie dieser mit dem Sinn ihres Gottesdienstes vertraut gemacht werden.

2.

Daß Gott in seiner Gnade die Sünde tilgt, ist ein Satz, der das in den VV. 5–7 Berichtete, gerade im Gesichtswinkel Jesajas und sonderlich von diesem Texte her, in unzulässiger Weise generalisiert. Die Entsündigung, die der Saraf vollzieht, geschieht auf das Amt hin, das Jesaja übertragen werden soll. Das ganze Kapitel zielt ja darauf. Wir haben dem in unserer Gesamtüberschrift dadurch Rechnung getragen, daß wir formulierten: Wir predigen ... Es muß nachher noch davon die Rede sein: Niemand könnte Gottes Botschafter sein, den Gott nicht durch Tilgung seiner Sünde tauglich gemacht hat.

Dennoch blicken die VV. 5–7 nicht nur nach vorn, auf die Berufung und Sendung, sondern sie kommen zugleich von dem Vorangehenden her. Jeder, der Gott so schauen würde wie Jesaja – ob Prophet oder nicht –, müßte sich wie er bedrängt fühlen: „Weh mir – ich bin vernichtet!" Der Text könnte nicht mit V. 4 schließen; man könnte auch sagen: die Bibel könnte nicht mit Jesaja schließen. Je deutlicher und überwältigender uns die Wirklichkeit Gottes aufgeht, desto quälender die Einsicht, daß wir uns so, wie wir sind, vor ihm nicht halten können. Es sollte niemanden verwundern, daß man über die Sünde nicht erschrickt, solange Gott noch nicht gesichtet ist. Moralische Mängel, Versäumnisse, Fehltritte: wer wollte sie leugnen, und wer wollte sie, andererseits, zu schwer nehmen? Das nächste Mal will ich's besser machen! – Ganz anders, wenn es um die Sünde geht. Meine Beschaffenheit und mein Verhalten werden an Gott gemessen. Vor dem Heiligen bin ich unrein. Sünder bin ich nicht etwa bloß darin, daß innerhalb des abgeschlossenen „Systems", das ich bin, etwas nicht stimmt und nicht funktioniert; Sünder bin ich gerade darin, daß meine Beziehung zu Gott gestört ist. Denn was ich bin, bin ich „vor Gott". So gilt beides: Wie es mit mir steht, erkenne ich nur, indem ich Gott erkenne; und: sobald ich Gott erkenne, ist sofort die Frage nach meiner „Gerechtigkeit", nach meiner Verfassung im Gegenüber zu Gott, damit aber auch nach meiner Geltung, nach meinem Sein-Können und Sein-Dürfen vor Gott gestellt.

Der Begriff des „Unreinen" (טָמֵא) gehört wiederum zunächst in den Kultus. Aber Jesajas Prophetie zeigt, daß mit der Einschätzung des Kultischen auch das Verständ-

nis der Unheiligkeit des Menschen sich wandelt (etwa 1,16f.). Ging es in dem, was
der Priester unter unrein verstand, verborgenermaßen bereits um etwas Ernsteres
als um den Verstoß gegen äußere kultische Formen, nämlich um das erste Gebot, so
nun erst recht bei Jesaja. Unter dem verbrennenden Feuer Gottes wird er sich seiner
und seines Volkes Unreinheit bewußt. Er kann jetzt nicht mehr der Meinung sein, daß
seine Unreinheit nur ein äußerer Makel sei. Der Sünder erträgt die Nähe Gottes nicht.
Die Lippen sind pars pro toto; es könnte freilich daran gedacht sein, daß sich unsere
Verkehrtheit gerade da am fürchterlichsten auswirkt, worin das Humanum am ein-
deutigsten zum Ausdruck kommt: in der Sprache. Jesaja – Sprecher Gottes: vom
Heiligen reden mit sündigem Munde? Und wenn es unser aller Berufung ist, in das
Trishagion der Sarafen einzustimmen: Gott bekennen und loben aus einem gottwidri-
gen Personleben heraus?

Der Fortgang der Szene zeigt, daß dem Propheten Angst und Schuldbewußtsein
nicht ausgeredet werden, als bedürfte es nur besserer Belehrung, und er könnte das
Verkehrte abstellen. Was der Saraf mit Zange und Kohle tut, hat nicht nur zeichen-
haften Sinn, Feuerglut von Gottes Altar, aus dem Bereich des Heiligen, entsündigt
ihn. So wie irgendein Gegenstand, der der profanen Sphäre entstammt, etwa ein Leuchter oder ein metallener Kessel, dem Dienste Gottes durch Feuer geweiht wird (Num.
31,22f.), so wird Jesaja durch die ihm widerfahrene Reinigung in den Dienst des Heiligen gestellt. Der Vorgang – „Symbol der göttlichen Vergebung" (Wbgr., S. 252)?
„Bloß aus Vergnügen am symbolischen Spiel haben sich die Alten nicht mit so vielen
‚Zeremonien' geplagt" (Duhm z. St.). Die Missetat wird wirklich von Jesaja genommen und die Sünde zugedeckt (V. 7). Subjekt dieses entsühnenden Handelns ist niemand anderes als Gott; aber was Gott tut, tut er immer „durch etwas", der Saraf ist
sein ausführendes Organ, die Glühkohle das hier eingesetzte Gnadenmittel.

Alle Reinigung, alle Vergebung und Versöhnung, die im Alten Bunde geschieht, hat
proleptischen Sinn; sie geschieht im Blick auf Christus bzw. – vorausschauend – von
Christi Kreuz und Auferstehung her. Wir zögern nicht zu sagen: um Christi willen
wurde Jesaja entsündigt. Alles, was im Alten Bunde zum Heil geschieht, ist „Schatten des Kommenden" (Kol. 2,17; Hebr. 10,1); die Wirklichkeit, die den Schatten
wirft, ist Christus.

Wir müssen diesen Gedanken noch von einer anderen Seite her angehen, und zwar
gerade dann, wenn wir die radikalen Gerichtsaussagen des Textes ernst nehmen. Die
Unheilspredigt Jesajas soll nicht gemildert und freundlich zurechtgebogen werden.
Die VV. 11–13 sagen es mit grausigem Ernst: Gottes Gericht macht ganze Arbeit.
Also nicht Evangelium, sondern Gesetz? Das Evangelium sagt nicht: Gottes Gericht
fällt aus. Vielmehr: es wird vollstreckt. Solange Christus noch nicht da ist, vollzieht
es sich im Lauf der Geschichte (davon nachher gleich noch mehr). Zum Äußersten
kommt es erst am Karfreitag (Matth. 27,45f.50). Alle prophetische Gerichts- und
Unheilspredigt wird „erfüllt" im Geschehen des Kreuzes: „Die Strafe liegt auf ihm."
Die Frage: Unheils- oder Heilsprophet? ist, vordergründig gesehen, von Fall zu Fall
zu beantworten; aber sie muß tiefer gefaßt werden, als gewöhnlich geschieht. Der Irrtum der Heilspropheten im Sinne von Jer. 28 ist nicht der, daß sie Heil verkündigen,
sondern der, daß sie es ohne das Gericht, am Gericht vorbei suchen. „Weh mir, das
ist mein Ende!", ruft Jesaja; wie die Glühkohle auf den Lippen geschmerzt hat, übergeht er. Auch bei ihm ging es nicht am Gericht vorbei. Die Taufe bewirkt Sterben
und Auferstehen, beides. Denn das Evangelium ist das Wort vom Kreuz. Noch ist
für Jesaja nicht offenkundig geworden, daß Gott selbst alles Gericht auf sich ziehen
will. Aber heimlich ist sein Wille zum Neuanfang schon in diesem Text da. Der Glos-

sator, der das letzte Sätzchen des Kapitels zugefügt hat, muß etwas davon geahnt haben. Christus „hat vollbracht die Reinigung von unseren Sünden" (Hebr. 1,3). Er hat seine Gemeinde „gereinigt durch das Wasserbad im Wort" (Eph. 5,26). Muß, wer Gott sieht, vergehen? Nicht mehr, denn durch Christus haben wir den Zugang zu Gott (Röm. 5,1f.; Eph. 3,12; Hebr. 10,19). Die Probe aufs Exempel: Dieselbe Huldigung, die Offb. 4,8.11 dem auf dem Throne Sitzenden dargebracht wird, gilt ein Kapitel später – nur in etwas anderen Worten – dem „Lamm", also Christus; ja, der Thronende und das Lamm werden in einem Atem genannt (5,12f.). Wie soll man, wenn man *Texte* als Ausdruck von *Wirklichkeit* versteht, anders denken als – trinitarisch?

3.

Fast scheint durch das zuletzt Gesagte der harte „Knoten" unseres Kapitels schon gelöst, das Wort von der Verstockung (VV. 9f.). Ist, was damit gemeint ist, einfach unter „Gericht" zu subsumieren und im „Wort vom Kreuz" gewissermaßen aufzufangen? Wir würden es uns damit zu einfach machen. Das Wort vom Kreuz will Glauben wecken und im Glauben angenommen sein. Wie, wenn es dazu nicht kommt? „Gläubt ihr nicht, so bleibt ihr nicht", heißt es im nächsten Kapitel (7,9). Jesaja weiß: sie werden nicht glauben. Er weiß noch mehr: Gott selbst bewirkt – paradoxerweise „durch" die Predigt des Propheten (wieder das Werkzeug, dessen Gott sich bedient!) – die Verhärtung. Das verdiente Gericht ist beschlossene Sache. Der Prophet wird nicht losgeschickt, um fünf Minuten vor Zwölf noch eine Umsinnung und damit eine Wendung herbeizuführen. Die Dinge nehmen ihren Lauf. „Hört nur – immer hört!, aber zur Einsicht kommen sollt ihr nicht. Seht nur – immer seht!, aber begreifen sollt ihr's nicht" (V. 9). In der Tat, die von Gott bewirkte Verstockung gehört mit in das Gerichtshandeln Gottes hinein.

Damit erledigt sich die Deutung des Sachverhalts von psychologischen oder moralischen Überlegungen her, etwa so: „Das bewußte Übergehen der göttlichen Wahrheit, das gewohnheitsmäßige Überhören der göttlichen Warnung, muß jene Abstumpfung gegen Gottes Wirken herbeiführen" (Eichrodt, gegen ihn von Rad, ThAT II, S. 163). „Die Verstockung ist überall im Alten Testament als ein Handeln Gottes und nicht als eine sich innermenschlich auswirkende Gesetzlichkeit dargestellt" (von Rad, ebd.). Gott kann erwählen und verstocken, wie er will. Dies sieht nicht nur das Alte Testament so. Es wäre aufschlußreich, in diesem Zusammenhang Stellen wie Mark. 4,12/Matth. 13,13–15/Luk. 8,10; Joh. 12,37–41; Röm. 9–11 u. ä. durchzuprüfen. Es ist ja wahr, daß das Nicht-Wollen zum Nicht-Können führen kann (Röm. 1,18ff.). Verstockung kann Schuld sein (Jes. 30,8ff.). Niemand von uns soll sich, um seine Unansprechbarkeit für Gott zu rechtfertigen, hinter eine dogmatische Theorie verschanzen, mit der er seinen gottabgewandten Zustand auf Gott selbst zurückführt. Wie könnte er sich auch ausgerechnet auf Gott berufen wollen, wenn er im übrigen nicht bereit ist, Gott ernst zu nehmen! Paulus hat an der bei seinen Blutsbrüdern vorgefundenen Verstockung gelitten und mit Gott darüber gerungen. Es kann uns, wenn wir die Menschen lieben, mit denen wir leben, eigentlich nicht anders gehen. Hat Gott seine Tür verschlossen?

Was im Text steht, dürfen wir nicht dämpfen und mildern. Der Auftrag Jesajas geht in der Tat dahin, mit dem verkündigten Wort das beschlossene Gericht heraufzuführen. Wir sagten, es sei verdient; man braucht in Jesajas Prophetensprüchen nicht lange zu blättern, um dies herauszufinden. Warum muß die Prophetenpredigt das

Gerichtsgeschehen auslösen, herbeiführen? Könnte Gott nicht auch stumm und wortlos handeln? Die Predigt macht, was Unglück oder Katastrophe ist, erkennbar als Gericht. Und eben das wollen Jesajas verhärtete Zeitgenossen nicht annehmen. Wer nimmt dergleichen überhaupt an? Wer sagt schon: wir haben's verdient? Jesaja weiß, warum er so einsam und unverstanden bleiben muß. Gott hat es beschlossen, und Jesajas Predigt steigert nur noch die Verhärtung. So macht Gott Geschichte.

Nur so? Gewiß nicht. Wir müssen lernen, „das Wort von der Verstockung heilsgeschichtlich zu sehen" (von Rad, a. a. O., S. 166). „Verstockung ist für Jesaja ein sonderliches Geschichtshandeln Jahwes an Israel" (ebd.). Aber 8,17 lesen wir: „Ich will auf Jahwe hoffen, der sein Angesicht vor dem Hause Jakob verbirgt." Für einen „künftigen Tag" (30,8) soll Jesaja seine Worte niederschreiben. Später wird man feststellen, daß sich das angekündigte Gericht so erfüllt hat. „Aber erfüllt sich an ihr (der Generation Jesajas) das geweissagte Geschick, so war das doch nur der eine Teil der prophezeiten Botschaft. Auch ihr heilsverheißender Inhalt, ihre Einladung in die Geborgenheit bei Jahwe, behält seine Kraft. Er fällt nicht hin, wenn eine Generation sich ihr verschließt. Jahwe gibt seine Pläne nicht auf; nur greifen sie jetzt in viel größere geschichtliche Fernen hinaus, und deshalb mußte die Botschaft aufgeschrieben werden" (von Rad, ebd., S. 55).

Gott verstockt und erwählt. Wir sahen: auch Jesus und seine Zeugen stehen vor dieser beunruhigenden Tatsache. Auch das Glaubenkönnen ist Wirkung Gottes an uns. Die Epistel des Sonntags schließt die bohrenden Überlegungen von Röm. 9–11 staunend und jubelnd ab. „Jetzt ist die angenehme Zeit, jetzt ist der Tag des Heils" (2. Kor. 6,2). Der Vater „zieht" zum Sohne (Joh. 6,44). „Niemand kann Jesus Kyrios nennen ohne den *heiligen Geist*" (1. Kor. 12,3). Man kann nicht „aus eigener Vernunft noch Kraft an Jesus Christus glauben oder zu ihm kommen …"; aber „der heilige Geist hat mich durch das Evangelium berufen …" Gott macht Geschichte – auch Glaubensgeschichte. Jes. 6 ist nicht eine allgemeine Wahrheit, als habe Gott es darauf abgesehen, sich selbst gegen uns zu verschließen und uns gegen ihn und sein Wort zu verriegeln. Der „künftige Tag" ist da. Auf das Zitat aus Jes. 6 folgt in Matth. 13,16 das Wort: „Selig sind eure Augen, daß sie sehen …" Jetzt klingt das Trishagion noch einmal ganz anders und neu. Es bekommt seinen Gehalt durch die Geschichte des dreieinigen Gottes mit uns.

1. Sonntag nach Trinitatis. Joh. 5,39–47

Das Heilungswunder am Teich Bethesda hat eine große grundsätzliche Diskussion mit den „Juden" ausgelöst (ganz ähnlich der Aufbau in Kap. 9), in der es seit V. 31 um die Frage der Legitimation Jesu geht. Zentralbegriff: „Zeugnis". Was oder (besser) wer „spricht für Jesus", wer garantiert uns seine Autorisierung und damit seine Glaubwürdigkeit? Nach griechischem und (noch deutlicher) nach jüdischem Recht kann niemand sein eigener Zeuge sein (V. 31; 8,14 denkt auf anderer Ebene). Johannes *war* Christuszeuge, aber das letzte Wort hat er nicht (VV. 33–35). Der Vater selbst spricht für Jesus (VV. 36–38). Er tut es (u. a.) durch die Schrift, also das Alte Testament; hier setzt die Perikope ein. (Der Gedankengang setzt sich, wie die meisten Exegeten überzeugt sind, anschließend mit 7,15–24 fort.)

V. 39: „Ihr durchforscht die Schriften" – nach dem Fortgang des Satzes ist die indikativische Wiedergabe die richtige (gegen die altlat. Übersetzung). ἐρευνᾶν = דרש, rabbinischer tt. Gesetzesgehorsam verbürgt nach jüdischer Meinung Leben (Lev. 18,5; Deut. 30,15.19; Amos 5,14 u. ö.). Aber die Juden lesen die Schrift ganz falsch: sie spricht von Christus, und bei *ihm* würden sie das Leben finden (V. 24). – V. 40: adversatives καί. –

V. 41: Das Motiv des Ehre-Nehmens von Menschen wird V. 44 wiederkehren. Solange man innerhalb der irdisch-menschlichen Wertskala denkt, bleibt man im Menschlichen gefangen und verkennt Jesu Sein „von oben her" (8,23, vgl. 3,31; 1. Joh. 4,5). Menschlich gesehen und geurteilt hat Jesus keine Doxa. – V. 42: Jesus „hat erkannt", also „weiß" er, eben weil er von oben kommt. Wollte man Jesus mit Menschenmaß messen, so würde man nicht treffen, worauf es bei ihm ankommt (so V. 41); wollte man ihn so sehen, wie es seinem Woher entspricht, dann müßte man im „Raum" der Liebe Gottes zu Hause sein, und eben daran fehlt es bei den Gegnern. Sie meinen Gott zu kennen (8,54), aber die Bewertung, die Jesus von Gott widerfährt (δοξάζειν, δόξα, ebd.), ist ihnen fremd. – V. 43: „Im Namen meines Vaters" – Hinweis auf die höchste Vollmacht Jesu (vgl. 10,25), die nicht von dieser Welt ist. Die von weltlichen Argumenten her erhobenen Ansprüche leuchten den Menschen viel mehr ein; in ihnen erkennt die Welt ihr „Eigenes" (15,19). Es ist nicht an eine bestimmte Gestalt zu denken, sondern allgemein an falsche Propheten (Jer. 23,25; 29,9.25.31; Deut. 18,20 u. a.) und falsche Christusse (Mark. 13,6.21 f.). – V. 44: Das Ehre-Nehmen von Menschen wird hier in erweitertem Sinne verstanden: das Achten auf das menschlich Große und Imponierende entspricht der generellen Haltung des Sich-Rühmens und des Ausseins auf eigene Gerechtigkeit. Jesu Geltung wird hier in bemerkenswerter Weise mit der Doxa des Gerechtfertigten parallelisiert. Die Wendung des Gedankens wird durch das Folgende bestätigt. – V. 45: Ist Jesus nicht Richter (3,17; 8,15; 12,47; vgl. auch 8,10 f.), dann auch nicht Verkläger. Das durch Mose gegebene Gesetz (vgl. 1,17) klagt an. Jüdische Tradition hat in Mose gern den großen Fürsprecher gesehen (vgl. z. B. Exod. 32,32; Num. 14,13 ff.). Die Aussage V. 45 ist pointiert, etwa im Sinne des Galaterbriefes. – V. 46: Scharfe Wendung des Gedankens. Gerade wenn man nicht auf Mose „hofft", vernimmt man seinen Hinweis auf den Kommenden, etwa im Sinne von Deut. 18,15.18, aber viel mehr noch, jenseits des „Scheiterns" (Bltm.), im Blick auf den neuen Anfang. – V. 47: Das Wort erinnert stark an Luk. 16,31 (altes Evangelium). γράμμα und ῥῆμα sind einander entgegengesetzt (vgl. 2. Kor. 3,6) und doch miteinander verbunden.

Die starke Affinität des letzten Verses dieser Perikope mit dem letzten Vers des alten Evangeliums dürfte Anlaß gewesen sein, diesen (bisher nicht genutzten) Text an dieser Stelle in die PTO aufzunehmen. Daß der vierte Evangelist Synoptisches im Ohr hat und in großer Freiheit verwendet, dafür gibt es ungezählte Beispiele; man vergleiche dazu Grundmanns Ausführungen im Lukas-Kommentar Einleitung § 3. Man wird sich freilich vor Augen halten müssen, daß die Thematik hier eine andere ist als Luk. 16,19–31, es sei denn, man hört aus Luk. 16 nur dieses Eine und Letzte heraus: Achtet auf Mose und die Propheten. Unser Text steht unter dem Thema der Christologie. Schnackenburg überschreibt den Abschnitt VV. 31–47: Die Glaubwürdigkeit Jesu auf Grund des Zeugnisses Gottes. So war Luk. 16 nicht akzentuiert. Beiden Texten gemeinsam ist, daß für das, was jeder Text für sich „will", das alttestamentliche Zeugnis aufgerufen wird; nicht mit einzelnen Aussagen, sondern grundsätzlich. Die VV. 39 und 47 umfassen den Abschnitt wie eine Klammer. – Man übersehe nicht, daß damit aus dem Zusammenhang der VV. 31–47 nur *ein* Element der Argumentation herausgeschnitten ist. Woher bekommt Jesus – als der Messias, als der, der über uns das letzte, alles entscheidende Wort spricht („Richter"), als der Sohn, als Gottselbst – seine Legitimation? Wer oder was spricht („zeugt") für ihn? Was kann uns veranlassen, uns in allem an *ihn* zu halten? Man könnte sagen: *Er selbst*. Dies ist in einem letzten, tiefsten Sinne richtig; man denke, von 8,14 her, an die Ich-bin-Worte; Jesus erschließt sich uns als das, was er ist, indem er uns begegnet und in der Macht seiner Liebe mit uns Verbindung aufnimmt. Aber dies wird nur der bejahen können, bei dem „es" bereits „passiert" ist (dieses Wort einmal nicht im Sinne des Vorübergehens, sondern des Sich-Ereignens genommen). Wer Jesus noch nicht entdeckt hat, wird mit Recht einen von ihm selbst deklarierten Anspruch zurückweisen.

Simon Magus „gab vor, er wäre etwas Großes" (Apg. 8,9); solchen Leuten vertraut man sich lieber nicht an. Jesus läßt das gelten (V. 31). Was also spricht für Jesus? *Der Täufer*. In der Tat: er ist der bleibende (Perf.), also auch jetzt noch ernst zu nehmende Zeuge für die Wahrheit (V. 33, vgl. 1,7.19.26f.29–34.36; 3,28–36). Man darf nur nicht meinen, daß der Mensch Johannes Jesus zu dem gemacht habe, was er ist, Jesus also in seiner Vollmacht von einem Menschen abhängig wäre. Es wird noch herauszuarbeiten sein, wieso man total danebengriffe, wenn man des Täufers Zeugnis *so* verstünde. Was spricht aber dann für Jesus? Die *Werke*, die Jesus getan hat (V. 36; vgl. 10,25.32.37f.; 14,10f.; 15,24). Nur: wie man den Täufer als eine bemerkenswerte Figur halten und sich von ihm faszinieren lassen kann, ohne dahinterzukommen, worin sein Eigentliches liegt (V. 35), so kann man von Jesu „Zeichen" und „Werken" angetan sein (3,2; 9,16; 11,47), ohne an ihnen das göttliche Woher Jesu abzulesen (9,30–33; 10,25.33; 12,37; 15,24). Ja, wenn man begriffe, daß der *Vater* es ist, der Jesus die Werke gegeben hat (V. 36), wenn man also den anderen, den größeren Zeugen wahrnähme (VV. 32.36.37)!

So ist es nun auch mit der *Schrift*. Vom Christuszeugnis der Schrift – in diesem Falle: des Alten Testaments – wird in unserm Abschnitt die Rede sein. Man muß den Zusammenhang nur richtig verstehen. Die Schrift, für sich genommen und als bloße menschliche Größe angesehen, würde Jesus wiederum noch nicht legitimieren können. Man kann die Schrift studieren und doch – wie bei Jesu eigener Rede (V. 47), beim Zeugnis des Täufers (s. o.), bei Jesu Zeichen und Werken (s. o.) – „das Wort" dessen verpassen und überhören, auf dessen Zeugnis alles ankommt (VV. 38.42). Also nicht auf Jesu eigenes Wort hören, nicht auf seine Werke achten, den Täufer übergehen und nicht mehr in der Schrift suchen? Weit gefehlt! Man muß nur *in* dem Zeugnis des sichtbaren Zeugen das des „anderen", des „größeren" Zeugen erkennen, dessen Stimme man nie gehört und dessen Gestalt man nie gesehen hat (V. 37 b). Auf dieses „in" kommt es an. Wir werden unsere Predigt so anlegen müssen, daß es nicht zu einem falschen Entweder-Oder kommt, sondern das *Gottes*zeugnis „*im*" *Menschen*zeugnis erkennbar wird. Und es wird sich am Text zeigen, wie es dazu kommt, daß das Alte Testament uns zum Christuszeugnis wird: so nämlich, daß wir es nicht (nur) als Gesetz lesen, sondern das *Evangelium* darin erkennen. Unsere Gliederung soll sofort das Ineinander erkennen lassen, etwa so: *Was spricht für Jesus?* Er ist (1) von *Gott* beglaubigt, (2) von Gott *in der Schrift* beglaubigt, (3) von Gott in der Schrift beglaubigt, *sofern sie Evangelium ist*.

I.

Warum gerade an Christus glauben? Die Frage stellt sich im Dialog der Religionen untereinander, d. h. aber: dort, wo wir gefragt sind, warum gerade in Christus das Heil liegen soll. Sie stellt sich, wo wir Rechenschaft darüber zu geben haben, wieso wir uns an sein Wort halten – gegen die Praxis der nichtchristlichen Umwelt (VV. 8–12) –, ja, wir werden, ehe wir uns Jesus anvertrauen und uns auf den Gehorsam ihm gegenüber einlassen, selbst fragen: „Wer ist dieser Mensch ...?" (V. 12). Jesus: Diese Frage kann nur Gott, der Vater, selbst beantworten. Von menschlicher Seite her, mit menschlicher Einsicht und menschlichen Beweisgründen ist hier nichts zu gewinnen. Auf das Zeugnis des Vaters kommt es an (vgl. 8,18; 1. Joh. 5,9). Man könnte sagen: Fatal, wenn man dabei zugeben muß, weder Gottes Stimme gehört noch seine Gestalt gesehen zu haben (V. 37). Aber lieb oder leid: die Wirklichkeit Gottes öffnet sich nur von Gott her, und auch die Christusfrage ist eine Frage, für deren Beantwortung wir Menschen nicht kompetent sind.

Nun hat Jesus auf die Frage V. 12 tatsächlich recht deutlich geantwortet. Er hat
Gott seinen Vater genannt und sich selbst damit Gott gleich gemacht (VV. 17f.). Er
weckt, wie der Vater, die Toten auf und macht lebendig, welche er will; er ist der
Richter aller Menschen (VV. 21–27). Als dieser Höchst- und Letztbevollmächtigte
hat er natürlich auch das Recht, in den vorletzten Dingen dieses Lebens zu entscheiden, also z. B. kann er am Sabbat dem Gelähmten befehlen, sein Bett zu nehmen und
wegzugehen (VV. 8.9b). Im hoheitlichen Handeln zeigt Jesus, wer er ist.
Aber nun hat er, nach seiner Vollmacht befragt, alle Trümpfe aus der Hand gegeben
(V. 31). Die Selbstaussage zählt nicht. Fast klingt es, als wolle Jesus alles widerrufen,
was er soeben von sich selbst gesagt hat. Natürlich will er das nicht. Aber die „Dek-
kung" bekommen seine Aussagen nur, indem Gott selbst sie beglaubigt. Jesus ist
nicht bange darum, ob es dazu kommen wird (V. 32). Er nimmt es in Kauf, daß er auf
jegliche Legitimation von „unten" her verzichten muß. Er kann sich seine „Ehre",
seine Hoheit und göttliche Würde nicht von Menschen bescheinigen lassen (V. 41).
„Sein Anspruch ist ja der des Offenbarers; und diesen Anspruch menschlich verfüg-
baren Kriterien unterwerfen, würde bedeuten, die Kontinuität zwischen Menschlichem und Göttlichem, ein kommensurables Verhältnis menschlicher und göttlicher
Maßstäbe behaupten; es würde bedeuten, die Offenbarung in die Sphäre menschlicher
Diskussion hineinziehen" (Bltm. zu VV. 31f.). Göttliches kann sich nur selbst bezeugen.
Vielleicht bedauern wir das. Es gibt viele Menschen, die mit dem Christusdogma der
Kirche nichts anfangen können, ja, ihm geradezu mit Mißtrauen begegnen, aber gern
bereit sind, dem Mann aus Nazareth großen Respekt entgegenzubringen. Einer, der
es in aller Selbstlosigkeit mit den Menschen gut gemeint hat. Einer, der sich – koste
es, was es wolle – für die auf vielerlei Weise Benachteiligten eingesetzt hat. Ein Weiser wie wenige. Wahrhaftig und ehrlich bis ins Mark. Einer, der sich nicht von der
Meinung der Herrschenden abhängig machte und den Mut hatte, ihnen ins Angesicht
zu widerstehen. Ein Vorbild für viele – man wünschte: für alle. Einer der Großen der
Menschheitsgeschichte. Eine höchste Aufgipfelung des Menschlichen. Einer, an dem
man ablesen kann, wozu Menschen fähig sind, wenn sie die in ihnen liegenden guten
Kräfte mobilisieren. Das Humanum in seiner schönsten Ausformung. Es gibt viele
gute Gründe, diesen Mann hochzuschätzen. Und es ist ja doch keinem von uns übel-
zunehmen, wenn er – im Gespräch mit solchen, die sich nicht zu Christus bekennen –
Argumente für seinen Herrn sammelt mit dem Ziel, für ihn die Anerkennung auch der
bisher Widerstrebenden zu finden. Freilich: ein „Glaube", der auf diese Weise ent-
stünde, wäre, genaugenommen, Glaube an das Menschliche und die in ihm liegenden
Möglichkeiten. Wer wollte behaupten, daß Jesus solchen seinem Menschentum ent-
gegengebrachten Respekt nicht verdiente? Vielleicht war manchem eine solche Einschätzung Jesu die Vorstufe zur eigentlichen Christuserkenntnis. Freilich: es kann
sich bestenfalls nur um eine Vorstufe handeln, und es wird zwischen *dieser* Einstellung und dem Glauben an Jesus Christus noch ein *Bruch* erforderlich sein – eben der
Bruch, mit dem es unser Text (seit V. 31) immerzu zu tun hat.
„Ich nehme nicht Ehre von Menschen" (V. 41; 7,18; 8.50) – er ist nicht auf seine Ehre
bedacht, sondern auf die Ehre Gottes. Wie es mit dem Liebhaben des Lebens ist –
gerade wer nicht darauf aus, ist, empfängt es (12,25) –, so ist es auch mit der Ehre:
der Sohn sucht sie nicht, aber der Vater sucht des Sohnes Ehre und spricht das Urteil (8,50). Paulinisch (bzw. vorpaulinisch) gesagt: Der sich aufs tiefste erniedrigt hat,
bekommt den Namen über alle Namen (Phil. 2,5–11). In der nach menschlichen Maßstäben ermittelten Rangordnung steht Jesus ganz unten. Man vergesse nicht, daß die

Hoheit, die das vierte Evangelium in Jesu Person findet, immer nur im Sinne des
Paradoxes behauptet werden kann. Der Logos-Sohn – im „Fleische", aus Galiläa, aus
dem verrufenen Nazareth stammend, von den Juden angefeindet und geschmäht, am
Grab des Freundes erschüttert, vor dem eigenen Leiden mit „erschütterter Seele",
das Lamm Gottes, das der Welt Sünde trägt. Wo ist die „Ehre"? Das vierte Evangelium sieht sie, aber immer nur im Widerspruch zu dem, was vor Augen ist. Den,
bei den Menschen ganz „unten" ist, der empfängt seine Geltung von oben her (8,23
u. ö.). Das „Zeugnis", das Jesus legitimiert, kann nur von „außen", von „drüben",
von „oben" kommen. Der Vater steht selbst für Jesus ein. Synoptisch: was Fleisch
und Blut nicht offenbaren können, erschließt der Vater dem Jünger (Matth. 16,17).
Johanneisch: „Niemand kann zu mir kommen, es sei ihm denn von meinem Vater
gegeben", und noch anschaulicher: „Es kann niemand zu mir kommen, es sei denn,
ihn ziehe der Vater, der mich gesandt hat" (6,65.44 – das Verb ἑλκύειν wird auch
gebraucht vom Herausziehen der vollen Netze aus dem Wasser!). Jesus sorgt sich
nicht: der Vater arbeitet schon an den Menschen – auf eine von uns nicht zu bemer-
kende, noch weniger auszumachende oder zu erforschende Weise schafft er in Menschen die Christuserkenntnis. Nur an einer Stelle lichtet sich ein wenig das Geschehen:
um Jesus zu erkennen, müßte die Liebe Gottes in den Menschen sein (V. 42). Man lese
dazu etwa 1. Joh. 4 und mache sich klar, daß hier eine neue Geburt stattfindet und
eine neue Existenz entsteht. Die Wirklichkeit der Liebe Gottes geht in uns ein und
zieht uns wiederum in sich hinein. So kommt es zu einer Erkenntnis, die keineswegs
von menschlichen Voraussetzungen her zu gewinnen ist, sondern wirklich von „außen"
kommt, zugleich aber in der Gotteserfahrung und im Existenzvollzug so unser Eigenes
wird, daß wir „nichts mehr fragen" (16,23), weil wir an den pneumatischen „Stromkreis" angeschlossen sind. Dann sind all die Selbstaussagen Jesu (s. o.) nicht mehr
papierenes Dogma, sondern uns überwältigende und zugleich befreiende Wirklichkeit. Jesus ist von Gott beglaubigt.

2.

Jesus ist von Gott in der Schrift beglaubigt. Daß Gott für Jesus einsteht, vollzieht
sich nicht „ohn Mittel", wie Luther sagen würde, leiblos und wie im leeren Raum,
sondern durch hör- und lesbares Zeugnis. Wir sollen also nicht auf irgendwelche Ein-
gebungen warten – vermeintlich unmittelbar von Gott, höchstwahrscheinlich aber
aus uns selbst, aus dem kollektiven Unbewußten oder woher auch immer. Jesus weist
uns an die Schrift. Er erkennt an, daß die Juden in der Schrift forschen, mit hohen
Erwartungen (V. 39ab). Synagoge und Kirche lesen das Alte Testament. Wie liest
man es richtig? Der Text stellt uns die Frage nach einer Hermeneutik des Alten Testaments. Sie ist viel zu umfassend, als daß sie im Rahmen dieses Unternehmens auch
nur von ferne bewältigt werden könnte.
Die Schrift redet von Jesus (V. 39c). Sie kann nicht recht verstanden werden, wenn
man sie nicht auf Jesus hin liest. Aber auch Jesus kann nicht begriffen, an ihn kann
nicht geglaubt werden, es sei denn, man verstehe und sehe ihn im Lichte der (recht
verstandenen) Schrift (V. 47). Es muß zu einer „Doppelbewegung des wechselseitigen
Verstehens" kommen (von Rad, ThAT II, S. 387; der ganze III. Hauptteil dieses
Buches ist für unsern Zusammenhang wichtig). Am Alten Testament geht uns auf,
wer Christus ist; durch Jesus aber wird uns erst klar, worauf das Alte Testament hinaus will.

Wir werden nicht – wie bei einem Vexierbild – Christus in jedem Kapitel des Alten Testaments verborgen sehen. Wir werden schon gar nicht behaupten, der alttestamentliche Zeuge, dessen Wort uns auf Christus zu weisen scheint, habe tatsächlich an Christus gedacht und bewußt auf ihn hingedeutet. Daß Christus in der Geschichte des alttestamentlichen Gottesvolkes präsent ist (z. B. 1. Kor. 10,4), bedeutet ja nicht, daß er darin offenbar ist. Das Wort „Zeugnis geben" (V. 39) muß dies keineswegs besagen. Es kann in zweierlei Sinn gebraucht werden. Einmal so, daß es, besonders im Rechtsleben, um Aussagen über Tatsachen aufgrund unmittelbarer persönlicher Erfahrung geht. Es kann sich aber auch auf die Bekundung von Überzeugungen und Gewißheiten beziehen, bei denen empirische Tatsachenmitteilung gar nicht vorliegen kann, z. B. beim Hinweis auf Zukünftiges. Aristoteles hat diesen Unterschied des Sprachgebrauchs ausdrücklich herausgearbeitet (ThWNT IV, S. 478 ff.). Man unterscheidet Tatsachen- und Gesinnungszeugnisse. Es muß nicht sein, daß man einen bestimmten (vielleicht künftigen) Sachverhalt vor Augen hat. Die Schrift kann durchaus Christus „bezeugen", ohne daß sie ihn kennt. Wie ist dies zu verstehen?

„Das Alte Testament kann nicht anders denn als das Buch einer ins Ungeheure anwachsenden *Erwartung* gelesen werden" (von Rad, S. 331). Es erweckt „den Eindruck von etwas Ruhelosem" (S. 330), es hat, auch wo keine eschatologischen Erwartungen erkennbar sind, „etwas rätselhaft über sich Hinausweisendes" (S. 331). „Sie haben einen neuen David, einen neuen Exodus, einen neuen Bund, eine neue Gottesstadt erwartet; es hatte also das Alte für das Neue eine typisch vorausweisende Bedeutung bekommen" (S. 334). *Das Land* war ihnen verheißen, aber zur „Ruhe" sind sie nicht gekommen (Hebr. 3,11; 4,1.9). Unter den Zusagen ihres Gottes waren sie unterwegs, aber Gottes Gerichte – sie waren wohlverdient – haben ihnen alles, was sie hatten, immer wieder aus den Händen geschlagen. Neue Anfänge – ja; aber die immer wieder erwartete große Wende blieb aus. Man wartete auf den *Messias*. Jeder, der zur Herrschaft kam, hätte es sein können. Aber dann kamen immer wieder die Enttäuschungen und Zusammenbrüche. Die geprägten Vorstellungen vom Königtum enthielten unerhörte Ansprüche (Ps. 2; 72; 110) und die Messiastexte der Propheten ließen Unerhörtes hoffen. Aber die Stelle blieb leer – für den, der ein Königtum ganz anderer Art begründen und verkörpern sollte. Israel brachte *Opfer* dar; es wußte um Schuld und Notwendigkeit der Sühne. Auch hier bleibt die Unruhe und das Wissen um das Ungenügen. Auch das sühnende Opfer des „Gottesknechts" weist über sich hinaus. Das alttestamentliche Zeremonialgesetz ist „Schatten des Künftigen" (Kol. 2,17). Einmal wird Gott unter seinem Volk „*wohnen*" oder „zelten". Einmal wird wirklich *Friede* sein zwischen Gott und seinen Menschen. Dies kann nicht anders geschehen als so, daß der Sünde der Menschen ein für allemal ein Ende gesetzt wird, indem der Gerechte aus Glauben leben darf (Habak. 2,4; Röm. 1,17). Auf diesen Punkt treibt alles zu, indem Gott an seinen Zusagen festhält. Wir brauchen nicht einzelne Stellen, um darin Christus aufzuspüren. Das ganze Alte Testament ist das Buch von dem in seiner Barmherzigkeit unbeirrbaren Gott, der in einer wechselvollen, überwiegend jedoch bedrückend negativ verlaufenden Geschichte des Abfalls, des Ungehorsams und Unglaubens hart zufassen muß und dennoch in seinem Heilswillen nicht nachläßt oder gar aufgibt (Röm. 3,3f.). Man könnte sagen: lauter Linien, die – ohne daß die Frommen des Alten Bundes ihren Verlauf bis zum Ende verfolgen könnten – sich an der Stelle treffen, an der der gekreuzigte und auferstandene Christus stehen wird. Alles Heil, das im Alten Bunde schon als gegenwärtig und real erfahren wird (ein Beispiel für viele: Ps. 103), lebt im voraus von dem, was sich in Christus ereignen wird. Mit allem, was das Alte Testament bezeugt – als Gotteserfahrung im erschreckenden wie im beglückenden und hoffnungbegründenden Sinne –, weist es auf das hin, was in Jesus Christus realisiert ist. So „zeugt" die Schrift für ihn.

Wenn Jesu Gesprächspartner die Schrift nur mit diesem Schlüssel des Verstehens läsen! Sie lesen sie anders – wir kommen darauf noch einmal zurück. Ihnen könnte aufgehen, wer Jesus ist, wenn sie nur begriffen hätten, worauf in der Schrift alle Linien zulaufen. Es würde deutlich werden, daß *Gott selbst* in der Gegenwärtigkeit und Wirksamkeit Jesu sein Bemühen um sein Volk fortsetzt und zum allerbesten Ende führt. Gott selbst redet ja in der Schrift. Hier ist keine Sammlung von Zitaten und Schriftbeweisen nötig. Auf „das Gefälle der Abläufe" kommt es an (von Rad, S. 384), auf Gottes zielstrebiges Handeln. – Von daher wären dann auch Jesu eigene Worte zu verstehen (V. 47). Wir sollen ihn im Zusammenhang der hier sichtbar werdenden Geschichte Gottes mit seiner Gemeinde sehen. Jesus denkt und redet in der Begrifflichkeit und den Vorstellungen, die das Alte Testament für ihn „bereitgestellt" hat (von Rad, S. 364). Auswechselbare Vorstellungen und Begriffe? Wir sind schnell dabei, mit Ja zu antworten. Aber es geht nicht nur um ein Vokabular, sondern – wir sagten es schon – um eine *Geschichte*. Wir werden Christus um so besser verstehen und das Geheimnis seiner Person um so besser entdecken, je stärker wir an dieser Geschichte Anteil gewinnen.

3.

Freilich sollten wir die Schrift nun wirklich *als Evangelium* lesen. Hier gelangt Jesu Rede noch einmal an einen diakritischen Punkt. Im Fluchtpunkt der Schriftauslegung und des Schriftgebrauchs der Gesprächspartner steht *Mose*. Dies kann aber nach dem Zusammenhang nur bedeuten: das *Gesetz* (1,17). Man kann Mose anders sehen, und Jesus selbst sieht ihn auch anders (V. 46). Auch Mose ist, ohne daß er es weiß, ein Christuszeuge. Sein Gesetz soll ja nicht abgeschafft, es soll nur auf eine ganz neue Weise erfüllt werden (Röm. 8,3f.). Die Bergpredigt zeigt: Jesus will uns von dem, was das Gesetz verlangt, nicht dispensieren; er will uns mit seinem „Ich aber sage euch" fester und umfassender an den Willen Gottes binden. Und Mose ist auch von anderer Seite her von Bedeutung: als Fürbitter seines Volkes deutet er auf den Platz, auf dem, wenn die Zeit erfüllt sein wird, Jesus Christus steht. Es geht in unserm Text nicht gegen Mose, sondern gegen den gesetzlich verstandenen Mose, also um die gesetzliche Einstellung und Lebensart überhaupt.

Überdeuten wir? Man vergesse bei Auslegung unseres Kapitels nicht, daß es ein Ganzes ist und die Reden Jesu sich an das Geschehen von Bethesda anschließen. Man denke an die VV. 10.16. „Es ist heute Sabbat, du darfst nicht das Bett tragen." Aber Jesus hat es ihn ja geheißen. Sich Mose gegenüber als die höhere Instanz verhalten, das kann einer nur, wenn er sein Wirken eins weiß mit dem des Vaters (V. 17). „Darum verfolgten ihn die Juden, weil er solches getan hatte am Sabbat." Der Zusammenstoß ereignet sich, ganz ähnlich wie in Kap. 9, am Thema des Gesetzes.

Ihr hofft auf Mose? Es ist Mose, der euch verklagt. Man kann den Satz so verstehen, als ob Mose hier als Christuszeuge in Anspruch genommen wird und damit die Juden, die Jesus ablehnen, ins Unrecht setzt. Der Zusammenhang verlangt aber wohl ein anderes Verständnis. Die Juden hoffen, auf dem von Mose gezeigten Wege des Gesetzes, also durch ihre frommen Leistungen und durch ihr korrektes Leben das erforderliche Ansehen bei Gott zu gewinnen. Nur: das Gesetz kann ihnen leider nicht bestätigen, daß sie gut liegen. Wer das Gesetz ernst nimmt, der weiß: es kann ihn nur verklagen. Einmal deshalb, weil man hinter dem, was es verlangt, immer zurückbleibt. Zum andern deswegen, weil es – so wie wir sind – uns immerzu verführt, „Ehre

voneinander zu nehmen". Dies wieder in zweierlei Sinne: Das Aussein auf Ehre von
Menschen ist die Gesinnung des Hochmütigen, Eitlen, Ichsüchtigen, des Gernegroß,
des Menschenverächters (usw.). Und dann: Wenn „Ehre" das καύχημα des Gesetzes-
menschen ist, dann zeigt Jesu Wort, wie Gesetzlichkeit überhaupt und grundsätzlich
ein Ehre-Suchen ist. Dasselbe etwas anders gesagt: Was Jesus für sich selbst ablehnen mußte (V. 41), das sieht er, genau parallel gedacht, als den Schaden seiner Widersacher an. Wer gesetzlich denkt und seine Position vor Gott auf das Selbstgeleistete
gründen will, sucht das, was vor Gott gilt, in der Aufgipfelung des Menschlichen. Er
ist auf die Steigerung dessen aus, was in uns selbst vorhanden ist und was wir Gott
darbringen. Ein Denken „von unten her" (8,23). Er hat nicht begriffen, daß es für
uns als Kreaturen Gottes und erst recht als Sünder nur *eines* gibt: daß uns „von oben
her" der neue Anfang geschenkt wird (3.3.31; 1. Joh. 4,5f.). Paulinisch gedacht: Gerechtigkeit von Gott, aus Gnaden, im Glauben. In der Sprache Luthers: iustitia extra
nos posita. Und dasselbe nun als Angebot Jesu an seine Gegner: „Ihr sollt nicht meinen, daß ich euch vor dem Vater verklagen werde" (V. 45). Sie stehen gegen ihn (VV.
16.18). Sie haben ihn noch nicht entdeckt – wie so viele, denen das Geheimnis Jesu
noch nicht aufgegangen ist, man muß sogar sagen: wie jeder von uns, weil wir auch als
abgestempelte Christen doch immer wieder „von unten her" denken. Über alle Argumente und Überlegungen hinaus die eine große Zusage: Ich werde euch nicht verklagen. Jesus gibt denen, die nicht an ihn glauben, nicht Kontra, sondern er spricht
ihnen, gerade ihnen, das Evangelium zu. Ihr steht gegen mich – ich stehe für euch.
Dies ist wirklich das Wort „von oben". Wenn es wirklich eines explizierenden Argu-
mentes für Jesu unvergleichliche Vollmacht bedürfte: das wäre es.

2. Sonntag nach Trinitatis. Matth. 22,1–14

Das Gleichnis ist geradezu Paradebeispiel dafür, daß Überlieferung zugleich situations-
gerechte Umwandlung bedeutet. Lukas (14,16–24) und das Thomasevangelium (ThLZ
1958, Nr. 65, Sp. 489) dürften die ältere Fassung des Gleichnisses bieten (in uns. Text
wären das die VV. 2–5.8–10, abzüglich der allegorisierenden Umformungen). Angefügt
ist ein ursprünglich selbständiges (Bltm., GsTr., S. 212 anders) Gleichnis (VV. 11–13),
eingefügt eine zeitgeschichtliche Verdeutlichung (VV. 6f.). Matthäus hat über das vor-
gefundene Gleichnis zeitbezogen „gepredigt", offenbar bewußt im Zusammenhang mit
den beiden vorangehenden Gleichnissen (Grdm.).
V. 1: ἀποκριθείς = וַיַּעַן = er begann zu sprechen. ἐν παραβολαῖς ist generalisierender Plural,
also: „wieder einmal in Gleichnisform". Daß es sich im Text um *zwei* Gleichnisse handelt, wird Matth. nicht haben ausdrücken wollen. – V. 2: ὁμοιώθη (wie 13,24; 18,23):
„man hat ... verglichen"; das könnte bedeuten: auf Originalität erhebt das Gleichnis keinen Anspruch. ἄνθρωπος βασιλεύς (wie 18,23 – מֶלֶךְ בָּשָׂר וָדָם – auch hier
schimmert das semitische Original durch): wir sollen nicht zu schnell an Gott denken, sondern das Gleichnis als Gleichnis hören. Der „Sohn" wie 21,37: hier gestaltet
die Deutung schon das Gleichnis. Hochzeit als Bild für das eschatologische Heil (vgl. 9,15;
25,1–13; Joh. 3,29; 2. Kor. 11,2; Offb. 19,7.9; 21,2.9.; 22,17). – V. 3: Lukas spricht nur
von *einem* Knecht, Matthäus von *drei* Gruppen von Knech*ten* (VV. 3.4.8–10), womit
Propheten und Sendboten Jesu gemeint sein dürften. Jeremias und Grdm. wollen τούς
κεκλημένους gerundivisch verstehen: „die Einzuladenden"; es könnte eher an die „ein
für allemal" (Perf.!) „Berufenen", also an Israel, gedacht sein: „die zu rufen, denen der
Ruf längst gilt", so daß das Folgende um so greller absticht, vgl. auch V. 14. – V. 4: Die
Ablehnung beirrt den König nicht, – „unbegreifliche Geduld Gottes" (Grdm.). Man achte
auf das Verlockende der Vorbereitungen. – V. 5: vgl. die Entschuldigungen bei Lukas, im

Thomasevangelium und bei Jochanan ben Zakkai (Midr. Qoh. 9,8): ,,Da ging der Kalkan-
streicher zu seinem Kalk, der Töpfer zu seinem Lehm, der Schmied zu seiner Kohle, der
Walker nach seinem Waschhaus" (zit. n. Grdm.). – V. 6: Nicht alle, aber ,,die übrigen",
bisher noch nicht genannten Eingeladenen werden tätlich (vgl. 21,38f.); gemeint sein dürften die Maßgebenden im Volk. – V. 7: ,,Heere" für ,,Soldaten". Es ist an Jerusalems Geschick im Jahre 70 gedacht (hier historisch richtiger gekennzeichnet als 24,2); wichtig für
die Datierung des Evangeliums bzw. dieses Einschubs, der ,,ohne Schwierigkeit herausgelöst werden" kann (Grdm., S. 466). – V. 8: Das Gleichnis und damit die Hochzeit geht
weiter, auch nach dem Jahre 70 (wenn man die VV. 6f. im Zusammenhang läßt). ,,Würdig-
keit besteht zunächst in der Bereitschaft, die Einladung an- und ernst zu nehmen" (Grdm.).
– V. 9: διέξοδος ist ,,wohl die Stelle, wo die Straße die Ortsgrenze durchschneidend in die
offene Landschaft ausmündet, der Ausgang, der Endpunkt" (Bauer, WB); dort, an den
Grenzen des Volkes Gottes und jenseits ihrer, sollen die Knechte einladen, ,,welche auch
immer sie finden mögen" – V. 10: ,,Schlechte und Gute". – V. 11: nach den Gästen sehen
= sie aufsuchen, begrüßen. Die Frage, woher ein von der Straße Geholter ein Festkleid
haben soll, wird nicht gestellt; die Deutung macht das Gleichnis verständlich. – V. 12:
,,Kleid ist vor allem im apokalyptischen Sprachgebrauch Bild für eine der Teilnahme an
der eschatologischen Vollendung würdige Existenz, die in Umkehr und der Umkehr wür-
digem Werk gewonnen wird, und auch die neue Existenz des Heiles selbst" (Grdm.). –
V. 13: vgl. 8,12; 13,42.50; 24,51 – auch das NT weiß von Gericht. – V. 14: καλεῖν ist im
NT geradezu tt für den Heilsvorgang; Christen sind die κεκλημένοι schlechthin (ThWNT
III, S. 489f.). Dabei ergeht der Ruf an alle. Die Einladung ist aber so gemeint, daß der
Gehorsam der Gnade entspricht (ThWNT IV, S. 191). ,,Zur Gemeinde gehören nicht alle,
die äußerlich von der Predigt erreicht werden" (Schniewind z. St.).

PTO gibt unserm Text seinen Ort als Parallel- und Komplementärtext zum alten
Evangelium Luk. 14,15–24. Er ist beides. Paralleltext, denn in seinem Grundbestand
spricht er wie Lukas von dem großen Mahl, zu dem – wiederholt – Menschen eingeladen werden; von Sklaven, die die Einladungen ausrichten; davon, daß die Einladung abgelehnt wird, der Einladende sich dadurch aber nicht beirren läßt, sondern
statt der Sich-Weigernden andere Menschen zu sich ruft. Genug des Gemeinsamen.
Was in den eben genannten Punkten steckt, ist bedeutsam genug, um der Gemeinde
nach zwei Jahren erneut gepredigt zu werden. Man sollte also Wiederholungen nicht
scheuen. Um einen Komplementärtext handelt es sich aus zwei Gründen. Matthäus
hat in VV. 11–13 ein Bruchstück eines zweiten Gleichnisses hinzugefügt. Warum,
wird an geeigneter Stelle noch zu fragen sein. Man hat auf ein ähnliches Gleichnis bei
Jochanan ben Zakkai hingewiesen: Ein König lädt Gäste ein, ohne eine bestimmte
Zeit festzusetzen. Es gibt eine Verzögerung bei der zweiten, der Abruf-Einladung
(vgl. V. 4 unseres Textes). Vor dem Eingang des Palastes warten die Gäste. Die Törichten unter ihnen beschmutzen inzwischen ihre Kleidung, die Klugen halten ihr
Festkleid rein und dürfen am Mahl teilnehmen (Grdm., S. 466). Nicht nur die Urchristenheit, auch Jesus selbst könnte sich durch rabbinische Gleichnisstoffe haben
anregen lassen (die Motivverwandtschaft auch mit 25,1–13 fällt auf). Verschwimmen
bei Matthäus die Konturen verwandter Gleichnisse? Oder gibt er einem bestimmten
Anliegen Ausdruck? – Matthäus füllt aber noch in anderem Sinne auf. Er expliziert
und appliziert. Bestimmte Züge des Urgleichnisses (dem Lukas nähersteht als er)
deutet er, und er wendet das Gleichnis situationsgerecht an. Letzteres an einer Stelle
sogar recht gewaltsam (VV. 6f.). Wir machen uns seine Besonderheiten bewußt. Aus
dem ,,Menschen", der das Gastmahl veranstaltet, wird ein ,,(menschlicher) König",
aus dem ,,großen Mahl" wird eine Hochzeitsfeier – wir sahen: stehendes Bild für das
eschatologische Heil –, und zwar für den ,,Sohn". Man sieht: Matthäus deutet fast
Zug um Zug. Ist bei Lukas der eine ,,Knecht" der Einladende (gemeint ist Jesus), so

bildet sich für Matthäus in der Erzählung die ganze Heilsgeschichte ab (Propheten laden grundsätzlich ein, V. 3; die neutestamentlichen Zeugen sagen: nun ist es so weit, V. 4; nach der Katastrophe Jerusalems sind es offensichtlich die Apostel, die an den Ausfallstraßen heranrufen, „wen sie finden", VV. 9f.). Das Gleichnis von den Weingärtnern klingt noch nach (21,34–36); die Ereignisse des Jahres 70 sind deutlich im Blick. Sind es bei Lukas die Armen und Bresthaften, zu denen die Einladung auf den Straßen und Gassen kommt, sieht Matthäus deutlich den Übergang des Heils von den (es verschmähenden) Juden zu den Heiden – wie man weiß, ein dem ersten Evangelisten wichtiges Thema (2,1–12; 8,5–10.28–34; 15,21–28; 24,14; 28,19 u. ö.). „Böse und Gute" sind eingeladen; aber der ohne Festkleid wird hart angefaßt.

Wir werden auf die von Matthäus (wir sagen es in der Sprache des Malers:) „aufgesetzten Lichter" auch bei der Predigt achten. Der Prediger wird froh sein, wenn ihm gezeigt wird, wie das Gleichnis „anzuwenden" ist. Nur entsteht genau hier die neue Schwierigkeit. Matthäus hat das Gleichnis für *seine* Zeit gehört. Wie haben *wir* es zu hören? Es geht nach wie vor um Gottes „Fest", um die „Hochzeit" des „Sohnes" des Gottes, der seine „Königsherrschaft" ausübt bzw. verwirklicht. Noch immer sind die „Knechte" unterwegs – z. B. der Prediger an diesem Sonntag. Ohne daß Gottes Interesse an Israel erloschen wäre (Röm. 11,1a.11.25–27): die κεκλημένοι (V. 3) von heute sind wir, die Kirche, die Christenheit. Die an den Rändern und Grenzen der Gemeinde, wo die Straßen „durch-" und „hinausführen" (s. o.), sind ebenfalls wir: im klassisch-heilsgeschichtlichen Sinne als „die aus den Heiden", sodann aber als solche, die, obwohl meist getauft, zu einem nicht geringen Teil immer noch am Rande stehen. Wer wollte denn behaupten, ihn brauche niemand mehr zu rufen und einzuladen? Und – Hand aufs Herz – die Sache mit dem „hochzeitlichen Kleid" muß einen schon bleibend beschäftigen. Es ist ja hier nicht anders als sonst, wenn Gottes Wort ergeht: wir haben nicht zu fragen, welche Figur auf dem Gemälde unsere eigene Darstellung ist, so daß wir nun wüßten, wie wir uns einzuordnen und darum auch einzuschätzen haben; *das Ganze* ist das Angebot und die Anfrage an uns (wie man z. B. am Text des nächsten Sonntags gut erkennen kann). Vielleicht könnten wir so ansetzen: *Gott lädt uns alle zur Hochzeit seines Sohnes.* (1) Er ruft *seine* Menschen. (2) Er hat noch *andere* Menschen. (3) Er will *veränderte* Menschen.

I.

Daß nach damaliger Sitte erst allgemein eingeladen wurde, man sich also bereitzuhalten hatte und, wenn alles vorbereitet war, noch einmal Boten ausgingen, um die Geladenen herbeizurufen, ist in einer Zeit ohne Uhren verständlich. Der Hergang wird dem Evangelisten zum Gleichnis. Man müßte anhand der Konkordanz dem Gebrauch des Wortes καλεῖν (= rufen, berufen) nachgehen, und man würde merken: Israel ist Gottes Volk, denn „Gott beruft die Seinen durch seine Gnade zu seiner Gnade" (ThWNT III, S. 492), und er tut es „zuletzt und endgültig in Jesus Christus, der die Fülle der Gnade ist" (ebd.). Man beachte, welches in Röm. 8,30 die Parallelworte sind: das ganze Christsein beginnt mit dem an uns ergehenden Ruf. Immer wieder ruft Gott. Wenn in V. 3 an die Propheten gedacht ist, so besteht ihr Auftrag darin, „Berufene" zu „rufen", also solche, die schon zum Volke Gottes gehören, durch erneuten Ruf heranzuholen. Gott ruft *seine* Menschen. Er hat vor, die Hochzeit seines Sohnes zu begehen. Reich Gottes – Hochzeit! Man könnte meinen, wenn Gott seine Herrschaft in der abgefallenen Welt realisieren, seinen Willen in ihr durchsetzen will, dann müsse er fordernd auftreten, vielleicht drohend, auf alle Fälle unter

Einsatz seiner göttlichen Machtfülle. Immer wieder hat man ihn so verstehen wollen, und mancher hat es von ihm begehrt. Irrtum – Gott macht es ganz anders. Er feiert *ein Fest!* Die zweite Welle von Boten ruft es aus: Es ist so weit! Was 4,17 in Klartext ausgedrückt und bei Markus (1,15) sogar noch mit der einleitenden eschatologischen Zeitbestimmung versehen ist: „Erfüllt ist die Zeit" (vgl. Gal. 4,4), „es ist so weit!", das schildert das Gleichnis geradezu humorvoll: aus Gottes Küche riecht man den Bratenduft (V. 4). Gott lädt zur Hochzeit, er hat seine Menschenkinder gerne fröhlich beisammen. Es bleibe dahingestellt, ob Matthäus, wenn er von Hochzeit spricht, noch weiter denkt; die Urchristenheit hat es jedenfalls getan (vgl. die vorhin genannten Stellen). Hochzeit – das heißt: das Sich-Finden zu engster, herzlichster und bleibender Gemeinschaft. Da will keins mehr ohne das andere sein. Der „Sohn"gewinnt seine „Braut". Aber das sind Gedanken, die in unserm Text nicht ausgesprochen sind; einem, der im AT zu Hause ist, sind sie aber geläufig (Hos. 2,19; Jes. 54,4ff.; 62,4f.; Hes. 16,7ff.).

Die Menschen, die Gott in besonderem Maße als die Seinen ansieht, also eben die „Berufenen", lehnen ab. Früher schon, als die Propheten sich um Gottes Volk mühten. Jetzt, als Jesus da ist, wieder: „Ihr habt nicht gewollt" (23,37). Wir könnten jetzt – mit dem Text – über die Zusammenhänge reden, die zwischen dieser Weigerung und dem schrecklichen Schicksal Israels im Jahre 70 und danach bestehen (vgl. 11,20–24; 23,37–24,2; 27,25; Luk. 23,28–31). Ein allgemeines Gesetz über den Verlauf der Geschichte daraus abzuleiten, ginge zu weit, obwohl die Weltgeschichte hier einiges Anschauungsmaterial liefern würde. Völlig unpassend wäre der erhobene Zeigefinger: „so geht es denen, die …". So verständlich die – wie es scheint, unter dem Eindruck unmittelbaren Erlebens entstandenen und (wann und durch wen auch immer) eingefügten – VV. 6f. sind und uns auch bewegen, weil sie den kurz gehenden Atem urchristlicher Erfahrung und Anfechtung erkennen lassen: wir sollten sie m. E. homiletisch nicht zu weitgehend ausbeuten.

Eher sollte uns etwas anderes bewegen. Das ganze Gleichnis spricht von der enttäuschten und doch unbeirrten, nicht ablassenden Liebe Gottes zu den Seinen. Hochzeit: evangelischer geht es nicht. Man bedenke doch: Gott bemüht sich um seine von ihm abgefallene, von ihm sich lossagende, ihn verachtende, ihm ungehorsame, seine schöne Welt frevelhaft verwirrende und zerstörende Kreatur, er will *uns* zurückgewinnen, die an ihm und an den Mitmenschen, auch an der außermenschlichen Kreatur immer wieder schuldig werden. Wie macht er's? Den Sündern bereitet er ein Fest. Das Paradox des Evangeliums müßten wir begreifen. – Und unsere Antwort? „Sie wollten nicht kommen" (V. 3 – Imperfektum, Dauerzustand). Und als die Einladung dann ganz aktuell wird und man sich wirklich zu ihm aufmachen müßte? „Sie aber kümmerten sich nicht darum und machten sich davon" (V. 5). Empörend – oder unverständlich.

Wir müssen auf Widerspruch gefaßt sein. Weder empörend noch unverständlich. Wer Gott noch nicht entdeckt hat, wird das Desinteresse an diesen (angeblichen) göttlichen Bemühungen um seine ihm weggelaufenen Menschenkinder als etwas Normales empfinden. Ganz gleich, was die Menschen von Gottes Einladung ablenkt (ob es die Konkreta bei Matthäus oder Lukas, im Thomasevangelium oder bei Rabbi Jochanan sind): es sind die ganz normalen, von jedem Menschen zu leistenden und sogar aller Ehre werten Verrichtungen des täglichen Lebens in Beruf und Familie; man darf die hier nicht genannten Felder menschlicher Betätigung wie Staat und Gesellschaft, Wissenschaft und Kultur, Sport und Hobby gern hinzufügen. Wir hätten Jesus ganz falsch verstanden, wenn wir ihm nachsagen wollten, er wolle uns aus den Bindungen und Verpflichtungen geschöpflichen Lebens herauslösen, damit endlich Gott bei uns zu seinem Recht komme. Gottesliebe und Menschenliebe gehören zusammen. Auch die Gebote der zweiten Tafel sind Gottesgebote; „wir sollen Gott fürchten und lieben, daß wir …" – und nun könnten wir gern im Sinne unseres Textes fortfahren – unsern Acker bestellten, unsere Geschäfte abschließen, uns verheiraten oder dem Freunde die Hochzeit bereiten … Wir haben es bei den vielen auf Gott nicht ansprechbaren und Gott gegenüber gleichgültigen Menschen und wir haben es bei dem so gearteten Menschen, der in uns allen steckt, nicht mit dem Phänomen des moralisch Minderwertigen oder gar Abscheulichen zu tun. Verbreitete Erfahrung Jesu: gerade an den Achtbaren und Bewährten, an den als ernsthaft und zuverlässig Bekannten ist er abgeprallt; gerade die konnte Gott – trotz ihres frommen Habitus – nicht für sich gewinnen. Die „fromme" Werkgerechtigkeit von einst ist heute durch die säkulare ersetzt. Dort wie hier kommt Gott nicht zum Zuge. Es macht dann nicht viel aus, wie man die Gottesabstinenz im einzelnen motiviert: Keine Zeit für Gott. Es gibt wichtigere Dinge. Ich bin bisher ohne Gott recht gut hingekommen. Ein anständiger Mensch kann ich auch ohne ihn sein, und darauf kommt es doch letztlich an. Hauptsache, die Kasse stimmt. Wenn sie alle so wären wie ich, brauchte sich euer lieber Gott um die Welt keine Sorgen zu machen. – So oder so ähnlich, man kennt solche Reden und brächte noch eine ganze Menge Variationen dieses Themas zusammen. Am aufregendsten ist, daß es auch ausgesprochen religiöse Variationen dieses Themas gibt. Etwa so (obwohl kein Christ so reden würde, gibt es ein Ich in uns, das so denkt): Für die anderen mußte Christus sterben; wäre es nur um mich gegangen, hätte es dessen nicht bedurft. Kleine Patzer, ja; aber im Ganzen kommt Gott bei mir zu seinem Recht.

An solcher Einstellung ist Jesus gescheitert, scheitert er immer wieder. Gott kriegt seine Welt nicht wieder in die Hand, weil wir ihn nicht zu brauchen meinen. Um unserer Korrektheit willen kommt Gott an uns nicht heran. Er lädt ein – und wir lassen uns dies nichts angehen ($\dot{\alpha}\mu\epsilon\lambda\dot{\eta}\sigma\alpha\nu\tau\epsilon\varsigma$, V. 5). Man sage nicht, dies trüge nichts aus. Die Sünde der Selbstgerechtigkeit ist auch unter Menschen die gefährlichste und zerstörendste. Sie ist die Sünde aller Sünden, weil sie uns von Gott lostrennt. Und Gott hatte uns doch sein Fest zugedacht!

2.

Nun ist der Saal mit den gedeckten Tischen leer. Ist Gott damit am Ende seiner Möglichkeiten? Übt er Gericht (wie VV. 6f.), dann schaltet er die Unansprechbaren aus und verzichtet insoweit tatsächlich auf sie. Setzte er sein Herrsein *gegen* uns durch, dann bekäme er uns bestimmt *nicht* wieder. (Insofern passen die VV. 6f. tatsächlich nicht in den Duktus des Gleichnisses.) Andererseits: wenn *wir* uns verweigern, dann bleiben die Tische wirklich leer, denn es ist nicht Gottes Art, uns ohne oder gar gegen unsern Willen an sich zu binden. Das Evangelium respektiert nicht nur, sondern erweckt geradezu unsere Personalität. Jesus will nur solche, die freiwillig zu ihm kommen. Die ganze Art seines verborgenen, in Unscheinbarkeit verhüllten, macht- und wehrlosen Auftretens und Wirkens zielt darauf, uns Freiheit zu lassen und zu geben.

Aber Gott hat noch andere Menschen. Er schickt noch einmal Boten aus, und er wird es immer wieder tun. Nun wendet er sich an Menschen, die vordem nicht als die seinen gelten konnten; als Geschöpfe wohl, aber nicht im heilsgeschichtlichen Sinn. Die Einladung ergeht an Heiden.

Die Predigt wird sich mühen müssen, das Staunenswerte an der Wendung herauszuarbeiten, die die Erzählung mit V. 8 nimmt. Der bei Matthäus von Anfang an (2,1ff.)

bezeugte Universalismus ist ja alles andere als eine platte Selbstverständlichkeit. Jesus ist bei Matthäus der König Israels, Israel ist das Volk der gnädigen Wahl Gottes. Zu den verlorenen Schafen aus dem Hause Israel weiß Jesus sich gesandt (10,6; 15,24); diese Limitierung zu durchbrechen, ist Sache eines dramatischen Ringens (15,21–28). Wir mögen Gründe haben, Israels Vorrang als etwas Unverständliches oder Unannehmbares zu empfinden; das biblische Zeugnis dafür aber ist stark. Tatsächlich: Erwählung bedeutet Auswahl und damit Begrenzung und Scheidung. Es liegt ganz bei Gott, wen er wählen will und wen nicht (vgl. uns. Ausl. zum 2. S. n. Epiph.). Mit dem Grundsatz: ,,Gleiches Recht für alle" können wir hier nicht kommen; es geht nicht um Recht, sondern um Erbarmen. Leute, die sowieso vor Gott verloren und verspielt haben, können keine Ansprüche anmelden. Gottes Erbarmen kennt kein von Menschen geltend zu machendes Warum. So ist Israel das Volk der Wahl nicht etwa um seiner eigenen Vorzüge willen geworden (Deut. 10,14f.; 7,7f.). An Israels Erwählung wird uns das Sola gratia demonstriert. Wo immer von Erwählung die Rede ist, geht es eigentlich um die Alleinwirksamkeit der Gnade. Gott hat es allein in der Hand, Menschen an sich zu ziehen und mit sich zu verbinden. Darin allein gründet Israels Heilsvorrang.

In demselben ,,Allein aus Gnaden" gründet nun aber auch die Ausweitung des Heils auf die Heiden. Daß dabei Israels Weigerung ein auslösendes Moment bedeutet, wird in den neutestamentlichen Schriften immer wieder betont (8,10–12; 21,43; Apg. 13,46; 18,6; 28–25–28; Röm. 10,18–21; 11,7.11.25). Fließendes Wasser sucht sich, wenn es auf Widerstand stößt, einen neuen Weg. So ist es tatsächlich gegangen beim Lauf des Evangeliums. Man darf daraus nur nicht eine Theorie machen wollen: weil Gott mit Israel kein Glück hatte, habe er sich – mehr nolens als volens – dazu entschlossen, es mit den Heiden zu versuchen. Gott hat von Anfang an die Heiden gewollt (z. B. Gen. 12,3; Jes. 2,2–4; Röm. 15,8–12); der geschichtliche Verlauf (vgl. etwa Eph. 2,11–22) realisiert, was Gott sich vorgenommen hat, ,,ehe der Welt Grund gelegt war" (Eph. 1,4). Die Wunder der weltweiten Gnade Gottes sind nicht das Ergebnis einer – Verlegenheit. Gott liebt seine *Welt* – also alle Menschen, wo immer sie stehen, wie immer sie denken und leben, Fromme und Gottlose, Erfolgreiche und kümmerliche Existenzen, ,,Böse und Gute" (V. 10). Wie er über ,,Böse und Gute" seine Sonne aufgehen und regnen läßt über Gerechte und Ungerechte (5,45), so lädt er sie alle ein, ohne Vorbedingungen, ohne daß gesiebt würde und die einen einen Vorzug hätten gegenüber den anderen. ,,Wen auch immer ihr findet", sollt ihr einladen, heißt es. Dies schließt ein, daß Gott auch an denen brennend interessiert ist, die dies nicht für möglich halten, weil sie – in nüchterner, vielleicht freudloser, vielleicht verzweifelter Selbsteinschätzung – der Meinung sind, Frommsein setze doch einen bestimmten Grad von Rechtschaffenheit, Ordnung im Leben, Korrektheit, moralische Integrität, Bildung, Benehmen, Lebensart (usw.) voraus. Vielleicht haben wir Kirchenleute manchen, den Gott *wollte*, zurückgestoßen, weil wir durch unsere Weise, Christlichkeit zu artikulieren, ihm suggeriert haben: Fälle wie er kämen nicht in Frage, es fehle an Kinderstube, sein Leben sei zu ungeordnet, er spreche eine unmögliche Sprache, und seine Haare seien viel zu lang. Interessiert Gott sich für ihn, dann dürfte nicht nur seinem Kommen zum Fest nichts im Wege stehen, sondern es müßten auch *seine* Probleme die *unseren* werden – deshalb nämlich, weil Gott selbst sie zu den seinen macht. Und nun auf ganz anderer Ebene: In V. 9 – ,,wen ihr findet" – liegt auch, daß es für Gott kein Hindernis bedeutet, einen Menschen zu sich zu rufen, wenn dieser – aus Gewöhnung oder Überlegung und Entschluß – auf dem Standpunkt steht, in seinem Denken und Leben sei für Gott kein Platz. Wie Gott sich in seiner

Liebe zu uns nicht von unserm Verhalten abhängig macht, so auch nicht von unseren vorgefaßten Meinungen. Sofern wir „Knechte", also Boten des „Königs" sind, sollten wir uns von allen diesbezüglichen Vorbehalten und darum auch von aller Resignation frei machen. Sofern wir Eingeladene sind – und das sind wir immer und unter allen Umständen –, sollten wir Mut fassen und es Gott glauben, daß er keinerlei Bedingungen stellt. Und sollten wir uns trotz allem weigern (wie die in VV. 3b.5), so wird der „fahrende Platzregen" weiterziehen (Luther WA 15,32; Cl. 2,446; MA² 5,96). Gottes Fest fällt nicht aus. Keine Sorge: seine Tische werden voll (V. 10).

3.

Gott will *veränderte* Menschen. Was nun kommt (VV. 11–13) könnte wie eine Zurücknahme dessen wirken, was das Hauptgleichnis in seinem zweiten Teil gesagt hat. Also doch eine zu erfüllende Bedingung, und damit, leider, doch wieder das „Gesetz"? Hat Matthäus Angst vor der eigenen Courage bekommen? Schade – nun wird der von draußen Kommende, der sich eben erst – aufgrund der bedingungslos-*evangelischen* Einladung – ein Herz gefaßt hat, wieder entmutigt, denn an dem Festgewand eben fehlt es ihm. „Sie waren's nicht wert" (V. 8); immer wieder das alte Lied!
Daß Matthäus es nicht so gesehen und gemeint hat, unterliegt keinem Zweifel. „Böse und Gute", schreibt er; die Lukasfassung – also auch wohl Q – enthält diese Worte nicht, sie gehören wohl zu den von Matthäus selbst „aufgesetzten Lichtern" (s. o.). Der Evangelist weiß auch sonst genug von der Bedingungslosigkeit (20,1–15) und Unermeßlichkeit (18,23–27) der schenkenden und barmherzigen Liebe Gottes. Das Sola gratia wird nicht zurückgenommen. – Aber für Matthäus verbindet sich damit – nicht im Sinne der Einschränkung, sondern in dem des Einschlusses! – das Wissen darum, daß der Eintritt in das Reich Gottes die Umkehr mit sich bringt. Von der „Frucht der Umkehr" sprach schon der Täufer (3,8). Für Jesus muß der gute Baum gute Früchte bringen (7,17), und das bloße Herr-Herr-Sagen tut's nicht (7,21). Die zu Jesu Gemeinde gehören, sind die τηροῦντες, die נֹצְרִים, die (Gottes Gebote) „Haltenden" (28,20; vgl. 2,23). Gott erläßt seinem Satrapen die Riesensumme und schenkt ihm die Freiheit, aber er erwartet, daß dieser nun wirklich auf den Boden tritt, auf dem die Liebe Gottes regiert (18,32f.). Man kann kommen, wie man ist; aber man kann nicht bleiben, wie man ist. Gott will veränderte Menschen.
Immer wieder mußte die Botschaft von der freien, an keinerlei vom Menschen zu erfüllende Bedingungen geknüpfte Gnade Gottes gegen das Mißverständnis verteidigt werden, als verzichte Gott auf die Umkehr und auf den Gehorsam seiner Menschen. Man denke an Jak. 2,14ff., aber auch an Röm. 6,1–4 – um nur diese beiden vieldiskutierten Stellen zu nennen. „Herrschaft Gottes" kann ja nicht bedeuten, daß unsere „Gerechtigkeit" unter dem Niveau dessen liegen dürfte, was Schriftgelehrte und Pharisäer fertigbringen; sie soll „besser" sein (5,20). Es ist ja bei dieser ohne Wenn und Aber sich uns schenkenden und zuwendenden Gottesliebe gerade darauf abgesehen, daß Gott uns wieder in die Hand bekommt; daß er wieder unser Gott wird und wir seine Menschen. Im „Saal" geht es *festlich* zu! – Wir wissen nicht, ob Matthäus daran gedacht hat, daß „in manchen Geschichten der Bibel (1. Mose 45,22; Richter 14,12ff.) wie des Orients überhaupt Gäste mit Kleidern beschenkt werden. Dann hätte der Geladene die Gabe des Königs zurückgewiesen. Aber davon wird gar nichts erwähnt" (Schnwd. z. St.). Matthäus sieht jedenfalls beides zusammen: die totale Gnade *und* die in ihrem Raum sich notwendig ergebende Veränderung.
Wir sprechen von „Raum". Auch das ist natürlich nur ein Bild. Es soll auf die leib-

haftige Wirklichkeit unseres neuen Seins hinweisen. In der Sprache des Gleichnisses gesprochen: Das Evangelium besteht nicht darin, daß die ganze Welt – so, wie sie ist – zum Hochzeitssaal erklärt wird und all ihr Tun und Treiben (folgeweise dann auch ihr Stöhnen und Leiden) für gottgefällig zu halten ist. Diese „Hochzeit" ist geschichtlich zu verstehen, also als ein *Geschehen*, in personhafter Begegnung zwischen Gott und uns. Das Evangelium meint also nicht einen Gott, dessen Liebe eine über uns schwebende allgemeine Wahrheit ist, die man bestenfalls zur Kenntnis nimmt und registriert. Indem wir glauben, gehen wir auf den – auf uns zukommenden – Gott ein, schließen wir uns ihm auf, setzen wir auf ihn unser Vertrauen. Allgemeine Wahrheiten könnten uns nicht verändern. Etwa: Gott ist Liebe – die Menschen sind seine Freunde – Sünden sind vergeben und werden ab sofort nicht mehr übelgenommen (usw.). Man sieht sofort: das sind Karikaturen des Evangeliums, nicht dieses selbst. Im Evangelium spricht uns der in Christus uns zugewandte Gott selbst an, zieht uns zu sich, nimmt uns in seine Gemeinschaft auf, läßt uns die Seinen werden. Muß uns schon das Zusammensein mit einem geliebten Menschen auf irgendeine Weise verändern, so daß wir in diesem Miteinander nicht mehr dieselben sind, die wir eben noch waren: so gilt dies erst recht in unserm Verbundensein mit Gott.

Warum ist auf dies alles so viel Gewicht zu legen? Weil es nicht passieren darf, daß das Gleichnis vom hochzeitlichen Kleid uns ins Gesetzliche zurückwirft. Wir müssen das hochzeitliche Kleid nicht tragen, *ehe* wir zu Gott kommen, und wir brauchen es uns nicht selbst zu verschaffen; ja, wir könnten dies gar nicht, wenn wir gleich wollten. Aber in der beglückenden Begegnung mit unserm Herrn – in seinem Wort, seinen Sakramenten und im Gebet – wie von selbst verändert werden: *das* ist „die neue Existenz" (s. o.), die mit dem Festkleid gemeint ist. In der apostolischen Literatur ist das Bild vom Kleid verschiedentlich verwendet – sicher eine Fortbildung des hier vorliegenden Gedankens, aber eine legitime.

V. 13 bedeutet für unsere Predigt – ähnlich wie V. 7 – noch einmal eine Gefahr. Er besagt – leider – Zutreffendes. Nicht auf Gott eingehen, das bedeutet eben: Draußenbleiben, Ausgeschlossensein. Das Evangelium ist nicht ein Luxus, den man sich leisten, auf den man aber auch ohne ernste Folgen verzichten kann. Aber der Ernst, der in Jesu Predigt immer wieder zu finden ist, ist nur Hintergrund seiner Einladung. Jesus droht nicht, aber er zeigt, wovor er uns retten will. Die Predigt wird dem, was hier gemeint ist, am besten gerecht, wenn sie zum Glauben Lust macht. Gott selbst freut sich, wenn alle Tische voll sind.

3. Sonntag nach Trinitatis. Luk. 15,1–3.11b–32

Den drei Gleichnissen „vom Verlorenen und Wiedergefundenen und von der Freude über das Wiederfinden" hat Lukas eine gemeinsame Rahmen-Einleitung gegeben. PTO tut also recht daran, die VV. 1–3 ein- und also auch auf VV. 11–32 zu beziehen. Danach ist auch unser Gleichnis zunächst an Pharisäer und Schriftgelehrte gerichtet. Die Frage nach dem Schwerpunkt muß nachher noch im Zusammenhang erörtert werden. Das Gleichnis ist lukanisches Sondergut (vgl. die von Grdm. im Kommentar S. 14ff. referierten Theorien); die Sprache zeigt auch hier – wie auch sonst im lukanischen Sondergut – zahlreiche Semitismen (A. Schlatter, Lukas, S. 358ff.).

V. 1: das πάντες darf man nicht zu schwer nehmen; gemeint ist, daß sich solches in großer Regelmäßigkeit ereignet hat, wozu paßt, daß das Murren – V. 2 – sich immer wieder (Imperf.) findet. Vorwurf: am Sünder, der sich zu ihm wendet, hat Jesus Freude und Wohlgefallen (Grdm. nach Bornhäuser). Dagegen die rabbinische Regel: Der Mensch geselle sich nicht zu einem Gottlosen, nicht einmal, um ihn an die Tora heranzubringen (Mech. Exod. 18,1, nach Grdm.). Pharisäern war Tischgemeinschaft mit Sündern erst nach deren förmlicher Buße möglich.

V. 11: „irgendein Mensch" weist auf den Gleichnischarakter der Erzählung, was deshalb wichtig ist, weil diese der dargestellten Wirklichkeit überaus nah ist. – V. 12: Nach israelitischem Erbrecht (Deut. 21,17) steht dem Erstgeborenen doppelt so viel zu wie den anderen. Schenkung zu Lebzeiten (Eigentums-, aber nicht Verfügungsrecht) war möglich, das Verlangen nach Nutznießung ungewöhnlich, aber verständlich, wenn der Sohn auswandern und sich eine Existenz gründen will. – V. 13: „fernes Land" = überseeische Diaspora. ζῶν ἀσώτως = heillos lebend, vgl. Eph. 5,18; 1. Petr. 4,4. – V. 14: Wenn πάντα auf δαπανάω folgt, bedeutet es vergeuden, vertun. Die Hungersnot kommt erschwerend hinzu. – V. 15: ἐκολλήθη kennzeichnet die Demütigung. Lev. 11,7: Schweine galten als unreine Tiere. – V. 16: κεράτιον eigentlich „Hörnchen", die Frucht des Johannisbrotbaumes, Nahrung der Armen, auch Viehfutter. – V. 18: „Himmel" steht für Gott. – V. 19: Der Sklave gehört im weiteren Sinne zur Familie, der Tagelöhner nicht. – V. 20: δραμών – das widerspricht der Würde des vornehmen Orientalen. – V. 21: Der Vater läßt den Sohn nicht ausreden; die Hss. B ℵ D haben diese Feinheit zerstört. – V. 22: langes Gewand des freien Mannes, auch Festgewand (vgl. die vorangehende Perikope, bes. den Brauch, ein Feierkleid zu schenken), zugleich Auszeichnung, die man – wie bei uns einen Orden – verlieh; dann aber auch Sinnbild der Heilszeit, vgl. Jes. 61,10; Offb. 19,7f. – V. 23: Ein mit Weizen gemästetes Kalb wurde für überraschend eintretende festliche Gelegenheiten bereitgehalten. – V. 27: vgl. die am Vordergründigen hängenbleibende Antwort des (jungen) Sklaven mit der Antwort des Vaters V. 32. – V. 28: Auch zu ihm kommt der Vater heraus (vgl. V. 20). ὠργίσθη ingressiver Aorist, παρεκάλει duratives bzw. iteratives Imperfekt (man sollte die Feinheiten der Tempora bzw. Aktionsarten nicht übersehen). – V. 29: keine Anrede, nur Vorwürfe. ἔριφος = Ziegenbock, der ja meist sowieso geschlachtet werden mußte (ein Mastkalb zu verlangen, wäre ihm gar nicht in den Sinn gekommen). – V. 30: οὗτος wie 18,11 verächtlich (wie wenn man mit dem Daumen nach rückwärts zeigt); beachte auch: „dein" Sohn. – V. 31: Nach dem Vorangegangenen wirkt das zärtliche τέκνον („mein lieber Junge") besonders gütig, ja tiefsinnig: meine Kinder seid ihr ja beide! – V. 32: ἔδει irreal: du müßtest oder solltest eigentlich. Die beiden Teile der Geschichte schließen mit demselben Satz (vgl. V. 24).

Man hat gefragt, ob die Geschichte mit V. 24 nicht zu einem befriedigenden Ende gelangt; der zweite Teil nähme sich dann sachlich wie ein Anhang aus, literaturgeschichtlich vielleicht gar wie eine spätere Zutat. Wer dem Gleichnis die Überschrift „Der verlorene Sohn" gibt, wird zu dieser Meinung neigen. Er wird vielleicht in dem älteren Sohn nur die „Kontrastfigur" sehen, die „Hauptaussage" jedoch in „der Erzählung von dem seinen Vater erst verlassenden, dann aber zu ihm zurückkehrenden und von ihm mit Freuden und in Ehren empfangenen Sohn" (Formulierung so bei K. Barth, KD IV/2, S. 22). Wir sahen indessen, daß Lukas in den Pharisäern (vorzugsweise) die Adressaten dieser Gleichnisrede gesehen hat; dann aber liegt der Ton auf dem zweiten Gipfel (J. Jeremias), ja, dann könnte die Heimkehr des verlorenen Sohnes nicht mehr sein als die – allerdings sehr breit ausgeführte – Exposition für die eigentlich angesteuerte Szene VV. 25 ff. Ist es so, dann ruft das Gleichnis nicht die Verlorenen zum Vater zurück, sondern sucht die murrenden Gerechten zu gewinnen, die sich dem gnädigen Handeln Gottes widersetzen. – Man kann es noch anders ansehen. Bultmann weist darauf hin, daß es sich um eines der Gleichnisse handelt, in denen zwei Typen einander gegenübergestellt werden: wie die zwei Schuldner (Luk. 7,41f.), die beiden ungleichen Söhne (Matth. 21,28–31), die klugen und die törichten Jungfrauen (Matth. 25,1–13), der treue und der untreue Knecht (Luk. 12,42–46), der Reiche und der Arme (Luk.

16,19–31), der Pharisäer und der Zöllner (Luk. 18,10–14). Bultmann überschreibt: „Die Parabel von den verlorenen Söhnen" (GsTr., S. 208.222). Jeremias betont: „Der Vater, nicht der umkehrende Sohn steht im Mittelpunkt" und überschreibt: „Das Gleichnis von der Liebe des Vaters" (Die Gleichnisse Jesu, S. 106). – Wir meinen, diese „Geschichte aus dem Leben" (ebd.) will nicht nur auf einen einzigen („springenden") Punkt befragt sein. Wir sollten gewiß „die Züge nicht übersehen, die nur in das Bild des irdischen Geschehens gehören; aber umgekehrt darf nicht vergessen werden, daß alle Schilderungen wie ein Transparent sind …; … nur von der Gottesbeziehung her will alles, was das Gleichnis erzählt, verstanden sein" (J. Schniewind, Das Gleichnis vom verlorenen Sohn, Göttingen 1940, Neudruck in: Die Freude der Buße, ed. Ernst Kähler, Göttingen 1956, S. 17f.).
Von daher würde ich, beim „Kehrreim" V. 24 und 32 einsetzend, formulieren: *Der Verlorene ist wiedergefunden!* (1) *Das Haus des Vaters steht ihm offen.* (2) *Offen sollte ihm auch das Herz des Bruders sein.* Setzt man so an, dann sieht man Jesus freilich nach *zwei* Seiten hin sprechen; einladend zu den Sündern; werbend, sie gewinnen wollend, auch zu den Murrenden. Dies entspricht genau VV. 1f. unseres Kapitels. Die Geschichte ist reich an erzählerischen Feinheiten; sie sind für das theologische Verständnis fast durchweg von Bedeutung. Wer wird sie alle aufspüren? Der Schwerpunkt dieser Predigt könnte diesmal wirklich im *Narrativen* liegen.

I.

Der Reiz dieser Geschichte ist freilich auch ihre Gefahr: sie könnte uns so gut gefallen, wir könnten sie so rührend finden, daß wir gar nicht merken, wie stark sie allem widerspricht, was wir gewöhnlich denken und für recht und billig halten, dem auch, was nach unseren Vorstellungen der heruntergekommene junge Mann und damit der sündige Mensch überhaupt von Gott erhoffen und erwarten darf. Wer für den Verlorenen Partei ergreift, muß wissen, warum: in unserm Text ist Jesu Kreuz verborgen. Was hier steht, will im Glauben angenommen sein – gegen alle Bedenken und Einsprüche des (herkömmlich programmierten) Gewissens, auch gegen alle Gleichgültigkeit Gott gegenüber, die oft nur die Kehrseite einer dumpfen, nicht gewußten Verzweiflung an und vor Gott ist.
Wie es anfängt, so kann man es sich noch gefallen lassen. Den Hof erbt ja immer der Älteste. Der Jüngere läßt sich das juristisch festliegende Teil auszahlen; nicht ganz das Übliche, jedoch darüber läßt sich reden (anders Schlatter, der schon hierin das sündige Ausbrechen sieht). Aber dann kommt es: der Junge bringt das Ererbte in gewissenloser Weise durch. Der Text unterläßt es, sein leichtsinniges, verschwenderisches, loses Leben zu schildern, und unsere Predigt sollte ihm darin folgen; nur aus dem Munde des ungehaltenen Bruders erfahren wir von den Dirnen, die dem finanzkräftigen „Freund" das Geld aus der Tasche gezogen haben. Ins väterliche Haus dringen bedrückende, beschämende, kränkende Nachrichten. Es hört sich nicht gut an, wenn ein Glied der Familie nicht nur sein Leben verpfuscht, sondern auch durch sein Verhalten das eigene Nest beschmutzt. Man sieht die Katastrophe kommen. Zu allem Unglück gibt es noch eine Hungersnot. Nun „hängt sich" der junge Mensch an einen Bürger des Landes – an einen Heiden natürlich, der unrein ist. Wie demütigend für einen, der zum Volke Gottes gehört! Und was muß er tun? Schweine hüten – das macht erst recht unrein. Hüten soll er – das Füttern besorgen andere; er könnte sich sonst wenigstens mit dem Schweinefutter „den Bauch vollschlagen".
Für diejenigen, die in unserm Gleichnis eine bewegende Bekehrungsgeschichte sehen, käme nun der große Wendepunkt. Der Prediger hüte sich, dem Text mehr (oder

weniger!) zu entnehmen, als drinsteht. Zu leicht könnte der Schwerpunkt von der Liebe des Vaters auf die Bußleistung des reuigen Sohnes verlegt werden, und damit wäre das Evangelium geradezu verdeckt. Honoriert Gott, wenn er gnädig ist, unsere Zerknirschung, unser Leid um die Sünde, die Intensität der Reue, das Sich-Aufmachen? Dann wäre das Gleichnis ein Plädoyer für die raffinierteste Art der Werkgerechtigkeit! Einen schlechten Trost verkündigte es dann. Was würde aus denen, deren Anfechtung gerade darin besteht, daß sie nicht so, wie es sich gehört, bereuen könne oder nicht wissen, ob es mit ihrer Reue schon genug ist? Und was wird aus denen, deren Geschichte durchaus nicht so verläuft wie die dieses jungen Menschen? Leben die etwa von ihrer Eigengerechtigkeit? Wie weit muß man es – in malam wie in bonam partem – gebracht haben, damit bei Gott die Tür aufgeht? Nein, wir wären so auf falschem Wege. Es geht in unserer Erzählung auch viel nüchterner zu. Der junge Mensch kommt zu sich ($\varepsilon i\varsigma$ $\dot{\varepsilon}\alpha v\tau\dot{o}v$ $\delta\dot{\varepsilon}$ $\dot{\varepsilon}\lambda\vartheta\acute{\omega}v$), kommt zur Besinnung, wacht aus seiner (vermeintlich unerhört vigilanten) Benommenheit auf, in der er (in den scheinbar guten wie auch in den jammervollen) Tagen gelebt hat. An die Stelle des Rausches tritt die nüchterne Überlegung: „Was bis ich hier im fremden Land? Tagelöhner, der nicht das Nötigste zum Leben hat. Tagelöhner hat mein Vater auch. Klar: Sohn kann ich in seinem Hause nicht mehr sein; ich bin – in jedem denkbaren Sinne des Wortes – ,ausgezahlt'; mein Erbteil, an dem das Sohnesrecht hängt, ist vertan, und der Vater wird keine Lust haben, sich zu seinem versumpften Sohn zu bekennen. Aber warum soll ich mich nicht wie jeder andere beim Vater als Tagelöhner verdingen können? Ich kann natürlich, wenn ich mich zur Arbeit melde, nicht tun, als sei nichts gewesen. Ich muß zu meiner Schuld stehen: Vater, ich habe gesündigt gegen Gott und vor dir. Ich weiß, daß ich nicht dein Sohn sein kann. Aber mache mich zu einem deiner Tagelöhner." – Eine unsentimentale Überlegung. Hier wird nicht auf Gnade spekuliert, sondern streng rechtlich gedacht. „Mehr ist nach allem, was geschehen ist, nicht herauszuholen. Unter Vaters Tagelöhnern ist manche zwielichtige Gestalt; es kann angenommen werden, daß ich dort mein Leben werde fristen können."

Jetzt kommt die große Wendung. Sie liegt allein im Verhalten des Vaters. Der hat den heimkehrenden Sohn von ferne gesehen – als hätte er die ganze Zeit nur immer am Fenster gestanden und nach dem Jungen ausgeschaut. Und als er sein gewahr wird, geht es ihm durch und durch ($\dot{\varepsilon}\sigma\pi\lambda\alpha\gamma\chi\nu\dot{i}\sigma\vartheta\eta$), und – hat man so etwas bei einem vornehmen Morgenländer schon gesehen? – er vergißt alle Würde und Gemessenheit und „läuft", was er kann, dem Heimkehrenden entgegen! Noch ehe dieser auch nur ein Wort sprechen kann, hat ihn der Vater geküßt. Und die Rede, die der Sohn in der Fremde entworfen (V. 18) und vielleicht auf dem Wege sich immer wieder vorgesagt hat, kann er nicht zu Ende sprechen, weil ihn der Vater nicht ausreden läßt. Schon ergehen an die Knechte die Befehle (VV. 22f.). Wir sahen, was sie bedeuten (s. o.). Ausgezeichnet wird der Heimgekehrte, als würde ihm ein Orden angehängt, durch die Investitur mit dem Festkleide. Der Ring ist ein Siegelring; der heimgekehrte Sohn bekommt Rechtsvollmacht im Hause. Die Sandalen kennzeichnen ihn als freien Mann (man bedenke, es besteht ein großer Unterschied zwischen dem Sohn und dem Sklaven, Gal. 4,1ff.). *Yioϑεσία* würde Paulus das nennen, was hier geschieht. „Sind wir denn Kinder, so sind wir auch Erben" (Röm. 8,17).

So ist unser Gott! Er hat den Sünder nicht aufgegeben, zu keiner Stunde. Er schaut nach ihm aus, ob er denn endlich heimkehrt. Er sehnt sich nach dem verlorenen Kinde; für ihn ist der Junge dort im fernen Lande – tot. Aber er muß doch immer in die Richtung schauen, aus der er, wenn er heimkehren sollte, zu erwarten ist. Und dann verliert der Vater die Fassung, als der Junge tatsächlich von ferne zu sehen ist (die Bibel scheut sich nicht, so menschlich von Gott zu reden; sie ist ihm damit näher als unsere strenge Begriffssprache). Kein Wort des Vorwurfs. Nicht: Wo bist du gewesen? Was hast du getan? Was hast du mir angetan? Auch nicht: Ich will prüfen, ob du dich besserst. Nicht: Du sollst dich bewähren – ich will dir die Chance geben. Das alles nicht. Nur Festjubel.

Man kann sich schwer vorstellen, daß Jesus die Geschichte – in solcher Ausführlichkeit – bis hierher erzählt hätte ohne „Richtstrahler" auf die, deren Heimkehr noch aussteht. Er muß wohl gehofft haben, sie hören es. Indem er den Vater schildert, macht er ihnen Mut zur Heimkehr. Wie gut, daß von einer metanoetischen Vorleistung auf seiten des Verlorenen mit keinem Wort die Rede ist; sonst würden es die vielen Verlorenen, denen der Anruf gilt, nicht wagen dürfen, sich auf den Weg zu machen. Aber sie brauchen in der Tat nichts mitzubringen. Es gibt keine dringlichere, überzeugendere Einladung als die Schilderung dieses Vaters. Der Prediger scheue sich nicht, den auf uns wartenden, den am Sünder so unbedingt festhaltenden, nach dem verlorenen Kinde sich sehnenden, den über die Rückkehr sich maßlos freuenden Gott – nicht sentimental, aber herzhaft – zu schildern. Das Haus des Vaters steht uns offen. Kommt einer nur so, daß er sich vom Vater liebhaben läßt, nichts weiter ist nötig: dann beginnt im Vaterhaus der Festjubel (der hier, im Unterschied zur vorangegangenen Perikope, sozusagen konsekutive Bedeutung hat). Da wird gegessen und getrunken und musiziert und getanzt ($\sigma\upsilon\mu\varphi\omega\nu\acute{\iota}\alpha$, V. 25). Jeder Zöllner und Sünder – einst und jetzt – ist Gott willkommen; tritt er nur ein, freut sich der ganze Himmel (VV. 7.10 – altes Evangelium).

2.

Sollten wir uns aber nicht doch zum Anwalt des älteren Bruders machen? Und damit zum Anwalt der Pharisäer? Ihnen wendet Jesus sich im zweiten Teil der Erzählung besonders zu. Man übersehe nicht: sie sind „Menschen, deren ganzes Leben davon bewegt ist, bis ins einzelne und bis ins Geringste hinein Gottes Willen zu tun" (Schnwd., S. 9). Im Leben ist es nie so wie in billigen Romanen, in denen der eine eine Lichtgestalt und ein Edelmensch, der andere ein Schuft ist. Eine Lichtgestalt ist der heimgekehrte Sohn sowieso nicht. In der Erzählung gehört ihm aber unsere Sympathie. Ob sie ihm ebenso gehört, wenn er bzw. seinesgleichen uns *im Leben* begegnet? Vielleicht stehen wir – bewußt oder unbewußt – in der Praxis dem Älteren viel näher? Der Ältere denkt rechtlich. Wir verstehen seinen Unmut. Kein Zufall, daß er gerade vom Felde kommt. Sein Leben ist Arbeit. Der Vater hat sich auf ihn immer verlassen können. Das gehört sich auch so – wo kämen wir hin, wenn alle so wären wie „der Kleine", der Ungeratene, der Schandfleck auf unserm Hause! – Aber was hört er da? Musik, Tanz – was soll das? Wie das klingt: „Dein Bruder ist gekommen …!" Daß der Kerl sich überhaupt wieder hierherwagt! Und nun wird er noch wie ein Fürst empfangen! – Der Anstoß des Daheimgebliebenen ist verständlich. Der Vater ist einfach ungerecht. Der Dialog VV. 28–32 läßt es erkennen. Es ist nicht schwer, dem Vater vorzurechnen, wie er gegen alle Billigkeit verstößt. Es geht ja nicht darum, daß einem sozial Benachteiligten geholfen wird. Barmherzigkeit, Almosen – selbstverständlich. Modern: Dem gesellschaftlich Unterprivilegierten, dem Ausgenutzten, dem Opfer der gesellschaftlichen Verhältnisse muß sein *Recht* werden! Aber das ist es ja hier nicht! Hier ist ein Schuldiggewordener! Er hätte sich an seinem großen Bruder ein Beispiel nehmen sollen. Der ist korrekt und pflichtbewußt bis zum letzten; nichts weist darauf hin, daß der Vater dies in Zweifel ziehen wollte. Wäre nicht eine kleine Anerkennung hin und wieder am Platz gewesen? Für die Freundesrunde des braven Sohnes einmal den Bock, der sowieso abgeschlachtet wurde, – wäre das zuviel verlangt? Auf einen solchen Gedanken ist der Vater nie gekommen. „So muß man's machen wie dieser dein Sohn" (in Gedanken nur: „dieser Hieb hat gesessen!"). „*Dein* Vermögen" (V. 13 hieß es noch unpolemisch: „sein" – auch hier eine wohlbedachte Schärfe), „hat er mit Huren verpraßt, und nun wird das Mastkalb für ihn geschlachtet! Der Mann weiß, wie man zu etwas kommt!" – Aber man braucht ja nicht einmal nur an das Unrecht zu denken, das, seiner Meinung nach, dem Älteren persönlich zugefügt wurde. Muß man nicht an das Ganze denken, sozusagen an die sittliche Weltordnung? Wenn die Maxime des Handelns auf seiten des Vaters zum Prinzip einer allgemeinen Gesetzgebung würde, dann könnte man sich darauf verlassen, daß die Welt aus den Fugen geht. Die Waage der Gerechtigkeit balanciert nicht mehr. Das ist alarmierend und empörend – und der Vater scheint nichts dabei zu finden. Ernster noch wird es, wenn man die Gleichniserzählung verläßt und – ein wie kleiner Schritt ist das! – daran denkt, wer gemeint ist. Unter Menschen gibt es das, daß ein Vater sein eigen Fleisch und Blut nicht aufgibt; handelte ein menschlicher Vater in solchem Fall rein rechtlich, so müßte er vielleicht seinem eigenen Herzen Gewalt antun. Aber *Gott?* Ist das nicht unser einziger Halt, daß über allem Unrecht in der Welt sein Recht bestehen bleibt? Wie richtet sich die alttestamentliche Gemeinde immer wieder daran auf, daß Gott in der Durchsetzung seines Rechtes unbeirrbar und unerbittlich ist! Sollte ein rechtlich denkender Mensch das Geltende nicht auch dann achten, wenn es gegen ihn und sein persönliches Interesse spricht? Mancher könnte meinen: Gott würde nie so handeln wie dieser Vater. – Und er tut es eben doch! Daß der Sünder gerettet wird, ist ihm keinesfalls weniger wichtig, als daß dem Gerechten Gerechtigkeit widerfährt. Dies bringt – wir kehren zur Erzählung zurück – den älteren Sohn so in Rage. Eine Welt ist ihm zusammengebrochen. Nein, er geht nicht mit zum Fest hinein! Er will sich nicht mit freuen. Er streikt, weil ihm seine Frömmigkeit, seine Redlichkeit, sein Pflichtbewußtsein, sein Wissen um die Nicht-Beugbarkeit des Rechts verbietet, da mitzutun. – Genau das aber muß Jesus an den Pharisäern erleben. Gott freut sich über jeden heimkehrenden Menschen, gleich, woher er kommt. Aber die exemplarischen Frommen, die Kirchenleute, stehen verdrossen und verbissen abseits und rechnen dem so handelnden Gott vor, daß er, wenn er Gott ist und als solcher etwas auf sich hält, nicht so handeln kann und darf. – „Nicht zehn Pferde bringen mich in den Saal."

Aber der Vater ist herausgekommen. Schon vorhin, als der, der ihm tot und verloren war, von ferne sichtbar wurde, hat es ihn nicht im Hause gehalten. Jetzt hält es ihn wiederum nicht. Den einen Sohn hat er wiederbekommen; den andern ist er im Begriff zu verlieren. Und sie sind ja beide seine Söhne! Es ist ergreifend zu sehen, wie sich der Vater um diesen zweiten Verlorenen müht. „Dieser dein Sohn", hatte der ältere gesagt (V. 30), nicht: „mein Bruder". Bei strenger Logik heißt das: Wenn „dein Sohn" nicht mein Bruder ist, dann bist du nicht mein Vater. Es trägt nicht viel aus, ob es der Erzählung um diesen Schluß zu tun ist. Der Erzürnte zerschneidet jedenfalls alle Fäden. Genau in diesem Augenblick hört er die Stimme des Vaters: „Mein Junge!" (V. 31: *τέκνον*). Zärtlicher könnte ihn der Vater nicht ansprechen. Er soll nicht meinen, der Vater habe ihn nicht lieb. Man könnte ja auch das Verbundensein nicht schöner zum Ausdruck bringen: Du bist allezeit bei mir, und alles, was mein ist, das ist dein. Hand aufs Herz! Hast du dich wirklich zu beklagen, fehlt dir irgend etwas, merkst du nicht, wie dein Vater dich liebt? Und nun stehst du hier in deiner Verbitterung, abweisend, verhärtet, voll Haß, mit aller Welt zerfallen – und es gäbe doch gerade heute Anlaß, dich zu freuen wie nie zuvor! (Und nun in gezielter Analogie zu der Formulierung V. 30: „dieser dein Sohn":) „Dieser dein Bruder war tot und ist wieder lebendig geworden, er war verloren und ist wiedergefunden." Tot – lebendig: das klingt übertrieben. Macht das die übergroße Freude des Vaters? Wäre es in der Erzählung zu hoch gegriffen, in der von ihr gemeinten Wirklichkeit ist es so (Eph. 2,4–6).

Man hat gemeint, das Gleichnis lasse nichts vom Heilswerk Christi erkennen. Luther hat sich daran gestoßen, Harnack hat dies gelobt. Predigt Jesus wirklich nur, was auch ohne ihn gelten würde und was man ohne ihn wissen und haben kann: daß überm Sternenzelt ein lieber Vater wohnen muß? *Jesus* erzählt diese Geschichte. Aus dem Munde eines anderen dürften wir sie nicht entgegennehmen. Jesus ist der einzig legitimierte Erzähler dieser Geschichte. Das hier Gesagte bedarf – wie eine Banknote oder ein Scheck – der Deckung. Es gilt „propter Christum". „Nicht die Theorie von einem selbstverständlich und allezeit verzeihendem Vatergott, sondern die wunderbare Wirklichkeit dieser Gottestat" – gedacht ist an Jesu Verhalten gegenüber Zöllnern und Sündern – „ist die unausgesprochene, aber unentbehrliche Voraussetzung des Geschehens zwischen Gott und Mensch, das in dem im Gleichnis beschriebenen Verhalten dieses Sohnes und dieses Vaters visiert ist. Jesus ist also, wenn man ihn im Gleichnis lokalisieren wollte, ‚das Entgegenlaufen des Vaters heraus aus diesem Haus'. Er ist in dem Kuß verborgen, welchen der Vater dem Sohn gibt" (Barth a. a. O., S. 22f.). Wir brauchen nicht so weit zu gehen, wie Barth es im Folgenden tut; er meint, daß Jesus, indem er sich uns Sündern gleichmachte, selbst den Abweg des Sohnes, erst recht aber dessen Heimweg ins Vaterhaus urbildlich vor uns und für uns gegangen sei. Es genügt uns, daran zu denken, wie in der Erzählung der Vater *beiden* Söhnen entgegengeht; während Jesus die Geschichte erzählt, *geschieht* dies ja, in Jesus selbst.

Wollten wir an der Richtigkeit dieser Auslegung zweifeln, so hätten wir zuletzt nur noch dies zu bedenken: Die Geschichte hat keinen Schluß. Wir erfahren nicht, ob der ältere Sohn sich zu guter Letzt noch hat bewegen lassen, den wiedergefundenen Bruder willkommen zu heißen und sich mit zu freuen. Warum hat Jesus diesen Schluß nicht erzählt? Weil das Gespräch im zweiten Teil der Erzählung damit, daß Jesus es wiedergibt, *noch im Gange* ist, die Erzählung also in die Wirklichkeit einmündet. Das nächste Wort haben die Angeredeten selbst zu sagen. Wir wissen inzwischen, wie es damals weiterging: Jesu Botschaft und Verhalten gegenüber den Verlorenen hat ihn am Karfreitag selbst zum Verlorenen gemacht. Gott hat in seiner Weisheit, Heiligkeit und Güte den schaurigen Karfreitag zur Begründung unseres Heils werden lassen. Die Waage der Gerechtigkeit *ist* im Gleichgewicht. Für uns kommt es – und darin ist die Geschichte für uns noch so offen wie damals, als Jesus sie erzählte – darauf an, durch Gottes offene Tür zu gehen und für die heimkehrenden Brüder und Schwestern das Herz aufzumachen. Man kann nicht das eine bejahen und das andere verneinen. Täten wir eins von beidem und damit beides nicht, dann stünden auch wir draußen.

4. Sonntag nach Trinitatis. 1. Mose 50,15–21

Die Josephsgeschichte, die in unserm Abschnitt ihren letzten Höhepunkt erreicht, ist nicht eine Sammlung von (lokal- oder stammesgeschichtlich gebundenen) Sagen, sondern eine Novelle, die von vornherein als Ganzes angelegt und erzählfreudig gestaltet ist. Sie wirkt

wie eine exemplarische Darstellung von Lehren der (älteren) Weisheit; man denkt bei
V. 20 an Sätze wie Spr. 16,9; 19,21; 20,24 (vgl. hierzu: von Rad, Josephsgeschichte und
ältere Chokma, in: Ges. St. z. AT, 1958, S. 272ff.). Sie entwirft in Joseph ,,das Bild eines
Jünglings und Mannes ... von bester Bildung und Zucht, von Gläubigkeit und Weltge-
wandtheit, wie es die Weisheitslehrer in ihren Sentenzen der Jugend gelehrt haben" (ders.
in ATD z. St.). – Unser Abschnitt meist: E.
Drei Szenen: Gespräch der Brüder untereinander – Botschaft der Brüder an Joseph –
Gespräch der Brüder mit Joseph selbst.
V. 15: Sollen wir lesen: ,,da sahen sie, daß   " oder ,,da fürchteten sie sich, weil ...''?
Vgl. Apparat. Da die direkte Rede Ausdruck der Furcht ist, macht unsere Entscheidung
sachlich keinen Unterschied aus. In לו steckt der abwehrende Sinn. Was wir mit ,,ver-
gelten" übersetzen, das hi. von שוב, bedeutet eigentlich ,,(auf uns) zurückwenden" (man
beachte den verstärkenden Inf. abs.). – V. 16: Die Brüder berufen sich auf eine (sie dek-
kende bzw. legitimierende) Willenskundgabe des sterbenden Vaters. – V. 17: Jakob
selbst hat ihnen das devote, fast weinerlich klingende אָנָּא שָׂא souffliert; die In-
terjektion lassen sie dann weg, als sie Jakobs Worte, eingeleitet durch וְעַתָּה, zu den
ihren machen. Sie verweisen auf den gemeinsamen Gott; denn ,,eine wirkliche Vergebung
ist keine rein innermenschliche Angelegenheit, sondern sie reicht tief hinein in das Verhältnis der Menschen zu Gott" (v. Rad z. St.). Joseph weint (vgl. 42,24; 43,30; 45,2.14f.);
daran können die Brüder erkennen ,wie er für sie fühlt, und nun selbst zu ihm gehen. –
V. 18: Trotzdem kommen sie ganz unterwürfig: sie fallen vor dem Bruder nieder und
bieten sich ihm als Sklaven an, wie 44,16; die Handlung fällt damit noch einmal auf ihren
Tiefpunkt zurück. Um so wirksamer das Wort V. 19: ,,Stehe ich etwa an Gottes Stelle?"
Nach von Rad (z. St.) besagt der Satz mehr, als daß Joseph nicht berechtigt ist, den Richter seiner Brüder zu spielen (etwa im Sinne von Röm. 12,19); der Satz will sagen, daß Gott
in dieser Sache sein Urteil bereits gefällt hat, indem er die Dinge so wunderbar lenkte.
Würde Joseph die Brüder jetzt verurteilen, ,,so würde er einen negativen Spruch neben
denjenigen stellen, den Gott schon gesprochen hat, und sich damit ,an Stelle Gottes'
setzen" (z. St.; ganz ähnlich Gunkel im Kommentar). – V. 20: Joseph erkennt im Verlauf
der Ereignisse das planvolle, gütige Handeln Gottes (noch konkreter: 45,5–7). Er be-
schönigt das Handeln der Brüder nicht. Aber er verweist darauf, daß – wenigstens in diesem
konkreten Falle – Gott auch das sündige Handeln der Menschen für das Werk der ,,großen
Errettung" (45,7) benutzt hat, ,,nämlich: ein großes Volk am Leben zu erhalten" (V. 20). –
V. 21: Es ist vorausgesetzt, daß die Hungersnot noch fortbesteht.

Thema des Sonntags: Die Gemeinde der Sünder. Es ist nicht überflüssig, zu betonen:
Sünder sind auch die Christen (1. Joh. 1,8); die fünfte Bitte gehört nach Jesu eigener
Weisung ins tägliche Gebet. Es darf uns also nicht überraschen, daß wir es im Umgang
miteinander – in der Gemeinde, der Familie, wo immer Christen beisammen sind –
schwer haben. Christen unterscheiden sich von anderen Menschen nicht dadurch,
daß sie keine Sünder mehr wären, sondern dadurch, daß sie *wissen*, sie sind es (während der Nichtchrist um das Wesen der Sünde gar nicht wissen kann). Es darf uns
also auch nicht überraschen, daß Christen einander zu tragen geben (Wochenspruch:
Gal. 6,2). Der Christ wird sein Sündersein nie als etwas Normales ansehen und sich
auch nie damit abfinden; aber er wird mit seiner und seiner Mitmenschen Sündigkeit
rechnen, also wissen, daß er Vergebung braucht und mit dem anderen Menschen gar
nicht in Gemeinschaft leben kann, es sei denn, daß er Vergebung gewährt. Die Vergebung, die wir einander gewähren, ist wiederum nur durch Gottes Vergebung ermöglicht, durch diese freilich auch zu etwas innerlich Notwendigem geworden.
Es kommt auch in unserer Perikope darauf hinaus, wenngleich man sich hüten muß,
das ganze Christusevangelium in sie hineinzulesen. Die Vergebung, die sich hier ereignet, die ,,Bewältigung der Vergangenheit", wie wir uns – manchmal recht naiv –

ausdrücken, beruht auf anderen Einsichten, als die für uns entscheidend sind. Wir
haben es mit Weisheitsliteratur zu tun, hier in novellistisch-erzählender Form vor-
liegend. Wir sprachen eben von „Einsicht"; damit ist bezeichnet, was dieser Denkweise vorrangig wichtig ist. Weisheit lebt von Erfahrungen des täglichen Lebens,
zu denen grundsätzlich jedermann Zugang haben müßte. Weisheit ist etwas allgemein Menschliches. Man muß nicht im Glauben Israels zu Hause sein, um Weisheit
zu gewinnen; Israel kann Weisheit fremder Völker unbefangen übernehmen
(Spr. 22,17–23,11 stammt fast genau aus dem Weisheitsbuch des Amenemope).
Weisheit ist davon überzeugt, daß die Welt geordnet ist und man diese Ordnung
erkennen kann. Weisheit ist ein auf Erfahrung gegründetes Wissen von den Gesetzmäßigkeiten des Lebens und der Welt (von Rad, ThAT I, S. 415ff.). Von Israels
Weisheit lebt die Josephsnovelle. In Joseph ist ihr Bildungsideal verwirklicht: der
kluge, weltgewandte, zuchtvolle, geistesgegenwärtige, im Staatswesen brauchbare,
guten „Rat" gebende junge Mann, der sich des Segens seines Gottes erfreut. Man
wird sich die Josephsgeschichte an Salomos Hof entstanden denken können; der Jahwist und der Elohist haben sie gekannt und, jeder auf seine Weise, aufgenommen;
die Redaktion hat beides mit Geschick zusammengeordnet.

Ob die sonntägliche Gemeinde die Josephsgeschichte noch zur Genüge im Gedächtnis
hat? In den Texten der PTO kommt sie sonst nicht vor. Der Prediger wird mindestens
insoweit die Gesamtgeschichte erzählen müssen, wie dies nötig ist, um Erinnerungen
zu wecken und diesen zusammenfassenden Schlußabschnitt mit Anschauung zu
füllen. Hätte man viel Zeit dazu! Die Farbigkeit dieser Meistererzählung reizt (man
denke an Thomas Mann): das rauhe, abenteuerliche Leben der Hirten, die Spannungen in der großen Familie, die Hoffnungslosigkeit des in die Zisterne Geworfenen,
die malerische Karawane, der Sklavenmarkt, das überraschend bevorzugte Leben im
Hause Potiphars, das Standhalten in der Verführung, das Kerkerdasein und die
traumhafte Erhöhung zum Großwesir und zum Begründer und Verwalter der Staats-
reserven; die verschiedenen Szenen und Zwischenfälle vor dem Wiederfinden und
der „großen Errettung" (s. o.). Man könnte sich in dem allem verlieren. Der Prediger
wird an geeigneten Stellen mit wenigen Strichen nur die Hauptzüge der Erzählung
kenntlich machen.

Daß wir auf die weisheitliche Denkweise des Textes achten, ist einfach Gebot der
Texttreue, soll uns aber für die Predigt nicht zur Fessel werden. Wohl hat es uns
darum zu gehen, wie in der Josephsnovelle *gedacht* wird; aber doch nur darum, weil
wir – zu unserm eigenen Besten – erfahren wollen, wie es zwischen Gott und uns und
darum auch unter uns selbst in Wirklichkeit *ist*. Daß wir Christus kennen, braucht
auch diesmal nicht vergessen zu werden. Aber warum soll man unser zwischen-
menschliches Leben nicht auch einmal so ansehen wie unser Text? Wir fassen zusammen: *Sünder können miteinander leben, denn* (1) *Gott hat entschieden,* (2) *Gott hat
vergeben,* (3) *Gott hat aus Bösem Gutes gemacht.*

I.

Man könnte meinen, die Josephsnovelle möchte mit der Übersiedlung Jakobs und
seiner Familie nach Ägypten an ihr Ziel gekommen sein, und wenn denn wirklich
noch eine Szene wie die unsere folgt, dann müßte es eine Art Ausklang sein. Es ist
anders. Unser Text ist theologisch der Höhepunkt. Von hier aus fällt in der Rückschau
der Blick auf das Ganze. Zudem: hier wird ein noch immer anstehendes Problem an-

gefaßt und seine Lösung – nicht erzwungen, sondern – aufgefunden. Es ist zwischen Joseph und seinen Brüdern noch nicht alles im reinen, trotz der versöhnlichen Szene 45,5 ff. Was Menschen einander antun, kann ihr ganzes weiteres Miteinander schwer belasten, auch dann noch, wenn Schuld soweit wie möglich bereinigt ist. „Aus der Welt" ist die Sache noch nicht. Was müßte eigentlich geschehen, damit böse Vergangenheit wirklich annulliert wäre? Alte Verschuldungen können, auch wenn lange darüber geschwiegen worden ist, ausgegraben, erneut ins Spiel gebracht werden. Unbereinigte Schuld macht unter uns immer wieder in schmerzhafter Weise Geschichte, zwischen Völkern und Staaten, zwischen Gruppierungen von Menschen verschiedenster Art, zwischen Familien und innerhalb von Familien. Irgendein aktueller Konflikt wird zum Anlaß, die alten Vorkommnisse aufzurühren und, was eben geschieht, mit ihnen in einen Zusammenhang zu bringen. Alte Schuld, vielleicht bewußt übersehen, vielleicht auch verdrängt, kann unversehens virulent werden; atmosphärisch könnte sie schon vorher belastend oder gar zersetzend gewirkt haben, ohne daß man sich dessen bewußt ist. Wir können es miteinander recht schwer haben. Unser Gedächtnis ist übrigens in den Dingen besonders leistungsfähig, in denen wir gekränkt und verletzt worden sind. – Unsere Geschichte: Joseph hat seine Brüder gewiß durch Jahre hindurch so behandelt, daß sie von übriggebliebener Feindseligkeit nichts zu spüren bekamen. Und doch sind sie ihrer Sache nicht sicher. Joseph könnte aus Rücksicht auf den alten Vater bis zu dessen Tode an sich gehalten haben; der alte Mann hat in seinem Leben schon genug Kummer gehabt. Aber nun, nachdem er tot ist, könnte Joseph sich an seinen Brüdern noch rächen. Sie sind ja in Ägypten ganz in seiner Hand. Seine Träume (37,6–9) haben sich erfüllt. Damals waren sie den Brüdern lästig, weil der Lieblingssohn des Vaters (37,3) sie mit solcher „Angabe" demütigte. Jetzt ist, was damals Großsprecherei war, Wirklichkeit. Vielleicht „legt" Joseph jetzt „Fußeisen", stellt ihnen also nach (שׂטם, V. 15). Man sieht: das böse Gewissen projiziert in den andern böse Absichten hinein, auch wenn dieser keinerlei Böses im Sinne hat. Unsere unberäumte Schuld macht uns mißtrauisch. In der Verfinsterung unseres Herzens sehen wir das Finstere auch in den anderen hinein. Von einer heilen Situation kann man nicht sprechen. In der Tat: die so spannungsreich verlaufene Geschichte ist noch nicht zu einem befriedigenden Ende gelangt.

Die Brüder versuchen es mit diplomatischer Taktik. Sie wagen es nicht, Joseph unmittelbar anzusprechen. Ein Unterhändler soll die Lage vorsichtig sondieren (V. 16). Dabei verstecken sie sich hinter einem Wort des verstorbenen Vaters, das Joseph von vornherein in seinem Verhalten festlegen und verpflichten soll. Wer wird schon das Wort eines geliebten Verstorbenen mißachten! Und noch ein Schachzug: sie präsentieren sich durch den Unterhändler als Diener des Gottes Jakobs und verpflichten Joseph erneut. Dienen wir ein und demselben Gott, dann kann doch nicht einer gegen die anderen sein! Wahrhaftig, ein unerhört durchschlagendes Argument, ganz dicht an der Wahrheit, ja eigentlich überhaupt die Wahrheit, nur leider taktisch gebraucht und darin eben *nicht* stichhaltig. Trefflich beobachtet: Es ist Menschenart, aus Situationen der Verschuldung möglichst glimpflich und billig herauszukommen. Luther meint, daß wahre Reue die Strafe liebt und sucht. Wer bereut, dem ist es leid, was er getan hat, und er ist bereit, dafür etwas auf sich zu nehmen; das muß nicht pathologischer Selbstbestrafungsdrang sein, sollte vielmehr dem sittlichen Ernst entsprechen, der um eine allgeltende Ordnung der Gerechtigkeit weiß und diese respektiert. Wir wollen mit den Brüdern Josephs nicht zu hart ins Gericht gehen. Ihr Verhalten ist von der Furcht bestimmt. Wer kennte solches nicht aus eigenem

Erleben? Nur: solange man nur darauf bedacht ist, ungeschoren aus dem Konflikt herauszukommen, ist für das Leben von Sündern miteinander das eigentlich Hilfreiche und Befreiende noch nicht geschehen.

Joseph verachtet seine Brüder nicht. Er weint. Wir werden nicht versuchen, psychologisch dahinterzukommen, warum. Wir stellen nur fest: die Erzählung läßt Joseph dann weinen, wenn das Geschehen an kritische Punkte kommt (die Stellen: s. o.). Die Gemütsbewegung läßt jedenfalls erkennen, daß Joseph sich nicht – in Entrüstung, Zorn, Dünkel oder Distanziertheit – über seine Brüder stellt – in solcher Haltung könnte man eiskalt sein –, sondern ihre Erbärmlichkeit sich nahegehen läßt.

Als sie dann selbst kommen und vor ihm niederfallen, löst er die Spannung. „Fürchtet euch nicht! Stehe ich etwa an Gottes Stelle?" Was ist damit gesagt? Man könnte das Wort einfach von der Kompetenzfrage her verstehen. Etwa so: In dieser Sache kann nur Gott entscheiden. Wir können das nicht einfach untereinander ausmachen. Hier hat Gott selbst mitzureden, nein: hier ist er *allein* zuständig. Ihr dürft nicht erwarten, daß ich, Joseph, mich an die Stelle Gottes setze und mich zum Richter über euch aufwerfe. – Es wäre grundsätzlich nichts gegen Gedanken solcher Art einzuwenden. Mit unserm abschätzigen Urteil über den anderen Menschen maßen wir uns eine Kompetenz an, die allein Gottes ist. – Trotzdem, der Sinn der Worte Josephs ist nicht der, daß Gott hier entscheiden muß, sondern daß er entschieden *hat*. Nein, die Kompetenzfrage ist nicht anders zu beantworten, als wir es eben dargelegt haben. Aber Joseph verweist nicht einfach auf Gott als die hier allein maßgebliche Instanz – wobei offen bliebe, was man in dieser Sache von Gott noch zu erwarten hätte –, sondern er meint, daß eine Verurteilung der Brüder durch ihn geradezu den Gott verdrängen würde, der sein Wort in dieser Sache längst gesprochen hat. Wir werden diese Aussage um so wichtiger nehmen, als sonst in der Josephsgeschichte – und darin zeigt sie eine auffällige Verwandtschaft mit der berühmten Thronfolgeerzählung (2. Sam. 6,12.20ff. bis 1. Kön. 2) – fast durchweg rein-menschlich erzählt ist, so also, daß Gott ganz im Hintergrund bleibt und in das Geschehen nicht von außen eingreift. Nicht im Sonderbaren und Wunderhaften wirkt Gott, sondern im gewöhnlichen Ablauf der Dinge, ohne daß der Nexus menschlichen Handelns gestört würde. Aber – wie hatte Joseph gesagt? –: „um eures Lebens willen hat mich Gott vor euch hergesandt", nämlich nach Ägypten (45,5). Wahrhaftig auf unverständliche Weise – so auch, daß es Situationen gab, in denen man Anlaß gehabt hätte, sich von ihm ganz verlassen zu fühlen (z. B. 37,24.28c; 39,20). Aber das ganze Geschehen ist doch ein von Gott so gewolltes und gelenktes Geschehen, in dem – es wird noch davon zu reden sein – auch menschliche Schuld mitwirkte. Wohlgemerkt: damit ist Schuld nicht verharmlost oder gar geleugnet. Aber man kann aus dem planvollen Handeln Gottes ablesen, daß er, Gott, nicht will, daß wir, sein Gutes verdrängend oder durchkreuzend, das, was wir gegeneinander haben, benutzen, um die von ihm bewirkte „Rettung" (45,7) zunichte zu machen. Zugegeben: wir sind noch nicht beim Evangelium. „Ende gut – alles gut", das wäre als theologischer Aufhänger tatsächlich ein bißchen zu wenig. Was würde dann auch aus der Schuld derjenigen, deren Geschichte nicht so freundlich ausgeht wie die Josephsnovelle? Man sieht: die Frage nach dem Heil Gottes drängt uns weiter. Dennoch sollte es für das Zusammenleben von Sündern – wann und wo immer – doch von Bedeutung sein, daß sie, sagen wir ruhig: daß *wir* aus dem freundlichen und gnädigen Handeln Gottes mit uns ersehen, wie er es mit uns meint (und wäre es nur die Erfahrung von Matth. 5,45), und dann nicht unsererseits durch Unversöhnlichkeit kaputt machen, was Gott gerne *heil* haben wollte. Wohl wahr: wir befinden uns hier noch ganz schlicht auf der Ebene des ersten Glaubensartikels.

Gott will segnen – und wir werden in sträflicher Weise „grundsätzlich"! Joseph
sieht tiefer. Die Brüder brauchen sich vor ihm nicht zu fürchten.

2.

Wir haben im Bisherigen – aus gutem Grund – die innere Einstellung der Brüder einseitig und damit zu ungünstig dargestellt. Man kann nicht sagen, daß es ihnen allein
darum zu tun gewesen ist, mit heiler Haut davonzukommen. Ist auch List und Schläue
im Spiel – wir sahen es –, so wissen die Brüder doch von ihrer Schuld. Sie sprechen
klar von ihrer „Auflehnung" (פֶּשַׁע) und „Verfehlung" (חַטָּאת) und von dem
„Bösen", das sie Joseph „angetan" haben. Sie sind sich ihrer Schuld längst bewußt.
Joseph weiß es, denn er hat es, als sie ihn noch für den großen Ägypter hielten, der
nur durch einen Dolmetscher mit ihnen sprach, aus ihrem eigenen Munde gehört:
„Wahrlich, das haben wir an unserm Bruder verschuldet, denn wir sahen seine Her-
zensangst, als er uns anflehte und wir nicht darauf hörten. Darum ist diese Angst
über uns gekommen (42,21, vgl. auch V. 22). Damals konnte nicht die Rede davon
sein, daß sie aus taktischen Gründen von ihrer Schuld gesprochen hätten; sie mußten
annehmen, der hohe ägyptische Minister verstehe sie nicht.
Unbereinigte Schuld stört die Gemeinschaft der Menschen, wie sie denn auch die Gemeinschaft mit Gott stört. Man kann sich ein bißchen wundern, daß die Brüder ihre
und Josephs gemeinsame Zugehörigkeit zu Jakobs Gott so bedenkenlos geltend
machen. Sie müßten davon betroffen sein, daß sie durch ihr Verhalten diese Verbindung, auf die sie sich berufen, gerade aufgelöst haben (vgl. etwa Ps. 51,6a). Aber
sie wissen offensichtlich, daß unvergebene Schuld wie ein Bann auf einer Gemeinschaft lasten kann. Seltsam genug, daß sie diese Hypothek so lange haben stehen
lassen. Es kostet immer die größte Überwindung, eigene Verfehlung und schuldhaftes Versagen zu bekennen. Man will es nur zu gern verschweigen – wenn auch „die
Gebeine" darüber „verschmachten" (Ps. 32,3); gerade dieser Zusammenhang von
Unbereinigtem und unserer gesundheitlichen Gesamtverfassung ist uns seit Beginn
unseres Jahrhunderts auch wissenschaftlich viel deutlicher geworden als den Generationen zuvor. Es geht offenbar um viel Tieferes, als daß wir miteinander noch dieses
oder jenes „Hühnchen zu rupfen" haben. Auch mit der Verabredung, künftig darüber nicht mehr reden zu wollen, ist es offenbar nicht getan. Schuld wird nicht aus der
Welt geschafft, indem man sie einfach ignoriert. Sie ist ein mächtig wirksamer Tatbestand, auch dann, wenn wir's nicht wahrhaben wollen. Was ich nicht weiß, könnte
mich, wenn es um unvergebene Schuld geht, eben doch „heiß" machen! Daß ein
Kriminalfall unaufgeklärt geblieben ist und der Täter untertauchen konnte, bedeutet für diesen noch lange nicht, daß er aus der Sache heraus ist. Daß in einer Gemeinschaft von Menschen – etwa in Ehe oder Familie – ein Vertrauensbruch oder
sonst eine Verfehlung unaufgedeckt geblieben ist, besagt nicht, daß „die Luft rein"
wäre und das Unberäumte nicht in fataler Weise Geschichte machte.
Man mag sich das an einem spezifisch alttestamentlichen Sachverhalt noch verdeutlichen. Die Worte עָוֹן und חַטָּאת bezeichnen beides: die Sünde als Tat und deren
Folge, die Strafe. Man kann geradezu von einer immanenten Gesetzlichkeit
sprechen (von Rad, ThAT I, S. 383). Das Böse hat es in sich, auf den Täter und sogar
auf die Gemeinschaft, zu der er gehört, zurückzuwirken. So „kommt" das Blut eines
Erschlagenen „über" die Schuldigen (Jos. 2,19; Richt. 9,24; 2. Sam. 1,16; Matth.
27,25). „War der Mörder greifbar, so ‚wandte' man die Blutschuld ... auf sein Haupt

‚zurück', d. h. er wurde hingerichtet, und damit war dann das angerichtete Unheil von den anderen abgewehrt (הֵשִׁיב 2. Sam. 16,8; 1. Kön. 2,5.31f.)" (von Rad, ebd.). Wir erinnern uns: eben dieses Verbum haben die Brüder nach V. 15 in ihren Überlegungen gebraucht! Nun bitten sie: „Vergib doch deinen Brüdern ihre Sünde und Verfehlung!" „Vergib"? Eigentlich: „trage" sie – denn die Sünde wird als eine Last gedacht (Gesenius). „Tragen" steht in Ps. 32,1 parallel zu „sühnen" (vgl. dort auch V. 5). „Vergeben" heißt nicht bloß: nicht mehr daran denken, den Schuldigen künftig keine Vorhaltungen mehr machen, von Bestrafung absehen. Es muß etwas ausgeräumt, aus der Welt geschafft, weggenommen werden! Es muß „Sühne" geschehen. (Das Denken des Neuprotestantismus hat für diese biblischen Sachverhalte wenig Sinn und verschließt uns, besonders mit seinem Nur-Ethizismus, das Verständnis dieser Zusammenhänge, besonders natürlich auch das Verständnis des Todes Jesu.)

Jetzt fällt auf die Frage Josephs V. 19b noch einmal Licht. „Stehe ich etwa an Gottes Statt?" Kann das „Aufheben", das „Wegtragen" von Schuld Sache eines Menschen sein? „Nur bei Jahwe stand die Entscheidung, ob einer ‚seinen עָוֹן tragen' mußte oder nicht" (von Rad, a. a. O., S. 383). Geschieht Sühne, so ist Jahwe es, der sie wirkt oder versagt, denn er ist es, der sie, wenn ein sühnendes Opfer dargebracht wird, vollzieht (a. a. O., S. 269). Gott selbst durchbricht den schrecklichen Nexus zwischen böser Tat und böser Folge. Er schafft das Störende, vielleicht Vernichtende aus der Welt.

Eine explizite Absolution findet nicht statt. Wir sollen sie wohl – wiederum – aus dem Segenshandeln Gottes an der Familie Jakobs ablesen. Der glückliche Verlauf der Josephsgeschichte, über den wir nachher sofort noch einmal nachzudenken haben werden, soll wohl wieder als der Erkenntnisgrund für die Gewißheit der geschehenen Vergebung gelten. Wir wissen, daß wir hier auf unsicherem Boden stehen. Das Denken der Chokma wird sich an diesen Fragen noch reiben (eindrucksvollstes Beispiel: Hiob). Wer vom Kreuz her denkt, weiß nicht nur, daß der Versuch, Gottes Einstellung zu uns aus glückhaften äußeren Gegebenheiten abzulesen, scheitern muß; er weiß sogar, daß Gott sein Ja unter das Nein tief verbergen kann. Daß denen, die Gott lieben – oder von Gott geliebt werden –, alle Dinge zum Besten dienen, ist ein in Gottes unanschaulichem „Vorsatz" begründeter und aufs Eschaton zielender Satz (Röm. 8,28). Was Joseph sagt, ist wahr, aber doch nur so, daß es durch Jesu Kreuz und Auferstehung gedeckt ist, anders gesagt: es wird erst wahr in Jesus Christus. Aber in ihm *ist* es auch wahr, daß uns die Sünden vergeben sind. „Fürchtet euch nicht!" Was uns von Menschen trennt und die Gemeinschaft untereinander stört, nämlich das, was wir einander vorhalten könnten und – heimlich oder offen – einander tatsächlich vorhalten: das ist alles „weggetragen". Alle Schwierigkeiten, die wir einander bereiten, entstehen daran, daß wir diese Tatsache nicht ernst nehmen. Nicht das ist ja unserer Gemeinschaft abträglich, daß unter uns Schwachheit und Versagen ist, daß wir es einander schwer machen mit unserer Bosheit, Lieblosigkeit, Eifersucht, Kälte, mit unserm Egozentrismus, mit unserer Empfindlichkeit (usw.). Viel zerstörender ist, daß wir, was uns selbst angeht, auf unseren Sünden beharrlich sitzen bleiben und unsere vor Gott und Menschen unmögliche Situation noch verteidigen, – und daß wir, auf den andern gesehen, nicht gelten lassen wollen, daß auch er nur von Gottes „Wegtragen" leben kann und lebt. Joseph: Ich habe euch nichts zu vergeben, weil Gott längst vergeben hat. Sollte es uns zu schaffen machen, daß bei Josephs Brüdern und bei unseren lieben Mitmenschen die Bereitschaft zum Eingeständnis eigener Schuld mangelhaft und allzusehr durchsetzt und verdorben ist durch das Spekulieren auf eigenen Vorteil: dann sollten wir begreifen, daß auch *diese* Sünde bei Gott längst nicht mehr vorhanden ist. Joseph rechnet mit dem Gott, der längst vergeben hat. So kommt es unter Sündern zur neuen Gemeinschaft.

3.

V. 20 gibt dem aus der beglückenden Erfahrung der Josephsgeschichten gewonnenen Einblick in Gottes Wirken noch eine besondere Wendung. Gott hat aus Bösem Gutes gemacht. Wir haben eine große Begabung darin, uns fortgesetzt mit dem geschehenen Bösen zu beschäftigen, versteht sich: mit dem Bösen der *anderen*, und dieses Böse zum Vorteil für unser eigenes Selbstbewußtsein und zum Besten der Sache, die eben gerade *wir* vertreten, immer wieder aufzurechnen und abzurechnen, mit der moralischen Entrüstung der (vermeintlich) Überlegenen und in der Selbstgerechtigkeit, mit der wir nun unsererseits Unheil anrichten und Schuld auf uns laden.
Soll man nicht, was war, beim Namen nennen? Joseph tut es. „Ihr gedachtet es böse mit mir zu machen." Das ist leider wahr. Das Böse wird nicht heruntergespielt. Aber es wird in einem überraschend neuen Zusammenhang gesehen. Wir sollten über allem Bösen der Menschen den Gott sehen, der Böses benutzen will, um Gutes daraus zu machen. Wir täten nicht gut daran, aus der hier ausgesprochenen Erfahrung eine – womöglich den ganzen Lauf der Welt einbegreifende – Theorie von der Notwendigkeit, Entschuldbarkeit oder gar Wünschbarkeit des Bösen zu machen. Eine spekulierende Vernunft hat das immer wieder versucht. Unser Gewissen könnte ihr nicht zustimmen. Man vergegenwärtige es sich doch: der kleine Bruder, erbarmungslos in die Zisterne geworfen, mit der als sicher anzunehmenden Aussicht, darin elend zugrunde zu gehen; oder der junge Mensch, für den man eben die zwanzig Silberstücke bezahlt hat, und nun wird er – ohne Hoffnung sich sträubend und stemmend – als Sklave weggeführt. Die Schicksalskurve des Sklaven fällt noch tiefer ab: er wird noch in einem ägyptischen Kerker eingeschlossen sein, und wer wird sich seiner noch einmal erinnern? Die Bosheit der Brüder hat Schlimmes angerichtet, da gibt es nichts zu beschönigen. Aber was hat Gott daraus gemacht! Wir könnten die Gegenwart verspielen, indem wir immerzu die Vergangenheit verklagen. Wir könnten, indem wir uns immerzu mit der Schuld unseres Nächsten beschäftigen, übersehen, daß Gott mit ihm und mit uns längst ein Neues angefangen und das Böse von einst in Segen verwandelt hat.
Eine handliche Theorie der Weltgeschichte oder auch der Geschichte unseres eigenen Lebens ergibt sich daraus nicht. Wir sahen schon, daß die Josephsgeschichte sparsam ist im Reden von Gott. Wir sehen den lückenlosen Nexus menschlicher Handlungen, einen kontinuierlichen Faden ganz „weltlichen" Geschehens. Gott bleibt im Hintergrunde. So, wie wir dies alle erleben. Gott wirkt nicht in den Lücken, er wirkt im Ganzen. Nichts, was nicht von ihm käme. Nichts, was sich seinem Wollen und Schaffen entzöge. Auch in dem, was Menschen denken und beschließen, ist er verborgen wirksam. Für unser Denken stoßen sich göttliche Allwirksamkeit und menschliche Freiheit und Verantwortlichkeit. Wir können dieses nicht aufrechenbare Ineinander nur so stehen lassen, wie es sich der Erfahrung des Glaubens immer wieder selbst bezeugt. Den Regisseur sieht man nicht auf der Bühne, und doch geht jede szenische Einzelheit irgendwie auf ihn zurück. „Von Jahwe kommen eines Mannes Schritte; aber der Mensch – wie könnte er seinen Weg verstehen?" (Spr. 20,24 – weiteres dazu bei von Rad, a. a. O., S. 437.)

Menschen haben Böses vor, Gott plant Gutes. Gott kann auch menschliche Untaten für seine Zwecke benutzen. Er kann – mehr sollten wir jetzt nicht sagen, es sei denn, wir wollten die Erfahrung unseres eigenen Lebens artikulieren. Genau das will Joseph. Einen allgemeinen dogmatischen Satz will der Text uns mit V. 20 nicht geben. Er wäre, als notwendig und darum auch allgemein geltender Satz verstanden, einfach falsch. Dann vor allem, wenn wir uns mit Hilfe dieses Satzes in unserm Bösen gerechtfertigt sehen wollten. Dann auch, wenn wir uns anheischig machten, in allem – z. T. himmelschreienden – Bösen in der Welt einen guten göttlichen Sinn und eine heilsame Absicht nachweisen zu wollen. Nicht zuletzt dann, wenn wir übersehen wollten, daß dieser Satz seine Wahrheit immer nur „im Nachhinein" erkennen läßt. Schon: „wir rühmen uns auch der Trübsale" (Röm. 5,3); aber wir können dies nur in der den Status quo transzendierenden, und zwar auf die Christuserfahrung begründeten *Hoffnung*, also „vorlaufend", vorausgreifend. Die in unserm Text ausgedrückte Gottesgewißheit ist stichhaltig in dem, was einmal kommen wird: in Christus und seinem Heil. So gesehen ist aber die rechte Art der Sünder, miteinander umzugehen, letzten Endes eine Sache der Hoffnung. Wir entwickeln, wenn wir Schwierigkeiten miteinander haben, einen grausamen Ernst, quälen andere und uns selbst – und wollen nicht wissen, daß Gott, indem er seine großen Pläne verwirklicht, all unser Verkehrtes benutzen und verwandeln will. Wir brauchen, was uns kränkt, nicht so anzusehen, als bliebe es starr und unverrückbar stehen. Uns wird zuletzt alles zum Besten dienen.

5. Sonntag nach Trinitatis. Joh. 1,35–42

Der Abschnitt VV. 35–51 – Jesu erste Jünger – ist ein Ganzes und „wesentlich einheitlich" (Bltm.). Den zweiten Teil dieses Abschnittes hatten wir am 2. S. n. d. Christfest zu predigen, s. d. Unsere Perikope umfaßt vier Szenen: 1. Der Hinweis des Täufers auf Gottes Lamm. 2. Die zwei Jünger stoßen zu Jesus und bleiben bei ihm. 3. Andreas macht Simon auf Jesus aufmerksam. 4. Jesus gibt Simon den Namen Kephas. Diese vier Szenen könnten auch den Aufriß der Predigt bestimmen.
V. 35: Die Zeitangaben (1,29.35.43; 2,1) wollen Szenen voneinander abheben („Vorhang"). Nachdem der Täufer in VV. 29–34 mit seinem „Zeugnis" nur Jesus im Auge gehabt hat, wird hier eine Stufe weiter geschaltet: sein Zeugnis führt dazu, daß erste Jünger sich Jesus anschließen. Bltm. vermutet, unsere Stelle sei ein „konstruiertes Gegenbild" zu Luk. 7,18ff.; es liegt in der Tat nahe, daß sich die Anfrageszene mit der der Berufung verbunden hat. – V. 36: Der Täufer richtet seinen Blick auf Jesus. Wie der ganze Abschnitt „durchweg semitische Farbe" zeigt (Bltm.) – Verb am Satzanfang, Asyndeta –, so hier das „Siehe!" = הִנֵּה. Jesus als Lamm: die Formel nur hier (wie schon V. 29), aber Opferterminologie auch 1. Joh. 1,7.9; 2,3; 3,5; 4,10 und in dem dem johanneischen Denken nahestehenden Hebräerbrief (bes. Kapp. 9f.). Jesus bringt das Heil, indem er die Sünde der Welt hinwegnimmt; sein Tod hat sündentilgende Kraft (vgl. 11,50–52). Wir sollen die Aussage so hören, wie sie in V. 29, dort stärker entfaltet, steht. In der Verkürzung könnte der Akzent liegen: Seht, der, den ihr da kommen seht, der *ist* es! So gehen die beiden zu Jesus über, ohne daß der Täufer sie hinderte, V. 37. ἀκολουθεῖν (auch VV. 38.40) bedeutet zunächst: hinter jemandem hergehen. Aber „das ‚Folgen' der beiden Jünger ist der erste Schritt zum Glauben an Jesus" (Schnbg. z. St.). – V. 38: „Was sucht ihr?" ist Jesu erstes Wort im vierten Evangelium. Es verbindet das christologische Interesse des ganzen Abschnitts mit dem der Nachfolge. Man beachte die Jesus kennzeichnenden Titel: Lamm Gottes – Rabbi – Messias (V. 41) – Gottes Sohn (V. 49) – Menschensohn (V. 51). „Rabbi" ehrerbietige Anrede (1,49; 4,31; 9,2; 11,8), obwohl Jesus nicht ordinierter Rabbi ist. Die

Übersetzung zeigt: das Evangelium ist für solche bestimmt, die Semitisches nicht verstehen (so auch VV.41. 42). Da, wo Jesus sein Quartier hat, kann man in Ruhe mit ihm sprechen. – V. 39: ,,Kommt, seht!'' ist nach Schlatter u. a. eine im Semitischen verbreitete Formel (vgl. V. 46). Das Sehen hat freilich im johanneischen Denken eine besondere Bedeutung (s. u.). Damit, daß die beiden ,,den ganzen Tag'' bei Jesus blieben, soll natürlich nicht ihre bleibende Verbundenheit mit Jesus in Abrede gestellt werden. Das ,,Bleiben'' ist für Johannes wichtig (s. Konkordanz). Die zehnte Stunde (= 16 Uhr) hat man symbolisch deuten wollen (10 als Zahl der Vollkommenheit; man denke an die zehn Finger; vgl. auch ThWNT II, S. 35f.). Am nächsten liegt es, anzunehmen, daß der Augenzeuge – trotz aller kerygmatischen Einschmelzung seines Stoffes – die entscheidende Stunde seines Lebens festgehalten hat (vgl. Johannes Schneider, Johannes, S. 75). – V. 40: Simon Petrus ist den Lesern bekannt, er muß nicht eingeführt werden. Andreas und Simon sind Brüder (Mark. 1,16 Par.). Wenn die LA πρῶτον richtig ist, ist damit gesagt, daß Andreas später auch noch andere ,,finden'' wird (Man achte übrigens auf das in VV. 35–51 wiederholt vorkommenden ,,finden''). V. 41: Daß Jesus der Messias ist, ergab sich aus dem Täuferzeugnis noch nicht, man könnte sogar sagen: es reimt sich nicht damit. Dem Evangelisten liegt an dem Katalog christologischer Titel (s. o.). – V. 42: Man kann von göttlichem (Voraus-)Wissen Jesu sprechen. Man sollte auch hier nicht biographisch denken. Wann Simon tatsächlich von Jesus den Beinamen ,,Fels'' bekommen hat, ist hier ohne Bedeutung (wie denn auch die Entdeckung der Würden Jesu nicht biographisch in diese erste Zeit seines Wirkens gelegt werden müssen). Die Benennung weist auf die Berufung des Simon hin.

Das vom alten Evangelium her gegebene Thema ,,Nachfolge'' ist in dieser Perikope durch das dreimal vorkommende Verbum ἀκολουθεῖν gleichfalls angeschlagen, und zwar so, daß es – wiederum wie in Luk. 5 – um den Eintritt in die Nachfolge geht. Nicht ganz so deutlich kommt hier die Berufung in den Blick; es wird sich aber zeigen, daß, obwohl in johanneischer Umschreibung, auch dieser Sachverhalt im Text vorkommt.

Je mehr sich dies uns aufdrängt, desto stärker fällt auf, daß die Synoptiker den Hergang ganz anders darstellen (Mark. 1,16–20; Matth. 4,18–22; Luk. 5,11). Gemeinsam sind die Namen der Brüder Andreas und Simon Petrus. Aber sonst ist alles anders. So schon der Schauplatz – ein transjordanisches Bethanien (V. 28), das schon Origenes in Palästina nicht mehr finden konnte (weshalb er sich für das schlechter bezeugte Betharaba einsetzte), das aber, als Ort der Wirksamkeit des Täufers (vgl. 3,23), vom See Genezareth weit entfernt war. Der synoptischen Überlieferung widerspricht ferner, daß Jesu erste Jünger zuvor Täuferjünger waren; nur Jesus selbst ist nach ihr aus der Täuferbewegung hervorgegangen (was Johannes wieder merkwürdig kaschiert, indem er nicht ausdrücklich von Jesu Taufe durch Johannes spricht, vgl. 1,29–34 mit Matth. 3,13–17). Im Unterschied zur synoptischen Tradition ist in diesen ersten Tagen des Wirkens Jesu die ganze christologische Dogmatik bereits im Blick; wir haben die Titel schon genannt. Was bei den Synoptikern erst spät – kurz vor der Passion – gewonnene Erkenntnis ist (Matth. 16,16; vgl. aber auch Joh. 6,68f.), scheint hier in der ersten Stunde bereits klar ausgesprochenes Bekenntnis zu sein. Ja sogar der Täufer hat über den Heilsauftrag Jesu schon sehr klare Vorstellungen; während er nach den Synoptikern in Jesus den ,,Kommenden'' sieht, den Feuertäufer, den Mann mit der Getreideschaufel, den Richter der Welt, scheint der Täufer hier das priesterlich-propitiatorische Werk Jesu voll im Blick zu haben.

Es wäre nicht nur vergeblich, sondern auch müßig, weil unsachgemäß, zu untersuchen, ob die verschiedenen Traditionen historisch vereinbar sind. Wie auch sonst, geht der vierte Evangelist mit seinen Stoffen ganz frei um. Auch er will erzählen bzw. berichten; aber seine Darstellung ist aufs stärkste gefiltert. Die Frage: ,,Wie war es?''

ist ganz der anderen untergeordnet: „Wie geht es zu, wenn Menschen in den Dienst und die Nachfolge Jesu treten?" Mag sein, daß unser Evangelium hier eine alte Quelle reden läßt – wie wir sahen, eine stark semitisierende Quelle. Mag sein, daß der „Lieblingsjünger" (13,23; 18,15; 19,26; 20,2; 21,20.24 – die Stellen von unterschiedlicher Deutlichkeit) als der – neben Andreas – Ungenannte sich erinnert, wie es war, als er zu Jesus stieß (V. 39 Ende!); die beredte Anonymität spricht stark dafür. Aus der Luft gegriffen ist, was hier erzählt wird, nicht. Aber es ist meditativ eingeschmolzen und ganz in den Dienst der Verkündigung gestellt. Der Verfasser spricht mit den *Lesern*. Wie geht es zu, so fragten wir, wenn Menschen in die Nachfolge Jesu treten? Dies sollen die Leser des Evangeliums und die Hörer unserer Predigt erfahren. Wir schließen uns der Gliederung des Textes in vier kleine Szenen an (s. o.). Dann könnten wir so zusammenfassen: *Stufen der Nachfolge:* (1) *hören,* (2) *sehen,* (3) *andere rufen,* (4) *ein anderer werden.*

I.

Die zwei Jünger „hörten" den Täufer „reden", und dies hat sie veranlaßt, Jesus nachzufolgen. So also fängt die Nachfolge an: man wird auf Jesus hingewiesen; es wird einem gesagt, wer er ist und welche Bedeutung er für die Welt hat, und so wird man nicht nur auf ihn aufmerksam, sondern man wird auch ermutigt, sich ihm anzuschließen.
Es braucht uns jetzt nicht zu beschäftigen, was sich, als das Evangelium verfaßt wurde, zwischen der christlichen Gemeinde und der des Täufers abspielte. Es kommt hier nur darauf an, daß das Evangelium von Anfang an den Täufer als Christuszeugen in Anspruch nimmt (vgl. uns. Ausl. zu 5,39–47, 1. S. n. Trin.). Bei den Synoptikern ist Johannes der Vorläufer und Wegbereiter. Bei Johannes ist er der Zeuge. Zwar redet er auch hier von dem, der nach ihm kommt (1,15.27.30). Aber er ist zum Urbild des Predigers geworden. Seine Aussage ist gewiß nur menschliches Zeugnis (5,34); es bedarf für Jesus noch einer höheren Beglaubigung (5,36ff.). Aber das ist bei aller kirchlichen Verkündigung so. 21,24 wird das ganze Evangelium – als Buch – als „Zeugnis" bezeichnet. „Bezeugen" ist hier also svw. verkündigen, predigen. Der Glaube kommt aus der Predigt (Röm. 10,17); denn alles Glauben ist auf Zeugnisse gestellt (Schnbg. zu 1,7).
Es ist aufgefallen, daß im Tatsächlichen die hier erzählten kleinen Szenen so schlicht und unauffällig wie möglich sind. Vorgänge „von höchster Einfachheit und Natürlichkeit. Jesus" – wir greifen einen Augenblick schon zur nächsten Szene voraus – „tut und sagt nur das Allernächstliegende, nichts Bedeutendes, geschweige Wunderbares" (Büchsel im NTD z. St.). Es muß einem gesagt werden, was sich in diesem schlichten Geschehen verbirgt; man würde es sonst übersehen und verkennen. Das Zeugnis des Täufers ist Hinweis auf den Mann, den man da „umhergehen" sieht (V. 36). Was immer auch, an anderer Stelle, über die Art und Wirklichkeit des gepredigten Wortes zu sagen sein mag: hier geht es darum, daß das Wort einem Phänomen – eben dem dieses da einhergehenden Mannes – ein Deutung gibt. Deutung nicht in dem Sinne, daß der Täufer aus seinem Eigenen zu der Wirklichkeit „Jesus" etwas hinzutäte, Jesus also etwas beilegte, etwas in ihn hineinsähe. Die Deutung ist sozusagen ein analytisches Urteil: das und das *liegt in ihm,* man muß es nur erst entdecken. Daß das uns anredende Wort – als *Gottes* Wort – selbst Heilsgeschehen ist, soll nicht geleugnet, sondern an gehöriger Stelle ausdrücklich behauptet sein. Hier aber ist das Wort *Hinweis* auf das Heil, in diesem Falle auf den, der selbst „das

Wort" *ist*. Es wird in der nächsten Auslegung noch davon zu reden sein, daß der Täufer in seiner Zeugenfunktion wirklich nur auf Jesus hinzuweisen hat. Darin, daß dies geschieht, wird Nachfolge bewirkt, denn das Zeugnis veranlaßt die Hörenden, sich Jesus zuzuwenden. Es gibt Sachverhalte, die, um beachtet zu werden, solchen Hinweises nicht bedürfen. Naturereignisse können so offensichtlich sein, daß sich jedes Wort erübrigt. Kraftvolle geschichtliche Bewegungen oder weltverändernde geschichtliche Entscheidungen können in ihrer Tatsächlichkeit so unwidersprechlich sein, daß man sich ihrer Macht einfach beugt. Bei Jesus ist es anders. Das Tatsächliche an Jesus, das uns veranlaßt, ihm nachzufolgen, ist so ins Unauffällige hinein verborgen, daß es des Hinweises bedarf. Der Täufer selbst bekennt: „Ich kannte ihn nicht" (VV. 31.33); auch er hat also das Besondere an Jesus nicht bemerkt, bis ihm durch eine exzeptionelle innere Erfahrung klar wird: er *ist* es (VV. 32f., vgl. Matth. 3,16). Gott selbst hat den Täufer der unvergleichlichen Bedeutung Jesu gewiß gemacht, so daß der Urzeuge nun anderen predigen und sie damit zu Jesus hinleiten kann.

Was die beiden Täuferjünger veranlaßt, zu Jesus überzugehen, wird manchem unter uns nicht ganz gelegen kommen. Jesusnachfolge stellt sich nicht wenigen als die – dem Vorangehen Jesu entsprechende – neue Lebenshaltung dar, in der den zu kurz Gekommenen und Ausgeplünderten, den Verachteten und Vergewaltigten, den Menschen auf der Schattenseite des Lebens endlich ihr Recht nicht nur zugestanden, sondern erkämpft werden soll. Nun gibt es eine große Anzahl Äußerungen Jesu, in denen ein solches Wollen tatsächlich starke Stützen findet. Eine christliche Gemeinde, die den Menschen einen schönen Himmel ankündigt, aber nichts für die tut, die um ihres gesellschaftlichen, wirtschaftlichen (usw.) Schicksals willen Hilfe und Befreiung nötig haben, würde ihren Herrn unglaubhaft machen. Wir haben gelernt, daß hier mit der punktuellen Tat der Barmherzigkeit allein nicht weiterzukommen ist, die Probleme vielmehr im großen Maßstab, d. h. aber auch mit vernünftigen Einsichten und Mitteln des weltlichen „Armes" anzupacken sind. Christen werden hier mit Nichtchristen gemeinsam Hand anlegen. – Worin jedoch der Täufer – wir wissen sofort: dahinter stehen der Evangelist und die Gemeinde, zu der er gehört – das Einmalige an Jesus sieht, das die ersten Jünger zur Nachfolge motiviert, ist, daß Jesus das „Lamm Gottes" ist, das die Sünde der Welt „auf sich nimmt und wegträgt" (beides liegt in αἴρειν). Was Jesus auch sonst noch sein wird, er ist zunächst das Sühnopfer für die Welt. Dabei ist es nicht unsere Aufgabe, die Vorstellung vom Gotteslamm auf ihre Genesis hin zu untersuchen. Ist der Vergleich (! – so Jes. 53,7; Apg. 8,32) zur Identifizierung hinaufgesteigert worden? Oder hat man davon auszugehen, daß im Aramäischen das Wort טַלְיָא doppelsinnig ist und sowohl den „Knecht" (Gottesknecht nach Jes. 53) als auch das „Lamm" bezeichnet (ThWNT I, S. 343)? Es kommt nicht auf die Formel an, sondern auf die Aussage. Soll der heillosen Welt geholfen werden, dann muß vor allem einer da sein, der sie von ihrer Schuldverfallenheit befreit. So wird nur reden, wer den Menschen zuerst als verantwortliche Person, und zwar als die zur Gemeinschaft mit Gott bestimmte Person ansieht. Wer den Menschen anders versteht, wird das „Aufnehmen und Wegtragen" der Sünde als etwas Entbehrliches betrachten. Für entbehrlich wird das Opfer des „Lammes" auch der halten, der meint, Gottes Liebe zur Welt bestünde darin, daß sie „durch die Finger sieht", die Sünde also einfach ignoriert würde. Beides würde sich vor dem Zeugnis des Neuen Testaments nicht halten lassen. Die Predigt wird die Mühe nicht scheuen dürfen, der Gemeinde gerade dies aufzuschließen.

Nach dem vorhin Gesagten wird deutlich sein: so redet nicht der historische Täufer;

ihm wird – in großer kerygmatischer Freiheit – die profunde Christuserkenntnis der späteren Gemeinde in den Mund gelegt. Übersehen werden soll freilich nicht, daß auch in Matth. 3,13–17 auf den gewiesen ist, der die Johannestaufe „zur Buße" nicht nötig hätte, sich aber zwischen die Sünder einreiht, um „alle Gerechtigkeit zu erfüllen". Joh. 1 ist also dem synoptischen Zeugnis näher, als es auf den ersten Blick scheinen könnte.

2.

Es bleibt nicht beim Hören – und das hieße in diesem Falle: bei der Abhängigkeit von der Christuserfahrung eines anderen. Der Täufer sollte ja nur Vermittler sein (V. 8). Alle Verkündigung – auch die heutige – hat so viel Sinn, wie sie dazu führt, daß der Kontakt des Hörers mit Jesus selbst entsteht. Daß es dazu kommt, geht auf Jesu eigene Initiative zurück. Er wendet sich um und spricht die Nachfolgenden an. Das erste Wort, das wir im vierten Evangelium ihn selbst sprechen hören: „Wen sucht ihr?" Eine hintergründige Frage. Sie suchen nicht *etwas*, sondern eine Person. Und wenn die Situation schon ergibt, daß sie hinter *Jesus* her sind, – er brauchte sie *danach* eigentlich nicht zu fragen –: dann ist sofort deutlich, daß in diesem Suchen eine bestimmte Erwartung liegt, mit der sie sich an Jesus wenden. Sucht ihr einen Rabbi, einen Propheten, einen Priester – oder was sonst? Ihre Antwort geht in andere Richtung. Wo hast du dein Quartier? Darin liegt: uns ist nicht nur an einer flüchtigen Begegnung gelegen, wir suchen einen dauernden Kontakt mit dir. Eine inhaltliche Aussage darüber, was sie von Jesus halten und erwarten, machen sie nicht. Sie wollen, wenn man so will, *Erfahrung mit Jesus*.

Fällt der Text damit hinter schon Gewonnenes zurück? Es würde in der Logik des Erzählten liegen, daß die beiden Männer Jesus auf das hin ausfragen, worauf der Täufer sie aufmerksam gemacht hat, nämlich auf Jesu Versöhnungswerk, auf sein stellvertretendes Opfer für die Welt. Aber dem Text liegt nicht daran, einen bestimmten logischen Faden zu spinnen; auch im Folgenden wird es Sprünge geben. Um so wichtiger wird uns die christologische Aussage sein, die sich in dem Verhalten der Jünger und ihren Worten verbirgt. Das „Wort" hat unter uns sein „Zelt" – die Stätte der Begegnung – aufgeschlagen (1,14); Jesus ist Gott in seiner „Einwohnung" in der Welt, die שְׁכִינָה. Wo wohnst du? – das heißt: wo ist der Ort deiner Anwesenheit unter uns, wo bist du zu finden? An dem μένειν liegt den johanneischen Schriften viel (s. Konkordanz), sowohl was Jesu „Bleiben" unter uns betrifft, als auch unser Bleiben bei ihm. Es sei an die reziproke Immanenzformel erinnert: er in uns, wir in ihm (o. ä.). Wo Jesus ist, da ist das Stück Welt, in dem Gott sich inkarnatorisch angebunden und faßbar gemacht hat. Da, wo er ist, dahin muß man gehen, und dort gilt es, den festen Kontakt mit ihm zu halten. Man sage nicht, dies sei seit Jesu Erhöhung anders; wir könnten das, was hier gemeint ist, nur auf eine spiritualistische Weise gewinnen, gewissermaßen aus einem die ganze Welt durchwehenden Christus-Fluidum. Noch immer begegnet uns der Herr am *bestimmten Ort*: da, wo sein *Wort* gepredigt wird (man mache es sich etwa an 1. Joh. 1,3 klar) oder wo wir ihn als Brot des Lebens *sakramental* empfangen (6,53–56). Wo wohnst du? Diese Frage ist keinesfalls erledigt. Das vierte Evangelium hätte sie gar nicht überliefert, wenn es anders wäre.

Kommt, seht! Kein Programm, keine Versprechungen, erst recht keine fertige Dogmatik. Die Jesusnachfolge besteht zunächst einfach darin, daß man mit Jesus zusammen ist und mit ihm lebt. Hier spiegelt sich nun doch das wider, wovon wir vorhin meinten, es sei im vierten Evangelium überspielt: daß nämlich die volle Erkenntnis Christi keineswegs ein Erstes sein kann, sondern sich später erst ergibt (6,66 ff. und die Matth.-Parallele), und zwar so, daß der Vater – als der kompetente Zeuge (5,36) – uns zu Jesus „zieht" (6,44.65). Aber dieses „Ziehen" ereignet sich nicht unvermittelt. Der Kontakt mit Jesus – im Bleiben bei ihm, an seiner Rede (8,31) und seinem Sakrament (6,56) – läßt es, wann und wo Gott will, zu der großen Christusentdeckung kommen. – Darum nun: *Seht!* Wieder eines der gewichtigen Worte des vierten Evangeliums. Man denke nur an die VV. 14.34.50 f.; an 6,40; 9,37; 12,21.45; 14,9; 19,35; 1. Joh. 1,1 ff. Der unsichtbare Gott (1,18; 1. Joh. 4,12) wird erfahrbar im Bereich des Sichtbaren. Bleibt sein Gottsein auch verborgen, so ist es eben doch ins Sichtbare eingehüllt.

Wir erfahren sogleich in V. 40, wer der eine von den beiden ersten Jüngern ist: Andreas. Der andere bleibt ungenannt. Mit welchem Recht auch immer das vierte Evangelium sich als Werk eines Augenzeugen gibt, *daß* hier einer redet (und wäre es nur in einer im Ganzen verarbeiteten Quellschrift), der es „gesehen" hat, ist deutlich (am nachdrücklichsten 19,35; mittelbar im Nachtrag 21,24). Sein „Sehen" ist von theologischem Gewicht. Wer immer es sei: in dem Ungenannten den Gewährsmann (auch) dieser Szene zu sehen, scheint mir nicht darauf zu beruhen, daß „der Wunsch des Gedankens Vater" sei (Bltm., S. 70, A.8). Und selbst wenn der Evangelist in die Rolle des Augenzeugen nur hineingeschlüpft wäre, so wüßte er doch: die Stunde merkt man sich, in der man Jesus gefunden hat und in seine Nachfolge getreten ist.

3.

Was einem damit widerfahren ist, kann man nicht für sich behalten. Andreas muß sofort zu seinem Bruder Simon und ihm die Entdeckung seines Lebens mitteilen. Muß? Wir könnten es uns so vorstellen, als sei Andreas bewußt auf Simon zugegangen. Aber es heißt: εὑρίσκει, und das klingt nach einer gewissen Absichtslosigkeit. Die Wortwahl ist nicht zufällig; bei Philippus (V. 43) und Nathanael (V. 45) wird dasselbe Wort gebraucht werden. Hinter menschlichem Finden steht göttliche Regie. Und wenn Andreas aussagt, sie hätten den Messias gefunden (V. 41), so liegt darin: wir haben's nicht gesucht, aber es wurde uns durch höhere Lenkung zuteil. Eine Erinnerung daran, daß es nicht Sache kirchlicher Strategie sein kann, „Jagd" auf potentielle Christusnachfolger zu machen; Gott behält die Dinge in der Hand. Genug für uns zu wissen, daß wir, was wir haben, anderen schuldig sind (Röm. 1,14 f.).

Von einer expliziten Beauftragung der Erstgewonnenen zur „Menschenfischerei" – altes Evangelium – ist nicht die Rede. Das (textkritisch nicht ganz unangefochtene) πρῶτον (V. 41) könnte aber so gedeutet werden, daß Andreas den Simon „als ersten" auf Jesus aufmerksam macht, worin dann liegt, daß für ihn Jesusnachfolge auch künftig darin bestehen wird, Menschen zu Jesus zu führen. „Andere rufen", haben wir über diesen Gedankengang geschrieben. Die Fortsetzung des Kapitels zeigt, daß dieses Rufen sich fortsetzt. Wir übersehen nicht: Andreas teilt dem Simon nicht nur seine Entdeckung mit, sondern er führt ihn auch zu Jesus hin. Nachfolge: Jesus anderen bekannt machen und diese zu ihm hinführen. Ist, wie wir annahmen, in unserm Abschnitt nicht einfach Geschehenes berichtet, sondern für die Kirche Wesentliches ausgedrückt, dann liegt in dem, was Andreas tut, ein ganzes Programm. Man kann nicht zu Jesus gehören, ohne auch anderen in die Nachfolge zu helfen. Empfindet man die Verbundenheit mit Jesus Christus als ein Glück, dann will dieses

Glücklichsein sich aussprechen und mitteilen. „Wovon das Herz voll ist, davon geht der Mund über" (Matth. 12,34). Woran man sich selbst freut, das muß man anderen zeigen. Bedeutet mir mein Christsein nichts – vielleicht, weil es nur ein nicht angeeignetes Erb- und Traditionsgut ist –, dann werde ich kein Verlangen verspüren, anderen zu sagen, wo ich stehe. Anders, wenn das „Finden", von dem hier Andreas spricht, den großen Gewinn meines Lebens bedeutet, meinen Reichtum, meine Freiheit, die neue Freude am Leben, den Zugang zu dem, in dem uns nicht weniger als alles geschenkt ist (Röm. 8,32). Zu dem Verlangen, sich selbst auszusprechen und dem vollen Herzen Luft zu machen, kommt aber nun sofort der Gedanke an den anderen: ihm soll doch nicht verschlossen und vorenthalten bleiben, was ich habe; er soll doch ebenso reich beschenkt sein. – Diese Motivierung zum Christuszeugnis sollte freilich immer mit feinem Takt verbunden sein. Es gibt gerade bei solchen, die Feuer gefangen haben, nicht selten eine aufdringliche, drängerische, gewaltsame und sogar geschmacklose Art, „andere" zu „rufen". Von Jesus wissen wir es anders (Matth. 12,19). Liebe und Takt gehören zusammen. In dem Wort „finden" drückt unser Text es aus, daß Gott selbst die Gelegenheiten schafft. Dazu kommt ein weiteres. Andreas spricht nicht davon, wie es ihm ums Herz ist, und er macht nicht sich selbst interessant. Sein Zeugnis ist nichts anderes als das Bekenntnis der Kirche: „Wir haben den *Messias* gefunden." Nicht von *mir* habe ich zu reden, sondern von *ihm*. Auch hier spricht der vierte Evangelist nicht im chronistischen Sinne, als sei in einer der ersten Stunden des Kontaktes mit Jesus bereits das Christusbekenntnis der Kirche ausformuliert worden. Auch hier geht es ums Wesentliche. Man ruft die anderen, indem man sagt, wer Jesus ist.

Die nur leicht gräzisierte Form des hebräischen Christustitels – für die griechischen Leser übersetzt – deutet wieder auf den semitischen Sprach- und Erlebenshintergrund des vierten Evangeliums; „Messias" nur hier und 4,25, sonst im ganzen Neuen Testament nirgends. Was mußte es für einen echten Juden der Zeit Jesu – und nicht nur *dieser* Zeit – bedeuten, wenn jemand bekannte, den Messias entdeckt zu haben! Man sollte nur sofort bedenken, wie der Messiasbegriff auf christlichem Boden umgedacht und verwandelt ist. „Messias" (V. 41), „Gottes Sohn" und „König von Israel" (V. 49) ist Jesus nicht anders als so, daß er gleichzeitig „Gottes Lamm" ist (VV. 29.36). In der Sprache des Titusbriefes (2,14): er hat sich selbst für uns gegeben, um uns von aller Ungerechtigkeit zu erlösen und sich selbst ein Volk zum Eigentum zu reinigen, eifrig in guten Werken. M. a. W.: diese Messiasherrschaft beruht nicht auf Gewaltgebrauch (18,36), sondern in der Erschließung der Wahrheit (18,37), was wiederum nicht geschehen kann, ohne daß der Herr sich selbst für uns „heiligt", d. h. sich Gott darbringt (17,19). Das Spektrum der verschiedenen Hoheitsbezeichnungen Jesu wird gewissermaßen zusammengespiegelt zu dem reinen Weiß der Christuswirklichkeit. Das Zeugnis der Nachfolger Jesu ist, im Sinne unseres Textes gedacht, das Ganze des Bekenntnisses der Kirche.

4.

Eine vierte Szene schließt sich an (V. 42), die Personen: Jesus selbst und Simon. Dem durch Andreas Gerufenen widerfährt etwas, was man nicht als Vorbild für *alle* Christusnachfolge ansehen kann; mit der Namensgebung wird Petrus eine Bedeutung zugesprochen, die nur er haben sollte. Jesus „sieht" den Simon „an". Man sollte darin nicht einen Hinweis darauf erblicken, daß Jesus in Petrus die Qualitäten des „Felsenmannes" entdeckt habe; alle Evangelien sind sich darin einig, daß Simon nicht von Natur aus mitbringt, was man dazu brauchen würde. Jesus macht aus

Simon gerade etwas, was er von Hause aus nicht ist. Petrus wird für das im Entstehen begriffene neue Gottesvolk eine besondere Bedeutung haben.

Unser Evangelium will nicht darauf befragt werden, *wann* Simon den Petrusnamen erhalten habe. Vorgriffe waren schon die Jesus beigelegten Titel „Lamm Gottes", „Messias", „Gottes Sohn", „König von Israel", „Menschensohn". Vorgriff ist auch der Petrusname. Johannes will nicht berichten. Aber er will darauf hinweisen, daß der Ruf in die Nachfolge aus einem „unbeschriebenen Blatt" den Träger einer ganz besonderen Funktion machen kann bzw. im Falle des Petrus *gemacht hat*. Jesus selbst handelt an Simon. „Namensgebung ist Herrenrecht; Jesus handelt als Herr an Simon" (Grdm. zu Matth. 16,18).

Es geht nicht an, an dieser Stelle den ganzen „Petrus"-Komplex zu diskutieren. Daß „Simon" (z. B. Mark. 1,16; Luk. 5,3; 24,34) Kepha(s) – כֵּיפָא – genannt wird, ist gut belegt (1. Kor. 9,5; 15,5; Gal. 1,18; 2,9.11.14). Das Wort Matth. 16,18 ist nur dort möglich, wo man aramäisch spricht, denn das Wortspiel funktioniert nur dort. Paulus scheint Matth. 16,18 zu kennen und kritisch darauf anzuspielen (1. Kor. 3,10f. – vgl. auch Gal. 1,16c mit Matth. 16,17). Unsere Stelle ist ein Beleg mehr; auch wo man viel von dem „Lieblingsjünger" hält, ist die besondere Stellung des Petrus unbestritten (vgl. auch 6,68; 21,3.7.11.15ff.). Doch was meint diese Namensgebung? Nach Jes. 51,1f. ist Abraham der Felsen, aus dem Israel gehauen ist. Ein Midrasch dazu sagt: „Gott ist wie ein König, der einen Bau aufführen ließ. Immer tiefer ließ er graben und suchte das Fundament zu legen, aber er fand nur Sumpfiges. Da ließ er an einer anderen Stelle graben und fand in der Tiefe einen Felsen. Da sprach er: Hier will ich bauen ... Deshalb nannte er Abraham einen Felsen" (Jalqut 1,766 nach Grdm., Die Geschichte Jesu Christi, Berlin 1957, S. 236). So wird *Petrus* hier zum Stammvater des neuen Gottesvolkes ernannt. Mitschwingen dürfte die Symbolbedeutung des Tempelfelsens (vgl. Grdm. zu Matth. 16,18).

Jesus „bestimmt Petrus, den im Charakter so impulsiven, enthusiastischen und doch nicht durchhaltenden Mann seines Kreises, zum Fundament seiner Ekklesia" (Cullmann in ThWNT VI, S. 108; dazu Cullmanns Buch über „Petrus"), dies bedeutet, „daß die in Zukunft zu bauende Kirche sich auf den einmaligen Felsen, der die durch eine bestimmte Lebenszeit beschränkte Person des Petrus ist, gründet" (ebd.). Daß Petrus in dieser Funktion Nachfolger haben könnte, würde dem Sinn der hier angewandten Bildersprache geradezu widersprechen (womit nicht gesagt ist, daß es nicht – wie Petrus dies im Anfang faktisch war – einen für die ganze Christenheit zuständigen Bischof geben kann; die dogmatische Überfrachtung des Papstamtes ist seiner – möglichen – gesamtkirchlichen Bedeutung gerade nicht dienlich gewesen).

Jesus wählt, beruft, begabt, verwandelt, *wen er will*. Es läßt sich aus dem, was wir sonst von Petrus wissen, schön veranschaulichen, wie der Herr auch mit versagenden Werkzeugen arbeitet und gerade so bekundet, daß wirklich er es ist, der sein Volk sammelt und der ihm vorangeht. Der Evangelist kann, was in den ersten Stunden geschah, nur im Zusammenhang dessen sehen, was sich künftighin in Jesu Gemeinde ereignen sollte. Die Predigt wird ihren Auftrag erfüllen, wenn sie Menschen zur Nachfolge aufruft und ermutigt.

Tag der Geburt Johannes' des Täufers. Joh. 3,22–30

Keine synoptische Parallele. Das Täuferthema wird – mit gleicher Tendenz – verhandelt: 1,6–8.15.19–37; 5,33–36. Möglicherweise hat der vierte Evangelist bzw. sein Gewährsmann wie Jesus selbst ursprünglich zur Täuferbewegung gehört, „bis ihm die Augen dafür aufgingen, daß nicht Johannes, sondern Jesus der gottgesandte Offenbarer sei" (Bltm., Kommentar, S. 5, vgl. S. 67). Das Vorhandensein einer mit der christlichen Gemeinde konkurrierenden Täufergemeinde blieb ein Problem der Urchristenheit (vgl. Apg. 18,24 f.; 19,1 ff.). Es gab mancherlei Taufbewegungen in Palästina. Von einer direkten Ableitung der Mandäer aus der Täufergemeinde sind wir, trotz deren häufiger Erwähnung des Täufers und des Jordans, abgekommen (Kurt Rudolph, Die Mandäer, 2 Bde., Göttingen 1960/61, s. I, S. 73 u. ö.; ferner Hans-Martin Schenke in: Leipoldt-Grundmann, Umwelt der Urchristentums I, Berlin 1965, S. 396 ff.). Man hat im Täufer einen ehemaligen Angehörigen der Qumran-Gemeinschaft gesehen; kritisch dazu Hartwig Thyen in: Zeit und Geschichte, ed. E. Dinkler, Tübingen 1964, S. 97 ff.

Daß Jesus tauft, ist sonst nirgends bezeugt, in 4,2 auch schon wieder zurückgenommen. Die Imperfekta in V. 22 deuten auf Dauer. Was man von den einzelnen Angaben zu halten hat, ergibt sich aus dem Urteil über die literarische Eigenart unseres Evangeliums, speziell dieser Stelle, s. u. Die Frage, ob und ggf. worin sich diese Taufe Jesu (bzw. seiner Jünger) von der des Johannes unterschied, erübrigt sich (anders Schnbg. und J. Schneider). – V. 23: Die Ortsangabe dürfte nicht allegorisch zu verstehen sein (man hätte sonst eine Parallelaussage bei der Jesustaufe zu erwarten), sondern die Stelle bezeichnen, an der der Täufer wirkte, vielleicht auch ein späteres Zentrum der Täufergemeinde. Ainon dürfte ein kleines Dörfchen im nördlichen Samarien, etwa 15 km südlich von Skythopolis, etwa 30 km nordöstlich von Sebaste und Neapolis sein; Schnackenburg hält diese Lokalisierung für „ziemlich sicher". Zugrunde liegt eine Angabe von Eusebios (Onomasticon p. 40). Die Gegend ist auch in trockenen Sommern wasserreich. Bultmann hält alle geographischen Identifikationen für unsicher, „aus V. 26 geht nur hervor, daß die Szene westlich vom Jordan spielt" (z. St. – ähnlich Schneider). Daß die beiden Verben am Schluß des Verses kein Subjekt haben, fällt auf; „man" fand sich dort ein und ließ sich taufen. – V. 24: Die Synoptiker sagen, Jesus habe seine Tätigkeit erst nach Gefangensetzung des Täufers begonnen (Mark. 1,14; Matth. 4,12.17; Luk. 4,15; wohl auch Apg. 13,24 f.); dies wird hier, offenbar aus besserer Kenntnis, korrigiert, nach Bltm. nur im Sinne eines Ausgleichs mit der (dem vierten Evangelisten offensichtlich bekannten) synoptischen Überlieferung. – V. 25: Die Figur des Juden (wichtige Textzeugen lesen, dem Sprachgebrauch des Evangelisten folgend, den Plural; doch verdient die schwierigere LA auch hier den Vorzug), mit dem hier ein Streit entsteht, ist im Zusammenhang fremd, der ganze Vers entbehrlich (Bltm.). Auffällig ist auch, daß hier über die „Reinigung" gestritten wird – warum nicht über die Taufe? „Reinigung" wäre, über die gemein-jüdischen Vorstellungen und Bräuche hinaus (vgl. 2,6), ein bevorzugtes Qumran-Stichwort – Reinigungsriten, Tauchbäder; es geht dabei nicht nur um kultische Reinheit, sondern um Vergebung der Sünden. Neu ist demgegenüber beim Täufer die Einmaligkeit der Taufe. Bultmann meint, hier komme ein altes (täuferisches?) Traditionsstück zum Vorschein. – V. 26: Die Johannesjünger sehen in Jesu Wirken ein Konkurrenzunternehmen; in dem Relativsatz: „dessen Zeuge du geworden bist" (Perf.) liegt eigentlich bereits, daß Eifersucht hier gänzlich unangebracht ist. – V. 27: „Ein Mensch kann nicht ..." ist semitischer Ausdruck für „Niemand kann ..." Auch „geben", „verleihen" ist hier semitische Redeweise (6,65; 19,11). „Himmel" = Gott. – V. 28: vgl. 1,19–36. – V. 29: Noch heute ist in Palästina der Freund des Bräutigams Brautwerber, Festordner und Vorsänger (vgl. L. Schneller, Kennst du das Land? Leipzig 1925, S. 180 ff.). Bultmann legt Wert darauf, daß es sich um ein echtes Bildwort, nicht um Allegorie handelt; es müßten danach alle mitschwingenden Gedanken an Christus als Bräutigam und das Reich Gottes als Hochzeit (Mark. 2,19; Matth. 22,1 ff.; 25,1 ff.; 2. Kor. 11,2; Eph. 5,22 f.; Offb. 19,7.9; 21,2.9; 22,17) fortbleiben. Anders Schnbg. S. 454; auch er betont aber, daß nicht an einen ἱερὸς γάμος gedacht ist. – V. 30: vgl. Matth. 11,11; löst hier eine neue Weltepoche die andere ab, dann liegen solare Vorstellungen nicht fern.

Der Geburtstag des Täufers wird genau sechs Monate vor dem des Herrn begangen (Luk. 1,26); daß es nicht der 25., sondern der 24. Juni ist, erklärt sich aus der römischen Jahreseinteilung; es handelt sich in beiden Fällen um den 8. Tag vor den nächsten Kalenden. Augustin bezeugt uns als erster die Begehung dieses Tages; er weist auf V. 30: „a natali Johannis incipiunt dierum detrimenta, a Christi autem renovantur augmenta" – eine erbauliche Ausdeutung sowohl des Textes wie des Festtermins, die Gerh. Kunze abweist, nicht nur für den Johannistag, sondern auch für das Geburtsfest Jesu (Leiturgia I, S. 478 und 466). Wären beide Termine von Grenzwerten des Sonnenstandes bestimmt, dann wäre der Ansatz nicht im geschichtlichen, sondern im mythischen Denken genommen, und die Bezugnahme auf Luk. 1,26 würde dann geradezu eine Überdeterminierung darstellen. Trotzdem liegt eine solche erbauliche Ausdeutung nahe und hat dann einigen Anhalt am Text, wenn man den äonenwendenden Charakter des vom Täufer bezeugten Kommens Jesu im Naturgeschehen gleichnishaft abgebildet findet. Es will auch bedacht sein, daß die beiden entscheidenden Verben von V. 30, αὐξάνειν und ἐλαττοῦσϑαι, wie man sich in Bauers Wörterbuch vergewissern kann, gern für Zu- und Abnahme des Sonnenlichtes gebraucht werden.

Wir haben aber zunächst nach der unmittelbaren Aussage des Textes zu fragen. Es ist ja seltsam, daß hier von einer Taufwirksamkeit Jesu die Rede ist. Die Synoptiker wissen nichts davon. Sie sagen nur, daß Jesus sich selbst der Johannestaufe unterzogen hat – mit Recht wird dies für eine unerfindbare, also auch für historisches Urteil wohlbegründete Angabe der Tradition gehalten. Jesus selbst ist also aus der Täuferbewegung hervorgegangen. Nach 1,37 – vorangehende Perikope – gilt das auch für wenigstens zwei seiner Jünger; darunter ist vielleicht der Hauptgewährsmann für die johanneische Überlieferung. Hat Jesus sich dann vom Täufer distanziert, noch zu dessen Lebens- und Wirkenszeiten (V. 24)? Hat er selbst zu taufen begonnen? Wenn es so ist – Bultmann schließt es nicht aus (a. a. O., S. 122) –, warum ist diese Tatsache in der synoptischen Tradition völlig untergegangen? Es wäre dann die christliche Taufe nicht erst nach Jesu Auferstehung eingesetzt, sondern ein Sakrament, das Jesus in seinen Erdentagen gestiftet oder doch wenigstens gespendet hat? Oder wir müßten überlegen, ob die hier erwähnte Taufe noch der Johannestaufe nahesteht, dann aber, nach Jesu Auferstehung, durch eine Taufe der eschatologisch zu verstehenden Neuschöpfung (Geisttaufe) abgelöst würde. Wir werden in all diesen Fragen ein völlig sicheres Urteil nicht gewinnen können. Indessen dürfte uns auch diesmal die Besinnung auf den literarischen Charakter des vierten Evangeliums weiterhelfen. Der vierte Evangelist geht mit den ihm vorliegenden Tatsachen aus dem Erdenleben Jesu bemerkenswert frei um. Er will ja nicht (nur) erzählen, sondern Christus verkündigen. Er will ihn so verkündigen, daß daraus Antwort erwächst auf Glaubensfragen, die die Gemeinden bewegen und die die Umwelt an sie stellt. Man denke an Judentum, Gnosis, Dionysos-, Asklepioskult. Hierher gehört auch die ständige Anfrage, die die noch immer bestehende Täufersekte für die christliche Gemeinde bedeutete. Der Evangelist antwortet darauf, indem er den zu seiner Zeit bestehenden Sachverhalt – Konkurrenz zweier Gemeinden und ihrer Taufen – in die Zeit der beiden Männer, auf die sie sich berufen, zurückverlegt und in dieser Sache den einen selbst reden läßt – gerade den übrigens, der für die Bestreiter der Christusbotschaft und -taufe Autorität ist, den Täufer Johannes.

Man könnte den Evangelisten einer zweifachen Inkorrektheit zeihen. Die eine könnte darin bestehen, daß bei dieser Rückprojektion ein historisch falsches Bild von der Wirksamkeit Jesu herauskommt. Für dieses (dem modernen Denken entspringende) Bedenken hätte der vierte Evangelist wahrscheinlich wenig Sinn. Er bekämpft immer wieder ein doketisches Christusbild, das die Tatsache des vollen Menschenlebens Jesu abstreitet; da entscheidet wirklich, was man gehört und gesehen und mit Händen

betastet hat (1. Joh. 1,1). Da heißt es: kommen und sehen (1,39 – vorangehende Perikope). Das Evangelium malt das Bild des fleischgewordenen Gottessohnes mit Farben, die kräftig genug sind, um die Gestalt Jesu unverwechselbar vor sich zu sehen. Aber hindert das denn, daß man ein Gegenwartsproblem literarisch einmal in Erzählungsform einkleidet, um eben so, gewissermaßen am Ursprungsort des Problems, aufzuzeigen, wie es sich damit verhält? Johannestaufe und christliche Taufe – es geht also wirklich um diese und nicht um eine quasitäuferische Vorform – werden auf diese Weise einmal hart einander gegenübergestellt. Man kann dies freilich nur in der Freiheit des Dichters tun; in 4,2 wird – eine kleine Retusche im Sinne des historischen Gewissens – darauf hingewiesen, daß Jesus selbst natürlich nicht getauft habe, sondern immer nur seine Jünger, und eben dies ist, vom Standort des Evangelisten aus gesehen, der gegenwärtige Tatbestand. Der Leser wird merken, daß es überhaupt nur auf diesen abgesehen ist! – Die zweite Inkorrektheit könnte darin bestehen, daß hier dem Täufer etwas in den Mund gelegt wird, was er gar nicht gesagt hat. Mit der hier angewandten Methode, so könnte eingewendet werden, kann man schlechterdings alles beweisen. Indessen zeigt sich doch, daß der vierte Evangelist hier in seiner Sprache nur das zum Ausdruck bringt, was auch sonst vom Täufer bezeugt ist. Welche Beweiskraft sollte auch diese Argumentation haben, wenn jeder Täuferjünger wüßte: dergleichen hat Johannes weder gesagt noch gedacht. Der Täufer war Wegbereiter des Kommenden. Man denke nur an Matth. 3,11.12.14. Daß er an Jesus irre wurde (Matth. 11,3.6), spricht nicht gegen, sondern *für* seine Erwartung; er hatte nur zu begreifen, was an Jesus *anders* war, als er (verständlicherweise) angenommen hatte. Die jetzt noch vorhandenen Täufergemeinden aber machen gewissermaßen den Glaubensstand des Angefochtenen, des hinsichtlich seines Auftrags·Schwankendgewordenen, zum Fundament ihres Fortbestandes. Ist der Evangelist aus Täuferkreisen hervorgegangen, dann hat er jedenfalls das ,,Ich bin's nicht" (1,21) so deutlich vernommen, daß er den Täufer jetzt mit seinen, des Evangelisten, Worten in diesem Sinne sprechen lassen kann. Die Täuferjünger, die hier angeredet sind, müßten sich noch erinnern, sie müßten selbst Zeugen dafür sein können (V. 28).
Nach diesem – etwas schwierigen – Anmarsch können wir den Verlauf der Predigt abstecken: *Der Täufer besteht darauf: Jesus muß wachsen.* Darin liegt (1) *des Täufers Bescheidung* und (2) *Jesu Bezeugung.*

I.

Es hat sich in der evangelischen Überlieferung das Wissen darum erhalten, daß der Täufer im Verlies der Bergfestung Machairus von der Frage bedrängt war, ob Jesus wirklich der Kommende sei; davon, daß er mit dem Gedanken gespielt hätte, *er* könne *selbst* dieser Kommende sein, bietet uns die Überlieferung nicht den geringsten Anhalt. Dieser Mann ist wirklich nur die rufende Stimme, der Voraus-Herold (Apg. 13,24), der Wassertäufer, der dem Geist- und Feuertäufer vorangeht. – Hat der Täufer es so angesehen, dann kann ihn der Hinweis auf die ,,Konkurrenz" (V. 26) in keiner Weise erschüttern.
Daß der Täufer sich über den gerade ihm gewordenen Auftrag des Vorläufers – mit der darin ihm aufgegebenen Bescheidung – klar war, das freilich versteht sich nicht von selbst. Die Zeit war voll apokalyptischer Hochspannung. Immer wieder tauchten Männer auf, die sich für den Messias hielten oder wenigstens ausgaben. Die Pharisäer wollten Gottes Reich durch Gesetzesstrenge herbeizwingen, die Zeloten mit

Schwert und Dolch, die Qumranleute durch Hochhalten der alten unverfälschten Traditionen, durch bessere Gerechtigkeit, Reinigung, Askese und durch Vorbereitung auf den „heiligen Krieg". Wer vermochte hier noch zu unterscheiden? Gamaliels Weisheit in Ehren, aber sie ist etwas für Zuschauer (Apg. 5, 38b.39). Wie, wenn man heute und jetzt zur Entscheidung herausgefordert ist? Jetzt stehen zwei Taufen gegeneinander: „Jesus taufte ..., Johannes aber taufte auch" (VV. 22f.). Sieht man es Jesus an, daß er mehr ist als der Vorbote? Darin könnte die Versuchung liegen: Warum er – warum nicht ich? Aber des Täufers Versuchung ist dies nicht. Er weiß, daß ein Mensch eben die Rolle zu spielen hat, in die ihn sein Auftrag weist. „Ein Mensch kann nichts nehmen, wenn es ihm nicht vom Himmel gegeben wird" (V. 27). Johannes macht nichts aus sich; was er ist, dazu hat allein Gott ihn gemacht. Er hat einen Ruf vernommen (Luk. 1,80b). „Ein Mensch trat auf, gesandt von Gott, der hieß Johannes ... Er war nicht das Licht, sondern (kam nur), daß er Zeugnis gäbe von dem Licht" (1,6f.). Das ist seine Aufgabe, nichts darüber hinaus. Wäre er stärker, wenn er sich mehr vornähme, zutraute, wenn er mehr an sich risse? Stark ist einer nur in dem, was er sich nicht selbst ausgesucht hat, nach eigener Willkür, eigenmächtig. Die Ordination bewirkt ein inneres Müssen (1. Kor. 9,16). „Ich kann nicht anders." Ginge es um selbstgewählte Aufgaben, dann könnte ich sehr wohl anders, aber dann wäre ich von mir selbst abhängig, also schwach. Ordination bedeutet Selbstbescheidung aufgrund des Auftrags: nur, was ich soll, nicht mehr; aber in dem, was ich soll, getragen von Gottes Mandat. Johannes hält sich an den Auftrag. Als wüßte er es schon: „Ohne mich könnt ihr nichts tun" (15,5). Man muß Gott und Mensch unterscheiden. Niemand kann leisten wollen, was Gott allein schaffen kann. „In IHM war das Leben, und das Leben war das Licht der Menschen" (1,4). Wir Geschöpfe haben nicht das Leben, wir bedürfen des Lebens. Diesen Unterschied hat der Täufer gekannt.

War er nichts? Er war, sieht man auf den alten Äon, in Jesu Augen der größte Mann nicht nur seines Jahrhunderts (Matth. 11,11). „Er war ein brennend und scheinend Licht" (Joh. 5,35). Man kann die Gegner in Verlegenheit bringen, wenn man sie auf den Ursprung der Taufe des Johannes anspricht; hier besteht zur Vollmacht Jesu eine gewisse Analogie, kraft deren das Geheimnis des einen zugleich mit dem des andern aufgeschlossen ist (Matth. 21,23–27). Aber: jeder hat im großen Heilsgeschehen seinen unverwechselbaren Ort. Der Größere wird *nach* Johannes kommen. Johannes selbst hat, weil er sich ganz in Gottes Auftrag gebunden weiß, das Format dazu, in den Hintergrund zu treten, wenn seine Mission erfüllt ist. Er hat Buße offensichtlich nicht nur gepredigt, sondern auch getan. Er ist den Ansprüchen des törichten, eitlen Ichs nicht mehr verschrieben. Er muß wohl wissen, was die Geltungssucht in der Welt, leider auch in der Gemeinde Gottes, immer wieder anrichtet; der Hebel, dessen sich der Satan, wenn er verwirren und zerstören will, vorzüglich bedient. Etwa so: Ich will im Rampenlicht stehen. Ich will der Größte sein. Oder so: Keiner kann es so gut wie ich; der Sache wird nur so gedient sein, daß ich die erste Geige spiele. Johannes dagegen ist bestimmt vom Ethos der Demut.

Aber damit nicht genug. Nach Mal. 3 geht der Täufer dem kommenden *Gott* voran. Also nicht nur: immer hübsch bescheiden sein, dem andern den Vortritt lassen. Sondern: Gott *Gott* sein lassen. Er muß groß werden, ich muß abnehmen. Ständige Versuchung: daß der Beauftragte sich – bewußt und willentlich oder nicht – an die Stelle des Auftraggebers rückt. Aus den „Botschafter an Christi Statt" werden dann heimliche „Christusse". Wir wären die besten Amtsträger der Kirche dann, wenn durch unser Wirken Christus den Menschen so wichtig würde, daß sie uns darüber vergessen. „Meine" Gemeinde? Seine! Der Täufer ist der Freund des Bräutigams: er wirbt für ihn um die Braut, er bereitet das Fest vor, er freut sich, wenn er den Bräutigam hört, er tritt still beiseite, wenn seine Aufgabe erfüllt ist. „Er muß wachsen, ich aber muß abnehmen" (V. 30).

2.

Aber nun ist Johannes eben doch *nicht* vergessen: wir begehen den Johannestag. Das Fest der Demut und der Selbstlosigkeit? Wäre es so gemeint, dann finge der Täufer doch noch an, im eigenen Lichte zu leuchten. Wir könnten, worauf es im Text ankommt, nicht ärger verkehren. Wir hörten: „Er war nicht das Licht, sondern er sollte zeugen von dem Licht" (1,8). Der Johannestag ist ein *Christus*fest. Neben der Bescheidung, von der wir sprachen, ja eigentlich sachlich dieser vorgeordnet, geht es um die *Bezeugung* Jesu als des Kommenden. So ist auch die Taufe des Johannes – in unserm Text der Christustaufe zum Verwechseln ähnlich – doch in Wirklichkeit etwas total anderes. (Wer in der christlichen Taufe nur einen „Hinweis" sieht, hat diesen Unterschied nicht begriffen. Immer wieder unternommene Versuche, die christliche Taufe aus der Johannestaufe abzuleiten, führen denn auch auf ein solches demonstratives, signifikatives Verständnis der Taufe. Man bleibt damit bei Johannes stehen!) Johannes tauft nur mit Wasser, aber der, den er bezeugt, der tauft zwar auch mit Wasser (wir sagten: zum Verwechseln ähnlich), aber eben darin und damit und dadurch – mit Geist und Feuer (Matth. 3,11), d. h. wohl: mit Gnade und Gericht, in einem Zueinander dieser beiden Wirkungen, das man sich etwa an V. 18 unseres Kapitels, aber auch an Röm. 6,3; 2. Kor. 5,17 u. ä. klarmachen kann. Die Johannestaufe macht die christliche Taufe nicht überflüssig (Apg. 19,3–5, Epistel), im Gegenteil: sie weist auf sie hin.

Unsere Perikope schließt mit V. 30. Bultmann stellt die VV. 31–36 um, so daß sie sich – als Rede Jesu – unmittelbar dem Nikodemusgespräch einfügen. Schnackenburg liest diese Verse sogar zwischen VV. 12 und 13. Strathmann (im NTD) – auch J. Schneider (freilich ausdrücklich als „Zeugnis des Evangelisten") – tritt für die Beibehaltung der überkommenen Reihenfolge ein und meint, gerade das jetzt folgende positive Zeugnis könne nicht entbehrt werden, ebensowenig wie das in 1,29–34. Das hieße für uns: stehen die folgenden Verse auch nicht in unserer Perikope, so tragen sie doch sachlich die Aussage, daß Christus „wachsen" muß. „Der von oben her kommt, ist über alle." Warum läßt sich Johannes auch durch den Konkurrenzneid seiner Jünger (VV. 25 f.) nicht dazu verleiten, selbst etwas sein zu wollen? Weil er weiß, inwiefern der, dessen Zeuge er ist, ihn so überragt, daß für ihn die Rolle des Sklaven noch zuviel wäre (1,27). Jesus ist der geliebte Sohn des Vaters (V. 35 ist Nachklang von Mark. 1,11); der Vater hat alles in seine Hand gegeben (vgl. Matth. 11,27; 28,18 – Hintergrund des Taufbefehls). Jesus ist vom Himmel gekommen; er ist darum in der Lage, von himmlischen Dingen zu reden (3,11.32; ähnlich 5,19; 7,16; 8,26.28; 12,49; 14,24). Jesus ist ganzer Mensch, aber er ist zugleich Gott. Wer das erste Gebot hält, glaubt an ihn.

Wir werden der Warnung eingedenk sein, das Bild vom Bräutigam und seinem Freunde in unerlaubter Weise auszubeuten. Immerhin handelt es sich hier um ein „stehendes Bild", das mindestens seit Hosea das Verhältnis Gottes zu seinem Volk, im Neuen Bunde besonders die Verbundenheit zwischen Jesus und seiner Gemeinde bezeichnet (Belege in den Vorbemerkungen). Es ist, wie mir scheint, in diesem Text wirklich darauf abgesehen, die legitime Verbundenheit der Gemeinde – nicht mit dem

Freund des Bräutigams, sondern eben – mit dem Bräutigam selbst zu betonen. Es wäre schon denkbar, daß der Freund seinerseits an der Braut Gefallen findet. Aber so soll es sein, und so ist es hier auch wirklich: der Freund „freut sich hoch über des Bräutigams Stimme" – nämlich über „den jubelnden Zuruf, der dem vor dem Brautgemach wartenden Brautführer anzeigte, daß der Bräutigam die Heimgeführte als Jungfrau erkannte" (Schnbg. z. St. unter Berufung auf Schlatter und J. Jeremias, letzterer in ThWNT IV, S. 1094). Daß nur der Herr und seine Gemeinde vereinigt werden! Das eindrucksvolle Wort V. 30 ist dann nicht mehr bloß ein Zeugnis der Bescheidenheit, die zurücktritt, weil es nun einmal menschlich fein ist, daß einer den andern höher achtet als sich selbst (Phil. 2,3; Röm. 12,10b). Der Herr soll zu seinem Recht und zu seiner Ehre kommen – das ist noch etwas anderes! Die Kreatur beugt sich vor dem Schöpfer. Der Mensch gibt Gott die Ehre. Wir, die „Fleisch" sind (V. 6), müssen vergehen. Wir sind vom Thema der Taufe keine Handbreit entfernt: die Taufe bewirkt das Sterben des alten Menschen. Was aus der Taufe, wie Christus sie spendet, neu entsteht, ist Christi eigenes Leben, das in uns Wirklichkeit wird, das Leben seiner Auferstehung. So verfällt der alte Mensch. Aber der eschatische Mensch, der also, der sein Leben ganz aus und in Christus hat, wird von Tag zu Tage erneuert (2. Kor. 4,16). So „wächst" Christus – und zwar in uns. Man muß freilich bedenken, daß das Bild nicht in jeder Hinsicht zutrifft, wenn wir, wie die hier gebrauchten Verben es tatsächlich uns suggerieren können, an das kalendarische Geschehen denken. Die kreisende Zeit wird gewissermaßen aufgebogen zur Zeitgeraden. So kommt es zu keiner zweiten Sonnenwende, die Johannes zunehmen und Christus wieder abnehmen ließe. Wenn wir den Johannistag mit der Gemeinde auf dem Friedhof begehen, wird besonders anschaulich, wie „alles vergehet" (EKG 346,8). Es wird nur darauf ankommen, daß wir uns auch darüber zuletzt *freuen* lernen wie der Täufer, für den sein eigenes Abnehmenmüssen nur die Kehrseite dessen ist, daß Christus wächst. Es kann für ihn wie für uns nichts Besseres geschehen, als daß der Christus ganz groß wird, in dem Gott „für *uns*" ist, und daß dieser im Sohne uns zugewandte Gott selbst zuletzt „alles in allem" sein wird (1. Kor. 15,28).

6. Sonntag nach Trinitatis. 5. Mose 7,6–12

Der Text entstammt dem paränetischen Teil des Deuternomiums (6,10–9,6), das sich als Ganzes als eine große Abschiedsrede des Mose gibt, jedoch verschiedene Elemente enthält: Predigt, Gebote, die Bundesverpflichtung, Segen und Fluch, nach von Rad das große Ritual des Bundeserneuerungsfestes von Sichem (Ges. St. z. AT, S. 9ff.). Das Buch spricht die Sprache der späteren Königszeit. Die Predigten wird man sich als von Leviten gehalten zu denken haben.
Die Abgrenzung übergreift die der vorgegebenen Parasche (VV. 7–11), umschließt aber wiederum nicht das Ganze der paränetischen Einheit, die mit V. 1 beginnt und – wahrscheinlich – mit V. 16 schließt. Die Aussagen über den „heiligen Krieg" und die „Bannung" sind mit Recht weggelassen; auch sie sind freilich von dem theologischen Grundtenor bestimmt: Gott für und mit euch, und ihr unbeirrt bei ihm.
V. 6: Eigentlich Begründung des Vorangehenden („denn"), aber thematisch auch dem Folgenden zugehörig. קֹדֶשׁ werden der kultische Raum und die kultische Zeit, nie aber Dinge bzw. Gegenstände genannt, sondern nur Personen, also Gott und die ihm gehörenden Menschen. Gott zugehörig, d. h. aber: von allem Heidnischen scharf geschieden und damit ausgegrenzt. „Heiliges Volk": vgl. Exod. 19,6 (in der paradoxen Formulierung:

גּוֹי קָדוֹשׁ); Deut. 26,19; Jer. 2,3; die theologische Begründung: Lev. 19,2. סְגֻלָּה von
סגל = wohl halten, festhalten, pi. erwerben, also Eigentum. – V. 7: קָחֵשׁ – ein ganz
„weltliches" Wort, nach M. Noth (ATD z. St.) ein Kennzeichen für die Beweglichkeit des
Predigtstils – bedeutet sich an jemanden hängen, im qal stets bildlich (10,15; 21,11; Gen.
34,8). מְעַט eigtl. das „Spänlein". – V. 8: (Nicht aufgrund eurer großen Zahl, sondern)
aufgrund seiner Liebe zu euch und aufgrund des Haltens des Schwurs ... („aufgrund"
eigtl. „von – her"). Indem Liebe und Eid nebeneinandergestellt sind, wird deutlich, daß
die Wahl nicht nur „aus einer Regung der Liebe heraus" erfolgte, sondern in einer dauer-
haften, sich selbst bindenden Liebe (gg. Noth). Die Befreiung aus Ägypten war ein Loskauf
(vgl. 13,6; Jer. 15,21; 31,11); ähnlich – mit anderem Wort – Jes. 43,1. – V. 9: (hymnischer)
Partizipialstil. Der „verläßliche" Gott (נאמן), der das von ihm in souveräner Freiheit
eingegangene Gemeinschaftsverhältnis (בְּרִית) und seine gnädige Zuwendung (חֶסֶד)
zu seinem Volk bewahrt, also durchhält für 1000 Generationen, d. h. für immer. – V. 10:
lies לְשֹׂנְאָיו wie in der zweiten Vershälfte. Das gegen ihn sich richtende Böse läßt Gott
„ganz werden", d. h. aber auf den Hassenden zurückfallen, so daß es ihn zugrunde richtet;
die Parallelzeile bringt nur das Nicht-Zögern hinzu (die Predigt bedient sich dichterischer
Sprache). – V. 11: auch auf seiten der Menschen ziemt sich nun ein „Bewahren", nämlich
der Gesetze und Rechtsordnungen, die Gott gebietet. Das ganze Deuteronomium ist darauf
aus, dies dem Volke Gottes dringlich zu machen. – V. 12: die – gegensätzliche – Parallelaussage zu V. 10. עֵקֶב als Substantiv das Ende, der Lohn, hier als Konjunktion: dafür
daß.

Taufgedächtnis – das Thema dieses Sonntags – sollte das ganze Leben des Christen
bestimmen; daß wir diesmal besonders darauf hingewiesen werden, hat, wie alle
thematische Akzentsetzung im Kirchenjahr, lediglich pädagogische Bedeutung. So
könnte man zugespitzt sagen: *jeder* Text soll uns an unsere Taufe erinnern, auch der
also, der nicht von der Taufe spricht. Denn durch die Taufe sind wir in das Geschehen
hineingezogen, in dem Gott *unser* Gott geworden ist und immer wieder wird. Die
Taufe ist, zusammen mit den anderen media salutis, das Mittel, dessen Gott sich
bedient, um uns an den Stromkreis seines Wirkens anzuschließen. Nicht bloß wie
die Hand, die zum andern Ufer weist, sondern wie die Fähre, mittels deren man hin-
überkommt (instrumentales διά oder ἐν, auch der instrumentale Dativ, vgl. Röm.
6,4; Tit. 3,5; Kol. 2,12; Eph. 5,26; in typologischer Redeweise: 1. Kor. 10,2). Taufe
ist das Eingeleibtwerden in Christus (vgl. Röm. 6,3; Gal. 3,27 mit 1. Kor. 12,13);
sind wir mit ihm verbunden, haben wir Anteil an ihm und an allem, was sein ist.
Wenn das so ist, dann könnte man sagen, der Text rede zwar von dem Gott, dessen
Eigentum wir geworden sind, nicht aber von der Art und Weise, in der wir es geworden sind. Es wäre in der Tat nicht angebracht, aus diesem Text schließen zu wollen,
man könne zu diesem Gott auch ohne die Taufe gehören – denn von ihr ist nicht die
Rede und kann, zur Zeit des Deuteronomiums, nicht die Rede sein. Der frühen Chri-
stenheit wäre es nicht in den Sinn gekommen, die Taufe für entbehrlich zu halten;
Christ sein und getauft sein sind bedeutungsgleich (z. B. Röm. 6,3; Gal. 3,27 – vgl.
Bltm., ThNT, § 13,1). Man könnte ja aus einem Text wie dem vorliegenden auch nicht
den Satz ableiten, die Zugehörigkeit zu Gott gebe es auch ohne Christus – obwohl von
Christus im Text nicht die Rede ist und nicht die Rede sein kann. Man könnte darum
meinen, Texte wie dieser seien für uns antiquiert.
Aber wenn sich das Heil Gottes auch in einer *Geschichte* verwirklicht, in fortschrei-
tendem Geschehen also, so ist doch der in ihr handelnde Gott immer derselbe. Den
Eid, den er den Vätern geschworen hat, hält er, und er wird seine Zusagen einlösen,
indem er, wenn die Zeit erfüllt sein wird, seinen Sohn sendet (Gal. 4,4). Es sind nicht
alle Aussagen der Schrift auf eine Ebene aufzutragen, aber wir erkennen den einen

Gott immer wieder, der „manchmal und auf mancherlei Weise" zunächst zu den Vätern spricht, zuletzt aber „durch den Sohn" (Hebr. 1,1).
Der Text bezeugt eine Reihe von Sachverhalten, die, indem wir durch die Taufe mit Christus verbunden werden, zu ihrer schönsten Erfüllung kommen, ja eigentlich auch schon zur Zeit des Deuteronomiums eben „in Christus" – in dem noch nicht erschienenen, nur verhüllt gegenwärtigen Christus – wahr sind. Wir nennen die Hauptstichworte: ein Volk, dem Herrn heilig – Erwählung – Eigentum – Liebe – eidliche Zusage – Erlösung mit mächtiger Hand – Gottes Gottheit – Bund – freundliche Zuwendung – beides in 1000 Generationen – unserseits: Gott lieben und seine Gebote halten. Wir haben das Aufgezählte aus dem spezifisch alttestamentlichen Zusammenhang herausgelöst und sind im Begriff, es in den neutestamentlichen – Christus und seine Taufe – hineinzustellen. Sicher: ein harter Eingriff. Wir decken rundherum ab, was evangelischer Glaube nicht assimilieren kann: das drängerische Einschärfen des Gesetzes – im Deuteronomium erstmalig nicht als die Einzelweisung, sondern als ein Ganzes verstanden (von Rad, ThAT I, S. 220f.) –, besonders den Hinweis auf die bösen Folgen bei seiner Nichteinhaltung; das in V. 12 zugrunde liegende Konditionalschema, durch das die – im Text schön bezeugte – gratia praeveniens verstellt zu werden droht; selbstverständlich auch die Aggressivität gegen alles Kanaanäische (von Rad, a. a. O., S. 81 und 226f.); auch die – wie sollte es anders sein? – Diesseitigkeit der Heilsvorstellungen (von Rad, S. 223). Nicht, daß an dem allem nichts wäre; nur: im Neuen Testament erscheinen diese Anliegen in verwandelter Gestalt und in anderen Zusammenhängen. Es bleibt noch genug, was uns anspricht und was uns bewegen, noch mehr: was uns zur Wahrnehmung unserer Situation vor Gott verhelfen kann, gerade dann, wenn wir Getaufte sind. Wir könnten vielleicht so ansetzen: *So hat sich Gott mit seinem Volk verbunden:* (1) *aus grundloser Liebe*, (2) *mit verpflichtender Kraft*, (3) *in unbeirrbarer Treue*.

I.

Von „Verbundenheit" redet der Text dem Wortlaut nach nicht; manchem mag unsere Überschrift zu wenig objektiv klingen. Aber das Wort, das wir – nur behelfsmäßig – mit „Bund" wiedergeben, enthält – über seine rechtlichen, vertraglichen, kultischen (usw.) Elemente hinaus auch das Personhafte: בְּרִית und חֶסֶד werden V. 9 in einem Atem genannt; die vertragliche Selbstbindung Gottes an Israel als sein Volk ist zugleich eine Sache seiner Gnade, seiner Freundlichkeit, seiner liebenden Zuwendung zu den Seinen. So ist es ja mit der Taufe auch. Sie ist ein Handeln Gottes – „er hat uns gerettet ... durch das Bad der Wiedergeburt" (Tit. 3,4f.) –, ein sakramentales Geschehen in einem bestimmten Vollzug, mit einem bestimmten Element; aber eben ein Handeln, in dem sich uns persönlicher Wille zuwendet und bei dem es auf eine in herzlichem Vertrauen sich äußernde Verbundenheit abgesehen ist. Gott ist ja nicht eine namenlose, dunkle Macht, ein Unbekanntes im Hintergrund aller Dinge. Und unsere Beziehung zu ihm ist, umgekehrt, nicht ein Ausgeliefertsein an irgendein X. Wir haben einen Gott, der an uns interessiert ist und sich zur Gemeinschaft schenkt. „Ich will euer Gott sein, und ihr sollt mein Volk sein" (Jer. 7,23). Die uns vorliegende levitische Predigt beschreibt das zunächst mit dem Wort „*Erwählung*". Der Tatbestand ist nicht neu. Israel weiß, daß bereits den Erzvätern so etwas wie eine Erwählung widerfahren ist. Die Befreiung aus Ägypten gehört zu den Erwählungstraditionen Israels, nicht minder der Sinaibund, die Selbstverpflichtung Jahwes an David und sein Haus, auch die Zionstradition (von Rad, I, S. 55).

„Wohl dem Volk, dessen Gott der Herr ist, dem Volk, das er zum Erbe erwählt hat" (Ps. 33,12). Man weiß in Israels Glauben von solchem Wählen Jahwes. Aber so scharf ausgeprägt ist dieses Wissen erst im Deuteronomium. Man bedenke doch: in der späteren Königszeit, nach 721, in einer Zeit mit trübsten Erfahrungen, auch in Anfechtungen innerer Art (Abfall zu Assyriens Göttern und zu kanaanäischer Religiosität), in einer Zeit äußerer und innerer Wirren das Wissen um das Verankertsein in Gottes Erwählung! Die Predigt möge viel Sorgfalt und Liebe darauf verwenden, deutlich zu machen, daß Glaube nicht in der Mutmaßung bestehen kann, es werde wohl irgendein „höheres Wesen" geben, auch nicht in der Theorie von einer so oder so zu beschreibenden oder zu denkenden Gottheit, sondern in der auf klarem Wort beruhenden Gewißheit, daß wir einen Gott haben, der auf uns zugegangen ist, mit uns Verbindung aufgenommen, sich uns zugekehrt, ja sich uns kontraktlich verpflichtet hat (wobei „sich" und „uns" einmal Akkusativ und Dativ, sodann Dativ und Akkusativ sind). Der Gott der Theorie mag meinetwegen in irgendeinem (imaginären) himmlischen Schaltzentrum sitzen und pflichtschuldig die Weltmaschine steuern und zentral schmieren; man sollte sich doch nicht wundern, daß sich gegen einen solchen Gott massenweise Argumente finden und man sich nur allzu häufig veranlaßt sieht, festzustellen, es sei nichts mit diesem Gott. Der Gott, den die Bibel uns verkündigt, ist auch ganz anders! Geht er auf uns zu, dann nicht, weil er nach irgendeiner göttlichen Dienstvorschrift allen Menschen verpflichtet ist und darum auch uns, – sondern weil er frei ist im Erwählen und sich zur Gemeinschaft schenkt, wo er will. Natürlich muß, wer von Erwählung spricht, darauf gefaßt sein, daß er zur Rede gestellt wird: Und warum nicht die anderen? Es kann in dieser Frage ein berechtigtes Anliegen stecken, und schon das Alte, erst recht das Neue Testament weiß darauf eine Antwort. Was aber nicht geschehen darf, ist dies, daß für mich Gottes Interesse an mir nur einer von den unzähligen Fällen ist, in denen Gott einem ihn bindenden allgemeinen Weltgesetz gehorcht. Erwählung geschieht, weil sie personales Geschehen ist, in Freiheit. Wie jede freie Tat ist sie Wunder, nicht ableitbar, nicht voraussehbar, nicht zu fordern, schon gar nicht einzuklagen. Erwählung ist darum nie das Allgemeine, sondern immer das Besondere. Wer nur in Gesetzmäßigkeiten denkt, hat von dem, worauf es hier ankommt, nichts begriffen.

An Israels Erwählung kann man es studieren. Gott richtet sich bei seiner Wahl nicht danach, ob wir's wert sind oder nicht. Beispiel: Jakob, der „Israel"; es gibt genug schwache Stellen in seinem Leben, und die werden nicht verheimlicht; aber er ist der Mann der göttlichen Wahl. Unser Text denkt an Israel als Volk. Kein imponierendes Volk, sondern das kleinste (V. 7). Hinter dem Satz steht bittere geschichtliche Erfahrung. Ägypten, die Aramäer, die Assyrer, die Babylonier, die Perser, Alexander d. Gr. und seine Nachfolger, zuletzt die Römer – und ihnen gegenüber Israel: wie, wenn man hier von Größe und Macht her denkt? Wenn Gott bei seinem Wählen nach Kriterien suchte, die in den zu Erwählenden selbst liegen: auf Israel hätte er nicht verfallen dürfen. Warum also doch: Israel? Der Grund liegt allein in Gott, und zwar in seiner Liebe. Wir sagten: in seiner grundlosen Liebe, um damit anzudeuten, daß Gott bei seinem Wählen kein menschlich einsehbares Warum hat.

Weil Gott liebt, darum sind die Menschen seines Volkes zu seinem Eigentum geworden, zu dem, was Gott „erworben" hat. Man könnte einwenden, daß es dazu eines besonderen Aktes nicht bedürfe, weil Gott der Schöpfer ist und darum alles vom Ursprung her ihm gehört. Man weiß das im Volk des Alten Bundes; wir beachten die hart nebeneinander gestellten Sätze aus der Sinai-Überlieferung: „Ihr sollt mein Eigentum sein vor allen Völkern; denn die ganze Erde ist mein" (Exod. 19,5). Der

Welt mächtig ist Gott sowieso, sofern alles von ihm abhängig ist; aber das Verbundensein mit ihm, indem wir sein eigen sind, ist noch etwas anderes. Gälte nur das erste,
dann brauchte kein Mensch getauft zu werden. Aber Gott läßt sich nicht an unserer
Abhängigkeit von ihm genügen, er will die Verbundenheit. Das Neue Testament
spricht hier noch kräftiger als das Alte. Es weiß von einer Verfallenheit an das Wider-
göttliche, die es nötig macht, daß der legitime Eigentümer uns zurückgewinnt. Daß
Israel mit Gottes mächtiger Hand aus Ägypten herausgeführt worden ist, losgekauft
aus der Pharaonensklaverei, ist nur eine schwache Vorausdeutung für die große
ἀπολύτρωσις aus einer viel verzweifelteren „Knechtschaft". Gott muß sein Eigentum
erst wieder zurückgewinnen! Er hat es durch Christus getan, und, was in Christus
geschehen ist, teilt er in der Taufe an alle die aus, die sie empfangen. Die Wendung
in der Taufformel: „auf den Namen" stammt ja aus dem Girowesen und bedeutet
Eigentumswechsel. Wir sind Gottes סְגֻלָּה. Wir sind Gott nicht mehr fremd. Er
hat uns wieder!
Zu denken geben sollte uns auch – wieder im Zusammenhang mit dem Taufgedächtnis –, daß hier vom *Volke Gottes* die Rede ist; nicht vom einzelnen also, sondern von
der *Kirche*. Unser Taufverständnis leidet daran, daß wir individualistisch denken.
Indem wir aber „in Christus ein-getauft" werden, werden wir „in seinen Leib" ein-
getauft (Stellen s. o.). Der Christuszusammenhang begründet auch die Verbundenheit mit den anderen Gliedern des Leibes, wie es denn im Alten Testament die Zugehörigkeit zu Jahwe nur gibt in der Zugehörigkeit zu seinem Volk. Das Deuteronomium stellt dies alles mit Freude und Staunen fest. Die große Geborgenheit und
Sicherheit bei Gott hat ihren Grund in Gottes grundloser, nirgendwoher ableitbarer,
freier Liebe.

2.

Durch die Taufe werden wir in das *heilige Volk* eingegliedert (Exod. 19,6; Jes. 62,12;
1. Petr. 2,9). Heilig ist, was der Wirklichkeit Gottes zugehört und darum vom Profanen streng zu scheiden ist. Ist ein Volk und sind in diesem Volk einzelne Menschen
heilig, dann hat Gott sie für sich in Anspruch genommen, in seinen Dienst gezogen
und mit sich verbunden. Was sich zu Gott hin als Verbundenheit auswirkt, wirkt
nach der Welt hin scheidend, trennend, aussondernd. „Erwählt – *aus* allen Völkern"
(V. 6). Das Heilige ist nicht das gesteigerte oder überhöhte Menschliche, „viel eher
könnte man das Heilige als den großen Fremdling in der Welt des Menschen bezeichnen, d. h. als eine Erfahrungswirklichkeit, die sich der dem Menschen vertrauten Welt
nie wirklich einordnen läßt" (von Rad, ThAT I, S. 204). Man sage nicht, dieses Ab-
standsbewußtsein sei spezifisch alttestamentlich, im Neuen Testament sei der Unterschied zwischen dem Heiligen und dem Profanen aufgehoben. Man hört oder liest
dergleichen oft, aber biblisch gedacht ist dies nicht. Alle Welt ist Gottes Schöpfung;
einem gnostischen Dualismus ist zu widerstehen (Kol. 1,15–17; Hebr. 1,3; Joh. 1,3
u. a.). Auch ist es wahr, daß der – schon im Alten Testament sich Bahn brechende –
Heilsuniversalismus die herkömmlichen Schranken niederreißt (Eph. 2,13ff. u. a.).
Aber es ist auch im Neuen Testament keineswegs so, daß, seit Christus da ist, alle
Menschen schlagartig Heilige sind und die Zugehörigkeit zu Gott ebenso allgemein-
wirklich und -wirksam wäre wie (etwa) die Schwerkraft und es unserseits nur dessen
bedarf, daß sie entdeckt und zur Kenntnis genommen wird. Wäre dem so, dann hätten
die Gnadenmittel Gottes in der Tat nur kognitiven Sinn, in ihnen und durch sie geschähe gar nichts, sondern sie würden nur auf einen Sachverhalt hinweisen, der ohne

sie, d. h. aber: ohne geschichtlich-leibhafte Ereignung, längst besteht. Aber es ist anders. Gott handelt konkret. Darum ist er Mensch geworden. Darum bindet er sein Handeln auch an seine Gnadenmittel. In ihnen ist er selbst heilswirksam. Wo sie sind, da ist heiliger Raum. So ist auch die Taufe ein leibhaftes Geschehen, in dem Gott selbst wirkt. In ihr entsteht eschatische Wirklichkeit: das mit Christus sich uns mitteilende Auferstehungsleben der „neuen Kreatur". Hier ist, verborgen ins Irdisch-Weltliche, das Neue da, das es, wohin Gottes Gnadenwirken noch nicht gelangt ist, auch noch nicht gibt. *Das* macht den Unterschied zwischen Heilig und Profan! Nicht, daß es gottfreie Bereiche gäbe; nicht auch, daß Gott seinen Gnadenwillen auf bestimmte Menschen begrenzte; erst recht nicht, daß besondere menschliche Qualitäten Menschen heilig machten. Aber daß Gottes rettendes Handeln in leibhaftem Geschehen besteht, das bringt die Ausgegrenztheit des Heiligen mit sich und bedeutet, daß die einen tatsächlich (noch) nicht zum Volke Gottes gehören und die anderen es – sola gratia! – schon sind.

Man muß von daher die Aggressivität des Deuteronomiums gegen alles Heidnische, speziell gegen das Kanaanäische verstehen. Je stärker die Faszination war, die für Israel davon ausging, desto wachsamer und kompromißloser mußte man sein. „Jahwe, dein Gott – *er* (allein) ist Gott" (V. 9) – wir haben das „Höre, Israel" im Ohr (6,4f.), das das Einzig- und Alleinsein Gottes betont. Nicht Jahwe in unendlicher Vielfalt, nicht so also, daß er sich als der Unbekannte auch hinter kanaanäischen Götzenvorstellungen verbärge. Wir haben es mit dem einen Gott zu tun, der sich uns in seinem „Bunde" erfahrbar gemacht und verpflichtet hat. – Indem wir getauft worden, ist dies an uns geschehen. Gott – konkret, und zwar als *unser* Gott. Nicht, weil wir ihn für uns reklamieren, als hätten wir Macht über ihn und als hätten wir ein Recht, ihn für uns zu fordern. Er hat sich zu unserm Gott gemacht. Darum bedeutet die Taufe in der Tat einen Übergang in ein ganz Neues (vgl. etwa Kol. 1,13). Der Bischof Remigius von Reims hat es 496 dem Frankenkönig Chlodwig bei seiner Taufe gesagt: „Verbrenne, was du angebetet, bete an, was du verbrannt hast!" Wir gehören als Getaufte zum heiligen Volk.

Gott ist uns gegenüber eine Selbstverpflichtung eingegangen (das liegt in dem Wort בְּרִית). Er nimmt uns damit aber ebenfalls in Pflicht. „So halte nun die Gebote, Gesetze, und Rechte, die ich dir heute gebiete, daß du danach tust" (V. 11). Hineingenommen in das Kraftfeld der Heiligkeit Gottes, werden wir uns auch seinem gebietenden Willen unterwerfen wissen. Nach E gehört dies geradezu zum Bundesschluß, daß das Volk sich feierlich verpflichtete: „Alles, was Jahwe geredet hat, werden wir tun und darauf hören" (Exod. 24,7). Neutestamentlich: Haben wir in der Taufe Anteil am gestorbenen und auferstandenen Christus, „so sollen auch wir in einem neuen Leben wandeln" (Röm. 6,4 – Epistel).

Wir hätten das Deuteronomium nicht richtig verstanden, wenn wir hier nichts sähen als hartes, unerbittliches, vielleicht gar einengendes Gesetz. Wir haben die Stimme des Paulus im Ohr, darum überhören wir leicht den frohen Klang, in dem hier von Gottes Geboten geredet wird. Es täte uns gut, wenn wir wieder besser begreifen lernten, daß Gott uns mit seinem Gebot etwas Gutes erweist. Wer sich selbst kennt, wird wissen, daß es gut ist, nicht immerzu nur von der Freiheit zu sprechen, in der jeder selbst sich entscheidet, weil, wie er argumentiert, die Liebe keinem Gesetz unterworfen ist. Oft war es einfach die gute, mich in Grenzen haltende, mir mein Verhalten vorschreibende Ordnung, die mich vor den Eskapaden meines launischen Herzens bewahrte. Es gibt Situationen – Konflikte, Versuchungen, Hochgestimmtheit oder Trübsinn –, in denen ein paar Verse aus Ps. 119 (es muß ja nicht jedesmal der ganze sein) einen heilsam zurechtrücken. Gottes gutes Gebot! – Aber das Deuteronomium macht uns das Gesetz noch auf andere Weise lieb. Es weiß und sagt, daß die Liebe Gottes all dem, was wir tun können, vorausgeht. Das Voraussein Gottes liegt im Berith-Begriff, und indem – s. V. 9 – sofort von liebender Barmherzigkeit die Rede ist, ist deutlich, worauf der hier erwartete Gehorsam basiert. Es ist wahr: die kondizionale Fassung des Bundesverständnisses – „wenn ihr nun gehorchen und den Bund halten werdet, so ...“ (Exod. 19,5) – bringt einen Faktor der Unsicherheit in die Verbundenheit zwischen Gott und Volk (V. 12). Die Reziprozität der Bundesverpflichtung (vgl. G. Quell über den Berith-Begriff des Deuteronomiums im ThWNT II, S. 124ff.) gefährdet, solange es Sünde gibt, den Bund immerzu: „sie haben den Bund nicht gehalten“ (Jer. 31,32). Aber wir sollten nicht kondizional, sondern eher konsekutiv denken. Wendet Gott uns seine Liebe zu, dann ist es das Normale, daß wir ihn wiederlieben. Man übersehe doch nicht, daß es heißt: „ihn lieben und seine Gebote halten“ (V. 9); es geht ja nicht um einen beziehungslos im Raume stehenden Nomismus und um eine um ihrer selbst willen kultivierte Korrektheit, sondern es geht um ein persönliches Verhältnis zu Gott, eben um die von ihm uns zugewandte und von uns zu erwidernde *Liebe*. Auf die Taufe bezogen könnte das heißen: Wisse, was dir widerfahren ist und wo du stehst! Mit einem Menschen, der bei Gott nichts mehr zu hoffen hatte, hat dieser Gott in Christus sich so verbunden, daß das ganze Christusleben nun ihm gehört. Mein neuer Standort heißt Christus; ich sollte keinen Augenblick vergessen, wo ich stehe! Meine Hoffnung ist Christus; wollte ich in der Sünde verharren, dann würde ich ja gerade diese Hoffnung verleugnen. Christus lebt „für Gott“; „also auch ihr, haltet euch dafür, daß ihr für die Sünde gestorben seid und lebt für Gott in Christus Jesus“ (Röm. 6,11).

3.

Gott hat sich mit seinem Volk in unbeirrbarer *Treue* verbunden. Unbeirrbar: darin würde liegen, daß keine Enttäuschung, die Gott mit uns erleben muß, ihn veranlassen wird, von seiner Verbundenheit mit uns zurückzutreten und uns aufzugeben. Gehen wir, wenn wir das predigen, zu weit? Das Kondizionalschema von V. 12 könnte unsere Gewißheit durchlöchern, der harte Satz V. 10 erst recht. Es wird darauf ankommen, diese Aussagen im richtigen Zusammenhang zu sehen. Wäre das Deuteronomium auf einen perfekten Legalismus aus, dann wäre der Bund, auf den es hinweist, längst zerbrochen. Warum denn die immer neue herzandringende Paränese? Warum diese geradezu beschwörenden Aufrufe, Gott zu lieben und ihm zu gehorchen „von ganzem Herzen, von ganzer Seele und mit aller Intensität“ (vgl. außer dem „Höre, Israel“, 6,4f. auch 10,12; 11,13; 13,4 u. ä.)? Warum sollen wir der Willenskundgebungen Gottes immerzu „gedenken“ (5,15; 7,18; 8,2.18 u. ö.)? Weil es Sinn hat, aus Verirrungen und nach Verlieren der Richtung auf den befestigten Weg zurückzukehren. Gott gibt nicht auf. Kann sein, *wir* brechen den Bund; *er* wird es nicht tun. So befremdlich uns V. 10 klingen mag, es ließen sich auch aus dem Neuen Testament vergleichbare Äußerungen beibringen. Es kann in der Tat sein, daß jemand das Verbundenheitsangebot Gottes grundsätzlich ausschlägt, Gott also „haßt“ – was in diesem Falle sicher mehr ist als das Nicht-Erwählen –, daß er also, obwohl er könnte, sich nicht lieben lassen will: dann läßt Gott an ihm das von ihm selbst Erwählte „ganz werden“ (שׁלם). Das wäre dann die Selbstverbannung aus dem Kraftfeld der Liebe Gottes. An dieser Grenze endet auch die Macht der Liebe Jesu Christi (Joh. 3,18).

Gott tritt von seiner Zusage nicht zurück, selbst wenn wir uns verstocken (Röm.
11,29). Wir sind von hier aus schnell bei der Taufe. Wie oft ich auch schon den Kontakt mit Gott verloren habe, was Gott mir in meiner Taufe zugewendet hat, bleibt
in Kraft. Ich habe losgelassen, aber er hat um so fester zugefaßt. Er hat mich schwach
werden sehen, immer wieder; aber seine Einstellung zu mir hat er nicht revidiert. Ich
geriet in Zweifel, er stand um so fester zu mir. Er hat ja einen Eid geschworen (V. 8).
Dieser Eid gilt schon lange („euren Vätern geschworen"). Gott bleibt sich treu.
Eher weichen die Berge und die Hügel wanken, ehe seine Gnade und sein Bund (man
sieht: das ist fast ein Hendiadyoin) wanken und weichen (Jes. 54,10). Gott denkt
in 1000 Generationen – unbefristet. Ich kann mich selbst vom Heil ausschließen,
aber er wird es nicht tun. Er ist zuverlässig (אָמֵן), „der treue Gott". Er wartet
auf meinen Glauben. Was hülfe mir die Taufe, wenn ich nicht glaubte? Aber mein
Glaube ist keine von mir erbrachte Gegenleistung, noch viel weniger eine Vorleistung.
Der Glaube ist sich selbst nicht interessant; er interessiert sich allein für den Gott,
der in seiner vorauslaufenden Liebe die Verbindung geschaffen und durchgehalten
hat. Ist mein Glaube schwach, intermittierend, gestört, durch Fremdes überlagert:
ich brauche an Gott nicht irre zu werden. Baptizatus sum.

7. Sonntag nach Trinitatis. Joh. 6,30–35

So sehr man die eindrucksvolle Geschlossenheit des ganzen Kapitels bewundert, so schlecht
gefugt scheint im einzelnen der Abschnitt von V. 22 an zu sein. Der vorliegende Text ist
nach Bultmann „in einer Unordnung oder jedenfalls in einer sehr mangelhaften Ordnung";
möglich, daß „ein Redaktor einen durch äußere Zerstörung gänzlich aus der Ordnung ge-
brachten Text einigermaßen in eine Ordnung zu bringen suchte" (S. 162). Man meint,
V. 34 müsse sich unmittelbar an V. 27 anschließen. Oder liegt hier das beliebte johanneische Motiv des Mißverständnisses vor? Die Tora gilt als „Brot" (Str.-B. II, S. 483f.).
Ist vom „ewigen Leben" die Rede (V. 27), so stellt sich leicht die Frage ein: „Was muß ich
tun, daß ich das ewige Leben ererbe?" (Mark. 10,17) – zumal dann, wenn vom Menschensohn, dem erwarteten Richter, die Rede ist. V. 29 antwortet dann sinnvoll auf die Frage
„Was tun?" mit: „glauben". Daraus ergibt sich aber wiederum sinnvoll die Frage nach
dem Jesus legitimierenden Zeichen. (In der synoptischen Überlieferung folgt auf die erste
Speisungsgeschichte der Seesturm (Mark. 6,30–44.45–53), auf die zweite die Zeichenforderung (Mark. 8,1–10.11–12); Joh. dürfte sich in unserm – thematisch anders konzipierten –
Kapitel von dieser Vorlage leiten lassen.)
V. 30: Nach dem, was V. 14 gesagt ist, dürfte diese Forderung eigentlich nicht mehr kommen. Aber V. 26 hat inzwischen die Fragestellung verschoben. Zum Thema Beglaubigungs-
wunder vgl. das zu 4,46–54 (3. S. n. Epiph.) Gesagte. – V. 31: Wieder könnte man sagen:
sie haben ja das Wunder erlebt (VV. 1–15). Aber es liegt eine Steigerung vor: V. 11 handelte es sich (wie es schien) um gewöhnliches Brot, *einmal* gegeben; jetzt geht es um das
„Brot vom Himmel" (Zitat wohl Mischung aus Exod. 16,4 und Ps. 78,24 – ausführliche
Erörterung des Woher bei Schnbg. z. St.), von dem Israel 40 Jahre lang gelebt hat, bis zur
Einwanderung in das Land der Verheißung (Exod. 16,35). Midrasch zu Pred. 1,9: „Wie
der erste Erlöser (Mose) das Manna herabkommen ließ, … so wird auch der letzte Erlöser
(der Messias) das Manna herabkommen lassen" (nach Schnbg., S. 55). Hinter dieser Zeichenforderung verbirgt sich also die Messiasfrage. – V. 32: Indem Jesus gegenüber der
Mannaerwartung in *einer* Aussage mindestens *zweierlei* zurechtrückt (nicht gab, sondern
der Vater gibt), hebt er die ganze Denkweise der Leute aus den Angeln. Ihr erwartet nur
eine Wiederholung des Mannawunders? Euch wird viel Größeres angeboten! – V. 33: Sie
sollen das Gottesbrot bekommen. Man könnte ὁ καταβαίνων auf ὁ ἄρτος beziehen, aber
auch auf *den* vom Himmel Herabsteigenden (3,13; 6,38.41f.). In letzterem Falle griffe
V. 33 schon auf V. 35 vor; V. 34 wäre dann abermals ein Mißverständnis. Näher liegt, daß

V. 33 noch vom Brot spricht, vgl. Num. 11,9 (LXX: καταβαίνειν). – V. 34: wie 4,15.
Das Begehren ist verständlich. Nur, sie haben noch nicht gemerkt, daß es nicht um Brot
als Nahrungsmittel geht. – V. 35: Jesus ist das Brot des Lebens (zu letzterem vgl. noch ein-
mal V. 33). Die ἐγώ-εἰμι-Formel könnte (nach Bltm.) auf verschiedene Fragen antworten:
,,Wer bist du?" (sie wäre dann als ,,Präsentationsformel" verstanden) – ,,Was bist du?"
(,,Qualifikationsformel") – ,,Mit wem identifizierst du dich?" (,,Identifikationsformel") –
,,Welche Erwartungen werden in dir realisiert?" (,,Rekognitionsformel"). Bultmann ent-
scheidet sich für das letztere. Wir können hier die Diskussion nicht wiedergeben, vgl. Ed.
Schweizer, Ego eimi ..., Göttingen ²1965; E. Stauffer im ThWNT II, S. 350ff. und ThLZ
1956, Sp. 147ff.; R. Schnackenburg im Kommentar II, S. 59–70.
Nur wer das Ganze des Kapitels im Auge hat, wird die große Rede vom Brot des
Lebens und damit auch die sie einleitende Geschichte von der wunderbaren Brotvermehrung – das Evangelium des Sonntags – richtig verstehen. Man muß auf drei
Ebenen denken: Uns wird von der Darreichung des Brotes für die vielen berichtet;
Jesus weist auf sich selbst als das Brot des Lebens; er gibt sich als das Lebensbrot
im Sakrament. Man kann diese drei Gedankengruppen, wie es dem johanneischen Stil
entspricht, immer nur in der Bezogenheit aufeinander sehen. Schon die VV. 1–15
sind hintergründig zu deuten. Das ,,Zeichen" weist immer auf etwas Bezeichnetes;
dies gilt es aufzuspüren. Das Speisungswunder – ,,jedenfalls gültige Tradition" –
wird ,,in der Lebensbrotrede erklärt: Dieses Wunder der Erdentage soll die Gemeinde
nicht veranlassen, weiterhin eine wunderbare Brotversorgung zu erwarten. Sie soll
(darin) ... ein σημεῖον ... sehen, das sie auf den hinweist, der sich jetzt als das Brot
des Lebens darbietet" (L. Goppelt, ThNT 1, S. 67). Und wenn man fragt, wie das
geschehen soll, dann hat man nicht an einen Christus zu denken, der leib- und gestaltlos im Raum schwebt, sondern an seine Selbstdarbietung im Sakrament. Sollten
die auf das Herrenmahl bezogenen Verse unseres Kapitels wirklich von einer Redaktion herrühren, dann wäre diese Hinzufügung mit Weisheit und tiefem Verständnis
geschehen; freilich werden dem, der es so sieht, eben damit die Gründe zweifelhaft,
diese Partien dem Evangelisten abzusprechen.
Der uns aufgegebene Abschnitt enthält das, worum es in dem Kapitel geht, in größter
Verdichtung. Die Leser – dargestellt im ,,Volk" – sollen die Brotfrage in ihrer Transparenz begreifen. Das Leben ist mehr als die Speise (Matth. 6,25). Weil es uns ums
Leben geht, ist uns das Brot so wichtig. Eben darum jedoch müßte es uns um mehr
gehen als um Brot. Die Menschen in Joh. 6 – und nicht nur dort – begreifen dies
schwer. Der johanneische Christus führt sie in einem offensichtlich mühsamen Dialog
dahin, daß deutlich wird oder doch werden könnte: was sie im tiefsten meinten, als
ihnen so viel an ,,Brot" gelegen war, das ist in Jesus Christus gegeben (dies der Sinn
der ,,Rekognitionsformel"). Zum Leben brauchen wir – Christus! Darum geht es in
dem ganzen Kapitel. Dabei ist freilich ein qualifiziertes Verständnis von ,,Leben"
vorausgesetzt; dieses sollte die Predigt zu erfassen suchen. So könnte man, wenn man
den etwas komplizierten und uns in seinen Vorstellungen nicht immer geläufigen
Gedankengang möglichst stark vereinfachen will, so ansetzen: *Wovon leben wir?*
(1) *Wir brauchen das Brot.* (2) *Wir brauchen mehr als Brot.* (3) *Wir brauchen das
Christusbrot.*

I.

Daß das Thema von Joh. 6 ,,Christus" heißt, bedeutet nicht, daß ,,Brot" lediglich
Gleichnis wäre und nur insoweit in Betracht käme, als es Christus veranschaulicht.
Auf die Frage, wovon wir leben, ist, auch im Sinne unseres Kapitels, die nächstliegen-

de Antwort die: Wir brauchen das Brot. Was immer wir mit der Geschichte von der Brotvermehrung anfangen können, sie bringt zum Ausdruck, daß Jesus die Notwendigkeit unserer leiblichen Versorgung keineswegs übersieht (V. 5). Alles, was fernerhin zu sagen sein wird, würde unglaubhaft, wenn darüber ein Zweifel aufkäme.

Die Bibel spricht unbefangen lebensfroh vom Essen und Trinken. Gott läßt Gras wachsen für das Vieh und Saat zu Nutz den Menschen, ... daß das Brot des Menschen Herz stärke; er gibt allen Geschöpfen Speise zur rechten Zeit (Ps. 104,14f.27f.). Gott erfüllt die Herzen der Menschen mit „Speise und Freude" – beides in einem Atem (Apg. 14,17). Jesus lehrt uns, um das zu bitten, was wir für den jeweiligen Tag zum Leben brauchen (Matth. 6,11). Er selbst wird, im Unterschied zu dem asketisch lebenden Täufer, „Fresser und Weinsäufer" geschimpft (Matth. 11,19); sicher nicht, weil er ein üppiges Leben führte, aber weil er mit seines Vaters Gaben lebensfroh umging. Sich ums Brot sorgen? Nein, – aber nicht deshalb, weil es unter unserer Würde wäre, auf Essen und Trinken angewiesen zu sein, sondern weil der Vater im Himmel weiß: wir brauchen's (Matth. 6,32). Freut sich das alttestamentliche Gottesvolk auf das „fette Mahl" (מִשְׁתֶּה eigentlich Symposion, Jes. 25,6), so spricht Jesus im Gleichnis von geschlachteten Ochsen und Mastvieh (Matth. 22,4). Wir nennen dies alles nur, damit unser Text nicht über-geistlich mißdeutet werde.

Wir brauchen das Brot. Daß es ein weite Teile der Menschheit bedrückendes und peinigendes Ernährungsproblem gibt, mit dem Wachstum der Weltbevölkerung sich immerzu verschärfend, darf uns nicht in Ruhe lassen. Wie erklärt es sich, daß menschliche Intelligenz technische Probleme kompliziertester Art in atemberaubender Weise anfaßt und meistert, und mit den Hungersnöten in der Welt wird sie nicht fertig? Wir haben den Fragenkomplex hier nicht zu diskutieren. Mit einem Lebensmittelpaket, das der einzelne nach Lateinamerika oder nach Indien schickt, wäre es ja auch nicht getan. Wir stehen vor weltweiten gesellschaftlichen und wirtschaftspolitischen Problemen. Worauf es in unserm Zusammenhang ankommt, ist dies: Der Glaube, der in großer Freiheit bekennt: „ich kann beides, satt sein und hungern" und gewiß ist, auch „Hunger oder Blöße" können uns nicht von Gottes Liebe scheiden (Phil. 4,12; Röm. 8,35), ist weit davon entfernt, die Fragen unserer leibhaftkreatürlichen Existenz herunterzuspielen oder gar zu vergleichgültigen. Die Menschen darben lassen und auf den Himmel vertrösten: dafür kann man sich nicht auf Jesus berufen. Wir haben die Gegebenheiten unseres geschöpflichen Lebens ernst zu nehmen.

Wer je Hunger gelitten hat, weiß es, was die Brotfrage für uns bedeutet. Hunger ist, wenn er uns weh tut, Hinweis auf den Tod. Wir haben das Leben nicht in uns, so daß wir es selbst produzieren könnten. Ohne Nachschub würden wir die vorhandenen Lebensgrundlagen verbrauchen und aufzehren. Wir brauchen das Brot. Freilich, damit zehren wir wiederum nur von fremdem Leben. Nicht nur bei tierischer Speise; auch wenn wir eine Frucht vom Baum genießen, entziehen wir sie der Bestimmung, ihr Leben fortzupflanzen. Damit wir leben können, geschieht immer wieder Sterben. Indem wir Nahrung aufnehmen, beziehen wir das Außermenschliche in die Vorgänge unseres Stoffwechsels ein. Wir setzen also nicht nur das in uns Vorhandene um – wäre dem so, dann wären wir als System autark –, sondern erweitern das System der biologischen Vorgänge, indem wir nichtmenschliche Kreatur uns einverleiben. Nur: damit werden die Grenzen des Problems des biologischen Fortbestandes (grundsätzlich) nur weltweit ausgedehnt, aber aus der Erschöpflichkeit alles Lebens sind wir damit nicht heraus. Alles, was lebt, muß sterben, früher oder später. Wir brauchen das Brot; es fristet unser vergängliches Leben. Mit dem „Brot für den heutigen Tag" gibt der Schöpfer uns jedesmal wieder einen Tag unseres Lebens dazu. So wie der Schmerz – der große Lebensretter – uns alarmierend darauf aufmerksam macht, daß in unserm Körper irgend etwas in ungutem Zustand ist oder nicht richtig funktioniert, so erinnert uns der Hunger daran, daß wir unsere Lebendigkeit nicht in uns selbst haben und erst recht nicht aus uns selbst heraus produzieren. Der Hunger demonstriert uns unsere Abhängigkeit, unser Angewiesensein auf anderes, auch – obwohl immer eines auf Kosten von anderem lebt – unser Verbundensein mit der übrigen Kreatur, deren in Anspruch genommenes Leben sich bei uns in Leben umsetzt bzw. unser Leben ermöglicht.

Man sollte dies alles nicht lamentierend feststellen. Gewiß liegt im Geschaffensein Begrenzung, aber doch auch – innerhalb der uns zugemessenen Zeit und des uns beschiedenen Raumes – das Bejahtsein. Gott *will* uns. Was er geschaffen hat, will er auch erhalten, bis auch unsere Stunde schlägt und das zeitliche Leben ein Ende hat. Unser geschöpfliches Leben soll uns auch Freude machen. Ein fröhlich-zugespitztes Wort aus einer theologischen Ethikvorlesung: „Einem Christen schmeckt es besser als anderen Menschen." Wir brauchen das Brot.

2.

Aber wir brauchen mehr als Brot. Die Menschen in unserm Kapitel begreifen dies schwer. Sie sind rundum mit der Brotfrage im banalsten Sinne, also mit der Frage nach der Fristung der äußeren Existenz beschäftigt. Weil Jesus ihnen Brot verschafft hat, haben sie ihn zum König machen wollen (V. 15); daß sie ihm nachlaufen – oder auf Kähnen nachfahren (der Text ist hier unklar) –, geschieht um deswillen, „daß ihr von dem Brot gegessen habt und seid satt geworden" (V. 26). Aber Jesus muß sie auffordern: „Verschafft euch eine Speise, nicht, die vergänglich ist, sondern die bleibt (J. Schneider: „vorhält") in das ewige Leben" (V. 27 – der Beginn der Perikope ist schwierig; man kann sich nicht aus dem Stand auf ein in Bewegung befindliches Fahrzeug aufschwingen). Die Menschen sollten begreifen, daß es mit dem Sattwerden allein nicht getan sein kann.

Daß der Mensch nicht vom Brot allein leben kann, geht weit über die simple Einsicht hinaus, daß zum Fortbestand unseres Lebens mehr gehört als Essen und Trinken. Daß jemand nur gefräßig ist und weiter nichts, das kommt, auch bei bedenklicher Verlagerung der Akzente, nicht vor, und in dieser Hinsicht hätten sicher auch die Leute von Kapernaum keine besondere Lektion nötig gehabt. Schon die Vitalität umschließt mehr. Uns sind, wo es um die Erhaltung des Individuums und um die Erhaltung der Art geht, ganz bestimmte elementare Bedürfnisse anerschaffen. Zur Erhaltung der Art würde beim Vogel auch der Nestbau gehören. Der Mensch schafft sich seine Heimstatt und darum herum die Bedingungen für ein auskömmliches und gesichertes Leben. Man kann sich, was hier in Betracht zu ziehen ist, an Luthers Erklärung zur vierten Bitte im Kleinen Katechismus klarmachen. Noch einmal: alles wichtig und keineswegs gering zu achten. Aber das Leben ist mehr als dies alles. Wir sind in der Praxis unseres Daseins kapernaitischer, als wir meinen. Unser Wohlstand soll uns nicht verleidet werden, auch nicht die vielen Dinge im täglichen Leben, die es erleichtern, verschönern, glücklich und reich machen. Aber auch der perfekte Wohlstand ist im Sinne Jesu noch nicht „das (ewige) Leben" (VV. 27.33–35). Man muß noch nicht einmal sofort in der eschatologischen Perspektive denken. Das

Menschliche des Menschen besteht nicht bloß darin, daß der „Bau", in dem er wohnt, komfortabler ist als ein Fuchsbau. Man kann alles haben, was dem Wohlstandsbürger erstrebenswert scheint, und dabei doch das spezifisch Menschliche verfehlen. Man kann üppig vegetieren, ohne doch wirklich zu leben. Es kann sein, daß man sich alles leistet, was in den Schaufenstern lockt, und doch mit dem, was eigentlich Leben ist, nicht zurechtkommen. Denn das eigentliche Leben ist da, wo wir zum Personleben erwacht sind, verantwortliches Ich sind im Gegenüber zum Du, unser Dasein mit seinen Chancen und Aufgaben ergreifen, das Nichtseinsollende verwerfen, das Seinsollende bejahen und uns zu eigen machen, so daß unser Leben im Dienen und Wirken seinen Ertrag bringt. Die Leute in Kapernaum haben nicht schlecht begriffen: „Gottes Werke wirken" (V. 28). Zitat aus der Damaskusschrift (2,14f., nach Schnbg., S. 51): „Ich will eure Augen auftun, auf daß ihr seht und versteht *die Werke Gottes* und wählt, was ihm gefällt, und verwerft, was er haßt." Daß wir all unser Können, unsere Mittel und Kräfte darauf verwenden, immer nur die äußeren Daseinsbedingungen zu verbessern, bringt nicht nur – allmählich spricht es sich herum – den Haushalt unserer Welt in Unordnung, sondern läßt uns auch unser Eigentliches, unser Menschsein verfehlen. „Der Mensch lebt nicht vom Brot allein."
Man könnte das bisher Gesagte – mit geringen Abstrichen – auch außerhalb des Glaubens so sehen. Das Besondere des christlichen Menschenbildes besteht darin, daß wir uns als das Gegenüber Gottes zu verstehen haben. Das, was uns zu verantwortlichem Personleben erweckt, ist die Anrede Gottes, auf die wir Antwort zu geben haben. In der Gemeinschaft mit Gott haben wir nach christlichem Verständnis das eigentlich Menschliche unseres Lebens. Da ist es nach „oben" oder „außen" hin geöffnet; da hat es sein Gegenüber gefunden oder ist von ihm gefunden worden. Da ist es aus der Verschlossenheit des Kreatürlichen in sich selbst (essen, um zu leben – leben, um zu essen) befreit.
Die Menschen in unserm Text haben davon ein wenig begriffen. Sie erinnern sich der Mannageschichte aus der Wüstenzeit. Die Stunde, in der die Geschichte spielt, ist dem günstig: in den Passatagen sind die Texte der Mosezeit in aller Sinnen (V. 4). Das wär's doch eigentlich: Brot vom Himmel (V. 31). Da wäre die in sich verschlossene Weltlichkeit, das Aufgehen im Ökonomischen und in der Sorge um die irdischen Daseinsbedingungen, gewissermaßen von oben her aufgebrochen: man lebt unmittelbar von dem, was Gott gibt. Das Manna könnte ja als das Übernatürliche gedeutet werden. Man wäre sozusagen an den Stromkreis der Wundermacht Gottes angeschlossen. Hieße das nicht: Gott ernst nehmen? „Brot vom Himmel" – das müßte sich jetzt wiederholen. Geschähe dies, dann würde man nicht nur einmal satt werden, wie man es eben erlebt hat (V. 12), sondern „allewege"; man wäre in die Heilszeit versetzt, in der sich die Wunder der klassischen Zeit erneuern (s. o.). Dann müßte man einen haben, der seiner Bedeutung nach mit Mose konkurrieren kann. Jesus, könntest du das? Legitimiere dich durch ein Zeichen! „Was schaffst du?" Bist du der zweite Mose?
Ein Körnchen Wahrheit: sie haben begriffen, daß das, was das Leben bewirkt, nicht aus der Welt kommt: Brot vom Himmel. Was sie in ihrem Hunger begehren, ist mehr als das irdische Brot. Aber trotzdem: ihnen liegt am Brot. Verstehen wir das Ich-bin-Wort als Rekognitionsformel, dann sagt sie: Eben das, was ihr unentwegt sucht – auch als das Manna vom Himmel –, habt ihr gar nicht in dem Gesuchten, sondern in dem „Mehr als Brot". – Übrigens stimmt dann auch die von ihnen vermeinte Parallele nicht mehr. Mose „hat gegeben"? Und nun soll ich es sein, der gibt? *Gott* ist der Geber, in jedem Falle. Eine weitere Veränderung des Denkschemas:

Jesus wird – in V. 35 werden sie es hören – die *Gabe* sein. An Jesus glauben (V. 30), um Brot zu haben? So, daß es eigentlich auf das Brot ankommt und nicht auf das „Mehr als Brot", nämlich auf ihn? Sie werden umlernen müssen. Und noch in einem dritten: Denkt nicht, das Gesuchte sei einmal gewesen – in den Tages des Mose –, könne aber wiederkommen. Das Mannawunder höherer Art *geschieht* ja, jetzt, da ihr mich vor euch habt. Es ist ja wahr: ihr braucht Brot. Aber ihr braucht mehr als Brot. Ihr braucht ...

3.

V. 35 bringt die Wende und damit die eigentliche Aussage des Textes. Es geht um das *Christusbrot* – nicht um das, das er gibt, sondern um das, das er *ist*. Ihr sucht Brot? Das, worauf ihr aus seid, habt ihr in *mir*.

Wir haben uns darauf einzustellen, daß eine solche Selbstaussage den Leuten in Kapernaum, den Lesern des Evangeliums und den Hörern der Predigt zunächst eine *Enttäuschung* bereitet. Was wir (unter 2) durch „mehr als Brot" andeuteten, kann ja erst durch die Christuserfahrung greifbar werden. Wir haben bisher nur den „geometrischen Ort" aufgezeigt, an dem diese Erfahrung statthaben könnte. Was es mit Christus auf sich hat, erfährt man aber immer erst in der lebendigen Begegnung mit ihm.

Jesus redet von sich: „Gottes Brot ist das, das vom Himmel kommt und gibt der Welt das Leben" (V. 33). „Kommt"? Jesus ist nicht der zweite Mose, der Brot vom Himmel gibt. Das Geben ist Sache des Vaters, sahen wir; das Gegebene ist Jesus selbst. Ihr seid auf *etwas* aus, das ich bringen soll; das, was ich bringe, bin *ich selbst*. Ich zeige nicht den Weg, ich *bin* er. Ich gebe nicht Auferstehung und Leben, ich *bin* es. So auch das Brot. Was liegt in dieser Aussage?

Brot ist das Nötigste, es ist unentbehrlich. Es gibt auch noch anderes Nötiges; Jesus könnte sich damit vergleichen. Aber wir haben jetzt die Aussage von V. 35 zu verstehen. Man kann nicht sagen: Tausend nötige – kleine und große – Dinge – und, wenn man will, als Bereicherung Jesus noch dazu. Fromme Rede übertreibt gern; es könnte sein, wir sagen zu schnell, daß der in Jesus Christus uns zugewandte Gott das Wichtigste in unserm Leben sei. Die Aussage muß in ihrer Gültigkeit verstehbar werden. Man könnte von jeder Kreatur sagen, daß sie nicht einen Augenblick leben kann, ohne daß der Schöpfer ihr Leben will und trägt. Vom Menschen muß man noch mehr sagen. Andere Kreaturen bestehen, indem Gottes Schöpferwort *über* sie ergeht; wir Menschen bestehen, indem es nicht nur *über* uns, sondern zugleich *an* uns ergeht. Im Logos haben wir das Leben. Sagten wir vorhin, daß wir ohne die Gemeinschaft mit Gott nach dem christlichen Verständnis des Menschen unser Menschsein verfehlen, so wird nun deutlich, wie diese Gemeinschaft mit Gott entsteht und besteht: in Jesus Christus ist sie uns erschlossen. Ohne ihn können wir den äußeren Bestand des Lebens zu erhalten suchen, darüber hinaus die im Menschlichen liegenden Fähigkeiten und Möglichkeiten wahrnehmen. Hier, in Jesus, geht uns das Herz Gottes auf.

Wir haben das Leben nicht in uns selbst. Wir empfangen es. Jeder Bissen, den wir essen, könnte uns daran erinnern, daß wir, um leben zu können, der Zufuhr von Leben bedürfen. Wir haben so viel, wie Gott uns gibt. Er gibt uns das Leben, indem er sich selbst gibt. – Verkennen wir nicht unsere Situation: Wir sind Abgefallene. Das Licht scheint in der Finsternis. Die Welt hat Gott nicht erkannt; sie hat in ihrer Gottverschlossenheit und Gottesfinsternis gelebt. Aber die Jesus aufnahmen, denen gab er

Macht, Gottes Kinder zu werden. Was der Prolog so grundsätzlich sagt, ist auf unsere Ich-bin-Rede anzuwenden. Gäbe der vom Himmel Gekommene sich nicht in unser gegen Gott verschlossenes Leben hinein, dann blieben wir in der Tat von der Quelle, vom Ursprung des Lebens abgeschnitten. Unsere Bezogenheit auf Gott werden wir nicht dadurch los, daß wir ihn ignorieren. Aber die Gottesbeziehung, in der das Geschöpf den Schöpfer ignoriert, ist unhaltbar. Da hilft kein irdisches Brot und kein ökonomisches Mirakel. Denn da „lebt" man nicht, und wenn man an allem Überfluß hätte. Aber Gott gibt sich, indem das Brot vom Himmel kommt.

In dem Wort Brot liegt nun aber auch, daß Jesus wirklich in uns eingehen will. Brot ist nicht zum Anschauen da. Es nährt, indem man es zu sich nimmt. Vielleicht würden wir ein „Gespräch" mit Jesus für ausreichend halten. Nichts gegen die Gespräche mit ihm. Aber er will in uns ein- und in uns aufgehen. Paulinisch gesprochen: „So lebe denn nicht mehr ich, sondern Christus lebt in mir" (Gal. 2,20). Johanneisch: „Bleibt in mir und ich in euch" (15,4). Sein Leben, vom Himmel gekommen, wird uns gegeben. Das ist mehr als die Fristung des sterblichen Daseins Tag um Tag, bis es ein Ende hat. Wer Christus in sich aufgenommen hat, der hat das Leben in Gottes Gemeinschaft, also das ewige Leben, schon jetzt.

8. Sonntag nach Trinitatis. Jes. 2,1–5   *Kirchweih 2003*

Parallelüberlieferung in Micha 4,1–4, so freilich, daß statt V. 5 unseres Textes dort ein anderer Schluß steht. Die Frage, wem die Zukunftsweissagung ursprünglich zugehört – Jesaja, Micha oder einem Dritten –, ist für die Predigt Nebensache. Gründe, die man gegen eine Abfassung vor Josia (durch den Jerusalem erst diese zentrale Bedeutung gewonnen hätte) angeführt hat, schlagen nicht durch. „Die hohe Bedeutung des Zion für Israels Glauben ist nicht eine Auswirkung, sondern bereits eine Voraussetzung der Kultreform Josias" (Wbgr. z. St.). Vgl. den Abschnitt „Der Zion" bei von Rad, ThAT II, S. 166 ff. 305 ff. Wenn Jesaja unser Stück verfaßt hat, so hat er „einen ihm offenbar schon vorliegenden und wesentlich reichhaltigeren Vorstellungskreis nur einzelne Züge entnommen" (a. a. O., S. 307).

V. 1: ist vom Sammler hinzugefügte Überschrift; daß Jes. genau vorgestellt wird, als sei das in 1,1 noch nicht geschehen, könnte darauf deuten, daß hier ein einst selbständiges Büchlein beginnt (vielleicht bis 4,6, vielleicht bis Kap. 5 und dann weiter mit 9,7 ff.). „Geschautes Wort": das Wort ist nicht nur Bezeichnung, es wirkt sich auch im Bereich des Räumlichen und Dinglichen aus, weil ihm selbst ein dinglicher Sinn anhaftet (ThWNT IV, S. 90; von Rad, a. a. O., S. 94). – V. 2: „in der Folge der Tage" (Wbgr.) muß nicht apokalyptisch verstanden (= im neuen Äon) und darum nachexilischer Zeit zugeordnet werden; vgl. Gen. 49,1; Num. 24,14; Deut. 4,30 und 31,29; der Ausdruck meint aber eine durch Jahwes Eingreifen in die Geschichte veränderte Zukunft und leitet damit eine eschatologische Weissagung ein (vgl. Hes. 38,8.16; auch Hebr. 1,2; 1. Petr. 1,20; Joh. 6,39; 12,48). Wunderhafte Veränderung der räumlichen Verhältnisse; der Berg des Hauses Jahwes (= der Zion) (die LXX bringt noch den Tempel mit hinein, eine unnötige Erweiterung) wird allen Völkern sichtbar sein. Die Michafassung spricht zurückhaltender: „zu ihm werden Völker strömen"; manche Exegeten geben ihr den Vorzug. – V. 3: עלה ist tt für die Wallfahrt zum Heiligtum. Die Pilger rufen sich zu: „Laßt uns hinaufziehen ..." (Ps. 122,1). Die Wurzel ירה bedeutet „gründen" (Jerusalem = Gründung des Friedens), aber auch „die Hand ausstrecken", „zeigen", „lehren". V. 3c: יֹרֵנוּ und V. 3d: תּוֹרָה (hier „Weisung") verwenden die Wurzel im letztgenannten Sinn. Sodann: „Schon durch den Namen der Gottesstadt wird jeder an das Wort שׁלום ,Friede' erinnert" (Wbgr., S. 90). מִירוּשָׁלַיִם · תורה · יָרֵנוּ: hier scheint ein Wortspiel vorzuliegen, das „Jerusalem" (etymologisch freilich unzutreffend) als „Hochschule des Friedens" deutet. Dabei geht es nicht um ein „System der Ethik", sondern um konkrete Weisung, speziell Rechtsbelehrung (wie Deut. 17,10f.), so daß man das von uns gebrauchte Wort „Hochschule" eher durch „Schiedsstelle" zu ersetzen hätte. Wbgr. legt Wert darauf, daß auch „Weg" und „Pfad" so konkret zu verstehen seien. V. 4a stützt diese Auffassung. Freilich: kann die Einzelweisung ohne allgemeinen Hintergrund sein (wie z. B. 1,17: „es geht nicht primär um Einzeltaten und Gesetzeserfüllung, sondern um eine grundsätzlich neue Ausrichtung der menschlichen Existenz", so Wbgr.)? – V. 4: Jahwe als Schiedsrichter in Konfliktsituationen der Völker. Ergebnis: Die Völker selbst (anders Ps. 46,10) „zerbrechen" die Waffen und machen sie zu Pflügen und Winzermessern. Das Sprichwort (?) in Joel 4,10 ist hier ins Gegenteil verkehrt; Joel könnte aber auch das Jesajawort bewußt umgedreht haben. Das andere „Lernen" (V. 4c Ende) wird aufhören. – V. 5 hat ein anderes Thema. Auch Micha 4,4 paßt insofern nicht genau zum Vorangehenden, als es das weltweite Geschehen individualisiert; aber ein Zusammenhang besteht jedenfalls. Hier, in Jes 2,5 liegt ein Bruch vor. Erst: Was haben die Völker zu lernen? Jetzt: Was hat Israel zu lernen? Die Wendung ist jedenfalls sachlich von Bedeutung!

G. von Rad spricht (in: Ges. St. z. AT, S. 224) eine Vermutung aus: Es habe mit der „Stadt auf dem Berge [Matth. 5,14] noch eine andere Bewandtnis …, als daß hier nur ein Vergleich aus dem Leben angezogen werden sollte", nämlich die Nichtübersehbarkeit einer hochgelegenen Stadt; die eschatologische Jüngergemeinde, von der Jesus spricht, sei für ihn eben das Jerusalem von Jes. 2,1–5 (sowie Jes. 60 und Hagg. 2,6–9). J. Jeremias stimmt ihm zu (Ntl. Th. I, S. 166), Grundmann (z. St.) mit Einschränkung. Ist die Vermutung richtig, dann legen das Evangelium des Sonntags und unsere Perikope sich gegenseitig aus. Damit wäre dann allerdings etwas Unerhörtes über die Gemeinde Jesu gesagt. Die eschatologische Zukunftsvision Jesajas – „daß der Text … jesajanisch ist, kann nicht wohl bezweifelt werden" (v. Rad, S. 215; anders Kaiser und Fohrer) – wäre dann in ihrem Vorhandensein, wenigstens anbruchsweise, erfüllt. Kann man das behaupten? Wie auch immer Jesaja zu solcher Gewißheit gekommen sein mag, er sieht, was bisher noch keiner hat sehen können: Die Völker werden zum Zionsberg „strömen" (V. 2 Ende), zu dem Gott Jakobs. Von ferne haben sie den Berg, der das Haus Gottes trägt, erblickt. Denn dieser Berg wird – das Wunder am „Ende der Tage" – zu unvergleichlicher Höhe erhoben sein, aufragend über alle Hügel. Hier ergehen Gottes Weisungen und Schiedssprüche, die die Völker auf den rechten Weg und damit auch zu einer neuen Gemeinschaft des Friedens führen. Ein Zustand des Friedens wird herrschen: aus Schwertern werden Pflugschare, aus Lanzenspitzen Winzermesser.

Eine streng historische Auslegung muß uns vor Überdeutung warnen. Sagt der Text, daß alle Völker jahwegläubig werden und der Glaube Israels zur Menschheitsreligion wird? Es ist ein Unterschied, ob die Völker von Fall zu Fall nach Jerusalem kommen, um das Orakel bzw. den die Tora Gottes verwaltenden Priester zu befragen, d. h. um für eine bestimmte Entscheidung den Willen des Gottes Jakobs zu erfahren, vielleicht einen Streit von ihm schlichten zu lassen, – oder ob Jahwe wirklich ihr Gott wird, neben dem sie keine anderen Götter haben werden. Man wird im Sinne der antiken Auffassung die Dinge nicht so grundsätzlich nehmen, wie wir das gewöhnt sind. Es war den Menschen der Alten Welt nichts Fremdes, sich gelegentlich bei anderen Göttern Rat zu holen.

Die Schrift lehrt uns, daß Gott mit seiner Gemeinde einen *Weg* geht. Wir werden also ihre verschiedenen Aussagen nicht – als ließen sie sich zu einem Lehrsystem zusammenfügen – auf eine Ebene auftragen. Wir werden uns andererseits auch hüten müssen, im Sinne eines heilsgeschichtlichen Evolutionismus zu denken, nach dem sich eines notwendig aus dem anderen entwickelt. Gott begegnet uns in seiner Freiheit, wann und wo er will. Was sich aus dem Einfallen immer neuer Offenbarung – in Wort und Wirken Gottes – ergibt, ist aber dann doch ein Ganzes, so daß die Gemeinde das, was heute ist und morgen kommen wird, im Lichte dessen sehen kann, was einst gesagt wurde. Wir werden uns darin, daß wir „die Stadt auf dem Berge", im Sinne unseres Textes verstanden, mit der Gemeinde Jesu Christi gleichsetzen, nicht übernehmen dürfen. Es muß noch viel geschehen, ehe das hier Geschaute volle Wirklichkeit ist. Aber wo Menschen den hier verkündigten Gott um Rat und Weisung angehen und sich seinem Willen unterwerfen, „da ist der Weg angetreten, auf dem noch viel deutlicher von der Teilhabe der Völker am Heil gesprochen werden wird (Jes. 45,22–25; Phil. 2,10f.). Da ist die βασιλεία τοῦ θεοῦ nahe herbeigerückt" (Wbgr., S. 90). So werden wir recht daran tun, die im Text angelegten Linien im Sinne des biblischen Gesamtzeugnisses ggf. weiter auszuziehen. In Reihe I habe ich, mit angegebenem Grund, den Passus über die „Stadt auf dem Berge" nur kurz gestreift; es ist gut, daß uns nun Gelegenheit gegeben ist, dieser Aussage besser gerecht zu werden. Als Grundriß sei vorgeschlagen: *Das Reich Gottes in prophetischer Schau*: (1) *Alle kommen zu dem einen Gott.* (2) *Alle fragen nach seiner Weisung.* (3) *Alle leben in seinem Frieden.*

I.

Der Zionsberg ist geographisch schon im Raum Jerusalem keineswegs die höchste Erhebung. Daß er am Ende der Tage in konkurrenzloser Höhe aufragen wird, ist ein Wunder; er soll dann von allen Punkten der Erde aus sichtbar sein. Solange die Erde als Scheibe galt, mochte man sich das eher vorstellen können. Wir sollten uns nicht unnötige Mühe machen; die einsame Höhe des Berges, der Gottes Wohnung trägt, ist Gleichnis für die Konkurrenzlosigkeit Gottes selbst. Es ist nur noch ein kleiner Schritt zu Gottes Selbstaussage beim zweiten Jesaja: „Ich, ich bin der Herr, und außer mir ist kein Heiland" (43,11) und „Ich bin der Erste, und ich bin der Letzte, und außer mir ist kein Gott" (44,6). Unser Text sagt, daß Gott nicht nur dieser Einzige *ist*, sondern daß er der Welt in seiner Einzigkeit auch *erkennbar* sein wird, darin eben, daß alle Menschen den Ort seiner Offenbarung vor Augen haben werden. Für Jesaja haftet solche Erwartung tatsächlich am Zion, und er steht damit in einer alten – für Jerusalem charakteristischen – Tradition, wie denn der Prophet hier auch „einen in allem Wesentlichen festliegenden eschatologischen Vorstellungskreis aufgreift" (von Rad, S. 217). Es ist aber alles Ausdruck der Gottesbotschaft des Propheten und – wie wir noch sehen werden – der Erwartung des eschatologischen Empfangs und der Durchsetzung des Gottesrechts (ebd.).

Von einem Standpunkt außerhalb der Gemeinschaft mit diesem Gott her kann eine solche Erwartung nur als unbegründet, ja als anmaßend erscheinen. Gewisse synkretistische Tendenzen innerhalb einer Theologie der Religionen erklären sich von diesem Eindruck her. Warum sollte nicht ein jedes Volk zu *seinem* Gott und zu dessen Heiligtum wallfahrten? Die Frage liegt nahe. Sie kann sich sogar auf Stellen des Alten Testaments berufen. Sie begegnet in verwandelter und verfeinerter Weise im modernen Denken: Ehren sie nicht alle – unter verschiedenem Namen und jeder auf seine Weise – den *einen* Gott? Meinen sie nicht alle denselben? Es bedürfte der Wallfahrt an den einen, zentralen Ort nicht, wenn es nur um „Religion" ginge, verstanden als eine Einstellung, Haltung und Betätigung des frommen Menschen, also ähnlich der Kunst, als etwas selbst Hervorgebrachtes. Es bedürfte dieser Wall-

8. Sonntag nach Trinitatis. Jes. 2,1–5

335

fahrt auch dann nicht, wenn die Wirklichkeit Gottes uns natürlicherweise erschlossen wäre, ohne daß Gott sich am besonderen Ort und in besonderer Weise kundgeben müßte. Die Wallfahrt würde sich auch dann erübrigen, wenn wir uns daran genug sein lassen könnten, Gott zu suchen und zu ahnen, Gott es also nicht darauf abgesehen hätte, uns im personhaften Gegenüber und ereignishaft zu begegnen. Wir müssen das auf uns nehmen, daß der Verdacht entsteht, die Konkurrenzlosigkeit des „Gottes Jakobs", d. h. aber auch: des Gottes, der uns in Jesus Christus begegnet, sei nur der theoretische Vorwand theologischer Rechthaberei und eines kirchlichen Geltungs-, um nicht zu sagen Machtanspruchs. Man kann solchen Verdacht leicht erheben, und die Kirche hat ihm durch ihr Verhalten leider viel zu oft Nahrung gegeben. Wem das hier Gemeinte aufgegangen ist, der wird freilich ganz anders urteilen. Das, was am Ende die Blicke aller auf sich ziehen wird, ist nicht ein Gott, der sich gegen Widerstrebende mit Macht durchsetzt. Seine Macht ist die Ohnmacht. Sein „Aufragen" ist die Niedrigkeit. Setzt er sich durch, dann nur mit Liebe und letzter Hingabe seiner selbst. Jesaja hat gewiß nicht den Gekreuzigten vor sich gesehen. Aber auch er weiß vom Glauben gegen allen Augenschein. Man stelle sich vor, was es für Jesajas Zeit bedeutete, wenn es hieß: „Völker ziehen heran, auf Jerusalem zu!" Die Aramäer, verbündet mit Israel, – „da bebt das Herz" (7,2). Die Assyrer – vor ihrer Kampfkraft kann einen nur das Grauen erfassen (5,26–30). Wenn gar die „vielen Völker" wie Meer heranbrausen (17,12)! Das bedrohte, schlotternde Jerusalem soll zum Mittelpunkt der Welt werden? Jesaja hat sich über die Steilheit seiner Erwartung keiner Täuschung hingegeben. Daß Jerusalem „fest gegründet" ist (vgl. Ps. 46), ist Glaubensaussage – allen Gefahren und Widrigkeiten zum Trotz. Es gibt keine irdisch-menschlichen Gründe für diesen Glauben. Gottes Gemeinde hält ihn fest, weil Gott es gesagt hat. Gott steht für sich selbst ein. Das ist der letzte Grund für die gewisse Erwartung einer endlichen Erhabenheit und Überlegenheit. Sind wir, die Christenheit, nun die „Stadt auf dem Berge"? Die Frage könnte nie bejaht werden, sofern sie eine Aussage über uns selbst meinte. Schon bei Jesaja heißt es nicht, das Gottesvolk werde hoch sein. „Alle Weltherrschaftsträume Israels, zu denen das durch die Tradition gegebene Motiv der Erhöhung des Zion über alle Berge ... Anlaß geben könnte, bleiben beiseite" (Wbgr., S. 89). Der *Berg* Gottes wird hoch sein – wir deuteten: eigentlich *Gott selbst*. Weder die Christenheit als ganze noch ein wie immer geartetes „Jerusalem" in ihr darf sich anmaßen, selbst die Weltinstanz zu sein, die die Völker belehrt. Tut Gott es *durch* sie, so steht sie doch selbst immer wieder *unter* dem Wort und damit unter der Autorität des weisungsgebenden Gottes. Der V. 5, der – wie schon der Vergleich mit Micha 4 zeigt – nicht zum Grundbestand der Weissagung gehört, ist jedenfalls von einem verständigen Mann hinzugefügt worden. Man kann nicht davon reden, daß die Völker zu Gott heranströmen, um sich auf die rechten „Wege" und „Steige" weisen zu lassen, ohne daß das „Haus Jakobs" seinerseits den Entschluß faßt, im Licht des Herrn zu wandeln (vgl. die Epistel des Sonntags). Hatte in Jerusalem auch der Priester die Tora zu verwalten und ist es auch heute noch Sache des Amtes der Kirche, das Wort auszurichten, in dem Gott selbst sich kundgibt: Gottesherrschaft darf nicht in Menschenherrschaft verfälscht werden, und die Stelle, wo man sich Auskunft holt, darf nicht zu einer klerikalen Weltoberaufsicht entarten. Es geht um Herrschaft *Gottes*. Der Hebräerbrief greift auf unsere Stelle zurück (12,22): die er anspricht, sind solche, die „zum Berge Zion und zur Stadt des lebendigen Gottes gekommen sind", aber diese Stadt ist „das himmlische Jerusalem", also die nur eschatologisch zu begreifende Gottesstadt. Fragt man, ob wir, die Christenheit, das sind, wovon der Text spricht, so ist diese

Frage wohl zu bejahen, aber eben nur unter dem eschatologischen Vorbehalt. Was wir heute schon sind, ist, was wir sein werden.

Eindeutig und unwidersprechlich wird das Hochsein Gottes in seiner Offenbarung erst „am Ende der Tage" sein, wenn alle Augen ihn sehen werden (Offb. 1,7). Aber wo Menschen glauben, da blicken und bewegen sie sich schon jetzt in die eine Richtung, auf den „Berg" zu, „da des Herrn Haus ist" (V. 2). Suchen wir auch die zu-künftige Stadt (Hebr. 13,14), so liegt doch der Zugang zu ihr an der Stelle, wo Gott sich uns gegeben hat: in Christus, d. h. aber in seinem Wort und seinen Sakramenten. Die zentripetale Bewegung der „vielen Völker" hat darin ihren Sinn, daß es in unserer Welt den „Ort" gibt, an dem Gott zu finden ist. Wer diesen Ort entdeckt hat, läßt sich nicht lange nötigen!

2.

Niemand hat die heranziehenden Völker in die Gottesstadt befohlen oder gedrängt. Sie selbst fordern sich gegenseitig auf: „Kommt, laßt uns auf den Berg des Herrn gehen!" Sie suchen dort etwas, was sie nötig haben: „daß er uns seine Wege lehre und wir auf seinen Pfaden gehen". Es ist nicht so, wie man fürchten könnte: als habe sich da in Jerusalem eine Art zentrale Kommandostelle aufgetan, von der aus der Lauf der Welt dirigiert wird. Es kämen uns peinliche Assoziationen in den Sinn: es hat schon mancher der Welt das Glück versprochen, wenn sie sich nur seiner Macht unterwerfen wollte, und es hat mancher, der mit solchem Angebot nicht auf Gegenliebe stieß, der widerstrebenden Welt dieses zweifelhafte Glück mit Waffengewalt aufzunötigen versucht. Die Assyrer, später die Babylonier, Alexander der Große und seine Nachfolger, die Römer – um nur die biblischen Beispiele imperialistischer Machtentfaltung zu nennen – haben der Welt nicht das Heil gebracht. Zu dem Gott, der in der Welt sein Reich aufrichtet, kommen die Völker aus eigenem Antrieb. Sie merken: uns kann gar nichts Besseres geschehen, als daß sich der Rechtswille dieses Gottes bei uns durchsetzt. In „Jerusalem" „lehrt" (ירה) man das „Heil" (שלום).

Es könnte sein, daß sich das hier Gemeinte uns deshalb nicht leicht erschließt, weil wir nicht so leidenschaftlich wie die Menschen des Alten Bundes darauf aus sind, von Gott rechtliche Weisungen zu empfangen. Wohl empfinden wir das Recht, ganz allgemein genommen, als Wohltat. Nicht auszudenken, was wäre, wenn unser Leben, unsere Arbeit, unser Eigentum, unser Auskommen, das Miteinander unseres täglichen Lebens, Handel und Wandel nicht durch das Recht in Ordnung gehalten und geschützt wären. Wie wichtig das Recht für das Leben ist, merkt man immer erst dort, wo es Einbrüche in die Rechtsordnung gibt, etwa bei anarchischen Zuständen, Terrorismus, „Faustrecht" und – Krieg. Man denke sich nur eines der Zehn Gebote außer Kraft gesetzt: die Welt würde aus den Fugen gehen. – Aber muß man denn, damit Recht geschehe, eine solche Weisungsstelle haben, wie sie der Text im Blick hat? Wir werden darauf hinweisen, daß der Mensch ein Rechtsbewußtsein habe, an das er sich halten könne und das „Belehrung" von außerhalb überflüssig mache. Ja, wir könnten irgendwelche Fremdsteuerung hinsichtlich dessen, was wir für „recht und billig" halten, geradezu als Belastung empfinden. Mag sein, daß Menschen auf einer frühen Entwicklungsstufe unterwiesen werden müssen, weil sie mit ihrem eigenen Denken nicht weit genug vorangekommen sind, wie denn auch Kinder sich der Tragweite ihres Handelns nicht hinreichend bewußt sind und es darum nötig haben, daß Erfahrene für sie denken, damit niemand Schaden leidet. Man könnte meinen: in dem Maße, in dem die „Völker" selbst Erfahrung und Klarheit im Urteil gewinnen, bedürfen sie dieser Zentralstelle auf dem hochragenden Berge nicht mehr. So müßte sich auch die Wallfahrt erübrigen, an die Jesaja denkt. Dies um so mehr, als wir begriffen haben, daß auch das Recht eine geschichtliche Wirklichkeit ist, sich also wandeln muß, wenn es dem ständiger Veränderung unterworfenen Leben dienen soll. Was nützt uns „Jerusalem"?

Wir werden, was an den genannten Bedenken und Einwänden richtig ist, nicht übergehen dürfen. Daß wir im Recht Gottes, seinen „Wegen" und „Pfaden" unterwiesen werden sollen, bedeutet ja keinesfalls, daß künftig ein anderer – diesmal Gott – für uns denkt und wir aller Eigenverantwortung enthoben werden. Das Herrsein Gottes soll uns keinesfalls entmündigen. Das Gegenteil ist richtig! Der geschichtliche Charakter des Gebotes Gottes verlangt von uns ein immer neues Transformieren des unwandelbaren Gotteswillens in die jeweilige Situation und ihre Erfordernisse. Eben darum lag uns daran (s. o.), daß in „Jerusalem" nicht etwa (nur) konkrete Entscheidungen „abgeholt" werden, gebrauchsfertig, nur noch in die Tat umzusetzen. Wir haben uns an 1,17 erinnern lassen. „Weg" und „Pfad" sind Worte, die auf eine Erstreckung hindeuten; es kann also nicht nur Punktuelles gemeint sein. So wird z. B. in der seelsorgerlichen Beratung dem Erforderlichen in der Regel nicht Genüge getan sein, wenn über den nächsten fälligen Schritt Klarheit geschaffen ist; was heute oder morgen fällig ist, wird sich in ein Ganzes einfügen müssen und darum einer Grundentscheidung zugeordnet sein, die in immer neuen Entscheidungen nicht nur durchzuhalten, sondern zu aktualisieren ist. Es gilt, in „Jerusalem" die Maßstäbe zu gewinnen, nach denen die jeweils fälligen Entschlüsse – eigenverantwortlich und darin original und schöpferisch – zu treffen sind.

Sollten wir aber der Meinung sein, wir bedürften der Weisung auch im Grundsätzlichen nicht, so dürfte es nicht schwer sein, diesen Irrtum auszuräumen. Das viele Unrecht, das Tag für Tag in der Welt geschieht, geschieht ja in vielen Fällen nicht wider besseres Wissen und Rechtsempfinden, sondern in irregeleiteter Grundanschauung. Unser Gewissen ist außerordentlich unzuverlässig; es wird so leicht überlagert und dann geradezu fehlgesteuert durch allgemeine, landläufige Auffassungen und Gewohnheiten. Man meint, man sei im Recht, wenn „es" – vielleicht um gewisser „höherer Notwendigkeiten" willen – alle tun. So z. B. einer, der andere für Hungerlohn arbeiten läßt und selbst dabei reich wird. So einer, der Frau und Kind im Stich läßt, weil er es für sein gutes Recht hält, sich anderweit zu verlieben. So der Kriegsverbrecher oder Judenverfolger, der nur mit den Schultern zuckt und sich herausredet: „Befehlsnotstand". So der Terrorist, der seine Aggressionen mit einem ebenso unbändigen wie unrealistischen Weltverbesserungswillen verbindet. So der Politiker, der seinen Machiavellismus mit der Formel bekennt: „Right or wrong – it is my country." So der Despot, der den politisch Andersdenkenden mit Gewalt ausschaltet. So der Rassist, der es für rechtens hält, daß der Dunkelhäutige nicht mit ihm in einer Straßenbahn fährt. Wie würde die „priesterliche Tora" (Begrich) in der Sprache Jesajas aussehen? „Wascht euch, reinigt euch, tut eure bösen Taten aus meinen Augen, laßt ab vom Bösen! Lernt Gutes tun, trachtet nach Recht, helft den Unterdrückten, schafft den Waisen Recht, führt der Witwen Sache!" (1,16 f.). Es müßte nicht schwer sein, das hier Gesagte in unsere Lage zu transponieren.

Noch einmal: warum sich Weisung *bei Gott* holen? Weil wir uns immer wieder dabei ertappen, daß unser ethisches und rechtliches Urteilsvermögen beeinträchtigt, vielleicht gar gestört wird, wo unser eigenstes Interesse auf dem Spiel steht. Man könnte dies an zahllosen Auseinandersetzungen studieren, die der Alltag mit sich bringt. Man sollte in Konfliktsituationen – im öffentlichen Leben, im Beruf, in der

Ehe, unter Hausgenossen usw. – immer damit rechnen, daß nicht nur der andere geneigt ist, Wahrheit und Recht zu seinen Gunsten zu verbiegen, sondern daß dies auch bei uns selbst so ist. Könnte ich meine Sache aus der Hand geben und einem überlassen, der *über* den Dingen steht! Könnte ich damit Ernst machen, daß die Sünde mein Rechtsbewußtsein trübt! Könnte ich mich mit meinem Gegner *am dritten Ort* treffen, auf dem „Berg des Herrn"! Könnte ich mich dem Gott anvertrauen, der nach der ganzen Heiligen Schrift der Hüter des Rechts ist!

Aber ist denn dort die Lösung zu finden? *Haben* wir denn die erforderlichen Weisungen? Unsere Predigt erwecke nicht den Anschein, als brauche man sich nur an Gott zu wenden, und die Probleme wären aus der Welt. Nach dem vorhin Gesagten sollten wir dies nicht einmal wünschen. Unser rechtliches und sittliches Urteilsvermögen wird tatsächlich in Anspruch genommen und aktiviert. Aber – wie sagten wir? – wir bekommen Maßstäbe und Grundsätze an die Hand. Wer Gott ehrt, wird auch den Menschen ehren und ihn nicht zum Mittel für seine Zwecke erniedrigen. Er wird sich, wie die Propheten unter Hinweis auf Gottes Recht nicht müde werden einzuschärfen, des Schwachen annehmen, dessen, der es jeweils am schwersten hat. Er wird nicht herrschen, sondern dienen, – „dasein für andere" (Bonhoeffer). Er wird soviel Respekt vor dem Mitmenschen haben, daß er ihn ernst nimmt und sein inneres Müssen begreift. Er wird bereit sein, selbst den schwereren Weg zu gehen, wenn es gilt, Gottes Willen zu ehren. Es muß viel geschehen, wenn Gottes Weisung für uns verbindlich und in uns wirksam werden soll. Aber Gott wird sich in uns durchsetzen. Sein Reich kommt, sein Wille wird geschehen.

3.

Uns kann gar nichts Besseres widerfahren als daß Gott sich in unserer Welt, und das heißt zuerst: in uns durchsetzt. Das Prophetenwort hat ja eine auf den ersten Blick erkennbare Zielstrebigkeit. Das Ergebnis der hier gesuchten und in Aussicht gestellten Unterweisung in Gottes Recht wird der Friede der Welt sein. Das Reich Gottes in prophetischer Schau: Alle leben in Gottes Frieden.

Soll man sagen, die Friedlosigkeit hat die Völker auf den Weg getrieben (von Rad, a. a. O., S. 216)? Es könnte schon sein, daß die Menschheit früher oder später die Erfahrung macht: wir kommen mit unseren Konflikten untereinander nicht mehr zurecht. Die Verlegenheit könnte uns Gott in die Arme treiben. Es könnte aber auch anders sein. Der Text spricht nicht von den Konflikten der Völker als von dem Motiv ihrer Wallfahrt. Sie suchen Weisung – ohne bestimmte Abzweckung. Aber dann bekommen sie gesagt, was nötig und fällig ist. Die eschatologische Zukunftsvision Jesajas deutet auf totale Abrüstung. Modern geredet: Nägel und Schrauben statt Patronen, Erntemaschinen statt Panzer, (vielleicht) Atomkraftwerke statt Atomraketen. Auch die Kasernenhöfe und Truppenübungsplätze werden besseren Zwecken zugeführt: „Die Völker werden hinfort nicht mehr lernen, Krieg zu führen". Der vom Text angekündigte Friedenszustand ist so „wurzelhaft", also „radikal" verstanden, daß bereits die *Möglichkeit* der Kriegsführung abgeschnitten ist: es wird keine Menschen geben, die auch nur wissen, wie man mit Waffen umgeht! Man sieht, hier ist konsequent eschatologisch gedacht.

Das Prophetenwort macht klar, daß die Abschaffung des Krieges und die Einstellung aller Rüstungen jedenfalls nicht Sache eines bloßen Entschlusses ist. Wir sehen dies heute vielleicht noch deutlicher, als man es zu Jesajas Zeiten sehen konnte. Die Kriegstechnik hat sich so entwickelt, daß es heute niemandem mehr einfallen kann, dem Krieg irgendeinen Sinn abzugewinnen oder ihn gar zu verherrlichen. Was die Kriegsrüstungen nicht nur fortbestehen läßt, sondern noch – trotz aller Abrüstungs-bemühungen – vorantreibt, ist die Sorge der Verantwortung tragenden Politiker, Frieden nur durch das Gleichgewicht der Rüstung erhalten zu können, weil der an-dere eine etwaige Unterlegenheit ausnutzen könnte. Dies macht deutlich, daß wirk-liche Abrüstung und Friedenssicherung nur auf der Basis des Vertrauens Aussicht hat. Interessenkonflikte wird es immer geben; es gibt sie ja auch im kleinformatigen Alltag. Könnte man damit rechnen, daß Vernunft und Verantwortung sie immer friedlich bereinigen lassen!

In dem Maße, in dem Gott seine Herrschaft in der Welt durchsetzt, wird er zur Schiedsstelle (V. 4). Auch die Völker und die sie regieren müßten sich – wie sagten wir vorhin? – am dritten Ort finden. Die säkulare Welt hat, was in Jes. 2 gemeint ist, mit ihren Mitteln und auf ihre Weise zu schaffen gesucht: die Vereinten Nationen. Die Menschheit braucht dieses Instrument zu gemeinsamem Wirken; es gering-zuachten wäre verantwortungslos. Aber die Schiedsstelle von Jes. 2 können sie nicht sein, denn sie sind nicht die „externe" Instanz, sondern die Summe dessen, was Men-schen und Völker von sich aus einzubringen haben; nicht die Position oberhalb der Standpunkte, sondern das – oft schwer dissonante – Konzert der Standpunkte. Könnten die Völker ihre Sache in die Hände des Gottes legen, bei dem kein Ansehen der Person ist (2. Chron. 19,7; Röm. 2,11; 1. Petr. 1,17 u. ö.) und der sein Recht zum Licht der Völker stellen will (Jes. 51,4), der bestimmt, wie lange und wie weit die Völker wohnen sollen (Apg. 17,26)!

Aber die neue Situation bestünde nicht nur darin, daß Gott als der Schiedsrichter in Konflikten fungiert. Die Konflikte sähen sich von vornherein anders an, wenn wir auch sonst und in jeder Beziehung unter Gottes Regiment wären. Da würden wir lernen, uns zu bescheiden. Wir sähen das Land, das wir bewohnen, als Lehen Gottes an. Die Früchte, die wir ernten, und die Bodenschätze, die wir bergen, wären seine Gaben. Die Menschen, mit denen wir zu tun haben, wären unsere Mitgeschöpfe. Die Gedanken für die Zukunft, die wir haben, stünden unter der condicio Jacobea (Jak. 4,15). Wir wüßten, daß Gott den Hoffärtigen widersteht (1. Petr. 5,5) und die Gewaltigen vom Thron stürzt (Luk. 1,52). Wir würden wohl schaffen und wirken, um an Gottes Stelle, als seine Beauftragten, die Erde zu regieren (Gen. 1,28), aber in der Gelassenheit und Gefaßtheit von Hoffenden. Es gäbe weniger Zündstoff auf der Erde, wenn wir mehr nach Gott fragten.

Die Welt würde sich zu der im Text gemeinten Wallfahrt leichter ermutigen lassen, wenn wir Christen selbst zu diesem Gott unterwegs wären. Wieder schauen wir auf V. 5: man kann in *diese* Zukunft nicht blicken, ohne daran zu denken, daß man selbst erst in sie hineingerufen werden muß. „Zur letzten Zeit", beginnt die Weissagung. Wir befinden uns erst in den Anfängen. Was Jesaja predigt, kommt erst! Aber wer diese Zukunft vor Augen sieht, kann nicht mehr leben, als käme sie nicht.

9. Sonntag nach Trinitatis. Matth. 7,24–29

Die VV. 24–27 haben ihre Parallele in Luk. 6,47–49 (also zu Q und damit zur ältesten Schicht der Evangelienüberlieferung gehörig), dort freilich „beträchtlich griechischer" (A. Schlatter), indem Lukas nach der Art der griechichen Welt vom Ausheben des Grundes und sodann von einer Hochwasserkatastrophe spricht, das Gleichnis also in die Anschauungs-welt seiner Leser transponiert. Lukas bezieht das Gleichnis nicht auf die Bergpredigt

bzw. Feldrede, sondern überhaupt auf „meine Worte" (6,47), was die ursprüngliche LA von B (und wenigen Lateinern) auch für die Matthäusfassung anzunehmen scheint.
Eines der zahlreichen Doppelgleichnisse, die zwei Typen einander gegenüberstellen (Bltm., GsTr., S. 208; J. Jeremias, Die Gleichnisse Jesu, Berlin ³1955, S. 70). Die große Zahl der Beispiele „erlaubt den Schluß, daß Jesus selbst solche Doppelungen mit Vorliebe benutzt hat, um einen Gedanken eindrücklich zu machen" (Jeremias, ebd.).
Die von Jeremias auch für V. 24 behauptete Verschiebung des Vergleichspunktes (a. a. O., S. 79) liegt m. E. hier nicht vor, vielmehr stimmt in unserm Gleichnis die Parallelität zwischen dem Hörer und Tuer einerseits und dem klugen Hauserbauer andererseits – im Parallelgleichnis entsprechend – genau. Über Hausbau in Palästina s. u. – V.25: Wolkenbruchartiger Herbstregen im Heiligen Lande immer von starkem Sturm begleitet (G. Dalman, Arbeit und Sitte in Palästina, Gütersloh 1928, S. 188). Vielleicht soll man bei Matthäus die Vorstellung einer Sintflutkatastrophe im Hintergrund sehen (wie in 8,24 das Seebeben als eschatologisches Geschehen). – V. 27: „ihr Fall war groß" „ist sprichwörtliche Redensart ...: völlig zugrunde gehen" (Jeremias, a. a. O., S. 140, A. 1); die – hier etwas entflochtene – figura etymologica wird im Semitischen gern angewandt (Luk. 2,9; Jona 4,1.6).
V. 28: καὶ ἐγένετο ist Semitismus. Das Imperfekt ἐξεπλήσσοντο in dem summarischen Abschluß der Rede – er korrespondiert der Einleitung 4,25; 5,1 – deutet darauf hin, daß dies immer wieder der Eindruck der Reden Jesu gewesen ist. – V. 29: ἐξουσία könnte die göttliche Macht und Stärke, die etwas ausrichtet aber auch die Bevollmächtigung sein, kraft deren Jesus „zu sagen hat" (ThWNT II, S. 563).
Während die VV. 21 ff. ein Jüngerspruch sind, wendet sich das Schlußgleichnis an die Weite aller Hörer (so Schniewind z. St.). Anders L. Goppelt: er rückt das Doppelgleichnis näher an Gleichnisse wie 25 14–30 (jetzt „altes" Evangelium) heran und versteht es als Jüngerlehre (ThNT 1, S. 110).

Die Perikope ist nicht homogen. Die summarische Bemerkung, die Matthäus der Bergpredigt folgen läßt, und das Doppelgleichnis, mit dem sie abschließt, sind schon formal voneinander erheblich verschieden und können auch inhaltlich nicht so aufeinander bezogen werden, daß unsere Predigt, gäben wir beidem gleichberechtigt Raum, eine gute Ordnung bekäme. Es wird sich darum empfehlen, die beiden Schlußverse in die Einleitung der Predigt zu nehmen; dort sprechen sie ihr Wort kräftig und an rechter Stelle.
Was sagen sie? Die Wirkung der Predigt Jesu kann eigentlich nicht wiederum gepredigt, sie kann von uns nur – wenn wir Jesus auch nur mittelbar hören – erfahren werden. Ließe eine Vergegenwärtigung der Predigt Jesu uns kalt, so könnte die Beteuerung, daß diese Predigt Menschen getroffen, erschüttert, ja außer Fassung gebracht habe, uns auch nichts nützen. An der Begegnung mit der Sache selbst muß sich entscheiden, ob es uns so geht wie denen damals. – Trotzdem kann uns eine solche Bemerkung nützlich sein. Es wird aus ihr deutlich, daß derjenige Jesus noch nicht vernommen und verstanden hat, der über dem Hören seiner Botschaft unbewegt und schläfrig geblieben ist. Es muß etwas nicht stimmen, wenn es uns nicht packt. Hier geschieht die Probe aufs Exempel: wurde hier richtig gepredigt, wurde hier richtig gehört? Wer von einer Predigt erwartet, daß sie ausspreche, was der Hörer „schon immer gedacht und gesagt" hat, geht offensichtlich in falscher Einstellung an die Sache heran. Wer an christliche Verkündigung – übrigens auch an ein ihr dienen wollendes Buch wie dieses – die Forderung stellt, es dürfe nur das sagen, was sich dem eigenen Denken, Meinen, Wollen, Erwarten spannungslos einordnet, irrt fundamental. Der Unterschied zwischen Jesus und den Schriftgelehrten ist von den um Jesus versammelten Menschen stark empfunden worden. Bei den Rabbinen ist Korrektheit Trumpf. Sie haben Gottes Gesetz und seine in der Tradition gegebene

Auslegung samt allen Ausführungsbestimmungen bestens gelernt und gelehrt. Aber die „Autorisierung" spürt man eben nicht aus ihren, wohl aber aus Jesu Worten unmittelbar, auch wenn noch niemand in der Lage ist, diese Erfahrung in irgendeine christologische Formel zu fassen. „Sie entsetzten sich alle, so daß sie untereinander sich befragten und sprachen: Was ist das? Eine neue Lehre in Vollmacht?" (Mark. 1,27). „Es hat noch nie ein Mensch so geredet wie dieser Mensch" (Joh. 7,46). Rhetorische Erfolge? Suggestive Demagogie? Die Gegner werden sich einen solchen Vers darauf gemacht haben. Man darf nur nicht vergessen, daß Jesus Menschen zur Umkehr gebracht hat. Er hat ihnen nichts erspart. Wen es traf, den traf es im Gewissen! Bequem war es nicht, in den Strahlungsbereich dieser Exusia zu kommen. Aber es wurde einem geholfen.

Von da aus hätte es unsere Predigt nicht mehr weit zu dem, was das Doppelgleichnis will. Man könnte sich fragen: Wozu die Unruhe auf sich nehmen, in die Jesus einen bringt? Wozu die Umkehr, in der uns, wie wir sagten, nichts erspart wird? Die Antwort des Schlußgleichnisses ist nicht die Standardantwort, die wir vielleicht für solche Fälle parat haben: Wenn es um Gewissensfragen geht, hat man nach den Folgen nicht zu fragen. Dies ist auch richtig; es könnte sonst sein, wir sprechen von Gewissensentscheidungen und lassen uns faktisch doch von Opportunitätsüberlegungen leiten. Natürlich hat Jesus es darauf in keiner Weise abgesehen. Aber der kluge Mann *fragt* nach den Folgen – und nimmt eben darum die Gewissensfragen ernst. Er fragt nämlich auf weite Sicht! *Wer Jesu Wort hört und tut, ist klug.* (1) *Er ist auf schweres Unwetter gefaßt.* (2) *Er hat auf festen Grund gebaut.* (Wir lassen es in den Schlagzeilen bei der Gleichnissprache, um beim Umsprechen die Flexibilität zu behalten.)

I.

Es braucht uns jetzt nicht lange zu beschäftigen, ob das Schlußgleichnis sich speziell auf die Bergpredigt (Matthäus) oder auf Jesu Predigt überhaupt (Lukas) bezieht. Die Bergpredigt ist sowieso Komposition des Evangelisten; man darf ihr jedoch einen für die gesamte Predigt Jesu repräsentativen Charakter zusprechen. Ist es klug, sich auf diese Botschaft und damit auch auf diesen Mann einzulassen, mit dem sie steht und fällt? Ein umstrittener Mann. Nicht verwunderlich, denn er setzt sich in Widerspruch zu den Autoritäten der zünftigen Theologie und zu den Trägern der kirchlichen Gewalt. „Ich aber sage euch" (5,22.28.32.34.39.44; 19,9). Woher nimmt der Mann das Recht, so vieles bisher Gültige umzustoßen und dem, was in Geltung bleibt, ein ganz neues Vorzeichen zu geben? Ist es klug, sich der Zugluft seiner Verkündigung auszusetzen? Bisher konnte man sagen: ich habe keinen getötet, die Ehe nicht gebrochen, keinen falschen Eid geschworen, auf Recht und Vergeltung gehalten, die Besitzverhältnisse respektiert, den Nächsten geliebt und – wie es sich gehört – den Feind gehaßt. Es ist beruhigend, sich in dem bergenden Gehäuse einer solchen Rechtschaffenheit zu befinden. Aber jetzt kommt Jesus und macht uns darauf aufmerksam, daß dieses Haus zusammenstürzen wird. Besser muß eure Gerechtigkeit sein als die eurer exemplarischen Gerechten (5,20)! Fort mit den demonstrativen frommen Werken, mit denen man sich und anderen Vollkommenheit und Sicherheit vortäuscht (6,1ff.). Sorgengeist ist Mammonsdienst – ihr dürft nicht sorgen, ihr braucht nicht zu sorgen (6,19ff.). Weg mit dem Richtgeist, der andere herabsetzt, um sich selbst ins rechte Licht zu bringen (7,1ff.)! (Wir könnten so fortfahren.) Ist es klug, so zu leben, wie Jesus will, d. h. aber: alles auf die *eine* Karte zu setzen, daß Gottes Reich kommt (6,33) – und zwar *so* kommt, wie Jesus das sagt? Ist es nichts mit diesem Rei-

che, dann ist es reine Torheit, auf Jesus zu hören und Jesus zu folgen. Denn es ist
ein Satz, in dem sich Jesu Freunde und Gegner einig sind: In diese Welt, wie sie nun
einmal ist, paßt Jesus mit seiner Predigt nicht. Man kann und muß wohl fragen, ob
es klug ist, sich auf einen solchen Christus einzulassen.
Jesus scheut sich nicht, gerade diese Frage aufzuwerfen, deren Beantwortung, kurz-
schlüssig gedacht, gegen ihn und seine Predigt sprechen müßte. Wer ist nun wirklich
klug? Der sich Jesus entzieht, weil der pharisäische – wie wäre dies ins Moderne zu
transponieren? – Stil sich besser in den Lauf der Welt einfügt, – oder der, der sich von
Jesus treffen läßt? Es geht darum, daß man der Wirklichkeit standhält! Jesus er-
läutert, was er meint, mit dem Gleichnis vom Hausbau. Jesus selbst stammt ja aus
dem Baufach (Mark. 6,3, vgl. sein Interesse für Sachverhalte aus dem Bauwesen:
Luk. 14,28; Matth. 21,42; 16,18; Mark. 13,1f.; Matth. 26,61). Er weiß, wieviel auf
solide Gründung ankommt. Die beiden Hauserbauer, die das Gleichnis uns vorführt,
sind, wie es scheint, nicht darin voneinander unterschieden, daß sie verschieden groß
und aufwendig, mit verschiedenem Material, verschiedener Technik und mit verschie-
dengradiger Sorgfalt den Bau ausführen. Vielleicht sehen die beiden Häuser, wenn sie
fertig dastehen, einander sehr ähnlich. Es ist zwischen den beiden nur *ein* Unterschied,
den das Gleichnis für erwähnenswert hält: der eine Hauserbauer hat mit einem etwa
eintretenden Regenguß und der aus ihm entstehenden Hochwasserkatastrophe gerechnet und sein Haus darum von vornherein – die geologische Beschaffenheit Palästinas bietet dazu die Möglichkeiten – auf den Felsen gegründet; der andere sieht
kein Wölkchen am Himmel und meint, es müsse allezeit dabei bleiben, so daß man sich
auch mit der Gründung des Hauses nicht viel Mühe zu machen brauche.
Man kann bei L. Schneller (Kennst du das Land?, Leipzig 1925, S. 88f.) nachlesen,
wie es zugeht. „Kommt einmal ein recht starker Winterregen, dann strömt und strömt
es oft Tage und Nächte hindurch, als sollte eine zweite Sintflut das Land ... begra-
ben ... Aus diesem Grund baut man fast nie eine Stadt oder ein Dorf in die Tiefe eines
Tales ... Ein orkanartiger Wind pflegt den Regen zu begleiten, ... der Platzregen
fällt, es kommen Gewässer und Ströme und wehen die Winde, das Haus bekommt
einen großen Riß nach dem anderen, bis es krachend zusammenstürzt." – Aber das
ist in der Perikope Bildrede. Was ist mit ihr gemeint? Allgemein gesprochen, doch
wohl dies, daß der gelebte Glaube früher oder später schweren Belastungsproben ausgesetzt sein wird und daß derjenige der Wirklichkeit am besten gerecht wird (= klug
ist), der beizeiten damit rechnet. Man wird an Krisen und Belastungen denken können, die das Leben nun einmal mit sich bringt. Wir versuchen, uns durch Vorsorge
zu sichern; aber niemand kann „seines Lebens Länge *eine* Spanne zusetzen" (6,27).
Vielleicht lebe ich heute sorglos und unangefochten; für diese Lage würde das in den
Sand gebaute Haus genügen. Ich weiß aber nicht, in welche Konflikte, Verlegenheiten,
Schmerzen und Leiden ich morgen schon geraten kann. Ich kann nicht von Selbst-
beschwichtigungen leben, als könne es so schlimm nicht kommen. Vielleicht gerate
ich in Situationen, in denen ich – menschlich gesprochen – mein Herz sehr fest in
die Hand nehmen muß. Vielleicht wird mir noch schwarz vor den Augen. Es braucht
gar nicht dazu zu kommen, daß das Röntgenbild Schatten zeigt, über die sich auch
der Laie nicht mehr täuscht, und es braucht die Erde unter mir nicht zu beben. Es
wird Augenblicke geben, in denen mein Glaube auf Biegen und Brechen erprobt
wird.
Aber das alles, was wir soeben genannt haben, sagt noch nicht das, was im Text
eigentlich gemeint ist. Alle „Regengüsse" und „Stürme", die sich je und dann in
unserm Leben zutragen, sind ja nach der eindeutigen Auskunft des Neuen Testa-

ments nur Vorspiel und Vorausdeutung auf das große Wetter Gottes, dem unser „Haus" einmal ausgesetzt sein wird. Jede Gewissensentscheidung heute hat ihren Ernst darin, daß wir sie einmal vor Gottes Richterstuhl werden verantworten müssen. Wir lassen uns das nicht gern sagen und verharmlosen den Ernst Gottes. Wir drücken uns ums Ordnungmachen in unserm Leben, weil wir uns in Illusionen wiegen. Wir richten uns in unserer pharisäischen Gerechtigkeit häuslich ein und sichern uns damit gegen den Gott ab, der, wie man in der Bergpredigt lesen kann, unerbittlich danach fragt, was sich *hinter* der Fassade abspielt. Dann wird aufgedeckt, wonach wir uns heimlich ausgestreckt, was wir gedacht, getrieben, gescheut haben (1. Kor. 4,5c; Röm. 2,16; Luk. 8,17). Wie das, was da auf uns zukommt, im einzelnen ablaufen wird, darüber spricht auch das Neue Testament mehr in Andeutungen als in klaren Voraussagen. Die Kommentare verweisen auf Stellen wie Matth. 24,37–39; Luk. 17,26–30; 2. Petr. 3,10. Es ist nicht unsere Aufgabe, ein dogmatisches Kapitel über mögliche Katastrophen zu erarbeiten, und die Predigt hüte sich vor grusliger Schwarzmalerei. Alles, was uns gepredigt wird, auch die Botschaft dieses Textes, ist uns zu unserm Besten gesagt. Wenn Gott für uns ist, dann kann uns nichts mehr von seiner Liebe scheiden (vgl. EKG 250,11). Aber über mögliche Anfechtungen theologisch nachzudenken und auch durch die Predigt uns wappnen zu lassen, dies muß von uns erwartet werden. Man denke an das, was hierfür bei Luther zu lernen ist, dessen ganze Theologie nur auf dem Hintergrund der Anfechtungen verständlich wird. Wir werden uns in Bedrängnissen des Leibes und der Seele von der Erfahrung des zornigen Gottes zum gnädigen Gott durchglauben müssen. Wir können es, weil Christus ohne Wenn und Aber zu uns steht. Er ist ja gekommen, Sünder zu retten. Das ist der Baugrund (1. Kor. 3,11 – man lese die folgenden Verse).

2.

Damit sind wir schon bei dem andern: Wer Jesu Wort hört und tut, ist klug – er hat auf festen Grund gebaut. (Der Prediger achte darauf, daß er das in der Predigt schon reichlich abgenutzte Gleichnis nie bloß formelhaft verwendet.) Wie bekommt das Haus die erforderliche Stabilität?
Die Antwort liegt schon in dem Gesagten und ist denkbar einfach: Hören – und tun! Nicht hören, ohne zu tun. Der Jakobusbrief führt es überzeugend aus (1,21–27). Er hat es dem Bergprediger nachgesprochen (Matth. 7,21–23). An den Früchten erkennt man die wahren und die falschen Propheten (7,15–20). Was wäre das für eine überzeugende Art, unsern Herrn vor der Welt zu bekennen, wenn die Leute einfach unsere guten Werke sehen könnten und darüber den Vater im Himmel preisen lernten (5,16)! Also nicht bloß hören und darüber diskutieren und „sich erbauen" und berauschen und zum geistlichen Genießer werden! – Es sei aber wiederum auch das Tun nicht ohne das Hören. Einmal darum nicht, weil es ohne das Hören gar nicht zum neuen Tun käme. Wir müssen Weisung und Anstoß bekommen. Jesus predigt, seine Kirche tut es in seinem Namen. Der Glaube kommt „aus dem Hören" (Röm. 10,17). – Sodann, weil alle unsere „Werke" als Früchte des tätigen Glaubens ständig von daher bestimmt und gespeist sind. Man versuche doch, die Bergpredigt als neue Moral zu deuten; sehr bald wird man damit in die Brüche kommen. Der Gehorsam, den Christus meint, wagt schon Schritte hinein in den kommenden Äon. Es geht nicht um christliche Prinzipien, nach denen die alte Welt moralisch umzufrisieren wäre, es geht um Gottes Reich. – Endlich, weil das Neue nur darum geschieht, weil Jesu lösendes Wort an die Sünder vernehmbar wird und nun wirklich Menschen aus

dem Leerlauf und Krampf ihres Daseins als „Zöllner und Sünder" herausholt. Wir sähen alles falsch, wenn wir dabei nur an die „Grenzfälle" dächten, an die mit dem verpfuschten Leben und an die besonders Belasteten. Gott mißt mit anderen Maßen als der Moralist. Das gerade lernt man aus der Bergpredigt: vor Gott hat keiner vor dem andern etwas voraus. Eine umwälzende Erkenntnis! Wir müßten zu den Menschen um uns her ein ganz neues Verhältnis gewinnen, wenn wir Jesu Rede hörten und täten.

Aufs Fundament kommt es an. Man sieht es äußerlich den verschiedenen Häusern nicht an, wie es mit ihrem Fundament bestellt ist. Es ist z. B. nicht gesagt, daß das Verhalten der Christen und der Ertrag ihres Lebens, dem, was man an Nichtchristen sieht, überlegen sein müßte. Nicht selten wird es gerade umgekehrt sein, als es pseudochristlicher Moralismus behauptet. Was uns die Stürme überstehen läßt, ist nicht dies, daß wir etwas anderes bauen als unsere nichtchristlichen Mitmenschen, sondern, daß wir auf einen *anderen Grund* bauen, darauf nämlich, daß Christus selbst, indem er uns annimmt, uns vergibt und uns in seine Nachfolge ruft, uns ein neues Leben schenkt.

Der „ungerechte Haushalter", Paradebeispiel des „klüglich" handelnden, zielstrebigen Menschen, hat seinen Platz jetzt am vorletzten Sonntag des Kirchenjahres; wir werden auf ihn zurückzukommen haben. Man könnte es ein bißchen bedauern, daß das Thema der Klugheit – es steht im Neuen Testament hoch im Kurs (10,16; 24,15; 25,2 u. ö.) – abgedrängt worden ist zugunsten dessen vom verantwortlichen Umgang mit Gottes Gaben („altes" Evangelium). Es könnte uns schon gut tun, daß wir christliches Leben einmal nicht nur unter den Gesichtspunkten der Frömmigkeit, der Wahrhaftigkeit, der Barmherzigkeit (usw.) sähen, um – vielleicht – von da aus zum Kern der Sache zu kommen, sondern, diesmal jedenfalls, unter dem der Klugheit. Glaube wird, wenn er nicht verdorben und entartet ist, keinesfalls narkotisieren, sondern ernüchtern. Die die Bergpredigt, überhaupt die Predigt Jesu, gehört und verstanden haben, sind darüber, wie der Schluß des Textes zeigt, wach geworden.

10. Sonntag nach Trinitatis. Joh. 2,13-22

Die Frage ob die Tempelreinigung ans Ende (Synoptiker) oder an den Anfang (Johannes) der Wirksamkeit Jesu gehört, braucht den Prediger nicht zu bedrängen. Wahrscheinlich ist sie von Johannes „programmatisch an den Anfang der Geschichte Jesu gestellt" (G. Bkm. Jesus von Nazareth S. 193 A. 6) in kerygmatisch-theologischer Absicht. Johannes hat dabei synoptische Stoffe (ihm schriftlich oder nur mündlich bekannt?) in freier Weise zusammengefügt: die *Tempelreinigung* (Mark. 11 15-17 Parr.), die *Vollmachtsfrage* (Mark. 11,27f.), hier johanneisch variiert (wie 6,30) als *Zeichenforderung* (Matth. 12,38 u. ä.), auf die Jesus in V. 19 ähnlich reagiert wie in dem Wort vom *Jonazeichen* (Matth. 12,39ff. Par.), indem er das *Tempelwort* spricht, das (nicht bei Johannes, wohl aber in Mark. 14,58 Par.) im Prozeß Jesu eine Rolle spielen wird (ohne daß die Synoptiker es zuvor, in Jesu Wirksamkeit, berichtet hätten; nur danach kommt es vor: Mark. 15,29 Par.; Apg. 6,14). Ohne daß von einem „Zeichen" die Rede wäre, könnte man auch hier wie V. 11 sagen: „er offenbarte seine Herrlichkeit', so daß unsere Perikope sich mit ähnlicher Tendenz an die Kana-Geschichte anschließt (Schnbg.).

V. 13: Mit der Formulierung „das Passa der Juden" gibt der Evangelist zu erkennen, daß er selbst nicht mehr in dieser Tradition steht. Es ist das erste der drei von Johannes erwähnten Passafeste (vgl. noch 6,4 und 11,55; 12,1). Auch bei den Synoptikern ereignet sich die Tempelreinigung im Zusammenhang mit einem Passafest. – V 14: „Das Bild, das sich Jesus im Vorhof des Tempels bot, war für keinen Juden besonders anstößig. Es entspricht dem Treiben, das heute noch zu allen Wallfahrten gehört. Krämer und Geldwechsler machen ihre Geschäfte, bieten Opfertiere an und tauschen das fremde Geld der Pilger in althebräische oder phönizische Währung, die für Handel und Tempelsteuer vorgeschrieben war. Daß die heiligen Bereiche des Tempels davon nicht berührt wurden, dafür war ja gesorgt" (G. Bkm., a. a. O., S. 146). – V. 15: Die Geißel aus Stricken nur bei Johannes. Waffen waren im Tempel verboten. ,,Auch die Schafe und die Rinder" (schon V. 14 erwähnt; nicht so bei den Synoptikern, vgl. aber Hebr. 9,12 f.) wird von manchen als Zusatz (Bltm.: ,,schlechte Apposition") angesehen; Schnbg. sieht es als ,,weiterführend" an (vgl. 4,42; 6,18). – V. 16: Die Taubenhändler sind, wie es scheint, von der gewaltsamen Aktion nicht betroffen; sie sollen ihre Sachen (ταῦτα) selbst wegräumen. ,,Das Haus meines Vaters" – hier spricht der ,,Sohn", vgl. Luk. 2,49 – soll nicht zur Markthalle werden. J. Jeremias weist auf den hohen Gewinn der Hierarchie, die diesen Handel zu konzessionieren hatte (Jerusalem zur Zeit Jesu, 1923, I, S. 55). – V. 17: Einschub des Evangelisten. Das Psalmzitat will nicht sagen, der Eifer verzehre Jesus innerlich; gemeint ist: er wird ihn noch das Leben kosten. Nach den Passionsberichten hat die Tempelreinigung im Prozeßgeschehen unmittelbar keine Rolle gespielt, wohl aber das Wort V. 19. καταφά-γεται ist Futur (Bl.-Debr. § 74,2), im Psalm steht κατέφαγεν. – V. 18: Für Johannes sind die Amtspersonen im Tempel einfach ,,die Juden" – so auch sonst in seinem Sprachgebrauch. Durch ein Zeichen soll Jesus sich legitimieren, seine ,,Befugnis" nachweisen. – V. 19: Sie bekommen ein ganz anderes Zeichen als das erwartete (s. o.). Auf das Gebäude wie auf den Leib passen λύειν (u. a. = niederreißen, vernichten, liquidieren) und ἐγείρειν (u. a. = errichten, aufbauen, aufwecken). – V. 20: Motiv des Mißverständnisses, wie oft bei Johannes. Tempelbau des Herodes, eigentlich Erweiterung des zweiten Tempels, nach Josephus seit 20/19 v. Chr. im Gange, wir kämen auf das Jahr 26/27 n. Chr. als Zeit dieser Szene; erstaunlich genau auch bei Abweichung von einigen Jahren. – V. 21: Meint Jesus seinen Leib, dann bekommt das Wort V. 19 einen neuen Sinn. Aus einer (für die Anwesenden freilich nicht zu realisierenden) Aufforderung wird – hebräischer Syntax gemäß – ein Kondizionalgefüge: ,,Wenn ihr diesen Tempel (= meinen Leib) zerstört, werde ich ihn binnen drei Tagen aufstellen." – V. 22: Wie bei allen Leidensweisagungen wird das Gesagte zunächst unverstanden (und dadurch wohl auch entstellt) behalten und hernach erinnert. Was solche Erkenntnis für den Glauben der jungen Christenheit bedeutete, davon nachher mehr.

Nach Günther Bornkamm ist das Ereignis der Tempelreinigung bei Johannes ,,von der deutenden Überlieferung gleichsam messianisch ‚überbelichtet'" (a. a. O., S. 146). Wir würden jedenfalls dem Text nicht gerecht, wenn wir nur auf den Hergang aus wären und das, was johanneische Zutat ist, nur als erbauliches Drum und Dran ansähen und in der Predigt außer Betracht ließen. Die ,,Überbelichtung" gehört, wenn es nach dem Evangelisten geht, jedenfalls zur Sache, vielleicht steckt darin sogar das eigentlich Bedeutsame. Ob der Prediger sich da heranwagt? Ob er vielleicht meint, der johanneische ,,Barock" – ,,Tempel seines Leibes" – trage für Glauben und Leben der Gemeinde wenig oder gar nichts aus, so daß man sich lieber ans Tatsächliche halten soll – einschließlich der Geißel, mit der Jesus auf manchen schon einen starken Eindruck gemacht hat? Der vierte Evangelist hätte unserm Abschnitt nicht diese beherrschende Stelle gegeben – am Beginn seines öffentlichen Wirkens –, wenn er darin nur eine Episode gesehen hätte und nicht ein Geschehen von grundsätzlicher Bedeutung. Ob er sich freilich auf das Wort ,,überbelichtet" mit uns geeinigt hätte? Wahrscheinlich würde er meinen, für die unmittelbaren Zeugen des Hergangs sei dieser eher ,,unterbelichtet" gewesen; erst nach Jesu Auferstehung sei ihnen klar geworden, was Jesus mit dem dunklen Wort V. 19 gemeint habe. Daß er es irgendwann gesprochen hat, sollte man nicht bezweifeln. Im Prozeß treten *falsche* Zeugen

auf; Jesus soll gesagt haben: „*Ich* will diesen Tempel ... abbrechen" (Mark. 14,58).
So lautet das Wort bei Johannes nicht; schon dann nicht, wenn man es als Jesu Angebot an die Zuhörer versteht, den von *ihnen* niedergerissenen Tempel „in kürzester
Frist" – so die gängige Bedeutung der „drei Tage" – wieder aufzubauen, erst recht
dann nicht, wenn man, semitischer Spracheigentümlichkeit entsprechend, das
λύσατε kondizional versteht. Nach der synoptischen Apokalypse (Mark. 13,2) hat
Jesus im Geist den Tempel in Trümmern gesehen, aber nicht, weil *er* ihn nieder-
zureißen gedachte, sondern weil Gottes Gericht über Jerusalem kommt. Das Zeugnis
der Zeugen im Prozeß ist wirklich falsch! Und doch trifft es etwas Richtiges. *Lukas*
hat dies in den Hintergrund treten lassen. Im Prozeß, wie er ihn erzählt, fehlt das
Tempelwort überhaupt, es wird bei Stephanus (Apg. 6,14) eine Rolle spielen.Für
Lukas ist die Tempelreinigung Inbesitznahme des Tempels durch Jesus (vgl. das
Evangelium des Sonntags). *Johannes* denkt in anderen Räumen. Es geht ihm um
mehr als um eine Reform des gottesdienstlichen Lebens. Er sieht in dem Geschehen
der VV. 15f. etwas Grundstürzendes sich ereignen. Dies begreift man nicht auf den
ersten Blick. Da muß man mindestens erst miterlebt bzw. erfahren haben, was die
nächsten Tage bringen werden. Vielleicht kann man es mit ein wenig Sinn für die
Wirklichkeit schon vorher ahnen: wer sich um den für hochheilig und unantastbar
gehaltenen Tempel so „ereifert", den kostet es das Leben (V. 17). Eine Reform hat
hier wenig Aussicht. Was hier geschieht, treibt einer Katastrophe zu! (Das Kreuz
ist für Johannes von Anfang an im Blick; was immer auch noch von Jesu Doxa zu
sagen sein wird: es gibt keinen Weg am Kreuz vorbei!) Wir hätten Jesus nicht verstanden, wenn wir ihn so deuten wollten, als sage er den Händlern und Wechslern:
„Macht das künftig draußen – im Tempel schickt sich dergleichen nicht!" Es geht
um viel mehr. Dies hätten wir herauszufinden.
Christus ist unser Tempel. In ihm geschieht (1) *der gereinigte Gottesdienst,* (2) *der gültige*
Gottesdienst, (3) *der ewige Gottesdienst.*

I.

Der Text ist uns leicht verständlich, soweit er sich dicht bei der entsprechenden synoptischen Überlieferung hält. Einiges wirkt noch farbiger, auch dramatischer.
Dem, der ganzer Mensch geworden ist, sind Affekte nicht fremd (vgl. 11,33; 12,27).
Die Geißel, die umgestürzten Tische und die ausgekippten Kassen: das ist nicht ein
wohltemperiertes Ordnungmachen, sondern ein zorniges, hartes Eingreifen und Sich-
Widersetzen. Wie umfangreich diese Aktion zu denken ist, ist ein historisches Problem. Auch wenn man sich die Jünger – wie viele es auch gewesen sein mochten –beteiligt denkt: eine Totalsäuberung des Tempelvorhofs, noch dazu im Passabetrieb
(V. 13), würde ein großes Aufgebot verlangen (das πάντας in V. 15 könnte auf eine
solche Vorstellung deuten, ist aber wohl theologisch-prinzipiell gemeint). Man könnte
aber, wenn man nach dem historischen Hintergrund fragt, auch an eine prophetische
Zeichenhandlung denken, die das Allgemeine am Einzelnen demonstriert. Wir
brauchen hier nicht zu rechten.
Wir haben Verständnis für eine solche Säuberungsaktion. Vulgärfrömmigkeit ist
oft sehr betriebsam. Man meint: viel hilft viel. Glaube und Aberglaube wohnen dicht
beieinander. Unfromm-frommes Treiben. Werden viele Opfer dargebracht, braucht
man viele Opfertiere, und die muß man erwerben. So entsteht das Geschäft mit dem
Heiligen. Das Tun zu Gottes Lob und Ehre bringt den Maßgebenden schönen Gewinn. Der Tempel wird zur Markthalle. Und zur Bank; denn Tempelsteuer und

Handelszahlungen wurden in der alten („tyrischen") Währung geleistet (ohne „Bildnis"). Alles streng nach dem Gesetz. Alles in maiorem Dei gloriam – nur: Gott
kommt so nicht zu Worte; seine Stimme würde, wenn er spräche, im Lärm untergehen, und was er will, dringt nicht zu den Menschen, weil sie viel zu beschäftigt
sind. „Meines Vaters Haus – eine Markthalle."
Wir sind gewiß noch nicht beim eigentlichen Thema, aber bei etwas Notwendigem,
wenn wir – zunächst – uns den Fragen gottesdienstlichen Stils zuwenden. Gottesdienst wird zu dem, was er sein soll, durch das, was Christus selbst seiner Gemeinde
mitgegeben hat unter der Zusage, daß er selbst darin wirksam sein will. Nichts soll
uns binden als sein mandatum und seine promissio. In allem, was wir selbst tun und
gestalten, sind wir frei, d. h. aber zugleich: haben wir einander Freiheit zu geben.
Menschliche Überlieferungen sind nicht heilsnotwendig. Aber man kann, was im
Gottesdienst geschieht, daran messen, ob Gott mit dem, wovon seine Kirche leben
soll, zum Zuge kommt oder nicht. Es könnte sein, daß wir Gott mit Frömmigkeit
verdrängen, mit Betriebsamkeit, mit ästhetischem Genießen – das wäre das Zerrbild der Rühmung Gottes durch das Schöne –, mit allerlei religiösem Jahrmarkt,
mit Lärm, mit Sensationen (usw.). „Meines Vaters Haus ..."
Man sollte nicht überhören, daß, wenn Jesus den Tempel so nennt, darin ein Ja zum
Tempel liegt. Lukas hat nicht falsch gesehen (s. o.). Entscheidend ist, was im Tempel
geschieht. Nicht: wo ein Tempel ist, da ist Heidentum. Man hat 4,23f. so gedeutet,
als lehne Jesus – meinetwegen: der johanneische Jesus – alles Leibhafte im Verhältnis Gottes zu uns und in unserm Verhältnis zu Gott ab. Wie konnte man gerade den
vierten Evangelisten so mißverstehen! Gott kommt immer leibhaft zu uns, nicht
ohne das Wort, nicht ohne die Sakramente. Also auch nicht, ohne daß es zu „Religion" kommt.
Die Reinigung des Gottesdienstes bedeutet freilich einen tiefen Eingriff. Wer die,
die Opfertiere verkaufen, mit der Geißel verjagt, verneint den Opferdienst. Der Devotionalienverkauf an Wallfahrtsorten ist, recht betrieben, einfach ein Service. Den
Tempelbesuchern konnte man nicht abverlangen, daß sie die Opfertiere von fernher
mitbrachten. Die „Reinigung", die Jesus hier erzwingt oder wenigstens demonstrativ
fordert, betrifft keineswegs Nebensächliches. Hier wird der Opferkult angetastet.
Man versteht, daß die Tempelbehörde hier nicht zusieht. Man sollte sich auch klarmachen, daß im Opferdienst – er beruht ja auf Anordnungen Jahwes – ein tiefes Ernstnehmen Gottes wirksam sein kann. Natürlich kann man dagegen fragen, ob Opferdienst dies garantiere. Ein Schlachtopfer konnte mit einem fröhlichen Schmausen
verbunden sein, bei dem es mehr aufs Genießen ankam als auf den lieben Gott. Auch
ein Ganzopfer konnte zum opus operatum werden, so daß Gott nicht zu seinem Rechte
kam. Wir könnten uns noch aus anderen Gründen gegen die Opfer im Tempel aussprechen. Wir haben eine emotionale Abneigung gegen das blutige Geschehen im
Tempel (die Vorgänge in unseren Schlachthöfen bekommen wir nicht zu Gesicht).
Und überdies: Wir meinen leicht, Gottes freundliche Einstellung zu uns sei völlig
unabhängig von irgendeinem sühnenden Geschehen, bedürfe seiner nicht, realisiere
sich auch nicht in ihm; wir hätten ein reineres Gottesbild und darum auch einen geistigeren Gottesdienst. Selbst wenn wir in der Theologie ein solches – aufklärerisch anmutendes – Denken überwunden hätten, im Denken vieler frommer Zeitgenossen
kommt solches nicht selten vor. Es wird sich nachher sofort zeigen, daß der Text
ganz anders denkt. Mit dem Programmwort „Reinigung" würden wir sein eigentliches
Anliegen nicht erfassen. Die erste Christenheit hat sich noch lange Zeit am Tempelgottesdienst beteiligt (Apg. 2,46; 21,20–26 – Matth. 5,23 gehört wahrscheinlich nicht

hierher, es ist wohl bildlich zu verstehen). Sie muß Jesus wohl zunächst so verstanden haben, als meine seine Aktion im Tempel soviel wie Korrektur am Bestehenden, Abbau von Mißbräuchen. Erst allmählich – indem man nämlich Jesu Tod als Opfertod verstehen lernte –, wurde, was bisher war, überholt. Aber wiederum nicht so, daß Jesu Tempelreinigung eine Art Kahlschlag bewirkte, sondern so, daß der Tempelgottesdienst durch etwas Neues abgelöst – nicht abgeschafft – wird. Die Opfer sind „Schatten" eines Kommenden; auf die Wirklichkeit kommt es an, die den Schatten wirft (Hebr. 10,1). Davon wird sofort noch zu reden sein.

2.

Der Konflikt mit der Tempelbehörde ist unvermeidlich, auch dann, wenn man sich die prophetische Demonstration nur von begrenzter Reichweite vorzustellen hat. Bei den Synoptikern wird Jesus nach seiner Befugnis gefragt: Woher nimmst du das Recht zu solchem Vorgehen? Wieso willst du hier etwas zu sagen haben? Die Frage ist nach Johannes ebenfalls im Blick. Jesus hat soeben von seines Vaters Hause gesprochen. Auf seinen Ursprung deutet auch die Vexierfrage, mit der Jesus nach Markus (11,30) reagiert: „vom Himmel oder von Menschen?" Wüßten sie, daß sie tatsächlich den *Sohn* vor sich haben! Im Prozeß wird auch dies eine Rolle spielen; sie sehen in seinem Sohnesanspruch lästerliche Anmaßung (19,7; aber auch Mark. 14,61f. Parr.). Sein Woher würde ihn legitimieren; nur ist dies eben an seinem Erscheinungsbild nicht abzulesen. Johannes denkt sofort weiter, indem er die Juden auf Jesu Anspruch tatsächlich eingehen, sie aber – durchaus jüdisch (1. Kor. 1,22a) – das Beglaubigungszeichen fordern läßt (V. 18). Daraufhin kommt es zu dem Tempelwort (V. 19).

Dieses Wort, im Neuen Testament 5mal überliefert, „an jeder Stelle in etwas anderer Gestalt" (s. o.), ist „schon für die Tradenten nicht mehr durchsichtig" gewesen; „wahrscheinlich kommt die Wiedergabe in Joh. 2,19 der ursprünglichen Gestalt am nächsten" (Goppelt, ThNT 1, S. 148). So, wie es hier steht, bietet es sich in mehrerlei Sinn dar; hier zunächst auf zwei Ebenen, auf eine dritte kommen wir unter (3).

Da ein Zeichen gefordert war, verstehen die „Juden" Jesu Wort als das Angebot eines unerhörten Mirakels. Vermöchte Jesus dies, was er anbietet, dann müßten sie ihn gelten lassen. Wer ein solches Wunder begehrt, würde sich Jesus anschließen, aber nur „ohne Wagnis" (Bltm. z. St.). Die Juden bestreiten von ihrem Standpunkt aus nicht die Beweiskraft eines solchen Wunders, wohl aber seine Möglichkeit. 46 Jahre wird hier schon gebaut – was will dieser Jesus in drei Tagen zustande bringen? Die Juden haben indes nicht gemerkt, daß Jesu Angebot gar nicht ernst gemeint sein kann. Es setzt voraus, daß die Juden zuvor selbst den Tempel niedergerissen hätten – eine Unmöglichkeit aus äußeren und übrigens auch aus inneren Gründen. Aus inneren Gründen: denn das, was die falschen Zeugen im Prozeß Jesus als Absicht in den Mund legen („ich will ... abbrechen"), würden die Juden hier, sollte Jesu Mirakel sich ereignen, selbst vollbringen – ein Ungedanke. Die Doppelbödigkeit des Tempelwortes Jesu müßte also von vornherein deutlich sein. Jesus meint etwas ganz anderes, den Tempel seines Leibes.

Man sollte nicht fragen, ob die Gegner auf *diesen* Sinn des Tempelwortes im Augenblick des Hörens hätten kommen können; sogar die Vertrautesten haben es erst später begriffen. Sie konnten im Augenblick wirklich nur das Lästerliche heraushören: hier spricht einer vom Niederreißen der heiligen Wohnung Gottes. Wir werden noch sehen: diesen Schock darf und wird Jesus den Juden nicht ersparen. Aber seine Gedanken gehen in andere Richtung. Sein Eingreifen in den Tempelbetrieb wird ihm den Tod einbringen. Soviel ist den Jüngern sofort klar (V. 17). Jesus weiß es auch. Es kommt zum schärfsten Konflikt. Sie werden sich an ihm vergreifen, er wird „gefressen" werden. Ist sein Leib der Tempel, dann muß man sagen: Nicht er reißt den Herodianischen Tempel ein, sondern die Juden schleifen den Tempel – den eigentlichen Tempel, Jesus.

Was hat es für Sinn, Jesus als Tempel zu bezeichnen? Vielleicht ist die Ausdrucksweise nicht ganz genau. Ehe Salomo den ersten Tempel baute, war das heilige Zelt der Ort der Begegnung mit dem präsenten Gott. Jetzt heißt es: Der Logos „zeltete" unter uns (1,14). Wo Jakob die Engel Gottes auf- und niedersteigen sah, da war „Gottes Haus" (Gen. 28,17). Jetzt ist Jesus die Stelle, an der sich dieses Auf und Nieder ereignet (1,51). Wie nun? Soll man Gott auf dem Garizim oder in Jerusalem anbeten? Antwort: Weder – noch. Die Anbetung Gottes wird im Geist und in der Wahrheit geschehen, da also, wo Gott sich „entbirgt" ($\dot{\alpha}\lambda\dot\eta\vartheta\varepsilon\iota\alpha$) und sein Geist auf Jesus weist (14,26; 16,14). Des „Tempels", der Jesus heißt, wird es auch künftig bedürfen. Der Geist ist *sein* Geist, und die Wahrheit ist *er selbst*. „Wir wissen, was wir anbeten; denn das Heil kommt von den Juden" (4,21–23). Anbetung in Geist und Wahrheit ist nicht ein Tasten nach einem unsichtbar-freischwebenden Gott, sondern ein Sich-Halten an den, der der Tempel ist. „Rabbi, wo *wohnst* du?" – „Komm und *seht* es!" (1,38f.). Aus seinem Leibe fließt, was uns zum Segen wird (19,34). Am Weinstock muß man bleiben, damit die Traube wächst (15,4f.7). Wo Jesus ist, da *wohnt* Gott in der Welt.

Ist uns einmal die Motiv-Verwandtschaft zwischen den Johannesschriften und dem Hebräerbrief aufgegangen, dann bekommt der Gedanke vom Leib Jesu als Tempel noch eine besondere – priesterliche – Zuspitzung. Auf die religionsgeschichtlichen Hintergründe kann hier nicht eingegangen werden. Es genüge der Hinweis: Jesus hat uns den Eingang in das Heilige bereitet „durch den Vorhang (des Tempels), das ist durch sein Fleisch" (Hebr. 10,20). Wir haben an Jesu Tod zu denken. Da, wo sein „Fleisch" ist, ist die Stelle, an der man, durch den Vorhang hindurch, zu Gott selbst gelangen kann. Jesu Selbstopfer macht uns den Weg zu Gott frei.

Damit ist deutlich, was „Tempel" und „Passion" miteinander zu tun haben. Gerade indem die Gegner den in V. 21 gemeinten Tempel niederreißen, kommt es dazu, daß Jesus den neuen Tempel aufbaut. Wo findet man Gott? Im Tempel? Nein, in Jesus. Wie darf man sich Gott nahen? Durch den Tempelkult? Nein, durch Jesus. Von welchem Opfer leben wir? Durch die Opfer von Schafen und Ochsen (V. 15), „durch der Böcke oder Kälber Blut" und „die Asche von der Kuh" (Hebr. 9,12f.)? Nein, durch das Opfer Jesu Christi (Hebr. 9,14; Joh. 1,29.36; 11,50; 17,19). Jesus sieht – hier im Tempel – seine Passion vor sich. Dies wird das Opfer sein, von dem die Welt lebt. Alle bisherigen Opfer waren „Schatten des Künftigen" (der Ausdruck schon Kol. 2,17). Sie waren nicht sinnlos. Sie haben ihre Kraft und Wirksamkeit von Jesu Kreuzesopfer geborgt; in ihm haben sie, geliehenerweise, ihre Effektivität. Jetzt noch Opfertiere feilbieten, kaufen, zum Altar bringen, das hieße verkennen, daß inzwischen die den Schatten werfende *Wirklichkeit* da ist, das *gültige* Opfer, das also, von dem wir wirklich leben. Jetzt, nachdem Jesus für uns zum „Lamm Gottes" geworden ist, wäre jeder Versuch, auf andere Weise mit Gott ins reine zu kommen, nicht nur verfehlt und nutzlos, sondern Verachtung dessen, was Jesus für uns getan hat. Sich an Jesus halten und sich auf ihn berufen, den Zugang zu Gott durch ihn gewinnen, das ist der *gültige Gottesdienst*.

3.

Aber hat denn Jesus nun wirklich einen neuen „Tempel" errichtet (V. 20)? Das
hieße dann auch, da der Tempel ohne Funktion sinnlos wäre, einen neuen Gottesdienst?
Der Vergleich mit Lukas (Evangelium Reihe I) läßt erkennen, daß die Akzente verschieden gesetzt sind. Es würde sicher Lukas nicht voll gerecht werden, wenn wir
seine Meinung in dem berühmten Diktum wiederfänden, Jesus habe das Reich Gottes
verkündigt, aber gekommen sei – die Kirche. Auch Lukas denkt eschatologisch. Aber
er sieht in der Kirche das Gottesvolk der letzten Zeit, das von der Inkarnation her
(darum auf apostolische Überlieferung angewiesen) auf den kommenden Herrn hin
lebt. Lukas denkt kirchlich. Bei Johannes sind Kirche, Gemeinde, Leib Christi,
Amt u. ä. keine thematischen Begriffe. Wenn Bultmann recht hat, „fehlt auch jedes
spezifische ekklesiologische Interesse, jedes Interesse an Kult und Organisation"
(ThNT, § 50,8). Dies wäre freilich zu prüfen. Bultmann selbst macht darauf aufmerksam, daß nicht etwa jedes Interesse für Gemeinde überhaupt fehle (ebd.). Man
lebt als Kreis der Jünger, von der Welt abgehoben (z. B. 15,18ff.), aus dem Wort
(5,24; 6,68; 15,7; 17,8) und den Sakramenten (3,5.22; 6,51ff.), dem Schlüsselamt
(20,23), unter dem apostolischen Zeugnis (15,27 – zu vergleichen mit Apg. 1,21f. –;
1. Joh. 1,1–3), auch unter apostolischer Leitung (21,15–17, Anhang), in der Hürde,
in die der Herr noch die anderen Schafe hineinführen will, damit *eine* Herde werde
(10,16) und Jesu Gebet sich erfülle (17,22). Man sollte aus der dem vierten Evangelisten eigenen *Redeweise* keinen zu tiefgehenden Unterschied in der *Sache* ableiten.
Auch die johanneisch verstandene Gemeinde besteht aus Menschen, die miteinander
im Glauben leben, und zwar aus dem, was der Herr darreicht.
Dennoch: der Tempel, den Jesus aufrichtet, ist nicht ein Bauwerk wie der Hero-
dianische Tempel, in dem Jesus hier auftritt (vgl. übrigens 10,23 mit Luk.19,47;
21,37; auch Apg. 3,11; 5,12). Ist der in V. 19 gemeinte Tempel sein Leib, dann ist seine
Wiederaufrichtung nichts anderes als Jesu Auferstehung (Bedeutungsspanne von
ἐγείρω). Dann ist also dieser Tempel eschatische Wirklichkeit. Wiederum nicht ein
Gebäude (vgl. Offb. 21,22), sondern Jesus selbst. V. 19 „kündigt an, daß der Tempel
eschatologisch durch eine neue Stätte der Heilsgegenwart Gottes abgelöst wird"
(Goppelt, a. a. O.). Schon Markus hat das Tempelwort so verstanden und überliefert:
„Ich werde" – wir entsinnen uns des vorhin über die „Zeugen" Gesagten – „diesen
Tempel, der mit Händen gemacht ist, abbrechen, und ich werde in drei Tagen einen
anderen Tempel bauen, der nicht mit Händen gemacht ist" (14,58). Grundmann:
dieses Wort zeichne Jesus als den eschatologischen Hohenpriester und Vollender;
man möge äth. Hen. 90,20ff. und Targ. Jes. 53,5 vergleichen (Markuskommentar
zu 14,58).
Damit sind wir wieder einmal bei der auffälligen Nähe des vierten Evangeliums zum
Hebräerbrief. „Wir haben einen solchen Hohenpriester, der da sitzt zu der Rechten
des Thrones der Majestät im Himmel und ist ein Diener am Heiligtum und an der
wahren Stiftshütte, welche Gott aufgerichtet hat und kein Mensch" (Hebr. 8,1f.).
„Der erste Bund hatte seine Satzungen für den Gottesdienst und sein irdisches Heiligtum ... Christus aber ist gekommen, daß er sei ein Hoherpriester der zukünftigen
Güter und ist durch das größere und vollkommenere Zelt eingegangen, das nicht mit
Händen gemacht ist, d. h. das nicht von dieser Schöpfung ist" (Hebr. 9,1.11); und
dann folgt die vorhin zitierte Stelle von den Tieropfern.
Versucht man, sich in diese vom Kult herkommende Sprache einzuhören, dann wird

zunächst deutlich, warum Jesus seinen Gesprächspartnern dieses schockierende Tempelwort nicht ersparen konnte. Man könnte ja fragen: Warum ein solches Versteckspiel? Warum so provozierend geredet, wenn gar nicht das gemeint ist, was die Zuhörer Jesu zunächst annehmen müssen? Darum, weil sie begreifen müssen, daß es mit dem Kult, wie er hier im Tempel betrieben wird, tatsächlich ein Ende hat. Schluß mit diesem religiösen Betrieb und seinen unerfreulichen Begleiterscheinungen! Den Frieden mit Gott haben wir nicht dadurch, daß Böcke und Kälber dargebracht werden, sondern dadurch, daß der „Sohn" sich zu unserm Anwalt macht, ja, daß er den schweren Weg geht, von dem der Text – verhüllt und doch deutlich genug – redet. „Wir sind geheiligt ein für allemal durch das Opfer des Leibes Jesu Christi" (Hebr. 10,10; vgl. noch einmal Joh. 17,19). Wir bringen keine Opfer mehr dar. Wir leben davon, daß der auferstandene Herr „darum, daß er ewig bleibt, ein unvergängliches Priestertum" ausübt; „daher kann er auch auf ewig selig machen, die durch ihn zu Gott kommen, denn er lebt immerdar und bittet für sie" (Hebr. 7,24f.). In unseren irdischen Gottesdiensten ist der auferstandene Christus gegenwärtig. Der *ewige Gottesdienst* ragt in den zeitlichen hinein – und umgekehrt. Ist Christus der eschatische Hohepriester (Röm. 8,34; 1. Joh. 2,1f.), dann kommen wir in seinem Namen zum Vater, schalten uns in seine Fürbitte ein und leben durch ihn in der herzlichen Gemeinschaft mit dem himmlischen Vater (Offb. 21,3). Es könnte sein, wir entdecken unter diesem Text ganz neu, was sich in jedem Gottesdienst ereignen soll. Der heilige „Ort", an dem wir mit unserm Gott verbunden sind, ist *Christus*.

11. Sonntag nach Trinitatis. Matth. 21,28–31

Sondergut des Matthäus. V. 32 gehört nicht unmittelbar zum Gleichnis, wirkt wie angehängt, ist mindestens zu seinem Verständnis nicht nötig (Sachparallele Luk. 7,29f.). Der Vers fällt dadurch auf, daß er von der Stellung der Menschen zum Täufer spricht, nicht, wie zu erwarten wäre, von ihrer Stellung zu Jesus. Dies paßt gut zur vorangehenden Parallele, wo die Frage nach *Jesu* Vollmacht ebenfalls an der Täuferparallele demonstriert wird. Im Matthäus-Kontext ist die Anfügung dieses Logions sinnvoll. – Das Gleichnis ist aufgebaut wie Luk. 7,41–43; in ihm treten dieselben Figuren auf wie Luk. 15,11–32; seine Aussage ist aber beiden gegenüber eigenständig. Eine rabbinische Parallele teilt Str.-B. (I, S. 865) mit: Verschiedene Bauern lehnen den Auftrag des Königs ab; der letzte nimmt ihn an, führt ihn aber nicht aus. Wem wird der König am meisten zürnen? (Exodus rabba 27 [88a], Wiedergabe nach Bltm., GsTr., S. 218).
Hinsichtlich der Reihenfolge der Söhne ist die Textüberlieferung zwiespältig: Der Jasager (= Neintuer) steht voran in B, Θ, φ (so auch Luther). Der Neinsager (= Jatuer) steht voran in א, C, bei den meisten Zeugen der Koinegruppe, in den lat. Übersetzungen und bei sy^c; wobei dann in V. 31 die Antwort lautet: ὁ πρῶτος. Daß die Aufforderung an den zweiten Sohn erst dann sinnvoll ist, wenn der erste abgelehnt hat, würde voraussetzen, daß im Weinberg nur *eine* Arbeitskraft nötig ist. Dieses Argument (Schniewind, Grundmann u. a.) überzeugt mich nicht. Eher das andere, daß die B-Reihenfolge den heilsgeschichtlichen Gang widerspiegelt und darum als sekundär anzusehen ist: Juden – Heiden. Für das Verständnis trägt die Reihenfolge nichts aus; wir können als Prediger bei Luther bleiben. Sachlich von Bedeutung ist, daß Grundmann, der sich für die א-LA entscheidet, mit Θ die Gesprächspartner dem „zweiten" (also dem Jasager = Neintuer) den Vorzug geben läßt.
V. 28: Matthäus liebt diese Frage (17,25; 18,12; 22,17.42; 26,66), die Antwort ist nicht fertig, die Angesprochenen sollen sie selbst finden. – V. 29: ἐγώ heißt hier (sowohl nach semitischen wie nach griechischen Sprachgepflogenheiten) einfach: „ja" (z. B. Richt. 13,11). κύριε ist ehrerbietige Anrede (vgl. 7,21), die der zweite Sohn übrigens vermissen

läßt. – V. 30: μεταμέλομαι = sich eines Besseren besinnen, nicht so umfassend wie μετανοέω, „das die Sinnesänderung als Umkehr zu Gott meint' (Grdm.). – V. 31: Nach Grundmann (s. o.) hätte also die LA recht, nach der die Angeredeten meinen, der Jasager (= Neintuer) habe den Willen Gottes erfüllt, Das Nichterfüllen eines Gebotenen wiege nach jüdischer Anschauung nicht so schwer wie die prinzipielle Gehorsamsverweigerung (man spricht von „Sünde mit erhobener Hand"). Damit trete, meint Grdm., der Unterschied zu Jesus sehr deutlich heraus. Der Koridethianus (Θ) bietet übrigens die „lectio difficillima". Wir kommen darauf zurück. Bei οἱ τελῶναι καὶ οἱ πόρναι haben die Artikel „generische Bedeutung" (Aramaismus), bleiben im Deutschen also unübersetzt. Dem Präsens προάγουσιν entspricht im Aramäischen ein (atemporales) Partizip, das deshalb futurischen Sinn hat, weil „alle Einlaßsprüche Jesu eschatologischen Sinn" haben (J. Jeremias, Die Gleichnisse Jesu, Berlin ³1955, S. 104, mit Berufung auf H. Windisch und W. Michaelis).

Man könnte sagen: *auch* ein Gleichnis vom Pharisäer und Zöllner (altes Evangelium). Zwar ist, in der matthäischen Anordnung, von den Hohenpriestern und Ältesten die Rede (V. 23), aber das ist Rahmen. Und auf der anderen Seite stehen in Jesu zusammenfassendem Satz neben den Zöllnern die Dirnen (V. 31), doch das macht, was den theologischen Sinn angeht, keinen großen Unterschied. Wir sahen: es fallen einem noch andere Gleichnisse ein. Ein Vater, zwei Söhne, von denen der eine sich dem Vater entzieht und der andere für ihn arbeitet, das sind dieselben Figuren in ähnlichem Verhalten. Aber unser Gleichnis scheint in seiner Absicht Luk. 18,9–14 näher, wenn auch in seiner Tendenz auf den ersten Blick gegenläufig. Wieso letzteres? Der Pharisäer in Luk. 18 könnte versuchen, sich zu verteidigen: Wer, wie der Zöllner, nur nach Gnade verlangt, erbringt keine Leistung, läßt es also am Tun fehlen. Das ist ja überhaupt das Gefährliche am Evangelium: es gibt uns ein gutes Gewissen, wenn wir „in der Sünde beharren, auf daß die Gnade desto mächtiger werde" (Röm. 6,1). „Was hilft's, liebe Brüder, so jemand sagt, er habe Glauben, und hat doch keine Werke?" Das sagt nicht einmal der Pharisäer, sondern Jakobus (2,14). Man könnte unser Gleichnis so lesen, als solle das alte Evangelium abgedämpft und im Sinne des „Weges der Gerechtigkeit" (V. 32) berichtigt werden. Auf das *Tun* kommt es an. Nun zeigt aber dieses Gleichnis, daß, wenn es aufs Tun ankommt, eben die Zöllner und Huren – natürlich nicht in der Ausgangsposition, aber im Endeffekt – wieder „vorn dran" sind (προάγουσιν). Das soll natürlich nicht heißen, sie erwiesen sich zuletzt als die besseren Pharisäer. Es kommt bei ihnen zu einer ganz neuen Weise von „Gerechtigkeit". „In die Herrschaft Gottes ... gehen die Sünder eher ein als die Frommen; sie verstehen, was es um Gottes Majestät und um des Menschen Niedrigkeit ist, die Frommen aber erhöhen sich selbst (23,12)" (Schniewind z. St.). Daß das Eingehen in die Herrschaft Gottes – so Matthäus, der sonst meist von der „Himmelsherrschaft" spricht (fixierter Wortlaut übernommen?) – nicht in Unverbindlichkeit erfolgt, sondern mit dem Tun des Geforderten in eins geht, ergibt sich deutlich aus dem Gleichnis. Unsere Gerechtigkeit sollte besser sein als die der Schriftgelehrten und Pharisäer, wenn wir ins Himmelreich kommen wollen (5,20). Jesus ist ja nicht gekommen, um Gottes Forderungen und Ansprüche aufzulösen, sondern zu erfüllen; er will sie nicht ermäßigen und uns zur Faulheit, Laxheit und Zuchtlosigkeit ein gutes Gewissen machen. Gott soll sich in uns *mehr* durchsetzen, sein Herrsein über uns soll auf eine neue Art wirksam werden. Da ist es also mit bloßem Herr-Herr-Sagen nicht getan – V. 29: „Ja, Herr!" –, da möchte der Wille des Vaters im Himmel erfüllt sein (7,21; Luk. 6,46). Wie immer man sich das erklären mag: bei den Zöllnern und Huren kommt es dazu, während Jesus bei den anerkannten Frommen auf Widerstand stößt und enttäuscht wird. Matthäus stellt das Gleichnis in die Reihe der Perikopen, die – nach Einzug und Tempelreinigung – auf die Passion hinleiten, immer zwingender und unausweichlicher.

Zum Verständnis des Gleichnisses wird man die Geschichte des Lebens und Wirkens Jesu, besonders die Vorgänge vor seiner Passion vor Augen haben müssen. Aber der Predigt wird es darum gehen, daß es für uns transparent wird als Hinweis auf unsere Gefahr, auf unser Chance und Aussicht. Wir werden auch hier beachten, was für Jesu Denkweise allgemein gilt: In allem, was er sagt, geschieht Einladung und Angebot. Jesu Worte sind *offen*; sie stellen nicht einen in seiner Faktizität unrevidierbaren Zustand fest, sondern sie wollen etwas in Gang bringen. So wird es, wenn wir an der Sache sind, auch bei der zu haltenden Predigt sein.

Wo kommt es wirklich zur Umkehr? – eine Frage (1) der Entlarvung, (2) der Aufwertung, (3) der Hoffnung.

I.

Das Jasagen und Neintun kommt vor, als Erfahrung unseres Alltags. Gute Vorsätze, auch ausdrückliche und sicher auch ernstgemeinte Versprechen an Gott – und dann das Gelobte nicht gehalten. Wenn Jesus es nur mit dieser immer wieder zu machenden Erfahrung zu tun hätte, würde er in seiner verstehenden Güte und Barmherzigkeit viel eher ein Wort des Trostes und der Ermutigung gesprochen haben, als daß er dieses Gleichnis erzählt hätte. Jesus kritisiert nicht unser Versagen aus Schwachheit, sondern – wenn man so will – das Versagen aus Grundsatz. Es besteht darin, daß wir die fromme Rede und Gebärde für das Tun des Gerechten ausgeben und damit Gott unsere Umkehr schuldig bleiben.

In dem Gleichnis bildet sich ab, was Jesus mit den ausgemacht Frommen seiner Zeit erlebt hat. „Ich danke dir, daß ich nicht bin wie die anderen." Man wird den Unterschied nicht übersehen dürfen, der zwischen dem nach jüdischer Auffassung vorbildlich Frommen und den notorischen Sündern tatsächlich bestand. Und man wird auch den subjektiven Ernst der Gesetzesfrömmigkeit nicht verkennen dürfen. „Heuchler", sagt Jesus, aber er meint damit nicht die subjektive Unehrlichkeit, sondern den objektiven Selbstwiderspruch (Schniewind). Es ist wichtig, dies zu sehen; wir werden sonst dessen nicht gewahr, was in dieser Sache uns angeht und wieso es uns trifft. Pharisäische Korrektheit und perfekte Kirchlichkeit können einander schrecklich nahe sein. Der erste Sohn sagt: „Ja, Herr" – in der Kyrios-Anrede wird die Unterordnung nachdrücklich betont (ThWNT III, S. 1085 A. 253, auch S. 1044), man könnte sogar sagen: hier „durchschlägt" die Wirklichkeit das Gleichnis; das ἐγώ läßt sogar eine gewisse übereifrige Bereitwilligkeit erkennen: „Ja, gewiß – wer anders als ich?" Der jüdische und christliche Pharisäer will seinem Gott wirklich gehorsam sein, man könnte sagen: er glaubt sich selbst sein Ja. Aber er tut nicht, was er zugesagt hat.

Tut der jüdische Fromme nichts? Jesus hat dies den Schriftgelehrten vorgeworfen. Sie legen den Menschen schwere Lasten auf, rühren sie selbst aber mit keinem Finger an (23,4). Damit ist sicher Richtiges getroffen, aber nicht das Ganze. Man wird zugeben müssen, daß mancher es sich schwer gemacht hat; man denke etwa an den jungen Paulus (Phil. 3,6). „Sie eifern um Gott, aber mit Unverstand" (Röm. 10,2). Also tun sie das Falsche? Das trifft zum Teil gewiß zu. Gott will Barmherzigkeit, nicht Opfer (12,7) und kultische Korrektheit. Man diskutiert um Quisquilien (23,24) und umgeht damit die eigentliche Forderung des Gesetzes: Recht, Barmherzigkeit,

Glauben (23,23). Da könnte man schon sagen: „... und ging nicht hin" (V. 29). Noch
ein Stück weiter: Man tut, was man tut, um der eigenen Geltung willen (6,2.5;
23,5–7 u. ö.). Das Gesetz will, daß wir Gott von ganzem Herzen und mit aller Kraft
lieben und den Nächsten mit derselben Selbstverständlichkeit, mit der wir uns selbst
lieben (22,37–39). Aber der „Pharisäer" liebt immer nur sich selbst. Die ganze Frömmigkeit ist eine schön gestaltete Fassade, und dahinter ist nichts. Ja sagen und Nein
tun!
Sieht man das Gleichnis in dem Zusammenhang, in den Matthäus es offenbar sehr
bewußt hineingestellt hat, dann verschärft es sich noch. „Hingehen" oder nicht:
damit ist die Stellung zu Jesus, die Nachfolge oder Weigerung gemeint. Alles deutet
auf die bevorstehende Passion hin. Durch Jesus hat Gott die Menschen in den „Weinberg" schicken wollen (stehendes Bild für die Sache Gottes). Herauskommt, daß sie
Jesus umbringen werden (so das nachfolgende Gleichnis). Es könnte, wer distanziert
zu Jesus steht, meinen, es sei ungerechtfertigt, wenn Jesus den Gottesgehorsam der
Menschen oder dessen Verweigerung an ihrem Verhältnis zu ihm, also zu Jesus,
ablesen will. Aber genau darum geht es! Die Königsherrschaft Gottes ist nah. Gott
will von seiner verlorenen Welt wieder Besitz ergreifen. Er will die ihm entfremdeten
Menschen wiederhaben: uns, die wir „arg" sind (7,11) und aus deren Herzen das
kommt, was drin ist: „arge Gedanken" (15,19). Wir wären noch längst nicht an der
Sache, wenn wir nur über das Rechtverhalten diskutierten und diese oder jene Maxime durch bessere ersetzten. Es geht darum, daß wir überhaupt, also im Ganzen
und durch und durch aus unserer Gottwidrigkeit herauskommen. Ein anderes Gesetz?
Nein: das Herrwerden Gottes als Ereignis! Indem Jesus nach uns greift, müßte es
passieren! Die in Jesus als Ereignis gegenwärtige Gottesherrschaft, die „Autobasileia" (Origenes) müßte uns in der Tiefe verändern.
Wir haben soeben von „uns" gesprochen. Es bringt nichts ein, wenn wir uns damit
aufhalten, wie Jesus von den damaligen Pharisäern (oder an welche Gruppen von
Gegnern wir auch immer zu denken haben) abgewiesen worden ist. Die Frage ist,
worin *wir* etwa Jasager und Neintuer sind.
Man wird nicht leugnen können, daß in der „Kirche des Wortes" auch viel „Worte"
sind. Da der Glaube von dem lebt, was *Gott* getan hat und tut, hält er sich ans Wort.
Die Predigt der Kirche könnte auch nie lauten: „so sind wir, dies tun wir", sondern
sie lautet: „so ist *er*, dies hat er uns getan und tut es noch immer". Wir sollten uns
dessen nie schämen, ja, uns bei eigenem Versagen dorthin flüchten. Das Zerrbild
des hier Gemeinten: die immer nur Worte machende Kirche, die Kirche der großen,
nicht eingehaltenen Versprechungen. Eine Menge Aufwand: was trägt es aus? Ein
großer Apparat: was würde sich ändern, wenn die Kirche – aus welchem Grunde auch
immer – ihre Arbeit einstellte? Würde jemand etwas vermissen? Oder würde sich
herausstellen, daß unser Verkündigen, Bekennen, Anbeten, Singen, Loben, auch unser
theologisches Nachdenken *ohne Folgen* bleibt?
Die Entlarvung, die hier stattfindet, wirklich im Sinne des von Jesus Gemeinten zu
verdeutlichen, verlangt ein sorgsames und behutsames Denken. Daß die Kirche
fast 2000 Jahre lang nichts getan und bewirkt habe, ist nicht wahr; der christliche
Glaube hat in der Welt viel verändert. Man darf nicht immer nur auf die Folgen des
Miß- und Aberglaubens schauen. Selbst wenn die Christenheit an *einem* Tage aus der
Welt verschwände, würde die Menschheit für lange Zeit noch immer von vielem zehren, was Christus in seiner Gemeinde und durch sie bewirkt hat. Man sollte außerdem bedenken, daß die Christenheit in der Welt immer nur Diaspora sein konnte –
auch in „konstantinischen" Zeiten – und daß es von Christus her nicht darauf ab-

gesehen war, die Welt im Sinne eines christlichen Gesetzes zur heilen Welt Gottes umzugestalten. So weit hat der Arm der Christenheit nie gereicht, und dazu war sie auch nie berufen. Daß es nach 20 Jahrhunderten Kirchengeschichte in der Welt kein Unrecht mehr geben dürfe, ist ein Satz, der grobes Mißverstehen verrät. Nicht einmal *das* meint Jesus mit dem fatalen Neintun der Jasager, daß unsere Kraft oft nicht reicht, zu tun, was unserm Christenstande gemäß wäre. „Wollen habe ich wohl, aber ..." (Röm. 7,18b). Empirisch-kritische Theologie wäre ein sich selbst mißverstehendes Unternehmen, wenn sie, was über Gottes heilschaffendes Wirken zu sagen wäre, dem Kriterium der meßbaren Effektivität zu unterwerfen versuchte.

Der böse Widerspruch zwischen Jasagen und Neintun besteht darin, daß wir uns mit der frommen Gebärde vom Tun des Gerechten loskaufen. Gesetzliche Korrektheit statt der liebenden Hingabe an Gott und Menschen. Selbstsalvierung dadurch, daß man sich vor Gott und Menschen in Szene setzt, – und was Gott wirklich will, bleibt ungetan. Religiöse Geschäftigkeit – mit Bekehrung und „Übergabe", Liturgismus – vielleicht gregorianisch oder auch „poppig"; konsistorialer oder synodaler Aktivismus oder pfarramtliches Managertum bis an die Grenzen der Kraft – aber das Hilfreiche, das Befreiende, das Wohltuende, die „Lindigkeit", die Kraft des Durchhaltens mit anderen und für andere, die frohmachende Hoffnung, der ungesehene Dienst, der in der Vergebung wirksame Wille zur Gemeinschaft (u. a. m.) fehlt. Wir haben soeben in unseren nächstliegenden Bereich geblickt. Gewiß sollten wir aber auch in die Weite sehen und uns überlegen, wo das Jatun nötig und möglich wäre: gesellschaftliches Engagement, Parteinahme für die, denen Unrecht geschieht, sich stark machen für den Frieden unter den Völkern, nicht Ruhe geben, solange noch Menschen gepeinigt und gefoltert oder um ihrer Hautfarbe willen diskriminiert und zu einem Leben verurteilt werden, das diesen Namen nicht verdient. Es könnte sein, wir sind eine Kirche, die in solchen Fällen wegsieht, es sich bequem macht, sich die Gunst der Mächtigen sichert. Daß hier kein Irrtum aufkomme: Jesus ist nicht gegen das Jasagen – mit all dem, was wir vorhin genannt haben; er ist gegen den Widerspruch zwischen Sagen und Tun und gegen die Einstellung, in der man das Defizit an Tun durch formalen kirchlichen Perfektionismus meint decken zu dürfen. Jesus ruft uns in die Nachfolge, er braucht uns. Er braucht solche, die ja sagen und ja tun.

2.

Auch bei der zweiten Gruppe findet sich ein Widerspruch zwischen Sagen und Tun. Aber doch so, daß das böse Nein in ein gutes, erfreuliches Ja aufgehoben wird. Der Pharisäer hatte nie vor, sein Ja zu brechen; es blieb nur, leider, bei dem verbalen Ja, ohne daß es zum Ja der Tat gekommen wäre. Er sah in dem Ja seiner fest formierten „Kirchlichkeit" das Ganze. Hier, in V. 30, wird das Nein zwar zunächst gesprochen, aber es verwandelt sich, indem man „anderen Sinnes wird", unterderhand in ein Ja. Unterderhand – wenn nämlich daran gedacht ist, daß tatsächlich die Hand es ist, die nun tätig zufaßt und vollbringt, was Jesus sagt. Wo kommt es wirklich zur Umkehr? Stellt man die Frage jetzt, so ist zu antworten: genau bei denen, die die jüdischen Musterfrommen abgeschrieben hatten.

Was bedeutet das hier Gesagte in der Geschichte der Wirksamkeit Jesu? Jesus hat sich den Sündern zugewandt. „Zöllner und Huren" sind eine Gruppe unter ihnen. Es fällt auf, daß beide gekennzeichnet sind durch ein bestimmtes gesellschaftliches Schicksal. Beide betreiben anrüchige „Berufe". Ob Jesus deutlich sieht, wie sie in ihre Lage geraten sind? Wir sagten: Schicksal. Nicht Schuld? Der Pharisäer sieht nur das Gesetzwidrige: Sünde und Schuld sind für ihn *ein* Begriff. Indem Jesus auch seinerseits von „Sündern" spricht, nimmt er mindestens den üblichen Sprachgebrauch auf. Es könnte sein, daß er auch das in dem „Verlorensein" (10,6; 15,24; 18,11 Par.; Luk. 15,4.6.24) sich auswirkende Verhängnis sieht und damit schon etwas von dem erkennen läßt, was moderner Erkenntnis viel klarer geworden ist: daß auch unser (verantwortliches) Personleben in das gesellschaftlich Vorgegebene eingebunden und von daher mitbestimmt ist. Man muß, wenn man sich über Menschen ein Bild machen will, die gesellschaftlichen Bedingtheiten mitbedenken, unter denen ihr Leben verläuft. Wie kam es, daß der Zöllner sich in den Dienst der römischen Okkupatoren begeben und – der Beruf bringt das so mit sich – sich an unrechtem Gut (Luk. 19,8c) bereichert hat? Wie ist diese nette, ansehnliche Person zum Strichmädchen geworden? Wir sehen es in der modernen Welt: Der Ausgebeutete und Geächtete hat es, wie wir gerade aus dem gesellschaftskritischen Denken des Marxismus gelernt haben, oft schwer, mit seinem Schicksal fertig zu werden, und ist in bestimmten Situationen weder bereit noch in der Lage, ein korrektes Leben im Sinne bürgerlicher Wohlanständigkeit zu führen. Der Desperado wird leicht kriminell. Wer die Pressionen eines atmosphärisch unerträglichen Elternhauses nicht ertragen konnte, wurde leicht zum Terroristen. Ein anderer wurde zum „kaputten Typ", weil seit seinen ersten Kindertagen niemand recht für ihn da war. Wir erleben es an Jesus, wie liebende Zuwendung in das Denken und Leben solcher Menschen ganz neue Hoffnung bringen und die große Wende herbeiführen kann. Wir fanden uns in anderem Zusammenhang bereits an das Gleichnis von den beiden Schuldnern erinnert (Luk. 7,41–43). Indem Menschen von Jesus – hoffentlich auch von uns – Liebe empfangen, werden sie emporgehoben, „aufgewertet" (wie wir in der Schlagzeile sagten), mit neuer Personwürde beschenkt und so zu einem neuen Leben ermutigt. Sie blühen auf in neuem Ansehen und neuer Hoffnung.

Wo stehen wir jetzt? Wir haben uns verständlich zu machen versucht, wo und wie es wirklich zur Umkehr kommt. Es könnte sein, wir geraten in zweierlei Hinsicht in eine Kursabweichung. Es könnte sich die Frage, wo es zur Buße kommt, unversehens in die andere verwandeln: wie solchen Menschen sozial aus ihrem Schicksal herauszuhelfen ist. Dann würde das Gleichnis eine Aussage nicht über *sie*, sondern über *uns* sein: wie sollten wir uns zu solchen Menschen verhalten? Kein Zweifel, daß Jesus auch daran gelegen war (Luk. 15,25ff.). Aber hier steht die Frage anders: Wie verhalten *sie* sich? Sie sagen Nein und tun Ja. Das Neinsagen besteht wohl zunächst darin, daß sie nicht auf die Gerechtigkeit des Gesetzes setzen; das Nein wird in der Regel ein nicht artikuliertes, vielmehr im praktischen Verhalten sich äußerndes Nein sein. Das Nein könnte in prinzipieller Ablehnung des Gesetzes bestehen, aber auch in einem bedauernden, resignierenden „Ich kann ja nicht". Ist davon die Rede, daß diese Neinsager *das Ja tun*, dann könnte man sagen: sie sind die eigentlichen Heiligen, man sollte werden wie sie. Sie sind es, die „der Buße nicht bedürfen". Wir merken sofort: wir sind eben wieder in falsche Richtung geraten. „Die der Buße nicht bedürfen", sind nach Luk. 15,7 nicht die Zöllner und Sünder, sondern – wie immer Jesus diese Wendung gemeint haben mag – die „Gerechten". Doch, Zachäus *bedarf* der Buße – und es kommt tatsächlich dazu.

Trotzdem sollte man sich das Jatun der Neinsager beunruhigen lassen. Man kennt genug Nichtchristen, die in ihrem beruflichen, gesellschaftlichen, überhaupt mitmenschlichen Engagement uns Christen tief beschämen. Ein Passus aus einer Predigt von Helmut Gollwitzer zu unserm Text spricht vom „Elend des europäischen Proletariats" im 19. und in der ersten Hälfte des 20. Jahrhunderts und sagt: „Karl

Marx und Johann Hinrich Wichern haben erkannt – ein Nein-Sager und ein Ja-Sager –, daß dies die Entscheidungsfrage ist, wenn sie sie dann auch verschieden beantworten und allerdings der Nein-Sager Karl Marx so, daß wir heute von ihm mehr lernen können als von dem Ja-Sager, dem großen echten Ja-Sager Johann Hinrich Wichern. Karl Marx hat erkannt, daß das (dieses Elend) nicht nur zu beheben ist mit Innerer Mission, mit Caritas", er hat im „Kapital" seine gesellschaftlichen Ursachen aufgedeckt (H. G., Veränderung im Diesseits. Politische Predigten, München 1973, S. 116). Wir Christen sollten, wenn wir solche Neinsager, die Jatuer sind, vor Augen haben, nicht nur etwas von unserer unchristlichen Sicherheit aufgeben und demütig werden, sondern auch solchen Nichtchristen gegenüber offener, zugänglicher, unbefangener, lernbereiter.

Fast könnte man auf den Gedanken kommen, es sei nicht von Belang, wie jemand zu Jesus steht, – Hauptsache, er tut den Willen Gottes. Es ist daran etwas Richtiges. Das Jasagen der ersten Gruppe war ja nicht ein Ja zu *Jesus*, sondern zu Gott und seinem Gesetz; das Ja der Maßgebenden zu Gott, wie sie ihn verstanden, war sogar, wie die im Gang befindliche Passionsgeschichte zeigt, ein klares Nein zu Jesus. So wird man das anfängliche Nein der anderen Gruppe ebenfalls nicht als Ablehnung Jesu zu verstehen haben; er ist zunächst außer Betracht. Also kann es auch ohne Jesus dazu kommen, daß jemand den „Weg der Gerechtigkeit" geht (V. 32) und daß er gerettet wird ohne diesen „Namen"? Wir verlören völlig den im Text gemeinten Boden unter den Füßen, wenn wir schlössen, das Reich Gottes (V. 31) brauche gar nicht erst zu kommen und eines Jesus, der „rettet, was verloren ist" (18,11; Luk. 19,10), bedürfe es nicht. Was Jesus zu den Gleichnissen dieser Gruppe (s. o.) veranlaßt, ist ja der Anstoß, den die Maßgebenden an seiner Gemeinschaft mit den Sündern nehmen. Die offiziellen „kirchlichen" Kreise in Israel lehnen Jesus ab; die Verachteten, links Liegengelassenen, notorisch Gottfernen, die „Verlorenen" halten sich an ihn. „Danach ward er anderen Sinnes" (V. 30): das eben ist – wie man an Matthäus (9,9ff.) oder Zachäus (Luk. 19,1ff.) schön sehen kann – die Hinwendung zu Jesus, der Eintritt in seine Nachfolge. Es geht, wie überhaupt im Evangelium, nicht um allgemeine Wahrheiten (solche nimmt Gott an, die anderen nicht), sondern um das *Ereignis*, daß Jesus Macht über Herzen gewinnt und damit das Herrsein Gottes sich in ihnen durchsetzt. Bei den öffentlich anerkannten Jasagern war die Kruste ihres gesetzlichen Denkens und darum auch ihrer Selbsteinschätzung so dick und hart, daß die Liebe Jesu daran abprallte. Die anderen entdeckten staunend, daß Jesus sie – trotz allem! – liebhatte und annahm. Die ihnen widerfahrende „Aufwertung", das Ernstgenommenwerden, die ihnen zuteilwerdende Wertschätzung („Rechtfertigung") hat bei ihnen die Wendung herbeigeführt. Sie „gehen voran" ins Reich Gottes, ja vielleicht muß man – mit Goppelt (ThNT 1, S. 114f.) – sagen, der Komparativ sei absolut gemeint: *sie gehen ein, ihr nicht.*

3.

Wo kommt es wirklich zur Umkehr? Wir sahen darin auch eine Frage der *Hoffnung*. Ich wüßte keinen bestimmten Vers im Text zu nennen, auf den sich diese dritte Aussage gründen könnte. Sie faßt das Ganze in den Blick – und zwar unter Berücksichtigung der Tendenz und der Denk- und Redeweise Jesu. Wir haben zu Luk. 15,1ff. (3. S. n. Trin.) festgestellt, daß die von Jesus erzählte Geschichte einen offenen Schluß hat. Das ist bei Jesus fast immer so (s. o.). Seine Rede ist Anrede, Aufruf, Einladung, Angebot, lockendes Werben, besorgtes Bemühen um die Hörer. Wir hätten Jesus ganz falsch verstanden, wenn wir meinten, er wolle die Menschen in zwei Gruppen auseinandersortieren und dabei feststellen, daß den Zuerstgenannten nun einmal nicht zu helfen ist. Natürlich weiß Jesus, daß alles auf sein bitteres Ende zudrängt, seit 21,1ff. in dramatischer Zuspitzung. Trotzdem zeigen die Streitgespräche, zu denen unser Gleichnis gehört, daß Jesus bemüht ist, seinen Gegnern Durchblicke freizumachen, Erkenntnisse zu ermöglichen. Es könnte ja sein, sie „werden anderen Sinnes"! Hat man das Gleichnis als Ganzes gehört, bleibt ja die Frage: Wer sagt nun wirklich ja, wer nein? Die Tendenz des Gleichnisses geht eben dahin, den Widerspruch zwischen Ja und Nein nicht nur aufzudecken und den in diesem Widerspruch steckenden Nonsens deutlich zu machen, sondern, wenn möglich, diesen Widerspruch zu überwinden. Stellt sich nämlich heraus, daß das Ja des ersten in Wirklichkeit ein Nein ist, dann wird aus dem, was man mit dem zweiten erlebt, deutlich: ein Nein kann sich schnell in ein Ja verkehren!

Man sage nicht, das Nein bei dem zweiten Sohn wiege nicht schwer, da er ja dann doch hingegangen sei. Es ist ja nicht das gute Recht des Sohnes, sich seinem Vater zu verweigern. „Nein, ich will nicht": das ist ein Affront, das tut dem Vater weh; es zeigt sich, daß es zwischen dem Sohn und dem Vater nicht stimmt. Das Wort τέκνα zu Beginn des Gleichnisses läßt eine gewisse Herzlichkeit erkennen (vgl. Luk. 15,31: „mein Junge"). Die Weigerung hat etwas kaputt gemacht in diesem Verhältnis. Aber dem Jungen tut's leid. Man sieht ihn *doch* zum Weinberg gehen. – Und nun mache man sich klar, was es heißt, daß im Anfang der kleinen Geschichte *beide* Söhne als τέκνα bezeichnet sind. Söhne dieses Vaters sind wir auf alle Fälle – wir sind gefragt, *was für* Söhne wir sind oder sein wollen. Das Angebot Jesu liegt am deutlichsten in dem μεταμεληθείς (V. 30). Es könnte ja sein, wir überlegen es uns anders! Das ist Jesu Hoffnung für uns.

12. Sonntag nach Trinitatis. Jes. 29,17–24

Die Echtheitsfrage, besser: die Frage nach Datierung und historischer Einordnung des Abschnitts, wird verschieden beantwortet. Sieht man mit Procksch in den „Worten des Buches" das AT der Synagoge, mit Duhm in den „Elenden" und „Armen" die Frommen (also nicht die sozial Benachteiligten der Jesajazeit), in den „Tyrannen" und „Spöttern" die Gegner der Juden in seleukidischer Zeit, so kommt man auf späte Datierung, wobei freilich zu bedenken wäre, daß sich unser Text in der vollständigen Jesajahandschrift der Höhle I von Qumran findet (um 150 v. Chr.), also älter ist. Für jesajanisch hält den Text Wildberger (dessen Kommentar noch nicht so weit vorliegt, s. aber G. Eichholz, Herr, tue meine Lippen auf, Band 5, ²1961, S. 453ff.), im Grundbestand auch Hertzberg.

V. 17: הֲלֹא leitet die Suggestivfrage ein: „Ist es nicht nur noch ein kleines Weilchen ...?" מְעַט מִזְעָר (so auch 10,25; 16,14) eigtl. „ein Spänlein von Wenigkeit": Naherwartung ist Ausdruck der Hoffnungsgewißheit (also nicht temporal zu pressen). Weltweite Szene (der Libanon liegt nicht im „Lande Israel"). Ist an Umkehrung der Verhältnisse gedacht (das Waldgebirge wird in Fruchtfeld verwandelt und umgekehrt), oder an allgemeine Anhebung des Fruchtbarkeitsniveaus (Gebirge wird fruchtbares Feld, fruchtbares Feld wird zum üppigen Wald, יַעַר)? Stellen wie 32,15; 35,6f.; 41,18f.; 43,20 deuten eher auf das letztere. Apokalyptische Hoffnung erwartet unvorstellbare Fruchtbarkeit (Offb. 22,2). – V. 18: Bei den „Worten des Buches" muß nicht an das fertige AT, es kann auch an Jesajas Buch gedacht sein (30,8 – vgl. uns. Ausl. zum Altjahrsabend –; 8,16) und damit an seine Botschaft. Duhm meint, der Taube brauche doch nicht zu hören, da er die Worte lesen könne; aber das ist modern gedacht. In 8,22 lesen wir חֲשֵׁכָה

(hier: חֹשֶׁךְ) und אֲפֵלָה (hier: אֹפֶל); also dieselben Wortstämme. Man kann die Heilung im eigentlichen Sinne verstehen (vgl. 35,5) oder übertragen: „Jesaja erwartet, daß Israel in der Not kommender Bedrängnis zur Erkenntnis dessen, was ihm ‚zum Frieden dient', kommen wird" (Wbgr. a. a. O., S. 458). – V. 19: Die „Elenden" und „Armen" sind, je nach zeitlicher Ansetzung des Stücks, die materiell Benachteiligten (jesajanische Zeit) oder die Frommen (nachexilisch). Ihnen wird „vermehrte Freude" zuteil. „Der Heilige Israels" ist Vorzugsbezeichnung Gottes bei Jesaja (1,4; 5,19.24; 10,17.21 u. ö. – nur bei Jes., sonst „nur bei sehr jungen Schriftstellern", Duhm zu 1,4). – V. 20: In den „Tyrannen" und „Spöttern" sieht Duhm Feinde in den letzten zwei Jahrhunderten (s. o.); man kann aber an einflußreiche Leute in Israel selbst, auch zu Jesajas Zeit, denken (28,14.22), vielleicht „gerade die Vertreter offizieller Frömmigkeit" (Wbgr., S. 460). Neben ihnen die, „die lauern auf Freveltat" (vgl. 10,2). – V. 21: Wildberger denkt an solche, „die das Volk durch ihre leichtfertige Rede zu falscher Sicherheit verleiten" oder „die mit dem Wort zur Sünde verführen" (also ähnlich wie der nichtrevidierte Luthertext) (S. 461); er meint, דבר heiße nie „Rechtssache". Die zweite Vershälfte meint auf jeden Fall die korrupte Rechtspflege. Dem (Laien-)Richter im Tor (מוֹכִיחַ) legt man Schlingen, man stört seine Unabhängigkeit. Der Unschuldige wird verurteilt. Die Form יְקֹשׁוּן wäre von einem Verbum קוּשׁ abzuleiten, das sonst nicht vorkommt und nur eine Nebenbildung von יקשׁ wäre; man lese יָקֹשׁוּ, das die regelmäßige Bildung darstellt. – V. 22: Der Relativsatz „der A. erlöst hat" ist von seinem Beziehungswort Jahwe sehr weit entfernt; wohl späteres Einschiebsel. Erst Hesekiel kennt Abraham als Vater der Geschichte Israels (33,24). Duhm: Das Spätjudentum wußte von Abraham zu erzählen, Gott habe ihn aus dem „Feuer der Chaldäer" errettet – eine falsche etymologische Folgerung aus „Ur Kasdim" (Gen. 11,31). (In der Predigt bleibe diese Anspielung weg.) Erlösung aus Beschämung und Angst. – V. 23 greift den Gedanken von V. 19 wieder auf und verdeutlicht ihn. – V. 24: Die äußere Verwandlung der Lage geht mit der Veränderung im Innern einher.

In welcher Zeit wir uns den Text literarisch entstanden denken, wird für sein Verständnis nicht ohne Bedeutung sein. Dennoch sollten wir – auch auf die Gefahr hin, sowohl die Hintergründe als auch die Hoffnungsaussagen blasser zu sehen, als sie gemeint sind – uns nicht an eine bestimmte zeitliche Ansetzung binden. Ich habe mich früher der Duhmschen Datierung angeschlossen (Der helle Morgenstern, S. 232; Die neue Kreatur, S. 270); von Wildberger (a. a. O., S. 454) lasse ich mir sagen: „Die Gründe, die die Unechtheit beweisen sollen, schlagen nach dem heutigen Stand der Forschung … nicht durch." Die Lage ist ähnlich wie bei Jes. 2,1–5 (8. S. n. Trin.). Das Verheißungswort blickt auf die nahe (s. o.) Heilszeit und die sie einleitende große Geschichtswende eschatologischen Charakters. Es ist ein Dokument der großen Hoffnung. Es spricht zu Menschen, die darunter leiden, daß die Erde nicht hergibt, was sie brauchen, um satt zu werden (V. 17); zu Tauben und Blinden (V. 18), zu den zu kurz Gekommenen und Verarmten (V. 19), zu denen, die Unterdrückung und Verspottung leiden und es mit Menschen zu tun haben, die immer nur Unheil anrichten wollen (V. 20), mit solchen, die Menschen verführen und die, die für Recht sorgen, unter Druck setzen und auch sonst die Rechtspflege durcheinanderbringen (V. 21); es spricht zu solchen, die beschämt werden und unter der ihnen angetanen Gewalt erblassen (V. 22); zu solchen auch, die in Irrtum gefangen sind, unzugänglich für bessere Einsicht (V. 24). Natürlich hat alles sein biblisches Kolorit, ob man nun an Jesajas Zeit denkt oder an eine spätere. Aber das, wovon hier die Rede ist, hat es auch anderwärts gegeben und gibt es immer wieder. Eben dies aber spricht, wie es scheint, gegen den Text. „Ist's nicht nur noch ein winziges Weilchen …?" Der Suggestion dieser rhetorischen Frage werden wir nicht so leicht verfallen. Hier werden den

Menschen Dinge versprochen, die sich, im Sinne des hier Gemeinten jedenfalls, nicht erfüllt haben. Gott wird für diese Zusagen in Anspruch genommen, aber es dürften – nur allzu verständliche – Wunschbilder sein. Es wäre nicht gut, wenn unsere Predigt der Gemeinde vollmundige Versprechungen machte, die nicht eingelöst werden.

Andererseits: Wer immer diese Sätze formuliert hat und was für Menschen es auch gewesen sein mögen, die sie aufnahmen und sich daran aufrichteten: man hat sich mit dem vorgefundenen Zustand der Welt, besonders mit den sozialen und politischen Verhältnissen, nicht abgefunden. Weil man nicht willens war, sie ferner zu ertragen? Mag sein. Wichtiger ist, daß *Gott* nicht willens war und ist, sie hinzunehmen und bestehen zu lassen. Es ist wahr: hier ist – wie an vielen anderen Stellen in der Bibel – nicht an weltverwandelndes Handeln der Menschen gedacht, sondern an Gottes Tun. „Wenn sie sehen werden die Werke meiner Hände, …" (יְלָדָיו zu streichen, s. BHK), damit ist auf das geheime Subjekt aller vorangehenden Aussagen verwiesen. Man könnte darin den Verderb sehen: was Menschen hätten in Angriff nehmen sollen, haben sie von Gott erwartet, und zwar vergeblich. Wir verstehen die immer wieder geltend gemachte Kritik. Sie ist durch ein sich auf den Glauben berufendes legitimistisches Obrigkeitsdenken und durch einen als Glaubensgehorsam sich verstehenden Fatalismus unter Christen hervorgerufen oder doch wenigstens bestärkt worden. Aber weder eine gottergebene Passivität bei den „Gläubigen" noch der Anstoß ihrer Kritiker an der auf Gott sich richtenden Zuversicht treffen das, was die Bibel meint. Der durch die Sünde und ihre Folgen gekennzeichnete Weltzustand kann nicht gründlicher in Frage gestellt werden als durch das, was von Gott zu erwarten ist. Eschatologische Erwartung durchbricht den vom Prediger Salomo beobachteten – entmutigend und lähmend wirkenden – Kreislauf (1,9f.), und wenngleich man sich noch in *diesem* Äon weiß, lebt man doch schon auf den *neuen* zu. Die gewisse Hoffnung aktiviert. Es wird noch zu bedenken sein, wie man sich dies vorzustellen hat.

Wir werden, wenn wir uns nicht vom Text distanzieren wollen, aus ihm erheben, *was sein wird*. Wir können davon freilich nicht reden, ohne uns zu fragen, *wie es zu dem*, was sein wird, *kommt*. Dies letztere gibt der Text nicht her; wir sind an das Gesamtzeugnis der Bibel gewiesen. Wir sahen schon, daß das Erwartete nach biblischen Vorstellungen nicht durch weltveränderndes Handeln der Menschen herbeigeführt wird, obwohl man gerade an der Predigt der großen Propheten erkennen kann, wie sie hart und unerbittlich auf ein neues Welt-, besonders Sozialverhalten drängen (z. B. 1,17; 5,7b.8ff.23; 10,1–3). Das Heil kommt auch nicht in einer großen Evolution. Es geht durchs Gericht hindurch. Auch im Neuen Testament geht der Abbruch, das Ende voraus. „Die Verfassung dieser Welt geht vorüber" (1. Kor. 7,31). Das Erste wird vergehen (Offb. 21,4), es wird zu einem neuen Himmel und einer neuen Erde kommen (65,17; 2. Petr. 3,12f.; Offb. 21,1). Aber diese Zukunft hat schon begonnen. Das „Ausstehende" ist zugleich ein „Einstehendes". In Jesus Christus ist das „Heil" angebrochen. Es hat Sinn, im eschatologischen Horizont von *Salvation today* zu sprechen (Bangkok, Jahreswende 1972/73). In Jesu Kommen, in seiner Predigt, in seinem Dienst an den Menschen, in seinen Wundern ist das Kommende gegenwärtig. Es wäre absurd, im alten Stil weiterzumachen (gottabgewandt, selbstsüchtig, lieblos, müde, hoffnungslos, faul, resigniert, verbittert, Menschen verachtend usw.), wenn man sich auf einem Wege weiß, auf dem Christus uns entgegenkommt. Weil das *Heil* im Kommen ist, lohnt es sich auch, auf das *Wohl* der Welt bedacht zu sein. Man sollte beides unterscheiden, aber auch zusammensehen. Oder vielleicht besser: Man sollte zwischen „eschatologischem Heil und zeitlichem Heil" unterscheiden, „zwischen dem, was allein Gottes Sache ist, und dem, was Sache der Menschen

ist" (G. Ebeling in ZThK 1969, S. 514). Es kann sein, daß einer sich im perfekten
„Wohl" befindet und dennoch „heillos" ist. Man kann auch „ohne Erfahrung von
Wohl mitten im Heil sein" (W. Krusche, Heil heute, ZdZ 1973, S. 177b). Aber wir
werden sehen: Heil und Wohl – wenn man denn bei dieser Unterscheidung bleiben
will – tendieren nach Gottes Absicht dahin, in der Ganzheit unseres neuen Menschseins eins zu werden. Man wird dies am Text schön sehen können. Verbürgt ist, was
er sagt, in Jesus Christus; um seinetwillen und in ihm ist der Text wahr. Versuchen
wir, ihn nachzusprechen: *Gott will die heile Welt. Er will sie* (1) *fruchtbar und gesund,*
(2) *frei und gerecht,* (3) *verständig und fromm.* (Daß es dabei überwiegend, wenn auch
nicht ausschließlich, um die *Menschen*welt geht, ist dem Text zu entnehmen.)

I.

Man kann fragen, ob die *Tauben* (vgl. das Evangelium des Sonntags) und die *Blinden*
im Text wirklich körperlich Geschädigte sind (so eindeutig 35,5; Matth. 11,5), oder
ob man – in Anlehnung an VV. 11.24 – an die *innere* Unfähigkeit zum Hören und
Sehen zu denken hat, also an Verstockung und Verblendung. Mir scheint das erstere
näherzuliegen. Veränderungen in der Natur um uns her und Veränderungen an unserm Leibe: dies beides scheint doch zusammenzugehören (so auch M. Josuttis in
GPM 1972, 12. S. n. Trin.). Eine theologisch wichtige Einsicht. Wie es den Menschen
nicht weltlos gibt, sondern, indem er selbst ein Stück Welt ist, nur in der Verbundenheit mit der nichtmenschlichen Schöpfung („geschaffen ... samt allen Kreaturen"),
so schließt auch das von Gott uns zugedachte Heil die gesamte Welt ein. Die Welt
ist nicht etwa die nur gedachte Kulisse, vor der sich menschliche Existenz als das
allein Wirkliche vollzöge. Wie konnte man nur auf den Gedanken kommen, der
christliche Glaube denke akosmistisch! So geht es auch in der christlichen Hoffnung
um den neuen *Himmel* und die neue *Erde.* Christen lieben die Welt, weil Gott sie
liebt (Titel dieses Bandes). Wären wir Manichäer, dann sähen wir die Welt als sündig
an, weil sie *Welt* ist. Aber die Welt ist Gottes gute Schöpfung. Christus macht uns
nicht von der Welt frei, sofern sie Gottes Werk ist, sondern von der Sünde und von
der Verfassung, in die die Welt durch die Sünde geraten ist. Mit dem Menschen soll
auch die außermenschliche Kreatur befreit werden (Röm. 8,19ff.), ja, auch der
Mensch in seiner Leibhaftigkeit soll „heil" werden. Wir tun also gut, V. 18 im eigentlichen, nächstliegenden Sinne zu verstehen.
Der ewig schneebedeckte (daher der Name: das „weiße" Gebirge) Libanon soll zum
Obstgarten werden, und wo jetzt Obstgärten sind, verdichtet sich die Vegetation
zum Wald. Was die dichterische Sprache am Beispiel verdeutlicht, heißt doch allgemein gesprochen: Die Welt wird fruchtbarer werden, sie wird nicht mehr unter der
Dürre leiden (s. die zu V. 17 angeführten Parallelstellen), die Menschen werden nicht
mehr darben und der Erde das Nötigste mühsam abringen müssen; das bedeutet
dann auch: es wird keine Ernährungsprobleme in der Menschheit geben, denn Gott
will die Erde reich und fruchtbar machen. Verwandlung der Welt! Es soll eine Lust
sein zu leben. – Man verhehle sich nicht, daß der Glaube hier allen entgegenstehenden
Erfahrungen trotzt. Es ist wahr: an vielen Orten und in vielerlei Hinsicht ist die
Erde wohnlicher und das Leben reicher geworden. Es gibt Landstriche, die früher
Wüste waren, nun aber – durch den Menschen – bewässert und fruchtbar gemacht
sind. Aber das Gegenteil ist ebenfalls festzustellen. Der Libanon – bis über 3000 m
aufragend – war schon immer zumeist kahl, und doch kamen von dort die Zedern;
heute, „nach 4000 Jahren Raubbau, gibt es nur noch wenige Baumgruppen, von

denen die schönste, sorgfältig geschützt, die Bewunderung der Touristen erregt"
(Grollenberg, Bildatlas zur Bibel, S. 15). Es gilt leider für weite Gebiete unseres
Planeten, daß die Art, in der der Mensch mit der Erde umgeht, den Absichten Gottes,
wie sie dieser Text zu erkennen gibt, stracks zuwiderläuft. Den Befehl, uns die Erde
untertan zu machen, haben wir übel mißverstanden; wir hätten besser bedenken
sollen, was es heißt, daß wir Gottes Garten „bebauen und bewahren" sollen (Gen.
1,28; 2,15). Mehr Ehrfurcht vor dem Geschaffenen, mehr Wissen um unsere schicksalhafte Verbundenheit mit der Natur, mehr Behutsamkeit und Bescheidenheit,
mehr Scheu, sich am Gewachsenen zu vergreifen: dies alles würde uns in die Lage
versetzen, dem, was Gott mit der Welt vorhat, besser zu entsprechen. Allmählich
spricht es sich herum, daß die Menschheit, wenn sie so weitermacht wie bisher,
ihre Überlebenschancen mehr und mehr abbaut und vernichtet. Wären wir mit
Gottes Gedanken über die Welt konform, müßten wir begreifen, daß unsere Buße
an dieser Stelle sehr konkret und zugleich zukunftsbewußt zu sein hat. Wir müssen
uns unseren (unüberlegten) Gepflogenheiten widersetzen: dem Raubbau an den
Gütern der Erde, der gewaltsamen Veränderung und Störung der ihr eingeschaffenen Gesetzmäßigkeiten, der Verschmutzung und Vergiftung. Indem wir uns selbst
widerstehen, bekommen wir von Gott her Rückenwind. Es wird freilich zu bedenken
sein, daß der im Text gemeinte Endzustand nicht von uns herbeigeführt wird, auch
daß es, wenn Gott sein Heil realisiert, ohne Bruch nicht abgehen wird. Doch davon
nachher.
Die Heilung der Tauben und Blinden steht wieder beispielhaft für „*die große Kran-
kenheilung*" (Rembrandts Blatt), die uns zugedacht ist, wenn Gott alles vollendet
(Thema des Sonntags nach Spieker, Lesung für das Jahr der Kirche). Das alte Evangelium schildert das Heilwerden des Tauben in ergreifender Weise. Ich traf auf Aka-
demietagungen wiederholt eine fast taube Frau, die sich mit ihrem Hörgerät immer
wieder abmühte, „die Worte des Buches" (V. 18) zu verstehen. Eines Tages saß sie –
gelöst und aufgeschlossen zuhörend – in einer der hinteren Stuhlreihen; eine Ohr-
operation hatte ihr das Gehör gegeben und sie zu einem völlig veränderten Menschen
gemacht. Bei Blinden muß es noch wunderbarer sein, wenn ihnen „aus Dunkel und
Finsternis" (V. 18) die Schau der bunten Welt geschenkt wird. Hält man sich an
Eugen Roths Lebensweisheit – „wo's grad weh tut, tut's am wehsten" („Ein Mensch")
–, dann freut man sich für *jeden* der gesund wird, auch für den Gelähmten, der wieder
„springt wie ein Hirsch" (35,6). Ist Gesundheit „Kraft zum Menschsein" (Barth,
KD III/4, S. 406), dann ist die Krankheit ja nicht nur etwas Hemmendes, Quälendes,
Schmerzverursachendes, also etwas, was das Wohlbefinden stört, sondern etwas,
was uns am Menschsein hindert, wenigstens in dem Sinne, daß wir, wenn wir krank
sind, im Schaffen und Wirken, auch in der Kommunikation mit den Mitmenschen
beeinträchtigt sind. Daß wir freilich in der Krankheit unser Menschsein auf eine
andere, neue Weise verwirklichen können – im Gehorsam, in der Geduld, im Sich-
Hineingeben in die Hand Gottes, im Vertrauen darauf, daß Gottes Kraft gerade in
der Schwachheit vollendet wird (2. Kor. 12,9) –: dies soll nicht abgeschwächt werden.
Dennoch: Gott will die Überwindung der Krankheit, Gott will, indem er das *Heil*
gibt, auch die *Heilung*. Auch als Todkranke, die wir eines Tages sein werden (und
wäre es nur für einen letzten kurzen Augenblick), haben wir die Gesundung vor uns
(Offb. 21,4). Gott will die heile Welt. Dazu muß „das Erste" freilich vergehen, es
muß „alles neu" gemacht werden (Offb. 21,5). Fleisch und Blut können ja das Reich
Gottes nicht ererben (1. Kor. 15,50).
Also doch wieder: Zukunft – *nur* Zukunft? Keineswegs. Wohl wissen wir, daß alle

unsere Bemühungen um die Erhaltung, Bewahrung und um den rechten Gebrauch der Natur – z. B. um die Steigerung der Fruchtbarkeit der Erde – uns nicht aus der Umklammerung durch den Tod befreien. Es könnte einer auf den Gedanken kommen, in Umkehrung des bekannten Sprichwortes zu urteilen: Ende schlecht – alles schlecht. Christen sehen die Dinge ganz anders. Am Tode kommen wir, kommt die Welt nicht vorbei. Aber wir gehören mitsamt der ganzen Welt dem Gott, der – als Feind und Besieger des Todes – mit seinem Heil auf uns zukommt, ja unsichtbar schon unter uns ist. Alle Bemühungen um Besserung der Welt und des Menschen – auch im Bereich des Physischen – stehen nicht mehr unter dem Vorzeichen einer – auch bei zeitweiligen und partiellen Erfolgen – in Kauf zu nehmenden letzten Vergeblichkeit, sondern unter dem Vorzeichen des unbeirrbaren Heilswillens Gottes. „Die Geschichte seit Jesus Christus ist irreversibel – in einer nicht mehr rückgängig zu machenden Weise – gekennzeichnet. Sie verläuft – soviel Heillosigkeit und Unheil in ihr auch geschieht, so sehr der Teufel in ihr los ist – unter der durch keine Bestreitung mehr in Frage zu stellenden Tatsache: ‚Jetzt ist das Heil (soteria) angebrochen, die Macht und Herrschaft unseres Gottes und die Gewalt seines Messias (christos)' (Offb. 12,10). Wo immer für den Menschen gekämpft und gelitten wird – für seine Freiheit, für seine Würde, sein Recht, seine Sicherheit, für seine Gesundheit und damit für ein besseres Zusammenleben, da hat das mit seinem Heil... zu tun" (W. Krusche, a. a. O., S. 176a). In allem unserm Bemühen um die bessere Welt ist verborgen der Gott schon drin, der an seinem Tage seinen Heilswillen durchsetzen und seine Pläne mit uns realisieren wird, anders als wir, aber zu unserm Besten. Wir leben im Horizont der großen Hoffnung.

2.

Das Heil, das Gott will, kann nicht bloß in Veränderungen im Bereich des Physischen und Materiellen bestehen. Es bedarf einer neuen Ordnung in der Welt, und die ist wiederum nicht möglich ohne eine Umsinnung der Menschen. Wir versuchen, die Aussagen des Textes nachzusprechen.

Die Elenden und Geringen werden künftig mehr Freude haben, und die Ärmsten werden jubeln. In der älteren Zeit – z. B. bei Jesaja – sind damit die sozial Schwachen und die im schlichtesten Sinne des Wortes Armen gemeint. Die Bibel ist weit davon entfernt, zu behaupten, das Armsein der Armen kümmere Gott nicht und brauche deshalb auch uns nicht zu kümmern, – Hauptsache, man sei „reich in Gott" (Luk. 12,21 ist der umgekehrte Fall im Blick!). Die Propheten kämpfen für die Armen und Benachteiligten, Jesus tut es, bei Lukas und Jakobus bekommt diese Seite des Evangeliums noch einen besonderen Akzent. Wir haben uns vor Augen zu halten, daß nicht nur die gesellschaftliche Lage damals ganz anders war als bei uns, sondern auch die Art, die Sozialprobleme anzugehen, noch nicht unseren Einsichten entsprechen konnte. Wenn es um das „Wohl" geht, setzen wir den Hebel an anderer Stelle an als die Menschen damals. Aber daß die Armut der Armen eine Gewissensfrage ist, das gilt damals wie heute. Unter *uns* gibt es Armut kaum mehr. Wir haben uns um die Elenden und Armen in den niedergehaltenen Völkern in der weiten Welt zu kümmern, und wir haben die tieferen Ursachen ihres Elends aufzudecken. – Es könnte sein, die Elenden und Armen unseres Textes sind – nach dem Sprachgebrauch der jüngeren Schriften des Alten Testaments und auch der neutestamentlichen Zeit – die „Frommen"; die Worte „gering" und „arm" haben einen religiösen Sinn bekommen

(Ps. 14,6; 22,27; 35,10; 72,3; 74,21; Jes. 14,30; 66,2 – man denke auch an die Selig-preisungen). Wie kam es zu diesem Bedeutungswandel? „Die Gewißheit, daß die Rechtsschwachen und die im Lebenskampf Benachteiligten der Gegenstand eines besonderen Interesses Jahwes seien, reicht hoch hinauf in die Geschichte des Jahwe-volkes. Dieser Begriff des Armen enthielt geradezu einen Rechtsanspruch an Jahwe; und dies war es gerade, was ihm später zu einer Selbstbezeichnung der Frommen vor Jahwe gemacht hat" (G. von Rad, ThAT I, S. 398). Es liegt in Gottes Art, daß er immer für diejenigen Partei ergreift, die in ihrem Leben am meisten gestoßen, ge-schüttelt, beraubt und verachtet werden. Und umgekehrt: diese sind es, die am mei-sten nach Gott und seiner Hilfe ausschauen. Es würde freilich alles falsch, wenn man Mangel und Verzweiflung zur natürlichen Disposition für Gottes Wort machen und daraus gar eine Methode zur Bekehrung der Menschen ableiten wollte. Das Gegenteil wäre ebenso falsch: Daß wir an den äußeren Gütern des Lebens keinen Mangel haben, bedeutet keineswegs, daß Gott nicht mehr benötigt wird. „Aus der Not gegenwärtiger Selbst- und Welterfahrung ableitbar ist die Notwendigkeit des *Wohls* der Welt und ihrer Menschen, nicht aber die des *Heils* der Welt und ihrer Menschen … Die Not-wendigkeit des Heils der Welt und ihrer Menschen wäre auch in einer Welt vollende-ten Wohlstandes ohne weltliche Not alles andere als überflüssig" (E. Jüngel, zit. nach Krusche, a. a. O., S. 173 b).

Man kann in dem, was bedrängten Menschen widerfährt, zunächst einfach einen Akt der *Befreiung* sehen. „Es wird ein Ende haben mit den Tyrannen und mit den Spöt-tern aus sein, und es werden vertilgt werden alle, die auf Frevel lauern" (V. 20). Gleich, ob man etwa an die Träger der Macht zu Jesajas Zeiten denkt oder an den Druck der Seleukidenmacht, die das verachteten und unterdrückten, was Israel heilig war (man lese die ersten Kapitel des 1. Makkabäerbuches), und an die „Spöt-ter", die aus Opportunitätsgründen zum Heidentum abfielen (1. Makk. 1,45.55; 2,16.23): Es tut weh, dem Druck von eigenmächtig Herrschenden ausgesetzt zu sein und Unrecht leiden zu müssen. Gott verspricht die Erlösung. Man mag sich, was Gott hier zusagt, an dem Erleben derer veranschaulichen, die im Frühjahr 1945 die Kon-zentrationslager verlassen konnten. Nun wurden sie nicht mehr „beschämt" wie vordem, ihrer Menschenwürde beraubt und geängstet, so daß sie „blaß" wurden (V. 22). Tyrannen, Spötter, wachsam im Unrechttun: die Weltgeschichte ist leider voll von grausigen Beispielen. Gott macht, früher oder später, der Tyrannei ein Ende. Wieder wird, was *wir* dazu zu tun haben und zu tun vermögen, umschlossen sein vom eschatologischen Horizont. Nach dem bisher Erörterten wird es dem Pre-diger nicht schwer fallen, das „Vorletzte" und das „Letzte" theologisch richtig zu orten.

Befreiung ist dann freilich viel mehr als eine Sache der Macht. Es geht um eine *Um-sinnung* (V. 24). Es geht darum, daß dem *Recht Gottes* Genüge getan wird. Das Alte Testament zeigt ein hochsensibles Rechtsbewußtsein. V. 21 ist von daher zu ver-stehen. Da werden Menschen beschwatzt – zur Sünde (s. o.). Da werden dem, der Recht zu sprechen hat, Schlingen gelegt, so daß er in seinem Amt nicht frei ist, son-dern den Interessen der Mächtigen dienen muß. Da wird das Recht des Unschuldigen durch Lügen gebeugt. Das Recht ist also nicht mehr die Größe, die *über* den Menschen steht, so daß sie alle, Starke und Schwache, ihm gemeinsam unterworfen sind. Das Recht wird zum Instrument in der Hand der Mächtigen, es wird verzwecklicht, und damit wird es depraviert. Israel kennt Gott als den Hüter des Rechts. Am Ende wird er seine Gerechtigkeit durchsetzen. Es gibt kein Heil ohne die Gerechtigkeit (Ps. 85,11).

3.

Die Umsinnung geht noch tiefer. Wir haben uns, was jetzt noch zu sagen ist, bewußt aufgespart. So gewiß nach unserm Text zum Heil die Veränderungen im Bereich des Naturhaften gehören, so gewiß auch Umsinnungen hinsichtlich der sozialen Ordnung und des Rechtsbewußtseins für das Heil wesentlich sind, so kann es für die Bibel doch kein Heil im vollen Sinne geben, ohne daß *Gott* in unserm Denken und Tun zu seinem Recht kommt. Reich Gottes und Heil Gottes hängen aufs engste miteinander zusammen. Schon darin, daß Gott es ist, der das Heil heraufführt und verwirklicht. Darin auch, daß unser Heil und das Heil der Welt letztlich darin besteht, daß Gott uns wieder *Gott* wird.

Wir achten auf einige Einzelzüge des Textes. Auffällig, daß die Tauben ihr Gehör bekommen, um „die Worte des Buches" zu vernehmen; was auch immer in dem „Buche" stehen mag, es ist daran gedacht, daß *Gott* den Geheilten vernehmbar wird. Als ob es nicht auch sonst noch allerlei zu hören gäbe in dieser Welt! Aber hier scheint man wirklich am ersten nach dem Reiche Gottes zu trachten und nach seiner Gerechtigkeit (Matth. 6,33); hier scheint man Gott „über alle Dinge" zu lieben. Auffällig auch, daß die Elenden und Armen sich freuen und jubeln – ja, worüber denn? Sie freuen sich am Herrn und jubeln über den „Heiligen Israels" (s. o.). „Wenn ich nur dich habe, ... (Ps. 73,25). Hier ist, wie es scheint, Gott nicht mehr Mittel zum Zweck („es muß ja schließlich einen geben, der mir zu meinem Recht verhilft und für Ordnung sorgt"); hier ist entdeckt, daß das Gottsein Gottes nicht die – zur Not entbehrliche – Krönung oder Überhöhung des Heils ist, sondern sein Fundament. Hier richten sich die Blicke auf Gott – so sehr, daß man die Sorge haben könnte, hier werde die Melioration der Welt, die Heilung der Kranken und die Befreiung der Entrechteten zugunsten der „Religion" doch noch vernachlässigt und vergessen. Die Sorge ist, wie wir sahen, unbegründet. Aber das ist allerdings wahr: Das neue Ernstnehmen Gottes – nachdem *er uns* so ernst genommen hat – ist unser eigentlicher Reichtum, unsere tiefste Gesundheit, unser unanfechtbarer neuer Rechtsstatus, die neue Freiheit. „Denn wenn sie sehen werden die Werke meiner Hände ... in ihrer Mitte, werden sie meinen Namen heiligen; sie werden den Heiligen Jakobs heiligen und den Gott Israels fürchten." Für uns bekommt, was hier steht, Gestalt und Farbe durch das Kommen Jesu Christi. In ihm kommen wir – aus Irrtum und Unverstand, aus der Illusion unserer Selbstmächtigkeit – zu der heilsamen Klarheit. Es wird sich auf unser ganzes Leben auswirken, wenn Gott in seinem Sohne in ihm Raum gewinnt. Zehn Aussätzige sind rein geworden, man könnte sagen: ihnen ist das Wohl zuteilgeworden; aber das Heil hat leider nur einer gefunden (Luk. 17,11–19). Heile Welt ohne Gott? Wer Gott einmal entdeckt hat, weiß, warum ihr das Eigentliche fehlen würde. Denn wenn es wahr ist, daß Gott uns zu seinen Partnern geschaffen hat, dann wird unser Leben im vollen Sinne erst dann „heil" sein, wenn wir dies – nicht nur nach unserer Bestimmung, sondern auch im Vollzug – wirklich *sind*. Dazu ist Christus gekommen, um zu verwirklichen, was uns in dem Verheißungswort aus Jes. 29 zugesagt ist.

13. Sonntag nach Trinitatis. Mark. 3,31–35

Die Perikope ist in sich selbständig, nicht Weiterführung von V. 21 (dieser Vers hat bei Matth. und Luk. keine Entsprechung). Man hat immer wieder die Sentenz V. 35 abgetrennt: die Szene komme mit V. 34 zu einem befriedigenden Schluß, so daß es dieses Schluß-

logions nicht bedürfe; auch führe dieses sachlich über das Vorangehende hinaus. Eine
Reihe von Hss. haben aber ein γάǫ eingefügt, denn sie sahen zum Vorangehenden einen
Zusammenhang. V. 35 antwortet auf die (m. E. unausbleibliche) Frage: Warum gerade
die, nicht aber die nächsten Verwandten? Wenn V. 35 von Hause aus zur Perikope ge-
hört, dann erledigt sich die Frage, was früher war, die (ideale?) Szene oder das Logion.
Vgl. Bultmann, GsTr., S. 28 ff. Die Erzählung ist bei Markus (wie meist bei ihm) reicher
und dramatischer. Matthäus verschiebt ins Lehrhafte, schwächt ab, macht die, die „um"
Jesus „sitzen" zu „Jüngern", denkt von der Gemeinde her (hierzu: W. Trilling, Das wahre
Israel, 1975, S. 29 f.).

V. 31: Das „und" der Erzählung und das Praes. historicum sind Semitismen. στήκειν
erst seit dem NT belegt, Neubildung von ἕστηκα aus (Bl.-Debr. § 73; Bauer, WB). Stehen
sie „außen", so ist Jesus im Hause zu denken (s. u.). Ist das Haus zu voll, als daß die Mutter und die Brüder (vgl. 6,3) zu Jesus gelangen können, und wenn dies der Fall: hätten es
die Boten (mehrere?) leichter? Oder ist die Spannung so groß, daß die Verwandten nicht
sofort unmittelbar mit Jesus verhandeln (vgl. V. 21)? – V. 32: Das Volk sitzt um Jesus
herum. Ist es richtig, von „Boten" im Plural zu sprechen, dann sind sie das Subjekt zu
λέγουσιν (man könnte auch übersetzen: „man sagt", Matthäus schreibt τίς). (Ein Teil
der Überlieferung führt hier auch die Schwestern an.). – VV. 33 f.: Zugleich eindrucksvoll
und befremdlich die Frage, die sprechende Geste des Umhersehens auf die Versammelten
und die selbst gegebene Antwort. Die sich um ihn sammeln (von dem, was in dieser Versammlung geschieht, redet der Text nicht), sind Jesu wahre Familie, die eschatologische
Gottesfamilie. – V. 35: Warum Jesus gerade die als die Seinen ansieht, die er eben als
solche bezeichnet hat, begründet der allgemeine Satz. Von rückwärts ergibt sich dann für
Jesu Verwandte: indem sie Jesus ablehnen, tun sie den Willen Gottes nicht.

Ein „relativ unbeachteter" Text (Trilling, a. a. O., S. 29); in der bisherigen Peri-
kopenordnung kam er nicht vor. Daß er seinen Platz an diesem Sonntag gefunden
hat – in Korrespondenz zu der Erzählung vom barmherzigen Samariter –, könnte den
Prediger zu falschem Verständnis verführen. Soll auf die Frage: „Wer ist denn mein
Nächster?" diesmal eine ganz andere Antwort gegeben werden? Sie müßte ja dann
lauten: Nächste sind dir nur die, die um Jesus versammelt sind, nicht die anderen.
In Luk. 10 lasen wir es anders! Wollten wir uns auf Paulus stützen („allermeist
aber an des Glaubens Genossen", Gal. 6,10), dann hätten wir die Aussage des Textes
erheblich gemildert. Aber wir befänden uns auch auf einer ganz anderen Ebene. Es
wäre nicht Jesu Art, den Fernstehenden – und dies sind die Verwandten Jesu in
dieser Perikope – die Liebe zu verweigern und sie nur denen zuzuwenden, mit denen
man sich im Glauben an das Kommen des Reiches Gottes verbunden weiß. Schematisch geredet: Wir haben es nicht mit einem ethischen, sondern mit einem ekklesio-
logischen Text zu tun. Freilich stellt sich Ekklesiologie hier nicht als Kathederweis-
heit dar. Jesus doziert nicht. Was er sagen will, sagt er in prophetischer Eindring-
lichkeit und zugleich Schroffheit. Sein Reden – einschließlich der Geste des Umher-
schauens rundum (περιβλεψάμενος ... κύκλῳ) – wirkt fast rätselhaft, sein Verhalten
den Seinen gegenüber befremdlich. Was die Art des Redens angeht, so fühlt man sich
an das Ausreißen des Auges und das Abhacken der Hand erinnert, an das Kamel und
das Nadelöhr, an Tüttel und Jota. Hier wird nicht in Ruhe argumentiert, deduziert
oder expliziert. Hier blitzt etwas auf, über dessen Bedeutung und Tragweite die
Hörer und Leser sich erst nach und nach klar werden können. Oder sollte es bei dem
bleiben, was F. Lau (zu Matth. 12,46–50) empfindet? „Der Vorgang als solcher ist
reichlich dunkel ... Undeutlich sind die Gestalten der Brüder Jesu. Undeutlich ist,
was die Angehörigen von Jesus gewollt haben, und – das hängt damit eng zusammen –
undeutlich ist, was Jesus veranlaßt hat, von seiner Familie abzurücken, also, was
ihn in Gegensatz zu dieser brachte." Wir meinen, daß der Eindruck des Dunklen sich

aus Jesu Art des Redens ergibt, daß aber dieses Zeichengeben doch, sieht man nur genau genug hin, deutlich ist. Hoffentlich ist dem Leser dieser Zeilen damit nicht zuviel versprochen.

Versuchen wir zu bündeln: *Zur Gottesfamilie Jesu gehören:* (1) *das kann trennen*, (2) *das will verbinden*, (3) *das muß verpflichten*.

I.

Schon die Szenerie läßt etwas erkennen, was für das Verständnis der Perikope wichtig ist. Es gibt ein Draußen und ein Drinnen. Die Erzählung „beginnt ‚draußen', führt über das ‚Drinnen' der Menge zu dem Einen Mittelpunkt, und wendet sich am Schluß in der bezeichnenden Gebärde und dem lösenden Wort Jesu zur Menge zurück ... Man begreift ..., weshalb die Erzählung auf die äußere Szene Wert legt; sie verwirklicht den Sinn des Jesus-Wortes" (Lohmeyer z. St.). Die Verwandten Jesu stehen „draußen". Was bedeutet dies?

Wir haben uns zunächst das Biographisch-Faktische zu verdeutlichen. Jesus ist von seiner Familie nicht verstanden, er ist von ihr abgelehnt worden. Dies gilt von den Brüdern – Jakobus, Joseph, Judas, Simon (6,3) –, wohl auch von den (nach Namen und Zahl uns nicht bekannten) Schwestern und von der Mutter. „Die Seinen" haben (nach V. 21) versucht, Jesus „festzuhalten"; das könnte bedeuten, daß sie ihn, den Ältesten, als das Familienoberhaupt und als den verantwortlichen Versorger, bei sich haben wollen (Joseph scheint verstorben zu sein). Aber der Fortgang von V. 21 zeigt: sie meinen, er sei „außer sich", „von Sinnen", „verrückt". Sie sehen Jesus nicht viel anders an als die Schriftgelehrten: „Er hat den Beelzebub" (V. 22). Sie stehen also auf der Seite der Gegner Jesu. Schon der Apparat zu V. 21 läßt erkennen, daß die Überlieferung sich mit diesem Tatbestand schwer getan hat. Matthäus und Lukas bringen die anstößige Notiz nicht; Joh. 7,3-5 scheint ähnliche Nachrichten zu kennen: „auch seine Brüder glaubten nicht an ihn." Unsere Perikope schließt ausdrücklich die Mutter ein. Lukas bietet (außer der Parallele 8,19-21) noch eine kleine Szene, die der unseren ähnlich ist und erkennen läßt, daß Maria tatsächlich abseits gestanden hat (11,27f.) – und das meldet derselbe Lukas, nach dessen Kindheitsgeschichten die Mutter eigentlich gewußt haben müßte, was von dem Sohn zu erwarten ist (auf die Zweideutigkeit des Faktischen und das Ärgernis des Glaubens haben wir schon in der Auslegung zum 4. Advent hingewiesen). Das harte Wort Luk. 14,26 (vgl. auch Matth. 10,37) zeigt, daß, wer sich in die Nachfolge Jesu begibt, bereit sein muß, schmerzhafte Trennungen und Verluste auf sich zu nehmen; dahinter mag Jesu eigene Erfahrung stehen.

Was hier an Jesu eigener Lebensgeschichte abzulesen ist – für Legendenbildung würde jegliche Motivation fehlen –, ist in seiner grundsätzlichen Bedeutung zu verstehen. Luk. 14,26 könnte uns auf den Gedanken bringen, Jesus habe familiäre Bindungen überhaupt abgelehnt; dann würde unser Text besagen: zu dem, was man hinter sich zu lassen habe, wenn man für das Reich Gottes „geschickt" sein will (Luk. 9,61f.), gehörten notwendig auch (die Ehe und) die Familie. In Qumran denkt und lebt man so; für Jesus kann es zum willentlichen Eheverzicht bei denen kommen, denen es „gegeben" ist (Matth. 19,11f.). Die Zwölf haben faktisch ihre bürgerliche Existenz aufgegeben und in Jesu Gemeinde dafür „hundertfältig" Ersatz gefunden (10,29f.); aber eine – gar gesetzlich zu verstehende – Grundsatzentscheidung war das nicht (1,30; 1. Kor. 9,5). Erst recht gibt es für den weiteren Kreis der Nachfolger Jesu keine Weisung solcher Art, und die Urchristenheit ist bemüht, ihren Glaubensgehorsam gerade *in* der Ordnung des normalen Lebens zu bewähren (z. B. nach den Haustafeln). Die von Jesus hier vollzogene Trennung meint etwas anderes. Jesus ist nicht mit den Seinen verzankt; wäre es so, dann würde er selbst seiner Predigt widersprechen. Er will und muß etwas deutlich machen, was in der Tat nicht auf den ersten Blick einzusehen ist. Indem in seiner Person die Herrschaft Gottes präsent ist, entsteht – wovon unter (2) gleich noch zu reden sein wird – eine neue Gemeinschaft, die eschatologische familia Dei. Dies ist zunächst nach seiner kritischen Seite zu bedenken. Wie die Schriftgelehrten (V. 22), so wissen auch die Angehörigen Jesu (V. 21) nichts von „der Zeiten ungeheurem Bruch" (C. F. Meyer). Sie können, was Jesus predigt und tut, nur dämonologisch deuten. Sie verstehen die Diskontinuität nicht, in der das eschatische Handeln Gottes zu allem Bisherigen steht. Für die Schriftgelehrten kommt das Reich Gottes so, daß wir Menschen es mit dem Bisherigen – dem Gesetz, der Religion – künftig genauer nehmen. Es ist nicht gesagt, wie die Familie Jesu denkt; ihre Vorstellungen werden sich von denen ihrer Umwelt nicht sehr unterschieden haben (wovon man in der Theologie des Jakobus – nach seiner Begegnung mit dem Auferstandenen – noch ein wenig spüren kann). Man kann auch, was der Maria nach den Kindheitsgeschichten des Lukas widerfahren ist, in den Rahmen der jüdischen Vorstellungen und Denkgewohnheiten einzeichnen. Es ist eine harte Sache, dies zu begreifen, daß Gott, wenn er kommt, seine Herrschaft aufzurichten, einen radikalen Neuanfang setzt, vom Nullpunkt aus (vgl. z. B. Joh. 3,3). Man kann da nicht so weitermachen wie bisher, nur noch ein bißchen treuer und genauer. Hier entsteht ein neues „Israel". Hier werden die alten Ordnungen, besonders die herkömmlichen religiösen Vorstellungen und Gewohnheiten gestört. Hier lebt man von einem ganz anderen, von einem Kommenden her. Oder anders gesagt: Es geht nicht mehr an, das Heil von der „Religion" zu erwarten. Geläufige Vorstellung vieler, auch in unserer Zeit: Religion muß sein, sie gehört zum Menschen wie seine Betätigung in Beruf, Familie, Kultur (usw.); und nun käme es nur darauf an, an diesem „natürlichen" Ort der Religion Gott noch besser zu seinem Recht kommen zu lassen. Jesus wäre mit den führenden Kreisen in Israel, er wäre auch mit seiner Familie nicht in Konflikt geraten, wenn er es *darauf* abgesehen hätte. Man hätte – wie in volkskirchlicher Durchschnittsreligiosität – das schon längst schwach brennende Feuerchen etwas beleben oder doch wenigstens durch ein paar nachgelegte Kohlen oder Scheite am Brennen halten, aber keine Entscheidung zu etwas Neuem treffen müssen. Verläßt da einer das gewohnte Leben, um das Reich Gottes auszurufen und predigend, Sünden vergebend, Menschenleben grundstürzend verändernd, Kranke heilend und Tote auferweckend dieses ganz Neue zu beginnen, da kann man nur sagen: „Er ist von Sinnen." Allerdings, mit einer auch unter uns glimmenden Durchschnittsreligiosität – „Religion muß sein" – regen wir niemanden auf. Eine fromme Familie in Nazareth, der älteste Sohn brav zu Hause, als Bauhandwerker sich und den Seinen das Brot verdienend, streng in den Gesetzen und Überlieferungen Israels: das wäre nach ihren Vorstellungen gewesen, nur: so wäre die eschatologische Stunde verschlafen, das Kommen des Reiches Gottes verpaßt, den unter der sündigen Weltgestalt leidenden Menschen nicht geholfen worden. Weil Jesus diesen Vorstellungen einer jüdisch-bürgerlichen Religiosität widersprechen und widerstehen mußte, hat er so befremdlich gefragt: „Wer ist meine Mutter und meine Brüder?" In der Tat: zur Gottesfamilie Jesu gehören, das kann trennen. Jesus muß das schockierend deutliche Zeichen geben. Wie kann man im Bisherigen bruchlos weitermachen wollen, wenn das radikal Neue anbricht? Wie kann man übersehen, daß Gott mitten in unserer Welt den neuen Anfang setzt, das neue Gottesvolk begründen will? Wem es um

Religion als Funktion der alten Welt des Gesetzes zu tun ist, der hat nicht begriffen, was mit Jesus auf den Plan getreten ist. Der Widerspruch der Familie Jesu gründet in diesem Irrtum. Um das Neue zu signalisieren, muß Jesus hier nein sagen. Dies wird nicht sein letztes Wort zu den Seinen sein; doch davon später.

2.

Der Text führt uns (mit V. 32) sehr bald in das „Drinnen". Das Neue Testament nimmt den Unterschied zwischen Draußen und Drinnen ernster als mancher unter uns (4,11; 1. Kor. 5,12f.; Kol. 4,5; 1. Thess. 4,12; Offb. 22,15). Die Kirche ist eine „ausgegrenzte" Wirklichkeit (Bltm., ThNT, § 10,3); sie hat Konturen, auch wenn unser Auge sie nicht wahrnehmen und nachzeichnen. kann „Das Volk saß um ihn" – das ist die Kirche.

Man kann einwenden, daß wir mit diesem Satz den Text im nachösterlichen Sinne überdeuten. Die alte Frage meldet sich, ob Jesus die Kirche gegründet, gesammelt, organisiert, gewollt, vorausgesehen habe oder nicht (in der Verschiedenheit der Verben liegen erhebliche Unterschiede). „Die synoptische Überlieferung berichtet nirgends von hoffenden oder umkehrenden Menschen, die Jesu Wirken hinterlassen hätte, sondern nur von Nachfolgenden und aktuell Glaubenden! ... (Aber) Jesu Erdenwirken weist über sich hinaus auf eine Situation, in der ein Anschluß an seine Person allen möglich ist. Das ist die entscheidende Antwort auf die Frage: Hat Jesus die Kirche gewollt?" (Goppelt, ThNT 1, S. 255.257). Man muß „stereoskopisch" sehen – in der zeitlichen und in der eschatologischen „Tiefe". In der Tat, die hier Versammelten (V. 32) sind noch nicht formierte Ekklesia im Sinne einer stabilen, ortsfesten und organisierten Gemeinschaft. Wer sich für bestimmte soziologisch faßbare Merkmale der Kirche interessiert und erst dann bereit ist, von Kirche zu sprechen, wenn er diese Merkmale aufgewiesen hat, der wird sich auf unsern Satz „das ist die Kirche" nicht einlassen.

Anders, wenn man das Wesentliche der Kirche darin sieht, daß Menschen um Jesus versammelt sind (vgl. auch Matth. 18,20), von ihm gerufen und erwählt, ihm zugehörig und, indem er sie anspricht und in seine Gemeinschaft zieht, mit ihm bleibend verbunden. Wir trüben uns so leicht den Blick für das, was hier geschieht, indem wir uns Jesus als einen Rabbi denken, der Gesprächsbeiträge zur Theologie und ihren Problemen liefert und dann die Menschen, die ihm zugehört haben, in ihr altes Leben entläßt. (Übrigens: auch unsere Predigtweise wird oft von diesem Irrtum bestimmt.) Es ist ganz anders. Jesus bricht mit seiner Reichs-Gottes-Predigt in das Machtsystem der unsichtbaren widergöttlichen Kräfte ein und entreißt ihnen die Menschen (VV. 23ff.; Matth. 12,28). Ist die Kirche das eschatologische Gottesvolk, der Anfang der neuen Menschheit, dann sind die Menschen, die hier um Jesus versammelt sind, die ersten keimhaften Anfänge eben dieser Kirche. Ob die in dem engen Hause sich drängende Menge weiß, was an unerhört Neuem sich zuträgt, indem Jesus sie vollmächtig und wirkkräftig anspricht, ist eine andere Frage; die Leute werden es vermutlich *nicht* wissen. Eben das aber verbirgt sich hinter dem Rätselwort und der einprägsamen Gebärde Jesu, daß er sie auf diesen Sachverhalt aufmerksam machen will.

Wir sollten nicht zu schnell den bildhaften Eindruck der Szene übergehen, in der sich dieser Tatbestand „Kirche" darstellt. „Das Volk saß um ihn." Was Jesus unter diesen versammelten Menschen getan hat, wird nicht gesagt – wir sind schnell bereit, zu antworten: er wird ihnen gepredigt und mit ihnen gesprochen haben. Dem Text kommt es augenscheinlich allein auf dieses Ensemble an: Jesus und die Seinen – ein paar oder auch viele Menschen versammelt „in seinem Namen", und er „mitten unter ihnen". Und dazu nun die verwunderliche Frage: „Wer ist meine Mutter und meine Brüder?" und der den Kreis der Versammelten umschreibende Rundum-Blick: „Siehe (הֵנֵּה), das ist meine Mutter und meine Brüder!", die neue Gemeinschaft, in der ich zu Hause bin, die „Familie", in der ich der Älteste bin. – Daß hier jegliche ekklesiologische Nomenklatur fehlt, spricht nicht gegen den Sinngehalt „Kirche", wohl aber dafür, daß das damit Gemeinte in den Erdentagen Jesu bereits vorhanden war: Jesus zieht Menschen in das anbruchsweise jetzt schon sich ereignende Geschehen der Gottesherrschaft hinein, indem er sie mit sich verbindet.

Familia Dei: „dieser lateinische Ausdruck sagt klarer als das abgegriffene deutsche Wort ‚Familie', daß ‚Gottes Schar' gemeint ist, die Gott Angehörigen, deren Vater und Herrscher er ist" (Schnwd. z. St.). Menschen also, die Gott, indem er in Jesus wirkte, für sich zurückgewonnen, wieder in die Hand bekommen, zu seinem Eigentum gemacht hat. Es spricht wieder für die Situationsechtheit der markinischen Darstellung (der die Seitenreferenten sich anschließen), daß die Kyrioswürde Jesu unbeleuchtet bleibt. Jesus – einfach Glied der neuen großen Familie. „Er schämt sich nicht, sie Brüder zu heißen" (Hebr. 2,11 f.). Auch die Geringsten sind seine Brüder (Matth. 25,40). Wir würden das Verständnis von V. 34 verfehlen, wenn wir diesen Ausdruck der Kondeszendenz bloß im Sinne mitmenschlicher Solidarität verflachten. Wir wären ja wieder nur bei uns selbst – wie die Schriftgelehrten und die Verwandten Jesu (unsere Ziffer 1) –, wenn wir nicht sähen, daß, was Jesus bringt, das unerhört Neue ist, was von „oben" her kommt. Der, zu dem Gott sagt: „Du bist mein lieber Sohn" (1,11), der sagt zu uns: „Ihr seid meine Mutter und meine Brüder." Er müßte nicht, aber er tut es! Der, in dem das Herrsein Gottes Person geworden ist („Autobasileia"), stellt sich ganz in unsere Mitte und an unsere Seite. Wohl sind wir „um ihn" versammelt, aber er will nicht über uns sein. Er ist unser großer Bruder – und gerade darin unser Herr.

Jesu Familie ist also die Gemeinde. Ist die Gemeinde auch eine Familie? Der Text stellt und erörtert diese Frage nicht. Sie drängt sich aber auf, wenn wir ernst nehmen, was Jesus von den Menschen sagt, die bei ihm sind. Sein Verhältnis zu uns muß sich auf unser Verhältnis untereinander auswirken. „Ihr seid alle Brüder" (Matth. 23,8). Es wäre zu bedenken, was dies für unsere Gemeinschaft austragen müßte; dabei dürfte nicht untergehen, mehr noch: dabei müßte der Ausgangspunkt sein, daß der Herr, indem er sich zu unserem Bruder gemacht hat, unsere Bruderschaft untereinander begründet hat und trägt. Tuchfühlung allein tut's freilich nicht. Aber daß alle Blicke auf Jesus gerichtet sind, dürfte nicht bedeuten, daß wir den Bruder und die Schwester gar nicht bemerken.

Hat Jesus sich von seinen leiblichen Verwandten lossagen wollen? Der Konflikt verlangte die Klarstellung, und diese war – für den Augenblick jedenfalls – eine Trennung. Aber das Verbindende hat Jesus den Seinen nicht vorenthalten wollen. Gern wüßten wir mehr über den weiteren Weg der hier Abgewiesenen. Lukas zeigt sie uns in der ersten – noch vorpfingstlichen – Urzelle der Kirche (Apg. 1,14). Johannes legt dar, daß Jesus, vom Kreuz aus, seine Mutter an den Lieblingsjünger und diesen an sie weist; was immer mit dieser Szene gemeint sein mag: Maria steht nicht mehr „draußen" (Joh. 19,25–27). Dem Jakobus ist der Auferstandene erschienen (1. Kor. 15,7); er hat zu den „Säulen" der Jerusalemer Kirche gehört (Gal. 1,19; 2,9). Der Verfasser des Judasbriefs nennt sich „Bruder des Jakobus"; auch bei Pseudonymität kann wohl nur an den Mark. 6,3 genannten Herrenbruder gedacht sein – auch er ein Glied der neuen Gottesfamilie. Mit seinem schroffen Verhalten hat Jesus nicht ausschließen und abstoßen, sondern das Kommende verkündigen wollen, und die, mit denen er so hart verfuhr, haben ihn zuletzt verstanden. „Seid aber Täter des Worts", schreibt Jakobus in seinem Briefe; man könnte meinen, ihm klinge noch im Ohr, was Jesus am Ende der hier erzählten Szene gesagt hat (V. 35a).

3.

Allerdings: Zur Gottesfamilie Jesu gehören, das muß verpflichten. Wenn man Jesus fragt, warum er gerade die zu ihm Haltenden als die Seinen ansieht, dann antwortet er: Weil sie die sind, die Gottes Willen tun.
Dieser V. 35 ist nun freilich wieder eine scharfe Herausforderung – wohl auch an die, die Jesus eben abgewiesen hat.
Wahrscheinlich würden sie – ganz in den Bahnen ihrer herkömmlichen Frömmigkeit – behaupten: eben das sei es ja, worauf ihnen alles ankomme. Man könnte die ganze rabbinische Theologie unter der Leitfrage sehen: Worin besteht rechter Gehorsam gegen den Willen Gottes? Sie sieht in Jesus den großen Auflöser. Er bricht selbst das Gesetz und verführt andere dazu. Jesus seinerseits unterstreicht: Er will nicht auflösen, sondern erfüllen. Unsere Gerechtigkeit soll der der Torajuden nicht nachstehen, sondern besser sein als sie (Matth. 5,17.20). Er will, daß wir nicht nur Herr, Herr! sagen, sondern „den Willen tun meines Vaters im Himmel" (Matth. 7,21). Gerade darum übt Jesus Kritik an Menschengeboten (Beispiel: 7,9–13), weil Gottes eigentliches Gebot zu Ehren kommen soll (Beispiel: 10,6–9). Aber es geht nicht bloß darum, schlechte Gebote durch bessere zu ersetzen. Die mit der Gesetzlichkeit notwendig verbundene Selbstgerechtigkeit ist das große Hindernis wirklichen Gehorsams. Eben durch das, worauf die Schriftgelehrten pochen und die Pharisäer stolz sind, wird man schuldig. Zum Tun des Willens Gottes kommt es auf ganz andere Weise. Wir brauchen ein neues Herz (7,14–23). Wir leben von der Vergebung (2,5), unser Leben muß verwandelt werden, indem Jesus uns annimmt, wie wir sind (2,17c), die Dankbarkeit für die erlassene Schuld wird uns im tiefsten Herzen verändern (Luk. 7,41–43) und auch die Gemeinschaft untereinander auf eine ganz neue Basis stellen (Luk. 6,36). Befreiung von unserer Schuld ermöglicht es, hinfort nicht mehr zu sündigen (Joh. 8,11). Was bei den Menschen unmöglich ist – zu einem neuen Gehorsam zu kommen –, das ist bei Gott möglich (10,27).
Wir haben nur mit einigen Strichen angedeutet, was es heißen könnte, den Willen Gottes zu tun. Es überrascht, daß das Logion V. 35 eben dies von den in dem Hause Anwesenden behauptet. Berichtet aber ist nur, daß sie in der Gemeinschaft mit Jesus gefunden werden. Ist das Sein mit Jesus so hoch zu veranschlagen? Ich denke, hier sind zwei Antworten zu geben.
Einmal: Jesu Reichs-Gottes-Predigt bringt Menschen wirklich in Bewegung. Wer Jesus entdeckt hat, begreift, daß er nicht bleiben kann, wie er ist. Das wäre entmutigend, wenn man nicht erführe, daß Gott gerade nach denen greift und gerade die an sich zieht, die es nicht geschafft haben. Die Gesunden brauchen den Arzt nicht. Aber für die Kranken will Jesus da sein. Gott allein weiß, wer die Gesunden sind; wir können es ihm überlassen, sie auszusortieren. Wir anderen sollten Jesus an uns heranlassen. Wir hätten sein Wort ja völlig mißverstanden, wenn wir herausläsen: „Erst einmal den Willen Gottes tun, und dann dürft ihr kommen." Selig ist, wer nach Gerechtigkeit hungert und dürstet. Und nicht einmal Hunger und Durst sind Vor-

bedingungen; es wird nur so sein, daß wir im Kontakt mit Jesus das Defizit merken. Gottes Willen tun – das heißt darum zunächst ganz einfach: kommen, wenn Jesus einlädt. Die Menschen, die Jesus als seine Verwandten bezeichnet, sind gekommen, sie „säßen" sonst nicht „um ihn".

Das andere: Daß Jesus für uns da ist und wir „an ihm bleiben", ist wichtiger als alle unsere Vorsätze, Anstrengungen, Aufschwünge, Krafttaten, Opfer (usw.). Wir wunderten uns, daß in dieser Versammlung gar nichts „passiert". Es wird sich schon etwas zugetragen haben, aber dem Text liegt vor allem daran, daß die Menschen bei Jesus sind. Es wird sich, wir hoffen es, aus diesem Kontakt mit Jesus einiges ergeben. Zachäus hat das Ergaunerte verteilt. Die große Sünderin hat gelernt, was den Namen Liebe verdient. Der „Donnerssohn" ist zum Jünger der Liebe geworden. Die begriffen haben, welche Riesensumme ihnen erlassen ist, werden nicht mehr dem andern gegenüber zum „Schalksknecht". Aber merkwürdig: alles das geschieht nur, weil Jesus da ist. Wo aus dem Glauben an ihn gelebt wird, da geschieht Gottes Wille, und da betet man täglich, daß dieser Gotteswille, wie im Himmel, so auch auf Erden geschehe.

14. Sonntag nach Trinitatis. Mark. 1,40–45

Nach R. H. Fuller (Die Wunder Jesu in Exegese und Verkündigung, ²1973, S. 65) wäre das alte Evangelium (Luk. 17,11–19) eine homiletische Erweiterung und Anpassung unserer Perikope. Aber M. Dibelius (Formgeschichte, ⁵S. 117) wird recht haben: „die einzige Ähnlichkeit, das Gebot der Priesterkontrolle, ist in der Sache begründet". V. 44 deutet nach Bltm. (GsTr., S. 255) auf palästinischen Ursprung. Dasselbe gilt von dem καί mit Praes. historicum (VV. 40.44).

Man hat zwei Fassungen der Geschichte im jetzigen Wortlaut vereinigt gefunden; in Lohmeyers Kommentar sind sie auch graphisch getrennt dargestellt. Die VV. 40–42 gehören beiden Fassungen zu. So ergibt sich für Fassung A: VV. 40–42 (mit der LA ὀργισθείς). 43.44a.45, für die Fassung B: VV. 40–42 (mit der LA σπλαγχνισθείς), einzufügen wäre: καὶ λέγει αὐτῷ, es folgt (ohne das redaktionelle „aber") 44b. (Diese Quellenscheidung wird durch einen Textfund bestätigt, s. Grdm. z. St.)

V. 40: Der Aussätzige durfte sich niemandem nähern. Sein Vertrauen zu Jesus („wenn du willst, kannst du ...") bestimmt ihn, das Distanzgebot zu durchbrechen (Lev. 13f.); der Kniefall (nicht bei BD) ist „Ausdruck schlechthiniger Unterwerfung" (Lohm.), für den Juden nur Gott gegenüber statthaft. Die erbetene Reinigung meint nur Befreiung vom Aussatz, sondern auch die (nach Lev. 13 dem Priester vorbehaltene) Reinerklärung. – V. 41: So nahe ist der Aussätzige an Jesus herangekommen, daß dieser ihn anfassen kann, und Jesus scheut sich nicht (die Rabbinen achteten peinlich auf die vorgeschriebenen Abstände). Die LA ὀργισθείς (vgl. Joh. 11,33.38) ist die befremdlichere, also wahrscheinlich die ältere. Das Ausstrecken der Hand ist göttliche Geste des Heilens und Wundertuns (Apg. 4,30). – V. 42: Der sofortige Heilungserfolg gehört zur Topik der Wundererzählungen. – V. 43: Wir befinden uns in der Fassung A. Jesus „faucht" den Geheilten an: „während die Hand auf den Lippen liegt, wird stoßweise Luft durch die Zähne geblasen" (J. Jeremias, Ntl. Th. 1, S. 96, A. 32), noch bei uns Gestus, der Schweigen gebietet. Jesus schickt den Geheilten sehr unsanft fort (ἐξέβαλεν αὐτόν). – V. 44: Man hat in den Kommentaren immer wieder behauptet, Schweigegebot und Anweisung, sich dem Priester vorzustellen, widersprächen einander. Dem ist nicht zuzustimmen. Die vom Gesetz vorgeschriebene Begutachtung und Entscheidung des Falles durch den Priester war unter allen Umständen nötig, und wie die Heilung zustande gekommen war, mußte dabei nicht erörtert werden. Die Unstimmigkeit tritt erst mit der Bemerkung ein: „zum (Belastungs-) Zeugnis für sie", die man aufgrund alttestamentlicher Stellen (Gen. 31,44; Deut. 31,26;

Jos. 24,27) nach 6,11, vielleicht auch 13,9 auslegt (ThWNT IV, S. 508f.), nämlich so: an der Heilung müßten sie ablesen können, daß die Messiaszeit angebrochen ist (in der aller Aussatz beseitigt werden soll) und in Jesus der Verheißene vor ihnen steht. Erst die Wendung „zum Zeugnis für (bzw. gegen) sie" bringt den Öffentlichkeitscharakter in das Geschehen und damit den Widerspruch zum Schweigegebot. Der Hinweis auf Mose wäre dann nichts weiter als Hinweis auf Lev. 13f. (anders Lohmeyer, der hier schon Keime johanneischer Theologie – Joh. 5,45 – findet). – V. 45: Auch hier – nun in Fassung A – der Widerspruch zum Schweigegebot. „Das Ineinander von Verborgenheit und Öffentlichkeit, von Verschweigen und Zeugen" kennzeichnet nach Lohmeyer überhaupt die Perikope, „und das ist nicht ein biographisches Datum, sondern gehört zum Kerygma" (z. St.). Jesus will sein Messiasgeheimnis wahren, darum zieht er sich zurück; aber die Menschen wissen ihn zu finden.

Auch diesmal kann das alte Evangelium nicht als „rector" fungieren. Daß es sich um die Heilung des Aussatzes handelt – nach Matth. 11,5 sind die Heilungen Aussätziger für Jesu Werk von erheblicher signifikanter Bedeutung –, ist für die kerygmatische Absicht beider Texte von untergeordnetem Rang. Man könnte sagen, daß das, worauf es ankommt, an der Heilung anderer Krankheiten ebensogut deutlich werden könnte. Die Lepra, in einigen Teilen der Erde noch endemisch vorkommend (man schätzt 6 Millionen Leprakranke), hat für uns nicht mehr die Schrecken, die sie einst verursachte; im Unterschied zu den Menschen der Bibel (man vergegenwärtige sich die tastende „Differentialdiagnostik" in Lev. 13) kennen wir den Erreger und haben die Krankheit unter Kontrolle, Isolierung ist nur bei sog. „offenen" Fällen nötig. Für uns·hat der Krebs zur Zeit noch etwas von dem Unheimlichen an sich, was die Menschen damals bei Aussatz empfanden, nur, daß der Krebs nicht so schwerwiegende soziale Folgen hat wie diese Infektionskrankheit damals, gegen die man sich nicht anders zu wehren wußte als durch rücksichtslose Ausstoßung der Unglücklichen. Freilich: was Jesus „kann" und „will" (V. 40), wird gerade bei der Heilung solcher Kranker besonders eindrucksvoll klar. „Vier werden einem Toten gleichgeachtet: der Arme, der Aussätzige, der Blinde und der Kinderlose" (bab. Ned. 64, zit. nach Grundmann, Markus, S. 52) – wir würden urteilen: lieber arm, blind und kinderlos als aussätzig. Über das Leibliche und Soziale hinaus war ein Aussätziger nach damaliger Anschauung offensichtlich von Gott geschlagen; der Ausbruch der Krankheit war Zeichen für das grausame Vernichtungsurteil Gottes. Ein Christ, der heute an unheilbarem Leiden stirbt, kann sich getröstet in Gottes Hände geben; Gott will ihn „erlösen von diesem Todesleibe" (Röm. 7,24), und er kann sich an Gottes Gnade genügen lassen (2. Kor. 12,9). Das war damals anders. Krankheit war Gottes Strafe. Der Kranke hatte Gott gegen sich.

Aber das alles ist nur die Folie zu dem, was sich hier ereignet. Eine Zwei-Personen-Handlung (wenn man vom Schluß der Perikope absieht). „Die Erzählung stellt nur den Aussätzigen Jesus gegenüber und schneidet kühn alle anderen Verbindungen ab; zeitlos, raumlos, in einem beispielhaften Gegenüber, so sind die beiden Gestalten in der Geschichte gesehen" (Lohm. z. St.). Wer ist die Hauptperson? Es ist immer richtig, wenn wir antworten: Jesus. Es verbirgt sich eine Menge „Christologie" in dem Abschnitt. Aber Jesus ist ja nie um seiner selbst willen da. Er hat es mit einem Menschen zu tun, dem er hilft, weil dieser seine Hilfe braucht und – darin ähnelt die Erzählung der vom Hauptmann (Matth. 8,1ff. sind beide zusammengebunden) – allen Ernstes erwartet. Ein „beispielhaftes Gegenüber": die Geschichte kann sich mutatis mutandis immer wieder ereignen. Und nun wird doch eine noch engere Beziehung zum alten Evangelium sichtbar. Auch beim „dankbaren Samariter" spitzt sich die Geschichte zu in der Beziehung zwischen Jesus und dem Geheilten, und es stellt sich heraus: das Gerettetsein ist mehr als die eben empfangene Gesundheit. So auch hier. Auch von unserer Szene könnte man sagen: sie spielt zwischen Himmel und Erde, und sie läuft hinaus auf eine Christusepiphanie, auf ein Aufleuchten seiner Herrlichkeit. Seltsam, wie es dazu kommt. Wir stoßen wieder auf befremdliche Züge des Geschehens und wundern uns über Jesus selbst. Kein glatter, sanfter Jesus, wie die Nazarener ihn gemalt haben. Es wird nicht erzählt, wie die Christusentdeckung aussah, ehe der Mann zu Jesus kam; auch nicht, was sich hinsichtlich seines Glaubens unter dem wunderbaren Geschehen in ihm abgespielt hat (es ist nicht die Art evangelischer Überlieferung, solche Dinge aufzuspüren und darzustellen). Aber das erfahren wir: der Mann beginnt „viele Dinge zu verkünden"; κηρύσσειν ist Fachausdruck für die „Predigt" im Neuen Testament, und das κήρηγμα lautet sicher nicht nur: „Leute, ich bin wieder gesund!" Die Stelle von dem „Zeugnis" macht deutlich, daß an Jesus Christus die Entscheidung für oder wider Gott fallen muß.

Versuchen wir von da aus den Text abzuleuchten, so könnte dies so geschehen: *Das Werk des Heilbringers – (1) ein Kampf im Hintergrund, (2) ein Sieg im Verborgenen, (3) ein Zeichen in der Öffentlichkeit.*

I.

Wieso ein Kampf, wieso im Hintergrund des Geschehens, so also, daß, wenn man den Vorgang filmte, dieses Hintergründige nicht mit aufs Bild käme? Wir gehen von dem Angebot der beiden Lesarten V. 41 aus. Daß Jesus „vom Erbarmen erfaßt" wird, ist beim Anblick eines solchen Kranken, also in Anbetracht seines Schicksals – auch in der menschlichen Gesellschaft – und der (vermeinten) Hoffnungslosigkeit seiner Lage vor Gott nur zu verständlich. Daß Jesus aber „in Zorn gerät" (wir verstehen beide Male die Aoristformen ingressiv), wirkt rätselhaft. Eben dieser Sachverhalt spricht für ὀργισθείς. Was bringt Jesus in Zorn? Natürlich nicht die Zudringlichkeit des Kranken, durch die Jesus selbst nach jüdischen Vorstellungen (kultisch) unrein und vielleicht gar mit Aussatz infiziert werden könnte. Jesus selbst wird im nächsten Augenblick die Hand ausstrecken und den Kranken anfassen; da ist nichts von Abwehr oder Angst. Warum dann der Zorn? Jesus müßte sich über das Vertrauen des Kranken freuen. Was beim „dankbaren Samariter" ganz am Ende steht – „dein Glaube hat dir geholfen" (Luk. 17,19) –, das steht, der Sache nach, hier ganz am Anfang: „Wenn du nur willst, kannst du mich rein machen" (V. 40). Kämen wir mit solchem Vertrauen zu Jesus, könnte er viel mehr an uns tun; wir erleben wenig mit Jesus, wenn wir wenig von ihm erwarten. Hier, in unserer Perikope, kommt der Glaube dem „Ich will" Jesu entgegen. Jesus müßte froh sein.

Der Anblick dieses von der Lepra zerfressenen und entstellten, hoffnungslosen, noch lebendig schon toten Menschen bringt ihn in Zorn. Warum gerät Jesus nicht auch in Verzweiflung, sondern in Zorn? Zorn richtet sich nicht gegen neutrale Sachverhalte, sondern gegen feindselige personale Mächte. Jesus sieht sich nicht einem bei diesem Menschen – nach statistischer Notwendigkeit und individueller Zufälligkeit – eingetretenem Verhängnis gegenüber, sondern der auch in diesem Falle wirksamen unsichtbaren Verdermacht. Wir haben die Dämonen und den Teufelsspuk abgeschafft und sind deshalb vielleicht geneigt, uns auf „Hintergründiges" beim Verstehen dieser Szene nicht ansprechen zu lassen. Wir sehen den geschlossenen Geschehenszusammenhang der weltlichen Vorgänge; da ist kein Platz für nichtweltliche „causae". In der Tat: Lückenbüßer-Dämonen sind uns ebenso unannehmbar wie der Lückenbüßer-Gott. Nur, wie mit dem Wissen um den geschlossenen Geschehens-

zusammenhang weltlicher Vorgänge der Glaube an den im Ganzen wirkenden Gott
nicht etwa ausgeschlossen ist, so auch nicht die (innere) Wahrnehmung des Zerstörerischen in der an ihrer Sünde leidenden Welt, eines Zerstörerischen nicht nur im
physisch-kosmischen Sinne (Lepra-Erreger), sondern im Sinne einer unsichtbaren
Gegenmacht Gottes, die unser gestörtes Verhältnis zu Gott (Sünde) benutzt, um uns
unter ihrer Herrschaft zu halten und uns – das ist die Tendenz des Bösen – zugrunde
zu richten. Es ist nicht *alles* falsch an dem jüdischen Dogma von dem Zusammenhang
Sünde – Krankheit. Man glaubt genau zu wissen, welche Sünden es sind, die den Aussatz hervorrufen: „Stolze Augen, Lügenzunge, Hände, die unschuldig Blut vergießen,
ein Herz, das heillose Gedanken bereitet, Füße, die eilends zum Bösen hinlaufen, wer
ohne Scheu Lügen ausspricht als falscher Zeuge und wer Streitigkeiten zwischen
Brüdern hervorruft" (Leviticus rabba 16/116a – nach Grdm. z. St.). Bist du aussätzig, dann muß eine von diesen Sünden die deine sein! Was für ein widerliches Zeigen mit dem Finger auf den Unglücklichen! Was für eine kurzgeschlossene „Ätiologie"! Aber es ist Richtiges dran. Man fragt sich: Wenn das gilt, was hier behauptet
wird, wer sollte dann vom Aussatz verschont bleiben? Und man fragt: Müssen denn
Sünde und Verderben immer individuell gegeneinander aufgerechnet werden? Ist
es nicht eine Erfahrung des Lebens, daß wir – gewiß: mit unterschiedlicher Verteilung
der Last – alle miteinander an der sündigen Weltverfassung tragen? Da steht vor Jesus
ein Opfer dieser gottwidrigen Urmacht des Bösen, die *unser* Böses benutzt, um ihre
zerstörerische Macht über die Welt auszuüben. Aber „dazu ist erschienen der Sohn
Gottes, daß er die Werke des Teufels zerstöre" (1. Joh. 3,8). Auf der Szene stehen zwei
Figuren: Jesus und der Kranke. Aber unsichtbar spielt sich ein Kampf ab, der sich
auf unserem Film nicht abbildet. Jesus packt der Zorn darüber, daß die Welt „im
Argen liegt" (1. Joh. 5,19). An dem Schicksal dieses armen Menschen wird es wieder
einmal – und hier gewiß in besonders krasser Weise – deutlich, was es bedeutet, daß
die Welt im Abfall von Gott lebt. Jesus sieht sich von dem unsichtbaren Urfeind
herausgefordert. Das bringt ihn – ähnlich wie am Grabe des Freundes (Joh. 11,33.38)
– in Zorn.

Wir haben dies alles nicht etwa allein aus dem Partizip ὀργισθείς abgeleitet, sondern
aus dem Ganzen neutestamentlichen Denkens und Verkündigens. Man wird in dem
Dargelegten auch die „Entmythologisierung" erkennen, wenn wir auch den Grundsatz: „keine Eliminierung" anders angewandt haben, als es vielfach geschieht.
Sonst, meine ich, bekäme man das Hintergrundsgeschehen dieses (und nicht nur
dieses) Textes nicht in den Blick. Erst auf diesem Hintergrund wird ja deutlich, was
sich denn wirklich in der Mitte der Szene zuträgt. Da tritt also dieser Aussätzige
stracks auf Jesus zu. Sehen wir Jesus einen Schritt zurücktreten – angewidert,
besorgt, ängstlich? Wir finden ihn aufgebracht, herausgefordert. Das wollen wir doch
sehen, wer hier der Stärkere ist! Jesus streckt die Hand aus – das ist, wie wir sahen,
die Gottesgebärde beim Helfen, Heilen und Retten (Ps. 144,7; Matth. 12,13; Apg.
4,30). Der Widersacher soll wissen, wen er vor sich hat. Versucht er, Jesus mit dem
Aussatz dieses Elenden zu schrecken, dann soll er sehen, wie Jesus – welcher Rabbi
würde das tun? – seinerseits den Kranken anrührt. „Was jeder Fromme wie die Pest
scheut, das geschieht hier ohne Furcht und wird gar zum Mittel der wunderbaren
Heilung" (Lohmeyer). Nur wenn wir etwas von diesem Kampf im Hintergrund wissen, verstehen wir, was sich in dem berichteten Geschehen wirklich abspielt. Jesus ist
dem Widersacher mit heiliger Respektlosigkeit entgegengetreten. Wem soll dieser
Mensch gehören: dir oder mir? Der Mensch glaubt. Mit seinem rettenden Machtwort
geht Jesus auf den vor ihm Knienden ein, indem er die beiden Worte, die dieses Macht-

wort bilden, direkt aus der Bitte des Kranken entnimmt. „Ja, ich *will* – du sollst *rein* sein."

Uns sollte nicht entgehen, daß in dem spannendsten Augenblick der Szene die Frage nicht heißt: Wird Jesus *können?*, sondern: Wird Jesus *wollen?* Wir sind als Menschen des naturwissenschaftlich-technischen Zeitalters so sehr auf das Denken in Kausalzusammenhängen fixiert und eingeengt, daß wir nur nach dem Können fragen und das Wollen uns nicht zum Problem wird. Wir können jetzt die Wunderfrage nicht dogmatisch erörtern; dies ist – soweit möglich – an anderen Stellen dieses Perikopenwerks geschehen. Wir hörten schon: „Wenn du willst, kannst du." Jesus müßte nicht wollen. Schon deshalb nicht, weil keiner von uns Sündern bei Gott einklagbare Rechte hat. Dann aber auch, weil durchaus nicht gesagt ist, daß jeder, der durch Jesus zu Gott gehört, gesund werden müßte. Wer nur den Vordergrund sähe, hätte übersehen, daß mit „Hauptsache Gesundheit" der Sinn des Evangeliums nicht getroffen wäre. Auch Jesu Leute sterben – früher oder später, sanfter oder schmerzhafter. Er selbst ist gestorben. Sein Evangelium lautet nicht: Das Kreuz wird abgeschafft. Gerade *durch* das Kreuz wird dem Bösen die Macht entrissen. „Er trug unsere Krankheit." „Wir rühmen uns auch der Trübsale." Das eigentliche Geschehen spielt tatsächlich „im Hintergrund". Wir haben Frieden mit Gott, wir gehören wieder ihm – lebend, sterbend, unverlierbar. Die Heilung ist Zeichen, das auf das Eigentliche deutet. In dem „Ich will" steckt die Zusage der unverbrüchlichen Verbundenheit mit Gott. Mögen zehn Aussätzige gesund geworden sein, das Heil hat der eine gefunden (noch einmal Luk. 17,19). Letzten Endes geht es auch hier um nichts anderes.

2.

In Fassung A läuft die Geschichte sehr unerbaulich weiter. Wer auf die Topik antiker Wundererzählungen aus ist, kommt hier überhaupt in die Brüche (die Exposition müßte die Schrecklichkeit der Krankheit schildern und vergebliche Versuche, sie loszuwerden; dann die Heilung selbst mit Gesten und Manipulationen; dann die Beschreibung des – sofort eintretenden – Erfolgs und dessen Demonstration; endlich müßte der Chorschluß die Wirkung des Wunders auf die Umstehenden zum Ausdruck bringen). Die Konstatierung des Heilerfolgs findet sich; so etwas wie einen Chorschluß, allerdings stark überlagert und transformiert, könnte man ganz am Ende der Perikope in der redaktionellen Notiz finden. Die Geschichte verläuft wirklich ungewohnt, ja geradezu schockierend. Einem ist soeben die Gesundheit geschenkt worden und damit das Leben und das längst verlorengegebene Glück – und das nächste ist, daß er angefaucht und ihm verboten wird, seine wunderbare Erfahrung jemandem mitzuteilen. Wir hören Jesu zischenden Verbotsgestus, und wir müssen – beinahe noch befremdlicher – erleben, wie Jesus den Mann „hinauswirft". In Alltagssprache: „Hau bloß ab – und halt den Mund!" Man weiß nicht recht: soll man die hier geschilderte Gewaltsamkeit als (übertriebenen und darum nicht recht tauglichen) Versuch werten, die Theorie vom Messiasgeheimnis an diesem Heilungsfall durchzuexerzieren, oder soll man in dieser Sprache – man denkt an Barlachsche Holzschnitte – Erinnerungen an den wirklichen Hergang aufbewahrt finden? Die Härte, die Jesus zeigt, muß Gründe haben. Zu irgendeiner Freudenfeier läßt er es nicht kommen. Was geschehen ist, soll verborgen bleiben, und damit es nicht an die Öffentlichkeit dringt, dazu bedarf es – bei dem natürlichen Mitteilungsbedürfnis gerade anläßlich des Sensationellen – der stärksten Verriegelung.

Jesus hat nicht gewollt, daß seine Machttaten publik gemacht würden (V. 34; 3,12; 5,43; 7,36; 8,26). Man sollte diese Feststellung nicht auf das Konto einer (vom Evangelisten vorgefundenen oder selbst erdachten) Theorie vom Messiasgeheimnis schreiben, mit der man nachträglich versucht hätte, gewisse theoretische Verlegenheiten aus der Welt zu schaffen. Der Wille zur Verborgenheit dürfte Jesus selbst eigen gewesen sein; das Messiasgeheimnis ist *sein* Geheimnis.

Daß Jesus sich der Wundersucht der Menschen widersetzt, hat uns auch in der Textreihe schon wiederholt beschäftigt. Jesus lehnt die „Zeichenforderung" der Juden ab; er will der Wundergläubigkeit auch keine Nahrung geben. Dies ist für unsere Glaubenseinstellung wichtig. Es gibt in verschiedenen Gegenden der Ökumene neue Wundererfahrungen und einen besorgniserregenden Wunderenthusiasmus. Es soll nicht bezweifelt werden, daß Wunder geschehen. Gott ist seiner Welt mächtig und spielt auf diesem Instrument (das in sich seine Gesetzmäßigkeiten und geordneten Funktionsabläufe hat), was er will. Und er will unser Bestes, wir haben ihn für uns, nicht gegen uns. *Was* er zu unserm Besten tut – „ein Liebes oder Leides" (Mörike) – ist seine Sache. Es kann, wo er will, auch das Wunder sein. Bleibt es aus, ist er nicht weniger am Werk. Wird es für unsern Glauben *der* perspektivische Richtpunkt, dann bedeutet das, daß wir das Augenmaß verloren haben (Luk. 10,20). Daß einer mit seinem Gott auch im geschöpflichen Leben herrliche Erfahrungen macht, wird ihm Anlaß zum Gotteslob und zur Dankbarkeit sein. Wo diese Erfahrungen verallgemeinert werden, vielleicht gar zum Heilskriterium erhoben, wird solche Frömmigkeit gefährlich. Sich vor der Welt durch Wunder auszuweisen, hat Jesus als Versuchung erfahren (Matth. 4,1 ff.). Wir sollen an ihn nicht um seiner Wunder willen glauben. Wollen wir ihn als Brot-Heiland? Als Bürgen für unsere Sicherheit? Als Glücksbringer? Als Wunderdoktor? Als politischen Messias? Als den Inaugurator eines Wirtschaftswunders? Er hätte das alles werden können; zu jeder dieser Fehlerwartungen ließen sich aus den Evangelien Belege bringen. Jesus hat das alles abgewehrt. Er mußte jegliche Propaganda verhindern, die die Erwartungen der Menschen in falsche Richtung lenkt. Das Messiasgeheimnis, eng verstanden, ist ja nur *eine* Seite des Tatbestandes, daß all sein Wirken auf etwas anderes aus ist: auf die Wiederherstellung der Gemeinschaft zwischen Gott und den Menschen, also auf die Beseitigung des Gott-Mensch-Konflikts (Versöhnung), auf die Realisierung des Herrseins Gottes in dieser Welt. Es könnten die erstaunlichsten Wunder geschehen – und die Menschen suchen keine Vergebung, entschließen sich nicht zur Umkehr im Glauben, halten Gott nur um seiner Machttaten willen für interessant. Jesus wird gekreuzigt werden, und er wird sich dem durch kein Wunder entziehen (15,29–32). Seine Herrschaft wird Sache des Glaubens sein und nicht des Schauens. Wir werden vor der eschatologischen Grenze festgehalten. Noch ist Jesu Herrschaft, noch sind auch seine großen Taten „verborgen unterm Kreuz". Jesus weiß: das widerstrebt uns, wir wollen gern mit „Handfestem" aufwarten, möchten gern den Himmel jetzt schon auf der Erde haben. Paulus spöttelt über solche, die die Grenze zum Eschaton ignorieren: „Ihr seid schon satt geworden? Ihr seid schon reich geworden? Ihr seid Könige ohne uns? Und wenn ihr wenigstens Könige geworden wäret, dann würden wir auch gern ein bißchen König spielen, zusammen mit euch" (1. Kor. 4,8). Jesu ganzes Werk wäre verdorben, entstellt und – in einem ganz anderen Sinne als am Karfreitag – zum Scheitern gebracht worden, wenn er nicht mit der von Markus so eindrücklich festgehaltenen Radikalität den Mißbrauch seiner Heilstaten verhindert hätte. „Mach, daß du fortkommst, und – schscht! – kein Wort davon!" Kein Aufsehen! – Als der Geheilte dann doch „vieles" davon „verkündigt" (wir haben uns schon die Transparenz dieser Wendung, gewissermaßen ihre – nachösterliche – Verkirchlichung verdeutlicht), meidet Jesus die Öffentlichkeit (vgl. VV. 35 ff.).

Jesu Sieg will im Verborgenen geschehen sein und geschehen. Wenn wir anders predigen, betrügen wir die Menschen um ihr Heil.

3.

Uns fiel schon das merkwürdige Widereinander von Schweigegebot und Aufforderung zum „Zeugnis" auf und das Ineinander von Geheimhaltung und Ausbreitung, besonders am Ende des Textes. Sieht der Evangelist selbst nicht klar? Doch: er weiß um die tiefe Verborgenheit Jesu Christi im Geheimnis – auch nach Ostern –, und er weiß doch zugleich, daß Jesus selbst in die Öffentlichkeit gegangen ist, gepredigt und gewirkt hat, und daß er nun, nach Ostern, im Wort der Seinen zugleich gepredigt *wird* und selbst zu seiner Gemeinde spricht. Ginge es nicht um das κηρύσσειν, dann wäre das ganze Markusevangelium nicht geschrieben worden. Von Jesus reden – und zwar so von ihm reden, daß dabei die Verhüllung seines göttlichen Heilshandelns deutlich wird: dies ist nicht widereinander. „Je mehr Er verkündet und heilt, um so klarer wird Er zum Offenbarer und zur Offenbarung Gottes; und eben diese klare Offenbarung Seiner Macht und Seines Wortes darf nicht unverhüllt strahlen, denn Er ist der Menschensohn, verborgen in seiner göttlichen wie geschichtlichen Art" (Lohm. z. St.).

Wir sahen: daß der Geheilte sich beim Priester vorstellen soll – Fassung B –, ist für damalige Verhältnisse normal. Die zehn Geheilten in Luk. 17 haben dies ebenfalls getan – die neun sogar so, daß sie ihren Wohltäter vergessen haben, sich jedenfalls nicht veranlaßt sahen, zu ihm zurückzukehren. Sollen die sozialen Folgen des Krankseins bei dem nunmehr Geheilten behoben werden, der Mann also seinen bürgerlichen Status von einst zurückgewinnen, so ist das Gutachten des Priesters mit seinen amtlichen Charakter nötig. Jesus erkennt das an (*auch* ein Beitrag zu Jesu „Zweireichelehre"). Der Erwähnung des Heilenden hätte es dabei nicht bedurft.

Nun aber rückt der Vorgang durch Worte „ihnen zum Zeugnis" in ein neues Licht. Es liegt nahe, in den drei Worten einen kleinen Splitter von Reflexion der überliefernden Gemeinde zu sehen. Etwa so: Israel hat seinen Christus abgelehnt, und dabei hätten doch (z. B.) die Priester, die mit dem Fall befaßt waren, an dem, was sich da zugetragen hat, erkennen müssen, wer der ist, der hier am Werke war! Sie hätten sehen können und haben es nicht gesehen.

Der Geheilte „predigt"; Markus predigt. Man könnte sagen: Die Wirkung des Machtwortes Jesu: „Ich will's tun, sei gereinigt!" setzt sich in Wortgeschehen um. Wer dies jetzt bedauert, hätte das bisher Bedachte noch nicht verstanden. Indes, solches Bedauern liegt nahe. Alle Aussätzigen, die es seither gegeben hat, könnten klagen: „Er kann – und will doch nicht?" Heutzutage könnten z. B. die Krebskranken so sprechen. Dahinter könnte die Meinung stehen, daß es doch besser gewesen wäre, Jesus hätte sich als der große Wunderarzt verstanden und gegeben, nicht als der Anfänger der neuen, der eschatischen Menschheit und als ihr Erlöser und Herr. Wir brauchen das schon Gesagte nicht zu wiederholen. Nur soviel sei jetzt gesagt: In der Tat, die Heilungswunder, die Jesus getan hat (einige davon könnten sogar auf das Konto der überliefernden Gemeinde gehen), fallen überhaupt nicht ins Gewicht gegenüber dem Krankheitselend der Menschheit, auch nach Jesu Kommen. Sie sind *Zeichen*. Jesu Werk ist die Entmachtung des „Fürsten dieser Welt" (unsere Ziffer 1) durch das verborgene Werk der Versöhnung (unsere Ziffer 2). Sind wir aber mit Gott im reinen, dann ist die Entscheidung für unser Heil gefallen, und dann werden die schwersten Leiden zum „Kreuz": sie hören auf, Merkmal der Verlorenheit zu sein, sie werden zum Weg in das ewige Christusheil. Alles, was Jesus tut, ist dahin ausgerichtet. Wir sollen nicht nur „zeitlich", sondern „ewig gesund" werden (EKG 346,8). Jesus will für uns mehr als die „heile Haut". In diesem „Mehr" hat die Perikope von Anfang an ihren Schwerpunkt. „Alles, was Er wirkt und spricht, ist also im strengen Sinne ‚Zeichen' und muß ‚Zeichen' bleiben, bis Gott Zeit und Stunde der endgültigen Offenbarung bestimmt" (Lohmeyer).

15. Sonntag nach Trinitatis. Luk. 18,28–30

Der Abschnitt gehört zu der (komplexen) Großperikope VV. 18–30 (3 Abschnitte: Begegnung mit dem „Obersten" – uns als „reicher Jüngling" geläufig –, Kamel-Nadelöhr-Gespräch, Jüngergewinn), die in dieser Zusammensetzung auch bei Matthäus und Markus steht (mit Varianten auch im Nazaräerevangelium nach Origenes „In Matthaeum" XV, 14). Man erkennt leicht die thematische Einheit des Gesamtabschnitts, ja, eine gewisse Kreisbewegung: Was brauche ich zum ewigen Leben? (V. 18) / Verkaufe alles (V. 22) / Wer kann das? (V. 26) / Bei Gott ist es möglich (V. 27) / Bei uns ist es geschehen (V. 28) / Ihr empfangt (vieles und) das ewige Leben (V. 30). Formgeschichtliche Betrachtung wird, vom methodischen Ansatz her, die kleinen Einheiten je für sich nehmen und den geschlossenen Zusammenhang als redaktionelle Leistung – man müßte sagen: Meisterleistung – ansehen. Zu fragen bleibt immer noch, ob dieses Ganze vielleicht doch nicht am Schreibtisch gemacht ist, sondern aus dem Leben stammt.
V. 28: Eine der Stellen, in denen Petrus im Vordergrund steht (vgl. O. Cullmann, Petrus, Berlin ²1961, S. 25 ff.). Er spricht für alle. Vgl. 5,11: sie haben alles verlassen (ohne freilich, wie 4,38 zeigt, „alles" zu „verkaufen"). Wozu der „Oberste" nicht bereit gewesen ist, das haben die Jünger getan: sie sind Jesus nachgefolgt. Bei Matthäus läuft diese Feststellung in die Frage aus: Was wird uns dafür? Markus und Lukas lassen die Lohnfrage nicht gestellt sein. – V. 29: Jesus spricht nicht von Lohn, aber von dem, was der Jünger in der Nachfolge Jesu gewinnt. „Um des Reiches Gottes willen" ist – nach Bltm., GsTr., S. 116 und anderen – das Ursprüngliche, während die markinische Hinzufügung „um meinetwillen" (Matthäus nur: „um meines Namens willen") „sicher sekundär" ist (ebd.), nämlich „christlich erweitert", aus dogmatischem Grunde (a. a. O., S. 97). Bltm. sieht den Satz ursprünglich als Parallele zu Mark. 8,35 an: „Wer sein irdisches Gut preisgibt, der wird hundertfältigen Ersatz bekommen" (so die Markusfassung). „Eine Beziehung zur Person Jesu hat das Wort dann ursprünglich nicht gehabt" (a. a. O., S. 116). Man übersehe freilich nicht, daß das Wort seinen *evangelischen* Sinn erst durch die Beziehung auf Jesus bekommt. – V. 30: Bltm.: „Was folgt, ist die Unterscheidung eines Lohnes im Diesseits und Jenseits, wobei jener (wohl ganz sekundär) noch wieder spezialisiert wird. Ursprünglich ist die hundertfache Vergeltung" (so Markus; Lukas: „vielfältig") „zweifellos eine ‚jenseitige', d. h. sie bedeutet den Lohn im messianischen Reich" (GsTr., S. 115). Stellen wie 8,21 (vgl. uns. Ausl. zu Mark. 3,31–35, 13. S. n. Trin.); 22,35 (vgl. 10,7a) machen ein vorsichtigeres Urteil ratsam. „Das Größte aber bringt erst die kommende Welt im ewigen Leben für Die, welche zu Jesus gehören. Dieser künftigen Gaben dürfen die Jünger sich schon jetzt im Vorblick freuen" (Rengstorf z. St.).

Die thematische Nähe zum Text des vorletzten Sonntags kann es diesmal dem Prediger schwer machen. Der Versuch, Beziehungen zum alten Evangelium (Matth. 6,25–34) herzustellen, könnte in die Irre führen. Wenn man sich nach einem Beziehungstext umsieht, dann möchte man eher an Matth. 13,44–46 denken (9. S. n. Trin., Reihe V), oder aber eben an die vorangehende Geschichte vom „Obersten" (sie wird am 18. S. n. Trin. in dieser Reihe erscheinen). Auch Perikopenordnungen sind

Menschenwerk. Versuchen wir, ohne gewaltsame Querverbindungen den Text für sich sprechen zu lassen.

Liest man die Geschichte aufgrund des (redaktionellen?) Zusammenhangs, in dem sie – innerhalb der Großperikope – steht, dann bekommt das Wort des Petrus (V. 28) einen sehr profilierten Sinn. Umschreibung: Wenn das wahr ist, daß ein Kamel leichter durch ein Nadelöhr geht, als daß einer sich von seinem Besitz löst, wenn es also zutrifft, daß Gott jedesmal, wenn dies geschehen soll, ein Wunder tun muß (V. 27), dann muß man sagen: in unserm Falle hat Gott dieses Wunder getan. Wir haben alles verlassen und sind dir nachgefolgt; da hat Gott das Unmögliche möglich, ja wirklich gemacht. Auf uns übertragen: Christliche Existenz ist reines Wunder. „Wer kann dann gerettet werden?" Eigentlich keiner – aber Gott hat es in seiner großen Gnade dennoch bewirkt.

Matthäus hat die Aussage des Petrus anders verstanden – geistlich weniger steil und theologisch weniger bewußt und geläutert. Obwohl Matthäus hinsichtlich der Lohnproblematik, wie seine nächste Perikope zeigen wird (20,1ff.) keineswegs naiv ist, läßt er Petrus fragen: „Was wird uns dafür?" Die Frage klingt fast ein bißchen unzufrieden; kennte Jesus das, was Jesus antworten wird, aus der Erfahrung seines Jüngerseins, so würde er die Frage gar nicht stellen. Sie klingt auch werkgerecht; man kann sie ja kaum anders verstehen als so, daß Petrus aus dem Nachfolgeentschluß und aus dem damit verbundenen Verzicht einen Anspruch ableitet, über dessen Erfüllung Jesus Auskunft geben und Zusagen machen soll. Die Frage ist menschlich, allzu menschlich; man könnte sie ein wenig umformen: Was bringt das Christsein ein? Was nützt es mir? Wenn ich schon, indem ich mich zur Nachfolge entschließe, einen hohen Preis zahle: wie wird es sich wieder auszahlen? Christsein – ein Geschäft mit dem Himmel? Eine Sache der Utilität? Mindestens des Do-ut-des? Uneingestandenermaßen sind wir alle auf dergleichen aus. Im Groben: Wenn schon Christ, dann muß man auch etwas davon haben – wie bei einer Lebensversicherung. Es muß „Vorteile" bringen, sich rentieren. Im Feinen: Ich möchte Gott lieben und ertappe mich immerzu bei dem Gedanken, daß diese Liebe, wenn sie denn etwas bedeuten soll, auf mich zurückwirken oder zurückstrahlen muß. Das „in sich selbst verkrümmte Herz" (Luther) will Gott nicht um seiner selbst willen lieben, sondern immer wieder nur in – vielleicht subtiler – Eigenliebe und im Trachten nach Eigennutz. Luther hat gemeint, einer, dem es um Gott zu tun ist, müsse bereit sein, wenn Gott es so wollte, zu den Verworfenen zu gehören und dies von Gott als gerecht hinzunehmen; „darin zeige sich erst die Gottesliebe in ihrer vollen Reinheit, daß man den Willen Gottes selbst dann bejahe, wenn er das eigene Glück vernichte" (K. Holl, Gesammelte Aufsätze zur Kirchengeschichte, I, S. 150). Die Konsequenz, in der Luther hier denkt, ist hart. Ich meine nur, wir machen, was wir predigen, hohl und unglaubwürdig, wenn wir vor solchen Aussagen zurückschrecken. Der Gott, mit dem man Geschäfte macht, wird im Ernstfall niemandem „einleuchten". Wollte Gott uns fragen: „Was wird mir dafür?", wäre es um uns geschehen. Es scheint, Petrus ist in seiner Glaubenserkenntnis noch weit zurück.

Die Antwort, die Jesus gibt, zeigt aber nun deutlich, daß er den Petrus tatsächlich im Sinne der von Matthäus formulierten Frage verstanden hat. Erstaunlich: er weist diese Frage nicht als ungehörig, weil ungeistlich, zurück. So gütig ist Jesus, daß er auch auf eine solche Frage eingeht. Man könnte sagen: Aus einer unstatthaften Frage macht Jesus durch seine Antwort eine richtige Frage. Anders gesagt: Wer auf Lohn aus wäre, würde damit seine Lage vor Gott in fataler Weise mißdeuten; dies bedeutet jedoch nicht, daß Gott nicht lohnen wollte (Schniewind: „Gnadenlohn").

Die eigensüchtige Absicht ist der Verderb! Aber Jesus ist so barmherzig, daß er, was falsch gefragt ist, richtig beantwortet. Ist dies begriffen, dann können wir uns getrost auf die Fragestellung des Textes einlassen und etwa so ansetzen: *Bei Jesus wird man nicht ärmer. Er gibt* (1) *die Freiheit des Loslassens,* (2) *das Geschenk des Findens,* (3) *die Zusage des Lebens.*

I.

„Siehe, wir haben alles verlassen." Was der Reiche nicht übers Herz brachte, haben die Jünger auf sich genommen: die Fischer haben ihre Kähne ans Land gezogen und sind mit Jesus mitgegangen, der Zöllner Levi „verließ alles, stand auf und folgte ihm nach" (5,11.28). Die Christenheit hat sich inzwischen daran gewöhnt, von wenigen Ausnahmen abgesehen, in ungeschmälerter bürgerlicher Behäbigkeit zu leben, sich in ihrem weltförmigen Leben nicht stören zu lassen und über die Kirchensteuer wegen ihrer unzumutbaren Höhe zu klagen. Man schämt sich, V. 28 zu verlesen.

Man muß freilich gut überlegen, *warum* Jesu Jünger alles verlassen haben. Nicht, weil Jesus allen Besitz verboten hatte. Es gibt ein paar Stellen in den Evangelien, die an ein ebionitisches Lebenskonzept erinnern (Goppelt, ThNT 1, S. 130ff.); in der Tat hat Jesus sehr radikal zur Frage des Besitzes Stellung genommen, und die juden-christlichen Gemeinden haben sich, wie es scheint, zeitweilig „die Armen" genannt (Gal. 2,10; vgl. Luk. 6,20). Aber ein allgemeines Armutsgesetz hat er nicht verkündigt, und die Aufforderung V. 22 hat, wie wir am 18. S. n. Trin. noch sehen werden, nicht den Charakter einer Auflage, die für das Jüngerwerden allgemeine Bedingung ist. (Anders Qumran!) – Warum also haben die Jünger alles aufgegeben? Jesu Auftrag gebietet, daß er unterwegs ist (z. B. 9,6; 13,33); so hat er selbst – im Unterschied zu Fuchs und Vogel – nicht, wohin er sein Haupt legt (9,58). Der Dienst verlangt Mobilität (10,4). Er verlangt freilich auch innere Freiheit. Wer immerzu für seinen Besitz zu sorgen, vielleicht ihn zu mehren, mindestens ihn zu erhalten und zu ver-teidigen sucht, ist nicht frei zum Dienst. Es könnte auch sein, man läßt sich durch Fressen und Saufen und Sorgen um die Nahrung vom Wesentlichen ablenken (21,34) und – jetzt gibt es doch eine deutliche Berührung mit dem alten Evangelium des Sonntags – trachtet nicht mehr zuerst nach dem Reiche Gottes, sondern verfängt sich in Sorgen. Man müßte für die Sache Gottes die Hände frei haben!

Daß Jesus uns kein allgemeines Gesetz der Besitzlosigkeit auferlegt, bedeutet nicht, daß wir uns in unserer bourgeoisen Weltschwere gerechtfertigt fühlen dürften. Das Wort des Petrus müßte uns hier schon beunruhigen. Wir übersehen nicht den Unter-schied der Situationen. Damals die kleine Schar, aufs Improvisieren angewiesen, nicht etabliert, teils ambulant, teils flüchtig, jedenfalls nirgendwo zu Hause. Heute die gestaltgewordene Kirche mit festen Gemeinden und einigermaßen konstanten Le-bens- und Arbeitsformen. Dies will alles mitbedacht sein. Aber uns sollte die Frage beunruhigen, mit wieviel Ballast wir leben und was uns in unserm Dienst so schwer-fällig macht. Die Frage gilt für die Kirche und für den einzelnen Christen. Szenen wie 9,57–62 machen uns nervös. Christ sein, ja – aber es darf mich nicht zu sehr in Un-ruhe bringen. Meine Lebensgewohnheiten darf ich doch wohl beibehalten? Mein bür-gerliches Ansehen ist doch wohl nicht in Gefahr? Nichts gegen Gott – aber mein welt-licher Status wird doch durch meine Glaubensentscheidung hoffentlich nicht erschüt-tert? Allen Ernstes: Über vieles läßt sich reden, und es soll aus nichts ein Gesetz ge-macht werden. Der Ernst christlicher Bekenntnispflicht ist nicht jedem gleichermaßen deutlich, und die Kräfte zum Durchhalten sind verschieden verteilt. Wir wollen nicht unbarmherzig sein und uns nicht in heiligen Beteuerungen übernehmen. Aber daß wir uns so sehr daran gewöhnt haben, das Christsein zu verbilligen und unverbindlich zu machen, ist beschämend.

Es muß uns zu denken geben, daß wir, die wir die Kosten scheuen, wenn es ums Reich Gottes geht, an anderen Stellen unermeßliche Opfer auf uns nehmen können. Als Hitler seinen abscheulichen Krieg führte: unglaubliche Anstrengungen und Kraftleistungen ungezählter Menschen; Entbehrungen, Aushalten in sengender Hitze oder unbarmherzigem Frost, im Dreck, in der Gefahr der Verstümmelung oder des Todes. Als es aber galt, für die Juden zu schreien, haben wir fast alle Deckung gesucht. Und wir haben uns gescheut, mit unserm Christsein öffentlich Ernst zu machen. Wir scheuen die „kleinen" Opfer, darum sind uns die „großen" nicht erspart geblieben. Wir scheuen das Verlieren, wir riskieren damit das Verlorengehen.

Das bisher Ausgeführte könnte gesetzlich klingen. Was Petrus sagt, könnte uns dazu verführen, daß wir es in einen Imperativ umformen: Nun verlaßt endlich alles! Wir hatten uns vorgenommen, nicht vom Gesetz oder gar vom Zwang des Loslassens zu sprechen, sondern von der *Freiheit* des Loslassens. Es gibt Worte Jesu, die uns *vor* dem Entschluß zur Nachfolge zu prüfen veranlassen, ob wir diese Freiheit haben (14,25–33). In der Regel ist es anders. Indem wir, von seinem Ruf getroffen, Jesus nachfolgen, *gibt* er uns die Freiheit. Weil man den Schatz entdeckt, weil man im Basar die einmalig schöne Perle gefunden hat, gibt man alles dran, um das Entdeckte zu erwerben. „Eins ist nötig" (10,42). Man könnte, worauf es hier ankommt, am ersten Gebot verdeutlichen. Oder an Matth. 6,30. Wir halten tausend große und kleine Dinge für wichtig: sind wir nicht „reich in Gott", haben wir falsch spekuliert (12,16–21). Umgekehrt: haben wir einmal entdeckt, wie wichtig wir Gott sind, dann entzerrt sich das Bild. Im Frühjahr 1945 fand sich in Dresden in einer Hausruine auf dem Trümmerhügel ein Kranz, daran ein Pappschild, das eine Gesangbuchnummer trug (heute im EKG Nr. 297,1): ein Bekenntnis der Freiheit. Wir müssen nicht alles verlieren, um Christus zu gewinnen. Aber wenn wir „haben", sollten wir „haben, als hätten wir nicht" (1. Kor. 7,29–31). In Freiheit haben kann man nur, wenn man auch frei ist, loszulassen. Und die Freiheit zum Loslassen hat man nur, indem man das Bessere kennt, das einem niemand nehmen kann.

Alles verlassen – hier wäre wohl ein Wort zum Thema „Askese" angebracht. Wir Evangelischen assoziieren dabei meist sofort: Werkerei. Darauf sei es nicht abgesehen. Aber Askese heißt Übung, Training. Schon im natürlichen Leben begreifen wir allmählich, daß wir uns im Loslassen üben müssen (Beispiel: Energieeinsparung). Fürs Geistliche gilt dies erst recht. Das Training der Freiheit sollte keine finstere Angelegenheit sein, nicht verbissene gesetzliche Kraftanstrengung. Von Jesus lernen wir, beim Fasten salbe man sein Haupt und wasche das Angesicht, m. a. W.: Askese sollte fröhlich und festlich vor sich gehen. Kann man auf die Güter und Annehmlichkeiten der Welt verzichten? Mönche und Nonnen leben es uns vor: es geht! Diakonissen reisen mit leichtem Gepäck. Missionare wagen das Leben ohne den heimatlichen Komfort. Ein Albert Schweitzer hat eine glänzende akademische Laufbahn sein lassen, und viele Ungenannte haben auf ihre Weise ähnliches auf sich genommen. Man wird nicht ärmer dabei. Wenn es nichts weiter wäre als das „Ich kann", in dem sich die Freiheit ausspricht, hätten wir von Jesus schon Großes empfangen.

2.

Dem bejahten Verlust stellt der Herr nun tatsächlich den Gewinn gegenüber. Der Jünger hat den Verlust bejaht; er hat ja kraft eigenen Entschlusses die Nachfolge des ihn rufenden Herrn angetreten. Auch Jesus bejaht den Verlust: er meint nicht

die Nachfolger hätten ja in Wirklichkeit gar nichts aufgegeben; er sieht durchaus das
Schmerzhafte des Loslassens. Aber er stellt dem gegenüber, was man bei ihm gewinnt.
Investitionen mit hoher Rentabilität? Es wäre alles verdorben, wenn wir es auf den
Gewinn *absehen* wollten. Die Vervielfältigung, die durchs Drangeben entsteht, kann
nicht der Erfolg eines planvollen methodischen Vorgehens sein; sie ist Geschenk.
Bei Jesus wird man nicht ärmer – er gibt das Geschenk des Findens.
Wie Jesus das, was er hier ausspricht, an sich selbst erfahren hat, haben wir zu
Mark. 3,31–35 (13. S. n. Trin.) schon ausgeführt. Er hat in den Seinen die neue –
eschatische – Familie gefunden, die neue Gemeinschaft. Lauter Menschen, mit denen
er in Gott und seiner Sache verbunden ist, diese aber die Vorhut des universalen
neuen Gottesvolkes. – Es soll den Jüngern auch so gehen. In ihrem Jüngerdienst
werden sie auf Menschen stoßen, mit denen sie auf eine neue Weise verbunden sein
werden. Sie wirken ja nicht vergeblich. Die neue Gemeinschaft *entsteht* ja, die Gemeinde wächst, Gott ergreift von immer mehr Menschen Besitz. Es wäre viel zu kurz
gegriffen, wenn wir nur von Gleichgesinnten reden wollten, die wir in der Gemeinde
finden. Wir finden Menschen, die Jesus angenommen hat, wie er uns angenommen
hat; die er liebt, wie er uns liebt; denen er ihren Wert gibt, wie das in der Rechtfertigung des Sünders an uns selbst geschehen ist.
Wir sollten uns freilich klarmachen, daß Jesus nicht einfach an eine multiplizierende
Erstattung des Hingegebenen denkt. Hat einer ein Haus geopfert: was sollen ihm die
,,vielen" Häuser (bei Markus: hundert). Hat einer auf die Ehe verzichtet, was will
er auf einmal mit.den ,,vielen" Frauen? Man sieht sofort: wir kämen mit einer un-
elastischen Ausdeutung schwer in die Brüche (auch wenn, wie bei Markus, die Frauen
weggelassen wären, was A. Bengel – z. St. – erleichtert vermerkt). Gibt uns Jesus nicht
dasselbe vervielfältigt wieder, so gibt er uns doch *anderes*, was dann in der Tat einen
vielfachen Wert darstellt. Matthäus hat das sehr deutlich gesehen; er verweist –
womit wir allerdings schon unserer Überlegung (3) vorgreifen würden – auf den Auftrag,
den die Zwölf in der ,,Wiedergeburt" haben werden, nämlich: die zwölf Stämme Israels zu ,,richten" (19,28). Doch davon soll jetzt nicht die Rede sein.
Was also bekommen Jesu Nachfolger statt dessen, was sie aufgegeben haben? Die
Antwort kann nur in dem gesamten Evangelium bestehen. Wir gewinnen bei Jesus,
was wir ohne ihn nicht hätten: den freien Zugang zu Gott und die ungetrübte Gemeinschaft mit ihm, trotz allem, was gegen uns spricht, und trotz unserer schuldhaften Entfremdung von ihm und Auflehnung gegen ihn. Gott ist *für* uns, seine Verächter
und Feinde. Man kann sagen, das trage für unser praktisches Leben nicht viel aus;
es lebe sich ganz schön, auch wenn man Sünder ist. Nur: das kann man nur solange
sagen, als man noch gar nicht merkt, was es mit Gott auf sich hat. Der über den ver-
eisten Bodensee geritten ist, wußte auch nicht von dem Abgrund. Der Unterschied
zwischen ihm und uns: er ist, als er's merkte, im Erschrecken gestorben, während bei
uns, wenn wir die überstandene Gefahr ermessen, das – laute oder stille – Gotteslob
ausbricht. Was auch komme, man lebt umschlossen von Gottes Liebe. Gott hält uns
wert, die wir unwert sind. Gott hält an uns fest, obwohl wir immer wieder loslassen.
Er bleibt uns zugewandt, obwohl wir uns immer wieder von ihm wegwenden. Beispiel:
Wir stellen ihm – nach Menschenart – die engherzige, eigensüchtige, kleinliche,
mißtrauische Frage: Was wird uns dafür? Und er? Er übersieht das Unqualifizierte
dieser Frage und antwortet mit dem großen Angebot seines Evangeliums: Ich gebe
euch vielmal mehr, als ihr eingesetzt habt. Was er gibt, ist eigentlich: *er selbst*. Und
Paulus meint mit Recht: mit *ihm* schenke Gott uns nicht weniger als *alles*.
Nach diesem Grundsätzlichen darf nun doch noch einmal eigens von den *Menschen*

die Rede sein, die Gott uns schenkt. Vielleicht sind es ganz andere Menschen, zu denen wir in das von Christus gestiftete neue Verhältnis treten. Vielleicht sind es sogar dieselben Manschen, zu denen wir durch Christus einen ganz neuen Zugang gewinnen und die uns dadurch auf neue Weise geschenkt werden. Loslassen – und wiederbekommen: dies könnte gerade zwischen Menschen ein unerhört tief eingreifendes und die Situation verwandelndes Geschehen sein. Wir leiden im Umgang mit anderen – es können unsere Allernächsten sein – unter der Differenz zwischen dem, was wir wünschen, vielleicht gar fordern, und dem, was *ist*. Wir versuchen, uns unser (vermeintliches) Glück zu ertrotzen. Aber hier gilt – und Bultmann sieht in diesem Wort geradezu die Urzelle unseres Textes –: „Wer sein Leben ‚retten‘ will, der wird es verlieren; wer aber sein Leben verliert um meinet- und um des Evangeliums willen, wird es ‚retten‘ " (Mark. 8,35). Setzen wir statt „Leben" das Wort „Glück" ein, wird das Gemeinte sofort deutlich. Wir gewinnen unsere Mitmenschen auf neue Weise zurück – durch Jesu Wirken! –, wenn wir die Gemeinschaft mit ihnen nicht erzwingen, sondern sie von Jesus neu stiften lassen. Konkret: Was auch immer ich an meinem Nächsten wahrnehme und mit ihm erlebe und – vielleicht – ausstehe: Jesus nimmt ihn an. Und – noch erstaunlicher – er nimmt auch mich an. Zwei Menschen, die verspielt haben, haben jetzt durch Jesus – *gewonnen*. Das Evangelium von der Rechtfertigung des Sünders baut unter uns die Brücken. Es ermöglicht in Situationen, in denen wir festgefahren sind, den neuen Anfang. Verteidigt Jesus uns, indem er für uns gutsteht, brauchen wir uns selbst nicht mehr zu verteidigen, auch nicht so, daß wir uns gerade an unseren schwächsten Stellen hart machen. Wir sind entlastet – darum können wir anders werden. So wird zerbrochene Gemeinschaft heil. Man wird bei Jesus reich. Wir brauchen, was er gibt, nur anzunehmen und einzusetzen.

3.

Daß man bei Jesus nicht ärmer wird, erweist sich auch an seiner Zusage des Lebens, versteht sich: des ewigen Lebens. Danach hatte der „Oberste" gefragt (V. 18). „Die Augen der Jünger, die auf das Hiesige sehen, werden auf den kommenden Aeon gerichtet. In ihm geschieht der große Ausgleich; ewiges Leben tritt an die Stelle des hier geopferten Lebens" (H. Gollwitzer, Die Freude Gottes, o. J., S. 208). Nach Bultmann ist die hier angekündigte „Vergeltung" überhaupt eine „jenseitige", „d. h. sie bedeutet den Lohn im messianischen Reich" (GsTr., S. 115, s. o.). Jesu ganzes Werk will nicht verstanden sein als eine Veränderung der Welt unter den Bedingungen und mit den Mitteln des gegenwärtigen Äons. Alles zielt auf seine Parusie, so wahr das, was kommt, auch heute schon, in den irdischen Lebenssituationen, wirksam ist, noch „mit Verfolgungen", wie der Markustext (10,30), fast dissonant, darum aber um so bemerkenswerter, hinzufügt. In der „Wiedergeburt", schreibt Matthäus, werden die Zwölf in Christi Auftrag ihr Amt ausüben (s. o.). Christus kündigt die neue Welt an.
Ewiges Leben ist Leben, das nicht mehr vom Tode umzingelt und endlich dem Tode ausgeliefert ist. Es wäre aber völlig falsch beschrieben, dächten wir an unaufhörliche Dauer und Fortbestand bzw. unveränderte Wiederherstellung des jetzt bestehenden Lebens. Prolongation des todverfallenen Daseins ist nicht ewiges Leben. Ewiges Leben ist von Gott und seinem Heilshandeln her qualifiziertes Leben. Das Leben gehört eigentlich Gott selbst zu (vgl. zu diesem allem Bltm., ThWNT II, S. 863 ff.). Das dem Tode unterworfene Weltleben kann eigentlich gar nicht als Leben im Sinne des Evangeliums gelten. „Die eigentliche, wahre ζωή ist zunächst gedacht als die künftige nach dem Tode, als die μέλλουσα"; sie wird uns in der Auferstehung geschenkt wer-

den, wenn Gott uns erweckt (ebd. S. 865). Diese aber ist wiederum begründet in der Auferstehung Christi, in der die Wende der Äonen schon anhebt (S. 867). Die Gegenwart steht so „unter einer ihres Zieles sicheren Hoffnung", ohne Leid und Vergänglichkeit, in Freude und Herrlichkeit (ebd.).

Es beschleicht manchen von uns die Sorge, unser letzter Weg führe uns in eine letzte Verarmung hinein, und was man „ewiges Leben" nennt, sei – man erlaube die lockere Redeweise – das unaufhörliche Halleluja, zu dem niemand recht Lust hat. Jesus redet von der „verklärten Welt" „fast nur in Bildern" (J. Jeremias, Ntl. Th. I, S. 238 – dort werden einzelne Aussagen zusammengestellt). Die Predigt soll nicht zu wissen vorgeben, was wir alle weder wissen noch uns vorstellen können. Genug: wir werden Gott schauen (Matth. 5,8), den Herrn sehen, wie er ist (1. Joh. 3,2) – der Prediger darf der Gemeinde zusichern, daß uns das nicht über werden wird. Die Fülle des Lebens, die Fülle der Liebe Gottes in ihrer Zuwendung zu den Menschen und – „das Schauen Gottes bewirkt die Verwandlung in sein Bild" (J. Jeremias unter Hinweis auf die 1. Joh.-Stelle) – wir endlich das, was wir sein sollen, nicht mehr im Zwiespalt und im Nachjagen. Jesus steht dafür ein, daß solche Hoffnung nicht zuschanden wird.

16. Sonntag nach Trinitatis. Klagel. 3,22–26.31–32

Wie die Kapp. 1.2.4, so ist auch Kap. 3 ein Gedicht mit akrostichischem Aufbau (also mit alphabetisch aufgereihten Anfangsbuchstaben), in diesem Kapitel jedoch so, daß jeweils drei Zeilen mit demselben Buchstaben beginnen. Das bedeutet einerseits, daß das gesamte Kapitel als ein Ganzes genommen sein will, andererseits, daß der Dichter, in der Wortwahl gebunden, die Gedanken nur locker fügen konnte, so daß in der Versauswahl eine gewisse Freiheit berechtigt ist. Form: Klagelied des einzelnen, freilich so, daß die Schilderung der Not „den Eindruck eines Rückblickes macht und in der beschreibenden Erzählform der Blick auf die zuhörende Gemeinde gerichtet ist" (Hans Seidel), so daß Elemente des individuellen Dankliedes erkennbar sind.

Der Dichter dürfte ein Augenzeuge der Geschehnisse des Jahres 587 sein, nach 4,17–20 vielleicht dem Königshof zugehört haben bis zuletzt auf Rettung hoffend, dann mit Zedekia aus Jerusalem geflüchtet (G. Fohrer, Das AT, II/III, S. 158). Vielleicht ist er auch „in den Kreisen der staatlichen Kultprophetie bzw. Priesterschaft Jerusalems zu suchen" (H.-J. Kraus im Biblischen Kommentar, S. 15).

Mit V. 21 nehmen die düster-klagenden Gedanken eine scharfe Wendung. Der Text spricht von der trotz allem Unheil bestehenden Treue Jahwes. V. 22: Das כִּי schließt an V. 21 an; die Umstellung ist durch den alphabetischen Aufbau nötig geworden. Luther hat mit MT תָמְנוּ (für normales תַּמּוֹנוּ) gelesen (die Form auch Jer. 44,18; Num. 17,28), also 1. Pers. plur.: „Die Güte des Herrn ist's, daß wir nicht gar aus sind." Der Parallelismus verlangt aber, das Verb auf „die Gnaden Gottes" zu beziehen. So setzen denn in der Tat die syr. Übersetzung und das Targum תַּמּוּ voraus: „Die Gnaden Gottes hören nicht auf." Der Satz paßt übrigens nicht in das Qina-Metrum 3 + 2. חֶסֶד ist die huldvolle Güte (Kraus vergleicht Gen. 32,11; Jes. 63,7; Ps. 17,7; 89,2; 107,43), רַחַם (eigtl. Mutterleib, Eingeweide) das Gott „durch-und-durch-gehende" leidenschaftliche Erbarmen. (Würde man „seine Erbarmungen" in die nächste Zeile hinter „neu" setzen – Vorschlag BHK –, wäre das 3 + 2-Metrum gerettet. In diesem Falle träte MT [wie Luther] wieder in sein Recht.) – V. 23: Jahwes „Bundesordnung ist so beständig wie die Naturordnung (Jer. 33,25f.)" (Kraus). – V. 24: Bei der Landverteilung bekam jeder Stamm seinen „Anteil" (חֵלֶק). Ist mir auch mein Stück Land weggenommen: mein

Besitz ist Jahwe selbst; Kraus deutet noch tiefsinniger aus: „Jahwe ist mein Lebensgrund; er ist wie das Land, von dem und auf dem ich lebe." VV. 25f. könnte als Danklied-Bekenntnis aufgefaßt werden, sie sind der Absicht nach Paränese. V. 25: Das Qere spricht von den auf Gott Wartenden (Plural), den angespannt zu Gott Hingewendeten (Kraus). „Im Gegensatz zur turbulenten, lauten Klage, wie sie dem altorientalischen Brauche gemäß war, rät der belehrende Sprecher zu einem schweigenden Hoffen auf die raumschaffende Hilfe Jahwes" (ebd.). – VV. 31f.: Rückgriff auf V. 22. Gerichtszeiten sind begrenzt (Jes. 54,7). Gottes Erbarmen wartet nur darauf, den Leiden ein Ende zu machen.

Man sollte sich – vielleicht auch der Gemeinde – die VV. 1–18 laut vorlesen. Erst vor diesem Hintergrunde werden die – auf den ersten Blick etwas blaß und routinehaft wirkenden – Verse unseres Textes plastisch. Es spiegeln sich in diesem ersten Abschnitt des Kapitels die Schrecknisse der Belagerung, Einnahme und Zerstörung Jerusalems, der den Menschen zugefügten Leiden und Drangsale. Es wird nicht leichter dadurch, daß der glaubende Mensch hinter diesem allem *Gott* sieht. Die *Babylonier* haben mir zugesetzt, mich gepeinigt und geschunden? *Er* war es! Schreckliche Erfahrungen: Er hat ... Er hat ... Er hat ...! Daß so etwas in der Bibel steht! Auch dies ein „Bekenntnis", in dem sich Gotteserfahrung niedergeschlagen hat und – ausspricht. Weit über das situationell Faßbare hinaus wird hier von dem Gott gesprochen, der uns als unser unerbittlicher Feind erscheint. Das genaue Gegenteil dessen, was das Evangelium sagt. Die Rede von dem unheimlichen, schrecklichen Gott darf ja nicht intellektuelle oder ästhetische Spielerei sein. Gott ist ja von Menschen so erfahren worden und wird so erfahren. Es ist geradezu sträflich, daß wir Prediger immer wieder versuchen, den Menschen den befremdlichen, unverständlichen, unheimlichen Gott aus- und ihnen einen harmlosen „lieben Gott" einzureden und sie dann mit ihren falschen Gottesvorstellungen der Erfahrung des unbequemen, in kein Schema passenden, sie bedrängenden und ängstigenden Gottes schutzlos auszusetzen und preiszugeben. Nur zu verständlich der Zorn und die Verbitterung in W. Borcherts „Draußen vor der Tür", wenn er in die großen Gewitter seines Lebens hat hinausziehen müssen, ausgerüstet nur mit dem lächelnden Gottesbild der Aufklärung. Wo blieb Mose, Jeremia, Hiob – wo blieb der Karfreitag? Keine Rede davon, daß wir das Evangelium, die gute, die Freuden-Nachricht zurücknehmen wollten. Nur: man gelangt dahin nicht durch Abflachung und Verharmlosung der biblischen Gotteserfahrung, sondern auf eine ganz andere Weise. Eben von dieser anderen Weise, zum Gott der Gnade und des Erbarmens zu finden, wird in dieser Predigt zu reden sein. Die Klagelieder lassen deutlich werden, wie zum Glauben – sozusagen als dessen Rückseite – die Anfechtung gehört. Man kann, ja muß zuweilen an Gott irre werden, ihn aus den Augen verlieren. Hier noch schlimmer: Man kann dem schrecklichen Gott begegnen, der einem gefährlich, bedrohlich, ja, der einem zum Vernichter wird, dem Gott des Gesetzes, also dem richtenden Gott. Wir reden von Unheilspropheten; wenn das nicht nur eine literar- oder geistesgeschichtliche Feststellung ist, sondern theologisch ernst genommen wird, dann haben wir Gottes Zorn als Wirklichkeit zu nehmen; ja, wir selbst erfahren Gott oft genug als den zornigen. Auch der Christ hat nicht ein für allemal den Standort gefunden, an dem er von Gottes Zorn nichts mehr erlebte; im Gegenteil: gerade der Christ, nur er, weiß von der Wirklichkeit des Zornes Gottes und hält ihm stand. Man lese die VV. 34–47: Gott hat sich in Zorn gehüllt, kein Gebet ist zu ihm durchgedrungen. Dies alles ist nicht wegzuwischen. Aber solche Gotteserfahrung wird überwunden, „aufgehoben" in einer anderen Erfahrung. Dies also gilt es zu erkennen und in der Predigt „an den Mann zu bringen". Zitat aus

Theodosius Harnack, Luthers Theologie, Neue Ausgabe München 1927, I, S. 226: „Glauben heißt nach Luther nicht, die Vorstellung vom Zorn Gottes als einem nur eingebildeten Scheinzorn aufgeben, sondern ‚wider Gott zu Gott fliehen'." Dem Zitat im Zitat (WA 5,204) könnte man das Thema für die Predigt entnehmen: *Wider Gott zu Gott fliehen*, (1) *der uns treu bleibt*, (2) *der gesucht sein will*, (3) *den es selbst zu uns drängt.*

I.

„Die Gnaden Gottes hören nicht auf, sein Erbarmen hat kein Ende." Man begreift, was hier gesagt sein soll, nur dann, wenn man das Überraschende, das völlig „Unerhörte" der Wendung wahrnimmt. (V. 20 darf man nicht als den Drehpunkt ansehen; Subjekt zu תִּזְכּוֹר ist נַפְשִׁי, der Verfasser ist also noch ganz bei sich selbst. Die Wende ereignet sich mit dem Einleitungssatz V. 21, der eigentlich die Perikope eröffnen sollte. Mitten in der Finsternis, in der er die Hand vor den Augen nicht sieht, wird dem Verfasser die Unverbrüchlichkeit der Gnaden und Erbarmungen Gottes zum Halt. Gott ist, was immer sich auch ereignet haben mag und wie verzweifelt die Lage im Augenblick auch scheint, voll Güte und Erbarmen. Er meint es gut, es geht ihm nahe, was die Seinen leiden müssen – gerechtermaßen leiden müssen, sie haben es sich selbst zugezogen –, er steht zu ihnen, nach wie vor.

Dies wird behauptet und in gewissem Glauben bekannt, obwohl – wenigstens im Augenblick – alles dagegenspricht, daß Gott gütig und barmherzig ist. Der Glaube vernimmt das Ja unter und hinter dem Nein. Er weiß, daß Gott verborgen ist. Nicht nur in dem Sinne, daß er als der Unsichtbare und Unzugängliche (1. Tim. 6,16) unseren Sinnen und unserm Verstand nicht erreichbar ist, sondern auch in dem Sinne, daß sein Handeln in der Welt all dem, was wir uns vorstellen und ausrechnen, zuwiderläuft. Wir haben nicht die Formel, nach der Gott die Welt regiert, so daß wir ihm sein Tun nachrechnen könnten. Wir sind im Glauben gewiß: er handelt in allem, was in der Welt geschieht (V. 37); aber verstehen können wir es nicht. Hintennach entdecken wir dann manchmal, wie er mit uns verfährt: „Wenn Gott lebendig macht, so tut er's durchs Töten; wenn er gerecht macht, so tut er das, indem er uns schuldig spricht; wenn er uns in den Himmel fahren läßt, so tut er das, indem er uns in die Hölle führt" (Luther, WA 18,633). Doch damit sind wir schon nicht mehr bei seinem verborgenen Walten in der Geschichte der Völker und der einzelnen Menschen, sondern bei seinem Heilswerk, das ja seinem Wesen nach nur eschatologisch – im engeren und weiteren Sinne – begriffen werden kann. Der Glaube hält sich nicht an die Erfahrung, als könne man aus dem, was einem widerfährt – Glück oder Not, Gesundheit oder Krankheit, Erfolg oder Scheitern (usw.) – schließen, wie Gott gegen uns gesinnt ist. Im Gegenteil, der Glaube wird sich oft dem Augenschein widersetzen müssen. Er rühmt sich der Trübsale.

Woher hat dann aber der Dichter der Klagelieder mit einem Male diese Gottesgewißheit? Er hat sie – für manchen unter uns verwunderlich – aus der Glaubenstradition Israels. „Es sind Sätze, die sicher oft im Gottesdienst aufgeklungen sind, Jahr für Jahr gehört, Zitate in der Sprache der Liturgie und Predigt, theologisch verbraucht, abgegriffen und gewöhnt. Nun aber kommen sie mitten in der Verlassenheit in den Sinn, werden ‚zu Herzen genommen' und gewinnen eine besondere Leuchtkraft als Zusagen, die sich schon in der Vergangenheit als wahr und wirkungsmächtig erwiesen hatten" (H. Seidel, Predigtmeditation über uns. Text, in: Fröhlich helfen. Handreichung der IM 1975, S. 9). – Man kann sich das, worum es hier geht, zunächst so

verständlich machen: Es gibt in unserm Leben Tiefpunkte, im Extremfall: Kata-
strophensituationen, in denen uns, was sonst getragen hat, abhanden gekommen und
unerkennbar geworden ist. Es käme dann darauf an, daß man nicht in der akuten
Not alles um sich her vergißt, vielmehr frühere Erfahrungen festzuhalten versucht
und darin gewissermaßen das Hic-et-nunc transzendiert. – Dasselbe noch ein wenig
anders gewendet: Was im kirchlichen Traditionsgut – etwa in der Liturgie – sich
ausspricht, ist Erfahrung der gesamten Kirche. Ich täte gut, meine Krisensituatio-
nen nicht nur mit der eigenen Erfahrung bestreiten zu wollen, als wäre ich allein auf
der Welt. Andere haben anderes erlebt; von ihren Erfahrungen kann ich zehren,
wenn bei mir alles zusammenzubrechen scheint. – Aber es ist deutlich, daß wir mit
solchen Überlegungen – so richtig sie an ihrem Ort sein mögen – hinter das zurückfallen, was wir vorhin von Glaube und Erfahrung gesagt haben. VV. 22 f. sind nicht
zu verstehen als gespeicherte natürliche Gotteserfahrung, sondern als Glaubensaussage, die grundsätzlich über alle Erfahrung geht, ja oft genug der Erfahrung widersteht, weil sie nämlich auf Gottes Selbstkundgabe beruht. Von Gott zu Gott fliehen:
das bedeutet dann, daß wir uns von unseren handgreiflichen Lebenserfahrungen
(trotz V. 37!) losmachen und uns dorthin flüchten, wo Gott, der sonst Verborgene,
sich uns zu erkennen gegeben und, indem er in uns den Glauben weckte, Gemeinschaft zwischen sich und uns gestiftet hat. Unser Text veranschaulicht schön, wie der
Glaube auf der „Tellsplatte" oder – wenn man so will – an dem „archimedischen
Punkt" außerhalb der Welt Fuß fassen und Halt gewinnen kann. Wir sind an Gottes
Offenbarung gewiesen und darum an das *Wort*. Der alttestamentliche Fromme denkt
an Gottes Handeln in der „klassischen" Zeit und die gültigen Selbstverpflichtungen
Gottes. Eher kämen die Berge ins Wanken, als daß die Bundeszusagen Jahwes hinfällig würden (Jes. 54,10). Der Christ denkt darüber hinaus an die Selbstmitteilung
und -bindung Gottes in Jesus Christus. An ihm – nicht am Lauf der Welt und am
individuellen Schicksal – ist abzulesen, wie Gott zu uns steht. Ihn aber erkennen und
haben wir in dem, was die Kirche überliefert: im Wort der Schrift, im Bekenntnis, in
der Predigt, in den Sakramenten, in der Liturgie, im Lied der Kirche. Man sieht an
unserm Text, wie das, was wir leicht als abgegriffen und allzu geläufig verachten,
mit einem Male den großen Halt gibt. Wir flüchten uns vom verborgenen Gott zum
offenbaren Gott.

Inhaltlich bedeutet dies, daß wir vom Gott des Zornes und des Gerichtes zum Gott
der Gnade fliehen. Natürlich haben wir es hier wie dort mit ein und demselben Gott
zu tun. Aber Gott steht tatsächlich in einer zweifachen Beziehung zu uns. Geht er
hart mit uns um, muß unser Gewissen ihm recht geben (V. 42). „Außerhalb Christo",
sagt Luther, „ist Gott gegen die Sünder ein verzehrend Feuer und ein eifriger Gott,
ein solch Feuer, das nicht feiert, sondern frißt und verzehrt" (WA 28,557). Der Verfasser unseres Textes weiß es. Aber er weiß eben auch das andere. Der Gott, der im
Richten sein „fremdes Werk" vollbringt, sieht im Begnaden sein „eigentliches Werk".
Er kann uns das Gericht nicht ersparen – gerade in der Rechtfertigung werden wir,
sofern wir Sünder sind, gerichtet und „zerbrochen" (Holl, a. a. O., S. 75). Aber für
denselben Sünder, der vor Gott unrecht haben muß, tritt Christus ein. Leiden wir
unter dem Gott, der uns bis zur Vernichtung in die Enge treibt (noch einmal die
VV. 1–18), dann müssen wir „Gott mit Gott überwinden" (Luther, WA 5,167).

Dasselbe noch einmal anders: Gottes Erbarmen „ist alle Morgen neu, und seine Treue
ist groß" (V. 23). Darin liegt ein Immer-wieder und zugleich – als Treue – ein
Stetiges seiner Gnaden. Daß Gott für uns ist, ist weder ein langweiliger Dauerzustand
noch eine Sache des beängstigenden Vielleicht. Gott ist treu: er hält an uns fest, auch

wenn wir loslassen und versagen und wenn er uns die Folgen unseres Abfalls kosten lassen muß. Gott hat sich selbst gebunden und verpflichtet, weil er – es komme, was da will – in Liebe zu uns steht.

2.

Was wir soeben von der Offenbarung des in Gericht und Gnade handelnden *Gottes* her bedacht haben, zeigt sich im Text auch vom glaubenden *Menschen* her. Wir bedenken besonders die VV. 24–26. Der Verfasser wird von V. 42 ab zum Beter werden. Hier, in unserm Abschnitt wird über das Beten und Glauben nachgedacht. Wieder denken wir an den Hintergrund der VV. 1–18, wenn wir es nachsprechen: „Der Herr ist freundlich (‚gut‘) dem, der auf ihn harrt, der Seele, die ihn sucht.“ Gott will gesucht sein.

Die Wende ereignet sich darin, „daß die Not *gebetet* wird, d. h. nicht in ein Nichts hinausgeschrien, als Selbstgespräch verbittert geklagt, dem ‚Schicksal‘ anklagend vorgehalten, sondern *Gott* entgegengehalten wird“ (H. Seidel, ebd.). Es könnte auch ganz anders sein. Man kann – wir begehen diesen Fehler leider immer wieder – in stumpfer Sprachlosigkeit mit seinem Schicksal allein bleiben, in Groll und Zorn, enttäuscht und verbittert, verzweifelt und gelähmt. Man kann in solcher Lage sich auch bewußt gegen Gott verriegeln, etwa mit der Begründung, daß es sich herausgestellt habe: mit diesem Gott sei nicht zu rechnen, etwa in bewußtem Trotz: mit dir rede ich nicht mehr. Der Text sagt: Gott ist uns zugewandt, er ist für uns zu sprechen, und unser Verstummen entspricht in keiner Weise dem, was er selber will und denkt. – Es könnte freilich auch sein, daß jemand in solcher Lage überhaupt nicht mehr beten kann, also keinen Kontakt findet und keinerlei Mut hat, mit Gott Verbindung zu suchen. Da hätte sich also die Anfechtung so ausgewirkt, daß man nicht nur nicht mehr *will*, sondern auch nicht mehr *kann*. Die Brücken wären zerstört, es gäbe kein Herüber und Hinüber mehr.

Wie, wenn das so ist? Es ist zunächst festzustellen, daß das Ich-kann-nicht und das Ich-will-nicht meist dichter beieinanderliegen, als wir meinen; vielleicht ist beides ineinander verschränkt. Man sollte nicht zu schnell vom Nicht-Können sprechen. Oder aber – es scheint, wir widersprechen unserm eigenen Argument – es ist zu sagen, daß wir überhaupt nicht beten und Kontakt finden können, und das heißt doch nichts anderes, als daß es nicht in unserer Macht steht, den Zugang zu Gott und die Gemeinschaft mit ihm herzustellen (großer Trost: Röm. 8,26 f.). Gerade in solcher Lage läßt der Verfasser es sich gesagt sein: Gott ist dem, der ihn sucht, freundlich zugewandt. „Suchen“ ist ein kultischer Ausdruck; er kann jedenfalls bedeuten: zu einem Heiligtum wallfahrten (Amos 5,5). In unserm Fall würde das dann bedeuten: Gott ist aufgeschlossen, er ist empfangsbereit für einen, der sich zum ihm „auf den Weg macht“. Die Vorstellung einer Wallfahrt könnte uns helfen; man sucht Orte auf, an denen Gott zu finden ist (s. o.), man bleibt nicht stehen und gibt nicht auf, obwohl man noch nicht an Ort und Stelle ist. Gott will, daß wir kommen. Seine Zusage: Jer. 29,13 b.14 a. – Wir übersehen ferner nicht, daß wir zur Geduld, zur Ausdauer, zum Harren und Hoffen aufgerufen werden (V. 26). Was für den Verfasser mit der Katastrophe Jerusalems begonnen hat, wird eine lange Prüfung der Geduld und des Durchhaltevermögens sein. Des Verfassers Einzelschicksal kennen wir nicht. Das ist zum Verständnis des Textes auch nicht nötig. Das Wartenkönnen gehört zum Glauben und zum Gehorsam. Auch das kann und will geübt werden. Es lebt davon, daß ein Gott da ist, der mit seiner festen Zusage sich gebunden hat.

Die Überschrift über diesen Abschnitt: Gott will *gesucht* sein. Wir sollten jetzt den
Ton anders setzen: *Gott* will gesucht sein. „Der Herr ist mein Teil" (V. 24). Hier lebt
alte Psalmenfrömmigkeit (16,5; 73,26; 119,57; 142,6). Auch Propheten glauben so
(Jer. 10,16; 51,19; vgl. auch Deut. 32,9). Die Quelle solcher Gedanken ist Num. 18,20;
der Stamm Levi hat kein Erbland bekommen; sein „Erbe" ist Jahwe. (Gehört unser
Verfasser in Priesterkreise, so daß dieser Gedanke ihm geläufig ist, wieder ein
Stück Tradition, das er sich in neuer, kritischer Lage auf eine ganz neue Weise
aneignet?) Es könnte sein, daß einer alles besitzt, was sein Herz begehrt – und er
wäre arm, weil er Gott nicht hat. Hier das Umgekehrte (Matth. 16,26; Röm. 8,32b). –
Ist Gott unser „Besitz"? Die Frage bekäme sofort eine gesetzliche Schärfe, wenn wir
sie als Gewissens- und Inquisitionsfrage stellten. Hinter V. 24 steht wieder das Angebot Gottes. Im übrigen gilt, daß Gott *uns* immer mehr „hat", als wir *ihn* „haben".
Es wird gut sein, sich daran zu erinnern, wenn man betroffen feststellt, daß von diesem angeblich so kostbaren Besitz nicht viel – oder überhaupt nichts – zu spüren ist.
Glaube glaubt auch ohne, wenn nötig, gegen die Erfahrung (s. o.). Aufschlußreich
im übrigen die Formulierung: „Der Herr ist mein *Besitz* – darum will ich auf ihn
harren." (Man mache es sich am Empfang des Altarsakraments klar: Wenn Christi
reale Gegenwart und unsere wach-gläubige Empfangsbereitschaft wie in kommuni-
zierenden Röhren aufeinander bezogen bzw. voneinander abhängig wären, dann
hätten die meisten von uns den Herrn noch nie richtig empfangen. Er ist aber doch
unser „Teil" – wir nehmen ihn mit und verlassen uns darauf, daß er für unseren ärmlichen Glauben da sein wird. „Darum will ich auf ihn *hoffen.*")

3.

Zurück zur Situation des angefochtenen Menschen – im Falle des Textes: zu dem
Mann in der Katastrophenlage seines Volkes. Der Mann *hofft,* auch in bezug auf den
Wandel der äußeren Situation. Nicht in dem platten Sinne: Es kommen auch mal
wieder andere Zeiten. Er hofft auf *Gott.* Wiederum gegen alles, was einen entmutigen
könnte. Wider Gott flieht er zu Gott, – den es selbst zu uns drängt.
„Wir kennen nicht Gottes Wege, aber wir kennen Gottes Herz" (M. Doerne). Also
wissen wir nichts über die Zukunft? Wir betreiben Prognostik als Wissenschaft. Wir
müssen es, weil uns sonst die Weltprobleme überrollen und wir den für die Zukunft
uns gestellten Aufgaben nicht gerecht werden. Darüber hinaus gibt es Menschen, die
mit einem gewissen divinatorischen Blick Ereignisse und Entwicklungen kommen
sehen. Es ist vom Glauben her dagegen nichts einzuwenden. Aber unser Verfasser
meint, was er voraussagt, ganz anders. Nicht: alle Entwicklungen deuten darauf
hin, daß ... Sondern: so ist Gott, daß er nach der Zeit der Betrübnis nur zu gern
glücklichere Zeiten heraufführt.
Es ist auch in der christlichen Gemeinde mit der vorwitzigen, törichten Frage zu
rechnen, warum Gott nicht überhaupt solche Zeiten, wie der Verfasser sie erleidet,
verhindert. Man stößt auf den allen Ernstes vorgebrachten Einwand, wenn Gott in
seiner Amtsführung als oberster Steuermann nicht nachlässig wäre, hätte er es zu
dem vielen Unheil, das in der Welt geschehen ist und immer wieder geschieht, nicht
kommen lassen. Der Einwand ist zu primitiv, als daß er hier erörtert werden müßte;
der Seelsorger wird freilich immer auf ihn gerüstet sein.
„Der Herr verstößt nicht auf ewig, sondern hat er betrübt, dann übt er Erbarmen
nach der Fülle seiner Gnade." Es ist seine Ordnung, daß Sünde ihre Träger und Ak-
teure und damit auch sich selbst zerstört. Augenfälligstes Beispiel: ohne die gewiß

schmerzhaften Ereignisse, die im Geschehen vom Frühjahr 1945 kulminierten, wären wir den Faschismus nun einmal nicht losgeworden. Zudem: Gott nimmt sich selbst ernst – ich rede menschlich: er *muß* es. Er gibt dem Ungehorsam und der Auflehnung gegen ihn nicht Raum; die Propheten haben – z. B. in ihren Schelt- und Drohworten – diesen Zusammenhang immer wieder aufgedeckt. Was wir „uns leisten", „läßt" Gott sich nicht „bieten". Gnade heißt ja auch nicht: er sieht durch die Finger. Doch, er betrübt zuzeiten, aber dann übt er Erbarmen. Verstehen wir das Schwere vom Glauben her, dann wandelt sich, was „Gericht" ist, in „Kreuz".

Kennen wir Gottes Herz, dann wissen wir, daß Gottes Güte und sein Erbarmen geradezu darauf brennt, nach den Unwettern wieder die Sonne scheinen zu lassen. Wir sahen es: Güte meint das freundlich gesinnte Herz Gottes, Erbarmen besagt, daß unser Weh Gott „an die Nieren", daß es ihm „durch und durch" geht. Anthropomorphismen – zugegeben; aber der Wirklichkeit Gottes tausendmal näher als unsere abstrakten Begriffe wie das Absolute, das oberste Prinzip oder die Tiefe des Seins. (Wobei nicht bestritten sein soll, daß es Denkoperationen geben kann, bei denen solche Abstrakta als Hilfsbegriffe einen gewissen handwerklichen Sinn haben können.) Gott „brennt" aufs Gnädigsein. Das ist sein opus proprium. Im Himmel ist Jubel, wenn ein Verlorener heimkehrt. Gott hat Sehnsucht nach uns. Wir zeichnen nicht ein Gottes-Wunschbild. Gott hat uns tief in sein Herz sehen lassen, als er Mensch wurde. Er hätte nicht zu kommen brauchen. Aber es hat ihn zu uns gezogen, weil er uns zu sich ziehen wollte. Fliehen wir wider Gott zu Gott, dann wissen wir, *wohin* wir zu fliehen haben.

17. Sonntag nach Trinitatis. Mark. 9,14–27

PTO läßt die Perikope mit V. 17 beginnen. Das Streben nach Kürze ist löblich, und V. 15 (redaktionell) wäre entbehrlich. Aber VV. 14 und 16 gehören als Hintergrund zum Geschehen.

Die Markusfassung dieser Perikope zeichnet sich durch besondere Erzählfreudigkeit aus, Kennzeichen der „Novelle" (M. Dibelius), die die Macht und Göttlichkeit Jesu in Erscheinung treten läßt. Nach Bultmann (GsTr., S. 225) sind hier zwei Wundergeschichten verbunden: „Die erste Geschichte hat zur Pointe die Gegenüberstellung des Meisters und der Zauberlehrlinge, deren Unfähigkeit die Folie für die Kraft des Meisters bildet ... Die zweite Geschichte hat mehr apophthegmatischen Charakter und beschreibt die Paradoxie des ungläubigen Glaubens."

Anders Lohmeyer, Schniewind und Grundmann: Es handelt sich um eine einheitliche Erzählung, die „reich gegliedert", aber doch ein Ganzes ist; die Geschichte der Dämonenaustreibung wird durchsetzt und überlagert durch die Gespräche, wobei das zweite Gespräch das erste steigert. (Die VV. 28f. haben zwar bei Matthäus eine Entsprechung, nicht aber bei Lukas; für die Predigt sind sie nicht nötig, zumal mit „Beten und Fasten" ein neues Thema anklingt.)

In V. 14 zielt die Mehrzahl der Textzeugen auf eine Verknüpfung dieser Perikope mit der vorhergehenden; die singularische LA dürfte jedoch die ursprüngliche sein. – Ist das Staunen der Menge V. 15 Widerschein des Verklärungsglanzes (vgl. Exod. 34,29f.)? – V. 18: Vgl. die VV. 20 und 26. Das Krankheitsbild ist deutlich das der Epilepsie. Die Krankheit wird auf ein πνεῦμα zurückgeführt. Die Macht der Jünger blieb hinter der der Rabbinenschüler zurück (Luk. 11,19), und dies desavouiert den Meister. – V. 19: Ungläubig und verkehrt (letzteres nach p[45] und nach dem Freerianus) wie Deut. 32,4 – Jesus wird wieder (wie V. 5) mit Mose in Beziehung gesetzt. – V. 20: Der Kranke erleidet einen Anfall – die Dämonen zeigen angesichts ihres Gegners ihre Macht. – V. 21: Jesus erfragt wie ein Arzt die „Anamnese". – V. 22: Wie weit Jesu Vermögen reicht, weiß der Vater des Jungen offensichtlich nicht; dennoch erbittet er für sich und den Sohn Hilfe, indem er an Jesu Erbarmen appelliert. – V. 23: „Was dieses ‚Wenn-du-kannst' betrifft: alles ist dem Glaubenden möglich." Dazu Lohmeyer z. St.: „Was sonst von Gott ausgesagt ist: ‚alles ist möglich bei Gott' (10,27), das steht hier von dem Glaubenden; er hat die Macht Gottes." – V. 24: κράζειν kann der Schrei des Hilfsbedürftigen (Matth. 9,27; 14,26.30; 15,22; Mark. 10,47 f. u. ö.), aber auch das Rufen in der Kraft des Geistes sein (Röm. 8,15; Gal. 4,6); vgl. ThWNT III, S. 900 ff. Es geht hier nicht um den Glauben des Kranken, sondern des für ihn um Heilung Bittenden (vgl. 2,5). – V. 25: Das Gespräch hat in Abwesenheit der Menge stattgefunden. Es soll nicht nur der Anfall aufhören, sondern Dauerheilung erfolgen. – V. 26: Der dem Anfall folgende Erschöpfungszustand wird von der Menge mißdeutet; es könnte scheinen, als habe Jesus den Knaben umgebracht. – V. 27: geradezu ein zweites Wunder (vgl. 5,41; Apg. 9,41).

Der Text verhält sich komplementär zum alten Evangelium (Matth. 15,21–28). Dort der sich seiner Problematik in keiner Weise bewußte und darum ungebremste, fast ungestüme Glaube, der Jesus umstimmt und überwindet. Hier das Wissen um die Macht des Glaubens, aber zugleich das Eingeständnis: eben an diesem Glauben fehlt es. Dem Glauben ist alles möglich, aber er ist doch seiner selbst nicht mächtig. – Der *Glaube* ist das Thema. Es ist wichtig, sich dies gegenwärtig zu halten, damit wir uns nicht aufs neue in der Wunderthematik und -problematik verfangen. Es ist nur ökonomisch gedacht, wenn wir bei Wunderperikopen auf den Zusammenhang achten, in den das Wundergeschehen eingebettet, und die Akzente wahrnehmen, mit denen es versehen ist. Dies nicht, um uns um das für den modernen Menschen nur schwer verdauliche Wunderthema herumzumogeln, sondern um der Monotonie zu entgehen, in die wir sonst leicht geraten.

Ein paar Bemerkungen zum formgeschichtlichen Befund mögen vorausgeschickt sein. Die Perikope ist geradezu eine Fundgrube für die Topik antiker Wunder-, speziell Heilungsgeschichten. Nach M. Dibelius (a. a. O., S. 77 ff.) sei einiges aufgeführt: Geheimnisvoller Zauber umgibt die Gestalt des Thaumaturgen (V. 15). Die Jünger können nicht heilen, Jesus kann es (VV. 18.25.27): Motiv des „Zauberlehrlings" (wie Eukrates in Lukians Philopseudes 36). Dies dient dazu, die Schwere der Krankheit zu beschreiben. Den gleichen Sinn haben die Erhebung der Krankengeschichten (V. 21) und die – viermalige – Beschreibung der Krankheit (VV. 17 f.20.22.26). Sodann die Technik der Heilung: wundertätige Formel (V. 25), Ergreifen mit der Hand (V. 27). Am Schluß noch – wir sparen diesen Passus aus – das „Wunderrezept" (V. 29), das nur esoterisch weitergegeben wird (Dibelius, a. a. O., S. 81.91). Zur Topik gehört auch der sofortige Erfolg (V. 27 Ende). Weggeblieben ist der sonst übliche „Chorschluß" (Lukas hat ihn: 9,43 a – vgl. Mark. 4,41; 7,37). Daß neutestamentliche Heilungsgeschichten diese der alten Welt geläufigen erzählerischen Merkmale aufweisen, liegt auf der Hand. Die Macht des Konventionellen? Gewiß auch. Immerhin versuche man einmal, eine der neutestamentlichen Heilungsgeschichten – oder auch eigene Erfahrungen ähnlicher Art – zu erzählen, ohne sich solcher Topoi zu bedienen. Es könnte sein, man merkt dabei, wie die – gewiß mit der Zeit standardisierte – Form aus der *Sache* erwächst. Formgeschichtliche Forschung soll und will uns die *Sache* erschließen. Nach M. Dibelius möchte man freilich gerade an dieser Stelle kapitulieren. Die „Novellen" sind für ihn – im Unterschied zu den „Paradigmen" – „profaner geartete Erzählungen". Mit „ihnen konnte man weder die Heilspredigt erläutern noch die Heilserkenntnis mehren"; man konnte mit ihnen nur „die Überlegenheit des ‚Herrn Jesus' erweisen und die Konkurrenz aller anderen Kultgötter aus dem Felde schlagen" (a. a. O., S. 93). Danach steht es schlecht mit den Chancen unserer Predigt.

Aber der Text hört sich anders an, wenn man ihn nicht nur literarisch und religionsgeschichtlich betrachtet, sondern den Standort innerhalb seiner nimmt. Wir wollen versuchen, ihn unbefangen zu hören. Vielleicht überschreiben wir: *Jesus Macht in unserer Ohnmacht.* (1) *Wer glaubt, kann alles.* (2) *Und auch wer nicht glaubt, kann glauben.* (Wir stützen uns dabei auf die Kernsätze VV. 23c.24b.)

I.

Die Schwierigkeit, die Heilungswunder unserm Denken bereiten, werden wir, wenn überhaupt, nur dann überwinden, wenn wir uns noch einer *weiteren* Schwierigkeit stellen, die im Text deutlich genug ins Bewußtsein tritt. Jesus kämpft, indem er gegen die Krankheit angeht, nicht gegen das Naturgesetz, sondern gegen einen der bösen „Geister", die das Menschenleben stören und zerstören. Die Möglichkeit des Verstehens und Annehmens wird dadurch wahrscheinlich nicht erleichtert. Wir werden nicht leugnen, daß hier zunächst einfach Vorstellungen antiker Vulgärmedizin vorliegen. Wir denken heute anders. Der Text läßt das klassische Krankheitsbild einer genuinen (ἐκ παιδιόϑεν dürfte so zu verstehen sein) Epilepsie erkennen; es fehlen, soweit ich weiß, als charakteristische Symptome höchstens der Zungenbiß und die Spontanentleerung der Blase. Es besteht vom Text her keinerlei Anlaß, an diesem Befund herumzudeuten. Nur wird man, was die Ätiologie angeht, in zwei Dimensionen zu denken haben. Der geschlossene Kausalzusammenhang des natürlichen Geschehens soll nicht geleugnet werden. Er steht sozusagen innerhalb einer Klammer, vor der – das in der Klammer Stehende insgesamt betreffend – die Kräfte des Unsichtbaren, nämlich Gottes selbst und der unsichtbaren geschaffenen Mächte, zu denken sind. Wie Gottes Weltregiment den Zusammenhang der „causae secundae" nicht durchbricht, sich vielmehr ihrer bedient, so besteht auch keinerlei Anlaß, den natürlichen Zusammenhang zwischen der Krankheit und ihrer aufweisbaren Ursache(n) zu leugnen, auch wenn man entdeckt hat, daß, wie alles, was in der Welt geschieht, auch Gesundheit und Krankheit mit dem Kampf zwischen Gott und der unsichtbaren Urmacht der Zerstörung zu tun haben. Jesus sah – deutlicher noch als seine Umwelt – „die fatale Wirklichkeit des Gegenspielers, den Abgrund, die Finsternis, den Greuel des Bösen als den höchst präsenten Hintergrund des menschlichen Daseins …, die Herrschaft des Nichtigen über den Menschen, das in seiner Einheit der Teufel, der Satan, der Beelzebul oder wie man es, persischer oder sonstiger Anregung folgend, nennen wollte, heißen konnte …: nicht eine vermeintliche, ersonnene, erträumte, in den Bereich des Seins nur hineinprojizierte, sondern die wirkliche, die konkrete Abgründigkeit und Finsternis, die Gegenwart und Aktion des Nichtigen, des Bösen im Hintergrund und im Vordergrund des menschlichen Daseins" (K. Barth, KD IV/2, S. 254f.). Gegen *diese* Macht, die im Anfang unserer Perikope noch auf dem Plan ist, ist Jesus zum Kampf angetreten. Wer hier nicht mitziehen will, muß sich fragen, aus welchen Gründen er widerspricht: aus solchen des Denkens, der Gewöhnung, der Mode, des Geschmacks (usw.). Er sehe nur zu, daß er Jesu ganzes Werk nicht (immanentistisch, humanistisch, ethizistisch, rationalistisch …) mißversteht und damit entleert. Jesu Werk ist der von Gott selbst geführte Kampf gegen alle Macht des Bösen, die uns quält und vernichtet. Auch die Krankheit gehört zu den Geißeln der chaotischen Urmacht des Bösen, mit deren Abfall und Aufstand Gott sich nicht abfindet. Man mag sie sich so unmythologisch vorstellen, wie man will; aber man sollte wissen, daß wir es mit ihr zu tun haben (Eph. 6,12). Jesus ist gegen sie mit seiner Macht zur Stelle. Dies ist der Grund, warum es hier um den Glauben geht.

Die Jünger waren diesem „Fall" nicht gewachsen. Jesus war nicht zur Stelle; er hatte sich, wenigstens nach der (plausiblen) Anordnung der Perikopen bei allen drei Synoptikern, auf dem Berge der Verklärung befunden. Mutatis mutandis: unsere Lage! Beschämend, daß die Jünger nichts vermochten. Es hätte anders sein können und sollen (3,14f.; Matth. 10,7f.; Luk. 9,1; 10,19; Mark. 16,20; Apg. 4,12; 14,3; 2. Kor. 12,12; Hebr. 2,3f.). Nicht, daß die Gemeinde ermächtigt wäre, Gott in den Arm zu fallen, wo er nun doch den Verfall des äußerlichen Menschen (2. Kor. 4,16) und den Fortbestand des körperlichen Gebrechens (2. Kor. 12,7ff.) beschlossen hat. Aber die u. a. in der Krankheit sich äußernde Umklammerung menschlichen Daseins durch die gottwidrige Macht der Zerstörung soll gelöst werden. Gott will unter allen Umständen unsere Heilung, hier schon (wie in den Heilungswundern anschaubar) oder doch wenigstens dort, wo kein Leid noch Geschrei noch Schmerz mehr sein wird (Offb. 21,4); es ist von dem einen zum andern nicht so weit, wie man denkt. – Was Jesus indessen bei den Jüngern – bei seiner Kirche – vorfindet, ist nicht der an dem kranken Jungen sich vollziehende Beweis des Geistes und der Kraft, sondern – Wortgefechte mit dem Volk und den Schriftgelehrten. Wirkende, also heilende, im Namen und in der Kraft ihres Herrn Menschen zurechtbringende, der Macht des Bösen widerstehende – oder diskutierende Kirche? Schon recht: Dialog mit der Welt und untereinander! Aber nicht als ein Ausweichen vor dem, was uns eigentlich geboten ist.
Jesus findet die am Fuß des Berges Zurückgebliebenen als ein ohnmächtiges Häuflein vor. Da ist der kranke Junge mit seinem traurigen Schicksal. Und die Jünger trauen sich nicht, dem unsichtbaren Urfeind ins Angesicht zu widerstehen. Jesus findet sie so untätig, so resigniert und defätistisch vor, wie *wir* es sind. Wir könnten Jesu Kampfgenossen sein, die Truppe, die er gegen die Herrschaft der Quälgeister der Menschheit einsetzt. Ist er selbst gekommen, um die Werke des Teufels zu zerstören, so will er sich dabei unser als seiner Instrumente bedienen. Dem Teufel müßte abwechselnd siedendheiß und klapperkalt werden, wo er uns, den Leuten Jesu, begegnet, und es müßte ihm nur übrigbleiben, die Flucht zu ergreifen (Jak. 4,7). Statt dessen lassen wir ihn ungestört operieren. Jesus bricht in einen tiefen Seufzer aus: „O du glaubensloses (und verdrehtes) Geschlecht, bis wann muß ich noch bei euch sein, bis wann muß ich euch noch aushalten?" Jesu Klage über die Kirche! Wir befinden uns mit dieser Klage hart am Rande des Evangeliums! Man bedenke doch: Der zu unserm Besten Gekommene, der sich mit uns Abtrünnigen verbündet hat, um uns auf diese Weise aus dem Abfall zurückzuholen, der fragt, wann endlich der Augenblick kommt, da er uns wieder los ist! Er bedauert nicht nur, mit uns nichts anfangen zu können. Er hat uns satt, wir sind ihm eine Last (vgl. Offb. 3,16). Hier steht seine ganze Sendung und damit unser ganzes Heil auf dem Spiel! (Religionsgeschichtliche Betrachtung spricht von dem Gott, „der nur vorübergehend in Menschengestalt erschien, um alsbald in den Himmel zurückzukehren" – so Dibelius a. a. O., S. 278, von Bultmann, a. a. O., S. 169 zustimmend zitiert. Man kann hier studieren, wie eine bloß religionsgeschichtliche Betrachtungsweise das, worum es eigentlich geht, gar nicht zu Gesicht bekommt. Wie will man auch einen solchen Text verstehen, wenn man (mit Dibelius, a. a. O., S. 93) in dem „Epiphanie"-Motiv der Novelle „die Verwischung (!) der Grenze zwischen Gott und dem gottgesandten Mensch(en)" konstatiert! Nimmt man den Text *theologisch* ernst, dann wird deutlich, was für ein unerhörtes, alle Widerstände von außen und innen überwindendes Geschehen das ist, daß Gott-in-Christus an uns Menschen – festhält!
Auffällig, daß Jesu eigenes Verhalten hier „Glauben" heißt. „Was das εἰ δύνῃ (V. 22) „anlangt: alles ist dem Glaubenden möglich" (V. 23). Der Glaube kann Berge

versetzen (Matth. 17,20; 1. Kor. 13,2). Jesus selbst ist der Anfänger und Vollender des Glaubens (Hebr. 12,2), d. h. nach dem Urtext: der „Anführer" (ἀρχηγός), der den Weg des Glaubens vorangegangen ist und so unsern Glauben ermöglicht hat und ermöglicht. Der Vergleich zwischen 10,27 und 9,23 ergibt: Glaube ist Teilhabe an der Allmacht Gottes. Glaube ist die Entscheidung für Gott, das Rechnen mit Gott, das Sich-Verlassen auf Gott und damit das Stehen unter Gottes Herrschaft. Der Glaube ist nicht Eigenmächtigkeit und Eigenleistung; er läßt Gott Gott sein. Gerade darin liegt seine Macht. „Der Glaube ... vollbringt ... Unglaubliches." Er „ist konkrete Verwirklichung im Gegenan-Glauben gegen die Übermacht der massiven Realitäten ... Er ist nicht ein resigniertes Sichergeben in die Wirklichkeit, sondern ein Machtgewinnen über die Wirklichkeit". Er will „so verstanden sein, daß er selber Macht ist und als diese dann eben auch ein Machterweis Gottes selbst. Denn der Glaube ist nur soweit Macht, als Gott ihn mächtig sein läßt" (G. Ebeling, Jesus und Glaube, in: Wort und Glaube, 1960, S. 249). So spielt der Glaube eine entscheidende Rolle in Heilungsgeschichten (2,1–12; 5,25–34; 5,36; 7,24–30; Matth. 8,5–13; 9,27–31). „Dein Glaube hat dir geholfen", heißt es immer wieder (Matth. 9,22; Mark. 5,34; 10,52; Luk. 7,50; 8,48; 17,19; 18,42). Es ist der Glaube, der dem in Christus offenbaren Gott alles zutraut, „eine das Existieren selbst betreffende Gewißheit, ein Sichere-Tritte-Tun, obwohl kein Weg zu sehen ist, ein Hoffen, obwohl es aussichtslos ist, obwohl man ins Bodenlose tritt" (a. a. O., S. 247). „Kannst du was?" Jesus kann. Er lebt in solcher Gottesgewißheit. Er hat darum teil an Gottes Macht. Ein letztes Mal tobt die Macht der Finsternis in dem kranken Jungen, als wollte sie den Kampf noch gewinnen. Und fast scheint es, als ob der von der unsichtbaren bösen Macht immer wiederholte Versuch, diesen jungen Menschen im Feuer oder Wasser zugrunde gehen zu lassen oder ihn auf irgendeine andere Weise umzubringen, gelänge, jetzt nur eben so, daß Jesu Machtaufgebot den bösen Geist verjagt hat, aber ein Toter auf der Szene bleibt, gewissermaßen nach der Weise: „Operation gelungen – Patient tot". Der Teufel lacht sich ins Fäustchen. Aber nur für ein paar Augenblicke. „Jesus aber ergriff seine (des Jungen) Hand und weckte ihn auf, und er stand auf" (ἤγειρεν – ἀνέστη). Wer glaubt, kann alles.

2.

Und wenn wir nun nicht glauben können? „O du ungläubiges Geschlecht!" (V. 19 – vgl. Matth. 17,17). Uns ist ja nicht damit geholfen, daß wir in hohen Tönen von der Allmacht des Glaubens sprechen, wenn wir selbst diesen Glauben nicht haben. Und unsere Predigt könnte gerade die, die es ernst meinen mit dem, was wir soeben gelesen haben, in die Verzweiflung stürzen. Denn wenn es auf einen solchen Glauben ankommt, wie er eben geschildert wurde, dann ist, wie es scheint, das hier proklamierte Heil vielleicht für andere da, sofern sie dies vermögen, nicht aber für uns. Hüten wir uns davor, in der Predigt Glauben zu fordern und zu befehlen. Glaube ist kein Werk, das wir vollbringen könnten. Er ist, wie wir sahen, nicht Leistung; er ist geradezu Verzicht auf Leistung, weil er auf das schaut, was ein anderer tut, nämlich: Gott. Wie aber weiter? Es bleibt dann wohl bei der ohnmächtigen, hilflosen, kraftlosen Kirche. „Ich habe mit deinen Jüngern geredet, daß sie ihn austrieben, und sie konnten es nicht."
Jesus ist der Anführer und Vollender des Glaubens. Jesu Macht in unserer Ohnmacht! Jesus spricht in der Tat zunächst von seinem eigenen Glauben. Aber der Vater des kranken Jungen merkt offenbar sofort, daß es damit nicht getan ist. Er,

der eben noch gefragt hat, ob Jesus „etwas könne", sich also vor wenigen Augenblicken noch gewissermaßen auf neutralem Boden befand, dieser Mann bekennt: „Ich glaube." Er sagt es mit erhobener Stimme (κράξας). Wir sahen: das kann bedeuten, daß er aus seiner Not heraus, wie ein Ertrinkender oder Stürzender, schreit, nicht wie in einem feierlichen Glaubensexamen, in dem man Gelerntes rezitiert, sondern im Sinn eines verzweifelt-gläubigen Zufassens. Dieses „ich glaube" ist dann nichts anderes als der erste Schritt auf einem Wege mit Jesus, wahrscheinlich noch ohne jede Reflexion, ganz gewiß dogmatisch weder ausgeformt noch begründet. Hier wagt es einer mit Jesus. Soll man ihn deswegen kritisieren, weil er in seiner Verzweiflung möglicherweise nach einem Strohhalm greift? Wäre es nicht gut, der Mann gäbe sich erst einmal Rechenschaft darüber, wieso er zu diesem Unbekannten Vertrauen hat? Hat er sich am Ende gar bloß anstecken lassen von dem Respekt, mit dem die Leute den vom Berge kommenden Jesus empfangen haben (V. 15), ohne zu wissen warum? „Kannst du was": das klingt nicht so, als impliziere der hier sich selbst bekennende Glaube schon die ganze kirchliche Christologie. – Oder sollen wir doch das laute Rufen des Vaters anders deuten: als ein Reden im Heiligen Geist (s. o.)? Dann käme es vielleicht aus einer übernatürlichen, wunderhaft entstandenen Gewißheit? Dann wäre es also nicht der Schrei eines Verzweifelnden und aus solcher Verzweiflung um Hilfe Suchenden, sondern der emphatische Ausdruck einer gefestigten Gläubigkeit? Es wird viel darauf ankommen, daß wir jetzt klarsehen. Es ist *nicht* die Art des Glaubens, seiner selbst gewiß zu sein. Auch dann nicht, wenn er sich in der Kraft des Geistes ausspricht. Paulus weiß es gut: Der Geist hilft unserer *Schwachheit* auf; gerade da, wo wir zum rechten Gebet unfähig sind, tritt der Geist für uns ein (Röm. 8,26f.). „Ich glaube – hilf meinem Unglauben!" Der zweite kleine Satz nimmt den ersten nicht zurück, streicht ihn nicht durch. Das Wort vom ungläubigen Glauben ist eines der tröstlichsten Worte des Neuen Testaments. Gälte nur der perfekte Glaube, dann wäre uns nicht zu helfen. Eben der Schrei aus der Not *ist* das „Rufen" im Geist – die beiden eben erörterten Deutungen von κράζειν kommen zur Deckung. Wer ein wenig Erfahrung im Glauben hat, weiß es: wir sind dem Herrn wahrscheinlich in *den* Augenblicken am nächsten gewesen, in denen es uns völlig vergangen war, unsern Glauben mit der Elle zu messen und ihm vorzuzeigen, und er hat uns gerade dann erhört, wenn wir ihm nur bekennen konnten, daß wir nicht weiterwußten und sogar ihn selbst nicht mehr wahrnehmen könnten. An unsern *Glauben* können und sollen wir nicht glauben; der ungläubige Glaube glaubt an *Christus*. „Selig sind die geistlich Armen." Man versteht die Bitte der Jünger: „Mehre uns den Glauben!" Aber Jesus verwehrt ihnen das Denken in Quantitäten: Glaube, so winzig wie ein Senfkorn, würde genügen, einen Maulbeerbaum im Nu zu versetzen (Luk. 17,5f.). Wir werden getröstet: Auch wer nicht glaubt, kann glauben – er muß nur wissen, daß Jesu Macht in unserer Ohnmacht wirksam ist.

Die letzten beiden Verse des Abschnittes sind nicht in die Perikope einbezogen. Damit ist uns auch die Frage erspart, ob mit dem „Wunderrezept" gewisse magische Praktiken gemeint sind, die wir Jesus selbst nie zutrauen würden. Aber ob nun die beiden Verse zum Predigttext gehören oder nicht: vom Gebet – und vielleicht auch vom Fasten – wäre in diesem Zusammenhang schon zu reden! Schniewind trifft das Rechte: das Gebet tritt an dieser Stelle für das ein, was Glaube heißt. Anders gesagt: Das Gebet ist der praktizierte Glaube. Der Schrei des Vaters war ein Gebet. Es braucht nicht immer so zu sein, daß die Not des Augenblicks das Gebet provoziert. Beten – vielleicht verbunden mit dem Fasten, das das Beten wach hält – ist der geduldige Ruf nach Gottes Erbarmen.

Jesu Hinweis ermutigt uns zu stetiger Praxis im Beten und Fasten. Unsere Zeit ist geneigt, es in Glaubensdingen jeweils auf das ankommen zu lassen, was sich gerade ereignet. Beten – wenn mir danach zumute ist. Gemeinschaft – wenn es sich gerade so ergibt. Gehorsam – wenn mir das Befohlene gerade einleuchtet. Gottesdienst – wenn mich danach verlangt. Alles andere könnte ja leere Form oder Lüge sein. – Demgegenüber wird uns im Text gezeigt, daß es doch eine bestimmte „*Einübung*" gibt. Sie macht das *Wunder* des Glaubens nicht überflüssig. Aber wenn es denn so wäre, daß unser geistliches Unvermögen von daher kommt, daß wir es uns abgewöhnt haben, *im* Glauben und *um* den Glauben zu beten? Sollte auch das – in „evangelischer" Freiheit verschmähte, von den Reformatoren aber empfohlene – Fasten für uns doch ein wenig nötiger sein, als wir meinen? Es muß nicht eine durch kirchliche Vorschriften reglementierte Übung sein; es kommt darauf an, daß wir uns in bewußt gewählter Lebensform für Gott offenhalten. Der Glaube kommt aus der Begegnung mit dem offenbaren Gott, für uns: aus der Predigt (Röm. 10,17) bzw. aus dem Umgang mit den „Mitteln", an die Gott sein Wirken gebunden hat. Es ist sinnlos, über mangelnden Glauben zu klagen, wenn wir Gott die Gelegenheit verweigern, an uns und in uns zu wirken.

Noch eine Hilfe zum Glauben soll uns gezeigt werden. Der Glaube, der sich in V. 24 ausspricht, ist „Für-Glaube". Geheilt wird der Sohn, für den der Vater glaubt. Es ist im Evangelium zweifellos darauf abgesehen, daß ein jeder selbst zu Christus findet. Aber das schließt den stellvertretenden Glauben nicht aus. Wie es Fürbitte gibt, so auch Fürglauben. Jeder Christ hat in seinem Glauben andere „durchzuziehen", wie er selbst gleichfalls von anderen im Glauben getragen und gezogen wird. Ein Stück des Priestertums aller Gläubigen! Der Fürglaube des Vaters für den Sohn weist zurück auf den Fürglauben Jesu, der uns alle trägt. „Ich aber habe für dich gebeten, daß dein Glaube nicht aufhöre" (Luk. 22,32). Darin allein ist es begründet, daß wir Ungläubigen glauben können (Joh. 17). Wer glaubt, läßt Jesu Macht in der eigenen Ohnmacht wirken. Wer dies tut, vermag alles.

18. Sonntag nach Trinitatis. Mark. 10,17–27

Zu dem gesamten Abschnitt VV. 17–31 vgl. das zu Luk. 18,28–30 (15. S. n. Trin.) Gesagte. Während Bultmann VV. 23–27 als ein ursprünglich selbständiges Stück ansieht, das Markus bzw. seine Vorlage mit der Geschichte vom Reichen verbunden hat, meint Lohmeyer, mit V. 22 habe die Frage des Reichen zwar eine persönliche, jedoch keine sachliche Antwort gefunden. „Die Perikope fordert also eine Fortsetzung, die in 10,23–27 vorliegt, heraus" (z. St.). Wir tun gut, die Perikope als Ganzheit zu betrachten. V. 17: Jesus ist im Aufbruch begriffen, da läuft „einer" zu ihm (nach Matthäus ein „junger Mann", nach Lukas ein „Oberster"; wenn ich richtig vermute, ist unsere Perikope die synoptische Vor- und Grundlage für die Nikodemusperikope Joh. 3 – vgl. Der schmale Weg, S. 294). Kniefall war gegenüber Rabbinen nicht üblich (vgl. aber 5,6.22), das Attribut „gut" auf palästinischem Boden nur in bezug auf Gott. (Matthäus läßt „guter" weg und formt die Zurückweisung Jesu in V. 17a um; vielleicht empfand er Jesu Einspruch Mark. 10,19 als christologisch anstößig.) Die Anrede Jesu als Rabbi ist, besonders bei Markus, öfter zu finden. Ewiges Leben: „der ersehnte Gegenstand eschatologischer Erwartung, ... mit dem Begriff der Auferstehung verknüpft" (Lohm. z. St.). Erbe: der Landanteil im Lande der Verheißung, hier individualisiert und eschatologisiert. – V. 18: „Gut" kann im Sinne von „gütig", aber auch im Sinne von „sittlich vollkommen" verstanden werden. Jesu Einspruch hat nicht christologische Bedeutung; er sprengt den Rahmen des Relativen in Ethik und Frömmigkeit und weist auf Gott als den allein Guten (vgl. Matth. 5,48). – Mit V. 19 geht Jesus zur sachlichen Antwort über und verweist auf die Gebote der zweiten Tafel des Dekalogs. Die Reihenfolge der Gebote schwankt in der Textüberlieferung (s. Apparat); hinzugefügt ist: „du sollst nicht berauben", „nicht vorenthalten" (vom vorenthaltenen Lohn sprechen Sir. 34,22; Mal. 3,5). Das könnte gegen ausbeuterisches Verhalten gehen, aber auch – so Lohmeyer – einfach Zusammenfassung der Gebote 9 und 10 sein, die sich gegen das Begehren richten (Röm. 7,7). Die Gebote galten aber sowieso als verbindlich (man könnte allenfalls in der Auswahl eine gezielte Akzentuierung sehen); rabbinische Schulgespräche beschäftigen sich mit ihrer Auslegung und Anwendung. So könnte man Jesu Antwort, indem sie auf Selbstverständliches verweist, als eine Verweigerung der Antwort ansehen. Aber wahrscheinlich ist es mehr (s. u.). – V. 20: So denkt pharisäische Frömmigkeit (Gal. 1,14; Phil. 3,6); daß man Gottes Gebote halten kann, ist ihr kein Problem. – V. 21: Man darf die unerbittliche Härte der Forderung Jesu nicht mißverstehen; Jesus *liebt* den Frager. Der Blick Jesu (VV. 21.23.27) zeigt wohl, daß es nicht nur um Sachfragen, sondern um persönliche Verbundenheit mit ihm geht. Alles verkaufen und Jesus nachfolgen: vgl. das zu den Texten am 13. und 15. S. n. Trin. Gesagte. „Die Weisung ‚verkaufe, was du hast', ist ... nicht generelle Forderung, sondern aktuelles Gebot in dieser Situation", in der es um die Nachfolge geht (Goppelt, ThNT 1, S. 135). – V. 22: Das Gesicht des Mannes verfinstert sich (wie der Himmel, wenn ein Gewitter aufzieht, Matth. 16,3). Der Reichtum hindert ihn an der Nachfolge. – V. 23–25: Es fällt auf, daß V. 24 allgemein geredet ist, unter Absehen vom Reichtum (wäre er auch hier erwähnt, ergäbe sich freilich eine stilistisch unschöne Häufung, vgl. Apparat). Wahrscheinlich sind VV. 23 + 25 einerseits und V. 24 Varianten (vgl. Grdm. z. St.). Das Wort vom Kamel und dem Nadelöhr sollte man ganz wörtlich nehmen: schlechterdings unmöglich. (Die Milderungen κάμιλος = Schiffstau und „Nadelöhr" als Bezeichnung für ein niedriges, enges Tor sind humorlos und verfehlen die Pointe.) – VV. 26 f.: Die Jünger haben Jesus gut verstanden. Daß sie selbst alles verlassen haben, macht sie nicht sicher gegen andere. „Bei Gott ist alles möglich" ist das in das Entsetzen der Jünger hinein verkündigte Evangelium.

Auch wenn es sich nur um ein Gespräch handeln würde, wie man es auch sonst mit Rabbinen führt („guter *Meister*"): wenn es sich zwischen *Jesus* und uns abspielt, wird es heiß. Man sieht das am alten Evangelium des Sonntags (12,28–34). Aber der Ungenannte (er hat sich uns nach Matthäus als der „reiche Jüngling" eingeprägt, obwohl das Wort Jüngling aus der Umgangssprache verschwunden ist; „Einer" ist keinesfalls besser!) will offensichtlich mehr als ein akademisches Gespräch. Seine Anrede – sie greift, auf dem Boden Palästinas, über das gegenüber Menschen Übliche hinaus – gilt einem Überlegenen, der Kniefall bezeugt höchsten Respekt, ja so etwas wie Unterwerfung. Es geht ums „ewige Leben", wie V. 26 zeigt, ums „Gerettetwerden", um den Anteil an Gottes vollendeter Welt. Der junge Mann ist, was die Ernsthaftigkeit seines Fragens angeht, wahrscheinlich uns mit unseren üblichen Theologen- und Laiengesprächen weit voraus; er wäre sonst auch nicht, nach dem Scheitern seines Gesprächs mit Jesus, so „betrübt" weggegangen. Hier wird Ernst gemacht. Stellen wir uns der Perikope, so wird sie auch uns in Bestürzung und Verlegenheit bringen – wie den jungen Mann und die Jünger. Frei sein von den tausend kleinen und großen Dingen, die wir selbstverständlich zum Bestand unseres Lebens rechnen; haben, als hätte man nicht; ohne mit der Wimper zu zucken, drangeben können, was Jesus, wenn es sein muß, uns hinzugeben befiehlt oder was Gottes „unerforschlicher Ratschluß" uns ungefragt nimmt: dies alles soll nicht, als sei damit zuviel verlangt, weggeschoben werden. Wir haben Gedanken dieser Art bei einer Reihe von Texten dieses Jahres bereits in uns bewegt. Allen Ernstes: daß wir uns so schlecht aufs Loslassen verstehen und die Frage nach der Armut um Christi willen nicht einmal mehr erwägen, ist ein bedenkliches Zeichen für unseren Christenstand.

Besitz und Armut haben jedoch im Ganzen dieser Perikope nur die Bedeutung eines Beispiels. Es geht, wenn man so will, um die Frage des ersten Gebots; und, wohl zu beachten: das erste Gebot wird nicht abstrakt geltend gemacht, sondern so, daß an den jungen Mann der Ruf zur Nachfolge ergeht. Es gibt nur *eine* Weise, Gottes Gebote zu halten, die dem in ihnen liegenden Anspruch Gottes wirklich gerecht wird: mitgehen mit Jesus, ihm gehören. Wir werden das noch genauer sehen. An der Auseinandersetzung mit dem Reichtum wird dies nur durchexerziert; man könnte sich auch andere Beispiele denken (Macht, Geltung, Eros). Freilich ist das Beispiel des Reichen nicht willkürlich gewählt. Die Frage nach arm und reich spielt in der Predigt Jesu eine große Rolle, nicht nur bei Lukas. Es wäre verfehlt, dem Text eine statutarische Ethik des Eigentums zu entnehmen, vielleicht gar im Sinne eines Zwei-Stufen-Schemas, das praecepta und consilia evangelica unterscheidet. Man wird dann im Text überhaupt kein flächiges Gedankenschema finden, in dem die einzelnen Aussagen sich zum einen Lehrganzen zusammenordnen. Die Auslegung leidet leicht daran, daß sie zu systematisieren versucht, was sich vor unseren Augen als ein spannungsreicher Ablauf in der Dynamik eines seelsorgerlichen Gesprächs darstellt. Hier wird – nicht etwa nur am Schreibtisch, sondern im Umgang mit einem lebendigen Menschen – schöpferisch gedacht; hier werden Erkenntnisse entbunden, die man nur im Vollzug gewinnt. (Dies impliziert freilich eine bestimmte Meinung darüber, wie es zu dieser Perikope gekommen ist: sie ist nicht konstruiert, ersonnen, gefabelt, sondern in ihr schlägt sich – bei aller Freiheit der Wiedergabe – ein spannungsreiches Geschehen nieder.) Versuchen wir, das Gespräch in diesem Sinne nachzuzeichnen, besser: am Text entlang mit uns führen zu lassen. Die beiden Teile der Perikope geben auch der Predigt die Gestalt. *Wie kommt es zum ewigen Leben?* Zwei Antworten Jesu: (1) *Mach ganzen Ernst mit Gottes Gebot!* (2) *Setz alle Hoffnung auf Gottes Wunder!*

I.

Mit Gottes Gebot ganzen Ernst machen: das dürfte eigentlich die Auskunft sein, die ein Jude, speziell ein Rabbi, dem nach dem Weg zum ewigen Leben Fragenden normalerweise gegeben hätte. Auf dieselbe Frage nach dem Ererben des ewigen Lebens fragt Jesus einen Schriftgelehrten: „Was steht im Gesetz geschrieben? Wie liesest du?" (Luk. 10,26). Das ist keineswegs bloß Taktik des Dialogs. Jesus ist nicht gekommen, aufzulösen, sondern zu erfüllen (Matth. 5,17). Er hebt das Gesetz nicht auf, er denkt, was es mit dem Gesetz auf sich hat, zu Ende. Unserer Sprache etwas näher: Er redet uns unser Pflichtbewußtsein nicht aus, im Gegenteil: er treibt es damit so weit, daß wir sehen müssen, wohin man damit kommt. Nicht, um uns in unserer Einstellung ad absurdum zu führen, sondern deshalb, weil Gott uns wirklich *ganz* will (12,30) und darum jede Ermäßigung seines Anspruchs an uns unvertretbar wäre. Man müßte sich mit dem jungen Mann leicht einigen können. Er begehrt ernstlich das „ewige Leben"; täglich betet man im Achtzehngebet darum. Man weiß, daß das Ewige im Zeitlichen entschieden wird, und so gewinnt das Zeitliche einen letzten Ernst. Der Mann ist bereit, etwas zu tun. Er wartet auf eine Weisung. Es mag für ihn so stehen, daß man nur zu wissen braucht, was zu tun ist; die Realisierung wird dann schon gelingen.

Auf diesem Hintergrund haben wir auch die Anrede zu verstehen, die Jesus so schroff zurückweist. Christologische Skrupel braucht uns diese Zurückweisung nicht zu bereiten; wer Jesus ist und daß man ihn keiner Sünde zeihen kann, kann der Frager gar nicht entdeckt haben, und so kann Jesus mit ihm auch nur auf der Ebene des rein

Menschlichen verhandeln. Jesus geht also auf die Denkvoraussetzungen seines Gegenüber ein. Er wird der – allerdings korrekturbedürftigen – Meinung sein, das Gutsein sei eine *menschliche Möglichkeit*, die bei diesem Rabbi aus Nazareth Wirklichkeit geworden ist. – Die Matthäusfassung ist von dem, was wir da eben aus Markus herausgehört haben, nicht weit entfernt. Der junge Mann fragt hier nach dem zu tuenden Guten – offenbar in der Meinung, daß dieses Gute in gesetzliche Vorschriften eingefangen sei und durch deren Beachtung auch realisiert werden könne. Per saldo nichts anderes. – Als ob das mit dem Guten so einfach wäre! Als ob man nur zu wissen und eben – zu tun brauchte! Das Gute als menschliche Möglichkeit! Dem widerspricht Jesus in einer so knappen und gefüllten Wendung des Gesprächs, daß man kaum annehmen kann, der Angeredete habe dies sofort begriffen. (Ganz ähnlich übrigens bei Nikodemus!) Auch wir begreifen es allenfalls im weiteren Verlauf des Gesprächs und, vor allem, in dem Nachgespräch mit den Jüngern. Gott allein ist gut, wir Menschen sind „arg" (Matth. 7,11; 12,45). Wenn der junge Mann meint, den Weg zum ewigen Leben zu finden, indem er einfach einsetzt, vielleicht ausschöpft, was im Menschen liegt – und was er bei diesem Rabbi bereits verwirklicht sieht –, so irrt er.
Aber vielleicht begreift er das, worauf es ankommt, in der nächsten Runde. „Du weißt doch die Gebote: ..." Jesu Anweisung überrascht. Fast scheint es, wir seien in dem soeben Gesagten zu weit gegangen. Eben doch: die Gebote halten! Kann man gesetzlicher antworten als Jesus? Wie einfach! Kein Rabbi hätte anders gelehrt als er, er hätte nur sofort – ohne dieses Selbstverständliche noch besonders auszusprechen – mit dem Mann die Explikation und Applikation der Gebote diskutiert. Jesu Antwort müßte, herausgelöst aus dem Ganzen des Gesprächs, zu vielem im Widerspruch stehen, was er sonst gesagt und getan hat. Er fiel seinen Gegnern als Brecher und, wie sie meinten, Verächter des Gesetzes auf. Das war er nicht. Seine Kritik am Gesetz – als Heilsweg, als „Weg zum Leben" verstanden – bestand nicht darin, daß er es leichtnahm und vernachlässigte, sondern darin, daß er es radikalisierte, es also nicht auf ein erschwingliches Pflichtenpensum hin auslegte, so daß man wissen konnte, wann das Erforderte geschafft war; seine Kritik am Gesetz geschah so, daß er das Recht des Schöpfers auf sein Geschöpf ungeschmälert zur Geltung brachte. Evangelium des Sonntags: „Von ganzem Herzen, von ganzer Seele und von ganzem Gemüte und mit allen deinen Kräften" (12,30). Gott will unsern Gehorsam nicht nur an der Peripherie, sondern im Zentrum (7,15–23). Jesus will nicht nur die registrierbare Legalität, sondern einen Gehorsam, der bis in die feinsten Verästelungen der Motive hinabreicht (Matth. 5,21ff.) und Gott ebenso ungeteilt dient, wie Gott in sich selbst ungeteilt (das ist mit „vollkommen" gemeint) ist (Matth. 5,48). „Du weißt die Gebote ..." – ja, aber was enthält dieser Satz!
Der Frager befindet sich noch immer in einer gewissen Naivität. „Das alles habe ich beachtet von meiner Jugend an" – wir lesen den Aorist, nicht ein Imperfectum de conatu. Darf man es dem jungen Mann glauben? Jesus bestreitet es nicht. Es ist ja eigentlich auch alles ganz einfach. Hat sich Jesus bewußt auf die zweite Tafel beschränkt? Man soll das nicht zu schwer nehmen (Paulus macht es Röm. 13,9 genauso). Jedenfalls legt er den Finger auf die Alltagspflichten in einem normalen Leben. Noch ein kleines „aufgesetztes Licht": „niemanden berauben", worin eine Kritik an den Gepflogenheiten einer Ausbeutergesellschaft liegen könnte (Lohmeyer denkt an eine besondere Armenfrömmigkeit und -ethik), was aber auch ganz einfach aufs 9. und 10. Gebot bezogen sein könnte (noch einmal: Röm. 13,9). Auch hier hat der junge Mann sich nichts vorzuwerfen. Eine iustitia civilis ist darstellbar. Man sollte christliche Hamartiologie nicht so auslegen, als werde durch sie dem Menschen jegliches

Vermögen zu einem Leben in Bewährung und guter Ordnung abgesprochen (zu vergleichen CA XVIII, Satz 1). Soweit stimmt es bei dem jungen Mann. Und doch fragt er: „Was fehlt mir noch?" Er ist damit vielen unter uns weit voraus. Er gibt zu erkennen, daß er den moralischen Standard des „anständigen Menschen" nicht als hinreichend ansehen kann. Was für eine Erkenntnis! „Nach der Gerechtigkeit im Gesetz ... unsträflich" (Phil. 3,6) – aber es fehlt noch etwas!

Man könnte meinen, Jesus wolle den Zehn Geboten – außer dem „niemand berauben" – noch ein elftes hinzufügen: „Verkaufe alles, was du hast, und gibt's den Armen!" Damit wäre allem Bisherigen eine besondere Leistung hinzugefügt – eine erhebliche Leistung fürwahr. Es zeigt sich, daß der junge Mann solches nicht übers Herz bringt. Verlangt Jesus dies wirklich? Von manchen hat er es verlangt (V. 28). Manchen traf ein Ruf, der einen solchen Verzicht einschloß. (Wir verweisen an das früher Gesagte.) Ein Gesetz ist es nicht. Wollte jemand das hier Verlangte wirklich leisten und es wäre ihm wirklich nichts weiter als eine gesetzliche Pflichtübung, dann wären wir keinen Schritt weiter. „Und wenn ich alle meine Habe den Armen gäbe" (wörtlich: in Brocken verteilte) „und hätte der Liebe nicht, so wäre mir's nichts nütze" (1. Kor. 13,3). Wenn es aber kein Gesetz ist, was ist es dann? Der junge Mann soll nicht seinen vielen bisherigen Leistungen eine letzte, allerdings besonders kostspielige und schwere Leistung hinzufügen. Er soll, indem Jesus ihn in die Nachfolge ruft, nichts weiter tun als das *erste Gebot* halten (Schniewind). Gott fürchten, lieben und vertrauen – über alle Dinge! Luther hat im Kleinen Katechismus die Gebote von daher erklärt: sie alle werden nicht ohne das erste Gebot, sondern mit und in ihm erfüllt. War die Gerechtigkeit dieses reichen Mannes – „alles gehalten" – wie ein Haus, in dem er gewohnt hat, mit verriegelten Türen und geschlossenen Fenstern, so ginge nun, was verschlossen war, auf, und Gott würde in diesem Hause aus- und eingehen. – Und noch eins: „Jesus sah ihn an und liebte ihn" (V. 21); es stehe dahin, ob diese Liebe Jesu sich in einer Gebärde ausdrückte (Lohmeyer) oder nicht. In dem Augenblick, in dem wir merken: die Liebe Jesu richtet sich auf mich, sind die Gebote kein System von Forderungen und Verpflichtungen mehr, sondern sie werden gewissermaßen eingeschmolzen und gehen in das lebendige Geschehen zwischen Jesus und mir ein. Da wird aus der ruhenden, stagnierenden Gesetzlichkeit der lebendige Anspruch Gottes in diesem Augenblick. Jetzt spring! Jetzt wirf dich hinein! Jesus braucht dich, denn Gottes Reich will kommen.

Ließe er sich doch ergreifen! Er bringt es nicht über sich. Jetzt, nachdem dieser Test durchgeführt ist, wird klar, daß er „das alles" gar nicht wirklich gehalten hat. Keiner von uns hat es gehalten. Gott hat es wahrscheinlich auf so schwere Proben wie bei diesem jungen Mann nicht ankommen lassen, sonst wüßten wir es genau. Oder wir hätten es uns so zurechtgelegt, daß der liebe Gott mit seinen Ansprüchen so weit nicht gehen darf („alles, was recht ist ...!"). Auf diese Weise kommt es heraus: die iustitia civilis, die wir uns bescheinigen, erweist sich, legt man die Wurzeln frei, als äußerst fragwürdig. Wir meinen, Gott zu dienen und gehorsam zu sein, aber immer mit Vorbehalten. Wir sahen: der Reichtum ist nur Beispiel. Vielleicht sind wir wirklich nicht besonders begütert; aber Jesus hat seine Not mit uns, weil wir andere Lebensbereiche haben, in die wir uns nicht hineinreden lassen und hinsichtlich deren wir keinen Spaß verstehen. Jesus hat es hier einmal ans Licht gezogen. Er hat im Grunde kein neues Gebot gegeben, sondern hat es beim ersten Gebot einmal probiert, wie es denn in Wahrheit mit dem steht, was uns so selbstverständlich in Ordnung schien. Und er hat, indem er Gottes Gebot aktualisierte, also zur Forderung der Stunde machte, den Mann herausgefordert, ihm die Chance des ewigen Lebens ge-

geben, aber er hat ihn nicht freibekommen. Muß es immer so gehen? Zunächst sieht
es doch *so* aus: Nimmt man das Gesetz Gottes so ernst, wie es genommen sein will,
dann führt man es ad absurdum; nicht weil das Gesetz mit seiner Forderung nicht im
Recht wäre, sondern weil wir das, was sein müßte, nicht schaffen. Traurig sehen wir
den Mann davongehen.

2.

Die Perikope dürfte hier wirklich nicht zu Ende sein. Nicht, weil es bis hierher zu
keinem „Happy-End" gekommen ist – dazu wird es ja auch hernach nicht kommen.
Sondern weil die von dem jungen Mann gestellte Frage (V. 17b) noch nicht beantwortet ist. Werden die Texte von der Gemeinde deshalb überliefert, weil ein Glau-
bensinteresse vorliegt, dann darf die Antwort nicht ausbleiben.
Jesu eigenes Resümee löst das Entsetzen der Jünger aus: „Wie schwer werden die
Reichen in das Reich Gottes kommen." Das ist zunächst ein Satz, den die Erfahrung
begründet. Bei den Armen hat Jesus Resonanz gefunden, bei den Reichen nicht. Man
könnte nach einleuchtenden Gründen forschen: Die nichts zu verlieren haben, lassen
sich leichter auf ein Abenteuer ein – und mit Jesus gehen, das *ist* eines. Oder: Wer
sonst nichts weiß, worauf er hoffen könnte, der hofft eben auf Gott. Und umgekehrt:
Wenn man alles hat, was man braucht, dann fragt man nicht mehr nach Gott. Und:
Wenn man aufgeben soll, was einem so lieb ist, dann spielt man nicht mit. Auch:
Woran einer sein Herz hängt, das ist sein Gott (Luther). Das Bankguthaben ist greif-
barer, verfügbarer und darum tröstlicher als der liebe Gott, den man nicht sieht und
bei dem man nie genau weiß, was er vorhat; wenn man beides haben kann, das Geld
und Gott, – bitte schön!, wenn nicht, zieht man das Verfügbare vor. Oder noch massiver: Reichtum gibt Macht über Menschen; Macht gibt man nicht gern aus der Hand.
– Alles Beobachtungen, die man immer wieder machen kann. Man gehe sie noch einmal durch: alles ist unseriös – nicht nur die Gründe, die den Reichen bestimmen, sich
von Jesus zu distanzieren, sondern auch die, die die Armen bestimmen könnten, sich
ihm anzuschließen. (Zu letzterem: An dem Vertröstungsgott – eine Variante des
Lückenbüßergottes – sind wir nicht interessiert.) Aber es ist wahr, was Jesus sagt:
Reiche finden nicht zu Gott, und Gott hat es schwer mit den Reichen. Kamel und
Nadelöhr: eines der hyperbolischen Jesusworte, die sich einprägen und aufhorchen
lassen. Wir hätten Jesus freilich mißverstanden, wenn wir einem solchen Satz die
Merkmale des „Notwendigen" und „Allgemeinen" gäben. Es hat Begüterte gegeben
und gibt sie immer noch, die sehr wohl zu Jesus finden, was meist einschließt, daß sie
mit ihrem Reichtum diakonisch umgehen.
Man sollte aus diesem Gespräch Jesu mit seinen Jüngern nicht nur die harten Klänge
heraushören. Es zeigt sich, bei aller Kritik, auch Verständnis für den Reichen und
Sorge um ihn. Man könnte sich vorstellen, daß die Jünger, als der Mann „umwölkt"
und „traurig" davongeht, überlegen und abschätzig mit den Schultern zucken: Der
hat es eben nicht über sich gebracht, was wir geschafft haben (V. 28). Statt dessen
die (ganz allgemein formulierte, also keineswegs an diesem einzelnen Menschen haf-
tende, sondern sehr grundsätzlich gestellte) Frage: „Wer kann dann (überhaupt)
gerettet werden?" Eine Frage, die Besorgnis verrät. Man sieht es an dem Wort
σωθῆναι. Zu Jesus gehören und durch ihn an der Herrschaft Gottes und damit am
ewigen Leben teilgewinnen: das ist nicht eine Zutat zu einem im übrigen auch ohne-
dies funktionierenden Leben, also nicht entbehrliche Bereicherung, religiöser Luxus,
sondern das ist eine Sache auf Tod und Leben, beide im „letzten", eschatologischen

Sinn verstanden. Man sieht den Mann davongehen, und er hat die große Chance seines Lebens – endgültig? – verpaßt.

Dazu kommt, daß, wenn die Frage so allgemein gestellt wird, offenbar nicht nur der Reichtum das Problem ist. „Er ging traurig davon", denn er liebte seine Bequemlichkeit – denn er wollte nicht zugeben, daß er unrecht hatte – denn er mochte seine Karriere nicht aufs Spiel setzen – denn er meinte, er müsse auf andere Menschen Rücksicht nehmen – denn er fürchtete, er würde als Christ anderen zur lächerlichen Figur – denn sein Spezial- und Privatlaster war ihm so lieb (usw.). Hatten die Jünger es an der *einen* Stelle vermocht, Gott wichtiger sein zu lassen als ihre Zolleinnehmerstelle oder den Fischereibetrieb: an anderen Stellen sind sie aus der Nachfolge ausgebrochen (etwa VV. 35ff.; 9,33ff.; Luk. 22,24.26; Mark. 14,10ff.; 14,66ff.). Die schwachen Punkte können an sehr verschiedenen Stellen sitzen. Die ganze Hingabe an Gott – auf die Gott ein Recht hat – will nicht gelingen. Und wenn wir uns vom Personzentrum her verstehen („Herz", s. o.), dann ist jede (Fehl-)Entscheidung etwas, was den ganzen Menschen betrifft (Matth. 6,23a). Zu wieviel wir uns auch aufschwingen, Gott bekommt uns, sofern es um unsere „Aufschwünge" geht, nie in die Hand. Man wundert sich nicht, daß die Jünger „über die Maßen bestürzt" sind. Wer es beim Lesen dieser Perikope nicht ebenfalls wäre, hätte sie noch nicht verstanden.

Wir müssen dem standhalten, weil wir sonst das *Evangelium* nicht in den Blick bekommen. Das ewige Leben zu erlangen ist in der Tat menschenunmöglich. Das ist die Schlußbilanz einer Theologie des Gesetzes. „Aber bei Gott sind alle Dinge möglich." Setz alle Hoffnung auf Gottes Wunder!, formulierten wir. Jesus ist nicht gekommen, um uns mit Forderungen zu bedrücken, die wir doch nicht erfüllen können, so daß uns nur übrigbleibt, resigniert und traurig wegzugehen. Daß er das „Unmöglich" konstatiert, hat ja nur den Sinn, uns aus dem Zwang fruchtlosen und darum auch heillosen Bemühens zu dem Gott zu rufen, dem alle Dinge möglich sind. Übersehen wir nicht: dieses unbegrenzte Vermögen Gottes bezieht sich auf unser Gerettet-Werden. Eben so kommt Gott zu seinem Recht und seiner Ehre, daß er uns Verlorene rettet und damit das uns Unmögliche verwirklicht. Schafft Gott es also, daß der Reiche doch noch den Schritt tut, zu dem er eben nicht fähig war? Ist Gottes Gnade dazu da, uns nun doch noch zu erfolgreichen – *Gesetzes*menschen zu machen? Es wird nichts davon auch nur angedeutet. Nur das lesen wir: der junge Mann ist *traurig* weggegangen", nicht mit einem zornigen, brüsken: „Na dann eben *nicht*!", sondern im Wissen darum, daß ihm das, worauf es ankommt, immer noch „fehlt" (V. 21). „Die göttliche Traurigkeit bewirkt zur Rettung eine Reue, die niemand gereut" (2. Kor. 7,10). So dürfen Sünder zu Jesus kommen: ohne Aktiv-Legitimation, so, wie sie sind, mit allen Mißerfolgen und Unzulänglichkeiten und mit allen Scherben, die es in ihrem Leben gegeben hat. Und merkwürdig: indem sie einfach *glauben*, hat Gott sich in ihnen tatsächlich durchgesetzt! Das erste Gebot wird nicht durch Leistung erfüllt, sondern dadurch, daß man sich Gott so ausliefert, wie man ist, und im übrigen nur auf ihn hofft. So sind dann Menschen auch je und dann befreit worden, hinzugeben, was sie bisher krampfhaft meinten festhalten zu sollen. Es bedurfte keines besonderen Anlaufs, keines Aufschwungs, keiner Anstrengung. Es entstand einfach die Freude an Christus und damit an der Sache Gottes. „Gut ist allein Gott." Versuchen wir jetzt nicht, bei uns selbst herauszufinden, ob wir mehr fertiggebracht haben als der reiche Jüngling; wir wären damit im Nu wieder auf der Ebene des Gesetzes und damit in der unvermeidlichen „Traurigkeit der Welt" (2. Kor. 7,10). Unser Leben wird gerade dann Gott gehören, wenn wir mit nichts so sehr rechnen wie mit Gottes Wunder, durch das wir „selig werden" sollen.

Verstohlen haben wir – nur einige Male – Paulus zitiert. Viele seiner Aussagen hätten sich als Kommentar angeboten. Paulus ist der legitime Interpret des synoptischen Jesus. An Paulus selbst kann man ablesen, was geschieht, wenn man im Scheitern am Gesetz sich von dem ergreifen läßt, dem nichts unmöglich ist.

Michaelistag. Jos. 5,13-15

Die kleine Einheit, die wir in unserer Perikope vor uns haben, bezieht sich auf Jericho. Wie aber? בִּירִיחוֹ kann nur heißen: „in Jericho". Aber die Stadt ist ja noch nicht erobert (6,1). So hat die arabische Übersetzung „bei Jericho", die altsyrische Übersetzung sagt „in den Steppen von Jericho" (wie V. 10), die Vulgata: „auf dem Acker von Jericho" (Hertzberg z. St.). Die Kultlegende für das hier gemeinte Heiligtum im Raum Jericho (V. 15) nimmt natürlich nicht Rücksicht auf das Geschehen, das im Josuabuch erzählt ist; genug: es gibt (gab) ein Heiligtum, das mit dem Namen Josua in Zusammenhang stand. (Hertzberg: Jericho und Gilgal sind dicht beieinander zu suchen.)
Wir stehen an einem wichtigen Abschnitt des Geschehens: die Landnahme soll beginnen, „ein feierliches, theologisch wesentliches Ereignis" (Hertzberg zu V. 12). V. 13: Indem Josua die Augen aufhebt, gewahrt er den Mann; die Begegnung erfolgt also unvermutet, ohne jede Vorgeschichte. „Ein Mann": es scheint sich um einen Menschen zu handeln. Das gezogene Schwert deutet auf seine Kampfbereitschaft. Josua geht noch auf ihn zu und stellt die Frage, ob Freund oder Feind (צָר von צרר = drängen ist ein poetisches Wort). – V. 14: absolut gebrauchtes לֹא = nein (BHK bleibt, trotz z. T. abweichenden Handschriftbefundes mit Recht bei dieser LA). LXX gibt שׂר mit ἀρχιστρατηγός wieder. „Jetzt bin ich gekommen" läßt eigentlich erwarten, daß der himmlische Kämpfer sagt, *wozu* er gekommen ist (es gehört zum guten Ton, das Anliegen vorzubringen – 2. Sam. 14,5b.15ff. –, und das gilt auch, wenn ein Engel sich zeigt – Dan. 9,23). Der Text weist also eine Lücke auf, vielleicht deshalb, weil in der alten Überlieferung etwas gestanden hat, was allzusehr an Heidnisches erinnerte. Immerhin muß der Sammler der Meinung gewesen sein, daß das Stück auch und gerade in dieser (von den Gesichtspunkten des heutigen Historikers her „fragmentarischen") Gestalt etwas zu sagen habe. Wobei dann eine Akzentverschiebung deutlich wird: der Wegfall dessen, was für die Lokaltradition gerade wichtig war, läßt den ätiologischen Ursinn in den Hintergrund treten und gibt dem kleinen Abschnitt seinen Sinn vom Ganzen der heutigen Josuaüberlieferung her. Wer im Sinne dessen auslegen will, der der Einheit ihre Jetztgestalt gegeben hat, muß das beachten. Die von Josua vollzogene Proskynese deutet auf die himmlische Hoheit des Mannes. Josua wartet auf ein Wort (vgl. 1. Sam. 3,10), wobei die Partizipialkonstruktion vom Einmaligen weg auf ein dauerndes bzw. wiederholtes Reden des „Herrn" zum „Knecht" deutet. – V. 15: Der Ritus des Ausziehens der Schuhe wie Exod. 3,5 (vgl. uns. Ausl. zum Letzten Sonntag nach Epiphanias). Die Begegnung mit dem Himmlischen läßt erkennen: hier ist eine Stelle, an der Himmel und Erde sich berühren, ein heiliger Ort.

Daß die Kirche von den Engeln spricht, beruht auf breitem biblischen Zeugnis. *Spricht* die Kirche wirklich von den Engeln? Es gibt unter uns, besonders in der jungen Generation, an dieser Stelle eine nicht zu übersehende Aversion. Sie mag zunächst auf dem Verdacht des Mythologisierens beruhen und damit zusammenhängend auf der Abneigung gegen Jenseitiges. Und sie mag – dies zweite dürfte sogar stärker ins Gewicht fallen – Ausdruck einer nur zu gut verständlichen Abwehr sein gegen den religiösen Kitsch, der in der Angelologie eines seiner beliebtesten Themen hatte. Es ist nicht schwer, die ganze Welt der Engel zu etwas Lächerlichem oder Peinlichem zu machen und dann natürlich aus einem ernsthaften Glaubensdenken auszuschalten.
Wir täten gut daran, auch hier bei biblischen Aussagen zu bleiben und uns der Speku-

lationen darüber, was es alles „geben" könnte oder müßte, zu enthalten. Natürlich wird sich unser Denken Rechenschaft darüber zu geben haben, wie die biblischen Aussagen zu verstehen und zu vertreten sind. Aber theologisches Denken ist ein Nach-Denken dessen, was der Glaube als Gottes Offenbarung erfahren hat, nicht aber ein Umgehen mit freien Einfällen und Schöpfungen der Phantasie.

Gott ist nicht allein. Weil er Liebe ist, schafft er sich Wesen, die mit ihm Gemeinschaft halten können. Es wäre sehr voreilig – sozusagen ein Willkürakt in der Negation –, die biblischen Zeugnisse über Engel damit zu bestreiten, daß man behauptet, solche Geschöpfe personaler Art könnten nur wir Menschen sein. Das Nicaenum bekennt Gott als den Schöpfer „all des, was sichtbar ist und *unsichtbar*". Die Engel gehören zu den unsichtbaren Kreaturen Gottes. Wer meint, die Angelologie scheitere von vornherein am kopernikanischen Weltbild, hat in seinem Denken, was das Unsichtbare angeht, noch nicht Ordnung gemacht. Der „Raum", in dem die Engel wohnen, ist nicht eine Teilregion unseres sichtbaren Alls, von unserm Bereich durch eine gegenständliche Grenze getrennt. Sprechen wir vom „Unsichtbaren", dann meinen wir auch nicht – als wären wir Idealisten – das „Geistige"; wir wären damit ja noch immer beim Menschlichen und nicht im himmlischen „Raum". Wir meinen Wirklichkeit eigener Art, qualitativ durchaus von der unseren unterschieden. – Darin liegt nun freilich, daß wir von den Engeln immer nur in übertragener Sprache reden können. Fundamentalisten werden zusammenzucken: „historisch" ist, was uns von den Engeln erzählt wird, nicht zu greifen, denn zum Historischen gehörten nun einmal Analogie und Korrelation (E. Troeltsch). Gehören die Engel zum Reich des Unsichtbaren, dann können sie nicht in den Kategorien des Sichtbaren erfaßt werden. Sie sind Wirklichkeit sui generis und darum nur in der bildhaften, also distanzierten und transformierten Sprache des Dichters auszusagen, sie sind, um es mit Barth zu sagen, „nur in der Auffassungsweise der Phantasie anschaulich und begreiflich, nur in der Gestalt der Dichtung darstellbar" (KD III/3, S. 433). – Dies alles, um solchen ein wenig behilflich zu sein, die argwöhnen, die Thematik des Michaelistages wolle sie in die ungesunde Luft des Mythologischen hineinziehen.

Der Michaelistag ist ein *Christus*fest. Liturgische Farbe: weiß. Die Engel konkurrieren nicht mit Gott, sie sind seine Geschöpfe, Diener und Werkzeuge. Zwar schwankt in den biblischen Zeugnissen zuweilen die Aussage: hat man es mit Boten Gottes zu tun – oder mit Gott selbst (z. B. Gen. 18,1.2.9.13.16)? Aber doch nicht deshalb, weil man Gott sozusagen gegen seine Diener auswechseln könne, sondern weil in den Boten niemand anderes wirksam ist als Gott selbst. „Michael" (= „Wer ist wie Gott?") – der Name ist ein Programm. – Von *bösen* Mächten haben wir immer wieder zu reden gehabt; wir meinten, daß mit dieser Vorstellung Wirklichkeit bezeichnet ist, es also unserer Erfahrung entspricht, daß Menschen von unsichtbarer Macht fanatisiert, fremdgesteuert, ihres Subjektseins beraubt, ihren Leidenschaften preisgegeben und damit versklavt werden. Gott sei Dank: es gibt auch *gute* Mächte (Bonhoeffers Gedicht!). Sie sind, wie wir sagten, Wesen der unsichtbaren Welt (Kol. 1,16). Sie stehen vor Gottes Thron (Jes. 6; 1. Kön. 22,19; Hiob 1,6). Sie richten auf der Erde Gottes Befehle aus (Ps. 103,20f.) und lenken das irdische Geschehen (Exod. 23,20; Richt. 5,20; 2. Sam. 24,16; Jes. 63,9; bei den letzten Dingen: Matth. 13,41; 24,31; Offb. 8,2ff.; 15,1; 18,1; 20,1). Sie verlangen nie ein Eigeninteresse unseres Glaubens an ihnen, abgesehen von Christus. Sie sind nur „dienende Geister", sie beten Christus an (Hebr. 1,5–14).

Einem von ihnen begegnet Josua. Er steht, wie wir sehen werden, für viele. Kurz vor der Einnahme von Jericho – diese Szene! Wir sahen: der Ort im Geschehen, den der

Stoff gefunden hat, ist für das Verständnis wichtig. Wir versuchen, das Gemeinte so einzufangen: *Gottes Engel kämpfen mit. Sie sind* (1) *über uns erhaben*, (2) *bei uns gegenwärtig*, (3) *für uns zugänglich.*

I.

Josua ist, ohne daß dies ausdrücklich gesagt wäre, allein, irgendwo in der Nähe von Jericho (s. o.). Als er aufblickt, sieht er unvermutet einen „Mann". Dunkel, wie der dahingekommen ist. Josua hat sein Kommen nicht bemerkt. Seltsam, wenn man sich allein wähnt, und auf einmal ist noch ein anderer da! Wir erklären uns den Vorgang als eine Vision, freilich als eine solche, in der dem Schauenden *Wirklichkeit* aufscheint, die sonst verborgen ist. Daß es sich um einen aus dem Reich des Unsichtbaren handelt, kann Josua freilich nicht erkennen. Engel treten auch sonst zuweilen wie Menschen auf (Gen. 18,2; 19,5 u. ö.). Daß Engel Flügel hätten – was Carl von Hase (in seiner Dogmatik von 1827) zu dem Spottwort von den „metaphysischen Fledermäusen" veranlaßt hat –, wird außer Offb. 14,6, wo freilich auch nur vom *Fliegen* die Rede ist, in der Bibel nie behauptet; Jes. 6 muß man besonders sehen (s. uns. Ausl. zu Trinitatis). Wie sollte auch die Erfahrung des Unsichtbaren eindeutig sein! Wie sollte man da sofort wissen, mit wem man es zu tun hat!

Der Mann ist ein Krieger. Kampfbereit, wie das gezogene Schwert zeigt (vgl. Gen. 3,24). Einer von uns – oder einer aus der zu erobernden Stadt? „Halt, wer da?" Ob er die Parole weiß oder nicht, wird darüber entscheiden, ob die beiden im nächsten Augenblick gegeneinander kämpfen oder nicht. „Bist du einer von uns, oder gehörst du zu unsern Feinden?"

„Nein", sagt der Mann. Was ist damit verneint? Daß er zu den Feinden gehört? Daß er zu „uns" gehört? Verneint ist das Entweder-Oder der Frage Josuas. Josua hat es, das kann er nicht ahnen, mit einem Himmlischen zu tun. Die Auskunft des „Mannes" besteht zunächst, wenn man so will, in einer ontologischen Ortung. Josua hat ihn einfach für einen Menschen gehalten. Gewiß, er glaubt an Gott; aber er wird wohl der Meinung gewesen sein, in den Auseinandersetzungen innerhalb der Menschen- und Weltgeschichte müßten Menschen es immer ausschließlich mit Menschen zu tun haben, und wenn Gott schon seine Hand im Spiel habe, so könne er doch nur bei den „stärkeren Bataillonen" sein. Ein Elisa würde es anders wissen: er sieht das große Heer um die belagerte Stadt und die wenigen Verteidiger, aber „derer sind mehr, die bei uns sind als derer, die bei ihnen sind" (2. Kön. 6,16). Der vor Josua steht, ist der Befehlshaber über Jahwes Heer. צָבָא – hier einmal im Singular, wir haben meist den Plural im Ohr – kann freilich das Volk im ganz irdischen Sinne meinen (Gen. 21,22; Exod. 6,26; bes. deutlich 7,4 u. ö.). Man könnte daran denken, daß der himmlische Kommandeur einfach das Volk Israel beim Einmarsch in das Land Kanaan führen will. Exod. 23,20 könnte in diese Richtung weisen. Aber beim „Heer" des Herrn ist zumeist an das himmlische Heer gedacht (1. Kön. 22,19; 2. Chron. 18,18; Ps. 148,2; Offb. 12,7 u. ö.). Von den himmlischen Heerscharen spricht Luk. 2,13. Das Wort deutet darauf hin, daß es *kämpfende* Mächte sind; das gezückte Schwert des Engelfürsten ist sein sprechendes Attribut.

Daß der „Mann" zur himmlischen Wirklichkeit gehört, besagt aber noch etwas anderes. Freund oder Feind? Die Frage ist unangebracht. Josua muß sie stellen – im Kriegszustand, vor den Mauern der feindlichen Stadt. In dieser Welt gibt es leider noch immer das Freund-Feind-Verhältnis. Nicht nur im Kriege. Es gibt im geschichtlichen Leben unentrinnbare Gegensätze. Sie zu ignorieren, könnte bedeuten, daß man seine geschichtliche Aufgabe verfehlt. Standpunktlosigkeit ist verwerflich. Irgendwo muß man stehen, und man muß sagen, wo man steht. – Aber der „Mann" ist nicht einer von uns. Freund oder Feind?, kann man bei Himmlischen nicht fragen. Es ist naiv, ja absurd, Gott und seine Engel für irgendeine irdische Sache in Anspruch zu nehmen. Mit Recht hat man sich immer wieder darüber lustig gemacht, daß in Kriegszeiten feindliche Völker zu Gott um den Sieg gebetet haben – beide Seiten zu demselben Gott! Daran ist nicht nur verkehrt, daß man Gott, wenn er Gebete erhören will, in Verlegenheit bringt, sondern auch das andere, daß man, als müßte das so sein, die eigene Sache als die ansieht, zu der Gott sich bekennen müßte. Dabei sind wir alle Sünder, und unser pathetisches Reden von der „gerechten Sache" kann vor ihm meist nicht bestehen. Ja, wenn wir wüßten, daß die Sache, die gerade wir vertreten und für die wir kämpfen, im Sinne des (etwa hegelianisch verstandenen) Weltprozesses das geschichtlich Notwendige ist und wir nur Vollstrecker dieses Notwendigen sind, dann könnte man (wiederum: wenn Hegels Theologie stimmt) Gott für sein eigenes Geschichtshandeln in Anspruch nehmen. Dann könnte man zuversichtlich beten: Laß kommen, was kommen muß! – und wenn man seiner Sache sicher ist, wird das dann der eigene Sieg sein. Wie aber, wenn jemand tatsächlich nicht für das Ganze kämpft, sondern, allzu-menschlich, nur für sein selbstisches Wohl und seinen partiellen Vorteil? Man untersuche doch die Konflikte, von denen die Zeitung Nachricht gibt: es geht oft nur um Interessen, wirtschaftliche Vorteile, um Öl oder Mangan, um Land und Absatzmärkte. Die Frage: Freund oder Feind? ist dann, von Gottes Welt aus gesehen, eine subalterne, höchst relative Frage. Der Bote Gottes ist über unsere kleinlichen Alternativen erhaben. „Nein", sagt er und weist damit die ganze Frage zurück. Gott und sein Heer ist nicht den irdisch-menschlichen Fronten zuzuordnen, und die Naivität, mit der wir unsere Sache immer gerade mit der Sache Gottes vereinerleien, wird uns genommen.

Man wird denselben Gedanken noch etwas zu variieren haben. Ist uns klar, daß wir im Reich des „Unsichtbaren" nicht unkritisch in menschlichen Vorstellungen denken dürfen, dann könnten wir auf folgende Überlegung kommen: Der „Mann" ist gar kein Mann, sondern eine geistige Größe. Er ist gewissermaßen eine Idee, die Geschichte macht. Man könnte versuchen, die Engel in diesem (oder ähnlichem) Sinne zu entmythologisieren. So wie böse Gedanken, Vorstellungen, Doktrinen Geschichte machen können, so auch gute. Sollen wir in den Engeln geschichtsmächtige Ideen, Konzepte, Programme usw. sehen? Vorsicht: wir wären damit doch wieder nur bei uns selbst. Wir sagen vielleicht Idee und meinen: Ideologie, d. h. ein Geltendmachen geistiger Werte, Wahrheiten, Überzeugungen usw., bei dem es sich doch nur – meist unbewußt – um Verkleidung sehr menschlicher Interessen handelt. So wahr man in den Engeln „geistige" Mächte sehen kann: es geht um Machtwirkungen *Gottes*, nicht der Menschen, also um Taten *seines* Geistes, nicht des unseren. Vor Gott haben wir alle unrecht. Begegnet mir Gott, wird die Freund-Feind-Frage, die mich– in bezug auf irgendeinen Menschen oder eine Mehrzahl von Menschen – eben noch aufgeregt hat, zur Nebensache. Was Menschen gegeneinander haben, wird relativ. Es weicht die Verbissenheit, der Fanatismus, das grausige Alles-oder-nichts. Nicht, daß man konfliktlos lebte; solange die Erde steht, werden sich die Sachen hart im Raume stoßen. Aber vor Gott verlieren unsere Konflikte die Steilheit des Unbedingten. Wüßten wir uns nur auch wirklich immer *vor Gott*! Hier steht sein Engel. Josua fällt aufs Angesicht und erweist ihm die Proskynese – ihm oder dem Herrn, in dessen Namen er gekommen ist. Wer begriffen hat, vor wem er steht, der fragt nur noch: Was sagt mein Herr seinem Knecht?

2.

Gottes Engel kämpfen mit – sie sind bei uns gegenwärtig. Der unsere Geschichte der Landnahmetradition einfügte, legte offensichtlich größten Wert darauf, daß die Einnahme der ersten Stadt im Lande der Verheißung – und dann auch wohl das, was noch folgen sollte – nicht einfach ein menschliches Unternehmen war, sondern Gott selbst mit seinem „Heer" in das Geschehen sich einschaltete. So berichtet die Überlieferung denn, daß die Stadt auf wunderbare Weise in die Hand Josuas und seiner Leute gefallen sei.

Nun scheint uns jetzt unterderhand genau das passiert zu sein, wogegen wir uns soeben vom Text selbst haben immunisieren lassen: Gott und seine Engel werden nun doch für eine bestimmte menschliche Sache in Anspruch genommen. So sollen wir doch wohl die Präsenz des Himmlischen – in dem hier gegebenen Zusammenhang – verstehen. Der peinliche Eindruck muß entstehen, weil in der Geschichte Israels zweierlei miteinander verflochten ist, was sehr wohl unterschieden sein will. Israel ist „Volk" und „Kirche", beides. Als Volk hat Israel seine Geschichte wie jedes andere Volk auch. Aber in diese Geschichte „eingelassen" vollzieht sich eine Glaubensgeschichte. Daß Gott zu seinem Verheißungswort steht und somit in Israels Glaubensgeschichte fest zu seinem Volke hält, bedeutet nicht, daß Israels politische Geschichte unter gleichen göttlichen Garantien steht. Es war schwer, dies zu lernen, daß hier unterschieden werden muß. Immer wieder hat Israel aus seiner Berufung zum Volke Gottes Erwartungen für sein staatliches Dasein abgeleitet – man denke z. B. an die messianischen Bewegungen im Zeitalter Jesu. Gerade da ist das fatale „Gott-mit-uns" in seiner Unhaltbarkeit offenbar geworden.

Dies ist wichtig für den Gebrauch, den wir als christliche Gemeinde von dieser Perikope machen. Die Landverheißung hat für uns inzwischen einen ganz anderen Sinn bekommen. Das „Erbe", das uns gehören soll, ist eschatischer Art und wird im Himmel für uns bereitgehalten (1. Petr. 1,4). Zu dieser „Ruhe" sind wir noch immer unterwegs (Hebr. 4,9). Den Sanftmütigen hat Jesus den Besitz – das Ererben – des Erdreichs zugesagt (Matth. 5,5). Wir lassen es mit diesen exemplarischen Stellen bewenden. Wenn wir sagen, daß Gottes Engel mitkämpfen, dann meinen wir keine der Auseinandersetzungen, die einmal in den Lehrbüchern der Geschichte stehen werden. Der Weg des Volkes Gottes in die Zukunft und die Einnahme des „Landes" – das in keinem Atlas verzeichnet steht – ist gleichwohl ein Marschieren unter Kämpfen. Man muß nur wissen, was man damit meint.

Der Michaelistag will uns die kämpferische Seite unseres Christseins deutlich machen. Sie ist darin begründet, daß Gott selbst, indem er Christus auf den Plan schickt, kämpft. Christsein: eine bestimmte Weise, sich die Welt verständlich zu machen? ein Meinen und Sagen, das sich mit dem Gottesproblem beschäftigt? eine bestimmte Lebensauffassung mit entsprechenden ethischen Folgerungen? Bei all dem wäre übersehen, daß Christus gekommen ist, seine abgefallene Welt wiederzugewinnen, aber nicht so, daß er in ein unbesetztes Gelände käme – wie wenn jemand auf einem Gletscher der Antarktis seine Flagge hißt –, sondern so, daß er sich einem Gegner zum Kampfe stellen muß, der als der „Fürst dieser Welt" von den abtrünnigen Geschöpfen Gottes Besitz ergriffen hat und nicht gesonnen ist, das Gelände freiwillig zu räumen. Kommt Jesus, uns zurückzugewinnen, dann muß er die Werke des Teufels zerstören (1. Joh. 3,8), und dessen Bastionen fallen nicht so leicht wie die Mauern von Jericho (Jos. 6,20). Es kostet wirklich einen Kampf. Das Attribut des „Mannes" in unserm Text, das Schwert, soll uns nicht irreführen; es deutet wohl auf Kampf, aber gemeint ist, jedenfalls in der Längsachse der biblischen Heilsgeschichte, nicht das Schwert, das Gewalt ausübt und Wunden schlägt oder gar Menschen zerstückelt. Jesus kämpft anders. Aber er kämpft! Wem gehört die Welt: Gott oder seinem Widersacher, dem abtrünnigen Engel, der sich selbst zum Gegengott gemacht hat? Darum geht es. Wie das ganze Alte Testament auf Christus hinzielt, so ist auch unser Text – samt dem, was ihm folgt – Präludium auf das, was kommen soll.

Da liegt Jericho mit seinen Mauern – da das Volk, das Josua ins Land der Verheißung führen soll. Da ist die christliche Gemeinde in Ephesus; sie weiß: sie hat nicht mit Fleisch und Blut zu kämpfen, sie hat mächtigere, gefährlichere Gegner (Eph. 6,12). Wie soll man da bestehen? „Jetzt bin ich da" (V. 14). Es geht in dem, was wir unter (2) bedenken, um nichts weiter als darum, daß wir diesen Satz verstehen. Er ist, wie wir sahen, nur ein Bruchstück aus dem Überlieferten. Die Formel pflegt Aussagen darüber einzuleiten, *wozu* der Bote gekommen ist (Dan. 9,23; 10,12.14.20); doch das wird nicht gesagt. „Erwarten würde man etwa: Ich habe diese Stadt in deine Hand gegeben" (Hertzberg z. St.). So wirkt das „Jetzt bin ich gekommen", ja eigentlich die ganze Perikope, wie ein Doppelpunkt, hinter dem nichts steht. Der den Text in die jetzige Form gebracht hat, muß freilich der Meinung gewesen sein, daß er auch so, ohne die Zweckangabe, Nennenswertes aussagt, vielleicht das, worauf es allein ankommt: Ich bin gegenwärtig – ihr seid, ihr kämpft nicht allein. Gott löst seine Zusage ein: „Ich will mit dir sein; ich will dich nicht verlassen noch von dir weichen" (1,5). „Siehe, ich sende meinen Engel vor dir her, der dich behüte auf dem Wege und dich an den Ort bringe, den ich bestimmt habe" (Exod. 23,20). Man weiß es, wozu der Engel da ist und was er soll. Und hinter dem Doppelpunkt, wo wir die Lücke feststellen, da wird noch viel kommen. Wir denken an das Heer, das Elisa kämpfen sieht (s. o.). Wir denken an den seltsamen vierten, den Nebukadnezar neben den drei Männern im Feuerofen wahrnimmt (Dan. 3,24f.). Auch an den Engel, der Jesus in der schweren Anfechtung seiner letzten Erdennacht beisteht (Luk. 22,43). „Ich bin da."

3.

Fast haben wir über dem Zusammenhang, in dem die drei Verse jetzt stehen, vergessen, daß sie ursprünglich der ἱερὸς λόγος eines Heiligtums in bzw. in der Nähe von Jericho gewesen sind. Man könnte dies auf sich beruhen lassen. Das Heiligtum ist vergessen; auch der Scharfsinn der Exegeten kann es nicht mehr ausfindig machen. So besteht auch kein Interesse mehr, für einen bestimmten Ort den Nachweis zu führen, daß dort Gott bzw. sein Engel zu finden ist. Und überhaupt haben wir kein Interesse an Kultätiologien, seit wir um die Allgegenwart Gottes wissen und ihn nicht mehr hier oder da – in Jerusalem oder auf dem Garizim – anbeten, sondern im Geist und in der Wahrheit (Joh. 4,23f.).

Wir werden trotzdem gut tun, die gottesdienstliche Seite des Geschehens nicht zu vernachlässigen. „Heilige Orte sind solche, an denen etwas zwischen Gott und Mensch geschehen ist" (Hertzberg z. St.) – und wir fügen hinzu: immer wieder geschehen kann und soll. Die Erstbegegnung hat ja Einsetzungs- und Stiftungscharakter. Das Heiligtum bleibt, und es wird besucht, weil hier eine Stelle ist, an der man dem Göttlichen begegnen kann. Nun weiß auch das Alte Testament, daß Gott allgegenwärtig ist. Aber es weiß zugleich, daß er uns nicht überall zugänglich ist. Es liegt in der Freiheit Gottes, sich uns zur Gemeinschaft zu geben, wo er will. Wer in den Bahnen einer natürlichen Theologie oder des Enthusiasmus denkt, also nicht die Verborgenheit mitveranschlagt, unter der Gott für uns – bis zum Tag des Schauens von Angesicht zu Angesicht (1. Kor. 13,12) – bleibt, der braucht nicht nach den besonderen Stellen zu fragen, an denen er sich finden läßt. Wir müssen das aber. Wir gehen freilich weder nach Jericho und Gilgal, noch nach Jerusalem oder dem Garizim, denn wir haben *Christus*. Doch auch diesen wieder nur, wo er sich gibt: im Wort und Sakrament. Also sind wir noch immer ans Konkrete, Leibhafte und damit an bestimmte Orte gewiesen. Es hat keinen Sinn, sich vor „Jericho" oder sonstwo aufzustellen und auf einen Engel zu warten oder gar auf eine Erscheinung Gottes selbst. Zwei oder drei versammelt in Jesu Namen: da ist er. Wir finden unsern Herrn und Gott in der Gemeinde. Gemeinde aber finden wir, wo das Evangelium gepredigt wird und die heiligen Sakramente „laut des Evangelii gereicht" werden (CA VII).

Den Ritus des Schuhausziehens üben wir nicht mehr. Es kommt auch nicht auf die bestimmte Weise der Verehrung Gottes und der kultischen Gebärde an. Aber daß es viel schein-frommes und widerliches Getue und Gehabe gibt, sollte uns nicht daran irremachen, daß zur Achtung vor dem Heiligen auch die Haltung des Respekts nach Seele und Leib gehört. „Gott ist gegenwärtig" – wo das nach seiner Einsetzung für uns gilt, da ist er uns zugänglich. Daß wir zu ihm kommen dürfen, ist eine Erlaubnis, die wir hoffentlich zu würdigen wissen.

Erntedankfest. Jes. 58,7–12

Tritojesaja (etwa 530). Das Stück steht den unbezweifelt echten Partien aus Tritojesaja, Kapp. 60–62, so nahe, daß kein Grund zu ersehen ist, es dem Propheten abzusprechen. Die Perikope ist Teil der Einheit 58,1–12, die freilich „eine sehr komplexe Größe" ist. Form: Mahnrede (Haller, Westermann). Sie richtet sich an eine Gemeinde, die, was Kult und Recht angeht, sich ganz korrekt zu verhalten scheint. Besonders genannt: das Fasten. Gott erkennt es nicht an. Prophetischer Stil findet sich eigentlich nur VV. 1–4. VV. 5ff. erinnert an die priesterliche Tora, von Propheten gern benutzt (1,10ff.; Amos 5,21ff.). Die Perikope setzt mitten in der Einheit VV. 5–7 ein, vom Kasus her zu vertreten, aber in der Exegese kritisch zu beachten. Die Verheißung VV. 8.9a und VV. 10bff. ist „bedingt": sie gilt, sofern das vorher Gesagte praktiziert wird.

Während in VV. 3b.4 nicht das Fasten als solches verworfen wird, vielmehr nur Werke gefordert werden, die dazu stimmen, geht es in VV. 5ff. darum, daß das Fasten künftig in etwas anderem *bestehen* soll. Auch bei diesen hier geforderten Taten, in denen es um den Menschen geht, kann man von einem „Fasten" sprechen: sie sind mit „Selbstbeschränkung" und „Verzicht" verbunden (Wstm.). Da setzt nun V. 7 ein: Rhetorische Frage mit Inf. abs., also: Sollte das Fasten nicht darin bestehen, daß …? מְרוּדִים wahrscheinlich abstrakt zu fassen: es handelt sich um solche, die „durch Verfolgung" heimatlos geworden sind oder (so Duhm) elend „im Umherschweifen". Der Parallelismus würde verlangen, daß „dein Brot" „dein Haus" (בֵּיתֶךָ) nach sich zieht (conj. Wstm.). עָרֹם bedeutet nach Duhm nur „ungenügend bekleidet", so daß zu dem Wenigen, das einer anhat, nun der Mantel (כְּסֵה) kommen sollte, mit dem man sich zudeckte. „Dein Fleisch": der Mitmensch, der Abstammung und der Art nach mit mir verwandt. Die prophetische Frage ist in den Imperativ der Mahnrede umgeschlagen. – V. 8: Segenszusage, ähnlich 60,1–2, hier deutlich unter der Bedingung, daß das vorher Genannte erfüllt wird. אֲרֻכָה = das neugebildete Gewebe, das in und über der Wunde wächst und diese verschließt. Die Heilung wird „sprossen", es ist an Wachstümliches gedacht. Aus der Direktaussage 52,12 (Jahwe selbst eröffnet und beschließt den Zug) ist das abgeblaßte „dein Heil – der Lichtglanz Jahwes" geworden (Duhm, Zimmerli, Westermann). – V. 9: „für das Verständnis des Heils im Alten Testament besonders wichtig": Man ruft zu Gott, und Gott „gibt sein Hören zu erkennen, antwortet, sagt: ,ich bin da'" (Wstm.); die Gemeinschaft mit

Gott ist hergestellt. „Das Heil wird nicht in einem Zustand der Seligkeit beschrieben'',
sondern besteht in „der Stetigkeit der dialogischen Beziehung zwischen Mensch und Gott
(Buber)'' (Wstm.).
Mit V. 9b beginnt eine neue Strophe ähnlichen Aufbaus und ähnlicher Absicht wie VV.
5–9a, wieder mit Mahnung (kondizional formuliert) und (bedingter) Verheißung. מוֹטָה
ist das „Joch'', bildhaft für Bedrückung, אֶצְבַּע der Finger und auch das (spöttische,
verächtliche) Zeigen mit dem Finger. – V. 10: פוק hi. = herausgehen lassen, darreichen, wozu „deine Seele'' nicht schlecht passen würde (Luthertext). LXX übersetzen:
„das Brot aus deiner Seele'', die Peschitta nur: „dein Brot'', was auch die BHK vorschlägt
(Verschreibung im Blick auf das nächste Wort?). – V. 11: יַחֲלִיף in יַחֲלִיץ (also „rüstig,
stark sein lassen'' in „sprossen lassen'') zu ändern, sehe ich keinen zwingenden Grund.
Die Verwandlung der Welt (Fruchtgarten) bei Deuterojesaja ist ins Individuelle transportiert. – V. 12: vgl. 61,4. Hier ist wieder an das Volk als ganzes gedacht. „Bauen'' bei
Tritojesaja häufig (60,10; 61,4; 65,21.23; 66,1).

Wieder eine der glücklichen Bereicherungen, die unsere Verkündigung durch diesen
von PTO neu eingeführten Predigttext erfährt. Zugleich ein schönes Beispiel dafür,
wie die *Situation* – wir sind angefochten durch das weltweite Ernährungsproblem
und die grauenvollen Hungersnöte in weiten Teilen der Welt – uns auf bisher über-
gangene Texte aufmerksam macht. Wohlgemerkt: nicht selbst zum Text wird, jedoch
den Blick schärft, so daß wir auf Texte achten, auf die wir früher nicht gekommen
waren. Das Erntedankfest – sonst stark auf den Ton der Freude gestimmt (Jes. 9,2)
oder, geistlich tiefer, von der Frage beherrscht: Wovon lebt der Mensch? (Luk.
12,16–21 – altes Evangelium) – wird hier zu einer Art Bußtag. Wir haben, was wir
zum Leben brauchen; es gibt viele andere, die haben es *nicht*! Wie kann man, wenn
einem dies aufgegangen ist, verantwortlich Erntedankfest feiern?
Die Abgrenzung des Textes könnte uns dazu verführen, daß wir die Zuspitzung oder
Anschärfung übersehen, die unser Abschnitt durch den Zusammenhang erfährt. In
der Gemeinde der Heimgekehrten wird *gefastet*. Man ist in den kultischen Dingen
genau. Es spielt sich am Rande dieser frommen Übung bzw. außerhalb von ihr allerlei ab, was nicht dazu passen will (VV. 1–4). Aber es wäre ja nicht damit getan, die
Mißbräuche sein zu lassen, die neben dem seriösen Fragen nach Gottes Willen und
neben der frommen Übung des Fastens unverschämt-fröhlich gedeihen. Es würde
darauf ankommen, dem Fasten überhaupt einen anderen Sinn zu geben. Man müßte
die fromme Übung von ihrer kultischen Selbstzwecklichkeit ablösen und das zeitweilige Entsagen und Verzichten in den Dienst des Nächsten stellen. Das wäre dann
ein Fasten, wie es Gott gefällt. Wir befinden uns damit auf einer Linie, die in der
Predigt Jesu deutlich markiert ist: nicht kultische Korrektheit, sondern Barmherzigkeit und Liebe (Mark. 7,9–13; Matth. 9,13; 12,6f. u. ö.).
Daß wir auf das Fasten zu großen Wert legen, bedeutet für uns keine Gefahr; eher
das andere, daß uns das Essen – und *darum* vielleicht auch das Erntedankfest – zu
wichtig ist. Nun ist Jesus wirklich nicht dazu in die Welt gekommen, um uns die guten
Gaben Gottes zu verleiden. Man hat ihn selbst – im Unterschied zum Täufer, dem
Mann des harten Verzichts – als auffällig weltoffen und lebensfroh empfunden; im
Munde seiner Kritiker klingt das so: „Siehe, wie ist der Mensch ein Fresser und Weinsäufer!'' (Matth. 11,19). Aber tatsächlich will uns der Text für das Fasten gewinnen,
und zwar für ein Fasten ganz neuer Art. Überraschender Kontrapunkt: zum Erntedankfest das Thema „Fasten''. Wir sind übrigens nicht weit von der Epistel des Tages entfernt (2. Kor. 9,6–15). Überschreiben wir so: *Diakonisches Fasten* – (1) *als
Hilfe*, (2) *als Verzicht*, (3) *als Dank*.

I.

Fasten, ein frommes Werk, ein Werk im Lebensbereich der Religion, religiöse Übung;
wie wir früher schon, zum Thema Askese überhaupt, sagten, das Training der Freiheit, aber eben nicht „angewandt", nicht im Leben praktiziert, sondern im Sonder-
raum der Frömmigkeit. Es wäre mancherlei *für* die Übung des Fastens zu sagen. Wir
Protestanten haben – empfindlich gegen alles, was als Werkerei verstanden werden
könnte – die „feine äußerliche Zucht" (Luther, Kleiner Katechismus) viel zu sehr
vernachlässigt, wenn nicht sogar zu Unrecht verachtet. Aber die Gefahr muß man
sehen: nicht nur, daß man sich mit frommen Übungen zu verdienen trachten könnte,
was einem doch nur geschenkt werden kann, sondern auch, daß man meinen könnte,
Verpflichtungen gegen Gott und Menschen mit der frommen Gebärde und Übung
abzugelten, das Leichtere zu tun, weil man mit dem Schwereren – dem Gehorsam im
Leben – nicht zurechtkommt, also sich durch Ersatzleistungen vom Eigentlichen los-
zukaufen, ja sich ins fromme Werk zu flüchten, weil man die ganze Hingabe an Gott
und den Nächsten im „vernünftigen Gottesdienst" des Alltags (Röm. 12,1) nicht
leisten kann oder nicht leisten will. „Vernünftiger Gottesdienst" bestünde also darin,
daß Gott mich ganz zur Verfügung hat und ich ihm diene – nicht nur am Sonntag
in der zehnten Stunde, sondern immer und überall. „Vernünftiger Erntedank" wäre
dann das, was hier steht: „Heißt es nicht: dem Hungrigen dein Brot brechen, und
daß du Arme, Heimatlose in dein Haus bringst? Wenn du jemand nackt siehst, daß
du ihn kleidest, und dich dem, der dein Fleisch ist, nicht entziehst?" (Übers. Wstm.).
„Die Schar der sozial Schwachen geht am Auge der Zuhörer vorbei: Entrechtete,
Ruinierte, Sklaven, Gefangene, Hungernde, Heimatlose, Frierende: es ist ein ähnliches Bild wie Matth. 25,35 f." (Volz). Wir gehen die uns gegebenen Verse – korrek-
terweise auch V. 6 – durch. Die Hungernden kommen zweimal vor (VV. 7.10). Der
Text spricht zugunsten der Obdachlosen und mangelhaft Bekleideten (V. 7), derer,
die man gefangen hält und unter dem Sklavenjoch leben läßt (VV. 6.9b), aber er
spricht auch für die, die (durch Fingerzeigen) verächtlich gemacht werden und über
die man Unheilvolles spricht. Sollte V. 10a (mit MT) vom „Herausgehenlassen", vom
„Darreichen" der Seele an solche geredet sein, die selbst „gebeugter Seele" sind, so
wäre dabei wohl zuerst an das Leben überhaupt – dein Leben für das Leben anderer! –, vielleicht auch an die Solidarität der Herzen zu denken (um nicht zu schnell
von „Seelsorge" zu sprechen). Auf alle Fälle aber gälte es zu bedenken, daß der andere
Mensch ja meinesgleichen ist (V. 7 Ende), nicht ein Fremder, sondern Art- und
Schicksalsgenosse, ja, ein Stück von mir. Die Liebe denkt und handelt vom andern
her. Will ich Gott dienen: hier, wo mein Mitmensch mich braucht, muß es geschehen.
Die fromme Übung sollte an *dieser* Stelle geschehen – an den vielen Stellen, an denen
die Liebe gefordert ist.
Wir haben uns die Zeit dieses Propheten als äußerst ärmlich und bedrückend vorzustellen. Die Heimkehrer hatten ein verwüstetes Land vorgefunden. Sie mußten mit
nichts anfangen. Heimkehr und Tempelbau waren ihnen gestattet. Aber ihr neues
Leben mußten sie selbst bewältigen. Harte Zeiten sind Bewährungsproben für ein
humanes Ethos. Die Gefahr, daß jeder sich selbst der Nächste ist und seinen Vorteil
sucht, ist groß. V. 3b könnte Schwarzmarktgeschäfte meinen; die Arbeiter und
Sklaven werden angetrieben. Dem Hungernden Brot geben – wenn es für mich selbst
kaum reicht? Da sieht dann jeder, wo er bleibt. Man kann diese eigensüchtige Einstellung hinter einer frommen Schau verbergen (VV. 2.3a).
Die Lage bei uns ist ganz anders. Kein Bettler klingelt an unserer Tür. Der Altar-

schmuck bleibt noch immer weit zurück hinter dem, was die Schaufenster, Regale und Kühltruhen unserer Lebensmittelgeschäfte enthalten und die Speisekarten von Luxusgaststätten anbieten. Kalorienbewußtes Verhalten ist fast eine Art Notwehr gegen unser allzu reiches Leben. Wir fressen uns sonst krank. – Die Hungrigen, denen wir unser Brot zu brechen hätten, wohnen weit. Man sieht sie nicht – außer auf dem Bildschirm, wo man sich die Dinge noch vom Leibe halten kann. Es hätte aber auch nicht viel Sinn, immer wieder zu erschauern. Abhilfe ist nötig. Wir müssen unsere Verlegenheit bekennen. Es bedarf großer wirtschafts- und gesellschaftspolitischer Unternehmungen und einer riesigen Organisation, um „dem Hungernden das Brot zu brechen". Mit einer Paketaktion nach Indien und ein paar Transportflugzeugen nach Südamerika ist zwar mehr getan als gar nichts, aber wir schaffen es damit nicht (im Gegenteil: mit Kleinaktionen kann man Transportwesen und Organisation ungebührlich und unerträglich belasten). „Brot für die Welt" ist mit diesen Feststellungen keineswegs herabgesetzt. Schnelleinsätze in akuten Notsituationen, Hilfen zur Selbsthilfe, alles strategisch gut überlegt: das ist nötig, sinnvoll, bei aller Begrenztheit immerhin wirksam, zeichensetzend. Dennoch: was wir als die kleine Gemeinde in … oder auch im gesamtkirchlichen Maßstab tun können, ist bescheiden und unzureichend. Vielleicht ist unser wichtigster Beitrag zum weltweiten „Brotbrechen" unsere Einwirkung auf die öffentliche Meinung – weltweit. Eine satt dahinlebende Menschheit, die im Großen und mit den ihr zur Verfügung stehenden Mitteln nicht den Hungernden zu Hilfe kommt, uneigennützig, ohne machtpolitische Hintergedanken, muß wissen, daß sie Gott gegen sich hat. Unser Erntedank würde ein Frevel sein, wenn wir beruhigt feststellten, daß für uns wieder einmal auf ein ganzes Jahr – und wir erwarten es: weit darüber hinaus – gesorgt ist, während 500 Millionen Menschen nicht das Nötigste haben. Wir dürfen nicht ruhig werden, bis die Menschheit damit fertig geworden ist (wobei uns die graphischen Kurven der Prognostiker sagen, daß sich das Problem mit dem Wachstum der Menschheit noch verschärfen wird). Natürlich wissen wir, daß dies nicht ohne die Herstellung gerechter gesellschaftlicher Verhältnisse möglich ist.

Es sei dabei nicht übersehen, daß die „Hilfe", die das Prophetenwort von uns erwartet, sich nicht punktuell auf die Ernährungsprobleme bezieht. Die Forderung: „brich dem Hungrigen dein Brot" ist eingebettet in ein Ganzes. Wir haben vorhin die Nöte aufgezählt, an die der Text denkt. Es könnte sein, wir brauchen nicht immer erst nach Indien oder Lateinamerika zu gehen, um auf sie zu stoßen. Die Wirtschaftsschwierigkeiten können nicht isoliert gelöst werden. Wo immer Menschen in „Fesseln" (V. 6) oder im „Joch" (VV. 6.9b), ohne Heimat und Zuhause sind (V. 7), wo immer Menschen geächtet und diskriminiert und mit „Unheilsrede" bedrängt werden (V. 9b), wo immer Menschen sich dem andern vorenthalten und vergessen, daß der andere doch ihr eigen Fleisch und Blut ist (V. 7b), wo immer man sein Herz vor dem andern zuschließt und nicht sein eigenes Leben für ihn „strömen" läßt: überall da wartet Gott auf unsere diakonische Haltung und Aktivität. Erntedank: Gott hat uns das Leben gegeben und wieder für ein Jahr erhalten. Wir haben es nicht für uns, sondern für unsere Mitmenschen. Tätiger Erntedank: eine umfassende, das ganze Leben bestimmende Aufgabe.

2.

Aber wieso reden wir von „diakonischem *Fasten*"? Wir stellten fest, daß mit V. 6 eine Wendung im Gedankenduktus eintritt. Vorher: Nichts neben dem Fasten, was im Widerspruch dazu steht. Jetzt: Statt der kultisch-religiösen Fastenpraxis der

Dienst am Mitmenschen. Also hört das Fasten auf? Keineswegs, denn das, was der
Prophet verlangt, *ist* ihm ein Fasten. „Ist nicht dies ein Fasten, wie ich es haben will:
Fesseln des Frevels öffnen …, den Hungrigen dein Brot brechen?" Das Fasten ist
nicht abgetan, es hat seine Gestalt geändert, auch seine Richtung und Absicht.
„Wie wir aus Sacharja (7,3 und 8,18) wissen, hat die Frage nach dem Fasten die nachexilische Gemeinde stark umgetrieben. Die Fasttage, im Kern Klagebegehungen,
waren nach der Katastrophe von 586 aufgekommen, wie es besonders die Klagelieder bezeugen, sie wurden zu einer stetigen Einrichtung und auf bestimmte Tage
festgelegt (… vier Daten: Tag des Beginnes der Belagerung, der Einnahme der Stadt,
des Brandes von Stadt und Tempel, der Ermordung Gedaljas)" (Wstm. zu VV. 2.3a).
Sofern solche Tage nicht der Selbstbemitleidung dienen – die Klagelieder weisen uns
in andere Richtung! –, dienen sie der Auseinandersetzung mit der eigenen Vergangenheit, ihrer Sinndeutung, der Umkehr zu Gott. Daß dies in besonderen Begehungen
geschieht, hat guten Sinn; es bedarf des eigens dafür anberaumten Gedenkens, wenn
das, was die Gemeinschaft beschäftigen muß, nicht untergehen soll. Das Fasten, also
das Verzichten und Entbehren, schafft eine Distanz zur Alltagshaltung, die dem Gedenken dienlich ist, ja, Fasten macht – wenn es nicht, wie in Hungerzeiten, Dauerzustand ist, sondern wirklich Übung – geistig wach und kritisch.
Ja, Fasten soll sein, aber es soll seinen Sinn und seine Richtung ändern. Es soll ein
„diakonisches Fasten" werden. Es soll nicht zum Fasten um des Fastens willen werden, also nicht ins Leere gehen, sondern auf Menschen bezogen sein, denen es dient.
Fasten: „ein auf Menschen gerichtetes Handeln" (Wstm.).
Damit gewinnt es eine neue Blickrichtung: nach vorn. Das muß nicht heißen, daß
man nicht mehr darauf bedacht sein sollte, mit dem Vergangenen wirklich aufzuräumen. Wir können es uns an unserer eigenen bösen Vergangenheit kurz vor der
Mitte unseres Jahrhunderts klarmachen. Es wäre keine gute Weise von Zukunfts-
orientierung, wenn wir das Vergangene unbedacht ließen, also geschichtslos lebten.
Wir würden uns selbst und unsere Lage nicht verstehen, wenn wir das Gewesene be-
graben sein ließen. Aber es wäre, umgekehrt, ein unfruchtbares Hängen am Ehemaligen, wenn wir nicht nach vorn dächten. Darüber nachdenken, was ich einst hätte
tun sollen, aber leider nicht getan habe, fruchtet nur dann, wenn ich heute und morgen
tue, was ich tun soll. Das hier gemeinte „Fasten" soll der Umkehr dienen.
Und es soll Menschen dienen. Die fromme Übung soll nicht wegfallen, aber sie soll
sich auf Menschen richten und ihnen zugute kommen. Wieder werden wir nicht übersehen, was an dem hier Abgelehnten wahr und richtig ist. Es muß auch ein zweck-
freies Sich-Besinnen geben, das stille Abstandnehmen, das Zurücktreten vom All-
tagsgeschehen; wir haben es nötig, um die Dinge in den richtigen Proportionen zu
sehen, wohl auch, um manches zu entdecken, was in der Geschäftigkeit des Nur-Ak-
tiven untergehen würde. Vor allem aber: wovon wir wirklich leben, empfangen wir
in der Stille. – Aber der Prophet will uns wegholen von der Unfruchtbarkeit eines
Lebens, in dem die religiöse Übung zum Selbstzweck wird. Im Dienst am Menschen
wird unsere Gottesbeziehung heil. Gottesliebe und Nächstenliebe gehören zusammen.
Wenn es aber wahr ist, daß Fasten – wie alle Askese – Einübung in die Freiheit ist
und darum auch das Verzichten und Entbehren einschließt? Eben – darauf kommt
es ja gerade an! Sich für den Mitmenschen einsetzen, das ist immer auch ein Stück
Verzicht. Die weitestgehende Aussage des Textes ist leider textkritisch nicht sicher.
„Dem Hungrigen das eigene Leben darreichen", vielleicht: „die eigene Seele (für ihn)
herausgehen lassen", das wäre wahrhaftig eine Zuwendung zum Mitmenschen, die

Hingabe, Selbstaufgabe, Aufopferung bedeutet. Sich dem anderen als dem eigenen Fleisch nicht entziehen, würde in ähnliche Richtung weisen. Dies könnte, ganz im stillen, die Einstellung sein: „Da hast du mich – du brauchst mich, und ich will nicht auf mich, sondern auf dich bedacht sein." – Man halte sich noch einmal die Situation kurz nach dem Exil vor Augen: Den Hungernden satt machen, dies bedeutete unter allen Umständen eigenen Verzicht. Eines der wenigen Kleidungsstücke hingeben, die man besaß, das konnte eigenen Mangel bewirken. Sich zu einem bekennen, auf den sie alle – oder vielleicht die Maßgebenden – im eigentlichen oder uneigentlichen Sinn mit dem Finger zeigen, dies konnte schon bedeuten, daß man sich selbst zugleich mit dem Schützling unmöglich machte. Einem die Fessel lösen, dies konnte bedeuten, daß man die öffentliche Ordnung in Gefahr brachte und insofern Nachteil erlitt. Den Sklaven freilassen, das brachte auf alle Fälle wirtschaftliche Einbuße mit sich. So meint es der Prophet. Vom Überfluß geben, das wäre kein „Fasten".
Wir wären auf alle Fälle nicht da, wo der Prophet uns haben will, wenn wir ihm die Formel vorschlügen: Nächstenliebe, ja – aber nur, solange es nicht wehtut. Die Liebe wird bereit sein, Opfer zu bringen. Das soll nicht heißen, daß bei Gott nur das als Liebe gelte, was wir uns schmerzlich abgerungen haben. Aber die Liebe wird nicht selten zu einem „diakonischen Fasten" werden. Zur Kasteiung. Zur schmerzhaften Selbstbeschränkung. Zur Aufgabe von äußerem Glück. „Wer sein Leben erhalten will, ..." (Mark. 8,35).
Wir brauchen nicht in jedem Falle so weit zu gehen, wie dies eben geschah. Am Erntedankfest frommt es, ein paar Worte über den Verzicht in der gastrischen Lebenshaltung zu sagen. Daß uns das üppige Leben nicht bekommt, weiß man. Daß das Einhalten eines Maßes eine ethische Aufgabe ist, versteht sich nicht gleichermaßen von selbst. Die Freiheit gegenüber dem, was auf den Tisch kommt, sollten wir gewinnen. Tersteegen: „Wir brauchen's nur zur Not" (EKG 272,4). Bernhard von Clairvaux hat sich mit seinem übertriebenen Fasten krank gemacht; dies ist fürwahr nicht gemeint. „Du gibst ihnen ihre Speise ..." – und wir haben keinen knausrigen Gott. Aber die Parole des diakonischen Fastens müßte uns schon – ohne daß wir in irgendeine Gesetzlichkeit verfallen – beschäftigen. Es geht ja nicht bloß um die Ernährung. Wir brauchen es hier nicht auszubreiten, weil die Öffentlichkeit die diesbezüglichen Probleme diskutiert. Die Selbstbescheidung wird nötig sein, damit die Menschheit weiterleben kann. Die Freiheit im Ge- und Verbrauchen der Güter des Lebens will errungen sein. Wir sind die Reichen. Die nichts haben, sollen von unserm Verzicht Gewinn haben. Sie sind ja unser Fleisch und Blut.

3.

Dies wäre denn auch der angemessene Ernte*dank*. Wer dankbar ist, gibt zu erkennen, daß er das Empfangene nicht als etwas ihm Geschuldetes, sondern als Geschenk ansieht. Auch die diesjährige Ernte: ein Liebeserweis des Schöpfers. Sooft wir satt werden: Gottes lebenerhaltendes Wirken. Er will, daß wir als seine Kreaturen leben. Aus dem großen Haushalt der Natur führt er uns zu, was wir nötig haben. Gott selbst bejaht unser Leben. Er ist mit seinem Segnen allem, was wir tun, grundsätzlich voraus. Er hat die Früchte wachsen lassen; wir sammeln sie nur ein. Auch wenn die Ernte, von den Arbeitsvorgängen her gesehen, Ergebnis menschlicher Produktion ist, bleibt für den Glauben das Vorausein Gottes unumstößlich.
Für ein paar Augenblicke könnte unser Text uns in dieser Urerkenntnis biblischen Denkens beirren. Der Text denkt in einem konditionalen Schema. Uns sind wunder-

bare Zusagen gemacht. Sie gelten, sofern wir mit dem Propheten in die hier beschriebene Lebenshaltung einschwenken. „Wenn du …, dann wird …"
Was wird dann sein? In zwei Strophen wird uns gesagt, wie Gott auf die neue Weise
unseres Fastens reagieren wird. Können wir die biblische Rede verstehen? Wie die
Morgenröte wird unser Licht hervorbrechen (V. 8), im Dunkel wird unser Licht er-
strahlen, so daß Finsternis wird wie der helle Tag (V. 10): das versteht nur, wer sich
die lichtlosen Nächte in alten Zeiten vorzustellen vermag und darum versteht, wieso
die schwarze, das Unbekannte verhüllende und verbergende Nacht zum Symbol des
Grauenhaften wurde. Wie erleben solche Menschen den Sonnenaufgang! – Gott wird
heilen (V. 8), das „Gebein" rüstig und stark sein lassen. – Gott wird uns selbst begleiten, vor uns hergehen, uns nachfolgen, in fester persönlicher Gemeinschaft mit
uns stehen (VV. 8b.9a), uns sein lassen wie ein frischer Garten und wie ein nie ver-
siegender Quell (Joh. 7,38 – wie empfindet das ein Mensch im heißen Palästina!).
Und – Erntedankfest! – Gott wird „im dürren Land deine Seele sättigen" (V. 11). –
Wie, wenn das alles nur gilt, sofern wir es über uns bringen, nach der Weisung des
Textes zu handeln?
Zunächst sei darauf hingewiesen, daß wir soeben das Konditionalschema verschärft
haben. Aus dem „wenn du …, dann wird …" haben wir die Umkehrung konstruiert –
nicht einmal ausdrücklich, sondern nur „im Hinterkopf". Lassen wir es doch erst
einmal so stehen, wie es dasteht. Wir werden bei solchem „diakonischen Fasten"
nicht hungrig werden. Für die Generation Tritojesajas gedacht: Es gibt keine besseren Voraussetzungen für den Neuaufbau in so trostloser Zeit, als daß man sich in der
Absage an alle Eigensucht in den Dienst des Nächsten begibt und alles weitere dem
Gott anheimstellt, der in seiner Zusage wirklich nicht kleinlich ist. Für uns gedacht:
Uns kann, auch im Blick auf den Fortbestand unseres kreatürlichen Lebens, erst
recht im Blick aufs Geistliche, nichts besseres geschehen, als daß wir – bescheiden
und frei, aber dankbar und zuversichtlich – mit dem umgehen, was Gott uns gibt, und
dies – ohne uns zu „entziehen" – im Dienst des Nächsten einsetzen. Am ersten nach
Gottes Reich trachten – dann fällt uns das andere zu (Matth. 6,33). Wir fahren nicht
schlecht, wenn wir, ohne auf die Sicherung unseres Eigenbestandes bedacht zu sein,
einfach „für andere da sind" (Bonhoeffer).
Sodann: Die Consecutio temporum, die sich in dem hier angewandten Konditionalschema darstellt, gilt nicht unverbrüchlich. Man könnte das Schema auch umkehren.
Was von dem Verheißenen hätten die Menschen damals, was davon hätten wir heute
nicht bereits erfahren – nicht nur einmal, sondern immer wieder? Man könnte jetzt
die Verheißungssätze neutestamentlich zu füllen und zu veranschaulichen versuchen.
Wir brauchen das jetzt nicht zu tun; es bietet sich ja geradezu an. Wir wollen nur,
am Erntedankfest, auf den Anfang von V. 11 verweisen. Die Epistel des Tages gibt
den Kommentar. Unsere „Ausgaben" machen uns nicht arm, weil wir den schenkenden Gott im Rücken und vorn haben (VV. 8b; 2. Kor. 9,9f.). Gottes Art ist es nicht,
uns kurz zu halten. Unsere Hinwendung zum Mitmenschen, auch unter Einsatz dessen, was nach menschlichen Vorstellungen unbestreitbar uns gehört, ist die glaub-
würdigste und erfreulichste Weise, Gott Dank zu sagen. Er selbst sorgt dafür, daß
wir dabei nicht zu kurz kommen.

19. Sonntag nach Trinitatis. Mark. 1,32–39

Sowohl die VV. 32–34 (ähnlichen Charakters die Stücke 3,7–12; 6,53–56) als auch das andersgeartete Stück VV. 35–39 enthalten nicht Einzelworte und -szenen, sondern sind „Sammelberichte", die M. Dibelius „farblos" nennt, denen also die Anschaulichkeit und Pointierung fehlt, die die Paradigmen und Novellen auszeichnet (Formgeschichte des Evangeliums, ⁵1966, S. 226). Anders Lohmeyer (ihm folgt Grundmann), der beides nicht für redaktionelle Bildungen, sondern für Traditionsstücke hält, weil er darin singuläre Vokabeln und „ganz konkrete Angaben" findet.
V. 32: Am Abend geht der Sabbat zu Ende; jetzt darf man die Kranken zu Jesus tragen. πάντας ist plerophorisch; das zurückhaltendere πολλούς hat keinen anderen Sinn (Semitismus); es sind also aus dem Gebrauch verschiedener Worte keine tiefgründigen Folgerungen abzuleiten. – V. 33: „die ganze Stadt" ist wieder übertreibende Rede. Das Haus, vor dem die Menschen sich sammeln, ist das Haus des Simon Petrus (V. 29; diese lokale Notiz „gehört wohl ... zur Erinnerung und ist mehr als schriftstellerische Verknüpfung" [Grdm.]). – V. 34: Daß Jesus „viele" Kranke heilte, kann Semitismus sein, also „alle" meinen (so die Parallele Matth. 8,16), kann aber auch einschränkend zu verstehen sein. An verwandten Stellen entdecken die Dämonen zuerst das Geheimnis der Person Jesu (1,24; 3,11) und sprechen seinen Namen aus, um ihn damit machtlos zu machen; „wer seinen Gegner kennt, der vermag ihn auch zu zwingen" (Lohmeyer zu 1,24). Indem Jesus die Dämonen nicht reden läßt, macht er sie seinerseits wehrlos. Damit verbindet sich die Wahrung des „Messiasgeheimnisses".
V. 35: Jesu Beten nur hier, 6,46 und 14,32.35f.39 erwähnt. Es ist unnötig, wahrscheinlich irreführend, von einer „Flucht" zu reden; Jesus hat sich den ihn umdrängenden Menschen entzogen (vgl. 1,45), um das Morgengebet zu halten, auf dem nach jüdischer Meinung besondere Verheißung lag (Ps. 5,4; 87,14). – V. 36: „Simon und die mit ihm" ist singuläre Formulierung; Simon Petrus ist in den Apostellisten (3,16–19; Matth. 10,2–4; Luk. 6,13 bis 16; Apg. 1,13) immer an erster Stelle genannt, Matth. 10,2 ausdrücklich als πρῶτος bezeichnet. Die Menge weiß nicht, wo Jesus ist, aber die Jünger wissen es. – V. 38: Jetzt hat Jesu Weggehen einen anderen Sinn als sein Aufbruch in der Morgenfrühe; sein Auftrag verlangt, daß er sich dem „Suchen" der Heilung begehrenden Menge entzieht (Luk. 4,43); er braucht nicht nur vorübergehend die Stille. Das ἐξῆλθον in V. 38 (scil. ἐκ τοῦ θεοῦ oder οὐρανοῦ) klingt fast johanneisch (vgl. Joh. 16,27f. u. a.); Lohmeyer weist mehrfach darauf hin, daß sich bei Markus keimhafte Elemente johanneischen Stils und Denkens finden. – Auch das Markusevangelium, das mehr von Jesu Taten als von seinen Worten berichtet, gibt dem Wort den Vorrang. – V. 39: κωμοπόλεις sind Orte, die verfassungsmäßig nur die Stellung einer κώμη haben. Synagogenpredigt: die gegebene Gelegenheit wird genützt (vgl. Matth. 4,23; 9,35; 12,9; 13,54 u. ö.; Apg. 9,20; 13,5; 14,1; 17,1.10.17; 18,4.7.19.26; 19,8; 24,12 hält es die apostolische Mission genauso), darüber hinaus vielleicht Bekenntnis zur Kontinuität mit dem Glauben und der Tradition des Volkes Gottes. Lohmeyer mag damit recht haben, daß die ganze Stelle besser verständlich wäre, wenn man sie nicht am Anfang der Wirksamkeit Jesu, sondern später einordnete. Markus könnte sie indes wegen ihres programmatischen Charakters hierhergestellt haben.

Auch wenn wir es im theologischen Denken bejahen, vergessen wir es doch immer wieder, daß eben der Jesus, der uns hier „summarisch" in seiner Wirksamkeit vor Augen gestellt wird, sich heute in unserer Mitte befindet. „Da bin ich mitten unter ihnen" – das ist nicht symbolisch gemeint. Denn wir predigen nicht eine Sache, die sich nur damals zugetragen hätte. Wir predigen auch nicht eine zeitlose Wahrheit oder eine Idee. Wir predigen den Christus, der persönlich in unsere Mitte tritt, mit seiner wirkenden Macht. Gerade hier scheint aber die Schwierigkeit zu entspringen. Dieser wunderwirkende, dämonenbekämpfende Christus ist uns nicht erfahrbar und wäre uns, *wenn* wir ihn so erführen, vielleicht sogar befremdlich. Wir sind von ande-

rer Mentalität als die Menschen damals. Daß Jesus sich zum Gebet zurückzieht und
verkündigend durch Galiläa wandert, liegt uns wahrscheinlich näher, nimmt aber
wiederum gerade dann wunder, wenn das erste, sein helfendes Tun, nicht „gesponn-
nen", sondern Wirklichkeit ist. Oder macht Markus aus der Not eine Tugend? Es
könnte sein, daß gerade der Mangel an Wunderkraft, das schmerzliche Vermissen der
aus der Vollmacht Jesu uns verheißenen „mitfolgenden Zeichen" (16,20) die Theorie
erzeugt: es kommt ja gerade auf das andere an, von dem hier gesprochen ist, nämlich
aufs Beten und Predigen. Man könnte gegen den Prediger die spitze Frage vorbringen, ob es ihm vielleicht gehe wie dem Fuchs, der die Trauben gern hätte, aber nicht
herankann und vorgibt, sie seien ihm zu sauer. In Wirklichkeit steht es anders: je
besser wir den Text begreifen, desto stärker spüren wir das Crescendo – im Christus
des Wortes erreicht, was hier von Jesu Heilandstätigkeit gesagt ist, den Gipfel.
Der Predigt ist also die Aufgabe gestellt, den Christus zu verkündigen, den der Text
uns beschreibt, – nein: der, indem er gepredigt wird, selbst auf uns zukommt, um uns
das zu sein, was er den Menschen in Kapernaum gewesen ist. Den Summariums-
charakter des Textes aufnehmend, könnten wir überschreiben: *Schwerpunkte in
Jesu Alltag.* (1) *Gut, wenn er uns heilt.* (2) *Dringlicher, daß er für uns betet.* (3) *Das
eigentliche: daß er zu uns spricht.*

I.

„Ein einprägsames Bild: In einer orientalischen Nacht belagert eine Menge die Tür
des Hauses, in dem Jesus verweilt. Er ist inmitten von Leidenden und Besessenen"
(Lohmeyer z. St.). Seit Sonnenuntergang sind sie da. Vorher ist es sehr ruhig gewesen
in der kleinen Stadt. Am Sabbat bleibt man zu Hause, denn die Zahl der erlaubten
Schritte ist begrenzt, und der Transport von Kranken wäre erst recht wider das Gesetz. Aber mit dem (dortzulande in kurzer Zeit vor sich gehenden) Einbruch der
Nacht ist der Sabbat zu Ende. Jetzt bringen die Menschen die an Leib und Geist·
Leidenden zu dem Wunderarzt. „Die ganze Stadt" ist versammelt. Ein bißchen Sensation mag dabeisein. Aber es wird das schlicht Menschliche überwiegen: wer wird
nicht zufassen, wenn sich die Möglichkeit bietet, schwache, hinfällige, behinderte,
vom Schmerz gequälte oder auch in ihrem geistigen und seelischen Leben bis zur Unkenntlichkeit, bis zum Verlust ihrer Personidentität entstellte Menschen dem einzigen weit und breit zuzuführen, der, wie es scheint, hier helfen kann? Man wird,
wenn man nicht anders zu ihm gelangt, das Dach aufreißen, um durch diese Lücke
den Kranken vor Jesu Füße zu bringen (2,4 – altes Evangelium). Jesus im Kampf
mit dem Elend der Krankheit.
Wenden wir uns an Christus mit solchen Erwartungen? Wir bekämpfen die Krankheit auf medizinisch exakte Weise, Jahr für Jahr erfolgreicher. Wir warten nicht
mehr auf das Wunder. – Nun muß freilich angemerkt werden, daß das Wort Wunder
im Text nicht vorkommt. In *diesem* Text nicht. Es gibt Texte mit einem Zug zum
Mirakulösen, und es gibt hier und da in der Christenheit noch immer eine besondere
Vorliebe für das Wunder. Dagegen wehrt sich das Neue Testament selbst; wir sind
in diesem Perikopenjahrgang wiederholt darauf gestoßen. In unserm Text liegt auf
dem Sensationellen keinerlei Ton. Auch die – wissenden – Quälgeister der Menschen
werden nicht ausgenutzt, um das Geheimnis der Person Jesu publik zu machen;
ihnen wird im Gegenteil Schweigen aufgenötigt (V. 34). Auf das Wunder befragt,
hätte vielleicht die Mehrzahl der hier Versammelten erklärt, ihnen sei es gleichgültig,
auf welche Weise dieser Mann hinter der Tür den Menschen hilft; genug: er tut es!

Die Frage, ob der Lauf der Natur von Jesus durchbrochen oder aber gesteuert sei –
beides wäre klar zu unterscheiden! –, ist von den Denkvoraussetzungen jener Zeit
her noch nicht zu erwarten. Anders bei uns. Jeder von uns rechnet damit, daß der
Lauf der Dinge, ohne daß der Zusammenhang zerrissen wird, steuerungsfähig ist,
und wir machen davon – innerhalb der uns gesetzten Grenzen – ständig Gebrauch
(„Geh ein Stück mit mir!" – „Gib mir ein Glas Wasser!" – „Schenk mir Vertrauen!").
Gott steuert das *Ganze*, ohne Grenzen. Nicht das ist die Frage, ob er *kann*. Verwunderlich ist, daß er *will*! Worüber wir uns, beschäftigt allein mit der Frage nach Naturgesetz und Freiheit, gewöhnlich keine Gedanken machen, das ist das eigentlich Aufregende! Jesus könnte sagen: Laßt die Menschen ihre Leiden tragen – nach allem,
was sie an Gott und ihresgleichen getan haben, verdienen sie nur eines: daß sie ihr
Leben als das hinnehmen, was sie selbst daraus gemacht haben; sie verdienen den
partiellen Tod (die Krankheit) und die vollendete Krankheit (den Tod). Man wird
die Leiden des einzelnen Menschen nicht einfach mit seiner individuellen Schuld verrechnen können, aber grundsätzlich gilt: was einer auch leidet, er leidet nicht mehr,
als er verdient hat. Jesus *könnte* so hart reden. Aber – ihn jammert des Volks. So
kennt man ihn. Darum drücken ihm die Menschen am Sabbatende nahezu die Türen
ein.
Der Heiland der Sünder will nicht nur der Sünde ein Ende machen, sondern auch
ihren Folgen. So das Evangelium des Sonntags. Der Wortlaut unseres Textes läßt
die altertümlichen Vorstellungen erkennen, die hier im Spiele sind: Jesus „warf viele
Dämonen hinaus" – aus den Menschen nämlich, in denen sie sich eingenistet hatten.
Wir sind heute bereiter, den hintergründigen Sinn solcher Vorstellungen aufzuneh-
men, als das noch vor einigen Jahren der Fall war. Selbstverständlich wissen wir, daß
Krankheit grundsätzlich feststellbare natürliche Ursachen hat: überhandnehmende
Aussaaten von Erregern, Wildwuchs von Zellen und deren Zerfall, Abnutzung und
Degeneration von Organen usw. Aber wie dem Menschen die Angst, das schlechte
Gewissen, die Verzweiflung „auf dem Gesicht geschrieben" steht, so kann, was sich
im Personalbereich seines Lebens abspielt, ihm auch „an die Nieren gehen" oder „den
Atem verschlagen" oder „die Galle überlaufen" lassen oder gar „das Herz ab-
drücken"; in diesen sprichwörtlichen Redensarten drückt sich, in schlichter Weise,
ein tiefes Wissen aus. Weiß man, daß Sünde nicht nur ein regelwidriger Gebrauch der
(grundsätzlich nicht in Frage stehenden) Freiheit im Einzelfall ist, sondern die Tat,
durch die man sich – vielleicht nichtsahnend – einer gottwidrigen unsichtbaren Macht
unterwirft, womit man also seine Freiheit verspielt: dann ahnt man Zusammenhänge,
wie sie in unserm Text – in Sprache und Denken archaisch – vorausgesetzt sind. Das
Werk des Arztes Jesus besteht darin, daß Menschen „herausgerissen werden aus dem
Machtbereich der Finsternis und ‚umgesetzt' werden in das Königreich des Sohnes
seiner (nämlich des Vaters) Liebe" (Kol. 1,13). *Das* ist das eigentliche Wunder.
„Und er machte viele Kranke gesund" (V. 34). Tut er es auch heute noch? Wir haben
uns vorgenommen, die Worte „alle" oder „viele" nicht zu pressen; wir haben es mit
einem Summarium zu tun. Jesus kann Menschen ihr Leiden weitertragen lassen, weil
er es so für richtig hält (2. Kor. 4,10.16; 12,7–10; Gal. 6,17b); er kann – für uns vielleicht unbegreiflich – einen Menschen, den er liebhat, sterben lassen, obwohl er her-
zueilen und ihn „retten" könnte (Joh. 11,6.15). Zuletzt – wir meinen es eschatologisch – heilt er uns alle! Und inzwischen? Blumhardt hat im Fall Gottliebin Dittus
zwei Jahre lang gebetet; dann wurde der Bann gebrochen. Oder anders herum: Merken wir gar nicht, wie viele Gebete um Heilung Jesus, der Arzt, von uns angenommen
und – vielleicht ohne spektakuläre Begleitumstände – bereits erhört hat? Wir reden

nicht dem Aberglauben das Wort; echter Christusglauben schließt den Aberglauben
aus. Aber wir dürfen Jesus um Gesundheit bitten. Er ist der Heiland auch des Leibes.
Gut, wenn er uns heilt, sagten wir. Darin liegt: es ist nicht seine eigentliche, höchste,
letzte Aufgabe. Die Heilung des Leibes ist Folge einer Gesundung in Tieferem (noch
einmal das Evangelium des Sonntags). Wer von Jesus nur Gesundheit und nichts
weiter von ihm will, versteht ihn und sein Wirken völlig falsch. Es besteht Anlaß zu
der Sorge, daß die Leute von Kapernaum zu ihm in die Sprechstunde gekommen sind,
sonst aber nichts von ihm gewollt haben (Matth. 11,23 f.). Man kann es sogar empirisch feststellen: Menschen, denen es um nichts weiter geht als um ihr bißchen Gesundheit, werden eben davon – krank. Es gilt in unserm Zusammenhang noch in
einem höheren Sinne. Umgekehrt: Gottes Sache obenan, dies wird auch unserer eigenen Sache gut bekommen. Doch, Jesus will unser Arzt sein. Die Predigt soll Lust
machen, ihm zu vertrauen.

2.

Aber dann finden wir Jesus mit einem Male in der Einsamkeit. Vor Sonnenaufgang
ist er aufgebrochen. Der Text sagt, zu welchem Zweck: er „betete daselbst".
Hat er sein Werk unter den Menschen abgeschlossen, so daß er sich nun die Stille
gönnen kann? Brauchen ihn die Menschen nicht mehr? Simon und seine Leute laufen
ihm nach. Ihr Vorwurf, den sie – noch außer Atem – vorbringen: „Jedermann sucht
dich" – du kannst doch, wo es soviel Not in der Welt gibt, nicht einfach weglaufen
und – *beten*! Wie soll man sich das zusammenreimen: *kann* helfen – und *tut* es nicht?
Jesus scheint unter die Liturgisten gegangen zu sein. Er hält das Morgengebet, die
שַׁחֲרִית, also die nach der „Morgenröte" genannte Gebetsandacht (das Wort שַׁחַר
fanden wir schon im vorangegangenen Text), von der Kirche später als Laudes übernommen. Jesus scheint nicht zu wissen, daß christlicher Gottesdienst gerade im Alltag zu geschehen hat, daß also das zeitweilige Sich-Zurückziehen in die Stille, das gesammelte Stehen vor dem Angesicht Gottes „Kultfrömmigkeit" ist, die er an anderer
Stelle bekanntlich selbst bekämpft hat. Man sollte ihn an seine eigenen Grundsätze
erinnern! Jedermann sucht dich! Du scheinst nicht zu wissen, was diakonische Existenz ist! „Wer da weiß Gutes zu tun und tut's nicht, dem ist es Sünde" (Jak. 4,17).
Wir haben eben etwas spitz und frech formuliert, um anzudeuten, wo die Fragen des
Textes bei uns auftreffen. Keine Frage: es gibt eine Flucht in die Liturgie, mit der
wir uns schuldig machen. Es gibt scheinbar fromme Übung und Gewöhnung, die
lauter Leerlauf ist und mit der wir Gott und Menschen und sogar uns selbst betrügen.
Der Erntedankfesttext hat hier überzeugende Hilfen und Anstöße gegeben. Wir
sollten die Gefahren sehen. Nicht bei Jesus – der hat sich die ganze Nacht, vom Unter-
gang der Sonne bis zu ihrem Aufgang, um Patienten bemüht. Aber bei uns gibt es
Gefahren: frommes Daumendrehen, wo wir doch alle Hände voll zu tun haben.
Gefahren gibt es aber auch auf der anderen Seite. Daß unser Christsein, wie es gewisse modische Strömungen in der Kirche uns glauben machen wollen, in einem Nur-
Humanismus aufgeht, dafür können wir uns nicht auf Jesus berufen. Sowenig unsere
Verbundenheit mit Gott in seiner Liebe ohne die Liebe zum Bruder sein kann (1. Joh.
4,11.20 f.), sowenig kann die Liebe zu den Mitmenschen ohne die liebende Verbunden-
heit mit Gott sein. Es gibt auch einen praktizistischen Leerlauf und eine Betriebsam-
keit, die nicht mehr aus der Begegnung mit Gott und aus dem Kontakt mit ihm lebt.
Auch Jesus hat der Stille, Sammlung und Übung bedurft; so sehr war er mit uns
Mensch. Der Rhythmus von Ein- und Ausatmen ist naturnotwendig, er gilt auch im

geistlichen Leben. Notwendig ist auch der Rhythmus von Nähe und Abstand. Hatte Jesus dies nötig, wieviel mehr wir! Es kommt noch anderes hinzu. Nicht selten nimmt man wahr, daß sich bei einem Nur-Humanismus – der Jesus sozusagen in Simons Haus bei den Kranken festhalten möchte („jedermann sucht dich") – Gott überhaupt in die Welt „hineingestorben" ist, so daß es Gott nur noch als Welt – im Weltprozeß – gibt und Gott der Welt gegenüber und damit letztlich auch mir gegenüber seine Externität einbüßt. Oft verbindet sich diese Auffassung mit dem Kurzschluß, daß nachkopernikanisches Denken für Gott keinen kosmischen Raum mehr läßt und damit Transzendenz überhaupt unmöglich werde. Schon wahr: ist mir klar geworden, daß Gott keine Wohnung in irgendeinem Bereich des Kosmos hat, so muß ich ihm, *wenn* ich schon räumlich denken will, unsere Welt, unendlich wie sie ist, als „Ort" zuweisen. Aber ich sollte zugleich daran festhalten, daß der Schöpfer nicht in seiner Schöpfung aufgegangen, sondern von ihr „toto coelo" *unterschieden* ist. Es ist nicht so, daß man, indem man Menschen liebt, damit automatisch auch Gott liebt. Gott will, daß wir den Mitmenschen lieben und ihm dienen, und darum verbirgt er sich in ihm so sehr, daß, was wir Menschen tun, auch *ihm* getan ist (Matth. 25,40). Aber damit ist unsere persönliche Direktbeziehung zu ihm nicht abgebaut. Gott erwartet nicht nur, daß wir mit Menschen reden; er erwartet auch unser *Gebet*. Denn Gott „*ist* jemand"; er ist das Du, vor dem wir leben und mit dem wir in Gemeinschaft stehen sollen. Es wäre auch nicht ausreichend, das gottesdienstliche Geschehen lediglich als Orientierungshilfe und Kraftquelle für den Dienst am Menschen anzusehen (auch das gibt es unter uns). Zugegeben: damit hätte Gottesdienst im liturgischen Sinne wieder eine Stelle bekommen. Aber er wäre humanistisch verzwecklicht. Es wäre vergessen, daß der Mensch zur Coram-Deo-Existenz bestimmt, ja in ihr erschaffen ist. Es sollte uns nicht befremden, daß Jesus sich aus dem diakonischen Wirken in Simons Haus zurückzieht und, nach der Diakonie nunmehr der Liturgie ihr Recht gibt. Der Sohn ist mit dem Vater in engster Gemeinschaft verbunden. Es wäre „widernatürlich", wenn das Gespräch zwischen Vater und Sohn in Jesu Leben keinen Raum mehr hätte.

Obwohl wir uns gegen eine nur-humanistische Verzwecklichung des Gebets abgrenzen mußten, gilt es nun aber doch festzuhalten, daß Jesu Gebet auch *um unsertwillen* nötig ist. Vielleicht muß man sagen: Nicht *eine* der Heilungen von Kapernaum wäre geschehen, wenn Jesus nicht in der Stille mit den Mächten der Finsternis gekämpft, d. h. aber nach der anderen Seite hin: mit seinem Vater ständig Kontakt gehalten hätte. Der altböse Feind hätte es gern gesehen, wenn diesem Mann aus Nazareth die „rückwärtigen Verbindungen" hätten abgeschnitten werden können. Wir wissen, er hat hierin versucht, was er konnte. Es wäre eine Parallele zu den bekannten drei Versuchungen, wenn Jesus sich hier, in der Einsamkeit bei Kapernaum, hätte umwerfen lassen. Gewiß: Jesus hätte in Kapernaum eine Poliklinik aufmachen können, die ihresgleichen nicht gefunden hätte. Aber sein Auftrag war ein anderer. Die in der Verständigung mit dem Taubstummen angewendete Zeichensprache sagt es deutlich: was an den Ohren und der Zunge des Kranken geschehen soll, passiert nicht anders, als daß Jesus zum Himmel aufblickt (7,34). Das ist das Geheimnis der Heilungen auch in Kapernaum. Was Jesus da tut, empfängt er von oben. Der Arzt würde kraftlos sein, wenn der Beter versagte.

Wir müssen das eben Ausgeführte – wieder in Korrespondenz zum alten Evangelium – noch in einen größeren Zusammenhang stellen. Heilung ist ja nur ein Element im Ganzen des Heilswirkens Jesu. Seine *Fürbitte* für uns geht darauf aus, daß wir überhaupt und in jederlei Sinn „gerettet" werden. Der Gelähmte mag sich gewundert haben, als ihm, der gesunde Beine brauchte, die Sünden vergeben wurden. Aber was würde es bedeuten, wenn er wieder gehen könnte, und die Sünden wären ihm *nicht* vergeben? Für Kapernaum mußten wir (im Sinne von Matth. 11,23 f.) das Schlimmste fürchten. „Hauptsache Gesundheit" – und mit Gott im irreparablen Konflikt? (In einem Jugendgottesdienst möchte man vielleicht formulieren: Was das Wohl angeht: o.k., aber was das Heil angeht: k.o.?) Wenn alle Not der Welt aus unserm Abfall und unsrer Sünde kommt, dann kann uns aus der Not auch nicht endgültig geholfen werden, ohne daß durch Jesu priesterliches Werk unsere Schuld beräumt und durch das Kommen der Herrschaft Gottes unser Abfall aus der Welt geschafft wird. Jesus muß beten! Wir sind ihm, nein: er ist uns in der Einsamkeit seiner durchbeteten Stunden nicht weniger nahe, als wenn wir vor dem Hause in Kapernaum warten. Jesus setzt sich beim Vater für uns ein. Betend kämpft er die Welt aus ihrer Verlorenheit heraus. Er tut es übrigens auch, wenn er „mitten unter uns" ist. Unablässig und bis in alle Ewigkeit nimmt der Herr sein priesterliches Amt für uns wahr (Hebr. 7,25). Wenn wir „in seinem Namen" beten, läßt er uns an seinem Werk sogar teilhaben. Dringlicher als das Heilen ist, daß Jesus für uns betet.

3.

Vielleicht meinen wir: Jesu Gebet ist nötig. Aber nun soll Jesus zurück zu den Kranken. Das Geschehen verläuft anders. *Noch* verwunderlicher als bei Jesu Rückzug in die Einsamkeit. „Laßt uns anderswohin ... gehen" (V. 38). Man könnte Jesus so verstehen, als befürchte er, daß die Bindung an Kapernaum (1,21; vgl. Matth. 4,13) sein Wirken räumlich in nicht zu verantwortender Weise einengen könnte. Aber es geht nicht nur darum, den Wirkungskreis auszuweiten – und das hieße: auch anderwärts Menschen zu heilen, sondern es geht noch um eine andere Weise des Wirkens. „Laßt uns anderswohin in die nächsten Städte gehen, daß ich daselbst auch *predige*; denn *dazu* bin ich gekommen." Der Schwerpunkt aller Schwerpunkte, das Eigentliche seines Auftrags: daß er *zu uns spricht*. Warum das?
Kirche des Wortes – Kirche der (allzu vielen) Worte? *Wenn* wir an dieser Stelle nicht mit uns reden lassen, dann brechen wir mit Jesus selbst. Natürlich hat Jesus nicht die allzu vielen Worte gewollt. Er selbst spricht kurz, prägnant, packend, nicht wie die Schriftgelehrten (damals und heute). Aber das Wort muß sein, ja, es ist das Dringlichste an Jesu Sendung. Denn es geht um *Gottes Reich*. Wieder könnte uns jemand entgegnen, daß das Herrsein Gottes über uns sich gerade darin realisieren müsse, daß wir den Willen Gottes tun. Gottes Herrschaft: ein neuer Gehorsam der Menschen. Warum kann man – dürfen wir es einmal so ausdrücken – sich nicht darauf beschränken, das Reich Gottes zu *tun*, warum muß man es *predigen*? Weil das Herrwerden Gottes nicht aus dem kommt, was *wir* ausrichten, sondern in dem, was Gott selber ausrichtet. Sodann weil Gottes Reich bei uns Menschen wohl ein neues Handeln und Sich-Verhalten mit sich bringt, aber keineswegs darin aufgeht. Das Kommen des Reiches Gottes ist ein Himmel und Erde bewegendes und grundstürzend veränderndes Geschehen; das kann nur verkündigt, angesagt, ausgerufen werden. Man könnte es sich deutlich machen, indem man V. 15 auslegt. Es heißt dort nicht: Indem Menschen sich zur Buße aufraffen, kommt Gottes Reich. Sondern es heißt: „Es ist so weit, das Reich Gottes ist nahe. Tut Buße und glaubt an das Evangelium!" Der Imperativ wird von den Indikativen getragen. Scharf zugespitzt: das Reich Gottes kommt nicht dadurch, daß *wir* uns *zu Gott* bekehren, sondern dadurch, daß *Gott* sich

zu uns bekehrt. Anders: Gott macht aus lauter von uns durch nichts verdienter, sondern eigentlich ungezählte Male verscherzter Liebe seine Türen weit auf. Dies kann nicht anders unter die Leute kommen als so, daß Jesus es ausruft.
Noch einen Schritt näher heran. Wer das Geschwätz in der Kirche fürchtet, hat leider seine trüben Erfahrungen gemacht. Aber er sollte nicht am Wort überhaupt irre werden. Im Wort realisiert sich personale Gemeinschaft. Zwei Menschen im Eisenbahnabteil. Sie sitzen schon zwei Stunden stumm nebeneinander. Sie erleben dasselbe: sie werden fortbewegt, sehen durch dasselbe Fenster in dieselbe Landschaft. Aber ohne das Wort haben sie nicht Gemeinschaft. – Gott und wir wortlos einander gegenüber? Indem Jesus zu uns spricht, öffnet Gott uns sein Herz. Jesus redet nicht *über* Gott und sein Reich. Indem er im Wort mit uns Verbindung aufnimmt, entsteht der Kontakt, den Gott mit uns sucht. Predigt ist nicht Referat über Gott. Predigt ist, unter schwachem Menschenwort verborgen, Gottes eigenes Reden zu uns. Im Worte des Evangeliums bewegt sich Gott auf uns zu und wird wieder *unser* Gott. Daß dies sich ereignet – damals in Kapernaum und in den „nächsten Städten und bei uns (z. B. indem diese Predigt gehalten wird) –, das in Gang zu setzen und selbst immer wieder zu vollbringen, das ist sein Auftrag. „Dazu bin ich gekommen."

20. Sonntag nach Trinitatis. 1. Mose 8,18–22

Die VV. 18–19 sind Abschluß der Einheit aus P, die VV. 13a.14–19 umfaßt (V. 13b dürfte J zugehören). Was in VV. 15–17 geboten war, wird in VV. 18f. ausgeführt. Wie in einer „feierlichen Prozession" (Wstm.) verlassen Menschen und Tiere die Arche (in der Anordnung der Tiere bietet die LXX einen anderen Text, doch dies trägt sachlich nichts aus). לְמִשְׁפְּחֹתֵיכֶם: das Leben gibt es nur in „Ganzheiten", in „Gemeinschaften" (Wstm.); P zeigt hier wieder seinen Sinn für Ordnung, Zusammenhang und Gliederung. – Die Perikope enthält nur die Ausführung des Gottesbefehls. Der Predigt wird aber wichtig sein, was von Rad feststellt: „Das Hinausgehen in den neuen Äon, auf die neue Erde entsprang nicht menschlicher Initiative, sondern Gottes ausdrücklichem Willen" (z. St., S. 106).
Von J stammen die VV. 20–22. V. 20: Das erste, was Noah tut, ist die Errichtung eines Altars, des ersten übrigens, der in der Genesis erwähnt wird. Nur reine Tiere kommen für das Opfer in Betracht (Lev. 22,18ff.: Rinder, Schafe, Ziegen; auch Tauben). An der Vielzahl der (repräsentativ) dargebrachten Opfertiere wird deutlich: *alle* Überlebenden gehören Jahwe. – V. 21a: Der רֵיחַ הַנִּיחֹחַ („Beruhigungsgeruch") ist sprachlich Anspielung auf den Namen Noahs, sachlich ein viel beanstandeter Anthropomorphismus, der aber wahrscheinlich, da zur technischen Formel abgeblaßt, vom Autor nicht mehr empfunden wird. – V. 21b: deutliche Rückbeziehung auf 6,5–8, nun mit Verkehrung des – in +: der Vernichtungsbeschluß ist aufgehoben. Besteht ein kausaler Zusammenhang zwischen dem Opfer und dem Beschluß Jahwes? Jedenfalls hat Gott das Opfer gnädig angenommen. Die Begründung für Gottes Entschluß nimmt 6,5 wörtlich auf: Gott will den Menschen so tragen, wie er ist, mit seinem Hang zum Bösen „von Jugend auf". „Es soll nun eine Zeit der Geduld ($\dot{\alpha}\nu o\chi\dot{\eta}$, Röm. 3,26) beginnen" (F. Delitzsch nach Wstm.). – V. 22: dasselbe „hinfort" wie in V. 21, nur defektiv geschrieben, auch hier, in der positiven Ausformung des Beschlusses. „Alle Tage der Erde" = „solange die Erde besteht". U. Cassuto: „Die Erde ist nicht ewig, allein der Schöpfer ist ewig. Da ja die Erde einen Anfang hat, versteht es sich von selbst, daß sie auch ein Ende haben wird" (nach Wstm.). Zum ersten Mal ist hier vom eigenen Leben der Welt mit eigener Lebensordnung die Rede. „Die Welt ist hier nicht primär das im Raum Vorhandene, sie ist primär das in der Zeit Bestehende, in den großen Rhythmen, die in V. 22 gesichtet sind. Säen und Ernten, Som-

mer und Winter beziehen sich auf den Jahreslauf. Es ist zu vermuten, daß – nach dem Gesetz der Parallelität – Kälte und Hitze sich, wie Tag und Nacht, auf den 24-Stunden-Wechsel beziehen (im Orient ist der Temperaturunterschied zwischen Tag und Nacht erheblich). Andererseits: „das Wortpaar nur auf den Wechsel von Tag und Nacht zu beziehen, ist schwer möglich, weil es sonst im AT nie begegnet …" (Wstm.).

Die PTO hat diesen Sonntag dem Thema der Ordnungen gewidmet. Evangelium und Epistel sind besonders der Ehe als Ordnung Gottes zugewandt. Unser Text spricht, in V. 22, von der Ordnung Gottes in der Natur; wer die Sprache der Priesterschrift versteht, erkennt auch in den VV. 17 und 19 wieder, was schon im 1. Kapitel wichtig war: ein jedes nach seiner Art. Die Welt ist geordnet, indem sie gegliedert ist, wobei das Vielerlei der Geschöpfe Gottes aber zusammenstimmt. In der Welt herrscht eine heilsame Gesetzmäßigkeit, die auf Gottes Ordnungswillen beruht. In ihr ist alles Leben verfaßt, längst ehe ein erstes Du-sollst an Menschen erging. Das Sein ist vor dem Sollen – wobei wir mit „Sein" nicht eine ideale Jenseitigkeit meinen, hinter den Erscheinungen, sondern die sichtbare und auch sonst sinnlich wahrnehmbare Welt, wie sie *ist*, in ihrer Verfaßtheit, in den ihr eingeschaffenen geprägten Formen und wirkenden Gesetzmäßigkeiten. Natürlich kennen die Menschen der Bibel noch nicht den Begriff des Naturgesetzes in unserm Sinne. Daß wir die Welt mit anderen Augen sehen als sie, versteht sich von selbst. Wir werden ja auch keineswegs auf den wissenschaftlichen Erkenntnisstand vergangener Zeiten festgelegt. Die Alten sahen den Wechsel der Jahres- und Tageszeiten und wußten um die Verläßlichkeit dieses Wechsels. Wir sind in der Lage, diese Verläßlichkeit mathematisch zu formulieren, etwa in den Keplerschen Gesetzen. Man kann die Ordnung, die man erkennt und in der man lebt, die man sich auch zunutze macht, mit der man also umgeht, begrifflich verschieden erfassen. Wie ein *Held* läuft die Sonne ihre Bahn – wir hören die Sprache des mythologischen Weltbildes heraus –, aber eben: sie folgt der ihr vorgeschriebenen Bahn, indem sie an einem Ende des Himmels aufgeht und wieder bis an sein Ende läuft (Ps. 19,6f.). Wir drücken uns anders aus, meinen aber dieselben Phänomene. Man beobachtet den Lauf der Gestirne (Amos 5,8; Hiob 38,31–33), den Weg von Regen und Schnee (wieder Amos 5,8; Jes. 55,10; Hiob 38,22–30); das geheimnisvolle Werden des Menschen im Mutterleib (Ps. 139,13ff.). Wir haben eben nur einige wenige repräsentative Stellen zusammengeholt. Es gibt Christen, denen das Naturgesetz unheimlich ist; sie meinen, dadurch könnte die Freiheit Gottes begrenzt werden. Wie sollte dies der Fall sein, wenn die Gesetze, in denen die Welt verfaßt ist, *seine* Gesetze sind? Die Ordnungen, die geschöpfliches Leben ermöglichen und erhalten, sind *Gottes* Ordnungen. Der Glaube wird ihnen nicht den Rang einer gegengöttlichen Macht zuschreiben, sie vielleicht gar – wie das die Griechen bei ihren Göttern taten – als die höheren Notwendigkeiten (ἀνάγκη) Gott überordnen, so daß Gott ihr Gefangener wäre. Aber der Glaube wird in der Ordnung der Welt Gottes weises und gütiges Tun erkennen (Ps. 104,24).
Daran muß allerdings dem Glauben gelegen sein, daß die Ordnungen ihren Bestand in Gottes Willen haben. Der Glaube kann es sich nicht vorstellen, daß im wissenschaftlichen Erkennen die Welt *nach*gedacht werden kann, ohne daß die erkannte Wirklichkeit eine *vor*gedachte wäre und darum sinnhaltig und verstehbar. Im Planetensystem, zu dem unsere Erde gehört, funktioniert die kosmische Mathematik. Sollte die Sonne selbst oder sollten die aus ihr herausgeschleuderten glühenden Massen deren Erfinder sein? Warum nicht Chaos, warum Kosmos? Wir versuchen keinen Gottesbeweis. Aber wir erkennen in der Ordnung den Ordner, den Schöpfer und Herrn, der den Kosmos will.

Freilich wären wir mit diesen Gedanken noch längst nicht beim Text. Daß Ordnungen funktionieren, steht in ihm nicht zur Debatte. Das Erregende der ganzen Sintflutgeschichte ist, daß Gott selbst sie zum Unheil wirken lassen kann, wenn er will bzw. sich dazu veranlaßt sieht (6,5 f.) oder aber, wenn er will, zum Besten seiner Welt. In, mit und unter der Wirksamkeit der Ordnungen wirkt sich aus, wie Gott zu seiner Welt steht. Der Glaube hat seine deutlich ausgeformte Weltsicht. Gott *will* die Welt. Die Sintflut hat es gezeigt, daß dies keine Binsenweisheit ist. Gott hätte viele Gründe, die Welt *nicht* zu wollen. Hier, in unserm Text: sein aus nichts abzuleitender, in seinem guten Goteswillen allein begründeter Entschluß, der Welt Bestand zu geben und uns mit klarer Zusage solchen göttlichen Zukunftswillens in unsere Welt zu schicken. Wir versuchen, dies am Text Schritt für Schritt aufzuzeigen: *Zwischen Sintflut und Wiederkunft des Herrn:* (1) *das neugeschenkte Leben,* (2) *die lebenbewahrenden Ordnungen,* (3) *das (wenn auch befristete) Ja zu dieser Welt.*

I.

Daß wir das Leben haben, daß wir uns seiner freuen, die Möglichkeiten, die es bietet, wahrnehmen und ausschöpfen und darin glücklich sein können, sollte uns immer wieder Anlaß zu dankbarem Staunen sein. Wie könnte man gelangweilt, im Leerlauf und stumpf dahinleben, wenn man weiß, daß das Leben-Dürfen eigentlich Wunder ist! Man müßte sich in die Situation derer hineinversetzen, die es erlebt haben. Erst der verdunkelte Himmel, der apokalyptische Sturm, bei strömendem Regen die wachsenden Wasser mit ihrer Gewalt. Nun die ganz andere Szene, da über einer beruhigten Welt die Sonne wieder scheint (man denkt an EKG 346,12), die Wasser sich verlaufen, das Land auftaucht und trocken und begehbar wird (VV. 13 f.). Das Leben soll noch einmal beginnen.
Sintfluterzählungen gibt es in vielen Völkern der alten Welt. Sie könnten alle auf ein und dieselbe große Naturkatastrophe zurückdeuten. Sie könnten auch auf partielle Hochwasser weisen, die von den Betroffenen – verständlicherweise – als Katastrophen globalen Ausmaßes empfunden worden sind. Es lohnt nicht, sich mit der Frage aufzuhalten, welche der beiden Auffassungen zutreffen mag. Mit einem historisierenden Denken würden wir dem, was die biblische Urgeschichte will, sowieso nicht gerecht. Urgeschichte weist uns auf das allezeit wirksame Woher unserer Existenz, auch auf die Bedrohung, unter der sie steht. Man tut gut, es sich am biblischen Weltbild klarzumachen, das für uns theoretisch überholt und insofern „erledigt" (Bltm.) ist, aber in seiner Existenzaussage immer noch zu uns spricht. Man denke sich die als Scheibe vorgestellte Erde und darunter die Wasser des Urmeeres, denen Gott die bewohnbare Welt entrissen hat (Grundwasser!); und man denke sich die aus festem Material bestehende Himmelskuppel und über ihr den Himmelsozean (Regen!); und dazwischen unseren Lebensraum, den Gott wie mit riesigen unsichtbaren Händen für seine Schöpfung freihält – er braucht bloß loszulassen, und alles bricht in sich zusammen. Sintflut bedeutet dann: „die Brunnen der großen Tiefe" brechen auf, und „die Fenster des Himmels" öffnen sich (7,11). Die Hände Gottes haben losgelassen, die schöpfungsfeindlichen Wassermassen des Urchaos stürzen herein in den Lebensraum von Mensch und Tier, Gott hat sein Schöpfungswort widerrufen. Wer die Sintflutgeschichte im Ohr und im Herzen hat, weiß darum, daß der Bestand der Welt keine banale Selbstverständlichkeit ist. Ist Gottes Schaffen nach biblischem Verständnis sowieso nicht, wie die Deisten meinten, ein einmaliges Geschehen am Anfang, sondern ein kontinuierliches Geschehen in jedem Augenblick, so könnte die Schöpfung, wenn

Gott sie nicht mehr wollte, in jedem Augenblick auch wieder im Nichts versinken, oder sie könnte – im biblischen Weltbild gedacht – von den Wassern des Urchaos wieder verschlungen werden. Bekennt sich der biblische Mensch zu Gottes Wirken als Schöpfer, so steht dahinter ein unerhört aktualistisch-dynamisches Weltverständnis, zugleich ein Wissen darum, daß wir uns Gott wirklich *verdanken*, und dies um so mehr, als wir den Fortbestand unseres Lebens nicht wert sind. „Als aber der Herr sah, daß der Menschen Bosheit groß war auf Erden und alles Dichten und Trachten ihres Herzens nur böse war immerdar, da reute es ihn, daß er die Menschen gemacht hatte auf Erden, und es bekümmerte ihn in seinem Herzen" (6,5f.). Kein Wunder, wenn Gott die Lust an seiner Welt verliert. Was 6,7 steht, wundert einen nicht.

Aber da: die Sinflut ist vorbei, die Arche hat auf festem Boden aufgesetzt (8,4), die (erst vermißten) Zeichen dafür, daß man auf der Erde wieder wird stehen und gehen können, mehren sich (VV. 11–14). Eines Tages ist die Erde trocken. Es ist – die Priesterschrift weist bedächtig darauf hin – der erste Tag des ersten Monats (8,13): das Welt-Neujahr, der Beginn eines neuen Äons. Gott fängt mit der Welt neu an. Ausdrückliche Weisung Gottes, nunmehr die Arche zu verlassen. Täten sie es eigenmächtig, dann könnte man immer noch fürchten, das neue Leben werde von den Noachiten gewissermaßen auf eigene Gefahr hin ergriffen, einfach deshalb, weil der Mensch nun einmal leben will und es, wohl oder übel, „drauf ankommen läßt" unter der – nicht gerade zuverlässig begründeten – Parole: „hoffen wir das Beste!". Nein, hier steht Gottes Befehl hinter dem Entschluß, den Boden der alten/neuen Erde zu betreten. Gott hat ihnen das Leben neu geschenkt. Gott *will* ihr – unser – Leben. Wir haben vorhin vom aktualistisch-dynamischen Schöpfungs- und Weltverständnis gesprochen. Was damit gesagt ist, soll nicht widerrufen, aber es muß ergänzt werden. So sehr man Gottes Schaffen in jedem Atemzug und bei jedem Schlag des Herzens, in jeder Zellteilung und in jedem Quantensprung erkennen sollte, so sehr gilt doch gerade von unserm Text her, daß Gott es auf *Dauer* abgesehen hat. Die Konstanz im Aktualen hat ihren Grund in Gottes beständigem Wollen, in seiner *Treue*.

Die Priesterschrift beschreibt die feierliche Prozession, in der die bisherigen Archenbewohner – Mensch und Tier – das Gehäuse, durch das Gott sie gerettet hat, verlassen. Und der Jahwist fügt hinzu: Das erste, was Noah in diesem wiedergeschenkten Leben tut, ist dies, daß er dem Herrn einen Altar errichtet und ein Brandopfer darbringt „von allem reinen Vieh und von allen reinen Vögeln". Es wäre ein bißchen kleinlich, jetzt mit dem Zeigefinger religiöser Moral zu kommen und zu fragen, was *wir* wohl an Noahs Stelle zuerst getan hätten. Wer wollte Einspruch erheben, wenn es hieße: zuerst mal ein Dach überm Kopf, mindestens für die kleinen Kinder!? Darum geht es nicht, daß der Altar zur Baumaßnahme Nr. 1 wird, wohl aber darum, daß wir begreifen: Gottes Ja zu unserm Leben ist die alle anderen Existenzbedingungen umgreifende und durchdringende Urbedingung unseres Daseins. Dem gibt das Opfer Noahs Ausdruck. Wie soll man das Opfer verstehen? Westermann stellt (S. 607) verschiedene Antworten zusammen: „Er opfert, weil Gott, der bisher so schrecklich den Menschen gezürnt hat, auch ihm unheimlich ist, um so den Rest seines Zornes zu stillen" (Gunkel). „Hier wird die Erde ... von ihrem Fluche entlastet" (Procksch). „Ein Opfer, als Dank- und Bittopfer, ist, wann irgendwo, dann hier nach dem großen Gericht und beim Eintritt in den neuen Lauf der Dinge am Platz" (Dillmann). „Ein Opfer zur Versöhnung" (Skinner). „Wenn jemand aus schrecklicher Gefahr gerettet worden ist, ... ist seine erste Reaktion die: ihm zu danken, der ihn gerettet und ihm geholfen hat, zu entrinnen" (Cassuto). Ihm stimmt Westermann zu und sagt weiter: „In diesem Begehen der Rettung durch ein Opfer, das dem Retter dargebracht wird und das zugleich das neue Leben dadurch sichert, daß dem Rettenden der Neubeginn anvertraut wird, ist eines der Grundmotive des Gottesdienstes zu sehen" (ebd.). *Ehe Gott* den „Duft der Beschwichtigung" riecht, ist er entschlossen, seiner Schöpfung Zukunft zu geben. Dem steht nicht entgegen, daß ein Opfer immer auch „Bekenntnis zur Versöhnungsbedürftigkeit" ist (von Rad z. St.): es deutet wie von ferne darauf, daß das neugeschenkte Leben noch ein ganz anderes Opfer zur Grundlage haben wird; wer davon weiß, empfängt erst recht sein Leben von Tag zu Tag als beglückendes Wunder.

2.

Gott will den Bestand der Welt. Er will die Erde nicht mehr verfluchen um der Menschen willen. Er will das Leben erhalten. Er sagt ja zu seiner Schöpfung. Was er „in seinem Herzen" spricht (V. 21), wird uns zu wissen gegeben; bei P geradezu in einer feierlichen „Selbstverpflichtung" Gottes („Bund", 9,8ff.). Gott will, „daß niemals wieder alles Fleisch von den Wassern der Sintflut vertilgt und niemals wieder eine Flut kommen soll, die Erde zu verderben" (9,11).
Wir sollten, was hier gesagt ist, nicht als Erfahrungssätze verstehen, sondern als Aussagen des Glaubens, die wiederum aus der Selbstmitteilung Gottes (Offenbarung) kommen. Versteht man die Sintflut wirklich als ein die ganze Erde betreffendes Geschehen, so wird man sagen: dergleichen hat sich tatsächlich nicht wiederholt. Dann ist die Zusage Gottes identisch mit dem Satz: Die Schöpfung als ganze hat Bestand. Dies wäre dann schon ein empirischer Satz, gedeckt z. B. durch die Gesetze von der Erhaltung des Stoffes und der Kraft. Sobald man daraus eine auch für den Einzelfall geltende „Lebensversicherung" macht, wird es falsch. „Allem Unfall will er wehren, kein Leid soll uns widerfahren": dies ist nur wahr als Dennoch-Satz des Glaubens, der sich noch im Sterben an Gottes Zusage klammert. Wir werden in der Predigt an dieser Stelle deutlich reden müssen, damit wir niemanden zu Illusionen verführen und damit Enttäuschungen aussetzen. – Auch im großen Maßstab wird gelten, daß Gottes Welterhaltungswille uns nicht zu falschen Sicherheiten verleiten darf. Wer aufgrund von 8,21 f. kurzerhand die Atomkatastrophe der Menschheit für schlechthin ausgeschlossen hält und sich – weil „es geschrieben steht" – in Sicherheit wiegt, könnte in Fahrlässigkeit an einer solchen Menschheitskatastrophe mitschuldig werden. *Gott* will den Fortbestand der Welt; es ist leider nicht ausgeschlossen, daß die von ihm frei erschaffenen Kreaturen sich seinem Willen widersetzen und damit die Welt in Gefahr bringen, die er erhalten will.
Was hier gemeint ist, werden wir wiederum nur begreifen, wenn wir uns wundern, daß es so ist. Es könnte zunächst so scheinen, als habe Gott es leicht, zur Welt, wie sie nunmehr ist, ein ungetrübtes Verhältnis zu bewahren. „Noah war ein frommer Mann und ohne Tadel zu seinen Zeiten; er wandelte mit Gott" (6,9 P). Trifft ähnliches für seine ganze Familie zu, wird man für die neue Menschheit sowieso nur Glückliches zu erwarten haben. Daß der Herr die Erde künftig nicht mehr verfluchen will um der Menschen willen, wird im Text jedoch ganz anders begründet: „denn das Dichten und Trachten des menschlichen Herzens ist böse von Jugend auf" (V. 21). „Denn"? – das auffälligste, unerhörteste „Denn" in der ganzen Bibel. Bedenkt man, daß dieser Befund an den Herzen der Menschen es war, der Gott zur Veranstaltung der Sintflut veranlaßt hat (6,5), dann muß man feststellen: was damals Vernichtung zur Folge hatte, hat nunmehr Bewahrung zur Folge. Es hat sich bei den Menschen nichts geändert durch die Sintflut. Will Gott die Schöpfung, so muß er sie nun wollen

trotz der Sünde der Menschen. „Diesen Gegensatz von Gottes strafendem Zorn und seiner tragenden Gnade, der sich durch die ganze Bibel zieht, ist hier in ganz untheologischer, ja fast unangemessener Weise, dargestellt, nämlich fast wie ein Nachgeben, ja ein sich Einstellen Gottes auf die Sündhaftigkeit der Menschen" (von Rad z. St.). Gott zerbricht die Verkettung von Schuld und Strafe. Trotz der Bosheit der Menschen aus der Mitte ihrer Person heraus (Herz), also nicht nur an der Peripherie; trotz der Bosheit der Menschen von Jugend an, also nicht nur so, daß es sich um erworbene Unarten handelt, sondern um *wurzelhafte* Bosheit: Gott will, daß die Welt bestehen bleibt, er nimmt sein Schöpferwort nicht zurück. Gott erhält die sündige Welt. Anders: der status corruptionis, in dem die Welt sich befindet, hebt ihr Geschaffensein und ständig neues Geschaffenwerden nicht auf. Auch in der widerstrebenden, seinem Willen entgegenwirkenden Kreatur haben wir Gottes Geschöpf zu sehen, einfach, weil Gott in seiner Schöpferliebe die Hand nicht von ihr abzieht.

Die der Schöpfung eingestifteten Ordnungen sind also in der sündigen Welt *weiter wirksam*. Am eindrucksvollsten stellt sich das in dem (wahrscheinlich) sehr alten Spruch V. 22 dar. Die Ordnung des Jahreslaufs und die des Tageslaufs sind ja eigentlich stellaren Ursprungs; die große Umrundung der Sonne macht das Jahr, die Drehung der Erde um sich selbst macht den Tag. Jahres- und Tageszeiten bestimmen den Rhythmus besonders des bäuerlichen, aber auch des sonstigen Lebens. Die Gesetzmäßigkeiten, in denen pflanzliches, tierisches und auch menschliches Leben verfaßt sind, sind darauf bezogen bzw. davon abhängig. Nicht auszudenken, was geschähe, wenn die Bahn der Erde um die Sonne sich merklich veränderte. Gott hält an seinen Gesetzen fest, die das Leben erhalten. Wir haben in den letzten Jahrzehnten begriffen, daß es durchaus kein Anlaß zum Jubel ist, wenn wir, die Menschen, die gegebenen Ordnungen des geschaffenen Lebens nach unseren Vorstellungen willkürlich verändern. Wir bringen, wenn wir naturwidrig mit der Welt umgehen, durcheinander, was unser eigenes Leben erhält. Die Natur braucht ihr Gleichgewicht, ihre gesunden Relationen. Wir dürfen nicht alles, was wir können. Es tut uns gut, daß wir Respekt bekommen vor dem Gegebenen. Die Landschaft sollten wir schonen. An die klimatischen Verhältnisse sollten wir denken: leicht ist etwas verdorben und dann nicht wiederherzustellen. Flora und Fauna sollten nicht unserer Willkür preisgegeben, sondern unserer Pflege anvertraut sein. Fachleute hatten beschwörend davor gewarnt, etwa den Menschen umzüchten zu wollen. Wir deuten nur an; es bekäme uns gut, Gott in seinen Ordnungen zu bewundern und zu ehren und sie unangetastet zu lassen. Das Sonnensystem zu stören, wenn wir's vermöchten, würde ein Frevel sein. Daß wir das Mikro-„Sonnen"-System des Atoms aufbrechen, scheint uns, da wir es ja können, auch ethisch vertretbar. Wir erschrecken vor dem, was dieser Eingriff anrichten kann, nicht aber davor, daß wir hier mit der Schöpfung nicht nur umgehen (1,28), sondern möglicherweise ihre Ordnung antasten. Ich kann nur bekennen, daß ich auf die Frage nach der Vertretbarkeit hier keine klare Antwort weiß. Hoffentlich wird es nicht zu spät sein, *wenn* wir sie wissen. – Gott erhält durch seine Ordnungen unsere – gefährdete – Welt, denn er *will* seine Schöpfung, trotz unserer Sünde.

Lebenserhaltende Ordnungen sind aber nicht nur die Gesetzmäßigkeiten, die uns gegeben sind und die wir vorfinden, sondern auch die, bei denen Gegebensein und Aufgegebensein ineinander verschränkt sind. Wir können in der hier erforderlichen Kürze nicht eine Lehre vom *Gesetz* entfalten. Genug: die Ordnung im geschichtlichen Raum ist das von uns zu respektierende Gesetz, durch das Gott Leben fortgehend schafft und erhält. Würde nur eines der Zehn Gebote außer Kraft gesetzt, unser Leben mit-

einander (V. 19!) würde aus den Fugen gehen. Verstoßen wir gegen Gottes Gesetz, haben wir die Folgen zu tragen; gesetzwidriges Leben macht sich selbst Abbruch – bis zur Selbstvernichtung. Auch dies eine Weise Gottes, die Welt zu erhalten!
Wir sind noch immer da und sollen nach Gottes Willen als seine Schöpfung fortbestehen. In seinen lebenerhaltenden Ordnungen sehen wir Gott verborgenermaßen in der Welt und an ihr wirken. Es sollte, indem wir unsere Welt betrachten, in uns etwas von dem Staunen sein, das aus unserm Text vernehmbar ist.

3.

Man könnte, hört man nur unaufmerksam hin, aus der Erhaltungsgarantie Gottes den Satz ableiten: nun werde die Erde ewig bestehen, und die Geduld Gottes, in der er sich mit der Bosheit unserer Herzen abfindet und arrangiert, wäre die Endregulierung seines Verhältnisses zur Menschheit. Nun lesen wir aber: „Solange die Erde steht, ...“. Die im Text artikulierte Entscheidung Gottes wäre also limitiert. Man könnte den Sachverhalt auf die sinnlose Formel bringen: Solange die Erde steht, wird sie stehen. Oder etwas sorgfältiger gedacht: Gott will die Welt, er gibt ihr Zeit, aber nur auf Widerruf, so daß man nun doch jeden Augenblick damit rechnen muß, daß dem, was eben noch Bestand hat, ein Ende bereitet wird. Es könnte sein, am Ende wird uns doch nur wieder aus der Hand geschlagen, was wir gerade erst empfangen haben.
Es bleibt dabei: zwischen Sintflut und Wiederkunft des Herrn Gottes Ja zu dieser Welt, wenn auch ein befristetes Ja. Wieso das?
Wir wollen uns jetzt nicht mit der Frage auseinandersetzen, wie die Endlichkeit unserer Welt im zeitlichen Sinne naturwissenschaftlich und philosophisch zu vertreten sei. Wir können uns das deshalb ersparen, weil die eschatologischen Aussagen des christlichen Glaubens kein Hineinreden in naturwissenschaftliche Gedankengänge und Erkenntnisse sind, sondern einer eigenen – anderen – Dimension zugehören. Die Wiederkunft des Herrn, die alles Geschehen in der Zeit limitiert, wird weder aus den Gegebenheiten der Raum-Zeit-Welt entspringen noch in sie einzuordnen sei. – Es geht uns in unserm Zusammenhang auch nicht um die Frage: Wie stabil sind die Ordnungen, in denen unsere Welt verfaßt ist?, sondern um die andere: Wie steht Gott zu seiner Schöpfung? Was haben wir künftig von Gott zu erwarten?
Die Antwort kann jetzt tatsächlich nur in zwei Aussagen erfolgen. Einmal: Gott will wirklich seine Welt erhalten. Er hat ihr die Ordnungen gegeben und bewahrt, in denen sie existieren kann, so daß das Leben weitergeht und wir gewiß sein dürfen: Gott will nicht Zerstörung und Vernichtung, sondern er will Bestand, Frieden, Versorgung mit dem Nötigen, Weitergabe des Lebens (V. 7 ist die Wiederaufnahme des Schöpfungssegens!), er will auch das Glück der Menschen. Wir sahen: es beginnt nach V. 13 ein neues Menschheitsjahr. – Sodann aber: Die Ordnung, in der wir leben, ist *Notordnung*. Heile Welt – aber die Bosheit des menschlichen Herzens von Jugend auf bleibt bestehen? Eine funktionierende Welt – aber nicht – oder falsch funktionierende Menschen? Schuld – und sie bleibt unbereinigt, wird nur übergangen, in Geduld übersehen, steht aber immer noch an? Ein Gott, der seine Menschen sich zum Gegenüber erschaffen hat, sich aber für immer damit abfinden müßte, daß sie wegsehen, stumm bleiben, sich nicht für ihn interessieren? Gen. 8 ist nicht das Ende der Wege Gottes, ist nur eine Zwischenstation. Es ist die Interimslösung eines Modus vivendi, die den Fortbestand der Welt ermöglicht, bis, wenn die Zeit erfüllt sein wird, der neue Weg beschritten wird. Gott wird sich auf die Dauer mit dem Zustand der

menschlichen Herzen nicht zufriedengeben. *Wir* tun es vielleicht. Wir finden den gegenwärtigen Zustand wahrscheinlich ganz normal oder doch wenigstens erträglich. Gott nicht. Er will mehr als konservierende, den Fortgang des Lebens ermöglichende Ordnungen. Er will unsere Herzen. Die Bibel ist mit Gen. 8 nicht zu Ende.

Trotzdem: der Augenblick, an dem die Anfänger der neuen Menschheit den Boden der nachsintflutlichen Erde betreten, die Stunde, in der sie ihr Opfer entzünden und von Gott erfahren, daß er zu dieser Welt sein Ja spricht, wirkt wie ein Vorspiel für Kommendes. Gott wird noch einmal eine neue Menschheit beginnen (vgl. z. B. Röm. 5,12ff.). Ihr „Erstling": Jesus Christus. Die aus der Arche hervorgehen: die Gemeinde der kommenden Welt (vgl. 1. Petr. 3,20f.). Das Opfer – besser als das des Noah – ist Jesu eigenes Opfer. Das begründet und bringt die neue, ungetrübte Gemeinschaft zwischen Gott und den Seinen. Um die Menschheit für dieses Neue aufzusparen, ist ihr Zeit gegeben. Alle äußere Ordnung in der Welt hat diese Aufgabe: Raum zu schaffen für das, was durch Christus an uns geschehen soll.

21. Sonntag nach Trinitatis. Matth. 10,34–39

10,34–36 hat seine Parallele in Luk. 12,52f.; die folgenden drei Verse (37–39) haben sie in Luk. 14,26f. + 17,33. Die Reihenfolge ist also nicht schon in Q so gegeben. Das Wort vom Kreuztragen (V. 38) erscheint daneben im Zusammenhang der ersten Leidensverkündigung (Mark. 8,34 Par.) im ganzen fünfmal. Der Schlußvers findet sich (mit gewissen Abweichungen im einzelnen) in der Überlieferung sogar sechsmal (Mark. 8,35; Matth. 10,39; 16,25; Luk. 9,24; 17,33; Joh. 12,25), wahrscheinlich einmal von der erzählenden, das andere Mal von der Logien-Überlieferung her; es muß sich der Gemeinde besonders tief eingeprägt haben. 10,34–36 eines der Ich-Worte, „in denen Jesus von seinem Kommen redet" (Bltm., GsTr., S. 164): Mark. 1,38; 2,17; 9,37; 10,45; Matth. 5,17; 10,34–36.40; 11,18f.; Luk. 10,16; 12,49f.; 19,10). Hinter unserm Wort steht Micha 7,6 (Wirren der Endzeit) und etwa Sanhedrin f97a: „In dem Zeitalter, da der Sohn Davids kommt, ... wird die Tochter wider ihre Mutter auftreten und die Schwiegertocher wider die Schwiegermutter." Bultmann meint: „Die Gemeinde hat Jesus selbst – der damit an die Stelle Gottes tritt als Lenker der Geschichte – verkündigen lassen, daß er diese Schreckenszeit bringt, und sie hat die Weissagung offenbar in ihren eigenen Erfahrungen erfüllt gesehen" (a. a. O., S. 166). Die Ich-Worte sind nach Bultmann von der palästinensischen bzw. (überwiegend) hellenistischen Gemeinde produziert: „Aus den bitteren Erlebnissen der Urgemeinde wird Matth. 10,34–36 bzw. Luk. 12,51–53 ... entstanden sein" (a. a. O., S. 176). Ich kann das nur mitteilen mit der Bemerkung, daß mich keines der hierzu von Bultmann beigebrachten Argumente überzeugt.

V. 34: Wieder eines der überspitzten Jesusworte. Es „widerstreitet bewußt der Erwartung und Meinung: man erwartet den Messias als Friedensfürsten (Jes. 9,5)" (Schniewind im NTD). Die μάχαιρα ist „Symbol grauenvollen Blutvergießens" (Offb. 6,4) (ThWNT IV, S. 531). Hier jedoch meint es „kaum Kampf mit Waffengewalt, sondern spricht in bildlicher Rede davon, daß, wer sich für Jesus entscheidet, mit der Feindschaft selbst der ihm am nächsten stehenden Blutsverwandten rechnen muß" (ebd.). Lukas setzt für μάχαιρα das Wort διαμερισμός, womit genau das Gemeinte getroffen sein dürfte. – V. 35: Matthäus hat das Gegeneinander zwischen den Generationen im Auge (anders Lukas). – V. 37: Die Lukasfassung (μισεῖ) ist anstößiger, weil schroffer (wenn auch „hassen" in semitischer Sprachgewohnheit soviel bedeuten kann wie nicht-erwählen); sie hat vielleicht gerade darin ihr Echtheitszeichen. Apg. 5,29 wird hier auf die Familie angewendet. „... ist mein nicht würdig": „eine von Matthäus bevorzugte Ausdrucksweise (vgl. V. 11.13) (Grdm.). „Des Evangeliums *wert* ist der Mensch, der das Evangelium aufnimmt, und deswegen, weil er es aufnimmt; ein Verdienstgedanke ist durch den Charakter des Evangeliums ausgeschlossen (ThWNT I, S. 378). Man sollte vorsichtig übersetzen: „Der paßt nicht zu mir' (ἄξιος = entsprechend, Bauer, WB, unter 1 b). – V. 38: „Kreuz" könnte auch nach Bultmann ein geläufiges Bild für Leiden und Opfer gewesen sein (a. a. O., S. 173; vgl. Schniewind zu Mark. 8,34). – V. 39: εὑρίσκειν könnte, wie Lukas 17,33 erkennen läßt, den Sinn von „erwerben, sich verschaffen" haben (ThWNT II, S. 767 f.); es dürfte nur der Sinn des ungesuchten und unverdienten Zuteilwerdens nicht untergehen.

Der Text verlangt Ausleger und dann auch Predigthörer, die die übertreibende Redeweise Jesu recht verstehen – nicht so, daß sie, was scharf gesagt ist, flugs entschärfen, wohl aber so, daß sie sich klarmachen, warum hier so alarmierend geredet ist. Es wird auch in der Gemeinde immer wieder solche geben, die aus Mißverstand hier Anstoß nehmen; denen muß geholfen werden.

Neben dieser Schwierigkeit stoßen wir aber sofort noch auf eine zweite. Es dürfte kein ungerechtfertigtes homiletisches Postulat bzw. sogar Prinzip sein, wenn wir behaupten: auch dieser Text muß *evangelische* Botschaft enthalten, will also auch evangelisch ausgelegt sein. Kampf, Zwietracht, Martyrium: niemand wird dahinter sofort Hilfe, Befreiung, Seligkeit erkennen. Selbst wenn wir theologisch damit zurechtgekommen sein sollten, bleibt – und zwar gerade dann, wenn wir dem Text treu bleiben wollen – die ständige Versuchung, dem Negativen, hinter dem sich das Positive verbirgt, ein falsches Gewicht zu geben. Der Prediger frage sich, wie dieses Wort als stärkendes, helfendes, tröstendes Wort vernommen werden kann. Darum der Vorschlag, den Hebel in V. 39 anzusetzen und dessen positive Aussage zum beherrschenden Oberthema zu machen: *Durch Jesus sollen wir das Leben haben, das diesen Namen verdient,* – (1) *obschon in Leiden,* (2) *obschon in Konflikten,* (3) *obschon in der Drangabe des Lebens.*

I.

Es ist, als hätten wir nicht richtig gehört: Nicht Frieden, sondern das Schwert. Ruft Jesus zum „heiligen Krieg" auf? Befindet er sich in der Oberservanz der Leute von Qumran, die auf den apokalyptischen Krieg warteten und dafür exerzierten? (Vgl. Hans Bardtke, Die Handschriftenfunde am Toten Meer, Berlin I, 1952, S. 145 ff.; II, 1958, S. 121 ff., vollständige Übersetzung der Kriegsrolle S. 215 ff. Dazu Leipoldt-Grundmann, Umwelt I, S. 258.) Nichts in der Überlieferung weist darauf hin, daß Jesus Gedanken dieser Art jemals propagiert oder auch nur erwogen hätte; daß sie ihm im Sinne der Anfechtung zu schaffen gemacht haben, könnte man allenfalls aus 4,8–10 entnehmen. Jesus hat die „Friedensstifter" selig gepriesen (5,9) und dem Jünger den Schwertgebrauch verwehrt (25,51–54). Das „Heil", das den „Frieden" einschließt, sollen Jesu Jünger in die Häuser tragen (10,12). Jesu Diener „kämpfen" nicht um das Reich ihres Herrn (Joh. 18,36). Sie führen wohl das Schwert, aber das ist „das Schwert des Geistes", und ihre „Kampfbereitschaft" bezieht sich auf das „Evangelium des Friedens" (Eph. 6,15.17). Sie lieben ihre Feinde und segnen die, die ihnen fluchen (5,44, altes Evangelium). Wir bedürfen nicht weiterer Belege. Wieso aber dann „Schwert"? Man könnte zunächst so antworten: Nicht, daß die Jünger den Kampf in die Welt tragen sollen; aber sie werden in ihn verwickelt. Nicht, daß sie das Schwert brauchen sollen; aber es wird gegen sie gebraucht werden, und sie werden es erleiden. So Schniewinds Verständnis der Stelle. Wir haben über diesen Teil unserer Besinnung das Wort Leiden gesetzt, das im Text gar nicht vorkommt. Es ist – in Klartext umgesetzt – eben das, was das Wort vom (erlittenen) Schwert meint. Die engsten Gefolgsleute Jesu dürften zumeist das Martyrium er-

litten haben. Auch wo es nicht dazu kam, war ihr Leben voller Gefahr, Unruhe und Opfer. Man befrage darüber Paulus (2. Kor. 11). Der Weg der Christenheit durch die Welt ist mit Märtyrergräbern gesäumt. Der Dienst zur Ausbreitung des Evangeliums schloß Verzicht, Risiko, Strapazen, Selbstverleugnung ein. Es wurde und wird nicht jedem das gleiche auferlegt. Der Herr gewährt seiner Gemeinde Zeiten, in denen sie Ruhe hat; wir wollen dankbar sein, wenn uns dies gegönnt ist. Aber die Bereitschaft, das Leiden auf uns zu nehmen, muß auch dann bleiben, wenn wir „ein ruhiges und stilles Leben führen" dürfen „in aller Gottesfurcht und Ehrbarkeit" (1. Tim. 2,2).
Und doch wird das „Schwert" nicht von ungefähr erlitten; es wird ja überhaupt nicht *nur* erlitten, sondern auch – in dem vorhin beschriebenen Sinne – aktiv *geführt*. Jesus ist ein unbequemer Mann, weil er eine unbequeme Botschaft bringt. Wie sollte er sich spannungslos in die Welt und ihre Vorstellungen und Tendenzen einfügen können, wenn er das Reich Gottes verkündigt und – in seiner Person – verwirklicht? Daß Gott über seine verlorene Welt die Herrschaft wiedergewinnt, das kann ja gerade nicht bedeuten, daß alles beim alten bleibt und wir mit unserer frommen Gottlosigkeit so weitermachen dürften. Es heißt ja auch nicht, daß Jesus der König in einem Reiche „zollfreier" Gedanken wäre, die man in seiner niemanden beunruhigenden Innerlichkeit bewegt. Jesu Auftreten bedeutet das Schach für den alten Menschen mit seiner sündigen Selbstzufriedenheit und seinen falschen Hoffnungen. Wir kennen uns: der alte Adam ist ein Spießer; er will sich nicht aus der Ruhe bringen lassen. Einen Jesus, der nichts fordert, sondern ihn nur lobt und bestätigt, würde er gern gelten lassen. Aber einen Jesus, der uns für Gott in Anspruch nimmt und mit dem Sündenschlendrian unseres bisherigen Lebens aufräumt, wehrt er ab. Es ist ja auch nicht leicht, sich sagen zu lassen, daß es so wie bisher nicht weitergeht und daß das aus Eigenmächtigkeit, Selbstüberschätzung und Selbstsicherheit errichtete Kartenhaus nicht lange halten wird. Wenn Gottes Herrschaft Wirklichkeit wird, dann wird dies ja nicht nur diese oder jene leichte Korrektur an unserm gewohnten Leben bedeuten. Da verbrennt man, was man angebetet, da betet man an, was man verbrannt hat. Da hört man auf, auf sich selbst, auf andere Menschen oder den glücklichen Zufall zu hoffen; man lernt, seine Hoffnung ganz auf Gott zu setzen. Da richtet man sich darauf ein, daß das Haus dieser Welt, in dem man es sich nach Kräften gemütlich gemacht hat, abgerissen und durch ein neues ersetzt wird. Exodus!, heißt es dann – nicht nur in die nächste Variation des alten Lebens hinein, sondern in die neue Welt Gottes. Das alles ist schon beunruhigend. Man wundert sich, daß unser Christsein sich so „brav" und „zahm" darstellt; man sollte sich besser fragen, ob das so in Ordnung ist, wenn wir uns von dem, was man ohne und vor Christus ist, so wenig unterscheiden. Tatsächlich: Jesus will eine heilsame Unruhe in unser Leben und in unsere Welt bringen. Daß er auf Widerstand stößt, sollte niemanden wundern. Seine Verurteilung und Hinrichtung sind nicht ein bedauernswertes Mißgeschick, ein unglücklicher Zufall, ein unbegreiflicher Irrtum der Maßgebenden. Wo Jesus ist, da stoßen zwei Wirklichkeiten aufeinander: die Sünde, der Affront gegen Gott einerseits – und andererseits der Angriff der Liebe Gottes auf seine abgefallene Welt. Jesu Sache ist nicht etwas, was konfliktlos und darum auch lautlos und sanft in die Welt einsickert. Das „Schwert"!
Nun hätten wir Jesus aber ganz falsch verstanden, wenn wir das Beunruhigende an seinem Wort und Werk als etwas Feindseliges deuteten. Der streitbare Jesus tut uns nichts zuleide, nur alles zuliebe. In dem Konflikt mit der Welt, sofern sie sündig ist, schlägt er niemandem Wunden; *ihm* werden Wunden geschlagen und ins Fleisch genagelt. Bedeutet das, daß er mit seinem Liebesangriff auf die Welt gescheitert ist?

Das Gegenteil ist der Fall. Nichts stellt die Welt, wie sie ist, so kräftig und radikal in Frage wie Jesu Kreuz. So geht es, wenn Gott sich in die sündige Welt hineinwagt: die bringt ihn glatt um! Und dies gerade da, wo sie am frömmsten scheint. Die „Kirchenbehörde" in Jerusalem hat das Todesurteil gefordert; ohne sie wäre Pilatus schwerlich auf den Gedanken gekommen, sich an Jesus zu vergreifen. Harter Konflikt: die Welt gegen Gott. Aber: Gott *für* die Welt. Nicht, damit sie in dem, was sie ist, bestätigt werde, sondern damit ihr eine neue Möglichkeit des Lebens vor und bei Gott gegeben werde. Seltsames „Widereinander"! Man kann es nicht anders sehen: Gott liebt seine Feinde (Ev. des Sonntags). Und die merken noch nicht einmal, daß sie geliebt werden! Der Konflikt, den Jesus erlitten hat, setzt sich dort fort, wo dieses Christusevangelium weitergesagt wird. Da fliegen die Späne! Jesus sagt es seinen Leuten voraus. Sie werden sein Kreuz auf sich nehmen müssen, wenn sie ihm nachfolgen (V. 38). Aber sie stehen im Dienste einer herrlichen Sache. Sie werden mit niemand anderem tauschen. Sie stehen im Dienste des Lebens, das seinen Namen verdient; sie gewinnen es selbst. Das geheimnisvolle Gesetz, nach dem Jesus gerade durch tiefste Erniedrigung zu dem „Namen über alle Namen" gekommen ist (Phil. 2,8–10), wirkt sich mutatis mutandis auch an ihnen aus. Sie verlieren bei Jesus nichts, ohne das Eigentliche und Beste zu gewinnen.

2.

Durch Jesus sollen wir das Leben haben, das diesen Namen verdient – obschon in Konflikten. An was für Konflikte dabei gedacht ist, sagt der Text klar. Der Christ gerät in Spannungen zu seiner Umwelt, gerade auch zu seinen allernächsten Mitmenschen. Schon zweimal hat uns in dieser Reihe dieses Thema beschäftigt (13. und 15. S. n. Trin.); die Wiederholung wird nur dann nicht lästig sein, wenn wir den übergreifenden Gedanken – diesmal: das lebenswerte Leben – deutlich werden lassen. Zugehörigkeit zu Jesus kann uns Menschen entfremden, die uns lieb sind. Es könnte schon ein bißchen weh tun, wenn der Christ als Sonderling, als Außenseiter, als wunderlicher Heiliger gilt (er mag sich fragen, ob er unnötig dazu Anlaß gibt). Aber es kann auch sehr viel tiefer gehen. Kein Zweifel: die Christenheit der ersten Jahrzehnte hat in Jesu Wort ihre eigenen Nöte deutlich abgebildet gesehen. Das muß keineswegs heißen, daß sie sich den Trost solcher Worte selbst zurechtgelegt und nur auf ihren Herrn zurückgeführt, d. h. ihm zugeschrieben hätte. Der kannte die Konflikte selbst, aus eigener schmerzlicher Erfahrung (Mark. 3,21.31–35 – 13. S. n. Trin.). Wer nur das in der Familien- und Gruppentradition Übliche tut, riskiert nichts; wer in höherem Gehorsam aus solchen Gewohnheiten und Selbstverständlichkeiten ausbricht, muß mit Entfremdung, Nichtverstehen und Zwistigkeiten rechnen, auch unter seinen Kollegen und in der Öffentlichkeit. Wenn dadurch gerade die engste Familiengemeinschaft zerreißt, so tut das weh. Vielleicht muß sich einer sogar einen erheblichen Ruck geben, um sich für das, was sein Glaube gebietet, zu entscheiden (Luk. 9,61) und damit durchhalten zu können (vielleicht gehören Apg. 13,13b und 2. Tim. 4,10a hierher). Eine Stelle wie 1. Kor. 7,15 liest sich leicht – was für Nöte und Schmerzen können damit zusammenhängen!
Jesu Gefolgsleute werden solche Konflikte, wo nötig, auf sich nehmen; sie werden sie aber nie suchen. Jesus stiftet und festigt Gemeinschaft. Nichts bindet Menschen so fest aneinander wie die aus der Vergebung entstandene und in ihr geweihte Liebe. Die Liebe Jesu läßt sich durch Feindschaft nicht beirren, ja, sie verwirklicht ihr Wesen gerade hier am konsequentesten (5,44 – Evangelium des Sonntags). Kein Zweifel: Jesus will nicht zertrennen, sondern zusammenführen, was zusammengehört.

Es wäre keineswegs in Jesu Sinne, wenn wir Christen die Grenzen unserer Gemeinschaft undurchlässig machten („Gruppenhaut") und die Beziehungen zu denen „draußen" unserseits durch negative Emotionen und Affekte belasteten. Der mit den Zöllnern und Sündern zu Tische saß, dürfte der letzte sein, der uns eine „christliche" Exklusivität lehrt und uns gegen Andersdenkende mit Mißtrauen auflädt. Daß Jesus seine Leute gegen Vater, Mutter und Schwiegermutter – es gibt zu denken: gegen die ältere Generation – „erregt" (der Urtext spricht nur von „entzweien"), bedeutet schon, daß es ohne Jesus zu solchen Scheidungen nicht käme, sagt aber sicher nicht, daß es Jesus darauf abgesehen hätte. Eine klare Glaubenshaltung – die allerdings ist erforderlich – wird Entzweiungen mit sich bringen, leider. Provozieren werden wir sie nicht. Im Gegenteil, es gilt, sachliche Entschiedenheit und menschliche Nähe – letzteres mit der nötigen Elastizität und „Lindigkeit" (Phil. 4,5) – miteinander zu verbinden. Es will gut bedacht sein, daß die – vermeintliche – Gewissensbindung und Grundsatzfestigkeit des Glaubens uns leicht zu einer Schroffheit verführt, für die wir uns nicht mehr auf Jesu Wort berufen dürfen (und die, wie uns die Psychologen klarmachen, meist auf eine Labilität in der Sache zurückdeutet). Konflikte können gerade unter Christen eine Schärfe bekommen, über die sich niemand anderes freut als der Teufel.

Aber nun kommt es, leider, eben doch zu Rissen in der menschlichen Gemeinschaft, und dies um Christi willen. Da entdeckt irgendwo in der Welt ein Mensch Christus, aber das Gesetz seiner Sippe, seines Stammes, seines Volkes will es, daß er den alten Göttern dient. Der junge Christ hat die, mit denen er bisher verbunden war, mit einem Male gegen sich; sie meinen, er bringe durch seinen neuen Glauben über sie alle den Zorn der Götter. Unzählig sind die Beispiele aus der Missionsgeschichte, zahlreich auch die aus der modernen säkularen Welt, in der, unter anderem Vorzeichen und unter anderen Modalitäten, doch ähnliches sich zuträgt. Jesus übernimmt gewissermaßen die Verantwortung dafür. Vor der Welt „Deckung nehmen", das wäre nicht in seinem Sinne (VV. 32f.), auch nicht, durch Halbheiten auszuweichen. Wohl ist es wahr: mit einem farblosen, konturlosen Allerweltchristentum und einem verwaschenen „Evangelium" käme es nicht zu Spannungen und Auseinandersetzungen. Leicht zucken wir und kneifen. Ginge es auf flexible Weise nicht leichter? Man müßte dann freilich ändern: Ich bin der Herr dein Gott – du kannst aber getrost auch andere Götter haben neben mir (vgl. Exod. 20,3). Ihr könnt beruhigt zugleich trinken den Kelch des Herrn und den Kelch der Teufel (vgl. 1. Kor. 10,21). Oder: Ich bin der Weg, die Wahrheit und das Leben – man kommt aber zum Vater auch ohne mich (vgl. Joh. 14,6). Oder: Es braucht einer nicht von neuem geboren zu werden – er kann das Reich Gottes auch so sehen (vgl. Joh. 3,3). Es wäre nicht schwer, die Beispiele zu vermehren. Es wird an ihnen deutlich: Das Evangelium bekommt gerade durch seine Konkretheit, durch die mit seinem Impetus gegebene Zuspitzung, einen exklusiven Charakter (was nicht die vorhin erwähnte „sarkische" Exklusivität rechtfertigt!). Das Evangelium duldet nicht das Verharren in der Entscheidungslosigkeit, die sich ad infinitum alle Möglichkeiten offen hält. Jesus müßte uns sein Bestes vorenthalten, wenn er uns dies erlauben wollte. Es kann nicht anders sein, als daß ein Christ oft von seinen Mitmenschen nicht verstanden wird. Er wird sich mühen, sich verständlich zu machen. Er wird dazu viel Geduld aufwenden. Er wird es immer wieder versuchen. Er wird sich auch immer klarmachen, daß es in den Dingen des Glaubens letztlich kein Begreifen von außen her gibt, daß das Begreifen vielmehr mit dem Überwundenwerden zusammenfällt (1. Kor. 2,14f.). Kann sein, es muß einer sein Leid lange tragen. Er soll nicht vergessen, daß Jesus davon weiß.

Was einer gewinnt, ist mehr, als er hingibt – „nicht größer und kostbarer" im Sinne einer bloß quantitativen Steigerung des Irdischen, das man einsetzte, sondern „höher als ‚alles'", „die Kostbarkeit des ‚ganz Anderen' ..., daß der Ruf der Herrlichkeit des Reiches Gottes empfunden wird" (R. Guardini, Der Herr, Leipzig 1954, S. 217).

3.

Durch Jesus sollen wir das Leben haben, das diesen Namen verdient – obschon in der Drangabe des Lebens. Damit sind wir bei V. 39, diesem so tiefen und von der evangelischen Überlieferung so häufig dargebotenen Wort. In der Zumutung, das Leben um Jesu willen zu verlieren, werden nun wirklich und eindeutig wir selbst getroffen. Es könnte sein, der Satz ist sachlich nichts anderes als eine Variante des Wortes vom Kreuz im Sinne der Bereitschaft zum Zeugentod. Dann wäre dazu das Nötige bereits gesagt; nicht nur der gute Geschmack, sondern auch die Ehrlichkeit werden es gebieten, daß wir, sofern es um uns selbst geht, an dieser Stelle äußerst sparsam und zurückhaltend sprechen. Die Kirche hat auch in den großen Verfolgungszeiten mit geistlicher Instinktsicherheit davor gewarnt, daß Christen (was nicht selten vorkam) sich zum Martyrium drängten. Keiner weiß, wie er, hätte es ihn getroffen, diese äußerste Probe des Glaubens und Gehorsams bestanden hätte. Und dennoch will das vorliegende Jesuswort nicht einfach so verstanden und dann – abgetan werden mit der Auskunft, es handle sich hier ja um den – hoffentlich und auch höchstwahrscheinlich nie eintretenden – Extremfall eines letzten Gefordertseins. Der Satz gilt für *alle*. In welchem Sinn?

„Wer sein Leben zu gewinnen trachtet, wird es verlieren." Natürlich weiß Jesus, daß jeder Mensch darauf bedacht ist, sein Leben zu erhalten und soviel wie möglich dabei zu gewinnen. Der uns anerschaffene Selbsterhaltungstrieb gehört zu den lebenerhaltenden Kräften der Schöpfung Gottes. Das Verlangen nach Geltung und Ansehen hängt mit unserer Personalität zusammen, also gerade mit dem spezifisch Menschlichen. In dem Verlangen nach Glück wirkt sich die Sehnsucht nach der verlorenen paradiesischen Heimat aus. Das Verlangen nach Leben steckt ganz tief in uns, legitimerweise. Zugleich liegen hier unsere größten Gefahren. Indem wir uns selbst ganz wichtig machen, verspielen wir unser eigentliches Leben. Das gesunde Lebenwollen kann zu einem feigen Sicherheitsbedürfnis entarten, zu einem eigensüchtigen Bedürfnis, sich zu schonen. Das Verlangen nach Angenommen- und Anerkanntsein verdirbt zum Ehrgeiz und zur Geltungssucht, zum eifersüchtigen Bedachtsein aufs eigene Prestige. Das Glücksverlangen, eigentlich etwas ganz Gesundes und Natürliches, kann sich in selbstsüchtige Gier verwandeln, in die krankhafte Unruhe des Mehr-Habenwollens. All die Entartungserscheinungen machen uns im übertragenen, vielleicht sogar im eigentlichen Sinne krank. Man sucht das Leben – gerade so verliert man es. Man verliert, was man gerade retten wollte. Oder man könnte finden – und findet nicht, weil das verborgene Gesetz unseres Lebens es so will, daß wir nur im Drangeben gewinnen können.

Dies gilt zunächst im Blick auf die Sache Gottes. Hier befinden wir uns z. B. wieder in der Thematik des 18. Sonntags nach Trinitatis: Der Reiche vermochte es nicht, sich von seinem Besitz zu trennen; so verlor er Gott und seine Sache. Was uns hier „Leben" scheint, kann ganz verschiedene Gestalten haben. Kann sein, wir müssen wählen: Gott oder unsere Bequemlichkeit, Gott oder unsere äußeren Erfolge, Gott oder unser Ansehen in der Welt, Gott oder unser Rechthabenwollen (usw.). Es könnte sogar so banal aussehen: Gott oder die Faulheit am Sonntagvormittag, die uns nicht aus dem Bett finden läßt.

Aber Jesu Wort gilt nun auch im ganz „weltlichen" Leben. „Das ‚Verlieren des
Lebens' beginnt schon in den täglichen Dingen; das ‚Sterben' … kann schon in der
Weise erfolgen, wie man in der nächsten Stunde mit einer Leidenschaft fertig wird"
(Guardini, a. a. O., S. 221). Mit dem krampfhaften, aus der Angst entstehenden Festhalten meines eigenen Lebens, meiner Wünsche, meiner Interessen, meines Glücks-
verlangens mache ich mein Leben selbst kaputt. Ich kann so mit mir selbst beschäftigt sein, daß alles andere versinkt; ich sollte mich dann freilich nicht über Einsamkeit beklagen. Es kann passieren, daß ich so wenig für andere da bin, daß ich an
meiner Ichzentriertheit krank werde; ich sollte dann aber nicht den lieben Gott verklagen, daß er es anderen besser gehen läßt als mir, und nicht die anderen, daß sie
nicht viel Lust haben, mir beizustehen. Es kann sein, daß ich in meinem Leben immer
nur auf die Einnahmenseite meines Kontos starre und nichts ausgeben will. Aber in
Jesu Schule könnte ich lernen: reich werde ich durch die – Ausgaben.
Zwei Beispiele dazu: Die tiefste Gemeinschaft der Ehe, die das Prädikat „Leben"
verdient, kommt da zustande, wo zwei Menschen das, worin sie – jeder für sich –
„auf ihre Rechnung kommen" wollten, *hineinopfern* in die Gemeinsamkeit. Glücklich
werden – Nebensache. Glücklich *machen* – darauf kommt es an. Und erstaunlich:
indem man darauf bedacht ist, glücklich zu *machen, wird* man es. Rechthabenwollen
verdirbt die Ehe; wissen, daß zwei Sünder miteinander verbunden sind, denen Christus alles, alles vergeben hat, dies *baut* die Ehe. – Das zweite Beispiel nicht aus dem
persönlichen Leben, sondern vom Schauplatz der Welt. Der Fortbestand der Menschheit ist durch das Vorhandensein der modernen Superwaffen in einer Gefahr, wie sie
noch nie bestanden hat. Wenn die Menschheit nicht wach wird und die Verantwortung für den Frieden der Welt nicht in höchster Aktivität wahrnimmt, verspielt sie
die Chance ihres Überlebens. Hier ist kein Preis zu hoch, kein Opfer zu schwer. Die
Menschheit wird von der Hingabe solcher Menschen leben, die in der Bemühung
um den Frieden, um Gemeinschaft unter den Völkern, um Beseitigung von Herden
des Unheils, um Aufbau von Basen des Vertrauens usw. sich selbst nicht schonen und
darin den anderen vorangehen. Es sind dabei schon große Opfer gebracht worden.
Wir werden das „Leben" nicht gewinnen können, wenn uns das Leben im vordergründigen Sinne als Einsatz zu kostbar scheint. Mit den Worten des Textes gesprochen: Wer die εἰρήνη für die Welt will, darf im äußersten Falle die μάχαιρα, die er
zu spüren bekommt, nicht scheuen.
Aber das sind nur Beispiele. Wir haben sie im Sinne des Evangeliums richtig verstanden, wenn wir begreifen, daß die Drangabe des Lebens letzten Endes darin besteht, daß wir aufhören, vor Gott auf eigenen Füßen stehen zu wollen. Wir haben
das Leben nicht in dem, was wir uns verschaffen, erkämpfen, erdienen, sondern in
dem, was Gott gibt. Darum liegt der Schwerpunkt unseres Lebens in Jesus. Man
braucht sich nicht mehr selbst zu sichern und zu rechtfertigen, zu verteidigen und
zu versorgen, wenn man *den* entdeckt hat, der unser Leben ist (Kol. 3,4; Phil. 1,21).
Wie er uns auch führt, es läuft nicht darauf hinaus, daß wir verlieren und einbüßen,
sondern daß wir *finden*.

22. Sonntag nach Trinitatis. Matth. 18,15–20

V. 15 hat eine Parallele in Luk. 17,3; sonst ist der Abschnitt Sondergut des Matthäus.
Bultmann meint, das lukanische Jesuslogion sei hier zu Vorschriften über die Gemeinde-
disziplin fortgebildet (GsTr., S. 151); dies erscheint einleuchtend nicht zuletzt darin, daß

nach Joh. 20,23 der *Auferstandene* den Jüngern die Löse- und Bindegewalt verleiht. Wir hätten es also mit einem Stück Gemeindeordnung zu tun, vielleicht nicht einmal eigens für unser Evangelium formuliert, sondern in diesem wörtlich zitiert. Zum Ganzen vgl. W. Trilling, Das wahre Israel, 1975, S. 113 ff. Daß, was in 16,19 dem Petrus allein übertragen ist, hier einem größeren Kreis zugesprochen wird, könnte im Weggang des Petrus aus Palästina (1. Kor. 9,5; Apg. 12,17d) oder gar in seinem Tode (gegen letzteres spricht die altertümlich-palästinische Sprachgestalt des Stückes) begründet sein (vgl. Grundmann z. St.). Daß die Gemeinde als ganze die Nachfolge des Petrus antritt, wird in der exegetischen Literatur verschiedentlich behauptet, z. B. Ed. Schweizer: ,,In der Tat hat der Apostel (Petrus) Nachfolger: die Gesamtgemeinde'' – dies sei vom Kontext her eindeutig (V. 19f.) (Gemeinde und Gemeindeordnung im NT, Zürich 1959, S. 51f.). Aus den Texten ist m. E. weder dies noch das Gegenteil exakt begründbar. Wer ist das ,,du''? Wenn es sich um Kirchenordnung im Stil der Pastoralbriefe handelte, dann wäre das ,,du'' jedenfalls nicht die Gesamtgemeinde. Weiteres s. u.
V. 15: εἴς σε (der Sache nach eine Individualisierung des Vorgangs) bei vielen, nicht aber bei den **ältesten** und besten Zeugen, vgl. 5,23. ἐλέγχειν im NT: jemandem seine Sünde vorhalten und ihn zur Umkehr auffordern, d. h. aber zurechtweisen (nicht nur überführen); das Wort meint also ,,erzieherische Zuchtübung'' (ThWNT II, S. 471). Bultmann weist darauf hin, daß Sprache und Terminologie in palästinische Verhältnisse deuten: μεταξὺ σοῦ καὶ αὐτοῦ = בֵּינְךָ לְבֵינוֹ; ebenso ,,Heide und Zöllner'' V. 17. Die Ehre des Sünders soll geschont werden. – V. 16: Deut. 19,15. Vgl. 1QS: ,,Desgleichen darf keiner eine Klagesache gegen seinen Nächsten vor die Vielen bringen, wenn sie nicht (vorher in der Instanz) ‚Ermahnung in Gegenwart von Zeugen‘ gewesen ist'' (nach Bardtke, Die Handschriftenfunde ... I, 1952, S. 9 § 29 – der § 26 bezieht sich auf den Eintritt in die Gemeinde, gehört also nicht hierher). Ähnlich die Damaskusschrift (Bardtke II, 1958, S. 266, IX, 2–4). – V. 17: Das Wort ἐκκλησία bei Matthäus nur 16,19 und hier, wo es deutlich die Bedeutung Ortsgemeinde hat. ,,Heide'': er steht außerhalb Israels. ,,Zöllner'': er ist abgefallen. Beide bleiben aber Adressaten der Verkündigung. – V. 18: Gültigkeit auch bei Gott wie 16,19, vgl. Joh. 20,23. – V. 19: Wie eng der Zusammenhang mit dem Vorhergehenden ist, ist nicht deutlich. Πάλιν könnte ,,ferner'', aber auch ,,andererseits'' bedeuten. Handelt es sich um eine umfassende Gebetsverheißung (7,7; Mark. 11,24; Joh. 14,13; 15,7 u. ö.), nur mit dem besonderen Bezug auf das *Gemeinde*gebet? Oder stellt das Gebet den in V. 18 gemeinten Zusammenhang zwischen Himmel und Erde her? Dies schiene mir gekünstelt. V. 19 bezieht sich wohl, wie V. 20, überhaupt auf den Gottesdienst der Gemeinde. So wird mit dem πάλιν doch ein neues Thema angeschlagen. – V. 20: Rabbi Chananja ben Teradion (erste Hälfte 2. Jh.): ,,Wenn zwei zusammensitzen und sich mit Toraworten beschäftigen, so ist die Schekhina unter ihnen'' (Mischna, Aboth III/2 – Str.-B. I, S. 794f.). Das Wort enthält also ein deutliches Bekenntnis zur Gottheit Jesu. ,,In Jesu Namen'': wo sein Name genannt ist, ist die Fülle seines Wesens gegenwärtig und wirksam, befindet man sich im Wirkungsbereich Jesu, ja geradezu lokal in ihm (ThWNT V, S. 272 ff. – die Konkordanz, zu ὄνομα, ergibt Material in Menge).

Der Abschnitt hebt sich zwar nicht inhaltlich, wohl aber in seinem formalen Charakter von den übrigen Stücken des Kap. 18 ab. Er stellt geradezu einen ,,Artikel'' urchristlicher Kirchenordnung dar. Die ἐκκλησία, von der hier – in der den Evangelien eigenen bemerkenswerten Seltenheit (s. o.) – die Rede ist, ist jedenfalls ein so greifbares Gebilde, daß in ihr bestimmte Regeln eingehalten werden, vielleicht gar schon längst schriftlich festgehalten sind. Anklänge an die Grundsätze synagogaler oder auch in Qumran üblicher Zuchtübung lassen erkennen, daß die Gemeinde beizeiten schon bestimmter Formen bedurft und diese (vielleicht/teilweise) von dorther übernommen hat. Es wäre ein unwirkliches Bild der urchristlichen Gemeinden, wenn wir sie uns gestaltlos und ungeordnet vorstellten. Sprachliche Indizien weisen darauf hin, daß Matthäus uns hier ältestes Gut mitteilt (s. o.). Ob und inwieweit dieses auf Jesus selbst zurückgeht, ist damit noch nicht entschieden. Daß Jesus an eine ἐκκλησία von vornherein nicht gedacht habe und ihr also auch keine Regeln habe geben können, will mir – aus früher bereits erörterten Gründen – nicht einleuchten. Aber das muß ja wirklich nicht heißen, daß Jesus selbst für seine Gemeinde die Ordnung verfaßt habe. Daß Jesu Art, der Sünde im Kreise der Seinen zu widerstehen, seine Art, mit dem Schuldiggewordenen umzugehen, überhaupt seine dem Jüngerkreis geltende Fürsorge und seine Verheißungen Modell dieser Kirchen(zucht)ordnung gewesen sind, sollte man nicht abstreiten. Und wenn man schon der Meinung wäre, hier sei Qumranisches und Synagogales ohne große Modifikationen übernommen, dann hätte man immer noch zu bedenken, was der Zusammenhang bedeutet, in dem dieses Stück Kirchenordnung steht! Der himmlische Vater will nicht, daß eins von diesen „Kleinen" verlorengeht; darum poimenischer Such- und Rettungsdienst (VV. 12–14)! Und der Herr erwartet mit gutem Grunde, daß wir bereit werden, siebzigmal siebenmal zu vergeben, da jedem von uns unausdenkbar viel vergeben ist (VV. 21–35 – Evangelium des Sonntags). Das Verirrte nicht seinem Schicksal überlassen, sondern wiedergewinnen, und dies unter dem Vorzeichen der alles bestimmenden Vergebungsgnade Gottes: dies eben verlangt die in unserm Text vorgesehene „Kirchenzucht". Darin liegt aber auch, wie diese auszusehen hat. Wer sich Kirchenzucht als ein selbstzweckliches und darum unbarmherziges Ordnunghalten in der Gemeinde vorstellte, der führe freilich auf einer anderen Chaussee, als sie uns hier gewiesen wird. Achten wir darauf, daß es auch diesmal, wie der Gegenstand es verlangt, eine *evangelische* Predigt wird. Sie wird es wohl dann werden, wenn wir von V. 20 her denken: *Christus ist in seiner Gemeinde gegenwärtig.* (1) *Um seinetwillen: Scheidung von der Sünde.* (2) *Auf seine Weise: Bemühung um den Mitchristen.* (3) *In ihm: Verbindung mit dem Vater.*

I.

Der Text setzt voraus, daß wir Gemeinde von Sündern sind. Es könnte unter uns solche geben, die diese Voraussetzung nicht anerkennen. Sie werden auf Aussagen des Neuen Testament hinweisen, die den Bruch zwischen einst und jetzt so scharf kennzeichnen, daß man folgern müßte: die Gemeinde Jesu besteht aus solchen, denen die Sünden nicht nur vergeben, die vielmehr auch mit ihren Sünden fertig geworden sind (Röm. 6,12–18; 8,4; 1. Kor. 6,11; Gal. 5,16.24f.; Eph. 2,2.11.13 in Verbindung mit Eph. 4,17ff.; 1. Petr. 1,14f.; 2. Petr. 1,4; 1. Joh. 3,9). Alle Heiligungsbewegungen haben darauf den Finger gelegt, sei es, daß sie von einer annähernden oder auch von einer perfekten Heiligkeit sprachen. Das Nebeneinander von 1. Joh. 3,9 und 1,8 läßt uns indes unsere Lage anders sehen. Man sehe die neutestamentlichen Paränesen darauf durch, vor welchen Sünden und Verirrungen noch immer gewarnt werden muß, und man mache sich anhand der Paränesen klar, daß es Heiligung nur „gibt", indem man ihr „nachjagt" (1. Thess. 5,15). Christliches Leben ist ein immer neues Verlassen dessen, was einmal war, und ein Streben nach dem, was vor uns liegt (Phil. 3,12; 1. Tim. 6,11). Der einzelne Christ wird daran bis zum Ende zu tun haben. Und die Gemeinde als ganze wird das „Unkraut" nicht vor der „Ernte" ausrotten können und dürfen (13,24–30, vgl. 13,47–50). Die Herstellung einer perfekt-heiligen Gemeinde kann nicht Aufgabe der Kirchenzucht sein. Legten wir es darauf an, dann wären wir einer schwärmerisch-gesetzlichen Entstellung des Evangeliums verfallen. Wir sind jedoch kaum in der Gefahr, es mit der Kirchenzucht zu weit zu treiben. Eher steht man unter dem Eindruck, Kirchenzucht zu üben sei ein Anachronismus.

Geradezu peinlich, daß sich sog. „kirchenzuchtliches Handeln" ausschließlich auf – Kirchensteuersäumige erstreckt. Mag sein, wir befinden uns in allerlei Verlegenheit. Mit einer im Sinne der Unverbindlichkeit mißverstandenen „Ethik ohne Normen" wird von manchen die von der Liebe her bestimmte Entscheidung so sehr in das individuelle Gewissen und Ermessen verlegt, daß in der Gemeinde im Sinne unseres Textes kaum etwas zu tun sein wird. Die neutestamentliche Gemeinde freilich hatte in dieser Hinsicht „Festpreise" (1. Kor. 5,11; 6,9f.; Gal. 5,19–21; Eph. 5,5). Es wäre nicht gut, ihr Normdenken als Gesetzlichkeit zu interpretieren und damit abzutun; man vergleiche, wie sorgsam Paulus an der einen der genannten Stellen gerade das gesetzliche Mißverständnis abweist (1. Kor. 6,9–20). – Eine andere Verlegenheit bei uns möchte darin bestehen, daß wir uns scheuen, offenkundige Sünde in der Gemeinde anzugehen, weil wir fürchten, die „Kundschaft" bleibe weg, und gerade heute komme es doch auf jeden einzelnen an, der „noch" zur christlichen Gemeinde gehören will. Die kleinen Gemeinden der neutestamentlichen Zeit hätten vielleicht noch mehr Grund gehabt als wir, keinen der eben Gewonnenen zu verlieren (vgl. aber das ἐκέρδησας in V. 15!); aber sie mögen gewußt haben, daß sie mit einem kleinlichen Erfolgsdenken nicht nur an der ihnen anvertrauten Sache schuldig würden, sondern auch im Gegenüber zur Welt eine Milchmädchenrechnung aufstellten: eine Gemeinde, die nicht ernsthaft um die Überwindung der Sünde bemüht ist, vielmehr unterschiedslos alles und jedes in ihrer Mitte gelten und bestehen läßt, wird früher oder später der „Welt" uninteressant. Pharisäer gehen ihrer Umwelt auf die Nerven; aber Libertinisten sind ihr langweilig. – Verlegen macht uns weiter die Tatsache, daß wir noch immer so unübersehbar große Gemeinden haben, daß Kirchenzucht, wenn sie geübt wird, nur exemplarischen Charakter haben kann. Wer an der Aufgabe der Kirchenzucht verzagte, weil es zu einer Gleichbehandlung aller nicht kommen kann, hätte nicht verstanden, worum es in der Kirchenzucht geht. Kirchenzucht ist nicht Inquisition; sie setzt sich, wo sie evangelisch gehandhabt wird, auch nicht zum Ziel, durch gesetzliche Maßnahmen die Kirche zu einem Gemeinwesen zu machen, in dem der fordernde Wille Gottes rigoristisch durchgesetzt wird; sie soll noch viel weniger dem letzten Gericht Gottes vorgreifen und die Vollendung vorausnehmen. Sie will etwas sehr viel Bescheideneres. Es geht darum, daß die Gemeinde – im Wissen um die Gegenwart des Herrn (V. 20) – sich nach Kräften von der Sünde scheidet. Wir werden sofort noch sehen: nicht auf Kosten des in Sünde Gefallenen, sondern zu seinem Besten. Wir sollten nicht sagen, die Lage der Kirche in der Welt stehe dem entgegen. Luther sah deutlich, daß es schwer ist, in volkskirchlichen Massengemeinden Kirchenzucht zu üben; aber in der „sonderlichen Gemeine" (Deutsche Messe, 1526) „könnte man die, so sich christlich halten, kennen, strafen (= „überführen", „zurechtweisen", s. o.), bessern, ausstoßen oder in den Bann tun nach der Regel Christi Matth. 18" (WA 19,75; Cl. 3,297). Darin, daß unsere Gemeinden nicht nur kleiner werden, sondern sich mehr und mehr in kleinen Zellen zu lebendigen Gemeinschaften des Glaubens und Lebens ausformen, könnte die große Gelegenheit zum gemeinsamen Kampf gegen die – menschliches Leben zersetzende und zerstörende – Sünde in unserer Mitte liegen. Das Evangelium leitet uns ja nicht dazu an, uns mit der Sünde abzufinden, sondern es macht uns gerade dazu frei, in unserm Einzelleben und in der Gemeinschaft mit der Sünde – soweit möglich – aufzuräumen.

Christus ist mitten unter uns. Dazu reimt sich vieles nicht, was leider unter uns anzutreffen ist. Wir werden nicht auf alle Schwachheiten und Verkehrtheiten in der Gemeinde Jagd machen können; es wäre grausig, wenn man in der christlichen Gemeinde sich ständig überwacht fühlen müßte, ja, das Böse würde so erst richtig gras-

sieren. Im Gegenteil: wem viel vergeben ist, der wird zum Vergeben – siebenmal siebzigmal – bereit sein, und er wird als einer, der auf die Geduld seiner Mitmenschen angewiesen ist, auch ihre Verkehrtheiten geduldig tragen. Aber es könnte wohl sein,
daß „ein wenig Sauerteig den ganzen Teig versäuert" (1. Kor. 5,6). Sünde steckt an.
Es könnte auch sein, daß Nachlässigkeit der Gemeinde hinsichtlich der Sünde die
Maßstäbe verwirrt; Kirchenzucht hätte danach eine pädagogische Aufgabe an der
ganzen Gemeinde (1. Tim. 5,20). Wenn einer von einem Fehl übereilt (bzw. dabei
„betroffen" oder gar „ertappt") wird, soll ihm mit sanftmütigem Geist wieder zu-
rechtgeholfen werden (Gal. 6,1). Hier gibt es eine Verantwortung des einen für den
anderen. Auf alle Fälle muß es ein Anliegen der ganzen Gemeinde sein, gegen die
Sünde anzugehen, die Menschen kränkt, schädigt, verbittert, entzweit, die Gemeinde
belastet und zerreißt und Gott vor aller Welt blamiert.
Auf die Frage, wer denn nun in der Gemeinde die Aufgabe habe, Kirchenzucht zu
üben, ist die Antwort nicht leicht zu geben. Wir sagten schon, das „du" unseres
Textes sei nicht eindeutig. 18,1 sind „die Jünger" angeredet – wie weit ist hier der
Kreis geschlagen? In 10,1 (wie 11,1) heißt es: „seine zwölf Jünger", und es folgen deren
Namen. Daß das Wort „Jünger" über den Kreis der Zwölf hinausgreift, ist mit Sicherheit nur an *einer* Stelle unseres Evangeliums auszumachen (27,57). Ob 18,1 auf 18,15ff.
zu beziehen ist, ist wieder eine Frage. 9,8 meint „die Vollmacht, auf Erden die Sünden zu vergeben" (9,6); „den Menschen" klingt so umfassend, daß man, den Ausdruck
streng genommen, weit über die Gemeinde hinausgehen müßte; jedoch zeigt der
Gedankenduktus, daß hier nur der Meinung widersprochen wird, Gottes alleinige
Macht, Sünden zu vergeben, schließe die Absolution durch einen Menschen grundsätzlich aus. In 1. Kor. 5,3 trifft *Paulus* die Entscheidung (κέκρικα), seine Anwesenheit „im Geist" ist deshalb von Belang (5,4); aber er schließt sich dann in einem „wir"
mit der Gemeinde zusammen (5,5). (Paulus wirft übrigens den Korinthern nicht vor,
daß sie diese Kirchenzuchtmaßnahme unterlassen haben, sondern daß es ihnen keinen
Kummer bereitet habe, einen solchen Fall in ihrer Mitte zu wissen, 5,2.) 2. Thess. 3,6
trifft wieder der Apostel die Entscheidung („wir gebieten euch"). Das ἐλέγχειν (im
Du-Stil wie in unserm Text) ist eindeutig Sache des Apostel-Nachfolgers in 1. Tim.
5,20; 2. Tim. 4,2; Tit. 1,9.13; 2,15. Dem entspricht die Ordnung unserer Kirche.
Gegen eine Ableitung der Schlüsselgewalt aus dem Petrusamt und demzufolge aus
einer höheren Potenz geistlicher Dignität wendet sich Melanchthon im „Tractatus":
„daß die Schlüssel nicht einem Menschen allein, sondern der ganzen Kirche gehören
und gegeben sind", woraus sofort folgt (und das hat R. Sohm überlesen), daß diese
„Macht hat, Kirchendiener zu ordinieren" (Tract. 24), so daß es nachher heißen muß:
„Das Evangeli gebeut denen, so den Kirchen sollen vorstehen, daß sie das Evangelium
predigen, Sünde vergeben und Sacramenta reichen sollen" (60), was wieder genau
CA XXVIII, 5.20.53 entspricht. Noch einmal der Tractatus: „Darum folgt, wo eine
rechte Kirche sei, daß da auch die Macht sei, Kirchendiener zu wählen und ordinieren, wie denn in der Not auch ein schlichter Lai einen anderen absolvieren und
sein Pfarrherr werden kann" (67). So dürfte der Befund in den Bekenntnisschriften
dem entsprechen, was das Neue Testament selbst in dieser Sache erkennen läßt.
Wir mußten in dieser Zusammenstellung sehr knapp sein. Eine Predigthilfe kann eine
monographische Behandlung des Gegenstandes nicht ersetzen. Aber ein solcher Überblick schien notwendig, da wir uns hier auf Gelände befinden, das in unserer Kirche
vernachlässigt ist. Worauf es in der Predigt ankommt, wird die neue Bereitschaft
der Gemeinde sein müssen, im Kampf gegen die unser Leben zerstörende Sünde nicht
einen jeden sich selbst zu überlassen, sondern zu begreifen, daß es die ganze Gemeinde

angeht, wie in ihr geglaubt, gelebt, gedient, gelitten wird. Wir haben nicht die „Welt"
zu bevormunden, aber wir haben in unserer Mitte gegen die Sünde zu kämpfen
(1. Kor. 5,9–13). Denn wir haben Christus in unserer Mitte.

2.

Auf Jesu Weise haben wir uns um den Mitmenschen zu bemühen – und, was auch dazu gehört, wir haben es anzunehmen, wenn andere sich nach Jesu Art um uns bemühen. Wir haben uns darauf gefaßt zu machen, daß nachgehende Seelsorge, etwa
gar in kirchenzuchtlicher Form, von vielen Menschen als Einmischung in ihre eigensten Angelegenheiten angesehen wird (das gilt leider auch von Amtsträgern der
Kirche, die es besser wissen könnten). Wir haben uns ja längst daran gewöhnt, unser
Christsein als etwas Privates zu verstehen, d. h. unsere gliedhafte Zugehörigkeit zur
Gemeinde zu leugnen oder doch wenigstens nicht zu praktizieren. Es bekommt uns
schlecht, daß wir immer wieder versuchen, unsere Probleme in uns zu verschließen
und das Schwierigste in unserm Leben – wie sagen wir gern? – „mit uns allein ab-
zumachen". Der Seelsorger hat sich darauf gefaßt zu machen, daß er schon bei dem
Versuch, V. 15a zu praktizieren, alsbald zur Tür hinauskomplimentiert oder auch
unfreundlich weggeschickt wird. Selbstverständlich: er ist mit solchem Bemühen
nur an Glieder der Gemeinde gewiesen; wir sahen dies aus 1. Kor. 5,9ff. Aber weiß
man denn innerhalb der Gemeinde um den Sinn und die Notwendigkeit solchen Bemühens? Sind wir bereit, Seelsorge anzunehmen? Versteht sich: nachgehende Seelsorge anzunehmen? Versteht sich: nachgehende Seelsorge kann nicht darin bestehen,
daß ein gutes Dutzend Leute auf mich einreden. Aber den, dem es befohlen ist, sollte
ich anhören. Dasselbe aus der Perspektive des Seelsorgers: „Ich komme als Ihr Pfar-
rer." Mit dem Wissen um das Amt und seinen Auftrag haben wir auch die Möglichkeit geordneter Seelsorge preisgegeben; aber wo man noch ein wenig vom Auftrag
der Kirche und ihres Amtes wußte, hat der Hinweis auf die pastorale Kompetenz
bei nachgehender Seelsorge Türen geöffnet. Mir scheint, wir wissen nicht, was wir
tun, wenn wir viel Mühe darauf verwenden, dieses Wissen planmäßig abzubauen.
Es bleibt dann, statt auf den Auftrag des Amts, alles auf die Person gestellt – was
für eine Hybris!
Freilich kommt nun alles darauf an, daß wir es wirklich „auf Jesu Weise" machen.
Kirchenzucht ist in ihrer Mitte Bemühen um diesen schuldig gewordenen und darum
auch gefährdeten, vielleicht verunglückten Menschen. Subjekt nachgehender Seelsorge ist in jedem Fall ein Sünder (18,23ff.). „Halte es ihm vor!" kann darum nie
heißen: schwing dich aufs hohe Pferd! Ein Blick auf V. 18 lehrt, wer in der Seelsorge
·der eigentlich Redende und Handelnde ist. Was auf Erden geschieht, ist nur darum
von Belang, weil es im Himmel gilt. Und im Himmel gilt die Absolution oder auch
Retention nicht etwa deshalb, weil Gott sich dem Spruch eines Menschen beugte,
sondern allein deshalb, weil der die Absolution erteilende oder auch – einstweilen –
verweigernde Mensch *als Werkzeug Gottes* handelt. Der Beichtiger soll nicht im unmittelbaren Anschluß an das Beichtehören demjenigen beichten, dessen Bekenntnis
er soeben entgegengenommen hat; dies würde den Tatbestand verdunkeln, daß er
soeben Sprecher Gottes war. Aber er soll keinen Zweifel lassen, daß er, der Seelsorger,
als Mitmensch und Mitchrist ein Sünder ist wie der Beichtende selbst, vielleicht „der
vornehmste", der Sünder par excellence (1. Tim. 1,15). Daß das Gleichnis vom bösen
Knecht unserer Stelle folgt, ist ein wichtiger Hinweis. Ich habe meinen Mitchristen
nicht zu „richten" (7,1–5). Aber ich soll ihm zurechthelfen (noch einmal Gal. 6,1).

Kirchenzuchtliches Handeln ist Bemühung um den im Glauben und Leben Gefährdeten. Der Text läßt erkennen, daß solches Bemühen den, dem es gilt, nötigenfalls
auf eine weite Strecke hin begleitet. Fruchtet ein erstes Gespräch, „so hast du deinen
Bruder gewonnen" (man meditiere: „gewonnen" – „Bruder" – „deinen"). 1. Kor. 9,
ein Kapitel vom missionarischen Dienst, enthält das Wort „gewinnen" mehrmals
(VV. 19–22); „gewinnen" aber bedeutet „retten" (V. 22). Wer retten will, muß Geduld haben, darf nicht ablassen, nicht resignieren. „Hört er (der gefährdete Bruder) dich nicht", dann tritt der Fall der Retention ein, d. h. die Sünde wird ihm „behalten" (Joh. 20,23b). Ihm muß gesagt werden, daß seine Lage vor Gott unbereinigt
ist, mag er sich noch so sehr im Recht fühlen. Es ist schwer, einem Mitchristen dies
zu sagen. Von einem erfahrenen Seelsorger hörte ich, daß einer, schon todkrank,
sich weigerte, sich mit seinem (leiblichen) Bruder auszusöhnen; der Seelsorger eröffnete ihm, daß er an seinem Grabe das Vaterunser nicht beten werde, denn in solcher
Lage müsse die fünfte Bitte wie ein Hohn wirken; darauf begriff der Sterbende, was
zu tun sei. Die Retention wird nicht selten den Ausschluß vom Abendmahl bedeuten
müssen. Es gibt zu denken, daß auf 7,1–5 das harte Wort 7,6 folgt (vgl. 5,23ff.).
Man vergesse nur nie, daß eine Kirchenzuchtmaßnahme den Seelsorger zu anhaltendem Bemühen verpflichtet. Solange es möglich ist, spielt sich dieses Bemühen ab
„zwischen dir und ihm allein". Der Sünder soll geschont werden. Noch einen oder zwei
hinzuzuziehen (V. 16), wäre bereits ein zweiter Schritt. Kirchenzucht zu üben vor versammelter Gemeinde (V. 17; 1. Kor. 5,4f.) ist ein letzter Ausweg. Wir können uns
dies in unseren gemeindlichen Verhältnissen kaum mehr denken. Was wissen wir
noch von der Verantwortung aller für den einen? Vielleicht empfänden die meisten
von uns nur dies, daß über einen anderen lieblos hergefallen wird, und vielleicht gäbe
die Einstellung einer pharisäisch-dünkelhaften Gemeinde tatsächlich zu solcher
Kritik Anlaß. Aber man höre doch: „Haltet ihn nicht als Feind, sondern vermahnt
ihn als einen Bruder" (2. Thess. 3,15 – es geht hier um solche, die „unordentlich wandeln", konkret: die nicht arbeiten wollen, 2. Thess. 3,5ff.; die „Welt" *übt* solche
„Zucht", zu der wir uns unter christlichen Brüdern und Schwestern nicht mehr aufraffen wollen!). Auch wo jemand aus der Gemeinde ausgeschlossen werden muß, geschieht es, „damit der Geist gerettet werde am Tage des Herrn" (1. Kor. 5,5; vgl.
1. Tim. 1,20). Anders gewendet: Maßnahmen kirchlicher Zucht können nur getroffen
werden in der Absicht und mit dem heißen Wunsch, sie möchten dem Betroffenen
die Gefahr, in der er sich befindet, deutlich und ihn zur Kursberichtigung willig
machen, so daß sie – lieber heute als morgen – aufgehoben werden können. Selbst
dann, wenn einer auch auf die Gemeinde als ganze nicht gehört hat und also ausgeschlossen ist, so bleibt er als „Heide" und „Zöllner" noch immer Gegenstand
missionarischer Bemühung.
Wir werden noch viel darüber nachzudenken haben, in welcher Weise wir das, was
hier steht, im Leben unserer Gemeinden wiedergewinnen können. Fragen dieser Art
gehören nicht nur in die Lehrbücher der Praktischen Theologie, wollen vielmehr von
der Gemeinde bedacht und begriffen sein. Die Voraussetzungen dafür sind ungünstig,
gewaltsame Bemühungen wären töricht. Aber wir sollten nicht aufgeben. Die „heilsame Gnade Gottes ... nimmt uns in Zucht" (Tit. 2,11). Sie meint es gut mit uns, sie
kämpft um uns. Sie hat es zuletzt nur auf eines abgesehen: darauf, daß ein schwach
gewordener, verirrter Mensch die Lossprechung empfangen kann, die er zwar aus dem
Munde eines Menschen vernimmt, die aber von Gott kommt und darum auch im
Himmel gilt. Wofür uns hier schon Absolution erteilt ist, darauf werden wir künftig
nicht mehr angesprochen werden. „Er wird sich unser wieder erbarmen, unsere

Schuld unter die Füße treten und alle unsere Sünden in die Tiefe des Meeres werfen"
(Micha 7,19) – sozusagen auf Nimmerwiedersehen. Es ist wichtig, daß in Matth. 18
nicht von unserer pauschalen Sündigkeit die Rede ist, sondern von konkreten Sünden,
die uns belasten. Die werden ausgeräumt. Ein ungeheures Angebot Gottes. Uns
könnten Zentnersteine vom Herzen fallen.

3.

Christus ist in seiner Gemeinde gegenwärtig; in ihm haben wir die Verbindung mit
dem Vater. Die Gegenwart Christi in der Gemeinde verlangt nicht nur, daß Sünde
ausgeräumt wird, und bestimmt nicht nur die Art, in der dies geschieht, sondern sie
bestimmt nun auch, wie die neu gewonnene Verbindung mit dem Sohne uns den
Zugang zum Vater eröffnet. Die Gemeinde besteht aus lauter solchen Menschen, die
erst „gewonnen" werden mußten. Wir sahen: beim „Gewinnen" geht es nicht um
Mitgliederwerbung, sondern um Rettung. Das Vorrecht der Geretteten: weil Christus
unter ihnen ist, ist der Vater für sie zu sprechen.
Wir werden auch hier wieder in die Gemeinde gewiesen. „Zwei oder drei" (V. 20)
oder auch nur „zwei" (V. 19) sind schon Gemeinde. Christus hat von vornherein damit gerechnet, daß seine Kirche nicht selten als ein winziges Häuflein in Erscheinung
treten wird. Daß wir oft wenige sind, darüber werden wir hoffentlich nie ruhig werden, – nicht um unsert-, der wenigen willen, sondern um der *vielen* willen! Aber die
Qualität „Gemeinde" eignet auch der kleinsten Versammlung, wenn bzw. weil
einer mehr anwesend ist, als man Köpfe zählt: der Christus, der uns erst zur Gemeinde
macht. Es ist wichtig, daß wir immer wieder einmal darauf hingewiesen werden. Denn
wir vergessen bei unserm Zusammensein so leicht, daß wir – zum Glück – nicht „unter
uns" sind. Gottesdienst der christlichen Gemeinde ist etwas qualitativ völlig anderes
als etwa die Mitgliederversammlung eines Vereins. Christus ist auch nicht „gleichsam" anwesend, wie man bei einer Theateraufführung von einer Quasi-Anwesenheit
Shakespeares reden könnte, wenn Hamlet gespielt wird. Der erhöhte Christus ist
in seiner Gemeinde realpräsent. „Kyrie eleison!" rufen wir ihm zu, wenn er (man
erlaube mir die einfältige Rede) durch den Mittelgang unseres Gotteshauses bei uns
einzieht. „Friede sei mit euch!", grüßt er uns durch den Mund des Liturgen, indem
er in unsere Mitte tritt (Joh. 20,21). Wir können und wollen jetzt nicht mehr so denken, reden, uns benehmen, miteinander umgehen, als sei Christus abwesend. Wir
können uns nun auch nicht mehr so gottverlassen fühlen wie vielleicht eben noch.
Er ist ja mitten unter uns.
Der Text zielt besonders auf das Gebet. Es ist durch zwei Merkmale gekennzeichnet:
es findet – diesmal – nicht im Kämmerlein statt, sondern in der Gemeinde (und handelte es sich auch um die kleinstmögliche Gemeinde, s. o.), und es ist, wie das „denn"
in V. 20 zu erkennen gibt, von der Anwesenheit Jesu in seiner Gemeinde her bestimmt.
Wir sollten nicht darüber streiten, ob und wie Jesus auch bei unserm Einzelgebet
anwesend ist. Hier sollen wir jedenfalls zum Gemeindegebet ermuntert und über die
auf ihm liegende Verheißung unterwiesen werden. Wir beten miteinander im Namen
Jesu, da wir in diesem Namen versammelt sind. Wir beten nicht auf eigene Faust
und darum auch nicht aufs Ungewisse. Wir beten nicht einmal nur auf Grund der
Anweisung und Zusage Jesu. Wir beten in seiner Anwesenheit und darum „in" Christus. Der unter uns anwesende auferstandene Christus läßt uns an seiner ewigen
intercessio teilnehmen. Er setzt sich vor dem Vater für uns und für alle Welt ein,
und wir stehen mit unserm Beten hinter ihm. Dieses Beten steht unter der Verhei-

ßung, daß das Erbetene uns widerfahren soll. Wohlgemerkt: das, was wir in Jesu Namen bitten. Man könnte sagen, dies sei eine erhebliche Einschränkung; denn Gegenstand des Gebets könne dann ja nur sein, was Jesus „sowieso" will. Daran ist Richtiges. Es ist gut, daß unser Umschlossensein von Christus uns vor törichtem Beten bewahren kann. Aber andererseits: es geschieht nicht einfach, was „sowieso" vorgesehen ist, wie denn Jesu priesterlicher Einsatz für uns vor Gott nicht etwa eine Art himmlisches Schattenspiel ist. „In Christus" ist der Vater „unser" Gott, nicht anders. Niemand kommt zum Vater, wenn nicht durch ihn (Joh. 14,6). Um seinetwillen steht die Welt noch, um seinetwillen übt Gott Geduld, gewährt er Vergebung, sorgt er für uns, lenkt er unsere Geschicke, gibt er uns Freiheit und Zukunft. Das Gebet der Gemeinde „in Jesu Namen" – wir denken besonders an das sonntägliche Fürbittengebet – ist darum ein Teilhaben an der die Welt tragenden und verwandelnden Fürbitte Jesu, ist Arbeit der Herzen von höchster Effektivität. Wir wären anders bei der Sache, wenn wir uns klarmachten, was wir tun, wenn wir gemeinsam die Hände falten. Der ganze Text ist, so nüchtern er zunächst klingen mag, eine große Einladung. Angeboten wird uns unendlich viel mehr, als wir je in Anspruch genommen haben. Vielleicht greifen wir künftig entschlossener zu.

23. Sonntag nach Trinitatis. Joh. 15,18–21

Den Abschnitt 15,18 bis 16,11 überschreibt Bultmann: Die Gemeinde in der Welt. VV. 15–18: Die Gemeinde wird vom Haß der Welt getroffen. VV. 21–25: Der Haß gegen den Sohn ist Haß gegen den Vater. VV. 26ff.: Der Paraklet deckt die Sünde auf. Das Haß-Thema kontrastiert stark zu dem Thema von der Liebe, um das es vorher ging (VV. 12–17). „Der ‚Welt'-Begriff erreicht die stärkste dualistische Zuspitzung" (Schnbg. z. St.). Die Absicht des Stückes ist aus 1. Joh. 3,13f. zu erkennen: „Wundert euch nicht, Brüder, wenn euch die Welt haßt."
V. 18: Was zunächst nur Jesus widerfahren ist, weil er nicht von der Welt ist, während wir von Hause aus von der Welt sind (7,7; 8,23), das widerfährt nunmehr auch uns. Die Jünger erfahren den Haß der Welt bereits als Tatsache (wie der reale Bedingungssatz zeigt); der Satz dürfte von der Gemeindesituation aus formuliert sein. Man beachte das Perfekt μεμίσηκεν: der Haß, in den sie verfallen sind, ist zum Dauerzustand geworden. –
V. 19: Nun ist also die Situation anders als 7,7: die Jünger sind nicht (mehr) von der Welt. Mit der Formel des εἶναι ἐκ stellt sich der johanneische Dualismus dar: „aus der Welt sein" (8,23; 15,19; 17,14.16; 18,36; 1. Joh. 2,16), „aus der Erde sein" (3,31), „aus dem Unteren" (8,23), „aus dem Teufel" (8,44; 1. Joh. 3,8) – andererseits: „aus Gott sein" (7,17; 8,47; 1. Joh. 3,10; 4,1ff.; 5,19), „aus dem Vater" (16,28), „aus dem Himmel" (3,31); „aus der Wahrheit" (18,37; 1. Joh. 2,21; 3,19). Daß Jesus die Jünger „erwählt" hat (6,70; 13,18; 15,16), ist nicht im Gegensatz zu den Nichterwählten festgestellt, sondern im Sinne des Herausgelöstseins aus der Welt. Die Welt kann die Jünger nun nicht mehr als ein Stück von sich selbst ansehen; sie gehören ja zu Jesus. – V. 20: Rückgriff auf 13,16; Matth. 10,24f. (dort dieselbe Thematik). μνημονεύειν (im Unterschied zu dem sonst gebrauchten μιμνήσκεσθαι) wie 16,4 meint die „Rückerinnerung" an die Geschichte Jesu (Schnbg. z. St.). Auch διώκειν, in dem das Hassen nicht überboten, wohl aber konkretisiert wird (Bltm.), dürfte aus der Spruchtradition stammen (Matth. 5,11f.; Luk. 21,12, Schnbg.). Auch damit ist (überraschenderweise) zu rechnen, daß Menschen das Wort Jesu „halten" werden; wie sie selbst „aus der Welt waren" und es nun nicht mehr sind, wird das Wort andere Menschen in das „Sein von oben" rufen (3,3.5). – V. 21: „Um meines Namens willen" kommt sonst bei Johannes nicht vor; auch hier dürfte synoptische Überlieferung (Matth. 10,22; Mark. 13,13) aufgenommen sein (vgl. auch Apg. 5,41). „Das alles" – nämlich das „Hassen" und das „Verfolgen". „Sein ὄνομα ist ja nichts anderes als der Anspruch,

den er (Jesus) als der Offenbarer, den der Vater gesandt hat, erhebt" (Bltm. z. St.). „Die Hassenden und Verfolgenden kennen Gott nicht, der Jesus gesandt hat (7,28; 8,19; vgl. 8,27.55). In der Ablehnung Jesu wird ihre Gottentfremdung aufgedeckt (vgl. 5,38; 8,42 f. 46 f.); die Spitze richtet sich deutlich gegen das ungläubige Judentum" (Schnbg. z. St.).

Nicht an die Zinsgroschengeschichte (Matth. 22,15–22 – Evangelium des Sonntags), sondern an die Epistelstelle vom himmlischen Politeuma (Phil. 3,17–21) will unsere Perikope thematisch angebunden sein. Es wäre ein grober Kunstfehler, das, was hier von der „Welt" gesagt ist, kurzerhand auf den Staat zu beziehen und Christenhaß und Christenverfolgung allein ihm anzulasten. Bei allem Dualismus des vierten Evangeliums – auf dessen Art wir noch zu sprechen kommen müssen – ist doch festzuhalten, daß der Staat (wenn er auch, im Unterschied zu Jesu Reich, „von dieser Welt" ist) seine Macht „von oben" hat (18,36; 19,11). Wenn wir die Apokalypse irgendwie in den Bereich der johanneischen Traditionen einordnen dürfen, so wird dort freilich sichtbar, wie der Staat Domitians zu dem Ungeheuer wird, das der Gemeinde nachstellt. Aber das müßte durchaus nicht so sein. „Welt" ist in unserm Zusammenhang viel umfassender gedacht. Daß der Text die Nachstellungen meint, die die christliche Gemeinde vom ungläubigen Judentum her erfährt, haben wir vorhin festgestellt. Die Christen werden exkommuniziert, manche sogar umgebracht; aber die das tun, meinen, sie tun damit Gott einen Dienst (16,2). Auch so kann „Welt" aussehen! Wir stellen das fest, damit unsere Predigt durch das Ensemble der Texte dieses Sonntags nicht eine falsche Stoßrichtung bekommt.

Mit dem Thema dieses Bandes scheint sich diese Stelle aufs heftigste zu stoßen. Sie steht ja auch gnostischem Sprachgebrauch näher als viele andere. Man könnte sie fast so mißverstehen, als sei die Welt ihrem Wesen nach widergöttlich, so daß man sich also „Welt" überhaupt nicht anders vorstellen könne als so, wie die Gnostiker sie sahen: als das Nicht-sein-Sollende, das man so schnell wie möglich hinter sich lassen sollte, wobei dieses Negative in der Natur liegen würde, nicht in einer bestimmten Entschiedenheit. Die Welt ist nicht von ihrem Ursprung her schlecht. Sie ist ja Gottes Schöpfung – als Schöpfung wohl von Gott unterschieden, aber doch von ihm gewollt und damit etwas Positives. Kosmos ist dabei sowohl das Universum als auch speziell die Menschenwelt. Sie ist „der Schauplatz, auf dem das Drama der Erlösung sich abspielt" (ThWNT III, S. 894). Gott liebt die Welt, darum sendet er den Sohn (3,16; 12,47), damit er die Sünde der Welt wegtrage (1,29; 1. Joh. 2,2; 4,9 f.). Aber die Welt stößt Christus ab und will ihn nicht kennen (1,5.10 f.). Diese negative Entscheidung macht die Welt zur widergöttlichen Größe. Daß sie „im Argen liegt" (1. Joh. 5,19), wird durch die Entscheidung gegen Christus „zementiert". „Wie die an Christus Glaubenden ἐν Χριστῷ sind, so ist der ungläubige Kosmos ἐν τῷ πονηρῷ, und wie Christus ἐν ὑμῖν ist, so ist der ἄρχων τοῦ κόσμου τούτου ... ἐν τῷ κόσμῳ ... So wird die Heilsgeschichte zu einem Kampf zwischen Christus und dem κόσμος bzw. dem den κόσμος beherrschenden πονηρός" (a. a. O., S. 895). So haben also die Jünger Jesu die „Welt" gegen sich; in jedem, der sie angreift und bedrängt, ist „die Welt" auf dem Plan. Darauf haben sie sich gefaßt zu machen.

Auch hier dürfte, wie so oft bei Johannes, synoptisches Gut ein- und umgeschmolzen sein. „Ihr müßt gehaßt werden von jedermann um meines Namens willen ... Der Jünger ist nicht über seinen Meister noch der Knecht über seinen Herrn" (Matth. 10,22.24). Jesus hat – so jedenfalls nach dem neutestamentlichen Zeugnis – seine Jünger auf die ihnen bevorstehende Anfechtungssituation gefaßt gemacht (16,4). Sie sollen sie in ihrer Notwendigkeit begreifen. Sie sollen also nicht überrascht sein, wenn ihr Dienst am Wort (V. 20) sie in harte Auseinandersetzungen mit der wider-

strebenden Welt bringt. Wir wollen die Überschriften für die Predigt und ihre Teile als Rede Jesu stilisieren: *Warum haßt euch die Welt?* (1) *Weil ihr zum Himmel gehört, der ihnen fremd ist.* (2) *Weil ihr zu mir gehört, den sie hassen.* (3) *Weil ihr zu Gott ge-*
hört, den sie nicht kennen.

I.

Die Jünger ziehen mit einer „erfreulichen Kunde" durch die Welt. „Gott hat die Welt *geliebt.*" Aber die „Welt" läßt sich nicht liebhaben. Gerade das Wohltuende, Befreiende, Beglückende, Hoffnungbegründende wird abgelehnt. Was die Jünger in der ersten Generation erfahren haben, hat die Christenheit der folgenden drei Jahrhunderte – zunächst hier und dort, später im ganzen Römischen Reich – aufs schmerzlichste erfahren müssen, und es hat seitdem kein Jahrhundert gegeben, in dem Christen nicht, eben weil sie Christen waren und dies nach außen kundgaben, Leiden und sogar den Tod hätten auf sich nehmen müssen. Sie bringen der Welt etwas Gutes, eigentlich das Beste, was sie empfangen kann, und sie erfahren dafür Haß. Und dies nicht zufällig. Nach Jesu Worten liegen hier Notwendigkeiten vor, auf die die Jünger sich gefaßt zu machen haben. Die Jünger sollen nicht Hammer sein, aber Amboß werden sie sein (Matth. 5,44). Trifft das Evangelium auf die „Welt" – wir verstehen die „Welt" in diesem Zusammenhang unter dem Gesichtspunkt ihrer ablehnenden, feindseligen Einstellung gegenüber Gott, also im Sinne des johanneischen Dualismus –, dann begegnen sich ganz heterogene Wirklichkeiten, Kräfte und Tendenzen. Es kann nicht anders sein: die Begegnung ist ein – Zusammenprall.
Wir sprachen von Notwendigkeit; dennoch darf man nicht zu sehr in Schwarzweißtechnik denken. Jesus rechnet ja durchaus nicht nur mit einem abstoßenden Verhalten der Menschen. Es hat immer wieder Menschen gegeben, die sein Wort gehalten haben (wieder ein synoptisches Wort: $\tau\eta\varrho\varepsilon\tilde{\imath}\nu$ = שׁמר bes. bei Matthäus), und was Jesus widerfahren ist, wird auch den Jüngern widerfahren. Es kann sein, daß das Wort sich ausbreitet, ja, sogar, daß mit dem Wort auch das Reich sauerteigartig in die Welt eindringt. Das Evangelium hat Geschichte gemacht und wird es weiterhin tun. Manchmal entsteht sogar der Eindruck, es habe sich in der Welt so stark durchgesetzt, daß der Glaube – entgegen 2. Thess. 3,2 – doch nahezu „jedermanns Ding" geworden ist. Der Schein trügt. Daß „man" Christ ist, ist bestenfalls eine Vorstufe dazu, daß „ich" Christ bin. Oft genug täuscht entscheidungslose Gewohnheitsreligiosität das Christsein nur vor. Dahinter steht meist die Vorstellung, daß der Gottesglaube seinen Wurzelgrund im Menschenherzen hat und von daher aufsprießt. „Aus der Erde sein", würde das unser Evangelium nennen (3,31), und es würde dem das „Geborenwerden von oben" entgegensetzen (3,3). Oder es steht hinter der Meinung, das Man-Christentum sei im Sinne des Evangeliums, die Vorstellung, Reich Gottes und Welt vereinigten sich zu einer Art Legierung, bei der eines das andere und das andere das eine durchdringt. Mag es dann bei dem Verwandlungsprozeß, den die Welt auf solche Weise durchläuft, anfangs zu Spannungen kommen: sie werden sich mit der Zeit ausgleichen in dem Maße, in dem die (sittlichen) Kräfte des Evangeliums die Welt durchdringen. Unser Evangelium weiß es ganz anders. Die Welt – wir lassen ab jetzt die Anführungsstriche weg, die den dualistischen Weltbegriff kennzeichnen sollten – haßt die Jünger Jesu. Die Gegensätze gleichen sich nicht aus. Von unten sein, von oben sein: das ist und bleibt zweierlei. Ist Religion aus den natürlichen Gegebenheiten der Welt Entsprossenes, dann ist das, was Jesus bringt, der Religion entgegengesetzt. Wir erinnern noch einmal an das Nikodemusgespräch oder – es wird darauf

noch zurückzukommen sein – an 1. Kor. 2. Und wir machen uns klar, daß der Zusammenprall zwischen dem, was von oben, und dem, was von der Welt her ist, nicht etwa nur da geschieht, wo Welt sich konsequent weltlich – also gott-frei – fühlt, sondern gerade da, wo man Jesus im Namen der „Religion" widerspricht. Wie lasen wir? „Die Spitze richtet sich deutlich gegen das ungläubige Judentum" (s. o.).
Jesus hat seine Jünger „aus der Welt heraus erwählt" (V. 19). Man kann auch sagen, der Vater habe sie ihm „aus der Welt heraus gegeben" (17,6). Das bedeutet nicht, daß sie der Welt entnommen wären, aber sie werden vor dem Bösen bewahrt (17,15). Mitten in der Welt die Christusgemeinde als ein Fremdkörper in der Welt. „Ich habe ihnen dein Wort gegeben, und die Welt haßte sie; denn sie sind nicht von der Welt, wie denn auch ich nicht von der Welt bin" (17,14, vgl. 17,16). Wir haben eingangs Stellen gesammelt, in denen das εἶναι ἐκ ... zum Ausdruck kommt. „Die Wendungen, die zur Charakteristik der Menschen und ihres Verhaltens dienen: εἶναι ἐκ, γεννη-θῆναι ἐκ haben den kosmologischen Sinn, den sie im gnostischen Mythos haben, bei Johannes verloren und bezeichnen das Wesen des Menschen, das in all seinem Reden und Tun zur Geltung kommt und das Wohin seines Weges bestimmt ... Der Mensch ist durch seinen Ursprung bestimmt und hat sich nicht jeweils jetzt in der Hand; er kann nur aus Gott ... oder aus der Welt ... existieren" (Bltm., ThNT § 42,2, S. 372). Es geht nicht nur darum, von woher ich mich *verstehe*, sondern darum, woher ich *bin*, von welchem Ursprung her. Mit Recht wendet Nikodemus ein, daß niemand sich selbst von neuem gebären kann (3,4); man muß schon „von Gott geboren" sein (1,13). Eben dies aber geschah an den Jüngern, indem Jesus ihnen sein Wort gab (17,8.14), ihnen Gottes Namen offenbarte (17,6.11f.) und ihnen die Doxa verlieh, die der Vater ihm gegeben hatte (17,22). Was Jesus, der „von oben" Gekommene, an uns tut, verbindet uns mit der Quelle, mit dem Ursprung, mit dem himmlischen Woher, „aus" dem wir als Jünger Jesu „sind". Nichts anderes meint auch das paulinische Evangelium, das diesen Sachverhalt in seiner Sprache ausdrückt. Wir haben das Heil und die Gerechtigkeit, den Frieden und die Freiheit nicht aus uns, sondern von dem in Christus uns zugewandten Gott, der uns zur „neuen Kreatur" macht (2. Kor. 5,17). Christen haben ihren Ursprung bei Gott und sind darum in der Welt Fremdkörper. Die Welt empfindet die „heterogene" Art der Christen. Christen hören auf ein Wort, das die Welt nicht vernommen hat oder nicht vernehmen wollte. Sie gründen ihr Selbstwertgefühl gerade nicht auf das, was sie von der Welt her sind und haben, sondern auf das, was Christus aus ihnen gemacht hat. Sie hoffen auf das, was Gott tut und tun wird. Sie urteilen nach Maßstäben, die der Welt nicht geläufig sind (Röm. 12,2; Eph. 5,10). Wohl leben Christen in der Welt, aber sie sind nicht von der Welt (17,15f.). Wären sie von der Welt, dann sähe die Welt in ihnen ein Stück von sich selbst, und sie würde ihr Eigenes lieben (15,19a). So aber sieht sie in den Christen etwas Fremdes. So kommt es zum Haß.
War das eben alles am Reißbrett konstruiert? Wie sind wir Christen wirklich? Sofern auch wir im Unglauben leben, leben wir „von unten her" (8,23). Es könnte auch sein, wir legen großen Wert darauf, uns von der Welt zu unterscheiden, und was wir da praktizieren und exerzieren und demonstrieren, ist auch nur eine neue Variante von – Welt. Viel „Fleischliches" gibt sich als „Geistliches" aus. Möglich, daß wir mit Pathos uns als solche gerieren, die sich (nach Röm. 12,2) nicht dieser Welt gleichstellen, in Wirklichkeit hängen wir nur an anderen – ebenfalls weltlichen – Grundsätzen, Überzeugungen, Lebensweisen, politischen oder gesellschaftlichen Denkarten. Die Welt wird schnell herausfinden, wieso wir vielleicht gerade im Widerspruch die „Ihren" sind (V. 19). Achten wir genau darauf, wessen „Stimme" wir hören (10.3.16).

2.

Daß die Jünger auf den Haß der Welt stoßen, darin erweist sich ihr Jüngerleben als dem Leben ihres Herrn *parallel*. Dem Jünger geht es, wie es dem Meister gegangen ist. „Der Knecht ist nicht größer als sein Herr, der Abgesandte nicht größer als der Sendende" (13,16). Es könnte sonst zu einem Verhältnis zwischen Jünger und Herrn kommen, wie es Paulus zwischen den korinthischen Enthusiasten und sich, dem Apostel, konstatieren muß: sie ganz *oben*, er, der Apostel der *Allergeringste* (1. Kor. 4,8ff.). Jünger, die in Erfolg und Triumph, in Glanz und Glorie leben wollen, während ihr Herr als der Gekreuzigte ganz unten ist? Er in dem am Karfreitag manifest gewordenen Konflikt mit der Welt, und sie mit der Welt (wir denken uns immer die Anführungsstriche!) im spannungslosen Miteinander und in faulem Frieden? Wir haben ähnliches unlängst zu Matth. 10,34ff. bedacht (21. S. n. Trin.).
Wir dürfen freilich bei der Feststellung der Parallelität zwischen Meister und Jünger nicht stehenbleiben. Parallelität bedeutet: gleiche Richtung bei gleichzeitiger Unabhängigkeit der beiden Geraden – die Parallelität ist nur der Grenzfall innerhalb einer unendlichen Zahl anderer Richtungen. Daß es den Jüngern geht wie ihrem Herrn, hängt *ursächlich* mit ihrer Gebundenheit an ihn zusammen. Hier ist nichts zufällig. Auch dies nicht, daß der Herr den Weg des Kreuzes hat gehen müssen. Es gibt immer wieder einmal einen, der wissen will, daß Jesus wie mit verbundenen Augen in sein Kreuzesschicksal hineingelaufen sei und erst seine Gemeinde die unvorhergesehene Katastrophe in ihrer Theologie des Kreuzes gedeutet und sich verständlich gemacht habe. Wenn das so wäre, dann wäre der Haß der Welt, von dem die Perikope spricht, etwas ähnlich Zufälliges wie der Kreuzestod Jesu selbst. Wir sprachen von Notwendigkeit. Jesu ganzes Reden und Tun schließt die Notwendigkeit des Konflikts mit der Welt ein. Wir müßten eine andere „Sache" predigen als Jesus, wenn es bei uns nicht auch den Konflikt mit der Welt gäbe. Dies gilt es zu begreifen.
Man könnte entgegnen, das Kreuz sei der ergreifendste Erweis des *Dienstes* und der *Hingabe*, in denen Jesu Heilandswerk bestand. Wem sollte damit wehgetan werden? Wieso ergibt das Konflikte? Wieso erzeugt das Haß? Der Einwand ist keinesfalls abwegig. Das Wort vom Meister und Jünger fanden wir vorhin in der Perikope von der Fußwaschung (13,16). Kreuz und Dienen sind zusammengesehen in Mark. 10,39ff. Freilich wird gerade an letztgenannter Stelle deutlich, daß Jesus bereits hier den Gepflogenheiten der Welt kräftig widerspricht (Mark. 10,42–44). Er übt nicht Gewalt und will, daß es seine Jünger ebenso halten. Aber wem sollte *Gewaltlosigkeit* weh tun? Jesus schont doch die Welt, indem er ihr wehrlos gegenübertritt. Das ist wahr und erspart doch nicht den Konflikt. Denn wenn Jesus auch mit Waffen des Friedens kämpft – mit seinem Wort, mit Dienst, Hingabe und Leiden –: eben damit setzt er die Welt ins Unrecht, oder anders: er macht das Unrecht offenbar, in das sie sich selbst gesetzt hat. In der Tat: Jesu Kommen bedeutet auch *Gericht* (16,8ff.). Indem Jesus die Welt betritt, macht er die Welt, sofern sie Schöpfung ist, der Welt, sofern sie Auflehnung ist, streitig. Die Welt wird *geliebt*; es ist ganz ernst gemeint. Aber indem sie sich, diese Liebe ablehnend, im Widerstand versteift, wird sie „Welt" im spezifischen Sinne (den wir nun doch wieder mit den „...." angedeutet haben). Wenn das so ist, muß es dann eben doch heißen: „Habt nicht lieb die Welt" (1. Joh. 2,15), das heißt aber: gebt euer Sein-von-Gott-her nicht auf, haltet den Konflikt aus, der sich daraus ergibt, daß ihr zu Jesus gehört.
Im Kreuz Jesu hat dieser Konflikt seine größte Schärfe erreicht. Wissend (V. 22) hat die Welt sich an Gott vergriffen. Ihr Widerstand ist nicht mehr nur Schwachheit

und Verirrung; er geschieht bewußt und aus Grundsatz. Man muß es richtig verstehen: Dieser Widerstand wehrt sich gegen die *Liebe*, mit der Gott in Christus seine verlorengegangene Welt zurückholen und -gewinnen will. Es bleibt bei dem Dienen; nichts anderes hat Jesus im Sinn, und nichts anderes sollen seine Jünger im Sinn haben. Aber da die Welt diese Liebe ausschlägt, also in ihrer Verlorenheit verharrt, ist ihr nicht mehr zu helfen (3,19; 12,48). Denn auf dieses Liebesangebot eingehen, das hieße allerdings: die eigene Verkehrtheit und Verlorenheit, die Schwäche und Verirrung, das Losgelöstsein von Gott, das Verfangensein im Bösen *eingestehen* und das Sein „von unten her" aufgeben. Der ganze Stolz des Juden, der sich in dem, was er ist und tut, gerechtfertigt sieht, bräche zusammen. Das Sein-von-sich-selbst-her wäre ad absurdum geführt. So wird dasselbe Evangelium, das Rettung anbietet und bringt, zum Gericht (3,17 f.). Nichts ist hier Zufall, die „kritische" Bedeutung des Evangeliums wirkt sich aus, indem es „Entscheidung" herbeiführt – seiner Absicht nach: zur Rettung –, aber auch „Gericht" bewirkt. Wer sich selbst ein bißchen kennt, wird begreifen, daß das Eingeständnis, das hier von der Welt – z. B. von dem auf seine Eigengerechtigkeit stolzen Juden – erwartet wird, von ihr nicht leicht zu bekommen ist. Solange wir „von unten her" sind, verteidigen auch wir – eben darin als Welt! – uns bis zum letzten. Als Boten des Evangeliums müssen die Jünger Jesu den Adressaten des Evangeliums zumuten, künftig nicht mehr auf sich selbst zu stehen. Nichts besser und heilsamer als dies, daß man auf diese Zumutung eingeht. Aber damit wird das Fundament erschüttert, auf dem man seinen festen Platz zu haben meinte. Wer läßt sich das schon gefallen? Die Welt will sich selbst erhalten und sich darum nicht helfen lassen.
Für die Jünger liegt darin die große Versuchung, nun doch größer sein zu wollen als der Herr und der Auseinandersetzung auszuweichen. Da sie in dieser Auseinandersetzung nicht mit gleichen Waffen zurückschlagen können – es sei denn, sie verleugneten das Evangelium, das sie doch gerade predigen wollen! –, werden sie mit ihrem Herrn ins Leiden gehen müssen. Wenn die Welt uns *nicht* haßt, so kann das, wie vorhin dargelegt, der günstige Fall sein, daß wir Gehör finden; es kann aber auch seinen Grund darin haben, daß wir uns noch gar nicht als solche erweisen, die zu Jesus gehören (7,7), sei es nun, daß wir ein „Evangelium" predigen, das niemanden aus der Ruhe bringt, weil es den natürlichen Menschen unbehelligt läßt, sei es, daß wir, indem wir uns der Niedrigkeit und Schwachheit des Kreuzes entziehen, also mit weltlichen Mitteln kämpfen, selber Welt werden. Die Kirche wird Kirche unterm Kreuz Christi sein, oder sie wird „Welt" sein. Die „kleine Passion" der Jünger ist begründet in der „großen Passion" ihres Herrn (Barth, KD IV/3,2, S. 732). Werden wir um des Namens Jesu willen gehaßt, so soll uns dies nicht befremden (1. Petr. 4,12).

3.

Warum haßt euch die Welt? Weil ihr zu Gott gehört, den sie nicht kennen. Nach der – wenn man so will – eschatologischen und der soteriologischen Antwort wird jetzt noch eine offenbarungstheologische und insoweit auch gnoseologische Antwort und Begründung gegeben. „Sie kennen den nicht, der mich gesandt hat" (V. 21). Wenn die Welt Gott kennte, würde sie die Jünger Jesu nicht hassen. So muß sie es wohl.
Das klingt ja nun fast wie eine Entschuldigung der Welt. An diesem Eindruck ist sicher Richtiges. Indem die Jünger den Haß der Welt erfahren, sollen sie daran denken, daß die Welt, sofern sie Gott nicht kennt, gar nicht anders kann als hassen. Die Welt kennt ihren Schöpfer nicht (1,10). Sie hat sich als Kreatur dem Schöpfer

gegenüber „selbständig gemacht": „indem sie sich nicht als Schöpfung von Gott aus verstehen will, kann sie sich nur aus sich selbst verstehen" (Bltm. zu 1,10). Die Wirklichkeit Gottes ist für sie abgeblendet. Schicksal oder Schuld? Niemand hat Gott je gesehen (1,18; 5,37b; 6,46; 1. Joh. 4,12). Kennt man Gott nicht, dann kennt man auch nicht das Woher Jesu. Dann weiß man auch nichts von der höchsten Autorisierung, in und aus der er redet und handelt. Menschen, die das Woher Jesu nicht als Wirklichkeit kennen, können in dem Anspruch Jesu und in dem, was seine Boten verkündigen, nur Anmaßung sehen. Wenn man auf einen, der „nichts" ist, sich zu verlassen aufgefordert wird, dann ist es schon besser, sich auf sich selbst zu verlassen. Jünger Jesu sollten für die Denkweise der Welt einiges Verständnis aufbringen.
Aber nun ist die Front, an der der Text kämpft, doch eine andere. Der nächste Vers zeigt es. Hier sind ja Menschen angeredet, deren Gottblindheit nicht eine naive, sondern eine bewußte, von ihnen gewählte ist. Zwar würde jeder Jude – wir sahen: ihn hat der Text im Auge – protestieren. Wenn jemand Gott kennt, dann eben der Jude! Wie mit ihm in Kap. 8 geredet wird, dies muß ihn ja zu schärfsten Reaktionen herausfordern. „Warum kennt ihr denn meine Sprache nicht? Denn ihr könnt ja mein Wort nicht hören. Ihr habt den Teufel zum Vater, und nach eures Vaters Gelüste wollt ihr tun" (8,43f.). Könnten sie es nicht besser wissen? Doch, Jesus hat es ihnen gesagt (V. 22); sie können ihre Sünde mit keinem Vorwand entschuldigen.
Gott ist uns in der Tat von Hause aus verschlossen und unbekannt; erst indem Jesus uns die Möglichkeit der Gotteserkenntnis erschließt, können wir ihn finden und mit ihm Gemeinschaft haben (14,6). Man muß „von Gott" sein, um Gottes Wort zu hören (8,47), und man muß „aus der Wahrheit" sein, um Jesu Stimme zu hören (18,37). Der natürliche Mensch ist für die Wirklichkeit Gottes unempfänglich (1. Kor. 2,14). Göttliches kann nur von Göttlichem erkannt werden (ebd., V. 11). Die Wirklichkeit Gottes kann sich nur selbst erschließen. Dies geschieht, indem Jesus Christus uns begegnet. Er ist in sein Eigenes gekommen, aber die Seinen haben ihn nicht aufgenommen (1,11). Die Wahrheit Gottes als Ereignis der Gottesbegegnung kann abgewiesen werden. Dann ist die erst aufgeschlossene Tür wieder zugefallen. Denn Gotteserkenntnis besteht nicht in Übernahme von Lehrsätzen, sondern darin, daß man sich „aus der Welt heraus erwählen" (V. 19), sich also ergreifen und auf den neuen Boden stellen läßt. Die Juden, an die der Text zunächst denkt, haben sich von ihrer Position „von unten" nicht wegholen lassen. Sie meinen Gott zu kennen und kennen ihn doch nicht. Denn man kennt ihn nur, indem man sich durch den Gekreuzigten zu ihm bringen läßt. *Be*greifen kann nur, wer sich *er*greifen läßt.

24. Sonntag nach Trinitatis. Pred. 3,1–14

Der Prediger (die Frage nach dem Sinn der Femininendung in קֹהֶלֶת darf hier unerörtert bleiben, das Wort wird maskulinisch konstruiert) ist zünftiger Weisheitslehrer. Sein Buch findet sich schon unter den Schriften von Qumran, ist also vor der Qumranzeit entstanden, man denkt an 250–200 v. Chr. Es muß spät entstanden sein, besonders wegen der zahlreichen Aramaismen. Sirach kennt und zitiert den Prediger. Entstehung in Palästina ist noch immer am wahrscheinlichsten (Aarre Lauha im Bibl. Kommentar, Neukirchen 1978).
Unser Abschnitt, Weisheitslehre, teilt sich in VV. 1–9 (Gegenüberstellung wechselnder Sachverhalte) und VV. 10–15 (Folgerungen in bezug auf Mensch und Gott). V. 15 nimmt das Thema von 1,9f. noch einmal auf und kann in der Perikope ohne Schaden wegbleiben.

V. 1: זְמָן, aramäisches Lehnwort, nur in späteren Schriften des AT (Neh., Esth., Dan., im Pred. nur hier): bestimmte Zeit (nicht im Sinne der Dauer). חֵפֶץ eigtl. Wohlgefallen, Wunsch, in späteren Schriften = Angelegenheit, Geschäft. – V. 2: als Pendent zu ,,sterben'' hat man sich ,,geboren-werden'' zu denken, obwohl לָדַת aktiven Sinn hat (es müßte heißen: הִוָּלֵד – sic!, anders Lauha). נָטוּעַ überfüllt das Metrum und ist unnötig, wohl Glosse eines Pedanten. – V. 3: hier steht das Negative voran. – V. 5: ein Objekt – ,,Steine'' – nur hier; der Sinn ist dunkel, man hat verschiedenste Deutungen erörtert; es wird sich auch hier um eine (erläutern wollende, aber erschwerende) Glosse handeln, denn man braucht nicht zu fragen, *was* da fortzuwerfen und zu sammeln ist. Wer den Text stehenlassen will, mag an Kriegszerstörung und Wiederaufbau denken. Das Verb חבק = umarmen kommt zweimal vor (kal und piel), das zweite Mal vielleicht Auffüllung. – V. 7: Wie schon in V. 5 hängen die Sachbereiche nicht erkennbar miteinander zusammen. Man hat bei ,,zerreißen'' an Trauerbräuche gedacht (Kleider) und dazu im Schweigen ein Analogon gefunden, aber das ist wohl gekünstelt. – In V. 8b wird die Konstruktion mit לְ aufgegeben. – V. 9: Qohelet liebt Wortbildungen mit זֶה.
V. 10: Mit ,,ich sah'' beginnt deutlich einer neuer Abschnitt. עִנְיָן = Geschäft, worin sich (nach Gesenius) das aram. Wort עָנָה = leiden verbirgt, also die Mühe. – V. 11 schwierig. Man nimmt meist an, daß die erste Halbzeile auf die Schöpfung weist, die ,,sehr gut'' gewesen ist, also: ,,Alles hat er zu seiner Zeit schön gemacht.'' Das Wort עוֹלָם will nicht recht passen. Konjektur: הֶעָמָל, also: ,,Aber auch die Mühsal hat er in ihr Herz gegeben.'' Läßt man es bei עוֹלָם, könnte man an eine mildernde Änderung eines Späteren denken und übersetzen wie der rev. Luthertext. Die zweite Verszeile – Gottes Unergründlichkeit – fügt sich dann freilich weniger gut an. – V. 12: ,,Ich erkannte'' leitet wieder einen neuen Gedanken ein. עָשָׂה טוֹב heißt nicht ,,Gutes tun'', sondern ,,sich gütlich tun'' (Gräzismus: εὖ πράττειν), vgl. 2.1.24; 3,13. – V. 13 ist wahrscheinlich eine freundlich angebrachte Milderung (ähnlich wie 2,24 Ende und 26). Wir können uns für die Predigt diese Änderung gefallen lassen; vom NT her haben wir dazu noch besseren Grund dafür als der ,,Zensor R²'', dem Lauha den Vers zuschreibt. – V. 14: ,,Das Tun des an die Zeit gebundenen Menschen ist von kurzer Dauer, Gottes Tun besteht für alle Zeit'' (Lauha). ,,Gottesfurcht ist hier das Gehen unter einem geheimnisvoll verschlossenen Himmel, nie gesichert vor der Möglichkeit, daß aus ihm jäh ein Blitz hervorzuckt und den Wanderer trifft'' (W. Zimmerli).

Was diesen Text an diese Stelle im Kirchenjahr hat kommen lassen, mag zweierlei sein: er spricht von der Vergänglichkeit, die mit unserm Leben in der Zeit gegeben ist, und von der Ewigkeit Gottes, die in das Herz der Menschen gelegt ist (V. 11), obwohl der Mensch Gott und sein Werk nicht ergründen kann. Wir haben gesehen, daß dieser zweite Gedanke Anhalt am masoretischen Text hat, aber vielleicht eine Eintragung in die Gedankengänge des Predigers darstellt. Auch der erste Gedanke bedarf vielleicht noch einer schärferen Einstellung, sofern wir dem Prediger gerecht werden wollen. Auf jeden Fall verlangt der Text nicht nur eine sorgsame Ausdeutung; daß sie restlos gelingt, ist nach dem exegetischen Befund fraglich. Er braucht aber auch eine Transformation nicht nur hinsichtlich des Sprachleibs und des Gefüges der Anschauungen, in denen die verschiedenen Zeiten denken, sondern auch hinsichtlich des heilsgeschichtlichen Status, in dem wir, die Heutigen, uns im Unterschied zu Qohelet befinden. Lauha sagt mit Recht: ,,Sein Gedankengang treibt ihn in die Enge. Auf diesem Hintergrund erscheint die Botschaft des Evangeliums um so mehr lebensbejahend: der Wert des Menschseins ist so kostbar, daß das Wort Fleisch (= Mensch) wurde''. Oder lieber so: Gott hat sich dieses vergänglichen, frustrierten, die Wege Gottes nicht begreifenden Menschen in seiner großen Barmherzigkeit so angenommen, daß er selbst Mensch wurde.

Wir kämen beim Predigen in der Tat in die Brüche, wenn wir ein Schriftverständnis hätten, nach dem in seiner Wichtigkeit und Gültigkeit *ein* Wort soviel wert ist wie das andere – weil es ja „geschrieben steht" – und nach dem wir dann die vielen gültigen Worte nur zu einem System von unbezweifelbaren Sätzen zusammenzubauen hätten. Die Einheit der Schrift ist nicht die eines gedanklichen Systems, sondern die einer wechselvollen dramatischen Geschichte, die sich zwischen Gott und den Menschen abspielt. Dramatisch: da ist im ersten oder zweiten Akt noch lange nicht deutlich, wie die Handlung im fünften Akt ausgehen wird. Es ist auch das Spätere im Früheren nicht keimhaft angelegt, so daß man an einem Text wie diesem nur so lange herumzuanalysieren brauchte, bis man endlich bei Christus und beim Ziel der Geschichte Gottes mit seiner Kirche ankommt. Was in unserm Text steht, ist *wahr*; aber es ist zugleich *überholt* und *überwunden*. Wir können auf das, was der Prediger sagt, jetzt zurückblicken als solche, die Besseres zum gleichen Thema zu sagen wissen. Aber zugleich erkennen wir doch in dem Gesagten, was ante Christum wirklich *war* und was extra Christum wirklich *ist*. Beide Male: das zu Überwindende bzw. grundsätzlich bereits Überwundene. Aber doch nicht einfach vergangen und weg, sondern in vielen Erfahrungen unseres Alltags immer noch da, und zwar so, daß Menschen davon bedrängt sind. Der Prediger sieht die Welt sehr dunkel. Sein Pessimismus ist nicht nur hier und da mit Ironie gewürzt, sondern auch mit einem gewissen Zynismus. Weil er dauernd erschüttert ist, sagt er bitter, ihn könne nun nichts mehr erschüttern. Wahrhaftig: das Evangelium ist das nicht. Aber es ist hier etwas ausgesprochen, was nicht wenige Menschen als ihre eigene Erfahrung ansehen werden; ihnen wäre ja nicht geholfen, indem wir im Namen eines unkritischen Optimismus all die deprimierenden Lebenserfahrungen vom Tisch wischten, sondern nur so, daß wir verstehen und – sofern wir Besseres wissen – weiterhelfen. Die Predigt wird darum ihren Schwerpunkt außerhalb des Textes haben müssen. Man kann ja zuweilen am Negativen das Positive entdecken. Was wäre, wenn nicht …? Von dem zitierten Satz aus Lauhas Kommentar angeregt, könnten wir etwa so überschreiben: *Was uns beschweren müßte, wenn Christus nicht wäre*: (1) *Der zeitliche Mensch*, (2) *das vergebliche Werk*, (3) *der unbegreifliche Gott*.

I.

„Ein jegliches hat seine Zeit … hat seine Zeit … hat seine Zeit …" Das Gleichmaß der einzelnen Aussagen läßt den Ablauf nachempfinden. Der Prediger kannte die Uhr noch nicht, aber es ist, als ahnte er den Pendelschlag einer großen Turmuhr. Die Zeit bleibt nicht stehen. Was gestern war, ist heute nicht mehr. Was heute ist, wird sehr bald schon nicht mehr sein. Was noch nicht ist, erwarten wir in Hoffnung, vielleicht auch in Angst. Manchmal warten wir lange – aber dann ist das Erwartete da und auch sofort wieder vorbei. Vielleicht sind wir froh, wenn es vorüber ist, vielleicht hätten wir zum Augenblicke sagen mögen: verweile doch, du bist so schön (Goethe, Faust). Aber den Fluß der Zeit halten wir nicht auf. Festhalten können wir das, was uns lieb ist, nicht; wir können uns seiner erinnern, aber – das ist oft bitter – es gehört uns nicht mehr. Das wissen nicht nur die Alten, um die es still geworden ist und die sehnsüchtig an Vergangenes denken. Man hört es auch manchen jungen Menschen zu seiner Gitarre singen, daß die schönsten Augenblicke so schnell vorbei sind. Die Predigt hat sich nicht in Sentiments zu ergehen. Es gilt, – im Rahmen dessen, was einer Predigt möglich ist – deutlich zu machen, was es heißt, daß wir in der Zeit leben. Das Ende des Kirchenjahres könnte uns dazu verführen, einseitig von Vergänglichkeit zu sprechen. Jairi Töchterlein – Evangelium des Sonntags – hat sterben müssen. Wir sollten freilich sehen, daß Zeit nicht nur das Vergehen mit sich bringt, sondern auch das Kommen. Die Welt steht nicht still. Wenn ich, was mir lieb und teuer ist, festhalten wollte, die Zeit also stillstehen ließe (angenommen, ich könnte es): dann würde aus dem laufenden Film ein stehendes Bild, aus dem lebendigen Geschehen ein festgefrorener Zustand. Unser Leben *ist* nicht ein solcher starrer Zustand, es ist lebendiges Geschehen, das es wiederum nicht ohne Werden und Vergehen gibt. Die Geschichtlichkeit unseres Menschseins schließt seine Zeitlichkeit ein. Das soll nicht heißen, daß es nicht auch Bleibendes, Unverlierbares gäbe, das ich in jeden neuen Augenblick mit hineinnehmen kann. Aber das Neue gewinne ich nur, indem ich das Alte vergangen sein lasse. „Ein jegliches hat seine Zeit."

Der Prediger scheint indes am Dasein in der Zeit nicht das Positive zu sehen – etwa jeder Augenblick bringt neue Möglichkeiten und Chancen, ich will sie „auskaufen" (Eph. 5,16) –; er stellt den Rhythmus des zeitlichen Geschehens mit Seufzen fest. Was Menschen auch tun, es wird, wenn seine Zeit um ist, nicht mehr sein. Man könnte sich darüber freuen, daß dies so ist. Die Zeit des Weinens wird von einer des Lachens abgelöst werden. Nach Krieg wird auch einmal wieder Frieden kommen. Regiert jetzt der Haß, morgen wird Liebe sein. Man wird nicht immer klagen müssen, man wird auch wieder tanzen. Dies zu wissen kann schon sehr tröstlich sein. Wäre ich heute traurig, so könnte ich mich darin üben, über den Augenblick hinauszudenken, also denkend und in der Vorstellung das vorauszunehmen, was einmal sein wird. Säkular (man kann dazu schunkeln): „Es geht alles vorüber, es geht alles vorbei." Im Glauben: „Ich werde ihm noch danken, daß er meines Angesichts Hilfe und mein Gott ist" (Ps. 42,6.12; 43,5). – Nur, wenn man so denkt wie der Prediger, ist ein solcher Vorgriff auf das kommende andere kein Trost. Denn mit gleicher zwingender Kraft steht daneben der andere Gedanke: Was mich jetzt freut, kann nur, wenn seine Zeit um ist, abgelöst werden durch das andere, das mich schmerzt, quält und ängstet. Es ist wahrscheinlich nicht Nachlässigkeit, daß in den paarigen Aussagen zuweilen das Positive dem Negativen folgt, dann wieder das Negative dem Positiven. Wir sollen den Gedanken des Wechsels der Dinge in der Zeit nicht immer nur in ein und derselben Richtung denken, sei es die optimistische, sei es die pessimistische. Wir sollen nur wissen, daß alles einmal von seinem Gegenteil abgelöst wird. Es waltet nach Meinung des Predigers ein eisernes Gesetz, das Geschehen ist determiniert. Nicht in einem heilsamen Miteinander des Gegensätzlichen (wir denken an Gen. 8,22: Saat und Ernte, Frost und Hitze, Sommer und Winter, Tag und Nacht), sondern in einem sinnlosen („eitlen") Wechsel der Dinge. Heute schweigen, morgen reden. Heute lieben, morgen hassen. Heute weinen, morgen lachen. Heute liebkosen, morgen schon auf Distanz gehen. Das ist nicht einfach das Gesetz des Ein- und Ausatmens. Das erste Gegensatzpaar macht es deutlich, wie alles zuletzt zu sehen ist: geboren werden und – sterben. Im Sein zum Tode bekommt die Zeitlichkeit des Menschen, die man – aufgrund der Schaukelbewegung – noch ambivalent sehen konnte, ihre einsinnige Richtung. Man konnte sagen: klagen, tanzen, dann abermals klagen und auch wieder tanzen. Aber man kann nicht sagen: geboren werden und sterben, sterben und geboren werden. Die Zeit ist *gerichtet*. Mochte uns das Leben eben noch scheinen wie ein Karussell – jede Runde bringt uns wieder an dieselbe Stelle –, jetzt befinden wir uns in der Geraden. Das Sterben ist wirklich nur eine Frage der „Zeit". Es ist sicher kein Zufall, daß der Prediger in V. 2a diese Aussicht sogleich an den Anfang gestellt hat. Aufs Ganze gesehen, kennt das Alte Testament keine postmortale Zukunft. „Es geht dem Menschen wie dem Vieh: wie dies stirbt, so stirbt er auch, und sie haben alle einerlei Odem, und der Mensch hat nichts voraus vor dem Vieh, denn es ist alles eitel. Es fährt alles an *einen* Ort. Es ist alles aus Staub geworden und wird wieder zu Staub" (VV. 19f.).

Dies müßte uns beschweren, wenn Christus nicht wäre. Es hat seinen guten Sinn, daß das Alte Testament im Horizont der Zeitlichkeit und damit auch der aussichtslosen Vergänglichkeit denkt. „Er hat die Ewigkeit in ihr Herz gelegt", das ist die Zutat eines anderen; nach den gerade zitierten VV. 19f. können wir dem Prediger eine solche über den Tod hinausgreifende Hoffnung nicht zutrauen. Wenn Christus nicht wäre, dann gäbe es keine Auferstehungshoffnung. Es ist nicht so, wie man immer wieder einmal gedacht hat: daß der (natürliche) Mensch in sich ein Ewiges, Unzerstörbares habe, das *aus sich* die Anwartschaft auf ein Leben nach dem Tode begründen und geltend machen könnte. Sterben muß, was sündig ist; und was wäre davon ausgenommen? Ohne Christus ist der Horizont der Zeitlichkeit unüberschreitbar. Und wenn er überschritten werden könnte? Mit einer bloßen Verlängerung der Zeit wären wir aus dem Rhythmus, den Qohelet beschreibt, nicht heraus. „Es ist alles ganz eitel, sprach der Prediger, es ist alles ganz eitel" (1,2). *Christus* ist die Auferstehung und das Leben. Ewiger Leerlauf wäre es nicht wert, daß man sich danach streckt und sehnt. Leben in Fülle, lebenswertes Leben, qualifiziertes Leben haben wir nur von und in Ihm, „Leben und volle Genüge" (Joh. 10,10). Ewigkeit bloß deshalb, weil wir uns dem Gesetz der Vergänglichkeit nicht beugen wollen? Wir haben eine ganz andere Perspektive: „Alles Ding währt seine Zeit, Gottes Lieb in Ewigkeit" (EKG 232).

2.

Wir müssen jetzt dieselbe Sache noch von etwas anderer Seite sehen. Daß, was eben jetzt geschieht, nicht bleiben kann und Neuem Platz machen muß, könnte eigentlich eine sehr ermutigende Erkenntnis sein. Für den neuzeitlichen Menschen – wenn ich recht sehe: seit der Aufklärung – ist der Glaube an den *Fortschritt* geradezu selbstverständlich. Er umschließt ja nicht nur die – vielleicht eigensüchtige – Hoffnung, daß „es" mit uns immer besser wird, sondern er stimuliert auch unser Tun. Wozu leben, wenn man nicht dazu beitragen kann, daß die Welt friedlicher wird, gerechter, schöner, reicher, gesünder (usw.)? Man gibt sich gerne dran, wenn man weiß, wofür.

Daß die Welt nicht stehen bleibt, sondern voranschreitet, darin würde, wenn man es rein formal versteht, der Prediger vielleicht sich belehren lassen. Nur: *wohin* sie schreitet, darin würde er uns modernen Menschen nicht recht geben: er sieht keinen „Gewinn" (V. 9; 1,3). Er denkt nicht im Schema einer Aufwärtsbewegung, sondern in dem des *Pendelschlags*. Nach „tick" muß „tack" kommen, und danach unweigerlich wieder „tick". Von Wertzuwachs, von Vorankommen und Reifen ist keine Rede. Ähnlich in Kap. 1,3–11: „was geschehen ist, wird hernach sein; und was man getan hat, eben das tut man hernach wieder". Hier, in unserm Kapitel, kommt die Erfahrung hinzu, daß das Pendel nach zwei Seiten ausschwingt, hin und her. Hat man eben einen Aufschwung erlebt, so kommt als nächstes mit Sicherheit das Zurückfallen. Lauha spricht von einem „Grundgefühl des Fatalen": „der Mensch ist während seines ganzen Lebens unfrei, ... seine Möglichkeiten sind eingeschränkt" (z. St.). Es entsteht „das Gefühl der Zwecklosigkeit allen Tuns" (ebd., S. 71).

Man pflanzt und reißt es wieder heraus. Man bricht ab, um Neues aufzubauen; aber auch, was wir jetzt bauen, wird irgendwann einmal abgerissen werden. Man schleudert Steine fort, um sie dann wieder zusammenzulesen (es bedarf m. E. keiner Konkretisierung dieses bildhaften Ausdrucks). Man sucht etwas und weiß: bald wird man's

wieder verlegt oder verloren haben (es gibt darin Charismatiker!). Man bewahrt
Dinge auf – sie könnten noch einmal von Bedeutung sein –, und zuletzt wirft man sie
doch weg. Man flickt Zerrissenes zusammen – nur: wie lange wird's halten? Man spült
Geschirr und weiß: in Kürze wird es wieder gebraucht sein. Man pflastert oder teert
sorgsam die Straße; nur: wie lange wird es dauern, und sie muß wieder aufgerissen
werden? Das „Rein und Raus", das die Alltagssprache am Kartoffelfeld exempli-
fiziert, kennzeichnet die Vergeblichkeit des Wechsels der Dinge. Man kann es in der
Ruhe des distanzierten Betrachters feststellen. Man kann es auch in bitterem, bissi-
gen Humor sagen: Krieg, um angeblich den Frieden zu gewinnen; und im Frieden
schon wieder auf Krieg eingestellt sein (V. 8). Erst töten – und dann heilen (V. 3).
Wahrhaftig: sinnlose Mühe.
Auch wenn wir grundsätzlich anders denken, werden wir nicht bestreiten können,
daß in diesen Beobachtungen wirkliches Leben eingefangen und dargestellt ist. Es
wäre nicht nur wirklichkeitsfremd, sondern auch unbarmherzig, wenn man nicht
sähe, daß vieles, was unsern Alltag ausfüllt, unter diesem Gesetz des Pendelschlags
steht (die „Raumkosmetikerin" weiß es vielleicht am besten) und sich in uns als die
frustrierende Weisheit festsetzt: „man mühe sich ab, wie man will, man kommt damit
nicht vorwärts" (V. 9). – Wir werden dem entgegenhalten, daß unsere Arbeit und
auch, was sonst im Leben geschieht, bei aller Mühe und – zugegeben – auch bei viel
Leerlauf doch ihren Sinn hat. Zunächst ganz einfach dadurch, daß Leben erhalten
wird (auch mit Geschirrspüle und Scheuereimer). Arbeit ist Dienst an der Welt und
an den Menschen. Man sollte sich, wie immer einen die Arbeit anödet, klarmachen,
für wen man es tut. Und es sollte darüber hinaus klar sein, daß wir eben doch „Gewinn" erzielen. Die gesellschaftlichen Veränderungen, die sich auf die Arbeitswelt
ausgewirkt haben, sind „Gewinn". Und die Fortschritte in der Medizin lassen wir
uns alle gern gefallen. Die Predigt würde, was sie soll, verfehlen, wenn sie – unter
Berufung auf den Prediger Salomo – den Menschen das Leben vermieste, und es wäre
unredlich, die Annehmlichkeiten des Fortschritts zu genießen, gleichzeitig aber ein
pessimistisches Bild vom Leben zu entwerfen. Daß wir viele der genannten Annehmlichkeiten teuer bezahlen und unsere Zivilisation uns darum zwielichtig erscheint,
wird daran nichts ändern, daß wir alle ganz gern daran teilnehmen und sogar erfreut
feststellen, daß – in den Grenzen dessen, was in dieser Welt möglich ist – unsere Mühe
sich lohnt.
Dennoch müßte uns die hier festgestellte Vergeblichkeit unseres Tuns beschweren,
wenn Christus nicht wäre. Zielen wir sogleich in die Mitte der Sache: „Es ist doch
unser Tun umsonst auch in dem besten Leben" (Luther, EKG 195,2). Was Qohelet
auf der Ebene des alltäglich-geschöpflichen Lebens aufspürt und aufdeckt, wird der
Korrektur bedürfen; auf der Ebene unserer Coram-Deo-Existenz hat er rundum
recht. Was wir auch an Erfolgen verbuchen können in „denen Dingen, so die Vernunft begreift" und in denen wir „etlichermaßen einen freien Willen haben" (CA
XVIII): vor Gott bringen uns die eigenen Anstrengungen nicht weiter. Der Christ
weiß es: viele gute Vorsätze, Aufschwünge, Gelübde, Arbeit an sich selbst, Kampf
gegen den Jähzorn, gegen die Bequemlichkeit, gegen die Abhängigkeit von dem und
jenem, gegen die Ansprüche des in sich selbst verliebten alten Menschen, gegen die
Neigung, alles auf sich zu beziehen und alles an sich selbst zu messen, gegen das Herz,
das „in sich selbst verbogen" ist (Luther). Wer hier einige Erfahrungen hat, kennt
auch den Pendelschlag: Anlauf nehmen und resignieren, hochmütig sein und dann
wieder wie ein geprügelter Hund, zu allem Guten entschlossen und dann doch wieder
hoffnungslos in sich selbst verstrickt. Da kommt Christus und nimmt uns das, woran

wir uns vergeblich abplagen, aus der Hand und macht unsere Sache zur seinen. Wir brauchen keine Erfolge und Gewinne aufzuweisen. Er hat sich auf die Seite der Gescheiterten gestellt. Und dazu das andere: Im „Gefühl der Zwecklosigkeit allen Tuns" bewegt Qohelet sich „in einem hoffnungslosen Kreis, weil es ihm an der Zukunftserwartung fehlt. Diese Erwartung eröffnet schon dem alttestamentlichen Glauben eine Perspektive der Hoffnung, gar nicht davon zu reden, was die neutestamentliche Eschatologie in dieser Hinsicht bedeutet. Der Standpunkt Kohelets enthüllt darum – auf negativem Wege – den Wert des heilsgeschichtlichen Glaubens" (Lauha, S. 71).

3.

Der Prediger redet nicht nur vom Menschen und seinem Werk. Er redet von *Gott*. Das ist ja seine eigentliche Anfechtung, daß die Gestalt des Lebens, wie er es sieht, auf Gott selbst zurückgeht, er muß sagen: auf den *unbegreiflichen Gott*. Soviel weiß er von Gott: Während alles Irdische dem Gesetz des Vergehens und des (fruchtlosen) Wechsels unterworfen ist, besteht, was Gott tut, für immer (V. 14). Da ist nichts hinzuzufügen und nichts wegzunehmen (ebd.). „Auf Grund der Unabänderlichkeit seines Tuns und seiner fernen Erhabenheit bewirkt Gott beim Menschen Furcht und Zittern vor dem Unbegreiflichen" (Lauha zu V. 14). „Der Mensch kann das Werk nicht herausfinden, das Gott tut – von Anfang bis zu Ende" (V. 11). Wenn wir den Text in der eingangs begründeten Fassung lesen, lautet er in V. 11: „Alles hat er [Gott] zu seiner Zeit schön gemacht" (Gen. 1,31), „aber auch die Mühsal hat er in ihre [der Menschen] Herzen gegeben." Das soll nun einer verstehen! Was für ein widerspruchsvoller, unheimlicher Gott! Wer auf einen Gott aus ist, dessen Handeln in der Welt durchsichtig, begreifbar, nachrechenbar ist, der darf nicht die Bibel fragen. Sie verkündigt uns den Gott, dem wir nicht auf die Spur kommen, den wir nur respektieren, vor dem wir uns nur beugen können, im Wissen um seine Unerreichbarkeit. Unser gottloses Herz übt so leicht an ihm Kritik, wenn er nach unserer Meinung in dem kosmischen Schaltwerk nicht umsichtig genug waltet. „Ich sah das Geschäft – und die Menschen leiden darunter (s. o.) –, das Gott den Menschenkindern auferlegt [= gegeben] hat" (V. 10). Was tun?
Die Auskunft des Predigers überrascht: „Fröhlich sein und sich's im Leben wohl sein lassen" (V. 12) – wozu wahrscheinlich ein Späterer, entschuldigend, hinzugefügt hat: „Für jeden, der bei all seinem Mühen ißt und trinkt und Gutes genießt, ist es Gottes Gabe" (V. 13). Tatsächlich: V. 13 könnte etwas zu „fromm" sein im Vergleich zu dem, was der Prediger meint. Daß er sich gütlich tut, ist ihm ein Ausweg; er weiß: kein wirklicher Weg ins Freie. Solcher Epikureismus hat eine sauer-süße Miene; sein Humor ist eine Art Galgenhumor. Vielleicht wüßten wir auch nicht viel Besseres, wenn Christus nicht wäre; mit viel Amüsement, Rummel, Rausch und sonstiger „Verlustierung" versucht man sich zu erheitern, wenn man nicht *wirklich* fröhlich sein kann. Daß wir uns richtig verstehen: Jesus will nicht humorlose Mucker (Matth. 9,15a; 11,19a). Wir dürfen uns an Gottes guten Gaben guten Gewissens freuen (darin hat der Glossator unbedingt recht, V. 13). Aber es wird alles anders, wenn in der Person Jesu Christi der unbegreifliche Gott uns anschaulich und greifbar geworden ist. Auch jetzt hat er sein Unbegreifliches; er bleibt unterm Kreuz verborgen. Aber er ist *unser* Gott geworden, herausgetreten aus seinem bedrückenden Schweigen. Die verhängnisvollen Zirkelbewegungen, die Qohelet sieht, sind aufgebogen zur zukunftsweisenden Geraden des Heils, das uns in Christus angeboten und geschenkt ist.

Reformationstag. Matth. 10,26b–33

Mit Ausnahme des ersten Sätzchens von V. 26, das Übergangsbildung des Evangelisten ist und nicht mit zur Perikope gehört, ist Lukas (12,2–9) unserm Abschnitt im Gedankengang völlig parallel. Die Formulierungen sind verschieden; man ging also mit Q frei um. Die Kommentare arbeiten die Unterschiede im Wortlaut heraus; wir können uns dies i. allg. ersparen.

V. 26b: Das Diktum findet sich in ähnlichem Sachzusammenhang auch Mark. 4,22 (= Luk. 8,17). Ob es ursprünglich warnen wollte: Hütet euch, etwas im Vertrauen auszusprechen, es wird ja doch weitergetragen (so etwa Bltm., GsTr., S. 99), wird nicht sicher zu beweisen sein. Das Wort hat jedenfalls schon bei Markus, erst recht in Q die Absicht, die Publizität des Evangeliums darzutun. Bei Lukas ist wohl dies der Sinn: Dem Wort Jesu wohnt eine Kraft inne, die in die Öffentlichkeit drängt, noch deutlicher: Gott selber sorgt dafür, daß das Verborgene erkennbar wird (passivum divinum). Bei Matthäus wird den Jüngern aufgegeben, für die Ausbreitung des Wortes zu sorgen (Grdm. richtig: auch wenn es die Jünger tun, bleibt es Gottes Werk). – In V. 27 wird das noch unterstrichen: *Jesus* spricht im Dunkeln, die Jünger breiten es aus (Lukas hingegen: *die Jünger* sprechen im Dunkeln, Gott macht es vernehmbar). Zur Deutung s. u. – V. 28: Der Leib und Seele in die Hölle hinein vernichten kann, könnte der Teufel sein (so Grdm.), aber auch Gott (so Zahn, Schlatter, Schniewind, Bultmann, Oepke, Lau, Schweizer). Bei Rabbinen liest man (nach Schweizer): Das Töten eines Königs von Fleisch und Blut ist kein ewiges Töten, wohl aber das des Königs aller Könige; er tötet für diese und für die kommende Welt. So z. B. bei Jochanan ben Zakkai, bab. Ber. 28b (Grdm.). Vgl. dazu auch 5,25f.; 7,23; 16,27; 18,34; 22,13; 24,51; 25,41–46. Möglich, daß Jak. 4,12 auf unsere Stelle anspielt: Gott ist der Richter δυνάμενος σῶσαι καὶ ἀπολέσαι. „Seele" (von Lukas überhaupt weggelassen) ist nicht platonisch zu verstehen, sondern bedeutet svw. „Leben". – V. 29: Wiederholt ist bei Rabbinen der Spruch überliefert: „Ein Vogel geht nicht zugrunde ohne den Himmel (= Gott), um wieviel weniger der Mensch" (Str.-B. I, S. 582, zit. nach Bltm., a. a. O., S. 112). Die Preisangaben schwanken nicht nur bei Matthäus und Lukas, sondern auch bei den Kommentatoren; jedenfalls waren Sperlinge die billigsten eßbaren Vögel. Keiner ist bei Gott vergessen (Luk.), keiner fällt zur Erde ohne „euren Vater", in dessen Hand also auch die geringwertigsten Vögel sind. – V. 30: vgl. Luk. 21,18. – V. 31: Schluß vom Geringeren auf das Größere – für Jesu Denkart charakteristisch. – V. 32f.: Mark. 8,38 = Luk. 9,26, auch die Lukasparallele zu unserm Stück (12,8), lassen Jesus vom Menschensohn in der 3. Person sprechen, was heißen kann – jedoch keineswegs heißen muß! –, „daß Jesus den Menschensohn als eine andere Gestalt von sich unterscheidet" (W. Pannenberg, Grundzüge der Christologie, 1964, S. 53, dort Literatur, bes. H. E. Tödt, Der Menschensohn in der synoptischen Überlieferung, 1959). Matthäus schreibt ὁμολογεῖν und schneidet damit alle Spekulationen, wir könnten es im letzten Gericht mit einem Menschensohn zu tun bekommen, der nicht Jesus wäre, entschlossen ab. Wo im NT findet sich auch nur ein Ansatzpunkt für eine solche Erwartung? Was aber besagt dann die 3. Person? Ich erfinde eine Story: Ein Kronprinz sagte einem, der ihm das Leben gerettet hatte: „Der König [3. Person] wird sich dessen zu erinnern wissen, was du heute dem Kronprinzen erwiesen hast." Der Richter wird zugleich der Anwalt derer sein, die sich in seinen Erdentagen zu ihm bekannt haben. Die ihn verleugnen, zu denen wird er sich nicht bekennen (ἀρνεῖσθαι ist ursprünglicher als das gräzisierende ἐπαισχύνεσθαι von Markus-Lukas (vgl. E. Käsemann, Sätze heiligen Rechts im NT, EVuB II, 1964, S. 78).

Die Predigt am Reformationstag bietet dem Prediger reichlich Gelegenheit, sich schuldig zu machen. Der vorliegende Text, der uns in die Mitte reformatorischer Glaubenserkenntnis weist, braucht noch kein sicher wirkendes Mittel gegen solche Verfehlungen zu sein, denn er ist nicht vor Mißbrauch geschützt. Man kann sämtliche Ärgernisse und Kümmernisse der Kirchengeschichte – vom Beelzebub-Schimpfen (V. 25) bis zum Töten des Leibes (V. 28) – anhand dieses Textes zur Sprache bringen

und das „Fürchtet euch nicht!" mit Pathos dagegensetzen. Man kann den Trost für eine mit einer großen Aufgabe betraute und doch schüchterne und zagende Jüngerschar verfälschen in einen Ausdruck heldischer Selbstgefälligkeit. Man kann, was uns zur Umkehr gesagt ist, zur Bestätigung seiner selbst mißbrauchen. Es war noch nie richtig, das Reformationsfest mit antirömischen Affekten oder im Sinne einer konfessionellen Eineigelung oder in ungeistlicher Freude am Zertrenntsein oder im pharisäischen Dünkel vermeintlichen Besserseins zu begehen. Hier ist schon viel gesündigt worden. Man vergesse nicht: Für das, was an uns etwa widerfahrenem Unrecht wir vielleicht zum soundsovielten Male aufzurechnen geneigt sein möchten, sind wir in aller Form um Vergebung gebeten worden. Entsprechendes von unserer Seite ist nicht erfolgt – konnte leider nicht erfolgen, weil wir keinen gemeinsamen Sprecher haben. Die Zerspaltenheit der Gemeinde Jesu hat ein hohes Schuldkonto entstehen lassen.
Es bleibt die Frage nach dem reinen Evangelium. Unter der stehen wir alle, und zwar unaufhörlich. Darum kann Reformation nur eine Sache der *ganzen* Christenheit sein, also ökumenisches Geschehen. Die Einheit seiner Kirche schafft der dreieinige Gott allein, durch sein Evangelium und die recht gebrauchten Sakramente (CA VII). Je klarer wir das Evangelium verkündigen und je breiter wir es annehmen, desto näher sind bei der *einen* Kirche, die der Herr will. Auf Jesu Wort hören, auch aufgrund dieses Textes, ist die beste Art, der Aufgabe dieses Tages gerecht zu werden.
Der Text gehört in die Aussendungsrede hinein, die als ganze gewiß so, wie sie jetzt dasteht, von Matthäus komponiert ist, unser Abschnitt sogar von der dem Matthäus vorliegenden Überlieferung, die wir Q nennen. Aber dahinter steht Jesus selbst. Wir haben uns nicht selbst gesandt; wir sind seine Boten. Wir haben der Welt das Evangelium von dem in Christus uns gnädig annehmenden Gott zu verkündigen. „Mein heilsam Wort soll auf den Plan" (EKG 177,4). Was wir nicht in Jesu Auftrag und Namen tun können, dafür haben wir keine Vollmacht. – Wiederholt werden die Jünger aufgerufen, sich nicht zu fürchten (V. 26a – nicht zur Perikope gehörig –, V. 28 und V. 31). Es muß Anlaß gewesen sein, sich zu fürchten. Die Kirche des Matthäus hätte sich dieser Worte des Herrn nicht entsonnen, wenn die dort vorausgesetzte Situation nicht auch die ihre gewesen wäre. Die Furcht vor den Widerständen von außen reduziert sich in dem Maße, in dem die Furcht sich auf das richtet, was allein fürchtenswert ist: Gott selbst. In der zuletzt allein fragenswerten Frage, wie Gott zu uns steht, sind die um unser Leben und Ergehen „aufgehoben". Unser Bekenntnis zu Christus ist getragen von der Verheißung, daß er sich als unser großer Anwalt zu uns bekennt. So könnte man zu folgendem Ansatz kommen: *Keine Furcht – Christus ist bei uns.* (1) *Wir predigen in seinem Auftrag.* (2) *Wir stehen unter seinem Schutz.* (3) *Wir leben von seiner Fürsprache.*

I.

Dieser Zuspruch ergeht an die in die Welt *gesandte* Jüngerschaft. Warum muß sie unterwegs sein? Weil das Evangelium vom Reich (V. 7), vom Heil und Frieden (V. 12), von der Rettung und vom Seligwerden (V. 22) für die ganze Welt da ist und unter die Menschen kommen muß. Da gibt es doch das alte Sprichwort: „Es ist nichts verborgen, das nicht offenbar werde, und nichts ist heimlich, das man nicht wissen werde." Man kann dieses Wort verschieden auffassen. Vielleicht hat es einmal nur dies sagen wollen: Etwas einem anderen ins Ohr geflüstert – und morgen schon weiß es die ganze Stadt. Oder dasselbe mit anderen Worten: Wenn du willst, daß eine Sache publik wird, dann erkläre sie für vertraulich! Nicht unmöglich, daß Jesus es so gemeint hat. Gut, es gilt! Bleiben wir dabei: Ich sage es euch im Dunkeln – aber dann soll es ruhig die Sonne an den Tag bringen! Nach dem Gesetz der „strengen Vertraulichkeit" wird das Wort in alle Welt hinausgehen. Vielleicht müssen wir uns Jesus schmunzelnd denken. Vielleicht steht dahinter auch das Messiasgeheimnis: wenn es einmal – nach Ostern – durchbrochen sein wird, geht Jesu Wort als das Wort des Kyrios durch die ganze Welt.

Wir sind bei einem der großen Themen der Reformation: „Das Wort muß es tun" (Luther). „Es ist alles besser nachgelassen denn das Wort. Und ist nichts besser getrieben denn das Wort" (WA 12,37). „Geht aber hin und *predigt* ..." (V. 7). Damit soll keineswegs ausgeschlossen sein, daß Christen viel *tun*. Eine gewisse apologetische Beflissenheit fällt jedem, der von der zentralen Stellung der Predigt des Evangeliums in der Kirche spricht, unweigerlich ins Wort: es komme doch auf das *Tun* an; die nichtchristliche Welt werde uns das Wort nicht abnehmen, aber das Tun lasse sie sich gern gefallen. Natürlich ist daran Richtiges. Der Glaube soll, nein: er wird auch „Früchte" bringen. Aber geholfen wird der verlorenen Welt nicht durch das, was wir tun, sondern durch das, was *Gott* tut und redet. Auch das „Tun", von dem V. 8 gesprochen ist, ereignet sich, indem das Wort ergeht. Gottes Herrschaft soll ausgerufen und im Geschehen des Wortes realisiert werden. Wir müssen dem noch ein wenig nachgehen.

Die Jünger predigen im Auftrag Christi. Was sie auf die Straßen (zunächst) Palästinas (V. 5) und später in alle Welt (28,19) treibt, ist nicht ihr eigenes Mitteilungsbedürfnis. „Wie sollen sie predigen, wo sie nicht gesandt werden?" (Röm. 10,15). Predigt wird – vielleicht weniger in der Theorie als vielmehr in der nicht genügend durchdachten Praxis – oft verstanden als Selbstdarstellung des religiösen Menschen, als Erörterung von Fragen um Gott und die Welt, als Mitteilung von Erkenntnissen, die man über Gott gewonnen hat, vielleicht gar als Diskussionsbeitrag zur religiösen und kirchlichen Thematik. Für dieses alles brauchte man keinen Auftrag und keinen sendenden Herrn. Jedoch: Hier die hörende Gemeinde – dort der Herr, der „sein heilsam Wort" „auf den Plan" schickt, durch die Botschafter an seiner Statt (Luk. 10,16; 2. Kor. 5,20). Dieses Gegenüber, das sich aus der einsinnigen Gerichtetheit des von Gott an uns ergehenden Wortes ergibt, darf nicht verwischt werden. Man darf dagegen nicht auf die charismatischen Aktivitäten der Gemeinde hinweisen, in denen ja auch eine Menge „Wort" ist. Der Geist ist ans Wort der Predigt gebunden und kommt mit ihr, und was dann in der Gemeinde an charismatischer Rede aufgeht wie der keimende Same (1. Petr. 1,23.25), ist *Antwort*, „Gegenwort" im Sinne von respondierendem oder auch sich fortpflanzendem Wort. Was die Jünger zu predigen haben, geht von *Jesus* aus und soll zu den Menschen kommen. Darum: „Predigt es auf den Dächern!" (V. 27).

„Was ich euch sage ..., das redet ... (V. 27). Hier kommt zum Ausdruck, was die Reformation zu betonen nicht müde geworden ist: Was die Kirche predigt, hat sie von Christus. Sie hört auf keine andere Stimme, auch nicht auf die eigene in der Tiefe des Herzens (wie die Schwärmer es wollten, wenn sie auf religiöse Unmittelbarkeit drängten und sich gegen den angelernten Glauben wendeten). Hören wir auch auf Apostel und Propheten (die neutestamentlichen und die alttestamentlichen Zeugen), dann nur, weil und insoweit sie in der Fluchtlinie der Christusoffenbarung stehen. Der Geist will nichts anderes als „euch erinnern alles des, das ich euch gesagt habe" (Joh. 14,26). Dies hängt mit der Tatsache zusammen, daß Gott sich uns in der Menschwerdung des Sohnes offenbart hat. Hier ist der Ort in der Geschichte, von dem her der Glaube

empfängt, wovon er lebt, und an den er im Erkennen und Annehmen immer wieder
zurückkehrt. Der Glaube, der das *heute* ergehende Wort vernimmt und darin die heilsame Gemeinschaft mit Christus findet, kennt diesen Christus nur von seiner *Fleischwerdung* her und hält sich an die ein für allemal geschehenen großen Taten Gottes.
Deshalb muß alle Predigt, wie der Text zeigt, bei Christus ihren Ursprung haben.
Hier ist die Quelle, nirgends sonst.

Das Wort ist Christi eigenes Wort. Nicht nur so, daß wir, seine Jünger und Boten,
weitersagen, was wir bei ihm gelernt haben, sondern so, daß *er selbst durch uns* spricht.
Auf Luk. 10,16 haben wir schon verwiesen; wir denken noch besonders an 1. Thess.
2,13. Menschliche Rede, die Christus zum Gegenstand hat? Das sicher auch – wie
sollte man anders predigen können? Aber was wir *über* Christus sagen, kann zur Voraussetzung sein dafür, daß Christus – und in ihm überhaupt der dreieinige Gott –
selbst bei uns zu Wort, „zur Sprache" kommt. (Der gern gebrauchte Ausdruck „zur
Sprache kommen" ist zweideutig. In einer arbeitenden Gruppe kann ein Gegenstand
„zur Sprache kommen", d. h. abgehandelt werden. Damit wäre das Spezifische der
Predigt gerade nicht erfaßt. Es liegt darin, daß Christus „zur Sprache kommt", indem er selber spricht!) Christus sucht im Wort mit uns Verbindung, stellt im Wort
mit uns Gemeinschaft her, spricht uns an, sucht Kontakt mit uns, gewissermaßen
Auge in Auge. In der Predigt geschieht darum nach Luthers berühmten Wort nichts
anderes, als daß unser lieber Herr mit uns rede durch sein heiliges Wort – und wir
dann wieder mit ihm reden in Gebet und Lobgesang. Das ist es, was hier, in Matth. 10,
in Gang gesetzt wird.

Dazu kommt nun – und hiermit überschreiten wir die vorhin gegebene Deutung des
Sprichwortes V. 26b –, daß das Wort in die Weite drängt („auf den Dächern") und
in sich selbst die Kraft der Vervielfältigung hat. Auf dem Dach, auch wenn es kein
„Obergemach" trug, hielt man sich viel auf; es hatte darum ein Geländer (Deut. 22,8),
zuweilen gab es außer der Innentreppe noch eine Außentreppe (24,17). Vom Dach aus
drang, was man sagte, über den Bereich der „vier Wände" hinaus in die Weite.
Die Christenheit hat den durch keinen Widerstand von außen und durch kein Hemm-
nis von innen her in Frage zu stellenden Auftrag ihres Herrn, das Evangelium in die
Weite der Welt hinein vernehmbar zu machen. Ihre (hoffnungslose?) Minoritäts-
situation wird sie darin nicht irre machen.

2.

Wir stehen in seinem Schutz. Man könnte korrigieren wollen: im Text ist vom *Vater*
die Rede, dem keines Sperlings Schicksal unbekannt ist (Luk. 12,6) und der darum
erst recht auf uns Obacht gibt. Es ist nicht nur auf das Bestreben nach griffiger
homiletischer Formung und Formulierung zurückzuführen, wenn wir auch hier von
Christus sprechen. Der Vater erschließt sich uns nicht anders als im Sohne, und im
Sohne ist wiederum der ganze Gott gegenwärtig. In Jesus Christus erfahren wir ja
Gott gerade in seiner personhaften Zuwendung zu uns (s. o.). Kein Jünger macht sich
auf den Weg, ohne daß die Augen Gottes ihm folgen. Niemand soll meinen, er gehe
in die ihm unbekannte und unheimliche Welt hinaus, ohne daß er von dem unsichtbaren Gott und Herrn begleitet würde. Dieser Herr sieht nicht nur halb hin, er blickt
nicht nur flüchtig auf uns. Wir selbst wissen um uns nicht entfernt so gut Bescheid
wie er. (Auch derjenige unter uns, der in dieser Hinsicht am dürftigsten ausgestattet
ist, wüßte die Zahl seiner Haare nicht anzugeben.)
Es ist aufschlußreich, wie sich Gottvertrauen und Gottesfurcht in diesem Text aufs

engste miteinander verbinden. Menschenfurcht wird durch Gottesfurcht überwunden. Der Reformationstag legt es nahe, dies an Luther zu demonstrieren. Niemand halte dessen Mut für natürliches Heldentum. Luther konnte sehr zaghaft sein, wohl nicht nur deshalb, weil ihm das im Kloster so anerzogen war. Das Geheimnis seiner Furchtlosigkeit: er hatte Gott über alle Dinge fürchten gelernt, er nahm Gott ernst. Die Frage nach dem Bestand und Verlauf seines äußeren Lebens war übertönt durch die andere: wie es mit ihm „vor Gott" bestellt sei, der uns retten, aber auch in der Hölle zugrunde gehen lassen kann (V. 28). Das Seligwerden versteht sich nicht von selbst. Für Luther war immer die Frage gegenwärtig, die vermutlich in unserer letzten Stunde von allen Fragen unseres Lebens allein noch übrig bleiben wird. Es wird dann nicht mehr darum gehen, ob wir dies und das, was wir uns wünschten, erlangt, ob wir dies und das, was wir erstrebten, erreicht und geschafft haben. Darum wird es gehen, wie es zwischen Gott und uns steht. (Dies ist, schlicht ausgedrückt, die Frage nach der „Gerechtigkeit".) Luther hat Gott gefürchtet. Hat er vergessen, daß er Christ ist? Schniewind kommt (zu V. 28) auch auf Luther zu sprechen (er zitiert: „darum sollen wir uns fürchten vor seinem Zorn") und weist nach, daß die neutestamentliche Botschaft von unserm Kindesrecht nur auf dem Hintergrund dieser auch vom Neuen Testament immer wieder bezeugten Gottesfurcht stichhaltig ist (vgl. auch den Konkordanzbefund zu „Furcht Gottes"). Nicht das ist evangelischer Glaube, daß man die Rede von Gottes Zorn als Falschmeldung erkennt, sondern daß man sich vom zornigen Gott zum gnädigen flüchtet (vgl. uns. Ausl. zum 16. S. n. Trin.).

Die Augen Gottes folgen mir – zunächst in dem Sinne, daß ich mich von Gott ganz persönlich gestellt, festgehalten, gefragt weiß. Wir leben wahrscheinlich nur deshalb zumeist so unerschüttert, weil die „Augen" Gottes – Luther hat sie in seiner Auslegung des 90. Psalms als die glühenden Augen dessen geschildert, der nachts auf uns eindringt und uns umzubringen im Begriff ist – uns normalerweise nicht erfahrbar sind und uns der ganze Ernst unserer Lage vor Gott im allgemeinen nur sehr gedämpft zum Bewußtsein kommt. Dennoch: gerade da, wo ich zum vollen Menschsein erwache, wird mir mein Stand vor Gott etwas tief Beunruhigendes sein (EKG 195,1; 239,2f.). Geschieht dies, dann verschieben sich in meinem Denken und in meinem Leben mit einem Schlage die Gewichte. Dann ist nämlich sofort eine ungleich wichtigere Frage gestellt als die, ob ich in meinem täglichen Tun und Treiben mit Glück und ohne Karambolage über die Runden komme. Dann bin ich wohl erschüttert, gewinne aber zugleich eine ganz neue Festigkeit. Luther in Worms: „So bin ich durch die Stellen der Heiligen Schrift, die ich angeführt habe, überwunden in meinem Gewissen und gefangen in dem Worte Gottes. Daher kann und will ich nichts widerrufen, weil wider das Gewissen etwas zu tun weder sicher noch heilsam ist" (H. Boehmer, Der junge Luther, ⁵1952, S. 338). Da hört das ängstliche Lavieren auf, da ist man nicht mehr mit taktischen Erwägungen beschäftigt, fragt nur noch nach der inneren Verpflichtung vor Gott und nach dem heilsamen Gebundensein an ihn und überläßt alles weitere seiner Leitung und Sorge. Es wirkt befreiend, wenn man sich so unmittelbar gebunden und gefordert weiß. Die Frage auf „Tod und Leben" (V. 28) ist nicht mehr die nach der Macht des Kaisers, der „den Leib töten" kann. Tut er es doch, dann nimmt er einem auch dann nicht das „Leben", sofern dieses seine Wirklichkeit in der neuschaffenden Gnade Gottes hat (EKG 201,4 – welche Gemeinde kann dies übrigens singen, ohne sich ihres Unglaubens und ihrer Feigheit zu schämen?). Das unbedingte „Gott für uns" (Röm. 8,31; EKG 250) ist immer ein Angebot – nie in eine uns auferlegte Verpflichtung zu transformieren. Was heißt das nun: „ihr seid mehr als viele Sperlinge"? Der Satz bekommt da, wo ich, der mit Namen aufgerufene, unvertretbar

vor Gott stehende Sünder, die ganze, unbedingte, speziell mir zugesprochene „Gerechtigkeit" (s. o.) und Kindeswürde von Gott empfange, erst sein ganzes Gewicht. Man
sage nicht, hier werde Paulus in unsern Text hineingezaubert. Der synoptische Jesus,
der Gottes nachgehende, rettende Liebe zu dem Verlorenen nicht nur bezeugt, sondern
praktiziert (18,12–14; Luk. 15,4–7), zeigt, wie das zusammengehört: Rechtfertigung
und Gewißheit des Geführtseins. Uns soll ja nicht ein aufklärerischer Vernunftglaube
an Gottes Weltregiment beigebracht werden, sondern wir sollen erfahren, wie unser
Vertrauen seinen Halt im Evangelium von Gottes Gnade hat. „Ich bin der Herr,
dein Gott, der Heilige Israels, dein Heiland. Ich habe Ägypten für dich als Lösegeld
gegeben, Kusch und Seba an deiner Statt" – nein, es war noch viel mehr! –, „weil
du in meinen Augen wert geachtet und auch herrlich bist und weil ich dich lieb habe"
(Jes. 43,3 f.). Vielleicht fällt der Sperling *doch* zur Erde – Jesus rechnet offensichtlich
damit, daß dies immer wieder geschieht –, aber er fällt nicht ohne Gottes Willen.
Und was dieser Wille für uns will – das „Leben" nimmt uns keiner, wenn Gott es
gibt –, ist nicht mehr zweifelhaft.

3.

Wir leben von Christi Fürsprache – er will sich zu uns bekennen.
Zunächst ist vom Bekennen der Jünger die Rede. Sie sind in die Welt gesandt, um
dort ihren Herrn zu bekennen und zu bezeugen. Beides gehört eng zusammen. In
der Situation der Aussendung (Matth. 10) gibt es noch keine Glaubensformeln; die
überliefernde Gemeinde wird schon an den geprägten Ausdruck des gemeinsamen
Glaubens gedacht haben. Wir haben wieder einen Blick bekommen für die Bedeutung der Glaubensformel; sie findet sich im Neuen Testament häufiger, als wir früher
wußten. Unser gemeindliches Credo sollte von uns und von unseren Gemeinden in
seiner Bedeutung neu entdeckt werden. Das Wort ὁμολογεῖν (od. Medium) meint
jedoch verschiedenes: das gleiche sagen, zustimmen, eine Schuld bekennen, etwas
geloben, Zeugnis ablegen, eine feierliche Glaubensaussage machen – lobpreisen vor
Gott, bekennen vor den Menschen (ThWNT V, S. 199 ff.). Das Bekenntnis zu Jesus
hat vielerlei Gestalt. Unsere Mitmenschen sollen merken, daß wir zu Jesus gehören.
Wir sind es ihm schuldig, vor niemandem daran einen Zweifel zu lassen. Man soll seine
Umwelt nicht damit bedrängen und belästigen – genug, sie weiß es. Es gibt auch Situationen, in denen Schweigen Verrat ist (status confessionis). Der Prediger soll hier Klarheit schaffen und helfen. Jesus will, daß wir ihn vor den Menschen bekennen, nicht
daß wir uns scheuen und schämen (so die Markus-Lukas-Fassung, vgl. auch Röm. 1,16)
oder feige sind und den Anschein erwecken, als hätten wir mit diesem Jesus nichts
zu tun (Matthäus-Fassung, s. u.). Damit hängt zusammen, daß wir unsern Glauben vor
den Mitmenschen auch verantworten (1. Petr. 3,15). Jesus will Jünger, die das nicht
anderen überlassen, sondern selbst die Sache ihres Herrn vertreten und verständlich
machen.
Jesus sagt es in den beiden schön aufgebauten Sätzen mit großem Ernst. Seine Haltung zu uns wird davon abhängig sein, ob wir uns vor der Welt auf seine Seite stellen
oder nicht. Die negative Möglichkeit wird ernst ins Auge gefaßt: das Verleugnen.
„Der Verleugnende wollte Jesus nicht kennen (Mark. 14,71); so wird Jesus beim
Gericht antworten: ‚Ich kenne dich nicht', vgl. 7,23; 25,12)" (Schnwd. z. St.). Hier
wird geradezu ein eschatologisches ius talionis aufgerichtet (E. Käsemann, a. a. O.,
S. 79). Will Jesus uns nur wecken, vielleicht gar schrecken? Er muß wissen, warum
wir es gerade in dieser Schärfe gesagt bekommen müssen. Wir empfangen das Heil

nicht wie im Schlafe, sondern in der bewußten Entscheidung des Glaubens an Christus. Mitzubringen brauchen wir nichts, aber das Heil ist in seinem „Namen", den wir glaubend bekennen.

Um so leuchtender die in diesem Wort ausgesprochene Verheißung. Jesus will sich vor dem Vater (Markus-Lukas: vor den Engeln, was in der Sache dasselbe ist) zu seinen Leuten bekennen. Der, dem das Gericht gegeben ist (Menschensohn), wird zugleich Richter und Anwalt sein. Für irdische Verhältnisse geradezu unvorstellbar: Auf dem Höhepunkt der Hauptverhandlung im Gerichtssaal verläßt der Vorsitzende, in diesem Fall der oberste Richter, seinen Platz, geht durch den Raum – zum Platz des Angeklagten – und erklärt: Dessen Sache ist erledigt – er ist mein Freund – ich stehe für ihn ein und hafte für ihn! – Wahrhaftig, hier wird alles gesprengt, was man sich von der Welt und ihrer (notwendigen) Ordnung her vorstellen kann. 1. Joh. 2,1: Wir haben einen Fürsprecher beim Vater. Wir übersehen nicht: Daß der Herr so für uns eintritt, beruht nicht darauf, daß wir Besonderes vollbracht hätten oder gar so wären, wie er uns haben will. Genug: wir haben uns zu ihm bekannt, mehr braucht es nicht. In diesem (von der Forschung für sehr alt gehaltenen) Wort verbirgt sich das „propter Christum" der reformatorischen Lehre. Jesus ist der Fürsprecher. So haben wir ihn auf unserer Seite. Es ist wirklich kein Grund, sich zu fürchten.

Drittletzter Sonntag des Kirchenjahres. Luk. 11,14–23

Diesen Text habe ich bereits in „Der schmale Weg" (Reihe I) besprochen, deshalb, weil er, als ich an dem Band arbeitete, in PTO nicht vorgesehen war, ich ihn aber nicht untergehen lassen wollte. Inzwischen hat er hier einen neuen, guten Platz bekommen. Obwohl sich manches wiederholen wird, regt doch die neue Plazierung im Kirchenjahr zu neuer Akzentuierung an.

Der synoptische Befund ist kompliziert. Der Vergleich mit Matthäus ergibt, daß Lukas seit 11,1 (die VV. 5–8 sind eingeschaltet) Q folgt, wobei allerdings auffällt, daß die VV. 14 bis 18 auch in Mark. 3,22–27 eine Parallele haben. Schon Q hat also eine Folge von Logien mit verwandter Thematik gesammelt, die jeweils aus sich verstanden werden müssen, von der Überlieferung freilich (mit Recht) als zusammengehörig empfunden worden sind.

V. 14: Das Streitgespräch setzt die Dämonenbannung voraus; Q bietet gegenüber Markus die ursprünglichere Fassung (Bltm., GsTr., S. 10; Schnwd. zu Matth. 12,24–32). Matthäus fügt dem Stummsein noch die Blindheit hinzu; Lukas wirkt origineller. Ist der Dämon stumm, dann muß der Kranke stumm sein, bis der Dämon weicht (eine Art Enhypostasie). – V. 15: Lukas interessiert sich nicht dafür, wer die Kritiker sind. Ist dies ein Symptom für ursprüngliche Überlieferung (Ksm., EVuB I, S. 243) oder für Umformung auf den Leserkreis hin (vgl. 3,7 mit Matth. 3,7)? Der Name Beelzebul (Beezebul? Beelzebub? vgl. den Apparat) ist nicht sicher deutbar; vielleicht bedeutet er „Mistbaal" (nach einem talmudischen Wort sebel = Dung) oder „Baal des Hauses" bzw. „der Wohnung" (auf letzteres führt das launige Wortspiel Matth. 24,25); die Syrer und Hieronymus denken an 2. Kön. 1,2 („Fliegenbaal"); nach Schlatter (z. St.) handelt es sich um einen absichtlich entstellten Namen. – V. 16: Lukas fügt die Zeichenforderung an dieser Stelle ein (Matth. 12,38; 16,1). – VV. 17f.: Charakteristisch für rabbinisches Streitgespräch: Bildwort und Frage. Lukas hat „Haus" nicht mehr im Sinne von „Familie" (Mark. 3,25) verstanden; so kommt es zu der Vorstellung einer Ruinenstadt. – V. 19: Ein neuer (apologetischer) Beweisgang. „Eure Söhne" = „eure Leute" (בנ in der Urbedeutung: „zugehörig zu"). – V. 20: „Finger" Gottes (Matthäus: „Geist" Gottes) nach Exod. 8,15 (Ksm.: Lukas liebt altertümliche Wendungen und greift auf die Erbauungssprache der LXX zurück). Schlatter: „Wirkt Gottes *Geist* auf die Dämonen? Ist ihre Überwindung nicht Erweis der göttlichen Macht? Vor dem *Finger* Gottes fliehen sie" (z. St.). Bltm.: Dieses Logion kann „den höchsten Grad der Echtheit beanspruchen, den wir für ein Jesuswort anzunehmen in der Lage sind" (GsTr., S. 174). – VV. 21 f.: Die Bezeichnung Jesu als des „Stärkeren" ist lukanisch. Die Beute sind die Menschen. Jesu Werk ist ein Kampf (W. G. Kümmel, Verheißung und Erfüllung, [3]1967, S. 98), an dessen Ende nach jüdischer Erwartung der Satan gefesselt wird (Offb. 20,2; Test. XII, Levi 18: „Beliar wird von ihm [dem messianischen Hohenpriester] gebunden werden"). – V. 23: Die hochgespannte eschatische Situation läßt keine Neutralität zu.

Die Sonntage am Ende des Kirchenjahres ziehen unsere Aufmerksamkeit auf die „letzten Dinge". Hier hat auch der vorliegende Text seinen Platz. Er ergänzt gut das (neue) „alte" Evangelium, Luk. 17,20ff. Es ist lehrreich, wie ein Text durch die Beleuchtung, in die er rückt, neu zum Reden kommt. Alle geprägten Zeiten des Kirchenjahres werfen Licht auf das Ganze der christlichen Predigt. Eschatologie ist nicht ein – vielleicht gar fortdenkbares – Schlußkapitel der Dogmatik, sie bestimmt – wie die Predigt von der Inkarnation, vom Kreuz, von der Auferstehung (usw.) – alles, was wir zu predigen haben. Es kann nicht als selbstverständlich vorausgesetzt werden, daß unsere Gemeinden darin zu Hause oder auch nur dafür aufgeschlossen sind. Vielleicht muß unsere Predigt – nicht in ihrem Aufriß, aber im hermeneutischen Ansatz – ziemlich weit „vorn" anfangen.

Es ist leicht einzusehen, daß gleiche Strecken der „chronologisch" verstandenen Zeit „kairologisch" gesehen sehr verschieden sein können. Der Historiker spricht von entscheidenden Phasen der Geschichte, während andere Abschnitte einigermaßen gleichmäßig verlaufen sind. Der einzelne Mensch kann im Rückblick auf sein bisheriges Leben von Jahren, vielleicht auch viel kürzeren Zeitabschnitten reden, die für das eigene Werden bestimmend gewesen sind. Es gibt Zeiten voller Ereignisse – und andere, in denen das Leben, wenn nicht stagniert, so doch still dahingeht. Es ist nicht eine Stunde wie die andere. Die Bibel spricht von „erfüllter" Zeit und meint damit, daß, auf welche Weise auch immer, das Geschehen sich zu Entscheidungen zuspitzt oder doch für Entscheidendes reif und offen ist. Es gibt Zeiten, in denen sich nichts bewegt, und andere, die voller Möglichkeiten sind. Lange können bei Gott die Türen verschlossen sein, aber dann kommt es zu dem „willkommenen Jahr", das Jesus ankündigt (Luk. 4,19), und Paulus nimmt es (eine der zahlreichen Anspielungen des Paulus auf synoptisches Gut) in 2. Kor. 6,2 auf. Gibt es schon im weltlichen Geschichtsverlauf Knotenpunkte des Geschehens und Zeiten der Wende und des Neubeginns (nicht immer identisch mit den oft verfrüht konstatierten „historischen Stunden" der Festredner), so erst recht in dem Geschehen zwischen Gott und den Menschen, in denen von Gott her in dieses Geschehen der geschaffenen Welt Neues einbricht und neue Anfänge setzt.

Nun haben es die „letzten Dinge" mit letzter Zeit, mit Endzeit zu tun, in der auf ein Kommendes gewartet wird und man zu dem großen „Tag" hindenkt, der an vielen Stellen einfach nur „jener Tag" genannt wird, auch „der Tag des Menschensohnes", der Tag seiner „Zukunft" (Parusie). Da wird an eine Zeitstrecke gedacht, die mit diesem „Tage" ihr Ende findet, damit für das ganz Neue Raum werde. Die apokalyptischen Vorstellungen und Erwartungen liefern das Denkschema, wie immer bei Jesus dieses Schema dann inhaltlich gefüllt sein mag. Kein Zweifel: zahlreiche Äußerungen Jesu sind in diesem Koordinatensystem gedacht. Die Predigt der Kirche und ihre Lehre würden in die Brüche kommen, wenn sie dieses lineare, an der Parusie Jesu orientierte endzeitliche Denken, also die futurische Eschatologie aufgäben. – Auch unser Text ist ein eschatologischer Text. In dem, wovon er spricht, ist aber das Eschaton schon Gegenwart. Es würde alles falsch, wenn wir folgerten: also ist künftig nichts mehr zu erwarten, also ist das Reich Gottes nur eine Größe im Geschehen dieser Zeit und Welt. L. Goppelt spricht vom „gegenwärtig Kommenden" (vgl. ThNT 1, S. 94ff.), J. Jeremias von der „sich realisierenden Eschatologie" (Ntl. Th. I, S. 40ff.). Mit Jesus ist „Unweltliches" auf dem Plan, soll heißen: nicht zu unserer geschaffenen Welt Gehöriges und aus ihr Hervorgehendes. Hier stoßen sich die Äonen, hier wird irdisches Geschehen aufgeladen durch eschatische Wirklichkeit. Das Kommende wirkt „in, mit und unter" dem, was vor unseren Augen ist. Das ganz Neue (2. Kor. 5,17) beginnt verborgenermaßen, an bestimmten Merkmalen sogar erkennbar. Wir leben im Bruch der „Zeiten" – wobei unsere „Zeit" und Gottes „Zeit" in sehr unterschiedlicher Weise zu verstehen sind. Noch „überlagern" sich die Äonen. Darin liegt beides: daß das Kommende im Gegenwärtigen – nur dem Glauben erkennbar – schon wirksam ist, aber auch das andere: daß der alte Äon noch zu Ende gehen muß, der Zustand der „Überlagerung" also aufgehoben werden wird. So sind futurische und präsentische Eschatologie miteinander verbunden.

Damit ist, angedeutet nur, der Hintergrund für die Aussagen unseres Textes beschrieben. Wir könnten diesmal so zusammenfassen: *Wo Jesus ist, ist Gottes Reich.* (1) *Das ist unsere Entdeckung.* (2) *Das bedeutet unsere Befreiung.* (3) *Das verlangt unsere Entscheidung.*

I.

Wenn es wahr ist, daß mit Jesus das Reich Gottes gegenwärtig ist: woran soll man das erkennen? Ist hier das Neue, *der* Neue, auf den Plan getreten? Hat in der Heilung des an Aphasie leidenden Menschen das angefangen, worauf man schon lange wartete? Wenn Christus in Herrlichkeit kommen wird, wird es hier keinen Zweifel mehr geben. Jetzt ist das Neue, das er bringt, tief eingehüllt ins Weltliche, vielleicht Allzuweltliche. Das ganze Streitgespräch mit den „Etlichen" – sie sind nicht näher beschrieben – hat die Zweideutigkeit dessen zum Gegenstand, was hier geschehen ist, und damit auch die Zweideutigkeit der Gestalt Jesu. Es bedarf hier, wenn man das angebrochene Eschaton wahrnehmen will, einer *Entdeckung*. Wer Jesus ist, ist mit den Sinnen und dem Verstand des natürlichen Menschen nicht herauszubekommen.

Hat nicht das Heilungswunder doch eine eindeutige Sprache gesprochen? Die Gegner können offenbar die Faktizität des Geschehenen nicht leugnen. So auch spätjüdische Überlieferung. So auch Celsus. Nur: man deutet Jesu Heilungstat als Zauberei und Teufelswerk. Beelzebub, der „Erzdämon" ist die Kraft, der man die Heilung zuschreibt. Bedeutet Beelzebul „Herr des Himmelshauses", dann ist der Name eine Deckbezeichnung für den Satan (Grdm. zu Mark. 3,22). Man erwartete Außerordentliches, ja sogar Hilfsreiches, sogar von „ganz unten". Wir haben es aus der Geschichte unseres Jahrhunderts gelernt – aus seinen dunkelsten zwölf Jahren –, daß Erfolge teuflisches Blendwerk sein können. Der Widersacher ist „der Affe Gottes" (Luther); er verstellt sich zum Engel des Lichts (2. Kor. 11,14). Auch wo einer im Namen Gottes wirkt, ist der Verdacht nicht ausgeschlossen, er gehöre auf die andere Seite. Wessen „Agent" ist dieser Jesus? Im eschatologischen Horizont gedacht: Ist, was Jesus tut, das „Alte", nur in faszinierender Aufmachung, oder bringt er wirklich das Heil, die kommende neue Welt, die Gott heraufführen will?

Lukas hat einen naheliegenden Gedanken ausgesprochen, als er (V. 16) „anderen" das Wort gab, die *ein Zeichen vom Himmel* verlangten: etwa so, daß auf Kommando eine Sonnenfinsternis einträte oder ein Stern vom Himmel fiele. Das wäre gewissermaßen die Gegenprobe – *ein* Wunder würde das *andere* beglaubigen. Wir sind im

Laufe dieses Perikopenjahrgangs wiederholt auf die Zeichenfrage gekommen und brauchen Gesagtes nicht zu wiederholen. Eindeutig würde die Situation auch dann nicht, wenn Jesus sich mit äußeren Mitteln zu beglaubigen suchte. Auch der Satan könnte auf der Stelle ein zweites Wunder tun. Die Juden fordern Zeichen, wir aber predigen den gekreuzigten Christus (1. Kor. 1,22 f.).

Jesu Auftreten ist in der Tat mißdeutbar. Deshalb läßt Jesus es auf ein Streitgespräch ankommen, auf eine „Apologie", wie man es genannt hat. Sagen wir es gleich: die Zwielichtigkeit der Situation wird damit nicht beseitigt. Jesus müßte aus der Verborgenheit heraustreten, er müßte sich heute schon zeigen, „wie er ist" (1. Joh. 3,2), wenn die Lage eindeutig werden sollte. Aber noch ist nicht der Tag seiner Parusie. Noch will Jesus, daß wir im Glauben zu ihm finden, nicht durch Schauen uns das Vertrauensrisiko ersparen. Wer „sieht", braucht nichts zu entdecken und braucht auch nicht anders zu werden; er nimmt nur handfeste Tatsachen zur Kenntnis. Das wäre gerade nicht das Neue, mit dem Jesus die kommende Welt baut. Auch seine Argumente machen die Entdeckung des Glaubens nicht überflüssig. Sie sind geradezu ein neckisches Spiel. Wir umschreiben: „Wie? Mit des Teufels Hilfe habe ich den armen Menschen gesund gemacht? Ich soll mit *einem* Teufel den anderen ausgetrieben haben? Das wäre allerdings eine noch nie dagewesene Sensation: im Reich der Teufel wäre eine Revolution ausgebrochen, so daß nun ein Teufel gegen den andern ficht! Das ergibt ja die herrlichsten Perspektiven: die bösen Gewalten reiben sich gegenseitig auf. Ihr beschimpft mich? Wenn ihr recht habt, müßtet ihr euch freuen, wenn ein Teufel den anderen zugrunde richtet!" Eine humorige Art des Argumentierens! Anhand der absurden Folgerungen sollten die Kritiker einmal ihre Voraussetzungen überprüfen. Jesus – ein Teufelsagent? Wenn's stimmte, was sie behaupten, müßte die Welt ihre Quälgeister samt ihrem obersten Chef und Anstifter bald los sein. Das Argument verblüfft, aber es überzeugt letztlich nicht. „Mit der recht rationalistischen Feststellung, Uneinigkeit zeige auf jeden Fall drohenden Zusammenbruch an, kann jeder jüdische oder heidnische Exorzist seine göttliche Sendung zu erweisen suchen. Letztlich wird man damit doch auf die Faktizität des Wunders als Glaubensgrund geworfen und deren tiefe und stete Zweideutigkeit gerade nicht ernst genommen" (Ksm., a. a. O., S. 243).

Nicht viel anders steht es mit dem zweiten apologetischen Gegenschlag: „Auch eure Leute treiben Dämonen aus. Eigentlich befinde ich mich – nach euren Maßstäben jedenfalls – in bester Gesellschaft. Nur: ist euch der Gedanke, daß auch sie an der Zweideutigkeit solchen Tuns teilhaben, noch nicht gekommen? Euer Schuß geht nach hinten los! Merkwürdige Situation, wenn man – wie im Nahkampf – mit einem Male nicht mehr weiß, wo Freund, wo Feind. Aber so steht es! Die eigenen Leute selbstverständlich auf Gottes Seite, und der eine, dem ihr mißtraut, ebenso selbstverständlich auf Beelzebubs Seite. Ihr macht es euch ein bißchen leicht, scheint mir!" Letzte theologische Beweisführung kann auch dies nicht sein. Aber es scheint, Jesus hat es geliebt, in so verschmitzter Art mit seinen Gegnern umzugehen (vgl. 20,1–8). Ein bißchen Versteckspielen gehört zur Weise der verhüllten Offenbarung. Wir predigen bis zum Jüngsten Tage den Jesus, der nach den Gesichtspunkten des natürlichen Menschen nicht als der erkannt werden kann, der er ist, vielmehr seinen Konkurrenten und Widersachern – den menschlichen wie den über- und hintermenschlichen – zum Verwechseln ähnlich sieht.

Und doch ist in Jesus Christus das Reich Gottes da. Ganz gewiß wirkt es sich auch in Krafttaten aus (V. 20). Aber es hat nicht viel Sinn, auf der Ebene des sichtbar Effektiven miteinander zu verhandeln (wer kann was? wer kann mehr? wie kommt es, daß einer so was kann?). Es geht um *die Person Jesu*. Gott will wieder Gott sein unter uns. Es sollen nicht die dunklen, widergöttlichen unsichtbaren Kräfte auf der Welt regieren und Menschen beschädigen und quälen. Dazu ist nötig, daß Gott sich in unseren *Herzen* durchsetzt. Ginge es nur um ein Kräftemessen, dann würde sich Gott wohl durchsetzen können, aber zurück bliebe eine verwüstete Welt. Nicht durch Machteinsatz will Gott die Welt erobern – das hieße: Gericht –, sondern durch den persönlichen Einsatz seiner rettenden Liebe. Gott in Person unter seinen verlorenen Menschen! Wo Jesus ist, ist Gottes Reich. Das gälte es zu entdecken! Es wäre völlig abwegig, diese Entdeckung mit Legitimationsversuchen nach Art der Welt herbeiführen zu wollen. Auf weltliche Weise kann man nur Weltliches beweisen. Jesus muß es darauf ankommen lassen, daß wir ihn und das Neue, das in seiner Person auf uns zukommt, auf *seine* Weise erkennen. Er bezeugt sich selbst: Mit Gottes Finger treibe ich die Dämonen aus. Er ist nicht die Kraft von „unten", die die Gegner in ihm sehen, sondern die Kraft von „oben". Man muß ihn nur kennen, dann weiß man schon zu unterscheiden. Hoffentlich merken wir es: in Jesus Christus ist das Reich Gottes mitten unter uns (17,21 – Evangelium des Sonntags). Er ist „die Autobasileia" (Origenes).

2.

Aber nun zeigt sich die Präsenz Christi doch auch in ihrer Effektivität. Wo Jesus ist, ist Gottes Reich – das bedeutet unsere Befreiung. Ein dämonisch gebundener Mensch ist frei geworden. Mit Gottes Finger hat Jesus den bösen Geist ausgetrieben.
Nur nebenher: Natürlich hat der vorliegende „Fall" auch seine medizinische Seite. Das gilt von allen Heilungstaten Jesu. Es ist seine Sache, was er dabei gemacht und was er eingesetzt hat. Wenn rationalistische Ausleger eine „Erklärung" meinen suchen zu sollen (wenn die Aphasie als psychische Störung aufzufassen ist, wäre dies sogar ein in dieser Hinsicht plausibler Fall): mögen sie es doch tun! Sie sollen nur nicht meinen, daß sie damit der hier gemeinten „Sache" auf den Grund gekommen sind. Eschatologisch gesehen: Es geht darum, wem dieser Mensch gehört: der unfaßbar dunklen Macht des Widergöttlichen – oder dem, der rechtens Herr und Eigentümer der Schöpfung ist. Wir denken meist nur an Störungen innerhalb des Mechanismus der geschaffenen Welt, sehen aber nicht das Entweder-Oder der transzendenten Bindung. Aber es ist nun einmal so, „daß Jesus ... unvergleichlich viel genauer als jeder andere *sah*, was da *wirklich* zu sehen – unvergleichlich viel schärfer als jeder andere *erfuhr*, was da *wirklich* zu erfahren war: ... die wirkliche, die konkrete Abgründigkeit der Finsternis, die Gegenwart und Aktion des Nichtigen, des Bösen im Hintergrund *und* im Vordergrund des menschlichen Daseins" (Barth, KD IV/2, S. 255). Jesu Machttaten sind kämpferische Auseinandersetzung mit der Urmacht des Bösen und – zunächst von Fall zu Fall – deren Überwindung. Noch einmal: *Wer* kämpft hier – und *wie* kämpft er?
Durch sein eigenes Wort – mag es annehmen oder ablehnen, wer will – klärt Jesus die zweideutige Situation. „Wenn ich mit Gottes Finger die Dämonen auswerfe, dann ist das Reich Gottes über euch gekommen." „Auswerfe" – aus den Menschen, zuletzt aus der ganzen Welt (10,18; Joh. 12,31; Offb. 12,9). Soll man sagen, Gottes Macht wirke in Jesus, sie bediene sich dieses Menschen als ihres Werkzeuges? Es lautet anders: *Jesus* bedient sich des Fingers (im AT oft: des Armes) *Gottes*. Dem ἐν entspricht das hebräische בְּ, das zunächst lokalen, dann aber auch instrumentalen Sinn hat. Gott selbst gebraucht seinen Finger (Ps. 8,4; Exod. 31,18; Deut. 9,10).

„Ich – durch Gottes Finger": wenn man dies nicht massiv-magisch verstehen will (etwa im Sinne des ägyptischen Ostrakons mit der Zauberformel: ἐξορκίζω κατὰ τοῦ δακτύλου τοῦ θεοῦ – ThWNT II, S. 21), dann bleibt nur übrig, in diesem Wort – vor allen christologischen Hoheitstiteln – eine hochgradige christologische Selbstaussage zu finden. Was für einer muß das wohl sein, der sich des Fingers Gottes als seines Organs bedient! „Wer es mit Jesus zu tun bekommt, bekommt es nach seinem eigenen Anspruch mit der praesentia dei auf Erden ... zu tun" (Ksm., a. a. O., S. 244).

Eschatisches Geschehen: In Jesus betritt Gott die von ihm abgefallene Welt. Er kommt nicht in Niemandsland. An dem Widerstand, auf den er stößt, ist es zu erkennen: er muß die Welt der unsichtbaren Gegenmacht entreißen. Das hier – und auch sonst im Neuen Testament – Gemeinte geht hart am dualistischen Denken vorbei. Vorbei – denn die ihren Gott mißachtende, im Konflikt mit ihm lebende Welt der Sünde bleibt Gottes Schöpfung und wird von Gott in großer Geduld und, wo es sein muß, durch Gottes hartes, das Schlimmste verhütendes Gesetz erhalten und gefristet. Aber die Sünde als die ἔχθρα εἰς θεόν (Röm. 8,7) – macht Gott die Herrschaft streitig. Wohl behält Gott die Welt in seiner Hand, aber er gibt seinen personalen Geschöpfen Freiheit, auch zum Abfall. So kommt es, daß dem wahren Gott der hochstaplerische Gegengott, „der Gott dieser Welt" (2. Kor. 4,4) entgegensteht. Auch er hat ein „Reich" (V. 17). Er übt eine ἐξουσία aus (Kol. 1,13). Er ist „der Fürst dieser Welt" (Joh. 12,31; 14,30). Christus ist gekommen, um seine Herrschaft zu brechen.

Wie hat er das angefangen, wie schafft er das noch heute? Man kann auch so fragen: Wie gewinnt er die verlorenen Menschen für Gott zurück? Die Macht des Widersachers lag darin, daß er als „Verkläger" auftrat (Offb. 12,10). Die Angst der Opfer vor der Aufdeckung der Schuld – theologisch gesprochen: vor dem Gesetz – ist noch immer die schärfste Waffe der Erpresser gewesen. „Nach allem, was ihr auf dem Kerbholz habt, habt ihr bei dem-da-oben sowieso verspielt" – dies ist das überzeugende teuflische Argument; überzeugend freilich nur, solange keiner da ist, der die uns belastende „Strafakte" (Kol. 2,14) vernichtet, anders: alles uns Belastende auf sich nimmt. So kommt es zu dem Herrschaftswechsel. Entlastete, befreite, gerechtgesprochene Menschen können wieder unbefangen vor Gott treten. So wird Gott dann auch Herr in der Welt. Durch die Rechtfertigung der Sünder gewinnt Gott seine Menschen zurück.

Die Überlegenheit der Macht Jesu liegt also nicht darin, daß er dem Widersacher auf gleicher Ebene begegnet, der Drohung mit noch schärferer Drohung widersteht, die Einschüchterung noch überbietet, das Gesetz noch mehr einschärft. Matthäus (12,28) hat nicht schlecht ausgelegt: Gottes „Geist" ist Jesu „Macht". Hier werden Menschen in die Freiheit gestellt. Wo dies geschieht, ist Gott wieder zum Herrn und Eigentümer der Menschen geworden. Das Reich ist da. Das Wort ἔφθασεν will sagen: es ist zu euch „gelangt", es ist „über euch gekommen", beinahe: es hat euch „eingeholt". Die Gegenwartsbedeutung von V. 20 darf aber nichts von dem eschatologischen Sinn dieser Aussage abbrechen. Der „Anbruch" (Röm. 8,23) ist ein Stück des Kommenden. Von diesem Kommenden her und auf es hin leben wir. Indem wir glauben, leben wir in der neuen Freiheit. Womit der Böse uns gefangengehalten hat, braucht uns nicht mehr zu imponieren: die Schuld, die wir einander vorgerechnet und nachgetragen haben, die Argumente, mit denen wir den andern bedrängt, herabgesetzt, unfrei gemacht, unmöglich gemacht haben, das Mißtrauen, mit dem wir menschliche Gemeinschaft zerstören. Man kann die Folgen des Terrorregimentes der

Sünde noch wahrnehmen: in Berufskatastrophen, Ehetragödien, Skandalaffären, politischen Konflikten kleineren oder größeren Ausmaßes, in menschlichen Diskriminierungen, beim einzelnen in unheilvollen Verkrampfungen. Wo Jesus ist, fahren die bösen Mächte aus. Unsere Predigt würde unehrlich und unglaubwürdig, wenn wir so täten, als hätten wir Christen diesen Exorzismus ein für allemal hinter uns (VV. 24ff.). „Erlöse uns von dem Bösen!", beten wir. Wir *haben* unsere Freiheit nur, indem wir sie glaubend wagen und Stunde für Stunde erbitten. Der Glaube glaubt *gegen* die Erfahrung.

3.

„Der menschliche Wille ist in die Mitte zwischen beide gestellt wie ein Reittier: hat Gott sich drauf gesetzt, so will und geht es, wohin Gott will; hat der Satan sich drauf gesetzt, so will und geht es, wohin der Satan will. Und es steht nicht in der Willkür des Menschen, zu dem einen oder dem andern Reittier zu laufen und es zu suchen, sondern die Reiter selbst streiten darum, ihn zu gewinnen und zu besitzen" (Luther, WA 18,635). Wir haben gesehen, wie der Streit ausgefochten wird. Trotzdem werden wir (V. 23) aufgerufen, Partei zu ergreifen. Daß Jesus da ist, *ermöglicht* uns die Entscheidung. Daß er die neue eschatische Situation schafft, *verlangt* sie aber auch. In Zeiten der Geschichte, in denen nichts Nennenswertes passiert, kann man entscheidungslos dahinleben; in Augenblicken, deren Geschehen über weite Strecken der Zukunft entscheidet, muß man wissen, wo man zu stehen hat. „Wer nicht mit mir ist, ist wider mich; und wer nicht mit mir sammelt, der zerstreut." Der Kampf geht nicht über unsere Köpfe hinweg, er wird in uns selbst ausgetragen. „Gottes Reich kommt wohl ohne unser Gebet von sich selbst; aber wir bitten in diesem Gebet, daß es auch zu uns komme."

Das Logion V. 23 ist hart. Der unter uns weitverbreitete volkskirchliche Indifferentismus kann vor diesem Wort nicht gerechtfertigt werden. Eher dürfte Distanziertheit angängig sein bei kritischer Einstellung zur vorfindlichen Kirche, sofern die Kritik aus einer bewußten Entschiedenheit für Christus kommt. Es wäre nur zu fragen, wo in solchem Falle der Ort dessen sein muß, der „für Jesus" sein und „mit ihm *sammeln*" will. Für Jesus sein und mit ihm sammeln: das müßte diakonisch-missionarische Aktivität bedeuten. Wer die Perikope als ganze im Blick hat, wird das Sammeln nicht als kirchlichen Vereinsegoismus ansehen und entsprechend praktizieren, sondern als ein Anteilnehmen an dem rettenden Heilswerk Jesu in der Wende der Welt. Er wird auch für sich selbst wissen, daß es mit (mehr oder weniger wohlwollender) Neutralität nicht getan ist. Es gibt im Kairos des kommenden Reiches Gottes kein Verharren im Unverbindlichen. Wir sahen, warum: es gibt kein Niemandsland. Noch einmal Luther: „Da aber Christus Geist und Fleisch unterscheidet, indem er sagt: Was vom Fleisch geboren ist, das ist Fleisch, und noch hinzufügt, was vom Fleisch geboren ist, könne das Reich Gottes nicht sehen, so folgt klärlich: was Fleisch ist, ist unfromm (impium) und unter Gottes Zorn, und es ist dem Reiche Gottes fern. Was aber dem Reiche und Geiste Gottes fremd ist, ist folglich unter dem Regiment und Geist des Satans, da es kein mittleres Reich gibt zwischen dem Reiche Gottes und dem des Satans, die herüber und hinüber unablässig miteinander ringen" (WA 18,743). Wer „a" sagt, verneint damit „non a" – und umgekehrt. Der Kompromiß wird von Jesus nicht nur nicht geschätzt, er ist von der Sache her unmöglich.

Es kann sein, uns wird bange dabei. Ganz im Dienst Jesu – und kein Rückfall, kein Irrewerden, keine Anfechtung, keine Schwachheit mehr? Die Sorge könnte sich noch steigern, wenn wir an Jesu warnendes Wort vom Rückfall denken (VV. 24–26), das ja durch Erfahrungen vielfältig bestätigt wird, nicht nur bei Süchtigen und Kriminellen, sondern auch bei solchen, denen es im ganz normalen Leben um die Heiligung oder um die Gewißheit geht. Am schlimmsten ist, daß wir Christen selbst oft dem Teufel in die Hände gearbeitet haben. Man kennt aus Literatur und Film die Figur des Doppelagenten, der zugleich für zwei Mächte tätig ist Simul iustus et peccator: soll diese so tröstliche Formel an dem Wort vom Entweder-Oder zuschanden werden? Die Antwort auf diese und ähnliche Fragen kann nur darin bestehen, daß wir nicht auf unsere ,,Werke" und auf unsern Zustand schauen, als sei der aus dem Christsein herausgefallen, der Anlaß hat zu beten: Vergibt uns unsere Schuld. Der Übergang vom einen ,,Reich" ins andere beruht ja darauf, daß uns keiner mehr verklagen kann. Christen unterscheiden sich von Nichtchristen nicht dadurch, daß sie besser wären als jene; oft sehen wir uns durch Nichtchristen beschämt. Was wir anderen voraus haben, ist der Friede mit Gott, der es uns ermöglicht, mitten aus unserm Versagen heraus neu anzufangen. Entschieden sein für Christus besteht darin, daß man aus dem Vertrauen zu Christus lebt und sich ihm überläßt. Der Entscheidungsernst von V. 23 gilt immer nur nach vorn – weil es, zumal im Zeichen des anbrechenden Eschaton, die Art des Glaubens ist, immer nach vorn zu schauen (9,62).

Vorletzter Sonntag des Kirchenjahres. Luk. 16,1–8(9)

Man könnte sich lange damit aufhalten, die verschiedenen Auslegungen dieser Perikope darzustellen und vergleichend gegeneinander abzuwägen. Überblick in Grundmanns Kommentar. Ob Lukas durch seine Einordnung des Gleichnisses (Grundmann sieht einen Zusammenhang zum Vorangehenden, Stichwort διασκορπίζειν in 15,13 und 16,1) und seine Zufügung von Worten über irdischen Besitz den Ursinn des Gleichnisses Jesu getroffen hat, muß bezweifelt werden. Die vielverhandelte Frage, ob der κύριος in V. 8 die Figur des Gleichnisses ist oder (das Gleichnis wäre dann mit V. 7 zu Ende), der Herr Jesus selbst ist, der über den ,,ungerechten Haushalter" urteilt, dürfte im Sinne der zweiten Lösung entschieden sein. 18,6 dasselbe absolut gebrauchte ὁ κύριος = Jesus. Neuansatz V. 9a (lukanische Bildung – ,,ich sage euch" mit vorangestelltem ὑμῖν ist nach Jeremias lukanische Spracheigentümlichkeit); zwischen V. 8 und V. 9 ist also eine Naht (Jeremias). Auch die nachfolgenden Sprüche sind Einzellogien.
V. 1: Jeremias meint, das Gleichnis sei ,,schwerlich zu den Jüngern gesagt, sondern viel eher zu ,Unbekehrten'" (Gleichnisse, ³Berlin 1955, S. 32); doch er räumt ein, daß die Urkirche mit der paränetischen Anwendung keineswegs einen fremden Gedanken in das Gleichnis eintrage. Dafür spricht auf alle Fälle das καί. Galiläische Verhältnisse: ausländische Großgrundbesitzer lassen Land von Einheimischen verwalten (Mark. 12,1 ff.). Διεβλήθη = er wurde bezichtigt; ob zu Recht oder fälschlich, wird nicht gesagt, spielt auch keine Rolle. – V. 2: Die geforderte Rechnungslegung dürfte bereits die Schluß-(Übergabe-)Abrechnung sein, denn die Kündigung ergeht in demselben Atemzug. – V. 3: Selbstgespräch der Verlegenheit. ,,Graben kann ich nicht" ist sprichwörtlich (Aristophanes). ,,Arbeitsmarkt und Berufsmobilität sind in Palästina des 1. Jh. in jeder Hinsicht begrenzt" (P. Philippi in Calwer Predigthilfen, 11, S. 348). – V. 4: Daß der Verwalter *schnell* zu einem Entschluß kommt, gehört zur Sache. ,,Ein Versuch, den Besitzer, den er κύριος nennt, umzustimmen, ... wird nicht erwogen"; was Grundmann hier vermißt, hätte die Darstellung der Zielstrebigkeit gestört. Subjekt zu δέξωνται sind (im Unterschied zu V. 9) die Schuldner, die sogleich ins Spiel kommen. – VV. 5–7: Es ist ohne Bedeutung, ob es

sich um Pachtschuldner handelt oder um Großhändler, die sich im Zahlungsrückstand befinden. 100 Bath Öl = 36,5 hl, 100 Kor Weizen = 364,4 hl oder 550 Zentner; jeder von den beiden gewinnt durch den Betrug etwa 500 Denare. „Die Zahlenangaben zeigen, daß mit großem Einsatz gespielt wird" (Grdm.). Das Gleichnis selbst ist hier zu Ende. – In V. 8 gibt „der Herr" – Jesus – die Deutung. Das „Lob" hat der Verwalter sich durch seine *Klugheit* verdient, auf sie zielt die kleine Geschichte. Daß er ein „*ungerechter* Verwalter" ist, wird nicht verschwiegen, sondern ausdrücklich gesagt und (natürlich) nicht gelobt. „Kinder" beide Male in der Urbedeutung von בַּ: „zugehörig zu ..." Die Qumranleute nannten sich „Söhne des Lichts" – der Ausdruck ist also in Palästina geläufig. „Die Worte εἰς τὴν γενεὰν τὴν ἑαυτῶν sind schon durch ihre Stellung betont. Das Reflexiv zeigt, daß sie sich auf das Subjekt (υἱοὶ τοῦ αἰῶνος τούτου) beziehen" (Jeremias, a. a. O., S. 31).
V. 9. will so, wie er hier steht, ebenfalls auf das Gleichnis bezogen sein. Das sieht man an dem wiederaufgenommenen Wort δέξωνται, das hier freilich Gott zum Subjekt hat (dessen Namen der fromme Jude – sonst meist durch das Passivum – umschrieb). Wenn Lukas wirklich an Menschen denkt, etwa gar an die in VV. 5–7 genannten Schuldner: diese hätten wirklich keine Kompetenz fürs Ewige. „Das Wohnen in den Hütten (wie einst in der Wüstenzeit) ist Attribut der eschatologischen Vollendung: Mark. 9,5; Apg. 15,16; Apk. 7,15; 21,3" (Jeremias, ebd.). Rückbezug auf das Gleichnis ist auch der Mammon τῆς ἀδικίας (vgl. V. 8), woraus man erkennt, daß Lukas V. 9 nicht als eine Konkurrenzdeutung zu V. 8 empfunden hat, sondern als Fortführung.

Bearbeitungen dieses Textes beginnen meist mit einem kleinen Klagelied über die Schwierigkeit dieses Textes. Vielleicht ist dabei unterschwellig noch wirksam, daß er seit Menschengedenken am 9. Sonntag n. Trin. als Lesetext zu vernehmen war und jeder dabei von einem kleinen Entsetzen gepackt wurde: was wird sich die Gemeinde jetzt denken? Gut, daß die Perikope aus der Reihe I herausgenommen ist; gut auch, daß sie ihren Ort am Ende des Kirchenjahres gefunden hat, denn dahin gehört sie.
Die Schwierigkeiten verringern sich, wenn man nicht nur sich, sondern auch der Gemeinde klarmacht, daß es sich um eine Parabel handelt, die nur auf *einen* Vergleichspunkt hin ausgelegt werden will. Dieser ist in V. 8 deutlich genannt: die *Klugheit*. (Wir waren bereits einmal bei diesem Thema, 9. S. n. Trin.: Schlußgleichnis der Bergpredigt.) Klug ist der, welcher „die eschatologische Lage der Menschen erfaßt hat" (H. Preisker, ThLZ 1949, Sp. 89, von Jeremias zustimmend zitiert). *Ein* Vergleichspunkt: niemand fürchte, seine Predigt verhungere dabei „mangels Masse". Man darf die kleine Geschichte schon auf ihre Einzelzüge durchgehen; dabei soll man sie darauf befragen, wieso das, was der Verwalter tut, *klug* ist. Es gibt da allerlei zu lernen.
Schwierigkeiten bereitet uns allerdings Lukas, der sich an dem *einen* Vergleichspunkt nicht genügen läßt, sondern einen Satz über die zweckdienliche Verwendung des Geldes anfügt (und, da er einmal bei diesem Thema ist, gleich noch einiges andere über die rechte Stellung zum Gelde). Er macht dabei einen grundlegenden Fehler. Er vergißt den Parabelcharakter der VV. 1–7 (wir verzeihen es ihm, er hatte Jülicher nicht gelesen) und benutzt, was Gleichnismaterial ist, zu einer Direktaussage. Dabei hätte man die Klugheit wirklich auch an einem anderen Stoff demonstrieren können, etwa an einem Außenminister, der eine weitschauende Bündnispolitik betreibt. Lukas hat nicht begriffen, daß Jesus nicht vom Gelde reden wollte, sondern von der Klugheit. Dabei ist, was er in V. 9 sagt, für sich genommen goldrichtig; man hätte es an anderer Stelle gut bringen können, ohne durch Aufnahme zweier Stichworte aus dem Vorangehenden den Anschein zu erwecken, als handle es sich um Auswertung des Gleichnisses. – Vor allem bringt Lukas den Prediger dadurch in Not, daß, wenn einmal die Verschiedenheit der Thematik entdeckt ist, sich nur schwer eine homiletische Ganz-

heit finden läßt. Jetzt rächt sich die Beharrlichkeit, mit der wir auch in diesem Buch
die thematische Einheit der Perikopen immer aufgezeigt und formuliert haben; es
scheint, als zwinge Lukas uns (wenn wir den V. 9 nicht auslassen wollen), diesmal
zwei verschiedene Predigten in *einer* zu halten.

Etwas leichter wird es uns auch werden, den Text richtig zu begreifen, wenn wir uns
an Jesu Humor freuen. Jesus hatte einen Blick für das bunte Leben; keine Spur von
Weltfremdheit. So freut man sich an der bittenden Witwe (18,1–8): eine Zille-Figur –
der Richter muß fürchten, daß aus der *bittenden* Witwe unversehens eine *schlagende*
Witwe wird. Hier, in unserm Gleichnis, wird die Klugheit an einem echten Welt-
kind verdeutlicht. Dem Stoff haftet etwas Kabarettistisches oder Karikaturistisches
an, und wenn beides nicht treffen sollte, jedenfalls: er ist „deftig". „Abgesichert"
zu reden, war sowieso nicht Jesu Art. Bitte, keinerlei Versuche, den Haushalter auf
ein moralistisches Normalmaß zu bringen! Hätte Jesus Klugheit, Geistesgegenwart,
Zielstrebigkeit (usw.) an einem moralisch korrekten, untadeligen Menschen demonstrieren wollen: es wäre eine Streberfigur herausgekommen. Wer keinen Spaß versteht, soll nicht über diesen Text predigen, und es ist zu befürchten, daß ein solcher
ihn auch nicht richtig hören wird.

Also geht es gar nicht um ernste Dinge? Doch – eben! Ich denke, es wird sich zeigen,
wenn wir in einem ersten Teil der Predigt über VV. 1–8 predigen, im zweiten über
V. 9. Dann könnte sich (nun doch!) folgender Themenvorschlag ergeben: *Wie sorgen
wir für unsere Zukunft bei Gott?* (1) *Von weltlicher Klugheit etwas fürs Ewige lernen.*
(2) *Mit irdischem Besitz etwas fürs Ewige tun.*

I.

Schlußabrechnung (V. 2) – das ist auf jeden Fall die eschatologische Szene. Die Aussage ist noch spezieller als im Schlußgleichnis der Bergpredigt, in dem der kluge Mann
sich als solcher dadurch erweist, daß er mit dem Unwetter rechnet. Hier geht es um
Rechenschaft. Daß der Haushalter sich überhaupt auf dieses letzte Rechnunglegen
einstellt, das ist noch nicht Merkmal besonderer Klugheit; es ist ihm ja angekündigt,
und daß es geschehen wird, kann ihm nicht fraglich sein. Wir, die christliche Gemeinde, sind hierin vielleicht in anderer Lage. Daß wir überhaupt einmal werden
Rechenschaft geben müssen (2. Kor. 5,10a – Wochenspruch), fällt – auch bei integrer
Dogmatik – im praktischen Denken und in der Erwartung leicht aus. Wir reden viel
von verantwortlichem Leben; der, *dem* wir verantwortlich sind und dem wir darum
Antwort geben müssen, ist weit weg. Zur Klugheit würde jedenfalls gehören, zu sehen,
daß der Augenblick kommt, von dem an man nicht mehr wird Haushalter sein können. Man muß sein Leben so „abliefern", wie es ist.

Aber wir wollten uns ja an das Gleichnis halten. Es will nacherzählt sein. An dieser
Stelle nur weniges dazu. Der Mann hat verspielt und weiß nicht weiter. Ihm bleibt
wenig Zeit. Es dauert nur einige Augenblicke, und ihm ist klar, was er zu tun hat.
Zur Klugheit gehört das schnelle Reaktionsvermögen, Geistesgegenwart sofortiger
zuverlässiger Überblick über die Lage, deren illusionslose Beurteilung, der rettende
Einfall, das unverzügliche Handeln, was wiederum Entschlußfreudigkeit verlangt;
Wissen, was man will, Abschütteln aller Bedenklichkeit. Jesus *lobt* den Haushalter.

Unsere Einwände sind sofort zur Stelle. Sollte der Mann zu Unrecht bezichtigt sein,
dann sollte er sich von allem Verdacht zu reinigen suchen. Treffen die Anschuldi-
gungen zu, ist er also ein belasteter Mann, dann wäre es gut, er ränge sich zu einer
sauberen Lösung durch. Dazu würde gehören, daß er – wenn er nicht betteln will,

was man gut versteht – doch den Spaten in die Hand nimmt und – gräbt. Statt dessen ist er auf einen unbeschwerten Ruhestand aus – in den Häusern anderer. Es braucht noch gar kein Betrug zu geschehen: allein dies macht ihn uns unangenehm. Aber nun kommt's. Aus dem Aktenschrank holt er die Schuldscheine und gibt sie den Schuldnern zurück, damit sie, die sie einst geschrieben haben, die Zahlen mit eigener Hand ändern und dann, mit 500 Denaren weniger Schulden und darum sichtlich erleichtert, ihrem Gönner zu Dank verpflichtet, fröhlich heimgehen können. Sie werden es dem Mann nicht vergessen, daß er zu ihrem Wohlstand merklich beigetragen hat. Ein Wohltäter? Lukas könnte uns mit seinem V. 9 in diese Richtung drängen. Ganz falsch. Ein Betrüger und Fälscher. Aber: klug. Nicht zimperlich, fürwahr. Aber er weiß, was er will. Er denkt an seine Zukunft. Vor seinem „Herrn" – so wird der Großgrundbesitzer im Gleichnis genannt – hat er zwar verspielt. Aber er kann, wenn er entlassen, „gefeuert" ist, lächelnd davongehen. Für sein ferneres Wohlergehen ist gesorgt.

Jesus: Wenn meine Leute nur etwas davon hätten! Wenn sie nur von weltlicher Klugheit etwas fürs Ewige lernten. Es gibt unter Christen viel Verschlafenheit und Entschlußlosigkeit, Träumerei und Lebensfreude. Wir hätten, wenn wir uns darin wohlfühlten, das Evangelium nicht begriffen. Unser Gleichnis ist alles andere als ein Eiapopeia vom Himmel. Man sollte wissen, was die Stunde geschlagen hat. Alle Zeit ist „letzte Zeit", weil jeder als einzelner, weil die Welt als ganze – Matth. 25,32, altes Evangelium: „alle Völker" vor dem Menschensohn – zu jeder Stunde in der Lage ist, in der sich Zukunft entscheidet, wir Christen wissen: ewige Zukunft. Niemand kann so leben, als hätte er unbeschränkt Zeit und als könne er anstehende Entschlüsse auf morgen und immer wieder auf morgen verschieben. Die Frage unserer ewigen Zukunft kann man nicht anstehen lassen, weil sie in jedem Augenblick unseres Lebens präsent ist und ihm seine eschatologische Qualität gibt. War es Jesu Amt, die „Erfüllung der Zeit", die Aufhellung der eschatologischen Horizonte, das Kommen Gottes, das Aufgehen der Türen bei Gott anzukündigen und in seinem Werk heraufzuführen, dann blieb nicht mehr Zeit zum Dösen und Sich-Gehenlassen. Gewiß: die kurze Zeit, die dem Haushalter bleibt, ergibt sich aus ganz anderen Zusammenhängen. Er hat verspielt – wir haben nur zu gewinnen. Aber das haben wir mit ihm gemeinsam: die Zeit ist auszukaufen. Unsere Alltagssprache hat eine Menge Wendungen, die für das hier Gemeinte stehen könnten: „auf Draht gehen", „wissen, was gespielt wird", „auf Deck sein", „auf die Ratte spannen" – dem Prediger wird gewiß noch manches dazu einfallen. – Zu dieser Wachheit kommt, wenigstens bei dem Haushalter, eine gewisse Kaltblütigkeit, die nicht nur Temperamentssache und Sache des moralischen Status ist, sondern sich von der Zielsicherheit her erklärt. Nicht nur vif sein – man muß auch klar wissen, wohin man will. Weiß man es, dann wird man sich nicht treiben und schieben lassen, dann faßt man Entschlüsse. Man wird manches, was nicht taugt, sein lassen, um für seine Zukunft frei zu sein. Man wird anderes ergreifen oder anbauen oder bedenken oder in die Hand nehmen, was mit dieser Zukunft zu tun hat, die man im einzelnen natürlich nicht kennt, von der man aber auf alle Fälle weiß: sie konfrontiert mich mit Gott, dem ich Antwort schulde. Ich muß heute schon und erst recht „dann" wissen, worauf ich mich zu berufen habe und wie ich bestehen kann.

Jesus meint, in alledem könne man bei den „Kindern dieser Welt" in die Schule gehen. Denn sie „sind klüger als die Kinder des Lichts in ihrem eigenen Geschlecht" (V. 8). Das Wort ist so formuliert, daß kein Zweifel entstehen kann: die Klugheit der Weltkinder soll nur unter Beachtung des unaufhebbaren Unterschiedes übernommen werden, der zwischen ihnen und den Leuten Jesu nun einmal besteht. Eine Parallele, ja – aber in dem gehörigen Abstand. „In ihrem Geschlecht", d. h.: in ihrem Lebenszusammenhang, in ihrem Bereich, auf ihrer Ebene, eben: im „Raum der Welt". Gemeint ist nicht eine seriöse Prognostik und Planung; hier würden Christen keinen Wert darauf legen, ihre Distanziertheit zu betonen. Überhaupt: es gibt in den Dingen des täglichen Lebens und großen Weltgeschehens eine Klugheit, die auch den Christen gut ansteht, ohne die Einschränkung: „im Umgang miteinander", „in den Gepflogenheiten ihres Lebens" (oder wie immer man diese Wendung V. 8 wiedergeben mag). Es wird noch einmal deutlich, wieso Jesus, um uns wachzukriegen, diesen gerissenen Geschäftsmann zum Gleichnis nimmt. Nur wo der Unterschied der Ebenen ausdrücklich einkalkuliert wird, kann so deutlich, so stimulierend, vielleicht müßte man sogar sagen: so alarmierend geredet werden. „Wie bei den Kindern der Welt in ihren dunklen Geschäften, so müßte auch bei den Jüngern in ihrer göttlichen Aufgabe alle Trägheit und Unschlüssigkeit verschwinden und an ihre Stelle Nüchternheit, Entschlußkraft, erfinderische Phantasie, rasches Handeln, kurz Klugheit treten. Es ist den Kindern des Lichts nicht erlaubt, sich Selbsttäuschungen hinzugeben. Oder sollte in Sachen des Lichts geringere Sachlichkeit, geringere Klugheit, geringerer Einsatz am Platze sein als in den Sachen der Finsternis? Jesus hat gewußt, warum er das so einschärfte, und ein Blick auf die Geschichte der Kirche kann einem klarmachen, wie nötig diese Mahnung ist und wie beschämend es für die Kirche ist, daß sie der uneinfältigen Klugheit der Welt oft genug nur Unklarheit und Illusion an Stelle der rechten mit der Einfalt wohl vereinten Klugheit entgegensetzt" (H. Gollwitzer, Die Freude Gottes, S. 179 f.).

2.

Nun soll aber Lukas mit seinem V. 9 doch noch zum Zuge kommen und durch ihn Jesus selbst. „Ich sage euch auch": Lukas steht dafür ein, daß er auch hier nicht Eigenes verlautbart, sondern Jesu Wort vermittelt. Nur, er vermittelt es durch sein lukanisches Filter. Wir sahen schon: was im Gleichnis nur Material ist (wie in einem anderen Gleichnis etwa die Perle oder das Fischnetz), löst er als unverschlüsselte Aussage aus dem Gleichnis heraus. Wie war das doch? Der Verwalter hat sich die Schuldner zu Freunden gemacht, indem er ihnen auf seine Weise Schulden strich, ihnen also Geld schenkte, in der Erwartung, daß er sich ab sofort damit eine Bleibe bei ihnen gesichert haben würde. So ist es doch überhaupt mit dem Geld und mit der ewigen Bleibe bei Gott.

Ich habe diese wahrhaftig nicht spurtreue Gedankenführung – ein wenig unterstreichend, aber doch wohl nicht unfair – nachvollzogen – nicht, um den V. 9 dadurch zu entwerten, sondern um die Voraussetzungen dafür zu schaffen, daß wir hieb- und stichfest predigen können, worauf er hinauswill. Unsere Predigt würde durch unkontrollierte Assoziationen und durch ein erbauliches Allegorisieren nicht überzeugender, und was der Herr von uns und für uns will, käme dadurch keinesfalls besser heraus. Je entschlossener wir V. 9 von den vorangehenden Versen abheben, desto deutlicher und verbindlicher wird seine Aussage.

Damit soll nicht bestritten sein, daß auch V. 9 in den eschatologischen Horizont hineingehört, der uns an diesem Sonntag umgibt. Noch einen Schritt weiter: Wurde uns die weltliche Klugheit des Verwalters zum ungleichen Gleichnis für die geistliche Klugheit der Jesusleute, so könnte der ergaunerte sorgenlose Lebensabend dieses Pfiffikus zum ungleichen Gleichnis werden für den ewigen Lebensmorgen, der den

„Kindern des Lichts" zugedacht ist. Insoweit könnte man wirklich sagen: Lukas denkt das Gleichnis *weiter*. Und noch etwas möchte zugunsten des Evangelisten gesagt sein. Wäre es wirklich ein Abweg, wenn jemand, an das Gleichnis von der kostbaren Perle anschließend, eine Meditation über Pretiosen begänne, so wird man dem Lukas zuzugestehen haben, daß, wenn es um die Zielstrebigkeit auf Gott hin geht, das Geld – hemmend wie fördernd – eine große Rolle spielen kann. Auch wenn es im Gleichnis um nichts Finanzielles ginge: es hätte Sinn, im Epilog zu diesem Gleichnis das Thema Geld zur Sprache zu bringen. Wenn wir darin klar sehen, dann wird es, hoffe ich, nicht wieder geschehen (wie schon so oft), daß der Vers 9 das ganze voranstehende Gleichnis belastet und verschiebt.

Besonders Lukas hat – wie Jakobus, zu dem er, wie es scheint, einen „Draht" hatte – über Geld und Reichtum sehr kritisch geurteilt. „Selig ihr Armen – wehe, ihr Reichen!" (6,24; vgl. 16,19–31, auch 12,16–21; Jak. 5,1–6). Ihn bestimmen auch soziale Gründe. Aber nicht nur diese. Der Reichtum ist für den geistlichen Status gefährlich. Mammon ist ein Götze; man kann nicht zugleich Gott dienen und dem Mammon (V. 13). Ein Götze: Ihm wird gedient, er wird als etwas Faszinierendes verehrt, er wird mit heißem Herzen begehrt, auf ihn setzt man sein Vertrauen, von ihm erhofft man das Leben und die „volle Genüge", auf ihn gründet man sein Ansehen (Rechtfertigung!), ihn läßt man die Welt regieren („Geld regiert die Welt"), in vielen Lebensfragen entscheidet *er*. Übrigens: ein *freundlicher* Götze ist er *nicht*. Er kann Menschen schrecklich unfrei machen, sie in Unruhe halten, alle ihre Gedanken absorbieren, in der Kriminalität spielt er eine geradezu unheimliche Rolle – und es geht ja dabei nicht nur darum, daß Menschen schuldig werden, sie werden auch unglücklich. „Mammon der Ungerechtigkeit": so ist er zutreffend bezeichnet. Er ist das Symbol unserer Abhängigkeit und unseres Vertricktseins in die Dinge des täglichen Sorgens, sei es, daß es ums Nötigste geht (Gott weiß, was wir zum Leben brauchen, 12,30), sei es, daß wir immerzu danach trachten, uns „etwas zu leisten". Wir empfinden das durchaus nicht als unchristlich. „Westlich" formuliert: „Gern dem Evangelium aufgeschlossen, bleiben wir dennoch von ‚der großen weiten Welt' des käuflichen Sozialprestiges fasziniert, das uns deutlicher umleuchtet als die Botschaft von Bethlehem (2,9). Alle suchen wir den Kompromiß mit dieser Welt. Wie erziehen wir unsere Kinder auf Sozialprestige hin! Anschaffungen, Lebensstil, Interessenrichtung: bürgerlich. Bürgerlichkeit aber ist die Mutter des Kapitalprestiges, und die ‚protestantische Ethik' steht dem ‚Geist (!) des Kapitalismus' (nach Max Weber) bekanntlich ganz nahe" (Philippi, a. a. O., S. 352). „Wo euer Schatz ist, da wird auch euer Herz sein" (12,34). Und gerade im Blick auf die „letzten Dinge" wäre eine kritische Einstellung unerläßlich: „Hütet euch aber, daß eure Herzen nicht beschwert werden mit Fressen und Saufen und mit Sorgen der Nahrung und komme dieser Tag schnell über euch" (21,34).

Man könnte erwarten, daß Jesus sagt: Hände weg!, fliehen, wegwerfen, verzichten!, stürzt den Götzen! Statt dessen sagt er: „Macht euch Freunde aus dem Mammon der Ungerechtigkeit!" Nicht: werft ihn weg!, sondern: laßt ihn euch dienen, benutzt ihn für etwas Sinnvolles! Was für eine freie, großzügige Einstellung! Der Götze ist kein Götze mehr. Aus der schrecklichen Macht, die die Welt regiert, tyrannisiert und unglücklich macht, ist ganz einfach ein Zahlungsmittel geworden, das uns dienen muß und über das wir in Freiheit verfügen. Hat man Geld, so setzt man es für Heilsames, Wertvolles, Hilfsreiches ein; hat man keins, wird man dennoch nicht nervös. Das Herz wird nicht dem „Schatz" gehören, sondern Gott. Gott ist auch letztlich Eigentümer unseres – winzigen oder auch stattlichen – Vermögens und über unsere Konten verfügungsberechtigt. Wunderbar die Freiheit, die Jesus hier zeigt und uns lehrt. Nicht die Spur von Angst vor dem unheimlichen Götzen, also auch keine (ebionitische) Gesetzlichkeit (Gesetzlichkeit und Angst sind immer beisammen), wohl aber Souveränität im Umgang mit den Dingen der Welt.

Sieht man es so an, dann wird einem nicht der Gedanke kommen, das Wohnrecht in den „ewigen Hütten" müsse durch karitativen Umgang mit klingenden Münzen und mit Schecks verdient werden. Den Mammon einsetzen, um sich Freunde zu machen, das wird, wo man so frei ist, wie Jesus es *ist* und in uns *schafft, absichtslos* geschehen, gewissermaßen „*nur* so". Einfach, weil es schön ist, Menschen etwas zuliebe zu tun und sie zu Freunden zu haben. Wieder müssen wir achtgeben, daß die Redaktionsarbeit des Lukas uns nicht auf ein falsches Gleis rollen läßt. Der Mann, der im Gleichnis sich mit dem ungerechten Mammon Freunde schuf, tat es in sehr eigensüchtiger Absicht. Was Jesus in V. 9 meint, wäre geradezu verdorben, wenn wir's vom Gleichnis her interpretierten. Richtig ist aber, daß, wer sein Herz in diesem Leben nicht beim Götzen Mammon hat, sondern bei Gott, also auch mit dem Mammon „christlich" umgeht, seinen Reichtum faktisch im Himmel hat (12,33) und dort kein Fremder ist. *So* ist es zu verstehen, wenn wir sagen: mit irdischem Besitz etwas fürs Ewige tun.

Der schwedische Arzt Axel Munthe gibt in seinem „Buch von San Michele" ein paar (locker gefügte) Gedanken wieder, die ihm kommen, als er in Rom die „Kleinen Schwestern" auf den Straßen sammeln sieht: „Vergiß nicht, etwas von deinen Ersparnissen in die Sammelbüchse der kleinen Schwestern zu tun, selbst ein Groschen genügt, glaube mir, du hast dein Geld nie sicherer angelegt. Denke daran: ... was du für dich behältst, wirst du verlieren, was du fortgibst, ist dein für immer. Du hast übrigens gar nicht das Recht, das Geld für dich zu behalten, es gehört nicht dir. Geld gehört niemandem auf Erden. Alles Geld gehört dem Teufel (?), der bei Tag und Nacht in seinem Kontor hinter seinen Geldsäcken sitzt und mit Menschenseelen Handel treibt. Klammere dich nicht zu lange an die schmutzige Münze, die er in deine Hand drückt, befreie dich von ihr, so rasch du kannst, sonst wird dies fluchbeladene Metall dir bald die Finger verbrennen, dir bis ins Blut dringen, dir die Augen blenden, die Gedanken vergiften und dein Herz verhärten. Stecke sie in die Sammelbüchse der kleinen Schwestern ... Was nützt es, dein Geld aufzuspeichern, es wird in jedem Falle bald von dir genommen werden. Der Tod hat seinen eigenen Nachschlüssel zu deinem Geldschrank."

Bußtag. Matth. 12,33–35(36–37)

Matthäus wiederholt Gedanken, die – etwas anders formuliert – schon in der Bergpredigt vorgekommen sind (7,16–20), ja sogar in der Täuferpredigt bereits anklingen (3,10). Wie der Vergleich mit Luk. 6,43–45 zeigt, liegt Q-Überlieferung zugrunde. Die Kommentare gehen der Frage nach, wie Matthäus mit dem Q-Stoff (den Lukas wahrscheinlich treuer bewahrt) umgegangen ist (s. bes. Grundmann und Schweizer z. St.). V. 34 ist von Matthäus eingefügt, ebenso die VV. 36f. Das Ganze ist bei Matthäus in die Auseinandersetzung mit den Gegnern eingebaut, die uns in der Lukasfassung (11,14–23 – Drittletzter Sonntag des Kirchenjahres) beschäftigt hat; V. 34 nötigt uns, dies im Blick zu haben, ohne daß der Gedankengang im ganzen davon bestimmt sein müßte.

V. 33: Schniewind übersetzt: „Setzt einen guten Baum ..., setzt einen schlechten Baum'" Ihm folgt Schweizer. Grundmann: „Entweder erklärt: Der Baum ist gut, und dann ...' oder ihr erklärt: Der Baum ist böse ..." Das (etwas schwierige) doppelte ποιήσατε hätte also deklaratorischen Sinn (so nach Platon, Theaetetus 197d nach Bauer, WB, Sp. 1242). Damit hätte Matthäus eine klassisch-griechische Formulierung aufgegriffen, an Eleganz diesmal dem Lukas voraus. „Bei der Deutung der inwendigen Vorgänge stellte Jesus vor das Wollen und Wirken das Sein, während die pharisäische Freiheitslehre umgekehrt im Wollen den wirksamen Vorgang sah, von dem der Zustand des Menschen abhängig sei. Bei Jesus ist der Spielraum des Menschen durch das beschränkt, was das inwendige Besitztum des Menschen ist' (A. Schlatter, Matth., S. 256). – V. 34: Harter Angriff auf die Gegner. „Schlangenbrut' wie 3,7 (im Munde des Täufers – Luk. 3,7 läßt den Täufer *das Volk* so anreden!) und 23,33, dort die Schriftgelehrten und Pharisäer gemeint. Sie sind das Paradebeispiel für den „faulen Baum", wobei der Fortgang des Verses zeigt, daß dabei speziell an ihr *Reden* gedacht ist. Aus dem „Überlauf" des Herzens redet der Mund. Als Menschen, die schlecht sind, können sie nicht Gutes reden. – V. 35: Der Satz wird noch verallgemeinert. Im Herzen ist der Ursprungsort des Guten und Bösen (vgl. 15,19). Jesus kann unbefangen auch von *guten* Menschen reden. Freilich: „gemessen an Gott selbst, ist kein Mensch gut (7,11; 19,17), aber verglichen untereinander, gibt es gute und böse, gerechte und ungerechte Menschen. Gut und böse sind an der Gesetzesauslegung Jesu auf die Liebe hin orientiert; als die Vertreter des bösen Herzens sind die Pharisäer die Gegner Jesu, die zugleich der Prototyp für die Irrlehrer sind, die die Gemeinde verführen (vgl. 7,15–23)" (Grdm. z. St.).

Mit VV. 36f. wird ein neues Thema angeschlagen. Der Prediger wird sich entscheiden müssen, ob er diese in () stehenden Verse mit predigen will. Während im Voranstehenden das Reden (wie überhaupt das Tun) vom Sein abhängig war, wird hier unser Stand bei Gott vom Reden abhängig gesehen, im Fortschreiten des Gedankens eine deutliche Umkehrung – nicht in der Sache, aber in der Sicht. Daß alle Worte des Menschen auf eine Tafel geschrieben werden, weiß auch rabbinische Überlieferung. Das Wort ἀργός (= ἄ-εργος) eigtl. untätig (20,3.6; 1. Tim. 5,13), dann auch = nichts Gutes wirkend (2. Petr. 1,8 parallel zu ἄκαρπος), also nutzlos, vielleicht auch, nach Sir. 23,15, das feindselige Wort, womit wieder stärker auf die von Matthäus vorausgesetzte Situation gezielt wäre. Beim Gericht nach den Werken werden also die Worte eine erhebliche Rolle spielen, hier sind sogar sie allein im Blick.

Der synoptische Vergleich erweist sich als hilfreich. Daß in Q die entscheidenden Sätze unseres Abschnitts – vgl. die Lukasfassung – nicht aus dem geistigen Handgemenge mit den Gegnern Jesu stammen, sondern allgemeine Bedeutung haben, erweist sich für ihre homiletische Verwendung als erleichternd und förderlich. Wir könnten sonst versucht sein, mit „ihr Schlangenbrut" irgend jemanden ins Visier zu nehmen und ihm nachzuweisen, daß er nicht nur ein falscher Prophet, sondern auch ein schlechter Mensch ist, und wir hätten die Chance eines Bußtags vertan, mehr noch: wir hätten uns wahrscheinlich gerade im Sinne dieser Jesusworte erst recht schuldig gemacht. Der Bußtag ist immer eine Angelegenheit von uns selbst. Mag in seiner – volkskirchlichen – Geschichte die Öffentlichkeit mit ihren Sünden, Verirrungen und Gefährdungen im Blick gewesen sein, die Christengemeinde – mit der Bürgergemeinde kongruent – zur Buße gerufen worden sein auch für die Sünden der Welt, die sie ja selbst war: für uns ist die Lage anders. Die Gemeinde weiß sich zwar priesterlich immer für die nicht zu ihr Gehörenden mitverantwortlich, und sie wird in Fürbitte, Für-Glauben und (gibt es das?) Für-Buße immer auch an die anderen denken. Aber was am Bußtag zu predigen ist, hat sie sich selbst gesagt sein zu lassen. Buße geschieht immer nur da, wo sie *meine* Buße ist. *Ich* soll anders werden, *wir* sollen es, besser: uns wird, wie wir sagten, die Chance dazu gegeben.

Es ist ein – nicht überall bekannter – guter Brauch, die Texte für den Bußtag jeweils neu zu bestimmen; eine Aufgabe des bischöflichen Leitungsamtes. Ginge es überall danach, dann täten wir mit dieser Textbearbeitung Überflüssiges. Das Anderswerden sollte auf alle Fälle nicht in allgemeine, sondern konkret geschehen und wirksam werden. Wir haben am Bußtag nicht mit der Sünde schlechthin aufzuräumen, sondern mit bestimmten Sünden. Gewiß, in den Sünden äußert sich, zeigt sich, wirkt sich aus: die Sünde. Gerade unser heutiger Text unterstreicht das. Aber kein guter Förster wäre der, der sich immer nur mit dem Walde beschäftigt, nie aber mit Bäumen. Diesmal geht es besonders um unser Reden. So sehr, daß der Text den Eindruck erwecken könnte, die auf dem Baume wachsenden Früchte seien überhaupt nur unser Reden, unsere Gespräche und sonstigen Verlautbarungen. Schon Q hat, wie an Luk. 6,45 zu erkennen, ausdrücklich (auch) ans Reden gedacht. – Weil das so ist, scheint es sich nun doch zu empfehlen, daß man die VV. 36f. mit predigt, zumal der Bußtag – am Ende des Kirchenjahres – an das Gericht nach den Werken erinnern muß. Der Text gewinnt an Farbe, die vorausgehenden allgemeinen Aussagen spitzen sich zu. Ich möchte sogar vorschlagen, daß man mit VV. 36f. beginnt, dann zu den vorausgehenden Versen kommt und – dies muß später noch begründet werden – der Bußtagspredigt in einem dritten Teil noch ihre *evangelische* Eindeutigkeit gibt. Das ergäbe folgenden Aufriß: *Anders werden – diesmal: in unserem Reden.* (1) *Wir müssen verantworten, was wir reden.* (2) *Wir können nur so reden, wie wir sind.* (3) *Wir dürfen* (sollen) *aber sein, was Jesus aus uns macht.*

I.

Vom „Tag des Gerichts" spricht V. 36 (diese Formel nur bei Matthäus, vgl. 10,15; 11,22.24, die Sache auch bei anderen Evangelisten, überhaupt im ganzen NT). Jeder Tag ist Gerichtstag, an dem wir „Rechenschaft geben" müssen; haben wir unser Leben vor Gott zu verantworten, dann wird unser Gewissen immerzu mit ihm im Gespräch sein und sich von ihm gefragt wissen. Der Bußtag hebt diese Seite unserer Coram-Deo-Situation besonders heraus. Wir sind nicht unsere eigenen Gesetzgeber, obwohl wir uns immer wieder so aufführen, als wären wir es. Wir sind auch nicht unsere eigenen Richter, obwohl wir heimlich uns selbst und gelegentlich sogar anderen versichern, daß wir nur uns selbst verantwortlich sind. Gott wacht in seiner Welt über Recht und Unrecht. Er muß es sogar sehr aufmerksam tun, weil wir Menschen zuviel anstellen, womit wir unser eigenes Leben, das der anderen und, wenn es schlimm kommt, die ganze Welt zugrunde richten. Auch unsere kleinen Sünden machen Geschichte und weben mit an dem großen Teppich der Geschichte. Manches fängt winzig an und eskaliert dann – Gott sieht es.

Das Gericht nach den Werken macht unserm Glaubensdenken immer wieder Schwierigkeiten. Werden wir nun nach den Werken gerichtet oder aus Gnaden um Christi willen freigesprochen? Das Evangelium sagt nirgends, daß das Gericht, weil Gott gnädig ist, ausfalle. Rechtfertigung bedeutet nicht, daß wir um das Gericht herumkommen, sondern daß wir aus dem Gericht gerettet werden. Das wäre eine üble Karikatur des Evangeliums, wenn einer predigte: Lebt, wie ihr wollt, Gott gibt sich mit allem zufrieden! Sünde wird nicht entschuldigt, sondern vergeben (H. J. Iwand, Predigt-Meditationen, 1963, S. 321). Dies schließt aber ein, daß sie nicht ignoriert, sondern aufgedeckt wird. So besteht auch der Glaube nicht darin, daß man sich am Stuhl des Richters vorbeimogelt, sondern daß man seine Sünden bekennt. Erst unter der Gnade lernt man seine Sünde sehen und – hassen. Wie könnten wir auch zu Gott sagen, er möchte es uns recht billig und schmerzlos geben, wenn Christus selbst es sich mit uns so schwer hat machen müssen! Übrigens wird nicht gesagt, daß Gott

alles, was wir sind, tun, reden, ertragen (usw.) unwillig zurückweist. Unser Text
spricht nicht nur von Bösen, sondern auch von Guten (V. 35). Paulus redet von solchen, die nach guten Werken trachten und Gutes tun (Röm. 2,7.10 – Epistel des
Tages). Kann sein, wir sehen unser Werk in Flammen aufgehen; möglich auch,
unser Werk bleibt (1. Kor. 3,13–15). Wie das dann sein wird, darüber sich in Mut-
maßungen zu ergehen, wäre nicht nur voreilig, sondern auch anmaßend: „der Herr
ist's, der mich richtet" (1. Kor. 4,4), wir haben ihm in keiner Weise vorzugreifen.
Diesmal, sagten wir, gehe es um unser Reden. Wir werden nicht *nur* auf unsere Worte
angesprochen werden (noch einmal das Evangelium des vorigen Sonntags, 25,31ff.).
Daß aber in diesem Matthäustext – wir sahen: ansatzweise schon in Q – das *Wort*
besonders herausgehoben ist, hat gute Gründe. Im Wort besteht das spezifisch
Menschliche. Vernunft denkt im Wort. Im Wort gewinnt unser Personleben Gestalt.
Das Wort ist das Element der Gemeinschaft. Es schlägt Brücken. Es schafft Kommunikation. Durch unser Wort lassen wir den andern in unser Herz hineinschauen und
suchen wir den Zugang zu seinem Herzen. Wie Gott selbst im Wort uns anredet, so
reden wir wieder im Wort des Gebets, des Lobpreises, des Bekenntnisses, der Dank-
sagung. – Aber eben dieses Wort reißt auch Abgründe auf. Wie es Liebe stiften kann,
so stiftet es auch Feindschaft. Es kann nicht nur Gemeinschaft entstehen lassen,
sondern sie auch aufsagen. Es kann nicht nur ermuntern, sondern auch „fertig
machen". Es kann einen anderen entehren und moralisch vernichten. Es kann ver-
wunden und beleidigen. Es kann weh tun, wenn ein Wort gesprochen wird; es kann
auch weh tun, wenn ein Wort dringend nötig wäre und *nicht* gesprochen wird. Es
kann einen Menschen verführen und ihn in sein Unglück verleiten. Es kann als „faules
Geschwätz" (Eph. 4,29) die Atmosphäre vergiften oder wenigstens Menschen ober-
flächlich werden lassen, so daß ihr Leben mies und wertlos wird. Es kann, in der
großen Öffentlichkeit gesprochen, Völker entzweien, vielleicht Kriege auslösen. Jakobus hat in seinem Brief über die Wirkung der Zunge nachgedacht (3,5ff.). Das
Wort macht Geschichte, gute und böse, große und kleine Geschichte. Wort und Tat
sind nicht so weit auseinander, wie man denken könnte. Unser Tun besteht zu einem
nicht geringen Teil im Reden.
Aber die Spitze dessen, was hier gemeint ist, zeigt noch in etwas andere Richtung.
Vom „nichtsnutzigen" Wort spricht der revidierte Text (Luther: unnützen – Hieronymus: otiosum – Urtext: „werk-losen", s. o.). Dagegen also geht es, daß unsere Worte
oft keine Deckung haben, leeres Gerede sind, das fehlende oder verfehlte Tun ge-
räuschvoll verdecken, etwas vortäuschen, was nicht geschieht. Uns wird also nicht
nur das Zuviel unserer Worte, das Geschwätz, das unqualifiziert Dahergeredete an-
gekreidet werden. Wir werden zur Rechenschaft gezogen wegen des falschen Scheins,
den wir mit unseren Wortfassaden erwecken. Das Auseinanderklaffen von Wort und
Werk wäre ja eben das Gegenteil von Ganzheitlichkeit, die – es wird noch davon zu
reden sein – das wesentliche Merkmal christlicher Buße ist. V. 36 trifft sich mit den
Worten Jesu, die die Scheinfrömmigkeit der ὑποκριταί entlarven. Dazu paßt V. 37:
wir werden gewissermaßen beim Wort, bei „den Worten" genommen. An dem, was
wir so edel, so korrekt, so grundanständig, so fromm und ernsthaft daherreden, werden wir gemessen. Mag sein, hier besteht Übereinstimmung zwischen Reden und Tun;
daß wir aus unseren Worten „gerechtfertigt" werden, wird als die eine Möglichkeit
ausdrücklich ins Auge gefaßt. Es könnte also immerhin eine Kongruenz zwischen Wort
und Werk geben! Der gute Baum könnte gute Früchte bringen, aus dem guten Schatz
(des Herzens) könnten auch gute Worte hervorgehen. Aber es könnte auch das Gegenteil geschehen: unser Schönreden und Übeltun werden miteinander verglichen, und

es zeigt sich, daß wir wohl gewußt haben, worauf es angekommen wäre – wir können es ja so eindrucksvoll formulieren! –, und wir haben es nicht getan! „Aus deinem Munde richte ich dich, du böser Knecht" (Luk. 19,22).

Es wäre sehr unfruchtbar, wollten wir uns jetzt unsere eigenen Chancen aufgrund des eben Bedachten ausrechnen. Entmutigend könnte die Vorstellung wirken, daß Gott uns alles, was wir im Laufe unseres Lebens gesprochen haben, gewissermaßen noch einmal vom Band abspielen ließe (V. 36); ein Höllenfeuer von einigen tausend Grad würde sich dadurch wahrscheinlich erübrigen. Aber wir sollen nicht entmutigt werden. Es wäre auch nicht der gewünschte Effekt, daß wir ab sofort die gestrengsten Zensoren unserer eigenen Worte zu sein versuchten, damit nur noch Druckreifes aus unserm Munde komme. Jesus will uns nicht zu Neurotikern machen, und er will auch nicht, daß wir immer nur wie auf Stelzen gehen. Nein, nichts Gezwungenes und Einstudiertes. Wie aber dann?

2.

Wenn die Heiligung unseres Redens nicht Dressur sein soll – und damit unerträglich, ja widerlich –, dann muß die Erneuerung aus der Mitte unseres Personlebens, aus dem Herzen kommen. Darauf haben es ja die VV. 33–35 abgesehen. Für all unser Tun und Leben gilt, daß es im Herzen entspringt. Darum muß die Erneuerung in der Buße, das Anderswerden, eine den ganzen Menschen betreffende Verwandlung sein. Das Gesetz korrigiert am Äußeren herum. Das Evangelium bewirkt die Totalerneuerung.

Im Text wird, wie auch sonst im Neuen Testament, das Tun auf das Sein zurückgeführt. Man könnte sagen, daß das Anderswerden dadurch erheblich schwerer, wenn nicht unmöglich wird (Nikodemus hat diese Unmöglichkeit deutlich empfunden). Einzelnes kann ich abändern; zu einem anderen Menschen, als ich bin, kann ich mich nicht machen. Sollte man sich, ehe man Unmögliches begehrt, nicht an Teilerfolgen genügen lassen? In der Tat, wir können einzelne Mängel und Schäden an uns beheben. Man soll ja an sich arbeiten. Niemand wird dies gering achten. Aber eine Pädagogisierung der Buße, ihr Verständnis als Selbstkorrektur des Humanum würde zu der „stücklichen Buße" führen, von der Luther in den Schmalkaldischen Artikeln (III,3, § 36) spricht und die weder dem biblischen Verständnis der Sünde (als Totalverderbnis) noch dem entspricht, was z. B. an unserer Stelle von der Unteilbarkeit unseres Wesens gesagt ist.

Nun könnte das Bild vom Baum und den Früchten dazu verführen, daß man das Verhältnis von Sein und Tun wie einen Tatbestand nicht des Personlebens, sondern der Natur versteht. Wir wären dann für unser Tun nicht mehr verantwortlich zu machen, und aller persönliche Zuspruch würde sich erübrigen. Das ganze Neue Testament zeigt, daß es nicht so gemeint sein kann. Es kommt dem Text darauf an, daß die einzelne Tat nicht von ihrem Woher, dem Personzentrum, gelöst werden kann. „Aus dem Herzen kommen die argen Gedanken" (15,19). Darum muß auch die Sünde bis in ihre Wurzeln hinein verfolgt und darum auch mit ihren Wurzeln ausgerottet werden (Antithesen der Bergpredigt). Ist das Auge böse, dann ist der ganze Leib finster (6,23); die Sünde betrifft immer den Menschen in seiner Ganzheit. Man kann nicht sagen: ich habe nicht gesündigt, es waren nur die Hände, die Füße, die Sprechwerkzeuge. Ich kann mich nicht zerlegen. Sünde ist also nicht zu verharmlosen als das Mißgeschick einer Dissoziierung einzelner Teile meines Leibes oder einzelner Tendenzen meines inneren Lebens. Wir haben noch nie eine Sünde getan, in die wir nicht –

wie gebrochen auch immer – eingewilligt hätten, die also nicht von der Zentrale her bestimmt, darum freilich auch dort zu verantworten wäre.

Auf unsere *Worte* bezogen, heißt das: Was wir aussprechen, ist ja nichts anderes, als was aus dem Herzen hervorquillt (V. 34b). (Zu Luthers Übersetzung dieses Verses vgl. seinen Sendbrief vom Dolmetschen, 1530, WA 30^{II}, 637; Cl. 4, 184. Luthers Bemühen um gutes Deutsch im Sinne seiner Zeit schließt für uns leider das verbreitete Mißverständnis nicht aus: Wer ein volles Herz hat, kann, was er denkt, nicht für sich behalten. Gemeint ist aber: Wovon [!] das Herz voll ist, das muß der Mund ausplaudern.) Was dieser Satz sagt, ist das Normale und Natürliche. Man kann natürlich entgegnen, daß wir uns auf die Kunst der Verstellung gut verstehen. Wir haben die VV. 36f. gerade von daher gedeutet. Der mehr oder weniger gewandte Diplomat, der sich in uns verbirgt, weiß wohl, was er für sich behält und was er anderen mitteilt, und er überlegt sich gut, in welche Form er es bringt. Es sind freilich nicht die angenehmsten Menschen, deren Worte klug berechnet und durch das enge Sieb einer eiskalten Kontrolle gegangen sind. V. 34b bleibt übrigens auch in solchen Fällen gültig, denn daß die Unmittelbarkeit des Wortes in der Taktik verlorenging, wird selbstverständlich früher oder später bemerkt, so daß das wohlabgezirkelte Wort den inneren Zustand des Redenden erst recht erkennen läßt. – Aber Jesu Wort faßt den anderen Fall ins Auge. Der gute Mensch „schleudert" aus dem guten Schatz, aus dem bei ihm vorhandenen Reservoir an Gutem, *Gutes* „heraus"; und der böse Mensch „schleudert" aus dem „Fonds" an Bösem *Böses* „heraus". Das innere „Kapital" (ϑησαυϱός) entscheidet. Die Ausdrucksweise des Matthäus läßt deutlich erkennen, worauf es ankommt: auf den unlöslichen Zusammenhang von Wesen und Wort, Drinnen und Draußen, Zentrum und Peripherie. Hier und da wird es deutlich, wenn ich, der ich die Rolle des Demütigen spiele, mich durch einen einzigen Satz verrate, der den Hochmut meines Wesens spiegelt; wenn ich, der ich sonst auf Haltung und gute Figur achte, in einer schwachen Minute meine Jämmerlichkeit ausplaudere; wenn ich, der ich auf Sachlichkeit und Selbstzucht halte, mit einem Male meinen Unmut herauspoltere (usw.). Es gibt genug Symptome, an denen mein Innerstes erkennbar wird. Nur, es kommt in unserm Zusammenhang nicht darauf an, nach welchen Kriterien der einzelne Mensch zu beurteilen ist (so 7,20), sondern der Schwerpunkt der Textaussage liegt auf der zu behauptenden Ganzheit unseres Wesens. „Wie könnt ihr Gutes tun, die ihr böse seid?"

Ich kann nur so reden, wie ich bin. Anders reden und damit überhaupt anders werden, das müßte also durch eine Erneuerung in der „Zentrale" bewirkt werden. Aber wer kann schon aus sich einen anderen, einen neuen Menschen machen? Es wäre so einfach, wenn die neuen Prädikate durch ein erneuertes Subjekt zustande kämen. Wunderbar: was aus dem Herzen „überläuft", speist unsere Rede. Sich geben, wie man ist, ganz natürlich. Nur: wie kommt es zu dem neuen Herzen?

3.

Mit dem, was jetzt noch zu sagen ist, überschreiten wir die expliziten Aussagen des Textes. Zur Buße kommt es, indem wir sind, was Jesus aus uns macht. In dem Dürfen und Sollen, das aus dem neuen Sein kommt, wird Buße ermöglicht, und indem wir diese Möglichkeit ausnutzen, wird Buße effektiv.

Andere Früchte? Dazu bedarf es eines anderen Baumes. Jesus macht aus dem, den er an sich bindet, einen neuen Menschen. Was das im einzelnen bedeutet, darüber könnte man im Neuen Testament verschiedene Aussagen finden. Es ist von neuer

Geburt die Rede, vom Leben aus dem Geist, von der neuen Kreatur, vom Sterben und Auferstehen, vom Versetztsein in das himmlische Wesen, von dem noch verborgenen Christusleben, das uns gehört. Mit diesen Aussagen wird der Bereich der ersten Schöpfung überschritten. Das neue Sein besteht *nicht* einfach darin, daß der alte, geschöpfliche Mensch „umfunktioniert" wird: neue Gedanken, eine neue Sicht der Welt, neue Willensantriebe, neue Hoffnungen (usw.) – aber alles in dem Menschen von Fleisch und Blut; damit allein wäre, was Jesus an uns tut, nicht zutreffend erfaßt. Er selbst kommt von „oben", wirkt „durch den Geist Gottes" (V. 28), handelt in höchster göttlicher Vollmacht (11,27). Schon in seiner Person ist das Geschehen, in dem er wirkt, von Gott her aufgebrochen und damit ins Eschatische geöffnet. Auch an uns geschieht, was nicht von dieser Welt ist. Die „neue Kreatur" ist eschatischer Art. Beschreiben läßt sich das nicht; das Neue Testament spricht selbst gern vom Mysterium.

Dennoch können wir das erneuernde Tun Jesu an uns so weit verständlich machen, daß wir zum Anderswerden Lust bekommen und vermitteln. Es geht um nichts anderes als um das *Evangelium*. Unser Herz mit allem, was es erfüllt, hat einen neuen Haft- und Haltepunkt bekommen, eben in *Jesus*. Der, der das letzte Wort über uns spricht, ist erstaunlicherweise an uns interessiert und nimmt uns an, wie wir sind. Er lädt uns ein, uns ihm fröhlich und bedenkenlos anzuvertrauen. Indem *Jesus* für uns ist, ist *Gott* für uns. Nichts kann uns mehr von seiner Liebe trennen.

Ich meine mich nicht zu irren: alle unsere Verkehrtheiten und Verirrungen, unsere Undiszipliniertheiten, das Ausscheren aus der normalen Bahn, unsere Kurzschlußhandlungen und bösen Affekte, unsere Gleichgültigkeit gegen Menschen, vielleicht unser Menschenhaß: alles entsteht aus einer letzten Hoffnungslosigkeit. Auch unsere bösen, leeren, verletzenden Worte kommen daher, daß uns irgendwo und -wie der Weg verbaut scheint. Ich habe noch keine Bosheiten erlebt bei Menschen, die in Hoffnung fröhlich waren. Eben dies können wir sein, wenn wir Christus entdecken. Dazu gehört: Er hat uns alle unsere Sünden vergeben (V. 31). In diesem Gottesdienst am Bußtag geschieht es wieder: was uns belastet, wird durchgestrichen. Der gute Baum ist eigentlich *er*. Sagen wir dasselbe in der johanneischen Variante: Er ist der Weinstock. Dann sind wir die Reben, die, sofern sie am Weinstock bleiben, Frucht bringen. Indem Jesus in unser Leben eingeht und wir ins seine eingehen, entsteht das Neue, das er uns zugedacht hat. Wenn wir gelernt haben, uns darüber zu freuen, löst sich alles andere von selbst.

Letzter Sonntag des Kirchenjahres. Luk. 12,42–48

Der Vergleich mit Matth. 24,45–51 ergibt, daß wir es im Kern der Perikope mit Q-Überlieferung zu tun haben, mit geringen Abweichungen im Wortlaut, die sich wohl als unterschiedliche Übersetzung erklären. V. 41 ist lukanisches Sondergut, ebenso VV. 47f. Möglich, daß die VV. 42–46 Einschaltung in den fortlaufenden Text von S. Luk. sind, so daß die eigentliche Antwort auf die Petrusfrage in VV. 47f. vorliegt (s. u.). Man hat sich dann VV. 41.47.48 auf VV. 35–38 (S. Luk.) zurückbezogen zu denken (während VV. 39f. wieder Q zugehört). Der Evangelist hat freilich auch in VV. 42–46 eine Antwort auf die Frage des Petrus erblickt; er hätte das Stück sonst nicht hier eingefügt. Wir handeln in seinem Sinne, wenn wir für die Predigt den V. 41 in die Perikope einbeziehen.

V. 41: Petrus fragt, wer mit den „Menschen" (V. 35) bzw. „Sklaven" (V. 37) gemeint ist. Es liegt nahe, anzunehmen, daß Petrus darauf aus ist, Vorrechte der Jünger bestätigt zu bekommen (ähnlich Mark. 10,35ff.); Jesus antwortet charakteristischerweise mit dem

Hinweis auf Verantwortung. – V. 42: Einleitungsformel von Lukas gebildet (schon V. 41 lukanische Spracheigentümlichkeiten: εἰπεῖν δέ – πρός nach einem Verb des Sagens – παραβολὴν λέγειν – ὁ κύριος in der Erzählung. Jeremias, Gleichnisse, Berlin 1955, S. 77, A. 4). Jesu Antwort (so nach dem jetzigen Lukastext) ist zunächst eine *Frage* (s. u.). καταστήσει (Matth.: κατέστησεν) blickt auf den Zeitpunkt, an dem Jesus tatsächlich scheiden und das Seine seinen Leuten anvertrauen wird (Mark. 13,34). Der Verantwortungsbereich wird die „Dienerschaft" sein (Matth.: „Gesinde"), die der Hausverwalter rechtzeitig (nicht zu befehligen, sondern) zu versorgen hat. – V. 43: Makarismus wie V. 37. – V. 44: Bei Jesus wird man dadurch prämiert, daß man eine noch größere Aufgabe bekommt, auch nach der Parusie. Der treue Knecht wird dann also des Herrn ganzen Besitz zu verwalten haben; es würde danach etwas zu verwalten geben, auch wenn der Herr wieder da sein wird. – V. 45: Auch hier, wie in anderen Parusiegleichnissen, die Verzögerung. Was kann geschehen, wenn Jesu Gemeinde nicht mehr mit ihres Herrn Parusie rechnet? Neben den Knechten ist von Mägden die Rede; Lukas scheint speziell an die Gemeinde zu denken. Der Mann vernachlässigt nicht nur seine Pflichten, sondern führt auch ein zuchtloses Leben. – V. 46: Die elegante griechische Formulierung in V. 46a ist aufgefallen (wörtlich so auch bei Matthäus). Die grausame Strafe, einen Menschen zu „zerteilen" (wie in L. Uhlands „Schwäbischer Kunde" der „Schwabenstreich"), gab es bei den Persern (man sieht: sie waren auch damals nicht zart besaitet). Der vorauszusetzende aramäische Wortlaut enthält ein Verb, das „zerteilen", aber auch „zuteilen" (nämlich Schläge oder allgemein: „sein Teil") bedeuten kann. Es dürfte ein Übersetzungsfehler vorliegen (Matthäus ebenso). V. 47 würde diese Beobachtung bestätigen: δαρήσεται. Ähnlich erklärt sich, daß Matthäus statt „Ungläubige" „Heuchler" liest: es liegt ein aramäisches Wort zugrunde, das beides, allgemein: „Ruchloser" bedeutet. Man kann die andere Übersetzung bei Matthäus auf dessen antijüdische Kampfsituation beziehen. Allgemein: die Deutung sprengt das Gleichnis, denn hier ist von einer Verurteilung die Rede, die nur im Eschaton denkbar ist.

V. 47: „Die jüdische Theologie unterscheidet willentliche Sünden ... wider besseres Wissen ... und Versehenssünden. Der Jünger gilt als der in den Willen Gottes durch Jesus Eingeweihte (vgl. Mark. 4,10 f.)" (Grdm. z. St.), und er wäre es auf alle Fälle, indem er dieses Gleichnis Jesu gehört hat. Man wird an Matth. 25,14 ff. erinnert: anvertrautes Gut in verschiedener Höhe; in der Lukasparallele fehlt diese Stufung, der Gedanke erscheint dafür an unserer Stelle in V. 48: je größer die Gabe, desto höher die Erwartung.

Zu wem ist dieses Gleichnis – samt dem Bildwort VV. 47 f. – gesprochen? Petrus hat in V. 41 genau das getroffen, was auch den Ausleger beschäftigen muß, den Prediger erst recht. Denn mit der Frage, wer hier angeredet ist, ist auch die nach dem Geltungsbereich des hier Gesagten gestellt.

Angeredet sind nach J. Jeremias „wahrscheinlich die Führer des Volkes ..., insbesondere die Schriftgelehrten" (a. a. O., S. 126). An sie mußten die ersten Hörer des Gleichnisses denken. Als „Knechte Gottes" bezeichnete man, ein hoher Ehrenname, im Alten Testament die Propheten, besonders den einen Unbekannten bei Deuterojesaja, überhaupt Gottesmänner, auch Regierende. Zu Jesu Zeit dachte man wohl zuerst an die Schriftgelehrten „als die von Gott eingesetzten Verwalter, denen die Schlüssel des Himmelreichs anvertraut waren (Matth. 23,13; Luk. 11,52)" (Jeremias, S. 45). So ist das Gleichnis „einer der zahlreichen drohenden Weckrufe an die Führer des Volkes ... Ihnen ruft Jesus zu, daß die Rechenschaftsforderung bevorstehe ..." (ebd.).

Die Kirche der ersten Jahrzehnte – „nicht eine spätere Kirche, die den Ernst solcher Drohworte nicht mehr begriff" (Schnwd. zu Matth. 24,45–51) – bezog, wie schon die Petrusfrage erkennen läßt, das Gleichnis auf *sich*. Ob das eine Umdeutung war oder Jesus von vornherein seine eigenen Leute im Auge hatte und ansprach, wäre mindestens zu fragen. Wir lassen uns so leicht von dem Dogma fixieren, Jesus habe nicht mit einer Zeitspanne zwischen seinem Hingang und seiner Wiederkunft gerechnet. Dann würde keines der Haushaltergleichnisse, auch vieles andere nicht, auf ihn zurückgehen. Nur: eben dieses Dogma hat nicht viel Wahrscheinlichkeit für sich (hierzu bes. W. G. Kümmel, Verheißung und Erfüllung, ³1965, auch L. Goppelt, ThNT 1, S. 254ff.). Sogar die Parusieverzögerung ist, sieht man nur genau genug hin, in seinem Denken und Erwarten drin. Jesu Weisungen, auch sein Trost und seine Zusagen, werden der Gemeinde auf den Weg durch die Zeiten mitgegeben.

Aber auch innerhalb der Gemeinde wäre die Frage zu stellen, welcher Kreis von Menschen unter den „Knechten" zu verstehen ist. Die erste Christenheit hat nach Grundmann das Parusiegleichnis „auf die eigenen Leiter bezogen ... Die Apostel (und vielleicht auch schon die Bischöfe) haben das Haus Jesu anvertraut bekommen" (z. St.). Paulus hat die Stelle wohl so verstanden: man halte „uns", Paulus, Kephas, Apollos, „für Christi Diener und Verwalter ..." (1. Kor. 4,1 – eine der zahlreichen Stellen, an denen Paulus auf synoptische Stoffe anspielt, auch εὑρίσκειν und πιστός (1. Kor. 4,2, hier: VV. 42f.) fallen in diesem Zusammenhang). Die Amtsträger der Kirche verwalten das Eigentum Christi (οἰκονομία in diesem Sinne 1. Kor. 9,17; Eph. 3,2): sie reichen – wie das tägliche Brot (σιτομέτριον, V. 42) – die Gnadenmittel des Herrn und dienen so der gesamten θεραπεία (ebd.). Dann wäre also die Perikope ein pastoraltheologischer Text. Petrus scheint so etwas im Auge zu haben, und man könnte fast versucht sein, mit Blick auf V. 44 sogar von einer Papststelle zu sprechen.

Nur, so genau, wie Petrus und wir uns das wünschen, ist die Frage nicht beantwortet. „Knechte Gottes" sind alle Christen, „es ist ... die Grundbestimmung für Gottes gesamtes Volk, daß es ihm eigen, ihm unbedingt gehörig ist (Röm. 6,16ff.)" (Schnwd., a. a. O.). Ja, man könnte im Blick auf V. 48a sogar an einen weiteren, über die Gemeinde Jesu hinausreichenden Kreis denken. „Petrus fragt auf Grund der Seligpreisung der Bereiten nach der Geltung des Makarismus und will dabei den Vorzug der Jünger festgestellt sehen. Jesus aber antwortet mit dem Hinweis auf die besondere Verantwortung der Wissenden" (Grdm. z. St.). Wir fragen nach abgegrenzten Bereichen – örtlich, auch zeitlich (s. u.) –, aber Jesus spricht uns persönlich an, und indem wir angesprochen werden, *gehören* wir zu denen, die es angeht. Darum beginnt Jesu Antwort auch mit einer Frage: „Wer ist denn nun der treue, kluge Verwalter?" Indem wir die Frage hören, sind wir herausgefordert, es zu sein bzw. zu werden. Jesus will uns nicht einteilen, sondern aufrufen.

Ehe wir, von da aus, an unsere Aufgabe herangehen, noch eine Zwischenbemerkung. Der Sonntag vom Jüngsten Tage ist für viele Glieder unserer Gemeinden noch immer der „Totensonntag", der dann, der eschatologischen Thematik entsprechend, auch gern „Ewigkeitssonntag" genannt wird. Der Text erlaubt es uns nicht, außer gelegentlichen Berührungen, uns der hiermit bezeichneten Thematik zu widmen. Der Prediger, der sich nicht daran genügen lassen will, in der Einleitung seiner Predigt von den Entschlafenen und unserer Hoffnung für sie kurz zu sprechen, müßte über einen anderen Text predigen.

Versuchen wir, das im Text Gesagte griffig aufzunehmen, so könnte es in folgender Ordnung geschehen: *Wir sind dem kommenden Herrn verantwortlich. Ihm gehören* (1) *unsere Welt*, (2) *unsere Zeit*, (3) *unsere Gaben.*

I.

Ihm gehört „unsere" Welt, sagen wir. Natürlich wäre es richtig, zu sagen: *die* Welt. Sie gehört ihm, weil sie durch ihn geschaffen ist und weil ihm alle Gewalt gegeben ist im Himmel und auf Erden. Aber wenn es ums Verwalten geht, so ist die Christenheit nie in der Lage gewesen, die ganze Welt zu betreuen, und sie wird sicher nicht in diese Lage kommen. Der einzelne Christ erst recht nicht. Verantwortlich vor dem kommenden Herrn sind wir für ,,unsere" Welt, d. h. für das Stück Wirklichkeit, das uns tatsächlich überantwortet ist. Man kann durch unrealistische Pauschalisierungen das Wort Jesu nur unwirksam machen. Wir werden auch nicht nach dem gefragt werden, was *andere* getan haben oder hätten tun sollen, sondern nach dem, worin *wir* gefordert sind.

Der Herr hat seinen Leuten sein Eigentum anvertraut. Er ist ja vorübergehend abwesend. Wir werden gegen diese Feststellung weder seine Allgegenwart, die er als Sohn zur Rechten des Vaters hat, noch seine Realpräsenz im Wort und den Sakramenten geltend machen. Was er *sichtbar* an seiner Welt tut, kann er bis zum Tage seiner Parusie nur in der Verhüllung in die Gnadenmittel und durch die Hand seiner ,,Haushalter" tun. Die handeln für ihn, in seinem Auftrag, in seinem Namen – hoffentlich in innerster Übereinstimmung mit ihm. Darum ist es Jesus in diesem Gleichnis zu tun. Dazu ist es nötig, daß sie treu sind und verständig.

Dies gilt – wenn wir bei Petrus und seinen Amtsbrüdern einst und heute anfangen – in Amt und Gemeinde. Die Kirche gehört Christus. Der Herr sieht mit scharfem Auge danach, ob wir so tun, als gehöre sie *uns*. Aus dem *vicarius*, der wir legitimerweise sind – Botschafter an Christi Statt –, wird so leicht einer, der selbst regieren und Herr sein will, sich selber predigt statt Ihn (vgl. 2. Kor. 4,5), sich selbst interessant ist statt mit allen Gedanken auf den Herrn gerichtet. Die Gemeinde bekommt es dann zu spüren. Die Kirche als ganze hat es zu spüren bekommen, wenn in ihr eine mehr oder weniger verhüllte Tyrannei herrschte. Es muß uns doch tief erschrecken, daß der Herr das *seinen Leuten* sagen muß, sie möchten achtgeben, daß nicht einer ,,anfängt, Knechte und Mägde zu schlagen, auch zu essen und zu trinken und sich vollzusaufen" (V. 45). Mag das übertreibend geredet sein – der Herr hat das geliebt, wenn er uns kräftig aufrütteln wollte –: die Warnung ist nicht überflüssig. – Wir müßten andere Lebensgebiete durchgehen, die jeweils ,,unsere Welt" sind: unser Leben in Gesellschaft und Beruf, im Kreis der Familie und der Freunde, in irgendwelchen Gemeinschaften und Gruppen, in denen wir wirken. Überall sind wir nicht Eigentümer, sondern nur Verwalter. Auch die *Dinge*, die zu unserer Welt gehören, sind nicht zu unserer Verfügung, als könnten wir damit umgehen, wie es uns beliebt. Menschliche Willkür kann so viel verderben. Der Eigennützige sieht alles, Dinge und Menschen, als Mittel an für seine Zwecke; er entwürdigt seine Mitmenschen und macht sie zu seinen Sklaven. Wer Macht hat, ist in der großen Gefahr, sie nicht im Dienst der anderen zu gebrauchen, sondern seine äußere Überlegenheit zu genießen, zum Leid und Schaden der anderen. Wer schlampig und faul ist, interesselos und dickfellig, läßt das ihm Anvertraute verkommen zum Nachteil seiner Mitmenschen und natürlich zuletzt: zur Schande seines Herrn. Wer in die eigene Tasche wirtschaftet, ist nicht ,,treu", er mißbraucht das Vertrauen, das sein Herr in ihn gesetzt hat. Es wäre nicht schwer, diese Reihe fortzusetzen.

Das Gleichnis macht deutlich, daß all diese verwerflichen Einstellungen und Praktiken ihren Grund darin haben, daß der Verwalter nicht ,,klug" ist. Er sieht nicht die Wirklichkeit. Zwar hält er sich in seiner Selbstherrlichkeit für einen Realisten und lacht sich eins über die anderen, die es so genau nehmen. In Wirklichkeit hat er die Rechnung ohne den Wirt gemacht, oder im Sinne des Gleichnisses: er vergißt, daß das alles, womit er so eigenmächtig und – wie er meint – für sich gewinnbringend umgeht, *ihm gar nicht gehört*. Der Herr wird eines Tages da sein und ihn zur Rechenschaft ziehen: Was hast du mit dem dir Anvertrauten gemacht? Wie bist du mit den

Menschen umgegangen, die alle *mir* gehören, die mir kostbar sind, für die ich als ihr Heiland mein Leben gegeben habe, weil ich keinen verlieren will, – wie bist du mit denen verfahren? Und wenn dir zu Ohren gekommen ist, daß *andere* mit Menschen Schindluder treiben: hast du an deinem Teil dafür gesorgt, daß das ein Ende nimmt? Schon wahr, es stimmt, daß unser Arm nicht überallhin reicht, wo unsere Verantwortung es gebieten würde, einzugreifen. In der modernen Welt sind die Kompetenzbereiche nicht mehr so gegeneinander abgedichtet wie einst. Vieles ist mit vielem verdrahtet. Die Welt ist kleiner geworden, „*unsere* Welt" also größer. Trotzdem: ich werde vom Herrn nicht für das verantwortlich gemacht, was ich *nicht* tun konnte, sondern für das, *was* ich tun konnte und kann. Könnte er mir sagen: Gratuliere! (das wäre in unserer Umgangssprache der Sinn von μακάριος), so hab ich's mir von dir erhofft. Du hast dich um deine Mitmenschen gekümmert und nicht für dich selbst gelebt. Es brauchte keiner zu darben; du hast ihnen, wie sich's gehörte, ihr „Maß Getreide" verabfolgt. Du bist treu gewesen. – In der Tat, man verlangt von den Haushaltern nicht mehr, als daß sie treu erfunden werden (1. Kor. 4,2).

Wir werden uns deutlich zu machen haben, daß in dem allem ein Verständnis „unserer Welt" verhandelt ist, das nicht zu unseren Standard-Einsichten und Überzeugungen gehört. Auch der Christ muß sich, was das Gleichnis will, immer wieder sagen lassen. Die angeblich „wohlerworbenen Rechte" an unserm Stück Welt, der eigenmächtige Umgang mit Dingen und – schlimmer noch, aber mit dem „Dinglichen" meist schon verbunden – mit Menschen liegt uns so im Blut, daß es hier einer ständigen Umsinnung bedarf. Mit geliehenen Büchern gehen wir – hoffentlich – sorgsamer um als mit eigenen. Das Auto des Freundes fahren wir mit noch mehr Vorsicht als das eigene. „Es gehört mir nicht": das macht uns behutsam. Wir hätten – im Kleinen und im Großen – ein ganz anderes Verhältnis zur Welt, wenn wir uns in jedem Augenblick klarmachten, wem sie gehört. Das wäre „klug" im Blick auf die Welt selbst, aber auch im Blick auf unsere Einstellung zu Gott. Das μεθύσκεσθαι (V. 46) könnte schon auf ein unordentliches Leben deuten – die Alkoholkrankheit gehört auf eine ganz andere Ebene! –, aber könnte auch Bildwort sein für die Verfangenheit in Illusionen: „ein Drauflosleben, das nicht mehr ‚nüchtern' mit der Verantwortung vor Gott rechnet", so daß dann „Klugheit" „nicht Intelligenz" ist, „sondern die Fähigkeit, die Wirklichkeit, d. h. aber Gottes Kommen, richtig zu beurteilen" (E. Schweizer zu Matth. 24,45–51). Es ist nicht von ungefähr, daß „treu" und „klug" dicht beieinanderstehen. Man könnte – ein bißchen derb – sagen: Sämtliche Gemeinheiten, die je auf der Welt geschehen sind, waren nur möglich, weil die Wirklichkeit – d. h. in diesem Falle: das Eigentumsrecht Gottes an dieser Welt – nicht erkannt oder vergessen oder bewußt übersehen war. Wir haben im Glauben die Möglichkeit, ein ganz neues Verhältnis zu unserer Welt zu finden.

Daß der Herr, was das Richten und Strafen angeht, so befremdlich scharf wird (anders etwa 9,55), läßt erkennen, daß sein letztes Gericht ganz ernst gemeint ist. Er läßt nicht unbeherrschten Zorn rasen; in seiner ernsten Drohung nimmt er Partei für die von uns eigenmächtig tyrannisierte und mißbrauchte Welt, besonders für die Menschen, die Opfer unserer bösen Praktiken sind – oder werden könnten.

2.

Wir sind dem kommenden Herrn verantwortlich. Ihm gehört unsere *Zeit*. Treue und Klugheit werden sich gerade darin zu bewähren haben, daß zum sachgerechten Verständnis unserer Lebenswirklichkeit auch das Denken in der Zeitkoordinate gehört. Es gibt zu denken, daß der andere – der untreue – Knecht, dessen Verhalten und Geschick Jesus hier durchspielt, nicht einmal sagt: ich habe keinen Herrn, dem mein Stück Welt gehörte und dem ich Rechenschaft schuldig wäre; er sagt ja vielmehr: ,,Es dauert noch eine ganze Weile, bis mein Herr kommt." Damit sind die Ansprüche Jesu Christi nicht grundsätzlich geleugnet, sie werden nur in eine ferne Zukunft abgeschoben, ,,dilatorisch behandelt" und damit wenigstens fürs erste aus der Welt geschafft. Das ist sicher sehr unklug gedacht und gehandelt. Das heißt ja nicht einmal, die Dinge an sich herankommen zu lassen; es wird ja heimlich damit gerechnet, daß sie eben *nicht* ,,herankommen". Der Student, der sich von einem Semester zum andern damit tröstet, daß es mit dem Examen noch seine Weile hat, muß sich schließlich klarmachen, daß auch seine Uhr tickt. Der Verwalter müßte wissen: eines Tages wird sein Herr da sein.

Wir stehen hier wieder einmal vor dem Problem der enttäuschten Naherwartung. Man liest Texte vom langen Ausbleiben des Herrn gern so, daß die Christenheit sich auf das Ausbleiben ihres Herrn irgendeinen Vers hat machen müssen und darum Äußerungen erfunden und ihm in den Mund gelegt hat, die diese fatale Situation irgendwie verarbeiten. Es kann jetzt wirklich nicht darum gehen, daß wir uns in unserer Predigt auf apologetische Art aus dem Problem herauswinden. Es wird darauf ankommen, daß wir die Art begreifen, in der Jesus mit uns spricht. Wie Jesus dem Petrus auf seine Frage V. 41 antwortet, indem er die Frage zugleich implizite korrigiert, so auch hier. Wie war es doch bei Petrus? Auf die Frage nach dem Geltungs- und Anwendungsbereich seines Parusiegleichnisses wird Petrus, wird ein jeder, der es hört und liest, so angesprochen, daß er in aktueller Weise in diesen Geltungsbereich *einbezogen*, also persönlich in Anspruch genommen und herausgefordert wird. Eine theoretische Auskunft darüber, wer alles zu Jesu Haushaltern und Sklaven zu rechnen ist, bekommt Petrus nicht. Es ist hier nicht anders. Wann Jesus wiederkommen wird, weiß er selbst nicht (Mark. 13,32; Matth. 24,36; Lukas scheint dieses Nichtwissen als anstößig empfunden zu haben, er läßt dieses Diktum weg, bringt nur etwas Vergleichbares Apg. 1,7), ein christologisch nicht unproblematisches Überlieferungsstück. Gleichwohl finden sich Aussagen Jesu über sein baldiges, aber auch solche über sein ferneres Kommen. (Zu letzterem bes. das alte Evangelium des Sonntags.) Man muß nur wissen, in welcher Absicht Jesus gesagt hat, was er über sein künftiges Kommen ankündigte; die Spitze, in die alles ausläuft, heißt immer: *Wachet!* Nicht umsonst hat sich das Wort vom Dieb in der Nacht der Urchristenheit so stark eingeprägt (s. Konkordanz). Theoretische Auskünfte gibt Jesus auch hier *nicht*. ,,Mein Herr kommt noch lange nicht": das ist eben der verhängnisvolle Irrtum, mit dem der (angenommene) untreue und unkluge Verwalter sich tröstet. Der Herr kann in jedem Augenblick da sein.

Sieht man einmal nicht auf das apokalyptische Szenarium, sondern auf die Art und Weise, in der von uns – von jedem einzelnen – die Begegnung mit dem kommenden Herrn *erfahren* wird, dann kommt es auf dasselbe heraus, ob der Herr in den Wolken erscheint oder in dieser Nacht mein Leben von mir fordert (V. 20). Das ist m. E. keine Umdeutung urchristlicher Eschatologie, sondern ihre Projektion ins Einzelerleben – ähnlich, wie es schon die älteste neutestamentliche Schrift (trotz ihrer eschatologischen Hochspannung) getan hat: 1. Thess. 4,15 (übrigens unter Berufung auf ein ,,Wort des Herrn"). Daß die Welt als ganze zu gegebener Stunde die Parusie des Herrn erfahren wird, soll damit ja keineswegs ausgeschlossen, vielmehr ausdrücklich behauptet sein.

Wenn da so ist, dann will Jesus, daß wir – γρηγορεῖτε – in jedem Augenblick mit dem –

für uns oder für die Welt – eintretenden Ende der Zeit rechnen. „Mein Herr läßt sich Zeit" – das kann ein folgenschwerer Irrtum sein. Wir müssen hier genau hin-hören. Es besteht Anlaß zu der Sorge, es könnte sich dabei gerade um *unsern* Irrtum handeln. Die Welt gehört dem Herrn – welcher Christ würde je dagegen etwas ein-wenden? Sogar: ich habe mein Leben vor ihm zu verantworten – wer wollte da wider-sprechen? Aber daß dies im nächsten Augenblick schon aktuell werden könnte, das wollen wir nicht wahrhaben. Wer mit Jesu Kommen, d. h. aber zugleich: mit der Beendigung der ihm gegebenen Frist rechnet, der wird die Zeit auskaufen und wissen, daß jeder Augenblick die Qualität des Ernstfalls bekommen kann und damit sogar faktisch bekommt. Uns ist der letzte Wille unserer Verstorbenen unantastbar; warum nur der letzte?, warum nicht jede ihrer Willenskundgebungen im Laufe ihres Lebens? Was im Gegenüber zum eschatologisch „Letzten" gesagt ist, bekommt besonderes Gewicht. Das Leben in der „Wachsamkeit", die Jesus will, ist das ernst genommene, das nach Möglichkeit ausgeschöpfte, genutzte, nicht verplemperte Leben in „Treue", d. h. Zuverlässigkeit, und in „Klugheit".

Das Warten auf den Jüngsten Tag hat sich in der Geschichte der Kirche nicht selten lähmend ausgewirkt. Wozu ein Haus renovieren, wenn es doch bald abgebrochen wird? Die ganze *Welt* auf Abbruch: muß das nicht gleichgültig machen? Der Text zeigt, daß dies ein Mißverständnis war – und, wenn *wir* gleichgültig würden, auch für uns eines wäre. Auch wenn ich wüßte, daß die Welt morgen nicht mehr steht: ich möchte gern, daß der Herr einen „treuen und klugen Haushalter" vorfindet. Wer mit seinem Kommen rechnet, geht ihm entgegen. Gespannte Parusieerwartung ist, recht ver-standen, ein starker Antrieb zu verantwortlichem Handeln in dieser Welt.

3.

Sind wir dem kommenden Herrn verantwortlich, dann gehören ihm unsere *Gaben.* Wir schauen besonders auf die letzten beiden – parallel gebauten – Sätze in V. 48. Die Perikope klingt mit dem Bildwort VV. 47 f. überraschend aus. Zugleich wird dieser Ausklang, wie ich meine, unser Gesamtverständnis der Perikope bestätigen.

Jesu Gerichtsdrohung klang hart. Die Schärfung, die durch die Übersetzung aus dem Aramäischen eingetreten ist, werden wir – auch in der Auslegung vor der Gemeinde – abbauen; wir sahen, daß V. 47 unser Recht dazu bestätigt. Dennoch erläßt der Herr uns in seinem Warnwort nichts. Die Rede vom Gericht nach den Werken, die sich im Neuen Testament immer wieder findet, ist nicht Überbleibsel aus einer Zeit, die wenig von Gnade wußte. Jesus weiß, warum er so hart spricht.

Wir hätten ihn aber mißverstanden, wenn wir das, was er ankündigt, als eine eschato-logische Prozedur ansähen, die programm- und vorschriftsgemäß zu durchlaufen ist. Auch das Bildwort am Schluß der Perikope ist wieder *Anrede,* und wenn Petrus wieder so „objektivierend" fragen würde wie eingangs, würde er wieder erleben, wie der Herr die Frage ihm aus der Hand nimmt und, indem er antwortet, zurecht-stellt.

Freilich: zunächst klingt es noch einmal hart: „Jener Knecht aber, der den Willen seines Herrn erkannt hat, aber nichts bereit gemacht und getan hat nach seinem Willen, der wird viele Schläge empfangen." Wer *weiß,* wie es um Gott und Welt und um ihn selbst steht, wer also auch weiß, was von ihm erwartet wird, sich aber wissent-lich weigert, dem wird seine Haltung und sein Tun schwer angerechnet. Johanneisch geredet: „Wäre ich nicht gekommen und hätte es ihnen gesagt, so hätten sie keine Sünde; nun aber können sie nichts vorwenden, ihre Sünde zu entschuldigen" (15,22).

Erkennen und Wissen schärft die Verantwortlichkeit. Aber auch das Gegenteil gilt: „Wer aber nicht wissend ist und tut, was Schläge verdient, wird wenig Schläge empfangen" (V. 48). Was heißt das? Bei Jesus steht nicht für jede Schuld eine bestimmte Strafe. Es gibt hier keinen Mechanismus. Es wäre zu wenig, wenn wir sagen wollten, Jesus achte auf „mildernde Umstände". Jesus denkt überhaupt nicht gesetzlich. Wir sehen, wie er sich um uns bemüht. Er unterweist unsere Gewissen. Er will es uns nicht leicht machen. So spricht er uns auf unsere Glaubenserkenntnis an. Er erwartet, daß wir mit dem ernst machen, was uns im Glauben aufgegangen ist. Wem viel gegeben ist, von dem wird viel gefordert werden (wieder das Passivum divinum). Aber Gott hat Augenmaß. Da versucht irgendeiner – er wohnt nicht weit von mir – „sein Stück Welt" zu verwalten, so gut er kann, aber es kommt nicht viel dabei heraus. Gott sieht es, er weiß Soll und Haben wohl zu verrechnen. Es geht barmherziger zu in Gottes Welt, als wir nach den harten Strafworten fürchten mußten. Gott weiß um den inneren Zustand der Ungezählten, denen der Gedanke, die Welt könnte Gott gehören, noch nie gekommen ist, vielleicht nicht kommen konnte. Gott weiß das. Von Christen verlangt er mehr als von anderen; ob wir mehr *erbringen*, ist eine ganz andere Frage. Sollen wir uns vor Gott verstecken, damit wir *nicht* zu den „Wissenden" gehören? Das wäre ja wieder unrealistisch gedacht; unsere Flucht verriete, *daß* wir wissen. Jesus fordert uns, will uns in Bewegung bringen, etwas aus uns machen.

Das Schlußergebnis könnte lauten: Es ist eine harte Sache, Christ zu sein. Der Herr stellt uns in eine große Verantwortung. Nur: wir möchten nicht vergessen, daß – V. 48 – *vor* seinem Fordern das *Geben* steht. Das Gegebene einsetzen und damit „wirtschaften" (οἰκονομεῖν)! Unsere Gaben gehören unserm Herrn. Werden wir – von Angesicht zu Angesicht – vor ihm stehen, dann werden wir ihm nichts zu bringen haben, als was er selbst uns gegeben hat.

Register

1. Texte nach dem Kirchenjahr

2. Texte nach der Ordnung der Bibel

Korrekturen

Seite	Absatz	Zeile	statt	setze
49		7	darauf	daraus
61	2	11	חמד	חסד
64		5 v. u.	Nichansprechbarkeit	Nichtansprechbarkeit
71		18	unser	unsere
98	4	1	כבור	כבוד
101	2	13	wär	wäre
106	2	2 v. u.	gesehen, (6	gesehen (6
171	2	13	(z. St.)	(z. St.),
293	3	2/3	literaturgeschichtlich	literargeschichtlich
296		7 v. u.	einfacht	einfach
324	2	9	worden	wurden
324	3	5	unterwerfen	unterworfen
353	2	4	unser	unsere
383	3	3	hundert).	hundert)?
385		6 v. u.	חָסֶר	רֶחֶם
394		13 v. u.	(Religionsgeschichtliche	Religionsgeschichtliche
429		19 v. u.	ordnen sei.	ordnen sein.
453		1	Evangelium des	einst Evangelium des
472		8 v. u.	Geistesgegenwart	Geistesgegenwart,